DISCIPLINA
DE
LA IGLESIA METODISTA UNIDA

"El Editor de Libros, el Secretario de la Conferencia General, el Editor de la Iglesia Metodista Unida y el Comité de Correlación y Revisión Editorial tendrán a su cargo la edición de la *Disciplina*... Estos editores, en el ejercicio de su juicio, tendrán autoridad para hacer los cambios en la fraseología que fuesen necesarios para armonizar la legislación sin alterar su substancia. Los editores, en consulta con el Concilio Judicial, tendrán el derecho de suprimir disposiciones de la *Disciplina* que han sido declaradas inconstitucionales por el concilio Judicial".

—Plan de Organización y Reglas de la Conferencia General, 2016

Ver la Decisión del Concilio Judicial 96, en la que se declara que la *Disciplina* es un libro de ley.

L. Fitzgerald Reist
Secretaria de la Conferencia General

Brian K. Milford
Presidente y Editor
Editor de libros de la Iglesia Metodista Unida

Brian O. Sigmon
Director de Edición

Comité de Correlación y Revisión Editorial
Naomi G. Bartle, Co-presidente
J. Robert Burkhart, Co-presidente
Maidstone Mulenga, Secretaria
Melissa Drake
Paul A. Fleck
Karen Clark Ristine
Dianne Wilkinson
Brian E. Williams
Susan Hunn
Beth Rambikur

DISCIPLINA
DE
LA IGLESIA
METODISTA UNIDA
2016

Casa Metodista Unida de Publicaciones
Nashville, Tennessee

ISBN 978-1-501-83329-8

Edición en inglés 978-1-501-83321-2
USB Flash Drive en inglés (con *Book of Resolutions*) ISBN 978-1-501-83328-1
2-PACK Disciplina y Resoluciones (en inglés) ISBN 978-1-501-83327-4
Disciplina eBook (en inglés) ISBN 978-1-501-83322-9
Edición en coreano ISBN 978-1-501-83331-1

17 18 19 20 21 22 23 24 25 26—10 9 8 7 6 5 4 3 2 1

IMPRESO EN LOS ESTADOS UNIDOS DE NORTEAMÉRICA

SALUDO EPISCOPAL

A todo el pueblo y los pastores del metodismo unido:
"Gracia y paz a vosotros, de Dios nuestro Padre y del Señor Jesucristo".

—1 Corintios 1:3

La Disciplina es el libro de la ley de la Iglesia Metodista Unida. Es el producto de más de 200 años de las Conferencias Generales de las denominaciones que hoy componen la Iglesia Metodista Unida.

La Disciplina, como el instrumento que establece las leyes, el plan, el sistema de gobierno y el proceso mediante los cuales los metodistas unidos se gobiernan a sí mismos, permanece constante. Cada Conferencia General enmienda, perfecciona, clarifica y añade su propia contribución a la Disciplina. No consideramos la Disciplina como un texto sacrosanto o infalible, sino que la consideramos como un documento adecuado a nuestra herencia. Es la declaración más actual de cómo los metodistas unidos se ponen de acuerdo para vivir sus vidas en unidad. Ésta refleja nuestra comprensión de lo que es la Iglesia y lo que ha de esperarse de sus ministros y miembros en búsqueda del mejor modo de ser testigos idóneos en el mundo, como parte del Cuerpo de Cristo.

Este libro de pacto establece el fundamento teológico de la Iglesia Metodista Unida en la fe bíblica y afirma que avanzamos hacia el futuro como herederos leales de todo lo mejor que ofrece el pasado cristiano. Ésta manifiesta claramente que la Iglesia Metodista Unida es una sociedad inclusiva, que no hace distinción en cuanto al origen étnico, condición económica, sexo, edad o condición de incapacidad de sus constituyentes. También afirma que todos los que son bautizados y confirmados son ministros de Jesucristo. Ratifica el principio conciliar y el conexionalismo como una característica de la eclesiología metodista unida, establece claramente el carácter global de la misión de la Iglesia y declara su interdependencia con otros organismos cristianos tanto en espíritu como en cooperación. Declara, con Juan Wesley, que la religión solitaria carece de validez y que Cristo exige la entrega de la totalidad de la vida de aquellos que lo aceptan como Señor y Salvador.

Por lo tanto, encomendamos esta Disciplina a todos nuestros constituyentes y a nuestros amigos más allá de nuestras fronteras que deseen saber lo que significa ser metodista unido. La comunicación es esencial a la comprensión de lo que la iglesia es y hace. Esperamos que la Disciplina se encuentre en las bibliotecas de las iglesias locales, de los colegios universitarios, de las universidades y de los seminarios, así como en los hogares de los ministros ordenados y de los miembros laicos de la Iglesia Metodista Unida. Oramos porque ésta capacite a todas las personas a celebrar la gracia de Dios, a exaltar el significado del discipulado fiel y a inspirar por parte de muchos un deseo más profundo de ser testigos más eficaces de la Cabeza de la Iglesia, nuestro Señor Jesucristo.

Concilio de Obispos
Bruce R. Ough, Presidente
Kenneth H. Carter, Presidente-Designado
Cynthia Fierro Harvey, Jr., Secretaria

CONTENIDO

Nota: La unidad básica de la *Disciplina* es el párrafo (¶) en lugar de la página, capítulo o sección. Los párrafos están numerados consecutivamente dentro de cada capítulo o sección, pero se saltan muchos números entre las partes, los capítulos y las secciones para dejar espacio para futuras leyes así como para encajar con el siguiente plan:

1– 61	Constitución
101– 199	Doctrina y normas doctrinales, reglas generales, el ministerio de todos los cristianos y principios sociales
201– 299	Iglesia local
301– 399	Ministerio ordenado
401– 499	Superintendencia
501– 699	Conferencias
701–2499	Orden administrativo
2501–2599	Propiedades eclesiásticas
2601–2799	Administración judicial

PARTE I
LA CONSTITUCIÓN
¶¶1–61

vii

PARTE II
DISCIPLINA GLOBAL
¶ 101

PARTE III
NORMAS DOCTRINALES
Y NUESTRA TAREA TEOLÓGICA
¶¶ 102–105

PARTE IV
EL MINISTERIO DE TODOS LOS CRISTIANOS
¶¶ 120–143

PARTE V
PRINCIPIOS SOCIALES
¶¶ 160–166

PARTE VI
ORGANIZACIÓN Y ADMINISTRACIÓN
¶¶ 201–2719

Capítulo primero
LA IGLESIA LOCAL

Lo que significa ser miembro (¶¶ 216–221)
Ingreso en la iglesia (¶¶ 222–226)
Miembros afiliados y asociados (¶ 227)
Cuidado de los miembros (¶¶ 228–229)
Registros e informes de miembros (¶¶ 230–234)

Capítulo segundo
EL MINISTERIO DE LOS ORDENADOS

Capítulo tercero
LA SUPERINTENDENCIA

Capítulo cuarto
LAS CONFERENCIAS

Capítulo quinto
ORDEN ADMINISTRATIVO

Capítulo sexto
PROPIEDADES DE LA IGLESIA

Capítulo séptimo
ADMINISTRACIÓN JUDICIAL

OBISPOS METODISTAS UNIDOS

Lista compilada para la Disciplina

por el Concilio de Obispos

NOMBRE	ELECTO	NOMBRE	ELECTO
Thomas Coke	1784	David Edwards	1849
Francis Asbury	1784	Henry Bidleman Bascom	1850
Richard Whatcoat	1800	Levi Scott	1852
Phillip William Otterbein	1800	Matthew Simpson	1852
Martin Boehm	1800	Osman Cleander Baker	1852
Jacob Albright	1807	Edward Raymond Ames	1852
William M'Kendree	1808	Lewis Davis	1853
Christian Newcomer	1813	George Foster Pierce	1854
Enoch George	1816	John Early	1854
Robert Richford Roberts	1816	Hubbard Hinde	
Andrew Zeller	1817	Kavanaugh	1854
Joseph Hoffman	1821	Francis Burns	1858
Joshua Soule	1824	William W. Orwig	1859
Elijah Hedding	1824	Jacob Markwood	1861
Henry Kumler Sr.	1825	Daniel Shuck	1861
John Emory	1832	John Jacob Esher	1863
James Osgood Andrew	1832	Davis Wasgatt Clark	1864
Samuel Heistand	1833	Edward Thomson	1864
William Brown	1833	Calvin Kingsley	1864
Beverly Waugh	1836	Jonathan Weaver	1865
Thomas Asbury Morris	1836	William May Wightman	1866
Jacob Erb	1837	Enoch Mather Marvin	1866
John Seybert	1839	David Seth Doggett	1866
Henry Kumler Jr.	1841	Holland Nimmons	
John Coons	1841	McTyeire	1866
Joseph Long	1843	John Wright Roberts	1866
Leonidas Lent Hamline	1844	John Dickson	1869
Edmund Storer Janes	1844	John Christian Keener	1870
John Russel	1845	Reuben Yeakel	1871
Jacob John Glossbrenner	1845	Thomas Bowman	1872
William Hanby	1845	William Logan Harris	1872
William Capers	1846	Randolph Sinks Foster	1872
Robert Paine	1846	Isaac William Wiley	1872

NOMBRE	ELECTO	NOMBRE	ELECTO
Stephen Mason Merrill...	1872	Wesley Matthias Stanford	1891
Edward Gayer Andrews.	1872	Christian S. Haman......	1891
Gilbert Haven	1872	Sylvanus C. Breyfogel....	1891
Jesse Truesdell Peck	1872	William Horn...........	1891
Rudolph Dubs	1875	Job S. Mills	1893
Thomas Bowman........	1875	Charles Cardwell	
Milton Wright	1877	McCabe..............	1896
Nicholas Castle	1877	Joseph Crane Hartzell....	1896
Henry White Warren	1880	Earl Cranston...........	1896
Cyrus David Foss	1880	Warren Akin Candler	1898
John Fletcher Hurst......	1880	Henry Clay Morrison	1898
Erastus Otis Haven......	1880	David Hastings Moore...	1900
Ezekiel Boring Kephart ..	1881	John William Hamilton ..	1900
Alpheus Waters Wilson ..	1882	Edwin Wallace Parker ...	1900
Linus Parker............	1882	Francis Wesley Warne....	1900
John Cowper Granbery ..	1882	George Martin Mathews .	1902
Robert Kennon		Alexander Coke Smith...	1902
Hargrove.............	1882	Elijah Embree Hoss......	1902
William Xavier Ninde....	1884	Henry Burns Hartzler....	1902
John Morgan Walden	1884	William Franklin Heil....	1902
Willard Francis		Joseph Flintoft Berry.....	1904
Mallalieu.............	1884	Henry Spellmeyer.......	1904
Charles Henry Fowler ...	1884	William Fraser	
William Taylor..........	1884	McDowell............	1904
Daniel Kumler		James Whitford	
Flickinger	1885	Bashford	1904
William Wallace Duncan .	1886	William Burt............	1904
Charles Betts Galloway ..	1886	Luther Barton Wilson	1904
Eugene Russell Hendrix..	1886	Thomas Benjamin Neely .	1904
Joseph Stanton Key......	1886	Isaiah Benjamin Scott	1904
John Heyl Vincent.......	1888	William Fitzjames	
James Newbury		Oldham..............	1904
FitzGerald............	1888	John Edward Robinson ..	1904
Isaac Wilson Joyce.......	1888	Merriman Colbert Harris.	1904
John Philip Newman	1888	William Marion Weekley .	1905
Daniel Ayres Goodsell ...	1888	William Melvin Bell	1905
James Mills Thoburn.....	1888	Thomas Coke Carter.....	1905
James W. Hott	1889	John James Tigert III	1906
Atticus Greene Haygood .	1890	Seth Ward	1906
Oscar Penn Fitzgerald ...	1890	James Atkins	1906

NOMBRE	ELECTO	NOMBRE	ELECTO

Samuel P. Spreng........ 1907

William Franklin
   Anderson 1908

John Louis Nuelsen...... 1908

William Alfred Quayle ... 1908

Charles William Smith ... 1908

Wilson Seeley Lewis 1908

Edwin Holt Hughes 1908

Robert McIntyre 1908

Frank Milton Bristol 1908

Collins Denny 1910

John Carlisle Kilgo 1910

William Belton Murrah... 1910

Walter Russell Lambuth.. 1910

Richard Green
   Waterhouse........... 1910

Edwin DuBose Mouzon.. 1910

James Henry McCoy..... 1910

William Hargrave Fouke . 1910

Uriah Frantz Swengel.... 1910

Homer Clyde Stuntz..... 1912

William Orville Shepard . 1912

Theodore Sommers
   Henderson 1912

Naphtali Luccock 1912

Francis John McConnell.. 1912

Frederick DeLand Leete.. 1912

Richard Joseph Cooke ... 1912

Wilbur Patterson
   Thirkield............. 1912

John Wesley Robinson ... 1912

William Perry Eveland ... 1912

Henry Harness Fout 1913

Cyrus Jeffries Kephart ... 1913

Alfred Taylor Howard ... 1913

Gottlieb Heinmiller...... 1915

Lawrence Hoover
   Seager 1915

Herbert Welch 1916

Thomas Nicholson 1916

Adna Wright Leonard.... 1916

Matthew Simpson
   Hughes 1916

Charles Bayard Mitchell.. 1916

Franklin Elmer Ellsworth
   Hamilton............. 1916

Alexander Priestly
   Camphor............. 1916

Eben Samuel Johnson.... 1916

William H. Washinger ... 1917

John Monroe Moore 1918

William Fletcher
   McMurry 1918

Urban Valentine Williams
   Darlington 1918

Horace Mellard DuBose.. 1918

William Newman
   Ainsworth............ 1918

James Cannon, Jr. 1918

Matthew T. Maze........ 1918

Lauress John Birney 1920

Frederick Bohn Fisher.... 1920

Charles Edward Locke... 1920

Ernest Lynn Waldorf..... 1920

Edgar Blake 1920

Ernest Gladstone
   Richardson 1920

Charles Wesley Burns.... 1920

Harry Lester Smith 1920

George Harvey Bickley... 1920

Frederick Thomas
   Keeney 1920

Charles Larew Mead..... 1920

Anton Bast 1920

Robert Elijah Jones 1920

Matthew Wesley Clair ... 1920

Arthur R. Clippinger 1921

William Benjamin
   Beauchamp........... 1922

James Edward Dickey ... 1922

NOMBRE	ELECTO	NOMBRE	ELECTO
Samuel Ross Hay	1922	John McKendree Springer	1936
Hoyt McWhorter Dobbs	1922	F. H. Otto Melle	1936
Hiram Abiff Boaz	1922	Ralph Ansel Ward	1937
John Francis Dunlap	1922	Victor Otterbein Weidler	1938
George Amos Miller	1924	Ivan Lee Holt	1938
Titus Lowe	1924	William Walter Peele	1938
George Richmond Grose	1924	Clare Purcell	1938
Brenton Thoburn Badley	1924	Charles Claude Selecman	1938
Wallace Elias Brown	1924	John Lloyd Decell	1938
Arthur Biggs Statton	1925	William Clyde Martin	1938
John S. Stamm	1926	William Turner Watkins	1938
Samuel J. Umbreit	1926	James Henry Straughn	1939
Raymond J. Wade	1928	John Calvin Broomfield	1939
James Chamberlain Baker	1928	William Alfred Carroll Hughes	1940
Edwin Ferdinand Lee	1928	Lorenzo Houston King	1940
Grant D. Batdorf	1929	Bruce Richard Baxter	1940
Ira David Warner	1929	Shot Kumar Mondol	1940
John W. Gowdy	1930	Clement Daniel Rockey	1941
Chih Ping Wang	1930	Enrique Carlos Balloch	1941
Arthur James Moore	1930	Z. T. Kaung	1941
Paul Bentley Kern	1930	Wen Yuan Chen	1941
Angie Frank Smith	1930	George Carleton Lacy	1941
George Edward Epp	1930	Fred L. Dennis	1941
Joshwant Rao Chitamber	1930	Dionisio Deista Alejandro	1944
Juan Ermete Gattinoni	1932	Fred Pierce Corson	1944
Junius Ralph Magee	1932	Walter Earl Ledden	1944
Ralph Spaulding Cushman	1932	Lewis Oliver Hartman	1944
Elmer Wesley Praetorius	1934	Newell Snow Booth	1944
Charles H. Stauffacher	1934	Willis Jefferson King	1944
Jarrell Waskom Pickett	1935	Robert Nathaniel Brooks	1944
Roberto Valenzuela Elphick	1936	Edward Wendall Kelly	1944
Wilbur Emery Hammaker	1936	William Angie Smith	1944
Charles Wesley Flint	1936	Paul Elliott Martin	1944
Garfield Bromley Oxnam	1936	Costen Jordan Harrell	1944
Alexander Preston Shaw	1936	Paul Neff Garber	1944

NOMBRE	ELECTO	NOMBRE	ELECTO
Charles Wesley Brashares	1944	Alsie Raymond Grant	1952
Schuyler Edward Garth	1944	Julio Manuel Sabanes	1952
Arthur Frederick Wesley	1944	Friedrich Wunderlich	1953
John Abdus Subhan	1945	Odd Arthur Hagen	1953
John Balmer Showers	1945	Ferdinand Sigg	1954
August Theodor Arvidson	1946	Reuben Herbert Mueller	1954
Johann Wilhelm Ernst Sommer	1946	Harold Rickel Heininger	1954
John Wesley Edward Bowen	1948	Lyle Lynden Baughman	1954
Lloyd Christ Wicke	1948	Prince Albert Taylor Jr.	1956
John Wesley Lord	1948	Eugene Maxwell Frank	1956
Dana Dawson	1948	Nolan Bailey Harmon	1956
Marvin Augustus Franklin	1948	Bachman Gladstone Hodge	1956
Roy Hunter Short	1948	Hobart Baumann Amstutz	1956
Richard Campbell Raines	1948	Ralph Edward Dodge	1956
Marshall Russell Reed	1948	Mangal Singh	1956
Harry Clifford Northcott	1948	Gabriel Sundaram	1956
Hazen Graff Werner	1948	Paul E. V. Shannon	1957
Glenn Randall Phillips	1948	John Gordon Howard	1957
Gerald Hamilton Kennedy	1948	Hermann Walter Kaebnick	1958
Donald Harvey Tippett	1948	W. Maynard Sparks	1958
Jose Labarrete Valencia	1948	Paul Murray Herrick	1958
Sante Uberto Barbieri	1949	Bowman Foster Stockwell	1960
Raymond Leroy Archer	1950	Fred Garrigus Holloway	1960
David Thomas Gregory	1950	William Vernon Middleton	1960
Frederick Buckley Newell	1952	William Ralph Ward Jr.	1960
Edgar Amos Love	1952	James Kenneth Mathews	1960
Matthew Walker Clair	1952	Oliver Eugene Slater	1960
John Warren Branscomb	1952	William Kenneth Pope	1960
Henry Bascom Watts	1952	Paul Vernon Galloway	1960
D. Stanley Coors	1952	Aubrey Grey Walton	1960
Edwin Edgar Voigt	1952	Kenneth Wilford Copeland	1960
Francis Gerald Ensley	1952	Everett Walter Palmer	1960
		Ralph Taylor Alton	1960
		Edwin Ronald Garrison	1960

NOMBRE	ELECTO	NOMBRE	ELECTO
Torney Otto Nall Jr.	1960	Roy Calvin Nichols	1968
Charles Franklin Golden	1960	Arthur James Armstrong	1968
Noah Watson Moore Jr.	1960	William Ragsdale	
Marquis LaFayette		Cannon	1968
Harris	1960	Abel Tendekayi	
James Walton Henley	1960	Muzorewa	1968
Walter Clark Gum	1960	Cornelio M. Ferrer	1968
Paul Hardin Jr.	1960	Paul Locke A.	
John Owen Smith	1960	Granadosin	1968
Paul William Milhouse	1960	Joseph R. Lance	1968
Pedro Ricardo Zottele	1962	Ram Dutt Joshi	1968
James Samuel Thomas	1964	Eric Algernon Mitchell	1969
William McFerrin Stowe	1964	Federico Jose Pagura	1969
Walter Kenneth		Armin E. Härtel	1970
Goodson	1964	Ole Edvard Borgen	1970
Dwight Ellsworth Loder	1964	Finis Alonzo	
Robert Marvin Stuart	1964	Crutchfield Jr.	1972
Edward Julian		Joseph Hughes Yeakel	1972
Pendergrass Jr.	1964	Robert E. Goodrich Jr.	1972
Thomas Marion Pryor	1964	Carl Julian Sanders	1972
Homer Ellis Finger Jr.	1964	Ernest T. Dixon Jr.	1972
Earl Gladstone Hunt Jr.	1964	Don Wendell Holter	1972
Francis Enmer Kearns	1964	Wayne K. Clymer	1972
Lance Webb	1964	Joel Duncan McDavid	1972
Escrivao Anglaze		Edward Gonzalez	
Zunguze	1964	Carroll	1972
Robert Fielden Lundy	1964	Jesse Robert DeWitt	1972
Harry Peter Andreassen	1964	James Mase Ault	1972
John Wesley Shungu	1964	John B. Warman	1972
Alfred Jacob Shaw	1965	Mack B. Stokes	1972
Prabhakar Christopher		Jack Marvin Tuell	1972
Benjamin Balaram	1965	Melvin E. Wheatley Jr.	1972
Stephen Trowen Nagbe	1965	Edward Lewis Tullis	1972
Franz Werner Schäfer	1966	Frank Lewis Robertson	1972
Benjamin I. Guansing	1967	Wilbur Wong Yan Choy	1972
Lineunt Scott Allen	1967	Robert McGrady	
Paul Arthur Washburn	1968	Blackburn	1972
Carl Ernst Sommer	1968	Emilio J. M. de Carvalho	1972
David Frederick Wertz	1968	Fama Onema	1972
Alsie Henry Carleton	1968	Mamidi Elia Peter	1972

NOMBRE	ELECTO	NOMBRE	ELECTO

Bennie de Quency
Warner. 1973
J. Kenneth Shamblin 1976
Alonzo Monk Bryan 1976
Kenneth William Hicks . . 1976
James Chess Lovern 1976
Leroy Charles Hodapp. . . 1976
Edsel Albert Ammons. . . . 1976
C. Dale White. 1976
Ngoy Kimba Wakadilo. . . 1976
Almeida Penicela. 1976
LaVerne D. Mercado 1976
Hermann Ludwig
Sticher 1977
Shantu Kumar A.
Parmar 1979
Thomas Syla Bangura. . . . 1979
John Alfred Ndoricimpa . 1980
William Talbot Handy Jr. . 1980
John Wesley Hardt 1980
Benjamin Ray Oliphint. . . 1980
Louis Wesley
Schowengerdt 1980
Melvin George Talbert . . . 1980
Paul Andrews Duffey. . . . 1980
Edwin Charles Boulton . . 1980
John William Russell. 1980
Fitz Herbert Skeete 1980
George Willis Bashore. . . . 1980
Roy Clyde Clark 1980
William Boyd Grove 1980
Emerson Stephen Colaw . 1980
Marjorie Swank
Matthews 1980
Carlton Printess
Minnick Jr. 1980
Calvin Dale McConnell . . 1980
Kainda Katembo 1980
Emerito P. Nacpil. 1980
Arthur Flumo Kulah. 1980

Felton Edwin May. 1984
Ernest A. Fitzgerald 1984
R. Kern Eutsler. 1984
J. Woodrow Hearn. 1984
Walter L. Underwood. . . . 1984
Richard B. Wilke 1984
J. Lloyd Knox 1984
Neil L. Irons 1984
Roy Isao Sano. 1984
Lewis Bevel Jones III 1984
Forrest C. Stith. 1984
Ernest W. Newman 1984
Woodie W. White. 1984
Robert Crawley Morgan. . 1984
David J. Lawson 1984
Elias Gabriel Galvan 1984
Rueben Philip Job 1984
Leontine T. Kelly 1984
Judith Craig 1984
Rüdiger Rainer Minor . . . 1986
Jose Castro Gamboa Jr. . . . 1986
Thomas Barber Stockton . 1988
Harold Hasbrouck
Hughes Jr. 1988
Richard Carl Looney. 1988
Robert Hitchcock Spain . . 1988
Susan Murch Morrison. . . 1988
R. Sheldon Duecker 1988
Joseph Benjamin Bethea . . 1988
William B. Oden 1988
Bruce P. Blake. 1988
Charles Wilbourne
Hancock 1988
Clay Foster Lee Jr. 1988
Sharon A. Brown
Christopher 1988
Dan E. Solomon. 1988
William B. Lewis 1988
William W. Dew Jr. 1988

NOMBRE	ELECTO
Moises Domingos Fernandes	1988
Joao Somane Machado	1988
Walter Klaiber	1989
Heinrich Bolleter	1989
Hans Växby	1989
Alfred Lloyd Norris	1992
Joe Allen Wilson	1992
Robert Eugene Fannin	1992
Amelia Ann B. Sherer	1992
Albert Frederick Mutti	1992
Raymond Harold Owen	1992
Joel Neftali Martinez	1992
Donald Arthur Ott	1992
Kenneth Lee Carder	1992
Hae Jong Kim	1992
William Wesley Morris	1992
Marshall LeRoy Meadors Jr.	1992
Charles Wesley Jordan	1992
Sharon Zimmerman Rader	1992
S. Clifton Ives	1992
Mary Ann Swenson	1992
Done Peter Dabale	1992
Joseph Humper	1992
Christopher Jokomo	1992
Daniel C. Arichea Jr.	1994
Benjamin Gutierrez	1994
G. Lindsey Davis	1996
Joseph E. Pennel Jr.	1996
Charlene Payne Kammerer	1996
Alfred Johnson	1996
Cornelius L. Henderson	1996
Susan Wolfe Hassinger	1996
J. Lawrence McCleskey	1996
Ernest S. Lyght	1996
Janice Riggle Huie	1996
Marion M. Edwards	1996

NOMBRE	ELECTO
C. Joseph Sprague	1996
Peter D. Weaver	1996
Jonathan D. Keaton	1996
Ray W. Chamberlain, Jr.	1996
John L. Hopkins	1996
Michael J. Coyner	1996
Edward W. Paup	1996
Ntambo Nkulu Ntanda	1996
Larry M. Goodpaster	2000
Rhymes H. Moncure Jr.	2000
Beverly J. Shamana	2000
Violet L. Fisher	2000
Gregory Vaughn Palmer	2000
William W. Hutchinson	2000
B. Michael Watson	2000
D. Max Whitfield	2000
Benjamin Roy Chamness	2000
Linda Lee	2000
James R. King	2000
Bruce R. Ough	2000
Warner H. Brown Jr.	2000
José Quipungo	2000
Gaspar Joao Domingos	2000
Leo A. Soriano	2000
Benjamin A. Justo	2000
John G. Innis	2000
Øystein Olsen	2001
Timothy W. Whitaker	2001
Solito K. Toquero	2001
Marcus Matthews	2004
Sudarshana Devadhar	2004
Jeremiah J. Park	2004
Hope Morgan Ward	2004
William H. Willimon	2004
James E. Swanson Sr.	2004
Hee-Soo Jung	2004
Robert E. Hayes Jr	2004
Alfred W. Gwinn Jr	2004
John R. Schol	2004

NOMBRE	ELECTO	NOMBRE	ELECTO
Richard J. Wills Jr	2004	L. Jonathan Holston	2012
Robert C. Schnase	2004	Kenneth H. Carter	2012
Deborah L. Kiesey	2004	Sandra Lynn Steiner-Ball	2012
Jane Allen Middleton	2004	William T. McAlilly	2012
Thomas J. Bickerton	2004	Deborah Wallace-Padgett	2012
Scott J. Jones	2004	Martin McLee	2012
Charles N. Crutchfield	2004	Young Jin Cho	2012
Robert T. Hoshibata	2004	Cynthia Fierro Harvey	2012
Mary Virginia Taylor	2004	Mark J. Webb	2012
Sally Dyck	2004	Gary E. Mueller	2012
Minerva G. Carcaño	2004	Michael McKee	2012
Eben K. Nhiwatiwa	2004	Gabriel Yemba Unda	2012
Hans Växby	2005	John Wesley Yohanna	2012
David K. Yemba	2005	Eduard Khegay	2012
Rosemarie J. Wenner	2005	Pedro M. Torio, Jr.	2012
Benjamin Boni	2005	Ciriaco Q. Francisco	2012
Patrick Ph. Streiff	2005	Sharma Lewis	2016
Daniel A. Wandabula	2006	David Graves	2016
Kefas K. Mavula	2007	Leonard Fairley	2016
Paul Lee Leeland	2008	Lawson Bryan	2016
Wilbert Earl Bledsoe	2008	Sue Haupert-Johnson	2016
Peggy A. Johnson	2008	Cynthia Moore-KoiKoi	2016
John Michael Lowry	2008	Tracy Smith Malone	2016
Julius Calvin Trimble	2008	Frank Beard	2016
Grant J. Hagiya	2008	David Bard	2016
James E. Dorff	2008	LaTrelle Easterling	2016
Elaine J. W. Stanovsky	2008	Ruben Saenz	2016
Joaquina Filipe Nhanala	2008	Laurie Haller	2016
Rodolfo Alfonso Juan	2008	James Nunn	2016
Lito Cabacungan		Robert Farr	2016
Tangonan	2008	Karen Oliveto	2016
John Kpahun Yambasu	2008		
Christian Alsted	2009		

DECLARACIÓN HISTÓRICA

La Iglesia Metodista Unida fue creada el 23 de abril de 1968 cuando el Obispo Reuben H. Mueller, que representaba a la Iglesia Evangélica de los Hermanos Unidos, y el Obispo Lloyd C. Wicke, de la Iglesia Metodista, unieron sus manos en la Conferencia General constituyente en Dallas, Texas. La nueva denominación fue creada por dos iglesias con historiales distinguidos y ministerios influyentes en varias partes del mundo con las siguientes palabras: "Señor de la Iglesia, estamos unidos en ti, y en tu Iglesia, y ahora en la Iglesia Metodista Unida".

Facilitaron la unión las tradiciones teológicas empapadas en la Reforma Protestante y en el wesleyanismo, las estructuras eclesiásticas similares, y las relaciones que databan desde hacía más de dos siglos. Por ejemplo, en la tradición evangélica de los Hermanos Unidos, Philip William Otterbein, el fundador principal de los Hermanos Unidos en Cristo, asistió en la ordenación de Francis Asbury como superintendente del trabajo metodista americano. Jacob Albright, quien a través de sus experiencias religiosas y liderazgo dio inicio a la Asociación Evangélica, fue educado en una reunión de una clase metodista después de su conversión.

Raíces, 1736 a 1816

La Iglesia Metodista Unida comparte una historia y herencia común con otros cuerpos metodistas y wesleyanos. Las vidas y ministerios de Juan Wesley (1703–1791) y de su hermano Charles (1707–1788) marcan el origen de sus raíces comunes. Ambos fueron misioneros de la Iglesia de Inglaterra para la colonia de Georgia, en donde arribaron en marzo de 1736. Fue la única ocasión que visitaron América. Su misión estuvo lejos de ser considerada como un éxito rotundo, y ambos regresaron a Inglaterra desilusionados y desalentados. Charles regresó en diciembre de 1736, y Juan en febrero de 1738.

Ambos hermanos Wesley tuvieron experiencias religiosas transformadoras en mayo de 1738. En los años siguientes, los Wesley tuvieron éxito en dirigir un movimiento de renovación en la Iglesia de Inglaterra. A medida que el movimiento metodista creció, se hizo patente que su ministerio se extendería a las colonias americanas, ya que algunos metodistas hacían viajes fatigantes y peligrosos al cruzar el Atlántico hacia el Nuevo Mundo.

El metodismo organizado en América comenzó como un movimiento laicista. Entre sus primeros líderes estaban Robert Strawbridge, un inmigrante agricultor, que organizó la obra en Maryland y Virginia alrededor de 1760; Philip Embury y su prima, Barbara Heck, que iniciaron la obra en Nueva York en 1766; y el capitán Thomas Webb, cuya labor fue instrumental al principio del metodismo, en Filadelfia en 1767.

Para reforzar el trabajo metodista, en 1796 Juan Wesley envió a América dos de sus predicadores laicos, Richard Boardman y Joseph Pilmore. Dos años más tarde, Richard Wright y Francis Asbury fueron enviados también por Wesley para apuntalar las crecientes sociedades metodistas americanas. Francis Asbury se convirtió en la figura más importante en la primera era del metodismo americano. Su devoción ardiente por los principios de la teología wesleyana, su ministerio y organización, moldearon al metodismo en América en una forma jamás igualada por ningún otro individuo. Además de los predicadores enviados por Wesley, algunos de los metodistas en las colonias también respondieron al llamado para ser predicadores laicos en el movimiento.

La primera conferencia de predicadores metodistas en las colonias se llevó a cabo en Filadelfia en 1773. Los diez que asistieron tomaron varias decisiones muy importantes. Juraron su lealtad al liderazgo de Wesley, y aceptaron que no administrarían los sacramentos porque eran laicos. Su pueblo recibiría los sacramentos de bautismo y la Santa Cena en la parroquia anglicana local. Enfatizaban una disciplina estricta entre las sociedades y los predicadores. Se inauguró un sistema de conferencias regulares de predicadores, similares a las que Wesley había instituido en Inglaterra para dirigir los negocios del movimiento metodista.

La revolución americana tuvo un profundo impacto en el metodismo. El "torysmo" y los escritos de JuanWesley en contra de la causa revolucionaria no ayudaron a la imagen del metodismo entre aquéllos que apoyaban la independencia. Más aún, un número de predicadores metodistas rehusaron tomar armas para ayudar a los patriotas.

Cuando las colonias lograron independizarse de Inglaterra, Wesley reconoció que era necesario hacer cambios en el metodismo americano. Wesley envió a Thomas Coke a América para dirigir el trabajo junto con Asbury. Coke trajo con él un libro de oraciones intitulado, El Servicio Dominical de los Metodistas en América, preparado por Wesley, que incorporaba su revisión de los Treinta y Nueve Artículos de Religión de la Iglesia de Inglaterra. Otros dos predicadores, Richard Whatcoat y Thomas Vasey, a quienes Wesley había ordenado, acompañaron a Coke. Las ordenaciones de Wesley sentaron un precedente que en última instancia permitió a los metodistas en América ser una iglesia independiente.

En diciembre de 1784, en la Capilla Lovely Lane en Baltimore, se llevó a cabo la famosa Conferencia Navideña (Christmas Conference) de predicadores para delinear el curso futuro del movimiento en América. La mayoría de los predicadores asistieron, incluidos, probablemente, dos afroamericanos llamados Harry Hosier y Richard Allen. Fue en esta reunión donde el movimiento se organizó como la Iglesia Metodista Episcopal en América.

En los años siguientes a la Conferencia Navideña, la Iglesia Metodista Episcopal publicó su primera Discipline (1785), adoptó una Conferencia General cuadrienal, la primera de las cuales se llevó a cabo en 1792, redactó una constitución en 1808, refinó su estructura, estableció una casa de publicaciones, y se convirtió en un ferviente proponente del reavivamiento y las reuniones en campamentos.

Cuando la Iglesia Metodista Episcopal estaba en su infancia, otras dos iglesias estaban en formación. En sus primeros años, éstas eran compuestas casi en su totalidad de gente de habla alemana. La primera fue fundada por Philip William Otterbein (1726 a 1813) y Martin Boehm (1725 a 1812). Otterbein, un pastor alemán reformado, y Boehm, un menonita, predicaron un mensaje evangélico similar a la experiencia de los metodistas. En el año 1800, sus seguidores organizaron formalmente la Iglesia de los Hermanos Unidos en Cristo. La segunda iglesia, la Asociación Evangélica, fue organizada por Jacob Albright (1759 a 1808), un agricultor y tejero luterano en el este de Pensilvania que había sido convertido y educado bajo la enseñanza metodista. La Asociación Evangélica fue organizada oficialmente en 1803. Estas dos iglesias habrían de unirse entre sí en 1946 y después con la Iglesia Metodista en 1968 para formar la Iglesia Metodista Unida.

Al morir Asbury en marzo de 1816, Otterbein, Boehm y Albright también habían fallecido. Las iglesias que ellos nutrieron habían sobrevivido las dificultades de los primeros años de vida, y principiaban a extenderse numérica y geográficamente.

Las iglesias crecen, 1817 a 1843

El Segundo Gran Despertamiento fue el movimiento religioso predominante entre los protestantes en América durante la primera mitad del siglo XIX. Por medio de avivamientos y de campamentos los pecadores eran llevados a una experiencia de conversión. Los predicadores de circuito cabalgantes y los pastores laicos los forjaron en un organismo conexivo. Este estilo de fe cristiana y disciplina era muy aceptable para los metodistas, los hermanos unidos, y los evangélicos que favorecieron su énfasis sobre la experiencia. El número de miembros de estas iglesias creció dramáticamente durante este período. El número de predicadores que las servían también aumentó significativamente.

Se esperaba que los miembros laicos y predicadores estuvieran seriamente comprometidos con la fe. No sólo se suponía que los predicadores tuvieran una conversión fuerte y llamamiento divino, sino que igualmente se esperaba que demostraran los dones y destrezas que eran requisitos para un ministerio efectivo. Su trabajo era urgente y demandante. Los beneficios financieros eran magros. Pero, como frecuentemente se recordaban unos a otros, no había trabajo más importante que el de ellos.

El compromiso profundo de la feligresía en general se demostraba en el deseo de adherirse a la disciplina espiritual y medidas de conducta delineadas por sus iglesias. Los metodistas, por ejemplo, eran guiados estrictamente por una serie de Reglas Generales adoptadas en la Conferencia Navideña de 1784 y que aún están impresas en la Disciplina del metodismo unido. Se les instaba que evadieran el mal, hicieran el bien, y usaran los medios de gracia provistos por Dios. Ser miembro de la iglesia era un asunto serio. No había lugar para los que Wesley llamaba los "casi cristianos".

La estructura de las iglesias metodistas, las de los hermanos unidos, y la Asociación Evangélica les permitía funcionar de manera que pudieran sostener, consolidar y expandir sus ministerios. Las conferencias generales, que sesionan cuadrienalmente, demostraron ser aptas para establecer el derrotero principal para la iglesia. Las conferencias anuales, bajo el liderazgo episcopal, proporcionaron el mecanismo para admitir y ordenar a los clérigos, dar nombramiento a los pastores itinerantes a sus respectivas iglesias, y ofrecerles apoyo mutuo. Podían surgir iglesias locales y clases cuando algunas mujeres y hombres se reunían bajo la dirección de un guía de clase, y les visitaba un predicador de circuito, uno que tenía un circuito de predicación bajo su cuidado. Este sistema sirvió efectivamente para llenar las necesidades de ciudades, pueblos y aldeas o puestos de avanzada en las fronteras. Las iglesias pudieron llegar a la gente dondequiera que éstas se establecían.

Los primeros años del siglo XIX fueron marcados también por la expansión del movimiento de la escuela dominical en América. Ya para el año 1835 se alentaba el inicio de escuelas dominicales en todo lugar donde podrían fundarse y mantenerse. La escuela dominical fue la fuente principal de futuros miembros de la iglesia.

El interés de las iglesias en la educación se hizo evidente con el establecimiento de escuelas secundarias y colegios. Para el año 1845, los metodistas, evangélicos y hermanos unidos ya habían establecido también cursos de estudio para sus predicadores, para cerciorarse de este modo de que poseyeran un conocimiento básico de la Biblia, la teología y el ministerio pastoral.

Para abastecer con literatura cristiana a sus miembros, predicadores, y escuelas dominicales, las iglesias establecieron casas de publicaciones. La Methodist Book Concern, organizada en 1789, fue la primera casa de publicaciones en América. La Asociación Evangélica y los Hermanos Unidos también autorizaron la formación de agencias de publicación en la primera parte del siglo XIX. De las prensas de sus talleres de imprenta, salió una sucesión de himnarios, Disciplinas, periódicos y revistas, materiales para escuelas dominicales y otra literatura para educar a sus miembros. Las ganancias eran usualmente designadas para el sostén y beneficio de los pastores jubilados e indigentes y sus familias.

El compromiso de las iglesias para el trabajo misionero también iba en aumento. Para el año 1841, cada una de las iglesias había comenzado sociedades misioneras denominacionales para desarrollar estrategias y proveer fondos para el trabajo en los Estados Unidos y en el extranjero. La misión de John Steward con los indios wyandots marcó el principio de la importante presencia de los nativoamericanos en el metodismo.

El período de fundación no estuvo sin serios problemas, especialmente para los metodistas. Richard Allen (1760 a 1831), esclavo emancipado y predicador metodista que había sido maltratado debido a su origen racial, abandonó la iglesia y en 1816 organizó la Iglesia Metodista Episcopal Africana. Por razones similares, se estableció la Iglesia Metodista Episcopal Africana Sión en 1821. En el año 1830, ocurrió otra ruptura en la Iglesia Metodista Episcopal. Cerca de cinco mil predicadores y laicos dejaron la denominación porque no quiso otorgar representación al laicado ni permitió la elección de presbíteros presidentes (superintendentes de distrito). El nuevo organismo fue llamado la Iglesia Metodista Protestante, la que permaneció una iglesia fuerte hasta el año 1939, cuando se unió a la Iglesia Metodista Episcopal, y a la Iglesia Metodista Episcopal del Sur, para llegar a ser la Iglesia Metodista.

La cuestión de la esclavitud y la Guerra Civil, 1844 a 1865

Juan Wesley estuvo ardientemente opuesto a la esclavitud. Muchos de los líderes del metodismo americano de la época primitiva compartieron su odio por esta forma de cautiverio humano. A medida que el siglo XIX avanzó, se hizo más aparente que las tensiones en el metodismo sobre la cuestión de la esclavitud se estaban profundizando. En este asunto, como en muchos otros, el metodismo reflejaba el *etos* nacional, porque era una iglesia cuyos miembros no se limitaban a una región, clase o raza. La contención sobre la esclavitud últimamente dividiría el metodismo en iglesias separadas del norte y del sur.

El asunto de la esclavitud generalmente se hizo a un lado por la Iglesia Metodista Episcopal hasta su conferencia general de 1844, cuando las facciones de pro y anti esclavitud chocaron. Su más serio conflicto concernía a uno de los cinco obispos de la iglesia, James O. Andrew, que había adquirido esclavos a través de su matrimonio. Después de un debate enconado, la conferencia general votó suspender al obispo Andrew en el ejercicio de su función episcopal, mientras no pudiera o quisiera liberar a sus esclavos. Unos días después, algunos disidentes delinearon un Plan de Separación que permitía a las conferencias anuales en los estados donde había esclavitud separarse de la Iglesia Metodista Episcopal, para así poder organizar su propia estructura eclesiástica. El Plan de Separación fue adoptado y el terreno se preparó para la creación de la Iglesia Metodista Episcopal del Sur.

Los delegados de los estados sureños se reunieron en Louis-ville, Kentucky, en mayo de 1845, para organizar su nueva iglesia. Su primera conferencia general se llevó a cabo al año siguiente en Petersburg, Virginia, donde se adoptaron una Disciplina y un himnario. El rencor entre metodistas del norte y del sur se inten-sificó en los años anteriores a la elección de Abraham Lincoln en 1860, y después durante la matanza de la Guerra Civil. Cada igle-sia reclamó la sanción divina para su región y oró fervientemente para que la voluntad de Dios se cumpliera en la victoria para su bando.

Reconstrucción, prosperidad y asuntos nuevos, 1866 a 1913

La Guerra Civil dio un golpe severo a la Iglesia Metodista Episcopal del Sur. Su número de miembros bajó a dos terceras partes de su fuerza anterior a la guerra. Muchas de sus iglesias quedaron en ruinas o sufrieron serios daños. Muchos de sus cléri-gos habían muerto o sido heridos en combate. Se interrumpieron sus programas educacionales, de publicaciones y misioneros. Aun así, una nueva vitalidad se movía entre los metodistas sureños, y en los cincuenta años siguientes sus miembros se cuadruplicaron a más de dos millones.

El número de miembros afroamericanos de la Iglesia Meto-dista Episcopal del Sur declinó considerablemente durante la guerra. En el año 1870, su conferencia general votó transferir a una nueva iglesia a todos los constituyentes afroamericanos res-tantes. El producto de esta decisión fue la creación de la Iglesia Metodista Episcopal de Color (ahora conocida como la Iglesia Cristiana Metodista Episcopal).

Durante este período, Alejo Hernández vino a ser el primer predicador hispano en el metodismo, aunque Benigno Cárdenas había predicado el mensaje metodista en español en Santa Fe, Nuevo México, desde la temprana época de 1853.

La Iglesia Metodista Episcopal no sufrió tan duramente como el metodismo del sur durante la guerra. Hacia la última parte de los años 1860, estaba a punto de obtener mayores ganancias en sus miembros y un nuevo vigor en su programa. Entre los años 1865 y 1913, su número de miembros igualmente registró un incremento de un cuatrocientos por ciento a casi cuatro millo-nes. Los metodistas protestantes, hermanos unidos y evangéli-cos asimismo experimentaron un crecimiento similar. El valor de las propiedades aumentó drásticamente y la afluencia, general-mente, reflejó los tiempos de prosperidad para las iglesias. Las escuelas dominicales permanecieron fuertes y activas. Las casas de publicaciones mantuvieron programas ambiciosos para proveer literatura a sus miembros. Se cultivó un nivel educativo más alto para el clero y se fundaron seminarios teológicos.

El trabajo misionero, tanto doméstico como el extranjero, tenía alta prioridad en las agendas de las iglesias. Los trabajos misioneros domésticos buscaron cristianizar la ciudad así como a los nativoamericanos. Los misioneros establecieron escuelas para los anteriormente esclavizados y sus hijos. Las misiones extranjeras fueron efectivas en Asia, Europa, África y América Latina. Las mujeres formaron sociedades misioneras que educaron, reclutaron y recaudaron fondos para este esfuerzo. Las misioneras como Isabella Thoburn, Susan Bauernfeind y Harriett Brittan, y administradoras como Belle Harris Bennett y Lucy Rider Meyer, motivaron a miles de mujeres de la iglesia para apoyar las misiones domésticas y extranjeras.

Durante este período, fueron instituidos ministerios metodistas significativos entre los asiático-americanos, especialmente entre los inmigrantes chinos y japoneses. En California, el japonés laico, Kanichi Miyama, fue ordenado y se le otorgaron todos los derechos clericales en el año 1887.

La representación laicista y el papel de las mujeres fueron dos asuntos críticos que causaron vigorosos debates durante este período en las iglesias. Primeramente, ¿se debería dar la voz al laicado en la conferencia general y en la conferencia anual? Los metodistas protestantes habían ya otorgado representación al laicado desde que se organizaron en el año 1830. El clero en la Iglesia Metodista Episcopal, la Iglesia Metodista Episcopal del Sur, la Asociación Evangélica y la Iglesia de los Hermanos Unidos en Cristo, fueron mucho más lentos en permitir al laicado voz oficial en sus asuntos. No fue sino hasta 1932 cuando la última de estas iglesias otorgó estos derechos al laicado. La cuestión del derecho de ordenación para las mujeres y la elegibilidad para los oficiales laicos y representación en la iglesia fue aun más contenciosa. La conferencia general de los hermanos unidos en el año 1889 aprobó la ordenación para las mujeres, pero la Iglesia Metodista Episcopal y la Iglesia Metodista Episcopal del Sur no otorgaron derechos clericales plenos hasta mucho después de su fusión en el año 1939. La Asociación Evangélica nunca ordenó a las mujeres. Igualmente, se resistió a dar los derechos de laicado a las mujeres. Éstas no fueron admitidas como delegadas a las conferencias generales de la Iglesia Metodista Protestante hasta el año 1892, de los Hermanos Unidos hasta 1893, de la Iglesia Metodista Episcopal hasta 1904, y de la Iglesia Metodista Episcopal del Sur hasta 1922.

El período entre la Guerra Civil y la Primera Guerra Mundial estuvo marcado por otras controversias y desenvolvimientos teológicas. El Movimiento de Santidad (Holiness Movement), el surgimiento de la Teología Liberal y el Movimiento del Evangelio Social (Social Gospel), fueron las causas de un debate teológico considerable. La Iglesia Metodista Episcopal demostró su interés en los asuntos sociales al adoptar un Credo Social en su conferencia general de 1908. Igualmente los problemas sociales fueron un estímulo en el movimiento hacia el ecumenismo y la cooperación entre iglesias. Cada una de las denominaciones, incluidas ahora en la Iglesia Metodista Unida, se hizo activa en el Concilio Federal de Iglesias, la primera empresa ecuménica entre los protestantes americanos. Esta era se cerró con un mundo en el umbral de una gran y horrible guerra.

La Guerra Mundial y más cambio, 1914 a 1939

En los años inmediatos a la Primera Guerra Mundial hubo mucho sentimiento en las iglesias a favor de la negociación y el arbitraje como alternativas visibles hacia el conflicto armado internacional. Muchos miembros de la iglesia y clérigos profesaron el pacifismo abiertamente. Sin embargo, cuando los Estados Unidos entraron oficialmente a la guerra en el año 1917, el pacifismo desapareció gradualmente. Las iglesias que antecedieron a la Iglesia Metodista Unida no fueron diferentes a otras denominaciones americanas en sus expresiones de lealtad nacional.

Cuando terminó la guerra, las iglesias nuevamente tuvieron la libertad de gastar sus energías en otras direcciones. Uno de sus intereses perennes fue la temperancia, y estaban listas a reconocerla como una de sus más altas prioridades. Publicaron y distribuyeron grandes cantidades de literatura sobre la temperancia. A los miembros se les pedía que prometieran el abstenerse de bebidas alcohólicas. La Iglesia Metodista Unida todavía insta a dicha abstinencia.

Durante este período, hubo un fermento teológico muy significativo. Se cuestionó la teología liberal protestante, que fuera una escuela importante del pensamiento en la última parte del siglo XIX y la primera parte del siglo XX. La misma fue atacada por fundamentalistas militantes, y más tarde por la neo-ortodoxia, que la acusó de minar la esencia del mensaje cristiano. Puesto que estos tres partidos teológicos: el liberal, el fundamentalista y el neo-ortodoxo estaban bien representados en los predecesores del metodismo unido, no es sorprendente que disputas doctrinales intensas ocurrieran en estas iglesias.

A pesar de las diferencias teológicas internas que tenían las iglesias, éstas continuaron cooperando con otras denominaciones y actuaron para sanar cismas que habían ocurrido anteriormente en sus propias historias. Por ejemplo, una división que tuvo lugar en la Asociación Evangélica en el año 1894 fue restaurada en 1922 cuando dos facciones se unieron formando la Iglesia Evangélica. Una unión más importante, al menos desde el punto de vista estadístico, tuvo lugar entre tres cuerpos metodistas: La Iglesia Metodista Episcopal, la Iglesia Metodista Protestante y la Iglesia Metodista Episcopal del Sur. Los representantes de estas tres iglesias principiaron a reunirse en el año 1916 para forjar un plan de unión. Ya en los años 1930 su propuesta incluía dividir la iglesia unida en seis regiones administrativas llamadas jurisdicciones. Cinco de estas jurisdicciones eran geográficas; la sexta, la Jurisdicción Central, era racial. Ésta incluía iglesias afroamericanas y conferencias anuales dondequiera que estuvieran localizadas geográficamente en los Estados Unidos. Los metodistas afroamericanos y algunos otros estaban atribulados por esta perspectiva y se opusieron al plan de una jurisdicción segregada racialmente.

La mayoría de los metodistas protestantes favorecieron la unión, aunque significaba aceptar un gobierno episcopal, el cual no habían tenido desde que su iglesia fue organizada en el año 1830. Después de abrumadoras aprobaciones por las Conferencias Generales y las Conferencias Anuales de las tres iglesias, éstas se unieron como la Iglesia Metodista, en abril del año 1939. Al tiempo de su formación, la iglesia nueva incluía 7.7 millones de miembros.

El Movimiento hacia la unión, 1940 a 1967

Aunque cada uno de los metodistas, evangélicos y hermanos unidos habían publicado fuertes declaraciones condenando la guerra y abogando por una reconciliación pacífica entre las naciones, la fuerza de sus posiciones se perdió en gran parte con el involucramiento de americanos en las hostilidades de la Segunda Guerra Mundial. Sin embargo, a través de la guerra muchos miembros de las iglesias expresaron su desdén por la violencia y su apoyo a la objeción por razón de conciencia.

Cuando terminó la guerra, las iglesias trabajaron activamente para asegurar la paz y el orden mundial. Muchos laicos, pastores, obispos y agencias de la iglesia apoyaron el establecimiento de organismos mundiales para servir como foro para la solución de problemas políticos y económicos mundiales. En abril de 1945 su labor contribuyó para la fundación de las Naciones Unidas.

Durante esta época, 1940 a 1967, hubo por lo menos otros tres asuntos importantes que ocuparon la atención de las iglesias que hoy componen el metodismo unido. Primeramente éstos mantuvieron su interés por el ecumenismo y la unión eclesial. El 16 de noviembre de 1946, en Johnstown, Pensilvania, la Iglesia Evangélica y la Iglesia de los Hermanos Unidos se unieron después de veinte años de negociaciones para formar la Iglesia Evangélica de los Hermanos Unidos. Al tiempo de su unión, la nueva iglesia incluyó cerca de setecientos mil miembros. La Iglesia Metodista al mismo tiempo estaba interesada en relacionarse más estrechamente con otros cuerpos metodistas y wesleyanos. En el año 1951 la Iglesia Metodista participó en la formación del Concilio Metodista Mundial, sucesor de las conferencias ecuménicas metodistas que principiaron en el año 1881. Como expresiones de su amplio compromiso ecuménico, los metodistas y los hermanos unidos llegaron a ser miembros activos del Concilio Mundial de Iglesias fundado en el año 1948, y del Concilio Nacional de Iglesias fundado en el año 1950. Estas asambleas proporcionaron un medio para el envolvimiento de los miembros en misiones cooperativas y otros ministerios. Las dos iglesias también cooperaron con otras siete denominaciones protestantes para formar la Consulta sobre la Unión Eclesial en el año 1960.

En segundo lugar, la iglesia mostró una inquietud creciente acerca del problema del racismo tanto en la nación como en la iglesia. Muchos metodistas estaban especialmente perturbados por la manera en la que la segregación racial estaba incrustada en el tejido de su estructura denominacional. La Jurisdicción Central era un recordatorio constante de la discriminación racial. Se presentaron propuestas para la eliminación de la Jurisdicción Central en las Conferencias Generales desde los años 1956 hasta 1966. Finalmente, con la proyectada unión con los Hermanos Unidos Evangélicos en 1968, se aprobaron los planes para abolir la Jurisdicción Central aunque algunas conferencias afroamericanas continuaron por poco tiempo después.

En tercer lugar, las iglesias debatieron los derechos clericales para las mujeres. El asunto fue especialmente crítico cuando se creó la Iglesia Evangélica de los Hermanos Unidos. La Iglesia Evangélica nunca había ordenado mujeres. La Iglesia de los Hermanos Unidos las había ordenado desde el año 1889. Para facilitar la unión de estas dos iglesias, los Hermanos Unidos aceptaron la práctica de los Evangélicos; y así las mujeres perdieron su derecho a la ordenación. Después de su unificación en el año 1939, los metodistas debatieron este asunto por varios años. Finalmente, en el año 1956, se otorgaron todos los derechos a las mujeres; pero tomó una década más para que el número de mujeres en los púlpitos y seminarios aumentara significativamente. Cuando los metodistas y la Iglesia Evangélica de los Hermanos Unidos se unieron en el año 1968, se incluyó el derecho y estado clerical pleno para la mujer en el plan de unión.

Al terminar este período, las negociaciones entre la Iglesia Metodista y la Iglesia Evangélica de los Hermanos Unidos procedían hacia la esperada unión en la Iglesia Metodista Unida.

Evoluciones y cambios desde 1968

Cuando la Iglesia Metodista Unida fue creada en 1968, tenía aproximadamente once millones de miembros, haciéndola una de las iglesias protestantes más grandes del mundo.

Desde su nacimiento, el metodismo unido ha experimentado un número de cambios en su vida y su estructura. Con miembros y conferencias en África, Asia, Europa y los Estados Unidos, la iglesia ha aumentado en el conocimiento de sí misma como iglesia mundial. Mientras tanto, el número de miembros en Europa y en los Estados Unidos ha declinado notablemente desde el año 1968. Sin embargo, los de África y Asia han aumentado significativamente.

Un número creciente de mujeres han sido admitidas al ministerio ordenado, nombradas a la superintendencia general, electas a posiciones de liderazgo denominacional y consagradas como obispos. En el año 1980, Marjorie Matthews fue la primera mujer electa al episcopado de la iglesia.

La iglesia se ha esforzado por ser una comunidad dentro de la cual todas las personas, sin importar su origen racial o étnico, puedan participar en todo nivel de su vida y ministerio conexional.

El metodismo unido ha batallado con un número de asuntos críticos. Ha creado y refinado declaraciones de misión y teología.

Ha discutido y actuado sobre asuntos de importancia social tales como el poder nuclear y la paz mundial, la sexualidad humana, el ambiente, el aborto, el SIDA, el evangelismo y la misión mundial.

La iglesia se ha preocupado por la fidelidad y vitalidad de su adoración. Publicó un himnario en inglés en el año 1989 que incluyó un nuevo salterio y liturgias revisadas para bautismos, la Santa Cena, bodas y funerales. Su Conferencia General en 1992 autorizó un nuevo Libro de Adoración. Un himnario nuevo, Mil Voces Para Celebrar, se publicó en 1996. Un himnario en coreano, Come, Let Us Workship: The Korean-English United Methodist Hymnal, se publico en 2000.

La Iglesia Metodista Unida representa la confluencia de tres corrientes de tradición: el metodismo, la Iglesia de los Hermanos Unidos en Cristo y la Asociación Evangélica. Así, juntamente con otras iglesias que son también miembros del Cuerpo de Cristo, con humildad y agradecimiento, ofrece sus alabanzas a Dios por medio de Cristo Jesús y el Espíritu Santo por la gracia creadora y sostenedora. Ella, por lo tanto, busca más gracia aun a medida que sigue ministrando al mundo.

Parte I
LA CONSTITUCIÓN

PREÁMBULO

La Iglesia es una comunidad de todos los verdaderos creyentes bajo el señorío de Cristo. Es la fraternidad redimida y redentora en la cual las personas divinamente llamadas predican la Palabra de Dios, y los Sacramentos son debidamente administrados según el mandato del propio Cristo. Bajo la disciplina del Espíritu Santo, la Iglesia trata de asegurar la continuidad de la adoración, la edificación de los creyentes y la redención del mundo.

La Iglesia de Jesucristo existe en el mundo y para el mundo, y sus divisiones son un estorbo para su misión.

En sus oraciones e intenciones, la Iglesia Metodista Unida y sus predecesoras, la Iglesia Metodista y la Evangélica de los Hermanos Unidos, han pedido, y continúan pidiendo que su pueblo sea uno por medio de la obediencia a la voluntad de nuestro Señor, en humildad, por la fragmentación actual de la iglesia, y en gratitud, porque se nos han dado las oportunidades de reunión.

Por lo tanto, la Iglesia Metodista Unida ha aprobado y enmendado la Constitución siguiente[1].

DIVISIÓN PRIMERA—GENERAL

¶ **1.** Artículo I. *Declaración de Unión*—La Iglesia Evangélica de los Hermanos Unidos y la Iglesia Metodista se unirán en una sola

---

1. La Constitución fue adoptada en Chicago, Illinois, el 11 de noviembre de 1966, por las conferencias generales de la Iglesia Evangélica de los Hermanos Unidos y la Iglesia Metodista y después por el voto requerido en las conferencias anuales de las dos iglesias. El Plan de Unificación fue puesto en vigor por la Conferencia de Unificación en Dallas, Texas, el 23 de abril de 1968. Preámbulo enmendado en el 2000.

Iglesia. La Iglesia Metodista Unida, de este modo constituida, es y será la sucesora de las dos iglesias unificadas[2].

¶ 2. **Artículo II.** *Nombre*—El nombre de la Iglesia será La Iglesia Metodista Unida. El nombre de la Iglesia podrá ser traducido libremente a otros idiomas, aparte del inglés, según lo determine la Conferencia General.

¶ 3. **Artículo III.** *Los Artículos de Religión y la Confesión de Fe*— Los Artículos de Religión y la Confesión de Fe serán aquéllos que al presente tienen, respectivamente, la Iglesia Metodista y la Iglesia Evangélica de los Hermanos Unidos[3].

¶ 4. **Artículo IV.** *Inclusividad de la Iglesia*—La Iglesia Metodista Unida es parte de la iglesia universal, la cual es un cuerpo en Cristo. La Iglesia Metodista Unida reconoce que todas las personas tienen un valor sagrado. Por lo tanto, toda persona sin importar su raza, color, origen nacional[4], podrá asistir a sus servicios de adoración, participar en sus programas y, una vez tomados los votos apropiados, podrá ser admitida como miembro en cualquier iglesia local de la conexión[5]. En la Iglesia Metodista Unida, ninguna conferencia u otra unidad organizacional de la iglesia será estructurada en forma tal que se excluya a cualquier miembro o cuerpo constituyente de la Iglesia por razón de su raza, color, nación de origen, estado o condición económica[6], de igual manera no se negara a ningún miembro acceso a las mismas posiciones en la vida, adoración y gobierno de la Iglesia por cuestiones de raza, color, origen nacional, habilidad, edad, estado civil o condición económica.

¶ 5. **Artículo V.** *Justicia Racial*—La Iglesia Metodista Unida proclama el valor de cada persona como un hijo único de Dios y se compromete con la sanidad e integridad de todas las personas. La Iglesia Metodista Unida reconoce que el pecado del racismo ha sido destructivo en su unidad a través de la historia. El racismo sigue presentando una penosa división. La Iglesia Metodista Unida habrá de confrontar y buscar la eliminación del racismo, tanto en organizaciones como en individuos, en cada fase de la vida y en la sociedad en general. La Iglesia Metodista Unida habrá de colaborar con otras para enfrentar aquello que amenaza la causa de la justicia social en todas sus formas[7].

---

2. Enmendado en 1984, 2000.
3. Enmendado en 2000.
4. Enmendado en 1992,
5. Enmendado en 2000.
6. Ver Decisiones 242, 246, 340, 351, 362, 377, 398, 594, 601 del Concilio Judicial y Decisiones 4, 5 del Concilio Judicial Interino.
7. Enmendado en 2000.

Como revelan las Sagradas Escrituras, tanto el hombre como la mujer están hechos a la imagen de Dios, por tanto, los hombres y las mujeres tienen el mismo valor ante los ojos de Dios. La Iglesia Metodista Unida reconoce la larga historia de discriminación en contra de las mujeres y las niñas. La Iglesia Metodista Unida confrontará y buscará formas de eliminar la discriminación en contra de las mujeres y las niñas, tanto en organizaciones como en individuos, en toda faceta de su vida y en la sociedad en general. La Iglesia Metodista Unida trabajará en colaboración con otros para abordar los problemas que amenazan la igualdad y el bienestar de las mujeres y de las niñas.

¶ **6.** *Artículo VI. Relaciones Ecuménicas*—Como parte de la iglesia universal, la Iglesia Metodista Unida cree que el Señor de la iglesia llama a los cristianos de todas partes a luchar en favor de la unidad; y por lo tanto orará, buscará y trabajará por la unidad en todos los niveles de la vida de la iglesia: mediante sus relaciones mundiales con otras iglesias metodistas y con iglesias unidas relacionadas con la Iglesia Metodista o con la Iglesia Evangélica de los Hermanos Unidos, a través de concilios de iglesias, y a través de planes de unificación y relaciones de pacto[8].

¶ **7.** *Artículo VII. Título de las Propiedades*—Los títulos de las propiedades de la Iglesia Evangélica de los Hermanos Unidos y de la Iglesia Metodista[9], una vez consumada la unión, serán custodiados y administrados de acuerdo con la *Disciplina*[10]. No hay nada en el Plan de Unión que pueda en ningún momento interpretarse como que requiera que una iglesia local u otro propietario perteneciente a la Iglesia Evangélica de los Hermanos Unidos o a la Iglesia Metodista enajene o que de alguna manera cambie el título de propiedad contenido en la escritura o escrituras en el momento de la unión, y ningún lapso de tiempo, o uso alguno, podrá afectar dicho título o control.

DIVISIÓN SEGUNDA—ORGANIZACIÓN

Sección I. Conferencias

¶ **8.** *Artículo I.*—Habrá una Conferencia General para toda la iglesia con los poderes, deberes y privilegios que aquí se establecen.

¶ **9.** *Artículo II.*—Habrá conferencias jurisdiccionales para la iglesia en los Estados Unidos con los poderes, deberes y privilegios

---

8. Enmendado en 1996.
9. Enmendado en 2000.
10. Enmendado en 1984.

que aquí se establecen[11], con tal que en la Iglesia Metodista Unida no habrá ninguna conferencia central ni jurisdiccional basada en otro principio que en el de la división regional o geográfica.

¶ **10.** *Artículo III.*—Habrá conferencias centrales para la iglesia fuera de los Estados Unidos y, de ser necesario, conferencias centrales provisionales, con los poderes, deberes y privilegios que aquí se establecen.

¶ **11.** *Artículo IV.*—Habrá conferencias anuales, que serán los organismos fundamentales de la iglesia y, de ser necesario, conferencias anuales provisionales, con los poderes, deberes y privilegios que aquí se establecen[12].·

¶ **12.** *Artículo V.*—Habrá una conferencia de cargo en cada iglesia o cargo con los poderes, deberes y privilegios que aquí se establecen[13].

Sección II. La Conferencia General

¶ **13.** *Artículo I.*—1. La Conferencia General se compondrá de no menos de seiscientos ni más de mil delegados, la mitad de los cuales serán clérigos y la otra mitad laicos, electos por las conferencias anuales. Las conferencias misioneras serán consideradas como conferencias anuales a los fines de este artículo[14].

2. Los delegados serán electos por las conferencias anuales, excepto en el caso de otras iglesias metodistas autónomas, las cuales podrán elegir delegados siempre y cuando la Conferencia General haya aprobado concordatos con ellas para la elección y participación mutua de delegados a las respectivas conferencias legislativas.

3. En el caso de la Iglesia Metodista de la Gran Bretaña, Iglesia madre del metodismo, se proveerá para que la Iglesia Metodista Unida envíe dos delegados anualmente a la Conferencia Metodista Británica, y para que la Iglesia Metodista en Gran Bretaña envíe cuatro delegados anualmente a la Conferencia General Metodista Unida, teniendo los delegados a ambas conferencias el derecho al voto, estando divididas las delegaciones igualmente entre clérigos y laicos[15].

---

11. Ver Decisión 128 del Concilio Judicial.
12. Ver Decisión 354 del Concilio Judicial.
13. Ver Decisión 516 del Concilio Judicial.
14. Enmendado en 1976.
15. Enmendado en 1996.

¶ **14.** *Artículo II.*—La Conferencia General se reunirá cada cuatro años en el lugar y fecha que determine la Conferencia General, o sus comités debidamente autorizados. Estos cambios estipulados tomarán efecto con la clausura de la Conferencia General de 2016.

El Concilio de Obispos podrá convocar una sesión especial de la Conferencia General, la cual tendrá la autoridad, y ejercerá todos los poderes de la Conferencia General. Tal sesión especial también podrá ser convocada por otro medio que la propia Conferencia General de tiempo en tiempo determine, y se reunirá en el lugar y fecha que se anuncie en la convocatoria. Dicha sesión especial de la Conferencia General estará compuesta por los delegados a la Conferencia General anterior, o por sus sucesores legales, excepto en el caso en que una conferencia anual o una Conferencia Misionera[16] prefiera tener nueva elección, podrá hacerlo[17]. El propósito de dicha sesión especial se declarará en la convocatoria, y solamente podrán tratarse aquellos asuntos declarados en dicha convocatoria, a menos que la Conferencia General determine, mediante el voto de las dos terceras partes, que se puedan tratar otros asuntos[18].

¶ **15.** *Artículo III.*—La Conferencia General fijará la proporción de representación de las conferencias anuales, conferencias misioneras[19] y conferencias anuales Provisionales a la Conferencia General, las conferencias jurisdiccionales y centrales, tomando como base la computación de dos factores: (1) el número de miembros clérigos de las conferencias anuales y conferencias misioneras[20], y (2) el número de miembros profesos[21] de la iglesia en las conferencias anuales y conferencias misioneras[22]; con tal que cada conferencia anual, conferencia misionera[23], o conferencia anual Provisional tenga derecho por lo menos a un delegado clerical y a un laico en la Conferencia General y también en la conferencia jurisdiccional o conferencia central[24].

---

16. Enmendado en 1976.
17. Ver Decisiones 221, 226, 228, 238, 302 del Concilio Judicial.
18. Ver Decisión 227 del Concilio Judicial.
19. Enmendado en 1976.
20. Enmendado en 1976.
21. Enmendado en 2000.
22. Enmendado en 1976.
23. Enmendado en 1976.
24. Ver Decisión 403 del Concilio Judicial.

¶ **16.** *Artículo IV.*—La Conferencia General tendrá poder legislativo absoluto sobre todo asunto específicamente conexivo, y en el ejercicio de sus poderes, tendrá autoridad para[25]:

1. Definir y fijar las condiciones, privilegios y deberes de los miembros de la iglesia sin consideración alguna de raza o estado[26].

2. Definir y fijar los poderes y deberes de los presbíteros, los diáconos, los predicadores suplentes, los pastores locales, los exhortadores y las diaconisas[27].

3. Definir y fijar los poderes y deberes de las conferencias anuales, conferencias anuales provisionales, conferencias misioneras y de las misiones, y de las conferencias centrales, conferencias distritales, conferencias de cargo, y de las reuniones congregacionales[28].

4. Proveer para la organización, promoción y administración de la obra de la iglesia fuera de los Estados Unidos[29].

5. Definir y fijar los poderes, deberes y privilegios del episcopado, adoptar un plan para el sostenimiento de los obispos, proveer una regla uniforme para su jubilación, y proveer para la suspensión del cargo de un obispo por razón de ser ineficaz o inaceptable[30].

6. Proveer y revisar el himnario y el ritual de la iglesia, y regular todos los asuntos relativos a la forma y modo de adoración, sujeta a las limitaciones de las primera y segunda reglas restrictivas[31].

7. Proveer un sistema judicial y un método de procedimiento judicial para la iglesia, excepto donde aquí se prescriba de otra manera.

8. Iniciar y dirigir todas las empresas conexionales de la iglesia, y proveer juntas para su promoción y administración[32].

9. Determinar y proveer la manera de recaudar y distribuir los fondos necesarios para realizar la obra de la Iglesia[33].

---

25. Ver Decisiones 96, 232, 236, 318, 325, 344 del Concilio Judicial.
26. Ver Decisión 558 del Concilio Judicial.
27. Ver Decisiones 58, 313 del Concilio Judicial.
28. Ver Decisión 411 del Concilio Judicial.
29. Ver Decisión 182 del Concilio Judicial; enmendada en 1976.
30. Ver Decisiones 35, 114, 312, 365, 413 del Concilio Judicial.
31. Ver Decisión 694 del Concilio Judicial.
32. Ver Decisiones 214, 364, 411 del Concilio Judicial.
33. Ver Decisión 30 del Concilio Judicial.

10. Fijar una base uniforme para la elección de los obispos por las conferencias jurisdiccionales, y determinar el número de obispos que podrán ser electos por las conferencias centrales[34].

11. Seleccionar de entre los obispos, mediante un comité, sus oficiales presidentes; con tal que los obispos elijan de entre ellos mismos al presidente de la sesión de apertura[35].

12. Cambiar el número y los límites de las conferencias jurisdiccionales con el consentimiento de la mayoría de las conferencias anuales en cada conferencia jurisdiccional afectada[36].

13. Establecer las comisiones que sean aconsejables para la obra general de la iglesia.

14. Asegurar los derechos y privilegios de participación como miembros en todas las agencias, programas e instituciones de la Iglesia Metodista Unida, sin consideración de raza o estado[37].

15. Permitir a las conferencias anuales utilizar estructuras singulares para su misión, a pesar de las otras estructuras ordenadas[38].

16. Promulgar toda otra legislación que fuere necesaria, sujeta a las restricciones y limitaciones de la Constitución de la iglesia[39].

Sección III. Reglas restrictivas

¶ **17.** *Artículo I.*—La Conferencia General no revocará, alterará, o cambiará nuestros Artículos de Religión, ni establecerá ninguna nueva norma o regla de doctrina que sea contraria a nuestras normas de doctrina al presente ya establecidas[40].

¶ **18.** *Artículo II.*—La Conferencia General no revocará, alterará, ni cambiará nuestra Confesión de Fe.

¶ **19.** *Artículo III.*—La Conferencia General no cambiará ni alterará ninguna parte o regla de nuestro gobierno en forma tal que elimine el episcopado o destruya el plan de nuestra superintendencia general itinerante.

¶ **20.** *Artículo IV.*—La Conferencia General no abolirá los privilegios de nuestros clérigos de ser juzgados por un comité,

---

34. Ver Decisiones 598, 735 del Concilio Judicial.
35. Ver Decisión 126 del Concilio Judicial.
36. Ver Decisiones 55, 56, 215 del Concilio Judicial.
37. Ver Decisiones 4, 5, Concilio Judicial Interino; Decisiones 427, 433, 442, 451, 540, 558, 567, 588, 594, 601 del Concilio Judicial.
38. Ver Decisión 825 del Concilio Judicial; enmendada en 1996.
39. Ver Decisión 215 del Concilio Judicial.
40. Ver Decisiones 86, 142, 243, 358, 847, 871 del Concilio Judicial.

y de apelación; ni tampoco abolirá los privilegios de nuestros miembros de ser juzgados ante la iglesia, o por un comité, y de apelación[41].

¶ **21. *Artículo V.***—La Conferencia General no revocará ni cambiará las Reglas Generales de nuestras Sociedades Unidas[42].

¶ **22. *Artículo VI.***—La Conferencia General no podrá destinar los ingresos netos de las casas de publicaciones, los que conciernen a libros, ni el Fondo Constituido (Chartered Fund) a ningún otro propósito que el de beneficiar a los ministros jubilados o impedidos, sus cónyuges, viudas o viudos, y niños u otros beneficiarios del sistema ministerial de pensiones[43].

Sección IV. Conferencias jurisdiccionales

¶ **23. *Artículo I.***—Las conferencias jurisdiccionales se compondrán de un número de representantes de las conferencias anuales y conferencias misioneras[44] según se determine mediante una base uniforme establecida por la Conferencia General. Las conferencias misioneras serán consideradas como conferencias anuales para los propósitos de este artículo[45].

¶ **24. *Artículo II.***—Todas las conferencias jurisdiccionales tendrán la misma categoría y los mismos privilegios de acción dentro de los límites fijados por la Constitución. La proporción de representación de las conferencias anuales y conferencias misioneras[46] en la Conferencia General será la misma para todas las conferencias jurisdiccionales.

¶ **25. *Artículo III.***—La Conferencia General fijará la base de representación en las conferencias jurisdiccionales; con tal que las conferencias jurisdiccionales estén compuestas de igual número de delegados clericales y laicos elegidos por las conferencias anuales, las conferencias misioneras[47] y las conferencias anuales Provisionales.

¶ **26. *Artículo IV.***—Cada conferencia jurisdiccional se reunirá en la ocasión que determine el Concilio de Obispos, o su comité encargado, y cada conferencia jurisdiccional se reunirá al mismo

---

41. Ver Decisiones 351, 522, 557, 595, 982 del Concilio Judicial.
42. Ver Decisiones 358, 468, 847, 871 del Concilio Judicial.
43. Ver Decisiones 322, 330 del Concilio Judicial.
44. Enmendado en 1976.
45. Enmendado en 1976.
46. Enmendado en 1976.
47. Enmendado en 1976.

tiempo que las demás en un lugar seleccionado por el Comité Jurisdiccional de Agasajo, nombrado por su Colegio de Obispos, a menos que dicho comité haya sido nombrado por la conferencia jurisdiccional anterior.

¶ **27. *Artículo V.*—**Las conferencias jurisdiccionales tendrán los siguientes poderes y deberes y todos los demás que les confieran las Conferencias Generales:

1. Promover los intereses de la iglesia en cuanto a la obra evangelística, educacional, misionera y de benevolencias, y proveer para los intereses e instituciones dentro de sus límites[48].

2. Elegir obispos y cooperar en llevar adelante los planes para su sostén según lo determine la Conferencia General[49].

3. Establecer y constituir juntas jurisdiccionales auxiliares a las juntas generales de la iglesia según fuere necesario, y escoger sus representantes a las juntas generales según lo determine la Conferencia General.

4. Determinar los límites de sus conferencias anuales; con tal que no haya ninguna conferencia anual que tenga menos de cincuenta clérigos a plena conexión, excepto con el consentimiento de la Conferencia General.

5. Establecer estatutos y reglamentos para la administración de la obra de la iglesia dentro de la jurisdicción, con sujeción a los poderes que han sido o sean investidos en la Conferencia General[50].

6. Nombrar un Comité de Apelaciones para escuchar y determinar sobre la apelación de un predicador itinerante de esa jurisdicción sobre la decisión de un comité judicial.

Sección V. Conferencias centrales

¶ **28. *Artículo I.*—**Habrá conferencias centrales para la obra de la iglesia fuera de los Estados Unidos[51] con los poderes, deberes y privilegios que se establecen en lo que sigue. La Conferencia de Unificación determinará el número y límites de las conferencias centrales. Posteriormente, la Conferencia General tendrá la autoridad de cambiar el número y límites de las conferencias centrales.

---

48. Ver Decisión 67 del Concilio Judicial.
49. Ver Decisión 1208 del Concilio Judicial.
50. Ver Decisión 1208 del Concilio Judicial.
51. Enmendado en 1976.

Las conferencias centrales tendrán los deberes, poderes y privilegios que se establecen de aquí en adelante.

¶ **29. *Artículo II.***—Las conferencias centrales se compondrán de tantos delegados como se determine de acuerdo con las bases establecidas por la Conferencia General. Los delegados serán clérigos y laicos en igual número[52].

¶ **30. *Artículo III.***—Las conferencias centrales se reunirán durante el año siguiente a la reunión de la Conferencia General en el lugar y fecha determinados por las respectivas conferencias centrales anteriores, o por las comisiones que ellas nombren, o por la Conferencia General. Los obispos de las respectivas conferencias centrales fijarán el lugar y fecha de la primera reunión después de la Conferencia de Unificación, o según lo determine la Conferencia General.

¶ **31. *Artículo IV.***—Las conferencias centrales tendrán los siguientes poderes y deberes, y otros más, según se los confiera la Conferencia General:

1. Promover los intereses evangelísticos, educacionales, misioneros, y de benevolencia de la iglesia, y proveer para los intereses e instituciones dentro de sus propios límites.

2. Elegir los obispos para las respectivas conferencias centrales en el número que se determine, de tiempo en tiempo, sobre una base establecida por la Conferencia General, y cooperar en la promoción de los planes para el sostenimiento de sus obispos según lo determine la Conferencia General[53].

3. Establecer y constituir las juntas de la conferencia central como se requiera, y elegir sus oficiales administrativos[54].

4. Determinar los límites de las conferencias anuales dentro de sus propias áreas.

5. Formular reglas y reglamentos para la administración de la obra dentro de sus límites, inclusive aquellos cambios y adaptaciones de la *Disciplina* General que requieran las condiciones en sus respectivas zonas, sujetas a los poderes con que han sido o sean investidos en la Conferencia General[55].

6. Nombrar una corte judicial que decida las cuestiones legales que surjan acerca de las reglas y reglamentos, así como las

52. Enmendado en 1992.
53. Ver Decisión 370 del Concilio Judicial.
54. Ver Decisión 69 del Concilio Judicial.
55. Ver Decisiones 142, 147, 313 del Concilio Judicial.

secciones revisadas, adoptadas o nuevas de la *Disciplina* de la conferencia central que sean promulgadas por la conferencia central.

7. Nombrar un comité de apelaciones que oiga y determine en cuanto a la apelación de un ministro itinerante de esa conferencia central sobre el fallo de un comité judicial[56].

Sección VI. Conferencias anuales

¶ 32. *Artículo I.*—La conferencia anual se compondrá y miembros laicos. La membresía clerical consistirá de diáconos y presbíteros en plena conexión, miembros provisionales, miembros asociados y pastores locales bajo nombramiento. La membresía laica consistirá de miembros profesos[57] laicos electos por cada cargo, los ministros diaconales, las diaconisas activas que están bajo nombramiento episcopal dentro de los límites de la conferencia anual[58], la presidenta conferencial de las Mujeres Metodistas Unidas, el presidente conferencial de los Hombres Metodistas Unidos, el líder laico conferencial, los líderes laicos del distrito, el director conferencial de Ministerios de Servicio Laico, el secretario conferencial de Ministerios Globales (si es laico), el presidente conferencial o el oficial equivalente de la organización conferencial de adultos jóvenes, el presidente conferencial de la organización de jóvenes, el presidente de la organización de estudiantes de colegios universitarios[59], y una persona joven entre las edades de doce (12) y diecisiete (17) y una persona joven entre las edades de dieciocho (18) y treinta (30)[60] de cada distrito, seleccionados según lo determine la conferencia anual[61]. En las conferencias anuales de las conferencias centrales, la conferencia anual puede ceder los requisitos de cuatro años de participación y dos años de membresía a personas jóvenes menores de treinta (30)[62] años de edad. Tales personas tendrán que ser miembros profesos[63] de la Iglesia Metodista Unida y participantes activos a la hora de elección[64]. Cada cargo en que sirva más de un clérigo, tendrá derecho a tantos miembros laicos como miembros clericales haya. Los

---

56. Ver Decisión 595 del Concilio Judicial.
57. Enmendada en 2000.
58. Enmendado en 1996.
59. Enmendado en 1996.
60. Enmendado en 2000.
61. Enmendado en 1968, 1970, 1980, 1984.
62. Enmendado en 2000.
63. Enmendado en 2000.
64. Enmendado en 1988.

miembros laicos tendrán que haber sido miembros de la Iglesia Metodista Unida durante los dos años anteriores a su elección[65], y haber sido participantes activos en la Iglesia Metodista Unida, por lo menos durante los cuatro años previos a su elección[66].

Si el número de miembros laicos resultase ser menor que el de miembros ministeriales de la conferencia anual, la conferencia anual, utilizando su propia fórmula, proveerá para la elección de miembros laicos adicionales para así equilibrar la membresía clerical y laica de la conferencia anual[67].

¶ **33. *Artículo II.***—La conferencia anual es el organismo básico de la iglesia, y por lo tanto se reserva el derecho de votar en todas las enmiendas constitucionales; en la elección de delegados clericales y laicos a la Conferencia General y a las conferencias jurisdiccionales o centrales; en todos los asuntos relacionados al carácter y a las relaciones conferenciales de sus miembros clericales, y en cuanto a la ordenación de clérigos y cualesquier otros derechos que no se hayan delegado a la Conferencia General según la Constitución, con la excepción de que los miembros laicos no podrán votar en asuntos de ordenación, carácter y relaciones conferenciales de los clérigos, excepto que los miembros laicos de la Junta Conferencial del Ministerio Ordenado podrán votar en asuntos de ordenación, carácter y relaciones conferenciales de los clérigos, y la excepción adicional de que los miembros laicos del Comité Distrital del Ministerio Ordenado sean plenos participantes en el Comité Distrital del Ministerio Ordenado, con voto[68]. Cumplirá con los deberes y ejercerá los poderes que la Conferencia General determine según la Constitución[69].

¶ **34. *Artículo III.***—La conferencia anual elegirá delegados clericales y laicos a la Conferencia General y a su conferencia jurisdiccional o central, en la manera dispuesta en esta sección, Artículos IV y V[70]. Estas elecciones incluirán nominaciones abiertas desde la asamblea de la conferencia anual, y los delegados serán electos por un mínimo de una mayoría simple de los votos emitidos. Las primeras personas que resulten electas, hasta que se alcance el número determinado por la representación propor-

---

65. Enmendado en 1972.
66. Enmendado en 1976.
67. Ver Decisiones 24, 113, 129, 349, 378, 479, 495, 511, 553, 561 del Concilio Judicial, y Decisión 7 del Concilio Judicial Interino.
68. Enmendado en 1996.
69. Ver Decisiones 78, 79, 132, 405, 406, 415, 524, 532, 534, 552, 584, 690, 742, 782, 862 del Concilio Judicial.
70. Ver Decisión 592 del Concilio Judicial.

cional de la Conferencia General serán los representantes ante ese organismo. Además se elegirán delegados adicionales hasta alcanzar el número determinado por la representación proporcional en la conferencia jurisdiccional o central quienes, junto con los que fueron electos al principio, según se indicó arriba, serán los delegados a la conferencia jurisdiccional o central. Los delegados adicionales a la conferencia jurisdiccional o central serán, según el orden de su elección, delegados suplentes a la Conferencia General[71]. La conferencia anual también elegirá delegados suplentes, clericales y laicos, a la conferencia jurisdiccional o central según fuere necesario. Estos delegados clericales y laicos a las conferencias jurisdiccionales o Centrales podrán servir como delegados suplentes cuando sea evidente que suficientes delegados suplentes no estén asistiendo a la Conferencia General[72].

¶ **35. *Artículo IV*.** Los delegados ministeriales ordenados a la Conferencia General y a la conferencia jurisdiccional o central, serán electos[73] por los miembros clericales a plena conexión con la conferencia anual o con la conferencia anual provisional[74].

¶ **36. *Artículo V*.**—Los delegados laicos a la Conferencia General, jurisdiccional o central serán electos por los miembros laicos de la conferencia anual o de la conferencia anual provisional, sin distinción de edad, con tal que tales delegados[75] hayan sido miembros profesos[76] de la Iglesia Metodista Unida por lo menos durante los dos años anteriores a su elección, que hayan sido participantes activos en la Iglesia Metodista Unida por lo menos por cuatro años antes de su elección[77], y que sean miembros de ella dentro de los límites de la conferencia anual que los elige al tiempo en que tienen lugar la Conferencia General, jurisdiccional o central[78].

Sección VII. Límites

¶ **37. *Artículo I*.**—La Iglesia Metodista Unida tendrá conferencias jurisdiccionales constituidas como sigue:

---

71. Ver Decisión 352 del Concilio Judicial.
72. Enmendado en 1992.
73. Enmendado en 1996.
74. Ver Decisión 1181 del Concilio Judicial. Enmendado en 2008.
75. Enmendado en 1972.
76. Enmendado en 2000.
77. Enmendado en 1976.
78. Ver Decisiones 403, 887 del Concilio Judicial.

Noreste—Bermuda[79], Connecticut, Delaware, Distrito de Columbia, Maine, Maryland, Massachusetts, New Hampshire, New Jersey, New York, Pennsylvania, Puerto Rico y las Islas Vírgenes,[80] Rhode Island, Vermont, West Virginia.

Sureste—Alabama, Florida, Georgia, Kentucky, Mississippi, North Carolina, South Carolina, Tennessee, Virginia.

Norcentral—Illinois, Indiana, Iowa, Michigan, Minnesota, North Dakota, Ohio, South Dakota, Wisconsin.

Surcentral—Arkansas, Kansas, Louisiana, Missouri, Nebraska, New Mexico, Oklahoma, Texas.

Oeste—Alaska, Arizona, California, Colorado, Hawaii y el territorio de los Estados Unidos en la región del Pacífico[81], Idaho, Montana, Nevada, Oregon, Utah, Washington, Wyoming.

¶ **38. *Artículo II.*—**La obra de la iglesia fuera de los Estados Unidos[82] podrá ser organizada en conferencias centrales, cuyo número y límites será determinado por la Conferencia de Unificación; posteriormente la Conferencia General tendrá autoridad para hacer cambios en su número y límites.

¶ **39. *Artículo III.*—**El número, nombres y límites (geográficos) de las conferencias jurisdiccionales podrán ser alterados por la Conferencia General con la aprobación de la mayoría de las conferencias anuales de cada una de las conferencias jurisdiccionales afectadas[83].

¶ **40. *Artículo IV.*—**El número, nombres y límites (geográficos) de las conferencias anuales y áreas episcopales podrán ser determinadas por las conferencias jurisdiccionales en los Estados Unidos de Norteamérica[84], y por las conferencias centrales fuera de los Estados Unidos de Norteamérica de acuerdo con lo dispuesto bajo los respectivos poderes según las estructuras[85] respectivas de las conferencias jurisdiccionales y centrales[86]. La autoridad de las conferencias jurisdiccional y central dispuesta aquí no se circunscribe ni se limita por la autoridad dispuesta en el Colegio de Obispos para desarrollar un plan de supervisión episcopal.

---

79. Enmendado en 2008.
80. Enmendado en 1980.
81. Enmendado en 1980.
82. Enmendado en 1976.
83. *Ver* Decisiones 55, 56, 85, 215 del Concilio Judicial.
84. Enmendado en 1976.
85. Enmendado en 1992.
86. *Ver* Decisiones 28, 85, 217, 525, 541, 735 del Concilio Judicial, y Decisiones 1, 2 del Concilio Judicial Interino.

¶ **41.** *Artículo V.*—Transferencias de Iglesias Locales—1. Se podrá transferir una iglesia local de una conferencia anual a otra en la cual se encuentre situada geográficamente, mediante el voto afirmativo de las dos terceras partes de los presentes y votantes en cada una de las siguientes:

a) La conferencia del cargo

b) La Asamblea congregacional de la iglesia local

c) Cada una de las dos conferencias anuales afectadas

Los secretarios de estas conferencias y asambleas certificarán el voto a los obispos que supervisan a las conferencias anuales interesadas; al anunciar los obispos que se han logrado las mayorías requeridas, la transferencia será efectiva inmediatamente.

2. La votación respecto a la aprobación de la transferencia tendrá lugar en cada conferencia anual durante la primera sesión después de someterse el asunto.

3. Las transferencias bajo las disposiciones de este artículo no estarán regidas ni restringidas por otras disposiciones de esta Constitución relativas a cambios en los límites de las conferencias.

Sección VIII. Conferencias de distrito

¶ **42.** *Artículo I.*—En una conferencia anual podrán organizarse conferencias de distrito compuestas por tales personas e investidas con tales poderes como lo determine la Conferencia General.

Sección IX. Conferencias del cargo

¶ **43.** *Artículo I.*—En cada cargo se organizará una conferencia del cargo compuesta de tales personas e investidas con los poderes que disponga la Conferencia General.

¶ **44.** *Artículo II.* Elección de Oficiales de la Iglesia—A menos que la Conferencia General ordene de otra manera, los oficiales de la iglesia o iglesias que constituyan un cargo serán electos por la conferencia del cargo, o por los miembros profesos[87] de dicha iglesia o iglesias en una asamblea convocada para ese propósito, según lo disponga la conferencia del cargo, a menos que el acta constitutiva de la iglesia local, o las leyes del estado o de la provincia dispongan de otra manera.

---

87. Enmendado en 2000.

DIVISIÓN TERCERA—SUPERVISIÓN EPISCOPAL

¶ 45. *Artículo I.*—Habrá continuidad de episcopado en la Iglesia Metodista Unida del mismo plan, poderes, privilegios y deberes que ahora existen en la Iglesia Metodista y en la Iglesia Evangélica de los Hermanos Unidos en todos los aspectos en que estén acordes y puedan ser considerados idénticos; y las diferencias entre estos dos episcopados históricos se consideran que son reconciliadas y armonizadas por este Plan de Unión y Constitución de la Iglesia Metodista Unida y en el mismo, y en las acciones tomadas en consecuencia, de modo que de este medio se crea y se establece una superintendencia y episcopado unificado de los que ahora son y serán obispos de la Iglesia Metodista Unida, en ellos y por ellos; y dicho episcopado tendrá los poderes, privilegios y deberes que aquí se establecen[88].

¶ 46. *Artículo II.*—Las respectivas conferencias jurisdiccionales y centrales elegirán y consagrarán a los obispos de la manera histórica, en tal tiempo y lugar que la Conferencia General fije en el caso de aquellos electos por las jurisdicciones, y por cada conferencia central si son electos por dicha conferencia central[89].

¶ 47. *Artículo III.*—Habrá un Concilio de Obispos compuesto de todos los obispos de la Iglesia Metodista Unida. El Concilio se reunirá por lo menos una vez al año y hará planes para la supervisión y promoción general de los intereses temporales y espirituales de toda la iglesia, y para poner en vigor las reglas, reglamentos y responsabilidades prescritos y encomendados por la Conferencia General, y en acuerdo con las disposiciones establecidas en este Plan de Unión[90].

¶ 48. *Artículo IV.*—Los obispos de cada conferencia jurisdiccional y central constituirán un Colegio de Obispos, y dicho Colegio de Obispos organizará el plan de supervisión episcopal de las conferencias anuales, conferencias misioneras[91] y misiones dentro de sus respectivos territorios[92].

¶ 49. *Artículo V.*—Los obispos ejercerán supervisión residencial y presidencial en las conferencias jurisdiccionales o centrales[93] en que son electos o en aquéllas a que son transferidos. Los

88. Ver Decisiones 4, 114, 127, 363 del Concilio Judicial.
89. Ver Decisión 21 del Concilio Judicial.
90. Ver Decisión 424 del Concilio Judicial.
91. Enmendado en 1976.
92. Ver Decisiones 517, 735 del Concilio Judicial.
93. Enmendado en 1980.

obispos pueden ser transferidos de una jurisdicción a otra para ejercer supervisión presidencial y residencial bajo las siguientes condiciones: (1) La transferencia de obispos puede ser sobre una de dos bases: (a) una jurisdicción que recibe a un obispo por transferencia de otra jurisdicción puede transferir a esa jurisdicción, o a una tercera jurisdicción, uno de sus propios obispos elegibles para transferencia, de tal manera que el número recibido por transferencia en cada jurisdicción sea balanceado por el número que sale por transferencia; o (b) una jurisdicción puede recibir un obispo de otra jurisdicción y no transferir a un miembro de su propio Colegio de Obispos. (2) No se transferirá a ningún obispo a menos que el obispo haya consentido específicamente. (3) No se podrá transferir a ningún obispo a menos que el mismo haya servido un cuadrienio en la jurisdicción en la cual fue elegido al episcopado. (4) Todas estas transferencias requerirán la aprobación de una mayoría de votos de los miembros presentes y votantes de los Comités Jurisdiccionales del Episcopado de las jurisdicciones comprendidas[94]. Después de haber seguido los procedimientos arriba mencionados, el obispo que se transfiere pasará a ser miembro del Colegio de Obispos que lo recibe y estará sujeto a nombramiento residencial por la conferencia jurisdiccional.

El Concilio de Obispos podrá asignar a un obispo para servicio presidencial u otro servicio temporal en otra jurisdicción diferente a la que le eligió obispo, con tal que la petición sea hecha por la mayoría de los obispos de la jurisdicción en donde habrá de servir.

En caso de una emergencia en cualquier jurisdicción o conferencia central, por razón de muerte o impedimento de un obispo, o por otra causa, el Concilio de Obispos puede asignar a un obispo de otra jurisdicción o conferencia central para el trabajo de dicha jurisdicción o conferencia central con el consentimiento de la mayoría de los obispos de dicha jurisdicción o conferencia central.

¶ **50. *Artículo VI.*—**Los obispos, tanto activos como jubilados, de la Iglesia Evangélica de los Hermanos Unidos y de la Iglesia Metodista al tiempo de consumarse la unificación, serán obispos de la Iglesia Metodista Unida.

Los obispos de la Iglesia Metodista electos por las jurisdicciones, los obispos activos de la Iglesia Evangélica de los Hermanos Unidos al tiempo de la unificación, y los obispos electos por las jurisdicciones de la Iglesia Metodista Unida serán obispos por

---

94. Enmendado en 1992.

vida. Cada obispo electo por una conferencia central de la Iglesia Metodista mantendrá el oficio por el tiempo que la conferencia central que lo eligió haya determinado[95].

La conferencia jurisdiccional elegirá un comité permanente del episcopado que consistirá de un delegado clérigo y uno laico de cada conferencia anual, postulados por la delegación de la conferencia anual. El comité revisará el trabajo de los obispos, decidirá sobre su carácter y administración oficial e informará a la conferencia jurisdiccional sus resultados para que la conferencia actúe en la forma que estime apropiada dentro de sus poderes constitucionales. El comité recomendará a la conferencia jurisdiccional el nombramiento de sus obispos a sus respectivas residencias, y la Conferencia tomará la acción final.

Estas provisiones no impedirán la adopción de la Conferencia General de las provisiones para el Concilio de Obispos de mantener a sus miembros específicos responsables por su trabajo como superintendentes generales o como presidentes y residentes en áreas episcopales.

¶ **51. *Artículo VII.*—**Un obispo que preside sobre una conferencia anual, central o jurisdiccional decidirá todas las cuestiones legales que vengan ante el obispo durante el curso de los negocios regulares de una sesión[96], con tal que estas cuestiones sean presentadas por escrito y que las decisiones sean registradas en las actas de la conferencia. Dicha decisión episcopal no tendrá autoridad mas que en el caso pendiente hasta tanto que ésta sea aprobada por el Concilio Judicial. Todas las decisiones legales hechas por cada obispo se informarán anualmente por escrito, junto con un resumen de ellas, al Concilio Judicial, el que las afirmará, modificará o revocará[97].

¶ **52. *Artículo VIII.*—**Los obispos de las diversas conferencias jurisdiccionales y centrales presidirán en las sesiones de sus respectivas conferencias[98].

¶ **53. *Artículo IX.*—**En cada conferencia anual habrá uno o más superintendentes de distrito, quienes asistirán al obispo en la administración de la conferencia anual y tendrán tales respon-

---

95. Ver Decisiones 4, 303, 361, 709 del Concilio Judicial.
96. Ver Decisión 33 del Concilio Judicial.
97. Ver Decisión 763 del Concilio Judicial.
98. Ver Decisión 395, 1194, 1195 y 1196 del Concilio Judicial.

sabilidades y período de servicio como la Conferencia General lo determine[99].

¶ **54. *Artículo X.***—Los obispos nombrarán ministros a los cargos, después de consultar con los superintendentes de distrito; y ellos tendrán tales responsabilidades y autoridades como lo prescriba la Conferencia General[100].

DIVISIÓN CUARTA—ADMINISTRACIÓN JUDICIAL

¶ **55. *Artículo I.***—Habrá un Concilio Judicial. La Conferencia General determinará el número y requisitos de sus miembros, sus períodos de servicio y el método de elección y cómo llenar las vacantes.

¶ **56. *Artículo II.***—El Concilio Judicial tendrá autoridad para:

1. Determinar la constitucionalidad de cualquier acto de la Conferencia General a petición de una mayoría del Concilio de Obispos, o de la quinta parte de los miembros de la Conferencia General, y para determinar la constitucionalidad de cualquier acto de la conferencia jurisdiccional o central a petición de una mayoría de los obispos de esa conferencia jurisdiccional o central, o a petición de la quinta parte de los miembros de esa conferencia jurisdiccional o central.

2. Oír y determinar cualquier apelación de la decisión legal de un obispo tomada en la conferencia anual, cuando dicha apelación haya sido hecha por la quinta parte de los presentes y votantes de esa Conferencia.

3. Revisar las decisiones legales tomadas por los obispos en las conferencias anuales.

4. Oír y determinar la legalidad de cualquier acción tomada por cualquier junta de la Conferencia General, o cualquier junta u organismo de la conferencia jurisdiccional o central, a petición de una tercera parte de los miembros de las mismas, o a petición del Concilio de Obispos o de la mayoría de los obispos de una conferencia jurisdiccional o central.

5. Ejercer otros deberes y poderes que la Conferencia General les confiera.

6. Preparar sus propios métodos de organización y procedimiento.

¶ **57. *Artículo III.***—Todas las decisiones del Concilio Judicial serán definitivas. Cuando el Concilio Judicial declare inconstitucional cualquier acto de la Conferencia General, mientras ésta se

---

99. Ver Decisiones 368, 398 del Concilio Judicial.
100. Ver Decisión 1307 del Concilio Judicial.

encuentra en sesión, se notificará de inmediato dicha decisión a esa Conferencia General.

¶ **58.** *Artículo IV.*—La Conferencia General establecerá un sistema judicial para la iglesia que garantizará a nuestros clérigos el derecho a juicio por un comité y el derecho de apelación; y a nuestros miembros, el derecho a juicio ante la Iglesia o por un comité, y el derecho de apelación[101].

DIVISIÓN QUINTA—ENMIENDAS

¶ **59.** *Artículo I.*—Las enmiendas a la Constitución se harán por una mayoría de las dos terceras partes de los miembros presentes y votantes de la Conferencia General y un voto afirmativo de dos terceras partes del número agregado de los miembros presentes y votantes de las diversas conferencias anuales, excepto en el caso de la primera y segunda reglas restrictivas que requerirán una mayoría de las tres cuartas partes de todos los miembros presentes y votantes de las conferencias anuales. El Concilio de Obispos contará la votación, después de haber concluido, y la enmienda que se votó entrará en vigor cuando se anuncie que haya obtenido la mayoría de votos requeridos[102].

¶ **60.** *Artículo II.*—Las enmiendas a la Constitución pueden originarse ya sea en la Conferencia General o en las conferencias anuales.

¶ **61.** *Artículo III.*—Una conferencia jurisdiccional o central[103] puede, por una mayoría de votos, proponer cambios en la Constitución de la Iglesia, y dichos cambios propuestos serán sometidos en la Conferencia General siguiente. Si la Conferencia General adopta la medida por un voto de las dos terceras partes, ésta será sometida a las conferencias anuales de acuerdo con lo dispuesto para las enmiendas.

---

101. Ver Decisión 522 del Concilio Judicial.
102. Ver Decisiones 154, 243, 244, 349, 483, 884, 961 del Concilio Judicial; enmendado en 1976.
103. Enmendado en 1980.

Parte II
LA DISCIPLINA GLOBAL

¶ 101. La *Disciplina* representa la manera wesleyana de servir a Cristo a través de la doctrina y vida cristiana disciplinada. Constituimos una denominación mundial unida por su doctrina, disciplina y misión por medio de nuestro pacto conexional. La *Disciplina* expresa tal unidad. Cada conferencia central podrá hacer los cambios y adaptaciones a la *Disciplina* que consideren convenientes para cumplir de manera más efectiva nuestra misión en diferentes contextos. Sin embargo, algunas porciones de la *Disciplina* no podrán someterse a cambio. La siguientes partes y párrafos sólo podrán cambiarse o adaptarse por medio de la acción de la Conferencia General. El Comité Permanente de Asuntos de la Conferencia Central tiene la responsabilidad principal para proponer revisiones de este párrafo a la Conferencia General.

Partes I-V
I. Constitución ¶¶ 1-61
II. Disciplina global
III. Normas doctrinales y nuestra tarea teológica ¶¶ 102-105
IV. El Ministerio de todos los Cristianos ¶¶ 120-142
V. El Prefacio y preámbulo de los Principios Sociales y ¶¶ 160-166

El Comité Permanente de Asuntos de la Conferencia Central, en consulta con el Comité de Fe y Orden, presentará legislación a la Conferencia General para cambiar la estructura de la *Disciplina General* para incluir una *Parte IV, Organización y administración general*, que no se debe cambiar ni adaptar por las conferencias centrales, y una *Parte VII, Organización y administración adicional*, adaptable por las conferencias centrales de acuerdo con ¶ 31.5. El contenido de la Parte VI de la *Disciplina* 2016 se incluirá en la Parte VI o en la Parte VII de la *Disciplina General*. La tarea establecida en la Parte VI, capítulo 2 (El ministerio ordenado) y el capítulo 3 (La superintendencia) de la *Disciplina* 2016 será realizada por el Comité Permanente de Asuntos de la Conferencia Central en colaboración con la Comisión de Estudio Ministerial, y para la Parte VI, capítulo 5 (Orden administrativo) de la *Disciplina* 2016, el Comité Permanente de Asuntos de la Conferencia Central lo realizará en consulta con la Mesa Conexional.

La Comisión de la Conferencia General deberá dedicar el tiempo adecuado durante los primeros tres días de la Conferencia General 2020 para la consideración y acción plenarias sobre la *Parte VI, Administración y organización general*, sometidas por el Comité Permanente de Asuntos de la Conferencia Central. Los cambios subsecuentes a la Parte VI serán examinados por el Comité Permanente de Asuntos de la Conferencia Central para someterlos a la Conferencia General.

Parte III
NORMAS DOCTRINALES Y NUESTRA TAREA TEOLÓGICA[1]

¶ 102. SECCIÓN 1—NUESTRA HERENCIA DOCTRINAL

Los metodistas unidos profesan la fe histórica cristiana en Dios, encarnado en Jesucristo para nuestra salvación y que obra constantemente en la historia humana mediante el Espíritu Santo. Al vivir en un pacto de gracia bajo el Señorío de Jesucristo, participamos en las primicias del reinado de Dios que ha de venir y rogamos esperanzados por su plena manifestación en la tierra como lo es en el cielo.

Nuestra herencia doctrinal y nuestra presente tarea teológica se enfocan en una nueva comprensión de la soberanía divina y del amor de Dios en Cristo, en medio de las continuas crisis de la existencia humana.

Nuestros antepasados en la fe reafirmaron el antiguo mensaje cristiano que se encuentra en el testimonio apostólico, aun cuando lo aplicaban de nuevo a sus propias circunstancias.

Su predicación y enseñanza se basaban en las Escrituras, eran informadas por la tradición cristiana, se avivaban mediante la experiencia y eran puestas a prueba por la razón.

Sus labores inspiran e informan nuestros esfuerzos por llevar el evangelio redentor a nuestro mundo, con sus necesidades y aspiraciones.

Nuestra herencia común como cristianos

Los metodistas unidos compartimos una herencia común con los cristianos de todos los tiempos y de todas las naciones. Esta

---

1. El Consejo Judicial falló en 1972 que todas las secciones de la Parte II, con la excepción del ¶ 103, eran "acciones legislativas que ni son parte de la Constitución ni caen bajo las Reglas Restrictivas" (ver Decisión 358 del Consejo Judicial).

herencia se basa en el testimonio apostólico respecto a Jesucristo como Salvador y Señor, lo que constituye la fuente y medida de toda enseñanza cristiana válida.

Los líderes de la iglesia primitiva, al enfrentarse con las diversas interpretaciones del mensaje apostólico, buscaron especificar el meollo de la fe cristiana para poder asegurar la solidez de la enseñanza cristiana.

La determinación del canon de las Escrituras cristianas y la aprobación de credos ecuménicos, tales como las fórmulas de Nicea y Calcedonia, fueron de principal importancia en el proceso de llegar a un consenso. Estos credos ayudaron a conservar la integridad del testimonio de la iglesia, establecieron fronteras aceptables para la doctrina cristiana y proclamaron los elementos básicos del mensaje cristiano imperecedero. Estas declaraciones de fe, conjuntamente con el Credo Apostólico, contienen los aspectos más importantes de nuestra herencia ecuménica.

Los reformadores protestantes de los siglos XVI y XVII promulgaron nuevas declaraciones de fe que reiteraban la enseñanza cristiana clásica con la intención de recuperar así el testimonio bíblico auténtico. Estas declaraciones de fe afirmaban la primacía de las Escrituras y proveían normas doctrinales formales mediante sus declaraciones de las creencias esenciales en asuntos tales como el camino de salvación, la vida cristiana y la naturaleza de la iglesia.

Muchas enseñanzas típicamente protestantes pasaron a ser parte de las doctrinas metodistas unidas a través de fórmulas doctrinales tales como los Artículos de Religión de la Iglesia de Inglaterra y el Catecismo de Heidelberg, de la tradición reformada.

Diversas declaraciones doctrinales en forma de credos, confesiones de fe y artículos de fe fueron adoptadas oficialmente por las iglesias como normas de la enseñanza cristiana. Pero a pesar de su importancia, estas normas doctrinales formales no agotaron la enseñanza cristiana portadora de autoridad.

Las normas surgieron inicialmente a partir de un conjunto mucho más amplio de la práctica y el pensamiento cristianos, y su pleno significado se manifestó en los escritos de los maestros de la iglesia. Algunos de estos escritos han demostrado ser simples jalones en la historia del continuo proceso de maduración de la iglesia.

Por otra parte, algunos sermones, tratados, liturgias e himnos han ganado una autoridad práctica considerable en la vida y pensamiento de la iglesia en virtud de su extensa y continuada aceptación como exposiciones fieles de la enseñanza cristiana. Sin embargo, la medida básica de la autenticidad en las normas doctrinales, ya sean éstas establecidas formalmente o recibidas por tradición, ha sido su fidelidad a la fe apostólica basada en las Escrituras y hecha evidente en la vida de la iglesia a lo largo de los siglos.

Afirmaciones cristianas básicas

Conjuntamente con los cristianos de otras comuniones afirmamos nuestra fe en el Dios Trino: Padre, Hijo y Espíritu Santo. Esta confesión abraza el testimonio bíblico de la actividad divina en la creación, incluye la involucración de Dios en los dramas de la historia y aguarda la consumación del reinado de Dios.

El orden de lo creado ha sido diseñado para el bienestar de todas las criaturas y como el lugar donde la humanidad ha de habitar en pacto con Dios. Sin embargo, como criaturas pecadoras, hemos roto ese pacto, nos hemos separado de Dios, nos hemos herido a nosotros mismos y a los demás, y hemos causado caos en el orden natural. Estamos necesitados de redención.

Afirmamos, en común con todos los cristianos, una fe en el misterio de la salvación en y mediante Jesucristo. El centro mismo del evangelio de salvación es la encarnación de Dios en Jesús de Nazaret. Las Escrituras dan testimonio del amor redentor de Dios en la vida y enseñanzas de Jesús, en su muerte expiatoria, en su resurrección, su presencia soberana en la historia, en su triunfo sobre los poderes del mal y de la muerte y en su retorno prometido. Porque Dios en verdad nos ama, a pesar de nuestro pecado intencional, Dios nos juzga, nos llama al arrepentimiento, nos perdona y nos recibe mediante esa gracia que nos es dada en Jesucristo y nos da la esperanza de la vida eterna.

Compartimos la fe cristiana de que el amor redentor de Dios se manifiesta en la vida humana mediante la actividad del Espíritu Santo, tanto en la experiencia personal como en la comunidad de creyentes. Esta comunidad es la iglesia, la cual el Espíritu ha llevado a ser para la salud de las naciones.

Mediante la fe en Jesucristo somos perdonados, reconciliados con Dios, y transformados como pueblo del nuevo pacto.

La vida en el Espíritu comprende el uso diligente de los medios de gracia tales como la oración, el ayuno, asistir a los sacramentos y la búsqueda interna a solas. También incluye la vida comunal de la iglesia en adoración, misión, evangelismo, servicio y testimonio social.

Nos consideramos parte de la iglesia universal de Cristo cuando mediante la adoración, la proclamación y el servicio, nos ajustamos a él. Somos iniciados e incorporados a esta comunidad de fe mediante el bautismo, cuando recibimos la promesa del Espíritu, quien nos crea de nuevo y nos transforma. Mediante la celebración regular de la Santa Comunión participamos en la presencia de Jesucristo resucitado y de ese modo recibimos sustento para el discipulado fiel.

Oramos y obramos por el advenimiento del reino y reinado de Dios al mundo, y nos regocijamos en la promesa de vida eterna que vence la muerte y las fuerzas del mal.

Conjuntamente con otros cristianos reconocemos que el reinado de Dios es a la vez una realidad presente y futura. La iglesia está llamada a ser el lugar donde las primeras manifestaciones del reinado de Dios se identifican y reconocen en el mundo. Dondequiera que las personas son transformadas en nuevas criaturas en Cristo, que la visión y los recursos del evangelio obran en la vida del mundo, el reinado de Dios ya ejerce su función mediante su poder sanador y renovador.

Aguardamos también el tiempo final en el que se culminará la obra de Dios. Esta seguridad nos brinda esperanza en nuestras acciones presentes, como individuos y como iglesia. Esta expectación nos salva de la resignación y motiva nuestro constante testimonio y servicio.

Compartimos con muchas comuniones cristianas un reconocimiento de la autoridad de las Escrituras en asuntos de fe, la confesión de que nuestra justificación como pecadores es por gracia mediante la fe, y el sobrio reconocimiento de que la iglesia necesita ser reformada y renovada continuamente.

Afirmamos el ministerio general de todos los cristianos bautizados que comparten responsabilidad en el desarrollo de la iglesia y en su extensión en misión y servicio al mundo.

Conjuntamente con otros cristianos, declaramos la unidad esencial de la iglesia en Cristo Jesús. Esta rica herencia de creencias cristianas que compartimos encuentra expresión en nuestra himnología y liturgias. Nuestra unidad se afirma en los credos históricos en los que confesamos una iglesia santa, católica y apostólica. También se experimenta en diversas formas de ministerio conjunto y en varias formas de cooperación ecuménica.

Nutridos por raíces comunes de esta herencia cristiana que compartimos, las ramas de la iglesia de Cristo han desarrollado diversas tradiciones que acrecientan nuestro acervo de ideas compartidas. Nuestro compromiso ecuménico como metodistas unidos nos mueve a unir nuestros énfasis doctrinales dentro de una mayor unidad cristiana, donde puedan acrecentar su significado dentro de una totalidad aun más rica.

Si hemos de ofrecer nuestros mejores dones al tesoro común cristiano, debemos hacer un esfuerzo deliberado como iglesia por alcanzar un autoentendimiento crítico. Es como cristianos involucrados en una relación ecuménica que abrazamos y examinamos nuestra herencia particular.

Nuestra herencia particular como metodistas unidos

La energía básica de la herencia teológica wesleyana surge de un énfasis en la teología práctica, la puesta en práctica de un cristianismo genuino en las vidas de los creyentes.

El Metodismo no nació en respuesta a una disputa doctrinal específica, aun cuando no hubo falta de controversia teológica. Los primeros metodistas declararon que predicaban las doctrinas bíblicas de la Iglesia de Inglaterra según éstas aparecen en los Artículos de Religión, en las Homilías, y en el *Libro de Oración Común*.

Su tarea no era reformular la doctrina. Sus tareas eran el llamar a la gente a experimentar la gracia justificadora y santificadora de Dios y el estimular a la gente a crecer en el conocimiento y amor de Dios mediante las disciplinas personales y comunitarias de la vida cristiana.

El énfasis del movimiento wesleyano y el de los Hermanos Unidos y de la Asociación Evangélica era reformar a la nación, particularmente a la iglesia, y esparcir la santidad escritural sobre la tierra.

La orientación de Wesley hacia lo práctico es evidente en su enfoque sobre el camino bíblico de la salvación. Él consideraba los asuntos doctrinales sobre todo en cuanto a su significado para el discipulado cristiano.

El énfasis wesleyano en la vida cristiana—la fe y el amor puestos en práctica—ha sido el marchamo de aquellas tradiciones que ahora se han incorporado en la Iglesia Metodista Unida. La forma característica de la herencia teológica wesleyana puede verse en una constelación de énfasis doctrinales que revelan la actividad creadora, redentora y santificadora de Dios.

Énfasis wesleyanos particulares

Aun cuando Wesley compartía con muchos otros cristianos la creencia en la gracia, la justificación, la seguridad y la santificación, él las combinó de un modo poderoso creando así un énfasis particular de cómo vivir la vida cristiana en plenitud. La tradición evangélica de los Hermanos Unidos, especialmente según la expresó Philip William Otterbein, de trasfondo reformado, ofreció énfasis particulares similares.

La gracia domina nuestro entendimiento de la fe y vida cristiana. Por gracia entendemos la acción inmerecida y amorosa de Dios en la existencia humana mediante el Espíritu Santo quien está siempre presente. Aunque la gracia de Dios es indivisible, ésta precede a la salvación como gracia previniente, continúa como gracia justificadora, y culmina como gracia santificadora.

Afirmamos que la gracia divina se manifiesta en toda la creación aun cuando el sufrimiento, la violencia y el mal están presentes en todas partes. La bondad de la creación encuentra cumplimiento en los seres humanos, quienes están llamados a una relación de pacto con Dios. Dios nos ha dotado de dignidad y libertad y nos ha llamado a ser responsables por nuestras vidas y por la vida del mundo.

En la autorrevelación de Dios, Jesucristo, vemos el esplendor de nuestra verdadera humanidad. Aun nuestro pecado, con sus consecuencias destructivas de toda la creación, no altera la intención de Dios respecto a nosotros—santidad y felicidad de corazón. Ni limita tampoco nuestra responsabilidad por la manera en que vivimos.

A pesar de nuestro quebrantamiento, somos criaturas creadas por un Dios justo y misericordioso. La restauración de la imagen de Dios en nuestras vidas requiere gracia divina que renueve nuestra naturaleza caída.

Gracia previniente—Reconocemos la gracia previniente de Dios, el amor divino que rodea a toda la humanidad y que precede todos y cualquiera de nuestros impulsos conscientes. Esta gracia aviva nuestro primer deseo de agradar a Dios, nuestro primer atisbo de entendimiento de la voluntad de Dios y nuestra primera convicción, ligera y transitoria, de haber pecado contra Dios.

La gracia de Dios también despierta en nosotros un ansia de ser librados del pecado y de la muerte y nos mueve hacia el arrepentimiento y la fe.

Justificación y seguridad—Creemos que Dios alcanza al creyente arrepentido con su gracia justificadora y su amor que le acepta y perdona. La teología wesleyana enfatiza que un cambio decisivo puede ocurrir y ocurre en el corazón humano bajo el estímulo de la gracia y la dirección del Espíritu Santo.

Mediante la fe, al ser justificados, nuestros pecados son perdonados y somos restaurados al favor de Dios. Dios, al corregir nuestras relaciones mediante Cristo, despierta nuestra fe y esperanza al experimentar la regeneración mediante la cual somos nuevas criaturas en Cristo.

Este proceso de justificación y nuevo nacimiento frecuentemente es llamado conversión. Tal cambio puede ser súbito y dramático, o gradual y cumulativo. Marca un nuevo comienzo, pero es parte de un proceso continuado. La experiencia cristiana de transformación personal siempre se manifiesta como fe que obra en amor.

Nuestra teología wesleyana también abraza la promesa bíblica de que podemos esperar recibir seguridad de nuestra salvación presente, cuando el Espíritu da testimonio a nuestro espíritu de que somos hijos de Dios.

Santificación y perfección—Afirmamos que la maravilla de la aceptación y perdón de parte de Dios no es el final de la obra redentora de Dios, sino que ésta continúa nutriendo nuestro crecimiento en la gracia. Mediante el poder del Espíritu Santo, se nos capacita para crecer en el conocimiento y amor de Dios y en el amor de nuestro prójimo.

El nuevo nacimiento es el primer paso en este proceso de santificación. La gracia santificadora nos lleva hacia el don de la perfección cristiana, la que Wesley describió como el corazón habitualmente lleno de amor a Dios y al prójimo y tener la mente de Cristo y andar como él anduvo.

Este don gratuito del poder y amor de Dios, esperanza y expectación de los fieles, ni lo merecemos por nuestros esfuerzos, ni se ve limitado por nuestras flaquezas.

Fe y buenas obras—Vemos la gracia divina y la actividad humana obrando juntas en la relación entre fe y buenas obras. La gracia de Dios promueve la respuesta y disciplina humanas.

La fe es la única respuesta esencial para la salvación. Sin embargo, las Reglas Generales nos recuerdan que la salvación se hace patente mediante las buenas obras. Para Wesley, aun el arrepentimiento debe ser acompañado de frutos dignos de arrepentimiento u obras de piedad y misericordia.

Tanto la fe como las buenas obras son parte de una teología de la gracia que lo incluye todo, puesto que ambas surgen del amor gratuito de Dios derramado en nuestros corazones por el Espíritu Santo.

Misión y servicio—Insistimos que la salvación personal siempre envuelve la misión cristiana y el servicio al mundo. Al vincular el corazón y la mano, afirmamos que la religión personal, el testimonio evangélico y la acción social cristiana son recíprocos y se refuerzan mutuamente.

La santidad bíblica implica más que piedad personal; el amor de Dios está siempre vinculado con el amor al prójimo, una pasión por la justicia y renovación en la vida del mundo.

Las Reglas Generales representan una expresión tradicional de la relación intrínseca entre la vida y el pensamiento cristiano según ésta se entiende en la tradición wesleyana. La teología es sierva de la piedad, y ésta es a su vez la base de la conciencia social y el ímpetu para la acción social y la interacción global, siempre dentro del contexto capacitador del reinado de Dios.

Naturaleza y misión de la Iglesia—Finalmente, enfatizamos la función nutricia y de servicio de la fraternidad cristiana en la Iglesia. La experiencia personal de fe se nutre en la comunidad de adoración.

Para Wesley no hay otra religión que la religión social, ni otra santidad que la santidad social. Las formas comunitarias de fe en la tradición wesleyana no solamente promueven el desarrollo personal; también nos capacitan y movilizan para nuestra misión y servicio al mundo.

La extensión de la iglesia surge de la acción del Espíritu. Como metodistas unidos respondemos a esa acción mediante una política conexional basada en nuestra mutua responsabilidad. Los lazos conexionales nos unen en fe y servicio en nuestro testimonio global, lo que hace que la fe se torne activa en el amor e intensifique nuestro deseo de que haya paz y justicia en el mundo.

Doctrina y disciplina en la vida cristiana

Ningún otro tema ha sido más constante en la tradición wesleyana que el vínculo entre la doctrina cristiana y la vida cristiana. Los metodistas siempre han sido llamados estrictamente a mantener la unidad de la fe y las buenas obras mediante los medios de gracia, como puede verse en *Nature, Design, and General Rules of the United Societies* (1743) de Juan Wesley. La coherencia de la fe con los ministerios de amor forma la disciplina de la espiritualidad wesleyana y del discipulado cristiano.

Las Reglas Generales fueron diseñadas originalmente para los miembros de las sociedades metodistas, que participaban en la vida sacramental de la Iglesia de Inglaterra. La condición de ser miembros en estas sociedades era sencilla: deseo de huir de la ira venidera y de ser salvos de sus pecados.

Wesley insistió, sin embargo, que la fe evangélica ha de manifestarse en la vida evangélica. Definió esta expectación en la fórmula tripartita de las Reglas:

"Por lo tanto ha de esperarse que todos los que continúen en ella seguirán dando evidencia de su deseo de ser salvos,

Primero: No causando daño, evitando toda suerte de mal";

Segundo: Haciendo todo el bien posible y, hasta donde fuere posible, a todos";

Tercero: Participando de todas las ordenanzas de Dios (¶ 103).

Los ejemplos que Wesley usa para ilustrar cada una de estas tres reglas muestran cómo la conciencia cristiana se puede mover de principios generales a acciones específicas. Su combinación explícita acentúa la fuente espiritual de la acción moral.

Wesley rechazó la dependencia excesiva en estas reglas. La disciplina no es legislación eclesiástica, sino una vía de discipulado. Wesley insistió que la verdadera religión es el conocimiento de Dios en Jesucristo, la vida que está escondida con Cristo en Dios, y la justicia que ansía el verdadero creyente.

Reglas generales y los principios sociales

Basados en tales premisas evangélicas, los metodistas de todas las edades han buscado ejercer su responsabilidad por la calidad moral y espiritual de la sociedad. Al afirmar la relación entre doctrina y ética las Reglas Generales proveen una temprana señal de la conciencia social metodista.

Los Principios Sociales (¶¶ 160-166) presentan nuestro sumario oficial más reciente de la declaración de convicciones que procura aplicar la visión cristiana de la justicia a las cuestiones sociales, económicas y políticas. Nuestra oposición histórica a condiciones tales como el contrabando, la condición inhumana de las prisiones, la esclavitud, embriaguez y el trabajo infantil se basaba en una viva percepción de la ira de Dios contra la injusticia y el desperdicio de los seres humanos.

Nuestras luchas por la dignidad humana y por la reforma social han sido una respuesta a la demanda que Dios nos hace de amor, misericordia y justicia a la luz del Reino. Ni proclamamos un evangelio personal carente de expresión en los problemas sociales de relevancia; ni proclamamos un evangelio social que no incluye la transformación de los pecadores.

Es nuestra convicción que las buenas nuevas del Reino tienen que juzgar, redimir y reformar las estructuras pecaminosas de nuestro tiempo.

La *Disciplina* y las Reglas Generales nos presentan lo que se espera respecto a disciplina en la experiencia de los individuos y en la vida de la iglesia. Tal disciplina da por sentado un sentido de responsabilidad ante la comunidad de fe por parte de quienes reclaman el apoyo de tal comunidad.

El brindar apoyo sin reclamar sentido de responsabilidad promueve la debilidad moral; el demandar responsabilidad sin brindar apoyo es una forma de crueldad. Una iglesia que se apresura a castigar no está abierta a la misericordia de Dios, pero una iglesia que carece del valor moral para actuar de manera decisiva en asuntos personales y sociales pierde su autoridad moral. La iglesia ejerce su disciplina como una comunidad mediante la cual Dios continúa reconciliando al mundo consigo.

Conclusión

Estos énfasis especiales de los metodistas unidos proporcionan la base de la teología práctica, la experiencia de la realización del evangelio de Jesucristo en la vida de los cristianos. Estos énfasis se han conservado, no tanto mediante declaraciones doctrinales como mediante el movimiento vital de la fe y práctica, según éste se manifiesta en las vidas convertidas y dentro de la vida disciplinada de la iglesia.

La formulación de definiciones doctrinales formales no ha tenido tanta urgencia para los metodistas unidos como llamar el pueblo a la fe y nutrirlo en el conocimiento y amor de Dios. El meollo de la doctrina wesleyana que dio forma a nuestro pasado de hecho pertenece a nuestra herencia común como cristianos y es aún un componente principal de nuestra continua tarea teológica.

¶ 103. SECCIÓN 2—NUESTRA HISTORIA DOCTRINAL

Los pioneros de las tradiciones que se combinaron para formar la Iglesia Metodista Unida se veían a sí mismos como situados en el centro de la corriente de la espiritualidad y doctrinas cristianas, como herederos leales de la tradición cristiana auténtica. En las palabras de Juan Wesley, la suya era la religión antigua, la religión de la Biblia, la religión de toda la iglesia en sus épocas más puras. Su evangelio se basaba en el mensaje bíblico del amor divino que se da a sí mismo y que se ha revelado en Jesucristo.

La presentación por parte de Wesley del peregrinaje espiritual como el camino de salvación según las Escrituras proveyó su modelo de un cristianismo basado en la experiencia. Dieron por sentado la integridad de la verdad cristiana básica, insistieron en ella, y enfatizaron su aplicación práctica en las vidas de los creyentes.

Esta perspectiva se hace aparente en el modo wesleyano de entender el espíritu de catolicidad. Si bien es cierto que los metodistas unidos están firmes en cuanto a ciertas afirmaciones religiosas basadas en el evangelio y confirmadas por su experiencia, al propio tiempo reconocen el derecho de los cristianos a diferir en asuntos tales como formas del culto, estructuras del gobierno eclesial, modos de bautizar o exploraciones teológicas. Creen que esas diferencias no rompen el lazo fraternal que une a todos los cristianos en Jesucristo. En las familiares palabras de Wesley, "En cuanto a todas las opiniones que no atacan a la raíz del cristianismo, pensamos y dejamos pensar".

Pero, aun cuando estaban completamente dedicados a los principios de tolerancia religiosa y diversidad teológica, estaban igualmente seguros de que hay una "médula" de verdad cristiana que se puede identificar y que es necesario conservar. Este centro vital, creían ellos, está revelado en la Escritura, iluminado por la tradición, vivificado en la experiencia personal y comunitaria, y confirmado por la razón. Bien sabían, por supuesto, que la Palabra eterna de Dios nunca ha sido, ni podrá ser, expresada cabalmente en una fórmula determinada de palabras.

También estaban dispuestos, como cosa natural, a reafirmar los antiguos credos y confesiones como sumarios válidos de la verdad cristiana. Pero se cuidaron de no establecerlos aparte como normas absolutas de la verdad o el error doctrinal.

Además de lo que es esencial a la religión vital, los metodistas unidos respetan la diversidad de opiniones que abrazan otras personas que poseen fe y que actúan de manera consciente. Wesley siguió un enfoque que había resistido la prueba del tiempo: "En lo esencial, unidad; en lo no esencial, libertad; y en todas las cosas, caridad".

El espíritu de caridad considera los límites del entendimiento humano. Ser ignorantes de muchas cosas y estar equivocados en cuanto a otras, observó Wesley, es la condición necesaria de la humanidad. El asunto crucial en la religión es el amor constante de Dios y del prójimo, lleno de poder por la obra redentora y santificadora del Espíritu Santo.

Las "normas" wesleyanas en la Gran Bretaña

En este espíritu los metodistas británicos bajo los Wesley nunca redujeron su teología a una fórmula confesional o una prueba doctrinal. El metodismo era un movimiento dentro de la Iglesia Anglicana, y Juan Wesley constantemente afirmó que él enseñaba las doctrinas de las Escrituras contenidas en Los Treinta y Nueve Artículos, Las Homilías y *El Libro de Oración Común* de su iglesia nacional. La Biblia, por supuesto, era para él la autoridad final en todos los asuntos doctrinales.

Al crecer el movimiento, Wesley suministró a su gente sermones impresos y un comentario bíblico, para instruirlos en cuanto a doctrina. Sus *Sermons on Several Occasions* (1746-60) presentan aquellas doctrinas que, decía él, abrazó y enseñó como esenciales de la verdadera religión. En 1775 publicó *Explanatory Notes Upon the New Testament* como guía para la exégesis bíblica e interpretación doctrinal metodistas.

Con el surgimiento de controversias ocasionales se hizo patente la necesidad de tener una norma oficial para la predicación metodista. En 1763 Wesley produjo un Modelo de Título de Propiedad para las propiedades metodistas, el cual establecía que los síndicos de cada casa de predicación tenían la responsabilidad de asegurarse de que quienes predicaban en sus púlpitos no predicasen otra doctrina que la que contienen las *Notes Upon the New Testament* del Señor Wesley y sus cuatro volúmenes de *Sermons*.

Estos escritos, por tanto, contienen la exposición normativa de la enseñanza metodista. Proveen modelo y medida para la predicación adecuada en la tradición wesleyana. La norma primaria de los escritos de Wesley era la Escritura, iluminada por las tradiciones históricas y la fe vital. Wesley no dio a los metodistas británicos un sumario de la revelación bíblica, porque ya tenían los Treinta y Nueve Artículos de la Iglesia Anglicana.

Los hermanos Wesley también escribieron himnos de contenido rico en doctrina y experiencia. Los himnos, especialmente los de Carlos Wesley, no solamente son de los más queridos en el metodismo, sino que también son excelentes recursos de instrucción doctrinal.

Además, Juan Wesley especificó diversas disciplinas y reglas, tales como las Reglas Generales, para implementar en la vida personal y comunitaria la teología práctica que él proclamaba.

Además de estos escritos, Wesley estableció la conferencia, para instruir y supervisar a los predicadores metodistas. Produjo las Actas para asegurarse de su fidelidad a las doctrinas y disciplina del movimiento metodista. Estos escritos y estas estructuras dieron forma al entendimiento wesleyano de la iglesia y de la vida cristiana.

Las normas doctrinales en el metodismo americano

Mientras las colonias americanas estaban bajo el control británico, los metodistas pudieron continuar como parte de la comunidad sacramental de la Iglesia Anglicana. Las primeras conferencias, bajo el liderazgo de predicadores británicos, declararon su lealtad a los principios wesleyanos de organización y doctrina. Declararon que las Actas de las conferencias británicas y americanas juntamente con los *Sermons* y *Notes* de Wesley contenían su doctrina y disciplina básicas.

Después del reconocimiento formal de la independencia de América en 1783, Wesley reconoció que los metodistas de América estaban libres de todo control inglés, tanto religioso como civil, y que debían constituirse en una iglesia metodista independiente. Wesley proveyó por lo tanto a los metodistas de América de una liturgia (*El Servicio Dominical de los Metodistas en América*) y de una declaración doctrinal (*Los Artículos de Religión*). El Servicio Dominical era una forma abreviada del *Libro de Oración Común*, y los *Artículos de Religión* era su revisión de los Treinta y Nueve Artículos.

Los predicadores metodistas americanos, reunidos en Baltimore en diciembre de 1784, adoptaron el Servicio Dominical y los Artículos de Religión como parte del proceso de formación de la nueva Iglesia Metodista Episcopal. Esta Conferencia de Navidad también aceptó un himnario que Wesley había preparado (1784) y adoptó una forma ligeramente modificada de las Reglas Generales como una declaración de la naturaleza y disciplina de la iglesia. La conferencia invirtió la mayor parte del tiempo en adaptar las Actas Mayores a las condiciones americanas. Posteriormente, a las ediciones subsecuentes de este documento se les llamó *Doctrines and Discipline of the Methodist Episcopal Church* (*Disciplina*).

El cambio de "movimiento" a "iglesia" cambió la función de las normas doctrinales dentro del metodismo americano. En lugar de prescribir énfasis doctrinales para la predicación dentro de un movimiento, los Artículos esbozaban normas básicas de la creencia cristiana de una iglesia, a la manera tradicional anglicana.

El prefacio de la primera publicación separada de los Artículos declara, "Estas son las doctrinas que se enseñan entre el pueblo llamado metodista. No existe ninguna otra doctrina, generalmente aceptada entre este pueblo, que difiera de estos artículos que están a la vista".

A los metodistas de América no se les exigió que subscribiesen los Artículos a la manera anglicana, pero tenían la obligación (bajo pena de juicio) de mantener su predicación del evangelio dentro de los límites allí trazados. Por generaciones *Doctrines and Discipline* citaba solamente los Artículos como la base para probar lo correcto de la doctrina en la recién formada iglesia: la acusación de irregularidad doctrinal contra predicadores o miembros era la diseminación de doctrinas contrarias a nuestros Artículos de Religión. De este modo la iglesia protegió su integridad doctrinal contra las herejías que prevalecían en aquel tiempo—socinianismo, arrianismo y pelagianismo (ver Artículos I, II y XII).

Los Artículos de Religión, sin embargo, no garantizaban la debida predicación metodista; carecían de varios énfasis wesleyanos tales como la seguridad de salvación y la perfección cristiana. Los *Sermons* y *Notes* de Wesley, por lo tanto, continuaron su función como la norma tradicional de la exposición de la enseñanza típicamente metodista.

La Conferencia General de 1808, que produjo la primera Constitución de la Iglesia Metodista Episcopal, estableció los Artículos de Religión como la norma doctrinal explícita de la iglesia. La primera Regla Restrictiva de la Constitución prohibió cualquier cambio, alteración o añadidura a los Artículos mismos, y dispuso que ninguna otra norma o regla de doctrina pudiera aprobarse que fuese "contraria a las normas de doctrina que al presente existen y quedan establecidas".

Dentro de la tradición wesleyana, tanto entonces como ahora, *Sermons* y *Notes* proveyeron modelos de exposición doctrinal. Otros documentos también han servido al metodismo americano como expresiones vitales de la enseñanza y predicación metodistas. Las listas de recursos doctrinales recomendados varían de generación en generación, pero generalmente reconocen la importancia del himnario, los credos ecuménicos y las Reglas

Generales. Tales listas a principio del siglo XIX incluían *Checks Against Antinomianism* por John Fletcher y *Theological Institutes* por Richard Watson.

El énfasis doctrinal de estas declaraciones era mantenido por el peso de la tradición más bien que por la fuerza de la ley. Se hicieron parte de la herencia del metodismo americano en la medida en que resultaron útiles a generaciones sucesivas.

Durante el tiempo de los grandes avivamientos fronterizos que tuvieron lugar en el siglo XIX, la influencia de las tradiciones teológicas europeas menguó en América. La predicación se enfocó en la experiencia cristiana, entendida principalmente como fe salvífica en Cristo. Entre los metodistas consistentemente se enfatizó el libre albedrío, el bautismo de párvulos, y el culto informal, lo que resultó en prolongadas controversias con Presbiterianos, Bautistas y Episcopales, respectivamente.

Los intereses metodistas en normas doctrinales formales resultaron ser secundarios a las tareas evangelísticas, nutricias y misioneras. La himnología wesleyana sirvió en la práctica como el principal medio para mantener y comunicar la substancia doctrinal del evangelio.

En América, a fines del siglo XIX, la teología metodista se había tornado decididamente ecléctica, prestando mucha menos atención a sus fuentes wesleyanas.

La fuerza de los Artículos de Religión sufrió varios cambios. Por un tiempo la primera Regla Restrictiva quedó exenta del proceso de enmienda constitucional, lo que no permitió ninguna consideración de cambio en las normas doctrinales. Los votos de miembros de la Iglesia Metodista Episcopal del Sur incluyeron la referencia a los Artículos de Religión.

A principios del siglo XX, sin embargo, la decadencia en la fuerza de la disciplina doctrinal y la disminución de la influencia wesleyana entre los metodistas americanos, junto con pequeños pero importantes cambios en las palabras de la *Disciplina* respecto a normas doctrinales, llevó a un gradual debilitamiento de la fuerza de los Artículos de Religión como las normas doctrinales constitucionales de la iglesia.

Durante este mismo período, los teólogos y líderes de la iglesia comenzaron a explorar maneras de expresar el evangelio que fueran acordes con las corrientes intelectuales del momento. Estos líderes también comenzaron a repensar la compasión social histórica de la tradición wesleyana en medio de la emergente civilización industrial y urbana. Profundizaron nuestra comprensión de la naturaleza sistemática del mal y la urgencia de proclamar la promesa del evangelio de la redención social. Consecuentemente, las teologías del evangelio social encontraron suelo fértil en las tradiciones metodistas.

Estos fueron años de controversia teológica y ética dentro del metodismo al chocar los nuevos patrones de pensamiento con los temas y estilos familiares que habían prevalecido durante los últimos dos siglos.

En las décadas recientes ha habido una fuerte recuperación del interés en Wesley y en las tradiciones más clásicas del pensamiento cristiano. Esta recuperación ha sido parte de un amplio resurgir de la teología y práctica de la Reforma tanto en Europa como en América que ha renovado el legado histórico del protestantismo en el contexto del mundo moderno. Estas tendencias se han reforzado en América mediante la reafirmación de la piedad evangélica.

El movimiento ecuménico ha traído nueva apreciación por la unidad así como la riqueza y diversidad de la iglesia universal.

Se han desarrollado corrientes teológicas nacidas de la lucha de los negros por la libertad, el movimiento en pro de la completa igualdad de las mujeres en la iglesia y en la sociedad, y la búsqueda de liberación y de formas indígenas de la existencia cristiana en las iglesias de todo el mundo.

El reto a los metodistas unidos es el discernir los diversos hilos de esos movimientos de fe vitales que son entendimientos fieles y coherentes del evangelio y de la misión cristiana para nuestros tiempos.

La tarea de definir el alcance de nuestra tradición wesleyana en el contexto del mundo contemporáneo incluye mucho más que la reafirmación o redefinición formal de las normas de doctrina, aunque puede que también abarque esa tarea. El corazón de nuestra tarea es reclamar y renovar la herencia doctrinal metodista que nos es especial, que ciertamente pertenece a nuestra herencia común como cristianos, para la vida y misión de toda la iglesia en el día de hoy.

Tradiciones doctrinales en la Iglesia Evangélica y en la Iglesia de los Hermanos Unidos

El desarrollo de preocupaciones doctrinales en la Asociación Evangélica, de Jacob Albright, y en los Hermanos Unidos en Cristo, de Philip William Otterbein, es similar a lo que ocurrió entre los metodistas. Las diferencias se debieron principalmente a las diferentes tradiciones eclesiales traídas de Alemania y de Holanda, junto con el calvinismo modificado del Catecismo de Heidelberg.

En las comunidades norteamericanas de habla alemana, Albright y Otterbein consideraban el evangelismo como más importante que la especulación teológica. Aunque no eran indiferentes en cuanto a la doctrina, enfatizaban la conversión, "la justificación por la fe confirmada con una seguridad de salvación", el crecimiento cristiano, el sacerdocio de todos los creyentes en un ministerio compartido de testimonio y servicio cristiano, y la santificación total como la meta de la vida cristiana.

Como en el caso de Wesley, su fuente y norma primaria para la enseñanza cristiana era la Escritura. Otterbein dijo a sus seguidores "que se cuidasen de no predicar otra doctrina que la que se presenta de manera clara en la Biblia". A cada nuevo miembro se le pedía que "confesase que recibía la Biblia como la Palabra de Dios". Los que habían de ser ordenados tenían que afirmar sin reserva la plena autoridad de las Escrituras.

Junto a estas afirmaciones estaba la convicción de que el Espíritu Santo capacitaba a los cristianos conversos para leer la Escritura con una conciencia cristiana especial. Atesoraban este principio como la guía suprema en la interpretación bíblica.

La Conferencia de 1807 pidió a Jacob Albright que preparase una lista de Artículos de Religión, pero Albright murió antes de poder emprender la tarea.

George Miller entonces asumió la responsabilidad. Recomendó a la Conferencia de 1809 la adopción de la traducción al alemán de los Artículos de Religión Metodistas, con la adición de uno más, "La del Juicio Final". La recomendación fue aprobada. Esta acción afirma la opción consciente de aceptar los Artículos Metodistas como normas. El artículo añadido procedía de la Confesión de Augsburgo, sobre un tema omitido en los Artículos Anglicanos.

En 1816 los veintiséis artículos originales se redujeron a veintiuno al omitir cinco artículos polémicos que iban dirigidos contra los católico-romanos, anabaptistas, y sectas del siglo XVI. Esta eliminación reflejaba un espíritu de reconciliación en un tiempo de amargas controversias.

En 1839 se hicieron unos pequeños cambios en el texto de 1816. Se dispuso entonces que entre nosotros "los Artículos de Fe han de ser constitucionalmente inalterables".

En la década de 1870 una propuesta de revisar los Artículos desató un debate sobre el tema, pero la Conferencia de 1875 rechazó la propuesta de manera decisiva.

En acciones sucesivas los veintiún Artículos quedaron reducidos a diecinueve al combinar varios de ellos, pero sin omitir nada de su contenido original.

Estos diecinueve fueron traídos intactos a la unificación de la Iglesia Evangélica de los Hermanos Unidos en 1946.

Entre los Hermanos Unidos en Cristo fueron Christian Newcomer y Christopher Grosch, colegas de Otterbein, los que formularon un sumario de enseñanzas normativas en 1813. Sus primeros tres párrafos siguen el orden del Credo Apostólico. Los párrafos 4 y 5 afirman la primacía de las Escrituras y la proclamación universal de "la doctrina bíblica de la caída del hombre en Adán y su liberación mediante Jesucristo". Una sección añadida recomienda las ordenanzas del bautismo y la memoria del Señor (la Santa Cena) y aprueba el lavamiento de pies de modo opcional.

La primera Conferencia General de los Hermanos Unidos en Cristo (1815) adoptó una ligera revisión de esta declaración como la Confesión de Fe de la denominación. Se hizo una nueva revisión en 1841, con la estipulación de que no habría nuevos cambios: "No se aprobará en ningún momento ninguna regla u ordenanza que de cualquier modo altere o elimine la Confesión de Fe que ahora tenemos". A pesar de ello continuó la agitación en pro del cambio.

En 1885 se nombró una comisión de la iglesia para que "preparase una forma de declaración de fe y una forma enmendada de las reglas fundamentales del gobierno de esta iglesia que, en su juicio, resulten idóneas para asegurar su desarrollo y eficiencia en la tarea de evangelizar el mundo".

La propuesta resultante de una nueva Confesión de Fe y Constitución fue sometida a los miembros de la iglesia en general, siendo éste el primer referendo sobre una Confesión de Fe en toda la historia de los Hermanos Unidos, y fue entonces traída ante la Conferencia General de 1889. Tanto los miembros en general como la Conferencia aprobaron la Confesión por una mayoría preponderante. Como consecuencia de eso, fue puesta en vigor mediante una "proclamación" episcopal. Empero esta acción fue protestada por una minoría, por considerarla una violación de la Regla Restrictiva de 1841 y ésta fue la causa del cisma que la siguió, que resultó en la formación de la Iglesia de los Hermanos Unidos (Antigua Constitución).

La Confesión de Fe de 1889 comprendía más aspectos que las anteriores, con artículos sobre la depravación, justificación, regeneración y adopción, santificación, el día de descanso cristiano y la condición futura. El artículo sobre la santificación, aunque breve, es importante en cuanto a que refleja la doctrina de santidad del Catecismo de Heidelberg. La Confesión de 1889 fue traída por los Hermanos Unidos a la unión con los Evangélicos en 1946.

La confesión de fe de la Iglesia Evangélica de los Hermanos Unidos

La Disciplina de la nueva Iglesia Evangélica de los Hermanos Unidos (1946) contenía tanto los Artículos de la Asociación Evangélica como la Confesión de los Hermanos Unidos. Doce años después, la Conferencia General de la iglesia unida autorizó a su Junta de Obispos a preparar una nueva Confesión de Fe.

La nueva Confesión, con dieciséis artículos, de carácter un tanto más moderno que cualquiera de sus antecedentes, fue presentada a la Conferencia General de 1962 y fue adoptada sin enmiendas. El artículo evangélico, "Santificación Total y Perfección Cristiana", se refleja en esta confesión como un énfasis particular. La Confesión de Fe reemplazó tanto los anteriores Artículos como la Confesión y fue incluida intacta en la *Disciplina de la Iglesia Metodista Unida* (1968).

Normas doctrinales en la Iglesia Metodista Unida

En el Plan de Unión de la Iglesia Metodista Unida el prefacio a los Artículos de Religión metodistas y a la Confesión de Fe de la Iglesia Evangélica de los Hermanos Unidos explica que ambos fueron aceptados como normas doctrinales de la nueva iglesia. Además declaró que, aun cuando el lenguaje de la primera Regla Restrictiva nunca ha sido formalmente definido, se entendía que los *Sermons* y *Notes* de Wesley se reconocían específicamente como incluidos en nuestras normas doctrinales aceptadas y establecidas. Así mismo decía que los Artículos, la Confesión, y las "normas" wesleyanas eran por lo tanto "tomadas como congruentes si es que no idénticas en sus perspectivas doctrinales y que no están en conflicto". Esta declaración fue aceptada en fallos subsiguientes del Concilio Judicial[2].

---

2. Ver Decisión 358 del Concilio Judicial.

La Constitución de la Iglesia Metodista Unida, en sus Reglas Restrictivas (¶¶ 17-22), protege tanto los Artículos de Religión como la Confesión de Fe como normas doctrinales que no han de ser revocadas, alteradas o cambiadas. El proceso de crear nuevas "normas o reglas de doctrina" continúa siendo restringido, requiriendo ya sea que se declare que "no son contrarias a" las presentes normas o que pasen por el dificultoso proceso de enmienda constitucional.

La Iglesia Metodista Unida está de continuo en necesidad de revigorización doctrinal en aras de la renovación auténtica, del evangelismo fructífero, y del diálogo ecuménico. A esta luz, la recuperación y la puesta al día de nuestra herencia doctrinal—católica, evangélica y reformada—es esencial.

Esta tarea nos llama a tomar posesión de nuevo de nuestras tradiciones así como a la promoción de la investigación teológica tanto dentro de la denominación como en nuestros esfuerzos ecuménicos. Todos están invitados a participar en este esfuerzo por estimular un interés activo en asuntos doctrinales para reclamar nuestro legado y para dar forma al legado de la iglesia que aspiramos ser.

¶ 104 . SECCIÓN 3—NUESTRAS NORMAS DOCTRINALES Y REGLAS GENERALES

LOS ARTÍCULOS DE RELIGIÓN DE LA IGLESIA METODISTA[3]

[Nota bibliográfica: Los Artículos de Religión se reimprimen de la *Disciplina* de 1808 (cuando la primera Regla Restrictiva entró en vigor), cotejados con el texto original de Wesley en *El Servicio Dominical de los Metodistas* (1784). A éstos se han añadido dos artículos: "De la Santificación" y "De las Obligaciones de los Cristianos con la Autoridad Civil", los que son decretos legislativos y no partes integrales del documento protegido por la Constitución (ver Decisiones 41, 176 del Concilio Judicial).]

Artículo I.—De la fe en la Santísima Trinidad

Hay un solo Dios vivo y verdadero, eterno, sin cuerpo ni partes, de infinito poder, sabiduría y bondad; creador y conservador de todas las cosas, así visibles como invisibles. Y en la unidad de esta Deidad hay tres personas, de una misma substancia, poder y eternidad—el Padre, el Hijo y el Espíritu Santo.

---

3. Protegidos por la Regla Restrictiva 1 (¶ 17).

Artículo II.—Del Verbo, o Hijo de Dios, que fue hecho verdadero hombre

El Hijo, que es el Verbo del Padre, verdadero y eterno Dios, de una misma substancia con el Padre, tomó la naturaleza humana en el seno de la bienaventurada Virgen; de manera que dos naturalezas enteras y perfectas, a saber, la Deidad y la Humanidad, se unieron en una sola persona, para jamás ser separadas, de lo que resulta un solo Cristo, verdadero Dios y verdadero Hombre, que realmente padeció, fue crucificado, muerto y sepultado, para reconciliar a su Padre con nosotros, y para ser sacrificio, no solamente por la culpa original, sino también por los pecados actuales de los hombres.

Artículo III.—De la resurrección de Cristo

Cristo verdaderamente resucitó de entre los muertos y volvió a tomar su cuerpo con todo lo perteneciente a la integridad de la naturaleza humana, con lo cual subió al cielo y allí está sentado hasta que vuelva para juzgar a todos los hombres en el postrer día.

Artículo IV.—Del Espíritu Santo

El Espíritu Santo, que procede del Padre y del Hijo, es de una misma substancia, majestad y gloria con el Padre y con el Hijo, verdadero y Eterno Dios.

Artículo V.—De la suficiencia de las Sagradas Escrituras para la salvación

Las Sagradas Escrituras contienen todas las cosas necesarias para la salvación; de modo que no debe exigirse que hombre alguno reciba como artículo de fe, ni considere como requisito necesario para la salvación, nada que en ellas no se lea ni pueda por ellas probarse. Bajo el nombre de Sagradas Escrituras comprendemos aquellos libros canónicos del Antiguo y del Nuevo Testamentos, de cuya autoridad nunca hubo duda alguna en la iglesia. Los nombres de los libros canónicos son:

Génesis, Éxodo, Levítico, Números, Deuteronomio, Josué, Jueces, Rut, el Primer Libro de Samuel, el Segundo Libro de Samuel, el Primer Libro de los Reyes, el Segundo Libro de los Reyes, el Primer Libro de las Crónicas, el Segundo Libro de las Crónicas, el Libro de Esdras, el Libro de Nehemías, el Libro de Ester, el Libro de Job, los Salmos, los Proverbios, Eclesiastés o El Predicador, el Cántico o Cantar de Salomón, los Cuatro Profetas Mayores, y los Doce Profetas Menores.

Todos los libros del Nuevo Testamento que son generalmente aceptados, los recibimos y los tenemos como canónicos.

Artículo VI.—Del Antiguo Testamento

El Antiguo Testamento no es contrario al Nuevo; puesto que en ambos, Antiguo y Nuevo, se ofrece la vida eterna al género humano por Cristo, único Mediador entre Dios y hombre, siendo que él es Dios y Hombre. Por lo cual no deben ser escuchados los que pretenden que los antiguos patriarcas tenían su esperanza puesta tan sólo en promesas transitorias. Aunque la ley que Dios dio por medio de Moisés, en cuanto se refiere a ceremonias y ritos, no obliga a los cristianos, ni deben sus preceptos civiles recibirse necesariamente en ningún estado, sin embargo, no hay cristiano alguno que quede exento de la obediencia a los mandamientos que se llaman morales.

Artículo VII.—Del pecado original o de nacimiento

El pecado original no consiste (como falsamente aseveran los pelagianos) en la imitación de Adán, sino que es la corrupción de la naturaleza de todo hombre engendrado en el orden natural de la estirpe de Adán, por lo cual el hombre está muy apartado de la justicia original, y por su misma naturaleza se inclina al mal, y esto continuamente.

Artículo VIII.—Del libre albedrío

La condición del hombre después de la caída de Adán es tal que no puede volverse ni prepararse a sí mismo por su fuerza natural y propias obras, para ejercer la fe e invocar a Dios; por tanto, no tenemos poder para hacer obras buenas, agradables y aceptables a Dios, sin que la gracia de Dios por Cristo nos capacite para que tengamos buena voluntad, y coopere con nosotros cuando tuviéramos tal buena voluntad.

Artículo IX.—De la justificación del hombre

Se nos tiene por justos delante de Dios, sólo por los méritos de Nuestro Señor y Salvador Jesucristo, por la fe, y no por nuestras propias obras o merecimientos. Por tanto, la doctrina de que somos justificados solamente por la fe, es bien saludable y muy llena de consuelo.

Artículo X.—De las buenas obras

Aunque las buenas obras, que son fruto de la fe y consiguientes a la justificación, no pueden librarnos de nuestros pecados, ni soportar la severidad de los juicios de Dios, son, sin embargo, agradables y aceptas a Dios en Cristo, y nacen de una fe verdadera y viva, de manera que por ellas puede conocerse la fe viva tan evidentemente como se conocerá el árbol por su fruto.

Artículo XI.—De las obras de supererogación

Las obras voluntarias—ejecutadas aparte o en exceso de los términos de los mandamientos de Dios—, llamadas obras de supererogación, no pueden enseñarse sin arrogancia e impiedad; pues por ellas declaran los hombres que no sólo rinden a Dios todo lo que es de su obligación, sino que por amor a Dios hacen aun más de lo que en rigor les exige el deber, siendo así que Cristo dice explícitamente: Cuando hayáis hecho todo lo que os ha sido ordenado, decid: Siervos inútiles somos.

Artículo XII.—Del pecado después de la justificación

No todo pecado voluntariamente cometido después de la justificación es pecado contra el Espíritu Santo e imperdonable. Por lo cual, a los que han caído en el pecado después de su justificación, no se les debe negar el privilegio del arrepentimiento. Después de haber recibido el Espíritu Santo, podemos apartarnos de la gracia concedida, y caer en el pecado y, por la gracia de Dios, levantarnos de nuevo y enmendar nuestra vida. Por lo tanto, son de condenar los que dicen que ya no pueden pecar más mientras vivan, o que niegan a los verdaderamente arrepentidos la posibilidad del perdón.

Artículo XIII.—De la Iglesia

La iglesia visible de Cristo es una congregación de fieles en la cual se predica la palabra pura de Dios, y se administran debidamente los sacramentos, conforme a la institución de Cristo, en todo aquello que forma parte necesaria y esencial de los mismos.

Artículo XIV.—Del purgatorio[4]

La doctrina romanista sobre el purgatorio, la absolución, la veneración tanto de imágenes como de reliquias, y también la invocación de los santos, es una patraña, pura invención sin fundamento en la Escritura, sino antes bien, repugnante a la Palabra de Dios.

Artículo XV.—Del uso en la congregación de una lengua que el pueblo entienda

Ofrecer oración pública en la iglesia o administrar los sacramentos en una lengua que el pueblo no entiende, es cosa evidentemente repugnante tanto a la Palabra de Dios como al uso de la iglesia primitiva.

Artículo XVI.—De los Sacramentos

Los sacramentos instituidos por Cristo son no sólo señales o signos de la profesión de los cristianos, sino más bien testimonios seguros de la gracia y buena voluntad de Dios para con nosotros, por los cuales obra en nosotros invisiblemente, y no sólo avivan nuestra fe en Dios, sino que también la fortalece y confirma.

Los Sacramentos instituidos por Cristo, nuestro Señor, en el evangelio, son dos, a saber: el Bautismo y la Cena del Señor.

Los cinco comúnmente llamados sacramentos, a saber: la confirmación, la penitencia, el orden, el matrimonio, y la extrema unción, no deben tenerse por Sacramentos del evangelio, puesto que han emanado, algunos de ellos, de una *viciosa* imitación de los apóstoles, mientras que otros son estados de vida aprobados en las Escrituras, sin que sean de la misma naturaleza que el Bautismo y la Cena del Señor, puesto que carecen de todo signo visible o ceremonia ordenada por Dios.

Los sacramentos no fueron instituidos por Cristo para servir de espectáculo ni para ser llevados en procesión, sino para que los usásemos debidamente. Y sólo en aquéllos que los reciben dignamente producen efecto saludable, mientras que los que indignamente los reciben, adquieren para sí, como dice San Pablo, condenación.

---

4. Para la interpretación contemporánea de éste y otros artículos similares (i.e., los Artículos XIV, XV, XVI, XVIII, XIX, XX y XXI), ver "Una resolución de intento con vista a la unidad" (*The Book of Resolutions*, 2008, página 292).

Artículo XVII.—Del Bautismo

El Bautismo no es solamente signo de profesión y nota distintiva, por la cual se distinguen los cristianos de los no bautizados, sino también signo de la regeneración o renacimiento. El Bautismo de los párvulos debe conservarse en la iglesia.[5]

Artículo XVIII.—De la Cena del Señor

La Cena del Señor no es solamente signo del amor que deben tenerse entre sí los cristianos, sino más bien sacramento de nuestra redención por la muerte de Cristo; de modo que, para los que digna y debidamente y con fe reciben estos elementos, el pan que partimos es una participación del cuerpo de Cristo y, así mismo, la copa de bendición es una participación de la sangre de Cristo.

La transubstanciación o transmutación de la substancia del pan y del vino en la Cena de Nuestro Señor, no puede probarse por las Sagradas Escrituras; antes bien, es repugnante a las palabras terminantes de las Escrituras, trastorna la naturaleza del sacramento y ha dado ocasión a muchas supersticiones.

El cuerpo de Cristo se da, se toma y se come en la Cena sólo de un modo celestial y espiritual. Y el medio por el cual el cuerpo de Cristo se recibe y se come en la Cena es por la fe. Cristo no ordenó que el sacramento de la Cena del Señor se reservara, ni que se llevara en procesión, ni se elevara, ni se adorara.

Artículo XIX.—De las dos especies

El cáliz del Señor no debe negarse a los laicos; puesto que ambas partes de la Cena del Señor, por institución y mandamiento de Cristo, deben suministrarse igualmente a todos los cristianos.

Artículo XX.—De la única oblación de Cristo, consumada en la cruz

La oblación de Cristo, una vez hecha, es la perfecta redención, propiciación y satisfacción por todos los pecados de todo el mundo, originales y actuales; y no hay otra satisfacción por el pecado, sino ésta únicamente. Por lo cual, el sacrificio de la misa, en el que se dice comúnmente que el sacerdote ofrece a Cristo por los vivos y por los muertos, para que éstos tengan remisión de pena o de culpa, es fábula blasfema y fraude pernicioso.

---

5. Ver Decisión 142 del Concilio Judicial.

Artículo XXI.—Del matrimonio de los ministros

La ley de Dios no manda a los ministros de Cristo hacer voto de celibato ni abstenerse del matrimonio; lícito es, pues, para ellos, lo mismo que para los demás cristianos, contraer matrimonio a su discreción, como juzguen más conducente a la santidad.

Artículo XXII.—De los ritos y ceremonias de la iglesia

No es necesario que los ritos y ceremonias sean en todo lugar los mismos, ni de forma idéntica; puesto que siempre han sido diversos, y pueden mudarse según la diversidad de los países, tiempos y costumbres de los hombres, con tal que nada se establezca contrario a la Palabra de Dios. Cualquiera que, apoyándose en su juicio privado, voluntariamente y de intento quebrantare públicamente los ritos y ceremonias de la iglesia a que pertenece, y que no son repugnantes a la Palabra de Dios sino ordenados y aprobados por autoridad común (para que otros teman hacer lo mismo), debe ser reprendido públicamente como perturbador del orden común de la iglesia, y como quien hiere las conciencias de los hermanos débiles.

Cualquier iglesia tiene facultad para establecer, mudar o abrogar ritos y ceremonias, con tal que se haga todo para edificación.

Artículo XXIII.—De los gobernantes de los Estados Unidos

El presidente, el Congreso, las asambleas generales, los gobernadores y los consejos de estado, *como delegados del pueblo*, son las autoridades de los Estados Unidos, según la división de poderes señalada por la Constitución de los Estados Unidos y por las constituciones de sus respectivos estados. Y dichos estados constituyen una nación soberana e independiente, y no debe estar sujeta a ninguna jurisdicción extranjera.

Artículo XXIV.—De los bienes de los cristianos

Las riquezas y los bienes de los cristianos no son comunes en cuanto al derecho, título y posesión de los mismos, como falsamente aseveran algunos. Sin embargo, todo hombre, de lo que posee y según sus facultades, debe dar con liberalidad limosnas a los pobres.

Artículo XXV.—Del juramento del cristiano

Así como confesamos que nuestro Señor Jesucristo y Santiago, su apóstol, prohíben a los cristianos el juramento vano y temerario, también juzgamos que la religión cristiana no prohíbe que se preste juramento a requerimiento del magistrado y en causa de fe y caridad, con tal de que se haga según la doctrina del profeta, en justicia, juicio, y verdad.

[El siguiente artículo de la Disciplina de la Iglesia Metodista Protestante fue puesto aquí por la Conferencia de Unificación (1939). Este no fue uno de los Artículos de Religión votado por las tres iglesias.]

De la santificación

La santificación es la renovación de nuestra naturaleza caída por el Espíritu Santo, recibido mediante la fe en Jesucristo, cuya sangre expiatoria limpia de todo pecado; por ella no sólo somos librados de la culpa del pecado, sino también lavados de su contaminación, salvados de su poder, y capacitados, por gracia, para amar a Dios con todo nuestro corazón y andar intachablemente en sus santos mandamientos.

[La siguiente disposición fue adoptada por la Conferencia de Unificación (1939). Esta declaración procura interpretar el Artículo XXIII de los Artículos de Religión a nuestras iglesias en tierras extranjeras. Es un decreto legislativo pero no es parte de la Constitución. (Ver Decisiones 41, 176 del Concilio Judicial y Decisión 6 del Concilio Judicial Interino.)]

El deber de los cristianos para con las autoridades civiles

Es deber de todos los cristianos, y especialmente de los ministros, guardar y obedecer las leyes y decretos de la autoridad gobernante o suprema del país del cual sean ciudadanos o súbditos, o en el cual residan, y emplear todos los medios loables para estimular e imponer la obediencia a las autoridades constituidas.

CONFESIÓN DE FE DE LA IGLESIA EVANGÉLICA DE LOS HERMANOS UNIDOS[6]

[Nota bibliográfica: El texto de la Confesión de Fe es idéntico al original que aparece en La Disciplina de la Iglesia Evangélica de los Hermanos Unidos (1963).]

---

6. Protegida por la Regla Restrictiva 2 (¶ 18).

Artículo I.—Dios

Creemos en Dios, único, verdadero, santo y viviente, Espíritu Eterno, Creador, Soberano y Conservador de todas las cosas visibles e invisibles. Es infinito en poder, sabiduría, justicia, bondad y amor, y gobierna con atención llena de gracia el bienestar y la salvación de los hombres, para la gloria de su nombre. Creemos que este Dios único se revela a sí mismo como la Trinidad: Padre, Hijo y Espíritu Santo, distintos pero inseparables, eternalmente uno en esencia y en poder.

Artículo II.—Jesucristo

Creemos en Jesucristo, verdadero Dios y verdadero hombre, en quien las naturalezas divinas y humanas están perfecta e inseparablemente unidas. Es la Palabra eterna encarnada, el Hijo unigénito del Padre, nacido de la Virgen María por el poder del Espíritu Santo. Como Siervo ministrante vivió, sufrió y murió en la cruz. Fue sepultado, resucitó de entre los muertos y ascendió al cielo, para estar con el Padre, de donde regresará. Es Salvador eterno y Mediador, que intercede por nosotros, y todos los hombres serán juzgados por él.

Artículo III.—El Espíritu Santo

Creemos en el Espíritu Santo, que procede del Padre y del Hijo y es uno en esencia con el Padre y el Hijo. Convence al mundo de pecado, de justicia y de juicio. Guía a los hombres a la fraternidad de la iglesia por medio de una respuesta fiel al evangelio. Conforta, sostiene y fortalece a los fieles y los guía a toda verdad.

Artículo IV.—La Santa Biblia

Creemos que la Santa Biblia, Antiguo y Nuevo Testamentos, revela la Palabra de Dios en todo lo que es necesario para nuestra salvación. Ella debe de ser recibida a través del Espíritu Santo como la regla fiel y guía de fe y práctica. Cualquier cosa que no sea revelada o establecida por las Sagradas Escrituras no debe de convertirse en artículo de fe y no debe enseñarse como esencial para la salvación.

Artículo V.—La Iglesia

Creemos que la Iglesia cristiana es la comunidad de todos los verdaderos creyentes bajo el Señorío de Cristo. Creemos que es una sola, santa, apostólica y católica. Es la fraternidad redentora en la cual se predica la Palabra de Dios por hombres divinamente llamados, y los sacramentos son debidamente administrados de acuerdo con los mandatos del mismo Cristo. Bajo la disciplina del Espíritu Santo, la Iglesia existe para el mantenimiento del culto, la edificación de los creyentes y la redención del mundo.

Artículo VI.—Los Sacramentos

Creemos que los Sacramentos ordenados por Cristo son símbolos y prendas de la profesión de los Cristianos y el amor de Dios hacia nosotros. Son medios de gracia a través de los cuales Dios obra invisiblemente en nosotros, avivando, fortaleciendo y confirmando nuestra fe en él. Son dos los Sacramentos ordenados por Cristo nuestro Señor, a saber, el Bautismo y la Santa Cena.

Creemos que el Bautismo significa la entrada en la familia de la fe, y es un símbolo de arrepentimiento y purificación interna de pecado, una representación del nuevo nacimiento en Cristo Jesús y una marca distintiva del discipulado cristiano.

Creemos que los niños son beneficiarios de la obra redentora de Cristo y que, como herederos del Reino de Dios, son candidatos aceptables para el bautismo cristiano. Mediante el Bautismo, los niños de padres creyentes vienen a ser responsabilidad especial de la iglesia. Deben ser nutridos y guiados a la experiencia de aceptar personalmente a Cristo y a confirmar su Bautismo mediante profesión de fe.

Creemos que la Santa Cena es una representación de nuestra redención, un memorial de los sufrimientos y muerte de Cristo, y testimonio del amor y de la unión que existe entre los cristianos y Cristo, y entre los cristianos entre sí. Quienes en rectitud, dignidad y con fe comen el pan partido, y beben la copa bendita, participan del cuerpo y sangre de Cristo de una manera espiritual, hasta que él venga.

Artículo VII.—El pecado y el libre albedrío

Creemos que el hombre perdió su justicia original y que, sin la gracia de nuestro Señor Jesucristo, carece de santidad y está inclinado de continuo al mal. A menos que el hombre nazca de nuevo no puede ver el Reino de Dios. Por sus propios recursos, sin la gracia divina, el hombre no puede hacer buenas obras que sean agradables y aceptables a Dios. Creemos, no obstante, que el hombre influenciado y fortalecido por el Espíritu Santo es capaz, en un contexto de libertad, de ejercer su voluntad para bien.

Artículo VIII.—Reconciliación por medio de Cristo

Creemos que Dios estaba en Cristo reconciliando al mundo consigo. La ofrenda voluntaria de Cristo hecha en la cruz es el sacrificio perfecto y suficiente por los pecados de todo el mundo, que redime al hombre de todo pecado, de modo que no se requiere ninguna otra satisfacción.

Artículo IX.—Justificación y regeneración

Creemos que nunca somos tenidos por rectos delante de Dios por me dio de nuestras obras o méritos, sino que los pecadores arrepentidos son justificados o tenidos por justos delante de Dios solamente por medio de la fe en nuestro Señor Jesucristo.

Creemos que la regeneración es la renovación de la justicia del hombre a través de Cristo Jesús, por el poder del Espíritu Santo, por lo cual somos partícipes de la naturaleza divina y experimentamos novedad de vida. Por medio de este nuevo nacimiento, el creyente llega a ser reconciliado con Dios y es capacitado para servirle con la voluntad y los afectos.

Creemos que aunque hayamos experimentado la regeneración, podemos apartarnos de la gracia y caer en pecado; y aun entonces, por la gracia de Dios, podemos ser renovados en justicia.

Artículo X.—Las buenas obras

Creemos que las buenas obras son los frutos necesarios de la fe después de la regeneración, pero que no tienen la virtud de quitar nuestros pecados o de evitar el juicio divino. Creemos que las buenas obras, agradables y aceptables a Dios en Cristo, surgen de una fe verdadera y viviente, puesto que a través de ellas y por medio de ellas la fe se hace manifiesta y evidente.

Artículo XI.—Santificación y perfección cristiana

Creemos que la santificación es la obra de la gracia de Dios por medio de la Palabra y del Espíritu, por la cual quienes han nacido de nuevo son purificados de pecado en sus pensamientos, palabras y obras, y capacitados para vivir de acuerdo con la voluntad de Dios y para esforzarse por alcanzar la santidad, sin la cual nadie verá al Señor.

La entera santificación es un estado de perfecto amor, rectitud y verdadera santidad que todo creyente regenerado puede obtener al ser liberado del poder del pecado, amando a Dios con todo su corazón, alma, mente y fuerzas, y amando al prójimo como a sí mismo. Por medio de la fe en Cristo Jesús, este don de gracia puede obtenerse en esta vida, ya sea gradual o instantáneamente, y que todo hijo de Dios debe procurarlo ardientemente.

Creemos que esta experiencia no nos libra de las debilidades, la ignorancia y los errores comunes al hombre, ni de la posibilidad de volver a pecar. El cristiano debe mantenerse en guardia contra el orgullo espiritual, y procurar alcanzar la victoria sobre toda tentación a pecar. Debe responder cabalmente a la voluntad de Dios, de tal manera que el pecado pierda su poder sobre él y el mundo; y la carne y el diablo sean puestos bajo sus pies. Así tiene dominio sobre estos enemigos, velando siempre por medio del poder del Espíritu Santo.

Artículo XII.—El juicio y el estado futuro

Creemos que todos los hombres están bajo el justo juicio de Jesucristo, tanto ahora como en el día final. Creemos en la resurrección de los muertos; los justos a la vida eterna y los malos a eterna condenación.

Artículo XIII.—La adoración pública

Creemos que el culto divino es el deber y privilegio del hombre quien, en presencia de Dios, se postra en adoración, humildad y dedicación. Creemos que el culto divino es esencial para la vida de la iglesia, y que la reunión del pueblo de Dios para la adoración es necesaria para la fraternidad cristiana y el crecimiento espiritual.

Creemos que el orden del culto público no tiene que ser igual en todas partes, sino que puede ser modificado por la iglesia de acuerdo con las circunstancias y necesidades de los hombres. El mismo debe de ser en un lenguaje y forma que la gente entienda, de acuerdo con la Santa Escritura, para la edificación de todos, y de acuerdo con el orden de la Disciplina de la Iglesia.

Artículo XIV.—El Día del Señor

Creemos que el Día del Señor ha sido divinamente ordenado para el culto público y privado y para el descanso del trabajo innecesario, y que debe ser dedicado para el mejoramiento espiritual, la fraternidad cristiana y el servicio. Es un memorial de la resurrección de nuestro Señor y un emblema de nuestro descanso eterno. Es esencial para la permanencia y el crecimiento de la iglesia cristiana e importante para el bienestar de la comunidad civil.

Artículo XV.—El cristiano y la propiedad

Creemos que Dios es el dueño de todas las cosas y que la propiedad individual es legal, y es una encomienda sagrada de parte de Dios. La propiedad privada debe ser usada en forma tal que manifieste amor cristiano y liberalidad, y para el sostenimiento de la misión de la iglesia en el mundo. Toda clase de propiedad, sea privada, de entidad social, o pública, debe tenerse como encomienda solemne, y usarse responsablemente para el bien de la humanidad bajo la soberanía de Dios.

Artículo XVI.—El gobierno civil

Creemos que el gobierno civil recibe sus justos poderes del soberano Dios. Como cristianos, reconocemos los gobiernos bajo cuya protección residimos, y creemos que tales gobiernos deben basarse en el reconocimiento de los derechos humanos bajo Dios, y ser responsables por ellos. Creemos que la guerra y el derramamiento de sangre son contrarios al evangelio y al espíritu de Cristo. Creemos que es deber de los ciudadanos cristianos dar fortaleza moral y propósito a sus respectivos gobiernos por medio de una pía, sobria y justa manera de vivir.

LOS SERMONES NORMATIVOS DE JOHN WESLEY

[Nota bibliográfica: Los "Sermones Normativos" de Wesley han sido reimpresos con frecuencia. La edición crítica de los *Sermons* de Wesley se incluye en *The Works of John Wesley*, Vols. 1-4 (Nashville: Abingdon Press, 1984-87).]

LAS NOTAS EXPLICATIVAS AL NUEVO TESTAMENTO

[Nota bibliográfica: *The Explanatory Notes Upon the New Testament* (1755) están impresas (Edición de Ward de 1976) y aparecerán próximamente como los Vols. 5 y 6 de *The Works of John Wesley*.]

REGLAS GENERALES DE LA IGLESIA METODISTA[7]

[Nota bibliográfica: Las Reglas Generales están impresas aquí según el texto de 1808 (cuando la quinta Regla Restrictiva entró en vigor), como fue enmendada subsecuentemente por acciones constitucionales en 1848 y 1868].

De la naturaleza, diseño y reglas generales de nuestras Sociedades Unidas

A fines del año 1739, acudieron al señor Wesley, en Londres, unas ocho o diez personas que parecían estar profundamente convencidas de su pecado y verdaderamente deseosas de su salvación. Solicitaron éstas, así como otras dos o tres al día siguiente, que Wesley pasara algún tiempo con ellas orando y aconsejándoles cómo habían de huir de la ira venidera, la cual, según sentían, les amenazaba continuamente. Con el objeto de tener más tiempo para esta importante obra, señaló el señor Wesley un día en que pudieran reunirse todos, lo que efectuaron desde entonces los jueves por la noche. A éstos, así como a cuantos quisieron unirse a ellos (y su número aumentaba de día en día), daba oportunamente los consejos que juzgaba más necesarios, terminando siempre las reuniones con oración adecuada a sus varias necesidades.

Tal fue el origen de la **Sociedad Unida**, primero en Europa y después en América. La iglesia no es otra cosa que "una compañía de hombres que tienen la *forma* y buscan el *poder* de la santidad uniéndose para orar, para recibir la palabra de exhortación y para vigilarse con amor los unos a los otros, a fin de auxiliarse mutuamente en la obra de su salvación".

Para que con mayor facilidad se conozca si en verdad se ocupan sus miembros de su salvación, cada sociedad se divide en compañías menores, llamadas **clases**, integradas por personas cuyas residencias están ubicadas en la misma zona. Cada clase tiene unos doce individuos, de los cuales uno es nombrado **líder**. Es su deber:

1. Visitar a cada miembro de su clase, por lo menos una vez a la semana, con el objeto de: (1) indagar cómo prospera su alma; (2) aconsejar, reprender, consolar o exhortar, según la ocasión lo requiera; y (3) recibir lo que tenga a bien dar para el sostén de los predicadores, de la iglesia y de los pobres.

---

7. Protegidas por la Regla Restrictiva 5 (¶ 21).

2. Reunirse con los ministros y los mayordomos de la sociedad cada semana, con el objeto de: (1) informar al ministro si hay alguien que se encuentre enfermo o que ande desordenadamente, y no se deja reprender; (2) entregar a los mayordomos los fondos que haya recibido de su clase la semana anterior.

Una sola condición se exige previamente a los que quieran ser admitidos a estas sociedades, y es el deseo de huir de la ira venidera y de salvarse de sus pecados. Mas dondequiera que el alma se halla verdaderamente penetrada de este deseo, esto se conocerá por sus frutos.

Se espera, por lo tanto, que todos los que continúan en ella sigan manifestando su deseo de salvación,

Primero: no haciendo daño, evitando toda clase de mal, especialmente los más comunes, tales como:

Tomar el nombre de Dios en vano;

Profanar el día del Señor, ya haciendo en éste trabajo ordinario, ya comprando o vendiendo;

Embriagarse, comprar o vender bebidas alcohólicas o beberlas, excepto en caso de extrema necesidad;

Comprar, vender o poseer esclavos;

Pelear, reñir, alborotar, pleitear entre los hermanos; volver mal por mal, maldición por maldición; regatear en las compras y ventas;

Comprar o vender efectos que no hayan pagado los derechos;

Entregar o recibir efectos a usura, es decir, a interés ilegal;

Conversar frívolamente o sin caridad, particularmente si se habla de los magistrados o de los ministros;

Hacer a otros lo que no quisiéramos que ellos nos hicieran;

Hacer lo que sabemos no conduce a la gloria de Dios, como:

Ataviarse con oro y ropas lujosas;

Tomar parte en diversiones tales que en ellas no podamos invocar el nombre del Señor Jesús.

Cantar aquellas canciones o leer aquellos libros que no tiendan al conocimiento ni al amor de Dios;

Llevar una vida voluptuosa o demasiado regalada;

Amasar tesoros sobre la tierra;

Pedir prestado sin la probabilidad de pagar o recibir efectos a crédito sin la misma probabilidad.

Se espera que todos los que continúan en estas sociedades sigan manifestando su deseo de salvación,

Segundo: haciendo lo bueno; siendo misericordiosos de cuantas maneras les sea posible, y haciendo toda clase de bien conforme tengan oportunidad, y en la medida posible, a todos los hombres:

A sus cuerpos, según la posibilidad que Dios les da, dando de comer a los hambrientos, vistiendo a los desnudos, visitando y socorriendo a los enfermos y a los encarcelados;

A sus almas, instruyendo, reprendiendo o exhortando a todos aquéllos con quienes tenemos relaciones, no dando oído a aquella máxima fanática que dice: "No hemos de hacer bien, a no ser que a ello *nos impulse nuestro corazón*".

Haciendo bien, especialmente a los que son de la familia de fe o a los que gimen con el deseo de serlo; empleándoles de preferencia, comprando los unos de los otros, ayudándose mutuamente en los negocios; y tanto más, cuanto que el mundo amará a los suyos, y a ellos únicamente;

Practicando toda la diligencia y frugalidad posibles, a fin de que el evangelio no sea vituperado;

Corriendo con paciencia la carrera que les es propuesta, negándose a sí mismos, y tomando su cruz diariamente; sometiéndose a sufrir el vituperio de Cristo, y a ser como la hez y el desecho del mundo; sin extrañarse que los hombres digan de ellos todo mal por causa del Señor, *mintiendo*.

Se espera que cuantos desean permanecer en estas sociedades sigan manifestando su deseo de salvación,

Tercero: asistiendo a todas las ordenanzas de Dios, que son:

El culto público de Dios;

El ministerio de la Palabra, ya leída o explicada;

La Cena del Señor;

La oración privada y de familia;

El escudriñamiento de las Escrituras;

El ayuno o abstinencia.

Estas son las Reglas Generales de nuestras sociedades; todas las cuales Dios nos enseña a observar en su Palabra escrita, que es la regla única y suficiente, así de nuestra fe como de nuestra práctica. Sabemos que todas ellas su Espíritu las escribe en los corazones verdaderamente despiertos. Si hubiere entre nosotros alguno que no las guardare, alguno que habitualmente quebrantare cualquiera de ellas, hágase saber a quienes vigilan aquella alma, puesto que tienen que dar cuenta de ella. Le amonestaremos respecto del error de su camino, le soportaremos por algún tiempo; mas si no se arrepintiere, ya no tiene lugar entre nosotros. Hemos librado ya nuestras propias almas.

¶ 105. SECCIÓN 4—NUESTRA TAREA TEOLÓGICA

La teología es un esfuerzo para reflexionar sobre la acción de la gracia divina en nuestras vidas. En respuesta al amor de Cristo, deseamos ser llevados a una relación más profunda con el "pionero de nuestra fe y perfeccionador". Nuestras exploraciones teológicas procuran dar expresión a la realidad misteriosa de la presencia, la paz y el poder de Dios en el mundo. Al hacerlas, tratamos de articular de manera más clara nuestro entendimiento del encuentro divino-humano y por lo tanto estamos preparados más plenamente para participar en la obra de Dios en el mundo.

La tarea teológica, aunque se relaciona con las expresiones doctrinales de la iglesia, sirve una función diferente. Nuestras afirmaciones doctrinales nos ayudan a discernir la verdad cristiana en contextos que están en constante variación. Nuestra tarea teológica incluye el probar, renovar, elaborar y aplicar nuestras perspectivas doctrinales al cumplir nuestra vocación de "esparcir la santidad escritural sobre estas tierras".

Aun cuando la iglesia considera sus afirmaciones doctrinales como un aspecto central de su identidad, y restringe su alteración oficial mediante un proceso constitucional, la iglesia estimula la reflexión seria a lo largo de todo el espectro teológico.

Como metodistas unidos, somos llamados a identificar las necesidades tanto de los individuos como de la sociedad, y a responder a esas necesidades con los recursos de la fe cristiana de una manera clara, convincente y eficaz. La teología sirve a la iglesia al interpretar las necesidades y retos del mundo a la iglesia, y al interpretar el evangelio al mundo.

La naturaleza de nuestra tarea teológica

Nuestra tarea teológica es tanto crítica como constructiva. Es *crítica* por cuanto probamos varias expresiones de fe, y preguntamos: ¿Son ciertas? ¿Apropiadas? ¿Claras? ¿Coherentes? ¿Creíbles? ¿Están basadas en el amor? ¿Proporcionan a la iglesia y a sus miembros un testimonio que es fiel al evangelio según éste se refleja en nuestra herencia viviente y que es auténtico y convincente a la luz de la experiencia humana y el estado presente del conocimiento humano?

Nuestra tarea teológica es *constructiva* por cuanto cada generación tiene que apropiarse de modo creativo de la sabiduría del pasado, y tiene que buscar a Dios en su medio para poder pensar de un modo nuevo respecto a Dios, la revelación, el pecado, la redención, la adoración, la iglesia, la libertad, la justicia, la responsabilidad moral y otros asuntos religiosos de importancia. Nuestro llamado es a entender y a recibir las promesas del evangelio en nuestros tiempos angustiados e inseguros.

Nuestra tarea teológica es tanto individual como comunal. Es un aspecto del ministerio de cada *individuo* cristiano. Exige la participación de todos los que están en nuestra iglesia, laicos y ordenados, porque la misión de la iglesia corresponde a todos los que han sido llamados al discipulado. Ser personas de fe es tener hambre de entender la verdad que nos ha sido dada en Jesucristo.

La investigación teológica no es una tarea fortuita. Exige una disciplina constante de estudio, reflexión y oración.

Sin embargo, el discernir "la verdad sencilla para gente sencilla" no se limita a los especialistas en teología. Los eruditos tienen su lugar en asistir al pueblo de Dios a responder a este llamado, pero todos los cristianos han sido llamados a la reflexión teológica.

Nuestra tarea teológica es *comunal*. Tiene lugar en conversaciones abiertas a las experiencias, percepción y tradiciones de todos los que forman parte del metodismo unido.

Este diálogo pertenece a la vida de toda congregación. Es fomentado por el laicado y el clero, por los obispos, por las juntas, agencias y escuelas teológicas de la iglesia.

Las conferencias hablan y actúan en nombre de los metodistas unidos en sus decisiones oficiales en los debidos niveles. La forma conciliar y representativa en que tomamos nuestras decisiones no exime a los metodistas unidos de su responsabilidad individual de desarrollar un sólido juicio teológico.

Nuestra tarea teológica es contextual y está basada en la encarnación. Está basada en la forma suprema de la autorrevelación divina—la encarnación en Jesucristo. La Palabra eterna de Dios viene a nosotros en carne y sangre en un tiempo y lugar determinados, y en plena identificación con la humanidad. Por lo tanto, la reflexión teológica se vigoriza mediante nuestra involucración (al modo de encarnación) en la vida cotidiana de la iglesia y del mundo, al participar en la acción liberadora y salvífica de Dios.

Nuestra tarea teológica es esencialmente práctica. Da forma a las decisiones individuales de cada día y sirve la vida y obra de la iglesia. Aunque las elaboraciones sumamente teóricas del pensamiento cristiano hacen contribuciones importantes al entendimiento teológico, en último análisis medimos la veracidad de tales declaraciones en función de su significado práctico. Nuestro interés es incorporar las promesas y demandas del evangelio a nuestro vivir diario.

La investigación teológica puede aclarar nuestro pensamiento respecto a lo que hemos de decir y hacer. Nos fuerza a prestar atención al mundo que nos rodea.

Las realidades del intenso sufrimiento humano, las amenazas a la supervivencia, y los retos a la dignidad humana nos confrontan de nuevo con las cuestiones teológicas fundamentales: la naturaleza y propósito de Dios, las relaciones de los seres humanos entre sí, la naturaleza de la libertad y de la responsabilidad humanas, y el cuidado y debido uso de toda la creación.

Pautas teológicas: Fuentes y criterios

Como metodistas unidos, tenemos la obligación de dar un testimonio fiel de Jesucristo, la realidad viva en el centro de la vida y testimonio de la iglesia. Para llenar esta obligación reflexionamos de modo crítico sobre nuestra herencia bíblica y teológica, procurando expresar fielmente el testimonio que damos en nuestro tiempo.

Hay dos consideraciones que son centrales a esta empresa: las fuentes de las que derivamos nuestras afirmaciones teológicas y los criterios mediante los cuales evaluamos lo adecuado de nuestro entendimiento y testimonio.

Wesley creía que el centro vital de la fe cristiana era revelado en la Escritura, iluminado por la tradición, vivificado en la experiencia personal, y confirmado por la razón.

La Escritura es primaria, pues nos revela la Palabra de Dios en todo lo que es necesario para nuestra salvación. Por lo tanto nuestra tarea teológica, tanto en su aspecto crítico como en el explícito, se enfoca en el estudio disciplinado de la Biblia.

Para ayudar su estudio de la Biblia y para profundizar su comprensión de la fe, Wesley apeló a la tradición cristiana, en particular a los escritos patrísticos, los credos ecuménicos, las enseñanzas de los reformadores y la literatura de la espiritualidad contemporánea.

De este modo la tradición proporciona a la vez la fuente y la medida del testimonio cristiano auténtico, si bien su autoridad se deriva de su lealtad al mensaje bíblico.

El testimonio cristiano, aun cuando esté basado en la Escritura y mediado por la tradición, es ineficaz a no ser que el individuo lo entienda y se apropie de él. Para que sea nuestro testimonio tiene que tener sentido en términos de nuestra propia razón y experiencia.

Para Wesley una relación coherente de la fe cristiana requería el uso de la razón, tanto para entender las Escrituras como para relacionar el mensaje bíblico a otros campos más amplios de conocimiento. Wesley buscó la confirmación del testimonio cristiano en la experiencia humana, especialmente las experiencias de regeneración y santificación, pero también en el conocimiento de sentido común de la experiencia cotidiana.

La interacción de estas fuentes y criterios en la teología del propio Wesley nos ofrece una guía para nuestro continuo quehacer teológico como metodistas unidos. En esta tarea, las Escrituras, por ser el testimonio constituyente de las fuentes de nuestra fe, ocupa un lugar de principal autoridad entre estas fuentes teológicas.

En la práctica, la reflexión teológica puede hallar su punto de partida en la tradición, la experiencia o el análisis racional. Lo principal es que las cuatro directrices den forma a una consideración teológica fiel y seria. Las percepciones que surgen del estudio serio de las Escrituras y de la tradición enriquecen la experiencia contemporánea. El pensamiento imaginativo y crítico nos capacita para entender mejor la Biblia y nuestra historia cristiana común.

Escritura

Los metodistas unidos comparten con otros cristianos la convicción de que la Escritura es la fuente y el criterio primario de la doctrina cristiana. Mediante la Escritura, el Cristo vivo nos encuentra en la experiencia de la gracia redentora. Nos convencemos de que Jesucristo es la Palabra viva de Dios en nuestro medio en quien confiamos en la vida y en la muerte.

Los autores bíblicos, iluminados por el Espíritu Santo, dan testimonio de que en Cristo el mundo es reconciliado con Dios. La Biblia nos da testimonio auténtico de la auto-revelación divina en la vida, muerte y resurrección de Jesucristo, así como en la obra divina de la creación, en el peregrinaje de Israel, y en la actividad continua del Espíritu Santo en la historia humana.

Al abrir nuestras mentes y corazones a la Palabra de Dios mediante las palabras de seres humanos inspirados por el Espíritu Santo, la fe nace y se nutre, se profundiza nuestro entendimiento y las posibilidades de transformar el mundo se nos hacen evidentes.

La Biblia es el canon sagrado del pueblo cristiano, formalmente reconocido como tal por los concilios ecuménicos históricos de la iglesia. Nuestras normas doctrinales identifican como canónicos treinta y nueve libros del Antiguo Testamento y los veintisiete del Nuevo Testamento.

Nuestras normas afirman que la Biblia es la fuente de todo lo que es "necesario" y "suficiente" para la salvación (Artículos de Religión), y "ha de ser recibida mediante el Espíritu Santo como la verdadera regla y guía de fe y práctica" (Confesión de Fe).

Propiamente leemos la Escritura en el seno de la comunidad creyente, informados por la tradición de esa comunidad. Interpretamos los textos particulares a la luz de su lugar en la Biblia como un todo.

Nos ayuda la investigación erudita y la percepción personal, bajo la dirección del Espíritu Santo. Al trabajar con cada texto, tomamos en cuenta lo que hemos podido aprender respecto al contexto original y la intención de ese texto. En este entendimiento apelamos a los cuidadosos estudios históricos, literarios y textuales de los años recientes, que han enriquecido nuestro entendimiento de la Biblia.

Mediante esta fiel lectura de las Escrituras podemos llegar a conocer la verdad del mensaje bíblico en lo que éste atañe a nuestras vidas y la vida del mundo. De este modo la Biblia sirve como base de nuestra fe y como el criterio básico mediante el cual medimos la verdad y fidelidad de cualquier interpretación de la fe.

Aunque reconocemos la primacía de las Escrituras en la reflexión teológica, nuestros esfuerzos por entender su significado siempre involucran la tradición, la experiencia y la razón. Así como las Escrituras, éstos pueden volverse en vehículos creativos del Espíritu Santo al funcionar dentro de la iglesia. Los mismos avivan nuestra fe, abren nuestros ojos a la maravilla del amor divino, y aclaran nuestro entendimiento.

La herencia wesleyana, que refleja sus orígenes en las peculiaridades católicas y reformadas del cristianismo inglés, nos conduce a un uso consciente de dichas fuentes al interpretar la Escritura, y al formular declaraciones de fe basadas en el testimonio bíblico.

Estas fuentes son, conjuntamente con la Escritura, indispensables para nuestra tarea teológica.

La relación íntima de la tradición, la experiencia y la razón aparece en la misma Biblia. La Escritura da testimonio de una variedad de diversas tradiciones, algunas de las cuales reflejan las tensiones de interpretación dentro de la primitiva herencia judeocristiana. Sin embargo, estas tradiciones se entretejen en la Biblia de modo que expresan la unidad fundamental de la revelación de Dios según los individuos la recibieron y experimentaron en la diversidad de sus propias vidas.

Las comunidades de fe en desarrollo las juzgaron, por lo tanto, como un testimonio veraz de esa revelación. Al reconocer la interrelación y lo inseparable de las cuatro fuentes básicas del entendimiento teológico, seguimos un modelo que está presente en el mismo texto bíblico.

Tradición

La tarea teológica no comienza de nuevo en cada edad o cada persona. El cristianismo no salta del Nuevo Testamento hasta el presente como si no tuviésemos nada que aprender de la gran nube de testigos entre ambos. Por siglos los cristianos han tratado de interpretar la verdad del evangelio para su tiempo.

En estos esfuerzos la tradición, entendida a la vez como proceso y como forma, ha desempeñado un papel importante. La trasmisión y la recepción del evangelio entre personas, regiones y generaciones constituyen un elemento dinámico de la historia cristiana. Las formulaciones y prácticas que surgieron de circunstancias específicas constituyen el legado de la experiencia de las comunidades cristianas anteriores.

Estas tradiciones se encuentran en muchas culturas por todo el mundo. Pero la historia del cristianismo incluye una mezcla de ignorancia, celo mal dirigido y pecado. La Escritura permanece como la norma mediante la cual se juzgan todas las tradiciones.

La historia de la iglesia refleja el sentido más básico de tradición, la actividad continua del Espíritu de Dios que transforma la vida humana. La tradición es la historia de ese continuo marco de gracia en el cual y mediante el cual viven todos los cristianos. Es el amor de Dios que se da a sí mismo en Jesucristo. Como tal, la tradición trasciende la historia de las tradiciones particulares.

En este sentido más profundo de la tradición, todos los cristianos comparten una historia común. Dentro de esa historia, la tradición cristiana precede a la Escritura, y sin embargo la Escritura se torna en la expresión en la que se enfoca esa tradición. Como metodistas unidos, proseguimos en nuestra tarea teológica abiertos a la riqueza tanto de la forma como del poder de la tradición.

La multiplicidad de las tradiciones nos proporciona una fuente rica y variada para la reflexión y construcción teológica. Para los metodistas unidos ciertos hilos de la tradición tienen importancia especial por ser el fundamento histórico de nuestra herencia doctrinal y la expresión particular de nuestra existencia comunitaria.

Ahora somos retados por las tradiciones de otras partes del mundo que acentúan dimensiones del entendimiento cristiano que nacen de los sufrimientos y las victorias de los humildes. Estas tradiciones nos ayudan a redescubrir el testimonio bíblico del compromiso divino con los pobres, los desvalidos, los presos, los oprimidos, los marginados. En estas personas encontramos la presencia viva de Jesucristo.

Dichas tradiciones subrayan la igualdad de todas las personas en Jesucristo. Exhiben la capacidad del evangelio de liberarnos para abrazar la diversidad de las culturas humanas y apreciar sus valores. Refuerzan nuestro tradicional entendimiento de lo inseparables que son la salvación personal y la justicia social. También profundizan nuestro compromiso con la paz mundial.

El aprecio crítico de estas tradiciones nos compele a pensar en Dios de nuevas formas, aumenta nuestra visión de "shalom" y acrecienta nuestra confianza en el amor providencial de Dios.

La tradición actúa como medida de validez y de cuán apropiada es la fe de una comunidad en la medida que refleja un consenso de fe. Las diversas tradiciones que al presente hacen reclamos sobre nosotros pueden contener imágenes y percepciones en conflicto sobre lo que es veraz y lo que es válido. Examinamos tales conflictos a la luz de las Escrituras, y reflexionamos de modo crítico respecto a la posición doctrinal de nuestra iglesia.

Tratamos de mantenernos fieles a la fe apostólica mediante el uso con discernimiento de nuestras normas, mientras permanecemos abiertos a nuevas formas de identidad cristiana.

Al mismo tiempo, continuamos beneficiándonos de la amplia tradición cristiana como expresión de la historia de la gracia divina dentro de la cual los cristianos podemos reconocernos y recibirnos los unos a los otros en amor.

Experiencia

En nuestra tarea teológica seguimos la práctica de Wesley de examinar la experiencia, tanto individual como comunitaria, en busca de confirmación de las realidades de la gracia divina de las que se da testimonio en las Escrituras.

Nuestra experiencia interactúa con las Escrituras. Leemos las Escrituras a la luz de las condiciones y los hechos que dan forma a quienes somos, e interpretamos nuestra experiencia a la luz de las Escrituras.

Toda experiencia religiosa afecta la totalidad de la experiencia humana; y toda experiencia humana afecta nuestra comprensión de la experiencia religiosa.

En el nivel personal la experiencia es al individuo lo que la tradición es a la iglesia: la apropiación personal de la gracia perdonadora y capacitadora de Dios. La experiencia certifica en nuestras vidas las verdades reveladas en las Escrituras e iluminadas en la tradición, lo que nos capacita para reclamar el testimonio cristiano como propiamente nuestro.

Wesley describió la fe y su sentido de seguridad como "una segura dependencia y confianza" en la misericordia de Dios mediante nuestro Señor Jesucristo, y una firme esperanza de todas las mercedes que han de ser recibidas de la mano de Dios. Tal seguridad es don de la gracia de Dios mediante el testimonio del Espíritu Santo.

Es esta "vida nueva en Cristo" a lo que nos referimos los metodistas unidos cuando hablamos de la "experiencia cristiana". La experiencia cristiana nos da nuevos ojos para ver la verdad viva en las Escrituras. Confirma el mensaje bíblico para nuestro presente, ilumina nuestro entendimiento de Dios y de la creación, y nos motiva a hacer juicios morales sensibles.

Aun cuando es profundamente personal, la experiencia cristiana es también comunitaria; nuestra tarea teológica está moldeada por la experiencia de la iglesia y la experiencia de toda la humanidad. En nuestros esfuerzos por entender el mensaje bíblico, reconocemos que el don divino del amor que nos hace libres, abraza a toda la creación.

Algunos aspectos de la experiencia humana abruman nuestro entendimiento teológico. Gran parte del pueblo de Dios vive con terror, hambre, soledad y degradación. Las experiencias diarias de nacimiento y muerte, de crecimiento y vida en el mundo creado, y el percatarnos de relaciones sociales más amplias, también pertenecen a la reflexión teológica seria.

Una nueva conciencia de tales experiencias puede dar forma a nuestra apropiación de las verdades bíblicas, y agudizar nuestro aprecio por las buenas nuevas del Reino de Dios.

Como fuente de reflexión teológica, la experiencia, como la tradición, es ricamente variada, y pone a prueba nuestros esfuerzos por expresar en palabras la totalidad de las promesas del evangelio. Interpretamos la experiencia a la luz de las normas bíblicas, igual que nuestra experiencia da forma a nuestra lectura del mensaje bíblico. En este respecto las Escrituras retienen su posición central en nuestros esfuerzos por ser fieles al dar nuestro testimonio cristiano.

Razón

Aunque reconocemos que la revelación de Dios y nuestras experiencias de la gracia divina continuamente sobrepasan el alcance del habla humana y de la razón, también creemos que todo quehacer teológico disciplinado requiere el uso cuidadoso de la razón.

Mediante la razón leemos e interpretamos las Escrituras.

Mediante la razón determinamos si nuestro testimonio cristiano es claro.

Mediante la razón hacemos preguntas de fe y buscamos entender la acción y voluntad de Dios.

Mediante la razón organizamos el entendimiento que compone nuestro testimonio, y que hace que éste sea internamente coherente.

Mediante la razón probamos la congruencia de nuestro testimonio con el testimonio bíblico y con las tradiciones que nos median dicho testimonio.

Mediante la razón relacionamos nuestro testimonio con el ámbito total del conocimiento, la experiencia y el servicio humanos.

Puesto que toda verdad viene de Dios, los esfuerzos por discernir las conexiones entre la revelación y la razón, la fe y la ciencia, la gracia y la naturaleza, son esfuerzos útiles que nos ayudan a desarrollar una doctrina creíble y comunicable. No buscamos nada menos que una visión total de la realidad que esté modelada de forma decisiva por las promesas e imperativos del evangelio cristiano, aunque bien sabemos que tal esfuerzo siempre estará afectado por los límites y distorsiones característicos del conocimiento humano.

A pesar de lo cual, nuestra búsqueda de un entendimiento racional de la fe cristiana trata de comprender, expresar y vivir el evangelio de tal modo que lo presente de manera positiva a quienes piensan seriamente, y buscan conocer y seguir los caminos de Dios.

En la reflexión teológica los recursos de la tradición, la experiencia y la razón son parte integral de nuestro estudio de las Escrituras sin por ello desplazar a las Escrituras de su lugar preeminente en cuanto a fe y práctica. Estas cuatro fuentes—cada una de ellas con su contribución especial, pero todas en labor conjunta—guían nuestra búsqueda, como metodistas unidos, de un testimonio cristiano vital y apropiado.

El reto presente a la teología en la Iglesia

Además de las tensiones históricas y de los conflictos que aún requieren solución, constantemente emergen nuevos problemas que nos llaman de nuevo a la investigación teológica. Cada día nos presenta una gama de problemas que retan nuestra proclamación del reinado de Dios sobre toda la existencia humana.

De crucial importancia son las preocupaciones que surgen de las grandes luchas de la humanidad por obtener dignidad, liberación y plenitud—aspiraciones éstas que son elementos inherentes al designio de Dios para la creación. Estos temas son parte de las teologías que expresan el clamor de los humillados y la indignación de los que sienten compasión.

Los peligros de la destrucción nuclear, del terrorismo, la guerra, la pobreza, la violencia y la injusticia nos confrontan. Las injusticias que se relacionan con la raza, el sexo, la clase y la edad abundan en nuestros tiempos. El abuso de los recursos naturales y la falta de atención al frágil balance ecológico de nuestro medio ambiente contradicen nuestro llamado a cuidar de la creación de Dios. El secularismo permea las civilizaciones de tecnología avanzada, impidiendo la percepción humana de las profundidades espirituales de la existencia.

Buscamos una respuesta auténticamente cristiana a estas realidades, para que la obra sanadora y redentora de Dios esté presente en nuestros hechos y palabras. Con demasiada frecuencia la teología se utiliza para apoyar ciertas prácticas injustas. Buscamos respuestas que estén en armonía con el evangelio, y no reclamamos el derecho a exención del juicio crítico.

Una rica cualidad de nuestra iglesia, especialmente en su desarrollo del siglo pasado, es su carácter mundial. Somos una iglesia con una herencia teológica especial, pero esta herencia se vive en una comunidad mundial, lo que resulta en entendimientos de nuestra fe enriquecidos por experiencias y maneras de expresión indígenas.

Afirmamos las contribuciones que los metodistas unidos de diversos grupos étnicos, lingüísticos, culturales y nacionales brindan los unos a los otros y a la iglesia en general. Celebramos el compromiso que compartimos con el pensamiento teológico diáfano y a la expresión vital de la misión.

Los metodistas unidos, en medio de su diversidad, continúan laborando para alcanzar un consenso en el entendimiento del evangelio. En nuestra diversidad nos mantenemos unidos mediante una herencia que compartimos y un deseo común de participar en la actividad creadora y redentora de Dios.

Nuestra tarea es articular nuestra visión de manera que nos acerque los unos a los otros como pueblo en misión.

En el nombre de Jesucristo somos llamados a trabajar dentro de nuestra diversidad, mientras practicamos la paciencia y la longanimidad en nuestras relaciones los unos con los otros. Tal paciencia no nace ni de la indiferencia respecto a la verdad, ni de la tolerancia indulgente hacia el error, sino de una conciencia de que no conocemos sino en parte, y de que ninguno de nosotros puede escudriñar los misterios de Dios a no ser por el Espíritu de Dios. Procedemos con nuestra tarea teológica, confiando que el Espíritu nos concederá sabiduría para continuar nuestro peregrinaje con todo el pueblo de Dios.

Compromiso ecuménico

La unidad cristiana se basa en el entendimiento teológico de que, por medio de la fe en Jesucristo, somos hechos miembros en común del cuerpo de Cristo. La unidad cristiana no es una opción; es un don que tiene que ser recibido y expresado.

Los metodistas unidos responden al mandato teológico, bíblico y práctico de la unidad cristiana, comprometiéndonos firmemente con la causa de la unidad cristiana al nivel local, nacional y mundial. Nos invertimos a nosotros mismos en los distintos medios mediante los cuales el reconocimiento mutuo de las iglesias, de los miembros y de los ministerios nos pueda llevar a compartir en Santa Comunión con todo el pueblo de Dios.

Sabiendo que la lealtad denominacional está siempre subordinada a nuestra vida en la iglesia de Jesucristo, afirmamos y celebramos la rica experiencia del liderazgo metodista unido en los concilios y consultas eclesiales, en los diálogos multilaterales y bilaterales, así como en otras formas de convergencia ecuménica que han llevado a la sanidad de las iglesias y de las naciones.

Vemos al Espíritu Santo obrar, haciendo que nuestra unidad sea más visible.

Concurrentemente, hemos iniciado serios encuentros interreligiosos y exploraciones entre cristianos y adherentes de otras religiones vivas del mundo. Las Escrituras nos llaman a ser prójimo y testigos a todas las gentes. Tales encuentros requieren que reflexionemos de nuevo sobre nuestra fe, y que busquemos dirección para nuestro testimonio entre nuestro prójimo de otras religiones. Entonces redescubrimos que el Dios que ha actuado en Jesucristo por la salvación de todo el mundo es también el Creador de toda la humanidad, Aquel que "es sobre todos y por todos y en todos" (Efesios 4:6).

Como un pueblo unido en un planeta, vemos la necesidad de la autocrítica de nuestra propia tradición y una apreciación correcta de las otras tradiciones. En estos encuentros, nuestro fin no es el reducir las diferencias doctrinales a un mínimo común denominador de acuerdos religiosos, sino elevar estas relaciones al más alto nivel posible de fraternidad humana y entendimiento.

Laboramos juntos con la ayuda de Dios por la salvación, salud y paz de todos los pueblos. En conversación respetuosa y en cooperación práctica, confesamos nuestra fe cristiana y tratamos de demostrar el modo en que Jesucristo es la vida y la esperanza del mundo.

Conclusión

La doctrina nace de la vida de la iglesia—su fe, su culto, su disciplina, sus conflictos, sus retos, del mundo que sirve.

El evangelismo, la función nutricia, la misión, requieren un esfuerzo constante por integrar la experiencia auténtica, el pensamiento racional y la acción llena de propósito con la integridad teológica.

Un testimonio convincente de nuestro Señor y Salvador Jesucristo puede contribuir a la renovación de nuestra fe, traer a las personas a esa fe, y fortalecer a la iglesia como agente de sanidad y reconciliación.

Este testimonio, sin embargo, no puede describir plenamente ni comprender el misterio de Dios. Aunque experimentamos la maravilla de la gracia de Dios que obra en nosotros y entre nosotros, y aunque conocemos el gozo de las señales presentes del reinado de Dios, cada nuevo paso nos hace más conscientes del misterio absoluto de Dios, lo que hace surgir un corazón que se maravilla y una actitud de humildad. No obstante, confiamos en que podemos conocer más plenamente lo que es esencial para nuestra participación en la obra salvífica de Dios en el mundo, y confiamos en la manifestación final de la justicia y misericordia divinas.

En este espíritu emprendemos nuestra tarea teológica. Tratamos por medio del poder del Espíritu Santo de entender el amor de Dios dado en Jesucristo. Buscamos esparcir su amor por doquier. Al ver más claramente quiénes hemos sido, al entender más plenamente las necesidades del mundo, al acercarnos de modo más eficaz a nuestra herencia teológica, nos equipamos mejor para responder a nuestra vocación como pueblo de Dios.

Y a Aquel
que es poderoso para hacer todas las cosas
mucho más abundantemente
de lo que pedimos o entendemos,
según el poder que actúa en nosotros,
a él sea gloria en la iglesia
en Cristo Jesús por todas las edades,
por los siglos de los siglos. Amén.
—Efesios 3.20-21 (La Santa Biblia, Versión de Reina-Valera, edición de estudio 1995)

Parte IV
EL MINISTERIO DE TODOS LOS CRISTIANOS

LA MISIÓN Y EL MINISTERIO DE LA IGLESIA

Sección I. Las iglesias

¶ **120.** *Misión*—La misión de la iglesia es hacer discípulos de Jesucristo para la transformación del mundo. Las iglesias locales y los ministerios de extensión de la Iglesia proporcionan las arenas más significativa en las cuales se efectúa la acción de hacer discípulos.

¶ **121.** *Razón fundamental de nuestra misión*—La misión de la iglesia es hacer discípulos de Jesucristo para la transformación del mundo a través de la proclamación de las buenas nuevas de la gracia de Dios, y así buscar el cumplimiento del reinado de Dios en su reino en el mundo. El cumplimiento del reinado de Dios y su reino en el mundo es la visión que las Escrituras ponen delante de nosotros. La Iglesia Metodista Unida afirma que Jesucristo es el Hijo de Dios, el Salvador del mundo, y el Señor de todos. Respetamos las personas de cualquier fe religiosa, y defendemos la libertad para toda persona. Las palabras de Jesús en Mateo 28.19-20 dan a la iglesia su comisión: "Por tanto, id, y haced discípulos de todas las naciones, bautizándolos en el nombre del Padre, y del Hijo, y del Espíritu Santo; enseñándoles que guarden todas las cosas que os he mandado". Y "Amarás al Señor tu Dios con todo tu corazón, con toda tu alma y con toda tu mente... Y amarás a tu prójimo como a ti mismo" (22.37, 39).

Esta misión es nuestra respuesta llena de gracia al Reino de Dios en el mundo anunciado por Cristo. La gracia de Dios está activa en todas partes, en todos los tiempos, llevando a cabo este propósito, como se revela en la Biblia. Se *expresa* en el pacto de Dios con Abraham y Sara, en el Éxodo de Israel de Egipto, y en el ministerio de los profetas. *Tomó cuerpo* en la vida, muerte y resurrección de Jesucristo. Se *experimenta* en la creación continuada de un nuevo pueblo, por medio del Espíritu Santo.

Juan Wesley, Philip Otterbein, Jacob Albright, y otros de nuestros antepasados espirituales, entendieron dicha misión de esta manera. Dondequiera que el metodismo unido ha tenido un sentido claro de misión, Dios ha usado nuestra iglesia para salvar personas, sanar relaciones, transformar estructuras sociales y difundir la santidad bíblica, cambiando así este mundo. Para poder estar verdaderamente vivos, abrazamos el mandato de Jesús de hacer discípulos de todos los pueblos.

¶ **122.** *El proceso para llevar a cabo nuestra misión*—Hacemos discípulos cuando:

—proclamamos el evangelio, buscamos, damos la bienvenida y reunimos a las personas en el cuerpo de Cristo;

—guiamos a personas a dedicar sus vidas a Dios por medio del bautismo y la profesión de fe en Jesucristo;

—cultivamos a las personas en el vivir cristiano por medio de la adoración, los sacramentos, las disciplinas espirituales, y otros medios de gracia, como las conferencias cristianas de Wesley;

—enviamos a personas al mundo para vivir en amor y justicia como siervos de Cristo, sanando a los enfermos, dando de comer a los hambrientos, cuidando al extranjero, liberando al oprimido y obrando para desarrollar estructuras sociales que estén en conformidad con el evangelio; y

—continuamos la misión de buscar, dar la bienvenida y reunir a personas en la comunidad del cuerpo de Cristo.

¶ **123.** *La naturaleza global de nuestra misión*—La iglesia trata de cumplir su misión global por medio de ministerios de servicio de parte de todos los cristianos, tanto laicos como clericales, según el Espíritu la dirija. La fidelidad y efectividad demandan que todos los ministerios en la iglesia sean modelados por la misión de hacer discípulos de Jesucristo.

¶ **124.** *Nuestra misión en el mundo*—La autorrevelación de Dios en la vida, muerte y resurrección de Cristo llama a la iglesia a ministrar en el mundo a la luz de su misión, mediante su testimonio expresado en palabra y hechos. La iglesia visible de Cristo como una comunidad fiel de personas afirma el valor de toda la humanidad y el valor de la interrelación de toda la creación de Dios.

En medio de un mundo pecaminoso, por la gracia de Dios somos traídos al arrepentimiento y a la fe en Jesucristo. Adquirimos conciencia de la presencia y del poder vivificador del Santo Espíritu de Dios. Vivimos con la segura expectación del cumplimiento final del propósito de Dios.

Somos llamados a reunirnos para adorar, para gozar de la fraternidad y para la edificación de la comunidad cristiana. Abogamos y trabajamos por la unidad de la iglesia cristiana. Llamamos a las personas al discipulado.

Como siervos de Cristo, somos enviados al mundo para comprometernos con la lucha por la justicia y la reconciliación. Procuramos revelar el amor de Dios para los hombres, las mujeres y los niños de todos los grupos étnicos, raciales, culturales y de cualquier nacionalidad, y demostrar a los que sufren el poder sanador del evangelio.

¶ **125.** Los metodistas unidos alrededor del mundo estamos unidos por un pacto conexional por el cual nos apoyamos y nos rendimos cuentas para ser fieles discípulos y en nuestra misión. Integralmente manteniendo la unidad conexional y la libertad local, buscamos proclamar y encarnar el evangelio de una manera responsable a nuestros contextos culturales y sociales específicos al mismo tiempo que mantenemos "una red vital de conexiones interactivas" (¶ 132). Al mismo tiempo, deseamos afirmar y celebrar nuestras relaciones, pactos y asociaciones con iglesias autónomas, autónomas afiliadas, unidas afiliadas de pacto y con acuerdo de concordato (¶¶ 570-574) además de otras dentro de la familia wesleyana y cristiana ecuménica. Nuestra relación conexional mundial es una de las maneras en la que desarrollamos nuestro llamado misional más allá de nuestras fronteras nacionales y regionales. Para que esta conexión resulte una práctica viva, tendremos que traer la naturaleza mundial de la Iglesia Metodista Unida dentro de la vida y la misión de nuestras congregaciones locales. Solamente cuando nos comprometamos a relaciones globales interdependientes en oración, misión y adoración podrá esta conexión de la visión eclesiástica wesleyana llevarse a cabo. Guiadas por el Espíritu Santo, a las Iglesias Metodistas Unidas en todo el mundo se les llama a un nuevo pacto de mutuo compromiso basado en su común misión, equidad y hospitalidad.

Pactando con Dios y unos con otros:

Afirmamos nuestra unidad en Cristo y determinamos fielmente vivir de acuerdo con lo que conlleva ser una iglesia mundial en misión para la transformación del mundo.

Nos comprometemos a cruzar las fronteras del idioma, cultura y estatus social o económico. Nos comprometemos a estar en ministerio con todas las personas, como nosotros, en fidelidad con el evangelio, buscamos crecer en mutuo amor y confianza.

Participamos en la misión divina como compañeros en ministerio, y reconocemos que los dones, experiencias y recursos que Dios nos ha otorgado tienen el mismo valor ya sean espirituales, financieros o misionales.

Nos comprometemos a equidad y responsabilidad total en nuestras relaciones, estructuras y responsabilidades de la denominación.

Nos adentramos renovados a una relación de mutualidad, creando un nuevo sentido de comunidad y practicando con gozo nuestra conexión mundial en nuestra misión para hacer discípulos de Jesucristo para la transformación del mundo.

Letanía para el pacto de la Iglesia Metodista Unida Global:

Líder: En pacto con Dios y los unos con los otros, afirmamos nuestra unidad en Cristo.

Todos: Tomaremos pasos fieles para vivir como una iglesia global en nuestra misión para hacer discípulos de Jesucristo para la transformación del mundo.

Líder: En pacto con Dios y los unos con los otros, nos comprometemos a estar en ministerio con todas las personas.

Todos: En fidelidad con el evangelio, cruzaremos las barreras del idioma, cultura y estatus social y económico conforme crecemos en amor y confianza mutua.

Líder: En pacto con Dios y entre nosotros, participamos en la misión de Dios como compañeros en ministerio.

Todos: Compartimos los dones, las experiencias y recursos que Dios nos ha otorgado reconociendo que son de igual valor ya sean espirituales, financieros o misionales.

Líder: En pacto con Dios y entre nosotros nos comprometemos a la igualdad total.

Todos: Defendemos la equidad y la responsabilidad en nuestras relaciones, estructuras y responsabilidades con la denominación.

Líder: En pacto con Dios y entre nosotros, nos adentramos en una relación de mutualidad.

Todos: Con la gracia de Dios, experimentamos con gozo nuestra conexión global en nuestra misión para hacer discípulos de Cristo para la transformación del mundo.

Sección II. El ministerio de todos los cristianos

¶ **126.** *El corazón del ministerio cristiano*—El corazón del ministerio cristiano es el ministerio de amor ilimitado de Cristo. El ministerio cristiano es la expresión de la mente y misión de Cristo por parte de una comunidad de cristianos que demuestran una vida de gratitud y devoción, testimonio y servicio, celebración y discipulado. Todos los cristianos están llamados a este ministerio de servidumbre en el mundo, para la gloria de Dios y para la realización del ser humano. Las formas de este ministerio varían según el lugar, los intereses y las características denominacionales, aunque siempre son católicas (o de carácter universal) en espíritu y alcance.

¶ **127.** *El ministerio del laico*— El ministerio del laico viene de un compromiso al amor extendido de Cristo. La membresía laica de la Iglesia Metodista Unida es, por su historia y llamamiento, defensora activa del Evangelio de Jesucristo. Toda persona laica ha sido llamada al cumplimiento de la Gran Comisión (Mateo 28.18-20); toda persona laica está llamada a ser misional. El testimonio del laico, su ejemplo diario como cristiano y el compartimiento de su propia experiencia de fe en el Evangelio, es el ministerio evangelístico principal a través del cual toda persona vendrá al conocimiento de Cristo y la Iglesia Metodista Unida cumplirá su misión.

¶ **128.** *El ministerio de la comunidad*—La iglesia, como comunidad del nuevo pacto, ha participado en el ministerio de la gracia de Cristo a través de los años y alrededor del mundo. Se extiende hacia las necesidades humanas dondequiera que el amor y el servicio puedan comunicar el amor de Dios y el nuestro. El alcance de tales ministerios no tiene límite. Más allá de las formas diversas de ministerio existe un interés final: que todas las personas sean conducidas a una relación de salvación con Dios a través de Jesucristo y sean renovadas a imagen de su Creador (Colosenses 3.10). Esto quiere decir que todos los cristianos son llamados a ministrar dondequiera que Cristo los llame a servir y testificar, mediante hechos y palabras que sanan y liberan.

¶ **129.** *El ministerio como don y tarea*—Este ministerio de todo cristiano en el nombre y en el espíritu de Cristo es, a la vez, don y tarea. El don es la gracia inmerecida de Dios; la tarea es el servicio incondicional. La incorporación a la iglesia se reconoce en el bautismo y puede incluir a personas de todas las edades. En el bautismo, el agua se administra en el nombre del Dios trino (que se especifica en el ritual como el Padre, el Hijo y el Espíritu Santo), por una persona autorizada, y se invoca el Espíritu Santo al imponer las manos, delante de la congregación, normalmente. En este sacramento la iglesia reclama la promesa de Dios, el sello del Espíritu (Efesios 1.13). Al bautismo le sigue el cultivo y el consiguiente reconocimiento de los bautizados del ministerio en Cristo que la iglesia les impone. Tal ministerio se sella en la confirmación, cuando el cristiano acepta las promesas hechas en su bautismo y en su profesión de fe, y las renueva para su vida y su misión. El ingreso al ministerio y la aceptación del mismo comienza en una iglesia local, pero el impulso a ministrar siempre nos mueve a ir más allá de la congregación, hacia la totalidad de la comunidad humana. Los dones de Dios son ricamente diversos para una variedad de servicios; pero, todos tienen dignidad y mérito.

¶ **130.** *El ministerio fiel*—El pueblo de Dios, que es la iglesia hecha visible en el mundo, ha de convencer al mundo de la realidad del evangelio o dejarlo indiferente. Esta responsabilidad no puede ser evadida o delegada. La iglesia es una fiel comunidad de testimonio y servicio, o pierde su vitalidad y su impacto en un mundo incrédulo.

¶ **131.** *La unidad del ministerio en Cristo*—Sólo hay un ministerio en Cristo, pero hay diversos dones y evidencias de la gracia de Dios en el cuerpo de Cristo (Efesios 4.4-16). El ministerio de todos los cristianos es complementario. Ningún ministro está supeditado a otro. Cristo llama y envía a todos los metodistas unidos a vivir y a trabajar conjuntamente en interdependencia mutua, y a dejarse guiar por el Espíritu a la verdad, que libera, y al amor, que reconcilia.

¶ **132.** *El peregrinaje de un pueblo conexional*—El conexionalismo en la tradición metodista unida es de múltiples niveles: global en su alcance y local en su ímpetu. Nuestro conexionalismo no es únicamente la conexión de una Conferencia de Cargo con otra, sino una red vital de conexiones interactivas.

Estamos conectados por el compartimiento de una tradición de fe común, que incluye nuestras Normas Doctrinales y Reglas

Generales (¶ 104); al compartir juntos una política constitucional, que incluye un liderazgo de superintendencia general; al compartir una misión común, que nos esforzamos en llevar a cabo trabajando juntos a través de conferencias que reflejan el carácter inclusivo y misional de nuestro compañerismo, al compartir el genio común que caracteriza nuestra manera distintiva de hacer las cosas.

Sección III. Ministerio servidor y liderazgo servidor

¶ **133.** *La misión como expectación activa*—El ministerio de todos los cristianos consiste de servicio para la misión de Dios en el mundo. La misión de Dios es claramente expresada en la oración que Cristo enseñó a sus primeros discípulos: "Venga tu reino. Hágase tu voluntad, como en el cielo, así también en la tierra". Por lo tanto, todos los cristianos deben vivir en una constante expectativa: fieles al servicio de Dios y de su prójimo; fieles en la espera del cumplimiento del amor universal de Dios y de su justicia y paz, así en la tierra como en el cielo.

Pendiente de este tiempo de cumplimiento, el ministerio de todos los cristianos está moldeado por las enseñanzas de Cristo. La entrega de estas enseñanzas se encomienda a los líderes que tienen dones y son llamados por Dios a oficios nombrados en la iglesia: "Y él mismo constituyó a unos, apóstoles, a otros, profetas, a otros, evangelistas, a otros, pastores y maestros, a fin de perfeccionar a los santos para la obra del ministerio, para la edificación del cuerpo de Cristo". (Efesios 4.11-12). Para que estas personas puedan dirigir la iglesia eficazmente, deben personificar las enseñanzas de Jesús en los ministerios de servicio y de liderazgo de servicio. Por medio de estos ministerios y liderazgo, las congregaciones de la iglesia se involucran con fidelidad y vitalmente en la formación de discípulos cristianos en la misión de Dios en el mundo.

¶ **134.** *El llamado y los dones del liderazgo*—La Iglesia Metodista Unida tradicionalmente ha reconocido estos dones y llamamientos en los oficios ordenados de presbítero y diácono. La tradición metodista unida ha reconocido que tanto el laicado como las personas ordenadas tienen dones y han sido llamadas por Dios para dirigir la iglesia. El liderazgo servidor de estas personas es esencial a la misión y ministerio de las congregaciones. Ayudan a formar discípulos cristianos en la comunidad de pacto dentro de la congregación local por medio de la formación espiritual y guía para el vivir cristiano en el mundo.

Sección IV. Ministerio servidor

¶ **135.** *Discipulado cristiano*—El ministerio de todos los cristianos consiste en privilegio y obligación. El privilegio es una relación con Dios que es profundamente espiritual. La obligación es el responder al llamado de Dios a una vida de santidad en el mundo. En la tradición metodista unida estas dos dimensiones de discipulado cristiano son completamente interdependientes.

¶ **136.** *Nuestra relación con Dios: el privilegio*—Los cristianos experimentan crecimiento y transición en su vida espiritual así como en su vida física y emocional. Mientras que este crecimiento es siempre una obra de gracia, no ocurre uniformemente. El crecimiento espiritual en Cristo es un proceso dinámico marcado por un despertamiento, nacimiento, crecimiento y madurez. Este proceso requiere cultivo cuidadoso e intencional para que el discípulo llegue a la perfección en la vida cristiana. Hay etapas en el crecimiento y transición espiritual: los inicios cristianos; nacimiento cristiano; crecimiento cristiano y madurez cristiana. Estos requieren cultivo cuidadoso e intencional para que el discípulo llegue a la madurez en la vida cristiana y se ocupe plenamente en el ministerio de todos los cristianos.

¶ **137.** *Nuestra relación con Cristo en el mundo: la obligación*—El ministerio de todos los cristianos en la tradición metodista unida siempre ha sido vigorizado por una profunda experiencia religiosa, enfatizando en él como nuestro ministerio se relaciona a nuestra obligación hacia Cristo Jesús. Los primeros metodistas desarrollaron un modo de vida que promovió confianza, y su discipulado metódico está mejor expresado en las Reglas Generales que Juan Wesley publicó por primera vez en 1743, que permanecen en la *Disciplina* de la Iglesia Metodista Unida, páginas 62-70.

Sección V. Liderazgo servidor

¶ **138.** *Privilegios y responsabilidades del liderazgo*—Dentro de la Iglesia Metodista Unida existen aquéllos, laicos y ordenados, que son llamados a un liderazgo de servicio. Dichos llamamientos se hacen evidentes por medio de dones especiales, evidencia de la gracia de Dios, y la promesa de utilidad. El llamado de Dios al liderazgo de servicio es interno cuando viene al individuo, y exterior, por medio del discernimiento y validación de la iglesia. El privilegio del liderazgo de servicio en la iglesia es el llamado a compartir en la preparación de congregaciones y de la iglesia en general para la misión de Dios en el mundo. La obligación del liderazgo de servicio es la formación de discípulos cristianos en la comunidad de pacto dentro de la congregación. Esto involucra discernir y nutrir la relación espiritual con Dios que es el privilegio de todos los ministros servidores. También involucra instruir y guiar a los discípulos cristianos en su testimonio de Cristo Jesús en el mundo por medio de actos de adoración, devoción y compasión y justicia, bajo la guía del Espíritu Santo. Juan Wesley describió esto como "cuidar el uno al otro en amor".

¶ **139.** *El ministerio ordenado*—Los ministros ordenados son llamados por Dios a un liderazgo de servicio por vida en ministerios especializados entre el pueblo de Dios. Los ministros ordenados son llamados a interpretar a la iglesia las necesidades, intereses y esperanzas del mundo, así como la promesa de Dios para la creación. Dentro de estos ministerios especializados, los diáconos son llamados a ministerios de Palabra, Servicio (¶ 328), Compasión y Justicia y los presbíteros son llamados a ministerios de Servicio, Palabra, Sacramento y Orden (¶ 323), así como al oficio y responsabilidades de diácono. Por medio de estas funciones distintivas, los ministros ordenados se dedican completamente al trabajo de la iglesia y a la edificación del ministerio de todos los cristianos. Hacen esto por medio del estudio cuidadoso de las Escrituras y su fiel interpretación de éstas; por medio de la proclamación efectiva del evangelio y la administración responsable de los sacramentos; por medio de un liderazgo pastoral diligente de sus congregaciones para un discipulado fructífero; y al seguir la guía del Espíritu Santo al testificar más allá de la congregación en la comunidad local y hasta los fines de la tierra. El ministerio ordenado se define por su fiel compromiso al liderazgo de servicio, siguiendo el ejemplo de Cristo Jesús, por su pasión por la santificación de la vida, y por su interés en conectar todos los ministerios locales con los linderos más amplios de la comunidad cristiana.

Sección VI. Llamados a la inclusividad

¶ **140.** Reconocemos que Dios hizo toda la creación y vio que era buena. Como uno de los diversos pueblos de Dios, que traemos dones y evidencias especiales de la gracia de Dios a la unidad de la iglesia y a la sociedad, somos llamados a ser fieles al ejemplo del ministerio de Jesús a toda persona.

La inclusividad quiere decir apertura, aceptación y apoyo que hace posible la participación de toda persona en la vida de la iglesia, la comunidad y el mundo; por lo tanto, la inclusividad rechaza toda semblanza de discriminación. Los servicios de adoración de cada una de las iglesias locales de la Iglesia Metodista Unida permanecerán abiertos a todas las personas.

La marca de una sociedad inclusiva es una que está abierta a toda persona, es acogedora, acepta plenamente y apoya a toda persona, haciendo posible su participación plena en la vida de la iglesia, la comunidad y el mundo. Una marca más de la inclusividad es el colocar las actividades de la iglesia en instalaciones accesibles a personas con impedimentos.

En la Iglesia Metodista Unida, la inclusividad quiere decir la libertad para la involucración total de toda persona que llene los requisitos de la *Disciplina* de la Iglesia Metodista Unida para ser miembro y líder de la iglesia a todo nivel y en todo lugar. En el espíritu de esta declaración, los seminarios metodistas unidos comenzarán o continuarán mejorando el acceso a sus instalaciones, a la información y comunicación y a los servicios de apoyo y alojamiento adecuados tal y como se delinean en las Normas Uniformes sobre la igualdad de oportunidades para las personas con discapacidad de las Naciones Unidas y las directrices aplicables del Consejo Mundial de Iglesias.

Sección VII. El cumplimiento del ministerio por medio de la Iglesia Metodista Unida

¶ **141.** *La iglesia*—Afirmando las dimensiones espirituales del ministerio de todos los cristianos, como está establecido en ¶¶ 120—143 de esta *Disciplina*, se reconoce que este ministerio existe en un mundo secular, y que las autoridades civiles pueden buscar definición legal predicada en la naturaleza de la Iglesia Metodista Unida en su búsqueda de cumplir con este ministerio. Consiguientemente, es apropiado que el significado de "la Iglesia Metodista Unida", la "iglesia general", "toda la iglesia", y "la iglesia" como es usado en la *Disciplina* debería ahora ser declarado uniformemente con el autoentendimiento tradicional de los metodistas unidos sobre el significado de estas palabras.

Estas frases o palabras se refieren a la relación e identidad denominacional y conexional de sus muchas iglesias locales, las varias conferencias y sus respectivos concilios, juntas y agencias y otras unidades de la iglesia, que colectivamente constituyen el sistema religioso conocido como metodismo unido. Bajo la Constitución y procedimientos disciplinarios, asentados en la *Disciplina*, "la Iglesia Metodista Unida", como un todo denominacional, no es una entidad, ni tampoco posee capacidades y atributos legales. No retiene ni puede retener título de propiedad, ni tiene ningún oficial, agente, empleado, oficina o sitio. Conferencias, concilios, juntas, agencias, iglesias locales y otras unidades que llevan el nombre "Metodista Unido" son, en su mayor parte, entidades legales capaces de hacer demandas y de ser demandadas, y poseen capacidades legales.

¶ **142.** *Definición de los clérigos*—Los clérigos en la Iglesia Metodista Unida son personas que sirven como ministros, diáconos, presbíteros y pastores locales comisionados bajo nombramiento de un obispo (a tiempo completo y parcial), que tienen relación de miembros en una Conferencia Anual, y están comisionados, ordenados o licenciados.

¶ **143.** *Estado de empleo de clérigos*—El ministerio en la iglesia cristiana se deriva del ministerio de Cristo (¶ 301). Jesús nos aclara que él es un pastor y no un mercenario (Juan 10.11-15). Del mismo modo, los pastores metodistas unidos nombrados a iglesias locales no son empleados de esas iglesias. Se reconoce que para ciertos propósitos limitados como impuestos, beneficios y seguros, los gobiernos y otras entidades pueden clasificar a los clérigos como empleados. Tales clasificaciones no han de ser interpretadas como que afecten o definan la política metodista unida, inclusive los pactos históricos que vinculan conferencias anuales, clérigos y congregaciones, procedimientos y poderes de nombramientos de obispos, u otros principios explicados en la Constitución o en la *Disciplina* (ver, por ejemplo ¶¶ 301; 328; 329; 333-334; 338; 340). Además, tales clasificaciones deben aceptarse solamente para propósitos limitados, como arriba se indica, y con el reconocimiento de que es la responsabilidad de los clérigos ser siervos de Dios.

Parte V
PRINCIPIOS SOCIALES

PREFACIO

La Iglesia Metodista Unida tiene una larga trayectoria en su interés por la justicia social. Sus miembros con frecuencia han tomado posiciones claras y directas sobre asuntos que atañen a principios cristianos. Los primeros metodistas expresaron su oposición a la trata de esclavos, al contrabando y tratamiento cruel de los prisioneros.

La Iglesia Metodista Episcopal (del norte) adoptó un Credo Social en 1908. Dentro de la siguiente década, la Iglesia Metodista Episcopal del Sur, y la Iglesia Metodista Protestante adoptaron declaraciones similares. La Iglesia Evangélica Unida de los Hermanos adoptó una declaración sobre Principios Sociales en 1946 al tiempo de unirse la Iglesia Unida de los Hermanos y la Iglesia Evangélica. En 1972, cuatro años después de haberse unido en 1968, la Iglesia Metodista y la Iglesia Evangélica Unida de los Hermanos, la Conferencia General de la Iglesia Metodista Unida adoptó una nueva declaración sobre los Principios Sociales que fue revisada en 1976 (y por cada Conferencia General sucesiva).

Los Principios Sociales, aún al no ser considerados ley de iglesia, son el producto de un esfuerzo de oración y profunda reflexión de parte de la Conferencia General para dirigirse a los asuntos humanos en el mundo contemporáneo desde una fundamentación bíblico-teológica firme, como se ha demostrado históricamente en las tradiciones metodista unidas. La intención de estas tradiciones es el ser instructivas y persuasivas en el mejor de los espíritus proféticos. Los Principios Sociales son un llamado a todos los miembros de la Iglesia Metodista Unida para un diálogo de fe y práctica producto del estudio y la oración. (¶ 509.)

PREÁMBULO

Nosotros, el pueblo llamado metodista unido, afirmamos nuestra fe en Dios nuestro Creador y Padre, en Jesucristo nuestro Salvador, y en el Espíritu Santo, nuestro Guía y Guardián.

Reconocemos nuestra completa dependencia en Dios en el nacimiento, la vida, la muerte y la vida eterna. Seguros en el amor de Dios, afirmamos la bondad de la vida y confesamos nuestros muchos pecados contra la voluntad de Dios para nosotros, según la encontramos en Jesucristo. No siempre hemos sido fieles mayordomos de todo lo que nos ha encomendado Dios el Creador. Hemos sido seguidores renuentes de Jesucristo en su misión de traer a todas las personas a una comunidad de amor. A pesar del llamamiento del Espíritu Santo para que seamos nuevas criaturas en Cristo, hemos resistido al llamado adicional de llegar a ser el pueblo de Dios en nuestro trato de los unos con los otros y con la tierra en que vivimos.

Afirmamos nuestra unidad en Jesucristo al tiempo que reconocemos las diferencias cuando aplicamos nuestra fe en los diferentes contextos culturales en los que practicamos el evangelio. Nos mantenemos unidos al declarar nuestra fe, que la gracia de Dios está a disposición de toda persona, y que nada puede separarnos del amor de Dios en Jesucristo.

Agradecidos por el amor perdonador de Dios, por el cual vivimos y por el cual somos juzgados, y afirmando nuestra creencia en el valor inestimable de cada individuo, renovamos nuestra dedicación a ser testigos fieles del evangelio, no sólo hasta los confines de la tierra, sino también hasta las profundidades de nuestra vida y trabajo común.

¶ 160.　　I. EL MUNDO NATURAL

Toda la creación es del Señor, y somos responsables por la manera en que la usamos y abusamos de ella. El agua, el aire, la tierra, los minerales, las fuentes de energía, las plantas, la vida animal y el espacio deben apreciarse y conservarse porque son la creación de Dios y no sólo porque son útiles a los seres humanos. Dios nos ha concedido la mayordomía de la creación. Debemos cumplir estos deberes de mayordomía por medio de actos de cuidado y respeto amoroso. Los desarrollos económicos, políticos, sociales y tecnológicos han aumentado el número de los humanos, y han alargado y enriquecido nuestras vidas. No obstante, estos desarrollos han devenido en la defoliación de regiones, la dramática extinción de especies, el masivo sufrimiento humano, la sobrepoblación, y el mal uso y consumo excesivo de recursos naturales no renovables, particularmente por parte de las sociedades industrializadas. Este continuado curso de acción pone en riesgo el legado natural que Dios ha confiado a todas las generaciones. Por tanto, reconozcamos la responsabilidad de la iglesia y sus miembros de dar una gran prioridad a los cambios en los estilos de vida económicos, políticos, sociales, y tecnológicos, para apoyar a un mundo más ecológicamente equitativo y sostenible, que conduzca a una más alta calidad de vida para toda la creación de Dios.

A) Agua, aire, tierra, minerales, plantas—Apoyamos y fomentamos principios sociales que ayuden a reducir y controlar la creación de desperdicios industriales; facilitar el procesamiento y disposición de desperdicios tóxicos y nucleares y encaminarse hacia su eliminación; fomentar la reducción de desperdicios municipales; disponer el medio apropiado para reciclar y eliminar los desperdicios municipales, y ayudar a la limpieza del agua, el aire y la tierra que han sido contaminados. Hacemos un llamado a la preservación de bosques con plantas viejas y de otros tesoros naturales irreemplazables, como también de las especies de plantas en peligro de extinción. Apoyamos las medidas diseñadas para mantener y restaurar los ecosistemas naturales. Apoyamos la legislación que desarrolle alternativas a las substancias químicas utilizadas en la producción, el procesamiento y la conservación de alimentos, y enérgicamente instamos la investigación adecuada de sus efectos sobre la creación de Dios antes de ser utilizadas. Instamos el desarrollo de acuerdos internacionales concernientes al uso equitativo de los recursos mundiales para el beneficio humano, siempre que se mantenga la integridad del globo terrestre. Nos preocupa sumamente la privatización de los recursos hídricos, el embotellamiento del agua para ser vendida como comodidad para producir ganancias y los recursos que se dirigen al embotellamiento del agua. Instamos a todo municipio y cualquier otra organización gubernamental a desarrollar procesos para determinar la sustentabilidad de los recursos hídricos, que determinen el impacto ambiental, económico y social de la privatización de los recursos hídricos antes de impartir licencias para su explotación.

B) Uso de recursos energéticos—Toda la tierra es la buena creación de Dios y por tanto tiene valor inherente. Nos percatamos de que la utilización actual de los recursos energéticos amenazan esta creación desde sus fundamentos. Como miembros de la Iglesia Metodista Unida nos comprometemos a acercarnos a la creación, producción de energía y especialmente a los recursos de la creación, de una manera responsable, cuidadosa y económica. Llamamos a todos a tomar medidas que ahorren energía. Todos deberán adaptar su manera de vivir para consumir la cantidad de energía que respete los límites del planeta Tierra. Animamos a las personas a que limiten las emisiones de CO_2 para alcanzar la meta de una tonelada por persona anualmente. Defendemos contundentemente la prioridad del desarrollo de energías renovables. Los depósitos de los recursos de carbón, petróleo y gas son limitados y su continua utilización acelera el calentamiento global. La utilización de la energía nuclear no es la solución para reducir las emisiones de CO_2. La centrales nucleares son vulnerables, peligrosas y son un riesgo para la salud. Su almacenamiento en lugares permanentes seguros no se pueden garantizar. Son, por lo tanto, medidas irresponsables de cara a las generaciones futuras. La producción de agrocarburantes y la utilización de plantas de biomasa son de rango inferior a la provisión de suministros de alimentos saludables y la existencia continuada de empresas agrícolas pequeñas.

C) Vida animal—Respaldamos legislación que protege y conserve la vida y salud de los animales, inclusive la que asegura el buen trato que se debe dar a los animales domesticados, animales usados en investigación, la vida silvestre, así como la matanza sin dolor de animales para usar sus carnes, peces y aves. Reconocemos que la explotación comercial, multinacional y empresarial de la vida silvestre y la destrucción de los ecosistemas de los que depende amenazan el equilibrio de los sistemas naturales, compromete la biodiversiadad, reduce la capacidad de recuperación y amenazan los servicios del ecosistema. Alentamos al compromiso para la implementación efectiva de normas y pautas nacionales e internacionales para la conservación de todas las especies animales con vistas en particular en aquellas amenazadas de extinción.

D) Mayordomía del clima global— Reconocemos el impacto global producido por el descuido de la creación de Dios por la humanidad. La industrialización descontrolada y el correspondiente aumento en el uso de carburantes fósiles han contribuido en el incremento de la polución en la atmósfera terrestre. La emisión de estos gases de efecto invernadero amenazan con alterar drásticamente el clima terrestre para las generaciones venideras con severas implicaciones ambientales, económicas y sociales. Los impactos de este adverso cambio climático global afecta desproporcionalmente a individuos y naciones con menos responsabilidad por estas emisiones. Por tanto, apoyamos los esfuerzos de todo gobierno que requiere reducciones mandatorias en la emisión de gases de efecto de invernadero e instamos a individuos, congregaciones, negocios, industrias y comunidades a reducir sus emisiones.

E) Espacio—El universo, conocido o desconocido, es creación de Dios y merece el respeto que le debemos dar a la tierra. Por tanto, rechazamos los intentos de militarización del espacio por cualquier nación e instamos a que toda nación persiga el desarrollo pacífico y en colaboración de las tecnologías espaciales y del mismo espacio exterior.

F) *Ciencia y tecnología*—Reconocemos la ciencia como una legítima interpretación del mundo natural de Dios. También afirmamos la validez de lo que la ciencia ha sostenido al describir el mundo natural y en la determinación de lo que es científico. No aceptamos que la ciencia haga declaraciones absolutas sobre asuntos teológicos, ni que la teología haga afirmaciones autoritativas sobre asuntos científicos. Consideramos que la exposición de la ciencia de la evolución cosmológica, geológica y biológica no se haya en conflicto con la teología. Reconocemos que las tecnologías médica, técnica y científica hacen uso legítimo del mundo natural de Dios cuando son usadas para mejorar la vida humana y permiten que todo hijo e hija de Dios se desarrolle al máximo del potencial creativo que Dios le ha dado, sin tener que violar nuestras convicciones éticas acerca de la relación entre la humanidad y el mundo natural. Nuestras convicciones éticas serán reconsideradas conforme nuestro conocimiento del mundo natural se expanda. Consideramos que conforme aumenta el entendimiento humano del mundo natural, nuestra comprensión de los misterios de la creación y la palabra de Dios se enriquece.

Sin embargo, al reconocer las funciones tan importantes que desempeñan la tecnología y la ciencia, también creemos que los entendimientos teológicos de la experiencia humana son cruciales para el entendimiento pleno de la posición que ocupa la humanidad en el universo. La ciencia y la teología son complementarias en vez de incompatibles entre sí. Por lo tanto, favorecemos el diálogo entre las comunidades científicas y teológicas, y buscamos el tipo de participación que permita a la humanidad sostener la vida sobre la tierra, y por la gracia de Dios, incrementar la calidad de nuestras vidas en conjunto como comunidad.

G) Seguridad en los alimentos—Apoyamos las políticas que protegen el abastecimiento de alimentos, y que garantizan el derecho que tiene el público a conocer el contenido de los alimentos que come. Hacemos un llamado para que se realicen inspecciones rigurosas y controles sobre la seguridad biológica de todos los alimentos dedicados al consumo humano. Instamos a que se hagan pruebas independientes para buscar residuos químicos en los alimentos, y retirar del mercado los alimentos contaminados con niveles potencialmente peligrosos de pesticidas, herbicidas, esteroides fungicidas, residuos de drogas procedentes de antibióticos para animales, esteroides u hormonas, contaminantes causados por la contaminación que son llevados por el aire, tierra, o agua procedentes de plantas incineradoras o de otras operaciones industriales. Hacemos un llamado para que todos los productos procesados, genéticamente creados o genéticamente alterados lleven una etiqueta que aclare lo que contienen, con el requisito de que sean probados antes de ser puestos en el mercado. Nos oponemos a debilitar las normas de los alimentos orgánicos. Hacemos un llamado a favor de políticas que alienten y apoyen una transición gradual hacia una agricultura orgánica sostenible.

H) Justicia en los alimentos—Apoyamos legislación que aumente el acceso a alimentos de calidad, especialmente para las personas con menos recursos. Ratificamos las oportunidades agrícolas locales, sostenibles y a escala menor que permitan a las comunidades obtener sus propios alimentos. Censuramos las leyes que hacen de los alimentos inaccesibles a esas comunidades que los producen y a los trabajadores que están involucrados en su producción.

¶ 161.   II. LA COMUNIDAD QUE NUTRE

La comunidad provee el potencial para nutrir a los seres humanos hasta llegar a la plenitud de su humanidad. Creemos que tenemos una responsabilidad por innovar, patrocinar y evaluar nuevas formas comunitarias que alienten el desarrollo del potencial máximo de los individuos. Reconocemos como primordial la comprensión evangélica de que todas las personas son importantes porque son seres humanos, creados por Dios y ama-dos mediante Jesucristo y por Jesucristo, y no porque merezcan significado especial. Por lo tanto, respaldamos aquellas condicio-nes sociales en las que las comunidades humanas se mantienen y fortalecen para beneficio de toda persona y su desarrollo. También alentamos a todos los individuos a ser sensibles hacia los demás, usando el lenguaje apropiado cuando se refieren a todas las per-sonas. El lenguaje de naturaleza despectiva (con relación a raza, nacionalidad, trasfondo étnico, género, sexualidad y diferencias físicas) no refleja aprecio de los unos por los otros, y contradice el evangelio de Jesucristo.

A) Cultura e identidad—Creemos que nuestra identidad prin-cipal es como hijos e hijas de Dios. Con esta identidad vienen asociadas construcciones sociales y culturales que impactan tanto positiva como negativamente la humanidad y la Iglesia. La iden-tidad cultural evoluciona a través de nuestra historia, tradiciones y experiencias. La Iglesia procura aceptar y nutrir la formación y competencia cultural como un medio de ser completamente un cuerpo que se expresa de múltiples maneras. Cada uno de noso-tros tiene múltiples identidades de igual valor que se intersectan para formar nuestro ser completo. Afirmamos que no hay identi-dad o cultura que tenga más legitimidad que otra. Llamamos a la Iglesia a que desafíe cualquier jerarquía de cultura o identidad. Por medio de la relación interpersonal e intercultural, somos lla-mados y tenemos la responsabilidad de aprender los unos de los otros, mostrando respeto mutuo por nuestras diferencias y seme-janzas mientras experimentamos la diversidad de perspectivas y puntos de vista.

B) Familia—Creemos que la familia es la comunidad humana básica a través de la cual somos mutuamente nutridos y soste-nidos en amor, responsabilidad, respeto y fidelidad. Ratificamos la importancia de que todos los niños y niñas tengan padres y madres que les traten con amor. También entendemos que la fami-lia tiene otras opciones aparte de la de la unidad de dos genera-ciones de padres e hijos (núcleo familiar). Afirmamos la respon-sabilidad paternal compartida, donde se de el caso, y alentamos los esfuerzos sociales, económicos y religiosos por mantener y fortalecer las relaciones dentro de las familias, para que a cada miembro se le ayude a desarrollar una personalidad completa.

C) Matrimonio—Ratificamos la santidad del pacto matrimo-nial que se expresa en amor, apoyo mutuo, dedicación personal y fidelidad compartida entre un hombre y una mujer. Creemos que la bendición de Dios descansa sobre tal matrimonio, haya o no hijos de tal unión. Rechazamos las normas sociales que presumen condiciones diferentes para las mujeres y los hombres en el matrimonio. Respaldamos las leyes de la sociedad civil que definen al matrimonio como la unión de un hombre y una mujer.

D) Divorcio—El plan de Dios es que el matrimonio sea para toda la vida y de fidelidad. La iglesia debe estar a la vanguardia de la consejería premarital, marital y postmarital para que se produzcan y preserven matrimonios fuertes. Sin embargo, cuando un matrimonio se ha separado más allá de la reconciliación, aun después de debida consideración y consejo, el divorcio es una alternativa lamentable en medio del quebrantamiento. Lamentamos profundamente las consecuencias devastadoras del divorcio, tanto emocional y espiritual como económicas, para las partes involucradas. Entendemos que las mujeres y especialmente los niños y las niñas son impactados desproporcionalmente ante tal situación. Como iglesia nos preocupa mucho la alta tasa de divorcios.

Recomendamos que se usen métodos de mediación para reducir la naturaleza acusatoria y de encuentro de faltas, lo cual es muy a menudo parte de nuestros procesos judiciales actuales, y alentamos a reconciliación siempre que sea posible. Apoyamos igualmente toda iniciativa gubernamental en la reforma de leyes de divorcio y otras leyes sobre los diferentes aspectos familiares para solventar tendencias negativas como lo son las altas tasas de divorcio.

E) Personas solteras—Afirmamos la integridad de las personas solteras y rechazamos todas las prácticas sociales discriminatorias y las actitudes sociales prejuiciadas contra los solteros. También incluimos padres y madres solteras y reconocemos las responsabilidades adicionales de su situación.

F) Mujeres y hombres—Afirmamos con la Escritura la humanidad común del hombre y la mujer, teniendo ambos el mismo valor en los ojos de Dios. Rechazamos la errónea noción de que un género es superior al otro, que un género ha de luchar contra el otro, y que un género puede recibir amor, poder y estima solamente a costa del otro. Especialmente rechazamos la idea que Dios hizo a los individuos como fragmentos incompletos que sólo se completan en la unión con el otro. Instamos a las mujeres y a los hombres juntamente a compartir el poder y el dominio, a aprender a dar y recibir libremente, a ser completos y a respetar la integridad de los demás. Buscamos para cada individuo oportunidades y libertad para amar y ser amado, buscar y recibir justicia, y practicar determinación propia éticamente. Entendemos nuestra diversidad de género como don de Dios, destinado a añadir a la rica variedad de la experiencia y perspectiva humana; y nos guardamos de actitudes y tradiciones que usarían este buen don para hacer otros miembros de un sexo más vulnerables en sus relaciones que los miembros del otro género.

G) Sexualidad humana—Ratificamos que la sexualidad es un buen don de Dios para todos. Llamamos a cada persona a la responsable mayordomía de este sagrado don.

Aun cuando todas las personas son seres sexuales, estén o no casadas, las relaciones sexuales se afirman con el compromiso matrimonial monógamo y heterosexual.

Deploramos todas las formas de comercialización, abuso y explotación del sexo. Pedimos un riguroso cumplimiento de las leyes que prohíben la explotación sexual de niños y la adecuada protección, dirección y asesoramiento para la niñez que ha sido objeto de abuso. Toda persona, sin distinción de edad, género, estado matrimonial u orientación sexual, tiene el derecho a que se le garanticen sus derechos humanos y civiles y se le proteja contra la violencia. La iglesia deberá apoyar a la familia mediante la provisión de instrucción apropiada para cada edad en temas de sexualidad a la niñez, jóvenes y personas adultas.

Afirmamos que todas las personas tienen valor individual sagrado, creadas a la imagen de Dios. Toda persona necesita el ministerio de la iglesia en sus luchas por su desarrollo humano cabal, así como el cuidado espiritual y emocional de una fraternidad que facilita las relaciones reconciliatorias con Dios, con los demás y consigo mismas. La Iglesia Metodista Unida no aprueba la práctica de la homosexualidad y la considera incompatible con la enseñanza cristiana. Ratificamos que la gracia de Dios es accesible a todos. Buscaremos vivir juntos en una comunidad cristiana en aceptación, perdón y amor uno con otro, como Cristo nos ha amado y aceptado. Imploramos a las familias y las iglesias que no rechacen o condenen a los miembros y amigos homosexuales o a las lesbianas. Nos dedicamos a ministrar en favor de todas las personas y con todas ellas.[1]

H) Violencia y abuso en la familia—Reconocemos que la violencia y el abuso dentro de la familia, en todas sus formas —verbal,

---

1   Ver Decisión 702 del Concilio Judicial.

psicológica, física, sexual— van en detrimento del pacto dentro de la comunidad humana. Instamos a la iglesia para que provea un ambiente protector, asesoramiento y apoyo para las víctimas, y para que trabaje con la persona abusadora para entender la raíz y las formas de abuso y ayudarle a superar tal comportamiento. Independientemente de la causa o el abuso, ambas partes, la victima y la persona abusadora, necesitan el amor de la iglesia. Al mismo tiempo que deploramos los actos de la persona abusadora, afirmamos que tiene la necesidad del amor redentor de Dios.

I) Abuso sexual—Las expresiones sexuales violentas, irrespetuosas o abusivas no afirman la sexualidad como un buen don de Dios. Rechazamos toda expresión sexual que dañe la humanidad que Dios nos ha dado con derecho de nacimiento, y ratificamos sólo esa expresión sexual que nutre esa humanidad misma. Creemos que las relaciones sexuales en las que una o ambas partes son explotadas, abusadas o promiscuas pasan los parámetros del comportamiento cristiano aceptable y son últimamente destructivas para los individuos, familias y del orden social. Deploramos toda forma de comercialización y explotación del sexo, que consecuentemente rebajan y degradan la personalidad humana. Perder la libertad y ser vendidos por otra persona con propósitos sexuales es una forma de esclavitud, y denunciamos tal comercialización y apoyamos a la persona que sufre tal abuso y su derecho a la libertad.

Reclamamos la imposición de leyes globales estrictas que prohíban la explotación sexual o la utilización de niños y niñas por adultos y alentamos todo esfuerzo para hacer al perpetrador responsable legal y financieramente. Reclamamos el establecimiento de servicios adecuados de protección, dirección y oportunidades de asesoramiento para la niñez así maltratada.

J) Acoso sexual—Creemos que la sexualidad humana es dádiva de Dios. El acoso sexual es abuso de esta dádiva. Definimos el acoso sexual como cualquier insinuación o demanda sexual, ya sea física o verbal que la persona receptora perciba como algo denigrante, intimidador o coercitivo. El acoso sexual debe entenderse como la explotación de una relación de poder y no como un asunto exclusivamente sexual. El acoso sexual incluye la creación de un ambiente laboral hostil o abusivo como resultado de la discriminación sobre la base de género, pero no se limita a dicho ambiente.

Contrario a la comunidad sustentadora, el acoso sexual crea condiciones impropias, coercitivas y abusivas dondequiera que ocurre en la sociedad. El acoso sexual mina la meta social de igualdad de oportunidad y el ambiente de respeto mutuo entre hombres y mujeres. La atención sexual no deseada es incorrecta y discriminatoria. El acoso sexual interfiere con la misión moral de la iglesia.

K) Aborto—El principio y el final de la vida son fronteras que Dios ha dado a la existencia humana. Aunque las personas siempre han tenido cierto control sobre el momento de la muerte, ahora también disponen del pavoroso poder para determinar cuándo otras nuevas personas han de nacer, y aun si es que van a nacer. Nuestra creencia en la santidad de la vida humana antes del nacimiento nos hace renuentes a aprobar el aborto. Pero al mismo tiempo tenemos la responsabilidad de respetar el sentido sagrado de la vida y bienestar de la madre y del niño o niña por nacer.

Reconocemos el trágico conflicto de una vida con otra, el cual puede justificar el aborto. En tales casos, respaldamos la opción legal del aborto bajo los procedimientos médicos apropiados y ofrecido por personal médico certificado. Apoyamos la notificación y consentimiento de los padres, personas que tengan custodia u otras personas adultas responsables antes de que el aborto se lleve a cabo en niñas que todavía no han alcanzado su madurez legal. No podemos afirmar el aborto como medio aceptable de control de la natalidad, y lo rechazamos incondicionalmente como medio de selección del sexo de la criatura o la eugenesia. Nos oponemos al uso del aborto tardío, conocido por dilatación y extracción (aborto de parto parcial), y hacemos un llamado para que se acabe con esta práctica, excepto cuando peligre la vida física de la madre, y no haya otro procedimiento médico a mano, o en el caso de severas anomalías fetales incompatibles con la vida. Este procedimiento deberá únicamente ser ejercido por profesionales médicos certificados. Previo a la provisión de servicios, a la persona facilitadora del aborto se le requerirá que ofrezca a las mujeres la opción de utilización de anestesia.

Llamamos a todos los cristianos a una investigación cuidadosa, en oración, de las diversas condiciones que resulten en la consideración del aborto. Confiamos en la dirección divina, su sabiduría y discernimiento para esas personas que se enfrentan a un embarazo no intencionado. La iglesia ofrecerá ministerios con el propósito de reducir el números de embarazos involuntarios.

Alentamos a nuestra iglesia a continuar con la provisión de ministerios de apoyo para aquellas personas que terminen un embarazo, para aquéllas en medio de una crisis de embarazo, y para las personas que dan a luz. Lamentamos y nos comprometemos a promover la disminución de altos índices de abortos. La Iglesia alentará la formación de ministerios que reduzcan los embarazos no deseados como de educación sexual comprensiva y apropiada para cada edad, apoyo en cuestiones de contraceptivos y el apoyo de iniciativas que mejoren la calidad de vida de todas las mujeres y niñas en el mundo. Las mujeres jóvenes adultas se enfrentan desproporcionalmente a situaciones en las cuales sienten que no tienen alternativas debido a circunstancias financieras, educativas, relacionales y otras que escapan su control. La Iglesia y sus congregaciones locales y ministerios universitarios deberán estar a la vanguardia apoyando los ministerios existentes y desarrollando nuevos ministerios que ayuden a estas mujeres en sus comunidades. Deberán también apoyar esos centros de crisis de embarazos y los centros de recursos de embarazo que con compasión ayudan a las mujeres a explorar todas las opciones vinculadas al embarazo no deseado. Animamos especialmente a la Iglesia, el gobierno y las agencias de servicios sociales a que apoyen y faciliten la opción de adoptar. (¶ 161.L) Afirmamos y alentamos a la iglesia para que asista el ministerio de centros de crisis de embarazo y centros de recursos de embarazo que con compasión ayudan a las mujeres a encontrar vías alternativas al aborto.

Las leyes y reglamentos gubernamentales no proveen toda la dirección que requiere la conciencia cristiana informada. Por lo tanto, la decisión respecto al aborto ha de tomarse sólo después de considerar el asunto cuidadosamente y en oración por las partes interesadas, con el asesoramiento médico, pastoral y de cualquier otro tipo adecuado.

L) Ministerio con quienes han pasado por un aborto—Exhortamos a los pastores locales a que se familiaricen con los síntomas y comportamientos asociados con el estrés después del aborto. Comprometemos a nuestra Iglesia a continuar ofreciendo ministerios de apoyo para esas personas que ponen fin a un embarazo, que pasan por un embarazo no deseado, y a quienes dan a luz. También animamos a que las iglesias locales tengan disponible para las personas en necesidad, contacto e información de agencias de consejería que ofrezcan programas dirigidos al estrés postaborto.

M) Adopción—Los niños son dádivas de Dios para ser acogidos y recibidos. Reconocemos que algunas circunstancias del nacimiento hacen dificultosa la crianza del niño. Afirmamos y respaldamos a los padres que permiten entregar al niño para ser adoptado. Reconocemos la agonía, la fuerza, y el valor de los padres naturales que deciden, en esperanza, amor y oración, ofrecer al niño para su adopción. Además, también reconocemos la ansiedad, fortaleza y valor de aquéllos que deciden cuidar de una criatura con esperanza, amor y en oración. Ratificamos y apoyamos a los padres adoptivos que desean criar y adoptar a una criatura como si fuera su propia criatura biológica. Cuando las circunstancias ameritan la adopción, respaldamos el uso de procedimientos legales. Cuando fuere apropiado y posible, alentamos la adopción abierta de manera que el niño o la niña puedan tener toda la información y saber de la gente que esté relacionada con ellos. Apoyamos y animamos a que haya una conciencia y educación mayor que promueva la adopción de una variedad más grande de niños y niñas por medio del cuidado de acogida, adopción internacional y adopción doméstica. Encomendamos a los padres naturales, a los padres que reciben al niño, y al niño al cuidado de la iglesia, para compartir la pena, celebrar el gozo y nutrir al niño en una comunidad de amor cristiano.

N) Cuidado fiel a los moribundos—Aplaudimos a la ciencia médica por sus esfuerzos por prevenir las enfermedades y por los adelantos hechos para extender la valiosa vida de los seres humanos. Reconocemos que toda vida mortal termina en la muerte. La muerte no es nunca una señal de que Dios nos ha abandonado, no importa cual sea la circunstancia de la muerte. Como cristianos, debemos estar preparados para entregar el don de la vida mortal y recibir el don de la vida eterna por medio de la muerte y resurrección de Jesucristo. A la vez, el cuidado de los que mueren es parte de nuestra mayordomía del don divino de la vida cuando la curación ya no es posible. El uso de tecnologías médicas para prolongar las enfermedades terminales exige un juicio responsable sobre cuando los tratamientos sostenedores de la vida verdaderamente apoyan las metas de ésta, y cuando han llegado a sus límites. No hay ninguna obligación religiosa ni moral para utilizar estos medios cuando lo que hacen es imponer nuevas cargas o sólo extienden el proceso de morir. Por lo tanto, los moribundos y sus familias están en libertad de hacer cesar los tratamientos cuando éstos dejen de ser de beneficio al paciente. Reconocemos las difíciles decisiones personales y morales que los moribundos, sus médicos, sus familiares, sus amistades y su comunidad de fe enfrentan. Pedimos que las partes involucradas tomen las decisiones que los moribundos enfrentan de manera bien pensada y en oración, con la ayuda médica, pastoral y otros asesoramientos apropiados. Pedimos que todas las personas hablen con sus familiares, sus médicos y sus consejeros pastorales sus deseos del cuidado al fin de la vida y provean directrices con anticipación para tal cuidado cuando llegue el momento que no puedan tomar decisiones por sí mismos. Aun cuando uno acepta lo inevitable de la muerte, la iglesia y la sociedad tienen que continuar suministrando cuidado fiel, incluso el alivio del dolor, compañerismo, apoyo y atención espiritual en la difícil tarea de preparar al moribundo para la muerte. Recomendamos y apoyamos el concepto del cuidado de los hospicios siempre que sea posible, al final de la vida. Un cuidado fiel no termina con la muerte, sino que sigue durante el tiempo de luto al cuidar de las familias que lloran. Rechazamos la eutanasia y cualquier forma de presión sobre el moribundo a poner fin a su vida. El amor y propósito de Dios es continuo para con toda persona, independientemente de su estado de salud. Ratificamos las leyes y normas que protejan los derechos y la dignidad de la persona moribunda.

O) Suicidio—Creemos que el suicidio no es la forma en que la vida humana debe terminar. A veces el suicidio es el resultado de una depresión que no se ha tratado o de un dolor o sufrimiento que no se ha atendido. La iglesia tiene la obligación de velar porque todas las personas tengan acceso a la terapia y al cuidado pastoral y médico necesarios en aquellas circunstancias que conduzcan a la pérdida de la autoestima, el abatimiento suicida o el deseo de buscar el suicidio con la ayuda de médicos. Instamos a la iglesia a que proporcione la educación que enfoque los temas bíblicos, teológicos, sociales y éticos pertinentes a la muerte, incluyendo el suicidio. Los seminarios teológicos metodistas unidos deben ofrecer cursos que enfoquen temas sobre la muerte, incluyendo el suicidio.

Una perspectiva cristiana sobre el suicidio comienza con la afirmación de fe de que nada, incluso el suicidio, nos separa del amor de Dios (Romanos 8:38-39). Por lo tanto, lamentamos la condenación de personas que se quitan la vida, y consideramos injusto el estigma que tan a menudo cae sobre los familiares y amistades sobrevivientes.

Instamos a los pastores y a la comunidad de fe a proporcionar cuidado pastoral a los que intentan suicidarse, los sobrevivientes, y a sus familias, y a aquellas familias que han perdido seres queridos a causa del suicidio, tratando siempre de quitar ese estigma opresivo sobre el suicidio. La iglesia no aprueba el suicidio asistido ni la eutanasia.

P) El asalto sexual—El asalto sexual es injusto. Declaramos el derecho de toda persona a vivir libre de tales asaltos, alentamos la aplicación de leyes que persiguen tales crímenes y condenamos la violación en cualquier forma. No importa quién sea la persona, lo que la persona esté vistiendo, si está o no intoxicada, si ha sido insinuante, el género de la víctima o cualquier otra circunstancia.

Q) Pornografía—Las Escrituras enseñan que los seres humanos están creados a la imagen de Dios y que somos responsables ante Dios a través de relaciones correctas. Las imagines sexuales pueden celebrar lo bueno de la sexualidad humana en su representación positiva en el arte, literatura y educación. Sin embargo, deploramos las imagines que distorsionan su decencia y dañan las relaciones sexuales sanas.

Nos oponemos a toda clase de pornografía y consideramos su uso un tipo de mala conducta sexual. La pornografía es material sexual explicito que retrata violencia, abuso, coerción, dominio, humillación o degradación con el propósito de la excitación sexual. La pornografía explota sexualmente y objetiviza a las mujeres y a los hombres. Cualquier material sexualmente explicito que representa niños y niñas es repugnante y victimiza a niños y niñas. La pornografía puede arruinar vidas, profesiones y relaciones.

Nos aflije la perseverancia de la pornografía en la Internet, incluso entre cristianos y especialmente su impacto entre los jóvenes y en el matrimonio.

La Iglesia está llamada a la transformación y sanidad de toda persona afectada adversamente por la pornografía. Las congregaciones deberán expresar un mensaje claro de oposición contra la pornografía y su compromiso de establecer ambientes seguros para todos. Alentamos a que se desarrollen estrategias para erradicar la pornografía, apoyar a las víctimas y a proporcionar una conversación abierta y transparente y educación en cuanto a la sexualidad y la ética sexual. También creemos que las personas pueden ser rehabilitadas y que se les debe de proporcionar la oportunidad para recibir tratamiento; por lo tanto, las iglesias deberán buscar maneras de ofrecer apoyo y cuidado para enfrentar los problemas de la adicción. Además se alienta a todas las iglesias a examinar y actualizar las normas apropiadas de protección de los niños, los jóvenes y los adultos para que reflejen la posición de la Iglesia Metodista Unida que resalta que el uso de la pornografía es una forma de mala conducta sexual. Al alentar la educación, la prevención y las vías de recuperación para todas las personas afectadas por la pornografía, hacemos realidad nuestros entendimiento wesleyano de la gracia y la sanidad.

R) Acoso—El acoso escolar es un problema creciente en partes de la conexión. Es un factor que contribuye al suicidio y a la violencia que vemos en algunas culturas hoy en día. Afirmamos el derecho de todas las personas independientemente de su género, estatus socioeconómico, raza, religión, discapacidad, edad, apariencia física, orientación sexual e identidad de género a vivir libre de todo comportamiento agresivo y de tácticas de control perjudiciales.

Como la Iglesia, podemos jugar un papel esencial para erradicar este problema. Instamos a la iglesias a buscar oportunidades para capacitarse y así poder responder a las necesidades tanto de las personas acosadas como de las acosadoras y servir de apoyo de esas personas en posiciones de autoridad que presencian o son llamadas a intervenir en favor de esas que han sido acosadas. Se insta a las iglesias que se pongan en contacto con las asociaciones comunitarias y escuelas en esta tarea de alcance.

Alentamos a las iglesias a que adopten normas de tolerancia cero en cuanto al acoso escolar, incluyendo el acoso cibernético, dentro de sus esferas de influencia; apoyar a la persona que está recibiendo el acoso; y tomar un rol de liderazgo trabajando con las escuelas y comunidades para prevenir este acoso.

¶ 162. III. LA COMUNIDAD SOCIAL

Los derechos y privilegios que una sociedad otorga o niega a quienes la componen indican la relativa estima en que dicha sociedad tiene a ciertas personas o grupos de personas. Afirmamos que todas las personas son de igual valor ante los ojos de Dios. Por lo tanto, trabajamos para lograr sociedades en las que se reconozca, mantenga y fortalezca el valor de cada individuo. Apoyamos los derechos básicos de todas las personas para obtener igualdad de acceso a la vivienda, educación, empleo, comunicación, atención médica, desagravio legal de toda queja, y protección física. Deploramos los actos de odio o violencia contra grupos o personas basados en la raza, color, origen nacional, etnicidad, edad, género, discapacidad, estado, condición económica, orientación sexual, identificación sexual o afiliación religiosa. Nuestro respeto por la dignidad inherente de todas las personas nos lleva a reclamar el reconocimiento, protección e implementación de los principios de la Declaración Universal de los Derechos Humanos con el fin de que las comunidades e individuos puedan reclamar y disfrutar sus derechos universales, indivisibles e inalienables.

A) Derechos de las personas de diferentes grupos raciales y étnicos—El racismo es la combinación del poder de una raza para sojuzgar a otras con un sistema de valores que da por sentado que la raza dominante es inherentemente superior a las demás. El racismo es tanto personal como institucional. El racismo personal se manifiesta en las expresiones individuales, actitudes y conducta que aceptan las suposiciones del sistema racista, y que se benefician de él. El racismo institucionalizado es el de las normas sociales establecidas que apoyan implícita o explícitamente al sistema de valores racista. El racismo que se manifiesta como pecado afecta y se interpone en nuestra relación con Cristo, puesto que es antitético al evangelio mismo. Muchas culturas otorgan a las personas blancas privilegios y beneficios no merecidos que se niegan injustamente a las personas de color. Nos oponemos a la creación de jerarquías raciales en toda cultura. El racismo ocasiona discriminación racial. Definimos la discriminación racial como el tratamiento desigual y la falta de completo acceso igual a los recursos, oportunidades y participación en la Iglesia y en la sociedad basados en la raza o etnicidad.

Por lo tanto, reconocemos que el racismo es pecado, y afirmamos el valor final y temporal de toda persona. Nos regocijamos en los dones que las historias y culturas étnicas particulares traen a nuestra vida total. Nos comprometemos como Iglesia a ir más allá de las meras expresiones simbólicas y de los modelos representativos que no desafían los sistemas de poder y acceso injustos.

Celebramos y alentamos la autoestima de todas las minorías raciales y étnicas y de los pueblos oprimidos que los conduce a exigir sus derechos de justicia e igualdad como miembros de la sociedad. Afirmamos la obligación de la sociedad y de los grupos que la componen de poner en ejecución programas compensatorios que corrijan el perenne problema de la privación de las personas pertenecientes a ciertos grupos raciales y étnicas. Afirmamos, además, el derecho de las personas de los grupos raciales y étnicos, históricamente poco representados, a gozar de oportunidades iguales y equitativas en empleos y promoción; de educación y capacitación de la más alta calidad; al voto no discriminatorio; al libre acceso al hospedaje y a la compra o alquiler de vivienda, créditos, préstamos financieros, capital de riesgo y pólizas de seguros; y a posiciones de liderato y autoridad en todos los aspectos de nuestra vida comunitaria; y a la participación completa en la Iglesia y en la sociedad. Apoyamos el programa llamado acción afirmativa como un medio de resolver las desigualdades y las prácticas discriminatorias en la Iglesia y en la sociedad.

B) Derechos de las minorías religiosas—La persecución religiosa ha sido cosa común en la historia de la civilización. Instamos a políticas y prácticas que aseguren el derecho de todo grupo religioso a ejercer su fe, libre de restricciones legales, políticas o económicas. Condenamos las formas de intolerancia religiosa, tanto expresas como solapadas, con especial sensibilidad respecto a su presentación estereotipada en los medios de comunicación, y afirmamos el derecho de todas las religiones y de sus adherentes a expresarse sin discriminación legal, económica y social.

C) Derechos de los niños—Antes considerados propiedad de sus padres, a los niños se les reconoce ahora como plenos seres humanos por derecho propio, pero seres para con los cuales los adultos y la sociedad en general tienen obligaciones especiales. Por esta razón, apoyamos el desarrollo de sistemas escolares y nuevos métodos de educación diseñados para ayudar a cada niño a alcanzar su plena realización como individuo de valor. Todo niño tiene derecho a recibir educación de calidad, inclusive una educación sexual completa y apropiada para su nivel de desarrollo, que utilice las mejores técnicas y percepciones educativas. Los padres, los guardianes cristianos y la iglesia tienen la responsabilidad de asegurar que los niños reciban educación sexual congruente con la moralidad cristiana, inclusive la lealtad en el matrimonio y la abstinencia para los solteros. Además el niño tiene derecho a comida, albergue, ropa, atención médica y bienestar emocional, lo mismo que el adulto; y afirmamos estos derechos sin tomar en cuenta las acciones o inacciones de sus padres o guardianes legales. En particular, a los niños se les debe proteger de la explotación y el abuso económico, físico y sexual.

D) Derechos de los jóvenes—Nuestra sociedad se caracteriza por una crecida población de jóvenes que frecuentemente halla difícil participar a plenitud en la sociedad. Por tanto, instamos al desarrollo de políticas que favorezcan la inclusión de jóvenes en procesos de formular decisiones, y que eliminan la discriminación y la explotación. Los jóvenes deben tener oportunidades de trabajo legal y socialmente accesibles.

E) Derechos de las personas de edad avanzada—En una sociedad que hace hincapié principal en la juventud, las personas de edad avanzada frecuentemente se ven aisladas de la corriente principal de la existencia social. Apoyamos los planes de acción social que integran a las personas mayores en la vida total de la comunidad, y que promueven ingresos suficientes, mayores oportunidades de trabajo no discriminatorio, oportunidades educacionales y de servicio, así como atención médica y vivienda dentro de comunidades establecidas. Instamos a políticas sociales y programas con marcado énfasis en las necesidades especiales de las mujeres ancianas y de los miembros de minorías, que garanticen a las personas de edad avanzada el respeto y la dignidad que por derecho les corresponde en su calidad de miembros mayores de la comunidad humana. Además, instamos a una consideración creciente de sistemas de pensiones adecuadas para empleados, con previsiones para el cónyuge sobreviviente.

F) Derechos de las mujeres—Afirmamos que los hombres y las mujeres son iguales en cada aspecto de su vida común. Por ello urgimos que se haga todo esfuerzo por eliminar los estereotipos sexuales tanto de las actividades y la concepción de la vida familiar como de todos los aspectos de participación voluntaria y compensatoria en la iglesia y la sociedad. Ratificamos el derecho de las mujeres a recibir igual trato en el empleo, la responsabilidad, el ascenso y la compensación. Ratificamos la importancia de las mujeres en posiciones claves en todos los niveles de la iglesia y la sociedad y exhortamos que se garantice su presencia mediante sistemas de empleo y reclutamiento. Apoyamos la acción afirmativa como un medio de resolver las desigualdades y prácticas discriminatorias en nuestra iglesia y en la sociedad. Exhortamos a los empleadores de personas cuyos cónyuges trabajan, ya sea en la iglesia o en la sociedad, que apliquen la debida consideración a ambas personas cuando se considere la relocalización. Ratificamos el derecho de las mujeres a vivir libres de la violencia y el abuso, y exhortamos a los gobiernos a que promulguen leyes que protejan a las mujeres en contra de toda clase de violencia y discriminación en cualquier sector de la sociedad.

G) Derechos de los hombres—Porque sostenemos que las mujeres y los hombres son iguales en todo aspecto de su vida ordinaria, también afirmamos los derechos de los hombres. Afirmamos la igualdad de oportunidades en empleo, responsabilidad y promoción. A los hombres no se les deben negar o hacer perder oportunidades o influencia por el hecho de ser hombres.

Reconocemos que los hombres son también víctimas de la violencia doméstica y el abuso. Alentamos a las comunidades a que ofrezcan las mismas leyes y protección que se aplican a las mujeres en situaciones similares. Declaramos el derechos de los hombres a vivir vidas sin violencia y abuso e instamos a los gobiernos a promulgar leyes que protejan a los hombres contra toda forma de violencia y discriminación en cualquier sector de la sociedad.

Reconocemos que el papel de los hombres en el desarrollo de los niños y niñas es igual en importancia al de las mujeres y reclamamos la igualdad de derechos con las mujeres en lo referente a bajas maternales o paternales. Cuando se disuelven matrimonios, los hombres tienen a menudo menos contacto con sus hijos e hijas. Reclamamos igual acceso a la custodia de hijos e hijas, pero acentuamos que debe considerarse con suma importancia siempre lo más beneficioso para los hijos e hijas.

H) Derechos de los inmigrantes—Reconocemos, abrazamos y afirmamos a todas las personas, independientemente de sus países de origen, como miembros de la familia de Dios. Afirmamos el derecho de toda persona a las mismas oportunidades de empleo, acceso a vivienda, cuidado sanitario, educación y libertad de discriminación social. Instamos a la Iglesia y a la sociedad a reconocer los dones, contribuciones y dificultades de esas personas que son inmigrantes y abogamos por la justicia para todas las personas. Nos oponemos a leyes de inmigración que separan a los miembros de las familias o que incluyen la detención de familias con niños, e instamos a las iglesias locales a estar en ministerio con las familias de inmigrantes.

I) Derechos de personas con discapacidades—Reconocemos y ratificamos la plena humanidad y personalidad de todo individuo con condiciones mentales, neurológicas y psicológicas o con impedimentos, como miembro pleno de la familia de Dios. También afirmamos su lugar justo, tanto en la iglesia como en la sociedad. Ratificamos la responsabilidad de la iglesia y de la sociedad de ministrar a los niños, jóvenes y adultos con impedimentos mentales, físicos, de desarrollo o psicológicos, así como condiciones neurológicas cuyas necesidades particulares en cuanto a movilidad, comunicación, comprensión intelectual o relaciones personales puedan dificultar su participación o la de sus familias en la vida de la iglesia y la comunidad. Exhortamos a la iglesia y a la sociedad a que reconozcan y acepten los dones de personas con impedimentos a fin de capacitarlas para que participen plenamente en la comunidad de fe. Rogamos a la iglesia y a la sociedad que sean sensibles, y que aboguen por programas de rehabilitación, servicios, empleo, educación, vivienda adecuada y transporte. Pedimos que la iglesia y la sociedad protejan los derechos de personas con impedimentos.

J) Igualdad de derechos sin distinción de orientación sexual— Todas las personas merecen ciertos derechos humanos y libertades civiles. Estamos comprometidos al apoyo de esos derechos y libertades para todas las personas, independientemente de su orientación sexual. En esto vemos con claridad un asunto de justicia al proteger demandas justas para que las personas tengan lo siguiente: recursos materiales compartidos, pensiones, relaciones de guardianes, poderes legales mutuos, y otras demandas legales típicamente dirigidas a asuntos de relaciones contractuales que incluyen contribuciones compartidas, responsabilidades y riesgos, e igualdad de protección ante la ley. Más aun, apoyamos los esfuerzos por acabar con la violencia y otras formas de coerción en contra de toda persona, independientemente de su orientación sexual.

K) Población—Debido a que el aumento de la población está contribuyendo a la creciente escasez mundial de alimentos, de minerales y de agua, y que además agudiza las tensiones internacionales, se ha hecho imperativo la reducción del consumo de recursos por parte de los países ricos y la disminución de las tasas de crecimiento de la población mundial. La gente tiene el deber de considerar el impacto de sus decisiones sobre la comunidad mundial al engendrar niños, y debe tener acceso a la información y a los medios apropiados para limitar su fertilidad, inclusive la esterilización voluntaria. Ratificamos que los programas para lograr una población estabilizada deben ponerse en el contexto de todo el desarrollo económico y social, incluso el uso y control equitativo de los recursos; el mejoramiento del estado de la mujer en todas las culturas; un nivel humano de seguridad económica, atención médica y alfabetización para todos. Nos oponemos a cualquier política a favor del aborto forzoso o esterilización forzosa.

L) Alcohol y otras drogas—Ratificamos nuestro apoyo tradicional a la abstinencia del alcohol como testimonio fiel del amor redentor y liberador de Dios por los seres humanos. Respaldamos la abstinencia del uso de cualquier droga ilegal. Puesto que el uso del alcohol y de drogas ilegales es un factor de primer orden en el crimen, las enfermedades, mortalidad y trastorno de la familia, respaldamos los programas educacionales así como otras estrategias de prevención que estimulen la abstinencia del uso de drogas ilegales y con respecto a aquellas personas que decidan consumir bebidas alcohólicas, que hagan uso de la sensatez con un refreno deliberado e intencional, usando las Escrituras como guía.

Millones de seres humanos son testimonio de las consecuencias benéficas del uso terapéutico de las drogas, y otros millones son testimonio de las consecuencias perjudiciales del mal uso de las drogas. Favorecemos políticas sensatas respecto a la accesibilidad de drogas potencialmente benéficas o potencialmente dañinas que se expenden bajo receta, y de las drogas que se venden sin receta alguna; insistimos en que una información completa sobre su uso adecuado e inadecuado esté siempre al alcance tanto de médicos como de pacientes. Apoyamos la estricta administración de las leyes que regulan la venta y distribución del alcohol y las sustancias controladas. Apoyamos las regulaciones que protegen la sociedad contra quienes usan drogas de cualquier clase, incluso el alcohol, donde se pueda demostrar que existe un peligro social claro y presente. Las personas y los miembros de sus familias que dependen de las drogas, incluyendo aquéllos que han sido diagnosticados como que dependen del alcohol, son individuos de infinito valor que merecen tratamiento, rehabilitación y recuperación continua para cambiar sus vidas. El mal uso o abuso puede también necesitar de una intervención, para evitar caer en la dependencia. Debido a la frecuente interrelación entre el abuso del alcohol y la enfermedad mental, pedimos a los legisladores y a los que proveen cuidado mental que tengan disponibles tratamientos mentales apropiados así como rehabilitación para las personas que dependen de las drogas. Nos comprometemos a ayudar a quienes sufren del abuso o la dependencia y a sus familias, a encontrar la libertad por medio de Jesucristo, y a encontrar buenas oportunidades para su tratamiento, asesoramiento continuado y reintegración a la sociedad.

M) Tabaco—Afirmamos nuestra tradición histórica de normas elevadas de disciplina personal y de responsabilidad social. A la luz de la evidencia abrumadora que indica que tanto el fumar como el mascar tabaco son dañinos a la salud de las personas de cualquier edad, recomendamos la abstinencia total de tabaco. Rogamos que nuestros recursos educacionales y de comunicación se utilicen para apoyar y estimular la abstinencia. Además, reconocemos los efectos dañinos del humo pasivo y respaldamos la restricción de fumar en áreas públicas y lugares de trabajo.

N) Experimentación médica—La salud física y mental ha mejorado grandemente gracias a los descubrimientos de la ciencia médica. Es imperativo, sin embargo, que los gobiernos y la profesión médica apliquen con firmeza los requisitos de las normas de investigación médica actual, manteniendo estricto control en la prueba de nuevas tecnologías y drogas que utilizan seres humanos. Tal norma exige que los investigadores incluyan seres humanos sólo después de haber obtenido el consentimiento completo, racional y sin coacción alguna de éstos.

O) Tecnología genética—La responsabilidad de la humanidad por toda la creación de Dios nos reta a tratar con sumo cuidado y examinar las posibilidades de la investigación y tecnología genética de manera diligente, cuidadosa y responsable. Vemos con beneplácito el uso de la tecnología genética para responder a las necesidades humanas fundamentales de salud y un ambiente seguro. Nos oponemos al clonaje de seres humanos y a la manipulación genética del género del niño que no ha nacido.

Debido a los efectos de la tecnología genética sobre la vida, apelamos a que haya pautas efectivas y responsabilidad pública como salvaguarda contra cualquiera acción que pueda abusar de estas tecnologías, inclusive fines políticos o militares. Reconocemos que el uso cauteloso y bien intencionado a veces puede resultar en consecuencias dañinas no anticipadas. Los riesgos de la tecnología genética pueden difícilmente calcularse cuando se crean animales y plantas y los impactos negativos ecológicos y sociales hacen del uso de tal tecnología cuestionable. Aprobamos los métodos modernos de crianza que respetan la existencia de los límites naturales de las especies.

La terapia del gen humano que produce cambios que no se puede pasar a la descendencia (terapia somática) debe limitarse al alivio del sufrimiento causado por enfermedad. Se deplora la elección eugenésica de la terapia genética o la que produce el desperdicio de embriones. La información genética de individuos y sus familias debe permanecer en secreto, y tenerse en estricta confidencia, a menos que el individuo, o su familia, renuncie a ella, o cuando la colección y el uso de la identificación genética sean apoyados por una orden judicial apropiada. Nos oponemos a la terapia genética que resulta en cambios que pueden pasarse a la descendencia (terapia de línea germinal) porque los efectos a largo plazo son inciertos. Todo procedimiento genético deberá estar acompañado de medidas independientes éticamente orientadas de pruebas, aprobación y controles.

P) Vida rural—Respaldamos el derecho de los individuos y de las familias a vivir y prosperar como agricultores, trabajadores agrícolas, comerciantes, profesionales y en otras ocupaciones fuera de las ciudades y centros metropolitanos. Creemos que nuestra cultura se empobrece, y que a nuestro pueblo se le priva de un medio significativo de vida cuando la vida rural y de pueblo pequeño se torna difícil o imposible. Reconocemos que el mejoramiento de este sistema de vida a veces hace necesario el uso de tierras para propósitos no agrícolas, pero nos oponemos al uso indiscriminado del terreno agrícola para propósitos no agrícolas cuando hay terrenos no agrícolas disponibles. Más aun, estimulamos la preservación de las tierras apropiadas para la agricultura y los espacios de campo abierto mediante la planificación inteligente del uso de la tierra. Apoyamos los programas gubernamentales y privados concebidos para beneficio del agricultor residente en lugar de la finca industrializada, así como los programas que inspiran a la industria a localizarse en zonas no urbanas.

Además, reconocemos que la creciente movilidad y la tecnología han llevado una mezcla de personas, religiones y filosofías a las comunidades rurales que una vez fueron homogéneas. A pesar de que a menudo esto se ve como una amenaza o pérdida de vida comunitaria, nosotros la vemos como una oportunidad para mantener y levantar el llamado bíblico a todas las personas a que se unan en comunidad. Por lo tanto, animamos a las comunidades rurales, y a los individuos, a mantener una conexión fuerte con la tierra y estar abiertas a ofrecer sentido de pertenencia mutua, cuidado, sanidad y crecimiento; a compartir y celebrar el liderazgo cooperativo y los diversos dones; a apoyar la confianza mutua; y a afirmar a individuos como personas singulares de valor, y así practicar el 'shalom'.

Q) Agricultura sostenible—Un prerrequisito para llenar las necesidades de la población mundial es un sistema agrícola que utilice métodos sostenibles, respeta los sistemas ecológicos, y promueve un medio de vida para los que trabajan la tierra.

Apoyamos un sistema de agricultura sostenible que mantenga y apoye la fertilidad natural del terreno agrícola, promueva la diversidad de la flora y la fauna, y se adapte a las condiciones y estructuras regionales: un sistema en el que los animales agrícolas sean tratados con compasión y en cual las condiciones de vida se apeguen lo más posible a los sistemas naturales. Aspiramos a un sistema agrícola en el que la producción de plantas, ganado y aves mantenga los ciclos ecológicos naturales, conserve energía y reduzca la introducción de sustancias químicas a un mínimo.

La agricultura sostenible exige una evaluación global de los impactos de la agricultura en la producción de alimentos y materias primas, la preservación de especies animales y variedades de plantas, y la preservación y fomento de espacios cultivados.

El comercio de productos agrícolas necesita basarse en precios y prácticas justas, basados en los costos de métodos de producción sostenibles, y debe considerar los verdaderos costos de daños ecológicos. Los desarrollos tecnológicos y biológicos necesarios son los que apoyan la sustentabilidad, y consideran las consecuencias ecológicas.

R) Vida urbana y suburbana—La vida urbana y suburbana ha venido a constituir un estilo dominante de vida para más y más personas. Para muchos, este sistema proporciona oportunidades económicas, educacionales, sociales y culturales. Para otros, este mismo estilo de vida significa enajenación, pobreza y despersonalización. En la iglesia tenemos la oportunidad y la responsabilidad de forjar el futuro de la vida urbana y suburbana. Se necesitan programas masivos de renovación y planificación social que hagan posible un grado más alto de humanización dentro de los estilos de vida urbanos y suburbanos. Los cristianos debemos juzgar todos los programas, incluso los económicos y los de desarrollo comunitario, las nuevas poblaciones y la renovación urbana en la medida en que dichos programas protejan y afirmen los valores humanos, permiten la participación personal y política, y abran las comunidades a las personas de cualquier raza, edad y nivel económico. Afirmamos los esfuerzos de los urbanizadores que ponen los valores humanos en el mismo centro de sus planes. Debemos ayudar a dar forma a ciudades y suburbios que proporcionen la oportunidad de satisfacer la necesidad humana de identificarse con comunidades sociales pequeñas y hallar significado en las mismas. A la vez, se ha de estimular tales comunidades pequeñas para que asuman las responsabilidades de toda la comunidad, urbana o suburbana, en vez de aislarse de ellas.

S) Violencia en los medios de comunicación y los valores cristianos—En nuestra sociedad, los medios desempeñan funciones importantes. Influyen a personas de todo el mundo. El contenido, las representaciones, las imágenes, las escenas, sin embargo, tienen un marcado contraste con los valores humanos y cristianos. Expresamos nuestro desdén a las representaciones gráficas deshumanizantes, sensacionalizadas por medios masivos de "diversión" y "noticias". Estas prácticas deshumanizan la humanidad, y violan las enseñanzas de Cristo y de la Biblia.

Los metodistas unidos, así como otros grupos de fe, deben darse cuenta de que los medios de información masiva a menudo minan las verdades del cristianismo al promover estilos de vida permisivos y dando detalles gráficos de actos de violencia. En vez de animar, motivar e inspirar al público a adoptar un estilo de vida basado en la santidad de la vida, la industria de la diversión es partidaria de lo contrario: pintando un cuadro cínico de violencia, abuso, avaricia, profanidad y una denigración constante de la familia. Los medios de comunicación deben ser responsables por el papel que desempeñan en el decaimiento de los valores morales que observamos hoy en la sociedad. Y sin embargo, los medios de comunicación permanecen apartados del problema, pretendiendo reflejar la sociedad en lugar de influenciarla. Por el bien de la familia, los cristianos deben obrar unidos para detener este desgaste de valores morales y éticos en la comunidad del mundo. Nos oponemos a cualquier imagen sexista y a las imágenes que glorifican la violencia. Rechazamos el mensaje implícito de que los conflictos pueden resolverse y que la paz justa pueda ser establecida por medio de la violencia. Dentro de los límites de la libertad de expresión y de la libertad de la prensa, los medios son responsables del respeto de los derechos humanos. Apoyando estos asuntos, trabajaremos juntos con todas las personas de buena voluntad.

T) Tecnología de la comunicación informativa— Debido a que la eficaz comunicación personal es clave para ser un miembro responsable de la comunidad y debido al poder que confieren las tecnologías de la comunicación informativa para dar forma a la sociedad y facilitar al individuo que participe más plenamente, creemos que el acceso a estas tecnologías es un derecho básico.

Las tecnologías de la comunicación informativa nos suministra información, entretenimiento y una voz en la sociedad. Se pueden usar para realzar nuestra calidad de vida y proveernos con los medios para relacionarnos unos con otros, con nuestro gobierno y con los pueblos y la cultura de todo el mundo. La mayoría de la información de eventos mundiales nos llegan por las transmisiones, el cable, los medios impresos y la Internet. La concentración de los medios en grandes intereses comerciales limita nuestra selección y a veces recibimos puntos de vista equivocados de los valores humanos. Por lo tanto, apoyamos la regulación de las tecnologías de los medios de comunicación para asegurar una variedad de fuentes de información independiente que sean para el bien del público.

Tecnologías de comunicación personal, como la Internet, permiten que las personas se puedan comunicar unas con otras y ganar acceso a vastos recursos informativos que pueden tener valor comercial, cultural, político y personal. Mientras que la Internet puede ser usada para nutrir la mente y el espíritu de niños y adultos, está en peligro de ser usada para intereses comerciales y es usada por algunos para distribuir material inapropiado e ilegal. Por lo tanto, la Internet debe ser manejada con responsabilidad para aumentar sus beneficios y disminuir sus riesgos, especialmente para la niñez. Negar acceso en el mundo de hoy a las tecnologías de comunicación informativa, como la Internet, debido a su costo, limita la participación de la gente en el gobierno y la sociedad. Apoyamos la meta de un acceso universal a los servicios del teléfono y la Internet a un precio razonable.

U) Personas que viven con VIH y SIDA—Las personas que han sido diagnosticadas con el virus de inmunidad humana (VIH) y con el síndrome de inmuno-deficiencia adquirida (SIDA) a menudo confrontan el rechazo de sus familiares y amistades y de las varias comunidades en las que trabajan e interactúan. Además, a menudo se enfrentan a una falta de cuidado de salud adecuado, especialmente hacia el final de sus vidas.

Todos los individuos que viven con VIH y SIDA deben ser tratados con dignidad y respeto.

Ratificamos la responsabilidad de la iglesia a ministrar a individuos y sus familiares, y junto con ellos, sin importar cómo se contrajo la enfermedad. Apoyamos su derecho al empleo, cuidado médico apropiado, plena participación en la educación pública y plena participación en la iglesia.

Instamos a la iglesia a involucrarse activamente en la prevención y la propagación del SIDA, proporcionando oportunidades educacionales a la congregación y la comunidad. La iglesia debe estar dispuesta a proporcionar asesoramiento a los individuos afectados y a sus familiares.

V) Derecho al cuidado de la salud—La salud es una condición del bienestar físico, mental, social y espiritual. Juan 10:10b dice, "yo he venido para que tengan vida, y para que la tengan en abundancia". La mayordomía de la salud es responsabilidad de cada persona en la que ésta ha sido confiada. Crear la condiciones personales,ambientales y sociales en las que la salud pueda mejorar es una responsabilidad común—pública y privada. Instamos a los individuos a aspirar a un estilo de vida saludable, y afirmamos la importancia de la salud preventiva, educación para la salud, seguridad ambiental y ocupacional, buena nutrición y una vivienda segura para lograr la salud. El cuidado de la salud es un derecho humano básico.

La provisión del cuidado necesario para mantener la salud, prevenir enfermedades y restaurar la salud tras un accidente o enfermedad es una responsabilidad que cada cual debe a la otra persona y que el gobierno debe a todas, responsabilidad que le gobierno ignora con peligro. En Ezequiel 34:4a Dios señala el fracaso del liderazgo de Israel a la hora de cuidar del débil: "No fortalecisteis a las débiles ni curasteis a la enferma; no vendasteis la perniquebrada...". Como resultado todas la personas sufren. De la misma manera que la policía y la prevención contra incendios, el cuidado de la salud se subvenciona mejor a través de la capacidad del gobierno de imponer impuestos a cada persona de manera equitativa y directamente subvencionar las entidades proveedoras. Los países que enfrentan una crisis de salud, como el VIH y el SIDA, deben tener acceso a medicinas genéricas y de marca sin que infrinjan los derechos de patente de las compañías farmacéuticas. Ratificamos el derecho de todas las personas a tener acceso a información y servicios completos de salud y reproducción de la familia lo cual servirá como un medio para prevenir embarazos que no han sido planeados, reducir los abortos y prevenir la diseminación del VIH y el SIDA.

El derecho al cuidado de la salud incluye a personas con enfermedades del cerebro, condiciones neurológicas o impedimentos físicos, quienes deben tener el mismo acceso al cuidado médico que el resto de las personas en nuestras comunidades. Es injusto construir o perpetuar barreras al bienestar físico o mental pleno o a la plena participación en la comunidad.

Creemos que es responsabilidad gubernamental proveer cuidado de la salud para todos sus ciudadanos y ciudadanas. Alentamos a hospitales, médicos y clínicas de salud a proveer acceso al cuidado de la salud básica a todas las personas independientemente de su cobertura médica o habilidad de pagar el tratamiento.

W) Trasplante y donación de órganos—Creemos que el trasplante y donación de órganos son actos de caridad, amor ágape y autosacrificio. Reconocemos los beneficios de vida por medio de las donaciones de órganos y otros tejidos, y animamos a toda persona de fe a ser donante de órganos y tejidos como parte de su amor y ministerio a las necesidades de otros. Urgimos que esto se haga en un ambiente de respeto por los donantes fallecidos y vivos, para el beneficio de los recipientes, siguiendo los protocolos que cuidadosamente previenen el abuso de los donantes y sus familias.

X) Salud mental—La Organización Mundial de la Salud define salud mental como "un estado de bienestar en el cual el individuo es consciente de sus propias capacidades, puede afrontar las tensiones normales de la vida, puede trabajar de forma productiva y fructífera y es capaz de hacer una contribución a su comunidad". Desafortunadamente, la salud mental elude a muchas personas en el mundo y resulta en considerable angustia, estigma y aislamiento. Las enfermedades mentales afectan nuestras relaciones pues pueden afectar la manera en la que procesamos información, la forma en la que nos comportamos ante otras personas y nuestra forma de actuar. Consecuentemente, las enfermedades mentales son más temidas que otras enfermedades. Sin embargo, reconocemos que sin importar las enfermedades que padecemos seguimos creados a la imagen de Dios (Génesis 1:27) y nada puede separarnos del amor de Dios (Romanos 8:38-39).

Ninguna persona merece ser estigmatizada por causa de una enfermedad mental. Las personas con enfermedades mentales no son más violentas que las que no las padecen. Sin embargo, es más probable que éstas sean víctimas de más violencia que el resto de la población. Cuando sucede el estigma en la iglesia, las personas con enfermedades mentales y sus familias son victimizadas aún más. Las personas con enfermedades mentales y sus familias tienen el derecho de ser tratadas con respeto por nuestra común humanidad y en base a la información certera. También tienen el derecho y la responsabilidad de obtener el cuidado apropiado para su condición. La Iglesia Metodista Unida se compromete a apoyar leyes que promuevan la compasión, defiendan el acceso al cuidado necesario y erradiquen el estigma dentro de la iglesia y sus comunidades.

¶ 163   IV. LA COMUNIDAD ECONÓMICA

Declaramos que todos los sistemas económicos, al igual que los otros aspectos del orden creado, están bajo el juicio de Dios. Por lo tanto, reconocemos la responsabilidad de los gobiernos de desarrollar y ejecutar planes de acción fiscales y monetarios que provean para la vida económica de individuos y entidades jurídicas, y que aseguren empleo completo e ingresos adecuados con un mínimo de inflación. Creemos que las empresas económicas privadas y públicas son responsables por los costos sociales de sus negocios, tales como el desempleo y la contaminación del ambiente, y que deberían responsabilizarse con estos costos. Apoyamos medidas que reduzcan la concentración de la riqueza en manos de unos pocos. Además apoyamos los esfuerzos por revisar las estructuras de impuestos y eliminar los programas gubernamentales que ahora benefician a los ricos a expensas de otras personas.

A) Propiedad—Creemos que la propiedad privada es un fideicomiso bajo Dios, tanto en las sociedades donde se le favorece como en aquéllas donde se le repudia, pero limitada por las necesidades perentorias de la sociedad. Creemos que la fe cristiana niega a cualquier persona o grupo de personas el dominio exclusivo y arbitrario de cualquier parte del universo creado. La posesión de propiedad social y culturalmente condicionada debe considerarse como una responsabilidad ante Dios. En consecuencia, creemos que los gobiernos tienen la responsabilidad, en su búsqueda de justicia y orden bajo la ley, de proporcionar maneras de proteger los derechos de toda la sociedad, así como los de la propiedad privada.

B) Derechos sindicales—Respaldamos el derecho de todos los empleados, así como el de sus empleadores, a organizarse en sindicatos y otros grupos de su elección con miras a contratos colectivos. Además, respaldamos el derecho que ambas partes tienen a la protección cuando así se organizan, y su responsabilidad de negociar en buena fe dentro del marco del interés público. Con el fin de que los derechos de todos los miembros de la sociedad puedan mantenerse y promoverse, apoyamos los procesos innovadores de negociación que incluyen a representantes del interés público en la negociación y establecimiento de contratos laborales, inclusive aquéllos que puedan conducir a formas de resolución judicial de los problemas. Rechazamos el uso de la violencia por cualquiera de las partes durante negociaciones colectivas o desacuerdos entre los obreros y la administración. Igualmente rechazamos el reemplazo permanente de cualquier obrero que participe en una huelga legal.

C) Trabajo y tiempo libre—Todo individuo posee el derecho de tener un empleo con remuneración adecuada. Donde la empresa privada no puede o no provee trabajos para todos aquéllos que los buscan y los necesitan, es la responsabilidad del gobierno hacer provisión para la creación de dichos empleos. Respaldamos las medidas sociales que garantizan la seguridad física y mental de los trabajadores, que aseguran la división equitativa de productos y servicios, y que favorecen una mayor libertad en la forma como los individuos puedan usar su tiempo libre. Reconocemos la oportunidad que brinda el tiempo libre para hacer contribuciones creativas a la sociedad, y promovemos aquellos métodos que permiten a los trabajadores tener más tiempo para usarlo a su discreción. Respaldamos las oportunidades educacionales, culturales y recreativas que mejoran el uso de dicho tiempo. Creemos que las personas valen más que las ganancias, y deploramos el espíritu egoísta que a menudo satura nuestra vida económica. Apoyamos los sistemas que estimulan el compartimiento de ideas en el sitio de trabajo, así como arreglos de trabajo cooperativos y colectivos. Respaldamos los derechos de los obreros a negarse a trabajar en situaciones que ponen en peligro su salud o su vida, sin que por eso arriesguen sus empleos. Apoyamos aquellas políticas que puedan revertir la creciente concentración de negocios e industrias en monopolios.

D) Consumo—Los consumidores deben ejercer su poder económico para fomentar la manufactura de artículos necesarios y beneficiosos a la humanidad, y al mismo tiempo evitar la profanación del medio ambiente, tanto en lo que respecta a producción como al consumo. Los consumidores deben evitar comprar productos fabricados en condiciones en las que se explota a los obreros a causa de su edad, género, o estado económico.

Y aunque las opciones disponibles están tan limitadas para los consumidores, lo que hace muy difícil que se logre, comprando productos "Certificados de un Justo Comercio" es una manera segura para que el consumidor pueda usar su poder de consumidor para hacer una contribución al bien común. Las Normas Internaciones del Justo Comercio están basadas en la seguridad de que los sueldos son apropiados para los granjeros pequeños y sus familias, trabajando en cooperativas que son dirigidas democráticamente, haciendo compras directas para que los beneficios y ganancias del comercio lleguen directamente a los granjeros y sus comunidades, haciendo posible que tengan buen crédito y estimulando las prácticas de siembras sostenibles ecológicamente. Los consumidores no sólo deberían buscar compañías cuyos productos reflejen un fuerte compromiso con estas normas, pero también deben estimular una participación más amplia de las corporaciones en el mercado del Justo Comercio.

Los consumidores deben evaluar su consumo de bienes y servicios a la luz de la necesidad de una mejor calidad de vida en vez de la producción ilimitada de bienes materiales. Hacemos un llamado a los consumidores, incluso a congregaciones locales e instituciones relacionadas a la iglesia, a fin de que se organicen para alcanzar estas metas y expresar su descontento con prácticas económicas, sociales y ecológicas perjudiciales, por medio de métodos apropiados como el boicot, escribir cartas, resolución de una entidad y anuncios publicitarios.

E) Pobreza—A pesar de la afluencia general en las naciones industrializadas, la mayoría de las personas en el mundo viven en la pobreza. Para poder suministrar las necesidades básicas como el alimento, el vestido, abrigo, educación, cuidado de la salud, y otras, se deben encontrar formas de compartir más equitativamente los recursos del mundo. La creciente tecnología, cuando va acompañada de prácticas económicas explotadoras, empobrece a muchas personas, y hace que se autoperpetúe la pobreza. La pobreza producida por catástrofes naturales y cambios ambientales está aumentando y necesita de atención y apoyo. Los conflictos y guerras empobrecen a la población de cada grupo involucrado, y una forma importante de ayudar a la persona pobre será buscar y establecer soluciones pacíficas.

Como iglesia, estamos llamados a apoyar a las personas pobres y desafiar a las personas ricas. Para comenzar a aliviar la pobreza, apoyamos tales políticas como: mantenimiento de ingresos adecuados, educación de buena calidad, vivienda decente, capacitación para el trabajo, buenas oportunidades para el empleo, cuidado médico y hospitalario adecuado, y la humanización y revisión radical de los programas de bienestar social, trabajar por la paz en áreas de conflicto y apoyar los esfuerzos que protejan la integridad de la creación. Puesto que los salarios bajos a menudo son causa de pobreza, los empleadores deben pagar a sus empleados un salario que no les haga necesario depender en subsidios gubernamentales tales como las estampillas de comida o el programa de bienestar social para su sustento.

Considerando que reconocemos que la reducción de la pobreza a largo plazo debe ir más allá de los servicios y empleo para las personas pobres, los cuales pueden ser quitados, acentuamos medidas que edifiquen y mantengan la riqueza de la gente pobre, inclusive estrategias de incremento de bienes tales como el desarrollo individual de cuentas de ahorro, programas de desarrollo de micro-empresas, programas que posibilitan la posesión de viviendas y capacitación y asesoramiento financiero. Pedimos de las iglesias que desarrollen estos y otros ministerios que promueven la acumulación de bienes entre los pobres. Especialmente tenemos en mente a los "países del Sur", donde se precisa especialmente la inversión y el desarrollo de micro-empresas. Instamos el apoyo a las políticas que alientan el crecimiento económico equitativo en el "Sur" y el resto del mundo, en provisión de oportunidades justas para toda persona.

La pobreza presenta muy a menudo causas sistémicas y, por lo tanto, no consideramos a los pobres moralmente responsables por su estado económico.

F) Obreros extranjeros—Durante siglos las personas han cruzado fronteras en búsqueda de trabajo. En nuestro mundo global esto sigue siendo una forma de inmigración relevante y en aumento. Salarios más altos, mejores condiciones de trabajo y la disponibilidad de empleo son razones para la inmigración en relación a las oportunidades laborales. Los obreros procedentes de otros países constituyen para muchas sociedades una importante fuente de recursos para solventar su falta de obreros. Con todo, estas personas son a menudo objeto de explotación, sufren la ausencia de leyes que les protejan y se les ofrecen salarios y condiciones de trabajo poco razonables.

Instamos a los gobiernos y a todos los empleadores que le garanticen a los obreros extranjeros los mismos beneficios económicos, educativos y sociales que gozan otros ciudadanos. Los obreros extranjeros también tienen la necesidad de compañerismo religioso, por lo que instamos a nuestras iglesias a que los incluyan bajo su cuidado y en sus reuniones, y que les apoyen en sus esfuerzos por mejorar sus condiciones.

G) Juego de azar—El juego de azar es una amenaza para la sociedad, mortífero para el bienestar moral, social y económico, la vida espiritual, y destructivo del buen gobierno y de la buena mayordomía. Como un acto de fe y de interés, los cristianos deben abstenerse del juego de azar, y luchar por ministrar a aquellos que son víctimas de esa práctica. Cuando el juego de azar se ha convertido en adicción, la iglesia debe instar a los individuos a que reciban asistencia terapéutica, de modo que sus energías puedan dirigirse a fines positivos y constructivos.

La iglesia reconoce la dicotomía que se produce al oponerse a los juegos de azar pues apoya a su vez la soberanía y autodeterminación de las tribus nativoamericanas. Por tanto, la función de la iglesia es la de crear un lugar sacro donde se permita el diálogo y la educación que promoverá un entendimiento holístico de la búsqueda histórica de la supervivencia de las personas nativoamericanas. El llamamiento profético de la iglesia es el de promover normas de justicia y defensa que hagan innecesario e indeseable acudir al juego de azar comercial—incluyendo las loterías, casinos, rifas, juegos de azar por medio de la Internet, o cualquier otra forma de tecnología y otros juegos de azar—como recreación, como escape, o como medio de producir ingresos públicos o fondos para sostener programas caritativos o el gobierno.

H) Granjas de familia—El valor de las granjas de familia se ha afirmado desde hace tiempo como fundamento significativo de las sociedades libres y democráticas. En los últimos años, la sobrevivencia de granjeros independientes se ha visto amenazada por varios factores, incluso la creciente concentración de todas las fases de la agricultura en las manos de un número limitado de compañías transnacionales. La concentración del abastecimiento de alimentos de los muchos a las manos de pocos hace surgir preguntas globales de justicia que claman por la vigilancia y la acción.

Hacemos un llamado al sector agrícola comercial a que se conduzca con respeto por los derechos humanos, primero, en la mayordomía responsable del pan diario para el mundo, y segundo, en ciudadanía responsable de parte de una entidad comercial que respeta los derechos de todos los granjeros, grandes y pequeños, de recibir una ganancia justa por la labor honrada, y de ganarse la vida cultivando la tierra.

Instamos a lo gobiernos a que revisen los programas de apoyo que desproporcionalmente benefician a los productores agrícolas más ricos, y que se de más apoyo a los programas que beneficien a las operaciones agrícolas de mediano o pequeño tamaño, incluyendo programas que edifican el procesamiento, almacenaje y distribución rural y otras infraestructuras agrícolas, las cuales vinculan al agricultor con las escuelas locales y promueven otras medidas de seguridad alimenticia de la comunidad.

Instamos a todas las iglesias a que hagan todo lo que está a su alcance para hablar proféticamente sobre los asuntos de abastecimiento alimenticio y a las personas que cultivan los alimentos para el mundo, y a que desarrollen ministerios que contribuyan a la seguridad alimenticia en sus comunidades locales.

I) Responsabilidad de las compañías—Las compañías comerciales son responsables no sólo ante sus accionistas, sino también ante otros accionistas, sus obreros, abastecedores, vendedores, clientes, las comunidades en las que hacen los negocios, y por la tierra que los sostiene. Apoyamos el derecho del público a saber qué impacto tienen las compañías en estas varias arenas, de manera que las personas puedan tomar decisiones informadas sobre lo que las compañías apoyan.

Aplaudimos a las compañías que cumplen voluntariamente con normas que promueven el bienestar humano y protegen el medio ambiente.

J) Finanzas—Las instituciones financieras constituyen una parte vital de la sociedad. Deberán, sin embargo, evitar prácticas de prestamos abusivas y engañosas que se aprovechan de los más necesitados entre nosotros para el beneficio de los más ricos. La leyes bancarias deberán prever el recaudo de intereses usureros que mantienen a las personas atadas a sus deudas. Las instituciones que proporcionan créditos personales deben de operar con responsabilidad y claridad que permitan a cada parte entender todas las condiciones del acuerdo.

K) Comercio e inversión—Ratificamos la importancia del comercio e inversión internacional en un mundo independiente. El comercio y la inversión deben estar basados en reglas que apoyen la dignidad de la persona humana, un ambiente limpio y nuestra humanidad común. Los tratos comerciales deben tener mecanismos que hagan respetar los derechos laborales y los derechos humanos así como normas ambientales. Una amplia participación de los ciudadanos en las negociaciones comerciales debe estar asegurada por medio de un mecanismo de consulta y participación.

L) Soborno y corrupción—La buena creación de Dios, la magnitud de su generosidad y las relaciones de amor y apoyo que unen todo son la intención de Dios para que se disfruten en libertad y mayordomía responsable. Venerar la creación es una confianza sagrada que nos permite crear relaciones y comunidades justas, equitativas y sostenibles. La fortaleza, estabilidad, seguridad y progreso de tales relaciones y comunidades dependen de la integridad de sus procesos sociales, políticos y culturales, instituciones y participantes. El soborno, definido como la manera injusta o ilegal de adquirir dinero, ganancia o ventaja, especialmente cuando una persona utiliza su posición dentro de instituciones políticas, empresariales y sociales, transgrede la dignidad humana y viola los derechos humanos. La corrupción, definida como la explotación deshonesta e injustificada del poder para obtener ganancia personal, subvierte el plan de Dios de una vida digna y la creación. El soborno y la corrupción distorsionan el fundamento social de las comunidades, erosionan la fibra moral de las relaciones humanas y empañan la reputación de las instituciones sociales. Los mecanismos legislativos y jurídicos, además de un sistema de justicia criminal fuerte y justo, deberán enfrentar el soborno y la corrupción en todos los niveles de la sociedad. Un gobierno político bueno y justo que se caracteriza por la transparencia, responsabilidad e integridad es crucial para la erradicación del soborno y la corrupción. La sociedades basadas en el soborno y contaminadas por la corrupción necesitan experimentar el amor redentor de Dios.

M) Deuda pública—Los inmensos déficits en el presupuesto, consecuencia de años de gastos excesivos de los gobiernos de todo el mundo, son de gran preocupación. Reconocemos que por un tiempo limitado en la historia de una nación los déficits gubernamentales son a veces necesarios. Sin embargo, largos períodos de excesivos gastos de los gobiernos han resultado en enormes déficits y desafíos económicos importantes en muchas naciones. Tal negligencia sin sentido no debe continuar. Por tanto, instamos a todos los gobiernos a que reduzcan sus déficits presupuestarios y a que se mantengan dentro de sus propios recursos. Pedimos de los gobiernos e instituciones que prestan dinero que reduzcan los intereses del dinero prestado. Pedimos a los funcionarios públicos, cuando hagan los ajustes financieros, que consideren primeramente su obligación de promover el bienestar de la sociedad, tal como la financiación de las escuelas y otras oportunidades para fomentar el desarrollo del individuo, además de las agencias que se ocupan de los pobres, ancianos, discapacitados y las personas privadas de derechos.

Reconocemos que, si los déficits no se controlan, las generaciones futuras estarán encadenadas a la carga de la deuda pública la cual forzara a las sociedades a vivir bajo el espectro de pagos obligados, elevando la inflación, el desempleo masivo, y la desesperación. Por tanto, éste no es simplemente un asunto financiero, también es un asunto de justicia para las personas no nacidas. La mayordomía sabia es necesaria en el presente para la provisión de las generaciones futuras. Instamos al liderazgo de la iglesia en toda la conexión a alentar a los funcionarios públicos a reducir la deuda pública y a comenzar el proceso de elaboración de presupuestos equilibrados y justos.

¶ 164.   V. LA COMUNIDAD POLÍTICA

Aunque nuestra lealtad a Dios toma precedencia sobre nuestra lealtad a cualquier estado, reconocemos la función vital del gobierno como un vehículo principal para el orden en la sociedad. Como sabemos que somos responsables ante Dios por la vida política y social, declaramos lo siguiente en cuanto a los gobiernos:

A) Libertades básicas y derechos humanos—Los gobiernos son responsables por la protección de los derechos de todas las personas de celebrar elecciones libres y justas, y a las libertades de palabra, religión, asamblea, medios de comunicación y la petición de desagravios sin temor a represalias; al derecho a la vida privada; y la garantía de tener derecho a alimento adecuado, vestido, abrigo, educación, y cuidado de la salud. Las obstrucciones y embargos que pretenden impedir el flujo y el comercio libre de alimentos y medicamentos son prácticas que ocasionan dolor y sufrimiento, malnutrición o hambruna con todas sus consecuencias nocivas contra las poblaciones civiles no combatientes, y especialmente contra los niños y las niñas. Rechazamos la consideración de estas prácticas como instrumentos de políticas domésticas e internacionales independientemente de su ideología política. La forma y los líderes de todos los gobiernos se deben determinar por medio del ejercicio del derecho al voto, garantizado a todos los ciudadanos adultos. También rechazamos firmemente la vigilancia doméstica y la intimidación de opositores políticos por parte de los gobiernos que están en el poder y todos los otros abusos de los cargos electivos o nombrados. El uso de la detención y aprisionamiento para hostigar y eliminar los opositores políticos u otros disidentes viola los derechos humanos fundamentales. Además, el maltrato la tortura o cualquier trato o castigo cruel, inhumano y degradante de personas por los gobiernos, por cualquier motivo, viola la enseñanza cristiana dondequiera y en cualquiera ocasión que esto ocurra. Por esta misma razón, nos oponemos a la pena capital, e instamos a que se elimine de todos los códigos penales.

La iglesia considera que la institución de la esclavitud, la práctica y comisión del genocidio, crímenes de guerra, crímenes contra de la humanidad y la agresión como maldades infames y atroces. Tales maldades son destructivas de la humanidad, promueven impunidad y, por tanto, deben de ser incondicionalmente prohibidas por todos los gobiernos y la iglesia nunca las tolerará.

B) Responsabilidad política—La fuerza de un sistema político depende de la participación plena y voluntaria de sus ciudadanos. La iglesia debe continuar ejerciendo una fuerte influencia ética sobre el estado, apoyando políticas y programas que considere justas, y oponiéndose a políticas y programas injustos.

C) Relaciones entre la Iglesia y el Estado—La Iglesia Metodista Unida ha apoyado por muchos años la separación de la iglesia y el estado. En algunas partes del mundo esta separación ha garantizado la diversidad de expresiones religiosas y la libertad de adorar a Dios de acuerdo con la conciencia de cada persona. La separación de la iglesia y el estado significa que no hay reunión orgánica de las dos, pero permite la interrelación. El estado no debe usar su autoridad para promover creencias religiosas particulares (incluso el ateísmo), ni tampoco debe requerir la oración o cultos en las escuelas públicas, pero debe dejar a los estudiantes en libertad para que practiquen su propia convicción religiosa. Creemos que el estado no debe tratar de controlar la iglesia, ni la iglesia debería de tratar de dominar el estado. Una separación justa y vital de la iglesia y el estado, que ha servido la causa de la libertad religiosa, no se debe malinterpretar como la abolición de toda expresión religiosa en la vida pública.

D) Libertad de información—Los ciudadanos de todos los países deben tener acceso a toda información esencial referente a su gobierno y las políticas de éste. Actividades ilegales e insensatas dirigidas contra personas o grupos por sus propios gobiernos no se deben justificar ni guardar en secreto, ni aun bajo el disfraz de seguridad nacional.

E) Educación—Creemos que todas las personas tienen el derecho a la educación. También creemos que la responsabilidad para la educación de los jóvenes descansa sobre la familia, la comunidad de fe y el gobierno. En nuestra sociedad, dicha función se puede cumplir mejor a través de políticas públicas que garanticen a todas las personas el acceso libre a las escuelas elementales, secundarias y post-secundarias de su elección. Las personas no deben ser impedidas por barreras financieras al acceso a instituciones relacionadas con la iglesia y otras instituciones independientes de educación superior. Ratificamos el derecho de los colegios universitarios públicos y privados a existir, y apoyamos las políticas públicas que garantizan dicho acceso y opción, y que no crean enredos constitucionales entre la iglesia y el estado. Creemos que la razón de ser de los colegios y universidades es la de proteger la libertad académica para todos los miembros de la comunidad académica y la deformar un ambiente de aprendizaje que permita el libre intercambio de ideas. Afirmamos la unión de la razón y la fe; por tanto, instamos a los colegios y universidades a proteger la expresión de la vida religiosa en su propiedad.

F) Obediencia y desobediencia civil—Los gobiernos y las leyes deben ser siervos de Dios y de los seres humanos. Los ciudadanos tienen el derecho de obedecer las leyes que se han adoptado a través de un proceso de gobierno ordenado y justo. Pero los gobiernos, al igual que los individuos, están sujetos al juicio de Dios. Por lo tanto, reconocemos el derecho de los individuos a disentir cuando actúan bajo el cargo de la conciencia, y que después de haber agotado todos los recursos legales, resisten o desobedecen las leyes que consideran injustas o que se aplican en forma discriminatoria. Aun entonces, se debe mostrar el respeto por la ley, absteniéndose de la violencia, y estando dispuestos a aceptar el costo de la desobediencia. No alentamos ni condonamos ninguna forma de protesta violenta como ejercicio legítimo de la libertad de expresión o desobediencia civil. Ofrecemos nuestras oraciones por los que están debidamente en autoridad, que sirven al público, y apoyamos sus esfuerzos para impartir justicia e igual oportunidad a todas las personas. Ratificamos el deber de las iglesias de apoyar a los que sufren a causa de sus posiciones de conciencia manifestadas por creencias o actos no-violentos. Instamos a los gobiernos a garantizar los derechos civiles, como se definen en el Convenio Internacional sobre Derechos Civiles y Políticos, de personas que estén en riesgos jurídicos por dichos actos no-violentos.

G) Pena de muerte—Creemos que la pena de muerte niega el poder de Cristo para redimir, restaurar y transformar a todos los seres humanos. La Iglesia Metodista Unida está muy preocupada sobre el crimen en todo el mundo y del valor de toda vida que es quitada por un asesinato u homicidio. Creemos que toda vida humana es sagrada y creada por Dios y por lo tanto, debemos ver toda vida humana como valiosa y de importancia. Cuando los gobiernos implementan la pena de muerte (castigo capital), entonces la vida de la persona convicta se devalúa y termina toda posibilidad de cambio en la vida de esa persona. Creemos en la resurrección de Cristo y que la posibilidad de reconciliación con Cristo viene a través del arrepentimiento. Ese don de la reconciliación se ofrece a todos los individuos sin excepción y le da a toda la vida una nueva dignidad y consagración. Por esta razón, nos oponemos a la pena de muerte (castigo capital) y rogamos que se elimine de todos los códigos criminales.

H) Justicia penal y restauradora—Para proteger a todas las personas de intrusión en sus derechos personales y de propiedad, los gobiernos han establecido mecanismos y tribunales para el cumplimiento de la ley. Una vasta gama de opciones de sentencia sirve para expresar el sentido de agravio de la comunidad, incapacitar a los delincuentes peligrosos, frenar la criminalidad y ofrecer oportunidades para la rehabilitación. Apoyamos las medidas gubernamentales dirigidas a reducir la criminalidad que sean consecuentes con el respeto a la libertad básica de las personas.

Rechazamos todo mal uso de estos mecanismos, incluso su uso para vengar, perseguir o intimidar a aquellos cuya raza, apariencia, estilo de vida, condición económica, o credos difieren de aquellos en autoridad. Rechazamos toda aplicación descuidada, endurecida o discriminatoria que despoje de la justicia a personas discapacitadas o que no hablan el idioma del país en el cual están en contacto con los agentes de la ley. Además, apoyamos las medidas designadas para eliminar las condiciones sociales que conducen a la criminalidad, e instamos a una acción recíproca entre los agentes de la ley y los miembros de la comunidad en general.

En el amor de Cristo, que vino a salvar a los que están perdidos y vulnerables, instamos la creación de un sistema genuinamente nuevo para el cuidado y la restauración de las víctimas, los delincuentes, los oficiales de la justicia penal y la totalidad de la comunidad. La justicia restauradora surge de la autoridad bíblica, la que enfatiza una relación justa con Dios, con uno mismo y con la comunidad. Cuando tales relaciones se violan o quiebran a causa de la criminalidad, se crean oportunidades para corregir esas situaciones. La mayoría de los sistemas penales en el mundo son retributivos. Dichos sistemas retributivos profesan considerar al delincuente responsable ante el estado, y usan la pena como el medio que compensa por dicha responsabilidad. En contraste con esto, la justicia restauradora trata de que el delincuente se haga responsable ante la víctima y a la comunidad que ha violado. Por medio del poder transformador de Dios, la justicia restauradora trata de reparar el daño, corregir el mal y traer sanidad a todos los involucrados, incluso la víctima, el ofensor, las familias y la comunidad. La iglesia se transforma cuando responde a los pedidos del discipulado, convirtiéndose en un agente de sanidad y cambio sistemático.

I) Servicio militar—Lamentamos la guerra, e instamos a la solución pacífica de todas las disputas entre naciones. Desde el principio, la conciencia cristiana ha luchado con las rudas realidades de la violencia y la guerra, pues estos males claramente frustran los propósitos del amor de Dios por la humanidad. Anhelamos el día en que no habrá más guerra, y los pueblos vivan en paz y justicia. Algunos de nosotros creemos que la guerra y otros actos de violencia nunca son aceptables para los cristianos. También reconocemos que la mayoría de los cristianos se dan cuenta con mucha tristeza de que cuando las opciones pacíficas fracasan, la fuerza de las armas sería preferible a la agresión sin freno, la tiranía y el genocidio. Honramos el testimonio de los pacifistas, que no nos permiten volvernos complacientes en cuanto a la guerra y la violencia. También respetamos el uso de la fuerza, pero sólo en situaciones extremas, y sólo cuando la necesidad es clara más allá de la duda razonable, y a través de organizaciones internacionales apropiadas. Instamos al establecimiento del dominio de la ley en asuntos internacionales como medio de eliminar la guerra, la violencia y la coerción en los mismos.

Rechazamos las políticas nacionales de servicio militar obligatorio, y las declaramos incompatibles con el evangelio. Reconocemos la tensión agonizante creada por gobiernos nacionales que exigen el servicio militar. Instamos a todos los jóvenes adultos a buscar el asesoramiento de la iglesia cuando llegan a una decisión de conciencia sobre la naturaleza de su responsabilidad como ciudadanos. Se llama a los pastores para que estén disponibles a ofrecer asesoramiento a todos los jóvenes adultos que enfrentan el reclutamiento obligatorio o consideran alistarse voluntariamente en las fuerzas armadas, inclusive aquellos que por razones de conciencia rehúsan cooperar con un sistema de conscripción.

Apoyamos y extendemos el ministerio de la iglesia a aquellas personas que se oponen a toda guerra por razones de conciencia, o cualquier guerra en particular, y que por lo tanto, rehúsan servir en las fuerzas armadas o cooperar con sistemas de conscripción militar. También apoyamos y extendemos el ministerio de la iglesia a todas personas que optan por servir en las fuerzas armadas por razones de conciencia, o aceptar un servicio alterno. Cuando una persona elige servir en las fuerzas armadas, apoyamos su derecho al cuidado sanitario adecuado de las heridas sufridas, y propugnamos la suficiencia de recursos para cubrir las demandas de sus necesidades físicas y de salud mental, durante y después de su servicio. Reconocemos que podemos ser culpables ya sea por acción militar u objeción de conciencia, y que todas las personas dependemos del perdón de Dios.

¶ 165   VI. LA COMUNIDAD MUNDIAL

El mundo de Dios es un solo mundo. La unidad que la revolución tecnológica ahora lanza sobre nosotros ha sobrepasado por mucho nuestra capacidad moral para lograr un mundo estable. La unidad forzosa de la humanidad—cada vez más evidente en todos los niveles de la vida—le presenta a la iglesia y todas las demás personas, problemas que no van a esperar sus respuestas: la injusticia, la guerra, la explotación, el privilegio, la población, la crisis ecológica internacional, la proliferación de arsenales de armas nucleares, el desarrollo de organizaciones comerciales trans-nacionales que funcionan más allá del control efectivo de cualquier estructura gubernamental, y el crecimiento de la tiranía en todas sus formas. Esta generación tiene que hallar respuestas viables a estas cuestiones y otras relacionadas con ellas si la humanidad va a continuar sobre la tierra. Como iglesia, nos comprometemos con lograr una comunidad mundial que es una fraternidad de personas que honestamente se amen unas a otras. Hacemos voto de buscar el significado del evangelio en todos los asuntos que dividen a las personas y amenazan el crecimiento de la comunidad mundial.

A) Naciones y culturas—Tal como Dios afirma los individuos en su diversidad, también lo hace con las naciones y las culturas. Reconocemos que ninguna nación o cultura es absolutamente justa y correcta en el trato con su propio pueblo, ni ninguna nación deja de tener alguna consideración por el bienestar de sus ciudadanos. La iglesia debe tener a los países como responsables por el mal trato de sus ciudadanos y de los otros que viven dentro de sus fronteras. Si bien reconocemos diferencias válidas en la cultura y la filosofía política, estamos a favor de la justicia y la paz en todas las naciones.

B) Poder nacional y responsabilidad—Algunas naciones poseen más poder militar y económico que otras. Sobre los poderosos descansa la responsabilidad de ejercer su riqueza e influencia con discreción. Promoveremos las estrategias de justicia restauradora en apoyo del cambio social positivo y la promulgación de la paz. Afirmamos el derecho y deber de todos los pueblos de determinar su propio destino. Instamos a los poderes políticos mayores a que usen su poderío no violento para llevar al máximo la autodeterminación política, social y económica de las otras naciones, en vez de adelantar sus propios intereses especiales. Aplaudimos los esfuerzos internacionales para desarrollar un orden económico más justo en el cual los recursos limitados del mundo puedan utilizarse para el máximo beneficio de todas las naciones y pueblos. Instamos a los cristianos en todas las sociedades a que alienten a los gobiernos bajo los que viven y a las entidades económicas dentro de sus sociedades a que ayuden y trabajen en favor del desarrollo de órdenes económicos más justos.

C) Guerra y paz—Creemos que la guerra es incompatible con el ejemplo de Cristo. Por lo tanto, rechazamos la guerra como un instrumento de la política extranjera nacional, que será empleada sólo como un último recurso para prevenir males como el genocidio, supresión brutal de los derechos humanos y por la agresión internacional no provocada. Insistimos que el primer deber moral de todas las naciones es resolver por medios pacíficos toda disputa que surja entre ellas; que los valores humanos importan más que las reclamaciones militares al determinar los gobiernos sus prioridades; que se debe retar y detener la militarización de la sociedad; que se debe reducir y controlar la fabricación, venta y emplazamiento de armamentos; y que se debe condenar la producción, posesión, o el uso de armas nucleares. Por consiguiente, apoyamos el desarme general y total bajo un estricto y efectivo control internacional.

D) Justicia y ley—Las personas y los grupos deben sentirse seguros en sus vidas y en su derecho a vivir dentro de una sociedad si es que se va a lograr el orden, y se va a mantener por medio de la ley. Denunciamos como inmoral un orden de vida que perpetúa la injusticia. Las naciones también deben sentirse seguras en el mundo si la comunidad mundial llega a ser un hecho.

Convencidos que la justicia internacional exige la participación de todos los pueblos, apoyamos a las Naciones Unidas, sus organismos conexos y la Corte Internacional de Justicia como los mejores instrumentos ahora existentes para lograr un mundo de justicia y de derecho. Aprobamos los esfuerzos de todas las personas en todos los países que procuran la paz a través del derecho. Apoyamos la ayuda internacional y cooperación en todos los asuntos de necesidad y conflicto. Instamos a la aceptación como miembros de las Naciones Unidas a todas las naciones que lo deseen, y que aceptan la responsabilidad de las Naciones Unidas. Instamos a las Naciones Unidas a tomar un papel más diligente en el desarrollo del arbitraje de disputas y en conflictos reales entre naciones, mediante el desarrollo de arbitraje de terceras partes que obligue su aceptación a los contendientes. Los esfuerzos bilaterales o multilaterales fuera de las Naciones Unidas deben trabajar en concierto con los propósitos de éstas, y no en contra de ellas. Afirmamos nuestro interés por el mundo como nuestra parroquia, y procuramos que todas las personas y pueblos sean miembros iguales de una verdadera comunidad mundial.

¶ 166 VII. NUESTRO CREDO SOCIAL

Creemos en Dios, Creador del mundo; y en Jesucristo, el Redentor de la creación. Creemos en el Espíritu Santo, mediante el cual reconocemos los dones de Dios, y nos arrepentimos del pecado del abuso de estos dones con fines idólatras.

Afirmamos el mundo natural como la obra de la mano Dios, y nos dedicamos a su preservación, mejoramiento, y su fiel uso por la humanidad.

Con gozo recibimos las bendiciones de comunidad, sexualidad, matrimonio y familia, no sólo para nosotros, sino también para los demás.

Nos dedicamos a los derechos de hombres, mujeres, niños, jóvenes, adultos jóvenes, personas de edad avanzada, y las personas con impedimentos, al mejoramiento de su calidad de vida, y a los derechos y dignidad de todas las personas.

Creemos en el derecho y el deber de las personas a trabajar para la gloria de Dios y el bien de sí mismos y de los demás, y en la protección de su bienestar al hacerlo; en los derechos a la propiedad como fideicomiso de Dios, las negociaciones laborales colectivas, el consumo responsable; y en la eliminación de la miseria económica y social.

Nos dedicamos a la paz en todo el mundo, al gobierno de la justicia y el derecho entre las naciones, y a la libertad individual para todas las personas del mundo.

Creemos en el triunfo final de la Palabra de Dios en los asuntos humanos, y gozosamente aceptamos nuestra comisión de manifestar la vida del evangelio en el mundo. Amén.

(*Se recomienda que esta declaración de Principios Sociales esté continuamente a disposición de los cristianos metodistas unidos, y que se enfatice regularmente en cada una de las congregaciones. Se recomienda, además, que se use "Nuestro Credo Social" frecuentemente en los cultos dominicales.*)

LETANÍA PARA ACOMPAÑAR AL CREDO SOCIAL

Dios en el Espíritu revelado en Jesucristo,
nos llama por medio de la gracia
> *a ser nonovados en la imaagen de nuestro Creador,*
> *para que seamos uno*
> *en amor divino con el mundo*

Hoy es el día en el cual
Dios cuída la integridad de la creación,
> desea la sanidad y la integridad de toda vida,
> llora por el espolio de la bondad de la tierra.

Y también nosotros.

Hoy es el día en el cual
Dios abraza toda la gama de la humanidad,
> se deleita en la diversidad y la diferencia,
> favorece la solidaridad y transforma al extraño en amigo.

Y también nosotros.

Hoy es el día en el cual
Dios llora con las masas de personas hambrientas,
> aborrece la creciente disparidad entre el rico y el pobre,
> demanda justicia para los trabajadores.

Y también nosotros.

Hoy es el día en el cual
Dios deplora la violencia en nuestras casas y calles,
> reprende la locura de las guerras,
> humilla al poderoso y ensalza al humilde.

Y también nosotros.

Hoy es el día en el cual
Dios llama a las naciones y a las personas a vivir en paz,
> celebra donde se abraza la justicia y la misericordia,
> exalta cuando el lobo pace con el cordero.

Y también nosotros

Hoy es el día en el cual
Dios trae las buenas nuevas a los pobres,
> *pregona libertad a los cautivos,*
> *da vista a los ciegos, y*
> *pone en libertad a los oprimidos.*

Y también nosotros

Parte VI
ORGANIZACIÓN
Y ADMINISTRACIÓN

Capítulo Primero
LA IGLESIA LOCAL

Sección I. La iglesia local y el cargo pastoral

¶ **201.** *Definición de una iglesia local*—La iglesia local provee el espacio más significativo donde se efectúa la acción de hacer discípulos. Es una comunidad de verdaderos creyentes, bajo el señorío de Cristo. Es la comunión redentora en la que se predica la Palabra de Dios por personas divinamente llamadas, y se administran debidamente los sacramentos según el mandato del mismo Cristo. Bajo la disciplina del Espíritu Santo, la iglesia existe para el mantenimiento del culto, la edificación de los creyentes y la redención del mundo.

¶ **202.** *La función de una iglesia local*—La iglesia de Jesucristo existe en el mundo y para servir al mundo. Es primordialmente al nivel del cargo que consiste de una o más iglesias locales que la iglesia se encuentra con el mundo. La iglesia local es una base estratégica de la cual los cristianos salen para ir a las estructuras de la sociedad. La función de la iglesia local, bajo la guía del Espíritu Santo, es ayudar a las personas a aceptar y confesar a Jesucristo como Señor y Salvador y a vivir vidas diarias a la luz de su relación con Dios. Por lo tanto, la iglesia local ha de ministrar a las personas en la que la iglesia esté situada, para suministrar adiestramiento apropiado y nutrición espiritual a todos, cooperar en el ministerio con otras iglesias locales, defender la creación de Dios, y vivir como una comunidad ecológicamente responsable, y para participar en la misión mundial de la iglesia, que es lo menos que se espera de una iglesia auténtica.

¶ **203.** *Relación con la iglesia en general*—La iglesia local es una sociedad conexional de personas que han profesado su fe en Cristo, han sido bautizadas y han tomado los votos de miembros en la Iglesia Metodista Unida. Se reúnen en comunión para escuchar la Palabra de Dios, recibir los sacramentos, alabar y adorar al Dios trino y llevar adelante la obra que Cristo ha encomendado a su iglesia. Tal sociedad de creyentes, estando dentro de la Iglesia Metodista Unidad y sujetos a su *Disciplina*, es también parte inherente de la iglesia universal, que está compuesta de todos los que aceptan a Jesucristo como Señor y Salvador y que declaramos en el Credo Apostólico ser la santa iglesia católica.

¶ **204.** *Cuidado de los miembros*—Cada iglesia local deberá tener una responsabilidad definida de nutrir y evangelizar a sus miembros y la comunidad a su alrededor, y una responsabilidad de extensión misionera hacia la comunidad local y global. Será responsable de ministrar a todos sus miembros dondequiera que vivan, y a aquellas personas que la eligen como su iglesia.

¶ **205.** *Definición de un cargo pastoral*—1. Un **cargo pastoral** consistirá de una o más iglesias organizadas y sujetas bajo la *Disciplina* de la Iglesia Metodista Unida, con una conferencia de cargo, y a la cual un ministro ordenado o licenciado ha sido o puede ser nombrado debidamente como pastor encargado o como co-pastor. Cuando se nombran co-pastores el obispo puede designar a uno de ellos, para efectos administrativos, como pastor encargado.[1]

2. Un cargo pastoral de dos o más iglesias puede ser designado un circuito o una parroquia cooperativa.

3. Un cargo pastoral puede ser designado por el obispo y gabinete como una "parroquia de instrucción" cuando una iglesia local con un pastor o una parroquia cooperativa con un director está disponible para servir como presbítero consejero para un pastor provisional, local o estudiante nombrado o asignado a la parroquia de instrucción. Una parroquia de instrucción tendrá un compromiso visible a un estilo de ministerio cooperativo o de equipo y al adiestramiento de pastores.

4. Cuando un cargo pastoral no puede ser servido por un ministro ordenado o licenciado, el obispo, bajo recomendación del

---

1   Ver Decisiones 113, 319 del Concilio Judicial.

Gabinete, podrá asignar una persona laica debidamente entrenada, un ministro laico o un misionero laico para hacer el trabajo ministerial en dicho cargo. La persona laica es responsable ante el superintendente de distrito u otro ministro ordenado o licenciado nombrado para supervisar el cargo, quien hará provisión para el ministerio sacramental. Bajo la asignación del obispo, a la persona laica se le asignará una persona clerical como guía para proporcionarle apoyo en su asignación. Si las asignaciones se prolongan más de un año, durante ese año, la persona laica iniciará el proceso para convertirse en un ministro laico certificado o un candidato certificado, y pasará a estar a cargo del Comité de Distrito del Ministerio. La persona laica asignada será también responsable ante las prácticas y procedimientos de la conferencia anual en donde esté asignada.

Sección II. Parroquia cooperativa

¶ **206.** 1. Las iglesias locales, bajo la dirección del Espíritu Santo, pueden mejorar su testimonio las unas con las otras y para todo el mundo manifestando el amor de Jesucristo a través de formas de cooperación mutua.

2. Las conferencias anuales pondrán en ejecución un proceso de desarrollo de parroquias cooperativas por medio del cual se inicien y desarrollen ministerios parroquiales cooperativos, tanto en situaciones urbanas como en zonas rurales y en poblaciones pequeñas. En aquellas conferencias anuales donde ya existen ministerios parroquiales cooperativos, las conferencias pedirán a las juntas y agencias conferenciales debidas que desarrollen estrategias diseñadas a hacer uso de ministerios cooperativos como medios de crear mayor eficacia en los ministerios de nutrimento, alcance y testimonio en locales urbanos, suburbanos y comunidades pequeñas. La conferencia anual preparará y adoptará una política oficial, puesta por escrito, respecto a los ministerios parroquiales cooperativos que incluya un plan de apoyo económico. El desarrollo de parroquias es un plan intencional para habilitar a las congregaciones, a las agencias relacionadas con la iglesia y a los pastores de una región geográfica determinada para que desarrollen una relación de confianza y mutualidad que resulte en programas de iglesias y ministerios coordinados, apoyados por las estructuras organizacionales y por la política eclesiástica. Un superintendente, o un director de desarrollo parroquial, puede ser nombrado para trabajar con el (los) gabinete(s) en la

puesta en práctica de estos ministerios en una conferencia o en una región. Además, los superintendentes de distrito someterán recomendaciones anualmente referentes a aquellas iglesias en sus distritos que serían beneficiadas al ser incluidas en un ministerio cooperativo.

3. Los ministerios cooperativos parroquiales pueden expresarse en algunas de estas formas:

a) Formas de inicio y exploración: *1. Agrupación*—un grupo de iglesias localizadas en la misma región geográfica con una organización informal que permite diversos grados de participación por parte de las congregaciones y cargos pastorales en los programas cooperativos. Un distrito puede ser dividido en varias agrupaciones de iglesias con propósitos administrativos. *2. Investigadores*—Pastores u otro personal asignados a una región geográfica para explorar las posibilidades de cooperación y desarrollo de estrategias a fin de mejorar nuestro ministerio a las personas. *3. Ministerio de grupo*—dos o más cargos pastorales a los que se nombran pastores y que se organizan informalmente. Los pastores y/o el consejo de laicos, en representación de todas las iglesias, pueden designar un coordinador.

b) Formas estructuradas: *1. Cargos pastorales múltiples*—dos o más cargos pastorales que se organizan formalmente en un grupo en el que cada iglesia continúa su relación con su propia conferencia de cargo en el ámbito organizacional, al tiempo que participa en un concilio parroquial. Se nombran o se asignan los pastores a los cargos y también a la parroquia, y el obispo nombra o asigna un director o coordinador.[2] *2. Parroquia mayor*—un número de congregaciones que trabajan juntas usando un solo Concilio Parroquial, o una Junta Administrativa y un Concilio de Ministerios, y otros comités y grupos de trabajo que la parroquia determine; proporcionando representación de todas las iglesias en las juntas y comités; guiadas por una constitución o pacto, servidas por un grupo de personas nombradas o asignadas a la parroquia, bajo la dirección de un director. *3. Ministerio de parroquia combinada*—la unión de las organizaciones y los miembros de iglesias en una región geográfica definida en una iglesia que intencionalmente desarrolla dos o más centros de programación y adoración, y para la cual hay una conferencia de cargo y una estructura de comités y otros grupos de una iglesia local organizada, dirigida

---

2   Ver Decisión 556 del Concilio Judicial.

por un pacto y servida por personal y un director nombrado o asignado a la parroquia.

c) Formas especializadas: *1. Cargo ampliado*—dos o más congregaciones, usualmente parte del mismo circuito y de casi igual tamaño, que trabajan como una unidad bajo el liderazgo de un pastor o de varios pastores. Puede haber un concilio del cargo y los comités necesarios. *2. Ministerio extendido o compartido*—una iglesia de muchos miembros que comparte su ministerio con una iglesia pequeña, siendo ambas servidas por un mismo pastor. *3. Parroquia Ecuménica Cooperativa*—dos o más iglesia locales de distintas tradiciones cristianas, incluyendo una congregación metodista unida, trabajando juntas. *4. Local Compartido*—dos o más congregaciones Metodistas Unidas que comparten un mismo local, como en el caso de iglesias que celebran sus servicios en distintos idiomas, o con personas de diversos grupos raciales o étnicos. Las congregaciones pueden establecer un pacto que garantice la representación mutua en organismos tales como el concilio de la iglesia, la Junta de Síndicos y otros comités o grupos de trabajo. Las congregaciones negociarán un pacto financiero acerca del uso del local para producir el apoyo financiero oportuno.

4. Cada junta y agencia general hará arreglos para que sus directores y personal reciban adiestramiento en conceptos de ministerios cooperativos para mejor proveer recursos de apoyo a conferencias e iglesias locales.

5. Los obispos, superintendentes de distrito, personal de la conferencia y otros líderes se familiarizarán, por medio de adiestramiento, con los beneficios de ministerios cooperativos. Proveerán liderazgo y oportunidades de adiestramiento para pastores y líderes de iglesias locales sobre el valor de ministerios cooperativos al avanzar hacia la excelencia en ministerios de nutrimento, alcance y testimonio. Explorarán y desarrollarán ministerios significativos a personas en congregaciones, comunidades y a la comunidad global.

6. Los gabinetes darán prioridad en el proceso de nombramientos al nombrar directores y personal clerical de ministerios cooperativos, especialmente ministerios cooperativos parroquiales que han sido adiestrados en conceptos de ministerio cooperativo y que han demostrado ministerios efectivos de nutrimento, alcance y testimonio. El gabinete desarrollará y ejecutará estrategias diseñadas a ayudar y equipar a pastores actualmente nombrados

a ministerios parroquiales cooperativos a proveer ministerios efectivos de nutrimento, alcance y testimonio.

7. Se insta a conferencias anuales y gabinetes a asistir en el desarrollo y fortalecimiento de ministerios cooperativos al solicitar apoyo financiero de la Iglesia general, la conferencia anual y otras fuentes para cada ministerio cooperativo, incluyendo ministerios parroquiales cooperativos.

Sección III. Ministerios ecuménicos compartidos

¶ 207. Las iglesias locales, bajo la dirección del Espíritu Santo, pueden responder a oportunidades de compartimiento ecuménico de recursos en sus comunidades al establecer ministerios ecuménicos compartidos, al trabajar con congregaciones locales de otras iglesias cristianas para engrandecer el ministerio, haciendo uso sabio de recursos limitados, y así vivir el espíritu ecuménico en maneras creativas que respondan a las necesidades del pueblo de Dios como también a oportunidades para misión y ministerio extendidos.

¶ 208. *Definición*—Ministerios ecuménicos compartidos son congregaciones ecuménicas formadas por una iglesia local Metodista Unida y una o más congregaciones locales de otras tradiciones cristianas. Las clases de ministerios compartidos ecuménicos incluyen *(a)* una iglesia federada, en la cual una congregación se relaciona a dos o más denominaciones y los feligreses optan por tener su relación de miembros en una u otra de las denominaciones; *(b)* una iglesia en unión, en la cual todos los miembros inscriptos en una sola lista de miembros se relacionan con las dos o más denominaciones; *(c)* una iglesia unida, en la cual dos o más congregaciones de diferentes denominaciones forman una congregación que se relaciona con sólo una de las denominaciones constituyentes; *(d)* una parroquia de yugo, en la cual congregaciones de diferentes denominaciones comparten un pastor.

¶ 209. *Pactos*—Las congregaciones que entran en un ministerio ecuménico compartido desarrollarán un pacto claro de misión, reglamentos o artículos de un acuerdo que trate de asuntos financieros y de propiedad, miembros, asignaciones y pedidos denominacionales, estructura de comités y procedimientos electorales, términos y disposiciones del pastorado, procedimientos para rendir informes, relaciones con las denominaciones afectadas y asuntos relacionados con la enmienda o disolución del acuerdo. Ministerios notificará al Superintendente de Distrito de cualquier rectificación del acuerdo pactado y deberá consultar con el Superintendente de Distrito antes de disolver el acuerdo pactado. En la formación de un ministerio ecuménico compartido, se seguirán los procedimientos de los ¶¶ 243, 247.1 y .2 en su organización. En una fusión interdenominacional de iglesias locales, se seguirán los procedimientos de los ¶¶ 2547 y 2548. En el caso de iglesias federadas o en unión, se seguirán los procedimientos del ¶ 2548.

¶ **210. Responsabilidades con la conexión**—Se esperará que los gabinetes, el personal conferencial y otros líderes trabajen con los ministerios compartidos ecuménicos desde su comienzo como también en mantener avenidas de relación y conexión vital con la Iglesia Metodista Unida, reconociendo a la vez que tales avenidas se deben mantener con las denominaciones compañeras en el ministerio.

¶ **211.** *Prioridad en nombramientos*—Se instará a los gabinetes a dar prioridad en el proceso de nombramientos a proporcionar ministerios compartidos ecuménicos con líderes pastorales que hayan demostrado compromiso con el ecumenismo y que muestren una apreciación clara por una variedad de expresiones y políticas denominacionales.

Sección IV. Iglesias en comunidades en transición

¶ **212.** Puesto que muchas de las comunidades donde se halla la iglesia local están pasando por una etapa de transición, debe darse atención especial a los tipos de ministerios que dichas comunidades necesitan. La iglesia local tiene que responder a los cambios que ocurren en la comunidad en su derredor para poder organizar su misión y su ministerio debidamente.

1. Cuando las comunidades donde la iglesia está situada experimentan cambios especialmente identificados como económicos, étnicos o ambos a la vez, la iglesia local hará un análisis deliberado del cambio en la comunidad, y alterará su programa para enfrentarse a las necesidades y patrones culturales de los nuevos residentes. La iglesia local hará todo esfuerzo posible por permanecer en el vecindario y desarrollar un ministerio efectivo para los recién llegados, ya sea que pertenezcan a una comunidad cultural, económica o étnica diferente de la de los miembros originales o actuales.

2. En las comunidades en transición se considerará a la iglesia local como la base principal de misión, desde la cual se

confrontarán las estructuras injustas de la sociedad, se efectuará la evangelización y se hará realidad el dar testimonio de principal importancia ante las comunidades en transición, y se incluirá el ministerio con los pobres.

3. Se recomienda que las decisiones concernientes a los ministerios en comunidades en transición se hagan después de una esmerada consulta entre las estructuras y las agencias de la conexión.

4. Se recomienda que la dedicación de recursos en términos de dinero y personal para ministerios en comunidades en transición sea lo suficientemente extenso como para dar oportunidad a que se experimente, se evalúe y se hagan correcciones a mitad de camino que garanticen un esfuerzo adecuado para ministrar en esas situaciones. Las evaluaciones han de involucrar a los que están en nivel local, así como a aquéllos que generan los subsidios.

5. El ministerio de la iglesia local en áreas de transición puede mejorarse mediante la consideración y el posible desarrollo de alguna forma de ministerio cooperativo.

6. Se harán los esfuerzos necesarios para educar a la congregación en cuanto a los cambios que se produzcan en la comunidad circundante. La iglesia local siempre ha tenido el llamado de «ministrar a las personas en la que la iglesia esté situada» (¶ 202), por tanto en tiempo de transición la membresía deberá entender que la misión de la Iglesia es servir a la comunidad circundante.

¶ 213. Un proceso para evaluar el potencial de una iglesia local—Considerando que toda congregación se ubica en comunidades que sufren algún tipo de transición, se alienta a cada iglesia local a estudiar el potencial de su congregación. A pedido de la congregación, el superintendente de distrito nombrará un grupo de tarea para que asista en un estudio extensivo del ministerio pasado, presente y potencial de esa iglesia local. De manera alterna, el superintendente de distrito puede nombrar ese grupo de tarea cuando la viabilidad futura de dicha congregación es incierta, o cuando lo considere necesario por otras razones. El grupo de tarea estará compuesto por un número igual de laicos y clérigos, e incluirá a personas de esa congregación.

1. Este estudio incluirá los siguientes factores, sin limitarse sólo a ellos: a) las oportunidades misionales y necesidades peculiares de la comunidad; b) los ministerios actuales de la congregación; c) el número de líderes y el estilo de liderazgo; d) el potencial de crecimiento de la comunidad circunvecina; e) las necesidades fiscales y físicas; f) la distancia que haya de otras iglesias Metodistas Unidas; g) el número y tamaño de iglesias de otras

denominaciones en la comunidad; h) otros asuntos que pudieran impactar la capacidad de la iglesia en cumplir su misión, como se establece en el Capítulo primero, Sección I.

2. Los resultados se publicarán y presentarán a la congregación, con recomendaciones sobre cómo alcanzar mejor el potencial de la iglesia y para mejorar la mayordomía de los recursos disponibles para el ministerio. Las recomendaciones deben explorar opciones para servir la comunidad por medio de ministerios de educación, alcance y testimonio como una iglesia organizada (¶¶ 201-204) o como ministerios de parroquia cooperativa (¶ 206) o ministerios ecuménicos compartidos (¶ 207); o prestar atención especial a la reurbanización, reubicación o descontinuación. Los invitados a la presentación incluirán: los miembros de la congregación, el pastor o pastores, el superintendente de distrito y miembros del Comité Distrital de Ubicación y Construcción de Iglesias (¶ 2519).

3. a) Los miembros de la iglesia local considerarán las recomendaciones y desarrollarán metas y un plan de acción ministerial en respuesta a las recomendaciones. El superintendente de distrito informará sobre los resultados del estudio y la respuesta de la congregación al gabinete, con recomendaciones para la distribución de personal conferencial, apoyo financiero u otros recursos que se necesiten para fortalecer los esfuerzos congregacionales para alcanzar el potencial recomendado. Tal apoyo conferencial se comprometerá a no más de tres años. b) Para toda iglesia que ha pasado por este proceso, el superintendente de distrito puede llamar a una sesión especial de la conferencia para decidir qué hacer con dicho ministerio. Además de los miembros de la conferencia del cargo de la iglesia local, los miembros de la Junta de Ubicación y Edificios del distrito estarán presentes con voz solamente.

Sección V. Miembros de la iglesia

¶ **214.** *Quienes pueden ser miembros*—La Iglesia Metodista Unida es parte de la santa iglesia católica (universal), como lo confesamos en el Credo de los Apóstoles. En la iglesia se confiesa a Jesucristo como Señor y Salvador. Todos pueden asistir a sus servicios de adoración, participar en sus programas, recibir los sacramentos, y llegar a ser miembros en cualquiera iglesia local de la conexión (¶ 4). En el caso de personas cuya incapacidad les impida recitar los votos, siendo su(s) guardián(es) legal(es) miembros en plena relación de pacto con Dios y la iglesia, la comunidad de fe puede recitar los votos apropiados a nombre de ellas.

¶ 215. *Definición de membresía*—La membresía de una Iglesia Metodista Unida local habrá de incluir a toda persona que ha sido bautizada así como toda persona que ha hecho profesión de fe.

1. La membresía de bautizados de una Iglesia Metodista Unida local habrá de incluir a todas las personas bautizadas que han recibido el bautismo cristiano en la congregación local o en otra parte, o cuya membresía ha sido transferida a la Iglesia Metodista Unida local posteriormente al bautismo en otra congregación.

2. La membresía por profesión de una Iglesia Metodista Unida local habrá de incluir a todas las personas bautizadas que se han hecho miembros por profesión de fe por medio de apropiados servicios usando el pacto bautismal que aparece en el ritual o por transferencia de otras iglesias.

3. Para las estadísticas, la membresía de la iglesia se iguala al número de personas que están listadas en el libro de miembros.

4. Todo miembro bautizado o profeso de cualquier Iglesia Metodista Unida local es miembro de la conexión Metodista Unida global y miembro de la iglesia universal.

LO QUE SIGNIFICA SER MIEMBRO

¶ 216. 1. Cristo hace de la iglesia como su propio cuerpo por el poder del Espíritu Santo (1 Corintios 12:13, 27). La iglesia atrae nuevas personas a sí misma al mantenerse fiel a la comisión de proclamar y ejemplificar el evangelio. El bautismo es el sacramento de iniciación e incorporación dentro del cuerpo de Cristo. Después del bautismo, la iglesia suministra el alimento que hace posible un proceso de vida y crecimiento bajo la gracia. Para llegar a ser un miembro profeso se requiere que la persona bautizada demuestre su fe de manera visible por medio de una profesión y confirmación de fe cristiana usando los votos del Pacto del Bautismo.

a) Los infantes y los niños y niñas bautizados deben recibir instrucción acerca del significado de la fe, los derechos y responsabilidades de su bautismo, así como formación moral y espiritual usando materiales aprobados por la Iglesia Metodista Unida. Usando el ritual del Pacto del Bautismo, los jóvenes habrán de profesar su fe, dedicarse a una vida de discípulo y ser confirmados. La confirmación es tanto un acto de dedicación humana como la intervención bienhechora del Espíritu Santo el cual fortalece y da poder al discipulado.

b) Los jóvenes y los adultos que no han sido bautizados y que desean ser salvos de sus pecados al profesar a Jesucristo como su Señor y Salvador, son candidatos apropiados para el bautismo en la Iglesia Metodista Unida. Bajo la dirección del pastor, la congregación tendrá la obligación de instruir a los mismos en el significado del bautismo y de la fe cristiana, así como en la historia, organización y enseñanzas de la Iglesia Metodista Unida, usando para ello los materiales aprobados para este propósito por la Iglesia Metodista Unida. Después de haber terminado el período de instrucción, los patrocinadores, junto al pastor, habrán de llevar a los candidatos ante la congregación y celebrar el Pacto del Bautismo, por medio del cual las personas se bautizan, confirman y reciben dentro de la Iglesia.

2. *a)* La formación en el Pacto Bautismal y el llamado a ministrar en la vida diaria es un proceso de toda la vida y se lleva a cabo por medio de las actividades que tienen un valor educativo. El pastor presenta un liderazgo específico que prepara a los jóvenes para su profesión de fe y compromiso de discipulado y por la acción del Espíritu Santo que los confirma en la fe. Esta preparación enfoca su atención en el significado del discipulado y la necesidad de que los miembros estén en misión en todas sus relaciones.

b) Hay muchas ocasiones en las cuales, cuando la gente madura en la fe, la acción del Espíritu Santo se celebra como en la reafirmación del Pacto Bautismal o en otros rituales relacionados con la vida. A diferencia del bautismo, el cual es un pacto de una sola vez y el cual sólo puede ser reafirmado pero no repetido, la confirmación es una actividad dinámica del Espíritu Santo que puede ser repetida.

3. La preparación para la experiencia de la profesión de fe y la confirmación debe estar disponible para todas las personas, incluyendo a los jóvenes. La juventud que está terminando el sexto grado, debe ser, normalmente, la gente más joven que se recluta para tal preparación y ritual. Cuando haya personas más jóvenes quienes, de su propia voluntad, desean participar en la preparación para profesión de fe y confirmación, entonces dicha preparación se hará de acuerdo con la discreción del pastor.

¶ **217.** Cuando las personas se unen como miembros profesos a una Iglesia Metodista Unida local, lo hacen profesando su fe en Dios, el Padre Todopoderoso, Hacedor del cielo y de la tierra, y en Jesucristo su Único Hijo y en el Espíritu Santo. Así, expresan su deseo de vivir vidas cotidianas como discípulos de Jesucristo.

Dichas personas hacen un pacto con Dios y con los miembros de la iglesia local de guardar los votos que son parte del orden de la confirmación y recepción en la iglesia, a saber:

1. Renunciar las fuerzas espirituales de la maldad, rechazar los poderes malignos de este mundo y arrepentirse de sus pecados;

2. Aceptar la libertad y poder que Dios les da para resistir la maldad, la injusticia y la opresión;

3. Confesar a Jesucristo como Salvador y poner toda su confianza en su gracia y prometer servirle como su Señor;

4. Permanecer miembros fieles de la Santa Iglesia de Cristo y servir como los representantes de Cristo en el mundo;

5. Ser leales a Cristo por medio la Iglesia Metodista Unida y hacer todo lo que esté a su alcance para fortalecer sus ministerios;

6. Participar fielmente en sus ministerios con sus oraciones, su presencia, sus ofrendas, su servicio y su testimonio;

7. Recibir y profesar la fe cristiana contenida en las Escrituras del Antiguo y Nuevo Testamentos.

¶ **218.** *Crecimiento en el discipulado fiel*—Es esencial una fiel relación de miembro en la iglesia local para el crecimiento personal y el desarrollo de un compromiso más profundo con la voluntad y la gracia de Dios. A medida que los miembros se involucran en la oración privada y pública, la adoración, los sacramentos, el estudio, la acción cristiana, la ofrenda sistemática y la santa disciplina, crecen en su apreciación de Cristo, en su entendimiento de cómo Dios obra en la historia y en el orden natural, así como en el entendimiento de sí mismos.

¶ **219.** *Responsabilidad mutua*—El discipulado fiel incluye la obligación de participar en la vida de la congregación con los otros miembros del cuerpo de Cristo. Un miembro se une en pacto sagrado para llevar las cargas, compartir los riesgos y celebrar los gozos de los otros miembros. El cristiano está llamado a hablar la verdad en amor, siempre listo para confrontar el conflicto en el espíritu de perdón y reconciliación.

¶ **220.** *El llamado al ministerio de todos los bautizados*—Todos los miembros de la iglesia universal de Cristo son llamados a compartir en el ministerio que se ha entregado a toda la iglesia de Jesucristo. Por lo tanto, cada miembro de la Iglesia Metodista Unida debe ser siervo de Cristo en misión a la comunidad local y mundial. Esta función de siervo tiene lugar en la vida familiar, en el trabajo diario, en las actividades recreativas y sociales, en la responsabilidad como ciudadano, en la mayordomía de la propiedad y los recursos acumulados, en los problemas de la vida colectiva y en todas las actitudes hacia otras personas. La participación de grupos disciplinados como los grupos de pacto de discipulado o reuniones de clases es parte esperada de la involucración personal en la misión. Cada miembro es llamado a ser testigo de Cristo en el mundo, luz y levadura en la sociedad y reconciliador en una cultura de conflictos. Cada miembro debe identificarse con la agonía y el sufrimiento del mundo, e irradiar y ejemplificar el Cristo de la esperanza. Las normas de actitud y conducta expuestos en los Principios Sociales (Parte V) deben considerarse como recurso esencial para guiar a cada miembro de la iglesia a fin de que sea un siervo de Cristo en misión.

¶ **221.** *Responsabilidad*—1. Todo miembro deberá hacerse responsable de su fidelidad a su pacto del bautismo.

2. Si un miembro bautizado no cumple con su fidelidad y disciplina de acuerdo con el Pacto Bautismal, debe hacerse todo esfuerzo posible para estimular al miembro a que regrese y educarlo para que asuma los votos de miembro profeso.

3. Si un miembro profeso fuere acusado de violar el pacto y no guardar los votos que hizo con Dios y los otros miembros de la iglesia local, como se declara en el ¶ 217, entonces será la responsabilidad de la iglesia local trabajar por medio de su pastor y sus agencias, ministrar a ese miembro, cumpliendo las disposiciones del ¶ 228 en un esfuerzo por hacer posible que cumpla fielmente los votos y el pacto de su relación de miembro.

4. En caso que esos esfuerzos fracasen, entonces el miembro profeso y la iglesia local pueden acordar buscar mediación voluntaria por medio de la cual se ayude a las partes a llegar a un acuerdo satisfactorio para todas las partes por una tercera parte neutral mediadora o equipo de mediadores adiestrados, y/o el superintendente de distrito.

5. En caso que esos esfuerzos no logren la reconciliación y reafirmación de los votos y el pacto del ¶ 217 de parte del miembro profeso, los miembros profesos de la iglesia pueden seguir los procedimientos dispuestos en los ¶¶ 2702.3, 2706.5, 2714.

Ingreso en la iglesia

¶ **222.** *Situaciones fuera de la iglesia local*—Un clérigo de la Iglesia Metodista Unida debidamente nombrado, mientras sirve como capellán de cualquier organización, institución, o unidad militar, o como ministro de extensión, o ministro de un recinto universitario, o que de otro modo esté presente en donde no haya una iglesia local, puede recibir a una persona como miembro de la Iglesia Metodista Unida bajo las condiciones del ¶ 216 ó ¶ 217. Siempre que sea posible, antes de administrarse el sacramento del bautismo o votos de profesión de fe, dicho ministro consultará con el pastor de la iglesia local (de hallarse una cerca) que elija el interesado. Una vez que haya el consentimiento del pastor, se emitirá una certificación de que se administró el sacramento o se hicieron dichos votos. Al recibir tal certificación, el pastor procederá a inscribir a esa persona en el registro como miembro bautizado o profeso.

¶ **223.** *Registro general de miembros de la iglesia*—Cuando un capellán reconocido por la Junta General de Educación Superior y Ministerio u otro ministro reconocido por la Iglesia Metodista Unida, mientras sirve como capellán de cualquier organización, institución, o unidad militar, o como ministro de extensión, o que de otro modo esté presente en donde no haya una iglesia local, recibe a una persona en la iglesia por medio del bautismo o la declaración de su fe, y no tiene una iglesia local a la que enviar los registros, el capellán enviará el nombre, dirección (si se proporciona) y datos pertinentes a la Junta General de Educación Superior para que se inscriba en el Registro General de Miembros. Es deseable que tan pronto sea posible se traslade dicha persona del Registro General de Miembros a la Iglesia Metodista Unida local de su elección. Se eliminará del Registro General de Miembros el nombre de cualquier persona que haya estado en él más de ocho años, y cuya dirección postal no se haya podido conseguir.

¶ **224.** *Fuera del marco congregacional*—Cualquier candidato a miembro de la iglesia que por razón justificada no puede comparecer ante la congregación, puede, a discreción del pastor, ser recibido en otro lugar de acuerdo con el Ritual de la Iglesia Metodista Unida. En tal caso miembros laicos deberán asistir en representación de la congregación. Se inscribirán los nombres de tales personas en el registro de miembros de la iglesia, y su recepción se anunciará a la congregación.

¶ **225.** *Traslado de otras denominaciones*—Un miembro en buena relación con cualquier denominación cristiana que haya sido bautizado y que desee unirse a la Iglesia Metodista Unida, será recibido como miembro profesante. Se puede recibir a tal persona como miembro bautizado, mediante el debido certificado de traslado de su iglesia previa o un certificado de bautismo cristiano, y como miembro profesante al hacer los votos declarando su fe cristiana mediante los servicios pertinentes de pacto bautismal que forman parte de nuestro ritual (¶¶ 214, 217). Para el bautismo se administrará el agua en el nombre del Dios Trino, por una persona autorizada. El pastor notificará a la iglesia de la cual dicha persona procede la fecha de su recepción. Se recomienda que se ofrezca instrucción sobre la fe, la obra y la política de la iglesia a todas estas personas. Las personas recibidas de otras iglesias que no dan certificados de traslado o cartas de recomendación serán inscritas como: "Recibidos de otras denominaciones".

¶ **226.** *Cuidado de niños y jóvenes*—1. Por cuanto que el amor redentor de Dios, revelado en Cristo Jesús, alcanza a todas las personas, y por cuanto Jesús explícitamente incluyó a los niños en su reino, el pastor de cada cargo exhortará sinceramente a todos los padres o guardianes cristianos a presentar a sus niños al Señor en el bautismo a una edad temprana. Antes de administrar el bautismo, el pastor instruirá diligentemente a los padres o guardianes sobre el significado de este sacramento y los votos que han de asumir. Se espera que los padres o guardianes que presenten a sus niños para ser bautizados, los críen con toda diligencia en conformidad con la Palabra de Dios y en la comunión de la Iglesia, instándolos a participar en prepararlos para su profesión de fe y su confirmación en la ocasión apropiada. Por lo menos uno de los padres o guardianes será miembro de una iglesia cristiana, o los patrocinadores o padrinos que sean miembros renovarán sus propios votos bautismales. Se les advertirá sobre esta obligación, y se les exhortará encarecidamente a ser fieles a dichos votos. Durante el bautismo se les informará que la Iglesia, mediante su programa de educación cristiana, les ayudará en la crianza cristiana de sus niños.

2. *a)* El pastor de la iglesia entregará a los padres, guardianes o padrinos del niño, en la ocasión de administrarse el sacramento del bautismo, un certificado de bautismo que claramente declarará que el niño está en la lista de **miembros bautizados** de la Iglesia Metodista Unida.

b) El pastor será responsable porque el secretario de membresía agregue el nombre completo del niño o niña bautizada en el libro de registro de miembros.

c) Cuando el niño que es bautizado vive en una comunidad que no está servida por el pastor que oficia el sacramento del bautismo, el pastor deberá asegurar que éste no es un evento privado (que el cuerpo de Cristo está presente de acuerdo con el ¶ 224 de la *Disciplina*) y que es responsable de comunicar el bautismo a un pastor o superintendente de distrito que sirvan en la zona en donde la criatura bautizada viva. El pastor que administre el sacramento será responsable de informar por escrito a dicho pastor o superintendente de distrito el nombre de la criatura para que se incorpore al registro de la iglesia en ese lugar.

d) El pastor de una iglesia que reciba la notificación del bautismo celebrado en otra parte tendrá la responsabilidad de asentar la debida información en el registro de esa iglesia y además habrá de notificar al pastor que celebró el bautismo que dicha criatura ha sido recibida por transferencia. Cuando el pastor de la iglesia en donde la criatura fue bautizada reciba la confirmación escrita de que el nombre de la criatura ha sido puesto en el registro de miembros de otra iglesia, debe escribir una nota en el registro de la iglesia en donde se hizo el bautizo, que la criatura ha sido transferida a otra iglesia.

e) El pastor deberá, en el momento de la celebración del bautismo, advertir a los miembros de la congregación de la responsabilidad que tienen por la educación cristiana de la criatura.

3. El pastor o el secretario de registro de miembros deberá revisar con regularidad la lista de miembros para identificar a aquéllos que no se han hecho miembros profesos para ayudarlos a llegar a ser miembros por profesión de fe. El número de personas que se identifiquen como tales, deberá ser informado anualmente, o en la ocasión en que sea solicitado por la conferencia del cargo o por la conferencia anual. La congregación tiene una obligación constante de educar a los niños, jóvenes y adultos bautizados, en una vida de discipulado.

4. Será el deber del pastor, de los padres, guardianes, de los oficiales y maestros de la escuela de la iglesia, el coordinador de los Scouts de la iglesia local, y de todo miembro de la congregación proporcionar preparación para los niños de la Iglesia durante su niñez, que los guíe a un compromiso personal con Jesucristo como Señor y Salvador, y a un entendimiento de la fe cristiana y a una comprensión del bautismo. El pastor deberá edificar sobre la base de la preparación que los jóvenes han recibido durante su niñez, organizándolos en clases con el propósito de que lleguen a hacer profesión de fe y sean confirmados (¶ 216). Esta instrucción se basará en los materiales que los jóvenes ya han usado y en otros recursos producidos por la Iglesia Metodista Unida con el propósito de que conozcan la misión, historia, doctrina y creencias de la iglesia. Cuando los jóvenes ya preparados den evidencias de su

fe y propósito cristianos, y de su comprensión de los privilegios y obligaciones de la relación de miembros, podrán ser recibidos como miembros profesos. Pueden tener como recursos adicionales porciones del Programa de Actividades Religiosas con Jóvenes (Program of Religious Activities with Youth-P.R.A.Y.) que puede estar disponible, como recurso adicional, para niños y niñas de educación primaria (¶ 256.4).

5. Los jóvenes que son miembros de la iglesia tienen todos los derechos y responsabilidades de los miembros dentro del pacto bautismal (¶ 256.3). Se recomienda enfáticamente que cada iglesia local ofrezca a todos los jóvenes que están en la escuela superior, y que son miembros de la iglesia, una clase avanzada sobre el significado de la vida y discipulado cristiano. Se recomienda, además, que este curso, enseñado por el pastor, o bajo su dirección, o un ministro u otro miembro del personal o persona laica enfatice las doctrinas de la Iglesia Metodista Unida y la naturaleza y misión de la Iglesia, de modo que les lleve a un continuo crecimiento en el conocimiento, la gracia y el servicio de nuestro Señor Jesucristo. El Programa de Actividades Religiosas con Jóvenes (P.R.A.Y.) podría estar a disposición para todos los jóvenes, con la porción de Dios y la Iglesia como estudio de la Iglesia Metodista Unida, y el programa Dios y Vida como desafío para los jóvenes para que integren su fe en su vida diaria (¶ 256.4). Será la responsabilidad del pastor participar en el proceso de crecimiento a través de la interacción y el ministerio con la juventud.

Miembros afiliados y asociados

¶ 227. Un miembro profeso de la Iglesia Metodista Unida, de una Iglesia Metodista Autónoma Afiliada, o Iglesia Unida, o de una iglesia metodista que ha establecido un concordato con la Iglesia Metodista Unida, y que reside por un período de tiempo extenso en una ciudad o comunidad lejos de su iglesia madre, puede solicitar ser recibido como miembro afiliado de una Iglesia Metodista Unida situada en la comunidad en la que reside temporalmente. Se notificará al pastor de su iglesia madre que ha sido recibido como miembro afiliado. Tal relación de miembro dará derecho a la persona a la comunión de esa iglesia, y a su cuidado y supervisión pastoral, a participar en sus actividades, inclusive ocupar cargos, excepto aquellos que le permitan votar en alguna organización metodista unida que no sea la iglesia local. Sin embargo, dicha persona se contará y considerará como miembro profeso de su iglesia madre. Un miembro de otra denominación puede llegar a ser miembro asociado bajo las mismas condiciones, pero no podrá ser miembro votante del concilio de la iglesia[3]. Esta relación puede terminarse a discreción de la Iglesia Metodista Unida que lo tiene como miembro afiliado o asociado, una vez que dicho miembro afiliado o asociado se mude del vecindario de la Iglesia Metodista Unida que lo tiene como miembro afiliado o asociado.

CUIDADO DE LOS MIEMBROS

¶ **228.** 1. La iglesia local hará todo lo posible por incorporar a todos los miembros en las actividades de desarrollo espiritual y en la participación en los servicios y ministerios de la Iglesia y de sus organizaciones. Será deber del pastor y de los miembros del concilio de iglesia suministrar cuidado y supervisión espiritual, mediante visitación regular, las actividades y oportunidades necesarias para el crecimiento espiritual mediante el culto familiar y el estudio individual o en grupo, para conectar su fe con su vida cotidiana, y ayudar a los miembros constantemente para que cumplan su promesa de sostener a la Iglesia mediante su asistencia, sus oraciones, sus ofrendas y su servicio. La iglesia tiene la obligación moral y espiritual de nutrir a sus miembros indiferentes e inactivos de modo que se les lleve a una relación plena y activa con la iglesia.

2. *El cuidado de miembros—a)* El pastor, en cooperación con el concilio de iglesia, puede organizar la membresía en grupos, con un líder para cada grupo, a fin de incluir a todos los miembros de la Iglesia en su ministerio a la comunidad. Los grupos serán usualmente de no más de ocho o diez familias, que resulten en un sistema de servicio conveniente y eficiente. Tales grupos pueden ser especialmente útiles en tareas de extensión evangelística al ponerse en contacto con personas recién llegadas o que no tienen afiliación con iglesia alguna mediante la visitación, la movilización de los vecinos para resolver problemas de la comunidad, la respuesta a crisis personales o familiares, cultos de oración en los hogares, distribución de literatura cristiana, y otros medios. Los miembros que no residen en la comunidad pueden constituir otro grupo que se sirve por correo. El concilio de iglesia constituirá los grupos y nombrará a sus líderes a recomendación del pastor.

---

3   Ver Decisión 372 del Concilio Judicial.

b) Aunque la responsabilidad primaria y la iniciativa de cumplir fielmente sus votos de miembro profeso asumidos en forma solemne, descansa en cada miembro individual, si el miembro dejase de cumplir dicha responsabilidad, se seguirá el siguiente proceso:

(1) Si un miembro profeso que reside en la comunidad fuese negligente de sus votos, o si está ausente de la iglesia sin razón válida, el pastor y el secretario del registro de miembros informarán el nombre de esa persona al concilio de iglesia, los cuales harán todo lo posible por incorporar dicho miembro a la fraternidad activa de la iglesia. Se visitará al miembro y le harán ver que, si bien su nombre aparece en el registro de miembros de una congregación en particular, con todo es miembro de la Iglesia Metodista Unida, y que, por cuanto el miembro no asiste a la iglesia en la cual está registrado, se le pide que haga una de cuatro cosas: *(a)* que renueve sus votos y regrese a la vida de la comunidad del pacto bautismal de la iglesia donde su relación de miembro está registrada, *(b)* que solicite su transferencia a otra iglesia metodista unida donde el miembro regresará a la vida del pacto bautismal (¶ 239), *(c)* que solicite traslado a una iglesia determinada de otra denominación (¶ 240), o *(d)* que solicite ser dado de baja. Si el miembro no accede a ninguna de estas alternativas en un lapso de dos años, el nombre puede eliminarse del registro de miembros. (ver § [4])

(2) Si un miembro profeso cuya dirección se conoce, reside fuera de la comunidad y no participa en la adoración ni en las actividades de la iglesia, se hará todo lo posible por lograr su traslado año tras año hasta que se una a otra iglesia o hasta que solicite el ser dado de baja del registro de miembros; con tal que, sin embargo, si al cabo de dos años el Concilio no ha logrado relacionar ese miembro con una congregación en su lugar de residencia, puede dar de baja su nombre, según el proceso delineado abajo en la § (4).

(3) Si el pastor desconoce la dirección del miembro profeso, el secretario del registro de miembros y el presidente del ministerio de evangelismo harán todos los esfuerzos posibles por localizar al miembro, circulando la lista de nombres por toda la parroquia. Si se puede localizar, se seguirán las directrices de la § (1) o de la § (2), pero si transcurren dos años sin lograrse averiguar su dirección, su nombre puede ser dado de baja según el proceso delineado abajo en la § (4).

(4) Si se han seguido las directrices de las § (1), (2) ó (3) por el número de años que se especifica, sin lograrse resultados positivos, el nombre de la persona puede ser dado de baja del registro de miembros profesos mediante el voto de la conferencia del cargo con la recomendación del pastor, del presidente del ministerio de evangelismo, nombrándose cada persona individualmente; con tal que, el nombre del miembro haya sido incluido en las actas de la conferencia del cargo anual por dos años consecutivos antes de ser dado de baja. En el registro de miembros se escribirá junto al nombre: "Dado de baja por Orden de la conferencia del cargo"; y si la acción se basa en la § (3), se dirá, además, "Razón: dirección desconocida". Sin embargo, se retendrá el registro de ella[4]; para que al reafirmarse, la persona pueda ser restaurada a su relación de miembro. Si se solicitase una transferencia de miembro, el pastor podrá expedir el certificado de transferencia después de consultar con la persona afectada.

(5) Se podrá presentar una queja o agravio por escrito contra otro miembro profesante a través de la entrega de dicha queja o agravio del miembro profesante, al pastor o pastora del miembro profesante y al Superintendente de Distrito del miembro profesante.

(6) El pastor o pastora y Superintendente de Distrito del miembro profesante acusado procurará un proceso de resolución justo similar a la respuesta supervisora en ¶ 363.1(*b, c*) junto con el Superintendente de Distrito del miembro profesante o una persona asignada que guíe el proceso.

(7) Si las previsiones del ¶ 363.1(*b, c*) no resultan en la resolución del asunto y si la conducta alegada en la queja o agravio, siendo cierta, fuera una ofensa que figura en ¶ 2702.3, entonces los procedimientos del ¶ 2701 y siguientes párrafos se seguirán a menos que el miembro profesante haya acordado seguir la previsión descrita en ¶ 228.2*b* (8) que se describe a continuación.

(8) Si las previsiones del ¶ 363.1(*b, c*) no resultan en la resolución del asunto y si la conducta alegada en la queja o agravio, siendo cierta, no fuera una ofensa que figura en ¶ 2702.3, entonces un grupo de cuatro personas: el pastor del miembro profeso acusado, el líder laico de la iglesia del miembro profeso acusado, el Líder Laico del Distrito y el Superintendente del Distrito, *ex officio*, sin voto pero con voz, donde se ubique la iglesia del miembro profesante acusado, escucharán la información del miembro

---

4   Ver Decisión 207 del Concilio Judicial.

profeso acusado y de la queja o agravio y se determinará una resolución inapelable del asunto.

(9) Cuando un miembro profeso es acusado de una ofensa y quiere evitar un juicio, la conferencia del cargo puede permitir que el miembro se retire (¶ 2719.3). En este caso, la anotación "Retirado bajo cargos" se hará al lado de su nombre en el registro, junto con la fecha.

(10) Reconociendo que la iglesia tiene una obligación espiritual y moral continua de nutrir a todas las personas, aun aquéllas cuyos nombres han sido retirados de la lista de miembros, se recomienda que se mantenga un registro de todas las personas que han sido dadas de baja. Será responsabilidad del concilio de iglesia revisar esta lista por lo menos una vez al año (ver también ¶ 234). Una vez hecho esto, se recomienda que el pastor o la Comisión de Evangelismo, o ambos, hagan contacto con las personas que aparecen en esta lista, ya sea en persona o por otro medio, de la manera más efectiva y práctica. Los nombres y direcciones de aquéllos que se han mudado fuera de la zona de la iglesia local deberán enviarse a las iglesias locales en sus nuevas comunidades, para que esas iglesias puedan visitarlos y ministrarles.

c) El pastor junto con otros adultos que trabajan con jóvenes y los adultos jóvenes en la iglesia local y otros lugares (¶ 634.4c[4]), habrán de diseminar información sobre los ministerios en colegios relacionados con la Iglesia Metodista Unida, a los estudiantes y futuros estudiantes de colegios y universidades, que sean miembros bautizados, miembros profesos u otros componentes de la congregación. Deberán también nutrir, asesorar y guiar a las personas jóvenes conforme exploran opciones en colegios y universidades de la Iglesia Metodista Unida y fuera de ella y escuelas vocacionales a la luz de su fe.

¶ **229.** *Transferencia de iglesias locales descontinuadas*—Si se descontinúa una iglesia local, el superintendente de distrito seleccionará otra iglesia metodista unida, y transferirá a ella a sus miembros, o a otras iglesias que los miembros seleccionen (¶ 2549.2).

REGISTROS E INFORMES DE MIEMBROS

¶ **230.** *Registros de miembros*—1. Cada iglesia local mantendrá registros exactos de los miembros. Por cada miembro bautizado o profeso se darán los siguientes datos:

a) el nombre de la persona, fecha de nacimiento, dirección, fecha del bautismo, pastor que ofició y los padrinos;

b) fecha de la confirmación o profesión de fe, pastor que ofició y padrinos;

c) si es transferido de otra iglesia, fecha de recibido, iglesia de donde vino, y pastor que lo recibió;

d) si es transferido a otra iglesia, fecha de la transferencia, iglesia que lo recibió y dirección de la iglesia que lo recibió;

e) fecha en que fue removido o retirado y la razón;

f) fecha de restauración como miembro profeso y pastor que ofició;

g) fecha de la muerte, lugar y fecha del funeral o acto memorial, lugar del entierro y pastor oficiante.

2. Todos los años se debe informar a la conferencia del cargo los nombres de los miembros profesos que habrán de ser quitados por acción de la conferencia del cargo (¶ 228.2.*b*.4).

3. Registro de Constituyentes, que contendrá los nombres y direcciones de las personas que no son miembros de la iglesia local, y que incluye niños no bautizados, jóvenes y adultos cuyos nombres no están en el registro de miembros y otras personas que no son miembros por quienes la iglesia tiene responsabilidad pastoral.

4. Registro de miembros afiliados (¶ 227).

5. Registro de miembros asociados (¶ 227).

6. En el caso de una iglesia unida o federada con otra denominación, el cuerpo gobernante de dicha iglesia puede informar una fracción igual de todos sus miembros a cada judicatura, y tal número de miembros se publicará en las actas de cada iglesia con una nota que indique que este informe se refiere a una iglesia unida o federada y con una indicación del total actual de los miembros.

¶ **231.** *Informe y auditoría anual de membresía*—El pastor informará anualmente a la conferencia del cargo los nombres de los que han sido recibidos como miembros de la iglesia o iglesias del cargo pastoral, y los nombres de aquéllos cuya relación de miembros en la iglesia o iglesias del cargo pastoral haya sido terminada, indicando cómo cada uno fue recibido o cómo se le dio de baja. El concilio de la iglesia nombrará un comité encargado de revisar los registros de miembros y de presentar un informe anual a la conferencia del cargo.

¶ **232.** *Informe anual de miembros que están asistiendo a colegios y universidades*—El pastor habrá de informar anualmente al Superintendente de Distrito, a la presidencia de la Junta

Conferencial de Educación Superior y Ministerio Universitario los nombres e información de contacto de miembros profesos y bautizados que están en colegios y universidades. Debe informarse un mes antes de que comience la escuela y también a la conferencia del cargo. La Junta Conferencial de Educación Superior y Ministerio Universitario tiene la responsabilidad de compartir esta información con los debidos ministerios universitarios relacionados con la Iglesia Metodista Unida.

¶ **233.** *Registros permanentes*—Los registros básicos de miembros en cada iglesia local han de ser: un registro permanente de la iglesia y un fichero, una libreta de hojas sueltas o un registro de miembros en un sistema electrónico de información (¶ 245). todo registro de bautismo, membresía, matrimonio y funeral es propiedad de la iglesia local y no pueden venderse. Si la iglesia se disuelve, esos registros pasarán al cuidado de la Comisión Conferencial de Archivos e Historia.

1. El **registro permanente de la iglesia** se guardará en papel o medio electrónico. Si se usa medio de papel, será un libro en material duradero ofrecido por La Casa Metodista Unida de Publicaciones. El formato y contenido de las formas contenidas en este registro y la manera de su encuadernación serán como sean aprobados por un comité designado por el Concilio General de Finanzas y Administración (¶ 807.14). Si se usa el medio de papel, se anotarán los nombres en orden cronológico según cada persona sea recibida en la comunión de la iglesia, sin tomarse en cuenta el orden alfabético. Los nombres se numerarán secuencialmente, y el número de cada uno aparecerá también en la tarjeta, página o registro correspondiente en el fichero, libreta o en el registro electrónico de información. Si el registro permanente se guarda en medio electrónico, no es necesario mantener el orden cronológico. El número que la computadora le asigna para este propósito es suficiente. No obstante, el medio electrónico mantendrá el siguiente criterio:

a) Contendrá toda la información requerida por el Concilio General de Finanzas y Administración.

b) Al pasarse la información de papel a medio electrónico, se seguirá con una revisión minuciosa para cerciorarse de que los registros estén correctos.

c) Se mantendrá por lo menos una copia del material electrónico y se guardará en un sitio separado del local.

2. El **fichero, la libreta de hojas sueltas, o el registro del siste-ma electrónico de miembros** se mantendrá en formularios apro-bados por el Concilio General de Finanzas y Administración; o en el caso de registros mantenidos en sistemas electrónicos, éstos contendrán la misma información que se solicita en el formula-rio. Este registro de miembros se archivará en orden alfabético y mostrará el número que aparece junto al nombre de la persona en el registro permanente. El pastor informará anualmente a la con-ferencia anual el número total de miembros profesos de la iglesia local, según aparece en los registros de miembros.

3. Si se utiliza un sistema electrónico para mantener los re-gistros, se han de preparar copias impresas de los registros de miembros, así como copias electrónicas de los mismos, y éstos se conservarán en un lugar seguro (¶ 245).

¶ **234.** *Secretaría de la Membresía*—La conferencia del cargo nombrará un **secretario o secretaria del registro de miembros**, quien bajo la dirección del pastor, mantendrá cuidadosamente to-dos los registros de miembros (¶ 230) e informará por lo menos anualmente al concilio de la iglesia.

CAMBIOS EN LA MEMBRESÍA DE LA IGLESIA

¶ **235.** Los miembros cuyos nombres se han retirado del es-tado de miembros profesos (¶ 2714), o que han sido transferidos, han muerto, o se han dado de baja, debe anotarse así en el registro de miembros. Será el deber del pastor del cargo, o del secretario de miembros, mantener un registro correcto de tales cambios y razones e informarlo a la conferencia del cargo anualmente.

¶ **236.** *Miembros que se mudan*—Si un miembro de una Iglesia Metodista Unida se muda a otra comunidad tan lejana de su igle-sia madre que ya no le es posible participar regularmente en su culto y actividades, se le estimulará a que transfiera su relación de miembro a otra iglesia metodista unida en la comunidad de su nueva residencia. Tan pronto como el pastor tenga noticia cierta del cambio de domicilio, ya sea inminente o realizado, será su de-ber y obligación ayudar al miembro a establecerse en el seno de la comunión de una iglesia en la comunidad de su nueva residencia, y enviar a un pastor de la Iglesia Metodista Unida en la nueva comunidad, o al superintendente de ese distrito, notificación por escrito de la última dirección conocida de dicho miembro y solici-tar supervisión pastoral local para el mismo.

¶ **237.** *Misioneros laicos en iglesias no Metodistas Unidas*—Los laicos que sirven fuera de los Estados Unidos bajo la autoridad de la Junta General de Ministerios Globales, asignados a iglesias que no son metodistas unidas, pueden aceptar todos los derechos y privilegios, inclusive los de miembro asociado, que les ofrezca una iglesia en su lugar de residencia, sin que esto afecte su relación con su iglesia madre.

¶ **238.** *Miembros que residen distantes*—Cuando un pastor descubre un miembro de la Iglesia Metodista Unida que reside en su comunidad, y que retiene su relación de miembro en una iglesia que está tan lejos que no puede participar regularmente en su culto y actividades, será deber y obligación del pastor brindar supervisión pastoral a tal persona y estimularle a transferir su membresía a una Iglesia Metodista Unida radicada en la comunidad donde ahora reside.

¶ **239.** *Transferencia a otras Iglesias Metodistas Unidas*—Cuando un pastor recibe una solicitud de transferencia de membresía de un pastor en otra Iglesia Metodista Unida, o de un superintendente de distrito, este pastor enviará el certificado debido directamente al pastor de la Iglesia Metodista Unida a la que el miembro ha de transferirse o, si no hubiere pastor, al superintendente de distrito. Al recibo de este **certificado de transferencia**, el pastor o el superintendente de distrito, dará ingreso al nombre de la persona que se transfiere una vez que ésta haya sido recibida públicamente durante un servicio regular de adoración, o si las circunstancias lo demandan, después de que se haya hecho anuncio público durante dicho servicio. El pastor de la iglesia que ha otorgado el certificado recibirá notificación del traslado y procederá a retirar esa persona de su registro de miembros.

Los certificados de transferencia vendrán acompañados de dos formularios oficiales. Un "Aviso de Transferencia de Membresía" se enviará al miembro por el pastor que transfiere la membresía. Un "Acuse de Recibo de Transferencia de Membresía", que el pastor que recibe al miembro por transferencia enviará al antiguo pastor.

En caso de que la transferencia no quedase consumada, el pastor devolverá el certificado al pastor de la iglesia que lo originó.

¶ **240.** *Transferencia a otras denominaciones*—Cuando un pastor recibe una solicitud de un miembro que desea transferirse a una iglesia de otra denominación, o cuando recibe dicha petición del pastor o de otro oficial debidamente autorizado de otra denominación, expedirá (previa autorización del miembro) un certificado de transferencia y, una vez que haya recibido confirmación de que el miembro ha sido recibido en otra congregación, lo retirará del registro de miembros, anotando su traslado en el registro. En el caso del traslado de un miembro de la Iglesia Metodista Unida a una iglesia de otra denominación, se utilizará la forma oficial "Traslado de Membresía a Otra Denominación".

¶ **241.** *Retiro sin previo aviso*—Si se le informa a un pastor que un miembro se ha unido a una iglesia de otra denominación sin dar aviso de ello, el pastor indagará el asunto diligentemente y, si confirma el informe, anotará "Retirado" junto al nombre de la persona en el registro de miembros, y lo informará a la siguiente conferencia del cargo.

¶ **242.** *Restauración de miembros profesos*—1. Una persona cuyo nombre ha sido quitado de la membresía de profesos por dado de baja, o decisión de la conferencia del cargo, o por la corte judicial (¶ 2714), puede pedir ser restituido a la membresía de la iglesia local.

2. Una persona cuya membresía aparece como que ha sido dado de baja después que se hizo miembro de otra denominación, puede, si esa denominación no transfiere miembros, ser restaurado como miembro profeso al reafirmar los votos del bautismo.

3. Una persona que se ha dado de baja por su propia petición por escrito, puede regresar a la iglesia y, reafirmando los votos del bautismo, llegar a ser un miembro profeso.

4. Una persona cuyo nombre se haya quitado por acción de la conferencia del cargo puede regresar a la iglesia y, por su propia solicitud, ser restaurado como miembro profeso en la iglesia local por medio de la reafirmación de los votos bautismales.

5. Una persona que quedara fuera por causa de cargos o que fue sacada por la corte judicial (¶ 2714) puede pedir su regreso a la iglesia. Dando evidencia de una vida renovada, aprobación de la conferencia del cargo y reafirmación de los votos bautismales, la persona puede ser restaurada como miembro profeso.

Sección VI. Organización y administración

¶ **243.** *Tareas primordiales*—La iglesia local se organizará de modo que pueda desempeñar su tarea y misión primordial en el contexto de su propia comunidad, alcanzando y recibiendo con gozo a todos los que respondan; animando a personas en su relación con Dios e invitándoles a comprometerse con el amor de Dios en Jesucristo; proporcionando oportunidades para que busquen fortalecimiento y formación espiritual; y apoyándolas a vivir en amor y justicia en el poder del Espíritu Santo como discípulos fieles.

Al desempeñar su tarea primordial, se organizará de modo que se haga provisión adecuada para estas responsabilidades básicas: (1) planear y ejecutar un programa de cultivo, alcance y testimonio a las personas y familias dentro y fuera de la congregación; (2) proporcionar un liderazgo pastoral y laico efectivo; (3) proporcionar el apoyo económico, las propiedades y las obligaciones legales de la iglesia; (4) utilizar las relaciones y recursos apropiados del distrito y de la conferencia anual; y (5) proporcionar la creación, mantenimiento y disposición de los registros documentales de la iglesia local; y (6) buscar la inclusividad en todo aspecto de su vida.

¶ **244.** *Organización*—El plan básico de organización de la iglesia local incluirá disposiciones para las siguientes unidades: una conferencia del cargo, un concilio de la iglesia, un Comité de Relaciones Pastor-Parroquia, una Junta de Síndicos, un Comité de Finanzas, un Comité de Liderazgo Laico, y los demás líderes electos, comisiones, concilios, comités y grupos de trabajo que determine la conferencia del cargo. Cada iglesia local desarrollará un plan para organizar sus responsabilidades administrativas y programáticas. Cada congregación local proporcionará un programa comprensivo de nutrimento, alcance y testimonio, junto con adiestramiento de líderes y la planificación y administración de la vida organizacional y temporal de la congregación, de acuerdo con la misión de la Iglesia Metodista Unida (¶¶ 120-124).

1. El concilio de la iglesia y todas las otras estructuras administrativas y programáticas serán responsables a la conferencia del cargo (¶ 246). El concilio de iglesia fungirá como la agencia ejecutiva de la conferencia del cargo.

2. Se podrán desarrollar planes alternos de acuerdo con el ¶ 247.2. Tales alternativas incluyen: ministerios de alcance, nutrimento y testimonio; concilio administrativo; o junta administrativa/concilio de ministerios.

3. Los miembros del concilio de la iglesia o estructura alterna serán personas de carácter cristiano genuino que aman a la iglesia, que son moralmente disciplinados; tienen compromiso con el mandato de inclusividad en la vida de la iglesia, son leales a las normas éticas de la Iglesia Metodista Unida, según se establecen en los Principios Sociales, y son competentes para administrar sus negocios. Incluirá miembros juveniles escogidos de acuerdo con las mismas normas que se aplican a los adultos. Todos serán miembros de la iglesia local, excepto donde la legislación de las

conferencias centrales dispongan otra alternativa. El pastor será el oficial administrativo y como tal será miembro ex-oficio de todas las conferencias, juntas, concilios, comisiones, comités y grupos de tarea, a no ser que esté restringido por la *Disciplina*[5].

¶ **245.** *Tecnología de la información*—A cada iglesia local, al crear o mantener información y datos computarizados, se le instará encarecidamente a consultar a su conferencia anual para solicitar recomendaciones y pautas relacionadas con la tecnología de la información.

Conferencia del cargo

Los miembros de la conferencia del cargo serán personas de carácter cristiano genuino que aman a la iglesia, son moralmente disciplinados; tienen compromiso con el mandato de inclusividad en la vida de la iglesia, son leales a las normas éticas de la Iglesia Metodista Unida establecidas en los Principios Sociales y son competentes para administrar sus negocios. Incluirá miembros juveniles escogidos de acuerdo con las mismas normas que se aplican a los adultos. Todos serán miembros profesos de la iglesia local, excepto donde la legislación de las conferencias centrales dispongan otra alternativa. El pastor será el oficial administrativo y, como tal, será miembro de todas las conferencias, juntas, concilios, comisiones, comités y grupos de tarea, a no ser que esté restringido por la *Disciplina*.

¶ **246.** *Disposiciones generales*—1. Dentro del cargo pastoral, la unidad básica del sistema conexional de la Iglesia Metodista Unida es la **conferencia del cargo**. La conferencia del cargo, por lo tanto, se organizará para la iglesia o iglesias de todo cargo pastoral según lo establece la Constitución (¶ 43). Se reunirá anualmente para los propósitos que se definen en el ¶ 247. Podrá reunirse en otras ocasiones según se indica abajo en la § 7.

2. Los miembros de la conferencia del cargo serán todos los miembros del concilio de la iglesia u otro organismo apropiado, junto con los ministros ordenados jubilados y ministros diaconales jubilados que escojan fijar su relación de miembro en dicha conferencia del cargo, y cualquier otro que se designe en la *Disciplina*. Si hubiere más de una iglesia en el cargo pastoral, todos los miembros de cada concilio de iglesia serán miembros de la conferencia del cargo.

---

5   Ver Decisiones 469, 500 del Concilio Judicial.

3. La conferencia del cargo puede reconocer el fiel servicio de miembros del concilio de la iglesia eligiéndolos miembros honorarios. Un miembro honorario tendrá todos los privilegios de miembro, pero sin derecho al voto.

4. El superintendente de distrito fijará la hora de la reunión de la conferencia del cargo. La conferencia del cargo determinará el lugar de reunión.

5. El superintendente del distrito presidirá las reuniones de la conferencia del cargo o podrá designar a un presbítero para que presida.

6. Los miembros presentes y votantes en cualquier reunión que haya sido debidamente anunciada constituirán el quórum.

7. El superintendente puede convocar a sesiones especiales, después de previa consulta con el pastor del cargo, o podrá hacerlo el pastor, con el consentimiento escrito del superintendente. El propósito de dicha sesión ha de declararse claramente en la convocatoria, y no se podrá tratar ningún otro asunto que no esté de acuerdo con lo anunciado en dicha convocatoria. Cualquiera sesión especial puede reunirse como conferencia de iglesia según se establece en el ¶ 248.

8. El aviso de la hora y el lugar de una sesión regular o especial de la conferencia del cargo se hará por lo menos con diez días de anticipación por dos o más de los siguientes medios (excepto donde las leyes locales lo exijan de otra manera): del púlpito de la iglesia, en el boletín semanal de la iglesia, en otra publicación de la iglesia local, o por correo.

9. La conferencia del cargo ha de celebrarse en el idioma de la mayoría, pero se dará la oportunidad que fuere necesaria para tener traducción.

10. Una **conferencia del cargo conjunta**, de dos o más cargos pastorales, puede celebrarse al mismo tiempo y en el mismo lugar, según lo determine el superintendente.

¶ **247.** *Poderes y deberes*—1. La conferencia del cargo será el eslabón que conecte a la iglesia local con la Iglesia general y supervisará los concilios de la iglesia.

2. La conferencia del cargo, el superintendente de distrito y el pastor, cuando se ha nombrado a un pastor o una pastora (¶ 205.4), organizarán y administrarán el cargo pastoral y las iglesias de acuerdo con las políticas y planes que aquí se establecen. Cuando el tamaño de la membresía, el alcance del programa, los recursos misionales, o las circunstancias así lo requieran, la

conferencia del cargo podrá, en consulta previa con el superintendente de distrito y con la aprobación de éste, modificar el plan de
organización, con tal que se observen las disposiciones del ¶ 243.
Tales circunstancias podrían incluir, y no limitarse a éstas, modelos alternativos de concepción de la iglesia local, como ministerios en cafeterias, ministerios en centros comerciales, ministerios
al aire libre, ministerios en residencias de ancianos, ministerios en
restaurantes y otras maneras emergentes en las cuales las personas se congreguen en el nombre de Dios para constituir la iglesia.

3. Las responsabilidades primarias de la conferencia del cargo
en su reunión anual serán la revisión y evaluación de toda la misión y ministerio de la iglesia (¶¶ 120-124), recibir los informes, y
adoptar objetivos y metas recomendados por el concilio de iglesia
que sean acordes con los objetivos de la Iglesia Metodista Unida.

4. El **secretario de actas** de la conferencia del cargo levantará
actas precisas de todo el proceso, y será el guardián de todos los
registros e informes y, junto con el oficial presidente, dará fe de las
actas. Se suministrará copia de las actas al superintendente y se
retendrá una copia permanente en los archivos de la iglesia. Si hubiere una sola iglesia en el cargo, el secretario del concilio de iglesia será el secretario de la conferencia del cargo. Si hubiere más
de una iglesia en el cargo, uno de los secretarios de los Concilios
de las Iglesias será electo por la conferencia del cargo para servir
como su secretario.

5. a) Se recomienda rigurosamente que la conferencia del cargo elija un **historiador de la iglesia**, para conservar la historia de
cada iglesia local. Las responsabilidades del historiador serán de
mantener los **registros históricos** al día; servir como presidente
del comité de registros e historia; cooperar con la comisión de archivos e historia de la conferencia anual o estructura correspondiente, si la hubiere; hacer un informe anual a la conferencia del
cargo del cuidado de los registros y materiales históricos; y hacer
preparación junto con el pastor y el comité de registros e historia,
para la preservación de todos los registros de la iglesia local y los
demás materiales históricos que ya no se usan. Dichos registros y
documentos históricos han de incluir todos los documentos, actas,
anuarios, diarios, informes, cartas, folletos, papeles, manuscritos, mapas, fotografías, libros, audiovisuales, grabaciones, cintas
magnéticas o de otro tipo, o cualquier material documental, sin
importar su forma o característica, hecho o recibido según cualquier disposición de la *Disciplina* en relación con la transacción de

cualquier asunto por cualquier iglesia local de la Iglesia Metodista Unida o de cualquiera de las predecesoras que la constituyeron. El historiador de la iglesia podrá ser miembro del concilio de iglesia. La misma persona podrá ocupar otro puesto en el concilio.

b) Podrá haber un **comité de archivos e historia** de la iglesia local, presidido por el historiador de la iglesia, para ayudarle a cumplir sus funciones.

6. Se insta a cada cargo a ser inclusivo en la composición del concilio para que todos los segmentos de la congregación estén allí representados.

7. La conferencia del cargo puede establecer el número de períodos consecutivos que una persona puede servir como oficial de la iglesia local, ya fuere por nombramiento o por elección, en cualquiera o en todas las posiciones, con excepción solamente de donde se indique de otra manera. Se recomienda que ningún oficial sirva más de tres años consecutivos en la misma posición.

8. La conferencia del cargo examinará y recomendará al comité distrital de ministerio ordenado, los candidatos al ministerio licenciado u ordenado que hayan sido miembros profesos de la Iglesia Metodista Unida en buena relación al menos por dos años; cuyos dones, la evidencia de la gracia divina, y su llamado al ministerio claramente los identifican como candidatos; y que han satisfecho los requisitos educacionales, adhiriéndose fielmente a las disposiciones del ¶ 310.1*e*. Es partiendo de la fe y el testimonio de la congregación, que hombres y mujeres responden al llamado de Dios al ministerio licenciado u ordenado. Toda iglesia local debe nutrir a los candidatos al ministerio licenciado u ordenado, suministrarles apoyo espiritual y apoyo financiero, además de sustentar el Fondo de Educación Ministerial, para su educación y formación como siervos líderes para el ministerio de todo el pueblo de Dios.

9. La conferencia del cargo examinará y recomendará, siguiendo fielmente las disposiciones del ¶ 313, la renovación de la candidatura de los candidatos al ministerio ordenado.

10. La conferencia del cargo examinará y recomendará a la agencia eclesiástica responsable los candidatos para las vocaciones relacionadas con la Iglesia.

11. La conferencia del cargo indagará anualmente sobre los dones, labores y utilización de los siervos laicos y ministros laicos certificados relacionados con el cargo, y recomendará al distrito, al comité conferencial de Siervos Laicos, o a ambos, a aquellas personas

que han satisfecho las normas establecidas para ser siervos laicos de iglesia local u orador laico certificado (¶¶ 266-269).

12. La conferencia del cargo recibirá informes anuales de los equipos de Voluntarios en Misión (UMVIM) que estén organizados en la iglesia local, así como el número total de miembros de participantes de la iglesia local en cualquier equipo de UMVIM y enviarán el informe combinado a la conferencia anual y a la iglesia general por medio del informe estadístico de la iglesia local que se hace todos los años.

13. La conferencia del cargo, en consulta con el superintendente de distrito, fijará la compensación del pastor y demás empleados nombrados por el obispo[6].

14. Tan pronto como sea posible, pasada la conferencia anual, cada superintendente de distrito, o su agente designado, notificará a cada iglesia del distrito qué cantidad le ha sido asignada para el Servicio Mundial, las Benevolencias Conferenciales y otros fondos de la Iglesia general y de las conferencias jurisdiccionales y anuales. En caso de que la conferencia utilice una fórmula de asignación por la cual la iglesia local contribuye un porcentaje estipulado de sus ingresos y/o gastos, esta cantidad estipulada podrá utilizarse en lugar de la cantidad monetaria actual. En preparación para la conferencia del cargo y durante ella, será responsabilidad del superintendente de distrito, del pastor y del/ los miembro(s) laico(s) de la conferencia anual y el líder laico de la iglesia interpretar a cada conferencia del cargo la importancia de estos fondos asignados, explicando las causas sostenidas por cada uno de estos fondos, y su lugar en el programa total de la iglesia. El **Fondo del Servicio Mundial** es básico al programa financiero de la Iglesia Metodista Unida. Lo que se asigna para Servicio Mundial representa las necesidades mínimas para la misión y el ministerio de la Iglesia. El pago en su totalidad de estas asignaciones por la iglesia local es la primera responsabilidad benévola de la iglesia (¶ 812).

15. La conferencia del cargo recibirá y tomará la acción necesaria respecto al informe del pastor sobre los registros de miembros (¶ 231).

16. La conferencia del cargo recibirá un informe con los nombres y direcciones de los estudiantes universitarios para que sea enviado a los ministros universitarios y capellanes metodistas unidos.

---

6   Ver Decisiones 213, 252, 461 del Concilio Judicial.

17. En aquellos casos donde haya dos o más iglesias en un mismo cargo pastoral, la conferencia del cargo puede constituir un Concilio de cargo o parroquia así como un tesorero y demás oficiales, comisiones, comités y grupos de trabajo para todo el cargo o parroquia como fueren necesarios para hacer el trabajo del cargo pastoral.

18. Donde hubiese dos o más iglesias en un mismo cargo pastoral, la conferencia del cargo puede elegir un comité de liderazgo laico, un comité de cargo o de parroquia sobre las relaciones pastor-parroquia para todo el cargo, un comité de finanzas que sirvan a todo el cargo o parroquia, así como una junta parroquial de síndicos, o de todo el cargo, si es que hay propiedad que pertenece a dos o más iglesias en el mismo. Todas las iglesias del cargo estarán representadas en dichos comités o juntas parroquiales. La organización del cargo o de la parroquia estará en armonía con las disposiciones disciplinarias de la iglesia local.

19. En los casos de cargos con varias iglesias, la conferencia del cargo proveerá para la distribución equitativa de los gastos de mantenimiento y reparaciones de la casa pastoral o de una asignación para vivienda adecuada (si la conferencia anual lo permite) entre las diversas iglesias.

20. La conferencia del cargo promoverá el conocimiento y el cumplimiento de las Normas Doctrinales y las Reglas Generales de la Iglesia Metodista Unida, y con las políticas relativas a Inversiones Socialmente Responsables (¶ 717), los Principios Sociales (¶¶ 160-166) y The Book of Resolutions de la Iglesia Metodista Unida.

21. Si cualquier conferencia del cargo inicia, se une, supervisa, o da fin a un boicoteo, se han de seguir las directrices de *The Book of Resolutions*, 2008. La Conferencia General es el único organismo que puede iniciar, autorizar o unirse a un boicoteo en nombre de la Iglesia Metodista Unida.

22. Con la autorización del superintendente de distrito y la Junta Distrital de Ubicación y Construcción, la conferencia del cargo podrá hacer provisión para patrocinar congregaciones satélites.

23. La conferencia del cargo tendrá los demás deberes y responsabilidades, según debidamente se lo designen la conferencia general, jurisdiccional o anual.

¶ **248.** *La conferencia de la iglesia*—Para estimular una participación más amplia por parte de los miembros de la iglesia, la conferencia del cargo puede reunirse como **conferencia de iglesia**, extendiéndose el derecho a voto a todos los miembros profesos de la iglesia local que estén presentes en esa reunión. La conferencia de iglesia será autorizada por el superintendente de distrito. Puede convocarse a discreción del superintendente de distrito o después que uno de los siguientes lo solicite por escrito al superintendente de distrito: el pastor, el concilio de iglesia o por el 10 por ciento de los miembros profesos de la iglesia local. En cualquier caso, se entregará al pastor una copia de la solicitud. Otras regulaciones que gobiernan la convocatoria y funcionamiento de la conferencia del cargo que se presentan en los ¶¶ 246-247, también se aplican a la conferencia de iglesia. Se puede celebrar una conferencia de iglesia conjunta que incluya dos o más iglesias donde y cuando lo determine el superintendente de distrito. La conferencia de iglesia funcionará en el idioma de la mayoría, haciendo provisión adecuada para la traducción (para la conferencia de iglesia Local, ver ¶ 2527).

¶ **249.** *Elección de líderes*—La conferencia del cargo, o la conferencia de iglesia autorizada por el superintendente de distrito, elegirá, previa recomendación por el comité de nominaciones y desarrollo de liderazgo de cada iglesia local del cargo pastoral, o por postulación abierta, y por el voto de cada iglesia local, por lo menos los siguientes líderes para las cuatro responsabilidades básicas (¶ 244):

1. El presidente del concilio de la iglesia.

2. El comité de nominaciones y desarrollo de liderazgo.

3. El comité de relaciones pastor-parroquia, así como su presidente.

4. El presidente y los miembros adicionales del comité de finanzas, el secretario de finanzas y el/los tesorero(s) si es que no son empleados profesionales de la iglesia; y los síndicos, según se dispone en los ¶¶ 2526-2528, a no ser que la ley del estado disponga de otro modo.

5. El (los) miembro(s) laico(os) de la conferencia anual, el/los líder(es) laico(s).

6. Un secretario de actas (¶ 247.4).

7. Se deberá dar atención especial a la inclusión de mujeres, hombres, jóvenes, adultos jóvenes, personas mayores de sesenta y cinco años de edad, personas con impedimentos y miembros de minorías raciales y étnicas.

8. Todo cargo en la iglesia local y toda presidencia de las organizaciones dentro de la iglesia local pueden compartirse entre dos personas, con las siguientes excepciones: síndicos, oficiales de la Junta de Síndicos, tesorero, miembro laico de la conferencia anual, miembro y presidente del Comité de Relaciones entre Personal/Pastor-Parroquia. Cuando dos personas juntamente ocupen un puesto que requiera que sean miembros en el concilio de iglesia, ambos podrán ser miembros de ese cuerpo.

¶ **250.** *Remoción de oficiales y ocupación de vacantes*—Si un líder u oficial que ha sido electo por la conferencia del cargo está indispuesto o no quiere cumplir las tareas que razonablemente se esperan de tal líder u oficial, el superintendente de distrito puede citar una sesión extraordinaria de la conferencia del cargo de acuerdo con el ¶ 246.7. El propósito de tal sesión extraordinaria será declarado como "Consideración de la remoción de persona(s) de cargo(s) y la elección de persona(s) para suplir vacante(s)". El Comité de Liderazgo Laico (¶¶ 258.1, 246.18) se reunirá con la mayor brevedad después de que la sesión extraordinaria de la conferencia del cargo se haya anunciado y propondrá a persona(s) que puedan ser electa(s) si ocurriera(n) la/las vacante(s) en la conferencia del cargo. Si la conferencia del cargo vota para remover a persona(s) de algún cargo, la/las vacante(s) se suplirán de acuerdo con la manera prescrita para elecciones bajo el ¶ 249. Cuando se esté considerando la remoción de un síndico de una iglesia local, y el cargo pastoral consiste de dos o más iglesias, se citará una conferencia de iglesia local en vez de una conferencia del cargo, de acuerdo con el ¶ 2526.

¶ **251.** *Deberes de líderes y miembros*—1. De los miembros profesos de cada iglesia local (¶ 128), la conferencia del cargo elegirá un **líder laico** que funcionará como el representante principal del laicado en esa iglesia local y que tendrá las siguientes responsabilidades:

a) Fomentar la conciencia del papel del laicado tanto dentro de la congregación como mediante sus ministerios en el hogar, el lugar de trabajo, la comunidad y el mundo, y encontrar la forma que todos estos ministerios puedan ser reconocidos dentro de la comunidad de fe;

b) reunirse regularmente con el pastor para discutir el estado de la iglesia y las necesidades de ministerio;

c) ser miembro de la conferencia del cargo y del concilio de la iglesia, del comité de finanzas, del comité de nominaciones y desarrollo de liderazgo, y del comité pastor-parroquia, donde, conjuntamente con el pastor, el líder laico servirá como intérprete de las acciones y programas de la conferencia anual y de la Iglesia en general (para estar mejor preparado para cumplir con esta responsabilidad, se recomienda que un líder laico también sirva como miembro laico de la conferencia anual);

d) involucrarse continuamente en las oportunidades de estudio y capacitación para desarrollar un mejor entendimiento de la razón de ser de la Iglesia y de los tipos de ministerio que de manera más efectiva cumplen la misión de la Iglesia;

e) ayudar a informar al concilio de la iglesia de las oportunidades y necesidades que existen en la comunidad para un ministerio más efectivo de la iglesia por medio de sus laicos;

f) informar al laicado de las oportunidades de capacitación que la conferencia anual provee. Cuando sea posible, el líder laico participará de las oportunidades de capacitación que fortalezcan su trabajo. Se anima al líder laico a ser siervo laico certificado.

Si hubiere más de una iglesia en un cargo, la conferencia del cargo elegirá líderes laicos adicionales de modo que haya un líder laico en cada iglesia. En cualquier iglesia se podrán elegir líderes laicos asociados que trabajen con el líder laico.

2. El o los **miembros laicos** de la conferencia anual y suplentes serán electos cada año o cuadrienio, según lo indique la conferencia anual. Si el representante laico del cargo ante la conferencia anual cesa de ser miembro del cargo, o deja de servir por cualquier causa, lo reemplazará un miembro suplente según el orden de su elección.

Tanto los miembros laicos como los suplentes tendrán que haber sido miembros profesos en buena relación de la Iglesia Metodista Unida, y de la iglesia local que los elige, por lo menos dos años y haber sido participantes activos por lo menos cuatro años anteriores a su elección (¶ 32), excepto en el caso de una iglesia recién organizada, la que tendrá el privilegio de tener representación en la sesión de la conferencia anual[7]. Ningún pastor local podrá ser electo como miembro laico o suplente[8]. Las iglesias metodistas unidas que pasan a ser parte de un ministerio ecuménico compartido tendrán derecho a representación laica en la conferencia anual. El/los miembro(s) laico(s) de la conferencia

---

7   Ver Decisión 495 del Concilio Judicial.
8   Ver Decisiones 170, 305, 328, 342, 469 del Concilio Judicial.

anual, junto con el pastor, servirán de intérpretes de las acciones de la sesión de la conferencia anual. Estas personas informarán las acciones de la conferencia anual al concilio de iglesia local tan pronto como fuere posible, pero no más tarde que tres meses después de la conferencia.

3. El **presidente del concilio de la iglesia** será electo anualmente por la conferencia del cargo, y tendrá las siguientes responsabilidades:

a) dirigirá al Concilio en el cumplimiento de sus responsabilidades (¶ 249);

b) preparará y comunicará la agenda del Concilio o junta, en consulta con el/los pastor(es), el líder laico y otras personas indicadas;

c) revisará y asignará responsabilidades para la ejecución de acciones tomadas por el Concilio;

d) se comunicará con los miembros del Concilio o junta, y otras personas indicadas para permitir decisiones informadas en las reuniones del Concilio;

e) coordinará las distintas actividades del Concilio o junta;

f) proveerá la iniciativa y el liderazgo al Concilio o junta al hacer ésta las tareas de planificación, establecimiento de objetivos y metas, y evaluación;

g) participará en programas de adiestramiento de líderes, ofrecidos por la conferencia anual, el Distrito o ambos.

El presidente del Concilio podrá asistir a reuniones de toda junta y comité de la iglesia, a menos que esté específicamente prohibido por la *Disciplina*. Se le animará a que asista a la conferencia anual.

CONCILIO DE LA IGLESIA

¶ **252.** 1. *Propósito*—El **concilio de la iglesia** hará provisión para la planificación y ejecución de un programa de nutrimento, alcance, testimonio y recursos en la iglesia local y para la administración de su vida organizacional y temporal. Tendrá también una perspectiva de la misión de la iglesia, hará planes y los pondrá en ejecución, y evaluará anualmente la misión y el ministerio de la iglesia. El concilio de iglesia puede ser responsable ante la conferencia del cargo, y funcionará como agencia ejecutiva de ésta (¶ 244).

2. *Misión y ministerio*—Ministerios de nutrimento, alcance y testimonio, y sus responsabilidades acompañantes incluyen:

a) Los ministerios de nutrimento de la congregación prestarán atención a la educación, adoración, formación cristiana, cuidado de miembros, grupos pequeños y mayordomía, pero no se limitarán sólo a éstos.

b) Los ministerios de alcance de la iglesia prestarán atención a ministerios comunitarios de compasión, justicia y abogacía locales y de más amplio alcance. Dichos ministerios incluyen iglesia y sociedad, ministerios globales, de educación superior y universitarios, salud y bienestar, asuntos sobre la unidad cristiana e interreligiosos, religión y raza, y el estado y rol de las mujeres.

c) Los ministerios de testimonio de la iglesia prestarán atención al desarrollo y fortalecimiento de los esfuerzos evangelísticos de compartir las historias de experiencias cristianas personales y congregacionales, fe y servicio, comunicaciones, ministerios de siervos laicos, y otros medios de expresar el testimonio de Jesucristo.

d) Los ministerios de desarrollo de liderazgo y de recursos prestarán atención a la continua preparación y desarrollo de líderes laicos y clericales para el ministerio de la iglesia (¶ 258.1).

e) Los ministerios de nutrimento, alcance y testimonio habrán de incluir la consideración de (i) la elección de un coordinador de oración para promover la oración y movilizar la iglesia local hacia la oración, (ii) establecer un cuarto de oración o un lugar designado para la oración así como para recursos, y (iii) estimular la oración intencional para el liderazgo pastoral de la iglesia local.

3. *Sesiones*—a) El concilio sesionará por lo menos trimestralmente. El presidente o el pastor pueden convocar a sesiones especiales.

b) Para que el concilio preste consideración adecuada al propósito misional de la iglesia, se recomienda que el primer asunto a tratar en la agenda de cada sesión esté relacionado con los ministerios de nutrimento, alcance y testimonio. Después se prestará atención a las responsabilidades administrativas y de apoyo de la iglesia. Se recomienda que el concilio utilice el método de consenso/discernimiento al hacer sus decisiones.

4. *Otras responsabilidades*—Será también la responsabilidad del concilio de la iglesia:

a) Revisar la lista de miembros de la iglesia;

b) Llenar las vacantes que ocurran entre los oficiales laicos entre las sesiones de la conferencia anual;

c) Establecer el presupuesto, bajo la recomendación del Comité de Finanzas, y garantizar provisión adecuada para las necesidades financieras de la iglesia;

d) Recomendar a la conferencia del cargo el salario y otras remuneraciones del pastor o pastores, los miembros del personal, después de haber recibido recomendación al respecto del comité de relaciones pastor-parroquia (relaciones personal-parroquia);

e) Revisar la recomendación del comité de relaciones pastor-parroquia pertinente de proveer domicilio adecuado para el pastor o pastores, y presentar la misma a la conferencia del cargo para su aprobación. La provisión de domicilio debe cumplir con las normas y política domiciliaria de la conferencia anual. No se considerará el domicilio como parte de la compensación o remuneración con excepción de lo ya provisto en los planes de pensión y beneficios de la denominación.

5. *Membresía*—La conferencia del cargo determinará el tamaño del concilio de iglesia. Los miembros del concilio de iglesia se involucrarán en la misión y ministerio de la iglesia, como lo define el ¶ 252.2. Los miembros del concilio pueden ser desde un mínimo de once, hasta los que la conferencia del cargo estime apropiados. El concilio incluirá personas que representen los programas de ministerio de la iglesia, según se indican en el ¶ 243. Sin limitarse sólo a éstos, los miembros incluirán:

a) El presidente del concilio;

b) El líder laico;

c) El presidente o representante del Comité de Relaciones Pastor-Parroquia, o ambos;

d) El presidente o representante del Comité de Finanzas o ambos,

e) El presidente o representante de la Junta de Síndicos, o ambos,

f) El tesorero de la iglesia;

g) El miembro laico de la conferencia anual,

h) El presidente o representante de los Hombres Metodistas Unidos o ambos,

i) El presidente o representante de la Mujeres Metodistas Unidas, o ambas,

j) Un representante de la juventud adulta

k) Un representante de la Juventud Metodista Unida,

l) El pastor o pastores.

6. *Quórum*—Los miembros presentes y votantes en una sesión debidamente anunciada constituirán el quórum.

MINISTERIOS ESPECIALIZADOS

¶ **253.** *Coordinadores de los grupos de distintas edades, familias y ministerios especializados* (ver también ¶ 252)—La conferencia del cargo puede elegir anualmente un coordinador de ministerios infantiles, un coordinador de ministerios de jóvenes, un coordinador de ministerios con adultos y un coordinador de ministerios familiares. Dondequiera que los ministerios con adultos jóvenes y con grupos específicos de distintas edades puedan beneficiarse, podrán elegirse coordinadores de ministerios con adultos jóvenes o adultos mayores. Donde los campamentos y retiros son parte de la formación de fe para todas las edades, se podrá elegir un coordinador de ministerios de campamentos y retiros. En donde haya agencias cívicas que sirvan a jóvenes o ministerios de escultismo se podrá elegir un coordinador de escultismo. Donde surja la necesidad para ministerios especializados (por ejemplo, adultos solteros o personas con adicciones, enfermedades mentales o discapacidades), pueden elegirse coordinadores para estos campos de ministerio.

¶ **254.** Otros coordinadores de grupos de ministerios—Para cumplir la misión de la iglesia local, la conferencia del cargo puede elegir anualmente un coordinador o presidente de grupo de ministerios para una o todos estos campos: relaciones de unidad cristiana o interreligiosas, iglesia y sociedad, voluntarios comunitarios, educación, evangelismo, educación superior y ministerio universitario, misiones, abogacía de oración, religión y raza, estado y rol de la mujer, abogacía por la tierra, mayordomía, adoración, abogacía por personas con necesidades especiales y recursos de comunicación de la iglesia. Toda iglesia local metodista unida podrá disponer de un coordinador de ministerios universitarios, quien podrá ser miembro del concilio de la iglesia. Una de las responsabilidades principales del coordinador de ministerios universitarios será la de dar a conocer los nombres e información de contacto (direcciones, números de teléfono y direcciones de correo electrónico) de todos los estudiantes universitarios de sus iglesias locales al ministerio universitarios metodista unido pertinente, como la Fundación Wesley. Se espera del coordinador de ministerios universitarios que se ponga en contacto con cada estudiante universitario de su iglesia cada semestre por medio de cartas, correo electrónico o por teléfono y animar al estudiante a participar activamente en el ministerio de estudiantes de la Iglesia Metodista Unida. El coordinador de ministerios universitarios de cada iglesia deberá promover el apoyo financiero y otros de los ministerios universitarios metodistas unidos, como las Fundaciones Wesley, dentro de sus propias iglesias.

Donde sea deseable, la conferencia del cargo puede combinar las tareas de coordinadores o presidentes de grupos de ministerios. Cada coordinador o presidente de grupo de ministerios, si es elegido, trabajará con el concilio de iglesia (u otro organismo apropiado), el/los pastor(es) y otros líderes de la iglesia para dirigirse a las necesidades y oportunidades de la zona en particular, utilizando todos los recursos debidos y relaciones del distrito, la Conferencia General o la iglesia general.

¶ **255.** *Superintendente de la escuela de iglesia y coordinador de grupos pequeños*—La conferencia del cargo puede elegir: (1) un **superintendente de la escuela de iglesia** o escuela dominical, o un **coordinador de ministerio de grupos pequeños**, o ambos, que será responsable por ayudar a organizar y supervisar el programa total para nutrir la fe, edificar la comunidad cristiana, y capacitar a personas de todas las edades para el ministerio diario de grupos pequeños en la iglesia; (2) un **coordinador de ministerios de salud y bienestar**, que ayudará a la iglesia local y a su pueblo a estar involucrados en servicio directo a personas en necesidad; y (3) un **coordinador de comunicaciones**, que ayudará a la iglesia local y sus miembros con las tareas de comunicaciones al proporcionar ideas, recursos y habilidades.

¶ **256.** *Ministerios de programa*—Los ministerios de la iglesia local se ofrecen para que las personas se encuentren con el amor redentor de Dios por el mundo y respondan participando con su acción en el mundo. Para lograr estos ministerios, se necesita que las personas participen en una variedad de marcos de grupos pequeños. Algunos los formará el concilio de iglesia. Otros surgirán con la aprobación de este cuerpo. Otro tipo es histórico, y se expresa en las estructuras organizacionales que se relacionan con su equivalente en la conferencia anual o en la Iglesia general. Estos se conocen como ministerios de programa, y se relacionan con el concilio de la iglesia.

1. *La Escuela de iglesia y los ministerios con grupos pequeños*—En cada iglesia local habrá una variedad de ministerios con grupos pequeños, incluso la escuela de iglesia, para respaldar la formación

de discípulos cristianos que se enfoquen en la transformación del mundo. Estos grupos pequeños pueden ocuparse en enseñar y aprender, fraternizar, dar apoyo, servir en ministerios comunitarios, y ser responsables ante la iglesia. Los miembros de grupos pequeños edificarán su conocimiento de la Biblia, la fe cristiana, la Iglesia Metodista Unida, y el contexto social en que la iglesia está situada. Además, los grupos pequeños, incluso la escuela de iglesia, proporcionará a las personas oportunidades para poner en práctica las destrezas para un discipulado fiel, inclusive en la adoración, compartiendo la fe, crean-do nuevas comunidades de fe, ejerciendo discernimiento espiritual, estudiando la Biblia, haciendo reflexión teológica, orando, edificando la comunidad, sirviendo a los pobres y marginados, y abogando por la paz y la justicia. Se alienta encarecidamente a las iglesias o cargos locales a desarrollar normas y procedimientos para suministrar seguridad a niños, jóvenes y adultos vulnerables que han sido confiados a su cuidado.

a) La escuela de iglesia—En cada **iglesia local** habrá una escuela de iglesia con el fin de llevar a cabo el ministerio educacional de la iglesia.

Se reta a la escuela de iglesia a crear comunidades en las que las personas de todas las edades experimenten la presencia activa de Dios en sus vidas, ayuden a crear relaciones saludables y no-violentas en la congregación y la comunidad, den testimonio del amor reconciliador de Dios a través de Jesucristo, y vivan su fe en el mundo como testigos de la venida del reino de Dios.

b) Discipulado responsable—Históricamente, los líderes de clases proveían liderazgo pastoral laico y las clases y reuniones de clases eran los medios estructurales básicos para la formación espiritual en las antiguas sociedades metodistas.

Los líderes de clases pueden ser comisionados y las clases se pueden organizar dentro de la congregación local con el propósito de formar personas como discípulos fieles de Jesucristo por medio de una responsabilidad mutua y apoyo para el testimonio de él en el mundo y para seguir sus enseñanzas a través de medios de compasión, justicia, adoración y devoción bajo la dirección del Espíritu Santo. (¶104, "La naturaleza, diseño y Reglas Generales de nuestras Sociedades Unidas", y ¶ 1117).

c) Grupos de misión y ministerio—El discipulado cristiano se ha modelado por la servidumbre de Jesús, que se interesó por los enfermos, alimentó a los hambrientos, y se hizo amigo de los despreciados. Las personas pueden participar en grupos pequeños para servir las necesidades de los pobres y marginados, abogar por la justicia, y demostrar su fe en todas sus relaciones y en cualesquiera situaciones en que se encuentren.

d) Grupos de apoyo—En donde se necesite, la iglesia local puede organizar grupos pequeños para apoyar las necesidades particulares de miembros y de la congregación y la comunidad, incluso grupos de oración, recuperación del divorcio, recuperación de la aflicción, grupos de preparación para padres y apoyo para las personas que sufren enfermedades crónicas, incluyendo personas con enfermedades mentales y sus familiares.

2. *Ministerios de niños*—El ministerio de los niños —para, con y por los niños— incluye a todos los ministerios que involucran niños y niñas dentro de la comunidad congregacional, incluyendo, pero no limitado a, la escuela dominical, escuela bíblica de vacaciones, coro de niños y ministerios de la música y todos los programas durante el día para niños de todas las edades.

a) Si hay un coordinador de ministerios de niños, dicha persona será responsable de que todos los niños se consideren e incluyan en la vida de la congregación. El coordinador dirigirá el concilio de los niños, cuando esté organizado, y trabajará junto a los clérigos y otras personas. El coordinador habrá de tener una visión, plan y defensa de los niños, especialmente en el área del desarrollo de la fe, seguridad y discipulado. El coordinador verá que los procedimientos están cumplidos de manera que haya seguridad para los niños y los adultos que trabajan con ellos. Los procedimientos y política incluyen tales cosas como ver los antecedentes, tener por lo menos dos adultos por grupo, adiestramiento en resucitación cardiopulmonar y primeros auxilios.

b) Si hay un concilio de los niños, éste será responsable por planear, tener visión y abogar por los niños de la congregación, la comunidad y el mundo. El concilio establecerá la política y procedimientos que se relacionan con los niños. El concilio de los niños será responsable ante el grupo a cargo del ministerio educacional de la iglesia local.

c) Junta del ministerio de entre semana—El término *ministerio de entre semana* se aplica a cualquier ministerio regularmente planeado para los niños. Cuando fuere necesario, una o más juntas de ministerio de entre semana pueden ser organizadas para supervisar los programas del ministerio de entre semana de la congregación. Los miembros de la junta serán miembros profesos de la congregación. La junta establecerá políticas que concuerden con la política de la congregación, los mandatos del estado y una buena práctica de negocios. Abogarán por la participación de niños de varios trasfondos socioeconómicos, cultural, racial y étnico.

3. *Ministerios con los jóvenes*—El término *jóvenes* incluye a todas las personas desde aproximadamente doce hasta los treinta años de edad en EE. UU. y treinta y cinco en las conferencias centrales. El término abarca tanto a los ministerios de jóvenes como a los de jóvenes adultos en varias culturas alrededor del mundo. El término *ministerio de jóvenes* es un título inclusivo, que abarca todos los intereses de la iglesia y todas las actividades por los jóvenes, con los jóvenes y para los jóvenes. El ministerio de jóvenes de la Iglesia Metodista Unida incluye a todas las personas de aproximadamente doce a dieciocho años de edad en EE. UU. y hasta veinticuatro en las conferencias centrales, tomando en cuenta las agrupaciones de los jóvenes en las escuelas públicas, que están actualmente asociadas o tienen la posibilidad de asociarse con la iglesia o con cualquiera de sus actividades. Los jóvenes que son miembros de la iglesia tienen todos los derechos y las responsabilidades de los miembros profesos en la iglesia con la excepción de votar en asuntos prohibidos por la ley del estado (¶ 226.5.) El término *ministerio de adultos jóvenes* es un título inclusivo que abarca todos los intereses de la iglesia y todas las actividades de los jóvenes adultos, con ellos y a favor de ellos. El ministerio de jóvenes adultos de la Iglesia Metodista Unida incluirá a todas las personas desde aproximadamente dieciocho años hasta los treinta en EE. UU. y veinticuatro en las conferencias centrales, que actual o potencialmente están asociados con la iglesia o cualquiera de sus actividades. Los jóvenes adultos que son miembros de la iglesia tienen todos los derechos y responsabilidades de los miembros de la iglesia.

a) El coordinador o persona encargada de los ministerios de jóvenes y del equipo de liderazgo de la juventud, cuando esté organizado, tiene la responsabilidad de recomendar al concilio de iglesia las actividades, los énfasis de programa y los arreglos necesarios para los jóvenes. El coordinador o persona encargada y el equipo de liderazgo usarán los recursos y medios accesibles para informar a los jóvenes acerca del Fondo de Servicio de los Jóvenes, y han de cultivar su apoyo; con tal que, ya sea antes o como parte de este cultivo, se haya retado a los jóvenes a asumir sus responsabilidades financieras en conexión con el programa y presupuesto total de la iglesia local.

b) La iglesia local puede organizar ambientes para ministerios con la juventud como consideren apropiados en su contexto ministerial.

c) En cada conferencia del cargo donde se disponga por lo menos de cinco jóvenes podrá haber un concilio de la juventud.

(1) El equipo de liderazgo estará compuesto por no menos de la mitad de jóvenes. Las postulaciones para miembros del equipo de liderazgo (jóvenes y adultos) puede proceder del grupo de jóvenes (o estructura relacionada con ellos). Las postulaciones se enviarán entonces al comité de nominaciones y desarrollo del liderazgo para su aprobación, y después a la conferencia del cargo para su aprobación.

El equipo de liderazgo estará compuesto de:

(a) El coordinador o persona encargada de ministerios de jóvenes y otros líderes relacionados como miembros *ex officio*, con voz, pero sin voto.

(b) Cualquier joven que sirve en una junta o agencia de distrito o conferencia anual, jurisdiccional o general.

(c) Cualquier adulto que sirve en un ministerio de jóvenes en una organización o concilio de distrito, conferencial, jurisdiccional o general.

(2) Habrá co-presidencias con un adulto y un joven que presidirán las reuniones. Otros oficiales podrán ser una combinación de adultos y jóvenes dependiendo de sus habilidades, dones y necesidades del equipo de liderazgo.

(3) El equipo de liderazgo se reunirá por lo menos dos veces al año. Se podrá reunir a petición del pastor, el coordinador o persona responsable de los ministerios de jóvenes o cualquier miembro del comité.

Responsabilidades:

(a) Asistir al coordinador o persona responsable de los ministerios de jóvenes (o posición relacionada con ellos) y otro líder relacionado en la planificación y desarrollo de actividades, énfasis de programas y situaciones para la juventud de la iglesia local.

(b) Desarrollar un presupuesto del programa para su ministerio de jóvenes.

(c) Asistir al coordinador o persona responsable de los ministerios de jóvenes (o posición relacionada con ellos) a

encontrar y alentar adultos y estudiantes en prácticas aptos para trabajar con los jóvenes en la iglesia local.

(*d*) Desarrollar un pacto para todos los obreros voluntarios que trabajan con jóvenes.

(*e*) Alentar y facilitar que el coordinador o persona responsable de los ministerios de jóvenes y otras personas en el liderazgo para jóvenes.

(*f*) Estar informados y seguir las normas de seguridad infantil de la conferencia, los procedimientos y los requisitos que la iglesia local deberá seguir.

(*g*) Alentar y educar a los jóvenes a considerar carreras en el ministerio profesional, y cómo considerar cualquier llamado vocacional y oportunidad para servir.

(*h*) Servir de recurso a otras iglesias que estén interesadas en comenzar o revitalizar el ministerio de jóvenes dentro de sus propias iglesias locales.

(*i*) Facilitar educación adicional a jóvenes y adultos sobre la Iglesia Metodista Unida como iglesia conexional, alentando y apoyando la participación de jóvenes y adultos en conferencias distritales, anuales, jurisdiccionales, y centrales, además de otros ministerios de la iglesia en general.

(*j*) Promover el Fondo de Servicio de los Jóvenes, y educar a las personas sobre el mismo.

(*k*) Promover los ministerios de campamentos y retiros dentro de la iglesia local.

(*l*) Promover, introducir y alentar a la juventud y juventud adulta a permanecer activos en los ministerios universitarios de la Iglesia Metodista Unida cuando estén cursando estudios en un colegio o universidad.

(*m*) Dar poder a los jóvenes para que sean plenos participantes y líderes activos en la Iglesia Metodista Unida.

(*n*) Consultar con el comité de relaciones pastor/personal de trabajo-parroquia en: 1) La confección de descripciones de trabajo escritas, 2) Postulaciones, 3) Evaluación de actuación en el trabajo del coordinador o persona responsable de ministerios de jóvenes y de cualquier otro personal, sea pagado o voluntario, relacionado con el ministerio de jóvenes en la iglesia local.

(*o*) Se recomienda vigorosamente que el Concilio desarrolle un presupuesto para el programa de su ministerio.

d) El coordinador o persona responsable de los ministerios de adultos jóvenes y el equipo de liderazgo adultos jóvenes, si está organizado, serán responsables por recomendar al concilio de iglesia las actividades, los énfasis programáticos y situaciones para los jóvenes adultos, recopilar los nombres y direcciones de todos los estudiantes del colegio para mandarlos al ministro o capellán universitario del colegio o universidad a la que atienden, alentar a los estudiantes universitarios a participar en el ministerio universitario de la Iglesia Metodista Unida, y recomendar oportunidades a la congregación para apoyar y participar en los ministerios universitarios de la conferencia anual y en los colegios y universidades en relación con la conferencia anual.

4. Los ministerios de escutismo que rinden servicio cívico y los ministerios de Scouts ofrecen otro marco para el ministerio con niños, jóvenes, sus líderes, y sus familias. Estas oportunidades deben incluir los Boy Scouts of America, Girl Scouts of the USA, Camp Fire USA, 4-H, o cualquier otra organización apropiada en las conferencias centrales. El premio de Programas de Actividades Religiosas con la Juventud (P.R.A.Y.) estará al alcance de todos los participantes de distintos niveles de edad en el programa educacional de la iglesia local, incluso el de la escuela de iglesia, el ministerio de jóvenes y el ministerio de escutismo.

a) Cada iglesia local podrá tener un coordinador de Scouts en la iglesia local (o el equivalente en una conferencia central), quien estará relacionado con el concilio de la iglesia, el superintendente de la escuela de la iglesia, el coordinador de los ministerios con los niños, el coordinador de los ministerios con los jóvenes y toda la variada estructura de agencias que sirven a los jóvenes. El coordinador de los Scouts en la iglesia local (o su equivalente en las conferencias centrales), pueden relacionarse con el coordinador de Scouts del distrito y el de la conferencia anual, quienes son asesores de recursos y adiestramiento.

5. *Mujeres Metodistas Unidas*—En cada iglesia local habrá una unidad organizada de las Mujeres Metodistas Unidas. La constitución autorizada es la siguiente:

Artículo 1. Nombre—El nombre de esta organización será Mujeres Metodistas Unidas.

Artículo 2. Relaciones—La unidad de las Mujeres Metodistas Unidas en la iglesia local se relaciona directamente con las organizaciones distritales, conferenciales y nacionales de las Mujeres Metodistas Unidas.

Artículo 3. Propósito—La unidad organizada de las Mujeres Metodistas Unidas tendrá como meta constituir una comunidad de mujeres cristianas cuyo propósito será conocer a Dios como personas que gozan de salud en Jesucristo, y por medio de Él, experimentar su libertad en la totalidad de su persona; desarrollar un compañerismo creador que brinde apoyo y estímulo a sus miembros; y ampliar los conceptos de misión a través de su participación en los ministerios globales de la iglesia.

Artículo 4. Miembros—La relación de miembro estará abierta a cualquier mujer que indique su deseo de pertenecer y participar en la misión global de la iglesia a través de la Iglesia Metodista Unida. El pastor (o pastores) será miembro ex-oficio de la unidad local y de su comité ejecutivo.

Artículo 5. Oficiales y comités—La unidad local elegirá una presidenta, una vicepresidenta, una secretaria, una tesorera y un Comité de Postulaciones. Oficiales y comités adicionales serán electos o nombrados según sea necesario, de acuerdo con los planes de la organización nacional de las Mujeres Metodistas Unidas, según se establecen en el reglamento de la unidad local de las Mujeres Metodistas Unidas.

Artículo 6. Fondos—*a)* La unidad organizada de las Mujeres Metodistas Unidas ha de obtener los fondos para el cumplimiento de su propósito.

b) Todos los fondos, de cualquier fuente, obtenidos por la unidad de las Mujeres Metodistas Unidas, pertenecen a la organización, y han de ser desembolsados solamente de acuerdo con su constitución y de acuerdo a sus órdenes.

c) El presupuesto total obtenido y administrado por la unidad organizada en la iglesia local incluirá: (1) las promesas y otros dineros para los programas y responsabilidades de la organización nacional de las Mujeres Metodistas Unidas, para dirigirlos a través de los canales regulares de finanzas de las Mujeres Metodistas Unidas; y (2) los fondos para usar en misiones locales, que han de incluir cantidades para administración y desarrollo de los miembros.

d) La unidad organizada en la iglesia local hará una promesa anual al presupuesto total de la organización del distrito o de la conferencia de las Mujeres Metodistas Unidas.

e) Todos los fondos sin designar que se envíen a la organización nacional de las Mujeres Metodistas Unidas serán apropiados por la división.

Artículo 7. Reuniones—La unidad organizada en la iglesia local tendrá las reuniones que la unidad misma decida para la ejecución del propósito y para conducir sus negocios.

Artículo 8. Relaciones en la iglesia local—La unidad organizada de las Mujeres Metodistas Unidas alentará a todas las mujeres a participar en la vida y obra total de la iglesia, y las apoyará a que asuman posiciones de responsabilidad y liderato.

Artículo 9. Enmiendas—Las enmiendas propuestas a esta constitución pueden ser enviadas a la secretaria de actas de la organización nacional de las Mujeres Metodistas Unidas con anterioridad a la última reunión de la división en el cuadrienio.

Nota: Para una descripción de la organización nacional de las Mujeres Metodistas Unidas y sus organizaciones subsidiarias, ver ¶¶ 1318-1329.

6. *Hombres Metodistas Unidos*—Cada iglesia o cargo tendrá una unidad organizada de los **Hombres Metodistas Unidos** (HMU) constituida y renovada cada año a través de la Comisión General de Hombres Metodistas Unidos. Otros grupos de ministerios de hombres organizados en la iglesia local habrán de reportar anualmente a la conferencia del cargo y obtendrán recursos a través de la Comisión General de Hombres Metodistas Unidos. Todas las organizaciones locales de hombres habrán de proveer otro medio por el cual los hombres puedan tomar parte en el ministerio total de la iglesia (¶ 2302).

a) Las organizaciones distritales, conferenciales y jurisdiccionales y la Comisión General de los Hombres Metodistas Unidos proveerán los materiales de recursos de la iglesia local, para apoyar un ministerio efectivo con hombres (¶ 2302).

b) La organización de Hombres Metodistas Unidos existe para declarar la centralidad de Cristo en la vida de todo hombre. El ministerio de los hombres conduce a su crecimiento espiritual y a un discipulado efectivo. Se cumple este propósito cuando se llama a los hombres a ser modelos de la servidumbre de Cristo.

c) Estrategias individuales y de grupos forman la base del ministerio de los Hombres Metodistas Unidos.

(1) Aumentar el evangelismo, la misión y la vida espiritual (EMVE) a medida que los hombres se convierten en líderes siervos.

(2) Abogar por programas que preparen a hombres de las iglesias locales para promover ministerios específicos que incluyen la oración, las misiones, la mayordomía y los ministerios cívicos/servidores de jóvenes.

(3) Forjar sociedades pastorales con hombres comprometidos al apoyo y servicio efectivo de los clérigos y las congregaciones locales.

(4) Mejorar las fuerzas organizacionales por medio de liderazgo efectivo, recursos, crecimiento de miembros y responsabilidad financiera.

(5) Asistir a los hombres en sus relaciones continuamente cambiantes, su funciones, y responsabilidades en el marco familiar, centro de trabajo y sociedad.

(6) Entender la organización, doctrinas y creencias de la Iglesia Metodista Unida.

(7) Cumplir los votos de miembros a través de la dedicación a la oración, la presencia, las ofrendas y el servicio en la vida congregacional.

(8) Cumplir la Gran Comisión a través de la Iglesia Metodista Unida y con ella, como parte del cuerpo de Cristo.

d) A los hombres que quieran ser miembros de la unidad local de los Hombres Metodistas Unidos se les pedirá que acepten los intereses principales mencionados en la sección 3 de este documento así como los siguientes objetivos personales:

(1) Orar y estudiar la Biblia diariamente.

(2) Dar testimonio de Cristo a través del trabajo diario y en todos los contactos personales a través de la Palabra y la acción.

(3) Practicar el servicio cristiano.

e) Las unidades de los Hombres Metodistas Unidos pueden estar organizadas en grupos, o según las necesidades de las iglesias locales. Las iglesias locales múltiples también podrán formar una sola unidad de los Hombres Metodistas Unidos, de acuerdo con sus necesidades.

f) La membresía ha de estar abierta a cualquier hombre que indique su deseo de pertenecer y participar en el ministerio de la iglesia a través de los Hombres Metodistas Unidos.

g) Los clérigos que hayan sido debidamente nombrados a la iglesia local serán miembros ex-oficio de la unidad y de su comité ejecutivo.

h) La unidad organizada de los Hombres Metodistas Unidos habrá de buscar fondos para cumplir con sus propósitos. Los fondos, de cualquier fuente, que se hayan conseguido por los Hombres Metodistas Unidos pertenecerán a la organización y serán gastados sólo por lo acordado en su constitución y reglamento.

(1) La unidad de Hombres Metodistas Unidos puede tener su propia cuenta bancaria.

(2) La unidad de HMU debe tener una auditoría anual.

7. *Ministerios suplementarios*—Teniendo en cuenta que las necesidades de las mujeres y de los hombres son complejas y únicas en cada congregación, se alienta a las iglesias locales a desarrollar una variedad de programas de ministerios suplementarios para mujeres y hombres, además de las Mujeres Metodistas Unidas y Hombres Metodistas Unidos.

¶ **257.** *Concilios de Grupos de Distintas Edades y de Familia*— Dondequiera que el tamaño de la iglesia y la extensión de su programa indiquen la necesidad, la obra del concilio de iglesia (u otro cuerpo apropiado) puede facilitarse por medio de uno o más concilios de grupos de distintas edades o un concilio de familia, o ambos, u otros medios según sean apropiados a las necesidades de la congregación. Los miembros de estos concilios serán electos por el concilio de iglesia (u otro cuerpo apropiado).

COMITÉS ADMINISTRATIVOS

¶ **258.** 1. La conferencia del cargo elegirá anualmente en cada iglesia local un comité de nominaciones y desarrollo de liderazgo compuesto de miembros profesos de la iglesia local. La responsabilidad de este comité es identificar, desarrollar, emplazar, evaluar y supervisar el liderazgo cristiano para la congregación local. Los miembros del comité se dedicarán a desarrollar, atender y mejorar su vida cristiana a la luz de la misión de la Iglesia (Parte V, Capítulo primero, Sección 1).

Al realizar su trabajo, el comité se dedicará a la reflexión bíblica y teológica sobre la misión de la iglesia, la tarea primordial y los ministerios de la iglesia local. Proveerá un medio de identificar los dones espirituales y habilidades de los miembros. El comité trabajará con el concilio de iglesia, o cuerpos administrativos alternos, para determinar las diversas tareas de ministerio de la congregación y las destrezas que se necesitan para el liderazgo.

a) El comité de nominaciones y desarrollo de liderazgo servirá a través del año para guiar al concilio de iglesia, o estructura alterna, en asuntos pertinentes al liderazgo de la congregación (aparte del personal empleado) de manera que se enfoquen en la misión y el ministerio como contexto del servicio; guiar el desarrollo y preparación de los líderes espirituales; reclutar, nutrir y sostener a los líderes espirituales; y asistir al concilio de iglesia, o la estructura alterna, a evaluar las necesidades cambiantes del liderazgo.

b) El comité recomendará a la conferencia del cargo, en su sesión anual, los nombres de las personas que servirán como oficiales y líderes de los ministerios designados del concilio de iglesia, o cuerpo alterno que exige la obra de la iglesia, según el requisito de ley de la iglesia, o según los considere necesarios la conferencia del cargo para su obra.

c) El comité estará compuesto de no más de nueve personas, además del pastor y el líder laico. Por lo menos un adulto joven, elegido por la conferencia del cargo, servirá como miembro del comité. Uno o dos miembros, elegidos por la conferencia del cargo, podrán ser jóvenes. El pastor presidirá al comité. Una persona laica, elegida por el comité de nominaciones y desarrollo de liderazgo, servirá como vicepresidente.

d) A fin de garantizar la experiencia y estabilidad, los miembros se dividirán en tres clases, una de las cuales será elegida cada año por un período de tres años. Para comenzar el proceso de rotación, si éste no ha existido antes, se elegirá una clase por un año, una por dos años, y la otra, por tres años. Todos los años se elegirá una clase, y se llenarán las vacantes que hubiere de entre los postulados, en la sesión de la conferencia del cargo, desde el pleno de la misma, por postulación del comité de nominaciones y desarrollo de liderazgo, o por ambos. Los miembros del comité que se retiran no podrán sucederse a sí mismos. Cuando ocurran vacantes durante el año, los postulados serán elegidos por el concilio de iglesia (o estructura alterna). Sólo un miembro inmediato de una familia que resida en el mismo domicilio servirá en el comité.

e) En el proceso de identificación y selección, se pondrá cuidado en que el liderazgo de los ministerios refleje inclusividad y diversidad.

2. La conferencia del cargo elegirá un comité de relaciones pastor-parroquia (relaciones entre el personal y la parroquia) de miembros profesos de la iglesia local o cargo, o miembros asociados (¶ 227), excepto en caso en que la legislación de conferencias centrales o la ley local lo disponga de otro modo. Las personas que sirven en este comité tienen que involucrarse en su desarrollo espiritual, y estar atentos al mismo, a fin de proporcionar liderazgo apropiado en el desempeño de las responsabilidades que se les han confiado.

Al realizar su trabajo, el comité identificará y aclarará sus valores para el ministerio. Se dedicará a reflexiones bíblicas y teológicas sobre la misión de la iglesia, la tarea primordial y el ministerio de la iglesia local.

El comité reflexionará bíblica y teológicamente sobre el rol y la obra del pastor o pastores, del personal empleado al desempañar sus responsabilidades de liderazgo. El comité asistirá al pastor o pastores y al personal empleado en la evaluación de sus dones, en el mantenimiento de su salud integral y el equilibrio entre el trabajo y la vida personal, y en la imposición de prioridades para el liderazgo y el servicio. Es la responsabilidad del comité comunicarse con el comité de liderazgo laico o con el concilio de iglesia cuando haya necesidad de otros líderes o de que el personal empleado actúe en campos en que la utilización de los dones del pastor o pastores y del personal empleado resulte en una mayordomía del tiempo inapropiada.

a) El comité estará compuesto de no menos de cinco ni más de nueve personas representativas de todo el cargo. Uno de los miembros debe ser un adulto joven, y puede haber un miembro joven. Además, el líder laico y el miembro laico de la conferencia anual también serán miembros. Ningún miembro del personal empleado o familiar inmediato de un miembro del mismo podrá ser miembro del comité. Sólo un miembro inmediato de una familia que resida en el mismo domicilio servirá en el comité.

b) A fin de garantizar la experiencia y estabilidad, los miembros se dividirán en tres clases, una de las cuales será elegida cada año por un período de tres años. El líder laico y el miembro laico de la conferencia anual quedan exentos del período de tres años. Para comenzar el proceso de rotación, si éste no ha existido antes, se elegirá una clase por un año, una por dos años, y la otra, por tres años. Los miembros del comité podrán sucederse a sí mismos otro período de tres años. Cuando ocurran vacantes durante el año, los candidatos pueden ser elegidos en el concilio de iglesia, (o estructura alterna de la iglesia).

c) En aquellos cargos en que haya más de una iglesia, el comité incluirá por lo menos un representante y el líder laico de cada iglesia local.

d) Los comités de relaciones pastor-parroquia de cargos que son parte de ministerios cooperativos de parroquias, se reunirán en conjunto para considerar las necesidades del liderato profesional de todo el ministerio cooperativo de las parroquias.

e) El comité se reunirá por lo menos una vez al trimestre. Tendrá reuniones adicionales a petición del obispo, del superintendente, del pastor, cualquier persona responsable ante el comité o el presidente del comité. El comité se reunirá solamente con el conocimiento del pastor o del superintendente de distrito. El pastor estará presente en cada reunión del comité de relaciones pastor- parroquia, o el comité de relaciones del personal/parroquia, excepto cuando voluntariamente se excuse.

El comité puede reunirse con el superintendente de distrito sin que esté presente el pastor o personal designado. Sin embargo, el pastor o miembro del personal designado que esté bajo consideración, ha de ser informado con anterioridad de la reunión con el superintendente de distrito, e inmediatamente después de la reunión será llamado a una consulta.

El comité puede reunirse en sesión cerrada, y la información que se presente ante el comité será confidencial.

f) En el caso de que sólo una congregación de un cargo que tiene más de una iglesia tenga preocupaciones que desea compartir, sus miembros en el comité pueden reunirse por separado con el pastor o cualquier otra persona responsable ante el comité o con el superintendente de distrito, pero solamente con el conocimiento del pastor o del superintendente de distrito.

g) Los deberes del comité serán los siguientes:

(1) Estimular, fortalecer, nutrir, apoyar y respetar al pastor y al personal y a su familia.

(2) Promover la unidad en la iglesia.

(3) Conferenciar con el pastor (o pastores) y el personal empleado y asesorarlos sobre los asuntos que atañen a su efectividad en el ministerio, relaciones con la congregación, la salud del pastor y su propio cuidado, condiciones que puedan impedir la efectividad del ministerio, e interpretar la naturaleza y función del mismo;

(4) Conferenciar con el pastor (o pastores) y el personal empleado, consultarles y asesorarles en asuntos que atañen a las prioridades en el uso de sus dones, sus destrezas y su tiempo, y sobre las prioridades sobre las demandas y efectividad de la misión y ministerio de la congregación.

5) Suministrar por lo menos una evaluación anual para el uso del pastor y personal empleado en un ministerio efectivo continuado, e identificar necesidades educacionales y planes existentes;

(6) Comunicar e interpretar a la congregación la naturaleza y función del ministerio en la Iglesia Metodista Unida con respecto a la itinerancia abierta, la preparación para el ministerio ordenado, y el Fondo de Educación Ministerial;

(7) Desarrollar y aprobar por escrito descripciones de trabajos y títulos para pastores asociados y otros miembros del personal empleado, en cooperación con el pastor encargado. El término pastor asociado se usa como término en general para describir cualquier nombramiento pastoral en cualquier iglesia local aparte del de pastor encargado (¶ 339). Se instará a los comités a elaborar títulos específicos para pastores asociados que reflejen las descripciones del cargo y lo que se espera del mismo.

(8) Consultar con el pastor y los empleados concerniente a su educación continuada, equilibrio entre le trabajo y la vida personal, dimensiones de la salud y bienestar personal y renovación espiritual, y hacer los arreglos con el concilio de iglesia en cuanto al tiempo necesario y la ayuda financiera para que el pastor o los empleados, o todos ellos, puedan asistir a tales eventos de educación continuada, el cuidado de sí mismo y renovación espiritual, según éstos sirvan para su crecimiento profesional y espiritual, y animar a miembros del personal a buscar certificación en sus campos de especialización.

(9) Reclutar, entrevistar, evaluar, revisar y recomendar anualmente a la conferencia del cargo los predicadores laicos candidatos al ministerio ordenado (¶¶ 247.8 y 310 y reclutar personas para candidatos al servicio misionero, y referirlas a la Junta General de Ministerios Globales, reconociendo que la Iglesia Metodista Unida afirma el apoyo bíblico y teológico de las personas, sin distinción de género, raza, origen étnico o impedimentos para este ministerio. Ni el pastor ni ningún miembro del comité de relaciones entre pastor-parroquia estarán presentes durante la consideración de una solicitud de candidatura o renovación para un miembro de su familia inmediata. El comité proveerá a la conferencia del cargo una lista de los estudiantes del cargo que se preparan para el ministerio ordenado, el ministerio diaconal, o el servicio misionero. Así mismo, mantendrá contacto con estos estudiantes, y proporcionará a la conferencia del cargo un informe del progreso de cada estudiante.

(10) Interpretar a la congregación la preparación para el ministerio ordenado y el Fondo de Educación Ministerial.

(11) Conferenciar con el pastor y otros miembros del equipo personal que hayan sido nombrados por el obispo, si se hace evidente que los intereses del cargo y del pastor o pastores serían mejor servidos con el cambio de pastor o pastores. El comité cooperará con el pastor o pastores, el superintendente de distrito y el obispo en obtener el liderazgo clerical. La relación del comité con el superintendente de distrito y el obispo será solamente de carácter asesor[9] (¶¶ 425-428).

(12) Recomendar al concilio de iglesia, después de haber consultado con el pastor, las posiciones profesionales y de personal (sean empleados o personas bajo contrato), que se necesiten para llevar a cabo el trabajo de la iglesia o del cargo. El comité y el pastor recomendarán al concilio de iglesia una declaración escrita de la política y los procedimientos concernientes al proceso de empleo, contratación, evaluación, promoción, jubilación y despido de los empleados que no están sujetos a nombramiento episcopal como clérigos ordenados. Hasta tanto que tal política sea adoptada, el comité y el pastor tienen la autoridad de emplear, contratar, evaluar, promover, jubilar y despedir a los empleados que no están sujetos a nombramiento. Cuando se emplean o contratan a personas, debe darse consideración a los requisitos de adiestramiento y a las normas de certificación establecidas por la agencia general de la iglesia con la que tal puesto se relaciona. El comité, además, debe recomendarle al concilio de la iglesia provisión adecuada de beneficios de seguros de vida y salud, y pago de separación para todos los empleados laicos. Además, el comité habrá de recomendar que el concilio de la iglesia provea, en vigor a partir del 1 de enero de 2006, el 100 por ciento de beneficios de pensión de por lo menos el tres por ciento de la compensación de los empleados laicos de la iglesia local que trabajen por lo menos 1040 horas al año, tengan más de 21 años de edad y que hayan trabajado por lo menos un año. El concilio de la iglesia tendrá autoridad para proveer beneficios de pensión por medio, ya sea del programa de pensiones de la denominación que se administra por la Junta General de Pensiones y Beneficios de Salud, o por cualquier otro programa de pensiones.

(13) Recomendar a la conferencia del cargo, cuando el número de empleados del cargo lo haga deseable, el establecimiento de un **comité de personal**. El comité estará compuesto de

---

9   Ver Decisión 701 del Concilio Judicial.

tales miembros del Comité de Relaciones Pastor-Parroquia como el comité lo designe y de miembros adicionales según lo determine la conferencia del cargo.

(14) Educar a la comunidad de la iglesia sobre el valor de la diversidad en la selección del clero y del personal laico, y desarrollar un compromiso con la misma.

(15) Los miembros del Comité de Relaciones Pastor-Parroquia (o el de relaciones de personal-parroquia) se mantendrán informados de asuntos del personal empleado en relación con las normas profesionales de la iglesia, asuntos sobre responsabilidad civil, y el derecho civil. Son responsables de comunicar dichos asuntos al personal empleado. Los miembros del comité deben estar dispuestos a aprovechar oportunidades para educarse y prepararse que la conferencia, el distrito, y otras arenas proveen, y que los capacitarán para ser efectivos en su trabajo.

(16) Consultar sobre asuntos que tengan que ver con las necesidades del púlpito, viajes, vacaciones, seguros y otros asuntos prácticos que afecten el trabajo y las familias del pastor y del personal, y hacer recomendaciones anuales al concilio de la iglesia sobre estos asuntos, reportando artículos del presupuesto al comité de finanzas. La casa pastoral deberá ser respetada tanto por la familia del pastor como propiedad de la iglesia y por la iglesia como un lugar privado para la familia del pastor. El comité se encargará de procurar la resolución rápida de problemas de la casa que afecten la salud del pastor o de la familia del pastor. La presidencia del comité pastor-parroquia, la presidencia del comité de síndicos y el pastor o pastora, habrán de hacer una revisión anual de la casa pastoral que sea propiedad de la iglesia y asegurarse de que esté debidamente mantenida y proporcionar resolución inmediata a los problemas de la casa pastoral que afecten la salud y bienestar de la familia.

(17) Alentar, monitorizar y apoyar a la clerecía y personal laico a la búsqueda de la salud y bienestar.

3. Habrá una **junta de síndicos** cuyos miembros y deberes se detallan en los ¶¶ 2525-2551.

4. Habrá un comité de finanzas, que la conferencia del cargo elegirá anualmente, postulado por el Comité de Liderazgo Laico o por el pleno de la conferencia. El comité está compuesto del presidente; el pastor o pastores; uno de los miembros laicos de la conferencia anual; el presidente del concilio de iglesia; el presidente o un representante del Comité de Relaciones Pastor-Parroquia; un

representante de los síndicos seleccionado por los síndicos; el presidente del área de trabajo de mayordomía; el líder laico; el secretario de finanzas; el tesorero; el administrador de negocios de la iglesia; y otros miembros que se añadirán según lo determine la conferencia del cargo. Se recomienda que el presidente del Comité de Finanzas sea miembro del concilio de iglesia. El secretario de finanzas, el tesorero y el administrador de negocios de la iglesia, si son empleados pagados de la iglesia, serán miembros sin el privilegio del voto.

Los puestos de tesorero y de secretario de finanzas no deben ser combinados y dados a una sola persona. Además, las personas que tengan estos puestos no deben ser familia.

Ningún miembro inmediato de la familia de cualquier clérigo nombrado podrá ejercer de tesorero, coordinador de finanzas, contador o servir en cualquier posición remunerada o no bajo las responsabilidades del comité de finanzas, como se describe en este documento. Estas restricciones serán aplicables únicamente en la iglesia o cargo donde el clérigo ejerce su ministerio.

El comité de finanzas otorgará a la mayordomía de los recursos financieros prioridad durante todo el año. Podrá delegar la responsabilidad a un subgrupo o a un grupo de tarea el cual planificará, presentará una estrategia e implementará las maneras de generar más recursos para la misión y ministerios de las iglesias locales y demás. Se recomienda con ímpetu que el comité de finanzas, en colaboración con el Concilio de la Iglesia, encuentre maneras creativas para convertir sus congregaciones en congregaciones que diezman con actitud de generosidad.

Todas las peticiones de fondos que han de incluirse en el presupuesto anual de la iglesia local han de ser sometidas al Comité de Finanzas. El Comité de Finanzas compilará anualmente un presupuesto completo para la iglesia local y lo someterá al concilio de iglesia para su revisión y adopción. El Comité de Finanzas tiene la responsabilidad de desarrollar y ejecutar planes para obtener suficientes fondos para hacerle frente al presupuesto adoptado por el concilio de iglesia. Administrará los fondos recibidos de acuerdo a las instrucciones del concilio de iglesia.

El comité cumplirá las instrucciones del concilio de iglesia que han de guiar al tesorero o tesoreros y al secretario de finanzas.

a) El comité designará por lo menos dos personas, que no sean familiares inmediatos que residan en el mismo domicilio, para contar la ofrenda. Estas personas informarán al secretario de finanzas y al tesorero de la iglesia sobre los fondos recibidos. Los fondos recibidos se depositarán prontamente, de acuerdo con los procedimientos establecidos por el Comité de Finanzas. El secretario de finanzas mantendrá el registro de contribuciones y pagos.

b) El **tesorero o tesoreros de la iglesia** desembolsarán todos los dineros contribuidos para causas que están representadas en el presupuesto de la iglesia local, y otros fondos y contribuciones según lo determine el concilio de iglesia. El tesorero o tesoreros enviarán mensualmente al tesorero conferencial todos los fondos recibidos para el Servicio Mundial y las benevolencias conferenciales. Las contribuciones para las benevolencias no podrán usarse para ninguna otra causa que para las que fueron dadas. El tesorero de la iglesia dará informes detallados y regulares de los fondos recibidos y gastados al Comité de Finanzas y al concilio de iglesia[10]. El tesorero o tesoreros estarán afianzados adecuadamente.

c) El **comité de finanzas** establecerá reglas escritas de finanzas que documenten los controles internos de la iglesia local. Las reglas escritas de finanzas deberán ser revisadas anualmente por el comité de finanzas para comprobar que sean adecuadas y competentes y se someterán anualmente como informe a la conferencia de cargo.

d) El comité presentará los registros financieros de la iglesia local a un examen de cuentas anual junto con todas sus organizaciones y cuentas. El comité elaborará un informe detallado y completo para la conferencia anual de cargo. Definimos examen de cuentas de la iglesia local como la evaluación independiente de los registros e informes financieros y controles internos de la iglesia por una persona o personas cualificadas.

El examen de cuentas se llevará a cabo con el propósito de verificar, dentro de lo que sea razonable, la validez del informe financiero, determinar si el capital ha sido protegido y determinar el acatamiento de las leyes locales, reglas y procedimientos de la iglesia local y de la *Disciplina* de la Iglesia Metodista Unida.

El examen de cuentas podrá incluir: 1) un examen de reconciliación del efectivo y el capital invertido; 2) entrevistas con el tesorero, el secretario de finanzas, el pastor (o los pastores), el presidente del comité de finanzas, el administrador de negocios, las personas que cuentan las ofrendas, el secretario de la iglesia, etc., con indagaciones en cuanto al cumplimiento de las reglas y

---

10   Ver Decisiones 63, 320, 539 del Concilio Judicial

los procedimientos escritos de finanzas existentes; 3) revisión de entradas y firmantes de cheques autorizados de cada cuenta corriente o de inversión; y 4) otros procedimientos que el comité de finanzas considere oportunos.

El examen de cuantas se llevará a cabo por un comité de examen de cuentas que se componga de personas no relacionadas con las personas mencionadas en el apartado (2) o por un contable certificado independiente (CPA), agencia de contabilidad o equivalente.

e) El comité recomendará al concilio de iglesia depositarios adecuados para los fondos de la iglesia. Los fondos recibidos han de depositarse prontamente a nombre de la iglesia local.

f) Las contribuciones designadas para causas y objetivos específicos han de enviarse prontamente de acuerdo a las intenciones del donante, y no han de usarse para ningún otro propósito[11].

g) Después que el presupuesto de la iglesia local ha sido aprobado, apropiaciones adicionales o cambios en el presupuesto tienen que ser aprobados por el concilio de la iglesia.

h) El comité preparará para el concilio de iglesia un informe anual de todos los fondos designados que no son parte de los gastos corrientes del presupuesto.

5. El concilio de la iglesia podrá nombrar aquellos otros comités que estime necesarios, como: comité de comunicaciones, comité de registros e historia, comité de salud y bienestar y comité de donativos especiales.

Sección VII. El método de organizar una nueva iglesia local

¶ 259. 1. **Una nueva iglesia local o una misión** se establecerá solamente con el consentimiento del obispo encargado y de su gabinete, después de dar consideración debida a la entidad conferencial a la que se la ha asignado la responsabilidad del desarrollo congregacional. El obispo designará el distrito dentro del cual la iglesia o misión ha de organizarse. El superintendente de ese distrito, o su persona designada, será el agente a cargo del proyecto, y recomendará a la Junta Distrital de Ubicación y Construcción (¶ 2518) el método de su organización y si se seleccionará un sitio específico, y si se designa una zona de organización. El superintendente de distrito hará uso de información demográfica, del estilo de vida y etnográfica en el proceso de establecer una

---

11   Ver Decisión 976 del Concilio Judicial.

congregación nueva y su ubicación, o recomendará a la Junta de Síndicos de la iglesia local seleccionada que comparta su edificio con la congregación propuesta. Si existe una organización misionera en el distrito o la ciudad, o si espera utilizar fondos en este proyecto procedentes de alguna organización conferencial, se le pedirá a esas organizaciones que aprueben el método de organización y la ubicación de la nueva congregación.

a) Una misión se puede designar cuando existen cualquiera de las siguientes condiciones: 1) Las oportunidades de miembros y recursos están limitadas y no se espera que resulte en una congregación oficial por un largo tiempo. 2) Se presenta la oportunidad de servir a un sector demográfico, cultural o de idioma. 3) Se espera que fondos para el sostenimiento a largo plazo de fuentes fuera de la congregación serán necesarios para que la congregación pueda existir, cuando se asume que ayuda de la conexión no será posible. 4) Es probable que la conferencia anual necesitará proveer dirección administrativa a largo plazo. Cuando exista cualquiera de estas condiciones, el Gabinete, en consulta con el área de Desarrollo Congregacional de la conferencia anual, puede designar una entidad como una misión. La Misión puede ser organizada de la misma manera y tener los mismos derechos y poderes que cualquier iglesia local.

2. El obispo podrá nombrar un pastor para comenzar una nueva iglesia local, o el superintendente de distrito, con la aprobación del obispo, podrá autorizar a una iglesia local o grupo de ellas para que comiencen una nueva iglesia al reunir personas interesadas en grupos pequeños para el estudio bíblico, alcance, edificación de la comunidad y adoración en un sitio en una zona aprobada por la Junta Distrital de Ubicación y Construcción de Iglesias.

3. Un pastor de la Iglesia Metodista Unida, mientras sirva como pastor de una nueva iglesia antes de convocarse a una conferencia constitutiva (¶ 259.7), puede recibir a una persona como miembro de la Iglesia Metodista Unida bajo las condiciones del ¶ 217. Cuando se recibe a una persona como bautizada o como miembro profeso, el pastor enviará el nombre, la dirección, y datos pertinentes al secretario de la conferencia anual, para que asiente a dicha persona en el registro general de miembros. Los nombres se transferirán lo antes posible al registro de la nueva iglesia, una vez constituida, o a otra iglesia a petición del miembro. Si la nueva iglesia es patrocinada por una iglesia existente, se puede asentar la relación de miembro en el registro de dicha iglesia.

4. Cada conferencia anual o su equivalente podrá determinar el número mínimo de miembros y otros criterios que se requieren para organizar una iglesia metodista unida local.

5. Cuando el número de personas interesadas en ser miembros fundadores de la nueva iglesia alcance el número necesario, según lo ha determinado la conferencia para certificar una nueva iglesia, el superintendente de distrito convocará a los interesados a reunirse en una ocasión dada con el fin de organizarlos en una iglesia local certificada organizada, o podrá designar un presbítero del distrito, por autorización escrita, para que convoque a tal reunión. El superintendente de distrito, o su presbítero designado, presidirá y nombrará un secretario para levantar acta de la sesión. Después de un tiempo de adoración, se dará oportunidad para que los asistentes se presenten para hacerse miembros.

6. A las personas que deseen hacerse miembros profesos por transferencia o por profesión de fe en Cristo, se les dará esa oportunidad. Quienes no hayan sido bautizados recibirán el sacramento del bautismo, profesarán su fe y se les recibirá como miembros. Otras personas ya bautizadas serán recibidas como miembros bautizados.

7. Se confeccionará una lista de todos los miembros recibidos por traslado y profesión de fe a la iglesia propuesta. Aquellos que serán miembros de la conferencia de iglesia constituyente, serán aquellos recibidos en la membresía de profesos.

8. El superintendente de distrito, o un presbítero por él designado, llamará la conferencia de iglesia constituyente al orden (¶ 246.5). Un comité de postulaciones, elegido por postulación desde el pleno según lo determine la conferencia, nombrará a los miembros del concilio de iglesia propuesto. El pastor nombrado será el presidente del comité de postulaciones (¶ 258.1c). Cuando los miembros hayan sido escogidos, el superintendente, o el presbítero designado, declarará que la iglesia ha sido debidamente constituida.

9. El superintendente de distrito, o un presbítero designado por el mismo, clausurará la conferencia de iglesia constituyente, y convocará la conferencia del cargo de ese cargo pastoral. Los miembros de la conferencia del cargo serán los nuevos elegidos y todos los que tienen derecho a ser miembros. La conferencia del cargo procederá a elegir los oficiales que la *Disciplina* exige, incluso los síndicos de la propiedad, y organizará su estructura

según lo dispone la *Disciplina*. Una vez elegidos dichos oficiales y establecida dicha estructura, la iglesia quedará debidamente organizada, y a partir de este punto su trabajo procederá como se describe en la *Disciplina*, con tal que cuando se anexe una iglesia nuevamente organizada a un circuito, no se podrá celebrar la conferencia del cargo hasta que los representantes de todas las iglesias del cargo puedan reunirse debidamente con ese fin.

10. La conferencia del cargo puede decidir, a su discreción, autorizar y ordenar a los nuevos síndicos a que inscriban a la nueva iglesia organizada de acuerdo con las leyes locales y las disposiciones de la *Disciplina*.

Sección VIII. Transferencia de una iglesia local

¶ **260.** Se puede transferir una iglesia local de una conferencia anual a otra en la cual esté geográficamente localizada por las dos terceras partes de los votos de los miembros profesos presentes y votantes en cada una de las siguientes reuniones: (1) la conferencia del cargo, (2) una reunión congregacional de la iglesia local, y (3) cada una de las dos conferencias anuales de que se trate. Al anunciar el obispo u obispos de las conferencias anuales que se ha logrado la mayoría requerida, la transferencia tendrá efecto inmediatamente. Los votos requeridos pueden originarse en la iglesia local de cualquiera de las dos conferencias anuales, y tendrán efecto sin consideración del orden en que hayan sido tomados. En cada caso, el voto de las dos terceras partes de los miembros presentes y votantes decidirá, a menos que sea anulado antes de que se complete la transferencia por el voto de la mayoría de los miembros presentes y votantes.

Sección IX. Protección de los derechos de las congregaciones

¶ **261.** Nada en el Plan y Base de la Unión en cualquier momento después de la unión debe interpretarse como que exigiere que cualquier iglesia local de la pasada Iglesia de los Hermanos Unidos en Cristo, o de la pasada Iglesia Evangélica, o de la pasada Iglesia Evangélica de los Hermanos Unidos, o de la pasada Iglesia Metodista enajene o en cualquier forma cambie el título de propiedades contenido en su escritura o escrituras al momento de la unión; y el tiempo transcurrido o el uso no afectan dicho título o control.

Sección X. Domingos especiales

¶ 262. Los domingos especiales en la Iglesia Metodista Unida tienen por objeto ilustrar la naturaleza y el llamado de la iglesia, y se celebran anualmente. Los domingos especiales se colocan en el calendario para hacer claro el llamado de la iglesia como el pueblo de Dios, y les da a las personas la oportunidad de contribuir ofrendas para programas especiales.

Seis domingos especiales a través de toda la iglesia proveen ofrendas que permiten que expresemos nuestro compromiso: Domingo de Relaciones Mundiales, Domingo de UMCOR, Domingo de Comunión Mundial, Domingo del Estudiante Metodista Unido, Domingo de Paz con Justicia y Ministerios con Nativo-americanos. Tres domingos especiales se observan sin ofrendas: el Domingo de Nuestra Herencia, el Domingo del Laicado y el Domingo de los Donantes de Órganos y Tejidos. Cuatro domingos que se celebran en toda la iglesia, el Domingo de Educación Cristiana, el Domingo de la Cruz Áurea, de Sensibilización ante las Discapacidades, el Domingo de Vida Rural y de Concienciación de los Voluntarios en Misión proporcionan oportunidades de ofrendas para la conferencia anual.

Los domingos especiales que apruebe la Conferencia General serán los únicos domingos que se enfatizarán por toda la iglesia. El calendario de programa de la denominación incluirá solamente los domingos especiales aprobados por la Conferencia General, los domingos especiales aprobados por las agencias ecuménicas con las que la Iglesia Metodista Unida está oficialmente relacionada, y los días y estaciones del Año Cristiano.

Debido a que las conferencias centrales representan una diversidad de historia y herencias éstas no estarán obligadas a observar todos los días especiales abajo enumerados. Se autoriza a las conferencias centrales a observar otros días especiales apropiados a sus historias y herencias particulares.

DISPOSICIONES GENERALES RELACIONADAS
CON LOS DOMINGOS ESPECIALES CON OFRENDAS

¶ 263. Cada Iglesia Metodista Unida local celebrará seis domingos especiales con ofrendas.

Propósito—La Conferencia General habrá de determinar el propósito de las ofrendas recibidas por toda la iglesia con la recomendación del Concilio General de Finanzas y Administración, después de consultar con el Concilio de Obispos y el Concilio General de Ministerios. El propósito de estas ofrendas será el mismo durante todo el cuadrienio, y los ingresos netos serán distribuidos prorrateados a las agencias administradoras por el tesorero del Concilio General de Finanzas y Administración (¶¶ 824.7 y 805.6). La Comisión General de Comunicaciones hará la promoción para estas ofrendas, en cooperación con las agencias responsables por la administración de los mismos (¶ 1806.12). El tesorero de la iglesia local remitirá prontamente el total de cada ofrenda al tesorero de la conferencia anual, quien a su vez, excepto donde abajo se indique de otra manera, remitirá el total de los fondos al Concilio General de Finanzas y Administración dentro de los treinta (30) días de haber sido recibidos en la oficina de la tesorería de la conferencia anual.

1. *Día de las Relaciones Humanas*—Históricamente, el Día de las Relaciones Humanas se ha celebrado con una ofrenda, preferiblemente el domingo anterior a la celebración del cumpleaños de Martin Luther King, Jr. Las congregaciones deben observar el Día de las Relaciones Humanas en esta fecha o en una fecha apropiada a la iglesia local. Este domingo ocurre durante la Epifanía, la estación en que se manifiesta la luz de Dios al mundo. El Día de las Relaciones Humanas llama a la Iglesia a reconocer el derecho de todos los hijos de Dios a realizar su potencial como seres humanos en la relación de los unos con los otros. El propósito del día es realzar el desarrollo de mejores relaciones humanas.

Las ofrendas recibidas se asignarán y se administrarán de la siguiente manera:

a) Programa de Desarrollo Comunitario: 57 por ciento (administrado por la Junta General de Ministerios Globales).

b) Programa de Servicios Voluntarios Metodistas Unidos: 33 por ciento (administrado por la Junta General de Ministerios Globales).

c) Programa de Rehabilitación de Delincuentes Jóvenes: 10 por ciento (administrado por la Junta General de Iglesia y Sociedad).

2. *Domingo de UMCOR*—Históricamente el Domingo de UMCOR se ha celebrado con una ofrenda, preferiblemente el cuarto domingo de cuaresma. La cuaresma es la estación del arrepentimiento, del autoexamen y de tener conciencia del sufrimiento de las personas en el mundo. El Domingo de UMCOR llama a la Iglesia a compartir las bendiciones de la vida con los que sufren. La Comisión General de Comunicación dirigirá una promoción en toda Iglesia en conexión con el Domingo de UMCOR. La celebración estará bajo la supervisión general del Comité Metodista Unido de Auxilio, Junta General de Ministerios

Globales. Mientras sea posible, la planificación y la promoción del Domingo de UMCOR se hará cooperativamente con otras denominaciones a través del Consejo Nacional de las Iglesias de Cristo en los Estados Unidos de Norteamérica. Sin embargo, la Iglesia Metodista Unida administrará los fondos recibidos. El tesorero del Concilio General de Finanzas y Administración remitirá los ingresos netos de la ofrenda, después de pagarse los gastos de promoción, a la Junta General de Ministerios Globales, para que el Comité de Auxilio Metodista Unido los administre.

3. *Domingo de Comunión Mundial*—Históricamente, el Domingo de Comunión Mundial se ha celebrado con una ofrenda, el primer domingo de octubre. Las congregaciones deben celebrar el Domingo de Comunión Mundial en esta fecha o en otra que sea apropiada para la iglesia local. El Domingo de Comunión Mundial llama a la iglesia a ser católica e inclusiva. En conexión con el Domingo de Comunión Mundial, la Comisión General de Comunicación hará un llamado a toda la Iglesia. La observancia se hará bajo la supervisión de la Junta General de Ministerios Globales y la Junta General de Educación Superior y Ministerio. De acuerdo con las siguientes instrucciones: se le pedirá a cada iglesia local que envíe, según se establece en el ¶ 823.8, todas las ofrendas de comunión recibidas el Día de Comunión Mundial y las porciones que determine la iglesia local de las ofrendas de comunión recibidas durante otras celebraciones del sacramento de la Santa Cena.

El monto de las ofrendas, después del pago de gastos de promoción, se dividirá en proporción por el tesorero del Concilio General de Finanzas y Administración, a las siguientes agencias:

a) 50 por ciento para las Becas de Comunión Mundial, administrado por la Junta General de Ministerios Globales;

b) 35 por ciento para el Programa de Becas Étnicas (Junta General de Educación Superior y Ministerio); y

c) 15 por ciento para el Programa Étnico de Adiestramiento, (Junta General de Educación Superior y Ministerio).

4. *Día del Estudiante Metodista Unido*—Históricamente, el Día del Estudiante Metodista Unido se ha celebrado con una ofrenda el último domingo de noviembre. Las congregaciones deben celebrar el Día del Estudiante Metodista Unido en esta fecha o en otra apropiada a la iglesia local. El Día del Estudiante Metodista Unido llama a la Iglesia a apoyar a los estudiantes que se preparan para la vida, al unir la fe con el conocimiento. Los ingresos

de la ofrenda apoyan las becas metodistas unidas y el Fondo de Préstamos a Estudiantes Metodistas Unidos. En relación con el Día del Estudiante Metodista Unido, la Comisión General de Comunicación habrá de efectuar una solicitud a la iglesia general. La observancia será bajo la supervisión general de la Junta General de Educación Superior y Ministerio. El saldo neto, después del pago de los gastos de promoción, se enviará por el tesorero del Concilio General de Finanzas y Administración a la agencia administradora.

5. *Domingo de Paz con Justicia*—Históricamente, el Domingo de Paz con Justicia se ha celebrado con una ofrenda, el primer domingo después de Pentecostés. Las congregaciones habrán de celebrar el Domingo de Paz con Justicia en esta fecha o en otra apropiada a la iglesia local. El Pentecostés celebra el derramamiento del Espíritu Santo que clama por el shalom de Dios. Paz con Justicia es un testimonio de la demanda de Dios por un mundo fiel, justo, no armado y seguro. La celebración está bajo la supervisión general de la Junta General de Iglesia y Sociedad.

a) El tesorero de la conferencia anual retendrá el 50 por ciento de los ingresos para los ministerios de Paz con Justicia de la conferencia anual. Estos fondos los administrará la Junta Conferencial de Iglesia y Sociedad o su estructura equivalente.

b) El tesorero de la conferencia anual remitirá el 50 por ciento restante de los ingresos al Concilio General de Finanzas y Administración. El saldo neto, después del pago de gastos de promoción, será distribuido por el tesorero del Concilio General de Finanzas y Administración a la agencia administradora de los ministerios de Paz con Justicia.

6. *Domingo de Ministerios Nativoamericanos*—Históricamente, el Domingo de Ministerios Nativoamericanos se ha celebrado con una ofrenda, el tercer domingo de Pascua de Resurrección. Las congregaciones en los Estados Unidos habrán de celebrar el Domingo de Ministerios Nativoamericanos en esta fecha o en otra apropiada a la iglesia local. Este domingo servirá para recordar a la iglesia los dones y las contribuciones a nuestra sociedad hechas por personas nativoamericanas. En relación con el Domingo de Ministerios Nativoamericanos, la Comisión General de Comunicación hará una solicitud a la iglesia general. La observancia estará bajo la supervisión general de la Junta General de Ministerios Globales y la Junta General de Educación Superior y Ministerio.

a) El tesorero de la conferencia anual retendrá el 50 por ciento de los ingresos para el desarrollo y fortalecimiento de los ministerios nativoamericanos dentro de la conferencia anual, y para ser administrados por un Comité Conferencial sobre Ministerios Nativoamericanos.

Si no hay ministerios nativoamericanos en la conferencia anual, el tesorero de la conferencia anual remitirá este 50 por ciento al Concilio General de Finanzas y Administración.

b) El tesorero de la conferencia anual informará el total recibido y remitirá el 50 ó 100 por ciento restante de los ingresos, como sea aplicable, al Concilio General de Finanzas y Administración.

c) El saldo neto, después del pago de los gastos de promoción, será distribuido por el tesorero del Concilio General de Finanzas y Administración a las agencias administradoras: 1) becas para nativoamericanos que asisten a escuelas de teología metodistas unidas y a escuelas de teología aprobadas por el Senado Universitario de la Iglesia Metodista Unida: cincuenta por ciento (Junta General de Educación Superior y Ministerio). 2) Fortalecer, desarrollar y equipar las congregaciones, ministerios y comunidades nativoamericanas rurales, urbanas y en las reservas.

Disposiciones generales relacionadas con los domingos especiales sin ofrendas

¶ **264.** Cinco domingos especiales sin ofrendas de toda la Iglesia serán aprobados por la Conferencia General por la recomendación de la Mesa Conexional después de consultar al Consejo de Obispos (ver Declaración Histórica, p. 10). Las agencias respectivas, a través de los canales programáticos normales, desempeñan las funciones programáticas asignadas a las agencias generales. No se necesitan los domingos especiales para poner en ejecución estas funciones programáticas.

1. *Domingo de Nuestra Herencia*—El Domingo de Nuestra Herencia se observará el Día de Aldersgate (24 de mayo), o el domingo anterior. Este día nos da una oportunidad de reflexionar en la herencia, celebrar en dónde ha estado la iglesia, cómo se comprende a sí misma al darnos forma a nosotros hoy y el significado de la fraternidad cristiana. El Domingo de Nuestra Herencia llama a la Iglesia a recordar el pasado, comprometiéndose al continuo llamado de Dios. La celebración del Domingo de Nuestra Herencia estará bajo la supervisión general de la Comisión

General de Archivos e Historia. Cualquier agencia general que desee recomendar un tema para este domingo para un año en particular, puede hacerlo un año antes de la celebración para la cual hace la recomendación. Esta recomendación ha de hacerse a la Comisión General de Archivos e Historia, y la decisión del tema anual de este domingo la harán los miembros votantes de la Comisión General de Archivos e Historia.

2. *Domingo del Laicado*—El Domingo del Laicado se observará anualmente, preferiblemente el tercer domingo de octubre. El Domingo del Laicado llama a la iglesia a celebrar el ministerio de todos los cristianos laicos, según sus vidas reciben el poder del Espíritu Santo para ministrar. La celebración del Domingo del Laicado estará bajo la supervisión general de la Junta General de Discipulado. La Asociación de Líderes Laicos de la conferencia anual recomendará los temas para todo un cuadrienio a la Junta General del Discipulado, dos años antes del comienzo de un nuevo cuadrienio.

3. *Domingo del Donante de Órganos y Tejidos*—Se observará anualmente, el segundo domingo de noviembre, ya que la fecha está cerca del Día de Acción de Gracias. Se insta a las congregaciones a apoyar al Domingo del Donante de Órganos y Tejidos al incluir el tema en sus cultos. La Junta General de Iglesia y Sociedad será responsable de la supervisión y promoción de la observancia de este Domingo especial. Se pueden conseguir materiales de recursos en todos los programas sin fines de lucro de donantes en los Estados Unidos.

4. *Domingo del Ministerio de los Hombres*—El Domingo del Ministerio de los Hombres puede ser observado anualmente un día designado por la congregación local. Ese es el día para celebrar el ministerio de los hombres dentro y más allá de la iglesia local. Esto incluye: unidades de Hombres Metodistas Unidos, comunidades de reunión de hombres de Emaús, equipos de trabajo, estudios bíblicos, grupos de oración y otros lugares y organizaciones en donde los hombres de la Iglesia Metodista Unida se juntan para tener confraternidad, educación, desarrollo espiritual, testimonio y alcance. Los recursos para esta observancia se podrán conseguir de la Comisión General de Hombres Metodistas Unidos.

5. *Domingo del Ministerio de las Mujeres*—El Domingo del Ministerio de las Mujeres puede ser observado anualmente un día designado por la congregación local. El día se designará para

celebrar una variedad de ministerios de las mujeres, historia de las mujeres y la contribución de las mujeres dentro y más allá de la iglesia local. Esto incluye, aunque no se limita, a lo siguiente: unidades organizadas de Mujeres Metodistas Unidas; comunidades de reunión de mujeres de Emaús; equipos de trabajo; estudios bíblicos, grupos de oración y otros grupos de enriquecimiento, grupos de madres de preescolares y otros lugares y organizaciones en donde las mujeres de la Iglesia Metodista Unida se juntan para tener confraternidad, educación, desarrollo espiritual, testimonio y alcance. Los recursos para esta observancia se podrán conseguir a través de una variedad de organizaciones o podrá desarrollarse a través de la iglesia local dependiendo de los grupos que elijan participar

¶ **265.** *Domingos aprobados para que los observe la conferencia anual*—Cinco domingos especiales, aprobados por la Conferencia General, proporcionan la oportunidad a las conferencias anuales de recibir ofrendas. Los tesoreros de las iglesias locales remitirán los ingresos de estas cuatro ofrendas al tesorero de la conferencia anual, y se acusará recibo de ellos de acuerdo con el procedimiento de la conferencia anual. Las iglesias locales informarán las cantidades de las ofrendas en la manera indicada en el informe de la iglesia local a la conferencia anual.

1. *Domingo de Educación Cristiana*—El Domingo de Educación Cristiana se observará en la fecha que determine la conferencia anual. El Domingo de Educación Cristiana llama a la Iglesia, como el pueblo de Dios, a estar dispuestos a crecer y aprender como discípulos de Jesucristo. Si la conferencia anual así lo dispone, se puede recibir una ofrenda para la educación cristiana dentro de la conferencia anual. La observancia del Domingo de Educación Cristiana estará bajo la supervisión general de la Junta General de Discipulado.

2. *Domingo de la Cruz Áurea*—El Domingo de la Cruz Áurea se celebrará anualmente en una fecha determinada por la conferencia anual. Si la conferencia anual así lo dispone, se puede recibir una ofrenda para los ministerios de salud y bienestar en la conferencia anual. La observancia del Domingo de la Cruz Áurea estará bajo la supervisión general de la Junta General de Ministerios Globales.

3. *Domingo de Vida Rural*—El Domingo de Vida Rural se observará en una fecha determinada por la conferencia anual. El Domingo de Vida Rural llamará a la Iglesia a celebrar la herencia

rural de la Iglesia Metodista Unida, a reconocer la crisis continua que ocurre en las zonas rurales del país y del mundo hoy, y
para afirmar la interdependencia de comunidades rurales y urbanas. La observación del Domingo de Vida Rural será bajo la
supervisión general de la Junta General de Ministerios Globales.
Cualquiera que desee recomendar un tema para el Domingo de
la Vida Rural en algún año específico, lo puede hacer un año previo al año para el cual se recomienda la observancia. La recomendación se hará a la Junta General de Ministerios Globales y
los miembros votantes de la Junta habrán de determinar el tema
anual para este Domingo. Si la conferencia anual así lo ordenare,
se puede recibir una ofrenda para fortalecimiento del nutrimento, alcance y el testimonio de congregaciones en poblaciones pequeñas y áreas rurales.

4. *Domingo de Concientización sobre Impedimentos*—La conferencia anual observará el Domingo de Concientización sobre Impedimentos anualmente en una fecha determinada. El
Domingo de Concientización sobre Impedimentos llama a la
Iglesia a celebrar los dones y gracias de personas con impedimentos en la comunidad. Si la conferencia anual así lo ordenare, se
puede recibir una ofrenda, y la conferencia anual usará los fondos
para promover el trabajo de crear accesibilidad arquitectónica y
de actitud en las iglesias locales. La observancia del Domingo de
Concientización sobre Impedimentos estará bajo la supervisión
general de la Junta General de Ministerios Globales.

5. *Domingo de Concienciación de los Voluntarios Misionales*—
El Domingo de Concienciación de los Voluntarios Misionales
(UMVIM por sus siglas en inglés) se observará anualmente en
una fecha determinada por la conferencia anual. El Domingo de
Concienciación de los Voluntarios Misionales llama a la Iglesia
a celebrar las personas que han servido en misiones a corto plazo y en la obra de UMVIM por todo el mundo. Si la conferencia
anual lo considera adecuado, se podrá recibir una ofrenda para el
programa de Voluntarios Misionales de la conferencia anual. La
observancia del Domingo de Concienciación de los Voluntarios
Misionales estará bajo supervisión general de la Junta General de
MInisterios Globales de Voluntarios Misionales.

Las conferencias anuales pueden determinar otros domingos
especiales con ofrenda o sin ella. Los domingos especiales con
ofrenda serán aprobados por la Conferencia por recomendación
del Concilio de Ministerios de la Conferencia, en consulta con el

Concilio de Finanzas y Administración de la conferencia. Los domingos especiales sin ofrenda serán aprobados por la Conferencia por recomendación del Concilio de Ministerios de la Conferencia. Los tesoreros de las iglesias locales remitirán los ingresos de todos los domingos especiales de la Conferencia con ofrendas a la tesorería conferencial, y se acusará recibo de éstas de acuerdo con los procedimientos de la conferencia anual. Las iglesias locales informarán la cantidad de la ofrenda en la forma indicada en el Informe de la Iglesia Local a la conferencia anual.

Sección XI. Ministerios de servicio laico

¶ **266.** *El servicio laico certificado*—1. Un siervo laico certificado (de la iglesia local o certificado) es un miembro de la iglesia local o del cargo, o un participante bautizado de un ministerio colegiado metodista unido reconocido u otro ambiente ministerial metodista unido, que desea servir a la Iglesia, que conoce y esta comprometido con las Escrituras y la doctrina, herencia, organización y vida de la Iglesia Metodista Unida, y que ha recibido adiestramiento específico para testificar de la fe cristiana por medio de la comunicación oral, para liderar dentro de la Iglesia y comunidad y proporcionar ministerios de cuidado.

2. Los siervos laicos certificados sirven a la iglesia local o cargo (o fuera de la iglesia local o cargo) en cualquier manera en que su testimonio de liderazgo y servicio inspire a otros a un compromiso más profundo con Cristo y un discipulado más efectivo. Por medio del estudio y adiestramiento continuo, el siervo laico certificado deberá prepararse para asumir una de las siguientes funciones, y dará atención primordial al servicio dentro de la iglesia local o cargo, al ministerio colegiado metodista unido u otro ambiente ministerial metodista unido, incluso la interpretación de las Escrituras, doctrina, organización y ministerios de la Iglesia:

a) Proporcionar liderazgo, asistencia y apoyo a los énfasis de programa de la iglesia, u otro ministerio metodista unido.

b) Dirigir reuniones de oración, adiestramiento, estudio y discusión cuando se lo pida el pastor, el superintendente de distrito o el Comité de Servicio Laico.

c) Dirigir o asistir en la dirección de servicios de adoración, predicará la Palabra o dar pláticas cuando se lo pida el pastor, el superintendente de distrito o el Comité de Servicio Laico.

d) Trabajar en conjunto con comités apropiados y equipos que proporcionan liderazgo a la vida congregacional y comunitaria y en apoyar ministerios de cuidado.

e) Asistir en la distribución de los elementos de la Santa Cena dondequiera que se celebre bajo la petición del pastor de la iglesia en la cual el siervo laico tiene membresía.

f) Enseñar las Escrituras, doctrina, organización y ministerios de la Iglesia Metodista Unida.

3. El comité de Ministerios de Servicio Laico reconocerá a una persona como un siervo laico certificado cuando ésta haya:

a) Obtenido recomendación del pastor y del concilio de la iglesia o conferencia de cargo de la iglesia local u otro ministerio metodista unido en el cual esta persona mantiene su membresía.

b) Completado el curso de Ministerios de Servicio Laico básico.

c) Completado el curso avanzado de Ministerio de Servicio Laico.

d) Solicitado a y sus cualificaciones hayan sido estudiadas por el comité distrital de Ministerios de Servicio Laico, o estructura equivalente (¶ 668.3).

4. El reconocimiento como siervo laico certificado podrá ser renovado anualmente por el comité distrital de Ministerios de Servicio Laico, o estructura equivalente, cuando el siervo laico certificado haya:

a) Sometido un informe anual y solicitud de renovación a la conferencia de cargo y al comité distrital de Ministerios de Servicio Laico, o estructura equivalente, produciendo prueba de desempeño satisfactorio como siervo laico certificado.

b) Obtenido recomendación para la renovación del pastor y concilio de la iglesia o conferencia de cargo de la iglesia local u otro ministerio metodista unido en el cual mantiene membresía.

c) Completado el curso avanzado de Ministerios de Servicio Laico en los últimos tres años.

5. Un siervo laico certificado podrá transferir su certificación a otro distrito o conferencia tras recibir una carta del comité distrital de Ministerios de Servicio Laico anterior, o estructura equivalente, confirmando la certificación vigente y la fecha de conclusión del curso avanzado más reciente estudiado. Renovación posterior estará en acuerdo con ¶ 266.4.

6. Se recomienda que se rinda un servicio de compromiso para las personas reconocidas como siervos laicos certificados.

7. Los cursos de Ministerios de Servicio Laico serán esos recomendados por la Junta General de Discipulado o cursos avanzados alternativos aprobados por el comité de la conferencia de Ministerios de Servicio Laico. Los cursos serán inclusivos en lenguaje y grupos culturales conforme sea relevante en contexto. Los cursos de Ministerios de Servicio Laico están abiertos a todas las personas, sean o no participantes con deseo de reconocimiento como siervos laicos certificados.

8. Un siervo laico certificado es un voluntario pero honorario para las necesidades del púlpito como sea apropiado.

¶ **267.** *Orador laico certificado*— 1. Un orador laico certificado es un siervo laico certificado (o equivalente como lo defina su conferencia central) cuyo llamado ha sido afirmado por el comité conferencial de Ministerios de Servicio Laico u estructura equivalente que sirva a la iglesia en la provisión de predicadores de acuerdo con lo dispuesto y para el cumplimiento del ¶ 341.1.

2. El orador laico certificado sirve predicando la Palabra cuando lo solicite el pastor, superintendente de distrito o el comité de Ministerios de Servicio Laico, de acuerdo con lo dispuesto y para el cumplimiento del ¶ 341.1.

3. Un candidato podrá ser certificado como orador laico después de que el candidato:

a) Haya sido certificado como un siervo laico (o equivalente como lo defina su conferencia central).

b) Obtenga una recomendación del pastor y del consejo de la iglesia o la conferencia del cargo de la iglesia local de la cual es miembro. *c)* Haya completado una vía de estudios que incluya cursos en dirigir la adoración, dirigir la oración, descubrir los dones espirituales, en predicación, en política e historia Metodista Unida, y/u otros cursos que determine el comité conferencial de Ministerios de Servicio Laico o estructura equivalente.

d) Se entreviste con el comité del distrito de Ministerios de Servicio Laico, o estructura equivalente, y obtenga su recomendación para ser sometida al comité conferencial de Ministerios de Servicio Laico, o estructura equivalente, para su aprobación y certificación.

4. El reconocimiento como orador laico certificado podrá ser renovado anualmente por el el comité conferencial de Ministerios de Servicio Laico, o estructura equivalente, después de que el orador laico certificado:

a) Haya sometido un informe anual y solicitud de renovación a la conferencia del cargo o consejo de la iglesia y al comité del distrito de Ministerios de Servicio Laico, o estructura equivalente, proporcionando prueba de un desempeño satisfactorio como orador laico certificado.

b) Haya obtenido una recomendación para continuar con el reconocimiento como orador laico certificado del pastor y del consejo de la iglesia o la conferencia del cargo de la iglesia local u otro ministerio Metodista Unido del cual es miembro.

c) Completado por lo menos una vez cada tres años un curso avanzado de Ministerios de Servicio Laico.

d) Se haya entrevistado, en los últimos tres años, con el comité del distrito de Ministerios de Servicio Laico, o estructura equivalente, y haya obtenido su recomendación para renovación como orador laico certificado, y la aprobación del comité conferencial de Ministerios de Servicio Laico, o estructura equivalente, para renovar su certificación.

5. Un orador laico certificado puede trasladar su certificación a otro distrito después de recibir una carta del comité de Ministerios de Servicio laico del distrito previo, o estructura equivalente, confirmando certificación actual y la fecha del curso avanzado que tomó más recientemente. Certificación subsiguiente será de acuerdo con el ¶ 267.4.

6. Un orador laico certificado es un voluntario pero un honorario se considera apropiado.

¶ **268.** *Ministro laico certificado*—1. Un ministro laico certificado es un siervo laico certificado, misionero laico certificado o equivalente como lo defina su conferencia central, y que es llamado y capacitado para conducir la adoración pública, cuidar de la congregación, asistir en el liderazgo de programas, desarrollar nueva y existentes comunidades de fe, predicar la Palabra, dirigir grupos pequeños o establecer ministerios de alcance comunitarios como parte de un ministerio de equipo con la supervisión y apoyo de un clérigo. Un ministro laico certificado es asignado por el superintendente del distrito de acuerdo con el ¶419.2.

2. El ministro laico certificado sirve para realzar localidad del ministerio de manera similar a como hicieron los líderes de clases en el metodismo primitivo a través de su servicio en la iglesia local, circuito o parroquia cooperativa, o al extender el equipo ministerial a otras iglesias o cargos. Como con los ministerios laicos

en el metodismo primitivo, el ministro laico certificado hace uso de sus dones espirituales como muestra de la gracia divina.

3. Una persona podrá ser reconocida por el comité conferencial de Ministerios de Servicio Laico, o estructura equivalente como un ministro laico certificado después de que:

a) haya sido certificado como un siervo laico, o equivalente como se define por su conferencia central;

b) haya sido recomendado por el pastor y el concilio de la iglesia o la conferencia del cargo de la iglesia local en donde ella o él tiene la membresía;

c) haya completado cursos para ministros laicos certificados referentes a su asignación como lo determina la Junta General de Discipulado, o por el Plan Nacional para el Ministerio Hispano en colaboración con la Junta General de Discipulado, y el comité conferencial de Ministerios de Servicio Laico o estructura equivalente;

d) haya recibido una carta de recomendación de su superintendente de distrito;

e) haya cumplido con todos los requisitos para la certificación, inclusive el asesoramiento y la evaluación apropiada como los define la conferencia anual, y hayan sido evaluados por el comité conferencial de Ministerios de Servicio Laico, o estructura equivalente, para ser referido al comité de distrito de ministerio ordenado para examinar a las personas que han solicitado por escrito ser ministros laicos certificados y para hacer recomendación para la certificación (¶ 666.11), Después de que el comité del distrito para el ministerio ordenado entreviste al candidato, el comité de distrito para el misterio ordenado hará las recomendaciones al comité conferencial de Ministerio de Servicio Laico para la certificación final por el comité.

4. El reconocimiento como ministro laico certificado podrá ser renovado cada dos años por el comité conferencial de Ministerios de Servicio Laico, o equivalente estructura, después de que el ministro laico certificado haya:

a) sometido un informe anual a la conferencia del cargo o consejo de la iglesia en donde mantiene su membresía y al comité conferencial de Ministerios de Servicio Laico, o estructura equivalente, proporcionando evidencia de desempeño satisfactorio como ministro laico certificado;

b) obtenido una evaluación de su ministerio de parte del comité de relaciones pastor-parroquia, consejo de la iglesia o de la conferencia del cargo de la congregación en la que él o ella es miembro, o cuando ejerce bajo asignación, del comité de relaciones pastor-parroquia, conferencia del cargo o de la junta supervisora del ámbito ministerial en el cual haya sido asignado;

c) completado un curso avanzado de Ministerios de Servicio Laico o evento de educación continua aprobado, como se define por el comité conferencial de Ministerios de Servicio Laico o estructura equivalente en los dos últimos años;

d) obtenido la recomendación para la re-certificación por parte del superintendente de distrito;

e) obtenido todos los requisitos para la re-certificación evaluados por el comité conferencial de Ministerios de Servicio Laico, o estructura equivalente, para ser referido al comité del distrito de ministerio ordenado para el examen de personas que han solicitado por escrito la renovación como ministros laicos certificados y para hacer la recomendación para la re-certificación (¶ 666.11). Tras haber entrevistado el comité del distrito para el ministerio ordenado al ministro laico certificado, el comité del distrito para el ministerio ordenado presentará su recomendación al comité conferencial para los Ministerios de Servicio Laico para re-certificación final por su comité.

5. Un ministro laico certificado podrá transferir su certificación a otro distrito o conferencia tras la recepción de una carta del previo comité conferencial para Ministerios de Servicio Laico, o estructura equivalente, confirmando la certificación vigente y la fecha de cumplimiento del curso avanzado más reciente. Posterior renovación será conforme a los estipulado en ¶268.4.

6. Un ministro laico certificado no es apto para recibir apoyo de fondos de compensación equitativa o fondos de pensión que se proporcionan a la clerecía. Si un ministro laico certificado es un miembro de personal laico en una iglesia, circuito o parroquia cooperativa, se alienta la la congregación local a proveer compensación y retener impuestos apropiados para una persona laica.

¶ **269.** *Misioneros laicos*—Misioneros Laicos son personas laicas comprometidas, en su mayoría voluntarias, que están dispuestas a ser adiestradas y a trabajar en un equipo con un pastor-mentor para desarrollar comunidades de fe, establecer ministerios comunitarios, desarrollar programas de extensión de la escuela de iglesia e involucrarse en el desarrollo congregacional y en la comunidad local. Los misioneros laicos están formados de acuerdo con las guías establecidas por el Comité Nacional del Plan Nacional para el Ministerio Hispano/Latino, trabajando conjuntamente con la conferencia anual. Reciben su certificación conjuntamente de su conferencia anual y del Plan Nacional para el Ministerio Hispano/Latino. El equipo ministerial está apoyado por la iglesia local, distrito o entidad de la conferencia anual que asigna su misión, y es responsable ante esta. El concepto de misionero laico está basado teológicamente en el ministerio del laicado, para poder complementar el trabajo del pastor.[12]

Un misionero laico certificado será equivalente a un siervo laico certificado en el proceso de certificación como ministro laico (¶298.§§ 3-6); y el Módulo I-Módulo II de la serie de formación y el Módulo III de formación continua del Plan Nacional para el Ministerio Hispano/Latino serán equivalentes a las líneas de estudio de los ministros laicos certificados apropiados a la asignación del candidato, y a los cursos avanzados o eventos de educación continua descritos en ello.

---

12   Ver Decisión 693 del Concilio Judicial.

Capítulo segundo

EL MINISTERIO DE LOS ORDENADOS

Sección I. El significado de la ordenación y la membresía en la conferencia

¶ 301. 1. El ministerio en la iglesia cristiana se deriva del ministerio de Cristo, quien llama a toda persona a recibir el don de Dios de la salvación y a seguir el camino del amor y el servicio. Todo ministerio cristiano se fundamenta en el pacto del bautismo por medio del cual somos iniciados en el cuerpo de Cristo y llamados a una vida de discipulado. Los sacramentos del bautismo y de la Cena del Señor fundamentan el ministerio de la iglesia. Se celebran en la comunidad cristiana como medios de gracia. Por tanto, toda la iglesia recibe y acepta este llamado y todo cristiano participa en este ministerio continuo (¶¶ 120-140).

2. La comunidad de la iglesia afirma a personas que dentro de ella dan evidencia de la gracia de Dios y promesa para el futuro, y que responden al llamado de Dios ofreciéndose a sí mismos en liderazgo como ministros a parte, ordenados y con licencia (¶ 302). Los individuos disciernen el llamado de Dios conforme se relacionan con Dios y sus comunidades, y la Iglesia guía y confirma esos llamados. Los llamados, el discernimiento y su confirmación son dones del Espíritu Santo.

¶ 302. *Ordenación y el ministerio apostólico*—En su desarrollo, la iglesia primitiva proporciona el patrón para esta respuesta al llamado. Los apóstoles dirigían en la oración, enseñaban y la predicaban, ordenaban la vida espiritual y temporal de la comunidad, establecían el liderazgo para el ministerio de servicio, y facilitaban la proclamación del evangelio a nuevas personas y nuevos lugares. La iglesia primitiva, a través de la imposición de las manos, separó a personas con responsabilidad de predicar, enseñar, administrar los sacramentos, nutrir, sanar, convocar a la comunidad a la adoración y para enviarlas a testificar. La iglesia también separó a otras personas para el cuidado de las necesidades físicas de otros, reflejando el interés por todos los pueblos del mundo. En el Nuevo Testamento (Hechos 6) vemos a los apóstoles identificando y autorizando a personas a un ministerio de servicio. Estas funciones, aunque distintas, nunca estuvieron separadas del ministerio a todo el pueblo de Dios. Pablo declara (Efesios 4.1-12) que Dios da diferentes dones y ministerios a las personas. La tradición wesleyana apoya, desde su inicio, una cultura de llamado y una comunidad de discernimiento, que afirma y apoya el ministerio de todos los cristianos e identifica y autoriza a personas al ministerio ordenado.

¶ **303.** *Propósito de la ordenación*—1. La ordenación a este ministerio es un don de Dios a la iglesia. En la ordenación, la iglesia afirma y da continuidad al ministerio apostólico a través de personas investidas con el poder del Espíritu Santo. Como tales, aquellos quienes se ordenan se comprometen a vivir conscientemente bajo el evangelio en su totalidad, y a proclamarlo hasta el fin, para que el mundo sea salvo.

2. La ordenación se cumple en el liderazgo del pueblo de Dios a través de ministerios de Servicio, Palabra, Sacramento, Orden, Compasión y Justicia. El ministerio de servicio de la Iglesia es la representación primaria del amor de Dios. Los que responden al llamado de Dios a ser líderes en el servicio, la palabra, la compasión y la justicia, y equipar a los demás para ejercer su ministerio a través de la enseñanza, proclamación y adoración, y los que asisten a los presbíteros en la administración de los sacramentos son ordenados como diáconos. Aquellos cuyo liderazgo de servicio incluye la predicación y la enseñanza de la Palabra de Dios, la administración de los sacramentos, poner en orden la Iglesia para cumplir con su misión y servicio, y la administración de la *Disciplina* de la Iglesia, son ordenados presbíteros.

3. Las personas que han sido ordenadas ejercen su ministerio en pacto con todos los cristianos, especialmente con aquellos a quienes dirigen y sirven en ministerio. Estos también viven en un pacto de mutuo cuidado y disposición de hacerse responsables ante aquellos con los que comparten su ordenación, especialmente dentro de la Iglesia Metodista Unida, con los ordenados que son miembros de la misma conferencia anual y los que forman parte de la misma orden. El pacto del ministerio ordenado es un compromiso de toda la vida, y los que entran en él dedican toda su vida a las disciplinas personales y espirituales que ello requiere.

4. La efectividad de la iglesia en misión depende de estos compromisos de pacto con el ministerio de todos los cristianos y con el de los ordenados por la Iglesia. A través de la ordenación y por medio de otros oficios de liderazgo pastoral, la iglesia vela por la continuidad del ministerio de Cristo, el cual ha sido entregado a la Iglesia en general. Sin el uso creativo de los diversos dones de todo el cuerpo de Cristo, el ministerio de la iglesia es menos efectivo. Sin un liderazgo responsable, el enfoque, la dirección y

la continuidad de dicho ministerio mengua. Es partiendo de la fe y el testimonio de la congregación que hombres y mujeres responden al llamado de Dios al ministerio ordenado, y proporcionan apoyo espiritual y financiero para su educación, cuando esto es práctico, como líderes siervos de todo el pueblo de Dios.

5. Siguiendo la antigua enseñanza cristiana y nuestra tradición wesleyana, afirmamos que la ordenación para la misma orden o una equivalente no es algo que se pueda repetir.

¶ 304. *Requisitos para la ordenación*—1. Quienes son ordenados por la iglesia, deberán estar conscientes del llamado de Dios para el ministerio ordenado, y su llamamiento deberá ser afirmado y autenticado por la iglesia. El llamado de Dios tiene muchas manifestaciones y la iglesia no puede estructurar una sola prueba de autenticidad. Sin embargo, la experiencia de la iglesia y la necesidad de su ministerio requieren ciertas cualidades de fe, vida y práctica para aquellos que buscan ser ordenados como diáconos y presbíteros. Para ser posible que la Iglesia Metodista Unida pueda asegurarse que esas personas que se presentan como candidatos para el ministerio ordenado sean verdaderamente llamados por Dios, la iglesia espera que quienes deseen la ordenación:

a) Tengan una fe personal en Cristo y un compromiso con Cristo como Salvador y Señor.

b) Nutran y cultiven disciplinas espirituales y patrones de santidad.

c) Enseñen y modelen la dádiva generosa cristiana con un enfoque en el diezmo como norma divina de la ofrenda.

d) Reconozcan el llamado de Dios a entregarse por completo al ministerio ordenado, siguiendo los patrones de amor y servicio de Jesús.

e) Puedan comunicar en forma persuasiva la fe cristiana en ambas formas, oral y escrita.

f) Hagan un compromiso de guiar a toda la Iglesia en su servicio de amor por los humanos.

g) Den evidencia de los dones de Dios para el ministerio ordenado, evidencia de la gracia de Dios en sus vidas, y la promesa de utilidad futura en la misión de la Iglesia.

h) Sean personas en las cuales la comunidad pueda depositar su confianza.

i) Acepten que las Sagradas Escrituras contienen todo lo necesario para la salvación por medio de la fe en Cristo Jesús; sean competentes en las disciplinas de las Sagradas Escrituras, teología, historia y gobierno de la Iglesia; y posean los talentos necesarios para la práctica del ministerio ordenado.

j) Se hagan responsables ante la Iglesia Metodista Unida, acepten su *Disciplina* y autoridad, aceptando la supervisión de aquellos que han sido nombrados para ello, y estén preparados para vivir en el pacto con los ministros ordenados.

2. Por el bien de la misión de Jesucristo en el mundo y el más efectivo testimonio del evangelio cristiano, y en consideración a su influencia como ministro ordenado en las vidas de otras personas, dentro y fuera de la Iglesia, la Iglesia espera que las personas que han de ser ordenadas hagan una completa dedicación de sí mismas a los mas altos ideales de la vida cristiana, y a este fin estén de acuerdo en ejercer un dominio propio responsable por medio de hábitos personales conducentes a la salud física y mental, madurez emocional, integridad en todas las relaciones personales, fidelidad en el matrimonio y celibato en la soltería, responsabilidad social y crecimiento en la gracia y en el conocimiento y en el amor de Dios.

3. Aunque las personas apartadas por la Iglesia para el ministerio ordenado están sujetas a la fragilidad de la realidad humana y a las presiones de la sociedad, se espera que mantengan las más altas normas de una vida santa en el mundo. Puesto que la práctica de la homosexualidad es incompatible con las enseñanzas cristianas, las personas que admitan ser homosexuales practicantes[1] no serán aceptadas como candidatos, ordenados como ministros, o nombrados a servir en la Iglesia Metodista Unida[2].

4. La Iglesia Metodista Unida les confía a quienes están en el ministerio ordenado la responsabilidad primaria de mantener estándares de educación y preparación para la ordenación. Habiendo sido recomendados en un inicio por una conferencia del cargo o cuerpo equivalente (¶ 310.1e) y por la autorización de los miembros ordenados en plena conexión de la conferencia anual y de acuerdo a los procedimientos establecidos en la *Disciplina* en cuanto al examen y aprobación de candidatos para ordenación,

---

1. Se entenderá por "persona que admita ser homosexual practicante" una persona que acepta abiertamente ante un obispo, superintendente de distrito, Comité Distrital de Ministerio Ordenado, Junta del Ministerio Ordenado, o sesión de clérigos ser homosexual practicante. Ver Decisiones 702, 708, 722, 725, 764, 844 del Concilio Judicial.
2. Ver Decisiones 984, 985, 1027, 1028 del Concilio Judicial.

dichas personas son elegidas a membresía en la conferencia anual y ordenados por el obispo.

5. En todos aquellos votos relacionados a licencia, ordenación, o membresía en la Conferencia, se entiende que los requisitos establecidos de aquí en adelante son requisitos mínimos. Se espera que cada persona al votar lo haga en oración y basada en un juicio personal de los dones del solicitante, la evidencia de la gracia de Dios y la promesa de utilidad futura en la misión de la Iglesia.

Sección II. Órdenes clericales en la Iglesia Metodista Unida

¶ 305. *Órdenes en relación al ministerio de todos los cristianos*—El bautismo es un don de la inmerecida gracia de Dios por medio del Espíritu Santo. Es un medio de incorporación a Cristo por el que se marca la entrada de las personas a la iglesia y a su ministerio (Romanos 6:3, 4, 18).

El testimonio que el Nuevo Testamento da de Jesucristo hace claro que la forma primaria de su ministerio, en el nombre de Dios, es la de servicio, *diakonia*, en el mundo. Desde su inicio, la iglesia llegó a entender que todos sus miembros eran comisionados, a través de su bautismo, a ministerios de amor, justicia y servicio, dentro de sus congregaciones locales y hacia las comunidades en el entorno donde vivían; toda persona que sigue a Jesús comparte con ellos su ministerio, quien vino a servir, y no a ser servido. Así es que, hay un ministerio general de todos los cristianos bautizados (¶¶ 126-137).

Dentro del pueblo de Dios, algunas personas son llamadas al ministerio de diácono. Las palabras diácono, diaconisa, y diaconado todas provienen de una misma raíz griega—*diakonos* o "siervo" y *diakonia* "servicio". Desde muy temprano en su historia la iglesia, como acto de adoración y alabanza a Dios, instituyó una orden de ministros ordenados para personificar y enfocar el servicio al cual todos los cristianos están llamados. A dichas personas se les dio el nombre de *diáconos*. Este ministerio da ejemplo y dirección a la Iglesia en el servicio que todo cristiano está llamado a ejercer en la iglesia y en el mundo. El diácono encarna la interrelación entre la adoración de la comunidad congregada y su servicio a Dios en el mundo. Esas personas llamadas al ministerio de la diaconía están llamadas a dar testimonio de la Palabra con sus palabras y acciones, y a representar y guiar el servicio de la comunidad en el mundo con el propósito de promulgar la compasión y la justicia de Dios.

Dentro del pueblo de Dios, otras personas son llamadas al ministerio de presbítero. Los presbíteros llevan consigo el trabajo histórico de los *presbíteros* en la vida de la Iglesia. Principiando con algunas de las primitivas comunidades cristianas, los *presbíteros* asistían al obispo a brindar liderazgo a la comunidad congregada en la celebración de los sacramentos y en la guía y cuidado de su vida comunal. Las personas llamadas al ministerio del presbítero están llamadas a asumir autoridad y responsabilidad de predicar y enseñar la Palabra, administrar los sacramentos, y organizar la vida de la iglesia para que ésta sea fiel en hacer discípulos de Jesuscristo para la transformación del mundo.

¶ **306.** *La Orden de los Diáconos y la Orden de los Presbíteros*— Habrá en toda conferencia anual una Orden de Diáconos y una Orden de Presbíteros. Todas las personas que hayan sido ordenadas clérigos en la Iglesia Metodista Unida al ser electas a plena conexión en la conferencia anual, serán miembros de la Orden que corresponda a su ordenación, y participarán en ella. Una orden es una comunidad de pacto dentro de la iglesia para apoyo y cuidado mutuos y para hacerse responsables los unos a los otros en beneficio de la vida y misión de la iglesia. Estas órdenes, separadamente o en forma conjunta, buscan responder al hambre espiritual de los clérigos en su sentido de cumplir con su vocación, para apoyarse como compañeros durante tiempos difíciles de cambios en la Iglesia, y para profundizar su relación con Dios.

¶ **307.** *Propósito de la orden*—La función específica y limitada de cada orden es: (1) proporcionar reuniones regulares de los diáconos y presbíteros ordenados para formación continua en relación con Cristo Jesús a través de experiencias como estudio bíblico, estudio de asuntos que la iglesia y la sociedad confrontan, y exploración teológica de la identidad vocacional y del liderazgo; (2) ayudar en planes de estudio personal y experiencias personales en retiros espirituales; (3) desarrollar un sentido de unión y compromiso mutuo hacia la misión y ministerio de la Iglesia Metodista Unida y la conferencia anual; (4) Procurar que se creen redes de relaciones que permitan el apoyo y la confianza mutuos; (5) hacer responsables a todos los miembros de la orden de que cumplan con todos estos propósitos. Todas las funciones de las ordenes deberán cumplirse en cooperación y coordinación con la Junta del Ministerio Ordenado y de ninguna forma reemplazarán los procesos supervisores normales, los procesos de evaluación de los ministros ordenados, o las responsabilidades de la Junta del Ministerio Ordenado, el Gabinete, o la Sesión Ejecutiva.

¶ **308.** *Organización de la Orden*—El obispo convocará la reunión y proveerá apoyo espiritual continuo a la orden, con el apoyo y asistencia de la Junta del Ministerio Ordenado. La conferencia anual proporcionará el apoyo financiero necesario a través del presupuesto de la Junta. La Junta pudiera usar otros recursos financieros para tal propósito. La Junta postulará de entre su misma membresía, y elegirá cuadrienalmente al presidente de la orden quien, en cooperación y bajo la guía del obispo, dará liderazgo continuo a la misma. El presidente de la orden será responsable de ejecutar los planes y actividades de la orden, y la representará ante la Junta Conferencial del Ministerio Ordenado. El presidente será miembro del comité ejecutivo de la Junta. Las actividades de la Orden y sus proposiciones para apoyo financiero se someterán a la Junta.

¶ **309.** *Membresía en una Orden*—1. Una persona podrá llegar a ser miembro de la Orden de Diáconos u Orden de Presbíteros inmediatamente después de ser elegida a membresía a plena conexión en la conferencia anual. El aceptar estar a plena conexión constituye un compromiso con la participación regular en la vida de la orden.

2. *Cambio de Órdenes*—Con la recomendación de la Junta del Ministerio Ordenado y el voto de los clérigos miembros a plena conexión en una conferencia anual, los presbíteros pueden ser recibidos como diáconos a plena conexión, y diáconos a plena conexión pueden ser recibidos como presbíteros siempre y cuando estén en buena relación y han:

a) informado de su intención al obispo y al superintendente de distrito,

b) solicitado por escrito a la junta del ministerio ordenado,

c) articulado a la Junta de Ministerio Ordenado su llamamiento al ministerio de los diáconos o presbíteros,

d) terminado todos los requisitos académicos y otros, para la entrada a la orden a la que están solicitando, ¶ 324, ¶ 330, ¶ 335, y

e) terminado por lo menos dos años, y no excediendo ocho años, bajo nombramiento siendo licenciados para el ministerio de la orden a la que están cambiando.

3. Tales personas retendrán sus credenciales y total membresía en la conferencia anual a través del período de transición de

una orden a otra. Cuando la persona haya sido ordenada en la orden a la que están cambiando, entregarán al secretario de la conferencia las credenciales de la orden de la que están cambiando.

Sección III. Candidatos al ministerio licenciado y ordenado

¶ **310.** *Candidatura y certificación del ministerio licenciado y ordenado*—El ministerio ordenado es reconocido por la Iglesia Metodista Unida como uno para el cual se es llamado y se es apartado. Por lo tanto, es propio que aquellas personas que se presentan como candidatas al ministerio ordenado o de licencia sean examinadas en cuanto a la autenticidad de su llamamiento divino al mismo.

Una persona, al haber escuchado y atendido el llamado de Dios a liderazgo de servicio a través del ministerio licenciado u ordenado, deberá ponerse en contacto con el cuerpo clerical de su iglesia local, otro clero, o con el superintendente de distrito del distrito donde participan en un ambiente ministerial metodista unido, para inquirir sobre el proceso de la candidatura. Se anima a las personas a que usen recursos recomendados por la Junta General de Educación Superior y Ministerio, como *El cristiano como ministro* y *El proceso inquiridor del ministerio*.

1. Quien está iniciando la candidatura para el ministerio licenciado u ordenado:

a) deberá ser miembro profeso en buena relación de la Iglesia Metodista Unida o participante bautizado de un ministerio universitario u otro ministerio Metodista Unido por un mínimo de un (1) año;

b) deberá someter una solicitud de admisión por escrito al programa de candidatura y solicitar, también, la asignación de un mentor de candidatura al superintendente. Deberá incluir una declaración de llamamiento al ministerio. Deberá solicitar registro, a través del superintendente del distrito, en la Junta General de Educación Superior y Ministerio;

c) después de ser inscrito por el superintendente del distrito en la Junta General de Educación Superior y Ministerio, el mentor y el candidato estudiarán los recursos adoptados por la junta de ministerios ordenados de la conferencia; el Comité Distrital del Ministerio Ordenado deberá asignar al candidato explorador a un mentor de candidatura, en consulta con el superintendente de distrito;

d) se formularán por escrito la declaración del llamado al ministerio. El candidato consultará con el pastor o persona con función ministerial equivalente que especifica el comité distrital del ministerio ordenado para solicitar una reunión del comité de relaciones pastor-parroquia o cuerpo equivalente que especifica el comité distrital del ministerio ordenado para considerar la declaración de llamado y ser entrevistado teniendo en cuanta las preguntas históricas de Wesley;

(1) ¿Conocen a Dios como un Dios perdonador? ¿Mora el amor de Dios en ellos? ¿No desean sino sólo a Dios? ¿Son santos en toda forma de conversación?

(2) ¿Tienen dones, así como evidencia de la gracia de Dios para la obra? ¿Tienen un entendimiento claro y recto; una concepción justa de la salvación por fe? ¿Hablan justa, presta y claramente?

(3) ¿Tienen fruto? ¿Están verdaderamente convencidos de pecado, se han convertido a Dios y son los creyentes edificados por medio de su servicio?

Si estas características concurren en ellos, creemos que han sido llamados por Dios para servir. Esto lo recibimos como prueba suficiente de que son movidos por el Espíritu Santo.

e) tras la aprobación del candidato por el comité de relaciones pastor-parroquia o cuerpo equivalente que especifica el comité distrital del ministerio ordenado se presentará a la conferencia de cargo o cuerpo equivalente que especifica el comité distrital del ministerio ordenado para recomendar el candidato al comité distrital del ministerio ordenado. La aprobación de un candidato deberá contar con la dos terceras partes de los votos escritos.

2. Los candidatos que deseen adquirir certificación al ministerio ordenado o de licencia habrán de:

a) solicitar presentarse al comité distrital del ministerio ordenado. Como preparación a esta reunión con el comité distrital del ministerio ordenado, deberán consultar con el mentor la presentación de la siguiente información por escrito, que se añadirá al material escrito que se menciona en ¶ 311.1.*d*.: i) las experiencias que consideran más formativas de su vida cristiana; ii) el llamado de Dios al ministerio ordenado y el papel de la iglesia en su llamamiento; iii) sus experiencias personales como cristiano; iv) sus dones personales para el ministerio; v) su entendimiento actual de su llamado al ministerio como presbítero, diácono o ministerio licenciado; y vi) sus bases de apoyo.

b) terminar y entregar los informes psicológicos necesarios, antecedentes penales y comprobación del crédito. Se presentará en una planilla provista por la junta conferencial del ministerio ordenado:

(1) una declaración notariada en la que se detalle cualquier condena por delito grave o delito menor o acusación por escrito por mala conducta sexual o abuso de niños; o

(2) una declaración notariada certificando que este candidato nunca ha sido acusado por escrito ni condenado por un delito grave, delito menor, ni ninguna incidencia de mala conducta sexual ni de abuso de niños.

El comité distrital del ministerio ordenado a través de la junta de ministerio ordenado tendrán en consideración las realidades culturales y étnico-raciales y traducciones del lenguaje según los candidatos cumplan estos requisitos, que incluyendo entrevistas, evaluación psicológica, trasfondo criminal y comprobación de crédito.

c) proveer otra información según se necesite por el comité del distrito para determinar sus dones, evidencia de la gracia de Dios, frutos y demostración del llamado al ministerio ordenado o de licencia;

d) convenir, por el bien de la misión de Jesucristo en el mundo y en el más efectivo testimonio del evangelio cristiano y en consideración a su influencia como clérigos hacer una completa dedicación de sí mismos a los más altos ideales de la vida cristiana según lo disponen los ¶¶ 103-105; 160-166. A este fin, estar de acuerdo en ejercitar responsablemente el dominio propio por medio de hábitos personales conducentes a la salud física y mental, madurez emocional, fidelidad en el matrimonio y celibato en la soltería, responsabilidad social y crecimiento en la gracia y en el conocimiento y en el amor de Dios[3]. Cuando sea posible, se

---

3. Al adoptar las declaraciones contenidas en los ¶¶ 304.2 y 310.2d respecto a las responsabilidades morales y sociales de los ministros ordenados, la Conferencia General procura elevar las normas, invocando a que haya una dedicación moral más plena de parte del candidato, así como un examen más cuidadoso y minucioso de los candidatos por parte de los comités distritales y las juntas de ministerio. De ninguna manera implica la legislación que el uso del tabaco es un asunto moralmente indiferente. A la luz de la evidencia que se viene dando en contra del uso del tabaco, los usuarios tienen la responsabilidad de demostrar que tal uso está de acuerdo con los más altos ideales de la vida cristiana. De igual manera, en cuanto a las bebidas alcohólicas, el peso de la prueba debe caer sobre los usuarios para demostrar que su actuación es congruente con los ideales de excelencia mental, pureza de corazón y comportamiento social responsable.

invita a la iglesia local a ayudar a los candidatos con los gastos de su candidatura;

e) recibir el voto por medio de votación individual por escrito de los miembros presentes del comité. Se requerirá una mayoría del voto de las tres cuartas partes de los miembros presentes del comité para la certificación (¶666.7); y

f) dependiente del voto de certificación, el comité distrital del ministerio ordenado promoverá la asistencia a un seminario metodista unido.

3. En circunstancias especiales, el comité distrital del ministerio ordenado podrá autorizar otro escenario ministerial Metodista Unido para realizar el papel de la iglesia local de recomendar una candidatura y especificar las personas o cuerpos que realizarán la función de pastor, comité de relaciones pastor-parroquia y conferencia de cargo.

¶ **311.** *Nombramiento de candidatos certificados*—Un candidato certificado tendrá derecho a nombramiento como pastor local al terminar sus estudios de Licencia para el ministerio pastoral (¶ 315). La persona nombrada como pastor local es un clérigo miembro de la conferencia anual (¶ 602.1) y no figurarán como candidatos certificados. No continuarán con la asignación de un mentor de candidatura pero si se les asignará un mentor de clerecía (¶ 349.4).

¶ **312.** *Orientación al ministerio*—Se requerirá que todos los candidatos para el ministerio ordenado y de licencia que reciban una orientación al ministerio. La asistencia a esta orientación y convertirse en un candidato certificado podrá ser secuencial o concurrente. Esta experiencia de preparación al ministerio básico tendrá el propósito de nutrir con conocimiento más profundo y entendimiento de las diferentes formas del ministerio vocacional (diáconos, presbíteros, pastores locales).

1. La orientación se dará en cada conferencia anual y será responsabilidad de la Junta de Ministerio Ordenado de la conferencia.

2. Se acentuará el conocimiento profundo del ministerio y las similitudes y diferencias entre las categorías del ministerio

---

Por lo tanto, los cambios no relajan el punto de vista tradicional referentes al uso del tabaco o del alcohol por parte de los ministros ordenados de la Iglesia Metodista Unida. Antes bien, piden normas superiores de auto-disciplina y formación de hábitos en todas las relaciones personales y sociales. Piden dimensiones de compromiso moral que van más allá de cualesquiera prácticas específicas que se pudieran enumerar. (Ver Decisión 318 del Concilio Judicial.)

(diácono, presbítero y pastor local) para facilitar el entendimiento y la apreciación de los dones que se contribuyen a través del ministerio en equipo, y se articulará la práctica del ministerio apartado dentro de la conexión metodista unida.

3. La Junta General de Educación Superior y Ministerio, la División de Ministerio Ordenado, hará disponibles las pautas.

¶ **313.** *Continuación de la candidatura*—El progreso de los candidatos debe ser revisado anualmente por el comité de distrito del ministerio ordenado el cual habrá de entrevistar al candidato anualmente y entonces puede continuar la candidatura cuando se cumpla satisfactoriamente con las siguientes condiciones[4]:

La Conferencia General, en respuesta a expresiones por toda la iglesia referentes a la homosexualidad y la ordenación, reafirma el lenguaje actual de la *Disciplina* con referencia al carácter y el compromiso de las personas que procuran ordenación, y afirma sus altas normas.

Durante más de 200 años, a los candidatos a ordenación se les han hecho las Preguntas de Wesley, que incluyen, "¿Tienen una comprensión clara y pura; un juicio correcto en las cosas de Dios; una concepción justa de la salvación por fe?" (¶ 310). Todos los candidatos concuerdan en hacer una completa dedicación de sí mismos a los más altos ideales de la vida cristiana, y con este fin acuerdan "ejercer un dominio propio responsable por medio de hábitos personales que conduzcan a salud corporal, madurez mental y emocional, fidelidad en el matrimonio y celibato en la soltería, responsabilidad social, y crecimiento en la gracia, el conocimiento y el amor de Dios" (¶ 304.2).

El carácter y compromiso de los candidatos al ministerio están descritos o examinados en seis lugares de la *Disciplina* (¶¶ 304, 310.2, 324, 330, 333, 335). Estos dicen en parte: "Sólo se elegirá a membresía a plena conexión a quienes sean de carácter moral incuestionable y piedad genuina, sólidos y puros en las doctrinas fundamentales del cristianismo, y fieles en el desempeño de sus deberes" (¶ 333).

La declaración sobre la ordenación (¶ 304.2) dice: "*La iglesia espera que las personas que han de ser ordenadas hagan una completa dedicación de sí mismas a los más altos ideales de la vida cristiana, y a ese fin estén de acuerdo en ejercer un dominio propio responsable por medio de los hábitos personales...*".

4.   Ver Decisión 1263 del Concilio Judicial.

Nota 3 continuación. Hay ocho pasos cruciales en el examen de los candidatos. A saber:

(1) El autoexamen de la persona que desea la ordenación, según responde al llamamiento de Dios en un compromiso personal con Cristo y su iglesia.

2) La decisión del Comité de Relaciones Pastor-Parroquia que hace la primera recomendación a la conferencia del cargo cuando un miembro quiere hacerse candidato al ministerio ordenado.

(3) La decisión de la conferencia del cargo que debe recomendar al candidato.

(4) La decisión del Comité Distrital del Ministerio Ordenado que debe recomendar al candidato a la Junta Conferencial del Ministerio Ordenado, según corresponda, la decisión de la Conferencia de Distrito.

(5) La decisión de la Junta del Ministerio Ordenado que debe recomendar ordenación diaconal y membresía provisional. Ver Decisiones 513, 536, 542 del Concilio Judicial.

1. El candidato ha recibido la recomendación anual de su conferencia del cargo u organismo equivalente que especifica el comité distrital del ministerio ordenado (¶ 310.3).

2. El candidato está haciendo un buen progreso en sus estudios. Un candidato que está en preparación al ministerio ordenado y está inscrito como estudiante de una escuela, colegio, universidad o escuela teológica reconocidas por el Senado Universitario presentará anualmente al Comité Distrital del Ministerio Ordenado una transcripción oficial de sus estudios, de parte de la escuela a la que asiste y un informe declarando el apoyo espiritual y económico, o falta de este, por parte de la iglesia local (¶ 246.8).

La transcripción será considerada por el Comité Distrital del Ministerio Ordenado como parte de la evidencia de su progreso. El informe del apoyo financiero de la iglesia local podrá ser usado por el superintendente de distrito para expresar gratitud por este apoyo o animar a la congregación local a mejorar su cuidado básico de las personas que recomienda.

3. La candidatura continúa a dar evidencia de los dones, frutos y la gracia de Dios para el trabajo del ministerio.

4. Una persona que es candidata certificada o que está en el proceso de candidatura, puede hacer que su situación o que sus estudios sean aceptados por otro comité distrital, ya sea en la misma o en otra conferencia anual.

5. Un candidato certificado podrá continuar siendo candidato por un período que no exceda los doce años después de obtener la certificación (¶ 324.1).

¶ **314.** *Descontinuación y reinstalación de la candidatura certificada*—1. *Descontinuación de un candidato certificado*—A los candidatos certificados se les pudiera descontinuar por petición propia, o al romper estos su relación con la Iglesia Metodista Unida, o por acción de descontinuar por el Comité Distrital del Ministerio Ordenado. El Comité Distrital del Ministerio Ordenado deberá hacer constar en un registro permanente ante la Junta Conferencial

---

(6) La decisión de los miembros clericales de la conferencia anual que deben elegir candidatos a ordenación diaconal y a membresía provisional.

(7) La recomendación de la Junta del Ministerio Ordenado para ordenación presbiterial y membresía a plena conexión.

(8) La elección para ordenación presbiterial y membresía a plena conexión de parte de los miembros clericales de la conferencia anual.

Todos los miembros clericales de la conferencia anual son responsables ante la conferencia anual en cuanto a carácter y efectividad a lo largo de todo su ministerio.

del Ministerio Ordenado las circunstancias relativas a la descontinuación del candidato certificado.

2. *Reinstalación de un candidato certificado*—Los candidatos certificados que hayan sido descontinuados por el Comité Distrital
del Ministerio Ordenado de una conferencia anual de la Iglesia
Metodista Unida serán reinstalados sólo por el Comité Distrital
del distrito en el cual fueron descontinuados. Cuando hayan sido
aprobados por el Comité Distrital del Ministerio Ordenado, sus
credenciales como Candidatos Certificados les serán restituidas y
se les hará con ello aptos para continuar en el proceso.

Sección IV. Licencia para el ministerio pastoral

¶ **315.** *Licencia para el ministerio pastoral*—Todas las personas
que no son clérigos ordenados que han sido nombrados para predicar y dirigir la adoración divina y ejercer los deberes de pastor
tendrá licencia para el ministerio pastoral. La Junta del Ministerio
Ordenado (¶ 635.2*h*) podrá recomendar una sesión clerical de la
conferencia anual para licenciar a aquellas personas que sean:

1. Presbíteros provisionales comisionados por la conferencia
anual o

2. Pastores locales que hayan terminado lo siguiente:

La Conferencia General ha expresado claramente en las "Normas Doctrinales
y Nuestra Tarea Teológica" (Parte II de la Disciplina) que las Escrituras, la tradición, la experiencia y la razón son nuestras pautas. Los Metodistas Unidos comparten con todos los demás cristianos la convicción de que la Escritura es la fuente
primaria y el criterio para la doctrina cristiana.

En los Principios Sociales, la Conferencia General ha dicho que "no aprobamos la práctica de la homosexualidad y la consideramos incompatible con la
doctrina cristiana". Además, los Principios declaran que "afirmamos la santidad
del pacto matrimonial, el cual está expresado en amor, apoyo mutuo, compromiso personal, y fidelidad compartida entre un hombre y una mujer. Creemos
que la bendición de Dios descansa sobre tal matrimonio, haya o no niños de esa
unión. Rechazamos las normas sociales que suponen normas diferentes para las
mujeres y los hombres en el matrimonio". Y también "afirmamos la integridad de
las personas solteras, y rechazamos todas las prácticas sociales que discriminan,
o actitudes sociales que son prejuiciosas contra algunas personas tan sólo porque
son solteras".

La Conferencia General afirma la sabiduría de nuestra herencia, expresada en
las disposiciones disciplinarias relativas al carácter y compromiso de los ministros
ordenados. La Iglesia Metodista Unida se ha alejado de prohibiciones de actos específicos, porque tales prohibiciones pueden ser interminables. Afirmamos nuestra
confianza en la comunidad de pacto y en el proceso para el cual ordenamos ministros.
En nuestro pacto se nos insta para que tengamos mutua confianza al recomendar,
examinar y elegir candidatos para el ministerio ordenado y membresía conferencial. *Ver* Decisión 480 del Concilio Judicial.

a) Las condiciones para candidatura de certificación en el ¶ 310.1-2;

b) la orientación al ministerio;

c) los estudios para la licencia de pastor local prescritos y supervisados por la División del Ministerio Ordenado o la tercera parte de su trabajo para obtener una Maestría en Teología en una escuela de teología listada por el Senado Universitario;

d) hayan sido examinados y recomendados por tres cuartos de la mayoría del voto del comité distrital del ministerio ordenado (¶ 666.8); o

3. Miembros asociados de la conferencia anual

4. Diáconos en plena conexión que aspiran a ser ordenados como presbíteros; o

5. Clérigos licenciados u ordenados de otras denominaciones que tienen un adiestramiento equivalente a los estudios para la licencia como pastor local tal como se prescribe por la División del ministerio Ordenado, pero que no cumplen con los requisitos educacionales para la membresía provisional en la conferencia anual.

6. En todo caso, aquéllos que han sido licenciados, habrán:

a) Entregado los informes psicológicos requeridos, antecedentes penales y comprobación del crédito, y reportes de mala conducta sexual y, o de abuso de niños. Deberán someter, en una planilla provista por la junta conferencial del ministerio ordenado:

(1) una declaración notariada detallando cualquier condena por delito grave o delito menor o acusaciones por escrito sobre mala conducta sexual o abuso de niños; o

(2) una declaración notariada certificando que el candidato no ha sido condenado por delito grave o delito menor, o acusado por escrito de mala conducta sexual o abuso de niños.

b) Haber sido aprobado por tres cuartos de la mayoría del voto de la Junta de Ministerio Ordenado (¶ 635.2*h*);

c) Haber provisto a la junta de un certificado satisfactorio de buena salud en la planilla prescrita de un médico aprobado por la junta.

d) Haber recibido aprobación por tres cuartos de la mayoría del voto de la sesión clerical.

¶ **316.** *Responsabilidades y deberes de la licencia de ministerio pastoral*—1. Los presbíteros provisionales aprobados anualmente por la Junta del Ministerio Ordenado, y los pastores locales aprobados anualmente por el Comité Distrital del Ministerio Ordenado, podrán ser licenciados por el obispo para ejercer todos los deberes de pastor (¶ 340), inclusive, los sacramentos del bautismo y la Santa Comunión, como también el oficio de matrimonio (en donde las leyes estatales lo permitan)[5], funerales, confirmación y recepción de miembros, dentro de y mientras estén nombrados a un cargo o ministerio de extensión en particular. Para estos párrafos se define el cargo o ministerio de extensión como "personas dentro de la comunidad o escenario ministerial que se sirve o relacionadas con ella". Aquéllos que están licenciados para el ministerio pastoral pueden ser nombrados a ministerios de extensión, si el obispo y la Junta del Ministerio Ordenado lo aprueban.

2. Tal autorización, concedida por la licencia, puede ser renovada anualmente por el Comité Distrital del Ministerio Ordenado y se extiende únicamente dentro del cargo al que el pastor local está nombrado.

3. La licencia será válida sólo mientras el nombramiento continúe, y será re-certificada por el obispo cuando los nombramientos cambien entre sesiones de la conferencia anual[6].

4. Un pastor local estará bajo la supervisión de un superintendente de distrito y se le asignará un mentor de clerecía en el Curso de Estudios o en el seminario (¶ 349).

5. Los pastores locales son responsables ante la sesión clerical de la conferencia anual por el desempeño de sus deberes pastorales, y asistirán a las sesiones de la conferencia anual.

6. La membresía de los pastores locales bajo nombramiento a tiempo completo y tiempo parcial se mantendrá en la conferencia anual, en la cual tendrán el derecho al voto en todos los asuntos, con la excepción de las enmiendas constitucionales, la elección de los delegados a las Conferencias General, jurisdiccional y central, y los asuntos de ordenación, carácter y relaciones conferenciales de los clérigos. Los pastores locales que hayan completado el Curso de Estudios o los estudios de Maestría en Divinidad y hayan servido un mínimo de dos años bajo nombramiento antes de su elección tendrán derecho a voto en la elección de delegados clericales para la conferencia general, jurisdiccional o central.[7]

7. Se notificará por escrito a todos los pastores locales sobre aquellas decisiones que se hagan en cuanto a su relación con la conferencia anual.

---

5.   Ver Decisión 694 del Concilio Judicial.
6.   Ver Decisión 112 del Concilio Judicial.
7.   Ver Decisión 1181 del Concilio Judicial y ¶ 35..

8. Los pastores locales que hayan terminado el curso de estudio pueden, una vez jubilados, pedir anualmente al comité distrital del ministerio ordenado y del obispo, una licencia para continuar sirviendo en una iglesia local en donde tengan su membresía con el propósito de proveer los sacramentos rituales del bautismo y la Santa Comunión, según lo solicite el pastor nombrado.

¶ **317.** *Licencia interina de pastor local*—Entre las sesiones de la conferencia anual, se les podrá conceder la licencia de pastores locales, por recomendación del gabinete, el comité distrital del ministerio ordenado y el comité ejecutivo de la junta conferencial del ministerio ordenado a las personas que hayan cumplido con las condiciones de la licencia, arriba enumeradas, y el obispo podrá darles nombramiento.

¶ **318.** *Categorías de pastores locales*—Al completar satisfactoriamente los requisitos del ¶ 315, el Comité del Ministerio Ordenado del distrito certificará la terminación de los estudios prescritos, a los candidatos y a la Junta del Ministerio Ordenado, y serán listados en el Libro de Actas de la conferencia como candidatos para ser nombrados pastores locales. La concesión de la licencia no se hará sino hasta que se haga un nombramiento a un cargo pastoral, de acuerdo al ¶ 337. Al recomendarle a la conferencia anual los que han cumplido los requisitos para servir como pastores locales durante el año siguiente, la Junta del Ministerio Ordenado los clasificará en tres categorías, con los requisitos educativos y de otra índole correspondientes a su categoría. Cualquier persona que no cumpla estos requisitos será descontinuada como pastor local. Las categorías se definirán como sigue:

1. *Pastores locales a tiempo completo*—Los que pueden ser nombrados como pastores locales a tiempo completo son personas; (a) que pueden dedicar todo su tiempo a la iglesia del cargo al que son nombrados y su alcance en ministerio y misión a la comunidad; (b) que reciben en dinero efectivo de parte de todas las fuentes de la iglesia una suma igual o mayor que la compensación básica mínima establecida por la conferencia anual para pastores a tiempo completo; (c) que, a menos que hayan completado el Curso de Estudios u otra educación teológica aprobada, (i) completarán cuatro cursos al año en una escuela de Curso de Estudios, o (ii) deberán haber progresado en el currículo de correspondencia prescrito por la Junta General de Educación Superior y Ministerio (¶ 1421.3d), o (iii) deberán estar matriculados como estudiantes de teología o pre-teología en una universidad, colegio o escuela

teológica aprobada por el Senado Universitario; (d) los que, al completar el Curso de Estudios o Maestría de Divinidad de un seminario listado por el Senado Universitario, están involucrados en educación continuada (¶ 351); (e) los que no estarán inscritos como estudiantes a tiempo completo en alguna escuela.

2. *Pastores locales a tiempo parcial*—Los aptos para nombramiento como pastores locales a tiempo parcial son personas que, (a) han cumplido con las disposiciones del ¶ 315; (b) no dedican todo su tiempo al cargo al que se les nombra; o (c) no reciben en dinero efectivo de parte de todas las fuentes de la iglesia una suma anual igual a la compensación básica mínima establecida por la conferencia anual para pastores locales a tiempo completo; y (d) a menos que hayan completado El Curso de Estudios u otra educación teológica aprobada, (i) habrán de completar dos cursos por año en una escuela de Curso de Estudios, o (ii) habrán mostrado progresos en el currículo por correspondencia prescrito por la Junta General de Educación y Ministerio, o (iii) deberán estar matriculados como estudiantes de teología o pre-teología en una universidad, colegio o escuela teológica aprobada por el Senado Universitario.

Los pastores locales a tiempo parcial pudieran ser nombrados a iglesias de poca membresía agrupadas en un solo cargo, bajo la supervisión de un mentor.

3. *Estudiantes nombrados como pastores locales*—Estudiantes inscritos como estudiantes pre-teológicos o teológicos en un colegio, universidad, o escuela de teología listados por el Senado Universitario; y serán, (a) los que hayan satisfecho los requisitos del ¶ 315; y, (b) los que progresen adecuadamente en su programa educativo como lo determine la junta del ministerio ordenado pueden ser ordenados como pastores locales a tiempo completo o a tiempo parcial en otra conferencia distinta a la cual son candidatos certificados. c) Los estudiantes nombrados pastores locales continuarán su relación con el comité distrital de ministerio ordenado en el cual son candidatos certificados y cumplirán sus responsabilidades con éstos para continuar su candidatura certificada.

4. Por recomendación de la Junta del Ministerio Ordenado, los miembros ministeriales a plena conexión pueden votar anualmente la aprobación de estudiantes de otras denominaciones que están inscritos en una escuela de teología listada por el Senado Universitario para servir como pastores locales durante el año siguiente, bajo la dirección del superintendente de distrito, con tal

que indiquen a satisfacción de la Junta del Ministerio Ordenado su consentimiento en apoyar y mantener la doctrina y el gobierno de la Iglesia Metodista Unida mientras estén bajo nombramiento.

5. Los pastores locales pueden servir en cualquier junta, comisión o comité, con voz y voto, menos en asuntos de carácter ministerial, calificaciones, estado, y ordenación. Sin embargo, los pastores locales que hayan completado el curso de estudios podrán servir en el comité distrital de Ministerio Ordenado con voz y voto. Los pastores locales a tiempo completo que hayan completado el Curso de Estudios podrán servir en la Junta de Ministerio Ordenado con voz y voto.

¶ **319.** *Continuación como pastor local*—1. Las personas licenciadas como pastores locales que no son miembros provisionales deberán continuar en el colegio, un programa de educación teológica en un seminario aprobado, o en el Curso de Estudios.

2. Al completar la educación de cada año, además de otros requisitos, un pastor local que no es miembro provisional puede ser recomendado por el Comité Distrital del Ministerio Ordenado para que continúe. Los miembros clericales de la conferencia anual que estén a plena conexión pueden aprobar la continuación de un pastor local, después de referirse el caso a su Junta del Ministerio Ordenado, y haber recibido la recomendación de la misma.[8]

3. Un pastor local a tiempo completo habrá de terminar el currículo del Curso de Estudios en ocho años; y un pastor local a tiempo parcial, en doce años; a menos que una situación familiar u otra circunstancia impida la oportunidad del pastor local para cumplir dichos requisitos. Al pastor local se le puede conceder una extensión anual que sobrepase el límite prescrito, contando con tres cuartas partes del voto del Comité Distrital del Ministerio Ordenado con recomendación de la Junta del Ministerio Ordenado de la conferencia, y el voto de los miembros clericales a plena conexión[9].

4. Un pastor local puede escoger permanecer en una relación local con la conferencia anual al completar el Curso de Estudios.

5. Ninguna de las disposiciones de esta legislación será interpretada para cambiar o limitar la autorización a pastores locales ordenados como diáconos o presbíteros antes de 1996.[10]

---

8. Ver Decisión 1076 del Concilio Judicial.
9. Ver Decisiones 436, 439 del Concilio Judicial.
10. Ver Decisiones 436, 439 del Concilio Judicial.

¶ **320.** *Salida, restauración y jubilación de pastores locales que no son miembros provisionales*—1. *Descontinuación de un pastor local*—Cuando un pastor local se jubile o ya no sea aprobado para nombramiento por la conferencia anual, como se requiere en el ¶ 318, o cualquier pastor local rompa sus relaciones con la Iglesia Metodista Unida, o el nombramiento de un pastor local quede descontinuado por el obispo, o el Comité Distrital del Ministerio Ordenado no recomiende que continúe con su licencia, entregará su licencia y credenciales al superintendente de distrito, para que se depositen en la secretaría de la conferencia. Después de consultar con el pastor, el ex pastor local designará la iglesia local en donde tendrá su membresía. La Junta del Ministerio Ordenado le enviará al obispo residente, para sus archivos, un registro permanente de las circunstancias relativas a la descontinuación del estado de pastor local, como se establece en el ¶ 634.3d.

2. *Retiro bajo quejas y cargos*—Cuando a un pastor local se le acusa de una falta, según el ¶ 2702, y desea retirarse de la iglesia, se aplicarán los procedimientos descritos en el ¶ 2719.2.

3. *Juicio de un pastor local*—Cuando a un pastor local se le acusa de una falta, según el ¶ 2702, se aplicarán los procedimientos descritos en los ¶¶ 2703-2713.[11]

4. *Restauración del estado de pastor local*—Los pastores locales cuyo estado aprobado haya sido descontinuado de una conferencia anual de la Iglesia Metodista Unida o de una de sus predecesoras legales, pueden ser reintegrados solamente por la conferencia anual que los aprobó previamente, o su sucesora legal, o la conferencia anual de la que la mayor porción de su antigua conferencia sea parte, solamente por recomendación del Comité Distrital del Ministerio Ordenado que descontinuara su licencia, la Junta del Ministerio Ordenado y el gabinete. Aquellas personas que procuran ser reintegradas someterán evidencia de que han sido miembros de una iglesia local metodista unida por lo menos un año antes de solicitar su reintegro. El Comité Distrital requerirá recomendación de la conferencia del cargo donde la membresía del o de la solicitante se encuentre en ese momento. Al ser aprobados por los miembros clericales a plena conexión como se dispone en el ¶ 317, su licencia y sus credenciales serán restauradas y podrán ser nombrados pastores de un cargo. Completarán estudios

---

11.   Ver Decisión 982 del Concilio Judicial.

ministeriales actuales, y llenarán los requisitos establecidos en los ¶¶ 315, 318.

Cuando se considere para nombramiento o empleo temporal en otra conferencia anual a personas cuya aprobación como pastores locales ha sido descontinuada por una conferencia anual, la Junta del Ministerio Ordenado que las considera obtendrá de la Junta del Ministerio Ordenado de la conferencia en que la aprobación ha sido descontinuada, verificación de sus aptitudes e información sobre las circunstancias pertinentes a la terminación de su aprobación como pastores locales.

5. *Jubilación de un pastor local*—Un pastor local que ha progresado satisfactoriamente en el Curso de Estudios, como se especifica en el ¶ 318.1 ó .2, puede ser reconocido como pastor local jubilado. Las disposiciones de jubilación para los pastores locales serán las mismas que las de los miembros clericales en el ¶ 357.1, .2, .4, con pensiones pagaderas de acuerdo con las provisiones aplicables del Programa de Seguridad de Jubilación de Clérigos. Los pastores locales jubilados pudieran asistir a las sesiones de la conferencia anual con voz pero sin voto. El obispo podrá nombrar a un pastor local jubilado, y licenciarlo bajo recomendación del comité distrital del ministerio ordenado sin crear otra reclamación adicional sobre la compensación mínima de la conferencia ni más crédito de pensión.

Sección V. Membresía asociada

¶ **321.** *Elegibilidad y derechos de miembros asociados*—Los miembros asociados de una conferencia anual pertenecen al ministerio itinerante de la Iglesia y siempre estarán disponibles para ser nombrados por el obispo. Se ofrecen a sí mismos, sin reservas, para ser nombrados (y para servir de acuerdo con las disposiciones de sus superiores). Serán responsables ante la conferencia anual de la función de su ministerio y se le otorgará la misma seguridad de nombramiento de los miembros provisionales y miembros a plena conexión.[12]

1. Los miembros asociados tendrán el derecho al voto en la conferencia anual en todos los asuntos excepto en los siguientes: (a) enmiendas constitucionales; (b) todos los asuntos de ordenación, carácter y relaciones conferenciales de los clérigos.

2. Los miembros asociados pueden servir en cualquier junta, comisión o comité de la conferencia anual. No tendrán derecho a

---

12. Ver Decisión 1226 del Concilio Judicial.

ser elegidos como delegados a las conferencias general, jurisdiccional o central.

3. Los miembros asociados estarán sujetos a las previsiones que gobiernan la licencia sabática, licencia de ausencia, localización, jubilación, salario mínimo y pensión.

¶ **322.** *Requisitos para la elección de miembros asociados*—1. Los pastores locales pueden ser elegidos a la membresía asociada por tres cuartos de la mayoría del voto de sesión clerical cuando hayan reunido las siguientes condiciones. Habrán: (1) sido recomendados a la sesión clerical en base a los tres cuartos de la mayoría del voto de la Junta del Ministerio Ordenado conferencial; (2) alcanzado los 40 años de edad; (3) servido cuatro años como pastores locales a tiempo completo; (4) completado el Curso de Estudios para el ministerio ordenado además de los estudios para la licencia como pastor local, no más de la mitad podrá ser tomado por correspondencia o por Internet, o recibido un título de Masters of Divinity que incluya los estudios de postgrado básicos de teología enumerados por el Senado Universitario; (5) terminado un mínimo de sesenta horas semestre de un bachillerato en artes o un título equivalente reconocido de un colegio o universidad que está en la lista del Senado Universitario; (6) sido recomendado por tres cuartas partes del voto de la mayoría del comité de distrito del ministerio ordenado y la Junta del Ministerio Ordenado; (7) declarado su disposición para aceptar un nombramiento de tiempo completo; (8) satisfecho a la junta con respecto a su salud física, mental y emocional (la conferencia anual pedirá reportes psicológicos, antecedentes penales y comprobación del crédito, y reportes de mala conducta sexual y, o abuso de niños para proveer información adicional sobre la aptitud del candidato para el ministerio); (9) por el bien de la misión de Jesucristo en el mundo y el mejor testimonio del evangelio cristiano, y en consideración de su influencia como un miembro de la clerecía de la conferencia anual, estar dispuesto a hacer una dedicación completa de sí mismo a los ideales más altos de la vida cristiana; y para ese fin, está de acuerdo en ejercitar un autocontrol responsable en los hábitos personales que conducen a una salud del cuerpo, madurez mental y emocional, fidelidad en el matrimonio y celibato en la soltería, responsabilidad social, y crecimiento en la gracia y el conocimiento y el amor de Dios; y (10) preparado por lo menos un sermón por escrito sobre un pasaje bíblico señalado por la junta del ministerio ordenado y dado respuesta satisfactoria en un examen por escrito suministrado por la junta del ministerio ordenado (Se le dará consideración a las preguntas que aparecen en el ¶ 324.9).

2. Bajo la recomendación de la junta del ministerio ordenado, una conferencia anual podrá equiparar un servicio de parte del tiempo al requisito del servicio de tiempo completo. Tal equivalencia debe ser determinada a la luz de los años de servicio involucrado, la calidad de dicho servicio, la madurez del solicitante, y otros factores relevantes[13].

3. Los miembros asociados se pueden jubilar bajo la previsión del ¶ 358 de la Disciplina. Retendrán su licencia para el ministerio pastoral para el servicio en la iglesia local y mantener su relación como clérigo jubilado de la conferencia anual.

4. Los miembros asociados pueden ser recibidos como miembros provisionales en la conferencia anual bajo las condiciones que se establecen en el ¶ 324.6 después de haber recibido las tres cuartas partes del voto mayoritario de los miembros clericales a plena conexión de la conferencia, presentes y votantes.

¶ **323.** *Fraternidad de pastores locales y miembros asociados—* Cada conferencia anual organizará una Fraternidad de Pastores Locales y Miembros Asociados. Todos los pastores locales licenciados y miembros asociados participarán en la Fraternidad. La Fraternidad proporcionará apoyo mutuo a sus miembros por el bien de la vida y misión de la iglesia.

1. La función específica y limitada es:

a) facilitar reuniones regulares de pastores locales y miembros asociados para el continuo desarrollo en la relación con Jesucristo, por medio de experiencias como el estudio bíblico, el estudio de asuntos que enfrenta la iglesia y la sociedad, y la exploración teológica sobre la identidad vocacional y el liderazgo;

b) alentar a los pastores locales y miembros asociados a continuar sus estudios más allá del Curso de Estudios y Curso Avanzado de Estudios;

c) desarrollar un vínculo de unidad y compromiso común con la misión y el ministerio de la Iglesia Metodista Unida y la conferencia anual; y

d) facilitar la creación de relaciones que permitan el apoyo y la confianza mutuos.

2. El obispo convocará a la fraternidad, y la Junta del Ministerio Ordenado coordinará su vida y trabajo. Se proporcionará el apoyo

---

13. Ver Decisiones 343, 572, 1181 del Concilio Judicial.

financiero necesario a través del presupuesto de la junta. La junta nominará de entre los miembros de la Fraternidad y la fraternidad elegirá cuadrienalmente un presidente de la Fraternidad durante una reunión convocada de la sesión anual de la conferencia de Fraternidad quien, con la cooperación y guía del obispo, proporcionará continuo liderazgo a la Fraternidad. El presidente electo de la Fraternidad, a tiempo completo o parcial, deberá ser miembro de la Junta de Ministerio Ordenado y su comité ejecutivo como se dicta en ¶ 635.1*a*.

Sección VI. Membresía provisional

¶ **324.** *Calificaciones para elección y consagración a membresía provisional*—Una persona pudiera ser elegible a membresía provisional en la conferencia anual por tres cuartos de los votos de la sesión clerical por la recomendación de la Junta del Ministerio Ordenado, después de cumplir con los siguientes requisitos[14]:

1. *Requisito de candidatura:* Todo candidato habrá de ser verificado como candidato a membresía provisional por lo menos un año. Las personas nombradas pastores locales son miembros de la clerecía de la conferencia anual y ya no son candidatos certificados (¶ 311).

2. *Requisito de servicio:* Todo candidato habrá demostrado sus dones para el ministerio de servir y su liderazgo, a satisfacción del comité de distrito del ministerio ordenado como condición para membresía provisional.

3. *Requisito de estudios universitarios:* Un candidato para membresía provisional habrá terminado estudios de bachillerato universitario de un colegio o universidad reconocidos por el Senado Universitario. Se pudieran hacer excepciones para este diploma universitario en consulta con la Junta General de Educación Superior y Ministerio, en algunas instancias y por motivos misionales, a personas que tengan un mínimo de sesenta horas semestrales de Bachillerato en Letras y:

a) hayan sido privadas de la posibilidad de estudiar en cursos educativos normales de un bachillerato universitario; o

b) sean miembros de un grupo cuyas prácticas y capacitación propias de su cultura promueven un entendimiento y destrezas para un ministerio efectivo que no pueden adquirirse a través de una educación formal convencional.

---

14. Ver Decisión 318 del Concilio Judicial.

c) se hayan graduado con un grado de Bachiller o su equivalente de un colegio universitario no reconocido por el Senado Universitario, y hayan terminado la mitad de los estudios de la Maestría (Licenciatura) en Teología o el primer título profesional equivalente en una escuela de teología listada por el Senado Universitario.

4. *Requisitos postgraduados:*

a) Un candidato a diácono o presbítero habrá terminado como mínimo la mitad de veintisiete horas semestrales de sus estudios teológicos básicos de graduado en la fe cristiana. Estos cursos pueden ser incluidos dentro, o en adición a un título del seminario. Estos estudios teológicos básicos de graduado deben incluir cursos en Antiguo Testamento; Nuevo Testamento; teología; historia de la iglesia; misión de la iglesia en el mundo; evangelismo; liturgia de la adoración; y doctrina, sistema de gobierno e historia de la Iglesia Metodista Unida.

b) Un candidato para la ordenación como diácono habrá completado la mitad de los estudios para el grado de Maestría (Licenciatura) en Teología, o su equivalente, y la mitad de los cursos básicos de teología a nivel graduado de un seminario listado por el Senado Universitario.

c) Un candidato para la ordenación como diácono habrá:

(1) terminado la mitad de los estudios de una maestría de un seminario metodista unido o uno aprobado por el Senado Universitario, o

(2) recibido la maestría en el campo de ministerio especializado en el que el candidato ha de servir,

(3) terminado los estudios graduados básicos, en un contexto que proporcione formación como diácono metodista unido a plena conexión dentro de un programa coherente desarrollado por el seminario, y aprobado por la Junta General de Educación Superior y Ministerio, documentado por una constancia procedente de la escuela de haberlo terminado.

5. En algunos casos un candidato que procure la ordenación para servir como diácono a plena conexión, pudiera cumplir con sus requisitos académicos a través del siguiente proceso alternativo:

a) deberá haber cumplido los treinta y cinco años de edad al tiempo de ser candidato certificado.

b) obtenido su diploma de bachillerato universitario, recibido una certificación profesional o licencia en los campos de ministerio en los cuales el candidato vaya a servir, y haber completado un mínimo de ocho horas semestrales de créditos universitarios o sus horas semestrales equivalentes en el campo de especialización, y haber sido recomendado por la Junta Conferencial del Ministerio Ordenado;

c) terminado la mitad de un mínimo de veintisiete horas semestrales de estudios teológicos graduados básicos relacionados con la fe cristiana, incluyendo los campos de: Antiguo Testamento, Nuevo Testamento, teología, historia de la iglesia, misión de la iglesia en el mundo, adoración/liturgia y doctrina, gobierno e historia metodista unida, en un contexto que proporcione un programa y formación coherentes como diácono metodista unido a plena conexión dentro de un programa coherente desarrollado por el seminario, y aprobado por la Junta General de Educación Superior y Ministerio, documentado por constancia de haberlo terminado procedente de esa escuela.

6. Los pastores locales pudieran cumplir los requisitos para membresía provisional como presbíteros cuando hayan:

a) cumplido cuatro años de servicio a tiempo completo o equivalente;

b) satisfecho todos los requisitos de la Sección 1-2 y 7-14 de este párrafo.

c) terminado el Curso de Estudios. Los requisitos del Curso de Estudios podrán cumplirse como lo determina la GBHEM (¶1421.3d) al:

1. Completar el Curso de Estudios del cual no más de la mitad se podrá tomar por correspondencia o Internet; hasta la mitad del Curso de Estudios podrán ser curso de Internet; y

2. Completar un programa equivalente de estudios integrado título universitario en una universidad o colegio unido metodista o relacionado.

d) completado un Curso de Estudios Avanzados que consistirá de treinta y dos horas semestrales de estudios teológicos graduados que ofrezca un seminario reconocido por el Senado Universitario o su equivalente, según lo determine la Junta General de Educación Superior y Ministerio. El Curso de Estudios Avanzados incluirá los estudios teológicas graduados básicos (¶ 324.4*a*)[15].

---

15. Ver Decisiones 823, 1077 del Concilio Judicial

7. La Junta del Ministerio Ordenado exigirá una transcripción oficial de créditos de cada escuela a la que se asista antes de reconocer cualquier reclamo educacional que el solicitante pudiera hacer. En caso de duda, la Junta pudiera someter la transcripción ante la Junta General de Educación Superior y Ministerio.

8. Cada candidato habrá de presentar un certificado satisfactorio de buena salud, expedido por un médico en la forma prescrita para ello. Los impedimentos no serán vistos como factores de salud desfavorables cuando la persona pueda cumplir las normas profesionales y pueda físicamente rendir un servicio efectivo como miembro provisional.

9. Cada candidato deberá responder a un examen doctrinal oral y escrito, administrado por la Junta Conferencial del Ministerio Ordenado. El examen deberá cubrir lo siguiente:

a) Describa su experiencia personal respecto a Dios y la comprensión que usted deriva de Dios por medio de las fuentes bíblicas, teológicas e históricas.

b) ¿Cuál es su comprensión del mal tal como existe en el mundo?

c) ¿Cómo entiende usted a la humanidad y la necesidad humana de la gracia divina?

d) ¿Cómo interpreta usted la declaración "Jesucristo es el Señor"?

e) ¿Cuál es su concepto de la actividad del Espíritu Santo en la fe personal, en la comunidad de los creyentes y en una vida responsable en el mundo?

f) ¿Cuál es su comprensión del Reino de Dios; la resurrección; y la vida eterna?

g) ¿Cómo intenta declarar, enseñar y aplicar la Parte III de la *Disciplina* (Normas Doctrinales y Nuestra Tarea Teológica) en su trabajo en el ministerio al cual ha sido llamado?

h) La Iglesia Metodista Unida sostiene que el centro viviente de la fe cristiana fue revelado en la Escritura, iluminado por la tradición, vivificado en la experiencia personal y confirmado por la razón. ¿Cuál es su comprensión de esta posición teológica de la iglesia?

i) Describa la naturaleza y misión de la iglesia. ¿Cuáles son sus tareas primarias en nuestros tiempos?

j) Presente su comprensión de las características principales del sistema de gobierno metodista unido.

k) Explique su entendimiento de las vocaciones distintivas de la orden del presbítero y de la orden del diácono. ¿Cómo se percibe a sí mismo, sus dones, sus motivos, su papel y su compromiso como diácono provisional y presbítero provisional en la Iglesia Metodista Unida?

l) Describa su entendimiento de *diakonia*, el ministerio de servicio de la iglesia, y el ministerio de servicio del miembro provisional.

m) ¿Cuál es el significado de la ordenación, en el contexto del ministerio general de la iglesia?

n) Describa su entendimiento de una iglesia y un ministerio inclusivo.

o) Como candidato, usted ha convenido, por el bien de la misión de Jesucristo en el mundo y en el más efectivo testimonio del evangelio cristiano, y en consideración a su influencia como ministro ordenado, hacer una completa dedicación de sí mismo a los más altos ideales de la vida cristiana y para este fin ha estado de acuerdo en ejercitar responsablemente el dominio propio por medio de hábitos personales conducentes a la salud física y mental, madurez emocional, fidelidad en el matrimonio, y celibato en la soltería, responsabilidad social y crecimiento en la gracia y en el conocimiento y en el amor de Dios. ¿Cómo entiende usted este compromiso?

p) Explique el papel y el significado de los sacramentos en el ministerio al cual ha sido llamado.

10. Cada candidato habrá sido recomendado por escrito a la Junta Conferencial del Ministerio Ordenado, basado en el voto afirmativo mayoritario de tres cuartas partes del Comité Distrital del Ministerio Ordenado.

11. Todo candidato tendrá una entrevista personal con la Junta de Ministerio Ordenado para completar su candidatura.

12. Todo candidato deberá someter en la planilla prescrita por la Junta del Ministerio Ordenado una declaración notariada, dando detalles de cualesquiera condena por escrito o condena por delitos graves, delitos menores o incidentes relacionados con asuntos sexuales, o abuso de menores. El candidato también entregará los requeridos informes psicológicos, antecedentes penales, comprobación del crédito e informes de abuso de menores.

13. Todo candidato deberá someter ante la Junta para su expediente una declaración autobiográfica concisa y por escrito (en duplicado y en la planilla prescrita) en relación a su edad, salud, estado familiar, experiencia cristiana, llamamiento al ministerio, expediente educacional, experiencias cristianas formativas y planes de servicio en la iglesia.

14. Cada candidato será recomendado por escrito a la sesión ejecutiva basado en el voto mayoritario de las tres cuartas partes de la Junta Conferencial del Ministerio Ordenado.

¶ **325.** *Comisionar*—Comisionar es un acto de la iglesia que reconoce públicamente el llamado de Dios y la respuesta, talentos, dones y preparación del candidato. La iglesia invoca al Espíritu Santo, y se le da la comisión al candidato a ser un fiel líder siervo entre su pueblo, a dirigir la iglesia en el servicio, a proclamar la Palabra de Dios, y a equipar a otros para el ministerio.

Por medio de la comisión, la iglesia envía a personas al liderazgo y el servicio en el nombre de Jesucristo, y marca su entrada a un período de prueba mientras se preparan para la ordenación. Los ministros comisionados son miembros provisionales de la conferencia anual, y responsables ante el obispo y la sesión clerical por la conducta de su ministerio.

Durante el período del programa de residencia, la sesión clerical discierne su capacidad para su ordenación y su efectividad en el ministerio. Después de cumplir todos los requisitos de su candidatura, y por la recomendación de la Junta Conferencial del Ministerio Ordenado, la sesión clerical votará sobre la membresía provisional y el comisionado de los candidatos. El obispo y el secretario conferencial les suministrarán credenciales como miembros provisionales y ministros comisionados en la conferencia anual.

El período de ministro comisionado concluye cuando los miembros provisionales son recibidos como miembros a plenitud de la conferencia anual, y ordenados diáconos o presbíteros, o se toma la decisión de no proceder a la ordenación, y así termina la membresía provisional.

¶ **326.** *Servicio de los miembros provisionales*—Toda persona que posea membresía provisional recibirá un nombramiento del obispo (¶ 425) y servirá como miembro provisional de la conferencia anual por período mínimo de dos años. Durante este período provisional, la Junta del Ministerio Ordenado hará arreglos para que todos los miembros provisionales se involucren en estudios residenciales que amplíen su preparación teológica, haciendo uso de grupos de pacto que apoyen el ejercicio y el trabajo de su ministerio como líderes siervos, para contemplar la base del ministerio ordenado, y para desarrollar un entendimiento del ministerio de pacto en la vida de la Conferencia. Los miembros provisionales podrán ser nombrados para asistir a clases, al ministerio de extensión o en asignaciones más allá de la iglesia local. Cuando sean nombrados, el servicio de los miembros provisionales será evaluado por el Superintendente de Distrito y la Junta del Ministerio Ordenado en términos de las habilidades del miembro provisional para expresar y prestar liderazgo en su ministerio de servicio.

1. Los miembros provisionales con intención de entregar sus vidas por completo como diáconos a plena conexión será en los ministerios de Palabra, Servicio, Compasión y Justicia durante su período a prueba. Una persona comisionada que se prepara para la ordenación como diácono, será licenciada para ejercer su ministerio durante su período a prueba y realizar todos los deberes del ministerio de los diáconos, según lo dispone el ¶ 328 y reciba apoyo según dispone el ¶ 331.10. Tal autorización concedida por la licencia será renovada anualmente por la clerecía en sesión por recomendación de la Junta del Ministerio Ordenado.

2. Los planes de los miembros provisionales para entregar sus vidas por completo como presbíteros habrán de ser en los ministerios de Palabra, Sacramento, Orden y Servicio en la iglesia local o en un ministerio de extensión aprobado. Un miembro provisional que se está preparando para la ordenación como presbítero deberá ser licenciado para el ministerio pastoral (¶ 315). Tal autorización concedida por la licencia será renovada anualmente por la clerecía en sesión por recomendación de la Junta del Ministerio Ordenado

3. Los miembros provisionales que sirven en ministerios de extensión, matriculados en programas de graduados o designaciones más allá de la iglesia local serán responsables ante el Superintendente de Distrito y la Junta del Ministerio Ordenado por la conducta de su ministerio, y por la demostración de su efectividad en el ministerio en la orden a la que procuran ser ordenados. En todos los casos, demostrarán también su efectividad en el liderazgo de servicio en la iglesia local a satisfacción de la Junta del Ministerio Ordenado.

4. Los miembros provisionales que quieran cambiar las vías de su ordenación deberán:

a) Escribir a la junta de ministerios ordenados y informar al superintendente y obispo de su intención.

b) Entrevistarse con la junta de ministerios ordenados para articular y clarificar su llamamiento.

c) Cumplir con los requisitos académicos y de servicio.

Bajo la recomendación de la junta de ministerios ordenados y por voto de la sesión clerical la persona puede ser recibida a plena conexión con la conferencial anual y ser ordenado dentro de la orden a la cual está en transición.

¶ **327.** *Derechos y elegibilidad de la membresía provisional*—Los miembros provisionales están a prueba en preparación para la membresía a plena conexión en la conferencia anual como diáconos o presbíteros. Están a prueba en cuanto a su carácter, su liderazgo de servicio y su efectividad en el ministerio. La conferencia anual, a través de la sesión clerical, tiene jurisdicción sobre los miembros provisionales. Anualmente, la Junta del Ministerio Ordenado deberá revisar y evaluar su relación y hacer recomendaciones a los miembros clérigos a plena conexión referente a su continuidad. Ningún miembro deberá continuar con membresía provisional más de ocho sesiones regulares después de haber sido admitido a la membresía provisional.

1. Los miembros provisionales que se estén preparando para órdenes de diácono o presbítero pudieran ser ordenados diáconos o presbíteros al cumplir con los requisitos para la membresía a plena conexión en la conferencia anual.

2. Los miembros provisionales tendrán derecho al voto en la conferencia anual en todos los asuntos, a excepción de los siguientes:

a) enmiendas constitucionales;

b) todos los asuntos que tengan que ver con la ordenación, el carácter y las relaciones conferenciales de los clérigos. Los miembros de la clerecía provisional que hallan completado todos los requisitos educacionales tendrán derecho a voto en la elección de delegados para la conferencia general, jurisdiccional o central.[16]

3. Los miembros provisionales pueden servir en cualquier junta, comisión o comité de la conferencia anual a excepción de la Junta del Ministerio Ordenado (¶ 635.1). No podrán ser delegados a las Conferencias General, central o jurisdiccional.

4. Los miembros provisionales serán responsables ante la conferencia anual en el ejercicio de su ministerio y estarán sujetos a las disposiciones de la *Disciplina* en el ejercicio de sus responsabilidades. Serán supervisados por el superintendente de distrito bajo el cual tengan su nombramiento. La Junta del Ministerio Ordenado también les asignará un diácono o presbítero como mentor. Los miembros provisionales que se estén preparando

---

16. Ver Decisión 1181 del Concilio Judicial y ¶ 35.

para ser presbíteros tendrán derecho a nombramiento al cumplir las disposiciones disciplinarias (¶ 315).

5. Los miembros provisionales bajo nombramiento más allá de la iglesia local habrán de relacionarse con el superintendente de distrito del lugar en donde ejercen su trabajo. El superintendente de distrito deberá supervisarlos e informar anualmente a su Junta del Ministerio Ordenado.

6. *Descontinuación de membresía provisional*—Los miembros provisionales pudieran pedir la descontinuación de su relación, o la sesión clerical pudiera descontinuarlos, por la recomendación de la Junta del Ministerio Ordenado. Cuando los miembros provisionales en buena relación se retiran para unirse a otra denominación o para dar por terminada su membresía en la Iglesia Metodista Unida, su acción será considerada como petición de descontinuación de su relación, y entregarán sus credenciales al superintendente de distrito. En caso de descontinuación sin consentimiento, antes de que se dé cualquier recomendación final, se le hará saber al miembro provisional que tiene derecho a una audiencia justa ante el comité de relaciones conferenciales de la Junta del Ministerio Ordenado. Se hará un informe de la decisión al pleno de la Junta en cuanto a la decisión final. Se habrán de observar las disposiciones de un proceso justo (¶ 362.2), y habrá una revisión de parte del comité administrativo de revisiones, según el ¶ 636, anterior a la audiencia ante la conferencia anual. Cuando esta relación se descontinúe, no se le permitirá a dichas personas ejercer funciones ministeriales, y deberán éstas entregar sus credenciales al superintendente de distrito para ser depositadas con el secretario de la conferencia, y el superintendente trasladará su membresía a una iglesia local que tales personas designen, después de consultar con el pastor. La Junta del Ministerio Ordenado elevará expediente al obispo en residencia y al secretario de la conferencia con un registro permanente de las circunstancias por las cuales se descontinuó el miembro provisional, según lo establece el ¶ 635.3*d*. Después de ser descontinuados, los miembros provisionales pudieran ser clasificados y aprobados como pastores locales de acuerdo a las disposiciones del ¶ 316.

7. Los miembros provisionales no se jubilarán bajo las provisiones del ¶ 358. Los miembros provisionales que alcancen la edad mandatoria de jubilación serán cesados automáticamente. Los presbíteros provisionales podrán considerarse en la misma

categoría que los pastores locales jubilados bajo las provisiones del ¶ 320.5.

Sección VII. El diácono ordenado a plena conexión

¶ **328.** *El ministerio del diácono*—De entre los bautizados, los diáconos son llamados por Dios para un liderazgo de servicio vitalicio, autorizados por la iglesia y ordenados por un obispo. Desde los primeros días de la iglesia, los diáconos fueron llamados y apartados para el ministerio de amor, justicia y servicio para conectar a la iglesia con los más necesitados, abandonados y marginalizados entre los hijos de Dios. Este ministerio crece en la pasión wesleyanan por la santidad social y el ministerio entre los pobres. Son los diáconos, en persona y función, con este distintivo ministerio que deben encarnar, articular y guiar a todo el pueblo de Dios en su ministerio de servicio. Los diáconos cumplen con el ministerio de servicio en el mundo y brindan liderazgo a la iglesia al relacionar la vida de la comunidad cristiana con sus ministerios en el mundo, interrelacionando la adoración de la comunidad congregada con un servicio a Dios en el mundo. Los diáconos dan su liderazgo en la vida de la iglesia: al enseñar y proclamar la Palabra; al contribuir en la adoración, y al asistir a los presbíteros en la administración de los sacramentos del bautismo y Santa Cena, o al presidir la celebración de los sacramentos cuando sea contextualmente apropiado y debidamente autorizado; en el desarrollo y la nutrición de discípulos; al dirigir servicios matrimoniales y funerales; en la encarnación de la misión de la iglesia hacia el mundo; y al dirigir congregaciones en la interpretación de las necesidades, intereses y esperanzas para el mundo. Con el propósito de extender la misión y ministerio de la iglesia y ofrecer los medios de gracia al mundo, el obispo residente de la conferencia anual en la cual el diácono ha sido nombrado podrá autorizar al diácono a presidir en la celebración de los sacramentos. Presidir en la celebración de los sacramentos conlleva ser responsable de dirigir a la comunidad congregada en la celebración del bautismo y Santa Cena. Como miembros de la Orden de Diáconos, todos los diáconos están en pacto con todos los otros diáconos en la conferencia anual y participarán en la vida de su orden. Los diáconos dirigen la congregación en su ministerio de servicio, y capacitan y apoyan a todos los cristianos bautizados en su ministerio. El ministerio particular de los diáconos ha evolucionado dentro del metodismo unido a lo largo de los años —el trabajo continuo de las diaconisas, los misioneros domésticos y los ministros diaconales. La iglesia, que reconoce los dones y el impacto que todos los predecesores del diaconado han encarnado, y que hace posible que siga vigente el oficio de la diaconisa, afirma que su particularidad se hace visible y central en la vida de la iglesia y el ministerio a través de la ordenación, y que el ministerio del diácono es una respuesta fiel a la misión de la iglesia al enfrentar las necesidades que emerjan en el futuro. Los diáconos son responsables ante la conferencia anual y el obispo en el cumplimiento de su llamamiento a un liderazgo de servicio.

¶ **329.** *Ministerio, autoridad y responsabilidades de los diáconos a plena conexión*—1. Los diáconos son personas llamadas por Dios, autorizadas por la iglesia, y ordenadas por un obispo a un ministerio vitalicio de Palabra, Servicio, Compasión y Justicia, a la comunidad y a la iglesia, en un tipo de ministerio que les conecta. Los diáconos ejemplifican el discipulado cristiano y crean oportunidades para que otros entren en ese discipulado. La tarea de los diáconos es una de justicia, sirviendo con compasión mientras procuran servir a esas personas en los márgenes de la sociedad. En la congregación, el ministerio del diácono es el de enseñar y formar discípulos, y dirigir la adoración en conjunción con otras personas ordenadas y laicas.

2. El diácono a plena conexión tendrá derecho a voz y voto en la conferencia anual donde tenga su membresía; podrá servir como clérigo en las juntas, comisiones, o comités de la conferencia anual y tener posiciones en los mismos: podrá ser electo como delegado clerical a las Conferencias Generales, centrales o jurisdiccionales. El diácono a plena conexión asistirá a todas las sesiones de la conferencia anual y compartirá junto con los presbíteros a plena conexión la responsabilidad en todos los asuntos de ordenación, carácter y relaciones conferenciales de los clérigos (¶ 334.1).

3. Como miembros de la Orden de Diáconos, todos los diáconos a plena conexión están en una relación de pacto con todos los diáconos a plena conexión de la conferencia anual y participarán en la vida de la Orden.

¶ **330.** *Requisitos para ordenación como diáconos y admisión a plena conexión*—Los miembros provisionales que soliciten ser admitidos a plena conexión, y que hayan sido miembros provisionales por lo menos dos años a seguido de la terminación de los requisitos educacionales para la ordenación como diácono, como se especifica en .3 a continuación, pudieran ser admitidos a membresía a plena conexión en una conferencia anual por las tres cuartas partes del voto mayoritario de los miembros clericales a plena conexión, con la recomendación del voto de las dos terceras partes de la Junta del Ministerio Ordenado, después de que hayan cumplido con los siguientes requisitos:

1. Deben haber ya servido bajo nombramiento episcopal en un ministerio de servicio por lo menos por dos años conferenciales completos. Por recomendación de la Junta del Ministerio Ordenado, la conferencia anual pudiera igualar años de servicio no remunerados para cumplir con este requisito. Tal equivalencia se determinará a la luz de los años de servicio en cuestión, la calidad de dicho servicio, la madurez del solicitante, y otros factores pertinentes que la Junta determine. La supervisión será: (a) por el superintendente de distrito, y (b) por la Junta del Ministerio Ordenado. El servicio del solicitante habrá de ser evaluado por la Junta del Ministerio Ordenado como efectivo, de acuerdo a las pautas escritas elaboradas por la Junta, y adoptadas por los miembros clericales a plena conexión. La Junta habrá de incluir a las personas laicas que estuvieran directamente involucradas en el ministerio de servicio del solicitante en la evaluación anual.

2. Haber sido previamente elegido como miembro provisional.

3. Haber cumplido con los siguientes requisitos educacionales: (a) graduarse con una licenciatura en letras o título equivalente de una colegio o universidad listado por el Senado Universitario o su equivalente cómo lo determine la Junta General de Educación Superior y Ministerio; (b) graduarse con un título de maestría en divinidad u otra maestría de una escuela teológica con posgrado reconocida por el Senado Universitario, o una maestría en un área especializada de ministerio; (c) o sean candidatos que sobrepasen los 35 años de edad con certificación profesional o licencia en sus áreas de ministerio incluyendo un mínimo de horas equivalentes a ocho semestres en créditos académicos de posgrado. Los requisitos educacionales en todo caso incluirán completar los estudios básicos teológicos de posgrado de la fe cristiana, como figura en ¶ 324.4(a).

4. El candidato deberá (1) satisfacer las exigencias de la junta en cuanto a su salud física, mental y emocional; (2) preparar y predicar por lo menos un sermón escrito basado en un pasaje bíblico especificado por la Junta del Ministerio Ordenado u otro acto de proclamación de la Palabra apropiado al trasfondo del ministerio

del candidato; (3) presentar un plan y bosquejo detallado para enseñar un estudio bíblico; (4) presentar un proyecto que demuestre fruto en la práctica de la misión de la iglesia de "hacer discípulos de Jesucristo para la transformación del mundo"; (5) responder a un examen escrito u oral doctrinal administrado por la Junta del Ministerio Ordenado. El candidato demostrará su habilidad de comunicar claramente en forma oral y escrita.

Las reflexiones del candidato y la respuesta de la Junta se basarán en las percepciones y pautas de la Parte II de la *Disciplina*. El examen también se enfocará en la relación de pacto con Dios del solicitante, la iglesia, y la Orden de los Diáconos, además de su entendimiento de la *diakonia*, el liderazgo de servicio y la interrelación entre la iglesia y el mundo. El solicitante habrá de articular el llamado de Dios a la Orden de los Diáconos, y relacionar ese llamado al liderazgo dentro del ministerio de todos los cristianos, a través del marco de su servicio, la iglesia local y la conferencia anual.

5. Las siguientes preguntas son pautas para la preparación del examen:

a) Teología

(1) Mencione ejemplos de cómo la práctica del ministerio ha afectado su experiencia y entendimiento de:

(*a)* Dios

(*b)* La humanidad

(*c)* La necesidad de gracia divina

(*d)* El señorío de Jesucristo

(*e)* La obra del Espíritu Santo

(*f)* El significado e importancia de los Sacramentos

(*g)* El reino de Dios

(*h)* La resurrección y vida eterna

(2) ¿Cuál es su entendimiento de las siguientes doctrinas evangélicas tradicionales: (*a)* arrepentimiento; (*b)* justificación; (*c)* regeneración; (*d)* santificación? ¿Cuáles son las marcas de la vida cristiana?

(3) ¿En qué forma ha enriquecido la práctica del ministerio su entendimiento de la naturaleza y misión de la Iglesia? ¿Cuáles son los principales desafíos actuales con los que se enfrenta?

(4) La Iglesia Metodista Unida sostiene que la Escritura, la tradición, la experiencia y la razón son fuentes y normas de fe y práctica, pero que la Biblia prima sobre ellas. ¿Cual es

su entendimiento de esta posición teológica de la iglesia? Y ¿cómo ha afectado su entendimiento su ejercicio del ministerio?

(5) ¿Cómo ha afectado su entendimiento del significado e importancia de los Sacramentos en su ejercicio del ministerio?

b) Vocación

(1) ¿Cómo ha moldeado el entendimiento de su vocación como diácono ordenado su ejercicio del ministerio?

c) El Ejercicio del Ministerio

(1) ¿Se ofrece usted sin reserva para ser nombrado por el obispo a un ministerio de servicio?

(2) Describa y evalúe sus dotes personales para el ministerio y cómo han resultado en un ministerio fructífero. ¿Cuáles serían sus campos de mejor capacidad, y cuáles son aquellos en que necesita fortalecerse?

(3) Por el bien de la misión de Jesucristo en el mundo y el testimonio más efectivo del evangelio cristiano, y en consideración a su influencia como ministro ordenado, ¿está dispuesto a hacer una completa dedicación de sí mismo a los más altos ideales de la vida cristiana; y para este fin está de acuerdo en ejercitar responsablemente el dominio propio por medio de hábitos personales conducentes a la salud física, desarrollo intelectual, fidelidad en el matrimonio y celibato en la soltería, integridad en todas las relaciones personales, responsabilidad social, crecimiento en la gracia y en el conocimiento y en el amor de Dios?[17]

(4) Suministre evidencia de su disposición a relacionarse en ministerio con toda la gente, sin tomar en cuenta la raza, el color, el origen nacional, la situación social o los impedimentos físicos.

(5) ¿Considerará toda conversación pastoral de confesión como de confianza entre la persona implicada y Dios?

(6) Suministre evidencia de experiencia en los ministerios de paz y justicia.

d) Examen histórico de ingreso a plena conexión y ordenación como diácono—El obispo, como pastor principal, hará que los que desean ser admitidos se examinen seriamente a sí mismos y oren, preparándose así para el examen ante la conferencia. En la ocasión del examen, el obispo también explicará a la conferencia la naturaleza histórica de las siguientes preguntas, haciendo lo posible

---

17. Ver Decisión 542 del Concilio Judicial.

por interpretar su espíritu e intención. Las preguntas son las siguientes, así como cualesquiera otras que se juzguen necesarias:

(1) ¿Tiene usted fe en Cristo?

(2) ¿Avanza usted hacia la perfección?

(3) ¿Espera ser perfeccionado en amor en esta vida?

(4) ¿Se esfuerza usted diligentemente para alcanzar la perfección en amor?

(5) ¿Está usted resuelto a dedicarse por completo a Dios y su obra?

(6) ¿Conoce usted las Reglas Generales de nuestra iglesia?

(7) ¿Las guardará?

(8) ¿Ha estudiado las doctrinas de la Iglesia Metodista Unida?

(9) Después de examinarlas plenamente, ¿cree que nuestras doctrinas están en armonía con las Sagradas Escrituras?

(10) ¿Ha estudiado usted nuestra forma de disciplina y política en la iglesia?

(11) ¿Aprueba usted nuestra forma de gobierno y política?

(12) ¿Las apoyará y mantendrá?

(13) ¿Ejercerá usted el ministerio de compasión?

(14) ¿Instruirá diligentemente a los niños en todos los lugares?

(15) ¿Visitará de casa en casa?

(16) ¿Recomendará usted el ayuno y la abstinencia, tanto por precepto como por ejemplo?

(17) ¿Está dispuesto a emplear todo su tiempo en la obra de Dios?

(18) ¿Está usted endeudado, de manera que se pueda sentir avergonzado en su trabajo?

(19) ¿Seguirá usted las siguientes indicaciones?

(*a*) Sea diligente. Nunca esté desempleado. Nunca malgaste el tiempo. Nunca pierda el tiempo frívolamente, ni gaste más tiempo en un lugar que el que sea necesario.

(*b*) Sea puntual. Haga todo a la hora exacta. No cambie nuestras reglas, sino cúmplalas; no de mala gana, sino como asunto de conciencia.

6. Un miembro provisional de la conferencia anual que haya cumplido los requisitos para órdenes de diácono e ingreso a la membresía a plena conexión tendrá derecho a dicha membresía a

plena conexión y a ser ordenado diácono por un obispo. A continuación de la elección, el obispo y el secretario de la conferencia entregarán un certificado de miembro completo de la conferencia anual y seguido de la ordenación, un certificado de ordenación.

7. Un diácono será ordenado por un obispo por la imposición de las manos, empleando el Orden del Servicio para la Ordenación de Diáconos (¶ 415.6). En la imposición de las manos, los obispos serán asistidos por otros diáconos, y se pudieran incluir laicos designados por el obispo para representar la comunidad de la Iglesia. Los líderes judiciales , compañeros de plena comunión y otras comuniones, podrán participar en el servicio de ordenación y podrán unirse al obispo ordenante en la imposición de manos sobre la cabeza del candidato, mientras que los diáconos y laicos participantes podrán imponer sus manos sobre la espalda u hombros del candidato.

Sección VIII. Nombramiento de diáconos y diáconos provisionales a varios ministerios

¶ **331**. Nombramiento de diáconos y diáconos provisionales a varios ministerios—1. Los diáconos y diáconos provisionales pudieran ser nombrados en los siguientes escenarios:

a) Agencias y ministerios más allá de la iglesia local, inclusive agencias ecuménicas, que extiendan el testimonio y servicio del amor y la justicia de Cristo en el mundo y conecten la iglesia con los más necesitados, descuidados y marginalizados;

b) Agencias, escuelas, colegios, escuelas de teología, relacionadas con el metodismo unido y dentro de las estructuras conexionales de la Iglesia Metodista Unida;

c) Una congregación local, cargo, o parroquia cooperativa proporcionando liderazgo a la misión hacia el mundo de la congregación y equipando a todo cristiano a cumplir con su llamamiento al servicio cristiano.

d) Como estudiantes en programas doctorales de investigación que podrán resultar en designaciones como instructores o profesores en colegios, universidades y escuelas teológicas afiliadas con la Iglesia Metodista Unida;

e) Como instructores, profesores o administradores en colegios, universidades y escuelas teológicas afiliadas a la Iglesia Metodista Unida.

2. Los diáconos y diáconos provisionales pudieran ser nombrados a asistir a un centro educativo.

3. Los diáconos y diáconos provisionales serán nombrados a escenarios que les permitan cumplir su llamado y donde se proporcione supervisión con metas, evaluación y responsabilidad aceptables con el obispo, el gabinete y la Junta del Ministerio Ordenado.

4. *Diáconos y diáconos provisionales nombrados más allá de la iglesia local.*

a) Los diáconos y diáconos provisionales podrán ser nombrados a un marco que no esté vinculado con la Iglesia Metodista Unida o las agencias ecuménicas cuando el nombramiento sea aprobado por el obispo y la Junta del Ministerio Ordenado como un ministerio más allá de la iglesia local que sea testimonio y servicio del amor de Cristo y la justicia en el mundo. Las personas que busquen tales nombramientos deberán someter una declaración escrita al obispo y la Junta del Ministerio Ordenado, describiendo en detalle el escenario propuesto para su ministerio, el llamado para tal ministerio y sus dones y evidencia de la gracia divina para tal ministerio, y expresará de qué manera tal ministerio es cumplimiento intencional de sus votos de ordenación. Esta declaración deberá incluir también una descripción detallada de las estructuras de responsabilidad relacionadas con el escenario del ministerio propuesto.

b) Los diáconos y diáconos provisionales que hayan sido designados más allá de la iglesia local podrán buscar respaldo de La Junta General de Educación Superior y Ministerio. La Junta General de Educación Superior y Ministerio solicitará anualmente del obispo del diácono o diácono provisional en la conferencia de su membresía que verifique el empleo apropiado de personas bajo su respaldo y solicitará al obispo su re-designación.

c) Los diáconos y diáconos provisionales son responsables ante la conferencia anual de la que son miembros, y siempre que sea posible deberán mantener una relación de trabajo estrecha con participación efectiva en la obra de su conferencia anual, y asumirán aquellas responsabilidades para las que estén capacitados, y se les pida que asuman. Cuando se nombren diáconos y diáconos provisionales a marcos más allá de la iglesia local fuera de la conferencia donde mantienen su membresía, el nombramiento deberá hacerlo el obispo de la conferencia donde se mantiene la membresía en consulta con el obispo del área donde se ubica el nombramiento.

d) Los diáconos y diáconos provisionales nombrados a marcos más allá de la iglesia local se someterán anualmente al obispo, al superintendente de distrito y a la Junta del Ministerio

Ordenado un informe escrito en el formulario oficial elaborado para la Iglesia, y para uso de la conferencia anual, por el Concilio General de Finanzas y Administración.

Los diáconos y diáconos provisionales nombrados a marcos fuera de la conferencia de la que son miembros, también suministrarán una copia de su informe al obispo del área en donde se ubique su nombramiento.

e) La Junta General de Educación Superior y Ministerio, División del Ministerio Ordenado, para poder asistir a las Juntas del Ministerio Ordenado y los gabinetes, proporcionará pautas para validar la pertinencia de los nombramientos a marcos más allá de la iglesia local; y estará dispuesta a que los obispos, gabinetes y Juntas del Ministerio Ordenado la consulten sobre esto.

5. Cuando los diáconos y diáconos provisionales sirvan en agencias o ministerios más allá de la iglesia local, el obispo, después de consultar con el diácono o el diácono provisional y el pastor encargado, nombrará al diácono o diácono provisional a una congregación local donde pueda tomar responsabilidad misional de guiar a otros cristianos hacia ministerios de servicio. En este ministerio, los diáconos o diáconos provisionales se harán responsables ante el pastor encargado, la conferencia del cargo, y otros organismos apropiados que coordinen el ministerio de la iglesia local. En aquellos casos cuando el nombramiento se dé en otra área episcopal, se hará el nombramiento a la iglesia local en consulta con el obispo del área.

6. El obispo hará los nombramientos de los diáconos o diáconos provisionales.

a) El nombramiento pudiera iniciarse por el obispo o el super-intendente de distrito, el mismo diácono o diácono provisional, o la agencia que solicite el servicio del diácono o diácono provisional.

b) Se especificará por declaración escrita que plantee la intencionalidad del liderazgo de servicio, para poder establecer una clara distinción entre la obra a la que todo cristiano está llamado y el trabajo para el cuál los diáconos y diáconos provisionales han sido propiamente capacitados y autorizados.

c) Si el obispo y el gabinete consideran que un nombramiento no es para el mejor interés de la Iglesia, el obispo pudiera decidir no hacerlo. En tal caso, el obispo consultará con el diácono o diácono provisional y la Junta del Ministerio Ordenado. El diácono o diácono provisional buscará otro nombramiento, pedirá un permiso de ausencia, o ausencia transicional, o entregará su certificado de miembro de la conferencia para depositarlo con el secretario de la conferencia, o esperará que su relación le sea terminada, según los procedimientos disciplinarios. Se habrán de seguir los procedimientos para un proceso justo de audiencias administrativas en cualquier proceso de terminación involuntaria.

d) Los diáconos y diáconos provisionales pudieran, por petición o consentimiento propio, ser nombrados a una posición sin remuneración. Estos nombramientos misionales servirán para expresar la preocupación de la iglesia por la santidad social, el ministerio entre los pobres, y para enfrentar las necesidades ya en marcha y emergentes en el futuro. En tales casos, el obispo cuidadosamente revisará los planes de este nombramiento ministerial, y consultará con el diácono o diácono provisional sobre el bienestar y la seguridad financiera de su familia.

7. A petición del diácono o diácono provisional, y con el consentimiento del obispo y el gabinete, el diácono o diácono provisional podría servir en nombramientos de menos de tiempo completo, bajo las siguientes condiciones:

a) El diácono o diácono provisional deberá presentar una solicitud por escrito al obispo, superintendente del distrito y a la Junta Conferencial del Ministerio Ordenado dando las razones para su petición por lo menos noventa días antes de la conferencia anual en la que se ha de dar el nombramiento.

b) El diácono o diácono provisional pedirá anualmente del obispo que se le nombre de nuevo a servir por menos de tiempo completo.

c) El obispo pudiera hacer un nombramiento interino a servir por menos de tiempo completo, a petición del diácono o diácono provisional , por recomendación del comité ejecutivo de la Junta Conferencial del Ministerio Ordenado.

8. Diáconos y diáconos provisionales con la aprobación de su obispo y de las autoridades judicatorias de otra denominación pudieran recibir nombramiento a otra denominación mientras retienen su membresía en su conferencia madre. El nombramiento podrá hacerse en respuesta a necesidades misionales excepcionales.

9. *Membresía de la conferencia del cargo de los diáconos y diáconos provisionales.*

a) Los diáconos y diáconos provisionales nombrados a una congregación, cargo o parroquia cooperativa local serán miembros de la conferencia del cargo.

b) Los diáconos o diáconos provisionales nombrados a ministerios que se desarrollan más allá de la iglesia local , después de consultar con el pastor encargado, y con el consentimiento escrito de éste y el superintendente de distrito, designarán una conferencia del cargo dentro de los límites de la conferencia anual en la que tengan su membresía, y a la cual someterá un informe anual. Los diáconos o diáconos provisionales sirviendo en nombramientos fuera de la conferencia de la que son miembros deberán también, después de consultar y recibir consentimiento escrito del pastor a cargo establecer una relación afiliada con la conferencia de cargo en la conferencia anual en la cual se sitúa el nombramiento.

10. Apoyo para los diáconos y diáconos provisionales nombrados por el obispo.

a) Los diáconos y los diáconos provisionales recibirán su sostén bajo las políticas y acuerdos que se establezcan en el campo en el que han sido nombrados.

b) Los diáconos nombrados a una congregación local, cargo, o parroquia cooperativa recibirán su remuneración de parte de la iglesia local, cargo, o parroquia cooperativa (¶ 625.2) de no menos del mínimo establecido por las normas de compensación equitativa de la conferencia anual para los presbíteros. Los diáconos provisionales nombrados a una congregación local, cargo, o parroquia cooperativa recibirán su remuneración de parte de la iglesia local, cargo, o parroquia cooperativa (¶ 625.2 y ¶ 625.4) de no menos del mínimo establecido por las normas de compensación equitativa de la conferencia anual para los presbíteros provisionales. Cuando los diáconos y diáconos provisionales sean nombrados a ministerios a menos de tiempo completo en una congregación local, cargo, o parroquia cooperativa recibirán remuneración de no menos del mínimo establecido para lo presbíteros y presbíteros provisionales en incrementos prorrateados de un cuarto (ver ¶ 331.7).

c) Los diáconos y los diáconos provisionales tendrán derecho a participar en los planes denominacionales de pensión y beneficios y programas. Tendrán derecho a participar de los beneficios para la salud y demás programas suplementarios de la conferencia anual, sujetándose a las disposiciones y normas de esos programas, según lo establece la conferencia, en donde el seguro de cobertura para la salud no se provea de otra fuente.

d) Lo arriba mencionado (§ 10 [*a-c*]) no se aplica a los diáconos o diáconos provisionales nombrados por el obispo a nombramientos no remunerados (§ 6 [*d*]).

e) Puesto que a los diáconos y diáconos provisionales no se les garantiza un lugar de empleo en la iglesia, se prestará atención especial a procedimientos de despido que den suficiente tiempo para que se pueda buscar otro nombramiento de servicio. La notificación de despido deberá incluir un período de noventa días antes de la terminación del empleo excepto por las causas enumeradas en el ¶ 2702. Ningún diácono o diácono provisional será despedido de su asignación a una iglesia local sin la consulta previa entre el diácono o diácono provisional y el Comité de Relaciones Pastor-Parroquia y no sin conocimiento completo del Superintendente de Distrito que supervisa y el obispo que preside.

Sección IX. El presbítero ordenado a plena conexión

¶ **332.** *El ministerio del presbítero*—Los presbíteros son ministros ordenados que, por la gracia de Dios, han cumplido su preparación formal, han sido comisionados y servido como miembros provisionales, y que la Iglesia ha determinado que tienen un conocimiento sólido y un carácter cristiano, poseen los dones necesarios y la evidencia de la gracia de Dios, y cuyo llamado de Dios a la ordenación ha sido confirmado por la Iglesia. Los presbíteros han sido ordenados a un ministerio vitalicio de Palabra, Sacramento, Orden y Servicio. Por la autoridad otorgada durante la ordenación, están autorizados a predicar y enseñar la Palabra de Dios, proporcionar cuidado pastoral y consejería, administrar los sacramentos del bautismo y la Santa Comunión, y a ordenar la vida de la iglesia para el servicio en misión y ministerio. El liderazgo de servicio del presbítero, en la parroquia y en los ministerios de extensión, se expresa al dirigir al pueblo de Dios en adoración y oración, guiar a las personas a una fe en Jesucristo, ejercer la supervisión pastoral e instruir a la Iglesia en su misión en el mundo.

Como miembros de la Orden de Presbítero, todos los presbíteros están en pacto con otros presbíteros en la conferencia anual y participarán en la vida de su orden.

¶ **333.** *Presbíteros a plena conexión*—1. Los presbíteros a plena conexión en una conferencia anual, en virtud de su elección y ordenación, están ligados en un pacto especial con todos los presbíteros ordenados de la conferencia anual. En el mantenimiento de este pacto desempeñan los deberes ministeriales y mantienen las normas ministeriales establecidas por los que están en el pacto[18]. Se ofrecen sin reserva para ser nombrados y a servir, después de consulta, como lo determine la autoridad que hace los nombramientos. Viven en mutua confianza e intereses con otros ministros ordenados, y junto con ellos buscan la santificación de la fraternidad. Al inscribirse en este pacto, se sujetan al proceso de disciplina clerical que incluye servir en comités de investigación, tribunales de juicio, o comités de apelación, y lo aceptan. Solamente se elegirá a plena membresía a los que son de carácter moral incuestionable y genuina piedad, sólidos en las doctrinas fundamentales del cristianismo y fieles en el cumplimiento de sus deberes.[19]

2. Un miembro provisional de la conferencia anual que ha completado los requisitos para la orden de presbítero e ingreso a plena membresía tendrá derecho a ser electo a la membresía plena, y a ser ordenado presbítero por un obispo. A continuación de la elección, el obispo y el secretario de la conferencia darán un certificado de membresía completa en la conferencia anual, y siguiendo la ordenación, un certificado de ordenación.

3. Un presbítero será ordenado por un obispo por la imposición de las manos, empleando el Orden de Servicio para la Ordenación de Presbíteros (¶ 415.6). Otros presbíteros asistirán al obispo, y se podrán incluir laicos designados por el obispo, que representen la comunidad eclesiástica. Los obispos de otras comuniones podrán unirse al obispo ordenante en la imposición de manos sobre la cabeza del candidato, mientras que los diáconos y laicos participantes podrán imponer sus manos sobre la espalda u hombros del candidato.

¶ **334.** *Ministerio, autoridad y responsabilidades de un presbítero a plena conexión*—Un presbítero a plena conexión está autorizado para dar liderazgo espiritual y temporal de servicio en la iglesia de la siguiente manera:

1. Los presbíteros a plena conexión tendrán el derecho a votar en todos los asuntos de la conferencia anual, excepto en la elección de delegados laicos a las Conferencias General y jurisdiccional o a la conferencia central (¶ 602.1a), y compartirán con los diáconos a plena conexión la responsabilidad en todos

---

18. Ver Decisión 492 del Concilio Judicial.
19. Ver Decisiones 406, 534 del Concilio Judicial.

los asuntos de ordenación, carácter y relaciones conferenciales de los clérigos. Esta responsabilidad no estará limitada por la recomendación o falta de recomendación de parte de la Junta del Ministerio Ordenado, no obstante las disposiciones que le confieren a la Junta del Ministerio Ordenado el derecho de recomendación.[20] Podrán ocupar cargos en la conferencia anual y ser electos como delegados a las Conferencias Generales y jurisdiccionales o las conferencias centrales, según la disposición de la Constitución (¶ 35, artículo IV). Todo presbítero efectivo que esté a plena conexión y en buena condición moral y espiritual continuará bajo nombramiento por el obispo, siempre que el presbítero se nombre a servir en una relación afiliada en una conferencia misionera (¶ 586) y que el nombramiento sea terminado por el obispo que preside la conferencia misionera, entonces la responsabilidad para cumplir con esta relación descansa en el obispo de la conferencia de la cual el presbítero es miembro[21].

2. Hay responsabilidades profesionales (¶ 340) que se espera cumplan los presbíteros, y que representan una parte fundamental de su responsabilidad y base primaria para poder continuar bajo nombramiento. Estas incluirán:

a) Disponibilidad continua para nombramiento[22].

b) Participación anual con los Comités de Relaciones Pastor-Parroquia u autoridades comparables y, además, participación anual en un proceso de evaluación con el superintendente de distrito o autoridad comparable.

c) Evidencia que muestre continua efectividad representada en evaluaciones anuales por el Comité de Relaciones Pastor-Parroquia y por el Superintendente de Distrito o autoridades comparables.

d) Crecimiento en competencia y efectividad a través de la educación y formación continuada. La Junta del Ministerio Ordenado fijará normas mínimas y pautas específicas para la formación y educación continuada de los miembros de su conferencia.

e) Disposición a asumir responsabilidades supervisoras y de mentoría dentro de la conexión.

3. Cuando la efectividad de un presbítero se pone en cuestión, el obispo completará el siguiente procedimiento:

---

20. Ver Decisión 690 del Concilio Judicial.
21. Ver Decisiones 462, 492, 534, 555 del Concilio Judicial.
22. Ver Decisión 492 del Concilio Judicial.

a) Identificar las preocupaciones. Pueden incluirse las responsabilidades profesionales del presbiterio no cumplidas o ineficacia vocacional.

b) Mantener conversaciones con el presbítero en las que se identifiquen esas preocupaciones y se diseñe un plan de acción correctivo en colaboración con el presbítero.

c) Tras evaluarlo, determinar que el plan de acción no se ha llevado a cabo o producido resultados que den una expectativa realista de su eficacia futura.

4. Si un presbítero no demuestra competencia o eficacia vocacional (¶ 340), como define la conferencia anual a través de la Junta del Ministerio Ordenado y el gabinete, entonces el obispo podrá comenzar el proceso de localización administrativa como se detalla en el ¶ 360.

5. Los clérigos jubilados, con licencias médicas, o con permiso sabático, pudieran, por iniciativa propia, hacer solicitud ante la Junta del Ministerio Ordenado para membresía afiliada en la conferencia anual donde residan. Por el voto de las dos terceras partes de la sesión ejecutiva, dichos clérigos pudieran ser recibidos con derechos y privilegios, incluso poder servir en las juntas, agencias, grupos de tarea y comités conferenciales, con derecho a voz pero sin voto. La membresía con derecho a voto se mantendrá en la conferencia anual en la que el clérigo sea miembro, mientras tenga una relación de miembro afiliado. Tales personas pudieran servir en la junta, agencia, grupo de tarea o comité de sólo una conferencia anual a la vez.

¶ **335.** *Requisitos de ingreso a plena conexión y ordenación de presbítero*—Los miembros provisionales que han sido candidatos a plena conexión y ordenación de presbítero durante por lo menos dos años, pueden ser admitidos a la membresía a plena conexión en una conferencia anual y aprobados para recibir sus órdenes de presbítero por el voto mayoritario de tres cuartos de los miembros clericales a plena conexión, de la conferencia anual, y contando con la recomendación de tres cuartos de la mayoría del voto de la Junta del Ministerio Ordenado[23], después de que hayan llenado los requisitos de la manera siguiente. Tienen que: (1) haber servido tiempo completo bajo nombramiento episcopal no menos de dos años conferenciales completos, después de completar los requisitos educativos especificados en 3(b) abajo citados. Los años

---

23.   Ver Decisiones 157, 344, 1199 del Concilio Judicial.

de servicio en cualquier escenario ministerial que requieran la proclamación de la Palabra, la administración de los sacramentos y la organización a corto o largo plazo de la vida de la comunidad de fe podrán incluir en el cumplimiento de este requisito. Entre tales escenarios ministeriales se podrán incluir los ministerios universitarios, capellanías en colegios y universidades, capellanías en hospitales y prisiones, capellanías militares, trabajo misionero en el extranjero y otros ministerios que la División del Ministerio Ordenado de la Junta General de Educación Superior y Ministerio reconoce. Por recomendación de la Junta del Ministerio Ordenado, una conferencia anual puede igualar el servicio de menos de tiempo completo al servicio de tiempo completo requerido[24].

Tal equivalencia se ha de determinar a la luz de los años de servicio en cuestión, la calidad de ese servicio, la madurez del solicitante, y otros factores pertinentes. La supervisión ha de ser, (a) asumida personalmente o delegada por el superintendente de distrito; y, (b) asumida por un mentor asignado por la Junta del Ministerio Ordenado. El servicio de dichos miembros a prueba será evaluado por la Junta del Ministerio Ordenado y hallado satisfactorio, de acuerdo con las pautas escritas elaboradas por la junta, y adoptadas por los miembros clericales a plena conexión[25]. En contados casos, la Junta del Ministerio Ordenado pudiera, por el voto de sus dos terceras partes, aprobar los años de servicio en una iglesia metodista autónoma para cumplir con este requisito, de haber existido una supervisión que se considere adecuada; (2) haber sido previamente electos como miembros provisionales; (3) haber satisfecho los requisitos educativos en una de las siguientes formas: (a) graduación con un Bachillerato en Artes o un grado equivalente de un colegio o universidad listados por el Senado Universitario, o demostrado equivalencia en competencia a través de un proceso elaborado en consulta con la Junta General de Educación Superior y Ministerio; (b) graduación con el grado de Maestría en Teología o un grado equivalente, de una escuela de teología listada por el Senado Universitario, o su equivalente como lo determine la Junta General de Educación Superior; (c) haya cumplido con los requisitos del ¶ 324.6 para pastores locales; (d) en todos los casos los requisitos educacionales incluirá completar los estudios básicos teológicos de posgrado de la fe cristiana,

---

24. Ver Decisión 440 del Concilio Judicial.
25. Ver Decisiones 555, 719 del Concilio Judicial.

como figura en ¶ 324.4(a); (4) haya satisfecho a la junta respecto a salud física, mental y emocional; (5) haya preparado y predicado por lo menos un sermón escrito sobre un pasaje bíblico especificado por la Junta del Ministerio Ordenado; (6) presentado un plan detallado y bosquejo para enseñar sobre un estudio bíblico; (7) presentado un proyecto que demuestre resultados en la misión de la iglesia de "Hacer discípulos de Jesucristo para la transformación del mundo"; (8) respondido a un examen doctrinal, escrito u oral, administrado por la Junta del Ministerio Ordenado. El candidato ha de demostrar capacidad para comunicarse claramente tanto en forma oral como escrita. Las reflexiones del candidato y la respuesta de la junta han de informarse por las consideraciones y pautas de la Parte III de la *Disciplina*. Las siguientes preguntas son pautas para la preparación del examen:

a) Teología

(1) Mencione ejemplos de cómo la práctica del ministerio ha afectado su experiencia y entendimiento de:

(a) Dios

(b) La humanidad

(c) La necesidad de la gracia divina

(d) El señorío de Jesucristo

(e) La obra del Espíritu Santo

(f) El significado e importancia de los sacramentos

(g) El reino de Dios

(h) La resurrección y la vida eterna

(2) ¿Cuál es su entendimiento de las siguientes doctrinas evangélicas tradicionales: *(a)* arrepentimiento; *(b)* justificación; *(c)* regeneración; *(d)* santificación? ¿Cuáles son las marcas de la vida cristiana?

(3) ¿En qué forma ha enriquecido la práctica del ministerio su entendimiento de la naturaleza y misión de la Iglesia? ¿Cuáles son los principales desafíos actuales con los que se enfrenta?

(4) La Iglesia Metodista Unida sostiene que la Escritura, la tradición, la experiencia y la razón son fuentes y normas de fe y práctica, pero que la Biblia es primaria entre ellas. ¿Cual es su entendimiento de esta posición teológica de la iglesia y cómo ha afectado su entendimiento su ejercicio del ministerio?

(5) ¿Cómo ha afectado su entendimiento del significado e importancia de los sacramentos su ejercicio del ministerio?

b) Vocación

(1) ¿Cómo ha moldeado el entendimiento de su vocación como presbítero ordenado su ejercicio del ministerio?

c) El Ejercicio del Ministerio

(1) ¿Se ofrece usted sin reserva para ser nombrado por el obispo a un ministerio de servicio?

(2) Describa y evalúe sus dotes personales para el ministerio y cómo han resultado en un ministerio fructífero. ¿Cuáles serían sus campos de mejor capacidad, y cuáles son aquellos en que necesita fortalecerse?

(3) Por el bien de la misión de Jesucristo en el mundo y el testimonio más efectivo del evangelio cristiano, y en consideración a su influencia como ministro ordenado, ¿está dispuesto a hacer una completa dedicación de sí mismo a los más altos ideales de la vida cristiana; y para este fin está de acuerdo en ejercitar responsablemente el dominio propio por medio de hábitos personales conducentes a la salud física, desarrollo intelectual, fidelidad en el matrimonio y celibato en la soltería, integridad en todas las relaciones personales, responsabilidad social y crecimiento en la gracia y en el conocimiento y en el amor de Dios[26]?

(4) Suministre evidencia de su disposición a relacionarse en ministerio con toda la gente, sin tomar en cuenta la raza, el color, el origen nacional, la situación social o los impedimentos físicos.

(5) ¿Considerará toda conversación pastoral de confesión como de confianza entre la persona implicada y Dios?

(6) Suministre evidencia de experiencia en los ministerios de paz y justicia.

INGRESO Y CONTINUACIÓN DE MEMBRESÍA A PLENA CONEXIÓN EN LA CONFERENCIA ANUAL

¶ 336. *Examen histórico de ingreso a plena conexión*—El obispo, como pastor principal, hará que quienes desean ser admitidos se examinen seriamente a sí mismos, y oren, preparándose así para el examen ante la conferencia. Al llegar el momento del examen, el obispo también le explicará a la conferencia la naturaleza histórica de las siguientes preguntas, haciendo lo posible por interpretar su espíritu e intención. Las preguntas son las siguientes, así como cualesquiera otras que se juzguen necesarias:

1. ¿Tiene usted fe en Cristo?

---

26. Ver Decisión 542 del Concilio Judicial.

2. ¿Avanza usted hacia la perfección?

3. ¿Espera usted ser perfeccionado en amor en esta vida?

4. ¿Se esfuerza usted diligentemente en alcanzarlo?

5. ¿Está usted resuelto a dedicarse por completo a Dios y su obra?

6. ¿Conoce usted las Reglas Generales de nuestra Iglesia?

7. ¿Las guardará?

8. ¿Ha estudiado las doctrinas de la Iglesia Metodista Unida?

9. Después de examinarlas plenamente, ¿cree que nuestras doctrinas están en armonía con las Sagradas Escrituras?

10. ¿Las predicará y mantendrá?

11. ¿Ha estudiado usted nuestra forma de disciplina y de gobierno en la Iglesia?

12. ¿Aprueba usted nuestra forma de gobierno y política?

13. ¿Los apoyará y mantendrá?

14. ¿Instruirá usted diligentemente a los niños en todas partes?

15. ¿Visitará usted de casa en casa?

16. ¿Recomendará usted el ayuno o la abstinencia, tanto por precepto como por ejemplo?

17. ¿Está usted determinado a emplear todo su tiempo en la obra de Dios?

18. ¿Está usted endeudado, de manera que se pueda sentir avergonzado en su trabajo?

19. ¿Seguirá usted las siguientes indicaciones?

a) Sea diligente. Nunca esté desempleado. Nunca malgaste el tiempo. Nunca pierda el tiempo frívolamente; ni gaste más tiempo en un lugar que el que sea necesario.

b) Sea puntual. Haga todo a la hora exacta. Y no cambie nuestras reglas, sino cúmplalas; no de mala gana, sino como asunto de consciencia[27].

Sección X. Nombramientos a varios ministerios

¶ **337.** *Disposiciones generales*—1. Todos los presbíteros a plena conexión que están en buena relación con una conferencia anual continuarán bajo nombramiento por el obispo, a menos que se les conceda licencia sabática, licencia por incapacidad (¶ 357), licencia familiar, licencia de ausencia, jubilación, o hayan dejado

---

27. Estas son las preguntas que todo predicador metodista, desde el principio, ha tenido que contestar al hacerse miembro a plena conexión de una conferencia anual. Fueron formuladas por Juan Wesley y han tenido muy pocos cambios a lo largo de los años.

de cumplir con los requisitos para poder continuar (¶ 334.2, .3), siempre que el presbítero esté nombrado para servir en una relación afiliada en una conferencia misionera (¶ 586.4b) y el nombramiento es terminado por el obispo que preside la conferencia misionera, entonces la responsabilidad para cumplir esta obligación descansa con el obispo de la conferencia de la cual el presbítero es miembro[28].

2. Además de los ministros ordenados, las personas a quienes se les ha concedido una licencia para el ministerio pastoral, y que han sido aprobadas por el voto de los miembros clericales a plena conexión, pueden ser nombradas como pastores encargados de iglesias locales, bajo ciertas condiciones especificadas en los ¶¶ 315-318[29]. Todos los miembros clericales y los pastores locales licenciados a ser nombrados asumirán un estilo de vida consecuente con la enseñanza cristiana como se plantea en los Principios Sociales.

3. Los presbíteros y diáconos, miembros asociados, presbíteros provisionales y personas licenciadas para el ministerio pastoral podrán ser asignados a escenarios ministeriales que extiendan el ministerio de la Iglesia Metodista Unida y el testimonio y servicio del amor y justicia de Cristo en el mundo. Se le dará el mismo apoyo moral y espiritual de parte de la conferencia anual como a las personas nombradas al cargo pastoral. Su eficacia se evaluará en el contexto del escenario específico en el cual se desarrolla su ministerio. Tales escenarios ministeriales incluirán enseñanza, cuidado pastoral y otros ministerios reconocidos por la junta de ministerio ordenado de la conferencia aprobados por el obispo.

a) Presbíteros, miembros asociados y personas con licencia para el ministerio pastoral de plena conexión y provisionales podrán ser asignadas a Ministerios de Extensión para servir en ministerios de cuidado pastoral en escenarios específicos. Ver ¶¶ 326, 343-344 para indagar a cerca de los Ministerios de Extensión.

b) Los presbíteros podrán ser nombrados ministerios de extensión que incluirán asignaciones en programas doctorales de investigación que a su vez podrán terminar en asignaciones en ambientes académicos como instructores o profesores en colegios, universidades y en escuelas teológicas afiliadas con la Iglesia Metodista Unida. Los presbíteros podrán ser asignados también a ministerios de extensión, inclusive servicio como instructores o

---

28. Ver Decisiones 380, 462, 492, 524, 702, 985, 1226 del Concilio Judicial.
29. Ver Decisión 1226 del Concilio Judicial.

profesores o administradores en colegios, universidades y escuelas teológicas afiliadas a la Iglesia Metodista Unida.

c) Todas personas con tales nombramientos deberán:

(1) ser asignadas a un escenario que proporciones una estructura apropiada de apoyo y responsabilidad;

(2) que continúe dando cuentas a la conferencia anual por la práctica de su ministerio;

(3) entregue un informe anual, incluyendo una narración de su ministerio, prueba de educación continuada y evidencia de una evaluación anual de su escenario ministerial;

(4) mantenga relación con la conferencia de cargo.

¶ **338.** *Sistema itinerante*—El sistema itinerante es el método aceptado de la Iglesia Metodista Unida por el cual el obispo nombra a los presbíteros ordenados, presbíteros provisionales y miembros asociados a campos de trabajo[30]. Todos los presbíteros ordenados, presbíteros provisionales y miembros asociados aceptarán estos nombramientos y los acatarán[31]. Los obispos y los gabinetes se comprometerán a y apoyarán la itinerancia abierta y la protección del púlpito profético y la diversidad. Los nombrados a ministerios de personal múltiple, ya sea en una sola parroquia o en un grupo o parroquia mayor, tendrán acceso personal y profesional al obispo y al Gabinete, el Comité de Relaciones Pastor-Parroquia, así como al pastor encargado. La naturaleza del proceso de nombramiento se especifica en los ¶¶ 425-429.

1. El servicio a tiempo completo será la norma para los presbíteros ordenados, presbíteros provisionales y miembros asociados en la conferencia anual. El servicio a tiempo completo significa que la totalidad del tiempo vocacional de la persona según sea definida por el superintendente de distrito en consulta con el Comité de Relaciones entre Pastor y Parroquia, está dedicada al trabajo del ministerio en el campo de trabajo donde lo nombra el obispo.

2. *Servicio inferior a tiempo completo*—En ocasiones, a un presbítero, presbítero provisional y miembro asociado se le podrá requerir o pedir un servicio de menos que de a tiempo completo. Un miembro de la clerecía podrá ser nombrado en incrementos de tiempo de un cuarto, mitad, o tres cuartos por el obispo hasta menos que de a tiempo completo sin la pérdida de derechos esenciales o membresía en la conferencia anual. Los nombramientos

---

30. Ver Decisión 713 del Concilio Judicial.
31. Ver Decisión 492 del Concilio Judicial.

endosados por la División del Ministerio Ordenado más allá de la iglesia local podrá ser servicio por menos que de a tiempo completo:

a) Nombramientos de servicio a menos de tiempo completo no son una garantía, pero podrán realizarse por el obispo bajo las siguientes circunstancias:

(1) *Itinerancia limitada*—Para menos de servicio a tiempo complete podrá otorgarse—cuando el presbítero, presbítero provisional o miembro asociado ha declarado por escrito que la itinerancia es limitada debido a restricciones temporales. El miembro de la clerecía presentará una declaración escrita para el obispo y el presidente de la Junta para el Ministerio Ordenado antes de la sesión de la conferencia anual en la que se ha realizado la asignación.

(2) *Por propia iniciativa*—El presbítero, presbítero provisional o miembro asociado que quiera servir menos de tiempo completo ha de presentar una solicitud por escrito al obispo y a la persona presidente de la Junta del Ministerio Ordenado, por lo menos 90 días antes de la sesión de la conferencia anual en que el nombramiento se hace. Las excepciones al plazo límite de los 90 días tendrán que ser aprobadas por el Gabinete y el comité ejecutivo de la Junta del Ministerio Ordenado.

(3) *Iniciativa del obispo*— Con propósito misional, el obispo podrá nombrar a un presbítero ordenado, presbítero provisional o miembro asociado a servir a menos de tiempo completo. El clérigo recibirá notificación por lo menos 90 días antes de la conferencia anual a la que se le nombra. Se dará especial atención a asegurarse que se preserven los valores de la itinerancia abierta.

b) *Provisiones para nombramientos de menos de tiempo completo:*

(1) Después de consultar debidamente, como se establece en los ¶¶ 338 y 425–429, y por recomendación conjunta del Gabinete y de la Junta del Ministerio Ordenado, la categoría de menos de tiempo completo será confirmada por el voto de las dos terceras partes de los miembros clericales a plena conexión de la conferencia anual.

(2) El presbítero ordenado, presbítero provisional o miembro asociado solicitará el re-nombramiento a servicio de menos de tiempo completo, y el mismo será aprobado anualmente por el obispo y el Gabinete, y no se concederá por más de un total

de ocho años, excepto por el voto de las tres cuartas partes de los miembros clericales a plena conexión de la conferencia anual.

(3) Los presbíteros, presbíteros provisionales o miembros asociados que reciben nombramiento para servicio de menos de tiempo completo permanecen dentro de la itinerancia y, como tales, permanecen disponibles, previa consulta con el obispo y el Gabinete, para nombramiento de servicio a tiempo completo. Se dirigirá al obispo y al Gabinete una solicitud por escrito para regresar a un nombramiento a tiempo completo, por lo menos seis meses antes de la sesión de la conferencia anual en que ha de hacerse el nombramiento.

(4) El obispo puede hacer nombramientos interinos para servicio de menos de tiempo completo, a petición del presbítero ordenado, presbítero provisional o miembro asociado, y siguiente a la consulta, como se especifica en los ¶¶ 424-428, y por recomendación del Gabinete y del Comité Ejecutivo de la Junta del Ministerio Ordenado, en lo cual se debe actuar en la siguiente sesión regular de la conferencia anual[32].

3. Los nombramientos interinos pueden hacerse a cargos que tienen necesidades transicionales especiales.

a) Los ministros interinos pudieran servir fuera de la conferencia anual donde mantienen su membresía, según las disposiciones del ¶ 346.1, con la aprobación y consentimiento de los obispos en cuestión.

b) Los nombramientos interinos serán de un período de tiempo definido, establecidos por adelantado después de consultar con el Superintendente de Distrito, el Comité de Relaciones Pastor-Parroquia, y el pastor interino.

4. Miembros asociados, miembros provisionales o miembros completos podrán ser nombrados para atender a cualquier escuela, universidad o seminario teológico que se nombran en el Senado Universitarios, o participar en un programa de educación pastoral práctica en un trasfondo acreditado por la Asociación para la Educación Pastoral Clínica u otra agencia acreditadora aprobada por la Junta General de Educación Superior y Ministerio.

¶ **339.** *Definición de pastor*—Un pastor es un presbítero ordenado, diácono provisional (de acuerdo con la *Disciplina* de 1992), miembro asociado, presbítero provisional o pastor local aprobado por el voto de la sesión clerical, y que pudiera ser nombrado por

---

32. Ver Decisión 579 del Concilio Judicial.

el obispo para estar a cargo de una estación, circuito, parroquia cooperativa, ministerio de extensión, ministerio ecuménico compartido[33], una iglesia de otra denominación, o como parte del personal en uno de esos nombramientos.

¶ **340.** *Responsabilidades y deberes de presbíteros y pastores licenciados*— 1. Las responsabilidades de presbíteros se derivan de la autoridad recibida en la ordenación. Los presbíteros tienen un cuádruple ministerio de la Palabra, Sacramento, Orden y Servicio y así sirven en la iglesia local y en ministerios de extensión en testimonio y servicio del amor y justicia de Cristo. Los presbíteros están autorizados a predicar y enseñar la Palabra, suministrar cuidado pastoral y consejería, administrar los sacramentos y organizar la vida de la iglesia para servicio en misión y ministerio como los pastores, superintendentes y obispos.

2. Los pastores licenciados comparten con los presbíteros las responsabilidades y derechos de un pastor para este ministerio cuádruple dentro del contexto de sus nombramientos.

a) Hechos de la Palabra y eclesiales:

(1) Predicar la Palabra de Dios, dirigir la adoración, leer y enseñar las Escrituras, y comprometer a las personas al estudio y el testimonio.

(*a*) Asegurar una transmisión fiel de la fe cristiana.

(*b*) Dirigir a las personas en el discipulado y en el alcance evangelístico para que otros puedan conocer a Cristo y seguirle.

(2) Aconsejar a las personas en sus luchas personales, éticas y espirituales.

(3) Oficiar en los actos eclesiales del matrimonio y entierro.

(*a*) Oficiar en la ceremonia matrimonial después del debido consejo con la pareja de acuerdo con las leyes del estado

---

33. *Ministerios Ecuménicos Compartidos* son congregaciones ecuménicas formadas por una iglesia metodista unida local y una o más congregaciones locales de otras tradiciones cristianas. Las formas del ministerio ecuménico compartido pueden ser: (a) congregación federada, en la cual una congregación está relacionada con dos denominaciones, teniendo a las personas como miembros de una o de la otra denominación; (b) una congregación unida, en la cual, una congregación con un libro de registro de miembros unificado se relaciona con las dos denominaciones; (c) una congregación unida, en la cual dos o más congregaciones de diferentes denominaciones forman una congregación que se relaciona con sólo una de las denominaciones constituyentes; y (d) una parroquia enyugada en la cual una congregación metodista unida está enyugada con una o más congregaciones de otras denominaciones.

y las reglas de la Iglesia Metodista Unida. La decisión de oficiar en la ceremonia será el derecho y responsabilidad del pastor.

(*b*) Dirigir servicios fúnebres y memoriales y proveer cuidado y consejo a los que sufren.

(4) Visitar en las casas de la iglesia y de la comunidad, especialmente a los enfermos, ancianos, encarcelados y otros en necesidad.

(5) Mantener en confidencialidad todos los asuntos, incluyendo confidencias de confesión excepto en los casos en que se sospecha abuso o negligencia de menores, o en casos en los que la ley civil obliga a informar.

b) Sacramento:

(1) Oficiar en los sacramentos del bautismo y de la Cena del Señor de acuerdo con las ordenanzas de Cristo.

(*a*) Preparar a los padres y padrinos antes del bautizo de infantes o niños, e instruirlos en lo que se refiere a la importancia del bautismo y sus responsabilidades para el adiestramiento cristiano del bautizado.

(*b*) Animar a la reafirmación del pacto bautismal y la renovación de los votos del bautismo en distintas etapas de la vida.

(*c*) Animar a las personas que fueron bautizadas como infantes o niños a que hagan profesión de fe, después de la debida instrucción, de manera que se conviertan en miembros profesos de la iglesia.

(*d*) Explicar el significado de la Cena del Señor y animar a que participen de la misma habitualmente como un medio de gracia y de crecimiento en la fe y la santidad.

(*e*) Seleccionar y adiestrar a diáconos y miembros laicos para que sirvan los elementos consagrados de la comunión.

(2) Animar al uso privado y congregacional de los medios de gracia.

c) Orden:

(1) Ser el oficial administrativo de la iglesia local y estar seguro de que los asuntos de organización de la congregación están debidamente atendidos.

(*a*) Dar apoyo pastoral, dirección y adiestramiento al liderato laico, preparándolos para que cumplan con el ministerio al cual han sido llamados.

(*b*) Dar supervisión al programa de educación de la iglesia y animar a que usen el material y recursos metodistas unidos.

(*c*) Ser responsable de la fidelidad organizacional, establecimiento de metas, planificación y evaluación.

(*d*) Buscar y aconsejar a hombres y mujeres para el ministerio de diáconos, presbíteros, pastores locales y otros ministerios relacionados con la iglesia.

(2) Administrar los asuntos temporales de la iglesia en su nombramiento, la conferencia anual y la iglesia general.

(*a*) Administrar las disposiciones de la Disciplina.

(*b*) Dar cuenta del ministerio pastoral a las conferencias del cargo y anual de acuerdo con las formas prescritas.

(*c*) Ofrecer liderazgo al ministerio del financiamiento de la congregación. Para asegurar el cuidado de la membresía además de cumplir con la documentación de los donativos caritativos requeridos y para proporcionar el cuidado pastoral apropiado, el pastor, en cooperación con el secretario de finanzas, tendrá la responsabilidad y acceso a la administración profesional de los informes de los donativos congregacionales.

(*d*) Modelar y promover una mayordomía financiera fiel, y estimular el acto de dar como una disciplina espiritual por medio de la enseñanza de los principios bíblicos en cuanto a la ofrenda.

(*e*) Dirigir a la congregación en el cumplimiento de su misión por medio del pago completo y fiel del sostenimiento ministerial, administrativo y fondos de benevolencias de las asignaciones.

(*f*) Cuidar todos los registros de la iglesia y las obligaciones financieras de la iglesia, y certificar la veracidad de los informes financieros, de miembros y cualquier otro que se someta por la iglesia local a la conferencia anual para uso en costos de asignaciones de la iglesia.

(3) Participar en programas de la denominación y de la conferencia y en adiestramientos.

(*a*) Buscar oportunidades de ministerios cooperativos con otros pastores e iglesias metodistas unidas.

(*b*) Estar dispuesto a asumir responsabilidades de supervisión dentro de la conexión.

(4) Dirigir a la congregación hacia una inclusividad racial y étnica.

d) Servicio:

(1) Encarnar las enseñanzas de Jesús en un ministerio y liderazgo servidor.

(2) Dar un liderazgo pastoral diligente al ordenar la vida de la congregación hacia un discipulado en el mundo.

(3) Edificar el cuerpo de Cristo en una comunidad de cuidado y acción, extendiendo al mundo el ministerio de Cristo.

(4) Participar en asuntos de la comunidad, ecuménicos e interreligiosos y animar a la gente a que se involucre y ore y labore por la unidad de la comunidad cristiana.

¶ **341.** *Conducta no autorizada*—1. Los pastores obtendrán el consentimiento por escrito del superintendente de distrito antes de contratar como evangelista a una persona que no sea evangelista general (¶¶ 630.3*f*, 1113.7), miembro clerical de una conferencia anual, pastor local, o siervo laico certificado de buen testimonio en la Iglesia Metodista Unida.

2. Ningún pastor descontinuará los servicios en una iglesia local, entre sesiones de la conferencia anual, sin el consentimiento de la conferencia del cargo y del superintendente de distrito.

3. Ningún pastor organizará arbitrariamente un cargo pastoral (¶ 259 respecto al método de organizar una iglesia).

4. Ningún pastor habrá de tener un servicio religioso dentro de los límites de un cargo pastoral aparte del cual ha sido nombrado, sin el consentimiento del pastor del cargo, o del superintendente de distrito. Ningún pastor habrá de tener un servicio religioso dentro de los límites de un cargo pastoral o de un ministerio establecido en un colegio o universidad servido por la Iglesia Metodista Unida, sin el consentimiento del pastor del cargo, o ministro universitario o capellán en servicio en el cargo, o del superintendente de distrito. Si el miembro clerical o pastor local no se abstiene de continuar con tal conducta, estará, entonces, sujeto a las disposiciones de los ¶¶ 363.1 y 2702.

5. A todos los clérigos de la Iglesia Metodista Unida se les encarga mantener inviolables todas las confidencias que se les hagan, inclusive las confidencias confesionales, excepto en el caso de que se sospeche de abuso de menores o en casos en donde se requiere un informe obligatorio por la ley civil[34].

6. Nuestros ministros no oficiarán en ceremonias que celebren uniones homosexuales, ni las efectuarán en nuestras iglesias[35].

7. Un pastor no podrá volver a bautizar. La práctica de volver a bautizar no se adapta a la acción de Dios en el bautismo y no está de acuerdo con la tradición wesleyana ni la enseñanza

---

34. Ver Decisión 936 del Concilio Judicial.
35. Ver Decisión 1115 del Concilio Judicial.

histórica de la iglesia. Por lo tanto, el pastor debe aconsejar a cualquier persona que busque re-bautizarse que participe en el ritual de reafirmación de los votos bautismales.

¶ **342.** *Sostenimiento de los presbíteros a plena conexión nombrados a cargos pastorales*—Para fortalecer la efectividad del sistema conexional, asumir las obligaciones del ministerio itinerante que se requieren a la hora de ingreso en la conexión coloca sobre la iglesia la obligación de proveer el sostenimiento adecuado para el ministerio total de la iglesia (¶ 620). La iglesia proveerá, y el ministro ordenado tiene el derecho de recibir, no menos de la compensación equitativa establecida por la conferencia anual para los miembros clericales, de acuerdo con las disposiciones del ¶ 625.3[36].

1. *Sostenimiento de los presbíteros a plena conexión nombrados a cargos pastorales y que prestan servicio a tiempo completo*—Cada presbítero a plena conexión de una conferencia anual, que está en buenas relaciones con ella, y que es nombrado al servicio a tiempo completo, según las disposiciones del ¶ 338.1, tendrá derecho al Fondo de Salario Equitativo Conferencial y el derecho de recibir no menos de la compensación básica establecida por la conferencia anual para las personas que están en servicio a tiempo completo[37].

2. *Sostenimiento para presbíteros ordenados nombrados a cargos pastorales donde prestan servicio de menos de tiempo completo*—Cada presbítero que está en buenas relaciones conferenciales y que es nombrado por el obispo a servicio de menos de tiempo completo, según las disposiciones del ¶ 338.2, tendrá derecho al Fondo de Compensación Equitativa conferencial con incrementos de una cuarta parte, de acuerdo a las pautas establecidas por la Comisión de Compensación Equitativa de la conferencia anual.

3. No obstante cualquier cosa que aquí se diga al contrario, los beneficios provistos a los ministros ordenados además de la compensación en efectivo otorgada según los programas administrados por la Junta General de Pensiones y Beneficios de Salud, pudieran ser diferentes para los ministros ordenados a tiempo completo que sirven como pastores a cargos locales y para los ministros ordenados que sirven en otras clases de nombramientos.

4. Ningún pastor tendrá derecho a reclamación de compensación básica no pagada contra ninguna iglesia o cargo que haya

---

36.   Ver Decisión 968, 988 del Concilio Judicial.
37.   Ver Decisiones 570, 587, 968, 1038 del Concilio Judicial.

servido después que la conexión pastoral con la iglesia o cargo haya cesado.

Sección XI. Nombramientos a ministerios de extensión

¶ **343.** *Nombramientos que extienden el ministerio de la Iglesia Metodista Unida*—1. Los presbíteros que están en relación activa pueden ser nombrados a servir en situaciones ministeriales fuera de la iglesia local metodista unida en el testimonio y servicio del amor y la justicia de Cristo. Quienes están en estos nombramientos permanecen dentro de la itinerancia y habrán de rendirle cuentas a la conferencia anual. Se les dará el mismo apoyo moral y espiritual de parte de la conferencia que se les da a quienes tienen nombramientos a cargos pastorales[38]. Su efectividad será evaluada en el contexto de la situación específica en que desempeñan su ministerio.

2. La institución o agencia que desee emplear a un ministro ordenado consultará, siempre que sea posible y a través del oficial indicado, con el obispo de ese ministro ordenado, y obtendrá la debida aprobación antes de concluir cualquier acuerdo para emplear a ese ministro ordenado. Si la institución o agencia está situada en otra área, el obispo de dicha área será también consultado.

3. Los presbíteros que deseen un nombramiento que extiende el ministerio de la Iglesia Metodista Unida o cambio de nombramiento deberán consultar con su obispo, el superintendente de distrito, o con ambos, antes de cualquier entrevista relativa a tal nombramiento.

¶ **344.** *Disposiciones para nombramientos en ministerios de extensión*—Los presbíteros y miembros asociados con nombramiento que extienden el ministerio de la Iglesia Metodista Unida local son plenos participantes del sistema itinerante. Por lo tanto, un miembro conferencial que está en un nombramiento fuera de la Iglesia Metodista Unida local tiene que estar anuente, al ser consultado, a recibir nombramiento a un cargo pastoral. Cuando el miembro conferencial o la conferencia anual solicita nombramiento a un cargo pastoral, la solicitud se hará por escrito al obispo o por él, el gabinete, y la Junta del Ministerio Ordenado. Tal solicitud ha de hacerse por lo menos seis meses antes de la conferencia anual. En ambos casos la consulta prestará la debida atención a la

---

38. Ver Decisiones 321, 325 del Concilio Judicial.

preparación especial, la experiencia, las destrezas y habilidades y el potencial de liderazgo que tenga el individuo.

1. *Categorías de nombramiento*—Con el fin de establecer una clara distinción entre el trabajo al que todos los cristianos son llamados y las tareas para las que la clerecía está adecuadamente preparada y autorizada, se establecen las siguientes categorías para nombramientos de presbíteros y miembros asociados dentro de la itinerancia y esos licenciados para el ministerio pastoral de la Iglesia Metodista Unida.

a) Nombramientos dentro de las estructuras conexionales del metodismo unido:

(1) Nombramientos para los que una conferencia anual provee contribuciones para pensión al Plan de Pensión Ministerial, enmendada y reafirmada, efectiva en 1 de enero de 2007 como el Programa de Seguro de la Jubilación del Clérigo, tales como superintendentes de distrito, personal de los concilios y juntas conferenciales, tesoreros, asistentes de obispos, superintendentes o directores de desarrollo congregacional, evangelistas generales y ministros universitarios. Sólo los presbíteros a plena conexión pueden ser nombrados superintendentes de distrito;

(2) Nombramientos a una agencia general para los que las agencias generales proveen contribuciones de pensión hasta el 31 de diciembre de 2006 al Plan de Pensión Ministerial; y a partir del 1 de enero de 2007, al Programa de Seguro de Jubilación para las Agencias Generales de la Iglesia Metodista Unida, enmendado y restablecido desde el 1 de enero de 2010 como el Plan de Jubilación para las Agencias Generales;

(3) Nombramientos a una institución metodista unida u otro ministerio, tales como superintendentes o directores de desarrollo congregacional, evangelistas generales, ministros universitarios, misioneros, catedráticos y administradores de las escuelas de teología metodistas unidas u otras instituciones educativas aprobadas por el Senado Universitario; y

(4) Nombramientos a agencias ecuménicas.

b) Los nombramientos a ministerios de extensión de presbíteros a plena conexión, miembros asociados y esos licenciados para el ministerio pastoral, patrocinados por la Junta General de Educación Superior y Ministerio, y otras situaciones de ministerio que el obispo y la Junta del Ministerio Ordenado de la conferencia designen[39]. La Junta deberá verificar anualmente el empleo

---

39.   Ver Decisiones 321, 325, 329 del Concilio Judicial.

adecuado de aquellas personas bajo su patrocinio, y pedir su re-nombramiento.

c) Los presbíteros, miembros asociados y esos licenciados para el ministerio pastoral que sirven bajo la Junta General de Ministerios Globales pueden ser nombrados a los ministerios arriba listados en (*a*) y (*b*). Pueden ser asignados a servir tanto en conferencias anuales como en conferencias centrales, o con iglesias autónomas afiliadas, iglesias independientes, iglesias que resultan de la unión de iglesias metodistas con otras comuniones, en instituciones misioneras, o en otros ministerios denominacionales o ecuménicos. Pueden aceptar los derechos y privilegios, inclusive membresía afiliada, que les puedan ofrecer conferencias anuales en ultramar, o de otras iglesias a las que sean asignados, sin impedir su relación con su propia conferencia anual. Si el nombramiento es a una conferencia misionera, los términos del nombramiento serán provistos por el ¶ 586.4.

d) Los presbíteros, miembros asociados y esos licenciados para el ministerio pastoral pueden recibir nombramientos fuera del ministerio que usualmente se extiende por medio de la iglesia local metodista unida y las otras instituciones arriba listadas en (a) y (b)[40], cuando tanto el obispo como la Junta del Ministerio Ordenado de la conferencia anual las consideren como una verdadera extensión del ministerio cristiano de la Iglesia. Pudieran ser nombrados al ministerio pastoral en otras denominaciones cristianas, al pedirlo así las autoridades judicatorias apropiadas de la denominación. Estos ministerios se iniciarán como respuesta misional a las necesidades de personas que están en circunstancias especiales y situaciones singulares, y reflejarán el compromiso y dedicación del clero a un cumplimiento intencional de sus votos de ordenación a la Palabra, Sacramento, Orden y Servicio. Estos nombramientos pueden incluir a clérigos que sean expertos en otras vocaciones. Los miembros de la Conferencia que están en esos nombramientos retienen su membresía conferencial, y la conferencia anual puede disponer dar respaldo financiero y beneficios a sus clérigos por medio del voto de la conferencia anual. (¶ 625.3, .5.)

Los miembros de la conferencia que estén sirviendo como parte del personal de alguna agencia ecuménica o como pastores de una congregación que no sea metodista unida pudieran ser también considerados como si tuvieran un ministerio de

---

40. Ver Decisiones 380, 877 del Concilio Judicial.

extensión, con tal que tal posición sea aprobada por el obispo y la Junta Conferencial del Ministerio Ordenado. Serán responsables de rendir cuentas de sus votos como miembros de su conferencia anual.

La Junta General de Educación Superior y Ministerio proveerá las normas y consulta para ayudar a las juntas de ministerio ordenado a validar lo apropiado en los marcos de ministerios especiales. Además, proveerá abogacía a favor de las personas que estén sirviendo en esas situaciones aprobadas en este párrafo, y promoverá el desarrollo de ministerios emergentes que extiendan el ministerio de la iglesia en el mundo.

Los que quieran un nombramiento tal, le someterán al Gabinete y a la Junta del Ministerio Ordenado una declaración por escrito, que describa en detalle la situación propuesta para su ministerio, y que comparta un sentido de llamamiento a ese ministerio, así como sus dotes y evidencia de la gracia de Dios para ello, y exprese el cumplimiento intencional de sus votos de ordenación. Este material será entregado a no más de 120 días antes del nombramiento deseado en esa situación propuesta. Por recomendación del Gabinete y de la Junta del Ministerio Ordenado, dichas posiciones han de ser confirmadas por el voto de las dos terceras partes de los miembros clericales de la conferencia anual.

El obispo puede hacer nombramientos interinos en esta categoría después de consultar con el Gabinete y el Comité Ejecutivo de la Junta del Ministerio Ordenado, y la posición será formalmente ejecutada en la siguiente sesión de la conferencia anual.

2. *Relación con la conferencia anual—a) Responsabilidad ante la conferencia anual*—Toda clerecía en ministerios de extensión son responsables ante la conferencia anual de la que son miembros, y en todo lo que sea posible han de mantener una estrecha relación de trabajo con la obra de su conferencia anual, y efectiva participación en ella, aceptando cualesquiera responsabilidades para las que estén capacitados y se les pida que desempeñen.

Toda clerecía que tengan nombramiento a ministerios de extensión local presentarán anualmente al obispo, al superintendente de distrito y a la Junta del Ministerio Ordenado un informe por escrito, en el formulario oficial elaborado para la Iglesia por el Concilio General de Finanzas y Administración, para el uso de la conferencia anual. Este informe servirá de base para la evaluación de estos clérigos, a la luz de las necesidades misionales de la iglesia y el cumplimiento de su licenciatura u ordenación para ser ministros de servicio, Palabra, sacramentos y orden. Todos los clérigos que sean formalmente evaluados por las instituciones en que sirven, proveerán, en vez de una evaluación, un informe narrado que describa su ministerio. Toda clerecía que sirve en nombramientos fuera de la conferencia en que tiene su membresía también proporcionará una copia de su informe al obispo del área en la que sirve. Las conferencias anuales revisarán las cualidades y aptitudes de las personas que están en situaciones de ministerio de extensión, y las integrarán al trabajo que la conferencia anual tenga en progreso.

b) Responsabilidad de la conferencia anual—El obispo, los representantes del Gabinete, y un representante autorizado de ministerios de extensión de la Junta del Ministerio Ordenado proporcionarán la oportunidad de reunirse anualmente con los clérigos que tengan nombramientos a ministerios de extensión, y que ejercen su ministerio dentro de las fronteras de la conferencia anual, tanto los de esa conferencia anual como los que tienen su membresía en otras partes. El obispo convocará la sesión, la cual ha de ser planificada por el Gabinete y la Junta del Ministerio Ordenado. El propósito de dicha sesión es obtener comprensión del papel y la función en el ministerio desempeñado por cada uno; informar a otros ministros ordenados que están nombrados a ministerios de extensión; y discutir con ellos asuntos referentes al sistema general de ministerio en el área episcopal; interpretar el papel y función de los ministerios de extensión al resto de la iglesia por medio de los oficios del obispo y sus representantes; cuidar el desarrollo de varios ministerios que son igualmente significativos en la misión de la iglesia, y discutir programas específicos y servicios que el obispo y sus representantes pueden iniciar y en los que los diversos ministros ordenados que sirven en nombramientos fuera de la iglesia local pueden funcionar como consultores y supervisores. Usando los recursos apropiados y el personal de la conferencia anual, el obispo hará provisión para que haya una visita anual a los lugares de ministerio de todas las personas que están nombradas a ministerios de extensión asignadas dentro de las fronteras geográficas de la conferencia anual, y rendirá un informe de la visita al obispo de personas de otras conferencias anuales.

3. *Relación con la iglesia local*—*a*) Toda clerecía con nombramiento a ministerios de extensión establecerá membresía en una conferencia del cargo que esté dentro de su propia conferencia anual, en consulta con el pastor de ese cargo y con la aprobación del superintendente de distrito y del obispo. Le enviará a su propia conferencia del cargo un informe anual de

sus deberes pastorales y del cumplimiento de su licenciatura u ordenación a través del nombramiento especial que tengan, incluso las actividades ministeriales en el cargo donde tiene una relación de membresía afiliada y en otras unidades de la iglesia en general, así como las experiencias de formación continua terminadas o que se esperan. Este informe puede ser el que se le somete al obispo, al superintendente de distrito y a la Junta del Ministerio Ordenado (¶ 344.2a). Los superintendentes de distrito, debido a la naturaleza de su trabajo y a la relación definida en los ¶¶ 424.3, 364.1 a, y 661, no estarán obligados a tener afiliación en una conferencia del cargo.

Todos los miembros que son presbíteros a plena conexión de la conferencia, inclusive los que están en ministerios de extensión, estarán disponibles cuando se les llame para administrar los sacramentos del bautismo y de la Cena del Señor, como lo requiere la *Disciplina* (¶ 340.2a) y lo pida el superintendente de distrito del distrito en que se tiene el nombramiento.

b) Relación afiliada a una iglesia local—Todos los clérigos ordenados que tienen nombramiento a ministerios de extensión y sirven fuera de las fronteras geográficas de su propia conferencia anual, prontamente le notificarán sus nombres, direcciones y las conferencias anuales en que tienen sus credenciales, al obispo del área en que residen. Serán miembros afiliados sin voto de una conferencia del cargo que esté dentro del distrito donde realicen el trabajo principal de su nombramiento, o dentro del distrito donde residen. Los que sirven fuera de las fronteras geográficas de cualquier conferencia anual están exentos de este requisito. La selección de la conferencia del cargo se hará entre la persona en el ministerio de extensión y el pastor de la Iglesia Metodista Unida local.

Estos clérigos que están bajo nombramiento a ministerios de extensión y que sirven fuera de las fronteras geográficas de su propia conferencia anual, someterán a la conferencia del cargo de la que son miembros afiliados una copia del informe que han sometido a su propia conferencia del cargo o un informe oral respecto a su ministerio y el cumplimiento de su licenciatura u ordenación. El superintendente de distrito tendrá la responsabilidad de notificar a estos ministros el tiempo y lugar de la conferencia del cargo.

4. *Relación afiliada a la conferencia anual*—Los clérigos ordenados que tienen nombramiento a ministerios de extensión o nombramiento que excede la iglesia local fuera de las fronteras de su conferencia anual pueden, por iniciativa propia, solicitar ante la

Junta del Ministerio Ordenado membresía afiliada en la conferencia anual en la que está localizado su nombramiento o en la cual residen. Por el voto de las dos terceras partes de la sesión clerical dichos clérigos pueden ser recibidos con derechos y privilegios, inclusive servicio en las juntas, agencias, grupos de tarea, y comités, con voz y voto pero sin voz y voto en la sesión de la conferencia anual. La membresía con derecho a voto se retendrá en la conferencia anual donde el nombrado tenga su membresía, mientras dure su relación de miembro afiliado. La postulación a las juntas y agencias generales de la iglesia, y la elección en calidad de delegados a las conferencias General y jurisdiccional se originarán en la conferencia anual a la que pertenezcan los nombrados. Dichas personas pueden servir en la junta, agencia, grupo de tarea o comité de una sola conferencia anual al mismo tiempo[41].

5. *Disposiciones generales—a*) Estos nombramientos se harán únicamente para posiciones relacionadas a estructuras de responsabilidad adecuada, de acuerdo a las pautas establecidas por la Junta del Ministerio Ordenado y el gabinete de la conferencia anual donde se tenga la membresía.

b) En cuanto a la información relativa a las pensiones, la conferencia continuará publicando la lista de las anualidades para cada uno de sus clérigos.

c) Todos los secretarios conferenciales entregarán a los editores de las Actas Generales la lista de los nombramientos fuera de la iglesia local que se hagan en sus conferencias anuales, y en las Actas Generales se publicará la lista de los ministros ordenados de la iglesia que sirven en las categorías mayores bajo estos nombramientos.

d) Toda clerecía con nombramiento a ministerios de extensión asistirán a la conferencia anual en la que tienen su membresía.

e) La participación individual en las Reservas de las Fuerzas Armadas o en las unidades de la Guardia Nacional y empleo a tiempo parcial con la Administración de Veteranos aparecerá en las actas de la conferencia anual.

DISPOSICIONES PARA EL NOMBRAMIENTO A MINISTERIOS ECUMÉNICOS COMPARTIDOS

¶ **345**—Miembros clericales metodistas unidos a plena conexión pudieran ser nombrados anualmente a iglesias de otras

---

41. Ver Decisión 554 del Concilio Judicial.

denominaciones cristianas o a ministerios ecuménicos compartidos. Las personas con estos nombramientos permanecen en la itinerancia y rendirán cuentas a su conferencia anual. Su efectividad deberá ser evaluada en el contexto del marco específico donde se ejercita su ministerio (¶ 344.1.[*d*]).

Sección XII. Clérigos de otras conferencias anuales, otras denominaciones metodistas y cristianas

¶ **346.** *Disposiciones para clérigos de fuera de la conferencia anual*— Clérigos ordenados o miembros provisionales de otras conferencias anuales y denominaciones cristianas pueden recibir nombramiento en la conferencia anual de la siguiente manera:

1. *Clérigos ordenados o miembros provisionales de otras conferencias anuales y de otras denominaciones metodistas*—Con la aprobación y consentimiento de los obispos o de otras autoridades judicatorias que estén involucradas en esto, los clérigos ordenados o miembros provisionales de otras conferencias anuales o de otras iglesias metodistas pueden recibir nombramientos en la conferencia anual o misionera, reteniendo su membresía en su conferencia matriz o su afiliación denominacional. El obispo residente de la conferencia en que los clérigos han de servir hará los nombramientos. Si el nombramiento es a una conferencia misionera, los términos del nombramiento serán provistos por el ¶ 586.4. Por lo demás, al recomendarlo la junta del ministerio ordenado, a los clérigos así nombrados se les puede conceder voz pero no voto en la conferencia anual a la que son nombrados. Su membresía en las juntas y agencias conferenciales está restringida a la conferencia de la que son miembros. Serán compensados con no menos de las disposiciones sobre salario equitativo de la conferencia anual en la que sirven, y participarán en los programas de pensión y seguro de esa conferencia anual. Dichos nombramientos son renovables anualmente. Además, será responsabilidad de la Junta de Pensiones de la conferencia anual en que se reciba el nombramiento inscribir a dichos clérigos en el Programa de Seguridad de Jubilación para el Cuerpo Pastoral o cualquier plan de jubilación que le suceda y en el Plan Comprensivo de Protección o cualquier plan de bienestar que le suceda (¶ 1506.17)[42].

2. *Presbíteros o clérigos ordenados de otras denominaciones*—Por recomendación de la Junta del Ministerio Ordenado, los miembros

---

42.   Ver Decisión 554 del Concilio Judicial.

clericales a plena conexión pueden aprobar anualmente a clérigos de buen testimonio de otras denominaciones cristianas que guardan buenas relaciones con las mismas para que sirvan nombramientos, o ministerios ecuménicos dentro de las fronteras de la conferencia anual, aunque sigan reteniendo su afiliación denominacional; con tal que presenten credenciales adecuadas, den seguridad de su fe y experiencia cristiana, y presentes los requeridos informes psicológicos, antecedentes penales y comprobación del crédito, e informes de mala conducta sexual y, o abuso de menores. Habrán de someter en una planilla provista por la junta conferencial del ministerio ordenado: una declaración notariada detallando cualquier condena por delito grave o delito menor o acusación de mala conducta sexual o abuso de menores; o; una declaración notariada certificando que el candidato no ha sido condenado por un delito grave o delito menor o acusado por escrito de mala conducta sexual o abuso de menores. Darán evidencia de su acuerdo con la doctrina, disciplina y forma de gobierno de la Iglesia Metodista Unida, y buena voluntad de apoyarlas y mantenerlas. El obispo y la Junta del Ministerio Ordenado examinarán sus credenciales, y por recomendación de éstos, pueden ser reconocidas como válidas en la Iglesia Metodista Unida mientras están bajo nombramiento. Cuando la Junta del Ministerio Ordenado certifica que sus credenciales son por lo menos iguales a las de los presbíteros metodistas unidos, se les otorgará el derecho a voto en todo asunto en la conferencia anual excepto en lo siguiente: *(a)* enmiendas constitucionales; *(b)* elección de los delegados a las Conferencias General y jurisdiccional o central; *(c)* todos los asuntos relacionados con la ordenación, el carácter y las relaciones de los ministros con la conferencia. Pudieran servir en cualquier junta, comisión, o comité de una conferencia anual, a excepción de la junta del ministerio ordenado y la junta de síndicos (¶¶ 635.1, 2512.1). No podrán ser electos como delegados a las Conferencias General, jurisdiccional o central. Estarán sujetos a las disposiciones que gobiernan la licencia sabática, el permiso de ausencia, la localización, la jubilación, el salario mínimo y la pensión. No tendrán seguridad de nombramiento[43].

3. Entre sesiones conferenciales, la Junta del Ministerio Ordenado puede aprobarlos para nombramiento, quedando pendiente el reconocimiento de sus órdenes. El obispo puede hacer un

---

43. Ver Decisión 16 del Concilio Judicial.

reconocimiento interino de ordenación válida, después de consultar con el gabinete y el comité ejecutivo de la Junta del Ministerio Ordenado, quedando pendiente el reconocimiento por el voto de los miembros clericales a plena conexión. En todos los casos se hará un examen previo de la comprensión, aceptación y anuencia del ministro ordenado en cuanto a apoyar y mantener la doctrina, disciplina y forma de gobierno de la Iglesia Metodista Unida[44].

¶ **347.** *Transferencias*—1. *De otras conferencias anuales*—Los clérigos ordenados y miembros provisionales de otras conferencias anuales de la Iglesia Metodista Unida pueden ser recibidos por traslado en la membresía provisional o plena con el consentimiento de los obispos comprendidos. La recomendación del comité ejecutivo de la Junta para el Ministerio Ordenado y la aprobación del la sesión clerical deberán producirse antes de la transferencia.

2. *De otras denominaciones metodistas*—*a)* Los presbíteros o clérigos ordenados de otras iglesias metodistas podrán ser recibidos por transferencia en la membresía provisional, o de plena conexión de la conferencia o como pastores locales, con el consentimiento de los obispos u otras autoridades comprendidas, sin pasar por el proceso requerido para ministros de otras denominaciones. La Junta General de Educación Superior y Ministerio establecerá una lista de denominaciones que cumplen estos parámetros. Se llevará a cabo una consulta previa con el presidente o el comité ejecutivo de la Junta del Ministerio Ordenado para determinar si el ministro cumple los estándares establecidos por la *Disciplina* y la conferencia anual en cuanto a membresía conferencial. Será requerido un informe psicológico, experiencia criminal y comprobación del crédito, y reportes de mala conducta sexual y, o abuso de menores. Someterán en un formulario provisto por la junta conferencial del ministerio ordenado:

(1) una declaración notariada detallando cualquier condena por delito grave o delito menor o acusación por escrito de mala conducta sexual o abuso de menores; o

(2) una declaración notariada certificando que este candidato no ha sido condenado de un delito grave, o delito menor, o acusado por escrito de mala conducta sexual o abuso de menores.

b) Los presbíteros o clérigos ordenados que sean transferidos de otras iglesias metodistas tendrán que cumplir los requisitos

---

44.   Ver Decisión 444 del Concilio Judicial.

educativos de la Iglesia Metodista Unida, o el equivalente aprobado por la Junta General de Educación Superior y Ministerio.

c) La Junta General de Educación Superior y Ministerio certificará la satisfacción de requisitos educativos para membresía conferencial, y en casos en que se requiera educación adicional, desarrollará un programa educativo en consulta con la junta del ministerio ordenado.

3. *De otras denominaciones—a)* Por recomendación de la junta del ministerio ordenado, los miembros clericales a plena conexión pueden reconocer las órdenes de clérigos ordenados de otras denominaciones y recibirlos como miembros provisionales o pastores locales. Presentarán sus credenciales para ser examinadas por el obispo y la Junta del Ministerio Ordenado, y darán seguridad de su fe y experiencia cristiana. Darán evidencia de su anuencia en mantener la doctrina, disciplina y forma de gobierno de la Iglesia Metodista Unida y su voluntad de apoyarlas, y presentarán un certificado satisfactorio de buena salud en el formulario prescrito y expedido por un médico aprobado por la junta del ministerio ordenado. La Junta del Ministerio Ordenado, en consulta con la Junta General de Educación Superior y Ministerio, determinará si cumplen con los requisitos educacionales para la membresía en la conferencia. Será necesario un informe psicológico, experiencia criminal y una comprobación del crédito, e informes de mala conducta sexual y, o abuso de menores. Habrán de someter en una planilla provista por la junta conferencial de ministerio ordenado:

(1) una declaración notariada detallando cualquier condena por delito grave, delito menor o acusación por escrito de mala conducta sexual o abuso de menores; o

(2) una declaración notariada certificando que el candidato no ha sido condenado de un delito grave o delito menor, o acusado por escrito de mala conducta sexual o abuso de menores.

b) Los presbíteros o clérigos ordenados de otras denominaciones cristianas servirán como miembros provisionales durante un mínimo de dos años, y han de completar todos los requisitos del ¶ 335, inclusive cursos en historia, doctrina y forma de gobierno de la Iglesia Metodista Unida, antes de ser admitidos a plena membresía conferencial.

c) Siguiendo la elección del miembro provisional a plena membresía en la conferencia como diácono o presbítero tal como está previsto en el ¶ 326, el obispo y el secretario de la conferencia entregarán un certificado de plena membresía en la conferencia anual.

4. Se requiere que la Junta del Ministerio Ordenado de una conferencia anual constate, en el caso de un clérigo ordenado que solicite ingreso a su membresía, con credenciales de otra denominación, si su membresía en la relación activa se tuvo previamente en una conferencia anual de la Iglesia Metodista Unida o una de sus predecesoras legales; y, de ser así, cuándo y bajo qué circunstancias fue cortada la conexión de ese ministro con dicha conferencia anual.

5. Los clérigos que procuren ingreso en una conferencia anual, con credenciales de otra denominación, y que previamente han retirado su membresía en la relación activa de una conferencia anual de la Iglesia Metodista Unida o una de sus predecesoras legales, no serán admitidos o readmitidos sin el consentimiento de la conferencia anual de la que se retiraron, o de su sucesora legal; o la conferencia anual de la que la mayor porción de su antigua conferencia es ahora parte; siendo concedido tal consentimiento por recomendación de su junta del ministerio ordenado.

6. Después de que las órdenes de un ministro ordenado de otra iglesia hayan sido debidamente reconocidas, y el ministro haya sido aprobado para la membresía complete, los certificados de ordenación por dicha iglesia se devolverán al ministro con la siguiente inscripción escrita claramente detrás:

La conferencia anual de _____ *de la Iglesia Metodista Unida reconoce estas órdenes este día* _____, *de* _____, *del* ___*[año].*

_____, *Presidente*

_____, *Secretario*

Al ministro ordenado también se le proporcionará un certificado de reconocimiento de órdenes, firmado por el obispo.

Sección XIII: Mentores

¶ **348.** *Mentores*—1. Los mentores serán recomendados por el Gabinete, escogidos, capacitados y hechos responsables ante la Junta del Ministerio Ordenado. Hay dos categorías de mentores, cada una con distintas funciones y responsabilidades, como sigue:

a) Los mentores de candidatura son clérigos a plena conexión, miembros asociados o pastores locales que han terminado el Curso de Estudio capacitados para suministrar consejo y dirección pertinente al proceso de candidatura. El comité distrital del ministerio ordenado, en consulta con el coordinador de discernimiento vocacional (donde quiera que haya sido nombrado) y el superintendente de distrito, asignará un grupo mentor de candidatura, donde sea posible, o un mentor de candidatura a los candidatos (¶ 310). Se asignará a los candidatos a un mentor de candidatura o grupos mentores con los que se reúna hasta que comiencen a servir como pastores locales o miembros provisionales.

b) Los mentores clericales son clérigos a plena conexión, miembros asociados, o pastores locales a tiempo completo o tiempo parcial que han terminado el Curso de Estudios capacitados para suministrar consejo continuo a pastores y miembros provisionales que procuran el ministerio ordenado. El comité distrital del ministerio ordenado asignará un mentor clerical a los pastores locales, en consulta con el superintendente de distrito. La Junta Conferencial del Ministerio Ordenado, en consulta con el superintendente de distrito, asignará un mentor clerical a plena conexión a los miembros provisionales. Un mentor de candidatura podrá continuar con la misma persona si está preparado para servir como mentor clerical.

2. La actividad de mentor ocurre cuando éste asume la responsabilidad de crear un lugar seguro para la reflexión y el pensamiento dentro de dicha relación. Un mentor efectivo tiene una fe que ha alcanzado madurez, es modelo de un ministerio efectivo, y posee la destreza para ayudar a individuos a discernir su llamado en el ministerio. La actividad de mentor es parte de la preparación y crecimiento de los inquiridores y candidatos al ministerio ordenado, pastores locales y miembros provisionales de una conferencia anual. La actividad de mentor es diferente del proceso de evaluación y supervisión que es parte de la preparación para el ministerio.

3. Pastores locales y miembros provisionales serán asignados a un grupo mentor de clerecía o, cuando sea posible, a un clérigo mentor por la Junta para el Ministerio Ordenado. Se les asignará también un mentor a las personas que se trasladan de otras denominaciones (¶ 347.3*b*).

4. La actividad de mentor clerical comienza cuando una persona recibe nombramiento como pastor local o como miembro provisional.

Se espera que cada conferencia anual haga disponibles y aliente el uso de guías espirituales, instructores, consejeros pastorales o mentores vocacionales para todo el cuerpo clerical, que operen a parte del superintendente, y que todo el cuerpo clerical haga uso de estas oportunidades de apoyo y las integren como práctica común del ministerio a través de su carrera en el ministerio y en todas su asignaciones o nombramientos.

Sección XIV. Evaluación para formación continua de miembros a plena conexión y pastores locales

¶ 349. *Evaluación*—La evaluación es un proceso continuo en la formación de un ministerio y liderazgo de servicio, que tiene que efectuarse en un espíritu de comprensión y aceptación. La evaluación sirve como el proceso a través del cual los pastores miden su efectividad en el ministerio y disciernen el llamado de Dios a continuar en el ministerio ordenado.

1. Para la clerecía que sirve en iglesias locales, el superintendente de distrito, en consulta con el Comité de Relaciones Pastor-Parroquia, evaluará anualmente la efectividad ministerial de cada pastor (¶¶ 334.2*c*, 419, 635.2*o*, *r*), usando los criterios, procedimientos y capacitación desarrollados por el gabinete y la Junta del Ministerio Ordenado. Los pastores de las iglesias locales participarán en una evaluación anual junto con el Comité de Relaciones Pastor-Parroquia, para mejorar un ministerio en marcha y efectivo, y para identificar las necesidades y planes de educación continuada (¶¶ 258.2*g*[5]), usando criterios, procesos y capacitación desarrollados por la Junta del Ministerio Ordenado y el gabinete. El proceso de evaluación incluirá una autoevaluación y parámetros adecuados, y la Junta General de Educación Superior y Ministerio ofrecerá modelos para guiar a los gabinetes y juntas del Ministerio Ordenado en el proceso de evaluación.

2. Los diáconos que sirven en nombramientos fuera de la iglesia local y presbíteros y pastores locales con nombramientos a ministerios de extensión serán evaluados anualmente por sus supervisores inmediatos, se comprometerán a una auto-evaluación anual, e incluirán copias de estas evaluaciones en el informe anual que le sometan al obispo, al superintendente de distrito y a la junta del ministerio ordenado (¶ 344.2*a*). Sostendrán una conversación anual con su superintendente de distrito en relación a su ministerio.

3. Todos los clérigos serán sometidos a un proceso de seis meses de evaluación y desarrollo personal y profesional cada ocho años. Este proceso será diseñado e implementado por el gabinete y Junta del Ministerio Ordenado de cada conferencia

anual en consulta con los presidentes de las Órdenes de Diáconos, Presbíteros y la Fraternidad de Pastores Locales y Miembros Asociados. El proceso incluirá una evaluación formal y una oportunidad de renovación profunda, tal como un retiro o series de sesiones de formación y asesoría.

a) La evaluación formal incluirá una autoevaluación, medidas apropiadas al ambiente ministerial al que el clérigo es nombrado, observaciones de tendencias en los ocho años previos y evaluaciones o entrevistas con personas cercanas al ministerio del clérigo que recibe la evaluación.

b) Las oportunidades de renovación profundas serán designadas con el gabinete y Junta del Ministerio Ordenado de una forma apropiada a la conferencia. Las oportunidades de renovación incluirán una combinación de elementos tales como: tiempo a parte para la oración y reflexión, reflexión con un grupo de pacto, reuniones con un mentor, celebración de objetivos ministeriales y discernimiento de los desafíos y oportunidades ministeriales futuras. Cuando se considere importante en el proceso de evaluación, el gabinete y Junta del Ministerio Ordenado podrán solicitar evaluaciones psicológicas.

c) El superintendente distrital evaluará el portafolio y proporcionará el informe inicial de la evaluación de la efectividad en esos ocho años. Cuando sea recomendado por el superintendente distrital, se podrá mantener una reunión con el Obispo y miembros del gabinete.

d) Cada conferencia anual desarrollará e iniciará un plan para tal evaluación para el 1 de enero de 2020.

¶ **350.** *Educación continuada y crecimiento espiritual*—1. A través de toda su carrera, los clérigos se empeñarán en la educación continuada para el ministerio, el desarrollo profesional y la formación y crecimiento espiritual para guiar la iglesia a cumplir la misión de hacer discípulos para Jesucristo. Esto incluirá programas personales de estudio cuidadosamente elaborados e incrementados periódicamente mediante participación en actividades educativas organizadas y crecimiento espiritual. Estas prácticas encarnan el énfasis wesleyano del crecimiento permanente en la fe, fomentado por las prácticas espirituales y participación en las comunidades de fe. Cada conferencia anual, por medio de los Presidentes de las Ordenes y Alianzas Clericales u otros líderes designados por el obispo, proporcionaran oportunidades de enriquecimiento espiritual y grupos de pacto para los diáconos, presbíteros y pastores locales.

2. El programa de educación y crecimiento espiritual de un miembro clerical incluirá licencias de ausencia para formación espiritual de por lo menos una semana al año y podría incluir por lo menos un mes durante un año en cada cuadrienio. Esas licencias no habrán de considerarse como parte de las vacaciones del ministro, y se planificarán en consulta con sus cargos u otras agencias a las que estén nombrados, así como con el obispo, el superintendente de distrito, y el Comité de Educación Continuada de la conferencia anual.

3. Un miembro clerical puede solicitar una licencia de ausencia para su formación y crecimiento espiritual de hasta seis meses mientras continúa reteniendo nombramiento en la iglesia local. Esas licencias están a la disposición de los miembros clericales que han tenido nombramientos a tiempo completo durante por lo menos seis años. Dicha licencia contará con la aprobación del Comité de Relaciones Pastor-Parroquia, el concilio de iglesia, y el superintendente de distrito. Se insta a las conferencias anuales a asistir en suplir los púlpitos y otros apoyos temporales para dichas licencias.

4. Los arreglos financieros para la educación continuada, formación y crecimiento espiritual han de hacerse de la siguiente manera: *(a)* para presbíteros y pastores locales se hará en consulta con el superintendente de distrito y el Comité de Relaciones Pastor-Parroquia; *(b)* para los diáconos, con un organismo supervisor apropiado; *(c)* para superintendentes de distrito, con el Comité Distrital de Superintendencia; *(d)* para el personal de la conferencia, con el organismo supervisor apropiado, *(e)* para los que están en ministerios de extensión o nombramientos fuera de la iglesia local con las personas apropiadas en su agencia.

5. El Superintendente de Distrito pedirá a los clérigos que rindan informe sobre sus programas de educación continuada, formación y crecimiento espiritual durante el año pasado, y de los planes para el año venidero. El Superintendente de Distrito también le pedirá a la iglesia local que describa su provisión de tiempo y apoyo financiero que dará para la educación continuada para el ministerio, desarrollo profesional, formación y crecimiento espiritual de pastores, ministros diaconales y diáconos que sirven su nombramiento principal en dicha iglesia local.

6. Los clérigos en ministerios de extensión y nombramientos fuera de la iglesia local darán muestras de su programa de

continua formación y crecimiento espiritual y planes futuros en sus informes anuales. (¶ 344.2*a*).

¶ **351.** *Licencia sabática*—Se ha de conceder licencia sabática para un programa de estudio o de viaje, aprobado por la Junta del Ministerio Ordenado de la Conferencia. Los miembros asociados o los miembros clericales a plena conexión que han servido en un nombramiento a tiempo completo por seis años consecutivos, o en un nombramiento de menos de tiempo completo equivalente a seis consecutivos años completos, a partir del tiempo en que fueron recibidos en la membresía a plena conexión o miembros asociados, pueden gozar de la concesión de un año completo de licencia sabática. Siempre que sea posible, se mantendrá el nivel de compensación del último nombramiento servido antes de la licencia sabática en el nombramiento que se haga a la terminación del permiso. El obispo hará el nombramiento a licencia sabática, cerciorándose éste del consentimiento de la conferencia mediante el voto de la conferencia anual, después de recibir la recomendación de la Junta del Ministerio Ordenado. Los miembros asociados y los miembros clericales a plena conexión presentarán una solicitud por escrito a la Junta del Ministerio Ordenado, pidiendo licencia sabática, e incluyendo planes de estudio o de viaje, con copias para el obispo y el superintendente de distrito ordinariamente, seis meses antes de la apertura de la sesión de la conferencia anual. Para poder recibir una licencia sabática adicional, los miembros asociados y los ministros ordenados a plena conexión tienen que haber servido seis años consecutivos con nombramiento a tiempo completo, o en un nombramiento de menos de tiempo completo equivalente a seis años consecutivos a tiempo completo, después de la licencia sabática anterior[45]. Después de consultar y con el consentimiento por escrito del pastor a cargo y con la aprobación del superintendente de distrito, los miembros clericales a los que se les haya concedido licencia sabática, deberán señalar una conferencia del cargo dentro de los límites de la conferencia anual en la que mantienen su membresía y a la que someterán un informe anual.

Sección XV. Cambios de relaciones conferenciales

¶ **352.** *Disposición para cambio en la relación conferencial*— Cuando un miembro provisional o asociado, clérigo en conexión

---

45.   Ver Decisión 473 del Concilio Judicial.

plena, superintendente de distrito u obispo consideran necesario o deseable un cambio en su relación con la conferencia, sea por corto o largo tiempo, las personas solicitando el cambio harán un pedido por escrito a su Junta del Ministerio Ordenado, declarando las razones del cambio de relación que se solicita. Además, la Junta del Ministerio Ordenado podrá pedir entrevistas personales a los miembros provisionales o asociados, y a los miembros a plena conexión nombrados en el cambio solicitado, excepto cuando una comparecencia en persona resulte en una molestia indebida[46]. Los clérigos nombrados a una agencia general de La Iglesia Metodista Unida estarán protegidos por las normas de la agencia en relación con licencia de ausencia familiar, licencia de maternidad o paternidad y licencia médica.

¶ **353.** *Licencia de ausencia*—1. Los miembros provisionales, asociados o en conexión plena de la conferencia anual que por razón suficiente deciden tomar una baja temporal de sus asignaciones ministeriales podrán solicitar por escrito, con copia para el obispo y a su superintendente de distrito, una licencia de ausencia voluntaria a través de la junta del ministerio ordenado. Esta licencia de ausencia se otorga o renueva por voto de los miembros de la clerecía en conexión plena bajo recomendación de la junta del ministerio ordenado.

2. Una licencia de ausencia temporal voluntaria puede considerarse por varias razones:

a) Licencia de ausencia personal—Se concede esta relación a los clérigos que juzgan que, por razones personales, temporalmente son incapaces o no desean continuar con una asignación ministerial.

b) Licencia de ausencia familiar—Se concede esta relación a la clerecía que, por necesidad de cuidado a tiempo completo de un miembro inmediato de su familia, temporalmente no pueden continuar con una asignación ministerial.

c) Licencia de ausencia de transición—Una licencia que se concede por un período de hasta doce meses con la aprobación del obispo y del Comité Ejecutivo de la Junta del Ministerio Ordenado a miembros provisionales y asociados en buena relación que se encuentran entre asignaciones.

Una licencia de transición se puede conceder cuando:

46.　Ver Decisiones 524, 530 del Concilio Judicial.

(1) Un diácono con membresía provisional o plena deberá buscar y asegurar una posición primaria de asignación— con compensación o sin salario.

(2) Un miembro provisional o presbítero con plena membresía, o un miembro asociado está en transición de un ministerio de extensión a otra asignación o nombramiento, o de un nombramiento a la iglesia local a un nombramiento a un ministerio de extensión.

Durante la licencia de transición, el clérigo presentará trimestralmente prueba de su empeño de obtener tal posición de nombramiento al obispo y al Comité Ejecutivo de la Junta del Ministerio Ordenado[47].

3. Las solicitudes por escrito de una licencia de ausencia voluntaria, con la excepción de la licencia de ausencia de transición, deberán someterse con noventa días de antelación a la sesión de la conferencia anual especificando las razones de tal solicitud[48]. Los representantes de la junta del ministerio ordenado de la conferencia anual podrán entrevistar al miembro clerical para determinar si hay suficiente causa. La licencia personal y de familia se aprobarán anualmente por solicitud escrita del clérigo miembro y no se concederá licencia personal o familiar por más de cinco años consecutivos, con la excepción de la aprobación por dos tercios en votos de los miembros clericales en plena conexión[49]. La licencia transicional no podrá renovarse después del periodo de doce meses. La licencia voluntaria se contará como parte del límite de ocho años para membresía provisional (¶ 327)[50].

4. Entre sesiones de la conferencia anual, la licencia de ausencia voluntaria podrá ser concedida o finalizada por el comité ejecutivo de la Junta del Ministerio Ordenado tras consultar y ser aprobada por obispo y superintendentes distritales. Esta acción interina se sujetará a la aprobación de la sesión clerical de los miembros clericales de la conferencia anual en relación a plena conexión en su próxima sesión[51].

5. En caso de que haya alguna queja o cargo pendiente, no se aceptará la solicitud de licencia de ausencia voluntaria hasta que esos cargos o quejas se hayan resuelto.

---

47. Ver Decisiones 450, 459, 508, 1226 del Concilio Judicial.
48. Ver Decisión 782 del Concilio Judicial.
49. Ver Decisiones 689 del Concilio Judicial.
50. Ver Decisión 1216 del Concilio Judicial.
51. Ver Decisión 689 del Concilio Judicial.

6. Los miembros clericales con licencia de ausencia no podrán presentar reclamación de ningún fondo de la conferencia. No obstante, donde la conferencia haya nombrado con planes de beneficios aplicables que requieran participación continua de la clerecía con licencia de ausencia voluntaria, la clerecía podrá continuar tal participación en tales planes. Podrá participar en el programa de beneficios de salud de la conferencia a través de su contribución propia, si procede. Sin embargo, en circunstancias excepcionales, por recomendación de los superintendentes de distrito, pudiera concederse salario y otras prestaciones a un presbítero o miembro asociado, por voto de la sesión ejecutiva de los miembros clericales de la conferencia anual en relación de plena conexión. Si esto sucede en el período entre las sesiones de la conferencia anual, el salario o las prestaciones, o ambas cosas, pudieran otorgarse por el voto del obispo, gabinete y comité ejecutivo de la Junta del Ministerio Ordenado.

7. Los clérigos bajo licencia de ausencia voluntaria podrán ser elegidos como miembros de los comités, comisiones o juntas de la conferencia anual. Podrán votar en favor de otros delegados clericales para la conferencia jurisdiccional y la general y podrán ser así mismo elegidos como delegados[52].

8. Después de consultar al pastor encargado y obtenido su consentimiento por escrito, y con la aprobación del superintendente de distrito y del Comité de Relaciones Pastor-Parroquia de la iglesia local, los miembros clericales bajo licencia de ausencia deberán elegir una conferencia del cargo dentro de los límites de la conferencia anual en la que mantendrán su membresía, y a la cual habrán de someter un informe anual. El ejercicio de su ministerio deberá limitarse a la conferencia del cargo en la que tengan su membresía, con el permiso escrito del pastor encargado, a menos que el obispo de la conferencia en donde se tiene la membresía le conceda un permiso especial. Estos deberán informar a la conferencia del cargo, al pastor encargado, y a la Junta del Ministerio Ordenado sobre todos los oficios de matrimonios, los bautismos y funerales en que han oficiado, y otras actividades ministeriales. El ejercicio de sus ministerios se limitarán a la conferencia de cargo de la que son miembros y con permiso escrito del pastor responsable a menos que se les otorgue un permiso especial del obispo de la conferencia de la que son miembros. Con

---

52.   Ver Decisión 473 del Concilio Judicial.

el permiso del obispo de la conferencia de la que son miembros, bajo la supervisión del superintendente del distrito, el miembro clerical podrá predicar, enseñar, oficiar matrimonios y, si cuentan con privilegios sacramentales, administrar los sacramentos fuera del cargo del cual tienen membresía[53].

9. Los miembros de clerecía con licencia de ausencia voluntaria serán responsables por su conducta y la actividad de su ministerio ante la conferencia anual. En caso de que no se rinda su informe a la Junta del Ministerio Ordenado, se podrá recurrir a los procedimientos de localización administrativa (¶ 360).

10. Los miembros de la clerecía con licencia de ausencia voluntaria, con el permiso del obispo y con la aprobación de la Agencia Refrendadora Metodista Unida, podrán continuar en posesión de una comisión de reserva existente como capellán de las fuerzas armadas, pero no podrán servir voluntariamente en función activa extendida.

11. Cuando se solicita una culminación de la licencia de ausencia voluntaria, excepto en el caso de una licencia transicional, deberá hacerse tal petición por escrito, por lo menos seis (6) meses antes de la sesión de la conferencia anual. La Junta del Ministerio Ordenado revisará las circunstancias concernientes a la concesión de la relación, a fin de determinar si tales circunstancias se han mitigado o resuelto. Cuando la Junta haya determinado que las circunstancias para la licencia voluntaria no se han mitigado o resuelto, y se niegue la petición, la Junta informará a la persona de las siguientes opciones, incluyendo: *a)* permanecer en licencia de ausencia voluntaria; *b)* aceptar una honorable localización; *c)* llevar la recomendación al obispo y al superintendente del distrito de ser puesto bajo licencia involuntaria, ubicación administrativa o jubilación involuntaria, bajo las pautas de proceso justo del ¶ 361.2; o *d)* cualquier otra acción procederá si se considera apropiada.

12. Cuando miembros de la clerecía en licencia de ausencia voluntaria no soliciten una extensión anual de su licencia de ausencia durante el período de cinco años o no presenten su deseo de recibir un nombramiento al final del período de cinco años, tras haber procedido con esfuerzos escritos para contactar a la persona afectada, se invocarán las provisiones de localización (¶ 359) o de los procedimientos para quejas del ¶ 363.

---

53. Ver Decisión 581 del Concilio Judicial.

¶ 354. *Licencia de ausencia involuntaria—*

1. Los obispos y superintendentes de distrito pueden solicitar licencia de ausencia involuntaria sin que haya consentimiento de parte del miembro provisional, asociado o a plena conexión. Éstos deberán notificar por escrito al miembro de la clerecía y a la Junta del Ministerio Ordenado las razones específicas para tal solicitud. En cualquier procedimiento de licencia de ausencia involuntaria se seguirá el proceso justo de audiencias administrativas según lo dispone el ¶ 362.2.

2. Los obispos y superintendentes de distrito pueden solicitar licencia de ausencia involuntaria. La petición será referida a la Junta del Ministerio Ordenado y seguirá un proceso justo de audiencia como se explicita en el ¶ 362.2 cuando:

a) Una queja presentada por escrito y firmada no halla encontrado resolución durante el proceso supervisado (¶ 363.1*b*, *c*), queja (¶ 363.1*e*) o proceso del juicio en un período de 90 días o no pueda ser resuelto con claridad en un período de 90 días.

b) Se requiere una acción en conformidad con el ¶ 364 (Cambio de estado involuntario) para encarar alegaciones de incompetencia, ineficacia o la incapacidad para llevara cabo la labor ministerial[54].

3. En caso de que haya alguna queja o cargo pendiente al momento de la petición de licencia de ausencia involuntaria, el asunto pendiente se asentará en el expediente del miembro clerical. Toda acción subsiguiente referente a dichos asientos será debidamente anotada y archivada[55].

4. Las licencias de ausencia involuntaria serán aprobadas por el voto de las dos terceras partes de la sesión clerical de los miembros a plena conexión de la conferencia anual[56]. La licencia involuntaria habrá de ser aprobada anualmente por petición escrita de los superintendentes de distrito, y no podrá aprobarse por más de tres años consecutivos.

5. El comité ejecutivo de la Junta del Ministerio Ordenado podrá conceder o suspender una licencia de ausencia involuntaria entre sesiones de la conferencia anual (¶ 364), con la aprobación del obispo y gabinete. Esta acción provisional deberá someterse para aprobación de la sesión clerical de los miembros a plena conexión con la conferencia anual en su próxima sesión.

54.　Ver Decisiones 524, 530, 689, 721, 1010 del Concilio Judicial.
55.　Ver Decisiones 524, 530 del Concilio Judicial.
56.　Ver Decisión 782 del Concilio Judicial

6. Los miembros clericales con licencia de ausencia involuntaria no podrán presentar reclamación de ningún fondo de la conferencia anual. La conferencia anual no asumirá ninguna responsabilidad financiera de salario, pensión u otros beneficios del miembro clerical en licencia de ausencia involuntaria. No obstante, cuando la conferencia halla escogido planes de beneficios que procedan que requieren la participación continua del miembro clerical bajo licencia involuntaria, el clérigo podrá seguir con su participación en tales planes. Podrán a su vez participar en el plan de salud por propia contribución, si procede. Sin embargo, en circunstancias excepcionales, por recomendación del obispo y gabinete, pudiera concederse, de acuerdo con la estipulación procedente del plan de prestaciones, salario y otras prestaciones a un presbítero o miembro asociado, por voto de la sesión ejecutiva de los miembros clericales de la conferencia anual. Si esto sucede en el período entre las sesiones de la conferencia anual, en circunstancias poco usuales, el obispo y el gabinete podrán recomendar, y el comité ejecutivo de la Junta del Ministerio Ordenado podrá aprobar la financiación del plan de pensiones y otras prestaciones, sujetos a las estipulaciones del plan de prestaciones que procede y pendiente para aprobación por la conferencia anual.

7. Los miembros de la clerecía puestos bajo licencia de ausencia involuntaria designarán una conferencia de cargo confinada dentro de la conferencia anual. Se limitará su servicio ministerial a ese cargo y sólo se otorgará con el consentimiento escrito del pastor a cargo y con la aprobación del superintendente de distrito, obispo y comité de relaciones pastor-parroquia[57].

8. Los miembros de la clerecía en licencia involuntaria no podrán participar en las juntas y las agencias de la conferencia anual, ser delegados en la conferencia anual o jurisdiccional o votar en la elección de delegados.

9. Cuando el obispo y el superintendente de distrito soliciten el término de una licencia de ausencia involuntaria, se deberá hacer tal petición por escrito, por lo menos seis (6) meses antes de la sesión de la conferencia anual. La Junta del Ministerio Ordenado revisará las circunstancias concernientes a la concesión de la relación, a fin de determinar si tales circunstancias se han mitigado o resuelto. Cuando la Junta haya determinado que las circunstancias para la licencia involuntaria no se han mitigado o resuelto, se podrá continuar con la licencia de ausencia involuntaria hasta un

---

57. Ver Decisión 524 del Concilio Judicial.

máximo de tres años o se procederá a la localización administrativa (ver §2 arriba).

10. Si los superintendentes de distrito y el obispo no están considerando nombrar a otra persona después de tres (3) años bajo licencia involuntaria, deberán notificar a la Junta del Ministerio Ordenado y al miembro clerical, por lo menos seis (6) meses antes de la sesión de la conferencia anual y proseguir con la localización administrativa o iniciar el proceso de quejas, si no se ha iniciado previamente.

11. El comité administrativo de revisión (¶ 636) se asegurará que los procedimientos disciplinarios para la licencia de ausencia involuntaria se siguieron adecuadamente. Todo el proceso desde la recomendación para la licencia involuntaria hasta su resolución será revisados por el comité administrativo de revisión, y anunciarán sus conclusiones a la sesión clerical de miembros en plena conexión con la conferencia anual.

¶ **355.** *Licencia de maternidad o paternidad*—Se podrá aprovechar una licencia de maternidad/paternidad que no pase de una cuarta parte del año, y será concedida por el obispo y el gabinete y el comité ejecutivo de la Junta del Ministerio Ordenado a cualquier pastor local, miembro provisional, asociado, o miembro clerical a plena conexión que así lo pida, cuando nazca una criatura, o llegue al hogar para fines de su adopción.

1. Los que deseen licencia de maternidad o paternidad habrán de enviar su solicitud al Comité de Relaciones Pastor-Parroquia, después de consultar con el superintendente de distrito, por lo menos con noventa días de anticipación al principio de ese permiso, para que se suministre cuidado pastoral adecuado a las iglesias afectadas por la situación.

2. Durante el permiso, las relaciones del miembro clerical con la conferencia anual permanecerán inmutables, y los planes de beneficios de salud y bienestar permanecerán en vigor.

3. Una licencia de maternidad o paternidad hasta de una cuarta parte del año se considerará como un nombramiento ininterrumpido para propósitos de pensión.

4. La compensación se mantendrá por no menos de las primeras ocho semanas de licencia.

5. Durante el tiempo de licencia, la responsabilidad pastoral por la iglesia o las iglesias afectadas será manejada mediante consulta con el Comité de Relaciones Pastor-Parroquia de la iglesia local (o las iglesias locales) y el superintendente de distrito.

6. Se harán arreglos especiales para superintendentes de distrito, obispos, y los que están bajo nombramiento especial.

¶ **356.** *Licencia médica, por condiciones de salud, e incapacidad que impiden la realización de los deberes ministeriales*—1. Cuando los clérigos miembros de una conferencia anual (¶ 369) se ven imposibilitados para ejercer sus deberes ministeriales por condiciones de salud o incapacitantes, por recomendación de la Junta Conferencial del Ministerio Ordenado y la Junta de Pensiones de la Conferencia, y por una mayoría de votos de la sesión ejecutiva de los miembros clericales a plena conexión en la conferencia anual, presentes y votantes, les pueden conceder licencia médica anual sin que pierdan su relación con la conferencia anual; con tal que dicha licencia pueda concederse o renovarse únicamente después de una investigación razonable y apropiada del caso, hecha por el comité conjunto de licencias médicas del cuerpo clerical de la conferencia anual, o la parte responsable de dirigir las licencias médicas del cuerpo clerical de acuerdo con las estipulaciones de la conferencia anual, quien pondrá la información obtenida en manos de la Junta del Ministerio Ordenado de la conferencia y la junta de pensiones de la conferencia. La Junta del Ministerio Ordenado puede iniciar esta relación a petición del miembro clerical o del gabinete con el consentimiento del miembro clerical afectado o sin él. Cuando se otorga una licencia médica sin el consentimiento del miembro clerical, se dispondrán acomodaciones razonables cuando sea posible. Cuando la conferencia anual le concede licencia por razones de salud a un miembro clerical, si la evidencia médica no se ajusta a los requisitos de las normas para recibir los beneficios, como se establecen en el Plan de Protección Comprensiva, sección 5.04, la Junta de Pensiones de la conferencia puede autorizar el pago de beneficios por la suma que de otro modo pagaría el Plan de Protección Comprensiva. La Junta General de Pensiones y Beneficios de Salud hará los pagos como un cargo a la conferencia anual que concede la licencia médica. Si subsiguientemente se aprueban pagos de parte del Plan de Protección Comprensiva, se le reembolsarán a la conferencia anual los beneficios ya pagados, sin exceder la suma que de otra manera pagaría el Plan de Protección Comprensiva. Cada licencia médica concedida por la conferencia anual quedará asentada en las actas conferenciales.

2. Cuando los miembros clericales de una conferencia anual se ven imposibilitados de ejercer su responsabilidad ministerial entre sesiones de la conferencia anual a causa de una condición médica, el obispo les podrá conceder una licencia médica por el

resto del año conferencial, por aprobación de la mayoría de los superintendentes de distrito, después de consultar con el comité ejecutivo de la Junta Conferencial del Ministerio Ordenado y el comité ejecutivo de la Junta de Pensiones de la conferencia; con tal que tal licencia pueda concederse únicamente después de una investigación apropiada y razonable del caso por el comité conjunto sobre licencias médicas para el cuerpo clerical de la conferencia anual, o la parte responsable de dirigir las licencias médicas del cuerpo clerical de acuerdo con las estipulaciones de la conferencia anual, quien rendirá su informe a la Junta Conferencial del Ministerio Ordenado y a la junta de pensiones de la conferencia. Cuando el obispo le concede licencia médica a un miembro clerical, si la evidencia médica no ha cumplido los requisitos de las normas para recibir beneficios, como se establecen en el Plan de Protección Comprensiva, sección 5.04, la Junta de Pensiones de la Conferencia puede autorizar el pago de los beneficios por la suma que de otra manera pagaría el Plan de Protección Comprensiva. La Junta General de Pensiones y de Beneficios de Salud hará los pagos como un cargo a la conferencia anual que ha concedido la licencia médica. Si subsiguientemente se aprueban los pagos de parte del Plan de Protección Comprensiva, se le reembolsarán a la conferencia anual los beneficios ya pagados, sin exceder la suma que de otra manera pagaría el Plan de Protección Comprensiva.

3. Cuando los miembros clericales que están con licencia médica presenten prueba médica de que se han recuperado lo suficiente para resumir su responsabilidad ministerial, o pueden regresar tras recibir acomodaciones razonables, en consulta con el gabinete de nombramientos, con la recomendación del comité conjunto sobre licencias medicas del cuerpo clerical o el comité de relaciones de la conferencia y con la aprobación del comité ejecutivo de la Junta del Ministerio Ordenado de la conferencia, pueden recibir un nombramiento de parte del obispo entre sesiones de la conferencia anual, terminando así su licencia médica. El Gabinete notificará dicho nombramiento a la Junta de Pensiones de la conferencia anual y a la Junta General de Pensiones y Beneficios para de Salud. Esa terminación de la licencia, junto con la fecha que entra en vigor, también se asentará en las actas de la conferencia anual en su sesión regular siguiente[58].

4. Una persona bajo consideración para licencia médica tendrá el derecho de apelar ante el comité conjunto sobre licencias

---

58. Ver Decisión 1012 del Concilio Judicial.

médicas o designar a alguien que se reúna con el comité en su nombre. En el caso de que no haya resolución, se asegurará que la persona reciba un proceso justo de acuerdo con las guías de las audiencias administrativas del ¶ 362.2.

5. Cualquier persona apta para recibir un nombramiento del obispo y capaz de llevar a cabo las responsabilidades ministeriales no se pondrá bajo licencia médica involuntaria por el sólo hecho de una condición médica. Deberán ponerse a disposición del clérigo discapacitado cualificado todas las acomodaciones razonables para servir en campos ministeriales compatibles con sus dones y gracias. (Ver 2016 *Book of Resolutions*, No. 3002.)

¶ **357.** *Jubilación*—Los miembros clericales jubilados son los que han sido puestos en esa relación, ya sea a petición propia o por decisión de los miembros clericales a plena conexión, por recomendación de la Junta del Ministerio Ordenado[59]. (¶¶ 1506-1509 y el Plan de Pensión Ministerial, enmendado y replanteado efectivo el 1 de enero de 2007, como el Programa de Seguro de Jubilación del Clérigo para obtener información de pensiones). Las peticiones de jubilación se presentarán por escrito al obispo, al gabinete y a la Junta del Ministerio Ordenado por lo menos ciento veinte días antes de la fecha en que la jubilación ha de entrar en efecto, a menos que el obispo y el gabinete lo considere diferente. La Junta del Ministerio Ordenado suministrará las indicaciones y el asesoramiento al miembro que se jubila y a su familia al comenzar una nueva relación con la iglesia local[60].

1. *Jubilación obligatoria*—Todo miembro clerical de una conferencia anual que cumple los setenta y dos años de edad el 1o. de julio o antes del mismo del año en que se celebre la conferencia, quedará jubilado automáticamente[61].

2. *Jubilación voluntaria—a) Con veinte años de servicio*—Cualesquiera miembros clericales de la conferencia anual que hayan completado veinte años o más de servicio bajo nombramiento como ministros ordenados o como pastores locales con crédito de pensión por servicio antes de 1982, o con plena participación en el Plan de Protección Comprensiva desde 1982, previo a la fecha de apertura de la sesión de la conferencia, pueden solicitar a la conferencia anual que los coloque en la relación de jubilados, con el privilegio de recibir sus pensiones por el número de años aprobados

---

59. Ver Decisiones 87, 88 y 531 del Concilio Judicial.
60. Ver Decisión 995 del Concilio Judicial.
61. Ver Decisiones 7, 165, 413, 578 del Concilio Judicial.

que sirvieron en la conferencia anual o conferencias, así como todos los demás beneficios que la última conferencia anual pueda
proporcionar, empezando el pago el primer día de cualquier mes
después de que el ministro ordenado haya cumplido la edad de
sesenta y dos años[62]. Si la pensión empieza antes de la edad en que
la jubilación pudo haber ocurrido, según el ¶ 358.2*c*, se aplicarán
entonces las provisiones de reducción actuarial del Programa de
Seguro de Jubilación del Clérigo.

b) Con treinta años de servicio, o a la edad de sesenta y dos—A
petición de los interesados, y por el voto de los miembros clericales a plena conexión, cualesquier miembros clericales que hayan
cumplido los sesenta y dos años de edad, en el 1o. de julio, o antes
del mismo, en el año en que se celebre la sesión de la conferencia
anual, o hayan cumplido treinta años de servicio bajo nombramiento como ministros ordenados, o como pastores locales, con
crédito de pensión por servicios brindados antes de 1982 o con
completa participación en el Plan de Protección Comprensiva
desde 1981, pueden ser colocados en la relación de jubilados
con derecho a anualidad, a partir de la sesión de la conferencia,
que consistirá en una pensión reducida de manera actuarial (¶
1506.4*i*)[63].

*c) Con cuarenta años de servicio, o a la edad de sesenta y cinco
años*—A petición de los interesados, y por el voto de los miembros clericales a plena conexión, cualquier miembro clerical que
cumpla los sesenta y cinco años de edad el 1o de julio, o antes del
mismo, durante el año en que se celebre la sesión de la conferencia, o que cumplan cuarenta años de servicio bajo nombramiento
como ministros ordenados, o como pastores locales con crédito
de pensión antes de 1982, o con plena participación en el Plan de
Protección Comprensiva desde 1981, a partir de la sesión de la
conferencia, pueden ser colocados en la relación de jubilados con
el privilegio de hacer una reclamación de anualidad[64].

d) Aun cuando las fechas estén especificadas en ¶ 358.1,
.2*a-c* entre sesiones de la conferencia anual, a cualquier miembro
que cumpla la edad o el número de años de servicio especificados en las sesiones mencionadas, pudiera, por solicitud propia,
y con la aprobación del obispo, el gabinete, y el comité ejecutivo
de la Junta del Ministerio Ordenado, concedérsele la relación de

62. Ver Decisión 717 del Concilio Judicial.
63. Ver Decisión 428 del Concilio Judicial.
64. Ver Decisión 379 del Concilio Judicial.

jubilado interinamente, con reclamo de anualidad aplicable, sujeto a la aprobación de los miembros clericales a plena conexión en la siguiente sesión de la conferencia anual.

e) La conferencia anual, a su propia discreción, y por recomendación conjunta de la Junta del Ministerio Ordenado y de la Junta de Pensiones de la conferencia, puede designar cualquier tiempo dentro del año conferencial siguiente como la fecha efectiva de jubilación del miembro clerical que se haya colocado en la relación de jubilado, según las disposiciones de la 2b o 2c arriba citadas[65].

3. *Jubilación involuntaria*—Por el voto de las dos terceras partes de los votantes presentes, los miembros clericales a plena conexión de la conferencia anual pueden colocar a cualesquiera miembros clericales en la relación de jubilados con el consentimiento de éstos o sin él, no obstante la edad que tengan, si la Junta del Ministerio Ordenado y el Gabinete recomiendan tal relación[66]. Se habrán de seguir los procedimientos para un proceso justo de audiencias administrativas en cualquier procedimiento de jubilación involuntaria. El gabinete podrá recomendar a la Junta del Ministerio Ordenado la jubilación involuntaria de un miembro clerical, o la Junta del Ministerio Ordenado podrá hacer la recomendación por iniciativa propia. La Junta del Ministerio Ordenado le dará al miembro una comunicación por escrito sobre la acción que se intenta llevar a cabo, por lo menos 180 días antes de la conferencia anual. Se habrá también de notificar por escrito al presidente del comité administrativo de revisión.

El comité administrativo de revisión (¶ 636) habrá de cerciorarse de que se sigan apropiadamente los procedimientos disciplinarios para la jubilación involuntaria. El comité administrativo de revisión repasará todo el procedimiento que lleve a una recomendación de jubilación involuntaria, y habrá de informar el resultado de su investigación a la sesión clerical de los miembros a plena conexión de la conferencia anual. Cualquier miembro clerical a quien se dé una relación según este subpárrafo, tendrá derecho al privilegio de recibir pensión por el número aprobado de años de servicio en la conferencia anual o las conferencias anuales y los demás beneficios, según lo disponga la conferencia anual final, iniciando su pago el primero de cualquier mes después de que el ministro ordenado cumpla sesenta y dos años de edad. Si la

---

65. Ver Decisión 769 del Concilio Judicial.
66. Ver Decisiones 522, 769 del Concilio Judicial.

pensión comienza antes de la edad en que la jubilación, según el ¶ 358.2*c* pudiera haber ocurrido, se seguirán entonces las disposiciones del ¶ 1506.4*i*.

4. *Asesoramiento anterior a la jubilación*—La Junta del Ministerio Ordenado, en cooperación con la Junta de Pensiones de la conferencia, ofrecerá a todos los miembros clericales que esperan jubilarse, un asesoramiento por lo menos cinco años antes de la fecha de la jubilación proyectada (¶ 635.2*o*). El propósito de la consulta será ayudar a los clérigos y sus cónyuges a planificar y prepararse para los ajustes asociados con la jubilación, y también suministrar orientación y consejo para su ingreso en la nueva relación que tendrán con la iglesia local. En lo tocante al asesoramiento anterior a la jubilación, la Junta del Ministerio Ordenado y la Junta de Pensiones de la conferencia se pueden poner en contacto con la Asociación de Ministros Jubilados de la conferencia anual, o una organización similar dondequiera que exista. Las juntas tomarán la iniciativa para ayudar a los que se jubilan a establecer dichas organizaciones.

5. *Membresía en una conferencia del cargo*—*a)* Todos los miembros clérigos jubilados que no tienen nombramiento como pastores de un cargo, después de consultar con el pastor y el Superintendente de Distrito, tendrán un lugar en la conferencia del cargo y todos los privilegios de membresía en la iglesia donde elijan tener tal membresía, con las excepciones que se establecen en la *Disciplina*. Le informarán a la conferencia del cargo y al pastor acerca de los matrimonios, los bautismos que han celebrado y otras funciones pastorales. De residir fuera de los límites geográficos de la conferencia anual de donde son miembros, le enviarán anualmente a la conferencia del cargo un informe de su conducta cristiana y ministerial, firmado por el superintendente de distrito o el pastor de la conferencia del cargo afiliado donde estén residiendo.

6. *Nombramiento de ministros ordenados jubilados*—Todo ministro ordenado jubilado podrá recibir nombramiento cuando así se lo pidan el obispo y el gabinete. Un ministro ordenado jubilado que se nombre a un cargo pastoral, no tendrá derecho a compensación mínima de la Comisión sobre Compensación Equitativa o agencia correspondiente de la conferencia, ni a crédito adicional de pensión. El superintendente del distrito y el cargo pastoral u otro nombramiento al cual el ministro ordenado jubilado haya sido asignado negociarán la compensación de un ministro

ordenado jubilado. Los ministros ordenados jubilados pueden servir en agencias conferenciales[67].

7. *Regreso a relación activa*—Un miembro clerical que se ha jubilado bajo las disposiciones del ¶ 358.2, puede, a petición suya, ser hecho miembro activo por recomendación de la Junta del Ministerio Ordenado, el obispo, el gabinete, y por el voto de la mayoría de los miembros clericales a plena conexión de la conferencia anual y, por lo tanto, podrá recibir nombramiento, siempre y cuando permanezca en la relación activa, o hasta que se aplique el contenido del ¶ 358.1. Todo miembro clerical que solicite el regreso a una relación activa, después de jubilarse voluntariamente, debe llenar las siguientes condiciones: (1) presentación de su certificado de jubilación; (2) un certificado satisfactorio de buena salud en el formulario prescrito y expedido por un médico aprobado por la Junta del Ministerio Ordenado. Sin embargo, cualquier pensión que esté recibiendo a través de la Junta General de Pensiones y Beneficios de Salud será descontinuada a partir del día en que regrese a la relación activa. Se le restaurará la pensión cuando se jubile posteriormente.

¶ **358.** *Localización honorable*—1. Una conferencia anual puede conceder a sus miembros clericales a plena conexión certificados de localización honorable a petición de los interesados; con tal que la Junta de Ministerio Ordenado primero examine su carácter y los halle en buena relación; y con tal que la sesión clerical también apruebe su carácter después de hecha la petición; y con tal, adicionalmente, que se conceda esta relación solamente a quien tiene la intención de descontinuar sus servicios en el ministerio itinerante. La Junta del Ministerio Ordenado proporcionará orientación y asesoramiento al miembro que así se localiza y a su familia, al ingresar a una nueva relación en la iglesia local. Por recomendación de la Junta del Ministerio Ordenado, una conferencia anual puede proporcionar asistencia en esta transición.

2. Los miembros asociados o los miembros clericales a plena conexión que se localicen de acuerdo con las disposiciones de este párrafo no tendrán ya membresía en la conferencia anual, y deberán entregar su certificación de miembros de la conferencia para que sea depositado por el secretario de la conferencia. Después de consultar al pastor encargado y con su consentimiento por escrito, con la aprobación del superintendente de distrito y del Comité de Relaciones Personal-Parroquia de la iglesia local, los localizados

---

67. Ver Decisiones 87, 531, 558 del Concilio Judicial.

designarán la iglesia local en la cual tendrán su membresía. Se archivará la documentación pertinente a este consentimiento y su aprobación en la Junta del Ministerio Ordenado de la conferencia anual que les concedió la localización honorable. Como miembros clericales de la conferencia del cargo, se les permitirá ejercer funciones ministeriales sólo con el consentimiento por escrito del pastor de dicho cargo. Tendrán todos los privilegios de membresía en la iglesia donde escojan tener su membresía de conferencia del cargo, excepto lo que se establece en la *Disciplina*. Con la aprobación del comité ejecutivo de la Junta del Ministerio Ordenado, el obispo puede nombrar provisionalmente pastor local[68] a una persona que esté en localización honorable. Se enviará una copia del informe anual a la conferencia del cargo al registrador de la Junta del Ministerio Ordenado de la conferencia anual que les concedió la localización honorable, con el fin de que la localización continúe. Le informarán a la conferencia del cargo y al pastor sobre todos los matrimonios, los bautismos y los funerales en que han oficiado; y serán responsables por su conducta y la continuación de sus derechos de ordenación ante la conferencia anual que les concedió la localización honorable.

El no someter este informe por dos años consecutivos pudiera resultar en la terminación de sus órdenes, por recomendación de la Junta del Ministerio Ordenado y voto de la sesión clerical. Las disposiciones de este párrafo no se aplicarán a las personas a quienes se les concedió localización involuntaria antes de la Conferencia General de 1976. Los nombres de los miembros localizados, después de la aprobación anual de su carácter, se imprimirán en las actas de la conferencia anual.

3. Los ministros ordenados que estén bajo localización honorable pueden pedir a la conferencia anual que les otorgue la relación de jubilados con localización honorable[69]. Las peticiones de relación de jubilado serán expuestas por escrito al obispo, al gabinete, y al registrador de la Junta del Ministerio Ordenado por lo menos noventa días antes de la sesión de la conferencia anual. Aquéllos a quien se les otorgue la relación de jubilados con localización honorable habrán de dar cuenta de todos los servicios ministeriales que ejerzan a la conferencia del cargo donde tengan su membresía. Si estos servicios se han ejercido, deberán informar a dicha conferencia del cargo, y ejercer su ministerio bajo la super-

---

68. Ver Decisión 366 del Concilio Judicial.
69. Ver Decisión 717 del Concilio Judicial.

visión del pastor encargado, según lo define el ¶ 359.2. Seguirán siendo responsables por su conducta, y se les tendrá por responsables ante su conferencia del cargo y la conferencia anual de la que es miembro la conferencia del cargo.

¶ **359.** *Localización administrativa*—1. Cuando se cuestiona el rendimiento de un miembro clerical o un miembro clerical asociado, el obispo implementará el procedimiento siguiente:

a) Identificar las preocupaciones. Pueden incluir las responsabilidades profesionales no cumplidas o la ineficacia vocacional de un miembro clerical o un miembro clerical asociado.

b) Mantener conversaciones con el miembro clerical o miembro clerical asociado en las que se identifiquen esas preocupaciones y se diseñe un plan de acción correctivo en colaboración con el miembro clerical o miembro clerical asociado.

c) Tras evaluarlo, determinar que el plan de acción no se ha llevado a cabo o producido resultados que den una expectativa realista de su eficacia futura (¶ 334.3).

2. Si el proceso mencionado (§1) se ha completado y no ha producido los resultados esperados, el obispo y los superintendentes del distrito podrán solicitar que el miembro clerical o miembro clerical asociado sea puesto en localización administrativa sin el consentimiento del miembro clerical. Proporcionarán al miembro clerical y a la Junta del Ministerio Ordenado, por escrito, las razones concretas de tal petición. El comité de relaciones de la Junta del Ministerio Ordenado de la conferencia dirigirá un proceso justo de audiencia como se determina en el ¶ 362.2 en cualquier procedimiento de localización administrativa. El comité informará del resultado de la audiencia a toda la Junta del Ministerio Ordenado por esta acción tomada. Se presentará cualquier recomendación de localización administrativa a la Junta del Ministerio Ordenado en la siguiente reunión de la sesión clerical para tomar una acción final. Entre sesiones de la conferencia anual, la Junta del Ministerio Ordenado podrá poner al miembro clerical o miembro clerical asociado en localización administrativa. Esta acción interina estará sujeta a la aprobación de los miembros de la sesión clerical en plena conexión con la conferencia anual en su siguiente sesión[70].

3. Los miembros clericales localizados administrativamente no podrán mantener su membresía en la conferencia anual y

---

70. Ver Decisión 695 del Concilio Judicial.

entregarán su certificación de membresía en la conferencia como depósito al secretario de la conferencia. Tras consultar y con el consentimiento por escrito del pastor del cargo, y con la aprobación del superintendente del distrito y con el comité de relaciones personal-parroquia de una iglesia local, los miembros clericales en localización administrativa designarán una conferencia del cargo dentro de los límites de la conferencia anual que les puso en localización administrativa. Se limitará el servicio ministerial a ese cargo y se otorgará solamente con el consentimiento escrito del pastor a cargo y el superintendente del distrito y con la aprobación del obispo y el comité de relaciones pastor/personal-parroquia. Se hará un informe anual para la conferencia del cargo que incluya todos los matrimonios, bautismos y funerales ejercidos. Una copia del informe se dirigirá al registrador de la Junta del Ministerio Ordenado para la continuación de la localización. Se les considerará responsables de su conducta por medio de la conferencia anual donde la membresía de la conferencia del cargo se mantiene y por la continuación de sus derechos de ordenación. El no someter este informe a la Junta del Ministerio Ordenado por dos años consecutivos podrá resultar en la terminación de sus órdenes, por recomendación de la Junta del Ministerio Ordenado y el voto de la sesión clerical.

4. Los ministros ordenados que estén bajo localización administrativa pueden pedir a la conferencia anual que les otorgue la relación de jubilados con localización administrativa. Las peticiones para la jubilación serán expuestas por escrito al obispo, al gabinete y al registrador de la Junta del Ministerio Ordenado por lo menos noventa días antes de la sesión de la conferencia anual. Aquéllos a quien se les otorgue la relación de jubilados con localización administrativa habrán de dar cuenta de todos los servicios ministeriales que ejerzan a la conferencia del cargo donde tengan su membresía. Se limitará el servicio ministerial a ese cargo y se otorgará solamente con el consentimiento escrito del pastor a cargo y el superintendente del distrito y con la aprobación del obispo y el comité de relaciones pastor/personal-parroquia. Si estos servicios se han ejercido, deberán informar a dicha conferencia del cargo, y ejercer su ministerio bajo la supervisión del pastor encargado, según lo define el ¶ 359.2. Seguirán siendo responsables por su conducta, y se les tendrá por responsables ante su conferencia del cargo y la conferencia anual de la que es miembro la conferencia del cargo.

¶ **360.** *Retiro del cargo*—1. *Retiro para unirse a otra denominación*[71]—Cuando los miembros ordenados que están en buenas relaciones conferenciales se retiran para unirse a otra denominación, o para terminar su membresía con la denominación, sus credenciales de miembros de la conferencia y sus solicitudes por escrito para darse de baja, se depositarán con el secretario de la conferencia.

2. *Retiro del cargo del ministerio ordenado*—A los miembros ordenados de una conferencia anual que estén en buenas relaciones con ella, y que deseen dejar su oficio ministerial, y retirarse de la conferencia, se les podrá permitir hacerlo durante la sesión de la conferencia anual. Se darán las credenciales del ministro ordenado, certificación de ordenación y de miembro de la conferencia y su pedido por escrito para darse de baja, al superintendente de distrito para ser depositadas con el secretario de la conferencia, y se podrá transferir su membresía a una iglesia que el ministro escoja y designe, después de consultar con el pastor, como la iglesia local en la que tendrá su membresía[72].

3. *Retiro bajo quejas o cargos*—Cuando se acusa a los miembros clericales de faltas contenidas en el ¶ 363.1(*e*), y desean retirarse de la membresía en la conferencia anual, ésta les puede permitir retirarse según lo dispone el ¶ 2719.2. Las certificaciones de ordenación y membresía en la conferencia del clérigo le serán entregadas al superintendente de distrito para depositarlas con el secretario de la conferencia, y su membresía podrá ser transferida a la iglesia local que ese ministro designe, después de consultar con el pastor[73].

Retiro bajo quejas o cargos debe escribirse sobre las credenciales.

4. *Retiro entre conferencias*—En caso de que el retiro por entrega del cargo ministerial, para unirse a otra denominación, o bajo quejas o cargos, suceda en el intervalo entre sesiones de la conferencia anual, el miembro entregará sus credenciales, bajo la disposición del ¶ 361.1 y 3, al obispo o al superintendente de distrito, con una carta de retiro del ministerio ordenado. Tanto las credenciales como la carta de retiro serán depositadas con el Secretario de la conferencia. La Junta del Ministerio Ordenado informará de

---

71. Ver Decisión 696 del Concilio Judicial.
72. Ver Decisión 552, 695, 1055 del Concilio Judicial.
73. Ver Decisión 691 del Concilio Judicial.

esta acción a la conferencia anual en su siguiente sesión[74]. La fecha efectiva del retiro será la fecha escrita en la carta de retiro[75].

Sección XVI. Proceso administrativo justo

¶ 361. 1. *Comité de relaciones de la conferencia*—Toda Junta del Ministerio Ordenado de las conferencias anuales formará un comité de relaciones de la conferencia de por lo menos tres personas para escuchar las peticiones de discontinuidad de los miembros provisionales, licencias involuntarias de ausencia, localización administrativa, jubilación involuntaria u otros asuntos relacionados que les refiera la Junta del Ministerio Ordenado (¶ 635). Los superintendentes del distrito no podrán ser parte del comité de relaciones de la conferencia.

2. *Proceso de audiencia justo*—Como parte del pacto santo que existe entre los miembros y la organización de la Iglesia Metodista Unida, los procedimientos que siguen se presentan para protección de los derechos de los individuos y para protección de la iglesia en las audiencias administrativas. El proceso establecido en este párrafo deberá seguirse cuando se produzca una petición de discontinuidad de la membresía provisional (tras la apelación del miembro provisional), de licencia involuntaria de ausencia, localización administrativa o jubilación involuntaria. Se deberá prestar especial atención a una pronta y oportuna disposición de todo asunto, y a cerciorarse de que haya diversidad racial, étnica y de sexo en el comité con el proceso de audiencia justo.

a) En cualquier procedimiento administrativo, el obispo, o la persona designada por el obispo, y la persona aludida (la persona contra la que se dirija la acción involuntaria [excluyendo quejas]) tendrá el derecho a ser escuchada antes de que se llegue a una decisión final.

b) En la notificación referente a cualquier audiencia, se hará saber a la persona aludida la razón del procedimiento propuesto, dando en ella suficientes detalles que permitan a la persona aludida preparar una respuesta. La notificación se hará con no menos de veinte días de anticipación a la audiencia.

c) La persona aludida tendrá derecho a ser acompañada de una persona clerical que sea miembro a plena conexión de la conferencia anual de la persona aludida a toda audiencia, de

---

74. Ver Decisión 552 del Concilio Judicial.
75. Ver Decisión 691 del Concilio Judicial.

acuerdo a las disposiciones disciplinarias correspondientes. La persona clerical que acompañe a la persona aludida en la queja tendrá derecho a voz[76].

d) En toda audiencia administrativa, bajo ninguna circunstancia tratará una de las partes, en ausencia de la otra, asuntos de importancia con los miembros del cuerpo de la audiencia pendiente. Las preguntas sobre el proceso en sí pudieran hacérsele al presidente del cuerpo de audiencia.

e) La persona aludida deberá tener acceso, por lo menos siete días antes de la audiencia, a todos los registros relacionados con la determinación a la que se llegue en el proceso administrativo[77].

f) En caso de que una persona clerical no se presente a las entrevistas supervisoras o no quiera recibir la correspondencia pertinente al caso, o que se niegue a comunicarse personalmente con el obispo o superintendente de distrito, o de otra manera deja de responder a las peticiones supervisoras de los comités administrativos oficiales, tales acciones o falta de ellas no deberán usarse como excusa para evitar o dilatar cualquier proceso eclesial, y los procesos pudieran continuar sin la participación de dicho individuo.

3. *Inmunidad de ser procesados*—Para poder preservar la integridad del proceso administrativo eclesial, y garantizar participación plena en el mismo en toda ocasión, el obispo, el gabinete, la Junta del Ministerio Ordenado, testigos, defensores, el comité de revisión administrativa, los clérigos a plena conexión que votan en la sesión ejecutiva, y todos los demás que participan en el proceso eclesial administrativo tendrán inmunidad de ser procesados por quejas contra ellos relacionadas con su papel en un proceso administrativo en particular, a no ser que hayan cometido faltas a sabiendas y de mala fe que se les puedan imputar. El querellador/acusador en cualquier proceso contra cualquier persona tal relacionada con su papel en un proceso judicial en particular, tendrá la responsabilidad de probar, por medios claros y convincentes, que las acciones de tal persona constituyen una falta imputable, cometida a sabiendas y de mala fe. La inmunidad que se establece en esta disposición se extenderá a procesos de tribunal civil, a la máxima extensión que las leyes civiles permitan.

¶ **362.** *Procedimientos para quejas*—1. La ordenación y membresía en una conferencia anual en la Iglesia Metodista Unida

---

76. Ver Decisiones 971, 972 del Concilio Judicial.
77. Ver Decisión 974 del Concilio Judicial.

representa una confianza sagrada. Las calificaciones y deberes de los pastores locales, miembros asociados, miembros provisionales y miembros a plena conexión, están especificadas en la *Disciplina de la Iglesia Metodista Unida* y creemos que fluyen del evangelio tal como Jesús las enseñó y las proclamó por medio de sus apóstoles. Cada vez que una persona en cualesquiera de las categorías anteriores, incluyendo aquéllos con licencia de cualquier tipo, localización honorable o administrativa o jubilación, es acusada de violar esta confianza, debe sujetarse a revisión la membresía ministerial de esta persona.

Esta revisión tendrá como propósito principal la resolución de cualesquiera violaciones de este cargo de confianza sagrado, con la esperanza de que la obra de justicia, reconciliación y sanidad se pueda realizar en el cuerpo de Cristo.

Una justa resolución es una que se enfoca en reparar cualquier daño ocasionado a personas y comunidades, logrando verdadera responsabilidad al hacer bien las cosas hasta donde sea posible y trayendo sanidad a todos los involucrados. En situaciones apropiadas, se pueden llevar a cabo procesos tal como se definen en el ¶ 361.1(*c*). Debe prestarse atención especial a los contextos cultural, racial, étnico y de género.

Una queja es una declaración escrita y firmada que asegura que hay mal comportamiento tal y como se define en ¶ 2702.1. Cuando el obispo reciba una queja, tanto la persona que hace la queja como las personas en contra de las que se presenta la queja recibirán información por escrito del proceso que se seguirá. Cuando o si las etapas cambian, estas personas seguirán informadas por escrito del nuevo proceso de manera oportuna. Toda limitación original de tiempo podrá ser extendida por consentimiento de la persona que presenta la queja y la demandada.

a) Supervisión—En el curso del cumplimiento ordinario de sus funciones de supervisión, el obispo o el superintendente de distrito pudiera recibir o dar inicio a quejas en cuanto a la actuación o carácter de una persona clerical. Una queja es una declaración por escrito y firmada que asegura que hay mal comportamiento o actuación insatisfactoria de los deberes ministeriales[78]. El superintendente de distrito o el obispo informará a la persona que presente la queja, y a la persona clerical, en cuanto al

---

78.   Ver Decisiones 763, 777 del Concilio Judicial.

proceso que debe seguirse para presentar la queja y el propósito de éste.

b) Respuesta supervisora—La respuesta supervisora del obispo comenzará cuando se haya recibido una queja formal. La respuesta es pastoral y administrativa, y estará dirigida a una resolución justa para todas las partes. La queja se tratará como una alegación o alegaciones durante el proceso de supervisión. La misma no es parte de ningún proceso judicial. No se harán registros palabra por palabra en ninguna junta y no habrá consejero legal presente. La persona contra la que se presente la queja pudiera escoger a otra persona para que lo (la) acompañe, teniendo ésta derecho a voz. La persona que presente la queja tendrá derecho a escoger a una persona para que lo acompañe teniendo ésta derecho a voz.

La respuesta supervisora la dará el obispo o persona designada por el obispo a tiempo, atendiendo el que se le comunique a todas las partes lo relacionado con la queja y el proceso a seguir. Por determinación del obispo, pudieran seleccionarse personas con credenciales y experiencia en evaluación de la situación, intervención, o resolución, para ayudar en la respuesta supervisora. El obispo pudiera también consultar con el Comité de Relaciones Pastor-Parroquia, si se trata de pastores, el Comité Distrital de la Superintendencia, si se trata de superintendentes de distrito, Comités de Personal correspondientes u otras personas que pudieran ser útiles.

Cuando se inicie la respuesta supervisora, el obispo notificará al presidente de la Junta del Ministerio Ordenado de la queja archivada, del nombre de la persona clerical, de la naturaleza de la queja y, cuando se concluya, de la disposición de la queja.

c) Resolución justa—La respuesta supervisora pudiera incluir un proceso que busque una resolución justa en la cual los participantes están ayudados por una tercera persona, entrenada e imparcial para alcanzar un acuerdo satisfactorio a todas las partes[79]. Si el obispo decide iniciar una tentativa arbitrada para alcanzar una resolución justa; el obispo, la persona que presenta la queja, la persona demandada y otras personas apropiadas entrarán en un acuerdo por escrito explicando el proceso, incluyendo cualquier acuerdo sobre confidencialidad. Un proceso que busca una resolución justa podrá comenzar en cualquier momento durante

---

79.   Ver Decisiones 691, 700, 751, 763, 768 del Concilio Judicial.

el proceso supervisor, queja o juicio. Si se logra una resolución, una declaración por escrito de resolución, incluyendo los términos y condiciones que hayan, será firmado por todas las partes y éstos estarán de acuerdo en todos los asuntos que se digan a terceras personas. Una resolución justa acordada por todas las partes constituirá la disposición final de la queja con la que se asocia.

El proceso buscando una resolución justa puede comenzar en cualquier momento en el proceso de queja. Este no es un procedimiento administrativo ni judicial.

d) Suspensión—Cuando se considere apropiado, para proteger el bienestar de la persona que presenta la queja, la congregación, la conferencia anual, otros contextos del ministerio y el clérigo, o el obispo, por la recomendación del comité ejecutivo de la Junta del Ministerio Ordenado, pudiera suspender a la persona de todas sus responsabilidades clericales, mas no de su nombramiento, por un período que no exceda noventa días. Con el consentimiento del comité ejecutivo de la Junta del Ministerio Ordenado, el obispo podrá extender la suspensión durante solo un periodo adicional que no exceda treinta días. Durante la suspensión, el salario, la vivienda, y los beneficios provistos por el cargo pastoral continuarán otorgándose a un nivel no menos del que se tenía en la fecha de suspensión[80]. La persona suspendida retendrá todos los derechos y privilegios según lo establece el ¶ 334. La conferencia anual cubrirá el costo del suplente para el pastor durante la suspensión[81].

e) Referencia o rechazo de una queja—Al recibir una queja por escrito y firmada, el obispo deberá dentro de 90 días iniciar proceso de respuesta supervisora mencionados anteriormente. Si dentro de 90 días después de recibir la queja no se logra la resolución, el obispo habrá de:

(1) Descartar la queja con el consentimiento del gabinete dando las razones por escrito, haciendo constar una copia en el registro del clérigo; o

(2) Referir el asunto al consejo para la iglesia como una queja.

Todas las limitaciones de tiempo se pueden extender por un período de 30 días con el consentimiento del reclamante y el demandado.

---

80. Ver Decisión 776 del Concilio Judicial.
81. Ver Decisión 534 y 836 del Concilio Judicial.

f) Seguimiento supervisor y de sanidad—El obispo y el gabinete suministrarán un proceso por el cual se pueda sanar la congregación afectada, la conferencia anual u otro contexto del ministerio, si es que ha habido una ruptura significativa en la vida congregacional por causa de la queja. Este proceso pudiera incluir un compartir de información por parte del obispo o de la persona designada por el obispo sobre la naturaleza de la queja sin revelar supuestos alegaciones que pudieran comprometer adversamente cualquier futuro proceso administrativo o judicial. En caso de revelarse los hechos se dará debida consideración a los intereses y necesidades de todos los afectados, incluyendo al demandado y al demandante que podrían estar involucrados en un proceso administrativo o judicial. Este proceso de sanidad pudiera incluir un proceso de una resolución justa que se dirija a conflictos aún sin resolver, apoyo para las víctimas, y reconciliación entre las partes en litigio[82]. Esto se podrá dar en cualquier momento durante el proceso supervisor, queja o juicio.

g) Una queja podrá quedar en suspenso con la aprobación de la Junta del Ministerio Ordenado si las autoridades civiles están involucradas o su involucración es inminente en asuntos concernientes a la queja. El obispo y el comité ejecutivo de la Junta del Ministerio Ordenado repasarán el estado de las quejas que quedan en suspensión por lo menos cada 90 días para considerar si la involucración de las autoridades civiles sigue siendo un impedimento válido para seguir con la resolución de una queja. La suspensión de una queja podrá ser revocada por el obispo o la Junta del Ministerio Ordenado. El tiempo en el se ponga una queja en suspensión no se deducirá del estatuto de limitaciones. Un clérigo seguirá manteniendo su posición mientras la queja se mantenga en suspensión.

¶ 363. *Disposición de la recomendaciones de cambio involuntario de condición*—1. Cuando se haga una recomendación para un cambio involuntario de condición, la Junta del Ministerio Ordenado tomará acción de forma expedita y oportuna. La recomendación se referirá al Comité de Relaciones de la Conferencia el cual efectuará una audiencia administrativa siguiente a las disposiciones sobre el proceso justo del ¶ 362.2. El obispo o la Junta del Ministerio Ordenado, según sea apropiado, designará a la persona que presentará la recomendación al comité. Se le dará a la persona aludida oportunidad de responder a la recomendación en persona, por

---

82.   Ver Decisión 763 del Concilio Judicial.

escrito y con la ayuda de una persona clerical que sea un miembro a plena conexión de la conferencia anual de la persona aludida, y que tendrá voz. Una vez que el comité haya escuchado a la persona designada para presentar la recomendación, a la persona aludida y a otros, según lo determine el presidente del comité, éste informará de su decisión a la Junta del Ministerio Ordenado. La Junta podrá ratificar o revertir la decisión del comité.

Sección XVII. Readmisión a la relación conferencial

¶ **364.** *Readmisión a membresía provisional*—Las personas que han sido descontinuadas como miembros provisionales según las disposiciones del ¶ 327.6 de una conferencia anual de la Iglesia Metodista Unida o una de sus predecesoras legales, pueden ser readmitidas por la conferencia anual en que tuvieron su membresía anteriormente, y de la cual solicitaron descontinuación o de la cual fueron descontinuados, o por su sucesora legal, o por la conferencia anual, de la cual la mayor porción de su antigua conferencia es ahora parte, por solicitud propia y recomendación del Comité Distrital del Ministerio Ordenado, de la Junta del Ministerio Ordenado, y del Gabinete, después de revisar sus aptitudes según se exige en el ¶ 324, y según sean las circunstancias relacionadas con la descontinuación. Al ser reinstalados por el voto de los miembros clericales a plena conexión, se les restaurará su membresía provisional en la conferencia, servirán un mínimo de dos años con membresía provisional, según el ¶ 326, antes de la ordenación, y se les autorizará por medio de licencia o comisión para desempeñar las funciones ministeriales para las que son aptos.

¶ **365.** *Readmisión después de localización honorable o administrativa*—Los miembros asociados o los miembros clericales a plena conexión que solicitan readmisión después de localización honorable o administrativa, tendrán que cumplir las siguientes condiciones:

1. Presentación de su certificado de localización.

2. Un informe satisfactorio y recomendación de parte de la conferencia del cargo y el pastor de la iglesia local en la que tienen su membresía.

3. Un certificado satisfactorio de buena salud, expedido en el formulario prescrito por un médico aprobado por la Junta del Ministerio Ordenado. La Junta del Ministerio Ordenado deberá requerir una evaluación psicológica.

4. Recomendación del Comité Distrital del Ministerio Ordenado, de la Junta del Ministerio Ordenado, y del gabinete, después de revisar sus aptitudes, cualidades personales y las circunstancias pertinentes a su localización. Al ser reinstalados por el voto de los miembros clericales a plena conexión de la conferencia anual que concedió su localización, se les restaurará su membresía en la conferencia, y quedarán autorizados para desempeñar todas las funciones ministeriales. La Junta del Ministerio Ordenado de la conferencia puede exigir por lo menos un año de servicio como pastor local (presbítero y miembro asociado) o marco ministerial aprobado (diácono) antes de readmitirlo a membresía conferencial.

¶ **366.** *Readmisión después de dejar el cargo ministerial*—Los miembros asociados o los miembros clericales a plena conexión que han dejado el cargo ministerial según las disposiciones del ¶ 361 en una conferencia anual de la Iglesia Metodista Unida, o una de sus predecesoras legales, pueden ser readmitidos por la conferencia anual en que anteriormente tuvieron su membresía, y ante la cual renunciaron de su cargo ministerial, o su sucesora legal, o la conferencia anual de la cual una mayor porción de la conferencia anterior es ahora parte, por solicitud propia y recomendación del Comité Distrital del Ministerio Ordenado, la Junta del Ministerio Ordenado, y el gabinete, después de revisar las aptitudes y cualidades personales de dichos ministros y las circunstancias relacionadas con la renuncia y entrega de su cargo ministerial. Se requerirá un período de por lo menos dos años de servicio como pastor local (presbítero y miembro asociado) o marco ministerial aprobado (diácono) antes de readmisión a la membresía conferencial. Este servicio se rendirá en cualquier conferencia anual de la Iglesia Metodista Unida con el consentimiento de la Junta del Ministerio Ordenado de la conferencia anual en la cual los miembros tuvieron su membresía anterior. Al ser reinstalados por el voto de los miembros clericales a plena conexión, su membresía en la conferencia y sus credenciales les serán restauradas, y quedarán autorizados para desempeñar todas las funciones ministeriales[83].

¶ **367.** *Readmisión después de terminación por acción de la conferencia anual*—Las personas que hayan sido terminadas por una conferencia anual de la Iglesia Metodista Unida o una de sus predecesoras legales, pueden pedir membresía plena en la conferencia

---

83. Ver Decisiones 515, 552 del Concilio Judicial.

anual en la que tuvieron su membresía anteriormente y por la cual fueron terminados, o su sucesora legal, o la conferencia anual de la cual una mayor porción de la conferencia anterior es ahora parte, y por recomendación del gabinete y el cumplimiento de todos los requisitos para gozar de membresía plena, inclusive todos los requisitos para elección a candidatura y membresía provisional. Las disposiciones de este párrafo se aplicarán a todas las personas terminadas o localizadas involuntariamente antes de la Conferencia General de 1976.

¶ **368.** *Readmisión después de jubilación involuntaria*—Los miembros clericales de la conferencia anual que deseen regresar a relación activa después de haber sido localizados bajo jubilación involuntaria (¶358.3) deben cumplir las siguientes condiciones:

1. Someter una petición de reinstalación por escrito a la Junta del Ministerio Ordenado.

2. La Junta del Ministerio Ordenado y el gabinete revisarán las aptitudes del miembro y las circunstancias de su jubilación.

3. La recomendación de la Junta del Ministerio Ordenado, el obispo, el gabinete, y las dos terceras partes del voto de los miembros clericales a plena conexión de la conferencia anual que otorgó la jubilación involuntaria. Se le requerirá que un período de por lo menos dos años de servicio como pastor local antes de ser readmitido a membresía en la conferencia.

4. Presentar su certificado de jubilación.

5. Presentar un certificado satisfactorio de buena salud, expedido en el formulario prescrito y por un médico aprobado por la Junta del Ministerio Ordenado. La Junta del Ministerio Ordenado pudiera requerir una evaluación psicológica. Cualquier pensión recibida a través de la Junta General de Pensión y Beneficios de Salud se descontinuará al regreso a una relación activa. Dicha pensión se reintegrará cuando se llegue la jubilación subsiguiente.

Sección XVIII. Disposiciones generales.

¶ **369.** 1. La conferencia anual es el organismo básico de la Iglesia Metodista Unida. La membresía clerical de una conferencia anual consistirá de diáconos y presbíteros a plena conexión (¶¶ 329, 333), miembros provisional (¶ 327), miembros asociados, miembros afiliados (¶¶ 344.4, 586.4), y pastores locales con nombramiento a tiempo completo y tiempo parcial a un cargo pastoral (¶ 317). Todos los clérigos son responsables ante la conferencia anual en el ejercicio de sus deberes en las posiciones para las que han sido nombrados[84].

2. Tanto hombres como mujeres están incluidos en todas las disposiciones de la *Disciplina* que se refieren al ministerio ordenado[85].

3. En todos aquellos casos donde los Comités Distritales del Ministerio Ordenado, las Juntas del Ministerio Ordenado, o los clérigos en sesión ejecutiva voten para otorgar cualquier categoría en relación a licencia, ordenación o membresía conferencial, ha de entenderse que los requisitos establecidos sobre los mencionados asuntos son solamente requisitos mínimos. Se espera que cada persona que vote por estos asuntos lo haga basada en la oración y en su juicio personal de los dones e integridad del interesado, evidencia de la gracia de Dios y promesa de servicio futuro en favor de la misión de la Iglesia[86].

4. Se notificará por escrito a todos los miembros clericales mencionados en ¶ 370.1 sobre aquellas decisiones que se hagan sobre su relación con la conferencia anual.

5. Se celebrará una reunión anual de esta organización de pacto, en sesión ejecutiva de miembros clericales a plena conexión con la conferencia anual, incluso diáconos y presbíteros, en la sede de la sesión regular de la conferencia anual, o en una hora y sitio alterno determinado por el obispo después de consultar al gabinete y el comité ejecutivo de la junta de ministerio ordenado, para considerar cuestiones referentes a asuntos de ordenación, carácter y relaciones conferenciales (¶¶ 605.7, 636)[87].

6. Se podrá celebrar una sesión especial de la conferencia anual en la ocasión y lugar que el obispo determine, después de consultar con el gabinete y el comité ejecutivo de la Junta del Ministerio Ordenado. Una sesión clerical especial solamente tendrá los poderes que se hayan declarado en la convocatoria.

---

84. Ver Decisiones 327, 371 del Concilio Judicial.
85. Ver Decisiones 317, 155 del Concilio Judicial.
86. Ver Decisión 536 del Concilio Judicial.
87. Ver Decisiones 406, 555 y 1009 del Concilio Judicial.

Capítulo tercero

LA SUPERINTENDENCIA

Sección I. Naturaleza de la superintendencia

¶ **401.** *Tarea*—La tarea de la superintendencia en la Iglesia Metodista Unida reside en el oficio de obispo y se extiende al superintendente de distrito, y cada uno de ellos posee responsabilidades colegiadas diferentes. La misión de la iglesia es hacer discípulos de Jesucristo (*ver* Capítulo primero, Sección I). Desde los tiempos apostólicos, se ha confiado a ciertas personas ordenadas las tareas particulares de la superintendencia. El propósito de la superintendencia es equipar a la iglesia en su ministerio de hacer discípulos. Los que desempeñan el cargo llevan sobre sí la responsabilidad primordial de ordenar la vida de la iglesia. Su tarea es capacitar a la iglesia congregada para adorar a Dios y evangelizar con fidelidad.

También es su tarea facilitar la iniciación de estructuras y estrategias para equipar al pueblo cristiano para el servicio en la iglesia y en el mundo en el nombre de Jesucristo, y ayudar a extender el servicio en misión. Es también tarea suya ver que se administren todos los asuntos, temporales y espirituales, de una manera que reconozca críticamente y con comprensión los modos de obrar y los discernimientos del mundo, mientras está consciente del mandato de la iglesia y permanece fiel a él. El liderazgo formal de la Iglesia Metodista Unida, localizado en estos cargos de superintendencia, es una parte integral del sistema del ministerio itinerante.

Sección II. Los cargos de obispo y superintendente de distrito

¶ **402.** *Ministerio especial, no una orden distinta*—Los obispos y superintendentes de distrito existen en la Iglesia Metodista Unida como ministerios particulares. Los obispos son elegidos y los superintendentes de distrito nombrados de entre un grupo de presbíteros que son ordenados para ser ministros de Servicio, la Palabra, los Sacramentos y el Orden, por lo que participan en el ministerio de Cristo, y comparten un sacerdocio real que tiene raíces apostólicas (1 Pedro 2:9; Juan 21:15-17; Hechos 20:28; 1 Pedro 5:2, 3; 1 Timoteo 3:1-7).

¶ **403.** La tarea del obispos y superintendentes de distrito— Los obispos y los superintendentes comparten todo el ministerio en calidad de presbíteros ordenados. El cuerpo de Cristo es uno, pero muchos miembros con diferentes funciones están unidos en un solo cuerpo (1 Corintios 12:28).

1. Los obispos son elegidos de entre los presbíteros y apartados para el ministerio de liderazgo de servidumbre y supervisión general (¶ 401). Como seguidores de Jesucristo, los obispos están autorizados para velar por la fe, orden, liturgia, doctrina y disciplina de la Iglesia. La tarea y llamado del obispo es la de ejercer supervisión y apoyo a la Iglesia en su misión de hacer discípulos de Jesucristo para la transformación del mundo. El fundamento de tal discipulado de liderazgo (*episkopé*) es disciplina y una vida disciplinada. El obispo ejerce su guía, por tanto, a través de las siguientes disciplinas:

a) Un espíritu vital y renovador. La tarea del obispo es practicar, modelar y guiar con fidelidad en las disciplinas espirituales de nuestra fe y llamar e inspirar a la clerecía y personas laicas dentro de la Iglesia a practicar las disciplinas cristianas en sus vidas diarias a través de nuestra tradición de santidad personal. El obispo proporcionará liderazgo en la adoración pública, en la celebración de los sacramentos y en la proclamación de nuestra fe.

b) Una mente indagadora y un compromiso a la tarea educativa. La tarea del obispo es la de continuar con el aprendizaje y enseñanza de cómo hacer discípulos guiar fiel y provechosamente a las congregaciones utilizando las Escrituras, disciplinas espirituales, nuestra herencia wesleyana y la historia y doctrinas de la Iglesia.

c) Visión para la Iglesia. La tarea del obispo es la de guiar a la totalidad de la Iglesia para reivindicar la misión de ésta de hacer discípulos de Jesucristo para la transformación del mundo. La dirección del obispo vendrá de su discernimiento, inspiración, estrategias, equipamiento, implementación y evaluación del cumplimiento de la misión de la iglesia. En colaboración con el Concilio de Obispos, el gabinete y liderazgo laico y clerical de la conferencia anual, y los miembros profesos de la iglesia, el obispo pide encarecidamente a toda la iglesia que se dirija hacia la visión de compartir a Cristo con el mundo en cumplimiento de ésta nuestra misión, al discipulado fiel y hacia una "incluso mejor manera" de ser el pueblo de Cristo en el mundo.

d) Un compromiso profético para la transformación de la Iglesia y del mundo. El llamado del obispo es ser voz profética en la búsqueda de la justicia en un mundo en sufrimiento y en conflicto por medio de nuestra tradición de santidad social. El obispo alentará y modelará la misión de testimonio y servidumbre en el mundo a través de la proclamación del evangelio y el alivio del sufrimiento humano.

e) Una pasión por la unidad de la iglesia. La tarea del obispo es la de ser pastor de todo el rebaño y por tanto proporcionar liderazgo para alcanzar la meta de entendimiento, reconciliación y unidad dentro de la Iglesia—La Iglesia Metodista Unida y la iglesia universal.

f) El ministerio de la administración. La tarea del obispo es la de mantener la disciplina y el orden de la Iglesia por medio de la consagración, ordenación, comisión, supervisión y nombramiento de personas en el ministerio de la Iglesia y del mundo. Como oficial presidente de la conferencia anual, el obispo residente proporciona orden y guía hacia nuevas oportunidades para el ministerio dentro de la conferencia anual. El obispo comparte con otros obispos la dirección atenta de toda la iglesia a través del Concilio de Obispos y se mantiene responsable a través del Concilio de Obispos en colaboración con el comité conferencial y jurisdiccional sobre el episcopado.

2. Los superintendentes de distrito son presbíteros a plena conexión nombrados por el obispo a su gabinete como extensión de la tarea de supervisión del obispo dentro de la conferencia anual, a través de las mismas disciplinas de acuerdo con sus responsabilidades, que se estipulan en la *Disciplina*, bajo la supervisión del obispo residente.

Sección III. Elección, asignación y terminación de los obispos

¶ **404.** *Provisiones en las áreas episcopales*—
1. En las Conferencias Centrales el número de obispos se determinará sobre la base de posibilidades misionales, según lo apruebe la Conferencia General, por recomendación del Comité Permanente de Asuntos de la Conferencia Central. Antes de recomendar cambios en cuanto al número de áreas episcopales, el Comité Permanente de Asuntos de la Conferencia Central deberá:

a) considerar estos criterios en el siguiente orden de prioridad:

(1) el número de conferencias del cargo y el número del personal clerical activo en las áreas episcopales;

(2) el tamaño geográfico de las áreas episcopales, medido en millas cuadradas/km cuadrados y el número de zonas temporales y naciones;

(3) la estructura de las áreas episcopales, medida establecida por el número de conferencias anuales y la membresía total de todas las conferencias anuales, anuales provisionales o misioneras en las áreas episcopales.

b) dirigir un análisis meticuloso del contexto y potencial misional de los cambios en áreas episcopales.

2. En las jurisdicciones, el número de obispos se determinará de la manera siguiente:

a) Cada jurisdicción que tenga 300.000 miembros o menos, tendrá derecho a cinco obispos, y cada jurisdicción con más de 300.000 miembros tendrá derecho a un obispo adicional por cada 300.000 miembros o fracción mayor de ellos.

b) Si el número de miembros en una jurisdicción ha disminuido en por lo menos el diez por ciento por debajo de los miembros que anteriormente le habían dado derecho a su número de obispos, el número de obispos a los que tendrá derecho será determinado sobre la base de las necesidades misionales, según sean aprobadas por la Conferencia General por recomendación del Comité Interjurisdiccional del Episcopado, con tal que dicha jurisdicción tenga derecho a no menos del número de obispos al que tendría derecho según el sub-párrafo *a)* arriba indicado. Será responsabilidad de la jurisdicción afectada, a través del Comité del Episcopado, solicitar la consideración de una excepción de su necesidad misional, y en la ausencia de tal solicitud, no habrá obligación por parte del Comité Interjurisdiccional del Episcopado de considerar tal excepción ni hacer un informe en cuanto a tal excepción para la Conferencia General. En ningún caso habrá restricción en el poder de la Conferencia General para actuar en la ausencia de tal recomendación o de rechazar cualquier recomendación que pudiera recibir.

c) Si como resultado de las disposiciones de este párrafo, se le reduce a una jurisdicción el número de obispos a los que anteriormente tendría derecho, la reducción en el número de obispos a la cual tendrá derecho entrará en vigor a partir de septiembre 1 del año natural en el cual la Conferencia General haya determinado tal reducción.

¶ **405.** *Elección y consagración de obispos*—1. *Postulación*—Una conferencia anual, en la sesión inmediatamente anterior a la siguiente sesión regular de la conferencia jurisdiccional o central, puede postular a uno o más candidatos para elección episcopal. La votación en las conferencias jurisdiccionales y centrales no estará limitada a los postulados por las conferencias anuales, ni ningún delegado a la conferencia jurisdiccional o central estará obligado a votar por un candidato específico. Cada conferencia jurisdiccional o central elaborará los procedimientos apropiados para suministrar información acerca de los postulados por las conferencias anuales. Esto se hará por lo menos dos semanas antes del primer día de la conferencia jurisdiccional o central. Procedimientos similares se desarrollarán para personas postuladas por medio de boleta de votación que reciban diez votos, o el cinco por ciento de los votos válidos que se emitan, y la información estará a la disposición de los delegados en el lugar de la conferencia.

2. *Proceso*—*a*) Los delegados a la conferencia jurisdiccional o central, al elegir obispos, darán la debida consideración a la inclusividad de la Iglesia Metodista Unida respecto a sexo, raza y origen nacional. Además, se le dará atención a la naturaleza de la superintendencia como se describe en el ¶ 401.

b) Las conferencias jurisdiccionales y centrales están autorizadas para fijar el porcentaje de votos necesarios para elegir a un obispo. Se recomienda que por lo menos el 60 por ciento de los votantes presentes sea necesario para que haya elección.

c) La consagración de los obispos se puede llevar a efecto en la sesión de la conferencia en que ocurre la elección, o en un lugar y tiempo designados por la conferencia. El servicio de consagración puede incluir a obispos de otras conferencias jurisdiccionales y centrales. Se recomienda especialmente que el servicio de consagración incluya también a representantes de otras comunidades cristianas (¶¶ 124, 422.2.).

¶ **406.** *Proceso de asignación*—1. *Comité Jurisdiccional del Episcopado*—El comité jurisdiccional del episcopado, después de consultar con el Colegio de Obispos, recomendará la asignación de los obispos a sus respectivas residencias para que la conferencia jurisdiccional tome acción final; no llegará a ninguna conclusión respecto a las asignaciones residenciales hasta que todas las elecciones de obispos para esa sesión estén completas y todos los obispos hayan sido consultados. Se puede recomendar que un obispo sea asignado a la misma residencia para un tercer cuadrienio.

La fecha de asignación para todos los obispos es el 1º de septiembre, siguiente a la Conferencia Jurisdiccional[1].

Un obispo recién electo será asignado para administrar un área diferente de aquélla en la cual estuvo su membresía más reciente, a menos que por el voto de sus dos terceras partes el comité jurisdiccional recomiende que se ignore esta restricción y la Conferencia Jurisdiccional esté de acuerdo por mayoría de votos[2].

2. *Comité del episcopado de la conferencia central*—El comité del episcopado de la conferencia central, después de consultar con el Colegio de Obispos, recomendará a la conferencia central la asignación de obispos a sus respectivas residencias, para que ésta, a su vez, tome acción final[3].

3. *Asignaciones especiales*—El Concilio de Obispos puede, con el consentimiento del obispo y el acuerdo del comité del episcopado de la conferencia jurisdiccional o de la conferencia central, asignar a uno de sus miembros por un año a cierta responsabilidad específica que abarque a toda la extensión de la iglesia, y se considere de suficiente importancia para el bienestar de la totalidad de la Iglesia. En caso de que esto suceda, un obispo quedará libre de sus responsabilidades presidenciales dentro del área episcopal durante ese período. Otro obispo (u otros obispos, tanto activos como ya jubilados, y no necesariamente de la misma conferencia jurisdiccional o central) será nombrado por el Concilio de Obispos, por recomendación del Colegio de Obispos de la jurisdicción afectada, para asumir las responsabilidades presidenciales durante ese ínterin. Si ocurriera que más de un obispo jubilado fuera asignado a tomar responsabilidades presidenciales en un área episcopal, el Fondo del Episcopado cubrirá solamente la diferencia que exista entre lo que el obispo jubilado recibe de pensión y la remuneración que le corresponde recibir a un obispo activo. Esta asignación puede ser renovada para un segundo año por el voto de las dos terceras partes del Concilio de Obispos y una mayoría de votos del Comité Jurisdiccional o Central del Episcopado y el consentimiento del obispo y del Colegio de Obispos afectados. El obispo así asignado continuará recibiendo su salario regular y sostén.

¶ **407.** *Vacante en el oficio de obispo*—Una vacante en el oficio de obispo puede ocurrir debido a muerte, jubilación (¶ 408.1, .2, .3),

---

1.   Ver Decisión 781 del Concilio Judicial.
2.   Ver Decisiones 48, 57, 416, 538 del Concilio Judicial.
3.   Ver Decisión 248 del Concilio Judicial.

renuncia (¶ 408.4), proceso judicial (¶ 2712), permiso de ausencia (¶ 410.1), o licencia médica (¶ 410.4). En caso de que la asignación de un obispo a la supervisión presidencial de un área episcopal se dé por terminada debido a cualquiera de las causas arriba mencionadas, la vacante será llenada por el Concilio de Obispos por postulación de los obispos activos del Colegio de Obispos de la conferencia jurisdiccional o central interesada, tras consultar con la conferencia jurisdiccional o central y los comités del episcopado de la conferencia anual y gabinete(s); o, si la vacante ocurre dentro de los veinticuatro meses de la toma de posesión episcopal de la supervisión presidencial del área, el Colegio de Obispos de la conferencia jurisdiccional o central afectada puede convocar a una sesión especial de la Conferencia Jurisdiccional o Central, como lo dispone el ¶ 521.2. Cuando se nombra a un obispo bajo las prestaciones de este párrafo, los años restantes del cuadrienio en el que se da el nombramiento se considerarán un cuadrienio entero por cuestiones de la asignación. Se recomienda que el obispo anterior sirva en la vacante del área episcopal entre tanto.

¶ **408.** *Terminación del oficio*—Un presbítero que esté sirviendo como obispo, al llegar el tiempo de su jubilación tendrá el estado de obispo jubilado[4].

1. *Jubilación obligatoria*—*a)* Un obispo se jubilará el 31 de agosto siguiente a la sesión regular de la Conferencia Jurisdiccional, si el sexagésimo octavo cumpleaños del obispo ha sucedido antes o en la fecha del 1o de julio del año en que se celebra la Conferencia Jurisdiccional[5].

b) Un obispo, en una conferencia central, se jubilará en fecha que no exceda un año después de la conclusión de la Conferencia General, si el obispo ha alcanzado la edad de sesenta y ocho antes o en el día de inauguración de su conferencia programada tomando efecto el 1 de enero, 2016. Tomando efecto con la clausura de la Conferencia General de 2016[6].

c) El pago de pensión, según detalla el Plan Ministerial de Pensión o el Plan Global Episcopal de Pensión (o, en cualquier caso, cualquier plan o programa episcopal de pensiones que le suceda), empezará como lo describa tal plan o programa después del cierre de la conferencia jurisdiccional o central.

---

4. Ver Decisiones 361, 407 del Concilio Judicial.
5. Ver Decisiones 413, 578 del Concilio Judicial.
6. Ver Decisión 1248 del Concilio Judicial.

d) Sin embargo, si el obispo jubilado acepta cualquiera de las siguientes asignaciones de responsabilidad para la iglesia en general, el Concilio General de Finanzas y Administración, después de consultar con el Concilio de Obispos, fijará un nivel de compensación que no ha de exceder al máximo determinado por la Conferencia General, por recomendación del Concilio General de Finanzas y Administración, con el coste de la compensación asumido por el Fondo Episcopal: (1) Asignación de naturaleza especial, relacionada directamente con el Concilio de Obispos y responsable ante él; o (2) asignación a una agencia general o a una institución de educación superior relacionada con la Iglesia Metodista Unida. Solamente se pagará del Fondo Episcopal la diferencia entre la compensación ya establecida y la pensión continuada. La asignación de obispos jubilados a instituciones de educación superior relacionadas con la Iglesia Metodista Unida debe ser por iniciativa de las instituciones, y el servicio no ha de exceder a las edades de jubilación obligatoria de esas instituciones.

Si se asigna a un obispo a una agencia general o a una institución de educación superior relacionada con la Iglesia Metodista Unida, dicha agencia o institución de educación superior de la Iglesia Metodista Unida pagará el cincuenta por ciento de la diferencia entre la compensación establecida por el GCFA para dicha posición. Dicha agencia general o dicha institución de educación superior relacionada con la Iglesia Metodista Unida asumirá, además, toda la responsabilidad por los gastos de trabajo y de transporte del obispo relativos a la asignación.

La compensación por cualquier asignación especial cesará después de que el obispo llegue a la edad de jubilación obligatoria para todos los ministros (¶ 358.1) o complete la asignación, cualesquiera de las dos cosas que ocurra primero, excepto que obispos jubilados elegidos por el Concilio de Obispos como Secretario Ejecutivo y Oficial Ecuménico puede continuar siendo compensado por esa asignación especial por todo el período del cargo. Ninguna asignación a una Jurisdicción, conferencia central, conferencia anual, o una agencia que no sea Metodista Unida tendrá derecho a recibir compensación adicional del Fondo Episcopal, según las disposiciones de este párrafo. La situación de un obispo jubilado que esté en asignación especial será, en cuanto a vivienda y otros beneficios, la de un obispo jubilado.

2. *Jubilación voluntaria—a)* Los obispos que han completado veinte años o más de servicio bajo nombramiento a tiempo com-

pleto como ministros ordenados, o como pastores locales con crédito pensionario, antes de la fecha de apertura de la sesión de la conferencia jurisdiccional o central, incluso por lo menos un cuadrienio como obispos, pueden solicitar a la conferencia jurisdiccional o central que los jubile con el privilegio de recibir su pensión como se determina bajo el Programa de Seguro de Retiro Clerical o el Plan Global Episcopal de Pensión (o, en ambos casos, los programas o planes episcopales de pensiones o jubilación que les sucedan). (Tomando efecto con la conclusión de la Conferencia General de 2012)

b) Jubilación vocacional—Obispos que hayan completado ocho o más en la posición episcopal podrán escoger la opción de jubilación por razones vocacionales y pueden ser jubilados por las conferencia del episcopado jurisdiccional y central por recomendación del Colegio de Obispos. Los obispos afectados podrán recibir sus pensiones de acuerdo con lo estipulado en ¶ 408.2*a*. Si la entidad empleadora proporciona seguro médico a sus empleados, el obispo que se jubila bajo estos términos seguirá asegurado bajo ese programa, se requiera o no del obispo pagar la prima por tal seguro, y el Fondo Episcopal no asumirá obligaciones futuras en la provisión de seguro médico para el obispo o la familia del obispo. Si la entidad empleadora no proporciona seguro médico a sus empleados, estando empleados o jubilados, al obispo que se jubila bajo esta provisión se le proporcionará beneficios médico y de salud para jubilados como especifica de vez en cuando el Concilio General de Finanzas y Administración.

c) Los obispos que han llegado a los sesenta y dos años de edad o que han completado treinta años de servicio bajo nombramiento a tiempo completo como presbíteros u obispos, pueden solicitar a la conferencia jurisdiccional o a la conferencia central que los sitúe en relación de jubilados, con el privilegio de recibir su pensión como se determina bajo el Programa de Seguro de Retiro Clerical o el Plan Global Episcopal de Pensión (o, en ambos casos, los programas o planes episcopales de pensiones o jubilación que les sucedan), como sea aplicable. (Tomando efecto con la conclusión de la Conferencia General de 2012)

d) Cualquier obispo que quiera tener una condición de jubilación voluntaria se lo notificará al presidente del Concilio de Obispos por lo menos seis meses antes de la Conferencia General. Las prestaciones del ¶ 408.2*c* están suspendidas hasta el 1 de enero del 2009.

e) Un obispo puede procurar la jubilación voluntaria por razones de salud, y así será jubilado por el comité del episcopado de la conferencia jurisdiccional o de la central, por recomendación del correspondiente Colegio de Obispos y mediante la presentación de evidencia médica satisfactoria. Dichos obispos recibirán sus pensiones como se determina bajo el Programa de Seguro de Retiro Clerical o el Plan Global Episcopal de Pensión (o, en ambos casos, los programas o planes episcopales de pensiones o jubilación que les sucedan), como sea aplicable. (Tomando efecto con la conclusión de la Conferencia General de 2012)

3. *Jubilación involuntaria—a)* Un obispo puede ser puesto en relación de jubilado, sin importar la edad que tenga, por el voto de las dos terceras partes del comité del episcopado de la conferencia jurisdiccional o de la central si, después de una notificación por escrito que no tenga menos de treinta días de anticipación, dirigida al obispo afectado y celebrada una audiencia, el mencionado comité decide que tal relación es lo más conveniente para los mejores intereses del obispo o la iglesia, o para ambos. Esta acción podrá o no ser tomada por razón de la conducta del obispo, y la razón por la acción deberá presentarse claramente en el informe del comité. Las disposiciones del ¶ 361.2 en cuanto al proceso justo en audiencias administrativas serán aplicadas a este proceso administrativo. Se notificará por escrito también al presidente del comité de revisión administrativo de la conferencia jurisdiccional/central (¶ 538/543.22).

b) Un obispo, por razones de salud, puede jubilarse entre sesiones de la conferencia jurisdiccional o de la central, por el voto de las dos terceras partes del comité del episcopado de la conferencia jurisdiccional o de la central, por recomendación de la tercera parte de la membresía del Colegio de Obispos afectado. El obispo afectado, a solicitud, tendrá derecho a una revisión de la condición de su salud, hecha por un grupo profesional de diagnóstico, previa a la decisión del Colegio de Obispos afectado. El presidente y el secretario del Comité del Episcopado de la Conferencia Jurisdiccional o de la Central dará notificación de la decisión de jubilación, dirigiéndola al secretario del Concilio de Obispos y al tesorero del Fondo Episcopal. Esta decisión se puede apelar ante el Concilio Judicial, con las disposiciones de la notificación, según se establecen en el ¶ 2716. Al entrar en vigor tal jubilación, el obispo recibirá una pensión como se determina bajo el Programa de Seguro de Retiro Clerical o el Plan Global Episcopal de Pensión (o, en ambos casos, los programas o planes episcopales de pensiones o jubilación que les sucedan), como sea aplicable.

4. *Renuncia*—Un obispo puede renunciar voluntariamente del episcopado en cualquier momento. Un obispo puede renunciar de su oficio, presentando su renuncia ante el Concilio de Obispos. El Concilio de Obispos tendrá la autoridad para tomar las decisiones apropiadas respecto a asuntos relacionados con la renuncia, inclusive el nombramiento de un obispo interino para que actúe hasta que un sucesor sea electo y asignado. Los documentos de consagración de un obispo en buenas relaciones, pero que renuncia de esta manera, serán debidamente refrendados por el secretario del Concilio de Obispos y devueltos. Al obispo se le dará un certificado de renuncia, que le dará derecho a membresía en calidad de presbítero itinerante en la conferencia anual (o su sucesora) en la que él tuvo su última membresía. El secretario del Concilio de Obispos dará notificación de esta decisión al secretario del Comité del Episcopado de la Conferencia Jurisdiccional o de la Central. Se pagarán los beneficios de pensión al obispo que ha renunciado como se determina bajo el Programa de Seguro de Retiro Clerical o el Plan Global Episcopal de Pensión (o, en ambos casos, los programas o planes episcopales de pensiones o jubilación que les sucedan), como sea aplicable.

¶ **409.** *Estado de los obispos jubilados*—Un obispo jubilado es un obispo de la Iglesia en todo respecto, y continúa funcionando como miembro del Concilio de Obispos, de acuerdo con la Constitución y otras disposiciones de la *Disciplina*.

1. Los obispos jubilados pueden participar en el Concilio de Obispos y sus comités, pero sin voto. Pueden presidir sesiones de una conferencia anual, conferencia anual Provisional, o Misión, si así se lo pide el obispo asignado a esa conferencia, o en caso de incapacidad de dicho obispo, si lo hace el presidente del Colegio de Obispos con el que la conferencia está relacionada. Un obispo jubilado elegido por el Concilio de Obispos pudiera prestar servicio como secretario ejecutivo y el oficial ecuménico del Concilio (período que se inicia a partir del 1o de septiembre de 1996). En situaciones de emergencia en que el obispo residente no puede presidir, el Colegio de Obispos asignará a un obispo activo o a un obispo jubilado para presidir las sesiones de la conferencia anual (¶ 48). No pueden hacer nombramientos ni presidir en la Conferencia Jurisdiccional o Central. Sin embargo, cuando el Concilio de Obispos nombra a un obispo jubilado a un

área episcopal vacante o partes de un área, según las disposiciones del ¶ 409.3, 410.1, o 410.3, dicho obispo podrá actuar como un obispo que está en relación activa[7].

2. Se podrá considerar a un obispo jubilado como miembro de una conferencia anual, con el propósito de nombrarlo a un cargo local dentro de dicha conferencia.

3. Un obispo jubilado según el ¶ 408.1,.2 arriba mencionado, puede ser nombrado por el Concilio de Obispos, por recomendación del Colegio de Obispos afectado, a la responsabilidad presidencial para prestar servicio temporal en el área, en caso de muerte, renuncia, incapacidad por enfermedad, o procedimientos que envuelvan a un obispo residente (¶ 2703.1). Este nombramiento no continuará después de la siguiente conferencia jurisdiccional o central.

4. Se alienta a los Colegios de Obispos a que junto con futuros jubilados y con instituciones dentro de la Conexión consideren las posibles asignaciones de jubilación (como obispo en residencia), particularmente asignaciones de oficio de naturaleza residencial, presidencial y misional.

¶ **410.** *Licencias*—1. *Permiso de ausencia*—Se le pudiera otorgar permiso de ausencia a un obispo por razones justificadas por no más de seis meses en consulta con el comité del episcopado del área y con la aprobación del Colegio de Obispos, el comité del episcopado de la conferencia jurisdiccional o central, y el comité ejecutivo del Concilio de Obispos. Durante el período por el cual se otorgue la licencia, el obispo será relevado de todas sus responsabilidades episcopales, y otro obispo escogido por el comité ejecutivo del Concilio de Obispos presidirá el área episcopal. El salario y otros beneficios continuarán a través del Fondo Episcopal.

2. *Licencia de renovación*—Cada obispo que está en la relación activa tomará licencia de hasta tres meses de sus responsabilidades episcopales normales, con propósitos de reflexión, estudio y auto-renovación, durante cada cuadrienio. El Colegio de Obispos, en consulta con el comité del episcopado de la conferencia jurisdiccional o de la conferencia central apropiado, coordinará los detalles respecto a esos permisos.

3. *Licencia sabática*—Un obispo que ha servido durante un mínimo de dos cuadrienios puede obtener una licencia sabática de no más de un año para algún programa de estudio o actualiza-

---

7.   Ver Decisión 248 del Concilio Judicial.

ción en consulta con el comité del episcopado del área y con la aprobación del Colegio de Obispos, el comité del episcopado de la conferencia jurisdiccional o central, y el comité ejecutivo del Colegio de Obispos. Durante el período en el que se conceda la licencia sabática, los obispos serán relevados de las responsabilidades presidenciales dentro del área episcopal; y el Concilio de Obispos asignará otro obispo u obispos para asumir los deberes presidenciales. El obispo recibirá la mitad de su salario y, donde sea aplicable, concesión para vivienda durante el período de ausencia.

4. *Licencia médica*—A los obispos que temporalmente y por razones de salud no puedan ejercer sus funciones en su totalidad, se les podrá conceder un permiso de ausencia por una razón justificada durante no más de seis meses en consulta con el comité del episcopado del área y con la aprobación del Colegio de Obispos, el comité del episcopado de la conferencia jurisdiccional o central y el comité ejecutivo del Concilio de Obispos. Durante el periodo por el cual la licencia sea concedida, el obispo será relegado de sus responsabilidades episcopales, y otro obispo elegido por el comité ejecutivo del Concilio de Obispos presidirá el área episcopal. El salario y otros beneficios continuarán a través del Fondo Episcopal. Si tras el periodo de seis mese ese obispo es incapaz de ejercer todas sus responsabilidades por indisposición de salud, los beneficios pos discapacidad del programa de beneficios otorgado al obispo tomarán efecto.

¶ **411.** *Expiración de períodos en conferencias centrales*—En una conferencia central donde prevalezca el sistema de episcopado por períodos, los obispos cuyos períodos de oficio se venzan antes del tiempo de jubilación obligatoria, debido a la edad, y que no sean re-electos por la conferencia central, regresarán a la membresía como presbíteros itinerantes en la conferencia anual (o su sucesora) de la que dejaron de ser miembros cuando fueron electos obispos. Su término de oficio vencerá al finalizar la conferencia central en la que se elija a un sucesor, por lo que tendrán el derecho de participar en calidad de obispos en la consagración del sucesor. Sus credenciales de obispos las entregarán al secretario de la conferencia central, quien hará en ellas la anotación de que el obispo terminó honorablemente el período de servicio para el que fue electo y ha cesado de ser obispo en la Iglesia Metodista Unida[8].

---

8. Ver Decisiones 61, 236, 370 del Concilio Judicial.

¶ 411. *Evaluación de los obispos*—En su evaluación del trabajo, carácter y administración oficial de los obispos de acuerdo con ¶ 524.3.*a*, el Comité del Episcopado de la Conferencia Jurisdiccional o Central establecerá e implementará procesos que proporcionen, por lo menos una vez por cuadrienio, a cada obispo activo, una evaluación completa y formal que incluirá una autoevaluación, evaluación hecha por otros en el episcopado y los comentarios de personas bajo su superintendencia (como gabinetes, líderes laicos, directores de agencias). Este proceso incluirá la participación del Comité del Episcopado la Conferencia o Área. Será responsabilidad de cada jurisdicción del Colegio de Obispos/conferencia central de los Colegios de Obispos, bajo dirección de su presidente, consultar y cooperar con el comité con el propósito de programar y facilitar tales evaluaciones además de abordar cualquier asunto que surja en el curso de esta evaluación.

¶ 413. *Quejas contra obispos*—1. El liderazgo episcopal en la Iglesia Metodista Unida comparte la sagrada encomienda de su ordenación con todas las demás personas ordenadas. El ministerio de los obispos, como está planteado en la *Disciplina* de la Iglesia Metodista Unida, también fluye del evangelio como fue enseñado por Jesús el Cristo, y proclamado por sus apóstoles (¶ 402). Cuando un obispo viola esta encomienda o confianza, o no puede cumplir las responsabilidades que le competen, su continuación en el oficio episcopal estará sujeta a revisión. Esta revisión tendrá como objetivo principal una resolución justa de cualquier violación de este depósito sagrado, con la esperanza de que la obra de justicia, reconciliación y sanidad de Dios pueda hacerse realidad.

2. Cualquier queja respecto a la efectividad, competencia, o una o más de las violaciones listadas en el ¶ 2702, será sometida al presidente del Colegio de Obispos de esa conferencia jurisdiccional o central. Si la queja es contra el presidente, será sometida al secretario del Colegio de Obispos. Una queja es una declaración por escrito que alega conducta incorrecta, desempeño insatisfactorio de los deberes ministeriales, o una o más de las violaciones listadas en el ¶ 2702[9].

3. Después de recibir una queja según se dispone en §413.2, el presidente y el secretario del Colegio de Obispos, o el secretario y otro miembro del colegio, si la queja concierne al presidente (o al presidente y a otro miembro del colegio, si la queja concierne al

---

9.   Ver Decisión 1149 del Concilio Judicial.

secretario), dentro de un plazo de 10 días, consultará con la dirección del comité del episcopado de las conferencia jurisdiccional o central que asignará un miembro profeso del comité y un miembro de la clerecía que no pertenecen a la misma área episcopal; que a su vez no pertenecen al área episcopal del obispo demandado en la cual ese obispo fue nombrado o ha sido asignado; y que a su vez no pertenecen al mismo sexo.

a) Cuando se considere apropiado, para proteger el bienestar de la persona querellante, de la iglesia o de un obispo, el Colegio de Obispos, en consulta con el comité del episcopado de la conferencia jurisdiccional o central, pudiera suspender al obispo de todas sus responsabilidades episcopales por un período que no exceda sesenta días. Durante la suspensión, el salario, vivienda y otros beneficios continuarán otorgándose.

b) La respuesta supervisora será pastoral y administrativa, y estará dirigida a una justa resolución. No es parte de ningún proceso judicial. La respuesta supervisora deberá darse en forma confidencial y debiera completarse dentro de 120 días. Se podrá hacer una extensión de 120 días si el obispo supervisor y los dos miembros escogidos del comité del episcopado de la conferencia jurisdiccional o central determinan que una extensión sería productiva. Una segunda extensión de 120 días puede darse por acuerdo mutuo por escrito del obispo supervisor, los miembros electos para el proceso de supervisión del comité del episcopado de la conferencia jurisdiccional o central, la persona reclamante y el obispo contra el que se presenta la queja.

El obispo supervisor aconsejará regularmente a todas las partes del estado del proceso y notificará a todas las partes dentro de 7 días después que se tome una determinación que la respuesta supervisora no llevará a una solución del asunto.

No se llevará ningún registro por escrito palabra por palabra, y no habrá presente ningún consejero legal, aunque el obispo contra el que se presente la queja y la persona reclamante, ambos pudieran escoger a otra persona para acompañarlo, teniendo éste derecho a voz. A la determinación del presidente (secretario), podrán elegirse personas con calificaciones y experiencia en la evaluación, intervención o sanidad para asistir en las respuestas supervisoras. También se podrá consultar a otros.

c) La respuesta supervisora podrá también incluir un proceso que busque una resolución justa en la cual las partes son ayudadas por un tercero mediador imparcial para llegar a un acuerdo satisfactorio para ambas partes (¶ 362.1*b*, *c*). Las personas apropiadas, incluyendo el presidente del Colegio de Obispos, o el secretario si la queja es sobre el presidente, entrará en un acuerdo por escrito señalando el proceso, incluyendo un acuerdo en cuanto a la confidencialidad. Si se logra la resolución, una declaración de resolución, incluyendo términos y condiciones, será firmada por las partes y las partes estarán de acuerdo en todos los asuntos que se revelen a terceras partes. Tal declaración de resolución se entregará a la persona a cargo de esa etapa del proceso para futura acción concordando con el acuerdo.

d) (i) Si la respuesta supervisora resulta en la resolución del asunto, el obispo a cargo de la respuesta supervisora y las dos personas nombradas del comité del episcopado para supervisar el proceso (¶ 413.3) habrán de observar el cumplimiento de los términos de la resolución. Si la respuesta supervisora no consigue resolver el asunto, el presidente o secretario del Colegio de Obispos podrá desestimar la queja con el consentimiento del Colegio de Obispos y el comité del episcopado, dando razones por ello por escrito, una copia de las razones será incluida en el archivo del obispo, referir el asunto al comité del episcopado como una queja administrativa según ¶ 413.3*e*, o referir la queja a un asesor de la Iglesia de acuerdo con ¶ 2704.1 para preparar un queja para referirla al comité de investigaciones.

(ii) Si en el periodo de 180 días en el cual el presidente o secretaria del Colegio de Obispos recibió la queja (com se detalla en ¶ 413.2), la respuesta supervisora no resultara en una resolución del asunto, y el presidente o secretario del Colegio de Obispos no hubiera referido el asunto como una queja administrativa o judicial, entonces el asunto seguirá el siguiente curso:

(1) En el caso de que el obispo de una de las conferencias centrales, un panel de tres obispos, uno de cada continente, como seleccione el Concilio de Obispos, o

(2) In el caso de que un obispo de una de las conferencias jurisdiccionales, un panel de cinco obispos, de cada una de las conferencias jurisdiccionales, como los seleccione el Concilio de Obispos,

continuarán el proceso de respuesta supervisora y, dentro de un periodo de 180 días, descartarán o referirán la queja, como se requiere arriba.

(iii) El costo asociado a toda acción tomada conforme al párrafo (ii), arriba mencionado, será cubierto por el Fondo Episcopal.

(iv) El Concilio de Obispos podrá, en cualquier momento durante el proceso, después de que se archive una queja, incluso tras una resolución justa, remover la queja del Colegio de Obispos y trasladarla al Concilio de Obispos por un voto de 2/3 del Concilio.

e) Queja administrativa—Si la queja se fundamenta en alegaciones por incompetencia, ineficacia en o falta de disposición o inhabilidad para ejecutar las responsabilidades episcopales, el presidente y el secretario del colegio de obispos (o los dos miembros del colegio encargados de la queja) referirán la queja al comité del episcopado de la conferencia jurisdiccional o central[10]. El comité pudiera recomendar jubilación involuntaria (¶ 408.3), permiso por incapacidad (¶ 410.4), medidas para remediar el asunto (¶ 363.2), otra decisión apropiada o pudiera desestimar la queja. En casos fuera de lo común, cuando el comité del episcopado de la conferencia jurisdiccional o central considere el asunto como de suma seriedad, y cuando se trata de una o más de las violaciones listadas en el ¶ 2702, el Comité pudiera referir el asunto de nuevo al presidente y al secretario del Colegio de Obispos (o los dos miembros del colegio encargados de la queja) para que la queja sea referida como queja judicial al comité de investigación de la conferencia jurisdiccional o central. Se aplicarán en todo este proceso las disposiciones del ¶ 362.2 referente al proceso justo en las audiencias administrativas.

4. El comité informará las decisiones que ha tomado sobre una queja a la siguiente sesión de la conferencia jurisdiccional o central.

5. Cada jurisdicción desarrollará un protocolo para asistencia y cuidado de las personas laica, de la clerecía y otro personal que se consideré se verán afectados en el proceso de la queja.

6. *Inmunidad judicial*—Con el propósito de preservar la integridad del proceso de quejas de la Iglesia y asegurar la participación total en todo momento, el Colegio de Obispos, el equipo de supervisión, el comité jurisdiccional del episcopado, testigos, defensores, y todos otros participantes en el proceso de la queja que tenga que ver co un obispo tendrán inmunidad judicial de

---

10. Ver Decisión 784 del Concilio Judicial.

quejas dirigidas a ellos en relación a su papel en un proceso de quejas particular, a no ser que hayan cometido una ofensa imputable consciente y de mala fe. El demandante en cualquier proceso contra tal persona en relación a su papel en un proceso de quejas particular tendrá la responsabilidad de demostrar, con evidencia clara y convincente, de que tales acciones de esa persona constituyen una ofensa imputable cometida con conocimiento y en mala fe. La inmunidad descrita en esta provisión se extenderá a procedimientos de la corte civil, en la mayor medida posible que lo permita la ley civil.

Sección IV. Responsabilidades específicas de los obispos

¶ **414**. *Liderazgo espiritual y temporal*—1. Guiar y supervisar los asuntos espirituales y temporales de la Iglesia Metodista Unida, la que confiesa a Jesucristo como Señor y Salvador, y particularmente dirigir a la Iglesia en su misión de testimonio y servicio en el mundo.

2. Fortalecer la iglesia local, dando liderazgo espiritual tanto a laicos como a clérigos; y establecer relaciones con personas de las iglesias locales del área.

3. Salvaguardar, transmitir, enseñar y proclamar, congregacional e individualmente, la fe apostólica según se expresa en la Escritura y en la tradición y, siendo dirigidos y dotados por el Espíritu, interpretar esa fe en una forma evangélica y profética.

4. Viajar a todo lo largo de la conexión en calidad de Concilio de Obispos (¶ 422) para poner en ejecución la estrategia respecto a los intereses de la Iglesia.

5. Enseñar y defender las tradiciones teológicas de la Iglesia Metodista Unida.

6. Proveer vínculo y liderazgo en la búsqueda de la unidad cristiana en ministerio, misión y estructura, así como en la búsqueda del fortalecimiento de las relaciones con otras comunidades de fe viviente.

7. Organizar las misiones que hayan sido autorizadas por la Conferencia General.

8. Promover y apoyar el testimonio evangelístico de toda la Iglesia.

9. Ejecutar los demás deberes que la Disciplina pueda indicar.

10. Convocar la Orden de los Diáconos y la Orden de los Presbíteros, y trabajar con el presidente elegido de cada orden.

11. Promover, apoyar y modelar la dádiva generosa cristiana, con atención especial en las enseñanzas de los principios bíblicos del acto de dar.

¶ **415.** *Deberes presidenciales*—1. Presidir en las conferencias general, jurisdiccional, central y anual[11].

2. Proveer supervisión general para las operaciones fiscales y de programa de la(s) conferencia(s) anual(es). Esto puede incluir averiguación especial sobre el trabajo de las agencias para garantizar que se observen las políticas y los procedimientos de la conferencia anual y de la iglesia en general.

3. Garantizar que se dé un proceso justo para los clérigos y los laicos, conforme lo establece el ¶ 2701, en todos los procedimientos administrativos involuntarios y judiciales, vigilando las prácticas de los oficiales conferenciales, las juntas y los comités encargados de la ejecución de tales procedimientos[12].

4. Formar los distritos, después de consultar con los superintendentes de distrito y después de que el número de los mismos haya sido determinado por el voto de la conferencia anual[13].Se podrá asignar cualquier distrito como un distrito misional, y el superintendente del distrito, o su persona designada, será el agente a cargo de la posición misional, naturaleza y metas del distrito. Si hubiera una organización misionera en el distrito, o si fondos del distrito son otorgados por una organización de la conferencia, también se consultará con esas entidades para probar el método de organización de un distrito misional. Un distrito misional podrá ser designado cuando se den las siguientes condiciones: 1) Cuando los recursos y oportunidades de membresía sean limitados y no pueden resultar en un estado normal por un tiempo. 2) Una oportunidad estratégica demográfica, cultural o de idioma se presente para servir a una población reducida. 3)Si se espera fondos de sostenimiento a largo plazo fuera del distrito sea necesaria para la existencia del distrito. 4) El distrito se localiza geográficamente en un lugar remoto lejos de otros distritos de la conferencia anual. Cuando exista alguna de estas condiciones, el obispo, en consulta la zona de desarrollo congregacional de la conferencia anual, podrá designar cualquier distrito como un distrito misional. El distrito misional se podrá organizar de la misma manera y tener los mismos derechos y poderes que cualquier otro distrito.

---

11. Ver Decisión 395 del Concilio Judicial.
12. Ver Decisión 524 del Concilio Judicial.
13. Ver Decisión 422 del Concilio Judicial.

5. Nombrar anualmente a los superintendentes de distrito (¶¶ 417-418).

6. Consagrar obispos, ordenar presbíteros y diáconos, consagrar ministros diaconales, comisionar diaconisas, misioneros nacionales y misioneros, y velar para que los nombres de las personas comisionadas y consagradas se asienten en las actas de la conferencia, y se les extiendan las credenciales correspondientes a dichas personas. Siendo que estos servicios son acciones de toda la iglesia, los textos y rúbricas se utilizarán en la manera aprobada por la conferencia general.

7. Fijar los nombramientos de diaconisas, misioneros nacionales y misioneros y velar para que los nombres y los nombramientos se impriman en las actas de la conferencia.

¶ **416.** *Trabajo con personal ordenado, licenciado, consagrado y comisionado*—1. Hacer y fijar los nombramientos en las Conferencias Anuales, Conferencias Anuales Provisionales y Misiones, según lo indique la *Disciplina* (¶¶ 425-429).

2. Dividir o unir circuitos, estaciones y misiones, según se juzgue necesario para la estrategia misional, y luego hacer los nombramientos apropiados.

3. Anunciar los nombramientos de diaconisas, ministros diaconales, misioneros domésticos y personas laicas que están sirviendo bajo la Junta General de Ministerios Globales.

4. Establecer la membresía de la Conferencia de Cargo de todos los ministros ordenados que estén nombrados a ministerios aparte de la iglesia local, de acuerdo con el ¶ 344.

5. Transferir, a petición del obispo recipiente, miembros clericales de una conferencia anual a otra; con tal que dichos miembros estén de acuerdo con esa transferencia; y enviar inmediatamente a los secretarios de las dos conferencias afectadas, a las Juntas Conferenciales del Ministerio Ordenado, y a la oficina de liquidaciones de la Junta General de Pensión y Beneficios de Salud avisos por escrito de la transferencia de los miembros y del punto en que están en el curso de la transferencia de los miembros y del punto en que están en el curso de estudios, si todavía no son graduados[14].

6. Nombrar miembros asociados, miembros provisionales, o miembros a plena conexión para que vayan a cualquier escuela, colegio universitario, o seminario teológico listados por el Senado Universitario, o a participar en un programa de educación clínica

---

14. Ver Decisiones 114, 254, 554 del Concilio Judicial.

pastoral en un lugar acreditado por la Asociación de Educadores de Clínica Pastoral u otra agencia acreditada aprobada por la Junta General de Educación Superior y Ministerio. Tales nombramientos no deben ser considerados como nombramientos a ministerios de extensión.

7. Guardar y mantener los registros supervisores apropiados de todos los superintendentes de distrito u otros registros del personal ministerial según lo determine el obispo o lo requiera la *Disciplina* o la decisión de la conferencia anual. Cuando un superintendente de distrito ya no sea nombrado al gabinete, el obispo entregará el expediente supervisor de dicha persona al superintendente en propiedad. Los registros supervisores deberán mantenerse bajo las pautas aprobadas por el Concilio General de Finanzas y Administración. Los registros supervisores que mantenga el obispo no son los registros del personal de la conferencia anual.

Sección V. Selección, asignación y término de los superintendentes de distrito

¶ **417.** *Selección y asignación*—Por cuanto la superintendencia de distrito es una extensión de la superintendencia general, el obispo nombrará a presbíteros para servir como superintendentes de distrito. Antes de cada nombramiento, el obispo consultará con el gabinete y el comité distrital de la superintendencia del distrito al que el nuevo superintendente será asignado (¶ 426), a fin de determinar las necesidades de liderazgo de la conferencia anual y el distrito (¶ 401). En la selección de superintendentes, los obispos le darán la debida consideración a la inclusividad de la Iglesia Metodista Unida respecto a sexo, raza, origen nacional, defectos físicos y edad, excepto en las disposiciones para jubilación obligatoria.

¶ **418.** *Limitaciones en años de servicio*—El período regular de un superintendente de distrito será de seis años, aunque, a discreción del obispo en consulta con el gabinete y el comité distrital de la superintendencia, pudiera extenderse hasta el máximo de ocho años. Ningún superintendente de distrito podrá servir por más de ocho años consecutivos en un período de catorce años. Ningún presbítero podrá servir como superintendente de distrito por más de doce años. Además, se le dará consideración a la naturaleza de la superintendencia como se describe en los ¶ 4011[15].

---

15. Ver Decisiones 368, 512 del Concilio Judicial.

Sección VI. Responsabilidades específicas de los superintendentes de distrito

¶ 419. Como extensión de la oficina del obispo, el superintendente de distrito supervisará todo el ministerio de los clérigos (que incluye a los clérigos en ministerio de extensión y ministerio más allá de la iglesia local) y de las iglesias en las comunidades de su distrito en sus misiones de testimonio y servicio en el mundo: Esta supervisión requiere del superintendente que haga uso de sus dones y habilidades en el campo espiritual y liderazgo pastoral, liderazgo sobre el personal, administración y programa. El superintendente actúa como administrador de cualquier cargo pastoral en el cual haya una vacante pastoral o donde no se haya nombrado un pastor.

1. La iglesia considera, como parte del ministerio del superintendente, que el superintendente sea responsable de la estrategia misional de un distrito y que se comprometa a practicar los valores de la iglesia, entre ellos el mandato de inclusividad, modelar, enseñar y promover la dádiva generosa cristiana, cooperar para desarrollar la unidad cristiana y los ministerios ecuménicos, multiculturales, multirraciales y cooperativos; y colaborar con personas a través de la iglesia para desarrollar programas de ministerio y misión que extiendan el testimonio de Cristo en el mundo.

2. El superintendente trabajará con el obispo y el gabinete en el proceso de nominaciones y asignaciones para la clerecía ordenada y licenciada, o en la asignación del personal laico cualificado y capacitado, ministros laicos o misioneros laicos (¶ 205.4).

3. El superintendente trabajará con el comité del ministerio ordenado del distrito para desarrollar un sistema efectivo y que funcione para reclutar y examinar a los candidatos para el ministerio ordenado o licenciado, y para la supervisión continua de las personas aprobadas para la licencia (¶349).

4. El superintendente establecerá relaciones de trabajo con los comités de relaciones personal-pastor, clerecía, líderes laicos distritales, y otros líderes laicos, para desarrollar sistemas de ministerio fieles y eficaces dentro del distrito. Mediante la utilización de las conferencias del cargo (¶ 246.4-5), estudios congregacionales (¶ 213) y otras reuniones, el superintendente buscará establecer conexiones creativas y efectivas con las congregaciones locales de su distrito.

5. El superintendente será un ejemplo de liderazgo espiritual al desarrollar su vida equilibradamente y con fidelidad, y al animar al cuerpo laico y clerical a continuar creciendo en su

formación espiritual a través de la adoración personal y colectiva y las prácticas devocionales, que incluyen la participación en los sacramentos.

6. En el marco de sus responsabilidades de supervisión, los superintendentes apoyarán, cuidarán y aconsejarán a la clerecía en asuntos que afecten su ministerio. Además, los superintendentes alentarán la formación de grupos y comunidades de pacto entre el cuerpo clerical y sus familias y los laicos del distrito.

7. El superintendente buscará la forma de estar en contacto continuo con el cuerpo clerical de su distrito para su supervisión y aconsejamiento, y recibirá informes escritos o electrónicos de la educación continuada, prácticas espirituales, su tarea ministerial actual y metas de ministerios futuros de su cuerpo clerical.

8. El superintendente mantendrá los informes adecuados de todo el cuerpo clerical nombrado o asociado con los cargos del distrito (inclusive los de la clerecía en ministerios de extensión y ministerios más allá de la iglesia local), además de los informes asociados con la propiedad, donativos y otros recursos tangibles de la Iglesia Metodista Unida en su distrito.

9. El superintendente, en consulta con el obispo y gabinete, actuará para desarrollar el mejor despliegue estratégico posible de su personal clerical en su distrito, incluyendo la re-alineación de los cargos pastorales cuando sea necesario y la exploración de parroquias más extensas, parroquias cooperativas, configuración múltiple del personal, nuevas comunidades de fe, y comunidades ecuménicas compartidas.

10. El superintendente del distrito interpretará y decidirá todas las cuestiones de legislación de iglesia y disciplina que se originen en las iglesias del distrito, que podrán ser revisadas por el obispo residente de la conferencia anual.

11. El superintendente colaborará con la Junta del Ministerio Ordenado de la conferencia con la intención de proporcionar y organizar apoyo y mediación para el cuerpo clerical en tiempos de cambio en su relación con la conferencia o despido.

12. El superintendente servirá bajo la dirección del obispo, y asumirá otras responsabilidades de liderazgo que determine el obispo para la salud y eficacia del distrito y de la conferencia anual.

¶ **420.** *Licencia para renovación y estudio*—Un superintendente de distrito puede tomar hasta tres meses de licencia de sus responsabilidades normales de superintendencia con propósitos de reflexión, estudio y auto-renovación, una vez durante su tiempo de servicio como superintendente. El obispo y el gabinete, en consulta con el comité de superintendencia del distrito, coordinarán los detalles relativos a esas licencias.

Sección VII. Expresiones de superintendencia

¶ **421.** *Relación entre los obispos y los superintendentes de distrito*—Los oficios de obispo y superintendente de distrito están mutuamente vinculados como se describe en el ¶ 402. La interdependencia de los oficios hace necesario un liderazgo de estilo colegial. Sin embargo, tanto el oficio de obispo como el de superintendente de distrito están incrustados dentro de sus propios contextos.

¶ **422.** *Concilio de obispos*—1. Los obispos, aunque son electos por las Conferencias Jurisdiccionales o Centrales, son electos como superintendentes generales de toda la Iglesia. Por cuanto todos los ministros ordenados son primero electos para membresía en una conferencia anual y subsecuentemente nombrados a cargos pastorales, así los obispos, por medio de su elección, son primero miembros del Concilio de Obispos, y subsecuentemente son asignados a campos de servicio. En virtud de su elección y consagración, los obispos son miembros del Concilio de Obispos, y están vinculados en un pacto especial con todos los demás obispos. Al mantener este pacto, los obispos cumplen su liderazgo de siervos, y expresan su responsabilidad mutua. El Concilio de Obispos es una comunidad de fe de confianza e intereses mutuos, responsable por el desarrollo de la fe y el continuo bienestar de sus miembros.

2. El Concilio de Obispos es pues la expresión colegiada del liderazgo episcopal en la Iglesia y luego al mundo a través de la Iglesia. La Iglesia espera que el Concilio de Obispos hable a la iglesia, y que desde la iglesia, le hable al mundo, y que proporcione liderazgo en la búsqueda de unidad cristiana y relaciones interreligiosas.

3. Con el fin de ejercer un liderazgo significativo, el Concilio de Obispos se reunirá a intervalos determinados. El Concilio de Obispos tiene la responsabilidad de la supervisión de los asuntos espirituales y temporales de toda la Iglesia, la cual han de ejecutar en consulta regulada y cooperación con otros concilios y agencias de servicio de la Iglesia.

4. El Concilio de Obispos puede asignar a uno de sus miembros para visitar otra área episcopal o Iglesia relacionada con el

metodismo. Cuando se dé tal asignación, el obispo será reconocido como representante acreditado del Concilio de Obispos y, de así pedírselo el obispo en residencia o el presidente de tal área o Iglesia, el obispo asignado puede ejercer sus funciones episcopales.

¶ 423. *Conferencia de obispos metodistas*—Puede haber una conferencia de obispos metodistas, compuesta por todos los obispos electos por las conferencias jurisdiccionales y centrales, y un obispo o principal funcionario oficial ejecutivo de cada Iglesia Metodista Autónoma Afiliada o de cada iglesia unida, el cual se reunirá al ser convocado por el Concilio de Obispos, después de consultar con otros miembros de la conferencia de obispos metodistas. El transporte y otros gastos necesarios de los obispos de iglesias unidas o metodistas autónomas afiliadas que tengan relación con la conferencia de obispos metodistas serán pagados sobre la misma base que la de los obispos de la Iglesia Metodista Unida.

¶ 424. *Gabinete*—1. A los superintendentes de distrito, aunque son nombrados al gabinete y asignados a distritos, también se les deben dar responsabilidades que abarquen la conferencia entera. De la manera en que todos los ministros ordenados son primero electos a la membresía en una conferencia anual y subsecuentemente nombrados a cargos pastorales, así los superintendentes de distrito, mediante su selección, son primero miembros de un gabinete y subsecuentemente son asignados por el obispo a servicio en distritos.

2. El gabinete, bajo el liderazgo del obispo, es la expresión del liderazgo de la superintendencia en la conferencia anual y por medio de ella. Se espera que hable a la conferencia, y que hable de parte de la conferencia en cuanto a asuntos espirituales y temporales que existen dentro de la región abarcada por la conferencia.

3. El gabinete es de esta manera el organismo dentro del que los superintendentes de distrito son llamados a rendir cuentas sobre su trabajo y responsabilidades hacia la conferencia y el distrito.

4. Con el fin de ejercer un liderazgo significativo, el gabinete se reunirá a intervalos determinados. El gabinete tiene la responsabilidad de la supervisión de los asuntos espirituales y temporales de la conferencia, los que han de ejecutarse en consulta regulada y cooperación con otros concilios y agencias de servicio de la conferencia.

5. El gabinete ha de consultar y planificar con el Comité del Distrito y con la Junta del Ministerio Ordenado de la conferencia a fin de hacer un análisis minucioso de la necesidad de clérigos

que tiene el distrito, poniendo en ejecución esta planificación con un esfuerzo positivo y consciente para llenar esas necesidades (¶ 634.2a).

6. Cuando el gabinete considera asuntos relacionados a la coordinación, ejecución o administración del programa de la conferencia, y otros asuntos que el gabinete y el Director de Ministerios Conexionales o equivalente, puedan determinar, el director estará presente. El líder laico de la conferencia será invitado a estar presente.

7. El gabinete asumirá responsabilidad de liderazgo, haciendo averiguaciones sobre aquellos lugares en donde un ministerio ecuménico compartido pudiera ser una manera efectiva de hacer acto de presencia en la comunidad como metodistas unidos.

Sección VIII. Confección de nombramientos.

¶ 425. *Responsabilidad*—1. Los clérigos serán nombrados por el obispo, quien tiene autoridad para hacer y cambiar todos los nombramientos dentro del área episcopal que comprende la conferencia anual. Los nombramientos han de hacerse tomando en consideración los dones de los nombrados y la evidencia de la gracia de Dios en ellos, así como las necesidades, características y oportunidades de las congregaciones e instituciones, y con fidelidad a nuestro compromiso con una itinerancia abierta. La itinerancia abierta significa que los nombramientos se hacen sin tomar en cuenta la raza, el origen étnico, el género, el color, impedimentos, estado matrimonial o la edad, excepto cuando se toman en cuenta las disposiciones de jubilación obligatoria. Las conferencias anuales, en su capacitación de los comités de relaciones personal-parroquia, acentuarán la naturaleza abierta de las asignaciones y prepararán a las congregaciones para recibir los dones y la gracia de los clérigos asignados sin considerar su raza, origen étnico, sexo, color, discapacidad, estado civil o edad. El concepto de la itinerancia es importante, y se debe dar atención sensata y cuidadosa al nombramiento de clérigos con limitaciones físicas a responsabilidades y tareas que concuerden con sus dones y gracias. Es a través de la confección de nombramientos que se hace visible la naturaleza conexional del sistema metodista unido[16].

2. Se instará a que se hagan nombramientos más allá de las fronteras conferenciales como una forma de que se cree movili-

---

16.   Ver Decisión 492 del Concilio Judicial.

dad e itinerancia abierta. El Comité Jurisdiccional del Ministerio Ordenado cooperará con los obispos y gabinetes, proveyéndoles información en cuanto a la demanda y la existencia dentro de la jurisdicción.

3. La Iglesia Metodista Unida promueve y mantiene en alta estima la oportunidad de ser una iglesia inclusiva (¶ 4. Artículo IV) con la formación de itinerancia abierta (¶ 425.1).

4. Asignaciones de cruce cultural y racial se designan como respuesta creativa para incrementar la diversidad racial y cultural de la iglesia y su liderazgo. Se consideran asignaciones de cruce cultural y racial aquellos nombramientos de clerecía a congregaciones en las que la mayoría de sus constituyentes son de diferente bagaje cultural y racial/étnico de aquel del clérigo asignado. Las conferencias anuales deben preparar a las congregaciones y a la clerecía para esos nombramientos cross culturales y raciales. Cuando se producen estos nombramientos, los obispos, gabinete y juntas del ministerio ordenado proporcionarán la capacitación adecuada para la clerecía asignada y para sus congregaciones.

¶ **426.** *Consulta y confección de nombramientos*—La consulta es el proceso por medio del cual el obispo o el superintendente de distrito, o ambos, conversan con el pastor y el Comité de Relaciones Pastor-Parroquia, tomando en consideración el criterio contenido en el ¶ 427, una evaluación del desempeño, las necesidades del nombramiento bajo consideración y la misión de la iglesia. La consulta no es meramente notificación. La consulta no es una selección de comité o el llamamiento a un pastor. El papel del Comité de Relaciones Pastor-Parroquia es de asesoramiento. La consulta es tanto un proceso continuado como una participación más intensa durante el período de cambio de nombramiento[17].

1. El proceso de consulta será obligatorio en toda conferencia anual[18].

2. El Concilio de Obispos inquirirá anualmente de sus colegas acerca de la puesta en práctica del proceso de consulta, para hacer los nombramientos en sus áreas respectivas[19].

¶ **427.** *Criterios*—Los nombramientos tomarán en cuenta las necesidades singulares de un cargo, el contexto comunitario, así como los dones y evidencia de la gracia de Dios en un pastor particular. Para ayudar a los obispos, gabinetes, pastores y congrega-

---

17.　Ver Decisiones 492, 1174 del Concilio Judicial.
18.　Ver Decisión 701 del Concilio Judicial.
19.　Ver Decisión 701 del Concilio Judicial.

ciones a obtener una combinación efectiva de cargos pastorales y pastores, se deben desarrollar criterios y analizarlos en cada caso, para luego compartirlo con pastores y congregaciones.

1. *Congregaciones*—El superintendente de distrito elaborará con el pastor y el comité de relaciones pastor-parroquia de cada iglesia los bosquejos descriptivos que den a conocer las necesidades, características y oportunidades de misión de un cargo pastoral, en congruencia con la declaración de propósito de dicha iglesia. Estos bosquejos descriptivos serán revisados anualmente y puestos al día, y habrán de incluir:

a) La situación general en que se encuentra una congregación en una condición particular: tamaño, situación financiera, calidad del liderazgo laico, necesidades especiales para el ministerio pastoral e historia.

b) La actitud de convicciones de la congregación: teología; prejuicios, si los hay; vida espiritual.

c) El ministerio de la congregación entre su pueblo por el bien de la comunidad: programas de servicio, base para añadir nuevos miembros, razones por las que hay pérdida de miembros, misión a la comunidad y al mundo, formas de testimonio.

d) Las cualidades y funciones del ministerio pastoral que se necesitan para cumplir la misión, las metas y necesidades especiales de la congregación.

2. *Pastores*—El superintendente de distrito elaborará anualmente con el pastor los bosquejos de datos personales que reflejan los dones del pastor, la evidencia de la gracia de Dios en él, la experiencia profesional y expectaciones del pastor, así como las necesidades y preocupaciones de su cónyuge y de su familia. Estos bosquejos de datos serán revisados anualmente y puestos al día, cuando sea apropiado, para que incluyan:

a) Sensibilidad espiritual y personal: fe personal, llamamiento y dedicación al ministerio ordenado, trabajo por medio de la iglesia institucional, integración de la vocación con el bienestar personal y familiar, estilo de vida.

b) Historial académico y profesional: naturaleza de su actitud teológica, experiencia en la educación continuada, experiencia profesional, historial de desempeño de su trabajo.

c) Destrezas y habilidades: en administración de la iglesia, desarrollo de liderazgo, culto y liturgia, predicación y evangelismo, enseñanza y cuidado, interpretación y promoción de un sistema de ofrendas conexional, aconsejamiento y trabajo de grupo, habilidad para trabajar en cooperación, y habilidad para autoevaluación, y otras aptitudes de relación con otros.

d) Contexto comunitario: La habilidad del pastor para relacionarse en forma efectiva con la situación de la comunidad, sea esta rural, de villa, urbana, suburbana, y demás.

e) Situación familiar.

3. *Contexto comunitario*—El superintendente de distrito pudiera desarrollar un bosquejo de datos de la comunidad en relación con el pastor y el comité de relaciones pastor-parroquia. Las fuentes de información para estos bosquejos pudieran incluir: encuestas de vecindario; información del censo local, estatal y nacional; información de los comités conferenciales de desarrollo de congregaciones y comunidad; e investigaciones hechas por el Concilio General de Ministerios y otras agencias generales. Los bosquejos pudieran revisarse anualmente y ser puestos al corriente cuando sea necesario para incluir:

a) Información demográfica general y las tendencias del momento, inclusive la composición de la comunidad en cuanto a edad, sexo, raza y etnia.

b) Tendencias económicas, incluso la incidencia en la pobreza.

c) Cambios proyectados en la comunidad.

d) Otros asuntos sociológicos, económicos, políticos, históricos y ecuménicos en la comunidad circundante.

¶ **428.** *Proceso de confección de nombramientos*—Este proceso habrá de incluir[20]:

1. Un pastor, un comité de relaciones pastor-parroquia, un superintendente de distrito o un obispo puede iniciar un proceso de cambio de nombramiento.

2. El obispo y el gabinete considerarán todas las solicitudes de cambio de nombramiento, a la luz del criterio desarrollado por cada cargo pastoral y los dones, evidencia de la gracia de Dios, experiencia profesional y necesidades familiares del pastor.

3. Cuando se haya determinado un cambio de nombramiento, el superintendente de distrito habrá de reunirse con el pastor y el comité de relaciones pastor-parroquia de la iglesia que el pastor sirve, ya sea juntos o separadamente, con el propósito de compartir la base para el cambio, y el proceso que se ha usado para hacer el nuevo nombramiento.

---

20.   Ver Decisión 701 del Concilio Judicial.

4. Todos los nombramientos serán considerados por el obispo y el/los superintendente(s) de distrito; y todo el gabinete, hasta que se haga una decisión tentativa.

5. El proceso usado para hacer el nuevo nombramiento incluirá:

a) El superintendente de distrito conversará con el pastor sobre un nombramiento posible y específico (cargo) y su congruencia con los dones, evidencia de la gracia de Dios, experiencia profesional, expectaciones, y las necesidades de la familia del pastor, identificando todo esto en consulta con el pastor (¶ 427.2).

b) Si el nombramiento es para un ministerio de parroquia cooperativa, o para un cargo que es parte de un ministerio de parroquia cooperativa, habrá de incluirse en el proceso de consulta lo siguiente:

(1) Se le informará al que pudiera ser nombrado, antes de que se haga el nombramiento, de que el cargo en consideración es parte de un ministerio de parroquia cooperativa[21].

(2) Se consultará al coordinador o director del ministerio cooperativo o, si es que no hay un coordinador o director, a un representante del personal del ministerio cooperativo respecto al nombramiento perspectivo, y tendrá la oportunidad de reunirse con el que pudiera ser nombrado antes de que se haga el nombramiento[22].

(3) El que pudiera ser nombrado habrá demostrado tener destrezas en cuanto a la misión cristiana cooperativa o demostrar tener potencial para la misma, para así asegurarse de que el esfuerzo cooperativo se vea fortalecido durante el tiempo de liderazgo del que pudiera ser nombrado.

c) Si el nombramiento es a una posición que no sea de pastor encargado, deberá incluirse lo siguiente en el proceso de consulta:

(1) Antes del nombramiento, se informará al que pudiera ser nombrado que la posición en consideración es parte de un ministerio con personal múltiple, y se le entregará una descripción de funciones por escrito, aprobada por el comité de relaciones pastor-parroquia.

(2) Se consultará con el pastor encargado en cuanto a la persona que pudiera nombrarse.

---

21.   Ver Decisión 556 del Concilio Judicial.
22.   Ver Decisión 556 del Concilio Judicial.

(3) La persona que pudiera nombrarse y el pastor encargado se reunirán para discutir la descripción de funciones y expectativas mutuas.

6. El superintendente de distrito conferenciará con el Comité de Relaciones Pastor-Parroquia que ha de recibir a un nuevo pastor, acerca del liderazgo pastoral (¶ 427.1).

7. Cuando se hacen nombramientos a ministerios de menos de tiempo completo, el superintendente de distrito consultará con la persona clériga a ser nombrado y con el Comité de Relaciones Pastor-Parroquia, respecto a tiempo proporcional, salario y crédito de pensión y cobertura de beneficios.

8. Si durante este proceso de consulta el obispo y el gabinete determinan que esta decisión no debe efectuarse, se repetirá el proceso hasta que el obispo, basando su decisión en la información y consejos derivados de la consulta, haga y fije el nombramiento.

9. Un proceso similar de consulta estará a la disposición de personas que tengan nombramientos más allá de la iglesia local.

10. Cuando se hayan seguido y completado los pasos del proceso, el anuncio de la decisión se le hará a todas las partes directamente involucradas en el proceso consultivo, i.e., al gabinete que hace el nombramiento, al pastor, y al comité de relaciones pastor-parroquia, antes de hacer un anuncio público.

¶ **429.** *Frecuencia*—Aunque el obispo informará de todos los nombramientos pastorales a cada sesión regular de la conferencia anual, los nombramientos a cargos se podrán hacer en cualquier momento en que el obispo y el gabinete los juzguen aconsejables. Los nombramientos se hacen con la esperanza de que la duración de los pastorados responda a las necesidades de largo plazo de los cargos, comunidades y pastores. El obispo y el gabinete deberán trabajar hacia nombramientos de más larga tenencia en la iglesia local, para facilitar un ministerio más efectivo.

¶ **430.** *Nombramiento de diáconos a plena conexión*—Los obispos nombrarán a los diáconos en la conferencia anual en la que son miembros a plena conexión. Los nombramientos de los diáconos se harán tomando en consideración los dones y la evidencia de la gracia de Dios en el diácono, las necesidades de la comunidad, y los dones de la congregación e instituciones. El nombramiento habrá de reflejar la naturaleza del ministerio de diácono como respuesta fiel a la misión de la iglesia cuando ésta se encuentra con necesidades emergentes en el mundo (¶ 331). El mismo diácono, la agencia que procura tal servicio, el obispo o el superintendente de distrito podrá iniciar el pedido.

Sección IX. Relaciones ecuménicas

¶ **431.**1. *Relaciones de comunión plena*

a) El Concilio de Obispos tendrá la autoridad de hacer acuerdos ecuménicos provisionales con otras entidades cristianas. Sin embargo, todo acuerdo propuesto al nivel denominacional para formalizar una "comunión plena" y membresía permanente en organizaciones ecuménicas será aprobada y ratificado por la Conferencia General, antes de tomar efecto.

b) "Comunión plena" formalizada describe la relación entre dos o más iglesias cristianas que

(1) se reconocen como miembros constituyentes de la sola, santa, católica y apostólica iglesia como se expresa en las Santas Escrituras y se confiesa en los credos históricos de la iglesia;

(2) reconocen la autoridad de sus sacramentos y extienden la hospitalidad sacramental a todos sus miembros;

(3) afirman la autenticidad del ministerio cristiano de la iglesia respectiva;

(4) reconocen la validez de sus oficios ministeriales respectivos.

c) Una relación formal de "comunión plena" compromete a las iglesias a trabajar juntas como compañeras en misión hacia una unidad completa visible.

d) Se entra en una relación formal de "comunión plena" para: (1) comprometer a los participantes activamente a trabajar juntos como compañeros de misión y colaboradores en el ministerio de Cristo Jesús, y (2) como testigos visibles de la unidad cristiana al compartir el amor de Dios entre todas las personas y la Creación.

e) Una relación formal de "comunión plena" no implica que no haya diferencias o distinciones entre las iglesias; implica que estas diferencias no son causa de división.

f) Se entiende y se afirma que existen relaciones informales entre otros cristianos a todo nivel a través de la iglesia; estas relaciones se manifiestan de formas creativas y dinámicas y el cuerpo de Cristo se enriquece por la iniciativa y liderazgo que se produce a muchos niveles. Las relaciones formales de "comunión plena" que la Conferencia General inicia añaden a la unida fiel de los cristianos en las comunidades locales y a través de la Creación de Dios y produce compasión, amor y testimonio en las vidas de multitud de personas. Relaciones formales e informales entre los cristianos son una parte integral del ministerio cristiano auténtico.

g) Ningún miembro de una organización ecuménica, declaración o norma de una organización ecuménica de la cual la Iglesia Metodista Unida es parte, o acuerdo formal de "comunión plena" será establecido como una modificación, interpretación o cambio doctrinal y normas disciplinarias de la Iglesia Metodista Unida.

h) Cuando una relación de "comunión plena" ha sido aprobada por la Conferencia General, permanecerá en efecto hasta que una acción de la Conferencia General se determine para cambiarla.

2. *Enlaces ecuménicos del Concilio de Obispos*—1. En relaciones formales con otras iglesias u otros organismos eclesiales, el Concilio de Obispos será el enlace principal de la Iglesia Metodista Unida. El oficial ecuménico del Concilio de Obispos será responsable de estas relaciones.

3. La Comisión General sobre Unidad Cristiana e Intereses Interreligiosos consultará con el Concilio de Obispos para establecer las pautas de la administración del Fondo de Cooperación Interdenominacional (¶ 814).

4. El Concilio de Obispos seleccionará los representantes metodistas unidos a organizaciones ecuménicas en los siguientes párrafos de postulaciones repasadas por la Comisión General sobre Unidad Cristiana e Intereses Interreligiosos. Dichos representantes serán inclusivos en términos de género, raza y etnicidad, edad, personas con impedimentos y región. Los representantes deberán reflejar consideración de balances que la Iglesia Metodista Unida y la organización ecuménica respectiva exigen. Se deberán considerar personas nombradas a grupos de candidatos a miembros de conferencias centrales y jurisdiccionales (¶ 705.1, *b, c*).

Cuando se necesiten apoderados para sustituir a representantes metodistas unidos a una organización ecuménica específica, el oficial ecuménico del Concilio de Obispos tiene autoridad para nombrar a dichos apoderados. Se deberá dar consideración a metodistas unidos que residan en la zona de reunión de la organización ecuménica y la inclusividad de la delegación. Los nombres de los apoderados se informarán en la siguiente sesión del Concilio de Obispos.

El secretario general de la Comisión General sobre Unidad Cristiana e Intereses Interreligiosos, en consulta con el oficial ecuménico del Concilio de Obispos, nombrará los representantes y apoderados de la Iglesia Metodista Unida a varios grupos de trabajo de cualquier organización ecuménica en los párrafos siguientes.

5. No obstante las otras disposiciones de esta sección, si alguna organización ecuménica votara hacer cambios estructurales entre sesiones de la Conferencia General en los siguientes párrafos, que necesitara la elección de un nuevo grupo de delegados metodistas unidos, el Concilio de Obispos tiene autoridad para elegir dichos delegados, según se necesiten.

¶ **432.** *Sostén financiero*—El sostén financiero metodista unido a las organizaciones en los siguientes párrafos se remitirá del Fondo de Cooperación Interdenominacional, por medio del Concilio General de Finanzas y Administración, de acuerdo con el ¶ 814. Las agencias generales de la iglesia podrán hacer tales pagos a estas organizaciones ecuménicas según determinen que sea su responsabilidad y parte proporcional en los programas cooperativos. Se informarán tales pagos al Concilio General de Finanzas y Administración, y éste incluirá un informe sumario del apoyo metodista unido en su informe financiero anual a la iglesia. También, de la misma manera, se remitirá desde el Fondo de Cooperación Interdenominacional el apoyo financiero metodista unido a diálogos y conversaciones multilaterales, según lo apruebe el Concilio de Obispos.

¶ **433.** *Unidad metodista*—1. *Consejo Metodista Mundial—a)* la Iglesia Metodista Unida es miembro del Consejo Metodista Mundial, habiendo sido sus predecesoras, la Iglesia Metodista y la Iglesia de los Hermanos Evangélicos Unidos, miembros constituyentes de dicho organismo. El consejo es un canal significativo para las relaciones metodistas unidas con otras iglesias metodistas y con las iglesias metodistas autónomas, iglesias unidas afiliadas que antiguamente eran parte de la Iglesia Metodista Unida o de sus denominaciones predecesoras, y con otras iglesias de herencia wesleyana.

b) Cada iglesia metodista autónoma afiliada y cada iglesia unida afiliada que sea miembro del Concilio Metodista Mundial podrá optar por enviar delegados a la Conferencia General, como se propone en el ¶ 570.2, .3, o al Concilio Metodista Mundial (recibiendo del Fondo General de Administración el gasto de viaje y las asignaciones de viáticos para ello). Pero ninguna iglesia tal tendrá derecho a enviar delegados a costa del Fondo General de Administración al Concilio Metodista Mundial y a la Conferencia General a la vez.

2. *Comisión Pan-Metodista*—Dada la relación histórica y tradiciones compartidas de las denominaciones de la tradición wesleyana llamada metodista en América, habrá una comisión de cooperación Pan-Metodista y Unión, desarrollada conjuntamente entre la Iglesia Metodista Episcopal Africana, la Iglesia Metodista Episcopal Africana Sión, la Iglesia Metodista de la Unión Africana, la Iglesia Metodista Episcopal Cristiana, la Iglesia Episcopal Metodista de la Unión Africana y la Iglesia Metodista Unida. Los miembros de la comisión serán nueve personas de cada una de las denominaciones miembros, habiendo de nombrar cada denominación tres obispos, tres clérigos y tres personas laicas que incluyan, por lo menos, a un adulto joven. Cada denominación pagará los gastos de su delegación para participar en el trabajo de la comisión.

La comisión trabajará para definir, determinar, planificar y, en cooperación con agencias establecidas de las varias denominaciones, ejecutar actividades que faciliten la cooperación significativa entre las seis denominaciones y explorar la posible unión y asuntos relacionados. La comisión podrá desarrollar una o más coaliciones pan-metodistas para avanzar la cooperación significativa en alguna actividad o asunto particular.

La comisión podrá desarrollar una o más coaliciones pan-metodistas para avanzar la cooperación significativa en alguna actividad o asunto particular.

Cada cuadrienio, la comisión planificará y reunirá una Consulta de Obispos Metodistas. La Comisión rendirá informe a cada una de sus denominaciones miembros a través de sus Conferencias Generales. Se podrá extender la comisión para incluir otras denominaciones de tradición wesleyana llamadas metodistas en América, y la comisión establecerá pautas que permitan dicha expansión. Antes de que alguna otra denominación wesleyana o metodista americana pueda ser parte de la comisión, tendrá que contar con la aprobación de su Conferencia General o equivalente.

3. *Esforzándonos hacia la unión*—Como resultado de nuestra herencia como parte del pueblo llamado metodista, la Iglesia Metodista Unida se compromete a luchar en pro de una mayor y más estrecha relación con otras iglesias metodistas o wesleyanas dondequiera que se encuentren (¶ 6).

¶ **434.** *Relaciones de pacto o conciliares*—La Iglesia Metodista Unida lucha en pro de una mayor unidad cristiana por medio de su participación en concilios de iglesias y relaciones de pacto. La Iglesia Metodista Unida podrá establecer pactos con otras iglesias cristianas por medio de esfuerzos bilaterales o multilaterales.

1. *La Consulta sobre la Unión Eclesial (Churches Uniting in Christ)*—La Iglesia Metodista Unida es miembro de la Consulta sobre la Unión Eclesial (Iglesias que se Unen en Cristo), habiendo estado involucradas sus antecesoras iglesias, Metodista y la de los Hermanos Evangélicos Unidos, desde sus mismos principios, en todos sus comités y consultas plenarias. La Iglesia Metodista Unida está en relación de pacto con otras iglesias en la Consulta sobre la Unión Eclesial (Iglesias que se Unen en Cristo).

2. *Organizaciones nacionales y regionales—a) El Concilio Nacional de Iglesias de Cristo en los Estados Unidos de Norteamérica*—La Iglesia Metodista Unida es miembro del Concilio Nacional de Iglesia de Cristo en los Estados Unidos de Norteamérica, habiendo sido sus iglesias antecesoras miembros fundadores de tal organismo.

b) Otras organizaciones nacionales y regionales—La Comisión General sobre unidad Cristiana e Intereses Interreligiosos, en consulta con el Concilio de Obispos, estará en diálogo con los metodistas unidos en cualquier país en donde residan, y coordinará, explorará y abogará por la participación metodista unida en organizaciones ecuménicas regionales e interreligiosas, y se dirigirá al comité del Fondo de Cooperación Interdenominacional del Comité General de la Comisión General sobre Unidad Cristiana y Asuntos Interreligiosos sobre necesidades financieras para, si es aconsejable, apoyarlas.

c) La Iglesia Metodista Unida procurará obtener un status de observadora en la Asociación Nacional de Evangélicos. El Concilio de Obispos nombrará los observadores metodistas unidos a estos organismos.

3. *El Consejo Mundial de Iglesias y otras organizaciones ecuménicas internacionales—a) Consejo Mundial de Iglesias*—La Iglesia Metodista Unida es miembro del Consejo Mundial de Iglesias, sus predecesoras, las iglesias Metodista y la Evangélica de los Hermanos Unidos eran miembros de dicho cuerpo.

b) Otras Organizaciones Ecuménicas Internacionales—La Comisión General de Unidad Cristiana e Intereses Interreligiosos, en consulta con el Concilio de Obispos, estará en diálogo con metodistas unidos en cualquier país que residan y coordinarán, ex-

plorarán la participación de metodistas unidos en organizaciones ecuménicas internacionales y se dirigirán al Fondo de Cooperación Internacional para ver las posibilidades de sostenimiento de esas organizaciones.

c) La Iglesia Metodista Unida tratará de tener el status de observadora en la Fraternidad Evangélica Mundial. Los observadores ante estos organismos serán nombrados por el Concilio de Obispos.

¶ **435.** *La Sociedad Bíblica Americana*—Con el fin de alentar la más amplia circulación de las Santas Escrituras a través del mundo, y hacer provisión para su traducción, impresión y distribución, elementos esenciales para ese fin, se reconoce a la Sociedad Bíblica Americana como un medio de contacto misional de la Iglesia Metodista Unida. Entidades apropiadas de la Iglesia Metodista Unida ofrecerán obtener los medios para el sostén financiero que este programa necesita.

¶ **436.** Como describe el ¶ 431.2, "En relaciones formales con otras iglesias u otros organismos eclesiales, el Concilio de Obispos será el enlace principal de la Iglesia Metodista Unida". Además, como especifica el ¶ 403.1*e*), "La tarea del obispo es la de ser pastor de todo el rebaño". Por tanto, los obispos de la Iglesia Metodista Unida están llamados a guiar a la Iglesia en sus ministerios ecuménicos e interreligiosos.

¶ **437.** El Concilio de Obispos, siguiendo sus responsabilidades y con el propósito de profundizar y expandir los ministerios ecuménicos e interreligiosos de la Iglesia Metodista Unida, recibirá aportaciones y apoyo de la Oficina de Unidad Cristiana y Relaciones Interreligiosas.

¶ **438.** *Membresía*— Miembros de la OCUIR serán elegidos por el Concilio de Obispos de la siguiente manera:

1. La OCUIR se compondrá de dos miembros episcopales como determine el Concilio de Obispos, que incluyen al oficial ecuménico del Concilio de Obispos. Uno de los miembros episcopales saldrá de una de las conferencias centrales.

2. Una persona de cada jurisdicción, una persona de las conferencias centrales en África, una persona de las conferencias centrales en Europa y una persona de la conferencia central en Las Filipinas. El obispo, que no es el oficial ecuménico, será contado como una de estas ocho personas. Cada conferencia jurisdiccional o central nominará a dos candidatos y el Concilio de Obispos elegirá a siete miembros del grupo de los nominados.

3. Se recomienda que el Concilio de Obispos se asegure que los miembros metodistas unidos incluyan representación étnica, jóvenes, jóvenes adultos y mujeres con un mínimo de cinco laicos.

4. Dos miembros con voz y voto de los Compañeros Ecuménicos de Plena Comunión.

5. El presidente y secretario del Equipo de Liderazgo de Relaciones Ecuménicas e Interreligiosas del Concilio de Obispos, o grupo sucesor, serán miembros sin derecho a voto del Comité Directivo de la OCUIR.

¶ **439.** *Personal*—1. Habrá un oficial de personal ecuménico de la Iglesia Metodista Unida que será elegido por el Concilio de Obispos. El trabajo de la OCUIR será facilitado por el oficial de personal ecuménico quien será responsable del trabajo diario de la OCUIR. El oficial de personal ecuménico será el oficial administrativo y ejecutivo principal de la OCUIR.

2. Será seleccionado personal adicional en número y responsabilidad como lo determine el Concilio de Obispos.

3. El oficial de personal ecuménico reportará al oficial ecuménico del Concilio de Obispos. El resto del personal reportará y estará bajo la supervisión del oficial de personal ecuménico.

4. El personal de la OCUIR será posicionado en lugares que determinará el Concilio de Obispos.

¶ **440.** *Fondos*—Comenzando antes del 1 de enero, 2017, los fondos de los ministerios ecuménicos e interreligiosos de la Iglesia serán dispuestos por el Concilio de Obispos como una o más disposiciones del Fondo Episcopal y serán claramente identificados en su petición de presupuesto a la Conferencia General.

¶ **441.** *Responsabilidades y poderes*—Las responsabilidades y poderes de la OCUIR serán asignados por el Concilio de Obispos.

¶ **442.** *Plena comunión con otras iglesias*

1. Para cumplir la visión de plena comunión entre la Iglesia Metodista Unida y la Iglesia Evangélica Luterana en América, se establecerá una Comisión Unida de Plena Comunión de la IELA/IMU. La comisión servirá las siguientes funciones:

a) Coordinar la implementación de las acciones tomadas por las dos iglesias para alcanzar la comunión plena;

b) Asistir a la planificación conjunta de la misión;

c) Facilitar la consulta y la toma de decisiones conjunta por medio de canales apropiados en asuntos fundamentales que las iglesias puedan enfrentar juntas en el futuro;

d) Informar regular y apropiadamente a cada iglesia.

La membresía metodista unida de este comité será el oficial ecuménico del Concilio de Obispos, y un miembro laico o clerical de la OCUIR elegido por la OCUIR.

2. El Concilio de Obispos recibirá informes de activa asociación de la Iglesia Metodista Unida en las conferencias centrales que están en comunión plena con la Iglesias Luteranas y otras denominaciones para saber de qué formas pueden "proporcionar liderazgo para alcanzar la meta de entendimiento, reconciliación y unidad dentro de la Iglesia—la Iglesia Metodista Unida y la iglesia universal" (¶ 403. 1*e*).

Sección X. Comité de Fe y Orden

¶ **443.** Habrá un Comité de Fe y Orden relacionado y susceptible al Concilio de Obispos. Esta relación será colaborativa, y prestará atención concretamente a trabajar con las personas designadas por el Concilio de Obispos.

¶ **444.** *Propósito*—El Comité de Fe y Orden guiará a la Iglesia Metodista Unida a reflexionar, discernir y vivir los asuntos de fe, enseñanzas doctrinales, orden y disciplina en medio de la misión y ministerio de la iglesia y el mundo. El comité será una expresión visible del compromiso de la Iglesia Metodista Unida a proseguir la reflexión teológica informada para el tiempo presente en continuidad dinámica con la historia de la fe cristiana, nuestro bagaje como cristianos fundados en el testimonio apostólico, y nuestro trasfondo distintivo wesleyano. El comité tendrá responsabilidad sobre tres aspectos generales:

1. Por petición del Concilio de Obispos, apoyar y proporcionar recursos al concilio en sus responsabilidades de "salvaguardar, transmitir, enseñar y proclamar, congregacional e individualmente, la fe apostólica según se expresa en la Escritura y en la tradición y, siendo dirigidos y dotados por el Espíritu, interpretar esa fe en una forma evangélica y profética" (¶ 414.3).

2. Guiar y coordinar estudios comisionados por la Conferencia General en asuntos de la fe, doctrina, orden y disciplina de la iglesia.

3. Preparar y proporcionar recursos y materiales de estudio para la Iglesia Metodista Unida como crea apropiado.

¶ **445.** *Responsabilidades*—Las responsabilidades del Comité de Fe y Orden serán:

1. Proporcionar un lugar y contexto para la conversación continua en asuntos de fe, doctrina, orden y disciplina.

2. Recurrir a los eruditos y a la erudición en estudios bíblicos, teología bíblica, teología sistemática, teología histórica, ética cristiana, estudios wesleyanos, teología práctica, misionología y otras áreas haciendo disponible la experiencia y el conocimiento para guiar y asistir a la iglesia a enfrentarse a asuntos de fe y orden críticos para la vida, ministerio y misión de la iglesia.

3. Proporcionar investigaciones y recursos para el Concilio de Obispos bajo su petición en asuntos relacionados con la fe, doctrina, orden y disciplina.

4. Recibir y administrar mandatos de la Conferencia General para estudios en asuntos que requieran consulta significativa en cuanto a la fe y orden de la iglesia y su aplicación.

5. Traer estudios, materiales o publicaciones apropiadas al Concilio de Obispos o a la Conferencia General para su aprobación y acción.

6. Hacer provisiones para la preparación y diseminación de documentos de estudio y materiales para la Iglesia bajo petición del Concilio de Obispos, o la Conferencia General.

7. Coordinar y proporcionar para interacción y comunicación eficientes entre varios comités de estudio, comisiones y equipos cuando se manden múltiples estudios.

¶ **446** *Autoridades y poderes*— El Comité de Fe y Orden tendrá la autoridad y poder de cumplir todas las responsabilidades descritas en ¶¶ 444 y 445.

¶ **447**. *Membresía*—El Comité de Fe y Orden (CFO) se organizará cada cuadrienio y se compondrá de dieciséis personas.

1. Nominaciones al CFO las hará el Comité Ejecutivo del CFO, en consulta con la Junta General de Educación Superior y Ministerio y la Oficina de Unidad Cristiana y Relaciones Interreligiosas, y las enviará al Concilio de Obispos y a todo el Comité de Fe y Orden para su examen.

2. Cuatro obispos servirán como miembros, uno de ellos será el oficial ecuménico del Concilio de Obispos de la Iglesia Metodista Unida y y los otros tres obispos como los asigne el Concilio de Obispos. Por lo menos uno de los obispos vendrá de las conferencias centrales.

3. Los nuevos miembros del comité serán seleccionados por el Concilio de Obispos en su reunión de primavera en el año de la Conferencia General cada cuadrienio. La elección será por un periodo de ocho (8) años, y ninguno servirá como un miembro del Comité de Fe y Orden durante más de dieciséis (16) años conse-

cutivos. Las clase de membresía se establecerán de tal manera que el periodo de servicio del cincuenta por ciento de la membresía caduque cuando sus sucesores se sienten en la reunión organizacional del comité siguiendo cada Conferencia General.

4. La composición del comité, y de todos los subcomités y equipos, atenderán el estado de laico y clerecía, la diversidad étnica-racial y de género y representación regional. Deberá modelar una representación efectiva de la diversidad teológica de la Iglesia Metodista Unida. El Concilio de Obispos ejercitará la supervisión de la nominación y elección de miembros en lo relacionado a la inclusividad, diversidad y representación. La vacantes que ocurran durante cualquier cuadrienio serán cubiertas por el Comité Ejecutivo del CFO en consulta con el Concilio de Obispos.

5. El comité podrá, en consulta y colaboración del Concilio de Obispos, ejecutar cualquier estudio mandado internamente o podrá crear subcomités y equipos usando miembros dentro del comité y otros fuera del comité como lo requiera el volumen y la complejidad del estudio.

6. La membresía en cualquiera de las juntas de directores de cualquier otra agencia general, o servicio como un miembro del personal de una agencia general, no hará a la persona inelegible para servir como miembro de este comité, no obstante las disposiciones contrarias ¶¶ 710.5 y 715.6, y la limitación especificada en ¶ 710.4 en cuanto a la membresía en agencias generales no se aplicaran a ninguno como un resultado de membresía en este comité.

¶448. *Organización*—El Comité de Fe y Orden se organizará como sigue:

1. El comité elegirá de su membresía episcopal un presidente y de su membresía total otros oficiales como podría determinar.

2. Habrá un comité ejecutivo del CFO con poderes determinados por el CFO.

El comité se reunirá con propósito de organización cada cuadrienio antes del final del primer cuarto de cada año siguiendo el año en el que se reúna la Conferencia General.

4. El comité se reunirá por lo menos anualmente y en cualquier otro momento que se considere necesario. Una mayoría de los miembros del comité constituirán un *quorum*.

¶ 449. *Personal*—El personal para trabajar en el Comité de Fe y Orden será proporcionado como lo determine el Concilio de Obispos en consulta con el Comité Ejecutivo del Comité de Fe y Orden. El Concilio de Obispos podrá solicitar personal de asistencia y consulta de las agencias y otros cuerpos de la Iglesia.

¶ **450.** *Financiación*—En colaboración con el Concilio de OBispos, el Comité de Fe y Orden propondrá un presupuesto como parte del Fondo Episcopal, para ser aprobado por la Conferencia General.

Esta legislación o cualquier porción de ella aprobada por la Conferencia General será vigente tras la clausura de la Conferencia General 2016.

Capítulo cuarto

LAS CONFERENCIAS

La Iglesia Metodista Unida es una estructura conexional, mantenida por medio de su cadena de conferencias.

Sección I. La Conferencia General

¶ **501.** *Definición de poderes*—La Conferencia General tiene pleno poder legislativo sobre todos los asuntos claramente conexionales (¶ 16, División Dos, Sección II, Artículo IV, La Constitución). No tiene poder ejecutivo ni administrativo.

¶ **502.** *Composición*—1. La membresía votante de la Conferencia General consistirá de:

a) Un número igual de delegados clericales y laicos, electos por las conferencias anuales como dispone la Disciplina. Las Conferencias Misioneras y las conferencias anuales provisionales se considerarán como conferencias anuales para los propósitos de este párrafo. Se insta a las conferencias anuales a ser inclusivas (como se postula en ¶ 140) en la elección de delegados[1].

b) Los delegados de la Iglesia Metodista de la Gran Bretaña y otras Iglesias Metodistas Autónomas con las que se han establecido acuerdos de concordato, haciendo provisión para elección mutua y derecho de asiento de delegados en las conferencias legislativas de cada una de ellas (¶¶ 13.2, 13.3; 574).

2. El número de delegados al que tiene derecho una conferencia anual será computado sobre la base de dos factores: el número de miembros clericales de la conferencia anual y el número de miembros de iglesias locales que hay en la conferencia anual[2].

El término miembros clericales, como se usa en este párrafo, se referirá a miembros tanto activos como jubilados de la conferencia anual (¶ 602.1).

3. Los delegados a la Conferencia General serán electos en la sesión de la conferencia anual celebrada no más tarde de dos sesiones de la conferencia anual antes del año calendario que preceda a la sesión de la Conferencia General. Por lo menos treinta días antes del principio de ese año calendario, el secretario de la Conferencia General notificará al obispo y al secretario de cada

---

1. Ver Decisión 435, 592 del Concilio Judicial.
2. Ver Decisiones 327, 333, 1051 del Concilio Judicial.

conferencia anual sobre el número de delegados a ser electos por esa conferencia anual[3].

4. El secretario de cada conferencia anual, mediante el uso del formulario de certificado de elección suministrado por el secretario de la Conferencia General, informará al secretario de la Conferencia General los nombres, direcciones y los demás datos que se requieran sobre los delegados y suplentes que eligió la conferencia anual.

5. El secretario de la Conferencia General preparará y enviará al secretario de cada conferencia anual las credenciales que han de ser firmadas y distribuidas a los delegados y suplentes que eligió la conferencia anual.

¶ **503.** *Oficiales presidentes*—Los obispos serán los oficiales que presidan en la Conferencia General.

¶ **504.** *Elección del secretario designado*— 1. El Concilio de Obispos presentará una postulación de entre el ministerio ordenado o de la membresía laica de la Iglesia Metodista Unida para secretario designado. Se permitirán otras postulaciones de la asamblea. La elección, en caso de haber dos o tres postulados, será por votación.

2. *Toma de posesión del cargo*—El secretario designado asumirá las responsabilidades del puesto de secretario tan pronto como termine sus sesiones la Conferencia General, y todo el trabajo en relación con la sesión haya terminado, inclusive la corrección del *Daily Christian Advocate*, que sirve como acta oficial de la Conferencia General. Tras su publicación, todas las traducciones del *Daily Christian Advocate* se harán disponibles en forma de una archivo de descarga electrónica diario en la página electrónica de la denominación y de forma gratuita. La fecha exacta de la transferencia de responsabilidades al secretario designado se determinará por la Comisión sobre la Conferencia General, pero no será más tarde que el 31 de diciembre, después de haber terminado sus sesiones la Conferencia General.

3. *Deberes asignados*—El secretario, en cooperación con la Comisión sobre la Conferencia General, iniciará procedimientos para preparar a los delegados de las conferencias centrales a participar plenamente en la Conferencia General, suministrando información sobre la operación de la Conferencia General y los materiales que considerará. Hasta donde sea posible, se suministrarán

---

3.　Ver Decisión 435, 592 del Concilio Judicial.

todos los materiales en los idiomas que necesiten los delegados. Después de consultar con el Concilio de Obispos, el secretario enviará invitaciones a representantes ecuménicos.

¶ **505.** *Reglas de Orden*—El Plan de Organización y Reglas de Orden de la Conferencia General será el Plan de Organización y Reglas de Orden aprobado por la Conferencia General anterior, hasta que hayan sido alteradas o modificadas por decisión de la Conferencia General.

¶ **506.** *Quórum*—Cuando la Conferencia General esté en sesión, se requerirá la presencia de una mayoría del número total de delegados a la Conferencia General para constituir un quórum para la transacción de negocios; pero un número más pequeño puede tomar un receso o clausurar la sesión de día en día para lograr un quórum, y en la sesión final puede aprobar las actas, ordenar que se pase lista, y clausurar la sesión *sine die* (sin día fijo para volverse a reunir).

¶ **507.** *Peticiones a la Conferencia General*—Cualquier organización, miembro clerical, o miembro laico de la Iglesia Metodista Unida puede hacer una petición a la Conferencia General, de la siguiente manera:

1. La petición tendrá que enviarse al secretario de la Conferencia General o al secretario designado de peticiones. Se presentará escrita a máquina o en forma impresa, u otros medios aprobados por el secretario de la Conferencia General y seguirá un formato determinado por el secretario.

2. Cada petición debe referirse solamente a un asunto, si no afecta la Disciplina; si afecta la *Disciplina*, cada petición podrá referirse únicamente a un párrafo de la *Disciplina* excepto cuando dos o tres párrafos en la *Disciplina* estén tan estrechamente relacionados, que un cambio en uno afectará a los otros, la petición podrá pedir una enmienda a esos párrafos también para hacerlos coherentes entre sí. Las peticiones pertinentes a más de un párrafo de la *Disciplina* que no cumplan estos criterios serán consideradas inválidas. La peticiones que cumplan estos criterios (peticiones compuestas) no se separarán en sus partes.

3. Cada petición tendrá que ser firmada por la persona que la somete, acompañada de identificación apropiada, como dirección, iglesia local, o la relación con una junta o agencia metodista unida. Cada petición sometida vía facsímile o correo electrónico debe identificar a la persona que la somete, acompañada de la identificación anteriormente mencionada y contendrá un remitente electrónico válido o un número de facsímile de origen por

medio del cual se pueda localizar a la persona que somete la petición. Se aceptarán las firmas electrónicas, conforme a la práctica y uso en los negocios comerciales.

4. Todas las peticiones que se someten a la Conferencia General, excepto las enviadas por miembros individuales de la Iglesia Metodista Unida y grupos de la iglesia local, que piden el establecimiento de nuevos programas o la expansión de los programas ya existentes, serán inválidas a menos que vayan acompañadas por información de respaldo que trate directamente sobre los requisitos financieros que se esperan del programa.

5. Las peticiones tendrán que estar marcadas por el matasellos de un servicio postal nacional a más tardar 230 días antes de la sesión de apertura de la Conferencia General.

6. Si se transmiten las peticiones por un medio diferente al servicio postal nacional, tendrán que estar en manos del secretario de peticiones, a más tardar, 230 días antes de la sesión de apertura de la Conferencia General.

Se concederán excepciones a las limitaciones de tiempo a favor de peticiones originadas en una sesión de la conferencia anual efectuada entre los 230 y 45 días anteriores a la sesión de apertura de la Conferencia General; y para otras peticiones será a discreción del Comité de Referencias.

7. Las peticiones adoptadas y debidamente sometidas por las conferencias anuales, Jurisdiccionales y Centrales, la División de Ministerios con Jóvenes, o agencias generales o concilios de la iglesia, y peticiones propiamente sometidas por miembros individuales (clérigos o laicos) de la Iglesia Metodista Unida y grupos de iglesias locales se imprimirán en la edición avanzada del *Daily Christian Advocate* con tal que hayan sido recibidas por el secretario de peticiones o el secretario de la Conferencia General no más tarde de 230 días antes de la apertura de la Conferencia General.

8. Las peticiones o resoluciones que no estén impresas en la edición avanzada del *Daily Christian Advocate* se imprimirán o copiarán y se suministrarán a todos los delegados. Cuando el contenido de las peticiones sea esencialmente el mismo, la petición se imprimirá una vez, con la mención del primer autor y el número de copias recibidas impresas. Tras su publicación, todas las traducciones del *Daily Christian Advocate* se harán disponibles en forma de una archivo de descarga electrónica diario en la página electrónica de la denominación y de forma gratuita.

9. El secretario de la Conferencia General, a través de la sesión de la Conferencia General, hará los arreglos para el acceso electrónico a todas las peticiones, incluso las decisiones de la Conferencia General y el impacto que resulte sobre la *Disciplina* de la Iglesia Metodista Unida. Este acceso estará vigente hasta la publicación de la nueva edición de la *Disciplina* de la Iglesia Metodista Unida. La ejecución será de acuerdo a las pautas establecidas por el Comité Sobre el Plan de Organización y Reglas de Orden.

10. Todas las peticiones que han sido aprobadas por el comité legislativo recibirán un voto de la sesión plenaria en la Conferencia General de ese año.

11. Todas las peticiones sometidas a la Conferencia General recibirán un voto de un comité legislativo.

¶ **508.** *Fecha efectiva de la legislación*—Toda legislación de la Conferencia General de la Iglesia Metodista Unida será efectiva el 1o de enero siguiente a la sesión de la Conferencia General en que se acuerde, a menos que se especifique de manera diferente (¶ 543.19).

¶ **509.** *Hablar a nombre de la iglesia*—1. Ninguna persona, ni documento, ni organización, tiene autoridad para hablar oficialmente a nombre de la Iglesia Metodista Unida, ya que este derecho está reservado exclusivamente a la Conferencia General, según la Constitución. Cualquier declaración pública por escrito sobre un asunto determinado, que una agencia general de la iglesia emita, tendrá que identificar claramente al principio o al fin que dicha declaración representa la posición de esa agencia general y no necesariamente la posición de la Iglesia Metodista Unida (¶ 718)[4].

2. Cualquier miembro individual que sea llamado a testificar ante un cuerpo legislativo para representar a la Iglesia Metodista Unida, sólo podrá hacerlo leyendo, sin elaboración, las resoluciones y posiciones adoptadas por la Conferencia General de la Iglesia Metodista Unida.

¶ **510.** *Deberes del secretario*—El secretario de la Conferencia General será responsable de las actas permanentes de la Conferencia General, las que incluirán: 1. Correcciones al *Daily Christian Advocate*. El editor entonces archivará con la Comisión de Archivos e Historia dos copias encuadernadas del *Daily Christian Advocate* y las correcciones como el acta oficial de la Conferencia Gene-

---

4.   Ver Decisión 458 del Concilio Judicial.

ral. La Casa Metodista Unida de Publicaciones tendrá disponible al costo copias encuadernadas de esta acta.

2. Un Libro de Resoluciones (*Book of Resolutions*) que será editado por la Casa Metodista Unida de Publicaciones. El libro contendrá todas las resoluciones válidas de la Conferencia General. El prefacio del Libro de Resoluciones incluirá las pautas para escribir resoluciones.

a) Todas las resoluciones válidas de la Conferencias General de la Iglesia Metodista Unida se publicarán en cada edición del *Libro de Resoluciones*. Habrá un índice completo de asuntos y un índice de los pasajes de las Escrituras sobre todas las resoluciones válidas de la Conferencia General de la Iglesia Metodista Unida en cada edición del *Libro de Resoluciones*. Se considerarán las resoluciones como expresiones oficiales de la Iglesia Metodista Unida durante los ocho años siguientes a su adopción, después de cuyo tiempo se considerará que han caducado, a no ser que se vuelvan a adoptar. Las que han caducado no se volverán a imprimir en ediciones subsiguientes del *Libro de Resoluciones*. El *Libro de Resoluciones* estará disponible en la página electrónica oficial de la Iglesia Metodista Unida.

b) Las juntas y agencias de programa revisarán todas las resoluciones válidas, y recomendarán a la Conferencia General la remoción del material pasado de actualidad.

c) Para que las resoluciones formen parte oficial del *Libro de Resoluciones* tendrán que recibir un 60 por ciento del voto positivo en la Conferencia General.

3. La Edición Avanzada del *Daily Christian Advocate* y el *Daily Christian Advocate*.

4. Todos los documentos originales de la Conferencia General se archivarán en la Comisión General de Archivos e Historia.

¶ **511.** *Comisión de la Conferencia General*—Se nombrará una Comisión de la Conferencia General, a la cual nos referiremos como la comisión.

1. *Membresía*—*a)* Los miembros con capacidad de voto de la comisión se elegirán cada cuadrienio por la Conferencia General, y esta comisión constará de veinticinco miembros: dos personas de cada jurisdicción estadounidense, una persona de cada una de las siete conferencias centrales, un adulto joven, un joven, el presidente del comité anfitrión y diez personas adicionales. Las personas adicionales serán asignadas en proporción a la membresía

jurisdiccional basada en la combinación de la clerecía y membresía laica de la iglesia.

b) Los miembros los nominarán de los delegados electos de la Conferencia General el Concilio de Obispos antes de la Conferencia General por un período de ocho años. Otras personas que cumplan con los requisitos podrán ser nominadas desde la propia Conferencia General. La comisión deberá reflejar un equilibrio de clérigos (hombres y mujeres) y miembros laicos (hombres y mujeres) y el carácter diverso de la Iglesia Metodista Unida. Aproximadamente la mitad de la comisión será elegida por la Conferencia General cada cuadrienio.

c) Si quedan vacantes, el Concilio de Obispos escogerá geográficamente los sucesores apropiados para servir hasta la próxima sesión de la Conferencia General donde la Conferencia General nombrará personas que ocuparán esos cargos el resto del período.

d) El Secretario de la Conferencia General, el Tesorero del Concilio General de Finanzas y Administración, el Director Administrativo de la Conferencia General y un obispo nombrado por el Concilio de Obispos tendrán derecho de asistencia sin prerrogativa de voto. El Director Administrativo de la Conferencia General será el director administrativo de la comisión.

2. *Oficiales*—Los oficiales de la comisión serán un presidente, un vicepresidente y un secretario, todos electos por la comisión en la reunión organizativa cuadrienal. Estarán en servicio hasta el término de la próxima sesión cuadrienal de la Conferencia General después de su elección y hasta que sus sucesores son debidamente elegidos y habilitados.

3. *Comités*—*a) Comité ejecutivo*—La comisión tendrá un comité ejecutivo que consistirá de los oficiales de la comisión, el presidente del comité anfitrión, el obispo que sirve en la comisión, el Secretario General de la Conferencia, el Director Administrativo de la Conferencia General y el presidente y secretario del Comité del Plan de Organización y Reglas de Orden.

b) Comité del Plan de Organización y Reglas de Orden— La comisión organizará un Comité del Plan de Organización y Reglas de Orden dentro de su membresía. La comisión determinará la composición de este comité. El comité se organizará en la reunión inicial de la comisión después de la Conferencia General. El comité elegirá su propio presidente y secretario, quienes servirán en el comité ejecutivo de la comisión. El comité estudiará y considerará cualquier enmienda que se proponga en el Plan de Organización y Reglas de Orden y hará los cambios y adaptaciones pertinentes que se presentarán a toda la Comisión de la Conferencia General para su aprobación y se entregarán a la Conferencia General. Cualquier otro asunto en relación al orden y procedimiento en relación con la Conferencia General puede remitirse a este comité.

4. *Responsabilidades*—*a)* La comisión seleccionará el lugar y las fechas de la Conferencia General hasta un cuadrienio por delante enviará una notificación oficial a todos los delegados electos anunciando concretamente el día y hora de apertura de la Conferencia General y cuándo se anticipa que concluirá.

b) La comisión planeará el horario de actividades para la inauguración de la Conferencia e informará a los delegados de esos eventos y del orden del día, fechas y horas de lo predeterminado para la inauguración de la Conferencial General, con el propósito de que los delegados tengan una idea general del programa de la Conferencia General.

c) La comisión, en cooperación con la Casa Metodista Unida de Publicaciones, hará los preparativos necesarios para la publicación de la Edición Avanzada del *Daily Christian Advocate* y los informes cuadrienales del Concilio General de Ministerios y las agencias generales de la iglesia en inglés, francés, portugués y kiswajili (estándar), y todos los delegados dispondrán de acceso con tiempo (período de 90 días) y conveniente a la traducción más apropiada lingüísticamente de estos documentos. La comisión hará también arreglos para los horarios diarios, listas de petición, información de las nominaciones, y otra información de alta importancia publicada en la versión en inglés del Daily Christian Advocate para hacerla accesible en cada uno de estos idiomas de una manera oportuna y conveniente.

d) La comisión tomará las medidas necesarias para asegurar la participación plena de todos los delegados de la Conferencia General e incluirá, pero no se limitará a esto, adaptación a los desafíos físicos y de idioma de los delegados, y acceso a la utilización de servicios de guardería en lugares aprobados y con certificación durante la sesión en el lugar de la Conferencia General o en un lugar cercano a éste para los hijos e hijas de los delegados de la Conferencia General.

e) La comisión hará recomendación a la Conferencia General del subsidio previsto de gastos de alojamiento y comidas que se pagará al los delegados electos.

f) La comisión determinará el número de comités legislativos y la asignación de los materiales legislativos a esos comités en consulta con el Secretario de la Conferencia General y el Director Administrativo de la Conferencia General.

5. El secretario de la Conferencia General calculará el número de delegados que deberán elegirse en cada conferencia anual, de acuerdo con lo especificado en el ¶ 502.1, 2, usando las figuras reportadas más recientes de clerecía y miembros laicos profesantes por la conferencia anual al Concilio General de Finanzas y Administración en los diarios de las conferencias, de la siguiente manera:

a) Un delegado clerical por los primeros 375 miembros clericales de la conferencia anual y un delgado clerical por cada 375 miembros clericales adicionales o fracción mayor en su lugar[5], y

b) Un delegado clerical por los primeros 26.000 miembros de las iglesias locales de la conferencia anual y un delegado clerical por cada 26.000 miembros de las iglesias locales adicionales o mayor fracción en su lugar, y

c) Un número de delegados laicos igual al total de delegados clericales autorizados como se expresa anteriormente.

d) Cada conferencia anual tendrá derecho a por lo menos un delegado clerical y otro laico.

e) Esta fórmula está designada para cumplir con la Constitución, División Segunda, Sección II, Artículo I (¶ 13), en el cual se define el número de delegados mínimo y máximo para la Conferencia General. Si el cómputo provisto en este párrafo resultara en un número inferior al mínimo prescrito o por encima del máximo prescrito de delegados, la Comisión de la Conferencia General tendrá autoridad para remediar la situación y ajustar por debajo o por arriba el número de miembros clericales y miembros de las iglesias locales de la conferencia anual que sean necesarios para otorgar derecho a una conferencia anual a elegir delegados, cualquier ajuste será proporcionalmente el mismo para los dos factores[6].

Sección II. La conferencia jurisdiccional

¶ **512.** *Comité Interjurisdiccional del Episcopado*—1. Habrá un Comité Interjurisdiccional Sobre el Episcopado, electo por la

---

5. Ver Decisiones 327, 558 del Concilio Judicial.
6. Ver Decisiones 687, 1274 del Concilio Judicial.

Conferencia General, compuesto por las personas postuladas por las delegaciones de sus conferencias anuales para servir en los diversos comités jurisdiccionales sobre el episcopado[7]. El comité se reunirá a más tardar el quinto día de la sesión de la conferencia y a la hora y el lugar señalados para su convocación por el presidente del Concilio de Obispos, y de entre sus miembros elegirá a un presidente, un vicepresidente y un secretario. La función de este comité conjunto será discutir la posibilidad de transferencias de obispos a través de las fronteras jurisdiccionales durante las conferencias jurisdiccionales que están a punto de celebrarse, para responsabilidades residenciales y presidenciales en el cuadrienio entrante; y para revisar sobre la base de necesidades misionales, una solicitud de una jurisdicción, que por el número de sus miembros, según lo dispone el ¶ 404, experimentaría una reducción en el número de sus obispos, y recomiende el número de obispos a los cuales tenga derecho dicha jurisdicción a la Conferencia General. Esta provisión en cuanto a las necesidades misionales es habilitadora, y no refrena el poder de la Conferencia General para actuar en ausencia de una recomendación de parte del comité.

Elegirá a un comité ejecutivo, que consistirá en los oficiales arriba mencionados, más dos clérigos y dos personas laicas de entre los postulados a cada comité jurisdiccional, electos por ese comité para efectuar consultas con los obispos y otros que estén interesados en posibles transferencias episcopales. Una de las personas elegidas de cada jurisdicción será el presidente, o persona designada por el presidente, del comité jurisdiccional. El comité ejecutivo se reunirá a petición del presidente, y tendrá poder plenario de todo el comité entre las sesiones plenas del comité. Será responsable ante el comité interjurisdiccional, y en cumplimiento de esa responsabilidad y en el interés de la continuidad del trabajo del comité, el presidente saliente, o la persona designada por el presidente, presentará un informe ante el nuevo comité representando el trabajo realizado en el previo cuadrienio y las recomendaciones para el trabajo del siguiente cuadrienio.

La Oficina de Servicios Episcopales del Concilio General de Finanzas y Administración mantendrá un registro de las acciones del comité.

2. Un obispo puede ser transferido a través de fronteras jurisdiccionales, solamente cuando dicho obispo haya consentido a

---

7.   Ver Decisión 472 del Concilio Judicial.

esa transferencia, y haya servido por lo menos un cuadrienio por asignación de la jurisdicción en la que el obispo fue electo. Tal transferencia quedará concluida cuando el comité sobre el episcopado de cada jurisdicción comprendida haya aprobado la transferencia por una mayoría de votos de los presentes y votantes, en la medida que la(s) transferencia(s) afecte(n) a aquellas jurisdicciones (¶ 49 artículo V)[8].

3. El Comité Interjurisdiccional del Episcopado será reconocido como el cuerpo oficial por medio del cual se coordinarán los traslados de obispos de una jurisdicción a otra. Si un obispo solicita traslado, el obispo tiene la opción de identificar la jurisdicción que lo ha de recibir. Una jurisdicción puede pedir que un obispo específico sea trasladado, o puede indicar la disponibilidad de recibir a un obispo que se traslade de otra jurisdicción. Una solicitud de traslado de parte de un obispo o de un Comité Jurisdiccional del Episcopado estará en manos del Comité Interjurisdiccional del Episcopado para el lo de abril del año que precede las conferencias jurisdiccionales. El Comité Interjurisdiccional del Episcopado hará arreglos para consultas entre obispo(s) que solicitan traslado y el/los comité(s) jurisdiccional(es) del episcopado apropiados para el lo. de enero del año en que se celebren la(s) conferencia(s) jurisdiccional(es). Una vez que el/los comité(s) jurisdiccional(es) del episcopado hayan tomado acción, los secretarios de las conferencias jurisdiccionales informarán al Comité Interjurisdiccional del Episcopado no más tarde del lo de agosto, posterior a las conferencias jurisdiccionales[9].

4. El Comité Interjurisdiccional del Episcopado informará a cada Conferencia General la decisión tomada durante el cuadrienio anterior.

¶ **513.** *Estado de igualdad*—Todas las conferencias jurisdiccionales tendrán la misma posición relativa y los mismos privilegios de acción, dentro de los límites fijados por la Constitución.

¶ **514.** *Membresía*—La membresía de cada conferencia jurisdiccional consistirá de un número igual de delegados clericales y laicos, electos por las conferencias anuales de acuerdo con las disposiciones de la Disciplina. Se dará consideración a la elección de una delegación inclusiva (¶¶ 124, 140). El número de delega-

---

8. Ver Decisión 745 del Concilio Judicial.
9. Ver Decisión 745 del Concilio Judicial.

dos al que una conferencia anual tiene derecho será doble del número de sus delegados a la Conferencia General.

¶ **515.** *Elección de delegados*—Los delegados clericales y laicos, y los suplentes a las conferencias jurisdiccionales serán electos por balota, de acuerdo a las disposiciones de la Constitución[10].

¶ **516.** *Deliberaciones*—Los clérigos y los delegados laicos deliberarán como un solo cuerpo.

¶ **517.** *Fecha de convocación*—Cada conferencia jurisdiccional se reunirá dentro del período prescrito por la Constitución, a la hora y en el lugar que hayan sido determinados por la conferencia jurisdiccional anterior o por su comité apropiadamente constituido.

¶ **518.** *Reglas de Orden*—La conferencia jurisdiccional adoptará su propia forma de proceder, reglas y plan de organización. Será necesaria una mayoría del número total de delegados electos para tener un quórum para la transacción de negocios; sin embargo, un número más pequeño puede tomar un receso o clausurar la sesión día a día, y en la sesión final puede aprobar las actas diarias, ordenar el pase de lista, y levantar la sesión *sine die* (sin fijar fecha para reunirse de nuevo).

¶ **519.** *Gastos*—La conferencia jurisdiccional hará provisión para los gastos de sus sesiones.

¶ **520.** Las conferencias jurisdiccionales hará provisión de las cuentas del tesorero jurisdiccional del año fiscal precedente para que sean repasadas por un contable público certificado dentro de un período de 150 días después de la clausura del año fiscal de la conferencia y hará provisión de un informe que se distribuirá a cada obispo que preside y a los tesoreros de la conferencia y en la jurisdicción.

¶ **521.** *Sesión extraordinaria*—1. La conferencia jurisdiccional puede ordenar que se celebre una sesión extraordinaria de la manera que lo determine.

2. El Colegio de Obispos de una jurisdicción, por el voto de sus dos terceras partes, tendrá autoridad para convocar una sesión de la conferencia jurisdiccional cuando sea necesario; con tal que, sin embargo, si un área episcopal queda vacante a causa de muerte, jubilación u otra causa dentro de los veinticuatro meses siguientes a la apropiación episcopal de la supervisión presidencial de ese área, el Colegio de Obispos puede, por mayoría de votos, convocar dentro de tres meses, a una sesión extraordinaria de la

---

10. Ver Decisión 592 del Concilio Judicial.

conferencia jurisdiccional después de dar aviso por lo menos con treinta días de anticipación, con el propósito de elegir y consagrar a un obispo y de considerar cualquier otro asunto especificado en la convocatoria; con tal que, además, en tal caso, el comité jurisdiccional sobre el Episcopado actual pueda recomendar a la conferencia la re-asignación de uno o más de los obispos electos previamente.

3. Los delegados a una sesión especial de la conferencia jurisdiccional serán los delegados anteriormente electos por cada conferencia anual.

4. Una sesión extraordinaria de la conferencia jurisdiccional no puede tratar otro negocio que no sea el indicado en la convocatoria.

¶ **522.** *Obispos presidentes*—La conferencia jurisdiccional será presidida por los obispos de la jurisdicción, o por un obispo de otra jurisdicción o de una conferencia central. En caso de que no esté presente ningún obispo de la jurisdicción, la conferencia puede elegir a un presidente de entre los delegados clericales.

¶ **523.** *Responsabilidad*—Los obispos electos por una conferencia jurisdiccional o que estén administrando en ella, habrán de responder por su conducta ante su conferencia jurisdiccional. Cualquier obispo tendrá el derecho de apelación ante el Concilio Judicial.

¶ **524.** *Comité jurisdiccional del episcopado*—1. Habrá un comité jurisdiccional del episcopado, que consistirá de un delegado clerical y un delegado laico ante la conferencia jurisdiccional, procedentes de cada conferencia anual y electos por la conferencia jurisdiccional por postulación de las respectivas delegaciones de su conferencia anual.

El presidente del Colegio de Obispos convocará al comité al final de la conferencia jurisdiccional a la que los delegados han sido electos. Servirá hasta la conclusión de la siguiente conferencia jurisdiccional.

El comité elegirá de entre sus miembros a un presidente, un vicepresidente y un secretario. Se reunirá por lo menos una vez al año.

Si hubiere una vacante en la representación electa de una conferencia anual al Comité Jurisdiccional del Episcopado, por muerte, renuncia, elección al episcopado, cese de membresía en la conferencia anual de la cual fue electo, o por otras razones que la delegación de la conferencia anual pueda determinar, la delegación de la conferencia anual postulará otra persona para llenar la vacante. Esa persona puede comenzar a servir en el comité como postulado hasta que la conferencia jurisdiccional pueda celebrar una elección.

2. La conferencia jurisdiccional proporcionará los fondos para los gastos del Comité Jurisdiccional sobre el Episcopado.

3. El Comité Jurisdiccional sobre el Episcopado:

a) Revisará y evaluará anualmente el trabajo de los obispos, aprobará el carácter y la administración oficial de éstos, y le informará a la conferencia jurisdiccional de tales evaluaciones y otros resultados de sus investigaciones, para que la conferencia pueda tomar la decisión que juzgue apropiada dentro de su poderes constitucionales. La evaluación incluirá las áreas de responsabilidad que se disponen en ¶ 414, ¶ 415 y ¶ 416, además del liderazgo del obispo en la promoción y apoyo de los pagos en pleno de las distribuciones. El comité podrá también, en su sola discreción, enviar su informe al presidente del Colegio de Obispos, quien entonces compartirá el informe con el Concilio de Obispos en sesión ejecutiva.

b) Recomendará las fronteras de las áreas episcopales y las asignaciones de los obispos[11].

c) Estará a la disposición del Concilio y Colegio de Obispos para consulta en asuntos de interés mutuo.

d) Determinará el número de obispos activos que puedan ser asignados.

e) Recibirá peticiones de posible jubilación voluntaria o involuntaria de los obispos; sin embargo, como se establece en el ¶ 408.3.a), el comité podrá iniciar por iniciativa propia el proceso de jubilación involuntaria cuando considere que beneficie a la iglesia de la mejor manera posible.

f) Iniciará o recibirá, y actuará en ella, una petición de trasferencia de uno o más de los miembros del Colegio de Obispos de su jurisdicción al Colegio de Obispos de otra jurisdicción o tras recibir petición de trasferencia de un miembros del Colegio de Obispos de otra jurisdicción al Colegio de Obispos de su jurisdicción. Como se determina en el ¶ 512.2, no se completará ninguna trasferencia sin el voto afirmativo de una mayoría de los miembros del comité presente y votante.

---

11.   Ver Decisión 517 del Concilio Judicial.

g) Consultará con los Comités sobre el Episcopado de las conferencias respecto a las necesidades de liderazgo episcopal y la mejor manera en que pueden satisfacerse.

h) Establecerá un proceso de consulta con cada obispo respecto a su asignación episcopal.

i) Preparará un informe de sus decisiones, actividades y recomendaciones para que sean transmitidas a su comité sucesor a través de la oficina del secretario de la conferencia jurisdiccional. El informe se pondrá a la disposición de los delegados de la conferencia jurisdiccional antes de que ésta sesione.

¶ **525.** *Poderes y deberes de la conferencia jurisdiccional*—La conferencia jurisdiccional tendrá poderes y deberes, tal como se describen en la Constitución. También tendrá los poderes y deberes adicionales que pueda concederle la Conferencia General, y en el ejercicio de ellos actuará en todo respecto en armonía con la política de la Iglesia Metodista Unida en cuanto a la eliminación de discriminación basada en la raza.

¶ **526.** *Definición de los miembros*—En todas las elecciones que se lleven a cabo en una conferencia jurisdiccional y que se basen en el número de los miembros de las iglesias que estén dentro de esa jurisdicción, el número que se cuente incluirá a los miembros laicos, los miembros clericales y los obispos asignados a esa jurisdicción.

¶ **527.** *Actas de la conferencia anual*—La conferencia jurisdiccional tendrá autoridad para examinar y reconocer las actas de las conferencias anuales que estén dentro de sus fronteras, y emitirá las reglas que estime necesarias para la preparación de las actas.

¶ **528.** *Actas de la conferencia jurisdiccional*—La conferencia jurisdiccional mantendrá un libro oficial de actas en el que estén asentados sus procedimientos, debidamente firmado por el secretario y el presidente, o el secretario del Colegio de Obispos, el cual será depositado de acuerdo con el ¶ 1711.3*j*, *k* y con el secretario de la Conferencia General. La impresión será costeada por la jurisdicción.

AGENCIAS JURISDICCIONALES

¶ **529.** *Agencias*—La conferencia jurisdiccional tendrá la autoridad de nombrar o de elegir a las agencias que la Conferencia General pueda indicar, o como estime necesario, para su trabajo. En la medida en que sea posible, la membresía de los concilios, juntas y agencias de la conferencia jurisdiccional constarán de una tercera parte de clérigos, una tercera parte de mujeres laicas, y una tercera parte de hombres laicos, de acuerdo con la política a seguir para las agencias generales, excepto en la Junta del Ministerio Ordenado y el Comité Jurisdiccional sobre el Episcopado. Se le dará especial atención a la inclusión de mujeres clérigas, jóvenes, adultos jóvenes, adultos de edad avanzada, adultos solteros, personas con impedimentos, personas de iglesias de membresía pequeña, y personas de minorías étnicas y raciales. (¶ 710.9 *a-c.*). Cada junta, comité existente, comisión, consejo y área de trabajo de la jurisdicción designará a uno de sus miembros como su coordinador en los ministerios de testimonio. Estas personas asistirán a las agencias en las que tienen membresía a emprender ministerios de testimonio y, específicamente, a preguntarse ¿Cómo estamos intencionalmente alcanzando nuevas personas para Jesucristo a través de nuestros ministerios?" y "¿De qué maneras estamos ayudando a estas nuevas personas a crecer y madurar como discípulos de Cristo a través de nuestros ministerios y áreas de responsabilidad?

¶ **530.** *Coordinación de programas*—En cada jurisdicción de la Iglesia Metodista Unida puede haber un concilio jurisdiccional de ministerios, o un concilio administrativo jurisdiccional, o estructura alterna, organizados como lo determine la jurisdicción y con autoridad para coordinar los programas de las agencias generales dentro de la jurisdicción.

¶ **531.** *Agencias de programa*—En cada jurisdicción puede haber agencias jurisdiccionales de programa, relacionadas con las agencias generales de programa y a las agencias apropiadas de programa de la conferencia anual, organizadas según lo determine la conferencia jurisdiccional.

¶ **532.** *Archivos e historia*—1. Habrá una comisión jurisdiccional de archivos e historia, auxiliar de la comisión general, que ha de estar compuesta por el presidente de la Comisión de Archivos e Historia de cada conferencia anual, o por el historiador de cada conferencia anual, el presidente de la Sociedad Histórica Jurisdiccional, y por lo menos cinco miembros vocales que han de ser electos por la comisión jurisdiccional; o estar compuesta de una manera que la conferencia jurisdiccional determine.

2. La comisión jurisdiccional puede organizar y promover una Sociedad Histórica Jurisdiccional.

¶ **533.** *Ministerio juvenil jurisdiccional*—1. Las jurisdicciones involucrarán a los jóvenes, jóvenes adultos y adultos que trabajan con ellos en una relación creativa en:

a) La red de jóvenes, jóvenes adultos y ministerios juveniles a través de la región,

b) Apoyar ministerios juveniles en las conferencias anuales, y

c) Proveer un proceso por el cual se elijan representantes y enviarlos a la Convocación Global Juvenil y a la División de Ministerios Juveniles.

2. Se anima a las jurisdicciones a organizar sus ministerios juveniles de una manera creativa que funciones mejor en sus contextos. El coordinador de ministerios juveniles jurisdiccionales ayudará a diseñar, mantener y evaluar cualquier proceso para cumplir este trabajo.

En cualquier proceso o grupo coordinador de Ministerios Juveniles Jurisdiccionales, se recomienda la siguiente representación:

a) Participantes de cada conferencia en la jurisdicción

b) Representación étnico-racial que represente el carácter demográfico de la jurisdicción

c) Participantes que traen perspectivas teológicas y culturales variadas

d) Jóvenes y jóvenes adultos que podrían o no estar sirviendo en el Concilio Conferencial de Ministerio con Jóvenes y Jóvenes Adultos

e) Asistentes adultos que pudieran o no ser personal de los jóvenes y jóvenes adultos de la conferencia o designación similar.

3. Habrá un coordinador jurisdiccional de ministerio de la juventud, que rendirá cuentas e informes al concilio de ministerios jurisdiccional, o estructura equivalente y al equipo coordinador de ministerios de la juventud. Este coordinador puede o no ser la misma persona que sea representante adulto ante la División de Ministerios con Jóvenes de la Junta General de Discipulado.

4. *Responsabilidad de escoger representantes para la División de Ministerios con Jóvenes*—Utilizando un proceso apropiado para cada contexto jurisdiccional, el Ministerio Juvenil Jurisdiccional deberá:

a) Escoger un miembro joven para servir en la División de Ministerios con Jóvenes de la Junta General de Discipulado, para un período de cuatro años.

b) Los jóvenes elegidos para la División de Ministerios con Jóvenes tendrán dieciséis años o menos cuando sean nombrados.

c) Las postulaciones procederán de los concilios de ministerio de la juventud de la conferencia anual, o estructura equivalente, iglesias locales, distritos, coordinadores juveniles de la conferencia u otro clérigo o laico interesado.

d) Los Ministerios Juveniles Jurisdiccionales deberán asegurarse de que el representante joven o el adulto joven (elegidos en la elección jurisdiccional) pertenezca a una minoría racial/étnica.

e) En tanto que sea posible, los miembros de la División de Ministerios Juveniles de cada jurisdicción serán de dos conferencias anuales diferentes dentro de esa jurisdicción.

5. *Responsabilidad de escoger representantes para atender la Convocatoria Global de Jóvenes*—En el año anterior a la Convocatoria Global de Jóvenes, Ministerios Juveniles Jurisdiccionales elegirá a cinco jóvenes y un adulto para servir como delegados votantes a la Convocatoria Global de Jóvenes.

6. Otras responsabilidades sugeridas para los Ministerios Juveniles Jurisdiccionales son:

a) Iniciar y respaldar acontecimientos jurisdiccionales (campamentos, conferencias, talleres, y demás).

b) Recomendarle a la División de Ministerios con Jóvenes, prioridades, intereses y políticas a seguir.

c) Promover el establecimiento y el conocimiento de las necesidades, intereses, asuntos, etc., que tienen las minorías étnicas y raciales, mediante "caucuses", campamentos, consultas, etc.

d) Promover el crecimiento espiritual de los participantes en los eventos y actividades del ministerio de la juventud jurisdiccional.

e) Promover un alcance evangelístico para la juventud y por medio de ella con la provisión de oportunidades y recursos educativos que incrementen su conocimiento, exposición y compromiso en las área de misión, justicia social, discipulado, desarrollo de liderazgo y formación espiritual en su relación con su conferencia anual e iglesia local.

f) Proporcionar preparación y experiencias de apoyo para el personal del ministerio juvenil de la conferencia.

g) Hacer posible la comunicación entre los niveles generales y conferenciales de ministerio a la juventud.

¶ 534. Puede haber una organización jurisdiccional de adultos jóvenes con el propósito de establecer relaciones con adultos jóvenes por toda la región, respaldar ministerios con adultos jóvenes en las conferencias anuales y también respaldar a los que trabajan con adultos jóvenes.

¶ **535.** *Comité del ministerio ordenado*—Podrá haber un comité jurisdiccional del ministerio ordenado. Este comité estará compuesto de los presidentes de las juntas del ministerio ordenado o sus representantes, los decanos/presidentes de los seminarios metodistas unidos en la jurisdicción, dos representantes del Colegio de Obispos y tres miembros vocales, nombrados por el comité para garantizar la inclusividad. Los diáconos y laicos estarán representados en el comité. Cuando una junta jurisdiccional de educación superior y ministerio existe, ésta puede ser parte de esa estructura. Los deberes del comité pueden incluir suministrar información sobre la disponibilidad y necesidad de pastores, y animar la movilidad entre conferencias; crear un foro para la discusión de asuntos relacionados con el ministerio representativo; tratar de asuntos de alistamiento y reclutamiento; crear diálogo con los seminarios que sirven la jurisdicción; hacer posible los ministerios étnicos dentro de la jurisdicción. La conferencia jurisdiccional y las juntas de los ministerios ordenados de las conferencias anuales suministrarán los fondos.

¶ **536.** *Constitución de las Mujeres Metodistas Unidas de la jurisdicción—Artículo 1. Nombre*—En cada jurisdicción habrá una organización jurisdiccional llamada las Mujeres Metodistas Unidas, directamente relacionada con la organización nacional de las Mujeres Metodistas Unidas.

Artículo 2. Autoridad—Cada organización jurisdiccional de las Mujeres Metodistas Unidas tendrá autoridad para promover su trabajo, de acuerdo con el programa y las reglas de la organización nacional de las Mujeres Metodistas Unidas.

Artículo 3. Membresía—La membresía votante de la organización jurisdiccional de las Mujeres Metodistas Unidas estará compuesta por los miembros del Equipo de Liderazgo de la Jurisdicción; tres personas miembros electos de la organización de cada organización conferencial, miembros de la junta de directores de las Mujeres Metodistas Unidas y miembros del Programa del Grupo Consultivo de las Mujeres Metodistas Unidas dentro de la jurisdicción; una representante de la Asociación de Diaconisas de la jurisdicción y Misioneros Domésticos; y todos los obispos activos de la jurisdicción.

Artículo 4. Sesiones y elecciones—a) Habrá una sesión de la organización jurisdiccional de las Mujeres Metodistas Unidas durante el último año del cuadrienio. En esa ocasión se elegirán la presidente de la jurisdicción, miembros del Equipo de Liderazgo de la Jurisdicción y miembros de la junta de directores de la organización nacional de las Mujeres Metodistas Unidas de acuerdo con la *Disciplina* (¶¶ 647.6*d*, 1323).

b) Podrá haber otras convocatorias, según se necesiten.

Artículo 5. Enmiendas—Las enmiendas propuestas a la constitución serán enviadas a la secretaria de las Mujeres Metodistas Unidas para ser consideradas por la junta de directores. El último día para considerar cualquier enmienda será la última reunión regular de la junta de directores antes de la fecha establecida para la entrega de la legislación propuesta ante la Conferencia General.

¶ **537.** *Comité de Hombres Metodistas Unidos*—En cada jurisdicción habrá un Comité Jurisdiccional de Hombres Metodistas Unidos, que será auxiliar de la Comisión General de Hombres Metodistas Unidos (¶ 2301).

La membresía del Comité Jurisdiccional de los Hombres Metodistas Unidos se compondrá de los oficiales electos, los presidentes de comités, y coordinadores de ministerio, como lo definen los estatutos, así como el presidente conferencial de los Hombres Metodistas Unidos de cada organización de las conferencias anuales dentro de los límites de la jurisdicción.

Cada Comité Jurisdiccional de Hombres Metodistas Unidos tendrá autoridad para promover su trabajo de acuerdo con las reglas y programas de la Comisión General de Hombres Metodistas Unidos.

El Comité Jurisdiccional de Hombres Metodistas Unidos elegirá al presidente jurisdiccional durante el último año del cuadrienio. El presidente jurisdiccional habrá de servir en la Comisión General de Hombres Metodistas Unidos (¶ 2303.1.b). Los presidentes jurisdiccionales que sirvan menos del período de un cuadrienio, podrán ser reelegidos para un período completo. Esta legislación entrará en vigor a la clausura de la Conferencia General del 2004. El Comité Jurisdiccional de los Hombres Metodistas Unidos podrá celebrar reuniones, retiros y actos cooperativos de adiestramiento.

El Comité Jurisdiccional de Hombres Metodistas habrá de buscar los fondos para el cumplimiento de sus propósitos. Todos los fondos, de cualquier fuente que el Comité Jurisdiccional de Hombres Metodistas haya de conseguir, pertenecen a la organización y serán usados sólo de acuerdo con su constitución y sus reglamentos y bajo su dirección.

a) El Comité Jurisdiccional de Hombres Metodistas podrá tener su propia cuenta de banco.

b) Se recomienda que haya una auditoría anual de los fondos.

¶ **538**. *Voluntarios Misionales Metodistas Unidos*—Se recomienda que haya un coordinador jurisdiccional de voluntario misionales (UMVIM) con el propósito de coordinar voluntarios, en colaboración con los UMVIM de la conferencia anual y los Coordinadores de Respuesta al Desastre dentro de la jurisdicción y la Oficina de Ministerios Globales de Voluntarios Misionales. El coordinador jurisdiccional podrá interconectarse para coordinar oportunidades y recursos para los voluntarios en colaboración con la Junta General de Ministerios Globales y otras agencias de la Iglesia Metodista Unida como se requiera. El coordinador UMVIM jurisdiccional podrá comunicar la necesidad de Equipos de Respuesta Rápida dentro de su región en colaboración con UMCOR.

¶ **539**. *Comité de Evaluación Administrativa*—La conferencia jurisdiccional establecerá de su membresía un Comité de Evaluación Administrativa de por lo menos tres personas que no pertenezcan al comité jurisdiccional del episcopado. Su único propósito será asegurarse de que los procesos disciplinarios de cualquier acción involuntaria recomendada por el comité jurisdiccional del episcopado sea seguida apropiadamente. El proceso administrativo completo seguido de la acción de cambio de estado del obispo será evaluado por el comité de evaluación administrativa, y informará de sus resultados al comité jurisdiccional del episcopado y la conferencia jurisdiccional antes de cualquier acción sea tomada por ambas entidades. El comité de evaluación administrativa deberá notificar a las partes del proceso de evaluación. Los procedimientos de audiencia del proceso justo administrativo (¶ 362.2) serán seguidos por el comité de evaluación administrativa. Antes de su informe, si el comité determina que se ha cometido algún error, podrá recomendar a la persona o cuerpo apropiado que se tome pronta acción para remediar tal error, decidirá si el error es indemne, or tomará otra acción.

Sección III. Las conferencias centrales

¶ **540**. *Autorización*—1. En territorios fuera de los Estados Unidos, la Conferencia General podrá organizar en conferencias centrales o conferencias centrales provisionales a conferencias anuales, conferencias anuales provisionales, Conferencias Misioneras, Conferencias de Misión y Misiones, en los números que la Conferencia General determine, mediante el voto de sus dos terceras partes, con los deberes, privilegios y poderes que de aquí en adelante se establecen, y como lo prescriba la Conferencia General por el voto de sus dos terceras partes.

2. Existirán las conferencias centrales que hayan sido autorizadas, o las que la Conferencia General autorice de aquí en adelante; con tal que una conferencia central tenga un total de por lo menos treinta delegados clericales y treinta delegados laicos sobre la base de representación como queda estipulado en esta sección, excepto si la Conferencia General fija un número diferente.

3. La Iglesia Metodista Unida tendrá conferencias centrales con ministerios en los siguientes países:

a) Conferencia Central del África: Angola, Botswana, Burundi, Etiopía, Kenya, Malawi, Mozambique, Namibia, Rwanda, Suazilandia, Sud África, Sudán del Sur, Uganda, Zambia, Zimbabwe;

b) Conferencia Central de Europa Central y Meridional: Albania, Algeria, Austria, Bélgica, Bulgaria, Croacia, República Checa, Francia, Hungría, República de Macedonia, Polonia, Rumanía, Serbia, República Eslovaca, Suiza, Túnez;

c) Conferencia Central del Congo: República Centroafricana, República Democrática del Congo, República del Congo, Tanzania, Zambia;

d) Conferencia Central de Alemania: Alemania;

e) Conferencia central del Norte de Europa y Eurasia: Belarús, Dinamarca, Estonia, Finlandia, Kazajistán, Kirguistán, Latvia, Lituania, Moldavia, Noruega, Rusia, Suecia, Tayikistán, Ucrania, Uzbekistán;

f) Conferencia Central de Filipinas: Filipinas;

g) Conferencia Central de África Occidental: Burkina Faso, Costa de Marfil, Guinea, Guinea-Bisáu, Liberia, Malí, Níger, Nigeria, Senegal, Sierra Leona.

4. Una conferencia central provisional puede convertirse en una conferencia central una vez que haya cumplido con los requisitos necesarios y con la autorización de la Conferencia General.

¶ **541.** *Composición*—1. La conferencia central estará compuesta por miembros clericales y laicos en cantidades iguales; siendo los miembros clericales electos por los miembros clericales de la conferencia anual, y los miembros laicos por los miembros laicos de la misma. La misma conferencia central determinará sus aptitudes y la forma de elección, sujetándose únicamente a los requisitos constitucionales. Cada conferencia anual y cada conferencia anual provisional tendrán derecho a por lo menos dos delegados clericales y dos delegados laicos, y no se autorizará ninguna otra selección de delegados que haga la provisión de más de un delegado clerical por cada seis miembros clericales de una conferencia anual, excepto si una mayoría del número fijado por una conferencia central como la proporción de representación, le dará derecho a una conferencia anual a tener un delegado clerical adicional y un delegado laico adicional. Cada conferencia misionera y cada misión están autorizadas para elegir y enviar uno de sus miembros a la conferencia central respectiva, como su representante; y a dicho representante se le ha de otorgar el privilegio de sentarse con los comités de la conferencia central, con derecho a hablar en los comités y en las sesiones regulares de la conferencia central, pero sin el derecho a voto. Los representantes de conferencias misioneras o misiones tendrán el mismo derecho de pago de gastos que se concede a los miembros de la conferencia central[12].

2. En el caso de una conferencia central, la regla de representación proporcional será aplicada por cada conferencia anual.

¶ **542.** *Organización*—1. El obispo u obispos encargados convocarán la primera reunión de una conferencia central para la fecha y lugar que ellos elijan; a cuya conferencia central los miembros de las conferencias anuales, conferencias anuales provisionales, conferencias misioneras, y misiones del caso serán electos sobre la base de representación, de la manera que aquí se establece. La conferencia central, o su comité ejecutivo, determinará las fechas y los lugares de futuras sesiones.

2. Cada conferencia central se reunirá dentro del año después de las sesiones de la Conferencia General, en la fecha y lugar que la misma conferencia central, o sus obispos, puedan determinar, con el propósito de elegir obispos cuando hayan vacantes y por atender a otros asuntos cuando se requiera. La conferencia central tiene el derecho de celebrar tales sesiones diferidas según lo determine. Los obispos presidirán las sesiones de dicha conferencia. En caso de que no haya presente un obispo, la conferencia elegirá a un presidente temporal de entre sus propios miembros. Los obispos residentes en una conferencia central, o una mayoría de ellos, con la aquiescencia del comité ejecutivo u otro comité autorizado, tendrán la autoridad de convocar a una sesión extraordinaria de la conferencia central, a celebrarse en la fecha y lugar señalados por ellos[13].

---

12. Ver Decisión 371 del Concilio Judicial.
13. Ver Decisión 371 del Concilio Judicial.

3. El Concilio de Obispos puede asignar a uno o más de sus miembros para visitar cualquier conferencia central o cualquier conferencia central provisional. Cuando así se le asigne, el obispo será representante acreditado de la iglesia en general, y cuando se lo pida una mayoría de los obispos de esa conferencia podrá ejercer allí las funciones del episcopado.

4. El oficial que presida la conferencia central decidirá los asuntos de orden, sujeto a apelación a la conferencia central; y decidirá los asuntos referentes a la ley, sujeto a apelación al Concilio Judicial; pero los asuntos referentes a la interpretación de reglas y reglamentos hechos por la conferencia central para el gobierno de su propia sesión serán decididos por la conferencia central[14].

5. Una conferencia central, en donde las leyes del país lo permitan, tendrá el poder para organizar e incorporar uno o más comités ejecutivos, juntas ejecutivas, o concilios de cooperación, con tal membresía y tales poderes que le hayan sido concedidos por la conferencia central con el propósito de representarla en sus intereses de propiedad y legales y para efectuar los negocios necesarios que puedan suscitarse en el intervalo entre las sesiones de la conferencia central o que le hayan sido designado a tales juntas o comités por la conferencia central.

6. Cada conferencia central, dentro de cuyas fronteras tiene obra la Junta General de Ministerios Globales, mantendrá una relación cooperativa y consultiva con dicha junta por medio de un comité ejecutivo, una junta ejecutiva o concilio de cooperación debidamente constituidos, pero la distinción legal entre la Junta General de Ministerios Globales y la iglesia organizada en el campo se mantendrá siempre clara.

¶ **543.** *Poderes y deberes*—1. Las conferencias anuales, conferencias anuales provisionales, conferencias misioneras y misiones que estén dentro del territorio de una conferencia central se encomendarán, para supervisión y promoción, en armonía con la *Disciplina* y los acuerdos contractuales interdenominacionales, los intereses misioneros, educativos, evangelísticos, industriales, de publicación, médicos, y otros intereses conexionales de estos cuerpos y cualesquiera otros asuntos que le puedan ser referidos por dichos cuerpos, o por orden de la Conferencia General; y proporcionará organizaciones adecuadas para esa obra, eligiendo a los oficiales necesarios para la misma.

---

14. Ver Decisiones 375, 376, 381 del Concilio Judicial.

2. Una conferencia central, al ser autorizada por decisión específica de la Conferencia General, puede elegir uno o más obispos de entre los presbíteros itinerantes de la Iglesia Metodista Unida. La Conferencia General determinará de tiempo en tiempo el número de obispos a ser electos por cada conferencia central.

3. Cuando una conferencia central haya sido autorizada para elegir obispos, las elecciones se efectuarán bajo el mismo procedimiento general que prevalece en las conferencias jurisdiccionales para la elección de obispos. Una conferencia central tendrá poder para fijar el término de servicio de los obispos electos por esa conferencia central[15].

4. El Concilio General de Finanzas y Administración determinará la suma de las asignaciones para las conferencias anuales de las conferencias centrales para el cuadrienio siguiente basada en el cálculo metodológico aprobado por la Conferencia General bajo recomendación del Concilio. Esta determinación será informada bajo consulta con el Concilio de Obispos.

5. Una conferencia central, en consulta con los obispos de dicha conferencia central habrá de fijar las áreas y residencias episcopales y hará las asignaciones a las mismas de los obispos que habrán de residir en dicha conferencia central. Los obispos de una conferencia central elaborarán el plan de visita episcopal dentro de sus límites

6. Una conferencia central tendrá autoridad para elegir y sostener a los oficiales generales en todos los departamentos de la obra de la iglesia dentro de las fronteras de la conferencia central, pero no podrá determinar el número de obispos.

7. Una conferencia central tendrá poder para hacer cambios y adaptaciones en la Disciplina, según las condiciones peculiares y la misión de la iglesia en el campo lo requieran, especialmente con respecto a la organización y administración de la obra en los niveles de la iglesia local, el distrito y la conferencia anual; con tal que no se tome ninguna decisión contraria a la Constitución y las Reglas Generales de la Iglesia Metodista Unida, y con tal que se mantenga el espíritu de relación conexional entre las iglesias locales y la iglesia en general. Sujeta a esta restricción, una conferencia central puede delegarle a una conferencia anual que esté dentro de sus fronteras, a petición de ésta, el poder para hacer uno u otro de los cambios y adaptaciones a los que este párrafo se refiere[16].

---

15. Ver Decisiones 311, 430 del Concilio Judicial.
16. Ver Decisión 313 del Concilio Judicial.

8. Una conferencia central fijará las fronteras de las conferencias anuales, las conferencias anuales provisionales, las conferencias misioneras, y las misiones que estén dentro de su territorio; pero las propuestas de esos cambios tienen que someterse primero a las conferencias anuales afectadas, como se establece en la *Disciplina* de la Iglesia Metodista Unida. Ninguna conferencia anual se organizará con menos de treinta y cinco miembros clericales, excepto como lo permita un acuerdo para el cuadrienio, el cual no reducirá el número a menos de veinticinco. Ni podrá ser continuada una conferencia anual con menos de veinticinco miembros clericales, excepto como lo permita un acuerdo para el cuadrienio[17].

9. Una conferencia central puede aconsejar a sus conferencias anuales y a sus conferencias anuales provisionales que establezcan normas de carácter y otros requisitos para la admisión de los miembros laicos.

10. Una conferencia central tendrá autoridad para hacer cambios y adaptaciones en procedimientos referentes a la conferencia anual, del distrito y del cargo que estén dentro de su territorio; y para añadir a los negocios de la conferencia anual las preguntas suplementarias consideradas deseables o necesarias para hacer frente a sus propias necesidades.

11. Una conferencia central tendrá la autoridad para examinar y reconocer las actas de las conferencias anuales, las conferencias anuales provisionales, las conferencias misioneras, y las misiones que estén localizadas dentro de su territorio, y reglamentar la redacción de las actas según lo estime necesario.

12. Una conferencia central puede tener la autoridad para aprobar reglas de procedimiento que gobiernen la investigación y juicio de sus clérigos, incluso obispos y miembros laicos de la iglesia y para proveer los medios necesarios y método de implementación de dichas reglas; siempre y cuando, que los ministros ordenados no se les quite el derecho de un juicio por un comité de clérigos, y los miembros laicos de la Iglesia, el derecho a un juicio por un comité debidamente constituido por miembros laicos; y además, siempre y cuando los derechos de apelación sean debidamente garantizados[18].

---

17. Ver Decisiones 525, 541, 549 del Concilio Judicial.
18. Ver Decisiones 310, 595 del Concilio Judicial.

13. Una conferencia central está autorizada para preparar y traducir formas simplificadas o adaptadas de partes del Ritual como consideren necesario, tales cambios requieren la aprobación del obispo residente u obispos de la conferencia central.

14. Una conferencia central tendrá autoridad para ajustar a los estatutos legales del país o países dentro de la jurisdicción las reglas, ritos y ceremonias para solemnizar del matrimonio.

15. Sujeta a la aprobación de los obispos que residen en ella, una conferencia central tendrá autoridad para prescribir cursos de estudio, inclusive los vernáculos, para su ministerio, tanto extranjero como indígena, inclusive a predicadores locales, siervos laicos, mujeres de la Biblia,— diaconisas, maestros y maestras, y todos los demás obreros, ordenados o laicos. También hará reglas y estatutos para exámenes en esos cursos.

16. Una conferencia central tendrá la autoridad para editar y publicar una *Disciplina* de la conferencia central, la cual contendrá, además de la Constitución de la iglesia, las secciones de la *Disciplina* general de la Iglesia Metodista Unida que le sean pertinentes a toda la iglesia; y también las secciones revisadas, adaptadas o nuevas que hayan sido decretadas por la conferencia central del caso, bajo los poderes que la Conferencia General le haya dado.

17. En una conferencia central o una conferencia central provisional que use un idioma diferente del inglés, la legislación aprobada por una Conferencia General no entrará en vigor sino hasta doce meses después del cierre de esa Conferencia General, con el fin de conceder el tiempo necesario para hacer adaptaciones y publicar una traducción de la legislación que ha sido decretada, teniendo dicha traducción que ser aprobada por el obispo residente, o los obispos residentes de la conferencia central. Esta disposición, sin embargo, no excluirá la elección de delegados a la Conferencia General por las conferencias anuales que estén dentro del territorio de conferencias centrales o conferencias centrales provisionales.

18. Una conferencia central está autorizada para interpretar el Artículo XXIII de los Artículos de Religión, de manera que pueda reconocer los gobiernos del país o países que estén dentro de su territorio.

19. Una conferencia central tendrá poder para autorizar a las congregaciones que estén dentro de cierto estado o país para formar organizaciones especiales con objeto de recibir el reconocimiento del estado o país, de acuerdo con las leyes de ese estado

o país. Se dará poder a estas organizaciones para representar los intereses de la iglesia ante las autoridades del estado o país, de acuerdo con las reglas y principios de la Iglesia Metodista Unida, y se les requerirá que den informes regulares sobre sus actividades a sus respectivas conferencias anuales.

20. Una conferencia central puede, con el consentimiento de los obispos residentes de esa conferencia, entrar en acuerdos con las iglesias o misiones de otras denominaciones respecto a la división de territorio, o respecto a la responsabilidad de trabajo cristiano dentro del territorio de la conferencia central.

21. Una conferencia central tendrá el derecho de negociar con otros organismos protestantes, con vista a la posibilidad de una unión de iglesias; con tal que cualquier propuesta para unión de iglesias sea sometida a la Conferencia General para ser aprobada por ésta antes de su consumación[19].

¶ **544.** [*Reservado*]

¶ **545.** *Registros y archivos*—1. Las actas de las medidas de una conferencia general, debidamente firmadas por el presidente y el secretario, serán enviadas por su secretario a la Conferencia General para que sean examinadas. Se enviarán dos copias por cada traducción sin cargo a la Comisión General de Archivos e Historia y al Concilio General de Finanzas y Administración, y se enviará una copia en versión digital junto con las copias impresas, si es posible. Se recomienda que las actas incluyan las memorias de la clerecía difunta y de los esposos o esposas difuntas de la clerecía.

2. El secretario de una conferencia central en la cual uno o más obispos han sido escogidos reportará al secretario de la Conferencia General los nombres de los obispos y las residencias a donde han sido asignados por la conferencia central.

3. El secretario de cada conferencia central entregará una copia impresa de cada traducción y adaptación de la *Disciplina* general o porción de ésta en uso en esa conferencia central a la Comisión General de Archivos e Historia y al Concilio General de Finanzas y Administración.

¶ **546.** *Propiedad*—1. Una conferencia central, a través de un cuerpo debidamente incorporado, tendrá la autoridad para comprar, poseer, mantener o transferir propiedad para y en favor de todas las organizaciones no incorporadas de la Iglesia Metodista Unida que hayan confiado su propiedad a dicha conferencia central.

---

19. Ver Decisión 350 del Concilio Judicial.

2. Una conferencia central tendrá la autoridad para hacer las reglas y estatutos necesarios para la tenencia y manejo de tales propiedades; con tal que *(a)* todo procedimiento esté sujeto a las leyes del país o países del caso; *(b)* no se haga ninguna transferencia de propiedad de una conferencia anual a otra sin el consentimiento de la conferencia que tenga el título de dicha propiedad; y, *(c)* se reconozca la condición o relación legal de las propiedades que estén al cuidado de síndicos locales u otros organismos de tenencia.

3. Una conferencia central, directa o indirectamente, a través de su organismo u organismos legalmente registrados, tenedores de propiedades, no enajenará la propiedad ni productos de propiedades sin la debida consideración de su condición de fideicomiso como representantes de las iglesias locales, las conferencias anuales, la Junta General de Ministerios Globales y otras organizaciones, locales o generales, de la iglesia.

4. Una conferencia central, o cualquiera de sus organizaciones legalmente registradas, no involucrará a la Junta General de Ministerios Globales ni a cualquier organización de la iglesia en ninguna obligación financiera sin la aprobación oficial de dicha junta u organización. Todos los fondos invertidos, depósitos fiduciarios o propiedad que pertenezcan a una conferencia anual, conferencia anual provisional, conferencia misionera, o misión, o cualquiera de sus instituciones, adquiridos por legados, donaciones, o de otra manera, y designados para un uso específico, se aplicarán al propósito para el cual fueron designados. No serán desviados hacia ningún otro propósito, excepto por consentimiento de la conferencia o misión interesada, y con la aprobación de la conferencia central del caso, y decisión de una corte civil cuando ésta se haga necesaria. La misma regla se aplicará a fondos o propiedades similares adquiridos por una conferencia central con fines específicos. En casos que atañan a la desviación de fondos en fideicomiso y propiedades que estén dentro del territorio de una conferencia central, dicha conferencia central determinará la disposición de los intereses en cuestión, sujeto esto a apelación ante la corte judicial de la conferencia central.

¶ **547.** *Agencias de la conferencia* —1. Una conferencia central puede tener un comité sobre el trabajo de la mujer. Este comité será compuesto, de preferencia, por las mujeres delegadas y aquellas otras personas que la conferencia central elija. El deber de este comité será estudiar la relación de la mujeres con la Iglesia y buscar métodos y medidas para desarrollar esa parte de la membresía de la Iglesia, con el propósito de que puedan asumir sus debidas responsabilidades en la extensión del Reino. El comité hará una recomendación a la conferencia central con respecto a las organizaciones de mujeres dentro de su área. Una organización de la conferencia central puede llegar a ser miembro de la Federación Mundial de las Mujeres Metodistas y puede elegir una representante a la Federación Mundial de las Mujeres Metodistas dentro de las provisiones de la federación.

2. Una conferencia central puede organizar una unidad de mujeres, después de consultar con el comité sobre el trabajo de las mujeres, en relación con una conferencia anual o una conferencia anual provisional dentro de los límites y proveer una constitución y reglamentos para la misma.

3. Una conferencia central que adapte y edite la *Disciplina* tal como dice el ¶ 543.16 habrá de establecer una corte judicial, la cual, además de otros deberes que la conferencia central le pueda asignar, oirá y determinará la legalidad de cualquier demanda de la conferencia central tomada bajo las porciones adaptadas de la *Disciplina* o de una decisión legal por el obispo que preside la conferencia central con respecto a las porciones adaptadas de la *Disciplina*, bajo la apelación del obispo presidente o por una quinta parte de los miembros de la conferencia central. Además, la corte judicial habrá de oír y determinar la legalidad de cualquier acción de una conferencia anual tomada bajo las porciones adaptadas de la *Disciplina* o por una decisión legal del obispo presidente de la conferencia anual con respecto a la porción adaptada de la *Disciplina*, bajo apelación del obispo presidente o por el porcentaje de miembros de la conferencia anual que sea determinado por la conferencia central interesada.

4. Una conferencia central puede tener un comité de ministerio con los jóvenes. Este comité estará compuesto por jóvenes, adultos jóvenes y líderes adultos que trabajen con jóvenes o adultos jóvenes, por cada conferencia anual en la conferencia central. El deber de este comité será estudiar la relación de los jóvenes con la Iglesia y buscar medios y maneras de desarrollar el ministerio de la Iglesia con los jóvenes. El comité hará recomendaciones a la conferencia central con respecto a organizaciones de jóvenes y de adultos jóvenes dentro de sus áreas y escogerá los delegados para la Convocatoria Global de la Juventud (¶ 1210).

5. Cada junta, comité existente, comisión, consejo y área de trabajo de la jurisdicción designará a uno de sus miembros como su coordinador en los ministerios de testimonio. Estas personas asistirán a las agencias en las que tienen membresía a emprender ministerios de testimonio y, específicamente, a preguntarse "¿Cómo estamos intencionalmente alcanzando nuevas personas para Jesucristo a través de nuestros ministerios?" y "¿De qué maneras estamos ayudando a estas nuevas personas a crecer y madurar como discípulos de Cristo a través de nuestros ministerios y áreas de responsabilidad?

¶ **548.** *Obispos jubilados*—1. Un ministro ordenado quien ha servido un período o parte de un período como obispo en una conferencia central en donde ha prevalecido el período del episcopado, cuando se jubile de su relación efectiva en el ministerio, se le pagará un complemento del Fondo Episcopal General en una cantidad que determine el Concilio General de Finanzas y Administración por los años en los cuales el ministro ordenado sirvió como obispo[20].

2. Cuando antiguas conferencias centrales de la Iglesia Metodista Unida se conviertan o se hayan convertido en iglesias autónomas o entraron en unión de iglesias, los obispos jubilados allí continuarán como miembros del Concilio de Obispos si así lo desea el obispo involucrado.

Sección IV. Las conferencias centrales provisionales

¶ **560.** *Autorización*—Las conferencias anuales, conferencias anuales provisionales, Conferencias Misioneras, y Misiones que están fuera de los Estados Unidos, y no están incluidas en las conferencias centrales ni en el territorio de Iglesias Autónomas Afiliadas, y que debido a razones geográficas, idiomáticas, políticas, u otras consideraciones, tienen intereses comunes que pueden servirse de la presente manera, pueden organizarse en conferencias centrales provisionales, como se dispone en el ¶ 540.1[21].

La Iglesia Metodista Unida tendrá una conferencia central provisional con ministerios en los siguientes países:

a) Conferencia Central Provisional del Sudeste de Asia y Mongolia: Laos, Mongolia, Tailandia y Vietnam

---

20. Ver Decisión 394 del Concilio Judicial.
21. Ver Decisión 525 del Concilio Judicial.

¶ **561.** *Organización*—La organización de conferencias centrales provisionales se conformará a los estatutos prescritos para las conferencias centrales en todo lo que el obispo encargado los considere aplicables.

¶ **562.** *Poderes*—La Conferencia General puede conceder a una conferencia central provisional cualquiera de los poderes de una conferencia central, excepto el de elegir obispos[22].

¶ **563.** *Disposiciones provisionales*—En el intervalo entre Conferencias Generales, la Junta General de Ministerios Globales, por recomendación de los obispos que estén a cargo, y después de consultar con las conferencias anuales, las conferencias anuales provisionales, las Conferencias Misioneras, y las Misiones del caso, puede hacer cambios en las fronteras de una conferencia central provisional, y puede concederle a una conferencia central provisional, o a cualquiera de sus partes integrantes, cualquiera de los poderes de una conferencia central, excepto el de elegir obispos. Todos los cambios de fronteras y todas las concesiones de poderes autorizados por la Junta General de Ministerios Globales les serán informados a la sesión siguiente de la Conferencia General, y estos caducarán al cerrarse esa sesión, a menos que sean renovados por la Conferencia General.

¶ **564.** *Membresía laica*—Una conferencia anual o una conferencia anual provisional que esté dentro del terreno de una conferencia central provisional tendrá la autoridad de fijar patrones de carácter y otros requisitos para la admisión de sus miembros laicos.

¶ **565.** *Disposiciones provisionales para conferencias fuera de los Estados Unidos*—La Conferencia General puede conceder cualquiera de los poderes de las conferencias centrales a las conferencias anuales, las conferencias anuales provisionales, las conferencias misioneras, y las misiones que están fuera de los Estados Unidos y no están incluidas en las conferencias centrales ni en las conferencias centrales provisionales, excepto el de elegir obispos; y en el intervalo entre Conferencias Generales, la Junta General de Ministerios Globales puede conceder tales poderes cuando se lo solicite el obispo encargado y la conferencia anual, la conferencia anual provisional, la conferencia misionera, o la misión interesada.

¶ **566.** *Supervisión episcopal*—La Conferencia General hará provisión para la supervisión episcopal de la obra en el territo-

---

22. Ver Decisión 403 del Concilio Judicial.

rio fuera de los Estados Unidos que no está incluido ahora en las conferencias centrales.

¶ 567. El Concilio de Obispos puede hacer provisión, siempre y cuando sea necesario, para la visitación episcopal de los campos misioneros no incluidos en las conferencias centrales ni en las conferencias centrales provisionales.

Sección V. Iglesias metodistas autónomas, Iglesias metodistas autónomas afiliadas, Iglesias unidas afiliadas, Iglesias de pacto, Iglesias de concordato

¶ 570. Iglesias situadas fuera de los límites de las conferencias jurisdiccionales y que han entrado en una relación con o tienen acuerdos con la Iglesia Metodista Unida, incluyendo el envío de representantes a la Conferencia General de la Iglesia Metodista Unida, se describen de la siguiente manera:

1. Iglesias metodistas autónomas

a) Una iglesia con gobierno propio de la tradición wesleyana y que puede o no haber entrado en un Acto de Pacto con la Iglesia Metodista Unida.

b) Las iglesias metodistas autónomas no tienen derecho a enviar delegados a la Conferencia General de la Iglesia Metodista Unida.

2. Iglesias metodistas autónomas afiliadas

a) Una iglesia metodista con gobierno propio a cuyo establecimiento la Iglesia Metodista Unida o uno de sus miembros constituyentes (la Iglesia de los Hermanos Evangélicos Unidos y la Iglesia Metodista o sus predecesoras) hayan ayudado, y que por mutuo acuerdo, ha entrado en una relación de pacto (en vigor de 1968 a 1984) o en un Acto de Pacto (¶ 573) con la Iglesia Metodista Unida.

b) Cada iglesia metodista autónoma afiliada tendrá derecho a dos delegados, un clérigo y una persona laica, ante la Conferencia General de la Iglesia Metodista Unida, de acuerdo con el ¶ 433.1b. Tendrán todos los derechos y privilegios de delegados, incluso membresía en comités, excepto el derecho a voto. Una iglesia que tenga más de setenta mil miembros tendrá derecho a un delegado adicional. Por lo menos uno de los tres delegados será mujer. El obispo o presidente de las iglesias metodistas autónomas afiliadas puede ser invitado por el Concilio de Obispos a la Conferencia General.

3. Iglesias unidas afiliadas

a) Una iglesia con gobierno propio que se forma por la unión de dos o más denominaciones, al menos una de ellas que haya estado relacionada con la Iglesia Metodista Unida, o una de sus miembros constituyentes (la Iglesia Evangélica de los Hermanos Unidos y la Iglesia Metodista o sus predecesoras).

b) Cada iglesia unida afiliada tendrá derecho a dos delegados, un clérigo y un laico, a la Conferencia General de la Iglesia Metodista Unida de acuerdo con el ¶ 433.1b. Éstos tendrán derechos y privilegios de delegados, incluyendo formar parte de comités, excepto el derecho al voto. Si estas iglesias tienen más de 70.000 miembros tendrán derecho a un delegado adicional. Por lo menos una de los tres delegados debe ser mujer. El obispo o el presidente de la iglesia unida afiliada puede ser invitado a la Conferencia General por el Concilio de Obispos.

4. Iglesias de pacto

a) Una iglesia metodista autónoma, una iglesia metodista autónoma afiliada, una iglesia unida afiliada, u otra iglesia cristiana que ha entrado en una relación de pacto con la Iglesia Metodista Unida por medio del Acto de Pacto que se describe en el ¶ 573.

b) El Acto del Pacto no garantiza que las iglesias que hacen el pacto tendrán derecho a delegados ante la Conferencia General de la Iglesia Metodista Unida, o al cuerpo equivalente del compañero del pacto.

5. Iglesias metodistas con acuerdo de concordato

a) Otras iglesias metodistas que tienen una herencia metodista común con la Iglesia Metodista Unida o una de sus miembros constituyentes (la Iglesia Evangélica de los Hermanos Unidos y la Iglesia Metodista o sus predecesoras) y que han entrado en un acuerdo de concordato de acuerdo con el ¶ 574 con el propósito de manifestar la herencia común metodista, ratificando el status igual de las dos iglesias y expresando una aceptación y respeto mutuos, y creando oportunidades para una confraternidad más íntima entre las dos iglesias, especialmente a nivel del liderato.

b) Tal acuerdo de concordato, con la excepción de la Iglesia Metodista de Gran Bretaña (¶ 13.3), le da a las dos iglesias los siguientes derechos y privilegios:

(1) Las dos iglesias que entran en una relación de concordato, cada una elegirá dos delegados, uno clérigo y otro laico, quienes tendrán escaño en la Conferencia General de ambas

o en cuerpos equivalentes con todos los derechos y privilegios. Serán honrados los acuerdos con la Iglesia Metodista de México y la Iglesia Metodista del Caribe y las Américas.

(2) La iglesia anfitriona habrá de ofrecer hospitalidad, incluyendo cuarto y comida, a los delegados de la otra iglesia del concordato. Gastos de viaje y otros, serán la responsabilidad de la iglesia visitante.

¶ **571.** *Iglesias metodistas autónomas, iglesias metodistas autónomas afiliadas e iglesias unidas afiliadas*—1. Los certificados de membresía en la iglesia dados por los clérigos de una iglesia serán aceptados por los clérigos de la otra.

2. Cuando los requisitos para el ministerio ordenado de tales iglesias metodistas sean comparables a los de la Iglesia Metodista Unida, los clérigos se pueden transferir entre sus cuerpos ministeriales apropiadamente constituidos, y las conferencias anuales y las conferencias anuales provisionales de la Iglesia Metodista Unida, con la aprobación y consentimiento de los obispos u otras autoridades de nombramiento como estipula el ¶ 347.

3. El Concilio de Obispos podrá hacer arreglos para un programa de visitación mutua, en cooperación con el liderazgo equivalente de la iglesia metodista autónoma, la iglesia metodista autónoma afiliada o la Iglesia Unida afiliada.

4. Si lo desea la Iglesia Metodista Autónoma, el Concilio de Obispos, en consulta con la Junta General de Ministerios Globales y la Oficina de Unidad Cristiana y Relaciones Interreligiosas, elaborará planes de cooperación con esa iglesia. La Junta General de Ministerios Globales servirá como el agente de la Iglesia Metodista Unida para un diálogo continuo que procure el establecimiento de prioridades misionales, con referencia especial a asuntos de personal y finanzas[23].

Cómo se llega a ser una metodista autónoma,
iglesia metodista autónoma afiliada,
o iglesia unida afiliada de las conferencias centrales

¶ **572.** Cuando las conferencias que están fuera de los Estados Unidos y que son parte de la Iglesia Metodista Unida desean convertirse en una iglesia metodista autónoma afiliada, iglesia metodista autónoma o en una iglesia unida afiliada, se obtendrá primero la aprobación de la respectiva conferencia central, y esa decisión será

---

23. Ver Decisión 692 del Concilio Judicial.

ratificada por las conferencias anuales que pertenezcan a la conferencia central, por una mayoría de las dos terceras partes de los votos agregados emitidos por las Conferencias Anuales[24].

1. La conferencia preparará un registro histórico con las razones para solicitar la afiliación y/o la autonomía y consultará con la Comité Permanente de Asuntos de la conferencia central (¶ 2201) respecto a los procedimientos para la afiliación o la autonomía.

2. El Comité Permanente de Asuntos de la conferencia central y las conferencias afectadas acordarán mutuamente sobre la confesión de fe y la constitución de la nueva iglesia. Las conferencias las preparará cuidadosamente, y las aprobará.

3. La preparación de su *Disciplina* es responsabilidad de la conferencia o conferencias que deseen afiliación o autonomía.

4. Por recomendación del Comité Permanente de Asuntos de la conferencia central, cuando se hayan satisfecho todos los requisitos disciplinarios para obtener la relación de autonomía o afiliada, la Conferencia General, por medio de un decreto de habilitación, aprobará y concederá el permiso para que la conferencia o conferencias en cuestión sean una Iglesia Metodista Autónoma Afiliada, Iglesia Metodista Autónoma o una Iglesia Unida Afiliada.

5. En ese caso, la conferencia central afectada se reunirá, declarará disuelta la presente relación entre la Iglesia Metodista Unida y la(s) conferencia(s) afectada(s), y las reorganizará como Iglesia Metodista Autónoma Afiliada, Iglesia Metodista Autónoma o una Iglesia Unida Afiliada, de acuerdo con el decreto de habilitación concedido por la Conferencia General. El Comité Permanente de Asuntos de la conferencia central ayudará en este proceso, y cuando se hayan consumado los planes, lo informará al Concilio de Obispos. La proclamación de estado o situación autónoma afiliada será entonces firmada por el presidente del Concilio de Obispos y el secretario de la Conferencia General.

6. Se desarrollará un plan de cooperación, de acuerdo con el ¶ 571.4 arriba mencionado.

CÓMO SE LLEGA A SER UNA IGLESIA PACTANTE

¶ **573.** 1. Una relación pactante, cuyos elementos fueron aprobados por la Conferencia General de 1992 en una medida

---

24.   Ver Decisiones 548, 1062 del Concilio Judicial.

llamada un "Acto de Pacto entre Iglesias Cristianas y la Iglesia Metodista Unida" puede establecerse con iglesias metodistas autónomas, iglesias metodistas autónomas afiliadas, iglesias unidas afiliadas o con otras iglesias cristianas y la Iglesia Metodista Unida.

a) El propósito de un Acto de Pacto con otra iglesia cristiana es estimular un nuevo sentido de causa global común, mutuo apoyo, mutuo crecimiento espiritual, estudio común de las Escrituras y la cultura, interacción creativa como ministros en la misión de la iglesia de Dios, inter-fertilización de ideas sobre modos de estar en misión, compartimiento de recursos, y exploración de nuevas formas de servicio dirigidas tanto a las necesidades viejas como a las que emergen.

b) Un Acto de Pacto incluirá el reconocimiento de nuestros respectivos bautismos como facetas diferentes de un solo bautismo, el reconocerse unos a otros como auténtica expresión de la iglesia de Jesucristo que es una, santa, católica y apostólica; el reconocimiento de los ministerios ordenados de las dos iglesias; compromiso de participación sistemática en plena confraternidad eucarística; el compromiso de funcionar en nuevas formas de asociación, visitaciones y programas.

c) Para la Iglesia Metodista Unida la supervisión de las relaciones de pacto es responsabilidad del Concilio de Obispos, mientras que la participación en proyectos específicos es responsabilidad de la agencia o agencias generales correspondientes.

2. El Concilio de Obispos representará a la Iglesia Metodista Unida en el desarrollo de un Acto de Pacto con una iglesia con la que potencialmente se pueda asociar. El Concilio de Obispos hará recomendaciones a la Conferencia General en cuanto a acuerdos específicos de pacto. Cuando lo apruebe la Conferencia General y el cuerpo legislativo principal de la iglesia con que se pretende una asociación, el Acto de Pacto entrará en vigor, al ser firmado por el presidente del Concilio de Obispos y el secretario de la Conferencia General de la Iglesia Metodista Unida, así como por las personas autorizadas de la iglesia pactante. El texto de cada Acto de Pacto, en la forma que se adopte, se imprimirá en las actas correspondientes de la Conferencia General, o su equivalente[25].

---

25. Ver Decisión 692 del Concilio Judicial.

Acuerdos de concordato

¶ **574.** *Acuerdos de concordato*—1. Con la excepción de la Iglesia Metodista de la Gran Bretaña, dichos concordatos se podrán establecer de acuerdo con el siguiente procedimiento:

a) La Iglesia Metodista, a través de su organismo principal de decisiones, solicitará una relación de concordato con la Iglesia Metodista Unida, por medio del Concilio de Obispos. Los concordatos también los puede iniciar la Iglesia Metodista Unida, actuando a través del Concilio de Obispos, el cual, en cooperación con la Iglesia Metodista en cuestión, se asegurará de que todas las condiciones disciplinarias se cumplan, y luego preparará la legislación necesaria a ser adoptada por la Conferencia General.

b) Una vez que ese acuerdo de concordato ha sido aprobado por la Conferencia General, el Concilio de Obispos preparará una declaración sobre el acuerdo de concordato, la cual será firmada por el presidente del Concilio de Obispos y el secretario de la Conferencia General, así como por dos representantes de la Iglesia Metodista con la que se hace el acuerdo de concordato. Dichos concordatos se imprimirán en el *Daily Christian Advocate* de esa Conferencia General.

2. Ese acuerdo de concordato les proporcionará a las dos iglesias los siguientes derechos y privilegios:

a) El Concilio de Obispos podrá hacer arreglos para un programa de visitación mutua, en cooperación con el liderato equivalente de la otra iglesia del concordato. El Concilio de Obispos puede asignar a uno o más de sus miembros para visitación episcopal a las iglesias del concordato.

b) Los clérigos se podrán transferir entre las dos iglesias, de acuerdo con los ¶¶ 347.2b y 571.2.

Cómo se llega a ser parte de la Iglesia Metodista Unida

¶ **575.** Una iglesia que esté fuera del territorio de los Estados Unidos puede unirse a la Iglesia Metodista Unida si se cumplen todos los siguientes requisitos:

1. Dicha iglesia aceptará y aprobará la Constitución, los Artículos de Fe, la *Disciplina*, y la forma de gobierno de la Iglesia Metodista Unida.

2. Dicha iglesia, si está dentro de las fronteras de una conferencia central o de una conferencia central provisional, solicitará membresía en esa conferencia. Tal solicitud será aprobada por

esa conferencia central o conferencia central provisional y por la Conferencia General. En caso de que dicha iglesia no esté dentro de las fronteras de una conferencia central o una conferencia central provisional ya existente, su solicitud de membresía será revisada por el Concilio de Obispos y será aprobada por la Conferencia General.

3. Dicha iglesia declarará su propia constitución y su orden eclesial nulos e inválidos.

4. El Comité Permanente de Asuntos de la conferencia central asesorará y ayudará a dicha iglesia en este proceso, y preparará el decreto de habilitación que sea necesario para la aprobación por la Conferencia General.

5. La Conferencia General aprobará legislación que autorice los ajustes necesarios en la organización de la respectiva conferencia central o conferencia central provisional. En caso de que dicha iglesia no esté dentro de las fronteras de una conferencia central o una conferencia central provisional ya existente, la legislación será aprobada ya sea para cambiar las fronteras de una conferencia contigua, o para establecer una nueva conferencia central o conferencia central provisional.

6. El Comité Permanente de Asuntos de la conferencia central ayudará a dicha iglesia en el proceso de hacerse parte de la Iglesia Metodista Unida, y determinará cuando estén satisfechos todos los requisitos, e informará a la Conferencia General.

Sección VI. Las conferencias anuales provisionales

¶ **580.** *Definición*—Una conferencia anual provisional es una conferencia que, debido a su limitada membresía, no llena los requisitos para tener la categoría de conferencia anual.

¶ **581.** *Disposiciones*—Cualquier conferencia misionera o misión establecida bajo las disposiciones de la *Disciplina* puede ser constituida como una conferencia anual provisional por la Conferencia General, en consulta con la conferencia central, la conferencia central provisional, o la conferencia jurisdiccional dentro de la cual la conferencia misionera o la misión está situada; con tal que:

1. No se organizará ninguna conferencia anual provisional con menos de diez miembros clericales, ni se continuará con menos de seis miembros clericales;

2. El sostenimiento financiero total procedente de la Junta General de Ministerios Globales, inclusive El Avance, no excederá a un porcentaje apropiado según se determine en consulta con la junta;

3. La membresía y contribuciones de la conferencia hayan mostrado un aumento razonable durante el cuadrienio anterior, y dan evidencia de un programa diligente para continuar progresando en ambos aspectos.

¶ **582.** *Organización*—Una conferencia anual provisional se organizará de la misma manera, y tendrá los mismos poderes y funciones de una conferencia anual, sujeto esto a la aprobación del obispo presidente; y sus miembros compartirán *pro rata* con miembros de las conferencias anuales, las ganancias de La Casa Metodista Unida de Publicaciones, con las siguientes excepciones:

1. El obispo que tenga supervisión episcopal de una conferencia anual provisional en el extranjero o un campo misionero doméstico, puede nombrar a un representante como superintendente, a quien se le puede encargar la responsabilidad específica de la representación de la Junta General de Ministerios Globales en su relación con la iglesia indígena, y también en cooperación con otras misiones evangélicas reconocidas. Tales deberes serán desempeñados de manera que no interfieran con el trabajo del superintendente de distrito. Este superintendente puede también ser un superintendente de distrito; con tal que el superintendente sea miembro de dicha conferencia. El superintendente será responsable directamente ante el obispo nombrado para administrar la obra en esa área episcopal, y hará informes adecuados, tanto al obispo como a los secretarios de la Junta General de Ministerios Globales directamente interesados, sobre el trabajo y las necesidades de ese campo.

2. Una conferencia anual provisional se reunirá anualmente durante el tiempo señalado por el obispo. Si no está presente el obispo, el superintendente presidirá. En ausencia de ambos, la presidencia será determinada como se hace en una conferencia anual (¶ 603.6). La conferencia o un comité de la misma escogerá un lugar para celebrar la conferencia.

3. En una conferencia anual provisional que recibe la mayor parte de sus fondos de parte de la Junta General de Ministerios Globales, el personal asignado de la junta correspondiente proveerá consulta y dirección para establecer el presupuesto anual y los proyectos de El Avance dentro de la conferencia y en la promoción de nuevos proyectos de misión. La conferencia, al hacer solicitudes de nuevas apropiaciones para sostenimiento, inclusive concesiones y préstamos para proyectos de construcción, someterá a la Junta General de Ministerios Globales una declaración del presupuesto anual propuesto y del plan financiero propuesto

para planes de nuevas misiones y de construcción. Las partidas que impliquen aumentos en las apropiaciones de la Junta General de Ministerios Globales, o en las peticiones a El Avance, estarán sujetas a modificaciones hechas por la Junta General de Ministerios Globales.

4. Una conferencia anual provisional elegirá a un ministro ordenado y a una persona laica como delegados con plenos derechos de voto y otros derechos, a la Conferencia General y a la conferencia jurisdiccional. Los delegados a las conferencias centrales serán electos de acuerdo con el ¶ 541.1.

¶ **583.** *Junta de Ministerios Globales*—En una conferencia anual provisional que esté en los Estados Unidos o las Islas Vírgenes, habrá una junta conferencial de ministerios globales, constituida como en una conferencia anual, con los mismos deberes y poderes.

Sección VII. La conferencia misionera

¶ **585.** *Definición*—Una conferencia es una conferencia misionera debido a sus oportunidades particulares de misión, su membresía y recursos limitados, sus requisitos singulares de liderazgo, sus consideraciones estratégicas regionales o de idioma, y sus necesidades ministeriales. La Junta General de Ministerios Globales proveerá dirección administrativa y fuerte ayuda financiera, inclusive atención a los asuntos claramente pertinentes a propiedades.

¶ **586.** *Organización*—Una conferencia misionera será organizada de la misma manera y con los mismos derechos y poderes que una conferencia anual (¶¶ 601-604), pero con las siguientes excepciones:

1. El Colegio de Obispos suministrará supervisión episcopal para cualquier conferencia misionera, o conferencias misioneras, que estén dentro de sus fronteras jurisdiccionales según se organicen. El obispo que haya sido así encargado, con supervisión episcopal dentro de la respectiva área episcopal, en cooperación con la Junta General de Ministerios Globales, nombrará a un superintendente de la conferencia, o a superintendentes de distrito, o a ambos. Ese superintendente de la conferencia o el superintendente (o superintendentes) de distrito, serán presbíteros y estarán sujetos a las mismas limitaciones de años de servicio como las de los superintendentes de distrito (¶ 418). Los años de servicio pueden ser o no consecutivos. Los años de servicio como superintendente de conferencia o superintendente de distrito en una

conferencia misionera serán contados hasta llegar al total de doce años como se permite en una conferencia anual regular[26].

2. La Junta General de Ministerios Globales dará estrecha supervisión y dirección a la formación de los presupuestos administrativos y promocionales y a los proyectos de El Avance dentro de la conferencia, así como a la promoción de nuevos proyectos de misión. La conferencia, al solicitar apropiaciones para sostenimiento y concesiones y préstamos para proyectos de construcción, someterá a la Junta General de Ministerios Globales una declaración del presupuesto anual promocional y administrativo propuesto, y del plan financiero propuesto para proyectos de nuevas misiones y de construcción. El trabajo nuevo y los proyectos de construcción que incluyan aumentos en las apropiaciones de la Junta General de Ministerios Globales habrán de tener primero la aprobación de la Junta General de Ministerios Globales.

3. Las Conferencias Misioneras elegirán a delegados clericales y laicos para la Conferencia General y la conferencia jurisdiccional sobre la misma base que las conferencias anuales, como se dispone en los ¶¶ 502 y 514.

4. *a) Membresía*—Una conferencia misionera determinará por mayoría de votos si establecerá o no el derecho de membresía ministerial plena. Con la aprobación y consentimiento de los obispos u otras autoridades involucradas, los nombramientos serán hechos por el obispo residente de la conferencia en la cual la persona clériga habrá de servir.

b) Un ministro ordenado a plena conexión con una conferencia anual, que es nombrado a una conferencia misionera que previamente ha votado incluir la membresía plena según la § 4a puede escoger, ya sea solicitarle al obispo de la conferencia misionera que consiga la transferencia de su membresía a membresía plena con la conferencia misionera, o retener su membresía en su propia conferencia, y ser considerado en una relación afiliada con la conferencia misionera.

c) En una conferencia misionera que no ha votado incluir membresía plena, cada clérigo metodista unido nombrado por el obispo habrá de retener su membresía en su conferencia original y se le considerará en una relación afiliada de la conferencia misionera.

---

26.   Ver Decisión 512 del Concilio Judicial.

d) La relación afiliada la dará derecho al ministro ordenado a la comunión con la conferencia, participación total en sus actividades, inclusive tener un cargo y representar a la conferencia misionera en conferencias General y jurisdiccional. Un miembro afiliado de una conferencia misionera no votará en su conferencia anual mientras que tenga la relación de afiliado de una conferencia misionera. Esta relación de afiliado de una conferencia misionera será sólo por la duración del nombramiento del ministro ordenado a la conferencia.

Un miembro afiliado elegido a la conferencia General o jurisdiccional por la conferencia misionera no podrá ser elegido a tal puesto por la conferencia en donde está su membresía.

e) Una conferencia misionera puede elegir como miembros ministeriales a plena conexión a aquellas personas que desean membresía plena de acuerdo con el ¶ 588.

f) Un pastor con un nombramiento de tiempo completo en una conferencia misionera, bajo consulta con y la aprobación del obispo y la conferencia o el superintendente de distrito o el gabinete, puede renunciar al salario mínimo de la conferencia. Esta renuncia se revisará anualmente y estará en vigor hasta que tenga un nuevo nombramiento.

g) En un conferencia misionera que no ha establecido su derecho pleno a membresía ministerial (§ 4a), y si la conferencia misionera es parte de un área episcopal que consiste en dos o más conferencias anuales y misioneras, entonces y con el propósito de candidatura para la ordenación (¶¶ 310-314), membresía provisional (¶¶ 324-327) y elección a plena membresía de la conferencia (¶¶ 328-336), la conferencia misionera podrá funcionar como un distrito de la conferencia anual en la misma área episcopal, con y solamente con la aprobación del obispo presidente, la junta del ministerio ordenado de la conferencia anual y el comité del ministerio ordenado de la conferencia misionera. Si la conferencia misionera no tiene un comité del ministerio ordenado, la aprobación puede otorgarla el cuerpo de la conferencia misionera al cual han sido asignadas las funciones del comité del ministerio ordenado[27].

5. Una conferencia misionera puede incluir en su membresía a la representación de las agencias de misión que estén dentro de su territorio, según lo juzgue aconsejable; con tal que tal repre-

---

27. Ver Decisión 448 del Concilio Judicial.

sentación no exceda en número a la tercera parte de la membresía total de la conferencia misionera, y que dichos representantes sean miembros de la Iglesia Metodista Unida, de acuerdo con los requisitos constitucionales[28].

6. Para proporcionar ministerios tradicionales y experimentales, el obispo de la conferencia misionera puede dar un nombramiento a un presbítero activo que no sea a tiempo completo, sino que vaya combinado con un empleo secular. Esto no afectará de manera alguna la relación conferencial. La pensión y demás beneficios se proveerán en consulta con las partes afectadas y con la aprobación de la conferencia misionera.

7. Una conferencia misionera que no ha establecido el derecho de membresía plena puede ordenar personas indígenas raciales y étnicas como diáconos que, aunque no son miembros asociados, se les otorgarán todos los derechos y privilegios de membresía asociada en la conferencia misionera; con tal que hayan completado todos los requisitos necesarios para la candidatura y tales otros requisitos que la conferencia misionera pueda establecer. Además, estas personas tienen el derecho de solicitar traslado de su membresía ministerial a otra conferencia anual como miembros asociados y procurar la relación a plena conexión bajo la dirección de esa conferencia anual.

¶ **587.** Solamente la Conferencia General puede crear una conferencia misionera, o cambiar a una conferencia misionera a una conferencia anual provisional o a una conferencia anual. Una petición a la Conferencia General para el cambio de estado de una conferencia misionera presentará detalles de la historia y el estado de la conferencia, e irá acompañada por un informe y recomendación de la Junta General de Ministerios Globales.

¶ **588.** *Derechos y privilegios*—Las conferencias misioneras tendrán los mismos derechos que los que se les otorgan a las conferencias centrales en el ¶ 543.7, .8 para hacer los cambios y adaptaciones respecto al ministerio y la ordenación de ministros ordenados y, según lo exija el uso efectivo del liderazgo indígena de la conferencia misionera; con tal que no se tome ninguna decisión que sea contraria a la Constitución y a las Reglas Generales de la Iglesia Metodista Unida y en caso que una conferencia misionera no tenga una junta del ministerio ordenado deber[a

---

28.   Ver Decisión 511 del Concilio Judicial.

seguirse el proceso prescrito en el ¶ 586.4.*g)* para la aprobación de los candidatos para la ordenación.

Sección VIII. Misiones

¶ **590.** El propósito de una misión es proveer y desarrollar ministerio a un grupo particular o región cuyo potencial y necesidades no pueden satisfacerse a cabalidad dentro de las estructuras y recursos existentes de una conferencia anual o de distrito. Un misión puede también ser el primer paso hacia la formación de una conferencia anual provisional.

De acuerdo con el espíritu ecuménico wesleyano, en todas las fases de desarrollo de misión, las entidades iniciadores metodistas unidas consultarán, y donde sea posible crearán relaciones cooperativas, con comuniones wesleyanas. Promoverán relaciones con otras denominaciones que sirven en el área y con organizaciones interdenominacionales y ecuménicas. Cuando sea apropiado, participarán en el diálogo con organizaciones y agencias interreligiosas.

¶ **591.** *Poderes y responsabilidades*—1. Una misión es un cuerpo organizacional para un campo de trabajo dentro, fuera o a través de estructuras de las conferencias anuales o conferencias anuales provisionales.

2. Una misión podrá ser establecida por la Junta General de Ministerios Globales, o por una conferencia central o anual en cooperación con la Junta General de Ministerios Globales.

3. Los límites para una misión establecida por una conferencia central o anual en cooperación con la Junta General de Ministerios Globales serán determinados por la conferencia central o anual y la Junta General de Ministerios Globales. Si la Junta General de Ministerios Globales establece una misión fuera del territorio de las conferencias centrales, la Junta General de Ministerios Globales establecerá los límites.

4. *(a)* Cuando la misión esté dentro de las fronteras de un área episcopal, el obispo residente la presidirá. *(b)* Cuando una misión cruza las fronteras de una o más áreas episcopales o jurisdicciones, o conferencias centrales, el Colegio o Colegios de Obispos, en consulta con el secretario general de la Junta General de Ministerios Globales, asignará un obispo a la misión. *(c)* Cuando la misión está fuera de los límites de un área episcopal establecida en jurisdicciones o conferencias centrales, el Concilio de Obispos,

en consulta con el secretario general de la Junta General de Ministerios Globales, asignará un obispo para ser su presidente.

5. La entidad o entidades que establecen una misión, en colaboración con el obispo asignado, buscará un acuerdo cooperativo con una conferencia anual la cual servirá como la conferencia anual correspondiente de esa misión por los propósitos de ordenación y membresía de la conferencia, y por el licenciamiento de pastores locales.

6. La sesión anual de la misión tendrá autoridad para certificar candidatos para el ministerio ordenado, dictaminar sobre el carácter de los clérigos que no son miembros de la conferencia anual, recibir y examinar a los pastores misioneros y presbíteros locales en misión, y recomendarles a una conferencia anual personas adecuadas para la membresía provisional o plena y ordenación.

7. La entidad o entidades que inician una misión serán responsables de su administración y desarrollo y de asegurarse de que la misión forma, organiza e implementa los mecanismos y procesos necesarios para cumplir las funciones de la misión.

8. Ni la misión ni sus oficiales habrán de asumir obligaciones financieras o harán compromisos financieros a nombre de la Junta General de Ministerios Globales sin la autorización explícita y por escrito de la Junta.

9. Las recomendaciones para un cambio del status de la misión se hará por la entidad o entidades que establezcan la misión.

¶ **592.** *Membresía*—1. Una misión estará constituida por todos los misioneros nombrados, tanto laicos como clérigos, presbíteros locales en misión, pastores misioneros y otros miembros laicos. La misión determinará el número de miembros laicos y el método que se usará para seleccionarlos. Al hacer esto, se cuidará de que todos los aspectos del trabajo de la misión estén representados[29].

2. En territorios fuera de los límites de las conferencias centrales o anuales, el obispo asignado a la misión y la Junta General de Ministerios Globales recomendarán los requisito educativos de los presbíteros locales en misión, y pastores misionales. Tales recomendaciones y requisitos serán aprobados por la Junta General de Educación Superior y Ministerio.

a) Los presbíteros locales en misión son miembros ordenados de la misión y no de una conferencia anual. Los presbíteros locales en misión están limitados en su autoridad interina y sacra-

---

29. Ver Decisión 341 del Concilio Judicial.

mental a los límites de la misión y como tal no son aptos para la trasferencia de sus credenciales a otra conferencia anual.

b) Los pastores de la misión son miembros de la misión sin ser miembros de una conferencia anual. La misión determinará los requisitos que un pastor de la misión tiene que llenar, para poder utilizar de la manera más efectiva al liderazgo indígena. En su itinerancia están limitados a las fronteras de la misión.

¶ **593.** *Misiones—Reunión Anual*—1. Una misión sesionará anualmente en el tiempo y lugar señalados por el obispo encargado que será quien presida. En ausencia del obispo, un superintendente de la misión presidirá. El oficial presidente dirigirá los negocios regulares de la sesión y coordinará la obra.

2. El obispo asignado, en consulta con la entidad o entidades que establecen la misión, puede nombrar a uno o más superintendentes de la misión.

3. En la sesión anual el obispo asignará a los misioneros y a los pastores de la misión a los diversos cargos para el año siguiente; siempre y cuando la transferencia de los misioneros relacionados con la Junta General de Ministerios Globales se complete sólo después de consultar con la junta.

4. Una misión relacionada a una conferencia central está autorizada para elegir y enviar una persona laica y un clérigo a la conferencia central como su representante, con voz pero sin voto.

Sección IX. La conferencia anual

¶ **601.** *Propósito*—El propósito de la conferencia anual es hacer discípulos de Jesucristo para la transformación del mundo al equipar a sus iglesias locales para el ministerio y al proveer una conexión para el ministerio más allá de la iglesia local; todo para la gloria de Dios.

¶ **602.** *Composición y carácter*—1. La membresía clerical de una conferencia anual (¶ 370) consistirá de diáconos y presbíteros a plena conexión (¶ 333), miembros provisionales (¶ 327), miembros asociados, miembros afiliados (¶¶ 344.4, 586.4), y pastores locales bajo nombramiento a tiempo completo, y nombramiento a tiempo parcial a un cargo pastoral (¶ 317)[30] (Ver también ¶ 32).

a) Los miembros clericales a plena conexión tendrán derecho a votar en todos los asuntos de la conferencia anual, excepto en la elección de delegados laicos a las conferencias General y jurisdiccional, o central, y tendrán plena responsabilidad en

---

30. Ver Decisiones 477, 552, 1062 del Concilio Judicial.

cuanto a todos los asuntos de ordenación, carácter y las relaciones conferenciales de los clérigos[31].

b) Los miembros clericales provisionales tendrán el derecho a votar en la conferencia anual en todos los asuntos, excepto en las enmiendas constitucionales, la elección de delegados dentro de la clerecía para las conferencias generales, jurisdiccionales o centrales y en los asuntos de ordenación, carácter y relaciones conferenciales de los clérigos. Los miembros clericales provisionales que hayan completado todos los requisitos educacionales podrán votar en la elección de delegados dentro de la clerecía para las conferencias generales, jurisdiccionales o centrales[32].

c) Los miembros clericales asociados tendrán derecho de votar en la conferencia anual en todos los asuntos, excepto en las enmiendas constitucionales, y en los asuntos de ordenación, carácter, y relaciones conferenciales de los clérigos. Cuando los miembros asociados son a su vez miembros de la Junta del Ministerio Ordenado de la conferencia, tendrán derecho a voto en la sesión clerical en los asuntos de ordenación, carácter y relaciones conferenciales de los clérigos (¶ 634.1). Los miembros afiliados tendrán derecho a voto en la conferencia anual en todo asunto excepto en las enmiendas constitucionales, elección de delegados clericales para las conferencias generales , jurisdiccionales o centrales, y en asuntos de ordenación, carácter y relaciones conferenciales de la clerecía[32].

d) Los pastores locales a tiempo parcial y tiempo completo que estén bajo nombramiento en un cargo pastoral tendrán derecho a votar en la conferencia anual en todos los asuntos, excepto en las enmiendas constitucionales, elección de delegados a las Conferencias General, Jurisdiccional o Central, y en los asuntos de ordenación, carácter y relaciones conferenciales de los clérigos[33]. Cuando los pastores locales son miembros de la Junta del Ministerio Ordenado de la conferencia, tendrán derecho a voto en la sesión clerical en los asuntos de ordenación, carácter y relaciones conferenciales de los clérigos (¶ 634.1). Los pastores locales que hayan completado el curso de estudios o los estudios de Maestría en Divinidad y hayan servido por lo menos dos años consecutivos bajo nombramiento antes de su elección podrán votar para

---

31. Ver Decisiónes 406, 555, 686, 690 del Concilio Judicial.
32. Ver Decisión 1181 del Concilio Judicial y ¶ 35, Artículo IV.
33. Ver Decisión 862 del Concilio Judicial.

la elección de delegados clericales de las conferencias generales, jurisdiccionales o centrales[34].

e) Toda conferencia anual que tenga ministerio universitario, capellanes y directores de Fundación Wesley, habrán de incluir a los mismos en su composición de laicos y clérigos de la conferencia anual. En distritos en donde laicos metodistas unidos sirven como ministros o directores universitarios de Fundaciones Wesley, éstos serán añadidos como miembros laicos adicionales de la conferencia anual. En distritos en donde clérigos metodistas unidos sirven como capellanes, ministros universitarios y directores de Fundaciones Wesley que los laicos eligieron como sus homólogos serán elegidos de la junta de directores del ministerio universitario o un estudiante de ese ministerio/fundación. Se dará atención especial a la inclusión de adultos jóvenes metodistas unidos que son participantes activos del ministerio universitario.

2. Ministros diaconales consagrados servirán como miembros laicos de la conferencia anual mientras mantengan este estado en la Iglesia Metodista Unida.

3. Se permitirá a las personas que llegan a ser miembros asociados antes del enero 1o de 1997, continuar en esta relación y servir bajo la previsión de la *Disciplina* de 1992, mientras mantengan este estado.

4. La membresía laica de la conferencia anual consistirá de un miembro laico electo por cada cargo pastoral, ministros diaconales, diaconisas, trabajadores laicos misionales, la presidenta conferencial de las Mujeres Metodistas Unidas, el presidente conferencial de los Hombres Metodistas Unidos, el líder laico conferencial, los líderes laicos de los distritos[35], el coordinador de reclutamiento de la conferencia, el presidente o el oficial equivalente de la organización de adultos jóvenes, el presidente de la organización conferencial de la juventud, un joven de entre doce y dieciocho años y un joven adulto de entre dieciocho y treinta años de edad de cada distrito para que sean seleccionados en la manera que la conferencia anual determine (en caso de las conferencias centrales, el miembro joven no tendrá menos de doce años o más de veinticinco años y el miembro joven adulto no podrá ser menor de dieciocho años o mayor de treinta y cinco, y el presidente de la organización conferencial de estudiantes universitarios. Si la membresía laica es menor en número a la membresía clerical de

---

34. Ver Decisión 1181 del Concilio Judicial y ¶ 35, Artículo IV.
35. Ver Decisiónes 989, 1005 del Concilio Judicial.

la conferencia anual, la conferencia anual, por su propia fórmula, proveerá para la elección de miembros adicionales para igualar la membresía laica y clerical de la conferencia anual. La membresía clerical que voluntariamente indique que no pueden atender a la conferencia anual por incapacidad o edad avanzada no será contada al considerar este equilibrio entre la membresía clerical y laica[36].

Cada cargo pastoral servido por más de un miembro clerical bajo nombramiento, (incluidos diáconos a plena conexión para quienes éste es su primer nombramiento) tendrá derecho a tantos miembros laicos como miembros clericales tenga bajo nombramiento. Los miembros laicos tendrán que haber sido miembros de la Iglesia Metodista Unida por los dos años anteriores a su elección, y tendrán que haber sido participantes activos en la Iglesia Metodista Unida por lo menos los cuatro años anteriores a su elección. (¶¶ 32, 251.2)

a) En la conferencia anual o conferencias centrales, se podrán suspender los cuatro años de participación y los dos años requeridos de membresía para personas jóvenes de menos de treinta años de edad. Tales personas deben ser miembros de la Iglesia Metodista Unida y participantes activos al tiempo de su elección.

b) Por autorización de una conferencia central, a los ministros diaconales nacionales se les podrán dar los mismos privilegios que a un ministro diaconal[37].

5. El miembro laico o su suplente, quienquiera que haya sido el último en ocupar un asiento en la conferencia anual, tendrá asiento en una sesión extraordinaria de la conferencia anual cuando ésta se convoque; con tal que a ningún cargo local se le prive de su miembro laico debido a muerte, enfermedad seria, o cese de membresía. Bajo esas circunstancias, la conferencia de cargo podrá elegir a otro miembro laico[38]. (¶ 32)

6. Los miembros laicos de la conferencia anual participarán en todas las deliberaciones y votarán sobre todas las medidas, excepto en la concesión o validación de licencia, ordenación, recepción a membresía conferencial a plena conexión, o cualquier cuestión relativa al carácter y conducta oficial de los ministros ordenados, excepto los que son miembros laicos de la Junta del Ministerio

---

36. Ver Decisión 1212 del Concilio Judicial.
37. Ver Decisión 505 del Concilio Judicial.
38. Ver Decisión 319 del Concilio Judicial.

Ordenado y del comité de investigación. Los miembros laicos servirán en todos los comités, excepto en los de relaciones ministeriales y los relacionados con el juicio de los clérigos[39].

7. En cualquier momento que la conferencia anual dispense a un miembro laico de asistencia adicional durante la sesión, el miembro laico suplente, si está presente, podrá tener el asiento en su lugar. El miembro laico, o el miembro suplente, será el miembro laico de la conferencia anual, y será su deber rendir informe a la iglesia local sobre las decisiones de la conferencia anual.

8. Es deber de todo miembro, de todos los miembros provisionales y de los pastores locales de la conferencia anual asistir a las sesiones de ésta y rendir informes de la manera que requiera la Disciplina. Cualquiera de ellos que no pueda asistir, lo hará saber por medio de una carta al secretario de la conferencia, exponiendo la razón de su ausencia. Si cualquier ministro ordenado que esté en servicio activo está ausente de la sesión de la conferencia anual sin dar una razón satisfactoria de tal ausencia, el asunto será referido por el secretario de la conferencia a la Junta del Ministerio Ordenado.

9. Se les dará asiento en la conferencia anual y se les dará el privilegio de voz sin voto a los siguientes: representantes oficiales de otras denominaciones invitados por la conferencia anual; misioneros regularmente asignados por la Junta General de Ministerios Globales y que sirven dentro de los límites de la conferencia anual; misioneros laicos regularmente nombrados por la Junta General de Ministerios Globales en países fuera de los Estados Unidos y misioneros laicos certificados de países fuera de los Estados Unidos que sirven dentro de los límites de la conferencia anual.

10. El canciller de la conferencia, si no es miembro votante de la conferencia, se sentará en la conferencia anual, y se le dará el privilegio de voz, pero sin voto.

¶ **603.** *Organización*—1. Las conferencias anuales pueden convertirse en organismos legales separados, cuando sea práctico, según la ley de los países, estados y territorios dentro de los que estén situadas[40].

2. Los obispos señalarán las fechas para celebrar las conferencias anuales[41].

3. La conferencia anual o un comité de la misma escogerá la sede para celebrar la conferencia, pero si por alguna razón se

---

39. Ver Decisiones 109, 505, del Concilio Judicial.
40. Ver Decisión 108 del Concilio Judicial.
41. Ver Decisión 1206 del Concilio Judicial.

hiciera necesario cambiar el lugar de reunión, una mayoría de los superintendentes de distrito, con el consentimiento del obispo encargado, puede cambiar la sede.

4. Las sesiones de la conferencia anual se celebrarán en lugares que sean accesibles a personas con impedimentos.

5. Se podrá celebrar una sesión extraordinaria de la conferencia anual en la fecha y lugar determinados por la conferencia anual, después de consultar con el obispo, o por el obispo, con la aquiescencia de las tres cuartas partes de los superintendentes de distrito. Una sesión extraordinaria de la conferencia anual tendrá únicamente los poderes especificados en la convocatoria[42].

6. El obispo asignado presidirá la conferencia anual, o en caso de imposibilidad, hará los arreglos para que otro obispo presida. En ausencia de un obispo, la conferencia, por medio de balota, sin postulación ni debate, elegirá un presidente *pro tempore* de entre sus presbíteros itinerantes. El presidente así electo desempeñará todos los deberes de un obispo, excepto la ordenación.

7. La conferencia anual, en la primera sesión que siga a la Conferencia General (o a la conferencia jurisdiccional o central (o, si lo desea, durante la última sesión que preceda a la Conferencia General, a la conferencia jurisdiccional, o a la conferencia central) elegirá, bajo un proceso de nombramiento que la conferencia anual determinará, un secretario y un secretario de estadística para que sirvan durante el cuadrienio siguiente. En caso de haber una vacante en cualquiera de los dos puestos durante el ínterin entre sesiones, el obispo, después de consultar con los superintendentes de distrito, nombrará a una persona para actuar en esa capacidad hasta la siguiente sesión de la conferencia anual (¶ 619 para elección de tesorero).

8. La conferencia anual designará un canciller y podrá designar uno o más cancilleres asociados. El canciller y, si los hay, cancilleres asociados serán miembros en buenas relaciones de una de las iglesias locales, o de la conferencia anual en el área episcopal, y con licencia para ejercer la ley en el área episcopal. El canciller y canciller asociado, si se designa, será postulado por el obispo, y electo cada cuadrienio por la conferencia anual. Si se produce una ausencia durante el cuadrienio, el obispo cubrirá la vacante hasta la próxima sesión de la conferencia anual. El canciller, con la asistencia del canciller asociado, si lo hay, servirá como consejero legal del obispo y de la conferencia anual. Cada conferencia anual infor-

---

42. Ver Decisión 397 del Concilio Judicial.

mará de su elección del canciller y, si se da el caso, de los cancilleres asociados al Concilio General de Finanzas y Administración.

9. El líder laico de la conferencia es el líder electo del laicado de la conferencia y es un oficial de la conferencia anual. El líder laico será un miembro profeso de una iglesia local en la conferencia anual. El líder laico de la conferencia participará de las sesiones de la conferencia anual como un compañero en el ministerio con el Obispo.

¶ **604.** *Poderes y deberes*—1. La conferencia anual puede adoptar, para su propio gobierno, reglas y reglamentos que no estén en conflicto con la *Disciplina* de la Iglesia Metodista Unida; con tal que en el ejercicio de sus poderes cada conferencia anual actúe en todo caso en armonía con la política de la Iglesia Metodista Unida respecto a la eliminación de la discriminación racial[43]. (¶ 4, Artículo IV)

2. Una conferencia anual no puede obligar financieramente a ninguna unidad organizacional de la Iglesia Metodista Unida, excepto a la misma conferencia anual[44].

3. La conferencia anual puede admitir dentro de su membresía clerical solamente a quienes han satisfecho todos los requisitos disciplinarios para membresía, y sólo en la manera prescrita en la *Disciplina*[45].

4. La conferencia anual tendrá autoridad para inquirir acerca de la conducta moral y oficial de sus miembros clericales. Sujetándose únicamente a las disposiciones de los ¶¶ 2701-2719, la conferencia anual tendrá autoridad para oír quejas contra sus miembros clericales, y podrá enjuiciar, reprobar, suspender, privar del cargo clerical y credenciales, expulsar, o absolver a cualquiera contra quien se hayan formulado cargos. La conferencia anual tendrá el poder para localizar un miembro ministerial, por no ejercer en forma efectiva y competente los deberes del ministerio itinerante[46].

5. El estado de un miembro clerical y el de un miembro provisional, y la forma y condiciones de la transferencia de un miembro clerical de una conferencia anual a otra, están regidos por la sección sobre el ministerio ordenado (Capítulo segundo).

---

43. Ver Decisiones 43, 74, 109, 141, 318, 323, 367, 373, 418, 432, 435, 476, 536, 584, 590, 592, 688, 694, 699, 876, 1198 del Concilio Judicial.
44. Ver Decisión 707 del Concilio Judicial.
45. Ver Decisión 440 del Concilio Judicial.
46. Ver Decisiones 534, 782 del Concilio Judicial.

6. Las transferencias de los predicadores itinerantes están sujetas a la aprobación de su carácter de parte de la conferencia ante la que son responsables. El anuncio oficial de que un predicador es transferido cambia la membresía de dicho predicador, de manera que todos los derechos y responsabilidades en la conferencia a la que va dicho predicador comienzan en la fecha de transferencia. Dicho miembro de una conferencia anual no votará dos veces sobre el mismo asunto constitucional, ni será contado dos veces durante el mismo año para la elección de delegados, ni votará dos veces durante el mismo año para elegir delegados a las conferencias General, jurisdiccional, o central.

7. Cuando los miembros clericales, sean provisionales o a plena conexión, son transferidos a otra conferencia anual, sea en conexión con la transferencia del cargo pastoral al que están nombrados, o debido a la disolución o fusión de la conferencia anual, tendrán los mismos derechos y obligaciones de los otros miembros de la conferencia a que son transferidos.

8. La conferencia anual tendrá autoridad para inquirir sobre la situación financiera de las iglesias locales, y donde haya un déficit en las finanzas podrá requerir que el pastor y el miembro laico se presenten ante el comité respectivo y den explicaciones. Basándose en los resultados de sus averiguaciones, proveerá asesoramiento para ayudar a la iglesia a salir de esa situación de déficit.

9. La conferencia anual tendrá autoridad para inquirir sobre el estado de la membresía de las iglesias locales, y donde no se hayan recibido miembros por confesión de fe durante el año, puede requerir que el pastor y el miembro laico se presenten ante la agencia respectiva y den explicaciones.

10. La conferencia anual reconocerá a todas las nuevas iglesias que hayan sido organizadas durante el año y, por medio del obispo que la presida y del secretario, le enviará a cada nueva iglesia un certificado de organización, el cual el superintendente de distrito, a nombre de la conferencia, presentará a la nueva iglesia en una ceremonia apropiada.

11. La conferencia anual obtendrá, durante el curso de su sesión anual, las respuestas a las preguntas respecto a los negocios de la conferencia anual, y el secretario de ésta incluirá las respuestas a dichas preguntas en el libro de actas de la conferencia y en el informe al Concilio de Finanzas y Administración.

12. Si cualquier conferencia anual inicia, se une, observa, o termina un boicot, se seguirán las pautas del *Libro de Resoluciones*

de 2004. La Conferencia General es el único organismo que puede iniciar, impulsar o unirse a un boicot a nombre de la Iglesia Metodista Unida.

13. La conferencia anual puede escoger adoptar un plan conferencial para la compensación de los pastores. Dicho plan proveerá el método para establecer y financiar los salarios, u otros elementos de compensación como se especifica en el plan para los pastores nombrados a los cargos de la conferencia anual.

¶ **605.** *Negocios de la conferencia*—1. La sesión se abrirá con un período devocional, seguido por un pase de lista, que incluye a los pastores locales.

2. La conferencia anual, con el fin de apresurar la transacción de sus negocios, puede adoptar una agenda como base para sus procedimientos. Dicha agenda será preparada por el obispo, los superintendentes de distritos, el líder laico de la conferencia y las demás personas que la conferencia nombre, y será sometida a la conferencia para su adopción.

3. Los miembros de todos los comités permanentes, juntas y comisiones de la conferencia anual serán seleccionados en la manera que la *Disciplina* lo requiera específicamente o como lo determine la conferencia anual[47]. Se le dará atención a la inclusividad (¶¶ 124, 140).

A fin de ajustar la continuidad, un cierto número de miembros puede ser electo o nombrado para períodos particulares. Los miembros ocuparán sus cargos hasta que sus sucesores sean electos. Para enterarse de la disposición que hace la *Disciplina* en cuanto a las agencias de la conferencia anual, ver ¶ 610.1; y para las agencias establecidas por la conferencia anual misma, ver ¶ 610.2.

4. Los negocios de la conferencia anual incluirán recibir y tomar acción sobre los informes de los superintendentes de distrito, los oficiales, los comités permanentes y los comités especiales, las juntas, comisiones y sociedades; y también hacer las averiguaciones que recomiende el Concilio de Obispos mediante la provisión de una guía suplementaria[48].

5. La agenda de la conferencia anual proporcionará tiempo para una presentación oral o informe, que será la responsabilidad del líder laico de la conferencia.

---

47. Ver Decisión 559 del Concilio Judicial.
48. Ver Decisión 367 del Concilio Judicial.

6. Por petición del Secretario General de la Junta General de Pensiones y de Beneficios de Salud, la agenda de la conferencia anual incluirá el tiempo necesario para un informe por parte de la Junta General de Pensiones y de Beneficios de Salud en consulta con la junta de pensiones de la conferencia anual con el propósito de discutir los programas de beneficios y asuntos relacionados.

7. La conferencia anual inquirirá respecto a la conducta moral y oficial de sus ministros ordenados y pastores locales. En respuesta a la pregunta de si todos los miembros son intachables en su vida y administración oficial, el superintendente de distrito puede responder a nombre de todos los predicadores de su distrito en una sola contestación; o la Junta del Ministerio Ordenado puede inquirir de cada superintendente de distrito acerca de cada ministro ordenado en su respectivo distrito, y hacerle un informe al obispo y a la conferencia en sesión abierta[49]. Los negocios de la sesión clerical serán cuestiones relacionadas con asuntos de ordenación, carácter y relaciones de clérigos. Las decisiones de la sesión clerical serán para la conferencia anual y a nombre de ella. Las disposiciones de la *Disciplina* aplicables a una conferencia anual serán también aplicables a la sesión clerical. Todos los miembros clericales (¶ 601.1; 602.1) de la conferencia anual y miembros laicos electos de la Junta del Ministerio Ordenado pueden votar. Sólo los clérigos ordenados a plena conexión y los miembros laicos de la Junta de Ministerio Ordenado pueden votar (¶ 602.1a). Se podrán admitir otras personas por acción específica de la sesión clerical, pero no tendrán voto, ni tendrán voz, a menos que la sesión clerical se la conceda específicamente (¶ 333)[50].

8. Al concluir el examen sobre el carácter o calidad moral de los ministros ordenados y pastores locales de la conferencia, o en el momento que el obispo lo designe, el obispo presidente puede llamar a los estrados de la conferencia a la clase que va a ser admitida a plena conexión y los recibirá en la membresía de la conferencia, después de hacerles las preguntas que se hallan en el ¶ 336. Este examen de los ministros ordenados y la aprobación de sus caracteres o calidad moral puede ser lo único que ocupe toda una sesión.

9. La conferencia anual adoptará una política comprensiva para tratar con el acoso sexual y de naturaleza sexista de la clerecía

---

49.   Ver Decisiones 42, 406, 555 del Concilio Judicial.
50.   Ver Decisiones 686, 690, 769, 782, 1009 del Concilio Judicial.

cuando personas laicas son las perpetradoras. Esta política servirá de guía a la iglesia local a afrontar una acusación, al cuidado del demandado y del demandante, la victima y el perpetrador, los resultados y la resolución. Hará provisión en el apoyo del pastor y cuidado de los miembros de la iglesia.

¶ **606.** *Registros y archivos*—1. La conferencia anual mantendrá un registro exacto de sus procedimientos, de acuerdo a las formas provistas por las Conferencias General, jurisdiccional y central. Si la conferencia anual no tiene archivos, el secretario mantendrá una o varias copias encuadernadas o en versión digital que le entregará a quien le suceda en el puesto. La conferencia le enviará a su conferencia jurisdiccional o la conferencia central copias de las actas del cuadrienio para ser examinadas.

2. Cada conferencia anual le enviará sin cargo al Concilio General de Finanzas y Administración, la Junta General de Pensiones y de Beneficios de Salud, la Comisión General de Archivos e Historia, la Comisión Central o Jurisdiccional de Archivos e Historia y a la Comisión de la Conferencia General de Archivos e Historia, dos copias impresas o en versión digital de su libro de actas. Además, la conferencia anual enviará una copia impresa o en versión digital de sus actas anuales a la Mesa Conexional y una copia impresa o en versión digital a Comunicaciones Metodistas Unidas. Si es posible, se enviará una copia en versión digital de las actas a la Comisión General de Archivos e Historia y una copia a Comunicaciones Metodistas Unidas.

3. La conferencia anual puede formar un comité para la publicación de las actas. El libro de actas de la conferencia anual incluirá las siguientes divisiones en el siguiente orden:

a) Oficiales de la conferencia anual

b) Juntas, comisiones, comités; listas de los miembros de la conferencia

c) Actuaciones diarias

d) Negocios de la conferencia anual (antes conocidas como las preguntas disciplinarias)

e) Nombramientos

f) Informes, según lo ordene la conferencia anual

g) Informe anual del superintendente de distrito, si lo hay.

h) Memoriales, según lo ordene la conferencia anual siguiendo las pautas de la Comisión General de Archivos e Historia

i) Lista de los fallecidos-miembros ministeriales fallecidos

j) Histórica

k) Misceláneas

l) Registro pastoral (inclusive los registros de pastores locales aceptados, de la manera en que la conferencia lo determine)

m) Estadísticas

n) Índice

4. Una conferencia anual de los Estados Unidos o de Puerto Rico incluirá en sus actas una lista de diaconisas y misioneros, tanto clérigos como laicos, activos o jubilados, que han partido de la conferencia a prestar servicio misionero, o que al presente sirven en tal capacidad dentro de los límites de la conferencia anual.

5. El libro de actas de la conferencia anual incluirá una lista de los ministros diaconales consagrados y los registros de sus servicios.

6. El secretario, el tesorero, u otro oficial administrativo nombrado por la conferencia anual, guardará un registro completo de servicio de todo el personal del ministerio ordenado y el ministerio diaconal de dicha conferencia. Dichos registros de servicio incluirán, sin limitarse sólo a éstas, información biográfica suministrada por el individuo, una lista de nombramientos, y un registro de las decisiones de la conferencia anual referente a relaciones conferenciales. Además de los registros de servicio, el secretario, el tesorero, u otro oficial administrativo nombrado por la conferencia anual, guardará las descripciones de las circunstancias relacionadas con cambios en las relaciones conferenciales, las credenciales entregadas al obispo o al superintendente de distrito, y los registros confidenciales de juicios.

7. El informe de la iglesia local a la conferencia anual será sometido en las formas prescritas no más tarde de treinta días después del fin del año calendario. Si la conferencia anual fija una fecha tope más temprana para el recibo de los informes, ésta será la que valdrá.

8. Todos los registros oficiales de secretarios, secretarios de estadística, y tesoreros serán llevados de acuerdo a los formularios preparados por el Concilio General de Finanzas y Administración, de modo que todas las partidas oficiales puedan manejarse de igual manera en todas las conferencias anuales, y se establecerá esa uniformidad en rendir los informes como política de la iglesia en todo el mundo.

9. Todos los registros protocolares de los candidatos y del personal del ministerio ordenado, del ministerio diaconal que están bajo la custodia del secretario de la conferencia, el tesorero u otro oficial administrativo nombrado por la conferencia

anual, la Junta del Ministerio Ordenado, la Junta de Pensiones, y el Comité del Ministerio Ordenado del distrito, han de guardarse para la conferencia anual, de conformidad con las pautas suministradas por el Concilio General de Finanzas y Administración, en consulta con la Junta General de Educación Superior y Ministerio y la Junta General de Pensiones y de Beneficios de Salud, y los principios siguientes:

a) La conferencia anual es la propietaria de los registros protocolares y archivos de su personal;

b) Los individuos en cuyo nombre se guarda un registro protocolar tendrán acceso a la información contenida en un registro protocolar o expediente, con excepción de credenciales entregadas e información sobre la cual ha sido firmado un convenio de renuncia al derecho de acceso;

c) El acceso a los registros protocolares no publicados, de parte de personas que no sean el obispo, el superintendente de distrito, el secretario de la conferencia, el tesorero, u otro oficial administrativo, o la Junta del Ministerio Ordenado, por medio de su presidente, la Junta de Pensiones, por medio de su presidente, y el Comité del Ministerio Ordenado del distrito, por medio de su presidente, el abogado de la iglesia, y el Comité de Investigaciones, por medio de su presidente, requerirá la autorización por escrito de la persona a cuyo nombre se guarda el registro protocolar. Acceso a los registros de juicio será gobernado por las disposiciones del ¶ 2712.5, 2713.5[51].

¶ **607.** *El líder laico de la conferencia*—1. El líder laico conferencial es el líder electo del laicado de la conferencia y tendrá la responsabilidad de fomentar conciencia sobre el papel del laicado tanto dentro de la congregación como a través de sus ministerios en el hogar, lugar de trabajo, comunidad y en el mundo, para lograr la misión de la Iglesia y ayudando y sosteniendo la participación laica en la planificación y la toma de decisiones en la conferencia anual, distrito y en la iglesia local, en cooperación con el obispo, superintendentes de distrito y los pastores.

2. El líder laico de la conferencia se relacionará con los grupos de laicos organizados en la conferencia, como los Hombres Metodistas Unidos, las Mujeres Metodistas Unidas, Juventud Metodista Unida y el ministerio con los Scouts, animará y sostendrá su trabajo, y les ayudará a coordinar sus actividades. El líder laico

---

51. Ver Decisiones 751, 765, 1024 del Concilio Judicial.

de la conferencia también tendrá responsabilidad general en: (1) desarrollar el papel de abogacía por los laicos en la vida de la Iglesia; (2) aumentar la participación de los laicos en las sesiones y estructura de la conferencia anual; y (3) estimular a las personas laicas en el ministerio general de la Iglesia.

3. El líder laico de la conferencia será el presidente de la junta del laicado de la conferencia, o de su estructura equivalente, y será miembro de la conferencia anual, el concilio de la conferencia de ministerios o su estructura equivalente, el comité ejecutivo, si lo hay, del concilio de la conferencia de ministerios, el comité de la conferencia de postulaciones, el comité conferencial sobre el epis-copado, y el comité planificador de las sesiones de la conferencia anual; y puede ser designado por la conferencia anual, en virtud de su oficio, a ser miembro de cualquier agencia conferencial.

4. La conferencia anual proporcionará tiempo para una alocu-ción que será responsabilidad del líder laico conferencial.

5. El líder laico conferencial podrá servir en la junta del minis-terio ordenado de la conferencia y participará en el Servicio de Ordenación en la conferencia anual.

6. El líder laico conferencial se reunirá con el gabinete cuan-do asuntos que se refieran a la coordinación, implementación o administración del programa de la conferencia, u otros asuntos que estén en la agenda y que el gabinete determine.

7. El líder laico conferencial se reunirá con regularidad con el obispo para discutir el estado de la conferencia anual, la Iglesia y las necesidades de ministerio tanto local como globalmente.

8. El líder laico conferencial se asegurará de que la conferen-cia anual tenga un director conferencial de Ministerios de Oratoria Laica, de acuerdo a lo que determina la conferencia anual y el líder laico conferencial participará en los Ministerios de Servicio Laico.

9. El líder laico conferencial será elegido por la conferencia anual por un período de no menos de cuatro años, tal como la conferencia anual lo determine. El método de postulación así como el período en el cargo será determinado por la conferencia anual. El líder laico asociado, que trabaje con el líder laico confe-rencial, puede ser elegido por la conferencia anual tal como lo determine. El líder laico conferencial y el líder laico asociado reci-birán un reembolso razonable por los gastos y cuotas necesarias para su ministerio.

10. El líder laico conferencial será miembro de la Asociación de Líderes Laicos de la conferencia anual.

¶ **608.** *Ministerios conexionales*—Cada conferencia anual es responsable de enfocar y guiar la misión y el ministerio de la Iglesia Metodista Unida dentro de sus fronteras, haciendo lo siguiente:

1. Tener una visión de los ministerios necesarios para convertir en vida la misión de la iglesia en la conferencia anual y a través de ella;

2. Crear y cultivar relaciones y conexiones entre los ministerios locales, distritales, conferenciales y generales de la iglesia;

3. Proporcionar aliento, coordinación y apoyo a los ministerios de cultivo, radio de acción y testimonio en distritos y congregaciones para la transformación del mundo;

4. Garantizar el alineamiento de todos los recursos de la conferencia anual para su misión;

5. Fomentar y fortalecer los ministerios étnicos, inclusive iglesias locales y asuntos étnicos; proporcionar abogacía y velar las funciones para asegurarse de que la iglesia cumple con los valores que declara tener.

Se recomienda que cada conferencia anual tenga un director de ministerios conexionales o una persona designada para enfocar y guiar la misión y el ministerio de la Iglesia Metodista Unida dentro de la conferencia anual.

a) El director podrá ser laico o clérigo.

b) El director servirá como oficial de la conferencia anual, y se sentará con el gabinete cuando éste considere asuntos referentes a la coordinación, ejecución, o administración del programa conferencial, y otros asuntos, según el gabinete y el director pudieran determinar. El director, sea nombrado o elegido, responderá ante el obispo, en consulta con el cuerpo pertinente de la conferencia anual.

c) En sociedad con el obispo, el gabinete, y el liderazgo electo de la conferencia, el director de ministerios conexionales tendrá las siguientes responsabilidades principales:

(1) Servir como mayordomo de la visión de la conferencia anual, incluso el fomento, aclaración, interpretación e incorporación de la visión;

(2) servir como líder del continuo proceso de transformación y renovación necesario para que la conferencia anual sea fiel a nuestra identidad cristiana en un mundo cambiante;

(3) garantizar el alineamiento de todos los recursos de la conferencia para la realización de su visión;

(4) garantizar las conexiones entre los ministerios locales, distritales, de conferencias anuales y generales de la iglesia con el fin de establecer redes de contacto, suministrar recursos y comunicar su ministerio compartido.

¶ **609.** Habrá en conferencia anual o área episcopal un director de comunicaciones o persona designada para centrar y guiar el ministerio de las comunicaciones de la Iglesia Metodista Unida dentro de las conferencias anuales o áreas episcopales.

a) Se recomienda que el director tenga las siguientes responsabilidades primordiales:

(1) Ayudar a identificar, equipar y coordinar el trabajo de un equipo de comunicaciones (personal y voluntarios);

(2) Desarrollar y dirigir la implementación de estrategias para una comunicación eficaz entre las agencias, distritos e iglesias locales de la conferencia anual;

(3) Promover y coordinar actividades para realzar la relevancia y reputación de la Iglesia;

(4) Ayudar a dirigir la estrategia para interpretar el presupuesto conferencial y otras benevolencias;

(5) Ofrecer dirección y adiestramiento a líderes de la conferencia anual, distrito e iglesia local;

(6) Guiar a la conferencia para el desarrollo de relaciones efectivas con los miembros de los medios de comunicaciones dentro de la conferencia anual;

(7) Guiar a los líderes conferenciales a desarrollar e implementar una estrategia de comunicación eficiente bajo el ministerio conexional;

(8) Enseñar a la conferencia el uso de nuevas tecnologías como herramientas para el ministerio;

(9) Suministrar la relación conexional entre la conferencia y Comunicaciones Metodistas Unidas.

b) Se recomienda que el director o la persona designada forme parte de un gabinete extendido (o una estructura equivalente de liderazgo) para suministrar consejo y asesoramiento con respecto a las estrategias de comunicaciones que se relacionan con el programa de la conferencia, interpretación de las asignaciones y benevolencias, gestión de crisis y otros asuntos tal como lo determinen el gabinete y el director.

Agencias conferenciales

¶ **610.** La conferencia anual es responsable por la estructuración de sus ministerios y los procedimientos administrativos, para poder lograr sus propósitos (¶ 601), con excepción de los mandatos estipulados en ¶¶ 611, 635, 636, 637, 639, 640, 647, 648. Al hacer esto, hará disposición para la relación conexiva de la iglesia local, distrito y conferencia con las agencias generales. Velará para asegurar la inclusividad—racial, de género, de edad, y de personas con impedimentos en la conferencia anual. Cada junta, comité existente, comisión, consejo y área de trabajo de la jurisdicción designará a uno de sus miembros como su coordinador en los ministerios de testimonio. Estas personas asistirán a las agencias en las que tienen membresía a emprender ministerios de testimonio y, específicamente, a preguntarse "¿Cómo estamos intencionalmente alcanzando nuevas personas para Jesucristo a través de nuestros ministerios?" y "¿De qué maneras estamos ayudando a estas nuevas personas a crecer y madurar como discípulos de Cristo a través de nuestros ministerios y áreas de responsabilidad?"

1. Se les permite a las conferencias anuales la flexibilidad de diseñar estructuras conferenciales y distritales de la manera que consideren para alcanzar la misión de hacer discípulos de Jesucristo en una comunidad global cada vez más diversa y que considera secundaria cualquier estructura prescrita, con la excepción de las entidades mandatorias descritas en ¶610. Haciendo esto, una conferencia anual proveerá para las funciones y las conexiones de la Conferencia General con todas las agencias generales establecidas por la *Disciplina*, como sigue: *a)* Existirá una conexión clara entre las agencias de la Conferencia General, entidades de programas y administrativas de la conferencia anual, y las congregaciones locales. Estas conexiones se identificarán en los asuntos a tratar de la conferencia anual cada año; *b)* Habrá restricciones y equilibrio entre funciones de programas y funciones financieras y administrativas dentro de la conferencia anual. Estos asuntos de estructura serán definidos en la sesión de la conferencia anual. Además, se permitirá a las conferencias que desarrollen estructuras contextualmente apropiadas que alienten la colaboración y el compañerismo entre todas las entidades de programa, administrativas, y financieras. Las conferencias anuales podrán financiar sus ministerios de forma que refleje las prioridades y estructuras de la conferencia, como aprueba la conferencia anual en el proceso presupuestario. Toda referencia disciplinaria a "estructuras equivalentes" se definirán en este párrafo.

2. La conferencia anual puede nombrar comités adicionales con el propósito de promover el trabajo de la Iglesia Metodista Unida dentro de las fronteras de dicha conferencia anual, y puede prescribir cuál será la membresía, los poderes y deberes de dichos comités.

3. Cada conferencia anual puede darles a sus agencias la dimensión que el trabajo de éstas pueda requerir; con tal que se le dé consideración a la inclusión de personas laicas y del clero, tomadas de las iglesias de membresía pequeña. Todos los pastores locales que estén sirviendo cargos son posibles candidatos para elección o nombramiento a dichas agencias, excepto aquéllas que tratan con los requisitos y aptitudes, las órdenes y el estado del clero y los pastores locales.

4. En cuanto sea posible, las reuniones programadas por la conferencia anual y sus distritos, juntas, y comités, se celebrarán en lugares accesibles para personas con impedimentos, aun si esto signifique la programación de reuniones en locales fuera de la iglesia.

5. Al postular y elegir la membresía de los concilios, las juntas, y las agencias de la conferencia anual, se dará atención especial a la inclusión de clérigas, jóvenes (¶ 256.3), adultos jóvenes, adultos mayores, personas de iglesias de membresía pequeña, personas con impedimentos, y personas de otras razas y etnias, conforme con las normas para las agencias generales. Además, se recomienda que la membresía de tales agencias incluya una tercera parte clérigos, una tercera parte laicas, y una tercera parte laicos, que sean miembros profesos de iglesias locales, excepto la Junta del Ministerio Ordenado[52].

6. Los miembros de las agencias generales (¶ 701) servirán como miembros *ex officio* de la agencia correspondiente en la conferencia anual o de su estructura equivalente (¶ 710.4, .6). Si esto resulta en que una persona llega a ser miembro demás de una agencia de la conferencia anual, en violación de la política de la conferencia anual o de alguna otra disposición de la *Disciplina*, la persona tendrá que escoger la agencia de la conferencia anual en que servirá.

7. Se recomienda fuertemente que la conferencia anual provea cuidado para niños y dependientes, tanto durante las sesiones de la conferencia anual como en reuniones de las juntas y agencias de la conferencia anual. El cuidado para niños y dependientes

52. Ver Decisiones 446, 558 del Concilio Judicial.

debe seguir la política de la conferencia anual con respecto a la protección de menores. Si no existe tal política se debe seguir un sistema para la seguridad de los menores y se deben seguir los procedimientos sugeridos por la Junta General del Discipulado y el Concilio General de Finanzas y Administración.

8. Cuando sea posible, se mantendrán reuniones organizadas por la conferencia anual y sus distritos, juntas o comités en un tiempo y lugar que se acomode a los horarios escolares de la juventud.

El concilio conferencial de finanzas y administración

¶ **611.** En cada conferencia anual habrá un concilio conferencial de finanzas y administración, de aquí en adelante llamado el concilio, u otra estructura para facilitar las funciones de este ministerio y mantener las relaciones conexionales (¶ 610.1).

¶ **612.** El propósito, membresía, organización y relaciones del concilio serán de la manera siguiente:

1. *Propósito*—El propósito del concilio será desarrollar, mantener y administrar un plan comprensivo y coordinado de normas fiscales y administrativas, procedimientos y servicios de administración para la conferencia anual[53].

2. *Membresía*—a) Cada conferencia anual elegirá en su sesión inmediatamente siguiente a la Conferencia General o conferencia jurisdiccional, un concilio conferencial de finanzas y administración, u otra estructura que genere las funciones de este ministerio. Se recomienda que se componga de no menos de cinco, ni más de veintiún miembros; en todo caso habrá por lo menos una persona laica más que las clérigas incluida en el concilio[54]. Las personas serán postuladas para membresía de la manera que determine la conferencia de acuerdo con ¶ 610.5. Se recomienda que las iglesias que tengan menos de doscientos miembros estarán representadas en el Concilio Conferencial de Finanzas y Administración. El período de servicio en el concilio empezará al clausurar la conferencia anual la sesión en que son electos, y será por un período de cuatro años y hasta que sus sucesores sean electos.

b) Ningún miembro o empleado de cualquier agencia conferencial, y ningún empleado, síndico o director de cualquier agencia o institución que participe de los fondos de cualquier

---

53. Ver Decisión 1054 del Concilio Judicial.
54. Ver Decisión 441 del Concilio Judicial.

presupuesto conferencial podrá ser miembro votante en el concilio[55]. Cualquier vacante se llenará por decisión del concilio hasta la siguiente sesión de la conferencia, en cuyo tiempo la conferencia anual la llenará.

c) Las siguientes personas serán miembros *ex officio* del concilio, además del número fijado por la conferencia anual bajo el ¶ 612.2*a*: (1) el tesorero de la conferencia/director de servicios administrativos, sin voto; (2) cualesquiera miembros del Concilio General de Finanzas y Administración que residan dentro de los límites territoriales de la conferencia, con voto, a menos que su membresía con voto esté en conflicto con otra disposición de la *Disciplina*, en cuyo caso su membresía será sin voto; en cualquiera de los dos casos, no tendrán derecho a servir en una agencia que reciba fondos; (3) el obispo presidente, sin voto; (4) un superintendente de distrito escogido por el gabinete, sin voto; y (5) el director de ministerios conexionales o su equivalente, u otro representante del concilio de ministerios de la conferencia, sin voto.

d) El director ejecutivo de la conferencia o de la Fundación Metodista Unida del área puede incluirse en la membresía, sin voto.

3. *Oficiales*—El concilio elegirá de entre su membresía votante a un presidente, un vicepresidente, un secretario, y a los demás oficiales que crea necesarios. Se le dará consideración a la inclusividad (¶¶ 124, 140). El tesorero de la conferencia/director de servicios (¶ 619) será el tesorero del concilio. El tesorero/director de servicios administrativos no tendrá derecho a membresía con voto en el concilio, y no podrá ser candidato para elección a cualquiera de los puestos que han de ser llenados por miembros votantes del concilio.

4. Ningún miembro del concilio votará o tomará parte en deliberaciones en asuntos importantes que afecten directa o indirectamente su negocio, sus entradas o su empleo, o el negocio, las entradas o el empleo de su familia inmediata.

5. *Organización*—*a)* Ya sea que la conferencia decida organizar el concilio tal como se prevé en el ¶ 612, o asignar sus funciones a otra estructura como se autoriza en el ¶ 611, las restricciones que se especifican en el ¶ 612.2b, .4 habrán de aplicarse a los miembros

---

55. Ver Decisiones 10, 493 del Concilio Judicial.

de cualquier estructura conferencial que tiene responsabilidad sobre las siguientes funciones:

(1) La preparación de presupuestos de la conferencia anual u otras recomendaciones para finanzas.

2) La postulación del tesorero o director de servicios administrativos de la conferencia anual u otro oficial que haga las funciones descritas en el ¶ 619.

(3) Que tenga autoridad y supervisión sobre el trabajo del tesorero o director de servicios administrativos de la conferencia.

(4) Tener la responsabilidad de supervisión fiscal, como se describe en los ¶¶ 613.5 hasta el 613.11 y 616-618, sobre los fondos de la conferencia anual.

b) El concilio puede establecer comités y grupos de tarea, y definir los deberes y autoridad de los mismos, según lo estime necesario para cumplir su propósito y responsabilidades.

c) La conferencia anual puede establecer reglamentos interiores que rijan las sesiones, el quórum y otros asuntos de procedimiento del concilio o puede autorizar al concilio para que los ejecute; en cualquier caso, tales reglamentos interiores no estarán en conflicto con la *Disciplina*.

d) Si se considera necesario para el cumplimiento de sus funciones y si así lo autoriza la conferencia anual, el concilio puede ser inscripto como entidad legal.

6. *Obligación*—El concilio será responsable ante la conferencia anual, y será a ella que informará directamente[56].

7. *Relaciones*—*a)* El concilio y el concilio de ministerios de la conferencia anual cooperarán en el desarrollo del presupuesto conferencial de benevolencias (¶ 614.3).

b) Con el interés de desarrollar y poner en ejecución políticas coordinadas de la conferencia anual en los campos de la administración fiscal y los servicios administrativos, el concilio servirá como vínculo entre las agencias conferenciales que tengan responsabilidades en estos campos. El mismo estará autorizado para convocar a representantes de las agencias administrativas y de apoyo clerical de la conferencia anual, con el propósito de consultar sobre asuntos de mutuo interés, tales como la coordinación de la administración fiscal, actividades para recaudar fondos, y servicios administrativos en la conferencia anual.

---

56. Ver Decisiones 551, 560 del Concilio Judicial.

¶ **613.** *Responsabilidades*—El concilio tendrá autoridad y responsabilidad para desempeñar las siguientes funciones:

1. Recomendar a la conferencia anual, para acción y determinación, presupuestos de ingresos anticipados y gastos propuestos de todos los fondos que proveen para el sostenimiento del clero de la conferencia anual, gastos administrativos de la conferencia anual, así como benevolencias y causas incluidas en el programa de la conferencia anual (¶ 614)[57].

2. Recibir, considerar, informar y hacer recomendaciones a la conferencia anual, antes de que la conferencia anual tome una decisión final, respecto a lo siguiente,: *(a)* cualquier propuesta para recaudar fondos de capital para cualquier propósito; *(b)* consideraciones de subsidio relacionadas a cualquier propósito que pueda presentarse ante la conferencia; *(c)* cualquier petición para llevar a cabo solicitudes financieras especiales por toda la conferencia, sea por colectas especiales, campañas, u otros sistemas, en las iglesias locales de la conferencia.

3. Recomendar a la conferencia anual, para su determinación y decisión, los métodos o fórmulas por cuyo medio se determinarán las asignaciones a las iglesias, los cargos o los distritos, en cuanto a los fondos generales, jurisdiccionales, conferenciales o distritales, debidamente autorizados (¶ 615.4)[58].

4. Consultar y cooperar con la comisión de comunicaciones para que suministre a los superintendentes de distrito, pastores y los respectivos oficiales de las iglesias locales y conferencias del cargo las ayudas interpretativas u otros materiales que les capacitarán para comprender y apoyar el presupuesto de la conferencia y otras causas conferenciales debidamente aprobadas. Se incluirá en éstos la teología y disciplina de la ofrenda financiera.

5. Desarrollar pautas que rijan la inversión de los fondos conferenciales (excepto en lo tocante a fondos de pensión, como se dispone en el ¶ 1508), sea en deudas o valores líquidos, documentos legales como contratos y cesiones a corto o largo plazo, con el fin de aumentar hasta lo máximo los fondos disponibles para misión de una manera consecuente con la preservación del capital, las Normas Relacionadas con Inversiones Socialmente Responsables (¶ 717) y los Principios Sociales de la iglesia. Se imprimirá una declaración de dichas normas en el libro de actas de la conferencia, por lo menos una vez durante cada cuadrienio.

---

57. Ver Decisiones 521, 551, 560, 590, 744 del Concilio Judicial.
58. Ver Decisión 983 del Concilio Judicial.

6. Recomendar a la conferencia anual procedimientos para proveer fondos a iglesias locales, que incluirá la teología de la ofrenda financiera.

7. Aconsejar a las iglesias locales en cómo hacer accesibles sus edificios, instalaciones y programas.

8. Recomendarle a la conferencia anual para su determinación, procedimientos para tratar responsablemente con situaciones en las que los fondos presupuestados, según fueron aprobados por la conferencia anual, sean inadecuados para hacer frente a necesidades misionales emergentes o a circunstancias imprevistas.

9. Revisar por lo menos trimestralmente, y rendirle cuentas a la conferencia anual por egreso de fondos de acuerdo con los presupuestos aprobados por la conferencia.

10. Recomendarle a la conferencia anual, para su determinación, las condiciones bajo las cuales puede tomar fondos en préstamo para gastos corrientes, y la cantidad máxima de dichos préstamos.

11. Tener autoridad y supervisión sobre el tesorero/director conferencial de servicios administrativos, sujetándose al ¶ 619; establecer normas que rijan el trabajo del tesorero/director.

12. Trabajar en cooperación con otras agencias de la conferencia anual en el diseño y puesta en práctica de un plan por cuyo medio la conferencia anual pueda designar a la tesorería de la conferencia como tesorería central de los fondos designados para cualquiera o todas las agencias conferenciales que estén participando de los fondos de la conferencia.

13. Establecer normas y prácticas uniformes y equitativas en el empleo y compensación del personal, en consulta y cooperación con otras agencias conferenciales que emplean personal, a menos que la conferencia anual haya designado a otra agencia para que desempeñe esta responsabilidad. Estas normas y prácticas estarán de acuerdo con los Principios Sociales (¶ 162 *A, E, F* e *I*). Además, el concilio recomendará que la conferencia anual provea, a partir del 1 de enero de 2006, el 100 por ciento de los beneficios de pensión adquiridos de por lo menos el tres por ciento de compensación para el personal laico de la conferencia anual que trabaje por lo menos 1040 horas por año, tienen por lo menos 21 años de edad y tienen por lo menos un año de servicio permanente. La conferencia anual tendrá la autoridad para proveer tales beneficios de pensión a través de un programa de pensiones denominacional administrado por la Junta General de Pensiones

y Beneficios de Salud, o por otro programa de pensión administrado por otro proveedor de pensiones.

14. Cooperar con el Concilio General de Finanzas y Administración y con la Junta General de Discipulado en la promoción y regularización de los registros financieros y del sistema de informes en las iglesias locales de la conferencia.

15. Cooperar con el Concilio General de Finanzas y Administración para suministrar liderazgo, preparación, y aliento a individuos y organizaciones de la Iglesia Metodista Unida en los campos de administración de asuntos de la iglesia: (1) Distribuyendo información sobre la certificación como administrador de asuntos de la iglesia, y (2) Listando en el informe del concilio a la conferencia anual los nombres de las personas certificadas por el Concilio General de Finanzas y Administración como administradores de asuntos de la iglesia que están empleados dentro de los límites de la conferencia anual.

16. Hacer recomendaciones a la conferencia anual para su acción y determinación respecto a planes para iniciar o hacer que se inicie una fundación u organización similar con el fin de conseguir, conservar, o gastar fondos para el beneficio directo o indirecto de la conferencia anual, o de cualquier agencia conferencial, o cualquiera de sus programas o trabajo. El concilio tendrá la oportunidad de hacer sus recomendaciones en cuanto a dichos planes si la fundación u organización similar: (1) La Conferencia anual propone organizarla, sea actuando por sí misma o en concierto con otras conferencias anuales; (2) cualquier concilio, junta, comisión, comité u otra agencia conferencial se propone organizarla; (3) se propone hacer uso del nombre *Metodista Unido* en su título o solicitud; o (4) tiene el propósito de solicitar donaciones primordialmente de quienes constituyen el metodismo unido.

17. Desempeñar las funciones y servicios administrativos y fiscales que la conferencia anual le asigne.

18. Cerciorarse de que nada de los fondos de las asignaciones sea gastado para el uso de bebidas alcohólicas.

19. Asegurarse de que ninguna junta, agencia, comité, comisión o concilio de la conferencia anual, dé fondos metodistas unidos a ningún caucus o grupo de homosexuales, ni que tampoco se usen dichos fondos para promover la aceptación de la homosexualidad o romper con el expreso compromiso de la Iglesia Metodista Unida de no rechazar o condenar a los miembros y amigos homosexuales o lesbianas (¶ 161.G). El concilio tendrá el derecho

de detener tales gastos. Esta medida no limita el ministerio de la Iglesia en respuesta a la epidemia de VIH, ni tampoco descartar fondos para diálogos o eventos educacionales en donde la posición oficial de la iglesia es justa y debidamente representada[59].

¶ **614.** *Presupuestos*—El concilio recomendará a la conferencia anual, para acción y determinación, los presupuestos de ingresos que se esperan y egresos propuestos de todos los fondos que han de ser asignados a las iglesias, cargos y distritos[60].

Antes de cada sesión regular de la conferencia anual, el concilio hará un estudio diligente y detallado de las necesidades de todas las agencias de la conferencia y de las causas que pidan ser incluidas en el presupuesto de cualquier fondo conferencial. El presidente de cada agencia conferencial, u otro representante debidamente autorizado, tendrá la oportunidad de representar las peticiones de esa agencia ante el concilio.

1. *Presupuestos de sostenimiento clerical—a)* Será deber del concilio, a menos que haya una especificación diferente, calcular la cantidad total que se necesite para suministrar un sostenimiento suficiente y equitativo para los superintendentes de distrito de la conferencia, inclusive compensación básica, viáticos, personal, oficina y vivienda. El concilio le dará recomendaciones específicas a la conferencia anual para que ésta actúe (¶ 669.4*a*)[61].

b) El concilio le informará a la conferencia anual, en cada sesión, la asignación del Fondo Episcopal a la conferencia anual bajo la metodología aprobada por la Conferencia General, e incluirá en el presupuesto de sostenimiento ministerial que recomiende la cantidad que el tesorero del Concilio General de Finanzas y Administración haya determinado necesaria para satisfacer esta asignación.

c) Basándose en las recomendaciones del comité de residencia episcopal (¶ 638.4), el concilio recomendará la cantidad que ha de ser recaudada como la parte correspondiente a la conferencia anual del costo de la vivienda del obispo.

d) Después de consultar con la junta de pensiones de la conferencia, el concilio le informará a la conferencia anual sobre las cantidades computadas por esa agencia para satisfacer las necesidades de pensiones y los programas de beneficios de la

---

59. Ver Decisión 1054 del Concilio Judicial
60. Ver Decisiones 551, 560, 744, 1054, 1172 del Concilio Judicial.
61. Ver Decisiones 590, 591 1013 del Concilio Judicial.

conferencia. Dichas cantidades no tienen que derivarse únicamente de las asignaciones[62].

e) Recomendará a la conferencia anual una cantidad
determinada, en consulta con la comisión de compensación equitativa, para usarse en acatamiento al programa aprobado para
compensación equitativa básica para los pastores (¶ 625.3).

f) Recomendará a la conferencia anual los estimados de
las cantidades necesarias para cualesquiera otros programas de
sostenimiento clerical que la conferencia pueda adoptar, tales
como un Fondo de Sustento (¶ 626), o la provisión de gastos de
mudanza para los pastores.

2. *Presupuesto de administración—a)* El concilio le recomendará
a la conferencia anual las cantidades estimadas necesarias para
los gastos administrativos de la conferencia, inclusive sus propios
gastos y los de la oficina del tesorero conferencial. Consultará con
las agencias de la conferencia y con los funcionarios oficiales que
hayan de ser incluidos en el presupuesto administrativo respecto
a los presupuestos calculados de sus gastos, y basará sus recomendaciones para el presupuesto administrativo en la información así recibida.

b) Incluirá en sus estimados las recomendaciones sobre la
porción o cuota de la conferencia para el fondo de gastos de un
área, si lo hubiere, y las asignaciones para administración hechas
apropiadamente por la conferencia jurisdiccional o la Conferencia
General (¶ 811.4).

3. *Presupuesto de benevolencias conferenciales—a)* Al preparar el
presupuesto de benevolencias conferenciales, el concilio, trabajando juntamente con el concilio de ministerios de la conferencia,
o alguna otra estructura de acuerdo a lo dispuesto en el ¶ 614.3b,
hará esfuerzos diligentes para obtener información completa sobre toda benevolencia conferencial y causas de servicio, de
manera que ninguna sea pasada por alto, puesta en peligro, o
excluida. Basando su juicio de las necesidades en la información
obtenida, el concilio le recomendará a la conferencia anual, para
acción y determinación, la suma total que va a asignarse para el
presupuesto de benevolencias conferenciales. Después de recibir
las recomendaciones del concilio de ministerios o estructura alterna de la conferencia, el concilio también recomendará la cantidad
o porcentaje del total del presupuesto de benevolencias conferen-

---

62.   Ver Decisión 1132 del Concilio Judicial.

ciales que será asignada a cada causa incluida en dicho presupuesto. Tales recomendaciones habrán de estar de acuerdo con el
concilio de ministerios o alguna estructura alterna de la conferencia en cuanto a las cuotas para las agencias de programa, como se
especifica abajo[63].

b) El Concilio de Finanzas y Administración y el concilio
de ministerios de la conferencia anual trabajarán juntos para establecer y seguir un procedimiento que preservará los principios
siguientes:

(1) Es responsabilidad del Concilio de Finanzas y
Administración de la conferencia establecer la suma total que
ha de ser recomendada a la conferencia anual como presupuesto
conferencial de benevolencias y, dentro de esa suma, la cantidad
total recomendada para distribución entre las agencias conferenciales de programa. También es responsabilidad del concilio
estudiar las peticiones presupuestarias de cualesquiera agencias
o causas que hayan de ser incluidas en el presupuesto de benevolencias conferenciales, fuera de las agencias conferenciales de
programa, inclusive las peticiones del concilio de ministerios de la
conferencia, y darles a los presidentes u otros representantes autorizados de dichas agencias y causas la oportunidad de presentar
sus peticiones ante el concilio[64].

(2) Es responsabilidad del concilio de ministerios de
la conferencia el estudiar las solicitudes presupuestarias de las
agencias conferenciales de programa y recomendarle al Concilio
de Finanzas y Administración de la conferencia las cantidades que
deben ser asignadas del presupuesto de benevolencias conferenciales a cada una de dichas agencias, dentro del total establecido
por el Concilio de Finanzas y Administración de la conferencia[65].

(3) Es responsabilidad del Concilio de Finanzas y
Administración de la conferencia presentar a la conferencia
anual las recomendaciones presupuestarias de benevolencias
conferenciales. Las asignaciones recomendadas a favor de las
agencias conferenciales de programa han de reflejar acuerdo
entre el concilio y el concilio de ministerios de la conferencia u
otra estructura alterna[66].

---

63. Ver Decisiones 521, 551, 582 del Concilio Judicial.
64. Ver Decisiones 521, 551 del Concilio Judicial.
65. Ver Decisiones 521, 551 del Concilio Judicial.
66. Ver Decisión 551 del Concilio Judicial.

c) El término *benevolencias conferenciales* incluirá las asignaciones y gastos de la conferencia directamente asociados con el programa, la misión y las causas benevolentes de las agencias de programa e instituciones de la conferencia anual. Las agencias de programa e instituciones de la conferencia anual se definirán como las agencias que tienen responsabilidades paralelas a las de las agencias generales relacionadas con el programa (¶ 703) y las instituciones cuyo trabajo está dentro del campo de responsabilidad de una o más de esas agencias. Los gastos administrativos relacionados directamente con el programa, la misión y las causas benevolentes de las agencias conferenciales de programa, inclusive los gastos del concilio de ministerios de la conferencia u otra estructura alterna, también pueden incluirse en el presupuesto de benevolencias conferenciales. El término *benevolencias conferenciales* no incluirá las asignaciones y egresos para otras agencias conferenciales y funcionarios oficiales cuyo trabajo es primordialmente administrativo. De igual manera, tampoco incluirá los fondos de sostenimiento clerical de la conferencia anual como aparecen en los ¶¶ 620-628; ni asignaciones y egresos de las agencias conferenciales responsables por la administración de fondos de sostenimiento clerical; ni las asignaciones a la conferencia anual hechas por las conferencias General y jurisdiccional.

d) El concilio, al recibir del tesorero del Concilio General de Finanzas y Administración constancia de la cantidad asignada a esa conferencia anual para el Servicio Mundial, podrá recomendar que la conferencia combine la asignación total del Servicio Mundial, sin reducirla para el cuadrienio, y el presupuesto aprobado de benevolencias conferenciales (¶ 614.3*a*). Si se combina, la suma de estas dos cantidades será conocida como Servicio Mundial y Benevolencias Conferenciales, y el presupuesto combinado, así establecido, del Servicio Mundial y Benevolencias Conferenciales incluirá una especificación del porcentaje para Servicio Mundial y el porcentaje para benevolencias conferenciales[67]. (Ver también ¶ 619.1*a*(2).)

4. *Otras causas asignadas*—El concilio incluirá en sus recomendaciones presupuestarias las cantidades específicas para todos los demás fondos debidamente asignados a la conferencia anual para el apoyo o sostenimiento de los fondos debidamente autorizados o de los demás fondos conexionales. Las recomendaciones presupuestarias incluirán también cualesquiera otras cantidades que

---

67. Ver Decisiones 348, 1135, 1146, 1172 del Concilio Judicial.

hayan de ser asignadas a los distritos, cargos o iglesias, de parte de la conferencia anual para causas conferenciales o distritales de cualquier clase.

5. *Apelaciones especiales—a)* Ninguna agencia o parte interesada de la conferencia anual, incluso cualquier agencia o institución relacionada, como una escuela, colegio universitario, universidad, hospital, hogar, proyecto de vivienda, u otra institución de servicio hará una apelación especial que abarque a todas las iglesias locales de la conferencia, y pida fondos, sin la aprobación de la conferencia anual, por recomendación del concilio, excepto en caso de una emergencia extrema, y lo apruebe el voto de las dos terceras partes de los superintendentes de distrito y del concilio, actuando conjuntamente. Tampoco se harán apelaciones especiales que pidan fondos a las iglesias locales de la conferencia, por dichas juntas, partes interesadas, agencias o instituciones que no estén relacionadas con la conferencia anual dentro de la que se haga la apelación, a menos que la conferencia anual conceda dicha apelación, por recomendación del concilio. Las aprobaciones de la conferencia anual especificadas en este párrafo no se requerirán para apelaciones financieras a toda la iglesia que ya hayan sido aprobadas bajo las disposiciones del ¶ 819; ni para solicitudes que hayan sido aprobadas según las disposiciones del ¶ 812.3; ni para cualquier otra promoción de fondos generales o apelación autorizada por la Conferencia General, o aprobada y efectuada según otras disposiciones de la *Disciplina*.

b) Cuando se le solicita al concilio el privilegio de una apelación financiera especial que abarque a toda la conferencia, sea por medio de recaudaciones especiales, campañas o algún otro medio, el concilio investigará la solicitud y su posible relación con otras obligaciones de la conferencia, y a la luz de los factores que obtenga, le hará recomendaciones a la conferencia para su acción y determinación. Si la solicitud del privilegio de una apelación especial se hace directamente a la conferencia, tal solicitud será referida al concilio antes de tomar una decisión final.

c) El concilio puede incluir en sus recomendaciones presupuestarias a la conferencia anual cantidades que hayan de ser consideradas como metas de apelaciones especiales u otras causas no asignadas.

6. El concilio hará sus recomendaciones presupuestarias a la conferencia anual en un formato basado en las pautas sugeridas por el Concilio General de Finanzas y Administración.

¶ **615.** *Asignaciones*—Cuando se proponga un cambio en la fórmula o método de asignación, el concilio hará provisiones para un estudio de los efectos del cambio propuesto. Tras este estudio, que pudiera incluir recursos aportados por el Concilio General de Finanzas y Administración, el concilio recomendará tal fórmula o método a la conferencia anual para acción y determinación, e incluirá las cantidades presupuestadas ya aprobadas para sostenimiento clerical, administración, Servicio Mundial y Benevolencias Conferenciales, así como otras causas asignadas (¶ 614.1-.4), la totalidad de las cuales será asignada a los distritos, iglesias o cargos de la conferencia[68].

1. El concilio, al recibir del Concilio General de Finanzas y Administración una declaración de la cantidad o metodología de la asignación a la conferencia anual para los diversos fondos generales que autorice la Conferencia General, asignará éstos a los diversos distritos, cargos o iglesias por cualquier método que la conferencia indique. El concilio hará lo posible para pagar por completo estas asignaciones como parte del pacto financiero compartido de la Iglesia[69].

2. El concilio recomendará a la conferencia anual, para acción y determinación, si las asignaciones referidas en este párrafo se harán por el concilio solamente a los distritos, o también a las iglesias y cargos de la conferencia. Si las asignaciones se hacen solamente a los distritos, la distribución a las iglesias o cargos de cada distrito se hará como se especifica en el ¶ 614.3. La conferencia puede ordenar que los superintendentes de distrito hagan la distribución completa a todas sus iglesias o cargos.

3. En caso de que la conferencia anual haga las asignaciones solamente a los distritos, la Junta Distrital de Mayordomos, compuesta por el superintendente de distrito, como presidente, y los mayordomos del distrito, electos por las varias conferencias de cargo, hará la distribución a las iglesias o cargos de cada distrito (¶ 247.14). En ese caso la junta, al reunirse por convocación del superintendente de distrito, tan pronto como sea posible después de finalizar la conferencia anual, hará la distribución a las iglesias o cargos del distrito, y utilizará los métodos que pueda determinar, a menos que la conferencia anual haya determinado el método de distribución a las iglesias o cargos.

4. Si el concilio recomienda un fondo asignado que combine dos o más fondos asignados, o que combine dos o más fondos generales asignados con fondos que no son fondos generales asignados, la recomendación y acciones subsiguientes de la confe-

---

68. Ver Decisiónes 983, 1172 del Concilio Judicial.
69. Ver Decisiónes 1135, 1146, 1172 del Concilio Judicial.

rencia anual incluirán: (1) una declaración de la cantidad de cada fondo general que se haya incluido en el fondo combinado, y (2) una declaración del porcentaje del total del fondo combinado que corresponde a la asignación de cada fondo general.

5. Si una conferencia anual establece un fondo asignado que combina fondos sujetos a pago proporcional según el ¶ 622 con fondos no sujetos a pago proporcional, establecerá procedimientos para garantizar que se observen las disposiciones de pago proporcional del ¶ 622.

6. Si una conferencia anual establece un fondo asignado que combina el sostén para varias causas distintas, dará información a las iglesias locales que identifique las causas que el fondo apoya.

¶ **616.** *Depositarios*—El concilio será responsable de designar un depositario o depositarios para los fondos de la conferencia.

¶ **617.** *Auditoría*—El concilio tendrá la siguiente autoridad y responsabilidad respecto a la auditoría de los registros financieros de la conferencia y sus agencias:

1. Tener las cuentas del tesorero de la conferencia, correspondientes al año fiscal anterior, verificadas por un contador público certificado dentro de los 150 días siguientes al cierre del año fiscal de la conferencia; y recibir, revisar e informar dicha auditoría a la conferencia anual.

Como parte de esa auditoría, el contador público certificado conferenciará con el obispo presidente de la conferencia anual y con el presidente del concilio.

2. Requerir y revisar, por lo menos anualmente, los informes verificados, en la manera detallada que mejor estime, de todas las agencias conferenciales, y de todas las agencias, instituciones y organizaciones que estén recibiendo cualquier ayuda financiera de los fondos conferenciales o de cualquier apelación autorizada.

3. Requerir y revisar, por lo menos anualmente, en tal detalle como pueda ordenar, informes compilados y revisados de todos los fondos recibidos o administrados por los distritos o agencias distritales, inclusive los fondos retenidos o administrados por tesoreros u oficiales aparte del tesorero conferencial. Basado en su revisión de dicha auditoría, el concilio podrá hacer las recomendaciones que crea pertinentes y apropiadas.

4. El concilio podrá establecer un Comité de Revisión de Auditoría para revisar todos los informes y auditorías requeridas por el ¶ 617.1, .2. Si el concilio dispone establecer dicho comité, por lo menos la mitad de sus miembros habrán de ser personas que no sean miembros del concilio y que sean escogidas por ser

expertas en los campos relacionados con el trabajo del comité. Se dará consideración a la inclusividad (¶¶ 124, 140) en la selección de personas para que sirvan en el comité.

¶ 618. *Fianza*—El concilio tendrá la siguiente autoridad y responsabilidad respecto a la fianza de los funcionarios oficiales y personal de la conferencia y de las agencias conferenciales cuyas responsabilidades incluyan la custodia o manejo de fondos conferenciales u otros activos negociables:

1. El concilio hará provisión para la fianza de fidelidad del tesorero de la conferencia y del personal que esté bajo su autoridad y supervisión en las sumas que estime adecuadas.

2. En el caso de las agencias, instituciones y organizaciones para las que el tesorero de la conferencia no presta sus servicios como tesorero, el concilio tendrá autoridad para exigir la fianza de fidelidad de sus tesoreros en las sumas que estime adecuadas, y podrá retener el pago de las asignaciones que se hagan a dichas agencias, instituciones u organizaciones hasta que se haya sometido la evidencia de dicha fianza.

3. El concilio puede disponer, o requerir que cualquier agencia conferencial provea seguro de responsabilidad legal que cubra a directores y funcionarios oficiales, en las sumas que estime adecuadas.

4. El concilio requerirá el cumplimiento de las reglas establecidas, según rezan en este párrafo y le informará anualmente a la conferencia anual sobre este cumplimiento.

¶ 619. *El tesorero de la conferencia/director de servicios administrativos*—Cada conferencia anual, por postulación hecha por su Concilio de Finanzas y Administración, durante la primera sesión de la conferencia después de la sesión cuadrienal de la Conferencia General o de la conferencia jurisdiccional, o todas las veces que exista una vacante, elegirá a un tesorero de la conferencia o tesorero de la conferencia/director de servicios administrativos[70]. El tesorero o tesorero/director servirá durante el cuadrienio, o hasta que sea electo un sucesor que llene los requisitos. Si ocurre una vacante durante el cuadrienio, el concilio la llenará hasta la siguiente sesión de la conferencia anual. Después de consultar con el obispo que esté encargado, de haber una causa para ello, el concilio puede remover de su cargo al tesorero o tesorero/director, y llenar la vacante mientras llega la siguiente sesión de la conferencia. El tesorero/director será directamente

---

70. Ver Decisión 185 del Concilio Judicial.

responsable al concilio. El tesorero/director puede estar presente en las sesiones del concilio y de sus comités, con el privilegio de voz pero sin voto.

1. Como tesorero de la conferencia, este oficial tendrá las siguientes funciones:

a) El tesorero de la conferencia recibirá y dará egreso de acuerdo con las acciones de la conferencia anual y las disposiciones de la Disciplina, lo que remitan las tesorerías de las iglesias locales para todas las causas que sean debidamente autorizadas, de tipo General, jurisdiccional, de la conferencia anual o de distrito[71].

(1) Los tesoreros de las iglesias locales remitirán mensualmente al tesorero de la conferencia todas las cantidades contribuidas en cada iglesia local para *(a)* el fondo del Servicio Mundial y las Benevolencias de la Conferencia, ya sea por separado o combinados en un solo fondo; *(b)* todos los demás fondos autorizados por la Conferencia General y asignados a las conferencias anuales por el Concilio General de Finanzas y Administración; *(c)* todos los demás fondos jurisdiccionales, de la conferencia anual, o de distrito, o causas asignadas de acuerdo con el ¶ 615, a menos que la conferencia anual indique de otra manera; *(d)* ofrendas de domingos especiales (¶ 262); *(e)* apelaciones especiales (¶¶ 614.5, 819); *(f)* donaciones especiales para El Avance (¶ 822); *(g)* donaciones especiales para el Servicio Mundial (¶ 820); *(h)* Fondo del Servicio de la Juventud (¶ 1208); y *(i)* todos los demás fondos generales, jurisdiccionales, de la conferencia anual o de distrito, para los que no haya una indicación directa[72].

(2) *El Fondo de Servicio Mundial y el Fondo de Benevolencias Conferenciales—(a)* Si se asignan como un solo fondo, cada mes el tesorero dividirá la suma total recibida de las iglesias locales para Servicio Mundial y Benevolencias Conferenciales, apartando la cantidad apropiada para Servicio Mundial y la cantidad apropiada para Benevolencias Conferenciales, de acuerdo con la proporción establecida para cada uno por la conferencia anual en el total presupuestado para el Servicio Mundial y las Benevolencias Conferenciales (¶ 614.3*c*)[73].

(b) Ya sea asignado por separado o combinado en un solo fondo, el tesorero acreditará mensualmente, de la parte

---

71. Ver Decisiones 456, 591 del Concilio Judicial.
72. Ver Decisión 591 del Concilio Judicial.
73. Ver Decisión 332 del Concilio Judicial.

recibida para Benevolencias Conferenciales, las cuentas de las varias agencias o causas incluidas en el presupuesto de las Benevolencias Conferenciales, o hará envíos mensuales a los tesoreros de dichas agencias o causas, de acuerdo con la participación y proporción justa de cada una (¶ 614.3*a*), o de acuerdo con una programación de pagos aprobada por el Concilio Conferencial de Finanzas y Administración, el cual dispondrá que el total separado para cada agencia o causa durante el año será igual a la participación y proporción justa de cada una.

(c) Ya sea asignado por separado o combinado en un solo fondo, el tesorero remitirá mensualmente al tesorero del Concilio General de Finanzas y Administración el total de la participación correspondiente recibida durante el mes para Servicio Mundial. Cuando la participación así designada para Servicio Mundial durante un año exceda a la cantidad asignada a la conferencia anual, se remitirá en orden regular al tesorero del Concilio General de Finanzas y Administración toda la participación contribuida para Servicio Mundial antes del fin del año fiscal[74].

(d) Si una conferencia anual establece un fondo designado que combine dos o más fondos generales, o que combine uno o más fondos con fondos que no son generales, el tesorero de la conferencia asignará a las cantidades de los fondos generales por lo menos a igual nivel que el porcentaje de ingresos marcado en ¶ 614.3-5. Las cantidades así asignadas se remitirán por lo menos mensualmente al tesorero del Concilio General de Finanzas y Administración.

(3) El tesorero, hasta donde le sea posible, remitirá mensualmente a los diversos superintendentes de distrito la cantidad correspondiente a cada uno de ellos (¶ 614.1*a*).

(4) De la misma manera, el tesorero acreditará o remitirá cada mes todos los fondos recibidos y pagaderos para otras causas jurisdiccionales, de la conferencia anual, o de distrito, de acuerdo con los presupuestos adoptados por la conferencia anual.

(5) El tesorero de la conferencia remitirá cada mes al tesorero del Concilio General de Finanzas y Administración las cantidades recibidas durante el mes para el Fondo General de Administración, el Fondo Episcopal, el Fondo de Cooperación Interdenominacional, el Fondo de Colegios Negros, el Fondo de Ayuda General Temporal, el Fondo de Educación Ministerial, el

---

74. Ver Decisión 400 del Concilio Judicial.

Fondo de Prioridad Misional, las ofrendas especiales al Servicio Mundial, las ofrendas especiales de Avances, las ofrendas que la iglesia en general da en domingos especiales (¶ 262), apelaciones especiales hechas a la iglesia en general (¶ 819), y todas las demás causas generales no especificadas de otra manera.

b) El tesorero de la conferencia puede servir como tesorero de cualquiera de las agencias, o de todas ellas, que cuentan con los servicios de una tesorería conferencial central (¶ 613.11). El tesorero acreditará los asientos correspondientes a cada una de ellas al final de los negocios de cada mes. Los desembolsos de fondos asignados a cualquier agencia conferencial se harán únicamente en el orden apropiado de la agencia[75].

c) El tesorero preparará a intervalos regulares los estados financieros e informes que se requieran para el obispo encargado, los superintendentes de distrito, la conferencia anual, el concilio, las agencias servidas por la tesorería conferencial central y sus funcionarios oficiales, y el tesorero del Concilio General de Finanzas y Administración.

(1) El tesorero rendirá cada mes al tesorero del Concilio General de Finanzas y Administración y al obispo presidente de la conferencia un informe completo de todos los fondos generales manejados por él.

(2) El tesorero preparará anualmente un informe de todos los ingresos, egresos y saldos de todos los fondos que estén a cargo suyo, cuyo informe será impreso anualmente en las actas de la conferencia.

d) El tesorero puede ser autorizado por el concilio para invertir fondos de acuerdo a las medidas y procedimientos establecidos por el concilio (¶ 613.5). Una lista de los valores que se posean será impresa anualmente en las actas de la conferencia.

e) El tesorero dará asesoramiento y orientación a los administradores de los negocios de la iglesia local, los tesoreros, los secretarios de finanzas y Comités de Finanzas, para el desarrollo de sistemas uniformes de asientos e informes (¶ 613.13).

f) El tesorero desempeñará todos los demás servicios que el concilio pueda requerir para el cumplimiento de sus funciones y responsabilidades.

2. Como director de servicios administrativos, este oficial tendrá responsabilidad en una o más de los siguientes campos:

---

75. Ver Decisión 400 del Concilio Judicial.

gerencia de oficina; nómina y servicios del personal; provisión de servicios administrativos para los funcionarios oficiales y las agencias de la conferencia anual; administración de las propiedades de la conferencia anual o de cualquiera de sus agencias; y las demás responsabilidades de naturaleza administrativa que el concilio, de mutuo acuerdo con los demás funcionarios oficiales y agencias de la conferencia anual, le asigne. El director estará presente cuando el gabinete considere asuntos relacionados con la administración conferencial relacionados con las responsabilidades del tesorero conferencial o del tesorero/director de servicios administrativos, y otros asuntos, según el gabinete y el director lo determinen. El director no estará presente durante las discusiones del gabinete de asuntos relacionados con hacer nombramientos.

3. El concilio tendrá autoridad y supervisión sobre el director y, después de consultar con los funcionarios oficiales y las agencias de la conferencia anual a favor de quienes se espere que el director realice servicios, definirá sus responsabilidades específicas y hará la evaluación regular.

Sostenimiento pastoral

¶ **620.** La asunción de las obligaciones de la itinerancia, requerida en el momento de admisión en la conexión itinerante, pone sobre la Iglesia la correspondiente obligación de proveer el sostenimiento para todo el ministerio itinerante de la Iglesia. En vista de esto, el derecho de sostenimiento clerical en cada cargo pastoral incluirá disposiciones para el sostenimiento de pastores, superintendentes de distrito, obispos, y personas con derecho a los beneficios conferenciales[76].

¶ **621.** *Distribución de asignaciones*—Cada conferencia anual determinará qué plan y método se usarán para hacer las asignaciones a sus varios distritos y cargos para el Fondo Episcopal (818.1), para el sostenimiento de los superintendentes de distrito y para quienes tienen derecho a recibir beneficios conferenciales, así como para el Fondo de Compensación Equitativa (¶ 625)[77].

¶ **622.** Cuando se haya determinado las asignaciones para obispos, superintendentes de distrito, y para quienes tienen derecho a recibir beneficios conferenciales, y el Fondo de Compensación Equitativa para los diversos distritos y cargos, los pagos

---

76. Ver Decisiones 306, 455, 579 del Concilio Judicial.
77. Ver Decisiones 208, 455 del Concilio Judicial.

hechos a estas asignaciones en cada cargo pastoral serán exactamente proporcionales a la cantidad pagada para la compensación básica clerical (¶ 818.3). El tesorero o tesoreros de cada cargo pastoral harán entonces una distribución proporcional de los fondos recaudados en ese cargo para el sostenimiento del ministerio ordenado, y remitirán, mensualmente, de ser posible, y por lo menos trimestralmente, las partidas para obispos, superintendentes de distrito, los que tienen derecho a recibir beneficios conferenciales, y el Fondo de Compensación Equitativa al tesorero o a los tesoreros correspondientes[78].

¶ **623.** *Compensación Básica*—Las diversas Conferencias de Cargo determinarán la compensación básica pastoral de acuerdo con las disposiciones del ¶ 247.13. Se definirá "Compensación Básica" en "Guidelines: A Resource for the Conference Commission on Equitable Compensation" preparada por la Asociación Nacional de Comisiones de Compensación Equitativa (NACEC) y puesta a disposición por el Concilio General de Finanzas y Administración (GCFA) en forma impresa o en la página de la web del GCFA.

¶ **624.** *Obligación de pagos*—Toda iglesia o cargo tiene la obligación de pagar a su(s) pastor(es) la compensación básica, los beneficios adoptados por la conferencia general, y otro material de apoyo ministerial (vivienda incluida) adoptados por la conferencia de cargo. Si llega a suceder que una iglesia o cargo no puede pagar la compensación básica, apoyo y beneficios adoptados por la conferencia de cargo, dicho presidente del SPRC (Staff-Parish Relations Committee o Comité de Relaciones Personal-Parroquia), presidente de finanzas o tesorero de la iglesia o cargo inmediatamente se lo notificará por escrito y verbalmente al pastor, al Superintendente de Distrito y a la congregación. Este comunicado indicará todas las alternativas que se consideraron para la provisión la compensación básica,apoyo y beneficios, incluyendo esta petición, y podrá solicitar que se considere una donación del Fondo de Compensación Equitativa como subsidio de emergencia a corto plazo. (¶ 625.7). Si es necesario reducir la compensación del pastor, ésta tomará efecto al final del año del nombramiento de la conferencia.

2. En caso de que la conferencia anual no tenga una normativa de impagos, toda reclamación estará sujeta, y controlada, por

---

78. Ver Decisiones 320, 401 del Concilio Judicial.

las leyes civiles pertinentes para tales reclamaciones en el estado donde se produce la reclamación. Todo pastor que no reciba pagos totales programados de la compensación autorizada deberá informarlo inmediatamente, por escrito, al presidente del SPRC, al presidente del concilio de la iglesia y al superintendente del distrito. El no reportar a tiempo este asunto podrá resultar en la renuncia de cualquier reclamación de impago, sujeta a las normativas de impago de la conferencia anual (¶ 625.2.*d*).

¶ **625.** *Compensación equitativa*—1. En cada conferencia anual habrá una comisión de compensación equitativa u otra estructura para proveer para estas funciones, y mantener la relación conexional. Estará compuesta por un número igual de personas laicas y clericales, e incluirá por lo menos una persona laica y una persona de la clerecía de iglesias que tengan menos de doscientos miembros, postuladas por el comité de postulaciones de la conferencia, elegidas por la conferencia anual y responsables ante ella. Se recomienda que en la selección de miembros de la comisión se le dé consideración a la inclusividad. Además, será miembro un superintendente de distrito nombrado por el gabinete.

2. La comisión tiene el propósito de apoyar a los clérigos a tiempo completo que sirven como pastores en los cargos de la conferencia anual: *(a)* recomendando normas conferenciales para el sostén pastoral; *(b)* administrando fondos que han de usarse para suplementar la compensación básica; y *(c)* proporcionando asesoramiento y material ilustrativo sobre el sostén pastoral a los superintendentes de distrito y a los comités de relaciones pastor-parroquia; y *(d)* sometiendo una normativa de impagos para que se adopte en la conferencia anual. Para el cuerpo pastoral que recibe compensación equitativa, una vez que haya pagado la suplementación de la compensación básica, y el pastor haya recibido la compensación básica mínima y la compensación básica suplementaria, la conferencia anual no tendrá más obligación ni responsabilidad con el pastor, el cargo o ninguna otra persona referente a la compensación del pastor.

3. La comisión estudiará cuidadosamente las necesidades de sostenimiento adicional de la conferencia y las fuentes de ingreso, y recomendará anualmente a la conferencia, para que ésta tome acción, una tarifa de compensaciones básicas mínimas para todos los pastores a tiempo completo, o los miembros clericales de la conferencia anual con nombramientos de menos de tiempo

completo en una iglesia local, sujetándose a las reglas y reglamentos según la conferencia pueda adoptar (¶ 338.1, .2)[79].

4. En algunos casos, por razones misionales, la comisión conferencial sobre compensación equitativa, puede considerar tener fondos disponibles para el diácono a plena conexión cuando su nombramiento primordial es a una iglesia local.

5. Consecuente con las disposiciones de este párrafo, la responsabilidad primordial para el pago de las compensaciones pastorales básicas permanece en los cargos pastorales individuales.

6. Por recomendación de la comisión de compensación equitativa, la conferencia anual puede autorizar el uso del Fondo de Compensación Equitativa para suplementar la compensación básica, más allá de la tarifa de compensación básica mínima. Se dará atención especial a los pastores étnicos que sirven en ministerios étnicos, dando particular atención a los pastores nativo-americanos que sirven ministerios nativo-americanos. En todo caso (étnico o no), se le dará énfasis a la prioridad de proveer fondos para nombramientos de primer nivel en una parroquia de enseñanza en una iglesia-estación, o circuito, o parroquia cooperativa o lo equivalente a una parroquia cooperativa, o a todos a la vez.

7. En consulta con la Comisión de compensación equitativa, el concilio de finanzas y administración le recomendará a la conferencia lo que estime como cantidad necesaria para sostener la tarifa de compensaciones básicas mínimas y suplementos de compensación básica para los pastores, de acuerdo con lo adoptado por la conferencia. El concilio de finanzas y administración de la conferencia asignará la cantidad aprobada por la conferencia como una partida de sostenimiento clerical a los distritos o los cargos, según lo ordene la conferencia (¶ 614.1*e*)[80].

8. El Fondo de Compensación Equitativa, obtenido como se describe arriba en los ¶¶ 614.1*e* y 625.7, se desembolsará bajo la dirección de la Comisión de Compensación Equitativa.

9. El Fondo de Compensación Equitativa, obtenido como se describe en el 7, se usará para proveerle a cada pastor que recibe menos de la compensación básica mínima, una cantidad adicional que sea suficiente para estar a la altura de la compensación básica aprobada por el cargo pastoral, además de la ayuda

---

79. Ver Decisión 579 del Concilio Judicial.
80. Ver Decisiones 90, 179, 1013 del Concilio Judicial.

suplementaria o ingreso de otras fuentes, que sea igual a la compensación básica mínima aprobada por la conferencia. Una conferencia anual puede fijar una cantidad máxima a usarse en el logro de dicha compensación básica mínima en cualquier caso dado, y podrá establecer sus propias reglas acerca del número de años durante los cuales tenga derecho un cargo pastoral a recibir ayuda financiera del Fondo de Compensación Equitativa, con tal que a ningún miembro en buena relación que ha sido nombrado a un cargo pastoral se le niegue la compensación básica mínima (¶ 342)[81].

10. A la luz de nuestro compromiso constitucional a las Relaciones Ecuménicas (División primera—General, ¶ 6, Artículo VI), la comisión debe dar consideración al establecimiento de normas para el sostén de los clérigos, por aquellos ministros que tienen sus órdenes reconocidas para servir en la Iglesia Metodista Unida (¶ 346.2) y cuyos años de servicio incluyen el ministerio realizado en otras denominaciones, especialmente aquellos que vienen de iglesias de la Comisión Pan-Metodista y de otras iglesias que son miembros de las *Churches Uniting In Christ*.

11. La comisión reunirá y distribuirá a los cargos y a los superintendentes de distrito el material informativo a usarse en el proceso de negociar salario y beneficios pertinentes, la tarifa de compensaciones básicas mínimas, y la información adicional referente al establecimiento de compensación básica más equitativa de parte de todos los cargos de la conferencia.

12. Los obispos y los superintendentes de distrito observarán las pautas del programa de la conferencia anual en cuanto al sostenimiento equitativo de los clérigos en todo lo que sea posible en el arreglo de los cargos y la confección de nombramientos. Cada pastor a tiempo completo, o los clérigos que son miembros de una conferencia anual, y están nombrados a menos de tiempo completo, bajo nombramiento episcopal, a una iglesia local, podrán participar en el programa de compensaciones básicas equitativas de la conferencia anual (¶ 342.1, .2).

13. La comisión puede sugerir a la conferencia anual, para su consideración, escalas de compensación básica equitativa para los pastores o los cargos, o a ambos; y la conferencia anual les puede sugerir dichas escalas de compensación básica equitativa a los cargos para que las consideren.

---

81. Ver Decisiones 456, 579, 587, 1013 del Concilio Judicial.

¶ 626. *Fondo de sustento*—Una conferencia anual puede establecer un Fondo de Sustento, con el propósito de proveer ayuda de urgencia a los clérigos de la conferencia que puedan tener una necesidad especial. Por recomendación del concilio de finanzas y administración de la conferencia, la suma que se necesite para este propósito se puede asignar a los cargos pastorales según la conferencia lo determine. El fondo, si se establece, será administrado conjuntamente por el obispo, el superintendente de distrito indicado, y el presidente de la comisión de salario equitativo, o el presidente de la agencia que la conferencia anual determine.

¶ 627. *Los gastos del pastor y las prestaciones*—Las iglesias locales informarán a la conferencia anual en la forma indicada en el informe de la conferencia anual los gastos para los siguientes propósitos: 1) Las cantidades reembolsadas a pastores por gastos incurridos por ellos en el desempeño de sus responsabilidades profesionales; 2) cantidades pagadas a pastores como gastos adicionales (incluso gastos de vivienda) además de la compensación básica. Se insta a las iglesias locales que consideren las pautas previstas por la conferencia anual o el Concilio General de Administración y Finanzas para fijar e informar las cantidades de dichos sobresueldos y reembolsos.

¶ 628. *Compensación de los ministerios de extensión*—Todo miembro clerical de una conferencia anual nombrado a ministerio de extensión suministrará anualmente al secretario de la conferencia, cuando el secretario lo indique, una declaración de su compensación total (incluso compensación básica, gastos de transporte, automóvil, vivienda, y otros gastos permitidos y pagados) por el año que termine, y dicha compensación de todos los clérigos con nombramiento de ministerio de extensión se publicará en el anuario de la conferencia anual[82]. Cuando esta información no se suministra, el nombramiento de la persona clériga estará sujeto a revisión por el obispo residente y el gabinete.

OTRAS AGENCIAS CONFERENCIALES

¶ 629. *Junta conferencial de iglesia y sociedad*—1. La conferencia anual organizará una junta de iglesia y sociedad u otra estructura para proveer las funciones de este ministerio, y mantener la relación conexional entre la junta general de iglesia y sociedad y la conferencia, el distrito y la iglesia local, así como responsabili-

---

82. Ver Decisiones 345, 465 del Concilio Judicial.

dades de la iglesia y la sociedad relacionadas con los objetivos y visión de la obra de la Junta General de Iglesia y Sociedad como se establece en ¶¶ 1002-1004.

2. La junta de iglesia y sociedad de la conferencia, o la estructura equivalente, estará compuesta por las personas que determine la conferencia anual y que incluyen, en virtud de sus posiciones, a la coordinadora de misiones para Misiones y Acción Social de las Mujeres Metodistas Unidas de la conferencia y a miembros de la Junta General de Iglesia y Sociedad de la conferencia anual, quienes servirán dentro de los límites establecidos por ¶¶ 610.6, 710.6. La junta conferencial de iglesia y sociedad, o la estructura equivalente, también nombrará a un Coordinador de Paz con Justicia que será responsable de administrar los ingresos de la Ofrenda Especial del Domingo de Paz con Justicia, y coordinará los ministerios de paz y justicia. Se seguirán las pautas para la inclusividad de la membresía (¶ 610.5).

3. La junta conferencial, en cooperación con la Junta General de Iglesia y Sociedad y el concilio de ministerios de la conferencia anual, desarrollará y promoverá programas sobre iglesia y sociedad dentro de las fronteras de la conferencia, que incluyan los ministerios para los prisioneros y cuestiones de reforma. Con este fin podrá dividir su membresía en comités de más o menos el mismo tamaño, modelados de acuerdo con la organización de la Junta General de Iglesia y Sociedad. Los comités de la junta tendrán la responsabilidad de cooperar unos con otros para adelantar los intereses respectivos y mutuos de sus campos correspondientes en educación social, servicio, testimonio y acción.

4. La junta de iglesia y sociedad de la conferencia servirá para conectar a la Junta General de Iglesia y Sociedad con los distritos y las iglesias locales para que trasmitan el evangelio de Jesucristo a los miembros de la Iglesia y a las personas y estructuras de las comunidades, la nación y el mundo en que viven. Se desarrollará un programa que provea educación y acción en asuntos que confrontan a la Iglesia, y que son coherentes con los Principios Sociales y los planes de acción adoptados por la Conferencia General.

5. La junta estimará anualmente qué cantidad necesita para sostener su trabajo, e informará esta cantidad de acuerdo con los procedimientos de la conferencia anual. El trabajo de la junta puede considerarse como un interés de benevolencia de la Iglesia dentro de la conferencia.

6. La conferencia anual puede emplear a una o más personas para llevar adelante sus propósitos. Dos o más conferencias anuales pueden cooperar en desarrollar sus programas y en emplear a una o más personas.

¶ **630.** *Junta de discipulado de la conferencia*—La conferencia anual organizará una junta de discipulado, o estructura equivalente para proveer estas funciones y mantener la relación conexional entre la Junta General de Discipulado y la conferencia, el distrito y la iglesia local; y hará provisiones para las funciones de discipulado relacionadas con los objetivos y alcance del trabajo de la Junta General de Discipulado, como se establece en los ¶¶ 1101, 1102. La persona o personas que sirven como miembros de la Junta General de Discipulado serán miembros de la junta de discipulado de la conferencia, y se les podrá otorgar privilegios de voto.

1. *Responsabilidades generales*—*a)* Dirigir y ayudar a las congregaciones y los distritos de la conferencia en sus esfuerzos para comunicar y celebrar el amor redentor y reconciliador de Dios, como se revela en Jesucristo, a personas de toda edad, origen étnico y condición social; invitar a personas a que entreguen sus vidas a Cristo y a su iglesia; y habilitar a personas para vivir como discípulos cristianos en el mundo.

b) Patrocinar y promover un enfoque integral al desarrollo de los discípulos cristianos. Esto incluirá tales ministerios como la educación cristiana y otros ministerios de grupos pequeños, campamentos y actividades al aire libre, evangelismo, mayordomía, adoración, desarrollo del laicado, formación espiritual cristiana, vida devocional, ministerios a los diferentes niveles de edades y a las familias, educación de liderazgo, y los demás campos de trabajo que la conferencia anual determine.

c) Facilitar y promover experiencias de campamento para personas con impedimentos, inclusive campamentos específicamente diseñados para personas con impedimentos, y la participación de personas cuando eso sea posible, en campamentos patrocinados por el distrito y la conferencia.

d) Proporcionar preparación para el clero y el laicado en ministerios con personas con impedimentos, inclusive en los campos de la escuela dominical, campamentos y retiros, y el desarrollo de la fe.

e) Proporcionar dirección y preparación para líderes del distrito y las agencias, así como para concilios de las iglesias locales, oficiales y comités.

f) Desarrollar un programa unificado y comprensivo para la preparación del liderato, que sirva a todos los grupos de edades en el hogar, la iglesia y la comunidad.

g) Proporcionar preparación continua para los pastores que estén en ministerio activo con la niñez, el desarrollo de la fe en la niñez y la interpretación de recursos curriculares.

h) Capacitar y fortalecer el ministerio a la juventud y con la juventud en todos los niveles de la iglesia.

i) Determinar los directores, coordinadores o líderes designados que sean necesarios para las responsabilidades del discipulado a nivel de la conferencia anual, e incluir el mantenimiento del vínculo con la Junta General de Discipulado y los comités distritales conexionales dentro de la conferencia anual.

2. *Responsabilidades en el área de educación cristiana—a)* Desarrollar y promover un programa conferencial de educación cristiana para todas las etapas de la vida, dirigir, asistir y apoyar a congregaciones y distritos a desarrollar sistemas para ministerios educacionales y de grupo pequeños que den a niños, jóvenes, jóvenes adultos, adultos, adultos mayores y familias el conocimiento de la fe cristiana y experiencia en ella, y las disciplinas espirituales que sean motivación para el servicio cristiano en la iglesia, la comunidad y el mundo. Esto puede incluir dirección y preparación para los líderes del distrito que estén a cargo de la educación cristiana y para los campos de ministerio de la iglesia local y comisiones de educación, superintendentes de la escuela de Iglesia, superintendentes de división de la escuela de Iglesia, maestros de la escuela de Iglesia, y otros líderes en el ministerio educativo de las iglesias locales.

b) Desarrollar y mantener un sistema organizado de comunicación y trabajo con las personas encargadas de los programas de educación cristiana en las iglesias locales, los distritos, las jurisdicciones y la Junta General de Discipulado.

c) Proporcionar adiestramiento para líderes de confirmación, y equipar a las congregaciones locales en experiencias de confirmación y en el uso de los recursos aprobados.

d) Estimular la observancia del primer domingo de la Semana de Educación Cristiana, o de algún otro día designado por la conferencia anual, en cada iglesia local como Domingo de Educación Cristiana, a fin de enfatizar la importancia de la educación cristiana, y recibir una ofrenda para la obra de la educación cristiana. (¶ 265.1.)

e) Desarrollar y recomendar a la conferencia anual planes para la adquisición o disposición de los campamentos de la conferencia o propiedades para retiros de acuerdo con las normas para campamentos desarrolladas por la Junta General de Discipulado (¶ 1109.10).

f) Promover la extensión de la escuela de iglesia: (1) estimulando el desarrollo de nuevas escuelas de iglesia Metodistas Unidas; (2) comenzando nuevas clases; (3) expandiendo las oportunidades para enseñar y aprender en la congregación y la comunidad.

g) Ayudar a las iglesias locales en la iniciación de programas de reclutamiento de maestros, ayudándolos en su desarrollo, preparación, y repaso en el pensamiento bíblico, teológico y ético, así como en los procedimientos y métodos de la educación cristiana.

h) Cooperar en la promoción del conocimiento sobre el apoyo a todas las escuelas, colegios universitarios, universidades y seminarios relacionados con la conferencia, el movimiento de estudiantes metodistas unidos y el trabajo universitario de la conferencia, la región o la zona por medio del establecimiento y apoyo de tales programas, según los apruebe la conferencia anual, en armonía con los planes de acción y procedimientos de la Junta General de Educación Superior y Ministerio.

3. *Responsabilidades en el área de evangelismo–a)* Planificar y promover un ministerio efectivo de evangelismo comprensivo para personas de todas las edades.

b) Crear un entendimiento del evangelismo, dedicación al mismo e interés en el mismo a través de la conferencia.

c) Hacer provisión para la preparación de clérigos y personas laicas en liderazgo de ministerios de evangelismo, la distribución de literatura promocional, estímulo y alistamiento para que la iglesia local participe en un ministerio de evangelismo continuado, y apoyar la revitalización y nuevo desarrollo de la iglesia.

d) Dar orientación a los grupos responsables de la obra de evangelismo en los distritos, así como al área de trabajo de evangelismo en la iglesia local.

e) Dar énfasis particular a la promoción de ministerios de evangelismo, que puede incluir ministerios en cárceles y prisiones con delincuentes, víctimas y sus familias, a fin de que todas las personas que viven en una comunidad donde hay una iglesia metodista unida local, y que no tienen afiliación de iglesia o ninguna profesión de fe, sean incluidas dentro del cuidado espiritual y responsabilidad de la iglesia local.

f) Recomendar anualmente, en consulta con la Junta de Ministerio Ordenado, a la conferencia y al obispo encargado el nombramiento de ciertos miembros activos de la conferencia como evangelistas generales, con tal que dichas personas cumplan con los requisitos establecidos para los evangelistas generales por la Junta General de Discipulado. Estas personas servirán como miembros *ex officio* del área de evangelismo de la Junta Conferencial de Discipulado. En el caso donde haya más de un evangelista general en dicha conferencia anual, al menos uno será seleccionado por el comité conferencial de postulaciones.

g) Recomendar y refrendar el ministerio de dicho evangelista general a los pastores y liderazgo de la conferencia anual.

4. *Responsabilidades en el área de adoración—a)* Ser responsable por los asuntos de la adoración para las personas de todas las edades dentro de la conferencia anual.

b) Facilitar el uso de los mejores recursos para la adoración en las reuniones conferenciales y en todas las iglesias de la conferencia, promover el uso de *Mil Voces Para Celebrar* (1996), *The United Methodist Hymnal* (1989) y el *United Methodist Book of Worship* (1992) en todas las iglesias de la conferencia. Planificar y promover seminarios y demostraciones sobre planificación cooperativa para la adoración que incluyan a pastores y músicos, formas de adoración y el uso de la música y otras artes, con énfasis particular en el canto congregacional. Esto incluye cooperar con el obispo residente, quien tiene la responsabilidad primordial de planear todos los servicios de adoración en cada conferencia anual.

c) Proveer exhibiciones en las sesiones de la conferencia, cooperar con la Junta General de Discipulado, el concilio conferencial de ministerios y con la filial local de la Confraternidad de Metodistas Unidos en las Artes de Música y Adoración, y la Orden de San Lucas, en promover seminarios y eventos de preparación en el área de adoración, que incluyan música y otras artes.

d) Ayudar a congregaciones locales a descubrir y reclutar personas para servir como músicos (instrumentalistas, cantantes y líderes de canto), y desarrollar las habilidades de aquéllos que sirven en las congregaciones locales, en cooperación con la Junta General de Discipulado. Este enfoque incluirá a personas que trabajen a tiempo completo o a tiempo parcial, y especialmente como voluntarios en la música de la iglesia.

5. *Responsabilidades en el área de mayordomía—a)* Planificar y promover un programa comprensivo de mayordomía para las personas de todas las edades, a través de la conferencia, en los campos de educación sobre la mayordomía, ofrendas y diezmos proporcionales, suministro de fondos para los ministerios de la iglesia, ofrendas planificadas, tiempo y habilidades, manejo de la economía y el dinero, y estilo de vida.

b) Interpretar la base bíblica y teológica de la mayordomía.

c) Promover las ofrendas de manera coherente con el estilo cristiano de vida.

d) Desarrollar conceptos de suministro de fondos dentro de la conferencia anual, el distrito y la iglesia local que concuerden con los sólidos principios sobre la mayordomía y doctrina de la Iglesia Metodista Unida.

e) Enseñarle a la iglesia local que el diezmo es la meta mínima que se espera en la Iglesia Metodista Unida.

f) Diseñar y programar actividades de preparación, distribuir material promocional, y alistar la participación de la iglesia local en un programa de mayordomía durante todo el año.

g) Dar dirección al campo del ministerio de mayordomía en los distritos y al campo del ministerio de mayordomía y el comité de finanzas en la iglesia local.

h) Desarrollar un programa que creará interés de parte de cada iglesia local sobre los problemas ecológicos y ambientales que confrontan al mundo, y motivarlas para que acepten la responsabilidad de ayudar en la solución de dichos problemas.

i) Participar en el trabajo de organizaciones nacionales y jurisdiccionales relacionadas con la mayordomía, tales como la Asociación Nacional de Líderes de Mayordomía y la Asociación Nacional de Fundaciones Metodistas Unidas.

6. *Responsabilidades en el campo de formación espiritual*—Se recomienda que se organice un comité separado para llevar a cabo las siguientes actividades:

a) Promover el desarrollo de la vida devocional para familias y personas de todas las edades, clérigos y laicos, a través de la conferencia.

b) Celebrar seminarios y actividades de preparación en los campos de oración privada y oración en comunidad.

c) Estimular y ayudar en la distribución y uso de los recursos para la formación espiritual como los que proporcionan El Aposento Alto y la Junta General del Discipulado.

d) Animar a cada iglesia local a que tenga un coordinador de oración para promover la oración y movilizar la iglesia local para la oración.

e) Animar a las iglesias locales a que tengan un cuarto de oración o un sitio designado para la oración así como recursos sobre la oración.

f) Animar a orar por liderazgo pastoral en la iglesia local.

¶ 631. *Junta del laicado de la conferencia*—1. En cada conferencia anual habrá una junta conferencial del laicado, u otra estructura equivalente para proveer estas funciones y mantener las relaciones conexionales[83]. Hará provisión para el ministerio del laicado con referencia a los objetivos de la Junta General de Discipulado como aparecen en los ¶¶ 1101-1126.

2. El propósito de la junta conferencial del laicado será:

a) Facilitar un conocimiento del papel del laicado, tanto en la congregación local como por medio de su ministerio en el hogar, el centro de trabajo, la comunidad y el mundo, para lograr la misión de la Iglesia; desarrollar y promover programas para cultivar un entendimiento adecuado de las bases teológicas y bíblicas para la vida y trabajo laico entre los miembros de las iglesias de la conferencia anual.

b) Desarrollar y promover la mayordomía del tiempo, talentos y posesiones dentro de la conferencia anual, en cooperación con el concilio de ministerios de la conferencia u otras organizaciones apropiadas.

c) Hacer provisión para la preparación de los miembros laicos de la conferencia anual.

d) Proporcionar apoyo y dirección para el ministerio del laicado en los niveles locales, distritales y de la conferencia anual, y promover la observancia del Domingo del Laicado.

e) Proporcionar la organización, dirección y apoyo para el desarrollo de líderes de la iglesia local.

3. Se recomienda la siguiente membresía en la junta: el líder laico conferencial, los líderes laicos asociados de la conferencia, el director conferencial de los Ministerios de Oradores Laicos, el coordinador de reclutamiento de la conferencia y los presidentes y dos representantes electos por cada una de las organizaciones conferenciales de los Hombres Metodistas Unidos, las Mujeres Metodistas Unidas, los Adultos Jóvenes Metodistas Unidos, y

---

83. Ver Decisión 835 del Concilio Judicial.

el concilio conferencial de ministerio de la juventud; además, los líderes laicos del distrito, dos laicos, dos laicas y dos jóvenes electos por la conferencia anual, postulados por el comité conferencial de postulaciones, y un superintendente de distrito designado por el gabinete, el director del concilio de ministerios de la conferencia, y el obispo presidente. Se dará atención especial a la inclusión de personas con impedimentos y personas de minorías raciales y étnicas. Todos los miembros serán miembros profesos de la iglesia local.

4. El líder laico conferencial presidirá a la junta. Los demás oficiales serán electos según la junta lo estime necesario.

5. La junta se relacionará con los Ministerios de Servicio Laico y con otros grupos laicos organizados en la conferencia, tales como los Hombres Metodistas Unidos, las Mujeres Metodistas Unidas, los Adultos Jóvenes Metodistas Unidos y la Juventud Metodista Unida, apoyará su trabajo, y les ayudará a coordinar las actividades del laicado organizado de la conferencia.

6. *Comité conferencial de Ministerios de Servicio Laico—a)* Se insta a todas las conferencias anuales a crear un comité de Ministerios de Servicio Laico u otra estructura equivalente, para cumplir los requisitos de los ¶¶ 266-268, para relacionarse con la junta conferencial del laicado y la Junta General de Discipulado, según el ¶ 1116 y otros que puedan aplicarse.

b) El propósito de un comité de Ministerios de Servicio laico es fijar criterios y pautas para que los comités distritales de Ministerios de Servicio laico elaboren cursos y aprueben cursos elaborados por esos comités, y para organizar acontecimientos de siervos laicos para toda la conferencia.

c) Un comité conferencial de Ministerios de Servicio Laico estará compuesto por lo menos de los directores distritales de los Ministerios de Servicio Laico, o sus equivalentes.

d) Habrá un director conferencial de Ministerios de Oradores Laicos. La conferencia anual determinará cómo se llene esa posición. Esta posición la ocupará un siervo laico certificado. El director conferencial presidirá el comité. El comité elegirá otros oficiales según lo estime necesario.

7. *Responsabilidades en el área de ministerio con los laicos—a)* Desarrollar y promover programas para cultivar una comprensión adecuada de la base teológica y bíblica para el ministerio con los laicos entre los miembros de las iglesias de la conferencia anual; dar un énfasis especial a los programas y servicios que permitirán

que laicos y laicas de todas las edades sirvan más eficazmente como líderes tanto en la iglesia como en la comunidad.

b) Dar apoyo y dirección a programas como Ministerios de Servicio Laico, la observancia del Día del Laicado y la labor de los líderes laicos a nivel local y distrital.

c) Dar apoyo y dirección al programa para el desarrollo de líderes de la iglesia local de la conferencia y del distrito, coordinando y desarrollando experiencias de adiestramiento que permitirán a personas de cualquier edad servir más eficazmente como miembros de los concilios de ministerios de la iglesia local, y los comités, comisiones y fuerzas de trabajo de dichos grupos.

d) Organizar un comité conferencial de Ministerios de Servicio Laico que habrá de cumplir los requisitos de los ¶¶ 266-268. Este comité establecerá las guías y criterios que usarán los comités de distrito (¶ 669).

¶ **632.** *Comité Conferencial sobre Intereses de la Iglesia Étnica Local*—1. Habrá en cada conferencia anual un Comité Conferencial sobre Intereses de la Iglesia Étnica Local o alguna otra estructura que atienda estas funciones básicas y para mantener la relación conexional.

2. Habrá de atender a las siguientes funciones:

a) Mantener la visión de los intereses de la iglesia étnica local delante de la conferencia anual;

b) Suministrar dirección y recursos a iglesias en la conferencia anual que ministran a y con la constituyente étnica;

c) Coordinar estrategias con la conferencia anual en relación con los intereses de la iglesia étnica local incluyendo énfasis e iniciativas de la iglesia general;

d) Proveer un foro para el diálogo entre los constituyentes étnicos así como con las agencias de la conferencia anual;

e) Proveer adiestramiento para los líderes de la conferencia anual y congregacional;

f) Promover e interpretar los intereses de la iglesia étnica local ante la conferencia anual; y

g) Trabajar con las conferencias anuales para identificar y educar líderes, tanto laicos como clérigos, de las comunidades étnicas.

3. La membresía de este comité será postulada y electa por los procedimientos establecidos de la conferencia anual. La conferencia anual determinará el número y composición de la membresía

del comité. Se recomienda que el comité se constituya de manera que la mayoría de los miembros representen a personas raciales y étnicas, reflejando la participación de etnias de la conferencia anual (¶ 705.3). Se debe tener cuidado, cuando sea posible, de tener un balance de miembros clérigos, laicos, hombres y mujeres, jóvenes y adultos jóvenes.

¶ **633.** *Junta conferencial de ministerios globales*—1. La conferencia anual organizará una junta de ministerios globales u otra estructura, para mantener la relación conexional y proveer responsabilidades de ministerios globales relacionadas con los objetivos y radio de trabajo de la Junta General de Ministerios Globales como lo establecen los ¶¶ 1302, 1303.

2. La junta conferencial de ministerios globales o una estructura equivalente, estará compuesta por las personas que determine la conferencia anual, que cumplirán con las responsabilidades que se les asignen. La Coordinadora de Misión de Educación e Interpretación de las Mujeres Metodistas Unidas de la conferencia, en virtud de su posición, será miembro de la junta conferencial de ministerios globales.

El presidente de la junta conferencial de ministerios globales trabajará con el secretario conferencial de ministerios globales para relacionar la junta de ministerios globales de la conferencia anual con los objetivos y alcance de trabajo de la Junta General de Ministerios Globales. Cualquier persona de la conferencia anual que sirva como miembro de la Junta General de Ministerios Globales será, en virtud de su cargo, miembro de la Junta Conferencial de Ministerios Globales (¶¶ 610.6, 710.6).

3. Habrá un secretario conferencial de ministerios globales, que será miembro de la conferencia anual y del concilio de ministerios de la conferencia anual. Esta persona trabajará con la Junta de Ministerios Globales de la conferencia anual y con el concilio de ministerios de la conferencia anual para suministrar el vínculo necesario entre la conferencia anual y la Junta General de Ministerios Globales.

El secretario conferencial de ministerios globales trabajará con el presidente de la junta conferencial de ministerios globales para relacionar la junta de ministerios globales de la conferencia anual con los objetivos y radio de trabajo de la Junta General de Ministerios Globales.

4. *a)* La conferencia anual y la Junta General de Ministerios Globales cooperarán en llevar a cabo los planes de acción y

promoverán todas las fases del trabajo relacionadas al radio de alcance de la junta como aparecen en el ¶ 1302.

b) Responsabilidades—(1) Designar los comités, comisiones o secciones que sean necesarios, así como secretarios individuales, coordinadores y otros líderes para las responsabilidades de ministerios globales a nivel de la conferencia anual.

(2) Interpretarle a la conferencia anual los programas, planes y política de la Junta General de Ministerios Globales, y planificar y promover énfasis en ministerios globales. Fortalecer con educación, evaluación constructiva, comunicación y cultivo el programa total de la Junta General de Ministerios Globales.

(3) Recibir informes de la Junta General de Ministerios Globales de parte de la persona enlace a la conferencia anual.

(4) Interpretarle a la Junta General de Ministerios Globales el programa misional, las prioridades e intereses de la conferencia anual y las iglesias locales, con el fin de capacitar a la junta para que cumpla sus responsabilidades como una extensión de la iglesia local.

(5) Planificar y promover varias clases de reuniones y experiencias a través de la conferencia con el propósito de desarrollar un espíritu de misión y participación en ministerios globales para preparación, educación y un liderazgo para el desarrollo de líderes misionales y personas en el campo de los servicios humanos y ministerios de salud y bienestar.

(6) Cooperar con la Junta General de Ministerios Globales en su programa fuera de los Estados Unidos.

(7) Identificarse con los marginados y desposeídos, y ayudarlos a lograr su pleno desarrollo humano—cuerpo, mente y espíritu, inclusive el estímulo y ejecución de los programas de acción afirmativa.

(8) Comprometerse en ministerios directos sobre las necesidades humanas, tanto de emergencia como de continuidad institucional y no institucional, como sea que se causen.

(9) Cooperar con la organización conferencial de Mujeres Metodistas Unidas y ayudar a equipar a todas las mujeres para que tengan completa participación en la misión de la iglesia.

(10) Cultivar, a través de los canales que tiene la iglesia además de las Mujeres Metodistas Unidas, las donaciones para los Avances Especiales para ministerios administrados por las unidades designadas de la Junta de Ministerios Globales, incluso el Comité Metodista Unido de Auxilio.

(11) Promover el desarrollo de relaciones de pacto entre las iglesias locales y el personal de la Junta General de Ministerios Globales.

(12) Estimular, mantener y fortalecer las relaciones entre la conferencia anual y las agencias relacionadas con las divisiones y departamentos respectivos de la Junta General de Ministerios Globales, y proporcionar un canal a través del cual estas agencias informen a la conferencia anual.

(13) Desarrollar y ejecutar el apoyo financiero de la iglesia a favor de los proyectos y programas misioneros y los ministerios de salud y bienestar de la conferencia, con particular énfasis en el cuidado benevolente y la Cruz Áurea, ministerios de educación y servicio social, y las Becas de Comunión Mundial.

(14) Capacitar, estimular y apoyar el desarrollo de congregaciones, parroquias cooperativas, centros comunitarios, servicios educativos y humanos, así como ministerios de salud y bienestar, de manera que puedan ser unidades de misión en zonas urbanas y rurales, y socios con otros en la misión mundial de la iglesia cristiana.

(15) Estimular y apoyar ministerios especializados, urbanos y rurales, que proporcionen una misión comprensiva relacionada con los asuntos generales metropolitanos y rurales, servicios para resolver las necesidades de las personas, y programas de apoyo que fortalezcan a la iglesia local.

(16) Ayudar a los distritos y a las iglesias locales a explorar y desarrollar nuevos métodos y ministerios de servicio directo, según lo exijan las condiciones cambiantes y las formas de la sociedad.

(17) Cooperar con los líderes eclesiales y seculares en todos los niveles, en la planificación estratégica, desarrollando programas, y abogando porque haya legislación que impacte en los asuntos comunitarios y nacionales.

(18) Proyectar y comprometerse en nuevas formas imaginativas de misión, apropiadas a las necesidades cambiantes, y compartir los resultados de la experimentación.

(19) Desarrollar estrategias en respuesta a problemas comunitarios críticos, dando atención especial a las necesidades de las minorías étnicas y de idioma, a personas con impedimentos, personas en relaciones transicionales, el trabajador pobre y las que viven bajo sistemas represivos.

(20) Apoyar el ministerio con refugiados del Comité Metodista Unido de Auxilio por medio de la promoción en la conferencia anual de un comité conferencial de refugiados que se relacione con la junta conferencial de ministerios globales y aliente, asesore, y ayude a las iglesias con sus programas con refugiados.

(21) Apoyar el ministerio de Hambre Mundial y Pobreza del Comité Metodista Unido de Auxilio animando a las conferencias anuales a nombrar un coordinador conferencial y formar un comité conferencial sobre el hambre que se relacione con la junta conferencial de ministerios globales.

(22) Nombrar coordinadores conferenciales de respuesta al desastre para asistir al Comité Metodista Unido de Auxilio, alentando la formación de un comité conferencial de respuesta al desastre que se relacione con la junta general de ministerios globales. La membresía del Comité Conferencial de Respuesta al Desastre podrá incluir los coordinadores distritales de respuesta al desastre. Los coordinadores de respuesta al desastre de la conferencia anual y de distrito recibirán adiestramiento por lo menos una vez cada cuadrienio.

(23) Ayudar al programa del Ministerio de Iglesia y Comunidad a fijar metas, desarrollar programas, suministrar fondos, y evaluar ministerios.

(24) Cooperar con la Junta General de Ministerios Globales en el reclutamiento y apoyo del personal misionero, y cooperar con las unidades conferenciales correspondientes, como el Comité Conferencial del Personal Misionero o cuerpo equivalente, en la promoción y reclutamiento de personas para las carreras de servicio de salud y bienestar, y otras ocupaciones relacionadas con la iglesia.

(25) Revisar y certificar solicitudes de préstamos, donaciones y concesiones a la Junta General de Ministerios Globales; administrar dichos fondos para sus propósitos designados de acuerdo con las pautas establecidas, y participar con la Junta General de Ministerios Globales en la planificación y evaluación de los procesos relacionados con estos fondos.

(26) Cultivar las donaciones hechas en ofrendas de Domingos Especiales, que administra la Junta General de Ministerios Globales.

(27) Esforzarse por garantizar representación mutua entre la unidad de la conferencia anual que tenga la responsabili-

dad de los ministerios de salud y bienestar y cada institución de salud y bienestar relacionada con la conferencia anual en la que tal representación se requiera por mutuo acuerdo entre la institución y la conferencia anual.

(28) Estimular a las instituciones y programas de salud y bienestar que hay en la conferencia anual y que están relacionadas a una unidad conexional de la Iglesia Metodista Unida a fin de que utilicen las normas programáticas, el auto-estudio y las revisiones hechas por instituciones similares, apropiadas a las instituciones y programas relacionados con las iglesias y disponibles a ellas por medio de organizaciones que promueven la excelencia en el ministerio y misión cristianos, y mejore a la calidad de los servicios ofrecidos.

(29) Ayudar a la conferencia anual a evaluar las necesidades que hay en los ministerios de salud y bienestar. Ayudar a la conferencia anual en el desarrollo de servicios de salud y bienestar en comunidades locales y dentro de la conferencia anual.

(30) Trabajar con la Junta General de Ministerios Globales en el desarrollo de programas de liderazgo y la promoción de ministerios de salud y bienestar; y trabajar con la Asociación Metodista Unida de Ministerios de Salud y Bienestar en programas de desarrollo de liderazgo y en la promoción de ministerios de salud y bienestar.

(31) Promover normas financieras y profesionales cristianas en los ministerios de salud y bienestar que hay en la conferencia anual.

(32) Ayudar en el planeamiento y desarrollo de un ministerio religioso en las instituciones y programas que estén relacionadas con la conferencia anual y, siempre que se pueda, en instituciones y programas estatales y de otra índole no relacionadas con la conferencia, donde haya una necesidad.

(33) Servir en una capacidad de asesoramiento a los procesos conferenciales de postulación en los que la conferencia anual participa en la selección de síndicos para instituciones y programas de salud y bienestar relacionados con la conferencia anual.

(34) Proporcionar un canal a través del cual los programas e instituciones de salud y bienestar rindan informes a la conferencia anual.

(35) Promover una ofrenda anual de la Cruz Áurea, u otros medios de ofrenda para recibirla en cada iglesia local

en un día o días designados por la conferencia anual en apoyo a los ministerios de salud y bienestar de la conferencia anual. Esta ofrenda suministrará apoyo financiero para cuidar a personas enfermas, ancianos, niños y jóvenes, y personas con impedimentos. Se dará énfasis especial a ayudar a los ministerios que proporcionan asistencia financiera directa a personas necesitadas. Esta promoción también deberá incluir a todas las unidades de la Junta de Ministerios Globales relacionados con los ministerios de salud y bienestar.

(36) Poner a disposición de las iglesias locales los programas y otros recursos que haya, para facilitar el acceso físico a los edificios de las iglesias.

5. La conferencia anual establecerá un Comité de Desarrollo Parroquial y Comunitario, o le asignará esta responsabilidad a una agencia ya existente en la conferencia anual, la cual cumplirá las responsabilidades según se relacionen con los objetivos y radio de alcance de la Junta General de Ministerios Globales (¶ 1313). El comité iniciará y desarrollará programas con ministerios institucionales y voluntarios relacionados con la obra de la Junta. El comité puede formar subcomités para estos campos. El comité habrá de rendirle cuentas a la junta conferencial de ministerios globales, o a cualquier otra agencia que la conferencia determine. El presidente del comité y los presidentes de los subcomités serán miembros de la junta conferencial de ministerios globales, o del cuerpo ante el cual el comité haya de responder.

a) El comité incluirá a personas que estén involucradas en tipos significativos de ministerios parroquiales y comunitarios, laicos y clérigos representantes de iglesias rurales y urbanas de membresía pequeña, al superintendente del área o de la conferencia, o grupos relacionados con la iglesia, y representantes de la comunidad en calidad de vocales.

b) Las responsabilidades generales del comité incluirán investigación, evaluación, planificación y desarrollo de estrategia, formulación de política a seguir, ejecución de programas, vínculos locales y nacionales (denominacionales y ecuménicos) relacionados con el desarrollo de la parroquia y la comunidad, y todas las demás funciones que pueda determinar la conferencia o la agencia ante la cual el comité ha de responder.

c) Las responsabilidades del subcomité de ministerios institucionales y voluntarios relacionado con la Junta de Ministerios Globales pueden incluir el desarrollo de relaciones con todos

los ministerios institucionales y voluntarios que hay en la conferencia anual; consultar con ellos en cuanto a planificación cooperativa y estrategia para la ejecución de cuestiones de misión
nacional referentes a las necesidades de bienestar social según se
ejecuten a través de los ministerios de los centros comunitarios,
residencias, agencias de cuidado de salud, escuelas y otras agencias educativas; y trabajar con fuentes de recursos que suministren el sostenimiento necesario para tener un servicio eficaz en
dichas agencias.

d) En las conferencias anuales en donde los obreros de la
iglesia y la comunidad son asignados a través de la Junta General de Ministerios Globales, las responsabilidades del subcomité de Ministerios de Iglesia y Comunidad incluirán la revisión y
evaluación de proyectos; servir como vínculos entre los proyectos
y la Junta General de Ministerios Globales; y obtener sostenimiento consultivo y financiero para los obreros.

e) Las responsabilidades del subcomité de Desarrollo
Congregacional incluirán estimular y apoyar el desarrollo de
congregaciones nuevas y las de las ya establecidas; realizar estudios y sondeos comunitarios que planifican y ayudan el desarrollo
de estrategias innovadoras de misión; y revisar, evaluar y hacer
recomendaciones de préstamos, donaciones y concesiones procedentes de la Junta General de Ministerios Globales. El subcomité
también alentará el mayor uso de modelos de ministerios pastorales, tales como el de hacer tiendas/ministerios bi-vocacionales,
pastores locales a tiempo parcial, y ministerios cooperativos que
abogan por eliminar los impedimentos para su uso, y enfatizando
las aptitudes comprobadas de los pastores de producir enseñanza
eficaz, alcance, y ministerios de testimonio como el criterio primario para el nombramiento.

f) Las responsabilidades del subcomité de Ministerios
Urbanos y Rurales incluirán el desarrollo de misión y ministerio en zonas rurales y urbanas con una población de menos de
50.000. Estas incluirán a las ciudades pequeñas de 10.000 a 50.000;
pueblos, aldeas y áreas incorporadas con menos de 10.000 habi-
tantes; y zonas rurales con una densidad de población de menos
de 200 personas por milla cuadrada, cumpliendo con las funciones delineadas en el ¶ 633.5*h*.

g) Las responsabilidades del subcomité de Ministerios
Urbanos incluirán el desarrollo de estrategias misioneras a largo
plazo y ministerios a comunidades metropolitanas con una pobla-

ción de más de 50.000, cumpliendo con las funciones delineadas en el ¶ 633.5*h*.

h) Las responsabilidades de los subcomités de Ministerios Urbanos y Rurales, así como las de Ministerios Urbanos incluirán las siguientes:

(1) consultar con el obispo, el gabinete, el superintendente/director de desarrollo parroquial del la zona o la conferencia, representantes distritales de los ministerios urbanos y rurales y de los ministerios urbanos, así como las agencias conferenciales en el desarrollo de políticas a seguir para los ministerios de parroquias cooperativas, obtener los fondos para el personal y el inicio y fortalecimiento de estos ministerios;

(2) el desarrollo de una estrategia misional comprensiva para la misión de la conferencia anual, los distritos y las iglesias locales, e informarle este plan a la conferencia anual para su consideración, con el entendimiento que el plan se puede relacionar con una organización misionera regional con fines de una coordinación geográfica más amplia;

(3) iniciar o ayudar, o ambas cosas, con programas que traten necesidades tales como:

(a) organización y desarrollo del alcance de la iglesia local y la comunidad;

(b) ministerios con elementos constitutivos especializados y sectores de la vida comunitaria, producción agrícola e industrial y otros ministerios orientados hacia asuntos de interés;

(c) desarrollo y fortalecimiento de redes regionales o nacionales o de asociaciones;

(d) grupos de minorías étnicas y de idioma;

(e) iglesias en comunidades en transición;

(f) iglesias con membresía pequeña;

(g) el impacto de sistemas opresivos sobre el pueblo de zonas rurales o urbanas y sus comunidades; y

(h) el cumplimiento de otras funciones relacionadas con los objetivos y radio de alcance del trabajo de la Junta General de Ministerios Globales como se establecen en el ¶ 1313.

i) Las responsabilidades del subcomité sobre la iglesia con membresía pequeña incluirán las siguientes: (1) informarse sobre las necesidades y oportunidades de la iglesia con membresía pequeña en zonas rurales, ciudades y situaciones urbanas en la vida total de la conferencia; (2) pedir representación de las iglesias de membresía pequeña en las estructuras de decisión en la conferencia anual; (3) informar y sensibilizar al liderazgo a todo nivel conferencial sobre asuntos que afectan a la iglesia de membresía pequeña; (4) conseguir el apoyo del obispo, el gabinete, el concilio de ministerios, y personal conferencial sobre políticas, planes, y prácticas que afectan a iglesias de membresía pequeña; (5) trabajar con los subcomités sobre ministerios urbanos y rurales y ministerios urbanos dentro del comité de parroquia y desarrollo comunitario a fin de desarrollar y ejecutar estrategias para los ministerios de enseñanza, alcance y testimonio de las iglesias de membresía pequeña.

j) En zonas metropolitanas con una población de más de 50.000, se considerará el establecimiento de una comisión metropolitana cuyo propósito será promover planeamiento a largo plazo y proporcionar un marco coordinador para la misión estratégica del metodismo unido para esas zonas metropolitanas. La membresía puede incluir al obispo o a su representante, los superintendentes de distrito de que se traten, un grupo selecto de clérigos y personas laicas que representen a la junta de ministerios globales de la conferencia anual y al comité de ministerios urbanos de la conferencia anual, la Comisión de Religión y Raza, las Mujeres Metodistas Unidas y los Hombres Metodistas Unidos de la conferencia anual, representantes de ministerios basados en la comunidad, representantes de los concilios de ministerios del distrito, representantes de otras juntas y agencias consideradas apropiadas, y grupos e individuos con destrezas y experiencia que los capacitan para realizar una planificación creativa y funciones de estrategia a favor del metodismo unido en la zona metropolitana.

Cuando la zona metropolitana incluye a más de una conferencia anual, los representantes ante la comisión metropolitana serán electos de entre las juntas y agencias constituyentes de cada conferencia.

6. Podrá haber un coordinador de voluntarios en misión, que coordinará los ministerios de voluntarios en misión de la conferencia anual, en cooperación con la oficina de voluntarios en misión de la Junta General de Ministerios Globales, y la oficina de voluntarios en misión y la oficina jurisdiccional de voluntarios en misión (donde una exista).

a) El coordinador será electo anualmente, y será miembro de la Junta de Ministerios Globales de la conferencia anual.

b) El coordinador tendrá la responsabilidad de:

(1) parear los voluntarios con oportunidades misionales;

(2) responder al deseo de servir de los voluntarios;

(3) preparar y movilizar los voluntarios para el trabajo de voluntarios en misión;

(4) diseminar información acerca de lo que está sucediendo en los programas de voluntarios en misión.

¶ **634.** *Junta de Educación Superior y Ministerio Universitario*—1. En cada conferencia anual habrá una junta de educación superior y ministerio universitario u otra estructura, para proporcionar estas funciones y mantener las relaciones conexionales. La conferencia anual determinará el número de los miembros, e incluirá representación de los constituyentes apropiados[84].

2. La junta de educación superior y ministerio universitario de la conferencia anual o estructura equivalente hará provisión para la relación conexional entre la División de Educación Superior de la Junta General de Educación Superior y Ministerio con la conferencia, el distrito y la iglesia local, y hará provisión para que haya un ministerio en educación superior relacionado con los objetivos y radio de alcance del trabajo de la Junta General de Educación Superior y Ministerio y la División de Educación Superior. Una persona de la conferencia anual que sirva como miembro de la Junta General de Educación Superior y Ministerio, por virtud de su puesto, será miembro de la junta conferencial de educación superior y ministerio universitario o estructura equivalente (¶¶ 610.6, 710.6).

3. La persona que presida la obra de educación superior y ministerio universitario de la conferencia anual o estructura equivalente será miembro del concilio de ministerios de la conferencia anual.

4. Las responsabilidades de la junta de educación superior y ministerio universitario de la conferencia anual o estructura equivalente incluirán:

a) Responsabilidades generales—(1) Interpretar y promover los ministerios metodistas unidos en educación superior que la iglesia en general sostiene, y los que estén específicamente relacionados con la conferencia anual.

(2) Recomendar las políticas a seguir que guíen a la conferencia anual en su programa de ministerio de educación superior.

---

84.   Ver Decisión 1171 del Concilio Judicial.

(3) Preparar y suministrar recursos para comités distritales y zonas de trabajo local sobre educación superior y ministerio universitario.

(4) Hacer saber a los metodistas unidos nuestro compromiso histórico con la misión de educación superior de hoy.

(5) Trabajar con el concilio conferencial de ministerios y con distritos e iglesias locales para interpretar y promover ministerios de educación superior sostenidos por domingos y fondos especiales: El Fondo de la Universidad de África; fondo para Colegios universitarios Negros; Ministerios Educacionales para Hispanos, Asiáticos y Nativoamericanos (HANA); Fondo de Educación Ministerial; Domingo de Ministerios Nativoamericanos; Día del Estudiante Metodista; Domingo de Comunión Mundial; y otros fondos y días especiales relacionados con la educación superior, ordenados por la Conferencia General o conferencia anual.

(6) Promover el uso del Fondo Metodista Unido de Préstamos y designar personas apropiadas para representar al Fondo Metodista Unido de Préstamos en las universidades, siendo normalmente dichas personas directores de las Fundaciones Wesley o ministerios ecuménicos en las universidades, sostenidos por la conferencia anual; proporcionar los nombres y direcciones de esas personas a la Oficina de Becas y Préstamos, y hacer saber a los estudiantes las formas alternas para solicitar préstamos en caso de que no haya un ministro en la universidad.

(7) Evaluar escuelas, colegios universitarios y universidades y ministerios universitarios relacionados con la conferencia anual con interés en la calidad de su trabajo, la integridad de su misión, y su respuesta a las metas misionales de la iglesia en general y de la conferencia anual.

(8) Promover los programas de premios de educación que la Iglesia Metodista Unida proporciona, incluso los programas de premios de la Fundación Metodista Unida para la Educación Cristiana Superior.

(9) Conferenciar de inmediato con representantes de la Junta General de Educación Superior y Ministerio para determinar qué recursos y ayuda la junta podrá proveer, y habilitar a la División de Educación Superior para que lleve a cabo sus responsabilidades en caso que cualquier institución educacional, Fundación Wesley u otro ministerio universitario intente cortar o

modificar su conexión con la iglesia, o violar las reglas adoptadas por la división, de acuerdo con el ¶ 1413.3.

(10) Proveer para que dos o más conferencias anuales puedan, bajo recomendación de sus Juntas de educación superior y ministerio universitario, o estructura equivalente, unirse en formar un comité o comisión de zona o región sobre educación superior y ministerio universitario, cuya membresía, radio de acción y función serán determinadas por las conferencias cooperadoras, en consulta con su obispo u obispos. El comité o comisión de zona incluirá una mayoría de sus miembros de las juntas conferenciales de educación superior y ministerio universitario de las conferencias anuales participantes o estructuras equivalentes, con representación apropiada de presidentes de colegios universitarios, ministros universitarios, estudiantes y personas étnicas.

b) Responsabilidades fiscales—Además de sus responsabilidades generales, la junta de educación superior y ministerio universitario de la conferencia anual realizará las siguientes obligaciones fiscales:

(1) Presentar al concilio de ministerios, y después al concilio de finanzas y administración de la conferencia anual, las necesidades financieras para el sostén adecuado de escuelas, colegios universitarios, universidades, escuelas de teología, movimientos cristianos de ministerios universitarios, Fundaciones Wesley[85] y otros ministerios universitarios relacionados con la conferencia anual, pidiendo que se hagan asignaciones para ellos a las iglesias dentro de la conferencia.

(2) Determinar la distribución de los fondos recibidos de donativos no designados, los ingresos de días especiales, avances especiales distritales y conferenciales para la educación superior y becas de la Fundación Metodista Unida para la Educación Superior.

(3) Establecer, donde sea apropiado, fundaciones u otros modos de garantizar el apoyo continuado al programa de ministerio de educación superior de la conferencia anual.

(4) Asesorar a escuelas, colegios universitarios, universidades y ministerios universitarios metodistas unidos relacionados con la conferencia anual con respecto a sus cédulas

---

85. Ver Decisión 191 del Concilio Judicial.

constitutivas y constituciones, cláusulas reversionarias y responsabilidad civil.

(5) Asesorar a instituciones metodistas unidas sobre propiedades y dotes confiadas a las instituciones, y mantener y hacer cumplir cláusulas fideicomisarias y de reversión, de acuerdo con las disposiciones de la División de Educación Superior, según el ¶ 1413.3*c*.

(6) Vigilar las relaciones fiduciarias y legales con las escuelas, colegios universitarios, universidades, y ministerios universitarios metodistas unidos, y ayudar a las conferencias anuales en sus responsabilidades en estos asuntos.

(7) Administrar, de acuerdo con las pautas de dicha oficina, los fondos de becas revertidos por la Oficina de Becas y Préstamos a la conferencia anual.

(8) Alentar el establecimiento de fondos de becas y préstamos en la conferencia anual e iglesias locales, y administrar los fondos de préstamos y becas de la conferencia anual.

c) Responsabilidades con escuelas, colegios universitarios y universidades—Además de sus responsabilidades generales, la Junta de Educación Superior y Ministerio Universitario de la conferencia anual o estructura equivalente desempeñará los siguientes deberes con respecto a las escuelas, colegios universitarios y universidades metodistas unidos.

(1) Dar a conocer al distrito, los subdistritos y todas las iglesias locales los nombres y lugares donde están localizadas todas las instituciones educativas metodistas unidas y, dondequiera que sea posible, proporcionar recursos que interpretan su trabajo y misiones especiales.

(2) Ayudar a las instituciones relacionadas específicamente con la conferencia anual en sus esfuerzos por recaudar fondos, becas, reclutar estudiantes, y extender servicios a la conferencia anual.

(3) Asumir responsabilidad, después de consultar con el comité de postulaciones de la conferencia anual y el comité de postulaciones de la junta de síndicos de la institución, sobre la postulación de los síndicos que han de ser postulados y elegidos por la conferencia anual a la junta de síndicos de las escuelas, colegios universitarios y universidades metodistas unidos. En caso de que la conferencia anual confirme o elija a los síndicos postulados por los comités de postulación de síndicos, consultar con esos comités, se tendrá interés especial por la selección de personas

que pongan atención adecuada al progreso financiero, misional y educativo de la institución.

(4) Hacer provisión para la interpretación de los programas de las escuelas, colegios universitarios y universidades metodistas unidos a través de todo el programa educativo de la conferencia anual, y especialmente en cooperación con los comités y personas responsables de los ministerios con la juventud y los adultos jóvenes.

(5) Interpretar sistemáticamente a los distritos, subdistritos e iglesias locales el programa de la conferencia con las escuelas, colegios universitarios y universidades metodistas unidas, instándoles a darle su apoyo y participación.

(6) Representar a la conferencia anual en su relación con las escuelas, colegios universitarios, y universidades metodistas unidos, especialmente aquéllas relacionados con la conferencia anual.

d) Responsabilidades con los ministerios universitarios— Además de las responsabilidades generales listadas arriba, la Junta de Educación Superior y Ministerio Universitario de la conferencia anual o estructura equivalente, tendrá las siguientes responsabilidades respecto al ministerio universitario:

(1) Tener disponibles los nombres y direcciones de todos los ministerios universitarios sostenidos por la Iglesia Metodista Unida, y suministrarles a todos los distritos e iglesias locales los nombres y direcciones de los ministerios universitarios sostenidos por la conferencia anual.

(2) Garantizar que las Fundaciones Wesley o ministerios universitarios tengan una junta de directores o un comité de la iglesia local que proporciones planificación e implementación de programas de misión y ministerio en la universidad. También constará como responsabilidad de la junta de directores o comité de la iglesia local:

(a) establecer un presupuesto que se presentará a la junta de educación superior y ministerios universitarios, y ser responsable de las necesidades de recaudar fondos de las Fundaciones Wesley o del ministerio universitario.

(b) tener un comité con personal que confiera y asesore al ministro universitario y personal, que evalúe la eficacia del ministerio, desarrolle y apruebe las descripciones de trabajo por escrito de todo el personal, que entreviste a los candidatos al ministerio universitario y que recomiende candidatos para su contratación o nombramiento a la junta de educación superior o

ministerios universitarios al superintendente de distrito y al obispo. Que establezca todas las políticas de personal, que examine y recomiende candidatos para el ministerio ordenado o licenciado al Comité distrital del ministerio ordenado, y que se adhiera fielmente a las provisiones del ¶ 310.2*b*);

(*c*) cuando se determine que una junta de las Fundaciones Wesley tenga propiedad, el comité examinará la adecuación de la propiedad, responsabilidades y cobertura contra crímenes, establecerá políticas en cuanto al uso de la propiedad por otras organizaciones, recibirá y administrará todos los legados donados a la Fundación Wesley o ministerio universitario de acuerdo con las pautas establecidas por la junta de educación superior y ministerio universitario o equivalente, la conferencia anual y las autoridades gubernamentales civiles pertinentes, y hará provisión para el mantenimiento de todas las propiedades;

(*d*) se le alentará a establecer un fondo asignación permanente para la Fundación Wesley, o ministerio universitario, de acuerdo con las normas establecidas por la junta de educación superior y ministerio universitario y la conferencia anual;

(*e*) ejercerá supervisión fiscal de todos los ingresos y gastos del ministerio universitario, con el propósito de desarrollar prácticas de contabilidad sólidas y asegurar el apropiado mantenimiento de actas e informes en resonancia con las normas dictadas por la junta de educación superior y ministerio universitario;

(*f*) examinar y recomendar pactos y acuerdos con ministerios ecuménicos universitarios y políticas organizativas universitarias.

(3) Garantizar la representación de la junta de la conferencia anual o estructura equivalente en las juntas de todos los ministerios universitarios sostenidos por la conferencia anual.

(4) Interpretarles sistemáticamente a los distritos, subdistritos e iglesias locales el programa conferencial de ministerio universitario, como un ministerio a toda la universidad (estudiantes, facultad, personal y administración), animándoles para que lo apoyen, y urgiendo a los estudiantes metodistas unidos de todas las edades que participen en él.

(5) Apoyar el desarrollo del Movimiento Estudiantil Metodista Unido (UMSM, siglas en inglés) dentro de la conferencia anual, incluso la organización de un concilio de estudiantes de la UMSM y el nombramiento de un asesor a la UMSM y animar a los estudiantes a participar en la UMSM y otras organizaciones de estudiantes cristianos, tanto nacionales como globales.

(6) Responsabilizar a la junta de directores de la Fundación Wesley con la dirección y administración de la fundación de acuerdo con la política y objetivos de la junta conferencial de Educación Superior y Ministerio Universitario o estructura equivalente y las normas de la División de Educación Superior de la Junta General de Educación Superior y Ministerio.

(7) Garantizar que la junta de directores de la Fundación Wesley esté relacionada funcional y cooperativamente con la Iglesia Metodista Unida local o iglesias en la vecindad inmediata a los colegios universitarios o universidades y al concilio de ministerios u otra organización del distrito en el cual esté ubicada.

(8) Determinar si las juntas de directores de las Fundaciones Wesley cuando se inscriben legalmente pueden tener propiedades, y cerciorarse que dicha propiedad sea administrada de acuerdo con la *Disciplina de la Iglesia Metodista Unida* y de las leyes del estado en el que la fundación esté ubicada.

(9) Determinar las políticas de la conferencia anual para la postulación y elección de la junta de directores de la Fundación Wesley.

(10) Determinar, en consulta con las juntas locales, las necesidades de personal de las Fundaciones Wesley, establecer procedimientos del personal profesional de acuerdo con las políticas, normas y metas de la División de Educación Superior de la Junta General de Educación Superior y Ministerio.

(11) Alentar el desarrollo de un fondo de asignaciones permanente para las Fundaciones Wesley o ministerios universitarios; e implementar políticas y normas de inversión, en consulta con la fundación conferencial, para este fondo permanente para las Fundaciones Wesley y ministerios universitarios.

(12) establecer procedimientos para la selección y terminación del personal profesional en las Fundaciones Wesley; determinar un proceso de búsqueda nacional; y consultar con el obispo y el gabinete cuando se trata de obtener el nombramiento de ministros como miembros del personal.

(13) Cooperar con los superintendentes de distrito en la adquisición de nombres y direcciones de estudiantes universitarios de las conferencias de cargo en los distritos para enviarlos a las Fundaciones Wesley, ministerios universitarios en relación con la Iglesia Metodista Unida y a las capellanías metodistas unidas en las universidades a las que asisten los estudiantes.

(14) Desarrollar normativa y procedimientos para la planificación, financiación y construcción de cualquier edificio de

la Fundación Wesley o ministerio universitario, en consulta con las juntas, agencias pertinentes de la conferencia anual y de acuerdo con las normativas y criterios de la División de Educación Superior de la Junta General de Educación Superior y Ministerio.

(15) Supervisar la gestión y apoyo financiero del programa de la conferencia anual del ministerio universitario en las Fundaciones Wesley, iglesias locales y ministerios universitarios ecuménicos de acuerdo con las políticas, criterios y metas de la División de Educación Superior de la Junta de Educación Superior y Ministerios.

(16) Determinar dónde se necesitan nuevos ministerios universitarios después de que un equipo de trabajo asignado complete un estudio extenso que evalúe las posibilidades del ministerio universitario en una universidad de acuerdo con las políticas, criterios y metas de la División de Educación Superior de la Junta de Educación Superior y Ministerios. Este estudio incluirá, pero no se limitará: las oportunidades y necesidades misionales únicas de esa universidad, estudio demográfico de los estudiantes de esa universidad o colegio, la cantidad y tamaño de otros ministerios universitarios denominacionales en esa institución, plan de la vida estudiantil de la universidad o colegio, plan de desarrollo a largo plazo de la universidad, necesidades fiscales y de propiedad, apoyo y cooperación de las iglesias metodistas unidas cercanas y del distrito, y cualquier otro elemento que pueda impactar las habilidades del ministerio universitario para alcanzar la misión de la iglesia en la universidad.

(17) Antes de la descontinuación de una Fundación Wesley o ministerio universitario, la junta de educación superior y ministerios universitarios realizará una evaluación de sus posibilidades como se dispone en ¶ 634.4*d)* y ¶ 1413.3*c)*. La recomendación presentada a la conferencia anual de descontinuación incluirá propuestas para el uso futuro de las propiedades de la Fundación Wesley o ministerio universitario y para la disposición de toda propiedad real, personal, tangible e intangible. Las recaudaciones provenientes de la venta de propiedad de la Fundación Wesley o ministerio universitario se reservará para cubrir las necesidades de otro ministerio universitario de la conferencia anual.

(18) Establecer y revisar los pactos y convenios para el ministerio universitario y cerciorarse de que éstos estén en armonía con la política, normas y metas de la División de Educación Superior de la Junta General de Educación Superior y la Junta de

Educación Superior y Ministerio Universitario de la conferencia anual o estructura equivalente.

(19) Supervisar el manejo del programa de la conferencia anual sobre ministerios universitarios en la Fundación Wesley, en la iglesia local y ministerios universitarios ecuménicos; determinar dónde se necesitan nuevos ministerios universitarios, para planificar su establecimiento y sostenimiento financiero.

(20) Proporcionar recursos a las iglesias locales y a los distritos que tienen programas de ministerio con estudiantes o a los ministerios universitarios, y cerciorarse de que se cumplan las políticas, normas, y metas de la Junta de Educación Superior y Ministerio Universitario, o su equivalente, de la conferencia donde esos programas reciban ayuda financiera de la conferencia anual, o son ministerios a nombre de ésta.

(21) Establecer los procedimientos para la postulación y elección de los estudiantes universitarios metodistas unidos como miembros laicos de la conferencia anual y alentar la elección de estudiantes universitarios metodistas unidos para la conferencia general.

(22) Trabajar de cerca en cooperación con los concilios y programas de la iglesia local y los jóvenes adultos de la conferencia anual para ofrecer un planteamiento coherente al ministerio con jóvenes adultos.

e) Política Pública—Además de sus responsabilidades generales, la Junta de Educación Superior y Ministerio universitario de la conferencia anual tendrá las siguientes responsabilidades con respecto a la política pública y la relación con el estado:

(1) Proporcionar asesoramiento, dirección y asistencia a las escuelas, colegios universitarios, universidades y ministerios universitarios metodistas unidos que estén dentro de la conferencia anual respecto a su relación con el estado.

(2) Interactuar con la educación superior pública al reflexionar ésta sobre la integridad de las personas y el significado de la vida.

(3) Identificar y trabajar con la conferencia anual, colegios universitarios relacionados con la iglesia, y ministerios universitarios en asuntos de política pública que ejercen influencia sobre la educación superior, aquellos asuntos que afectan el acceso, equidad, libertad académica, la paz y la justicia.

¶ **635.** *Junta del Ministerio Ordenado de la conferencia*—1. Cada conferencia anual, en la primera sesión que siga a la Conferencia

General, elegirá por un período de cuatro años a una Junta del Ministerio Ordenado. Por lo menos seis presbíteros y diáconos ordenados, a plena conexión y, cuando sea posible, se incluirán como miembros de la junta con voz y voto dos miembros asociados o pastores locales a tiempo completo que hayan completado el Curso de Estudios. Cada conferencia anual elegirá por lo menos una quinta parte de personas laicas, que pudieran incluir ministros diaconales, y puede, a su discreción, elegir a otros miembros laicos, hasta una tercera parte de la membresía de la junta. Todas las personas laicas serán miembros profesos de iglesias locales en la conferencia anual. La membresía de la junta habrá de incluir mujeres y personas de minorías étnicas, por lo menos una persona clerical que esté jubilada, por lo menos una persona clerical ordenada que esté en un ministerio de extensión, y cuando sea posible una persona clerical que sea un joven adulto de conexión plena de 35 años de edad o menor, y un superintendente de distrito nombrado por el obispo para representar el gabinete. El superintendente del distrito o miembro del gabinete extendido no podrá ser presidente de la Junta del Ministerio Ordenado. Dos tercios de los miembros que sean presbíteros serán graduados de un seminario listado por el Senado Universitario.

a) El obispo postulará los miembros, después de consulta con el presidente de la junta, el comité ejecutivo, o un comité elegido por la junta del cuadrienio anterior, y con el gabinete. Para garantizar una membresía adecuada en la junta, la consulta incluirá una evaluación de la carga de trabajo de la junta en el cumplimiento de responsabilidades disciplinarias y de la conferencia anual. El obispo llenará las vacantes después de consulta con el presidente de la junta. Un miembro electo de la junta podrá servir un máximo de tres períodos consecutivos de cuatro años. Los presidentes de las Ordenes de Diáconos, de Presbíteros y de la Asociación de Pastores Locales y Miembros Asociados serán miembros de la Junta del Ministerio Ordenado (§1*c*) y de su comité ejecutivo.

b) Esta junta será directamente responsable ante la conferencia anual, sin importar cuál sea su relación organizacional dentro de cualquier otro programa o unidad administrativa de la conferencia anual. El Concilio de Finanzas y Administración de la conferencia anual recomendará los fondos administrativos adecuados para la junta y su personal empleado, a la luz de la carga de trabajo que lleve.

c) La junta se organizará, y elegirá de entre sus miembros un presidente, registradores, y tales oficiales como considere necesarios. Se podrá nombrar un coordinador de discernimiento vocacional para coordinar el proceso de mentorado de la candidatura. La junta designará su comité ejecutivo, el que incluirá presbíteros, diáconos, y laicos. La junta se organizará en forma tal que vele por sus responsabilidades, inclusive las necesidades de personas certificadas, ministros diaconales, pastores locales, diáconos y presbíteros. La organización de la junta incluirá un comité para cumplir las responsabilidades de gobierno de los ministros diaconales (Ver la *Disciplina* de 1992, ¶¶ 301-317, 734) y hará provisión para la certificación en carreras de ministerios especializados bajo las pautas de la Junta General de Educación Superior y Ministerio (¶ 1421). La junta pudiera incluir en su organización una división de diáconos y otra de presbíteros.

d) La Junta del Ministerio Ordenado de cada conferencia anual establecerá un Comité de Relaciones Conferencial de por lo menos tres personas para recibir las peticiones de discontinuidad de los miembros provisionales, licencias de ausencia involuntaria, localización administrativa, jubilación involuntaria o asuntos relacionados que la junta del ministerio ordenado les remita. Los superintendentes del distrito no podrán servir en el Comité de Relaciones Conferencial.

e) Para asegurar el máximo contacto con las personas que tengan nombramientos más allá de la iglesia local y apoyarlos, la junta mantendrá relaciones con todas las agencias generales que son responsables por las personas que tienen esos nombramientos.

f) La junta se reunirá por lo menos una vez antes de la reunión durante la sesión de la conferencia anual, y puede señalar una fecha límite anterior a la conferencia anual para la transacción de sus negocios.

g) La junta seleccionará de entre su propia membresía a un representante oficial para servir como miembro en cada Comité del Ministerio Ordenado del distrito, que funcionarán como subcomités de la junta.

h) La Junta proveerá orientación para los nuevos miembros, inclusive la distribución de cualesquiera pautas escritas disponibles.

2. Los deberes de la Junta del Ministerio Ordenado de la conferencia anual serán:

a) Asumir la responsabilidad primaria para el alistamiento y reclutamiento de liderazgo ministerial para nuestras iglesias y otros ambientes ministeriales, trabajando en consulta con el gabinete y la Junta General de Educación Superior y Ministerio, para estudiar e interpretar las necesidades del liderazgo ministerial ordenado, licenciado, certificado y asignado y los recursos de la conferencia anual, dando la debida consideración a la naturaleza inclusiva de la Iglesia. Con la ayuda del comité de relaciones pastor-parroquia de la iglesia local, de las agencias conferenciales y de cada líder ordenado, licenciado, certificado y asignado de la conferencia, alistará mujeres y hombres de todas las razas y orígenes étnicos para el ministerio como una vocación, dando dirección a esas personas en el proceso de educación, preparación y discernimiento de la dirección más apropiada de su ministerio, recomendando colegios y escuelas de teología reconocidas por el Senado Universitario, escuelas licenciadas y otras oportunidades educativas aprobadas. Las personas reclutadas deberán tener alguna comprensión de quienes proceden de diferentes herencias raciales y étnicas, y tener aprecio por ellos.

b) Renovar una cultura de llamamiento en la iglesia por medios de liderazgo estratégico a las conferencias anuales, distritos, congregaciones, ministerios universitarios, campamentos, y otros ministerios, especialmente entre jóvenes y adultos jóvenes.

c) Pedirle a una escuela de teología la información sobre las cualidades personales y profesionales de alguien que solicite membresía provisional o que sea miembro a prueba; con tal que dicha persona solicitante o miembro dé su consentimiento para tal información.

d) Recibir informes anuales del progreso hecho por cada estudiante ministerial inscrito en una escuela teológica y asentar los créditos por el trabajo completado a satisfacción.

e) Exigirá a cada solicitante una transcripción de créditos antes de reconocerle cualquier afirmación referente a sus logros educacionales. En caso de que haya alguna duda, la junta puede someter una transcripción a la Junta General de Educación Superior y Ministerio para que la evalúe.

f) La junta nombrará y preparará anualmente a un número suficiente de mentores en cada distrito en consulta con el superintendente de distrito.

g) Guiar al candidato al ministerio ordenado que no está inscrito en una escuela de teología, y que está siguiendo el Curso de Estudios adoptado por la Junta General de Educación Superior y Ministerio.

h) Examinar a todos los solicitantes en cuanto a su aptitud para el ministerio ordenado, y hacer una completa averiguación tocante a ello para: (1) elección anual como pastor local; (2) elección a membresía asociada; (3) elección a membresía provisional; y (4) elección a membresía a plena conexión en la conferencia.

i) Suministrar a todos los candidatos al ministerio ordenado una declaración escrita sobre los requisitos disciplinarios y de la conferencia anual para el pastor local, y la membresía asociada, provisional, y a plena conexión.

j) Entrevistar y someter recomendaciones con respecto a: (1) pastores locales estudiantes (2) candidatos certificados a ordenación como diáconos; y (3) candidatos certificados a ordenación como presbíteros[86].

k) Asignar a un miembro de la junta para servir como vínculo con los clérigos jubilados de la conferencia.

l) Entrevistar a solicitantes y hacer recomendaciones respecto a: (1) cambios de una relación activa a una de licencia médica, o jubilación; (2) retorno de otras relaciones a relación activa; (3) localización honorable; (4) readmisión de personas localizadas y de personas descontinuadas de la membresía provisional; (5) licencia sabática; (6) licencia médica; (7) nombramiento como estudiante; (8) terminación; y (9) cambio a ministerio de menos de tiempo completo, o de éstos a ministerios a tiempo completo.

La junta mantendrá un registro de estos cambios y de las razones que los motiven, poniendo una copia en los registros permanentes de la conferencia anual al cuidado del secretario de la conferencia.

m) Garantizar confidencialidad en relación con el proceso de entrevista y el informativo. Los datos personales y la información privada suministrada a través de los exámenes hechos por la Junta del Ministerio Ordenado no se podrán distribuir ni publicar. Hay ocasiones en que la Junta del Ministerio Ordenado no da información privilegiada, porque de acuerdo con la opinión de la junta, si ésta se revelara en la sesión ejecutiva de clérigos miembros a plena conexión con la conferencia anual, sería una indebida invasión de la vida privada, sin que añada considerablemente a la información de la conferencia respecto a las calificaciones de la

---

86. Ver Decisiónes 405, 1263 del Concilio Judicial.

persona para el ministro ordenado. Sin embargo, la sesión ejecutiva de clérigos a plena conexión con una conferencia anual tendrá el derecho de recibir toda la información pertinente, confidencial o de cualquier otra clase, relacionada a las calificaciones y al carácter de cualquier candidato o miembro clerical de la conferencia[87].

n) Estar en consulta con el obispo a través del presidente o del comité ejecutivo respecto a transferencias. Esta consulta ha de ser por iniciativa del obispo y, siempre que sea posible, debe ser antes de las transferencias a la conferencia anual.

o) Proveer servicios de apoyo para el desarrollo profesional del liderazgo ministerial ordenado, licenciado, certificado y asignado, inclusive asesoramiento personal y de carrera, educación continuada, formación en el liderazgo de servicio, y continuo crecimiento espiritual en Cristo, ayuda en la preparación para la jubilación, y todo lo relacionado a la moral ministerial. Al proveer este apoyo, la junta, en cooperación con el gabinete, proporcionará preparación y dirección a cada Comité Local de Relaciones Pastor-Parroquia en cuanto a su trabajo y su papel.

p) Trabajar con la Orden de Diácono, la Orden de Presbítero y la Fraternidad de Pastores Locales y Miembros Asociados (¶ 323), y apoyarlas, incluso recibiendo informes, ofreciendo ayuda financiera, y coordinando las actividades de esos grupos con las ofertas de formación continua de la junta. La junta podrá delegar la responsabilidad de la formación continua a esos grupos por acuerdo mutuo, quedando en la junta la aprobación final, evaluación y confección de presupuestos.

q) Proporcionar un medio de evaluar la efectividad de los líderes ministeriales de la conferencia anual (¶¶ 604.4, 350). La Junta General de Educación Superior y Ministerio, División del Ministerio Ordenado, proporcionará las pautas sugeridas. En cooperación con el gabinete, la junta desarrollará normas de efectividad para los líderes ministeriales, ya sean ordenados, licenciados, certificados o asignados, que sirven como pastores de congregaciones en esa conferencia anual.

r) Interpretar las altas normas éticas del ministerio ordenado que se exponen en la *Disciplina* y estudiar los asuntos relativos al carácter (¶605.7).

---

87. Ver Decisión 406 del Concilio Judicial.

s) Recomendar a los miembros a plena conexión de la conferencia anual, para su validación, los ministerios especiales a los cuales los miembros procuran ser nombrados.

El nombramiento a tales ministerios es prerrogativa del obispo y el gabinete.

t) Proporcionar apoyo y dirección continua de los ministros diaconales consagrados utilizando las políticas descritas en ¶¶ 301-317 de la *Disciplina* de 1992.

u) Velar por la administración de la certificación profesional establecida por la Junta General de Educación Superior y Ministerio por medio de: (1) alistar y reclutar clérigos y laicos para que se certifiquen en educación cristiana, música, juventud, evangelismo y otros campos establecidos por la Junta General de Educación Superior y Ministerio; (2) determinar si los solicitantes cumplen con los requisitos establecidos por la Junta General de Educación Superior y Ministerio; (3) hacer recomendaciones a la conferencia anual y a la Junta General de Educación Superior y Ministerio; (4) renovar o descontinuar la certificación profesional sobre una base bi-anual basado en una revisión de su ministerio; y (5) informar anualmente a la conferencia anual, para su publicación en el anuario de la conferencia, una lista de todas las personas certificadas en carreras profesionales que han recibido certificación para ellas, con las direcciones de los lugares en donde sirven.

v) Informar anualmente a la conferencia anual para que se publique en las actas de la conferencia una lista de todas las personas con certificación de Ministro Laico.

w) Administrar la porción del Fondo de Educación Ministerial para uso de la conferencia anual en sus programas de alistamiento, ayuda profesional y educacional básica, formación continuada, ministerio étnico y preparación de idiomas, y crecimiento profesional de los ministros ordenados. Se dará prioridad a becas para seminaristas que se preparan para la ordenación.

x) Cooperar con la Junta General de Educación Superior y Ministerio, y ayudar en: (1) la interpretación de la legislación actual sobre el ministerio ordenado; (2) la interpretación y promoción del Fondo de Educación Ministerial; (3) la promoción y observancia del Domingo del Ministerio; y (4) la suministración de un registro con toda la información, recomendaciones y acción sobre cada candidato al ministerio ordenado después de cada sesión de la conferencia anual. (5) la promoción y añadidura de los requisitos para la certificación en carreras de ministerios especializados.

y) Promover en la conferencia anual o en la jurisdiccional, o en ambas, un sistema de ayuda financiera a estudiantes ministeriales. Una conferencia que transfiera a una persona con menos de tres años de servicio activo a otra conferencia puede exigir reembolso de obligaciones pendientes por educación teológica financiada mediante fondos conferenciales, ya sea de la persona o de la conferencia recipiente.

z) Informar con tiempo a la junta conferencial de pensiones de cualquier cambio en las relaciones conferenciales de los miembros clericales de la conferencia.

3. La junta elegirá a un secretario y a los secretarios asociados que determine. A un registrador asociado se le dará la responsabilidad de encargarse de la candidatura, inclusive el dar liderazgo a la preparación y asesoramiento de los mentores de cada distrito. La junta podrá nombrar un ejecutivo del personal para llenar las funciones de registrador.

a) El secretario mantendrá registros personales completos de todos los candidatos al ministerio ordenado bajo el cuidado de la junta, inclusive datos biográficos esenciales, transcripciones de créditos académicos, instrumentos de evaluación y, donde sea aplicable, registros de exámenes psicológicos y médicos, sermones, declaraciones teológicas, y otros datos pertinentes.

b) Se certificará la información pertinente y recomendaciones sobre cada candidato a la conferencia anual en duplicado; el secretario guardará una copia de este registro, y enviará la otra por correo a la Junta General de Educación Superior y Ministerio después de cada sesión conferencial. El secretario enviará un reconocimiento de transferencia al pastor de la iglesia local en la que tuvo membresía cada miembro provisional o cada miembro asociado recientemente electo.

c) El secretario mantendrá un registro de la situación de los estudiantes del Curso de Estudios e informará a la conferencia cuando se requiera. Este registro incluirá los créditos dados a los estudiantes por el trabajo hecho en escuelas teológicas acreditadas, en escuelas aprobadas del Curso de Estudios o correspondencia del Curso de Estudios.

d) El secretario archivará en la oficina del obispo, para tener un registro permanente, una copia de las circunstancias concernientes a la descontinuación de membresía provisional o la terminación del estado de pastor local.

e) Los registros y los archivos de la Junta del Ministerio Ordenado se mantienen a favor de la conferencia anual, y se guardarán bajo las indicaciones previstas por el Concilio General de Finanzas y Administración, en consulta con la Junta General de Educación Superior y Ministerio y la Junta General de Pensiones.

4. Los costos administrativos de la Junta del Ministerio Ordenado serán parte del presupuesto de operaciones de la conferencia. La Junta del Ministerio Ordenado tendrá acceso directo al Concilio de Finanzas y Administración de la conferencia, en respaldo a su programa.

¶ **636.** *Comité de revisión administrativa*—Habrá un comité de revisión administrativa compuesta de tres clérigos a plena conexión y dos alternos que no sean miembros del gabinete o de la Junta de Ministerio Ordenado, ni familiares cercanos de los de más arriba. El obispo postulará al comité, para ser elegido por la sesión de clérigos de miembros a plena conexión de la conferencia anual. Su único propósito será garantizar que los procedimientos disciplinarios por discontinuidad de la membresía provisional (¶ 327.6), ausencia involuntaria (¶ 354), jubilación involuntaria (¶ 357.3), o localización administrativa (¶ 359), se sigan debidamente. Adicionalmente, si en el evento de temas no resueltos relacionados a la licencia médica (¶ 356.4) se produce una audiencia de proceso justo (¶ 361.2), el Comité de Evaluación Administrativa se asegurará de que el proceso justo se siga. El proceso administrativo total que conduzca a la decisión de cambiar la relación conferencial será revisado por el Comité de Revisión Administrativa y éste informará el resultado de su investigación a la sesión de clérigos a plena conexión con la conferencia anual, anterior a cualquier decisión de la conferencia anual. El comité de revisión administrativa notificará a las partes de la revisión del proceso. El comité de revisión administrativa deberá seguir el debido y correcto proceso administrativo sobre los procedimientos de audiencias (¶ 361.2). Anterior a su informe, si el comité determina que ha ocurrido un error, puede recomendar a la persona u organismo apropiado la acción que ha de tomarse inmediatamente para remediar el error, decidir que el error no es dañino, o tomar otra acción[88].

¶ **637.** *Comité Conferencial sobre el Episcopado*—1. Habrá un comité conferencial sobre el episcopado, electo cuadrienalmente por la conferencia anual en la sesión siguiente a la Conferencia General. Los miembros del comité serán por lo menos siete, pero

---

88. Ver Decisión 921 del Concilio Judicial.

no más de diecisiete. El obispo nombrará la quinta parte de los miembros del comité. Además de los miembros clérigos y laicos del comité jurisdiccional sobre el episcopado, los que serán miembros *ex officio* con voto, se recomienda que el comité consista de las siguientes personas: una tercera parte de mujeres laicas, una tercera parte de hombres laicos, una tercera parte de clericales, con tal que una de las personas laicas sea el líder laico conferencial. Todos los laicos y laicas serán miembros profesos de iglesias locales. Se dará atención especial a la inclusión de personas de minorías étnicas, jóvenes (¶ 256.3), adultos jóvenes, adultos mayores, y personas con impedimentos. Ningún miembro del personal de la conferencia anual o de alguna de sus agencias, ni ningún familiar inmediato de dicho personal, servirá como miembro del comité, excepto que no se descalificará a un miembro del comité jurisdiccional sobre el episcopado o el líder laico conferencial para la membresía como resultado de esta disposición[89].

Dos o más conferencias que estén bajo la presidencia de un solo obispo pueden decidir tener un comité sobre el episcopado, en cuyo caso cada conferencia anual estará representada como se especifica en el párrafo anterior, y elegirá a sus propios representantes.

2. El comité se reunirá por lo menos una vez al año. Será convocado por el obispo, y elegirá a un presidente, un vicepresidente y un secretario o secretaria. El obispo o el presidente, o ambos, quedan autorizados para convocar sesiones adicionales cuando las deseen.

3. Las funciones del comité conferencial sobre el episcopado serán:

a) Apoyar al obispo del área en la supervisión de los asuntos espirituales y temporales de la iglesia, con referencia especial al área donde el obispo tiene responsabilidad presidencial.

b) Estar a la disposición del obispo para asesorarlo.

c) Ayudar en la determinación de las necesidades episcopales del área, y hacer recomendaciones a los organismos apropiados.

d) Mantener al obispo al tanto sobre las condiciones dentro del área, según afecten las relaciones entre el obispo y los funcionarios de las agencias conferenciales.

e) Interpretar al pueblo del área y a las agencias conferenciales la naturaleza y función del oficio episcopal.

---

89. Ver Decisiones 711, 778 del Concilio Judicial.

f) Comprometerse con empeño en una consulta anual y evaluación del balance de la relación y responsabilidades del obispo hacia el área y conferencias anuales, la jurisdicción, agencias y juntas de la iglesia general, y otros campos de ministerios especializados, que incluya en todos los niveles, su interés por la inclusividad de la iglesia y su ministerio respecto al género, raza, origen nacional, y comprensión y puesta en práctica del proceso de consulta en la confección de los nombramientos.

g) Informar al comité jurisdiccional sobre el episcopado acerca de las necesidades de liderazgo episcopal a través de los miembros conferenciales de ese comité, debidamente electos.

4. El concilio de finanzas y administración de la conferencia hará provisión en su presupuesto para los gastos de este comité.

¶ **638.** *Comité de residencia episcopal*—1. La provisión de vivienda para los obispos activos en las conferencias jurisdiccionales será responsabilidad de la conferencia anual o conferencias que formen parte del área episcopal a la que el obispo esté asignado.

2. En cada área episcopal de las conferencias jurisdiccionales habrá un comité de residencia episcopal u otra estructura para proveer esta función, y mantener la relación conexional. El comité estará compuesto por las siguientes personas:

a) El presidente, o su designado, del comité conferencial sobre el episcopado de cada conferencia.

b) El presidente, o su designado, del concilio de finanzas y administración de cada conferencia anual.

c) El presidente, o su designado, de la junta de síndicos de cada conferencia anual.

d) Se podrán utilizar consultadores sin voto, con habilidades específicas relacionadas con la tarea del comité.

3. El presidente del comité de residencia episcopal será el representante del comité sobre el episcopado de la conferencia anual en donde la residencia episcopal esté localizada al presente.

4. Será responsabilidad del comité de residencia episcopal:

a) Hacer recomendaciones a la conferencia anual sobre la compra o venta de una residencia episcopal.

b) Preparar un presupuesto anual que cubra el costo de proveer la residencia episcopal, el cual pueda también incluir los servicios básicos, seguro, y los costos normales del mantenimiento de la residencia.

c) Enviar anualmente el presupuesto propuesto y recomendar a cada concilio conferencial de finanzas y administración la parte proporcional de dicho presupuesto que ha de ser sufragada por esa conferencia anual, parte proporcional que tiene que ser aprobada por cada conferencia anual al tomar acción sobre las recomendaciones presupuestarias (¶ 614).

d) Supervisar el egreso de los fondos consignados de todas las fuentes para los gastos relacionados a la provisión de la residencia episcopal, y rendir cuentas de tales egresos anualmente a cada conferencia anual del área episcopal.

e) Dar supervisión en todo lo relativo al cuidado, mantenimiento, mejoras y cobertura de seguro adecuada para la residencia episcopal.

5. Los títulos de propiedad que se tengan como residencias episcopales se mantendrán de acuerdo con el ¶ 2514.

¶ **639.** *Junta conferencial de pensiones*—1. *Autorización*—En cada conferencia anual se organizará una junta conferencial que será auxiliar de la Junta General de Pensiones y Beneficios de Salud y será conocida como la junta conferencial de pensiones, de aquí en adelante llamada la Junta, la cual se encargará de los intereses y del trabajo de proveer y contribuir al sostenimiento, auxilio, asistencia y pensión de los clérigos y sus familias, de otros trabajadores, y de los empleados laicos de las instituciones, organizaciones y agencias dentro de esa conferencia anual de la Iglesia Metodista Unida, excepto en los casos para los que la junta general haya dispuesto de otra manera.

2. *Membresía*—*a)* Se recomienda que la Junta esté compuesta por no menos de doce personas que no estén endeudadas con fondos, programas o planes de pensiones o beneficios. Una tercera parte será de mujeres laicas, una tercera parte de hombres laicos, y una tercera parte de clérigos, y de acuerdo con el ¶ 605.3, electos para un período de ocho años y arreglados en clases, como lo determine la conferencia anual; además de éstos, cualquier miembro clerical de la conferencia o miembro laico de una iglesia de la conferencia, que sea miembro de la Junta General de Pensiones y Beneficios de Salud. Los participantes, activos y jubilados, en los fondos de pensiones y beneficios, planes y programas, estén o no en la actualidad recibiendo beneficios, y no endeudados como se menciona anteriormente, podrán ser considerados para servir en la junta. Todos los laicos serán miembros profesos de las iglesias locales. La Junta podrá llenar una vacante en su membresía para el resto del año conferencial en que la vacante ocurra, sujeto esto a las mismas condiciones anteriormente dispuestas; y en su

siguiente sesión, la conferencia llenará la vacante para el resto del período aún pendiente.

b) Los miembros comenzarán sus funciones a la clausura de la sesión conferencial en la que fueron electos.

3. *Organización*—La junta se organizará eligiendo a un presidente, un vicepresidente, un secretario, un tesorero, los que servirán durante el cuadrienio que comienza o hasta que sus sucesores hayan sido electos y autorizados. Estos oficiales constituirán un comité ejecutivo; con tal que la junta pueda agregar tres miembros. El deber del comité ejecutivo será administrar el trabajo de la junta durante el año conferencial en el tiempo que transcurra entre sesiones regulares o especiales de la junta. El puesto de la secretaría se puede combinar con el de la tesorería. El tesorero puede ser alguien que no sea miembro de la Junta, en cuyo caso será miembro *ex officio* del comité ejecutivo, sin voto. La secretaría emitirá las convocaciones para reuniones especiales de la junta, a petición del presidente, o del vicepresidente cuando el presidente esté imposibilitado para actuar.

4. *Pago Proporcional*—La Junta comparará los registros de las cantidades pagadas por cada cargo pastoral para el sostenimiento de los pastores y para los programas de pensiones y beneficios, computando la distribución proporcional de los mismos, y manteniendo un registro permanente de las iglesias de la conferencia que no hayan observado las siguientes disposiciones sobre el pago proporcional, y anualmente le enviará a cada clérigo que no esté al día, un estado de cuenta que contenga las cantidades que no ha pagado durante ese año y los años anteriores[90].

a) Cuando se haya determinado la asignación a los cargos pastorales para el programa de pensiones y beneficios de la conferencia anual, los pagos que se hagan desde ese momento en adelante de parte de cada cargo pastoral, serán exactamente proporcionales a los pagos hechos para el salario o salarios del ministro ordenado o de los clérigos que sirvan dicho cargo.

b) El tesorero del cargo pastoral será principalmente responsable por la aplicación del pago proporcional; pero en caso de que el tesorero no haga el pago, el pastor ajustará su salario en efectivo y el pago, de acuerdo con la tasa indicada, como se especifica anteriormente, antes de que el pastor dé entrada a las cantidades respectivas en el informe estadístico a la conferencia anual.

---

90.   Ver Decisiones 50, 250, 390, 401, 471 del Concilio Judicial.

c) Las tablas estadísticas de la conferencia proporcionarán columnas separadas para informar la cantidad asignada a cada cargo pastoral para pensiones y beneficios, así como la cantidad que se les paga a los mismos.

d) No se permitirá a un pastor recibir un bono u otra compensación suplementaria que tienda a desestimar el pago proporcional.

5. Informes a la Junta General y responsabilidades—La junta tendrá la autoridad y la responsabilidad que se describen en el ¶ 1506 en cuanto a la Junta General de Pensiones y de Beneficios de Salud e informará a la Junta General inmediatamente después de la sesión de la conferencia, en la forma en que la Junta general lo exija, los nombres y años de servicio aprobados para el crédito de pensión anterior a 1982 para cada persona con derecho al mismo, y los nombres y direcciones de los clérigos que son miembros de fondos, planes, o programas administrados por la Junta general.

Anualmente, la junta u otra agencia autorizada presentará datos del plan de salud, mientras la junta mantenga un plan de salud, de-identificando cuando sea pertinente la coherencia financiera, afirmaciones de experiencia y otras causas de costo, diseño y cobertura de planes y el criterio de elegibilidad a la Junta General de Pensiones y de Beneficios de Salud.

6. *Acceso a la atención de salud por los jubilados de la conferencia anual*—La junta u otra agencia autorizada por la conferencia anual respetará la salud e integridad de los empleados clericales de la conferencia anual, quienes se jubilaron en conformidad a lo estipulado en ¶ 357.1, ¶ 357.2*b*, ¶ 357.2*c*, o ¶ 357.2*d* diferente de los que concierne al¶ 357.2*a* de la *Disciplina* y los empleados laicos de la conferencia anual quienes se han jubilado bajo las políticas de jubilación de la conferencia anual, y son elegibles para Medicare, y sus cónyuges. La junta o agencia proporcionará acceso a los planes suplementarios de Medicare y planes de cobertura de recetas médicas. El acceso para los jubilados y sus cónyuges puede incluir, aunque no se limitará a lo siguiente, (i) el patrocinio de un plan de salud para empleados jubilados que suplemente a Medicare; (ii) participar en un plan de salud múltiple de empleados jubilados que suplemente a Medicare; (iii) asegurar la elegibilidad de los individuos bajo contratos de grupo con proveedores de planes suplementarios de Medicare o intercambios; (iv) subsidiar los costos de cobertura de las personas clerical jubiladas y los

empleados laicos jubilados y sus cónyuges inscritas en los planes
de Medicare Part D o Medicare Advantage; (v) subsidiar las relaciones con proveedores de planes de cobertura individual suplementaria de Medicare y otros planes de cobertura del jubilado;
y (vi) subsidiar beneficios de salud para jubilados a costo fijo a
través acuerdos de reembolso, estipendios o similares de salud.
La provisión de acceso no compele a la conferencia anual a subsidiar tal cobertura (la persona jubilada podría cubrir la totalidad
del costo del plan); sin embargo, la conferencia podría dar fondos
o subsidiar el costo de la cobertura del plan (a través de primas de
pago, primas de reembolso, contribuciones a un plan de reembolso de salud, estipendio o subvención) para su clerecía y personal
laico jubilado a discreción propia. La conferencia anual podría
considerar elegibilidad adicional; por ejemplo, para personas con
jubilación anticipada o para dependientes supervivientes.

   7. *Planes de salud de grupo de la conferencia anual*– La junta u
otra agencia autorizada por la conferencia anual subvencionará o
participará en un plan de salud de grupo, que las iglesia locales
pueden adoptar para sus miembros clericales nombrados a tiempo completo, o que las conferencias anuales puedan exigir que las
iglesias locales adopten, que cubra la clerecía y personal laico a
tiempo completo de la conferencia anual en los Estados Unidos.
La clerecía nombrada a una asignación que extiende el ministerio
de la iglesia metodista unida local bajo la previsión del ¶ 344.1,
con excepción de los que sirven en posiciones por las cuales la
conferencia anual es responsable bajo ¶ 344.1*a*(1), y el personal
laico que no están empleados bajo la conferencia anual, como el
personal laico de iglesias locales y personal laico de las oficinas
distritales y jurisdiccionales, no precisan cobertura de la forma
expresada con anterioridad. Cumpliendo con el propósito de este
párrafo, plan de salud de grupo se refiere a un plan de seguro
de salud, plan de salud de grupo, o plan de salud de múltiples
empleadores que provean beneficios de cobertura de gasto médicos mayores y de hospitalización. La junta o agencia autorizada
podría recomendar elegibilidad adicional para su plan de salud
de grupo a discreción propia.

   Alternativamente, en el caso de que los planes de salud y
seguros médicos vigentes por ley federal o por ley estatal y legislación federal establezcan opciones de cobertura para esas personas sin cobertura provista por el empleador que permita acceso,
independientemente del estado o condición de salud, a una cober-

tura razonable por medio de intercambios de seguros médicos, conectores, sistema pagado y organizado por el gobierno (single-payer system) u otros mecanismos, la junta podrá cesar el mantenimiento de su plan de salud de grupo si tal cobertura se halla disponible para sus empleados clericales y laicos. En tal caso, la junta, sin embargo, proporcionará continuo apoyo administrativo (a través de programas "cafetería", programas de intercambios adoptados por el empleador o programas de reembolso de gastos de salud) para la participación en los intercambios o sistemas alternativos, y recomendará el nivel apropiado y adecuado de apoyo financiero por parte de la iglesia (en el caso de la iglesia local, las contribuciones del empleador o conferencia anual de las primas, compensación adicional o atribuciones) de los empleados clericales a tiempo completo y laicos a tiempo completo de la conferencia hacia la adquisición de tal cobertura por medio de estos mecanismo alternativos a menos que la cobertura individual se subsidie por las agencias gubernamentales, específicamente considerando (a) las ventajas tributarias del apoyo financiero provisto por los empleadores dirigido a la cobertura de planes de salud, (b) la disponibilidad reducida de subsidios gubernamentales para la clerecía cuyas compensaciones están cerca o por encima del promedio de compensación de la denominación.

Además, la junta o agencia autorizada proporcionará y mantendrá programas de salud y bienestar para los empleados de la clerecía a tiempo completo y laicos a tiempo completo de la conferencia anual.

¶ **640.** Cada conferencia anual tendrá una junta de síndicos, cuya membresía y deberes se detallan en el ¶ 2512.1-.8.

¶ **641.** 1. En cada conferencia anual habrá una comisión conferencial de archivos e historia, u otra estructura que provea para estas funciones, y mantenga las relaciones conexionales. El número de miembros de la comisión y sus términos de servicio serán como lo determine la conferencia, y podrán incluir un representante *ex officio* de cada lugar o monumento histórico dentro de sus límites. Será la obligación de la comisión colectar, preservar y poner a disposición los registros históricos significativos de la conferencia anual y sus agencias, inclusive datos referentes al origen e historia de la conferencia y sus antecedentes; alentar y ayudar a las iglesias locales a preservar sus registros, compilando sus historias, y celebrando su herencia; proveer para guardar permanentemente con seguridad los registros históricos de todas las iglesias abandonadas o descontinuadas dentro de los límites de la conferencia anual y sus antecesores (¶ 2549.3); mantener un depósito a prueba de fuego para documentos históricos y archivos, y ver que todo lo que obviamente tenga valor histórico en el futuro sea propiamente preservado allí; proveer para la posesión de bienes raíces y propiedad, recibir donativos y legados; postular para la Comisión General de Archivos e Historia edificios, lugares, o estructuras dentro de la conferencia anual para que sean designados sitios históricos o lugares de nuestra herencia; mantener contacto con sitios y monumentos históricos oficialmente designados y dentro de sus límites; asistir al obispo o comité conferencial apropiado a planificar para la hora de historia y otras observaciones históricas durante la sesión de la conferencia anual; establecer horarios para la retención y disposición de registros de la conferencia anual y de la iglesia local según las normas y pautas desarrolladas por la Comisión General de Archivos e Historia; cooperar con las Comisiones General y Jurisdiccional sobre Archivos e Historia, y rendirles informes cuando éstas se los soliciten; interesar a otras denominaciones wesleyanas, metodistas o Hermanos Evangélicos Unidos a poner en alto nuestra herencia común.

2. La comisión puede organizar una sociedad histórica conferencial, y estimular la membresía en ésta, con el propósito de promover interés en el estudio y preservación de la historia de la conferencia y sus antecedentes. Los funcionarios de la comisión conferencial de archivos e historia pueden ser los funcionarios de la sociedad histórica conferencial. La membresía en la sociedad histórica se establecerá como la sociedad lo determine. La membresía puede incluir el pago de cuotas como la sociedad indique, y a cambio de ellas, los miembros recibirán publicaciones oficiales y materiales de publicidad emitidos por la comisión y la sociedad, y cualesquiera otros beneficios que estime apropiados.

3. Cada conferencia anual puede tener un historiador para hacerse cargo de los deberes específicos que la comisión le designe. El historiador de la conferencia anual puede ser miembro de la comisión de archivos e historia de la conferencia anual.

4. La comisión de archivos e historia de la conferencia anual trabajará con las congregaciones étnicas de la conferencia para desarrollar y preservar los registros históricos de esas congregaciones y las conferencias que las antecedieron.

¶ **642.** 1. Cada conferencia anual creará las estructuras adecuadas concernientes a la Unidad Cristiana e Intereses Interreligiosos para hacer provisión de estas funciones, y mantener las relaciones conexionales con el Concilio de Obispos. La estructura de la conferencia informará anualmente a la conferencia de la manera en que ésta indique. La responsabilidad de esta estructura de la conferencia anual para la Unidad Cristiana y Relaciones Interreligiosas puede ser asignada a una agencia multifuncional existente o recién creada.

2. Se recomienda que esta estructura de la conferencia anual esté compuesta por dos metodistas unidos de cada distrito (para cumplir con el ¶ 610.5), uno de los cuales será coordinador del distrito por la unidad cristiana y relaciones interreligiosas, y servirá como enlace con los campos de unidad cristiana y relaciones interrreligiosas de las iglesias locales. Otros miembros pueden ser personas de la Iglesia Metodista Unida u otras iglesias miembros de *Churches Uniting in Christ*, bajo la dirección de la conferencia para garantizar la experiencia ecuménica y el intercambio con otras agencias. Los laicos de la Iglesia Metodista Unida serán miembros a plenitud de iglesias locales. Los miembros *ex officio* de la Comisión de Unidad Cristiana y Relaciones Interreligiosos de la estructura de la conferencia anual incluirán al oficial u oficiales ecuménicos conferenciales, si han sido electos, y cualesquiera metodistas unidos que residan dentro de los límites de la conferencia que sean miembros de: La Oficina de Unidad Cristiana y Relaciones Interreligiosas del Concilio de Obispos,, la Junta Gobernante del Consejo Nacional de las Iglesias de Cristo en los Estados Unidos, el Consejo Metodista Mundial, la delegación metodista unida a la más reciente Asamblea del Consejo Mundial de Iglesias, y la delegación metodista unida a la más reciente sesión plenaria de la Consulta Sobre Unión Eclesial.

3. Habrá un representante de esta estructura para servir como uno de los representantes conferenciales ante concilios o conferencias estatales de iglesias.

4. Los deberes de la estructura de la conferencia anual serán actuar en cooperación con el concilio de ministerios de la conferencia anual y según ésta pueda recomendar, y tomar iniciativa en relaciones ecuménicas e interreligiosas de la siguiente forma:

a) Interpretar, abogar y trabajar por la unidad de la iglesia cristiana en todos los aspectos de la vida de la conferencia y sus iglesias, y estimular el diálogo y la cooperación con personas de otras confesiones de fe viviente.

b) Recomendarle a la conferencia las metas, objetivos y estrategias, y ayudar a la conferencia, en cooperación con el obispo y el gabinete, en el desarrollo de relaciones ecuménicas y planificación para misión con otros cuerpos oficiales, particularmente en el establecimiento de nuevas iglesias, congregaciones fusionadas, y en el proceso de esfuerzos en pro de la unión de iglesias locales.

c) Estimular participación en programas de misión planeados, puestos en ejecución ecuménicamente, tales como parroquias experimentales, grupos de parroquias ecuménicas, grupos ecuménicos de tarea, y ministerios unidos en educación superior y en otras labores orientadas hacia asuntos de interés común, y tomar parte en su evaluación.

d) Estimular participación conferencial, distrital y congregacional en concilios, conferencias, o asociaciones de iglesias, en coaliciones de grupos de tarea, y en grupos interreligiosos por medio de programas ecuménicos educativos a tiempo compartido, recursos curriculares aprobados en conjunto, programas interreligiosos de estudio, o proyectos de acción comunitaria ecuménica, como ministerios institucionales y medios de comunicación, así como varios otros modos de cooperación inter-eclesial.

e) Participar en la selección de delegados conferenciales a concilios o conferencias estatales de iglesias, cuya participación puede incluir postulación, en cooperación con el comité conferencial de postulaciones, para que la conferencia elija los delegados a esos organismos; para seleccionar representantes a grupos de tarea y talleres interreligiosos y ecuménicos del distrito, de la zona, y de la región; para actuar como el organismo ante el cual dichos delegados deben responder al recibir y tomar acción sobre sus informes y recomendaciones.

f) Promover e interpretar el trabajo de organismos ecuménicos nacionales y mundiales, tales como el Consejo Nacional de las Iglesias de Cristo en los Estados Unidos, el Consejo Mundial de Iglesias, Churches Uniting in Christ y el Consejo Metodista Mundial; y cooperar en proporcionar liderazgo para experiencias ecuménicas específicas de culto y celebración, tales como la Semana de Oración por la Unidad Cristiana, el Domingo de Pentecostés, el Domingo de Comunión Mundial, el Domingo de la Reforma y otras ocasiones apropiadas.

g) Estimular comprensión y conversaciones con todos los cuerpos cristianos, y fomentar el diálogo continuo con los judíos y otras comunidades de fe vivientes; e instar a que haya una mentalidad abierta que conduzca a comprender las otras religiones mayores del mundo.

h) Cumplir con otras funciones asignadas por la conferencia anual, y responder a las peticiones que puedan proceder de parte de su liderazgo.

¶ **643.** 1. En cada conferencia anual, y en las conferencias centrales, habrá una comisión conferencial de religión y raza, u otra estructura, para proveer estas funciones, y para mantener las relaciones conexionales. Seguirá las pautas generales y la estructura de la Comisión General de Religión y Raza como están delineadas en los ¶¶ 2002 y 2008, donde sean aplicables.

2. La membresía básica de la comisión conferencial será postulada y electa mediante el procedimiento establecido de las respectivas conferencias anuales. Cada conferencia anual determinará el número y composición de la membresía total. Se tendrá cuidado de asegurarse de que la membresía es seleccionada considerando la pasión y la experiencia que se poseen en las áreas de capacitación, desarrollo de recursos, evaluación, consulta y planificación estratégica en las áreas de diversidad, competencia cultural, justicia racial, reconciliación y equidad y en comunicación/abogacía por cambio. La membresía total deberá tener un balance equitativo en el número de hombres y mujeres laicas y personas de la clerecía. Se recomienda enfáticamente que las comisiones de la conferencia anual sean constituidas de modo que la mayoría de su membresía refleje de la manera más amplia la diversidad racial, étnica, tribal y cultural relevante a esa zona. La selección de los miembros de la comisión ha de cerciorarse de la representación adecuada de mujeres, jóvenes, adultos jóvenes, adultos mayores y personas con discapacidades. Los miembros de la Comisión General de Religión y Raza que residan en la conferencia anual serán miembros *ex officio*, de la Comisión de Religión y Raza de la conferencia anual, con voto.

3. Las comisiones de la conferencia anual inclusive esas de las conferencias centrales asumirán responsabilidad por asuntos como:

a) Interpretar la intención de todas las responsabilidades dadas a la conferencia anual y a la Comisión de Religión y Raza de la conferencia central para que esas responsabilidades reflejen el contexto para el ministerio y las realidades de las áreas en las cuales se sirve.

b) Apoyar y proveer programas educativos en áreas de competencia intercultural, igualdad institucional y conversación vital en todos los niveles de la conferencia.

c) Colaborar con juntas y agencias de la conferencia anual y central con el propósito de desarrollar conversaciones vitales, programas y normas de igualdad racial/intitucional y competencia intercultural.

d) Examinar y hacer las recomendaciones adecuadas para que se practique la inclusividad y equidad total en el personal de la conferencia y en todas las juntas, agencias, comisiones y comités conferenciales. Se presentarán informes anuales a la conferencia.

e) Proveer recursos y preparación para capacitar el trabajo de los ministerios de trabajo de religión y raza en las iglesias locales, como se especifica en el ¶ 252.2b, con énfasis especial en los pastores y congregaciones involucradas en ministerios interraciales e interculturales. En el caso de las conferencias centrales, los ministerios interraciales e interculturales podrían incluir tribus, comunidades étnicas y grupos culturales y lingüísticos.

f) Consultar con la Junta del Ministerio Ordenado y el gabinete para asegurar que se produce la inclusión y equidad racial/étnica en los procesos de reclutamiento, credenciales e itinerancia de la conferencia. Se insta al comité ejecutivo de la Junta de Ministerio Ordenado y al gabinete que se reúnan por lo menos una vez al año en sesiones conjuntas con la comisión conferencial de religión y raza, y que evalúen los programas a largo plazo para identificar y desarrollar liderazgo que estará al servicio de las poblaciones raciales y étnicas cada vez mayores en las iglesias.

g) Consultar con las iglesias locales que están experimentado cambios demográficos en los vecindarios donde se encuentran, cuya distribución demográfica pueda ser diferente de la composición racial/étnica de esas iglesias, y que mantenen el deseo de estar en ministerio con esa comunidad.

h) Coordinar el apoyo del liderazgo de la conferencia con los movimientos que luchan a favor de la justicia racial y social, en consulta y trabajo conjunto con otras entidades dentro y fuera de los límites conferenciales.

i) Trabajar junto con las entidades denominacionales pertinentes para ayudar en la resolución de quejas de discriminación racial/étnica hechas por el clero o el laicado.

4. La Comisión de Religión y Raza de la conferencia anual elaborará un presupuesto adecuado para sus operaciones como comisión, que será incluya en el presupuesto de la conferencia anual.

5. La comisión conferencial sobre religión y raza, u otra estructura, para hacer provisión de su función y relación conexional, tendrá voz y voto en la unidad de toma de decisiones de la conferencia, como el concilio de ministerios de la conferencia anual, o estructura equivalente.

¶ **644.** En cada conferencia anual, y también en las conferencias centrales, habrá una Comisión Conferencial sobre el Estado y Papel de la Mujer u otra estructura, para proporcionar estas funciones y mantener la relación conexional[91].

1. La responsabilidad de esta comisión estará en armonía con la responsabilidad de la comisión general (¶ 2103), con los siguientes objetivos establecidos como pautas para adaptarse a las necesidades de las respectivas conferencias anuales:

a) Estar informada sobre el estado y papel de todas las mujeres en toda la vida de la conferencia. Se reunirán datos relativos a todos los niveles estructurales de la conferencia, inclusive de la iglesia local. Tal información será puesta al día con regularidad y diseminada.

b) Iniciar cooperación con las Mujeres Metodistas Unidas a nivel de la conferencia anual y a otros niveles que sean apropiados con el fin de obtener la plena participación de las mujeres en las estructuras que hacen decisiones.

c) Desarrollar maneras de informar y sensibilizar al liderazgo de la conferencia en todos los niveles en cuanto a asuntos que afecten a las mujeres, los cuales serán diseminados por la comisión en los distritos de la conferencia y a través de ellos.

d) Enfocar las prioridades de primera consideración en cuanto a los asuntos relativos a las mujeres, los que puedan incluir políticas y procedimientos sobre acoso sexual, y garantizar el apoyo del obispo, el gabinete y el personal de la conferencia en políticas a seguir, planes y prácticas relativas a esas prioridades.

e) Asesorar a la comisión general sobre el progreso y la efectividad de los esfuerzos por lograr la plena participación de las mujeres en la vida de la iglesia.

---

91. Ver Decisión 712 del Concilio Judicial.

f) Participar en programas y planes conexionales iniciados o recomendados por la comisión general, y utilizar los recursos que la comisión general tiene a su disposición, según se necesiten.

2. Al postular y elegir la membresía básica de la comisión conferencial se seguirán los procedimientos establecidos por las respectivas conferencias anuales. Cada conferencia anual determinará el número y composición de la membresía total. Todos tienen que ser miembros de la Iglesia Metodista Unida. Se podrán usar consultores especiales, sin voto, como personas de recursos. Se recomienda que la adición de los miembros vocales asegure que la membresía total mantenga un balance de una tercera parte de mujeres laicas, una tercera parte de hombres laicos, y una tercera parte clerical. La mayoría de la comisión será de mujeres, que incluyan tanto a clérigas como a laicos. En una conferencia anual donde no haya suficientes clérigas para llenar el balance recomendado, se elegirá a mujeres laicas adicionales, aunque se sobrepase la proporción de la tercera parte, para que la membresía total sea de mayoría femenina. Una persona o personas de la conferencia anual que sirva o sirvan como miembro(s) de la Comisión General sobre el Estado y Papel de la Mujer, en virtud de su posición, será(n) miembro(s) de la Comisión Conferencial sobre el Estado y Papel de la Mujer (¶¶ 610.6, 710.6). La selección de los miembros de la comisión garantizará la representación adecuada de minorías raciales y étnicas, jóvenes, adultos jóvenes, adultos mayores y personas de varios estilos de vida.

Las Mujeres Metodistas Unidas de la conferencia nombrarán por lo menos a un miembro.

3. La comisión la presidirá una mujer.

4. La comisión propondrá un presupuesto, y lo someterá a la conferencia anual para que ésta lo incluya en su presupuesto, de acuerdo con los procedimientos de proporcionar recursos a todas las juntas, comisiones y agencias de la conferencia anual.

¶ **645.** Habrá en cada conferencia anual una comisión conferencial sobre la iglesia de membresía pequeña, o se podrán asignar las responsabilidades de la comisión sobre membresía pequeña a una agencia multifuncional existente o recién creada del concilio u otra estructura, que cuide de las funciones de apoyo, nutrición y crecimiento de las iglesias de membresía pequeña y su relación con la conferencia, distritos, y otras iglesias locales. En donde se asignen estas responsabilidades a agencias nuevas o ya existentes dentro de la conferencia, el (los) individuo(s) responsable(s) por el funcionamiento de la comisión será(n) asignado(s) por la conferencia anual e incluido(s) en la lista de oficiales conferenciales.

1. La responsabilidad de esta comisión estará en armonía con la responsabilidad de la comisión general, con los siguientes objetivos establecidos como guías, para adaptarse a las necesidades de cada conferencia anual.

a) Estar informada acerca de las necesidades y oportunidades de la iglesia de membresía pequeña en la zonas rurales, urbanas y sub-urbanas, y en toda la vida de la conferencia. Se recogerán datos que se relacionen con todos los niveles estructurales de la conferencia, inclusive la iglesia local. Estos datos incluirán información demográfica, membresía, información sobre la formación y efectividad de ministerios cooperativos, información sobre duración del pastorado, compensación, y otros factores que afecten la vitalidad de las iglesia de membresía pequeña. Dicha información se pondrá al día regularmente, y se diseminará a obispos, superintendentes de distrito, juntas y agencias conferenciales afines, la Junta General de Ministerios Globales y la Junta General de Discipulado.

b) Garantizar la representación de iglesias de congregaciones pequeñas en las estructuras de decisión de la conferencia anual.

c) Desarrollar modos de informar y sensibilizar al liderazgo dentro de la conferencia anual a todos los niveles sobre asuntos que afectan las iglesias de membresía pequeña, los cuales la comisión proyectará en los distritos de la conferencia anual.

d) Enfocar asuntos mayores relacionados con las iglesias con membresías pequeñas, y conseguir el apoyo del obispo, gabinete, y personal de la conferencia sobre políticas, planes, y prácticas que impactan esos asuntos.

e) Asesorar a la comisión general sobre el progreso y efectividad de los esfuerzos para alcanzar la participación plena de laicos y clérigos de iglesias de congregaciones pequeñas en la vida de la iglesia.

f) Participar en programas conexionales y planes iniciados o recomendados por la comisión general, cuando sean necesarios.

2. La conferencia anual postulará y elegirá la membresía básica de la comisión conferencial, de acuerdo con los procedimientos establecidos por las conferencias anuales. Todos deben ser miem-

bros de la Iglesia Metodista Unida. Se podrán usar asesores especiales, sin voto, como personas de recursos.

3. La comisión propondrá un presupuesto y lo someterá para
su inclusión en el presupuesto de la conferencia anual de acuerdo
con los procedimientos para dar fondos a todas las juntas, comisiones y agencias de la conferencia anual.

¶ **646.** En cada conferencia anual habrá una comisión de comunicaciones, u otra estructura, que hará provisión para estas funciones, y para mantener la relación conexional. Incluirá personas con
destrezas de comunicación que la conferencia postulará para la
membresía de la manera establecida, de acuerdo con el ¶ 610.5.

La comisión será una agencia de servicio para llenar las
necesidades de la conferencia anual referentes a comunicación,
publicaciones, medios múltiples de comunicación, relaciones con
el público y con los medios de comunicación, interpretación y
necesidades promocionales. Podrá ser responsable por proveer
recursos y servicios a agencias conferenciales, distritos, e iglesias locales en el campo de comunicaciones. La comisión tendrá
una relación consultiva con agencias y otros grupos dentro de la
estructura de la conferencia.

¶ **647.** *Mujeres Metodistas Unidas—Constitución de las Mujeres
Metodistas Unidas en la Conferencia*

Artículo 1. Nombre—En cada conferencia anual habrá una
organización conferencial llamada las Mujeres Metodistas Unidas,
directamente vinculada a la organización jurisdiccional y nacional de las Mujeres Metodistas Unidas.

Artículo 2. Función—La función de la organización conferencial de las Mujeres Metodistas Unidas será trabajar con las organizaciones distritales y locales de las Mujeres Metodistas Unidas
para desarrollar programas para hacer frente a las necesidades e
intereses de las mujeres, así como las inquietudes y responsabilidades de la Iglesia global; estimular y respaldar el crecimiento
espiritual, el radio de acción misionero y la acción social cristiana;
y promover los programas y responsabilidades de la organización
nacional de las Mujeres Metodistas Unidas.

Artículo 3. Autoridad—Cada organización conferencial de las
Mujeres Metodistas Unidas tendrá autoridad para promover su
trabajo de acuerdo con los planes, responsabilidades y políticas
a seguir de la organización nacional de las Mujeres Metodistas
Unidas.

Artículo 4. Membresía—La organización conferencial de las Mujeres Metodistas Unidas estará compuesta por los miembros de las Mujeres Metodistas Unidas existentes en la conferencia. El obispo residente será miembro *ex officio* de la organización conferencial de las Mujeres Metodistas Unidas y del Equipo de Liderazgo o estructura equivalente.

Artículo 5. Equipo de liderazgo—La organización conferencial elegirá tales líderes como sea necesario para cumplir con su Propósito, e incluirá por lo menos a una presidenta, una tesorera, una secretaria y un Comité de Postulaciones. Se podrán formar comités y equipos adicionales para cumplir con el Propósito de acuerdo con esta constitución y guía de la organización nacional de las Mujeres Metodistas Unidas como se determina según las leyes de las organizaciones conferenciales de las Mujeres Metodistas Unidas.

Artículo 6. Sesiones y elecciones—*a)* Habrá una sesión anual de la organización conferencial de las Mujeres Metodistas Unidas. En su asamblea anual, el Equipo de Liderazgo evaluará los eventos y prioridades del año anterior, propondrá un programa de actividades y prioridades para el siguiente año, que incluirá un presupuesto, los miembros electos del Equipo de Liderazgo que sea necesario para implementar el programa, y determinará la cantidad comprometida para el siguiente año.

b) El cuerpo votante de la sesión anual de la organización conferencial estará compuesto por miembros de las organizaciones de las Mujeres Metodistas Unidas dentro de los límites de la conferencia, como esté determinado por la organización conferencial; miembros de los equipos de liderazgo de la conferencia y distrito; y miembros de la junta de directores de las Mujeres Metodistas Unidas y del Grupo Asesor del Programa de las Mujeres Metodistas Unidas y del equipo de liderazgo jurisdiccional residente dentro de los límites de la conferencia de la División de Mujeres y oficiales de la organización jurisdiccional que residan dentro de las fronteras de la conferencia.

c) En la sesión anual de la organización conferencial anterior a la sesión cuadrienal de la organización jurisdiccional, se elegirán tres miembros del Equipo de Liderazgo o sus substitutos de acuerdo con las disposiciones del ¶ 536.3 para tener membresía en la organización jurisdiccional.

d) En la sesión anual de la organización conferencial anterior a la sesión cuadrienal de la organización jurisdiccional, la organización conferencial postulará a dos mujeres para tener membresía en la junta de directores de la organización nacional de las Mujeres Metodistas Unidas, los nombres de las cuales se enviarán a la organización jurisdiccional de acuerdo con el ¶ 536.4.

Artículo 7. Relaciones—a) La presidenta de la organización conferencial de las Mujeres Metodistas Unidas es miembro de la conferencia anual, como se establece en el ¶ 32.

b) La organización conferencial nombrará representantes entre sus miembros para servir en las varias juntas, concilios, comisiones y comités de la conferencia anual, conforme lo disponen las constituciones y reglamentos de tales agencias.

c) La organización conferencial animará a las mujeres para que participen en la vida y obra total de la Iglesia y las respaldará al asumir posiciones de responsabilidad y liderato.

*Artículo 8. Enmiendas—*Las enmiendas propuestas a esta constitución pueden ser enviadas a la secretaria de actas de la organización nacional de las Mujeres Metodistas Unidas para que la junta de directores las considere. La última fecha para la consideración de cualquier enmienda será la última sesión anual de la junta de directores antes de la fecha en la que deben someterse la legislación propuesta para que la Conferencia General tome acción.

¶ 648. *Hombres Metodistas Unidos—Constitución de los Hombres Metodistas Unidos en la Conferencia*

*Artículo 1. Nombre—*En cada conferencia anual habrá una organización conferencial llamada Hombres Metodistas Unidos, auxiliar del Comité Jurisdiccional de los Hombres Metodistas Unidos y de la Comisión General de los Hombres Metodistas Unidos (¶ 2301).

*Artículo 2. Función—*La función de la organización conferencial de los Hombres Metodistas Unidos será crear y sostener las organizaciones de los Hombres Metodistas Unidos en el desarrollo de recursos para suplir las necesidades e intereses de los hombres y las responsabilidades del discipulado; dar poder al testimonio personal y al evangelismo; facilitar alcance de misión y ministerio individual y en grupo; animar y apoyar el crecimiento espiritual y desarrollo de la fe; y promover los objetivos y las responsabilidades de la Comisión General de Hombres Metodistas Unidos. En ausencia de una organización distrital, la organización conferencial, en consulta con el Superintendente de Distrito, cumplirá las responsabilidades distritales (¶ 671).

Artículo 3. Autoridad—Cada organización conferencial de los Hombres Metodistas Unidos tendrá autoridad de promover su trabajo de acuerdo con los planes, responsabilidades, y política de la Junta General de Discipulado de los Hombres Metodistas Unidos.

Artículo 4. Membresía—La organización conferencial de los Hombres Metodistas Unidos estará compuesta de todos los miembros de las unidades locales (con carta patente o sin ella) dentro de los límites de la conferencia.

Artículo 5. Oficiales y comités—a) La organización conferencial elegirá un presidente, por lo menos un vicepresidente, un secretario, y un tesorero.

b) El obispo residente servirá como presidente honorario, y será miembro de la organización conferencial y su comité ejecutivo.

c) El líder laico conferencial (o representante designado) será miembro de la organización conferencial y de su comité ejecutivo.

d) Oficiales adicionales, (incluso agencias de servicio cívico a la juventud/coordinador de reclutamiento) y comités serán electos o nombrados, de acuerdo con las pautas de la Comisión General de Hombres Metodistas Unidos, o del reglamento interior de la organización conferencial de Hombres Metodistas Unidos.

Artículo 6. Reuniones y elecciones—a) Habrá una reunión anual de la organización conferencial de los Hombres Metodistas Unidos, en la que se presentará un informe anual y un plan de programa diseñado para suplir las necesidades de los hombres de la conferencia. Los oficiales y los comités serán elegidos de acuerdo con los requisitos de los estatutos de la organización.

b) El cuerpo votante de la reunión anual de la conferencia se determinará por los estatutos de la organización, pero incluirá oficiales conferenciales y distritales, presidentes de comités como está determinado, miembros de la Comisión General de Hombres Metodistas Unidos, y los miembros del Comité Jurisdiccional de los Hombres Metodistas Unidos que residen dentro de los límites de la conferencia.

Artículo 7. Relaciones—a) El presidente de la organización conferencial de los Hombres Metodistas Unidos es miembro de la conferencia anual según el ¶ 32.

b) El presidente de la organización conferencial de los Hombres Metodistas Unidos representará la organización conferencial en el Comité Jurisdiccional de los Hombres Metodistas

Unidos. En la ausencia del presidente, un vicepresidente designado puede representar la organización conferencial.

c) Los oficiales o miembros designados representarán la organización conferencial en las diversas agencias, concilios, comisiones y comités de la conferencia según lo dispone la constitución y los estatutos de tales agencias.

d) La organización conferencial animará a los hombres a participar en toda la vida y obra de la Iglesia, y los animará a que asuman posiciones de responsabilidad y liderazgo, como parte de su discipulado.

Artículo 8. Finanzas—Los Hombres Metodistas Unidos de la Conferencia conseguirán los fondos necesarios para lograr sus propósitos. Todos los fondo de cualquier fuente que se consigan por los Hombres Metodistas Unidos de la Conferencia, pertenecen a la organización y serán gastados sólo de acuerdo con su constitución o reglamento.

a) Los Hombres Metodistas Unidos de la Conferencia pueden tener su propia cuenta de banco.

b) Se recomienda que tengan una auditoría anual de sus finanzas.

Artículo 9. Enmiendas—Las enmiendas propuestas a esta constitución se podrán enviar al secretario de actas de la Comisión General de Hombres Metodistas Unidos en la reunión anual de la comisión en el tercer año del cuadrienio.

Artículo 10. Informes conexionales y responsabilidad—a) Los Hombres Metodistas Unidos de cada conferencia anual enviarán una copia de su constitución actual y reglamentos a los registros de la Comisión General de Hombres Metodistas Unidos.

b) Cada conferencia anual someterá un informe anual a la sesión de primavera de la Comisión General de Hombres Metodistas Unidos . Este informe lo presentará el presidente de la conferencia en la reunión de primavera de la Asociación Nacional de Presidentes de Conferencia e incluirá sin limitarse a:

  1. Metas anuales y progreso hacia esas metas en los últimos 12 meses.
  2. Una revisión de la tarea evangelística, misiones y crecimiento espiritual dentro de la conferencia anual o más allá de esta.
  3. Un listado de eventos de capacitación llevados a cabo en la conferencia, distrito o iglesia local para

extender el ministerio de los hombres a todos los niveles de la iglesia.

4. Una evaluación de la Comisión General de Hombres Metodistas Unidos que incluya la valoración de los Hombres Metodistas Unidos de la conferencia anual de las metas de la comisión y del progreso de la comisión hacia esas metas durante los últimos 12 meses.

5. Un informe de los desafíos más significantes del ministerio de los hombres y del éxito mas significativos del ministerio de los hombres para compartir con otras organizaciones de Hombres Metodistas Unidos de la conferencia.

Estos informes formarán parte del proceso de evaluación interno de la Comisión General de Hombres Metodistas Unidos y el Presidente Conferencial compartirá cada informe con el liderazgo de la conferencia anual.

¶ **649. 1.** En cada conferencia anual habrá un concilio conferencial de ministerio de la juventud, u otra estructura, para proporcionar estas funciones, y mantener las relaciones conexionales o las responsabilidades abajo delineadas que podrán ser asignadas a dicha organización para que siga los mismos requisitos para membresía como lo dispone la conferencia anual en conformidad con el ¶ 610.1. Su propósito será fortalecer el ministerio de la juventud en las iglesias locales y distritos de la conferencia anual. Para propósitos administrativos, el concilio estará relacionado con el concilio de ministerios de la conferencia anual, o estructura equivalente. (¶¶ 1201-1212 para la División de Ministerios con Jóvenes.)

2. *Membresía*—No más de una tercera parte de la membresía del concilio estará compuesta por adultos, uno de los cuales podrá ser el líder laico de la conferencia o su representante. Se recomienda encarecidamente que la membresía del concilio incluya un número igual de personas en lo referente a raza, etnicidad, género y estado social como lo define la conferencia anual o área episcopal. Donde se traslapen las conferencias étnicas o de idioma con las conferencias no étnicas, se hará provisión para la inclusión de miembros de las conferencias étnicas o de idioma, y viceversa. Quienes sirvan en el concilio conferencial de ministerio de la Juventud deberán ser miembros profesos o miembros bautizados de la Iglesia Metodista Unida.

3. *Responsabilidades—a)* Iniciar y apoyar planes, actividades y proyectos que son de interés particular a la juventud.

b) Abogar por la libre expresión de las convicciones de la juventud en asuntos vitales para ella.

c) Apoyar y facilitar, donde se considere necesario, la formación de "caucuses" juveniles.

d) Cooperar con las juntas y agencias de la conferencia anual, recibiendo recomendaciones de parte de ellas y dándoles recomendaciones a las mismas.

e) Recomendarle al comité de postulaciones de la conferencia anual jóvenes que llenen los requisitos para tener membresía en juntas y agencias.

f) Elegir y certificar representantes de la conferencia anual ante la Convocación Jurisdiccional de la Organización de Ministerio de la Juventud.

g) Promover, presentar y alentar a la juventud en la conferencia anual a formar una parte activa de las Fundaciones Wesley o de los ministerios universitarios metodistas unidos cuando vayan a la universidad y sepan de las oportunidades de asistir a universidades y colegios con relación al metodismo unido.

h) Colaborar con las Fundaciones Wesley, ministerios universitarios metodistas unidos y universidades y colegios metodistas unidos para asistir a la juventud de la conferencia anual en su transición a la vida universitaria.

i) Recibir su porción del Fondo de Servicio de la Juventud (¶ 1212), y disponer cómo se manejará. No más de una tercera parte se usará para fines administrativos; por lo menos una tercera parte se usará para proyectos dentro de las fronteras geográficas de la conferencia anual; y por lo menos una tercera parte se usará para proyectos fuera de los límites geográficos de la conferencia anual.

j) Establecer la política a seguir en la educación del Fondo de Servicio de la Juventud, y responsabilizarse de su promoción a través de la conferencia anual, en cooperación con la División de Ministerios con Jóvenes de la Junta General de Discipulado.

k) Establecer un Comité de Revisión de Proyectos, en calidad de comité asesor, sobre el uso de los ingresos del Fondo de Servicio de la Juventud destinados a proyectos. Se recomienda que el comité se componga por lo menos de un 50 por ciento de personas de grupos minoritarios raciales y étnicos.

l) Participar con las agencias conferenciales apropiadas en la postulación del coordinador conferencial de ministerio de la juventud, el cual servirá como asesor.

m) Promover la actividad evangelística con la juventud y a través de la juventud con la provisión de oportunidades educativas y recursos que incrementen su conocimiento, exposición y compromiso en las áreas de misión, justicia social, discipulado, desarrollo de liderazgo y formación espiritual en su relación con la iglesia local.

¶ **650.** 1. En cada conferencia anual habrá un concilio conferencial de ministerio para adultos jóvenes o una estructura equivalente. Su propósito será fortalecer el ministerio con los adultos jóvenes en las iglesias locales y distritos de la conferencia anual. Para propósitos administrativos, el concilio estará relacionado con el concilio conferencial de ministerios, o estructura alterna.

2. *Membresía*—La membresía consistirá de adultos jóvenes (siguiendo la definición de la conferencia anual o área episcopal). Se recomienda que halla un adulto joven electo por cada distrito de la conferencia. También habrá miembros vocales postulados por el comité conferencial de nominaciones. Se recomienda encarecidamente que el concilio incluya un número igual de personas con respecto a raza, etnicidad, género y nivel social como lo define la conferencia anual o área episcopal, además de personas de ambos géneros para garantizar la inclusividad. Aquéllos que sirvan en el concilio conferencial sobre ministerios de adultos jóvenes deberán ser miembros de la Iglesia Metodista Unida. Por lo menos la mitad de la membresía será de personas laicas, quienes serán miembros profesos de la Iglesia Metodista Unida. Los miembros deben representar la diversidad de los adultos jóvenes en la población general inclusive estudiantes universitarios, personas trabajadoras, solteras y casadas.

3. *Responsabilidades*—*a)* Iniciar y apoyar planes, actividades y proyectos que sean de interés particular para los adultos jóvenes que sean estudiantes universitarios, personas trabajadoras, solteras y casadas.

b) Abogar por la libre expresión de las convicciones de los adultos jóvenes sobre asuntos que son vitales para ellos.

c) Apoyar y facilitar, donde se crea necesario, la formación de "caucuses" de adultos jóvenes.

d) Cooperar con las agencias y juntas de la conferencia anual, inclusive las Fundaciones Wesley, los ministerios universitarios y capellanías relacionadas con la Iglesia Metodista Unida, en la asistencia a los estudiantes universitarios que se gradúan en su transición a la vida congregacional, y recibiendo recomendaciones de y haciendo recomendaciones a los mismos para hacer provisión para las necesidades de los adultos jóvenes de la Iglesia Metodista Unida.

e) Recomendar al Comité de Postulaciones de la conferencia anual los nombres de adultos jóvenes capacitados para membresía en las juntas y agencias.

f) Participar con el Concilio Conferencial de Ministerios en la postulación del coordinador conferencial de ministerios de adultos jóvenes, quien servirá como su consejero.

¶ 651. 1. En cada conferencia anual habrá un concilio conferencial de ministerios de adultos mayores. El propósito será el de fortalecer el ministerio con los adultos mayores en las iglesias locales y distritos de la conferencia anual. Para propósitos administrativos, el concilio estará relacionado con la junta del discipulado de la conferencia anual, o la junta del laicado de la conferencia anual, o una estructura equivalente.

2. *Membresía*—La mayoría de los miembros del concilio serían adultos mayores. También podrá incluir a personas (sin importad la edad) quienes, debido a sus intereses especializados, educación, adiestramiento y experiencia, han desarrollado una pasión por el ministerio con adultos mayores. Los que sirvan en el concilio de adultos mayores de la conferencia serán miembros profesos de la Iglesia Metodista Unida e incluirán tanto a personas laicas como a clérigas. También habrá miembros adicionales, postulados por el comité de postulación de la conferencia y elegidos por la conferencia anual, para que haya inclusividad racial, étnica, género y geográfica y también para asegurar la participación de personas con intereses especializados, educación, adiestramiento y experiencias. El líder laico de la conferencia (o designado), el coordinador de la conferencia de ministerios con adultos mayores (si lo hay) y un representante del gabinete servirán *ex officio* sin voto. Los miembros deberán representar la diversidad de adultos mayores en la población general, incluyendo a personas jubiladas, personas trabajando, personas discapacitadas, personas con enfermedades crónicas, personas solteras, personas viudas, personas casadas, personas que viven en una variedad de sitios y personas con una amplia variedad de situaciones familiares.

3. *Responsabilidades*—*a)* Iniciar y apoyar ministerios, planes, actividades y proyectos que son de particular interés a adultos mayores, incluyendo a personas retiradas, personas trabajando, personas con condiciones de incapacidad, personas con enfermedades crónicas, personas solteras, personas viudas, personas casadas, personas que viven en una variedad de sitios y personas con una amplia variedad de situaciones familiares.

b) Para abogar en favor de los adultos mayores.

c) Para apoyar y facilitar, donde sea apropiado, la formación de caucuses de adultos mayores.

d) Identificar las necesidades, preocupaciones y contribuciones posibles de los adultos mayores en la conferencia anual y sus distritos.

e) Para cooperar con juntas y agencias de la conferencia anual, recibiendo y haciendo recomendaciones para proveer por las necesidades de los adultos mayores en la Iglesia Metodista Unida.

f) Para recomendar al comité de postulaciones de la conferencia anual, adultos mayores capacitados y motivados para ser miembros de juntas y agencias.

g) Para participar con la junta del discipulado de la conferencia anual, o la junta del laicado de la conferencia anual, o estructura equivalente, en la postulación del coordinador de ministerios con adultos mayores para su elección por la conferencia anual.

h) Para educar y hacer resaltar ante la conferencia anual y sus distritos el largo proceso de ancianidad con énfasis en la calidad de vida, comprensión de entre generaciones y el desarrollo de la fe.

i) Para servir como un punto focal para el suministro de información y dirección sobre ministerios con adultos mayores dentro de la conferencia anual y sus distritos.

j) Para apoyar el desarrollo de recursos que respaldarán los ministerios con adultos mayores dentro de la conferencia anual y sus distritos.

¶ **652.** Cada conferencia anual establecerá procedimientos con los que tratar la licencia médica de la clerecía. La conferencia anual podrá establecer un comité conjunto sobre licencia médica en la clerecía. Si la conferencia anual establece tal comité, estará compuesto por un mínimo de dos representantes de la Junta del Ministerio Ordenado y dos de la Junta Conferencial de Pensiones, que pueden ser electos por esas juntas al principio de cada

cuadrienio, y en ocasiones cuando haya vacantes, y un superintendente de distrito nombrado de tiempo en tiempo por el obispo
para representar al gabinete. El comité conjunto será estimulado
para que incluya en su composición a personas con un impedimento, preferiblemente alguien bajo nombramiento. Hasta que
otros miembros sean electos, el presidente y el registrador de la
Junta del Ministerio Ordenado, y el presidente y el secretario de
la junta conferencial de pensiones, u otras designadas por ellas,
tendrán la autoridad de representar a sus respectivas juntas. El
comité se organizará al principio de cada cuadrienio para elegir
un presidente y un secretario. Si la conferencia anual no estable-
ciera un comité conjunto, la normativa y procesos establecidos de
la conferencia anual para el tratamiento de la licencia médica en
la clerecía se deberá, de todas formas, involucrar a la Junta del
Ministerio Ordenado, la junta de pensiones y representación de la
conferencia del gabinete.

Los deberes de la conferencia anual, con respecto a la licencia
médica, o del comité conjunto sobre licencia médica en la clerecía,
o su equivalente, serán:

a) Estudiar los problemas de licencia médica de la clerecía
que hay en la conferencia anual.

b) Hacer disposiciones para que haya un continuo ministerio personal a los clérigos de la conferencia que estén con licencia
médica y ayudarlos a mantener la confraternidad con los demás
miembros de la conferencia.

c) Proporcionar asesoramiento y apoyo y, cuando se
requiera, abogacía para la clerecía con licencia médica en (i) solicitar o asegurar beneficios de discapacidad al Plan Compresivo de
Protección y programas gubernamentales, (ii) explorar posibles
fuentes de asistencia financiera interina antes de obtener los beneficios por discapacidad, (iii) establecer programas de rehabilitación y vuelta al servicio, y (iv) asesorar la necesidad y provisión
razonable de acomodaciones.

d) Hacer recomendaciones a la Junta del Ministerio Ordenado, la Junta de Pensiones de la conferencia, y el gabinete en
asuntos relativos a la licencia médica en la clerecía, inclusive los
pasos a dar para prevenir la necesidad de licencia médica, los
procesos para autorizar la licencia médica, beneficios, subvenciones u otras formas de asistencia, y programas de rehabilitación.

e) Cooperar con la Junta General de Pensiones y Beneficios de Salud, y darle asistencia en la administración del Programa de Seguro de Jubilación del Clérigo, o del Plan de Protec-

ción Comprensiva y otros planes de beneficios para clerecía con licencia médica, y cuando sea posible asistir con los beneficios de discapacidad y otros beneficios provistos bajo esos planes.

¶ **653.** Habrá en cada conferencia anual un comité de asuntos de personas con discapacidades u otra estructura que haga provisión para las funciones de este ministerio, y mantenga las relaciones conexionales.

1. La membresía básica del comité será electa por procedimientos establecidos en cada conferencia anual respectiva. Cada conferencia anual determinará el número y la composición de la membresía total. La membresía deberá incluir a personas con impedimentos físicos o mentales.

2. Será la responsabilidad del comité lo siguiente:

a) Estar al tanto del papel de las personas con impedimentos en el ministerio, inclusive el ministerio ordenado y diaconal, posiciones de la liderazgo en la iglesia local y en la conferencia anual.

b) Abogar por el desempeño de programas dentro de la conferencia anual, y ayudarlos a que llenen las necesidades de las personas con impedimentos.

c) Estar informados acerca de los ministerios vigentes dentro de la conferencia anual que se relacionen con personas con impedimentos.

d) Generar maneras para sensibilizar a personas en puestos de liderazgo sobre asuntos que afectan a personas con impedimentos y por consiguiente a toda la iglesia.

e) Fomentar cooperación entre ministerios dentro de la conferencia anual que se enfoquen sobre impedimentos específicos (sordera, dificultad en oír, impedimentos de desarrollo, retardo mental, enfermedad mental, impedimento visual, impedimentos físicos, etc.).

f) Ser un recurso para las iglesias locales que tratan de desempeñar ministerios que sean accesibles en actitud y diseño arquitectónico.

g) Promover la inclusión total de personas con impedimentos en la vida de la iglesia local y la conferencia anual.

h) Participar en asociaciones jurisdiccionales sobre acceso, compartiendo conocimientos y recursos.

¶ **654.** Habrá en la conferencia anual un comité sobre ministerios nativoamericanos u otra estructura para proveer estos ministerios, y mantener las relaciones conexionales. La membresía básica de este comité será postulada y electa por procedimientos establecidos por las respectivas conferencias anuales. Cada conferencia anual determinará el número y la composición de la membresía total. Donde sea posible, la membresía consistirá de la mayoría de nativo-americanos. Será la responsabilidad de este comité determinar la distribución de la ofrenda del domingo del Reconocimiento del Nativo-americano, coordinar la promoción del mismo, y velar por los ministerios nativoamericanos dentro de la conferencia anual. Cada comité informará sobre cómo los fondos de la ofrenda han beneficiado a los nativoamericanos en su conferencia anual. Se enviarán informes anuales al Concilio Conferencial de Ministerios, así como al Concilio General de Ministerios.

En cada iglesia local durante la conferencia del cargo se designará por postulación y elección un mínimo de una persona por cada cargo (sin distinción de raza u origen étnico) o un miembro designado de un comité establecido de la iglesia, para representar la necesidad de un mejor entendimiento de las contribuciones de los nativo-americanos en la iglesia local. Estos nombres se deberán someter al superintendente de distrito durante la conferencia del cargo para que se les den al comité de la conferencia anual sobre ministerios nativo-americanos.

¶ 655. Se insta a que la conferencia anual establezca un comité de Ministerios Hispano/Latinos u otra estructura que asista en el desarrollo, implementación y evaluación de un plan de acción comprensivo de Ministerios Hispano/Latinos y las estrategias para trabajar con personas hispano/latinas de todas generaciones en la comunidad. La membresía del comité será nombrada y electa por los procedimientos establecidos en las respectivas conferencias anuales. El comité deberá estar compuesto de por lo menos un tercio de personas hispano/latinas.

En las conferencias donde se adopte un comité de Ministerios Hispano/Latinos u otra estructura, desarrollarán estrategias para: (1) fortalecer ministerios y congregaciones existentes, (2) comenzar nuevas congregaciones y ministerios, inclusive ministerios intencionales con niños y jóvenes, (3) identificar, equipar y utilizar presbíteros, pastores locales, misioneros laicos, ministros laicos certificados y otros líderes laicos que puedan servir en esta misión y ministerio, (4) identificar los recursos financieros y materiales para apoyar y mantener su implementación. El plan se basará en un análisis claro de las realidades socio-económicas, culturales y religiosas de la comunidad donde se ubica la conferencia. Se insta a que los Planes Comprensivos Estratégicos de Ministerios

Hispano/Latinos de la conferencia en las Conferencias Anuales Jurisdiccionales estén listos para la Conferencia General del 2016.

¶ **656.** 1. Podrá haber un programa conferencial de Avance, establecido y realizado en el mismo espíritu de sociedad del Programa General de Avance.

2. Una Donación para Avance Especial es una que se hace a un proyecto de Avance Especial dentro de los límites de la conferencia anual o del área episcopal autorizada por una conferencia anual, por recomendación de la Junta Conferencial de Ministerios Globales, o su estructura equivalente, y que sea coherente con las metas del Avance. La Junta Conferencial de Ministerios Globales u otra estructura parecida, administrará los fondos, según lo designe la conferencia.

3. Una conferencia anual podrá emprender una campaña por toda la conferencia para recaudar una suma global que se aplicará a su extensión misionera y extensión de iglesias. Los fondos que así se reciban serán designados para el Avance Especial de la conferencia, y los administrará la junta conferencial de ministerios globales, o su estructura equivalente. Las iglesias locales registrarán sus contribuciones como designadas para Avance Especial de la conferencia.

4. Con la aprobación de la conferencia anual, un distrito de la conferencia podrá autorizar y promover Avance Especial para la extensión de iglesias y necesidades misioneras dentro del distrito, siendo la sociedad misionera del distrito, organizada para este fin, o un organismo similar establecido por el distrito, la que administre dichos fondos. Cada iglesia local registrará los fondos especiales, obtenidos y administrados por el distrito, a la conferencia anual como designados para Avance Especial.

5. Las iglesias locales informarán sus contribuciones a los programas generales de Avance Especial y a los programas Avance Especial de la conferencia del cargo, y en la forma indicada en el formulario de informes a la conferencia anual.

¶ **657.** Se insta a la conferencial anual a establecer un comité sobre justicia criminal y ministerios de misericordia (JCMM) para lograr lo siguiente: (1) concientizar y generar la involucración de la iglesia local; (2) identificar programas existentes; (3) promover los ministerios de justicia criminal; y (4) servir como recurso y eslabón conexional con iglesias locales, agencias generales de programa y grupos ecuménicos, y usar los recursos del ministerio y la reforma de las prisiones que estén disponibles a través de las agencias generales. El propósito es promover un ministerio para las personas de todo género y edad que están en las prisiones, a los familiares de los que están en la prisión, a las víctimas de crímenes y a sus familiares, y abogar por los asuntos pertinentes a las prisiones. El comité JCMM podrá relacionarse con la junta de ministerios globales o la junta de iglesia y sociedad, o con ambas, las que comparten intereses de justicia social. Se informarán a la conferencia anual los resultados del trabajo en este sector.

Sección X. La conferencia de distrito

Mediante la aprobación de la conferencia anual la terminología subdistrito puede ser usada en las referencias al distrito en los ¶¶ 658-672.

¶ **658.** Se podrá celebrar una conferencia de distrito si así lo indica la conferencia anual de la cual forma parte, y se puede celebrar por convocación del superintendente de distrito, cuya convocación especificará día, hora y lugar.

¶ **659.** 1. Una conferencia de distrito se compondrá por tantos miembros como la conferencia anual determine y especifique, dando atención a la inclusividad. (¶¶ 124, 140).

2. La conferencia de distrito puede escoger su propio orden de negocios. El secretario, debidamente electo, llevará un registro preciso de las transacciones, y lo someterá a la conferencia anual para que lo examine.

3. La conferencia de distrito emitirá certificados de candidatura para el ministerio ordenado por recomendación del comité del ministerio ordenado del distrito, y considerará los informes de este comité para su aprobación.

4. La Conferencia de Distrito puede inscribir legalmente una Unión Distrital, bajo las leyes del estado en que está localizada, para poseer y administrar bienes raíces del distrito y propiedades personales, recibir y administrar los fondos que se usarán dentro del distrito para extensión de la iglesia y misiones, y ejercerá los poderes y deberes especificados en su cédula constitutiva o artículos de incorporación, según lo autorice la conferencia anual que tenga jurisdicción sobre dicho distrito. Si se incorpora una unión distrital, asumirá el poder y responsabilidades de la junta distrital de síndicos (¶ 2518.2). Tales uniones distritales, certificadas o inscritas legalmente por los distritos de las iglesias que se unieron y acordaron la adopción de la Constitución de la Iglesia Metodista Unida se declaran agencias disciplinarias de la Iglesia Metodista Unida, como si hubieran sido originalmente

creadas y autorizadas por esa Constitución, y pueden actuar como una conferencia de distrito o en lugar de ella, cuando el superintendente de distrito, que será su secretario ejecutivo, o su presidente u otro oficial ejecutivo, las convoque para ese propósito.

5. Si algún distrito o conferencia inicia, se hace parte, observa, o termina un boicot, habrán de seguirse las pautas que aparecen en el *Libro de Resoluciones* del 2008. La Conferencia General es el único organismo que puede iniciar, autorizar, o hacerse parte de un boicot en el nombre de la Iglesia Metodista Unida.

¶ **660**. 1. El líder laico del distrito es el líder electo del laicado distrital y deberá ser un miembro profeso de la iglesia local. El líder laico del distrito proveerá lo necesario para la preparación de los líderes de la iglesia local para sus ministerios en las iglesias locales en relación con el ¶ 249. El líder laico del distrito tendrá la responsabilidad de facilitar información y conocimiento sobre el papel del laicado, tanto dentro de congregaciones como por medio de ministerios en los hogares, lugares de trabajo, la comunidad, y el mundo, para lograr la misión de la iglesia; también apoyará y facilitará la participación laica en los procesos del distrito y las iglesias locales en la planificación y toma de decisiones, en cooperación con el superintendente de distrito y los pastores.

2. El líder laico del distrito será elegido tal como lo determine la conferencia anual para un período de no menos de cuatro años. El método de la postulación y el período máximo de su oficio será determinado por la conferencia anual.

En el distrito pueden haber uno o más líderes laicos distritales asociados, el cual será electo según lo determine la conferencia anual. La conferencia anual determinará el método de postulación y el tiempo máximo de servicio. El líder laico del distrito así como el asociado pueden ser reembolsados por sus gastos ya aprobados.

3. El líder laico del distrito se reunirá regularmente con el superintendente de distrito para discutir la situación del distrito, la Iglesia y las necesidades de ministerio tanto local como globalmente.

4. El líder laico del distrito es miembro de la conferencia anual (¶ 32).

5. El líder laico del distrito será miembro de la junta del laicado de la conferencia o estructura equivalente.

6. El líder laico del distrito trabajará con el superintendente de distrito para asegurar que hay un director de distrito del Ministe-

rio de Servicio Laico y servirá en el comité distrital de Ministerios de Servicio Laico.

7. El líder laico del distrito es miembro de la conferencia de distrito y será miembro del concilio distrital de ministerios o estructura alterna y su comité ejecutivo. El líder laico del distrito también será miembro del comité de superintendencia del distrito.

8. El líder laico del distrito puede servir como miembro del comité de distrito del ministerio ordenado (o agencia equivalente) y de la junta distrital de ubicación de la iglesia y construcción (o la agencia equivalente).

9. El líder laico del distrito se relacionará con los grupos laicos organizados del distrito, tales como las Mujeres Metodistas Unidas, los Hombres Metodistas Unidos, y la Juventud Metodista Unida, dando apoyo a su trabajo, y ayudándoles a coordinar sus actividades.

10. El líder laico del distrito puede designar a personas para que sirvan como sus representantes en cualquiera de los grupos arriba mencionados, excepto en la conferencia anual, la conferencia de distrito, el concilio de ministerios del distrito, y el comité ejecutivo del concilio distrital de ministerios, comité distrital del ministerio ordenado y la junta del distrito de ubicación de la iglesia y construcción.

¶ **661.** Cada distrito de una conferencia anual puede organizarse para desarrollar, administrar y evaluar la vida misional, necesidades de abogacía, y ministerios de la iglesia por todo el distrito. Mantendrá relaciones conexionales, se organizará para desarrollar y fortalecer ministerios étnicos, inclusive iglesias étnicas minoritarias y sus intereses, y proveerá estímulo, coordinación y apoyo para las iglesias locales en sus ministerios de formación, alcance y testimonio de acuerdo con la misión de la Iglesia Metodista Unida. Cada junta, comité existente, comisión, consejo y área de trabajo de la jurisdicción designará a uno de sus miembros como su coordinador en los ministerios de testimonio. Estas personas asistirán a las agencias en las que tienen membresía a emprender ministerios de testimonio y, específicamente, a preguntarse "¿Cómo estamos intencionalmente alcanzando nuevas personas para Jesucristo a través de nuestros ministerios?" y "¿De qué maneras estamos ayudando a estas nuevas personas a crecer y madurar como discípulos de Cristo a través de nuestros ministerios y áreas de responsabilidad?"

¶ **662.** El superintendente de distrito, después de consultar con la junta conferencial, puede nombrar a un director distrital de iglesia y sociedad. También, si se desea, el distrito puede crear un Comité de Iglesia y Sociedad compuesto por personas laicas y clérigas, para trabajar con el superintendente de distrito, y llevar adelante los propósitos de la junta conferencial. La coordinadora de misión para la acción social del distrito, de las Mujeres Metodistas Unidas del distrito será miembro *ex officio*.

¶ **663.** El superintendente de distrito, después de consultar con el comité de la conferencia anual sobre asuntos de la iglesia local étnica minoritaria, podrá nombrar un director distrital de asuntos de la iglesia local étnica. Este director será miembro del concilio de ministerios del distrito o de la estructura equivalente. Un distrito podrá establecer un Comité sobre Asuntos de la Iglesia Étnica Minoritaria compuesto de personas laicas y clérigos para trabajar con el superintendente de distrito a fin de ejecutar el plan comprensivo de la conferencia anual en la medida que se refiere a dicho distrito, y para avanzar los propósitos del comité de la conferencia anual.

¶ **664.** El superintendente de distrito, después de consultar con la Comisión de Religión y Raza de la conferencia anual, podrá nombrar un director distrital de religión y raza. Un distrito puede establecer un Comité de Religión y Raza para que trabaje con el superintendente de distrito con el fin de incrementar los propósitos de la comisión de la conferencia anual en el distrito. El director distrital, si es nombrado, será miembro de la Comisión Conferencial de Religión y Raza. (¶ 643.2.)

¶ **665.** El superintendente de distrito, después de consultar con el concilio de ministerios adultos jóvenes de la conferencia o entidad equivalente, si se dispone, podrá nombrar un coordinador de distrito de ministerios para adultos jóvenes. Tal coordinador pasará a ser miembro del comité distrital de ministerios o su equivalente estructural. De igual forma, y si se desea, el distrito podría crear un comité de ministerios con adultos jóvenes que opere con el superintendente de distrito con el propósito de incrementar la participación de adultos jóvenes en la iglesia local. El coordinador distrital, si se nombra, será miembro del concilio de ministerios con adultos jóvenes de la conferencia o entidad equivalente.

¶ **666.** Habrá un comité distrital del ministerio ordenado.

1. El comité distrital del ministerio ordenado será responsable ante la conferencia anual a través de la Junta del Ministerio Orde-

nado. Los miembros serán nominados anualmente por el superintendente del distrito en consulta con el presidente o el comité ejecutivo de la Junta del Ministerio Ordenado y serán aprobados por la conferencia anual. Las vacantes interinas serán ocupadas por el superintendente del distrito. El comité se compondrá de por lo menos tres miembros profesos de las iglesias locales, un representante de la Junta del Ministerio Ordenado que podrá ser nominado presidente; el superintendente del distrito, quien no será el presidente y por lo menos otras seis personas clericales del distrito. Las personas clericales incluirán presbíteros y diáconos y, donde sea posible, esta clerecía estará formada por mujeres y diversidad étnica, un diácono o presbítero que tenga 35 años o menos, un miembro asociado, y podrá incluir un pastor local que haya completado el Curso de Estudios. Todas personas nombradas al comité del ministerio ordenado del distrito serán miembros con voto. La Junta Conferencial de Ministerio Ordenado proveerá orientación para nuevos miembros inclusive la educación sobre el ministerio y papel de todos los clérigos y distribución de cualesquiera pautas escritas. Al menos tres miembros profesos de las iglesias locales serán miembros de plena participación en el comité con voto, y serán postulados anualmente por el superintendente del distrito y aprobados por la conferencia anual.

2. El Comité Distrital del Ministerio Ordenado elegirá a sus oficiales en la primera sesión después de la sesión de la conferencia anual en la que sus miembros fueron electos.

3. El comité mantendrá una lista de todas las personas que han declarado su candidatura al ministerio ordenado y están haciendo sus estudios de candidatura bajo un pastor supervisor. Un duplicado de la lista se enviará al registrador de candidaturas de la conferencia anual, cuya lista ha de ponerse al día por lo menos antes de cada sesión de la conferencia anual.

4. El comité, a través de la Junta de Ministerio Ordenado, buscará formas de hacer ajustes razonables para realidades culturales y étnicas/raciales y traducciones conforme los candidatos cumplan con los requisitos de la candidatura, incluyendo entrevistas, evaluaciones psicológicas, verificación de antecedentes y comprobación de crédito.

5. El comité ofrecerá asesoría a los candidatos respecto a estudios pre-teológicos.

6. El comité supervisará todos los asuntos relativos a la candidatura al ministerio ordenado así como para la licencia de pastor local.

7. El voto del comité sobre todo asunto de candidatura será por balota individual por escrito del comité presente. Se requerirá una mayoría del voto de las tres cuartas partes del comité presentes para la certificación. El resto de los asuntos de candidatura se resolverán por voto y mayoría simple[92].

8. El comité mantendrá un registro de servicio y expediente de cada pastor local y de cada candidato al ministerio ordenado, hasta que el individuo llegue a ser un miembro asociado o provisional de la conferencia anual, en cuyo tiempo se enviará una copia de los expedientes al registrador de la Junta del Ministerio Ordenado. Los registros y expedientes del comité se mantienen a favor de la conferencia anual, y se guardarán siguiendo las indicaciones establecidas por el Concilio General de Finanzas y Administración, en consulta con la Junta General de Educación Superior y Ministerio, y la Junta General de Pensión y Beneficios de Salud.

9. El comité recomendará a la Junta del Ministerio Ordenado las personas que cumplan los requisitos para membresía asociada o provisional, para licencias o para continuar como pastores locales, y para restauración de credenciales. Todas esas personas tienen que haber sido miembros profesos de la Iglesia Metodista Unida o un participante bautizado de un ministerio universitario metodista unido reconocido u otro ministerio metodista unido por un mínimo de un (1) año.

10. El comité examinará a todas las personas que soliciten por escrito la certificación o la renovación de su certificación. Donde sea evidente que sus dones, evidencia de la gracia de Dios, y utilidad los hace merecedores, y que cumplen los requisitos establecidos en los ¶¶ 315-319, y con la recomendación de su conferencia del cargo, o de la Junta del Ministerio Ordenado de la Conferencia, el comité emitirá, o renovará su certificado.

11. El comité examinará a todas las personas que soliciten por escrito ser certificadas como ministros laicos. Cuando haya evidencia de que sus dones, evidencia de la gracia de Dios, justifiquen que está preparado según el ¶ 268, y bajo recomendación de la conferencia del cargo, el comité habrá de recomendar su certifi-

---

92. Ver Decisión 586 del Concilio Judicial.

cación o re-certificación. El comité distrital presentará anualmente a la conferencia anual a través de la Junta del Ministerio Ordenado de la conferencia anual una lista de todas las personas con la certificación de ministros laicos

12. Todas las personas que sean entrevistadas por el comité del distrito serán informadas de las decisiones y recomendaciones lo antes posible, tanto por escrito como oralmente.

13. El comité cooperará con la junta del ministerio ordenado de la conferencia, proveyendo un servicio de respaldo para todos los clérigos bajo nombramiento dentro del distrito.

¶ **667.** Cada distrito en una conferencia anual podrá organizar una junta distrital del laicado o estructura alterna.

1. El propósito de cada junta distrital del laicado será:

a) Alentar el conocimiento del papel del laicado en la congregación local por medio de los ministerios en el hogar, lugar de trabajo, la comunidad, y el mundo, para lograr la misión de la iglesia.

b) Trabajar con el líder laico distrital en (1) desarrollar y promover el creciente papel del laicado en la vida de la iglesia local, (2) incrementar la participación del laicado en las sesiones y programas del distrito y las iglesias locales, en cooperación con el superintendente de distrito y pastores, y (3) alentar a las personas laicas a participar en el ministerio general de la iglesia en el mundo. (¶ 661.)

c) Desarrollar y promover la mayordomía de tiempo, talento y posesiones dentro del distrito, en cooperación con el Concilio Distrital de Ministerios.

2. La membresía de la junta incluirá al líder laico distrital, el/los líder(es) laico(s) asociado(s), el director distrital de los Ministerios de Servicio Laico, y podrá incluir al superintendente de distrito, la presidenta distrital de las Mujeres Metodistas Unidas, presidente distrital de los Hombres Metodistas Unidos, presidente distrital de los Jóvenes Metodistas Unidos, presidente distrital de los Adultos Jóvenes Metodistas Unidos y, donde estén organizados, el presidente distrital del Concilio de Adultos Mayores, y otros cuando sea necesario. Se dará atención especial a la inclusión de mujeres, hombres, jóvenes, adultos jóvenes, y adultos mayores, personas con impedimentos, y personas de grupos étnicos y raciales.

3. El líder distrital presidirá sobre la junta. Otros oficiales serán electos cuando la junta lo estime necesario.

4. La junta se relacionará con el programa de oratoria laica y con los grupos organizados en el distrito tales como las Mujeres Metodistas Unidas, los Hombres Metodistas Unidos, Jóvenes Metodistas Unidos, Adultos Jóvenes Metodistas Unidos y apoyarán su trabajo y les ayudarán a coordinar sus actividades.

¶ **668.** *Comité distrital de servicio laico*—Se insta a los distritos a crear un comité distrital de ministerios de servicio laico relacionado con la conferencia anual a través del comité conferencial de Ministerios de Servicio Laico. Habrá un director distrital de Ministerios de Servicio Laico elegido de la manera que determine el distrito. Esta posición la ocupará un siervo laico certificado.

1. El propósito del comité distrital de Ministerios de Servicio Laico será planificar y supervisar el programa dentro del distrito.

2. El comité lo presidirá el director distrital de los Ministerios de Servicio Laico. Además del director, la membresía del comité incluirá al líder laico distrital, el superintendente de distrito, y un instructor de cursos de servicio laico. Se podrán añadir otras personas como recursos.

3. Las responsabilidades del comité distrital Ministerios de Servicio Laico serán proporcionar preparación básica a los siervos laicos de la iglesia local, y cursos avanzados para los siervos laicos certificados, como lo recomienda la Junta General de Discipulado, o lo haya aprobado el comité conferencial de Ministerios de Servicio Laico; decidir a quién se reconocerá como siervo laico; ayudar a coordinar a los siervos laicos y ministros laicos certificados con oportunidades de servicio; apoyar y afirmar a los servidores laicos en su servicio.

4. El comité distrital planificará cursos avanzados de servicio laico que harán posible que los siervos laicos certificados mantengan ese reconocimiento.

5. El comité distrital informará al pastor y a la conferencia de cargo de cada siervo laico certificado sobre los cursos satisfactoriamente terminados por el siervo laico certificado.

¶ **669.** *Comité sobre la superintendencia*—Habrá un comité sobre la superintendencia de distrito.

1. *Membresía*—Este comité estará compuesto por once miembros, inclusive el líder laico distrital, y dos personas nombradas por el superintendente de distrito. Se recomienda que los miembros restantes del comité consistan de dos mujeres laicas, dos hombres laicos, dos clérigos y dos miembros vocales, todos los cuales deberán ser seleccionados con atención especial a la repre-

sentación de personas étnicas y raciales, los jóvenes, (¶ 256.3), adultos jóvenes, adultos mayores, y personas con impedimentos. Por lo menos tres de las once personas serán clérigos y siete serán laicos. Todas las personas laicas deben ser miembros profesos de la iglesia local.

2. *Selección*—Los miembros serán seleccionados de la manera que pueda determinar la conferencia de distrito o, donde no haya conferencia de distrito, la que determine la conferencia anual. El comité distrital será autorizado para que se elijan como miembros asesores otras personas con experiencia en los campos de necesidad especial. El obispo del área, o su representante autorizado, será miembro *ex officio* de dicho comité.

3. *Reuniones*—El comité distrital sesionará por lo menos una vez al año al ser convocado por el superintendente de distrito o el presidente del comité. El comité elegirá a un presidente, un vicepresidente, y un secretario.

4. *Propósito*—El propósito del Comité sobre la Superintendencia de Distrito será respaldar al superintendente del distrito en la supervisión de los asuntos espirituales y temporales de la Iglesia, con referencia especial al distrito donde el superintendente tiene responsabilidades. Para cumplir con este propósito, el comité prestará atención a las siguientes responsabilidades:

a) Abogar porque haya servicios presupuestarios adecuados de respaldo para el superintendente de distrito, tales como ayuda secretarial adecuada, transporte, educación continuada, y necesidades de la residencia distrital (¶ 614.1*a*).

b) Estar disponible para asesorar.

c) Mantener informado al superintendente de distrito en cuanto a las condiciones que hay en el distrito y que afectan las relaciones entre el superintendente de distrito, el laicado, el clero, y las agencias del distrito.

d) Establecer un proceso que se comprenda con claridad para observar el ministerio del superintendente de distrito, con evaluación directa y opiniones acerca de él, con especial interés en la inclusividad de la Iglesia y su ministerio respecto a género, raza y origen nacional, la puesta en práctica del proceso consultivo en la confección de nombramientos.

e) Consultar con el superintendente de distrito respecto a la educación continuada, y hacer arreglos con el gabinete y el obispo para que haya el tiempo necesario y la ayuda financiera para que el superintendente de distrito asista a actividades de educación continuada que sean útiles a su crecimiento profesional y espiritual.

f) Interpretar al pueblo del distrito y a las juntas y agencias del distrito lo que es la naturaleza y función de la superintendencia de distrito.

5. *Consulta*—El comité distrital y el superintendente de distrito se empeñarán en una consulta y evaluación anual del trabajo del superintendente de distrito en su distrito, y servirán en capacidad asesora con el obispo del área.

¶ **670.** *Mujeres Metodistas Unidas—Constitución de las Mujeres Metodistas Unidas en el distrito*

Artículo 1. Nombre—En cada distrito habrá una organización distrital llamada las Mujeres Metodistas Unidas, que será auxiliar de la organización conferencial y nacional de las Mujeres Metodistas Unidas.

Artículo 2. Responsabilidades—Las responsabilidades de la organización distrital de las Mujeres Metodistas Unidas será trabajar con los miembros de las Mujeres Metodistas Unidas y las organizaciones locales de las Mujeres Metodistas Unidas que existan dentro del distrito para desarrollar programas que llenen las necesidades e intereses de las mujeres, y los intereses y responsabilidades de la Iglesia global; estimular y apoyar el crecimiento espiritual, el alcance misionero y la acción social cristiana; así como promover los planes y responsabilidades de las organización conferencial y nacional de las Mujeres Metodistas Unidas.

Artículo 3. Autoridad—Cada organización distrital de las Mujeres Metodistas Unidas tendrá autoridad para promover su trabajo de acuerdo con los planes, responsabilidades y políticas a seguir de la organización conferencial y nacional de las Mujeres Metodistas Unidas.

Artículo 4. Membresía—La organización distrital de las Mujeres Metodistas Unidas se compondrá de miembros de las Mujeres Metodistas Unidas existentes dentro del distrito. El superintendente de distrito será miembro *ex officio* de la organización distrital de las Mujeres Metodistas Unidas y de su Equipo de Liderazgo o estructura equivalente.

Artículo 5. Equipo de Liderazgo—La organización distrital elegirá como sus líderes a las personas que necesite para cumplir el Propósito de la organización, incluyendo por lo menos una presidenta, una tesorera y un Comité de Postulaciones. Comités o equipos adicionales podrán formarse para cumplir con el Propósito como aparece en esta constitución y guía de la organización conferencial y nacional de las Mujeres Metodistas Unidas.

Artículo 6. Sesiones y elecciones—Habrá una sesión anual de la organización distrital de las Mujeres Metodistas Unidas, para adoptar un programa diseñado a satisfacer las necesidades de las mujeres del distrito, en armonía con el Propósito, los planes y las responsabilidades de la organización conferencial y nacional de las Mujeres Metodistas Unidas para la elección de miembros del Equipo de Liderazgo y el Comité de Postulaciones, para realizar las transacciones necesarias, y para la recepción de las promesas financieras para el año siguiente.

Artículo 7. Relaciones—*a)* La organización distrital de las Mujeres Metodistas Unidas designará miembros para servir en las diversas juntas, concilios, comisiones y comités del distrito y/o en la conferencia anual según lo disponen la constitución y el reglamento interior de dichas agencias.

b) La presidenta distrital será un miembro con voto del Equipo de Liderazgo de la conferencia.

c) La organización distrital instará a las mujeres a participar en toda la vida y trabajo de la Iglesia, y las apoyará cuando asuman puestos de responsabilidad y liderazgo.

Artículo 8. Enmiendas—Las enmiendas propuestas a esta constitución se pueden enviar a la secretaria de actas de la organización nacional de las Mujeres Metodistas Unidas para su consideración por la junta de directores. La última fecha de entrega para consideración de cualquier enmienda será la última reunión formal de la junta de directores antes de la fecha que deba someterse la legislatura propuesta para acción por parte de la Conferencia General.

¶ **671.** *Hombres Metodistas Unidos*—*Constitución de los Hombres Metodistas Unidos en el Distrito*

Artículo 1. Nombre—En cada distrito habrá una organización distrital nombrada Hombres Metodistas Unidos, auxiliar de la organización conferencial de Hombres Metodistas Unidos y de la Comisión General de Hombres Metodistas Unidos (¶ 2301).

Artículo 2. Responsabilidades—Las responsabilidades de la organización distrital de los Hombres Metodistas Unidos serán trabajar con las unidades locales de Hombres Metodistas Unidos en desarrollar recursos para llenar las necesidades e intereses de los hombres y las responsabilidades de su discipulado; dar poder al testimonio personal y el evangelismo; alentar el alcance de la misión y ministerio personal y de grupo; alentar y apoyar el crecimiento espiritual y el desarrollo de la fe; y promover los objetivos y responsabilidades de la organización conferencial y la Comisión General de Hombres Metodistas Unidos. La organización distrital también alentará y hará promoción para que las unidades locales tengan su carta constitutiva y re-certificación, por medio de la Comisión General de Hombres Metodistas (¶¶ 2302 y 256.6).

Artículo 3. Autoridad—Cada organización distrital de Hombres Metodistas Unidos tendrá la autoridad de promover su trabajo de acuerdo con los planes, responsabilidades, y políticas de la organización conferencial y la Comisión General de Hombres Metodistas Unidos.

Artículo 4. Membresía—Se considerarán miembros de la organización distrital todos los hombres y clérigos de las iglesias locales o cargos (inscriptos legalmente o no) del distrito.

Artículo 5. Oficiales y comités—*a)* La organización distrital elegirá un presidente, al menos un vicepresidente, un secretario, y un tesorero.

b) Oficiales adicionales (inclusive las agencias de servicio cívico/ el coordinador de los reclutamientos) y comités serán electos o nombrados de acuerdo con las pautas de la Comisión General de Hombres Metodistas Unidos y los estatutos de la organización distrital de los Hombres Metodistas Unidos.

c) El superintendente de distrito será miembro de la organización distrital y su comité ejecutivo.

d) El líder laico distrital (o representante designado) será miembro de la organización distrital y de su comité ejecutivo.

Artículo 6. Reuniones y elecciones—Habrá una reunión anual de la organización distrital de los Hombres Metodistas Unidos en la cual se presentará un informe anual así como un plan de programa diseñado para llenar las necesidades de los hombres en el distrito. Los oficiales y el comité serán electos de acuerdo con los requisitos del reglamento interior de la organización.

Artículo 7. Relaciones—*a)* Oficiales o miembros designados representarán la organización distrital de Hombres Metodistas Unidos en las diferentes juntas, concilios, comisiones, y comités del distrito conforme lo dispongan la constitución y los reglamentos interiores de dichas organizaciones.

b) El presidente distrital será miembro del comité ejecutivo conferencial.

c) La organización distrital alentará a los hombres a participar en toda la vida y trabajo de la Iglesia, y los alentará para que asuman posiciones de liderazgo como parte de su discipulado.

Artículo 8. Finanzas—Los Hombres Metodistas Unidos del Distrito conseguirán fondos para cumplir con sus propósitos. Todos los fondos, de cualquier fuente que procedan, de los Hombres Metodistas Unidos del Distrito, pertenecen a la organización y serán gastados sólo de acuerdo con su constitución y reglamentos y por su orden.

a) Los Hombres Metodistas Unidos del Distrito pueden tener su propia cuenta de banco.

b) Se recomienda que se haga una auditoría anual de las finanzas.

Artículo 9. Enmiendas—Se podrán enviar enmiendas propuestas a esta constitución al secretario de la Comisión General de Hombres Metodistas Unidas antes de la última reunión anual de la división en el tercer año del cuadrienio.

Artículo 10. Informes conexionales—a) Cada distrito enviará una copia de su constitución a la Organización de Hombres Metodistas Unidos, para que la archiven.

b) Cada distrito someterá un informe anual a la organización conferencial de Hombres Metodistas Unidos antes de su reunión anual.

¶ 672. Cada distrito de una conferencia anual puede organizar un concilio distrital de ministerio de la juventud.

1. *Propósito*—El propósito del concilio distrital de ministerio de la juventud se define de la siguiente manera: ayudar a las iglesias locales en un ministerio más efectivo a la juventud, con la juventud y por la juventud de edad de enseñanza secundaria; servir como canal de comunicación de involucración en el ministerio de la juventud de las iglesias locales, el concilio de ministerio de jóvenes de la conferencia y las agencias generales de la iglesia; iniciar programas juveniles para el distrito con el fin de influenciar la programación total del distrito y la conferencia, según ésta se relaciona a los intereses y necesidades de la juventud; y asumir responsabilidad primaria en la promoción y recaudación de dinero para el Fondo de Servicio de la Juventud.

2. *Membresía*—Cada distrito puede determinar la membresía y el método de elección de su concilio distrital de ministerio de la juventud en consulta con el concilio conferencial de ministerio de la juventud. Se recomienda que la membresía incluya lo siguiente: *a)* no más de una tercera parte de la membresía será compuesta por adultos; *b)* un número igual de personas en lo que respecta a raza, etnicidad, género y estado social por la conferencia anual o

área episcopal; *c)* el coordinador de la juventud del distrito será miembro en virtud de su oficio; y *d)* representantes del concilio conferencial de ministerio de juventud.

3. *Funciones*—Las funciones del concilio distrital de ministerio juvenil pueden ser determinadas por el concilio de ministerio de la juventud de la conferencia anual o el concilio distrital de ministerio de la juventud. Las siguientes funciones pueden ser incorporadas en su trabajo:

a) Estudiar las necesidades del ministerio en las iglesias locales del distrito de los jóvenes de edad de escuela secundaria, y ayudarles a establecer y proporcionar un ministerio más efectivo a través del distrito.

b) Mantener a las iglesias locales informadas sobre la obra de la totalidad de la iglesia en el ministerio de la juventud, y motivar a cada iglesia para que tenga plena participación en él.

c) Servir como canal de comunicación de dos vías entre la juventud de la iglesia local y la conferencia anual, y ayudar a la juventud de la iglesia local a comunicarse los unos con los otros.

d) Cooperar con la programación y ministerio del concilio distrital de ministerio de la juventud en los esfuerzos que hace por brindar preparación de liderazgo a personas del distrito.

e) Ayudar en la ejecución del programa de la conferencia anual, y particularmente del concilio de ministerio de la juventud de la conferencia anual.

f) Servir como abogado de la libre expresión de la juventud en el distrito y en las iglesias locales del distrito.

g) Proporcionar preparación para el liderazgo.

h) Promover, presentar y alentar a la juventud en la conferencia anual a formar una parte activa de las Fundaciones Wesley o de los ministerios universitarios metodistas unidos cuando vayan a la universidad y sepan de las oportunidades de asistir a universidades y colegios vinculados al metodismo unido.

i) Colaborar con las Fundaciones Wesley, ministerios universitarios metodistas unidos y universidades y colegios metodistas unidos para asistir a la juventud de la conferencia anual en su transición a la vida universitaria.

j) Promover, educar y ser un recurso a las iglesias locales en cuanto al Fondo de Servicio de la Juventud.

k) Participar con el superintendente de distrito y el Coordinador Conferencial de Ministerio de la Juventud, el cual servirá como su asesor. Las responsabilidades del Concilio Distrital de

Ministerio de la Juventud incluirán la organización, programación, consulta con las iglesias locales, y el cuidado de los obreros adultos que laboran con la juventud del distrito.

Capítulo quinto

ORDEN ADMINISTRATIVO

Sección I. Disposiciones generales

¶ **701.** *Agencias y agencias generales*—1. El conexionalismo es una parte importante de nuestra identidad como metodistas unidos. Es una red vital de relaciones interactivas (¶ 132) que incluye las agencias de la Iglesia, tal como se define en ¶¶ 701.2 y 701.3, con el propósito de equipar a las iglesias locales para el ministerio y proporcionar conexiones para el ministerio a través del mundo, todo esto para la gloria de Dios. Nos proporciona maravillosas oportunidades para realizar nuestra misión en unidad y fuerza.

2. Experimentamos esta conexión de muchas maneras. Éstas incluyen nuestros sistemas de episcopado, itinerancia, propiedad y cooperación y apoyo mutuo. Nuestro sistema conexional cumple por lo menos tres tareas esenciales: abraza la misión de Dios para la iglesia como el hacer discípulos para Jesucristo; organiza a toda nuestra iglesia para capacitar las iglesias locales, la arena principal para la misión, para que fielmente puedan hacer discípulos para Jesucristo de una manera fructífera; y se asegura de que todos los componentes de la conexión desempeñen sus responsabilidades debidas en formas que hagan que toda la Iglesia Metodista Unida sea fiel a su misión. El término agencia, cuando aparece en la *Disciplina*, se usa para describir los concilios, juntas, comisiones, comités, divisiones u otras unidades constituidas dentro de los distintos niveles de la organización de la iglesia (General, jurisdiccional, central, Anual, distrital y las conferencias de cargo) bajo la autoridad que concede la *Disciplina*; este término no implica una relación de señor a sirviente o de principal a agente entre estos organismos y la conferencia o con cualquier otro organismo que los cree, excepto cuando la autoridad se concede específicamente.

3. Las agencias generales, en particular, son importantes para nuestra visión, misión y ministerio común. Proveen servicios y ministerios esenciales más allá de lo que es posible a congregaciones locales individuales y conferencias anuales, por medio de servicios y ministerios profundamente enfocados, flexibles y capaces de responder con rapidez. Las agencias generales de la Iglesia Metodista Unida son los concilios, juntas, comisiones, comités u otras unidades regularmente establecidas, con responsabilidades

continuas, y que han sido constituidas por la Conferencia General. No se incluyen las comisiones y comités establecidos por la Conferencia General para cumplir una función especial dentro del cuadrienio, los grupos ecuménicos en los que la Iglesia Metodista Unida mantiene representación o los comités que se relacionan con las sesiones cuadrienales de la Conferencia General[1]. El término agencia general o agencia, cuando aparece en la *Disciplina* en referencia a una agencia general, no presupone una relación de señor a sirviente o de principal a agente entre tal organismo y la Conferencia General o cualquier otra unidad de la denominación o la denominación en general.

¶ **702.** *Responsabilidad de las Agencias y su Responsabilidad por el Programa*—1. Todas las agencias generales de la Iglesia Metodista Unida que fueron constituidas por la Conferencia General son responsables a la Conferencia General, excepto cuando se disponga de otra manera.

2. Toda organización, grupo, comité, junta y agencia de la iglesia general adoptará un código ético y reglamento que personifique y practique nuestros valores cristianos en relación con el conflicto de intereses, confidencialidad, protección de informantes, mantenimiento de informes y la destrucción de documentos y nepotismo pertinente a los miembros y empleados.

3. Entre sesiones de la Conferencia General, las siguientes agencias generales serán responsables a la Mesa Conexional para aquellas funciones que se detallan en los párrafos 900: La Junta General de Iglesia y Sociedad, la Junta General de Discipulado, La Junta General de Ministerios Globales, la Junta General de Educación Superior y Ministerio, la Comisión General de Religión y Raza, la Comisión General del Estado y Rol de la Mujer, la Comisión General de Archivos e Historia, la Comisión General de Hombres Metodistas Unidos y la Comisión General de Comunicaciones, en asuntos correspondientes a sus responsabilidades de programas.

4. La Mesa Conexional habrá de revisar y evaluar la efectividad de las agencias de programas generales y estructuras conexionales de la iglesia al buscar colectivamente ayudar a la conferencia anual y las iglesias locales a cumplir con la misión de la Iglesia Metodista Unida de hacer discípulos para Cristo y transformar el mundo.

---

1. Ver Decisión 139 del Concilio Judicial.

5. Preguntas e interés acerca de los programas, proyectos o decisiones de una agencia particular deben dirigirse a dicha agencia, con copias a la Mesa Conexional. Las agencias deben acusar recibo de las solicitudes de información dentro de diez días y proveer la información solicitada dentro de treinta días o tan pronto como esté disponible.

6. Si algún distrito, conferencia anual o agencia general inicia, se une, supervisa o termina un boicot, se deben seguir las direcciones del *Libro de Resoluciones* del 2004. La Conferencia General es el único cuerpo que puede iniciar, respaldar o unirse a un boicot en el nombre de la Iglesia Metodista Unida.

7. Se asume que en todos los asuntos de responsabilidad de la supervisión episcopal se cumpla con lo que se provee en el ¶ 422.

¶ **703.** *Definiciones, estructuras y títulos*—1. *Concilio general*— Una organización creada por la Conferencia General para ejercer responsabilidades definidas de examinar y supervisar a otras agencias a nombre de la Conferencia General y para ejercer otras funciones, según les sean asignadas. Los concilios generales son responsables ante la Conferencia General, y le rinden informe a ella. El Concilio General de Finanzas y Administración es un concilio.

(Nota: El Concilio de Obispos y el Concilio Judicial están autorizados por la Constitución, y no han sido creados por la Conferencia General.)

2. *Junta general*—Un organismo continuo de la iglesia, creado por la Conferencia General para realizar funciones asignadas de programa, administración o de servicio se llamará junta general.

3. *Comisión general*—Una organización creada por la Conferencia General para el cumplimiento de una función específica por un período de tiempo indefinido.

4. *Comité de estudio*—Una organización creada por la Conferencia General por un período de tiempo limitado con el propósito de hacer un estudio ordenado por la Conferencia General. La Mesa Conexional suministrará la coordinación entre los comités de estudio y con ellos, excepto cuando la Conferencia General lo designe de otro modo.

5. *Agencias generales de programa*—Las juntas y comisiones generales que tienen funciones programáticas o de abogacía se llamarán agencias generales de programa. Estas agencias están subordinadas a la Conferencia General y, entre sesiones de la Conferencia General, son responsables ante la Mesa Conexional para

aquellas funciones que se especifican en los párrafos 900: Junta General de Iglesia y Sociedad, la Junta General de Discipulado, la Junta General de Ministerios Globales, la Junta General de Educación Superior y Ministerio, la Comisión General de Unidad Cristiana e Intereses Interreligiosos, la Comisión General de Religión y Raza, la Comisión General del Estado y Rol de la Mujer. En todos los asuntos de responsabilidad, se da por sentada la supervisión episcopal tal y como se establece en el ¶ 422.

6. *Agencias generales administrativas*—Las juntas y comisiones generales que tienen como responsabilidad principal funciones administrativas y de servicio se llamará agencias generales administrativas. Estas agencias son la Junta General de Pensiones y Beneficios de Salud, la Casa Metodista Unida de Publicaciones, la Comisión General de Archivos e Historia, y la Comisión General de Comunicaciones; estas dos últimas agencias también tienen responsabilidades programáticas, y en esa capacidad serán responsables ante la Mesa Conexional.

7. Cada agencia general, a no ser que se disponga lo contrario, adoptará los siguientes títulos para el personal ejecutivo:

a) Secretario general—es el principal oficial de personal de una agencia general. Cada agencia puede tener solamente un secretario general, que será el principal ejecutivo administrativo.

b) Secretario general diputado—es el principal oficial de personal asignado a supervisar unidades programáticas y administrativas o con responsabilidades programáticas o administrativas mayores con una agencia general.

c) Secretario general asociado—es el oficial asociado de personal de una agencia general o el funcionario principal de una división o departamento de una agencia general.

d) Secretario general asistente—es el oficial de personal asistente de una agencia general o el ejecutivo principal de una sección u oficina de una agencia general.

e) Tesorero—Es el ejecutivo financiero de una agencia general que tiene la encomienda de recibir, cuidar y desembolsar los fondos de la agencia. En algunas agencias generales puede haber tesoreros asociados o asistentes. Hay agencias generales en las cuales "tesorero" no es un título que designa a un empleado de la agencia, sino que es un miembro votante de la agencia electo por la membresía.

8. *Tema*—Un tema es un enfoque teológico, un énfasis misional, una declaración profética, o un catalizador programático para

ministerio. Un tema realza los programas o ministerios básicos de la iglesia, y sirve como punto de convergencia y apoyo mutuo para los involucrados en estos programas.

9. *Prioridad misional*—Una prioridad misional es respuesta a una necesidad crítica en el mundo de Dios que llama a la Iglesia Metodista Unida a un esfuerzo masivo y sostenido que requiere atención principal y ordenación o reordenación de programas y presupuestos a todos los niveles de la Iglesia, según sea adoptada por la Conferencia General o de acuerdo con el ¶ 906.1. Se probará tal necesidad a través de investigación y datos que la demuestren, y requerirá una respuesta que vaya más allá de la capacidad de una agencia general individual o de una conferencia anual. No obstante, la prioridad continuada de la Iglesia Metodista Unida, tanto en programa como en presupuesto, es proclamar las buenas nuevas de que la salvación viene a través de Jesucristo.

10. *Programa especial*—Un programa especial es un énfasis cuadrienal iniciado por una agencia general de programa de acuerdo con el ¶ 905, aprobado por la Conferencia General y asignado a una agencia general de programa. El programa será diseñado en respuesta a una oportunidad precisa o a una necesidad en el mundo de Dios, de la cual ha dado evidencia la investigación o datos que la demuestran, y en que se propondrán metas a cumplirse durante el cuadrienio.

11. *Programa*—Un programa es una actividad, continuada o especial, diseñada y ejecutada para cumplir una responsabilidad disciplinaria básica de una agencia general responsable ante la Mesa Conexional.

12. *Asociación o fraternidad*—Una organización que la Conferencia General no ha instituido, ni con la que mantiene relaciones oficiales, y cuya función es ofrecer relaciones profesionales a grupos dentro de la denominación de manera que haya intercambio de información y técnicas profesionales.

¶ **704.** *Responsabilidad financiera de las agencias generales*—Todas las agencias generales de la iglesia, (¶ 810.2) darán cuenta de los fondos recibidos y gastados en un formulario preparado por el Concilio General de Finanzas y Administración. Se incluirá un informe cuadrienal de dicha contabilidad en el informe del Concilio General de Finanzas y Administración a la Conferencia General. El informe incluirá, en forma plenamente descriptiva, la cantidad de remuneración, en efectivo, y en valor real de todos los beneficios en especie proporcionados a todos los empleados ejecutivos,

clérigos, tanto clericales como laicos, de todas las agencias generales, en las que los ejecutivos incluirán por lo menos a aquellas personas descritas en el ¶ 703.7. No se recibirá ninguna información
en el informe que se considere confidencial, y en conformidad con
el espíritu del ¶ 702.4, se proporcionará en el mismo toda la información que se solicite.

Las agencias respectivas pondrán los informes anuales a la
disposición de las conferencias anuales y de las Juntas o Concilios
Administrativos de las iglesias locales que los soliciten. Los informes anuales preparados por las agencias incluirán una lista de las
organizaciones, los individuos, las asociaciones, las fraternidades,
las coaliciones, los consultantes, los programas y las entidades
que no son formalmente parte de la iglesia, y las cantidades anuales gastadas en contribuciones monetarias y en servicios. La lista
incluirá el espacio de oficina, el uso de imprentas, la ayuda dada
por el personal de la agencia, las compras, los gastos de viajes y
cualquier otra forma de ayuda financiera dada a tales entidades,
pero sin limitarse sólo a éstos.

¶ **705.** *Membresía en agencias generales y mesa conexional*—El
pueblo de Dios es llamado al discipulado fiel en el nombre de
Jesucristo. "Y él mismo constituyó a unos, apóstoles; a otros, profetas; a otros, evangelistas; a otros, pastores y maestros, a fin de
perfeccionar a los santos para la obra del ministerio, para la edificación del cuerpo de Cristo" (Efesios 4:11-12). En respuesta al llamamiento de Dios, algunos son llamados de congregaciones locales a cumplir la misión común de la Iglesia Metodista Unida como
expresión de la iglesia hecha visible al mundo. Este llamamiento
incluye la invitación a algunos a estar en ministerio con otros que
en conjunto buscan cumplir la visión para la iglesia como miembros de organismos generales de la Iglesia. Estas personas vienen
a este ministerio como siervos de la Iglesia en general.

Las siguientes disposiciones gobernarán la postulación y elección de la membresía votante de aquellos organismos generales
de la Iglesia para las cuales las conferencias jurisdiccionales y las
conferencias centrales eligen y postulan miembros[2]. Todos los
miembros laicos con derecho a voto de las agencias generales y de
la mesa conexional, serán miembros profesos de la Iglesia Metodista Unida y activos en iglesias locales a menos que estén especificados de otra manera en la *Disciplina*. Toda disposición pertinen-

---

2.   Ver Decisiones 467, 1090, 1095 del Concilio Judicial.

te a la postulación y elección de miembros de agencias generales y Mesa Conexional entrará en vigor inmediatamente después de la conclusión de la Conferencia General que las adopte. La secretaría de la Conferencia General coordinará los procedimientos pertinentes a las postulaciones y elecciones de los miembros de las agencias generales y Mesa Conexional.

1. *Postulaciones por conferencias*—*a)* Cada conferencia anual y cada Conferencia Misionera en los Estados Unidos, al recibir la recomendación de un comité compuesto por el obispo y los delegados a las Conferencias General y Jurisdiccional, y habiendo dado la oportunidad a los miembros de la conferencia de hacer postulaciones, elegirá personas para que formen parte del grupo jurisdiccional de personas postuladas. El Comité Jurisdiccional de Postulaciones seleccionará a las personas que serán electas a los siguientes organismos generales de la Iglesias: Mesa Conexional; Junta General de Iglesia y Sociedad; Junta General de Discipulado; Junta General de Ministerios Globales; Junta General de Educación Superior y Ministerio; Junta General de Pensiones y Beneficios de Salud; Casa Metodista Unida de Publicaciones; Oficina de Unidad Cristiana y Relaciones Interreligiosos; Comisión General de Comunicaciones; Comisión General de Religión y Raza; y la Comisión General del Estado y rol de la Mujer. Las Conferencias Jurisdiccionales pueden decidir que las personas electas por las conferencias anuales y misioneras de los Estados Unidos para formar parte del grupo jurisdiccional de personas postuladas no sirvan como miembros del Comité Jurisdiccional de Postulaciones.

b) Cada conferencia anual Misionera en los Estados Unidos postulará, para formar parte del grupo jurisdiccional de personas postuladas, a las personas recientemente electas como delegadas a la Conferencia General. Además, podrá postular por lo menos quince y no más de cuarenta y cinco personas al grupo jurisdiccional de personas postuladas, incluso, donde sea posible, por lo menos dos personas étnico-raciales de cada grupo étnico, asiáticoamericanos, afroamericanos, hispanoamericanos, nativoamericanos, isleños del pacífico; y en lo que sea posible, por lo menos una y no más de cinco personas en cada una de las siguientes siete categorías: (1) clérigos (por lo menos una mujer), (2) mujeres laicas, (3) hombres laicos, (4) jóvenes (¶ 710.3), (5) adultos jóvenes (¶ 710.3), (6) adultos mayores y (7) personas con impedimentos. Los miembros electos de las delegaciones General y jurisdiccional, y otros postulados por su conferencia anual, habrán de enumerar todas las categorías a las que califican: i.e., nacionalidad, edad, género, origen étnico, etc., y tendrán los requisitos necesarios para ser postulados por el comité de postulación jurisdiccional a una agencia general en cualquiera de las categorías para las que el delegado esté calificado.

c) Cada conferencia central, o un organismo autorizado por ella, postulará por lo menos una persona de cada una de las siguientes tres categorías para servir en la membresía de cada junta general de programa: (1) clérigos, (2) hombres laicos y (3) mujeres laicas, para formar un grupo del cual cada agencia pueda elegir los miembros adicionales que provienen de las conferencias centrales de acuerdo al ¶ 705.4*c*. Estas listas serán enviadas a la Mesa Conexional para el uso de las agencias generales al elegir miembros adicionales.

d) Todas las personas nominadas indicarán una a tres preferencias para las membresía. Además, todos los nominados prepararán una reseña biográfica de no más de cien palabras en la que enumeren sus experiencias, dones y adiestramiento y otras cualidades para servir en agencias generales. Las reseñas biográficas de todas las personas en las conferencias centrales y jurisdiccionales estarán a disposición de los miembros de los comités de postulaciones cuando hagan sus postulaciones. Los nombres y datos biográficos de todas las personas postuladas por las conferencias anuales y las conferencias misioneras de los Estados Unidos y de las conferencias centrales y que no hayan sido electas, serán enviados por el secretario de la conferencia jurisdiccional o central a la Mesa Conexional formar parte del grupo del cual los organismos generales de la iglesia podrán elegir los miembros adicionales (§§ 4*e*, 5*b*)[3].

2. *Nominaciones adicionales*—Además de las disposiciones anteriores (¶ 705.1), la División de Ministerios con Jóvenes de la Junta General de Discipulado, postulará diez jóvenes y diez adultos jóvenes (¶ 710.3) a cada grupo jurisdiccional de posibles elegidos, con inclusividad de raza, etnia, género, tamaño de la iglesia y personas con incapacidades.

3. Los miembros de las agencias generales y de la Mesa Conexional serán electos usando las siguientes provisiones:

a) Cada jurisdicción elegirá los miembros de las agencias generales y la Mesa Conexional como se estipula en ¶¶ 705.4,

---

3.   Ver Decisiones 520, 538 del Concilio Judicial.

705.5 y 906.1. Las personas dentro de cualquier jurisdicción electas por la organización nacional de Mujeres Metodistas Unidas para servir como miembros de la Junta General de Ministerios Globales (¶ 1906) serán contadas dentro del número total de miembros permitidos, no como adición a este número, a cada jurisdicción con el propósito de determinar la distribución proporcional, sin embargo los miembros de las Mujeres Metodistas Unidas serán en adición a la membresía prescrita en ¶ 1311.1. El secretario de la Conferencia General ofrecerá a cada jurisdicción una asignación justa y equitativa de miembros a la conferencia anual y misionera dentro de cada jurisdicción; sin embarga, cada jurisdicción determinará por sí misma cómo asignará los miembros entre la conferencia anual y misionera de la jurisdicción.

b) Cada agencia general podrá elegir por lo menos un miembro con voz y voto de entre las iglesias miembros de la Comisión Pan-Metodista. Además, cada agencia general está autorizada a elegir por lo menos un miembro con voz pero sin voto de entre los Compañeros Ecuménicos de Plena Comunión. Estos miembros serán además de los especificados de otra manera en el ¶ 705.3*a* arriba citado. El Concilio de Obispos asistirá a las agencias generales si deciden elegir tales representantes.

c) Se recomienda que, mientras sea posible, por lo menos el 10 por ciento de la membresía votante de cada agencia general, incluya jóvenes y adultos jóvenes (¶ 256.3), y que el número de jóvenes sea igual al número de adultos jóvenes. Los miembros jóvenes y jóvenes adultos de las agencias generales servirán con voto excepto cuando las leyes locales prohíban que voten en los asuntos corporativos que se estén considerando (¶ 2506.1) en cuyo caso y con ese propósito los jóvenes y adultos jóvenes servirán como representantes no directivos con voz, pero sin voto, hasta que alcancen la edad legal para servir como miembros votantes con este propósito, en cuyo caso se les considerará miembros votantes en todos estos casos. La membresía de los jóvenes y adultos jóvenes de toda junta general, agencia y Mesa Conexional será inclusiva (en conformidad con los ¶¶ 705.3*d* y 2506.1).

d) Se recomienda que se busque la inclusividad en la membresía de cada agencia general basada en sexo, personas étnico-raciales, edad, personas con impedimentos y de tamaño de la iglesia. Para asegurarse de la representación adecuada de personas étnico-raciales (asiáticoamericanas, afroamericanas, hispanoamericanas, nativoamericanas e isleñas del pacífico), se recomienda que la membresía jurisdiccional de cada agencia sea por lo menos 30 por ciento de personas étnico-raciales e incorporen una tercera parte de clérigos, una tercera parte de hombres laicos y una tercera parte de mujeres laicas (excepto como lo disponen los ¶¶ 1105, 1311). No se contarán los miembros episcopales en la computación de la membresía clerical.

e) La membresía de la Comisión General de Hombres Metodistas Unidos se elegirá de acuerdo con los ¶¶ 537, 2303.3. Otros párrafos de la *Disciplina* no obstante, miembros de la Comisión que tengan membresía en virtud de su cargo pueden servir un máximo de tres períodos consecutivos.

4. *Membresía en juntas generales de programa—a)* Cada junta general de programa tendrá el número de miembros especificado en los ¶¶ 1006, 1105, 1311 y 1407.

b) Membresía jurisdiccional—Cada jurisdicción elegirá el número de personas citadas en la legislación específica para la membresía de cada una de las cuatro juntas de programa. En el proceso de nominaciones jurisdiccionales para la membresía en dichas juntas, se dará atención especial a la inclusión de mujeres clérigas, jóvenes (¶ 256.3), adultos jóvenes, adultos mayores, personas con impedimentos y personas de iglesias con membresía pequeña. Para poder asegurar una representación adecuada de personas étnicas y raciales (asiático-americanos, afroamericanos, hispanoamericanos, nativo-americanos, isleños del pacífico), se recomienda que al menos treinta por ciento de la membresía jurisdiccional de cada junta de programa incorpore una tercera parte de clérigos, una tercera parte laicos y una tercera parte mujeres laicas (excepto como se dispone en los ¶¶ 1105.1, 1311.2; ver también ¶¶ 1311.6, 1407.) Los miembros episcopales no serán contados en la computación de la membresía de clérigos[4].

c) Membresía de las conferencias centrales—La membresía total de la conferencia central, incluyendo a los obispos de la conferencia central, en los organismos generales de la Iglesia será distribuida como sigue: cuatro miembros de la Comisión General Religión y Raza; tres en cada una (uno de cada región: Filipinas, Europa, África), en el Concilio General de Finanzas y Administración, la Comisión General de Archivos e Historia, la Comisión General de Comunicación, la Comisión General del Estado y Rol de la Mujer, la Comisión General de Hombres Metodistas Unidos,

---

4. Ver Decisiones 446, 451, 467 del Concilio Judicial.

la Casa Metodista Unida de Publicaciones; tres en cada una en la Comisión General de Finanzas y Administración; siete (una de cada conferencia central) en cada una, en la Mesa Conexional y en la Junta General de Iglesia y Sociedad; y tres en la Junta General de Educación Superior y Ministerio; cuatro (por lo menos uno por cada región de las Filipinas, Europa y África) en la Junta General de Discipulado y la Comisión General sobre el Status y Rol de la Mujer; y once en la Junta General de Ministerios Globales, de los cuales solamente uno será un obispo. Se recomienda que la membresía agregada de la conferencia central en las juntas de programas se componga de una tercera parte de clérigos (la mitad serán mujeres), una tercera de laicos y una tercera de laicas. El Concilio de Obispos elegirá la membresía de la conferencia central, excluyendo a los miembros de esa conferencia central (excepto obispos) a la junta de directores de Ministerios Globales que serán nominados y elegidos por las conferencias centrales como lo determinan los ¶¶ 1311.1 y 1311.

d) Membresía episcopal—La membresía episcopal de las juntas generales de programa será postulada por el Concilio de Obispos y electa por la Conferencia General (ver excepción, ¶ 1311.6). Al menos uno de los miembros episcopales en cada agencia general, con la excepción de la Junta General de Pensiones y Beneficios de Salud, será obispo de una conferencia central y,en el caso de la Junta General de Ministerios Globales, dos obispos de la conferencia central (de dos de las tres regiones: África, Europa, Filipinas). (¶ 1311.6).

e) Membresía adicional— Cada junta general de programa elegirá miembros adicionales para así traer a la junta personas con conocimientos especiales o que provengan de un trasfondo que ayude en la obra de la agencia, para considerar diferentes perspectivas teológicas, y para perfeccionar la representación de personas de minorías raciales y étnicas, jóvenes (¶ 710.3), adultos jóvenes (¶ 710.3), adultos mayores, hombres y mujeres, personas con impedimentos y personas de iglesias de membresía pequeña. Después de la elección de los miembros de la conferencia central como lo dispone el ¶ 705.4*c*, y con la excepción de la Comisión General sobre el Estado y Rol de la Mujer (¶2104.1*b*), el resto de los miembros adicionales será distribuido por el secretario de la Conferencia General para asegurar hasta donde sea posible que la membresía de cada junta refleja la membresía proporcional de la jurisdicción basada en el número combinado de clérigos y laicos, exceptuando a los miembros episcopales. En la determinación de distribuciones proporcionales, las fracciones menores se redondearán utilizando el número entero inferior a esta fracción y las fracciones mayores igualmente pero utilizando el número entero que sigue a la fracción, y no habrá un número mínimo de miembros adicionales en ninguna jurisdicción. En lo que sea posible, el comité postulador habrá de seleccionar de la lista de postulaciones de la jurisdicción para elegir personas que llenen los puestos adicionales de sus jurisdicciones asegurando diversidad tal como se estipula en la *Disciplina* (¶ 705.4*b*). Cada junta general de programa elegirá miembros adicionales como especifican los párrafos referentes a la membresía de las juntas generales de programa. En lo que sea posible, no se elegirá más de una persona de cada área episcopal. Se recomienda que dicha membresía adicional mantenga el balance de una tercera parte hombres laicos, una tercera parte mujeres laicas y una tercera parte clérigos[5].

f) Representantes de enlace—La Iglesia Metodista Autónoma Afiliada de Puerto Rico tendrá un representante de enlace, por su propia cuenta, ante cada una de las agencias generales de la Iglesia Metodista Unida.

g) Estado de los representantes de enlace—Por el carácter especial de la relación de la Iglesia Metodista de Puerto Rico y las agencias generales de la Iglesia Metodista Unida como se establece en el Concordato entre las dos iglesias, los representantes de enlace de la Iglesia Metodista de Puerto Rico a las agencias generales de la Iglesia Metodista Unida servirán con voz y voto y se le otorgará el mismo estatus en esas agencia como si fueran miembros, excepto como se estipula en ¶ 705.4*f*).

5. *Otras agencias generales—a)* Cada Conferencia Jurisdiccional elegirá miembros del grupo jurisdiccional de personas postuladas por las conferencias anuales y misioneras en los Estados Unidos (¶ 705.1) y de acuerdo con las disposiciones específicas de membresía, según las disposiciones de la *Disciplina*: Junta General de Pensiones y Beneficios de Salud (¶ 1502.1*a*), la Casa Metodista Unida de Publicaciones (¶ 1602), Oficina de Unidad Cristiana y Relaciones Interreligiosas (¶ 437), Comisión General de Comunicaciones (¶ 1807), Comisión General del Estado y Rol de la Mujer (¶ 2104) y la Comisión General de Religión y Raza (¶ 2003). Con la excepción de la Junta General de Pensiones y Beneficios de Salud

---

5. Ver Decisiones 446, 520, 601 del Concilio Judicial.

(¶ 1502.1) y la Casa Metodista Unida de Publicaciones (¶ 1602.1), el número de miembros adicionales que serán elegidos serán asignados por el secretario de la Conferencia General para asegurar en lo que sea posible que la membresía en cada agencia refleje la membresía proporcional de la jurisdicción basado en la membresía combinada de clérigos y laicos, exceptuando a los miembros episcopales. En la determinación de distribuciones proporcionales, las fracciones menores se redondearán utilizando el número entero inferior a esta fracción y las fracciones mayores igualmente pero utilizando el número entero que sigue a la fracción, y no habrá un número mínimo de miembros adicionales en ninguna jurisdicción. Hasta donde sea posible el comité postulador seleccionará de la lista de postulaciones jurisdiccional para la elección de personas que llenen los puestos adicionales de sus jurisdicciones asegurando diversidad tal como se pide en la *Disciplina* (¶ 705.4*b*).

b) Los miembros episcopales y adicionales, si los hay, de las agencias generales listados en el ¶ 705.5*a* serán postulados y electos de acuerdo con los procedimientos que se especifican en los párrafos que se enumeran en los ¶¶ 705.1*b*, 705.1*d* y 705.4*e*. Las agencias considerarán los nombres que les envía la Mesa Conexional como personas postuladas por las conferencias anuales y misioneras de los Estados Unidos o en las conferencias centrales, pero no electas por estas conferencias para servir en agencias generales. Se podrán considerar nombres adicionales de manera que se pueda perfeccionar la representación según se establece en el ¶ 705.4*e*.

¶ **706.** *Nominación de miembros de la junta adicionales*—1. Dando debida consideración a la inclusividad (¶¶ 124, 140), cada jurisdicción nombrará a un clérigo, a una mujer laica y a un hombre laico que haya electo para servir en una agencia general de programa para nombrar a los miembros adicionales de esa agencia de programa (¶ 705.4). Los miembros así designados por las cinco jurisdicciones en cada agencia general de programa, constituirán un comité para postular miembros adicionales para tal agencia y será citado tal como dice en ¶ 706.2. El número de miembros adicionales será asignado por el secretario de la Conferencia General para asegurar hasta donde sea posible que la membresía en la agencia de programa refleje la membresía proporcionada de la jurisdicción basada en la membresía combinada de clérigos y laicos, exceptuando a los miembros episcopales. En la determinación de distribuciones proporcionales, las fracciones menores se redondearán utilizando el número entero inferior a esta fracción y las fracciones mayores igualmente pero utilizando el número entero que sigue a la fracción, y no habrá un número mínimo de miembros adicionales en ninguna jurisdicción. Hasta donde sea posible, el comité postulador seleccionará de la lista de postulaciones de la jurisdicción para la elección de personas que llenen los puestos de miembros adicionales de sus jurisdicciones asegurando diversidad tal como dice la *Disciplina* (¶ 705.4*b*). En lugar del proceso que se describe en este párrafo, la Comisión General del Estado y Rol de la Mujer seguirá los procedimientos estipulados en el ¶ 2104.1*b)* para la selección adicional de miembros.

2. Un obispo nombrado por el presidente del Concilio de Obispos convocará el comité tan pronto como sea posible después de las elecciones jurisdiccionales. El comité considerará, hasta donde sea posible, usar las personas postuladas por las conferencias anuales y misioneras en los Estados Unidos, y cuyos nombres le han sido enviados por las jurisdicciones, así como nombres enviados por "caucuses" y otros grupos apropiados. Los secretarios de las conferencias jurisdiccionales pondrán las reseñas biográficas sometidas por las conferencias anuales a la disposición del comité, para ayudarlo (¶ 705.1*d*). Además, las agencias generales someterán al comité los nombres y los datos biográficos de las personas que puedan ser reelectas y que están dispuestas a servir.

3. El comité completará su trabajo antes de la reunión de organización (¶ 707) de cualquiera de las agencias listadas en el ¶ 703.5, e informará por correo a los miembros previamente electos de cada agencia los nombres de las personas postuladas como miembros adicionales de esa agencia. Toda la membresía será electa y aprobada antes de que la agencia proceda a elegir los oficiales o a tratar cualquier otro asunto.

¶ **707.** *Reuniones*—1. En años en que la Conferencia General tiene su sesión regular, todas las agencias generales de programa se reunirán, se organizarán y tratarán los asuntos que se presenten, no más de noventa días después del cierre de las conferencias jurisdiccionales. Un obispo, nombrado por el presidente del Concilio de Obispos, convocará las reuniones de organización de cada agencia general de programa.

2. Todos los concilios, juntas, comisiones y comités establecidos por una conferencia general, jurisdiccional, central, anual, o cualquier otra conferencia se reunirán y se organizarán tan pronto como sea posible después de la selección de sus miembros.

3. A no ser que se especifique lo contrario en la *Disciplina* o por la conferencia establecedora, cada concilio, junta, comisión y comité continuará su responsabilidad hasta que se organice el concilio, junta, comisión y comité que ha de sucederlo.

¶ **708.** *Organización*—1. Cada junta de programa elegirá un presidente y uno o más vicepresidentes de entre la membresía votante de la junta, y un secretario, un tesorero y demás oficiales que considere apropiados, dando consideración a la inclusividad (¶¶ 124, 140); con tal que todos los oficiales sean miembros de la Iglesia Metodista Unida.

2. Cada junta de programa elegirá presidentes para sus divisiones, departamentos u otras subunidades de entre la membresía votante de la junta. Las divisiones, los departamentos, u otras subunidades, elegirán un vicepresidente, un secretario y los otros oficiales que consideren apropiado.

3. Los oficiales de las juntas, divisiones, departamentos, u otras subunidades quienes no sirven en la junta de directores como miembros con voto serán elegidos por un cuadrienio o hasta que sus sucesores sean electos.

4. Ninguna persona puede servir como presidente de más de una agencia general o división, departamento o estructura semejante a estas.

5. Los miembros del personal de las juntas de programa no tendrán derecho a servir como oficiales de los comités legislativos correspondientes de la Conferencia General.

¶ **709.** *Divisiones y subunidades*—La membresía de cada junta de programa se distribuirá entre las divisiones u otras subunidades de la junta según ésta lo determine.

¶ **710.** *Disposiciones concernientes a la membresía*—1. Los miembros de las agencias generales serán miembros profesos de la Iglesia Metodista Unida, excepto según se dispone en el ¶ 705.3*b*.

2. Los miembros de todas las agencias generales serán personas de carácter genuinamente cristiano, que aman la iglesia, que sean moralmente disciplinados, que sean leales a los cánones éticos de la Iglesia Metodista Unida, según se establecen en los Principios Sociales, y que tengan la aptitud necesaria para servir como miembros de las agencias generales.

3. Todos los representantes de la juventud (¶ 256.3) elegidos a las agencias generales deben tener al tiempo de la reunión de organización de la junta entre doce y dieciséis años de edad. Los jóvenes y los jóvenes adultos miembros servirán con las limita-

ciones de voto estipuladas en ¶ 705.3.*c* como se condiciona en ¶ 2506.1. Todos los representantes adultos mayores (¶ 705.1.*b*(6)) deberán tener, cuando se producen las reuniones de la junta de organización, por lo menos sesenta y cinco años de edad.

4. Un miembro votante de una agencia general puede ser electo para membresía en esa agencia no más de dos períodos consecutivos de cuatro años cada uno. El período de cuatro años comenzará con la primera reunión de organización de esa agencia inmediatamente después de la Conferencia General. Llenar una posición vacante o un período incompleto por un año o más se considerará como un período completo de cuatro años. Para que haya continuidad en la membresía de estas agencias, se recomienda que en las postulaciones y elecciones se dé atención especial a la membresía continuada y efectiva en ellas. Si una agencia general se une a otra agencia, los años que los miembros sirvan antes de la unión se contarán como parte del máximo especificado anteriormente[6].

Una persona que ha sido miembro votante de agencias generales por cuatro cuadrienios consecutivos no puede ser electa a una agencia general en el cuadrienio subsiguiente. Lo mencionado anteriormente no se aplica a los miembros episcopales.

5. Nadie servirá al mismo tiempo en más de una, o parte de otra agencia general, excepto en casos en que la *Disciplina* específicamente autoriza tal representación entre las agencias; con tal que esta limitación prive a una jurisdicción de representación episcopal plena en una agencia, podrá suspenderse esta disposición según sea necesario, para permitir tal representación (¶ 906.1*a*).

6. Un miembro votante de una agencia general, en virtud de tal membresía, será miembro *ex officio* votante de la agencia correspondiente o su estructura equivalente, si la hubiere, de la conferencia anual, de acuerdo con las disposiciones del ¶ 610.6; a menos que dicha membresía esté en conflicto con el ¶ 612.2*c*(2). Los miembros electos de la Junta General de Educación Superior y Ministerio podrán servir como miembros *ex officio* en ambas juntas correspondientes de su conferencia anual: la Junta de Ministerio Ordenado y la junta de educación superior. Serán miembros con derecho a voto solamente en la junta de educación superior de la conferencia a no ser que sean nominados por el obispo residen-

---

6.   Ver Decisión 495 del Concilio Judicial.

te para ser miembros con derecho a voto de la Junta del Ministerio Ordenado de la conferencia de acuerdo con ¶ 635.1*a*.

7. Ninguna persona que recibe compensación o comisión por servicios de cualquier clase que haya prestado a una agencia, tiene derecho a servir como miembros votantes de esa agencia[7].

8. Ningún miembro, oficial, u otro empleado, votará, o tomará parte en deliberaciones en asuntos que directa o indirectamente afecten sus negocios, sus ingresos o su empleo, o el negocio, los ingresos o el empleo de un miembro de su familia cercana.

9. *a)* Si un miembro clerical de una agencia General o jurisdiccional, que ha sido electo para representar a cierta conferencia anual, deja de ser miembro de tal conferencia anual, o si un miembro laico, electo de igual manera, cambia su residencia permanente, y se muda fuera de los límites de esa conferencia anual, el lugar de ese miembro se declarará vacante automáticamente.

b) Si un miembro clerical de una agencia general, escogido para representar a cierta jurisdicción, deja de ser miembro de una conferencia anual en tal jurisdicción, o si un miembro laico, electo de igual manera, cambia su residencia permanente, y se muda fuera de los límites de esa jurisdicción, el lugar de ese miembro se declarará vacante automáticamente.

c) Si un miembro clerical de una agencia jurisdiccional deja de ser miembro de una conferencia anual en tal jurisdicción, o si un miembro laico, electo de igual manera, cambia su residencia permanente, y se muda fuera de los límites de la jurisdicción, el lugar de ese miembro se declarará vacante automáticamente.

10. Si un miembro de una agencia general se ausenta de dos reuniones consecutivas de la agencia sin una excusa aceptable a la agencia, su membresía en tal agencia cesará. En tal caso, se le notificará a la persona, y su lugar se llenará de acuerdo a las disposiciones apropiadas de la *Disciplina*.

¶ **711.** *Despido de miembros y empleados*—Los concilios, juntas, comités o comisiones electos, autorizados o establecidos por la Conferencia General tendrán completo poder y autoridad para despedir, a su discreción, a cualquier miembro, oficial o empleado que:

1. Se incapacite de tal manera que le sea imposible desempeñar sus deberes oficiales.

2. Sea culpable de conducta inmoral o haya violado la confianza de sus colegas.

---

7.   Ver Decisión 139 del Concilio Judicial.

3. Por cualquier razón le sea imposible desempeñar sus deberes oficiales o deja de desempeñar los deberes de su cargo, o por cualquier otra conducta inapropiada que cualquier concilio, junta, comité o comisión considere causa suficiente de despido.

En el caso que cualquier miembro, oficial o empleado de tal concilio, junta, comité o comisión que ha sido electo, autorizado o establecido por la Conferencia General, sea declarado culpable de cualquier delito que tenga que ver con torpeza moral por cualquier corte federal, estatal o de condado, o confiese que ha cometido el delito del que se le acusa, el concilio, junta, comité, o comisión del cual o de la cual la persona es miembro, oficial o empleado, tiene la autoridad de remover a tal miembro, oficial o empleado que ha sido hallado culpable; y la vacante creada se llenará de acuerdo con lo dispuesto en la *Disciplina*.

¶ **712.** *Vacantes*—A no ser que se especifique de otra manera, las vacantes en las agencias generales que ocurran durante el cuadrienio se llenarán de la siguiente manera: una vacante episcopal la llenará el Concilio de Obispos; una vacante en la membresía de la conferencia jurisdiccional o central la llenará el correspondiente Colegio de Obispos (los sustitutos deben de ser miembros de la misma conferencia anual que las personas que reemplazan), y la agencia mandará el aviso de la vacante al secretario del Concilio de Obispos; una vacante en la membresía adicional la llenará la agencia misma. Cuando se llene una vacante, el secretario de la agencia inmediatamente notificará al secretario de la conferencia anual del nuevo miembro.

¶ **713.** *Elección de Secretarios Generales de Agencias de Programas*—El secretario general de cada agencia general de programa que es responsable ante la Mesa Conexional será elegido cada cuadrienio por medio de boletas, al recibir la postulación de la agencia en cuestión. La votación será secreta, pero el oficial que presida anunciará a la membresía los resultados de la elección, incluyendo el número de votos a favor de la elección, en contra de la elección y las abstinencias. El cese de empleo de un secretario general de una agencia deberá ser aprobado por la junta de la agencia. De no presentarse una acción contraria, o norma, por parte de la junta de la agencia, el secretario general de la agencia podrá concluir el empleo de todo empleado de otra agencia, incluyendo el del personal electo.

¶ **714.** Las agencias generales nombrarán otro personal que consideren necesario a través del proceso que cada agencia determine.

¶ **715.** *Disposiciones Referentes a los Ejecutivos*—1. Ningún ejecutivo electo para servir en una agencia general de programa podrá servir por más de doce años en la misma posición. Los años de servicio anteriores al 1o de enero de 1989 no se contarán. La agencia responsable por la elección de tales ejecutivos puede suspender esta disposición anualmente con una votación favorable de las dos terceras partes de la membresía[8].

2. Viajes oficiales de los ejecutivos de las agencias incluyen todos los viajes necesarios en el desempeño de los deberes oficiales que se relacionen directamente con las funciones de la agencia. Ningún ejecutivo aceptará honorarios por tales deberes oficiales. Un funcionario puede aceptar una obligación que no se relacione con las funciones de la agencia que lo emplea, siempre y cuando tal obligación no interfiera con sus deberes oficiales; el ejecutivo puede aceptar honorarios por servicios rendidos en conexión con tal obligación.

3. La jubilación normal es a los sesenta y cinco años de edad o a los cuarenta años de servicio en la Iglesia Metodista Unida en una posición para la que la persona ha sido electa, nombrada o empleada. La jubilación obligatoria para empleados electos o nombrados será a los setenta y dos años de edad. No habrá edad obligatoria de jubilación para otro personal empleado. Cualquier empleado puede jubilarse de la agencia que lo emplea en cualquier momento de acuerdo con la política de su agencia o, si la agencia tiene un representante con voto en el Comité de Prácticas y Políticas de Personal del Concilio General de Finanzas y Administración, de acuerdo con la política establecida por el Concilio de Finanzas y Administración, a recomendación del Comité de Prácticas y Políticas de Personal.

4. Las disposiciones del Plan de Jubilación para las agencias generales serán revisadas por el Comité de Políticas y Practicas de Personal y hará recomendaciones sobre ellas (¶ 807.12*b*).

a) Cada agencia general subvencionará o participará en un plan de salud de grupo que cubra la clerecía y personal laico a tiempo completo de la agencia en los Estados Unidos. Cumpliendo con el propósito de este párrafo, plan de salud de grupo se

---

8.   Ver Decisión 858 del Concilio Judicial.

refiere a un plan de seguro de salud, plan de salud de grupo, o plan de salud de múltiples empleadores que provean beneficios de cobertura de gasto médicos mayores y de hospitalización. La junta o agencia autorizada podría recomendar elegibilidad adicional para su plan de salud de grupo a discreción propia.

Alternativamente, en el caso de que los planes de salud y seguros médicos vigentes por ley federal o por ley estatal y legislación federal establezcan opciones de cobertura para esas personas sin cobertura provista por el empleador que permita acceso, independientemente del estado o condición de salud, a una cobertura razonable por medio de intercambios de seguros médicos, conectores, sistema pagado y organizado por el gobierno (*single-payer system*) u otros mecanismos, la junta podrá cesar el mantenimiento de su plan de salud de grupo si tal cobertura se halla disponible para sus empleados clericales y laicos. En tal caso, la agencia general, sin embargo, proporcionará continuo apoyo administrativo y financiero de los empleados clericales a tiempo completo y laicos a tiempo completo de la conferencia hacia la adquisición de tal cobertura por medio de estos mecanismos alternativos a menos que la cobertura individual se subsidie por las agencias gubernamentales, específicamente considerando las ventajas tributarias del apoyo financiero provisto por los empleadores dirigido a la cobertura de planes de salud.

Además, las agencias generales desarrollarán y mantendrán programas de salud para sus clérigos y empleados laicos a tiempo completo. Añadiendo a esto, cada agencia general someterá anualmente un informe de su plan de salud mientras la agencia general mantenga un plan de salud de grupo, de-identificando si es necesario, pero que incluya, sin limitarse a esto, solidez financiera, experiencia con los partes y otros derivados de costo, diseño y cobertura del plan y los criterios de elegibilidad a la Junta General de Pensiones y Beneficios de Salud.

b) Cada agencia general respetará la salud e integridad de sus empleados clericales y laicos, que se han jubilado bajo las normas de jubilación de la agencia general y sus cónyuges, bajo la provisión del acceso a los planes suplementarios de Medicare y planes de cobertura de recetas médicas. El acceso para los jubilados y sus cónyuges puede incluir, aunque no se limitará a lo siguiente, (i) el patrocinio de un plan de salud para empleados jubilados que suplemente a Medicare; (ii) participar en un plan de salud múltiple de empleados jubilados que suplemente a Medicare; (iii) asegurar la elegibilidad de individuos bajo contratos de grupo con proveedores de planes suplementarios de Medicare o intercambios; (iv) subsidiar los costos de cobertura en los planes de Medicare Part D o Medicare Advantage de las personas clerical jubiladas y los empleados laicos jubilados y sus cónyuges inscritos; (v) subsidiar las relaciones con proveedores de planes de cobertura individual del jubilado; y (vi) subsidiar beneficios de salud para jubilados a costo fijo a través de acuerdos de reembolso, estipendios u otros.

c) Cada agencia general debe someter una tasación financiera aceptada, en acuerdo con el Statement of Financial Accounting Standard No. 106, como esta enmendado, de las responsabilidades médicas proyectadas para el personal cubierto bajo plan de salud para jubilados del empleador a la Junta General de Pensiones y Beneficios de Salud, bienalmente.

d) El 31 de diciembre, 2013, o antes, y anualmente después, cada agencia deberá de desarrollar e implementar un programa de fondos formal y comprensivo para financiar sus obligaciones anuales de beneficios concerniente a su plan de jubilación anual, obligaciones con su plan de salud y bienestar (incluyendo esas obligaciones del Concilio de Finanzas y Administración [GCFA] para los obispos) además de sus responsabilidades proyectadas de pensiones y médicas para los jubilados (incluyendo esas obligaciones del GCFA para los obispos). El plan o planes de financiación se someterán a la Junta General de Pensiones y Beneficios de Salud para ser revisados y serán publicados junto a la opinión escrita favorable de la Junta General de Pensiones y Beneficios de Salud como apéndice del informe financiero anual de la agencia. Además, la Junta General de Pensiones y Beneficios de Salud incluirá beneficios de la agencia general y beneficios de los obispos en su informe cuadrienal a la Conferencia General en cuanto a las responsabilidades de los beneficios a largo plazo de la denominación. Por tanto, cada agencia general proporcionará a la Junta General de Pensiones y Beneficios de Salud la información requerida periódicamente. Cada agencia general documentará por escrito sus normativas en cuanto a la portabilidad de la elegibilidad, cobertura, costo compartido y beneficios de su plan de salud para jubilados y comunicará tales normativas a sus empleados de la clerecía y laicos y los empleados clericales y laicos que están entrando de las conferencias anuales u otras agencias generales. Para los efectos de este párrafo, la portabilidad incluye el crédito por servicios afuera de ese agencia general dentro de la denominación otorgado a los empleados clericales y laicos hacia (i) elegibilidad para cobertura de salud en la jubilación y (ii) acumulación de los subsidios del empleador hacia el plan de salud o el costo compartido del empleador de este plan de salud.

5. Todos los secretarios generales, secretarios generales diputados, secretarios generales asociados, secretarios generales asistentes y tesoreros de todas las agencias generales y el editor de la Iglesia Metodista Unida serán miembros profesos de la Iglesia Metodista Unida. Esta disposición no se aplicará a personas empleadas antes de la Conferencia General de 2004[9].

6. Ningún funcionario de una agencia general puede ser electo para servir como miembro votante de una agencia general o jurisdiccional de la Iglesia Metodista Unida, excepto en casos en que la *Disciplina* específicamente permita tal representación entre las agencias.

7. Se dará voz, pero no voto, a los ejecutivos electos en la agencia y en sus subunidades.

8. Todas las personas elegidas de las agencias generales serán personas que siguen el ejemplo de servidumbre de Jesucristo. Serán personas de carácter genuinamente cristiano, que aman la iglesia y están dedicadas a la unidad del cuerpo de Cristo, serán disciplinados moralmente y leales a los cánones éticos de la Iglesia Metodista Unida según las Normas Doctrinales (¶ 104) y los Principios Sociales y serán competentes en administración de los negocios de una agencia general.

9. Antes de cualquier entrevista de personas clérigas para posiciones de empleo en las juntas generales o agencias, el obispo de la persona clerical bajo consideración será consultado a iniciativa de la agencia general. Cuando se termine el empleo de una persona clerical con una agencia general, la agencia general no tendrá obligación futura para la provisión de compensación o beneficios para esa persona clerical terminada, excepto como es provisto o permitido por las disposiciones uniformes de personal del Concilio General de Finanzas y Administración estipuladas en el ¶ 807.12*a*.

¶ **716.** *Política de no discriminación*—1. Será la política de la Iglesia Metodista Unida que todas sus agencias e instituciones, inclusive sus hospitales, hogares e instituciones educacionales: *(a)*

---

9.   Ver Decisión 426 del Concilio Judicial.

recluten, empleen, utilicen, recompensen y promuevan a sus ejecutivos profesionales y demás personal de manera coherente con el compromiso de la Iglesia Metodista Unida con mujeres y hombres de todas las razas y orígenes étnicos, incluso personas con incapacidades; *(b)* desempeñen sus obligaciones y responsabilidades de tal manera que no haya segregación o discriminación sobre la base de raza, color, edad, sexo o impedimento físico, inclusive la condición VIH; y *(c)* provean representación laica adecuada.

2. Toda agencia e institución, en cuanto sea razonablemente posible, citará y celebrará a todo acto, incluso sitios de alojamiento y comidas para los actos, en lugares accesibles que acomoden adecuadamente a personas con impedimentos. Se les alienta igualmente a incluir a personas con discapacidades en la planificación y presentación de los eventos.

Si por alguna razón se cita o se celebra cualquier evento en un local que no se conforma a este requisito, todo aviso de la reunión notará claramente ese hecho, o al contrario, puede ponérsele el símbolo internacional de acceso dentro de un círculo cruzado por una línea. Al término *evento* se le dará amplia interpretación, e incluirá, como ejemplo, conferencias, seminarios y otras reuniones a las cuales se invitan a personas a asistir como representantes de la iglesia o sus diversas instituciones y agencias.

¶ **717.** *Inversiones sostenibles y socialmente responsables*—En asuntos de inversiones de dinero, será la política de la Iglesia Metodista Unida que todas las juntas y agencias generales, inclusive la Junta General de Pensiones y Beneficios de Salud, y todas sus agencias administrativas e instituciones, inclusive hospitales, hogares, instituciones educacionales, conferencias anuales, fundaciones, e iglesias locales hagan un esfuerzo consciente de invertir en instituciones, compañías, corporaciones o fondos, cuyas normas y prácticas sean coherentes con las metas establecidas en los Principios Sociales. Todas las instituciones metodistas unidas se esforzarán en buscar inversiones en instituciones, compañías, corporaciones o fondos que promuevan justicia racial y de género, protejan los derechos humanos, prevengan el usos de los talleres de sudor o trabajo forzado, eviten el sufrimiento humano, y preserven el mundo natural, inclusive mitiguen los efectos del cambio climático. Además, Las instituciones metodistas unidas procurarán evitar inversiones en compañías cuyo negocios principales no estén en línea con los Principios Sociales por participación directa o indirecta en la producción de armas y armamento antipersonal (ya sean armamento nuclear o convencional), bebidas alcohólicas o tabaco; o estén involucradas en facilidades correccionales operadas en el sector privado, el juego de azar, o la producción de armas nucleares, bebidas alcohólicas o tabaco, o compañías que comercien en pornografía u otras formas de entretenimiento para adultos abusivo. Las juntas y agencias considerarán cuidadosamente los factores ambientales, sociales y de gobierno a la hora de tomar decisiones de inversión y ejercer su responsabilidad activamente como propietarios de las compañías en las cuales invierten. Esto incluye participar con las compañías en la creación de cambio positivo y pedirles cuentas por sus acciones, y también considerar la exclusión si las compañías no actúan con responsabilidad

¶ **718.** *Mantenimiento de registros*—Cada agencia general mantendrá un registro continuo de su función de defensor, de sus actividades en coaliciones y en otras organizaciones que reciben apoyo, ya sea mediante membresía o fondos, y de su apoyo u oposición a legislación federal o estatal. La información relacionada con estas actividades se pondrá a la disposición de las iglesias metodistas unidas que la soliciten por escrito. Organizaciones que no están relacionadas oficialmente con la Conferencia General podrán tomar posiciones solamente en sus propios nombres, y no podrán hablar por una agencia general o por toda la denominación (¶ 509.1).

¶ **719.** *Decisiones para gastos de programa*—Todos los programas o fondos generales administrados por cualquier agencia general de la Iglesia Metodista Unida (¶ 701) destinados dentro de una conferencia anual se pondrán en ejecución o desembolsarán solamente después de consultar con el obispo presidente, el director de ministerios conexionales, o su equivalente, y el Concilio de Ministerios, y el/los superintendente(s) apropiado(s) de esa conferencia anual. La consulta, sobre la ejecución de programas, fondos y relaciones entre las varias agencias, las conferencias y otros organismos de la iglesia, requiere comunicación entre ellas. Esta comunicación incluye documentación escrita en la cual cada parte revela planes e intenciones de tal manera que se asegure el diálogo, así como el conocimiento mutuo, aun cuando no haya acuerdo[10].

¶ **720.** *Marcos internacionales y ecuménicos*—La Junta General de Ministerios Globales facilitará y coordinará las relaciones programáticas de otras agencias de programa de la Iglesia Metodista

---

10. Ver Decisión 518 del Concilio Judicial.

Unida con iglesias hermanas y agencias en otros países. Los recursos de la Junta General de Ministerios Globales estarán a la disposición del Concilio de Obispos en la ejecución de sus responsabilidades de acuerdo con el ¶ 416.2, .3. Las conferencias centrales de la Iglesia Metodista Unida pueden solicitar ayuda en cuanto a programación o cualquier otra ayuda a través de su relación directa con las agencias de programa de la Iglesia Metodista Unida.

¶ **721.** *Programa y año fiscal*—1. El año fiscal y programático de la Iglesia Metodista Unida es de enero a diciembre.

2. A no ser que la *Disciplina* lo especifique de manera diferente para un propósito determinado, el término cuadrienio se interpretará como un período de cuatro años que comienza el 1o de enero después de la clausura de la sesión de una Conferencia General regular[11].

¶ **722.** *Restricciones en sesiones a puertas cerradas*—En un espíritu de franqueza, y dada la obligación de las agencias de dar cuenta, todas las reuniones de los concilios, juntas, agencias, comisiones y comités de la Iglesia a todo nivel de la iglesia, así como reuniones de subunidades y conferencias telefónicas, estarán abiertas. Independientemente de las leyes o costumbres locales, todos los participantes serán notificados al comienzo de cualquier reunión, que incluyen conferencias por teléfono y videoconferencias, si la reunión es grabada electrónicamente y de la intención de tal grabación. Algunas partes de una reunión pueden efectuarse a puerta cerrada para considerar asuntos específicos, siempre y cuando tal sesión a puerta cerrada haya sido autorizada por voto público afirmativo de no menos de las tres cuartas partes de los miembros votantes presentes. El voto se tomará en sesión pública y se anotará en las actas. Los documentos que se distribuyan en una sesión abierta se considerarán documentos públicos.

Se debe resistir lo más posible cerrar la puerta a reuniones; las sesiones a puerta cerrada se deben utilizar lo menos posible. Los asuntos que pueden considerarse en sesión a puerta cerrada se limitan a las consideraciones de asuntos de bienes raíces; negociaciones, cuando el conocimiento general sería en detrimento al proceso de negociación; asuntos relacionados con el personal[12]; cuestiones relacionadas con la acreditación o aprobación de instituciones; discusiones que se relacionan con litigios pendientes

---

11. Ver Decisión 559 del Concilio Judicial.
12. Ver Decisión 869 del Concilio Judicial.

o potenciales, o negociaciones sindicales; comunicaciones con abogados o contables; emplazamiento del personal de seguridad o dispositivos de seguridad; y pertinentes a información confidencial de terceras partes. Las sesiones del comité de relaciones pastor-parroquia o personal-parroquia serán sesiones a puerta cerrada de acuerdo con ¶ 258.2e. Aunque se espera que la Conferencia General vivirá según el espíritu de este párrafo, cada uno de estos organismos constitucionales se gobierna por sus propias reglas o procedimientos.

Se hará un informe de la sesión cerrada inmediatamente a su clausura, o después, tan pronto sea posible.

¶ **723.** *El nombre de la Iglesia fuera de los Estados Unidos*—Cualquier conferencia central podrá traducir el nombre de la Iglesia Metodista Unida a otros idiomas aparte del inglés. La Iglesia Metodista Unida en la Conferencia Central del Centro y Sur de Europa y la Conferencia Central en la República Democrática Alemana y la Conferencia Central de la República Federal Alemana y Berlín Occidental pueden usar el nombre *Evangelisch-Methodistiche Kirche*.

¶ **724.** *Fecha de la fundación de la Iglesia*—La Iglesia Metodista Unida (¶ 140) es la sucesora de todos los derechos, poderes y privilegios de la Iglesia Evangélica de los Hermanos Unidos y de la Iglesia Metodista. Desde el principio las dos iglesias han mantenido una relación muy estrecha.

La Iglesia Metodista, la primera de las dos iglesias que se organizó, se remonta a la Conferencia de Navidad de 1784. Por lo tanto, la Iglesia Metodista Unida reconoce como fecha de fundación el año 1784.

Todas las Conferencias Generales se designarán, no en secuencia numérica desde una fecha en particular, sino de acuerdo con el año en que la conferencia tiene lugar. Una conferencia anual, iglesia local o cualquier otro organismo dentro de la Iglesia Metodista Unida que esté compuesto de varias unidades que se han unido con fechas de origen diferentes, usarán como fecha de fundación la fecha de fundación de la más antigua de sus unidades, mientras que permanecen sensible al registro total de la historia de la iglesia, inclusive toda la información acerca de la unidad más joven.

Sección II. Concilio General de Finanzas y Administración

¶ **801.** La obra de la Iglesia necesita el apoyo de nuestro pueblo. La participación por medio del servicio y ofrendas es una obligación cristiana, un medio de gracia y una expresión de nuestro amor hacia Dios. El siguiente plan financiero ha sido debidamente aprobado para que todos los miembros de la Iglesia Metodista Unida puedan compartir en las muchas facetas de los ministerios nacionales e internacionales, y para que la obra que se nos ha encomendado prospere.

¶ **802.** *Nombre*—Habrá un Concilio General de Finanzas y Administración de la Iglesia Metodista Unida, de ahora en adelante llamado el concilio.

¶ **803.** *Inscripción legal*—El concilio se inscribirá como entidad jurídica en el estado o estados que el concilio determine. Esta entidad jurídica será la organización sucesora del Concilio de Servicio Mundial y Finanzas (inclusive el Concilio de Servicio Mundial y Finanzas de la Iglesia Metodista Unida, una corporación de Illinois; la Comisión de Servicio Mundial de la Iglesia Metodista Episcopal, una corporación de Illinois; el Concilio General de Administración de la Iglesia Evangélica de los Hermanos Unidos, una corporación de Ohio; la Junta de Administración, Iglesia de los Hermanos Unidos en Cristo, una corporación de Ohio; y la Junta de Síndicos.

Esta corporación recibirá y administrará nuevos fideicomisos y fondos, y, mientras sea legal, será la sucesora de: la Junta de Síndicos de la Iglesia Metodista Unida; la Junta de Síndicos de la Iglesia Evangélica de los Hermanos Unidos, inscrita legalmente de acuerdo con las leyes de Ohio; la Junta de Síndicos de la Iglesia de los Hermanos Unidos en Cristo, inscrita legalmente de acuerdo con las leyes de Ohio; la Junta de Síndicos de la Iglesia Evangélica, un cuerpo no inscrito legalmente; la Junta de Síndicos de la Iglesia Metodista, inscrita legalmente de acuerdo con las leyes de Ohio; los Síndicos de la Iglesia Metodista Episcopal, inscritos legalmente de acuerdo con las leyes de Ohio; la Junta de Síndicos de la Iglesia Metodista Episcopal del Sur, inscrita legalmente de acuerdo con las leyes de Tennessee; y la Junta de Síndicos de la Iglesia Metodista Protestante, inscrita legalmente de acuerdo con las leyes de Maryland; y mientras sea legal, como sucesora en fideicomiso, está autorizada para recibir de cualquiera de las corporaciones que la preceden todos los fideicomisos y bienes de cualquier clase y carácter, ya sean reales, personales o mixtos, que sean de ellas o de cualquiera de ellas, o puede absorber una o más de las corporaciones predecesoras. Cualquiera de los fideicomisos y fondos que reciba como corporación sucesora, ya sea que le sean transferidos o que los absorba, se administrarán de acuerdo con las condiciones bajo las cuales fueron recibidos y administrados por la corporación predecesora u organismo no inscripto legalmente.

¶ **804.** *Responsabilidad*—El concilio rendirá informe y es responsable ante la Conferencia General, y cooperará con la Mesa Conexional en la compilación de los presupuestos de las agencias de programa que reciben fondos del Fondo de Servicio Mundial, según se especifica en el ¶ 806.1.

¶ **805.** *Organización*—1. *Membresía*—Los veintiún miembros votantes del concilio serán elegidos cada cuatro años.

a) La Conferencia General elegirá dieciséis miembros con voto del concilio, elegidos como sigue:

(1) dos obispos postulados por el Concilio de Obispos;

(2) once personas de las jurisdicciones, postuladas por el colegio de obispos en cada jurisdicción, basados en una distribución por el secretario de la Conferencia General para que la membresía del concilio refleja la membresía proporcionada de la jurisdicción basada en la membresía combinada de clérigos y laicos; y

(3) tres personas de las conferencias centrales—un miembro de África, otro de Europa, otro de las Filipinas—postulados por el Concilio de Obispos.

b) Se recomienda que al seleccionar los miembros votantes de las conferencias jurisdiccionales y centrales se dé atención a asegurarse de representación de grupos étnico-raciales y jóvenes, y que aproximadamente una tercera parte sean clérigos a plena conexión, una tercera parte hombres laicos y una tercera parte mujeres laicas.

c) Cinco miembros del concilio con voto serán postulados y elegidos por el concilio de la manera establecida por las leyes del concilio, considerando que no más de uno de estos cinco miembros votantes provengan de la misma conferencia jurisdiccional o central. Estos cinco miembros votantes serán seleccionados con el propósito de proporcionar al concilio un conocimiento especial, experiencia o diversidad.

d) Los secretarios generales que sirven como directores ejecutivos de las agencias generales y el presidente o director ejecutivo de la Casa de Publicaciones Metodista Unida podrán sentarse con el concilio, y tendrán derecho a voz en el pleno, sin voto.

e) Los miembros votantes, incluso los obispos, no tendrán derecho a servir como miembros o empleados de ninguna otra agencia general de la Iglesia Metodista Unida (¶ 701.2), excepto donde la *Disciplina* específicamente provea para tal representación entre las agencias. Los miembros también serán dirigidos por las políticas y disposiciones sobre conflictos de interés que sean adoptadas de cuando en cuando por la Conferencia General o por el mismo concilio.

f) Los miembros servirán hasta que sus sucesores hayan sido electos y calificados.

g) El concilio suplirá las vacantes que ocurran entre sesiones de la Conferencia General, después de recibir postulaciones del Colegio de Obispos de la jurisdicción afectada (¶ 712) si la vacante ocurre entre los miembros electos a representar una jurisdicción, o en el caso de una vacante entre los miembros episcopales o la conferencia central miembros representativos, de la postulación del Concilio de Obispos. Las posiciones vacantes entre los cinco miembros votantes postulados y elegidos por el concilio serán cubiertas de la manera que las leyes del concilio estipulan.

2. *Reuniones*—El concilio se reunirá por lo menos anualmente. Si es necesario, se reunirá también en otras ocasiones si lo convoca el presidente o si una quinta parte de los miembros solicitan la reunión por escrito. Once miembros votantes constituyen quórum.

3. *Oficiales*

a) El concilio elegirá de su membresía un presidente, un vicepresidente y un secretario de actas y un secretario general, cuyas responsabilidades serán prescritas en sus estatutos.

b) El concilio será elegido cuatrienalmente, de la forma que se describe en sus estatutos, un secretario general, quien será a su vez el tesorero y director ejecutivo del concilio. El secretario general tendrá derecho a participar en todas las reuniones del concilio y sus comités sin voto.

4. *Comités*—*a) Comité de auditoría y examen*—El concilio nombrará un Comité de Auditoría y Examen, ninguno de cuyos miembros será oficial del concilio, y que por lo menos la mitad de ellos no sean miembros del concilio, cuya responsabilidad será examinar todas las tesorerías que reciben fondos generales de la iglesia (¶ 810.2), de acuerdo con las normas de auditoría establecidas, incluso los fondos del concilio, y políticas relacionadas con las implicaciones financieras, y la utilización de activos financieros para lograr la misión señalada de la entidad tal como lo define

la Conferencia General, la junta gobernadora y las designaciones de los donantes. No se incluyen auditorías de la Junta General de Pensiones y Beneficios de Salud ni la Casa Metodista Unida de Publicaciones. En cualquier caso de impropiedad financiera posible o potencial que los auditores informen al comité, el presidente del comité inmediatamente informará al presidente y al secretario general del Concilio General de Finanzas y Administración (GCFA) y al presidente y secretario general de la agencia afectada. Si cualquier asunto involucrara al presidente o secretario general del GCFA o agencia correspondiente, el comité determinará otras vías de información dentro del GCFA o agencia correspondiente, como sea apropiado. El comité presentará su informe en la próxima reunión del concilio.

b) Comité de políticas y prácticas de personal—El concilio organizará un comité que consistirá de tres representantes del Concilio General de Finanzas y Administración, uno de los cuales servirá de presidente, y un representante de cada una de las siguientes agencias: la Junta General de Iglesia y Sociedad, la Junta General de Discipulado, la Junta General de Ministerios Globales, la Junta General de Educación Superior y Ministerio, la Comisión General de Archivos e Historia, la Comisión General de Comunicaciones, La Comisión General de Religión y Raza, la Comisión General del Estado y Rol de la Mujer y la Comisión General de Hombres Metodistas Unidos. Cada uno de los representantes previamente mencionados será seleccionado por la membresía del concilio, junta o comisión que representen. El secretario general del concilio, o su persona designada, se sentará en el comité con voz pero sin voto.

El ¶ 807.12*b* define los deberes y responsabilidades del comité.

c) Comité de responsabilidades legales y gobierno corporativo— El concilio organizará un comité compuesto de seis personas, tres miembros del concilio, dos cancilleres activos de la conferencia anual, y un abogado independiente. El comité estará subordinado al concilio y le presentará sus recomendaciones respecto a la ejecución de sus responsabilidades que se definen en ¶ 807.9 y su ejercicio de los principios apropiados del gobierno corporativo. El Departamento de Servicios Legales del concilio será responsable del Comité sobre Responsabilidades Legales y Gobierno Corporativo.

d) Otros comités—El concilio establecerá otros comités y grupos de tarea según sea necesario para desempeñar sus deberes.

5. *Personal*—A postulación del secretario general, el concilio puede elegir secretarios generales asociados, quienes trabajarán bajo la dirección del secretario general.

6. *Sostén financiero*—*a)* El sostén financiero procedente de fondos generales de la iglesia para la obra del concilio provendrá de las siguientes fuentes: (1) una asignación proporcionada del Fondo General de Administración, en una cantidad que determine la Conferencia General; (2) cargos fijos contra el Fondo de Servicio Mundial, el Fondo Episcopal, el Fondo de Cooperación Interdenominacional y los fondos generales que la Conferencia General pueda autorizar, por recomendación del concilio. Los cargos fijos serán en proporción a los ingresos del fondo.

b) El concilio someterá presupuestos de ingresos y gastos estimados a cada sesión cuadrienal de la Conferencia General para los cuatro años del cuadrienio venidero. Antes del comienzo de cada año fiscal, el concilio aprobará un presupuesto para su operación en el año siguiente. En caso de circunstancias imprevistas, el concilio podrá, por el voto de las dos terceras partes, enmendar un presupuesto que haya aprobado previamente para su propia operación.

c) El concilio informará a cada sesión cuadrienal de la Conferencia General las cantidades de sus ingresos y gastos actuales por los cuatro años anteriores.

¶ **806.** *Responsabilidades fiscales*—Todo el dinero contribuido por la iglesia local a cualquiera de los fondos generales de la iglesia, como se enumeran o definen en el ¶ 810.1, y otros fondos que sean autorizados por la Conferencia General, se mantendrán en fideicomiso por el concilio, y se distribuirán solamente para apoyar los ministerios de los fondos correspondientes. El concilio será responsable ante la Iglesia Metodista Unida, a través de la Conferencia General, en todos los asuntos relacionados con el recibo, desembolso e informe de tales fondos, y las agencias que reciben tales fondos son responsables ante el concilio en los asuntos fiscales. En su función fiscal, el concilio tiene la autoridad y la responsabilidad de desempeñar las siguientes funciones:

1. Someterá a cada sesión cuadrienal de la Conferencia General, para su acción y determinación, los presupuestos de gastos para cada uno de los fondos generales de la iglesia, según se

enumeran o definen en el ¶ 810.1, y cualquier otro fondo general que establezca la Conferencia General. También hará recomendaciones respecto a todas las consideraciones de fondos que se presenten a la Conferencia General. Los ingresos reales de cada fondo para el cuadrienio que termina serán la base para todos los procedimientos de presupuestos y comparaciones para el cuadrienio venidero.

a) El concilio recomendará a la Conferencia General la cantidad y la distribución del Fondo Episcopal y el Fondo de la Administración General, y, en consulta con la Mesa Conexional, otros fondos asignados.

b) En el caso del Fondo de Servicio Mundial, el Fondo de Educación Ministerial, el Fondo de Colegios Negros, el Fondo de la Universidad de África y el Fondo de Cooperación Interdenominacional, el Concilio General de Finanzas y Administración y la Mesa Conexional procederán de la siguiente manera en el desarrollo de las recomendaciones de presupuesto, según éstos se relacionen con las asignaciones a las agencias generales de programa de la iglesia:

(1) El Concilio General de Finanzas y Administración establecerá la suma estimada disponible para la distribución por el fondo de Servicio Mundial para distribución entre las agencias generales de programa y a través de otros fondos.

(2) La Mesa Conexional revisará las prioridades del programa, prioridades misionales y los programas especiales y la cantidad estimada disponible para la agencias del programa general, y entonces establecerá las cantidades a distribuir para esas agencias de la asignación anual de Servicio Mundial. La mesa Conexional revisará tanto las prioridades de fondos como las cantidades estimadas disponibles para los fondos y entonces establecerá las cantidades que serán distribuidas a los mismos.

(3) El Concilio General de Finanzas y Administración examinará las asignaciones recomendadas para las agencias del programa general dentro de la suma total del presupuesto del Fondo del Servicio Mundial y los niveles de fondo para cada uno de los otros fondos asignados que se nombran. Cuando el Concilio General de Finanzas y Administración y la Mesa Conexional estén de acuerdo, estas asignaciones y la suma total serán incluidas en el presupuesto de Servicio Mundial y los niveles de fondos de todos estos fondos generales asignados serán recomendados a la Conferencia General por medio del Concilio General de Finanzas y Administración.

c) Recomendará las fórmulas por medio de las cuales todas las asignaciones a las conferencias anuales serán determinadas, sujeto a la aprobación de la Conferencia General.

d) Antes del comienzo de cada año el Concilio General de Finanzas y Administración estimará la suma disponible en ese momento del fondo de contingencia del Servicio Mundial para hacer frente a las solicitudes de las agencias generales de programa, y se lo comunicará a la Mesa Conexional. La Mesa Conexional tendrá la autorización para aprobar las asignaciones a las agencias generales de programa para fondos adicionales de programa, de acuerdo con el límite establecido. La Mesa Conexional no podrá asignar dineros de este fondo para costos generales administrativos, cargos fijos o desembolsos capitales sin la aprobación del Concilio General de Finanzas y Administración.

e) La Mesa Conexional recibirá del Concilio General de Finanzas y Administración copias de los presupuestos anuales propuestos por las agencias generales de programa, de manera que pueda examinarlos con respecto a los programas propuestos por esas agencias en sus solicitudes cuadrienales de presupuestos.

2. El concilio recibirá y desembolsará, de acuerdo con los presupuestos o pautas aprobados por la Conferencia General, todos los fondos recaudados por toda la iglesia para: cualquiera de los fondos de la iglesia, según se enumeran o definen en el ¶ 810.1, y para cualquier otro fondo o fondos, según lo indique la autoridad apropiada.

3. *Contabilidad e informes*—Exigirá a todas las agencias que reciben fondos de la Iglesia (¶ 810.2) que sigan clasificaciones y procedimientos uniformes en sus informes. Incluirá en su informe cuadrienal a la Conferencia General un informe fiscal para cada una de tales agencias que reciban fondos generales.

4. *Repaso del presupuesto de agencias generales*—Exigirá anualmente, un mes antes de su reunión anual, o según lo considere necesario, y en tal forma como el concilio lo requiera, los presupuestos que propongan las tesorerías que reciben fondos generales de la iglesia (¶ 810.2). Examinará los presupuestos de cada tesorería que recibe fondos generales de la iglesia. Revisará el presupuesto de cada agencia que reciba fondos generales de la iglesia de acuerdo con las pautas que establezca y comunique a las agencias, inclusive las relaciones entre administración, servicio y promoción, y consideración de las evaluaciones de la Mesa Conexional de la eficacia misional del programa general (relacionado) de las agencias y estructuras conexionales de la Iglesia. A fin de lograr

una administración fiscal sana, el concilio se cerciorará de que los gastos de las agencias que reciben fondos generales de la iglesia no excedan los ingresos y las reservas disponibles, y esto dentro de un presupuesto aprobado por el concilio.

5. *Auditorías de las agencias generales*—El concilio exigirá una auditoría anual de todas las tesorerías que reciben fondos generales de la iglesia (¶ 810.2), siguiendo tales procedimientos de auditoría como pueda especificar. Seleccionará la firma de auditoría para esas auditorías anuales basado en la recomendación del Comité de Auditoría y Revisión.

6. *Funciones de auditoría interna*—El concilio establecerá y dirigirá las funciones de auditoría para todas las tesorerías que reciben fondos generales de la iglesia (¶ 810.2).

7. El concilio establecerá política que gobierne todas las funciones bancarias, de nóminas, contabilidad, control de presupuestos y auditoría interna para todas las agencias que reciben fondos generales de la iglesia (¶ 810.2). El concilio podrá, por consentimiento mutuo de las agencias involucradas, realizar las funciones bancarias, preparación de cheques y nómina a nombre de una agencia para que ésta pueda operar con más eficiencia.

8. El concilio revisará para su aprobación los planes para el financiamiento de todas las conferencias y convocaciones nacionales e internacionales que se efectúen bajo los auspicios de cualquier agencia general que reciba fondos generales de la Iglesia (¶ 810.2).

9. El concilio será responsable de cerciorarse de que ninguna junta, agencia, comité, comisión o concilio le dé fondos a ningún "caucus" o grupo de homosexuales, ni de otro modo use tales fondos para promover aceptación de la homosexualidad o quebranta el compromiso expreso de la Iglesia Metodista Unida a "no rechazar o condenar a los miembros y amigos homosexuales o a las lesbianas" (¶ 161.G). El concilio tendrá derecho a detener tales fondos[13]. No limitará el ministerio de la iglesia en respuesta a la epidemia de VIH.

10. El concilio será responsable de asegurarse que ninguna junta, agencia, comité, comisión o concilio gasten fondos metodistas unidos de manera que violen el compromiso expresado de la Iglesia Metodista Unida "nos oponemos al uso del aborto tardío, conocido por dilatación y extracción (aborto de parto parcial), y

---

13.   Ver Decisiones 597, 1264 del Concilio Judicial.

hacemos un llamado para que se acabe con esta práctica [con raras excepciones]" (¶ 161*K*). El concilio tendrá el derecho de parar tales gastos.

11. En conformidad con la posición histórica de la Iglesia en cuanto a la abstinencia total, el concilio procurará cerciorarse de que ningún fondo general asignado se utilice en el uso de bebidas alcohólicas.

12. El concilio elaborará políticas y pautas generales de inversión para todas las agencias que reciban fondos generales de la iglesia (¶ 810.2) después de consultar con dichas agencias. El concilio, en su capacidad supervisora, revisará la conformidad de estas agencias con la política y guía de inversión general. Después de revisadas, el concilio puede recomendar que una agencia tome ciertas acciones para conformarse con estas políticas y guías. Se recomiendan estas pautas para todas las organizaciones. Si se solicita por una agencia, el concilio proporcionará consultas, consejo y asistencia sobre el desarrollo y aprobación de políticas específicas sobre inversiones para todas las agencias que reciben fondos generales de la Iglesia. El concilio proporcionará consultas y consejo sobre la selección de consejeros de inversiones y administradores, a la discreción del concilio, pero por lo menos sobre una base anual, para el rendimiento de todos los fondos invertidos de las agencias que reciban fondos generales de la iglesia. El concilio tendrá plena autoridad para manejar cualquier cartera de valores de menos de $5,000.000, y podrá, a pedido de la agencia, manejar carteras mayores. Se alienta al concilio a invertir en instituciones, compañías, corporaciones, o fondos que hagan una contribución positiva hacia la realización de metas bosquejadas en los Principios Sociales de la Iglesia Metodista Unida (¶¶ 160-166).

13. El Comité de Auditoría y Revisión (¶ 805.4*a*) observará a favor del concilio el cumplimiento de las agencias que reciben fondos de la iglesia con políticas y prácticas de responsabilidad fiscal establecidas en el ¶ 810.2 y las políticas generales establecidas en el ¶ 806, las políticas y procedimientos de personal que se establecen en ¶ 807.12, y la política general establecida en ¶ 811.1-3, .6, 819 y todas las normas y prácticas de contabilidad aplicables. El comité también evaluará recomendaciones de auditores independientes o internos, según el ¶ 805.4*a* con respecto a asuntos de impropiedad financiera posible o potencial o quebrantamiento de políticas y procedimientos. El concilio tendrá autoridad para

poner en ejecución acciones que pueda aprobar basadas en la recomendación del comité.

a) Si el comité halla que existen violaciones de tales políticas, prácticas y recomendaciones, solicitará, dentro de un período
de tiempo específico, una respuesta escrita de lo que el comité ha
descubierto. Dicha respuesta contendrá información adicional o
medidas correctivas propuestas, o ambas cosas.

b) Después de recibir la respuesta, el comité podrá tomar
cualquiera de estas dos o más acciones:

(1) Podrá determinar que la respuesta y cualquier
información adicional suministrada por la agencia es suficiente
para explicar el asunto o situación que ocasionó el fallo inicial, y
que no se necesita ninguna otra acción.

(2) Podrá determinar que la acción correctiva propuesta por la agencia es una respuesta correctiva suficiente al
asunto o situación, y que, una vez puesta en ejecución, no se necesitará ninguna otra acción.

(3) Podrá determinar que la respuesta de la agencia
es insuficiente para resolver el asunto o situación. En ese caso,
podrá recomendar a la agencia, para su consideración, el tipo de
acción correctiva que crea sea necesaria para resolver debidamente el asunto o situación, junto con un límite de tiempo para informar que se ha tomado la acción correctiva. También notificará al
presidente y secretario general del concilio de sus conclusiones,
por escrito.

(4) Podrá preparar un informe sobre el asunto para
aquellos miembros del concilio a quienes se les ha asignado la
responsabilidad de revisar el presupuesto anual de la agencia.
También notificará al presidente y secretario general del concilio
de sus conclusiones, por escrito.

c) Podrá recomendar al Concilio General de Finanzas y
Administración, para que tome acción, con notificación de la recomendación que se ha dado al liderazgo correspondiente de la tesorería presidente en cuestión, uno o más de los siguientes pasos:

(1) La continua observación de parte del departamen-
to de auditoría interna, a costa de la tesorería en cuestión, hasta
que el comité determine que el asunto se ha resuelto satisfactoriamente.

(2) Retener una cantidad apropiada de recursos de los
ingresos de fondos generales, que de otro modo fueran pagade-

ros a la tesorería, hasta que el concilio, con la recomendación del comité, determine que el asunto se ha resuelto satisfactoriamente.

(3) Informar sobre cualquier asunto no resuelto a la siguiente sesión de la Conferencia General, junto con recomendaciones para que la Conferencia General tome acción.

¶ **807.** *Otras responsabilidades fiscales*—El concilio tendrá las siguientes responsabilidades fiscales adicionales:

1. Recibir, colectar y retener en fideicomiso, para el beneficio de la Iglesia Metodista Unida, sus fondos generales, o sus agencias generales cualesquiera y todas las donaciones, legados y dispositivos de cualquier tipo, reales o personales, que se le puedan otorgar, elaborar, legar, o transmitir a la Iglesia Metodista Unida como tal, o cualquier otro fondo o agencia de la Iglesia Metodista Unida con fines benevolentes, caritativos o religiosos, y administrar los mismos y los ingresos de ellos de acuerdo con las instrucciones del donante, fideicomisario, o testador.

2. Tomar tal acción como sea necesaria para animar a los metodistas unidos a que provean para su participación continuada en el Servicio Mundial, en una o más de las agencias de Servicio Mundial.

3. *a)* Cuando se haga el uso de cualquiera de tales donaciones, legados o disposiciones de menos de $50.000 que no son designados, los mismos serán añadidos a y formarán parte del "Fondo del Servicio Mundial" el cual será mantenido y administrado por el concilio.

b) Las donaciones, legados o disposiciones de $50.000 o más no designadas se añadirán al "Fondo Permanente" de la Iglesia Metodista Unida. Este fondo será mantenido y administrado por el concilio, tal como lo designe la Conferencia General.

4. Cuando conferencias anuales, individualmente o en grupos, han establecido fundaciones, el concilio puede proveer, por solicitud, liderato de personal para aconsejar en materia de administración financiera, con el fin de que los activos de la fundación sean debidamente manejados a favor de la Iglesia.

5. Hacer recomendaciones a la Conferencia General, en consulta con la Mesa Conexional y el Concilio de Obispos, con relación a cualquier ofrenda a recibirse en conexión con la observancia de días especiales por toda la iglesia. Estas recomendaciones incluirán el número y las fechas de tales días especiales con ofrendas, la cantidad, si la hubiera, que se establecerá como meta para cada una de las ofrendas, las causas que se beneficiarán por ellas,

y los métodos mediante los cuales las iglesias locales remitirán e informarán los ingresos. Todas estas recomendaciones están sujetas a la aprobación de la Conferencia General.

6. Establecer una política general que gobierne la propiedad, venta, alquiler, renovación o compra de propiedades por una agencia general en los Estados Unidos. El concilio considerará los planes de cualquier agencia general que proponga adquirir o vender bienes raíces o construir o arrendar un edificio en los Estados Unidos continentales para determinar si la acción propuesta sirve los intereses de la Iglesia Metodista Unida. Sobre la base de tal determinación aprobará o desaprobará las acciones propuestas. Cuando una agencia general de programas se proponga tomar tal acción, el concilio solicitará la recomendación de la Mesa Conexional. Si se desaprueba, la agencia aplazará el proyecto hasta que pueda ser considerado por la próxima Conferencia General. Nada de lo anteriormente expresado incluye los requisitos de operación de la Casa Metodista Unida de Publicaciones, de la Junta General de Pensiones y Beneficios de Salud, o Mujeres Metodistas Unidas.

7. Establecer los procedimientos de exámenes cuadrienales, iniciar propuestas o responder a las propuestas de las agencias generales respecto a la ubicación de sus oficinas principales y de sus funcionarios, e informar a la Conferencia General.

8. Ejercer, a nombre de la Conferencia General, la función de recibir informes anuales sobre las propiedades de las agencias generales de la iglesia respecto a los títulos de propiedad, valores, deudas, mantenimiento general, costos de arriendo o alquiler, uso del espacio y cualquier otra información que el concilio considere pertinente. El concilio puede consultar y aconsejar a las agencias generales respecto a cualquier problema que surja referente a la propiedad. Se presentará un informe con el resumen de los datos a cada Conferencia General cuadrienal. Esta disposición se aplica a la sede, pero no a las propiedades que son parte de las responsabilidades programáticas de la Junta General de Ministerios Globales o a cualquiera de las propiedades de la Casa Metodista Unida de Publicaciones o Mujeres Metodistas Unidas.

9. Tomar los pasos legales que fueren necesarios para salvaguardar y proteger los intereses y derechos de la denominación; mantener recursos relacionados con los intereses denominacionales de la Iglesia Metodista Unida, y proveer abogados cuando sea necesario para proteger los intereses y derechos de la denominación. El concilio tiene autoridad para ejecutar las políticas y pro-

cedimientos que fueren necesarios para mantener la condición de exención de impuestos de la denominación y sus organizaciones afiliadas[14].

10. Supervisar el uso del emblema oficial de la Iglesia Metodista Unida y conservar la integridad de su diseño en cooperación con la Comisión General de Comunicaciones. Mantendrá el registro debido para proteger el emblema a nombre de la denominación. El emblema puede usarse por cualquier agencia metodista unida oficial, incluso las iglesias locales, y para identificar trabajo, programas y materiales metodistas unidos. El uso indica la identidad de la Iglesia Metodista Unida, con la cruz proclamando a Jesucristo como su fundamento, y las dos llamas descendiendo a un punto celebrando su origen cuando dos denominaciones se hicieron una, y afirmando su disposición a ir hasta los confines de la tierra a todas las personas para hacer discípulos de Jesucristo para la transformación del mundo, como la unción del Espíritu Santo "con lenguas repartidas, como de fuego, asentándose sobre cada uno de ellos" envió a los apóstoles hablando las lenguas de las personas donde quiera que fueran. Para conservar la integridad de su diseño, el emblema no será alterado o modificado. Los usuarios del emblema deberán asegurarse que se mantiene independiente y no está cubierto o forma parte de otro diseño o palabras. Cualquier uso comercial del diseño requiere expresa autorización previa por escrito por un oficial apropiado del Concilio General de Finanzas y Administración y será utilizado solamente de acuerdo con las guías y tarifas establecidas por el Concilio General de Finanzas y Administración[15].

11. Supervisar el uso de los nombres "metodista unido" y la Iglesia Metodista Unida", y mantener los registros apropiados de estos nombres a favor de la denominación.

12. *a)* El concilio: (1) exigirá a cada agencia general, según se enumeran en el ¶ 805.4*d*, inclusive el mismo, seguir políticas y prácticas uniformes en el empleo y remuneración del personal empleado, reconociendo diferencias en las condiciones de empleo locales (estas políticas serán consecuentes con los Principios Sociales y resoluciones de la Iglesia Metodista Unida); y (2) tendrá autorización para recoger de todas las agencias generales, en intervalos y en formatos que determine, información respecto a

---

14. Ver Decisión 458 del Concilio Judicial.
15. Ver Decisión 828 del Concilio Judicial.

remuneración salarial y equidad de pagos y el número de empleados y personal de la agencia. Solamente la agencia empleadora o el empleado mismo podrá revelar información referente a la remuneración de empleados específicos.

b) El Comité de Políticas y Prácticas de Personal (¶ 805.4*b*): (1) evaluará anualmente las normas y prácticas uniformes mencionadas en ¶ 807.12a, (2) preparará cada cuadrienio, examinará anualmente y recomendará al concilio un plan apropiado de salarios para el personal de los concilios, de las juntas y de las comisiones representados en el comité, que se basará en las responsabilidades individuales; y (3) recomendará anualmente al concilio un plan de beneficios para los empleados de cada agencia como se determina en ¶ 805.4b.

c) El Comité de auditoría y examen (1) recibirá declaraciones de las agencias e instituciones que reciben fondos generales de la Iglesia (¶ 810.2) sobre el cumplimiento de las políticas indicadas en el ¶¶ 807.12*a* y 811.1, y (2) recibirá de todas las agencias generales información necesaria para evaluar la equidad en los pagos. A base de estas declaraciones, y en consulta y con el consejo de la Comisión General de Religión y Raza y la Comisión General del Estado y Rol de la Mujer, el comité preparará, para el Concilio General de Ministerios, los informes y las recomendaciones que juzgue apropiados, de acuerdo con los procedimientos que se describen en ¶ 806.12.

d) En caso de que el concilio determine que una agencia o institución que recibe fondos generales de la Iglesia no cumple con la política establecida o referida en ¶¶ 807.12a y 811.1, el concilio se lo notificará por escrito a la agencia y suspenderá, después de un período de gracia de tres meses, una cantidad apropiada de los fondos que la agencia ha de recibir en el futuro hasta que la agencia se avenga a los requisitos.

13. Mantendrá un servicio de consulta para ayudar a las agencias generales en los arreglos generales y el planeamiento de reuniones, conferencias y convocaciones nacionales.

14. Establecerá y supervisará definiciones y políticas para las agencias generales que reciban fondos generales de la iglesia en cuanto a la adquisición, procesamiento y distribución de cierta información autoritaria de la denominación, como información de contacto de iglesias locales, personal clerical y liderazgo de la Iglesia Metodista Unida, en colaboración con el Concilio de Obispos y en consulta con las agencias generales.

15. Mantendrá la base de datos oficial para las agencias generales que reciban fondos generales de la iglesia (¶ 810.2) de la información oficial de todos los obispos; los ministros ordenados y consagrados en relación activa; los pastores locales, inclusive los ministros ordenados jubilados que sirven en un cargo; cargos, iglesias locales, parroquias, confraternidades e iglesias nuevas; y otras listas tales como juntas, comisiones y comités generales, jurisdiccionales y conferenciales, y de sus oficiales, y de otros oficiales que el concilio determine necesarios. Solamente se les permitirá acceso a estos registros a las entidades autorizadas o a oficiales de la Iglesia.

16. Establecerá un medio electrónico que las iglesias locales usaran para juntar, preparar e informar, de forma precisa y a tiempo, sus estadísticas al concilio. Hará provisión para la distribución de la información estadística a las conferencias anuales, a las agencias de planificación e investigación general de la Iglesia y a otros grupos interesados. El concilio puede establecer cuotas y cargos para sufragar el costo de los servicios de distribución de tal información.

17. Asistirá y aconsejará a las jurisdicciones, conferencias anuales, distritos e iglesias locales en todos los asuntos relacionados con el trabajo del concilio. Estos asuntos incluyen la administración de los negocios, la administración de inversiones y propiedades, tecnología informática, y la auditoría, pero no se limitan a ellos. Los asuntos que se relacionan con la provisión de recursos para el desarrollo y la ejecución de programas financieros de los comités de finanzas de las iglesias locales son la responsabilidad de la Junta General de Discipulado. El concilio puede ejercer ciertas funciones a favor de las jurisdicciones, las conferencias anuales, los distritos o las iglesias locales, si la organización en particular lo decide, y si se determina un plan de operación. De acuerdo con el ¶ 810.1, cualquier asistencia o recurso provisto por el concilio en adelante será una contribución en especie y no una contribución directa de fondos.

18. Proveerá orientación y consulta a los individuos que proporcionan servicios a la Iglesia en las áreas de: administración de la iglesia local; asistencia administrativa; compensación equitativa; tecnología de información; y dirección legal a las conferencias anuales. Tal orientación y consulta podrá incluir, si el concilio lo considera adecuado: establecer normas profesionales relevantes, programas de capacitación, educación continuada y certificaciones; alentar la participación en asociaciones relacionadas con estos

servicios (por ejemplo, la Asociación Profesional de Secretarios de la Iglesia Metodista Unida, la Red de Practicas Metodista Unida, la Asociación Nacional de Comisiones de Compensación Equitativa de la Iglesia Metodista Unida, la Asociación de Tecnologías de la Información Metodista Unida y la Asociación de Cancilleres Conferenciales de la Iglesia Metodista Unida, u organizaciones similares); y proporcionar empleados o servicios en especie para tales asociaciones.

19. Instituirá, administrará y mantendrá un programa de seguros disponible, siempre que lo aprueben las agencias reguladoras, a todas las iglesias locales Metodistas Unidas en los Estados Unidos y, donde se acepte sobre una base de suscripción, a todas las conferencias anuales metodistas unidas, agencias e instituciones en los Estados Unidos.

20. Designará un miembro del personal, que en cooperación con el secretario general, cumplirá tales responsabilidades que se necesiten para asistir a la Comisión de la Conferencia General con la preparación de las sesiones de la Conferencia General. Al cumplir esta función, el miembro del personal fungirá como administrador de la comisión, y se relacionará desde el punto de vista operacional con la Comisión.

21. Proporcionará orientación y consulta a las iglesias, conferencias y otras organizaciones metodistas unidas en cuanto a campañas para recaudar fondos que se conducen vía Internet y medios sociales en los cuales se puede solicitar capital de un espectro más extenso de donantes, lo que se conoce también como sitios de financiación por multitudes. Esta consulta se limitará a iglesias y conferencias que residen en los Estados Unidos.

¶ **808.** *Pagos conferenciales de fondos asignados*—1. Por lo menos noventa días antes de la sesión de cada conferencia anual, o tan pronto como sea posible, el tesorero del Concilio General de Finanzas y Administración enviará al obispo presidente, al presidente conferencial del Concilio de Finanzas y Administración y al tesorero conferencial, una lista de las asignaciones de la conferencia para el Fondo de Servicio Mundial, el Fondo de Administración General, el Fondo Episcopal, el Fondo de Cooperación Interdenominacional, el Fondo de Educación Ministerial, el Fondo para Colegios Negros, el Fondo de la Universidad de África, y otros fondos que la Conferencia General haya podido asignar.

2. El tesorero mantendrá cuentas de todas las cantidades remitidas por los tesoreros conferenciales, y de otras fuentes desti-

nadas para los fondos enumerados en el ¶ 810.1, y de cualquier otro fondo, si así lo ordena la autoridad apropiada, y desembolsará los fondos según lo autorice la Conferencia General, y lo ordene el concilio. Cada fondo tendrá una cuenta separada, y los fondos de una no podrán usarse en beneficio de otra.

3. Si en un año dado se recibe para el total de un fondo más de la cantidad aprobada por la Conferencia General, o por una partida dentro del total de un fondo, el concilio mantendrá los fondos en exceso en fideicomiso en un fondo de estabilización de asignaciones. Todos los dineros colocados en dicho fondo se considerarán saldos de fondos restringidos por la Conferencia General a los fondos o partidas en las que ocurrieron los excedentes. El concilio los retendrá hasta que ocurran faltas de ingresos durante el mismo cuadrienio, en cuya ocasión se han de liberar para compensar dichas faltas. Si se mantienen fondos no distribuidos en un fondo de estabilización de asignaciones al final del cuadrienio, el concilio recomendará, para la acción de la próxima Conferencia General, la disposición de cualquier saldos de fondos, con tal que dichas recomendaciones sean consecuentes con los propósitos para los que los fondos hayan sido recaudados.

¶ 809. *Informe anual del Tesorero General a la conferencia anual de todos los gastos de la iglesia general*—El tesorero informará anualmente al concilio y a los concilios conferenciales respectivos las cantidades recibidas y desembolsadas durante el año. El tesorero también presentará un informe completo de todas las transacciones financieras del concilio que hayan tenido lugar durante los cuatro años fiscales previos a cada sesión cuadrienal de la Conferencia General. El tesorero estará afianzado en una cantidad determinada por el concilio. Un contador público certificado y nombrado por el Concilio General de Finanzas y Administración, a recomendación del Comité de Auditoría y Examen (¶ 805.4*a*), examinará anualmente los libros del tesorero.

FONDOS GENERALES

¶ 810. *Definición de fondos generales*—1. Los términos fondos generales y fondos generales de la Iglesia, dondequiera que aparecen en la Disciplina, se refieren a: el Fondo de Servicio Mundial, el Fondo General de Administración; el Fondo Episcopal; el Fondo de Cooperación Interdenominacional; el Fondo de Educación Ministerial; el Fondo para Colegios Negros; el Fondo de la Universidad de África; donaciones especiales al Servicio Mundial;

donaciones especiales a El Avance; el Fondo de Comunión Mundial; el Fondo del Día de las Relaciones Humanas; el Fondo del Día del Estudiante Metodista Unido; el Fondo del Domingo de UMCOR[16]; el Fondo del Domingo de Paz con Justicia; el Fondo del Domingo de los Nativo-americanos; el Fondo de Servicio de la Juventud, y cualquier otro fondo que haya sido establecido y autorizado específicamente por la Conferencia General para que toda la iglesia lo recaude. Estos son bienes restringidos, y no son fondos de las iglesias locales, de las conferencias anuales o jurisdiccionales, o de cualquier otra unidad de la denominación. Tales fondos generales se distribuirán con el propósito o propósitos establecidos en los ¶¶ 812-824, y de acuerdo con los presupuestos o directivas similares que la Conferencia General haya establecido para ellos. El Concilio General de Finanzas y Administración, en cumplimiento de sus responsabilidades fiscales, según se establecen en el ¶ 806, solamente tiene autoridad para desembolsar dineros contribuidos a cualquiera de esos fondos en la manera en que la *Disciplina* lo autorice específicamente, o para el propósito establecido en el presupuesto o en las directrices adoptadas para ese fondo en particular por la Conferencia General previa. El Comité de Auditoría y Examen del Concilio General de Finanzas y Administración repasará las auditorías internas y externas de estos fondos e informará de los resultados de su estudio a las tesorerías que reciben tales fondos, al Concilio General de Finanzas y Administración, y a cualquier otra entidad si lo estima apropiado. Se aplicarán las disposiciones del ¶ 806.12 a esta función del Comité de Auditoría y Examen.

2. Los términos *agencia(s) que reciben fondos de la iglesia general y tesorería(s) que reciben fondos de la iglesia general*, como se usan en los ¶¶ 701-824 de la *Disciplina*, se refieren a agencias cuyos presupuestos operacionales o administrativos se sostienen directamente, en su totalidad o en parte, por dineros de uno o más de los fondos generales de la iglesia. Para los propósitos de los ¶¶ 701-824, se determina que la Junta General de Pensiones y Beneficios de Salud. La Casa Metodista Unida de Publicaciones y las Mujeres Metodistas Unidas no son agencias o tesorerías cuyos presupuestos operacionales o administrativos se sostienen directamente, en

---

16. Cambiado del Fondo de Una Gran Hora de Compartir para que sea consistente con los asuntos 53 y 54 del calendario (*Daily Christian Advocate* página 2101) de la Conferencia General 2016.

su totalidad o en parte, por uno o más de los fondos generales de la iglesia.

¶ **811.** *Políticas generales*—1. El Concilio General de Finanzas y Administración tiene autorización para negar la aprobación de parte o de todo el presupuesto de cualquier agencia o de cualquier institución relacionada con la iglesia que reciba fondos generales de la iglesia (ver el ¶ 810.2) hasta tanto tal agencia o institución relacionada con la iglesia someterá por escrito al concilio sus políticas establecidas de: *(a)* reclutar, emplear, utilizar, recompensar y promover el personal profesional y el resto del personal sin distinción de raza, etnicidad, edad, o género, *(b)* cumplir sus responsabilidades de tal manera que no haya segregación o discriminación sobre la base de raza, edad, o género y *(c)* en cuanto sea posible, obtener bienes y servicios de vendedores que cumplen con las políticas descritas en las secciones *(a)* y *(b)* de este párrafo. En el cumplimiento de esta directriz, el concilio tomará los siguientes pasos: (1) colaborar con la Comisión General de Religión y Raza y de la Comisión General del Estado y Rol de la Mujer en la preparación de la planilla de certificación que las agencias generales y las instituciones que reciben fondos generales de la iglesia someten al concilio; (2) repasar copias de esas certificaciones con las dos comisiones; (3) en consulta con las dos comisiones determinar recomendaciones adecuadas en cuanto al posible incumplimiento de estas políticas por agencias e instituciones que reciben fondos generales de la Iglesia; y (4) en colaboración con la Comisión General de Religión y Raza y de la Comisión General del Estado y Rol de la Mujer, el Concilio General de Finanzas y Administración determinará recomendaciones justas para retener fondos de las agencias e instituciones relacionadas con la iglesia que no actúen en conformidad.

2. Podrá negar la aprobación de cualquier capítulo o capítulos en el presupuesto o presupuestos que reciban fondos generales de la iglesia (¶ 810.2) que, a su juicio, representen una duplicación innecesaria de funciones administrativas y servicios. Tales funciones y servicios incluyen, pero no se limitan a estos, contabilidad, bases de datos, equipo, recursos humanos, tecnología informática, mantenimiento y organización de reuniones. En cooperación, y con la recomendación de la Mesa Conexional, podrá negar aprobación a cualquier partida que represente duplicación innecesaria de programa dentro de una agencia o entre dos o más agencias. Si el concilio encuentra tal duplicación en actividades ya existentes,

dirigirá prontamente la atención de las agencias a tal situación, y cooperará con ellas en corregirla, y pudiera rehusar proveer los dineros procedentes de los fondos generales para continuar actividades que se duplican innecesariamente o que claramente están en violación del principio de correlación, según se aplica al programa total de benevolencia de la iglesia.

3. Cualquier agencia de la Iglesia Metodista Unida que reciba fondos de la iglesia general (¶ 810.2) que se proponga hacer un préstamo por un período de más de doce meses, o por una cantidad que exceda el 25 por ciento de su presupuesto anual o por quinientos mil dólares, ya sea para construcción o para gastos corrientes, presentará al concilio una propuesta, acompañada de un plan de amortización, para su aprobación. Si el concilio desaprueba, la agencia aplazará el préstamo hasta que pueda ser considerado por la próxima Conferencia General.

4. Las asignaciones para todos fondos asignados de la iglesia general, tal como fueron aprobados por la Conferencia General, no estarán sujetos a reducción ni por la conferencia anual ni por el cargo o la iglesia local (¶ 615.1)[17].

5. Donantes individuales o iglesias locales pueden hacer contribuciones para el sostén de cualquier causa o proyecto que es parte del trabajo de cualquier agencia general de la iglesia. Tales donativos misceláneos serán enviados al Concilio General de Finanzas y Administración, el cual los enviará a la agencia para la cual se especificó. Agencias que reciban donativos misceláneos deben acusar recibo del regalo al donante. Ninguna agencia habrá de solicitar o cultivar donaciones para cualquier causa o proyecto por peticiones a abiertas a la iglesia que no ha sido aprobado para ayuda por medio de Donativos Especiales del Servicio Mundial (¶ 820), Donativos Especiales del Avance general (¶ 822), o una apelación especial (¶ 819).

6. Ningún concilio general, junta, comisión o comité que reciba fondos de la Iglesia general (vea ¶ 810.2) habrá de iniciar ni causar la organización de una fundación sin la aprobación del Concilio General de Finanzas y Administración, con el propósito de asegurar, conservar o gastar fondos para el beneficio directo o indirecto o el sostén de ninguna agencia general o ninguno de sus programas o trabajo, fundaciones u organizaciones similares relacionadas directa o indirectamente a una agencia general de la

17. Ver Decisiones 818, 1146 del Concilio Judicial.

Iglesia que reciba fondos de la iglesia general, habrá de informar anualmente al concilio de una manera determinada por el concilio.

¶ **812.** *Fondo de Servicio Mundial*—El Fondo de Servicio Mundial es básico en el programa financiero de la Iglesia Metodista Unida. La asignación del Fondo de Servicio Mundial representa las necesidades mínimas de las agencias generales de la iglesia. El pago completo de esta asignación por las iglesias locales y por las conferencias anuales es la primera responsabilidad de la iglesia en cuanto a las benevolencias[18].

1. El concilio recomendará a cada sesión cuadrienal de la Conferencia General el presupuesto anual del Servicio Mundial para el siguiente cuadrienio, y el método a seguir para su asignación a las conferencias anuales. En cooperación con la Mesa Conexional, preparará y recomendará un plan de distribución de los fondos recibidos entre las agencias de Servicio Mundial, de acuerdo con los procedimientos descritos en el ¶ 806.1*b*. El papel del Concilio General de Finanzas y Administración en el planeamiento del presupuesto del Servicio Mundial será facilitar políticas y prácticas financieras y administrativas que sean sólidas, dentro de cada agencia general y entre las agencias generales de la Iglesia. El papel de la Mesa Conexional es relacionar lo pedido en los presupuestos de las distintas agencias de programa de modo que se pongan en ejecución las prioridades de la misión y de programa de la Iglesia.

2. El secretario general, u otro representante debidamente autorizado de cada agencia de la Iglesia Metodista Unida, que solicite sostén del Fondo de Servicio Mundial y el representante autorizado de cualquier otra agencia, cuya solicitud haya sido aprobada por la Conferencia General, tienen derecho de comparecer ante el concilio, en un tiempo y lugar designados, para representar la causa por la que cada uno es responsable, siempre y cuando tal presentación se haya hecho previamente ante la Mesa Conexional.

3. Las agencias de Servicio Mundial no harán solicitudes especiales a individuos o a grupos especiales, aparte de las fundaciones, a no ser que hayan obtenido previamente tal solicitud del concilio.

4. La Comisión General de Comunicación habrá de promover el Fondo de Servicio Mundial.

---

18. Ver Decisión 818 del Concilio Judicial.

¶ 813. *Fondo General de Administración*—1. El Fondo General de Administración sufragará los gastos de las sesiones de la Conferencia General, del Concilio Judicial, de comisiones y comités especiales constituidos por la Conferencia General y de otras agencias administrativas y actividades incluidas en el presupuesto por recomendación del Concilio General de Finanzas y Administración y con la aprobación de la Conferencia General. Cualquier agencia o institución que necesite o desee apoyo del Fondo General de Administración, presentará su caso al concilio cuándo y dónde los oficiales del concilio lo indiquen. Después de recibir tales solicitudes, el concilio informará las mismas a la Conferencia General, con su recomendación, para su acción y determinación.

2. El tesorero del concilio desembolsará lo recibido para el Fondo General de Administración en la manera que lo autorice la Conferencia General, y como lo instruya el concilio. Cuando la Conferencia General no haya asignado cantidades definitivas a las agencias que reciben dinero del Fondo General de Administración, el concilio, o un comité designado por el Concilio General de Finanzas y Administración, tendrá la autoridad de determinar la asignación para cada agencia.

3. El Fondo General de Administración sufragará los gastos del Concilio Judicial, dentro del presupuesto sometido anualmente por el Concilio Judicial, al Concilio General de Finanzas y Administración para su aprobación, y sujeto a los requisitos del ¶ 813.4.

4. El Fondo General de Administración, y todos los pagos hechos a este fondo, estarán sujetos a los requisitos financieros de contabilidad y auditoría del ¶ 806.

5. La Comisión General de Comunicación habrá de promover el Fondo de Administración General.

¶ 814. *El Fondo de Cooperación Interdenominacional*—1. Este fondo habrá de dar ayuda metodista unida a los presupuestos básicos de aquellas organizaciones que están relacionadas con las responsabilidades ecuménicas del Concilio de Obispos. Dichas organizaciones están descritas en el Capítulo tercero, Sección IX-Relaciones Ecuménicas en los ¶¶ 431-442.

2. El Concilio de Obispos, recomendará al Concilio General de Finanzas y Administración la cantidad anual del Fondo de Cooperación Interdenominacional que se asignará a cada entidad que recibe dinero de esos fondos. El concilio recomendará a la Conferencia General las cantidades que serán incluidas en el presupuesto anual del Fondo de Cooperación Interdenominacional.

3. El Concilio de Obispos determinará anualmente la designación de fondos para agencias ecuménicas que serán pagadas al siguiente año del Fondo de Cooperación Interdenominacional que no ha sido designado específicamente por la Conferencia General anterior. El Concilio de Obispos comunicará tales designaciones al Concilio General de Finanzas y Administración antes del principio del año fiscal que se refiera a esta designación. El Concilio General de Finanzas y Administración distribuirá los fondos a cada recipiente de acuerdo con tales designaciones durante el año fiscal, hasta el grado en que los fondos estén disponibles.

4. El fondo también proveerá para los gastos de los representantes escogidos por el Concilio de Obispos para asistir a reuniones y comités de tales agencias ecuménicas. El Concilio General de Finanzas y Administración reembolsará dichos gastos por recibos aprobados por las personas designadas por el Oficial Ecuménico del Concilio de Obispos.

5. *Distribución de fondos a organizaciones ecuménicas—a)* El Concilio General de Finanzas y Administración remitirá mensualmente a cada organización que está en el presupuesto del Fondo de Cooperación Interdenominacional, en forma proporcional de las ofrendas netas recibidas después del pago de cualquier cargo ya fijado.

b) En el interino entre sesiones de la Conferencia General, pueden ocurrir excepciones bajo una de las siguientes circunstancias:

(1) Si la organización no está en condiciones de cumplir, o deja de cumplir, con el propósito o propósitos que fueron la base para que el Concilio de Obispos hubiera recomendado los fondos.

(2) Si la organización dejar de existir.

c) Si el Concilio de Obispos determina que las circunstancias están justificadas, puede recomendar al Concilio General de Finanzas y Administración que se suspenda o reduzca el fondo para la organización, ya sea indefinidamente o por un tiempo específico. El Concilio entonces reducirá o suspenderá el envío de ofrendas recibidas a la organización hasta aquel momento en que el Concilio de Obispos determine que las circunstancias que obligaron la reducción o suspensión de pagos, ya no existe. El Concilio de Obispos entonces recomendará al Concilio General de Finanzas y Administración si se resumirán los envíos a la organización, en cantidades basadas en las ofrendas actuales recibidas por el Fondo de Cooperación Interdenominacional o si cantidades retenidas previamente debían ser enviadas con las cantidades pagables de recibos actuales.

d) Si se reducen o suspenden los fondos a una organización, los fondos que de otra manera se hubieran gastado, serán retenidos por el Concilio General de Finanzas y Administración hasta que el Concilio de Obispos recomiende que sean restaurados a la organización o usados para sostener una organización ecuménica similar. Si los fondos no se gastan antes de la próxima sesión de la Conferencia General, el Concilio General de Finanzas y Administración, después de consultar con el Concilio de Obispos, informará a la Conferencia General el total de fondos retenidos y recomendará, para decisión de la Conferencia General, la disposición de dichos fondos.

6. Antes del comienzo de cada año el Concilio General de Finanzas y Administración determinará y comunicará al Concilio de Obispos la cantidad disponible del Fondo de Reserva para Contingencias del Fondo de Cooperación Interdenominacional para su asignación a las necesidades emergentes de las agencias ecuménicas.

7. La Comisión General de Comunicación habrá de promover el Fondo de Cooperación Interdenominacional.

¶ **815.** *Fondo para colegios negros*—El Concilio General de Finanzas y Administración recomendará a la Conferencia General la cantidad que la iglesia tratará de recaudar para los colegios negros y el método por el cual se harán las asignaciones correspondientes a cada conferencia anual. El propósito del fondo es apoyar financieramente los presupuestos corrientes, y mejorar el equipo y la planta física de los colegios negros que se relacionan administrativamente con la iglesia.

1. El tesorero del Concilio General de Finanzas y Administración enviará mensualmente lo recibido para este fondo a la Junta General de Educación Superior y Ministerio para la distribución entre aquellos colegios negros que llenen los requisitos establecidos, de acuerdo con pautas adoptadas, en cuanto a administración, calidad educacional y cumplimiento de las metas anunciadas. La División de Educación Superior de la Junta General de Educación Superior y Ministerio revisará y administrará estas pautas, en consulta con el Concilio de Presidentes de Colegios Negros. La fórmula para la distribución es como sigue:

a) Cinco sextos de los fondos recibidos serán distribuidos a los colegios para ayudar a sostener el presupuesto de operación actual:

(1) 75 por ciento de los cinco sextos de la porción de operación será compartida a partes iguales con cada colegio.

(2) 20 por ciento de los cinco sextos de la porción de operación será distribuida de acuerdo con la matrícula inscrita.

(3) El 5 por ciento restante de los cinco sextos de la porción de operación será distribuida igualmente a cada colegio anualmente para la planificación a largo alcance, programas académicos especiales, y en competir por donativos de acuerdo con las pautas de sostenimiento establecidas por la Conferencia General.

b) Una sexta parte de los fondos recibidos se guardará para mejoramientos, y será distribuida por la Junta General de Educación Superior y Ministerio de acuerdo con las necesidades. La División de Educación Superior de la Junta General de Educación Superior y Ministerio administrará el fondo de acuerdo con estas pautas y con una fórmula aprobada por la Conferencia General.

2. Se podrán cambiar las pautas y la fórmula entre sesiones de la Conferencia General, según sea necesario, si así lo recomiendan el Concilio de Presidentes de Colegios Negros y la Junta General de Educación Superior y Ministerio, con el consentimiento del Concilio General de Finanzas y Administración.

3. La División de Educación Superior, en consulta con el Concilio de Presidentes de Colegios Negros, y en cooperación y con la asistencia de la División de Interpretación de Programa y Benevolencias de la Comisión General de Comunicaciones, es responsable por la promoción del Fondo de Colegios Negros, y los gastos de promoción cargado a este Fondo, dentro del presupuesto aprobado por la División de Educación Superior y por el Concilio General de Finanzas y Administración.

4. Una conferencia anual puede hacer donativos directos y, o designados para gastos actuales o fondos de capital a uno o más de estos colegios, pero sólo después de haber Fondo para Colegios Negros. El costo de promoción tiene prioridad sobre el cobro del dinero recibido para el fondo cumplido por completo con la asignación del Fondo de Colegios Negros. Puede haber una excepción razonable a esta restricción, pero tales excepciones serán

negociadas con la Junta General de Educación Superior y Ministerio.

¶ **816.** *El Fondo de Educación Ministerial*—El concilio recomendará a la Conferencia General la cantidad que la iglesia tratará de recaudar para el Fondo de Educación Ministerial y el método por el cual se harán las asignaciones correspondientes a las conferencias anuales, de acuerdo con las disposiciones adoptadas por la Conferencia General de 1968 al establecer el Fondo de Educación Ministerial. El propósito del fondo es hacer posible que la iglesia unifique y amplíe su programa de apoyo financiero para el reclutamiento y educación de ministros ordenados y diaconales, y para habilitar las conferencias anuales para que puedan enfrentase con las crecientes demandas en este campo. La mayor cantidad posible de este fondo irá directamente a los programas y servicios de educación teológica, al reclutamiento y la educación continuada de los ministros ordenados y diaconales y a los cursos de estudio. Cuando la Junta de Ministerio Ordenado de una conferencia anual utilice estos fondos para financiar actividades educacionales continuadas, dichas actividades pudieran abrirse para que el laicado asista y participe, a opción de la Junta de Ministerio Ordenado de cada conferencia anual.

1. Cada conferencia anual retendrá el 25 por ciento de todo lo recaudado para el Fondo de Educación Ministerial, para usarlo en educación ministerial, de acuerdo con el programa aprobado por la conferencia anual, y será administrado por su Junta de Ministerio Ordenado. La Junta de Ministerio Ordenado deliberará en cuanto al uso del Fondo de Educación Ministerial. Los gastos de administración de la Junta de Ministerio Ordenado serán sufragados por el presupuesto de operaciones de la conferencia. Ninguna conferencia anual que haya participado en el plan del 1 por ciento u otro programa de becas y préstamos a estudiantes ministeriales antes del establecimiento de este fondo, recibirá menos para este propósito que lo que recibió en el último año del cuadrienio anterior al establecimiento de este fondo, siempre y cuando las donaciones de tal conferencia para la educación ministerial no caigan a menos del nivel alcanzado en el cuadrienio anterior al establecimiento de este fondo.

a) Los "Préstamos para el Servicio" de las diferentes porciones del Fondo de Educación Ministerial de las conferencias, pueden considerarse como pagados si el recipiente sirve cinco (5) años en la conexión bajo nombramiento aprobado por su obispo[19].

b) En caso de que los recipientes de estos préstamos no satisfagan las disposiciones de los "Préstamos para el Servicio" por medio de servicio en la "conexión", harán arreglos para pagar el préstamo con las conferencias donde obtuvieron el préstamo.

2. Del total que se recaude en cada conferencia anual para el Fondo de Educación Ministerial, el tesorero de la conferencia enviará al tesorero del concilio el 75 por ciento para distribuirse a la Junta General de Educación Superior y Ministerio en apoyo de la educación ministerial, y esa junta lo administrará. El fondo se distribuirá de la siguiente manera:

a) Por lo menos el 75 por ciento de las cantidades recibidas por las divisiones se distribuirá entre las escuelas de teología de la Iglesia Metodista Unida, de acuerdo con una fórmula establecida por la Junta General de Educación Superior y Ministerio, en consulta con las escuelas de teología. Las Escuelas Teológicas Metodistas Unidas en las cuales menos del 40 por ciento de la facultad son metodistas unidos u otra denominación wesleyana histórica renunciarán a 1/3 de sus Fondos de Educación Ministerial, los cuales regresarán a la Junta General de Educación Superior y Ministerio para ser distribuidos como becas de ayuda para los candidatos certificados par el ministerio ordenado metodista unido matriculados en instituciones de educación teológica metodistas unidas que han sido aprobadas por la Comisión de Educación Teológica. Todos los fondos asignados a las escuelas de teología se usarán para gastos de operaciones corrientes, no para la expansión de la planta física. Los fondos de educación ministerial distribuidos para escuelas teológicas metodistas unidas para sus operaciones corrientes será solamente utilizados para:

—Becas para estudiantes metodistas unidos

—Salarios para la facultad y personal y beneficios de esas personas que preparan estudiantes metodistas unidos (que implementan el curriculum que se requiere en ¶ 324.4) para el ministerio ordenado o servicio como pastor local a través del programa de Curso de Estudios.

Todo colegio teológico metodista unido que recibe distribuciones del Fondo de Educación Ministerial someterá informes anuales a la Junta General de Educación Superior y Ministerio

---

19. Ver Decisión 1175 del Concilio Judicial.

detallando cómo se han gastado las distribuciones del Fondo de Educación Ministerial.

b) La porción restante de la cantidad recibida se usará para distribuciones suplementarias a las escuelas de teología y para uso de la junta en su programa de alistamiento y desarrollo ministerial. La Junta General de Educación Superior y Ministerio recomendará al secretario general de la Junta General de Educación Superior y Ministerio cuáles sean los fondos apropiados para los programas divisionales de alistamiento y desarrollo ministerial.

c) Comenzando en el cuadrienio 2009-2012, la Junta General de Educación Superior y Ministerio facilitará la creación de Fondos de Educación Ministerial Metodistas Unidos en las conferencias centrales, que incluirá el desarrollo y la provisión de fondos para esta nueva iniciativa. La razón de ser de esta iniciativa es la de mejorar y fortalecer las estructuras indígenas existentes para la educación teológica con el propósito de crear un sistema sostenible de educación para la clerecía de la conferencia central.

3. Las conferencias anuales considerarán este fondo como una prioridad que ha de cumplirse antes de que cualquier otra benevolencia, donativo o fondo se asigne a una escuela teológica o a una escuela de religión[20].

4. La Comisión General de Comunicación habrá de promover el Fondo de Educación Ministerial.

¶ **817.** *Fondo de Educación Teológica de la Conferencia Central—* Habrá un Fondo de Educación Teológica de la Conferencia Central. Los fondos para este propósito vendrán del Fondo de Servicio Mundial.

a) Se establecerá una Comisión del Fondo de Educación Teológica de la Conferencia Central elegido por el Concilio de Obispos para determinar políticas y procedimientos para este fondo. Aprobará asignaciones para estos fondos. La comisión incluirá una persona de cada conferencia central, e incluirá miembros del Concilio de Obispos, miembros de las Juntas del Ministerio Ordenado, representantes de las escuelas teológicas, representantes de la Junta General de Educación Superior y Ministerio, la Junta General de Ministerios Globales, y del Comité Permanente de Asuntos de la Conferencia Central. El Concilio de Obispos tomará en consideración la representación geográfica y proporcional cuando seleccione a los miembros de la comisión.

---

20. Ver Decisión 545 del Concilio Judicial.

b) Se utilizará en las conferencias centrales fuera de los Estados Unidos de una, varias o todas de las siguientes maneras como considere la comisión: (1) desarrollo de escuelas teológicas; (2) desarrollo de cursos de estudio; (3) desarrollo de bibliotecas y recursos elaborados contextualmente; (4) desarrollo de becas y facultad; (5) apoyo de asociaciones y redes de facultad y escuelas; (6) apoyo de metodologías nuevas e innovadoras de educación teológica.

c) La Junta General de Educación Superior y Ministerio administrará este fondo.

d) Todo el dinero recibido de las distribuciones de la conferencia central del Fondo de Administración General en un exceso de 750.000 dólares (el costo del Comité Permanente de Asuntos de la Conferencia Central, incluyendo su trabajo en el la *Disciplina General*) deberá dirigirse al Fondo de Educación Teológica de la Conferencia Central.

El fondo episcopal

¶ **818.** *Propósito*—1. El fondo episcopal, recaudado de acuerdo con el ¶ 818.3, suministrará el sueldo y los gastos de los obispos activos a partir del día de su consagración y el sostén de los obispos jubilados, las viudas o los viudos de obispos y los hijos menores de edad de los obispos fallecidos. El tesorero, sujeto a la aprobación del Concilio General de Finanzas y Administración, tendrá autoridad para pedir prestadas las cantidades necesarias para el fondo episcopal, de manera que se puedan llevar a cabo las órdenes de la Conferencia General. La Comisión General de Comunicación habrá de promover el fondo episcopal.

2. *Requisitos*—El concilio recomendará a cada sesión cuadrienal de la Conferencia General, para su acción y determinación: (1) la cantidad que ha de fijarse como sueldo de los obispos activos o una fórmula por la que el concilio fijará los sueldos; (2) las cantidades que se juzguen adecuadas para cubrir los gastos de oficina; (3) provisión de un presupuesto anual de operaciones para el Concilio de Obispos, inclusive los gastos de salarios, oficina y viajes del secretario ejecutivo y el oficial ecuménico del Concilio de Obispos; (4) pautas que gobiernen el pago de los gastos de viaje de los obispos, inclusive todos los viajes autorizados por el Concilio de Obispos; (5) las cantidades necesarias del fondo del Programa de Seguridad de Jubilación del Clero o del Programa Global de Pensiones Episcopales (o cualquier plan o programa de jubilación

o pensión episcopal que les suceda); y (6) la provisión de las asignaciones de beneficios a las viudas o viudos de los obispos y del sostén de los hijos menores de edad de los obispos fallecidos. El concilio estimará e informará a la Conferencia General, de acuerdo con los datos obtenidos, la cantidad total aproximada que se requerirá anualmente durante el cuadrienio siguiente, de manera que se asegure el sostén de lo detallado anteriormente. Esta cantidad, según se determine finalmente, constituirá el estimado del presupuesto episcopal. La administración del presupuesto del fondo episcopal, según lo determine la Conferencia General, estará bajo la dirección y autoridad del Concilio General de Finanzas y Administración, inclusive la auditoría y la preparación de un informe fiscal anual. Nada en este párrafo impide que la conferencia anual o las conferencias de un área episcopal incluyan en sus presupuestos cantidades para cubrir gastos de un área episcopal.

3. *Proporcionalidad*—La cantidad asignada a un cargo para el fondo episcopal se pagará en la misma proporción que el cargo paga a su pastor (ver también ¶ 622)[21].

4. *Salarios de obispos*—El tesorero del Concilio General de Finanzas y Administración remitirá mensualmente a cada obispo activo la duodécima parte del sueldo anual determinado por la Conferencia General, y los gastos de oficina según los haya aprobado el concilio, menos las deducciones o reducciones de sueldo o de las asignaciones para gastos de oficina que autorice cada obispo. Los beneficios de los obispos jubilados, de los viudos o viudas de obispos y de los hijos menores de edad de los obispos fallecidos, se pagarán en mensualidades iguales.

5. *Gastos de vivienda*—El Concilio General de Finanzas y Administración suministrará recursos del fondo episcopal para contribuir a los gastos de provisión de la residencia episcopal que pertenezcan a la(s) conferencia(s) anual o central en el área episcopal. Dicho subsidio será aprobado por la Conferencia General, previa recomendación del concilio. El Fondo Episcopal no deberá de hacer pagos directos a un obispo para gastos de vivienda. Tal pago deberá dirigirse a la conferencia anual para la residencia episcopal. El tesorero del Concilio General de Finanzas y Administración enviará anualmente a la respectiva conferencia anual o central en esa área episcopal. El tesorero también remitirá pagos parciales iguales de la cantidad aprobada por el concilio como

---

21. Ver Decisiones 320, 1298 del Concilio Judicial.

gastos de oficina a cada obispo, o cargo que el obispo designe para que reciba dichos pagos.

6. *Reembolso de gastos episcopales y política sobre honorarios*—El tesorero del concilio pagará mensualmente los gastos de viajes oficiales de cada obispo cuando reciba un vale detallado con comprobantes de gastos, según lo requiere el Concilio General de Finanzas y Administración. *Viajes oficiales* de un obispo activo incluyen los siguientes: (1) todas las visitas a las iglesias locales y a las instituciones o empresas de la Iglesia Metodista Unida dentro del área, (2) viajes fuera del área, pero dentro de la jurisdicción, aprobados por el Colegio de Obispos y (3) otros viajes que sean consecuentes con las pautas aprobadas por la Conferencia General para determinar cuáles son los *viajes oficiales*. Los obispos no aceptarán de las iglesias locales o empresas o instituciones de la Iglesia Metodista Unida ni parte de los gastos ni honorario por tales visitas, ya que esos gastos serán sufragados por el fondo episcopal. No hay nada en esta interpretación que prohíba los compromisos especiales o no oficiales de un obispo, aparte de la atención a los asuntos temporales y espirituales de la iglesia, tales como series de conferencias en instituciones educacionales, discursos de graduación y viajes de predicación de varios días, cuando esos compromisos no interfieran con las obligaciones oficiales. Tampoco se prohíbe la aceptación de honorarios por tales servicios.

7. *Auditoría de oficinas de áreas episcopales*—Los procesos de auditoría e informes fiscales de la oficina de cada área se determinarán de acuerdo con un plan establecido por el concilio, previa recomendación de un comité designado por el Concilio General de Finanzas y Administración.

8. *Pensiones*— Las pensiones de los obispos jubilados electos por las conferencias Generales, jurisdiccionales o centrales, las de los viudos o las viudas de los obispos y las de los hijos menores de edad de los obispos fallecidos, serán administradas por el Concilio General de Finanzas y Administración, en consulta con la Junta General de Pensión y Beneficios de Salud y de acuerdo con el programa y los procedimientos que de cuando en cuando determine el Concilio General de Finanzas y Administración, con la aprobación de la Conferencia General. Para los años de servicio a partir del 1o de enero de 1982 y en lo sucesivo, las pensiones de los obispos electos por las Conferencias Jurisdiccionales y las de los viudos o viudas de obispos e hijos menores de edad, incluirán los beneficios del Programa de Seguro de Jubilación del Clero (o

cualquier programa o plan de pensiones o jubilación episcopal que le suceda), y del Plan de Protección Comprensiva de la Junta General de Pensión y Beneficios de Salud. Las pensiones de los obispos elegidos por las conferencias centrales y las de los cónyuges supervivientes y, de acuerdo con los años de servicio comenzando antes del 1 de enero, 1982, las pensiones de los obispos elegidos por las conferencias jurisdiccionales y las de los cónyuges supervivientes incluirán, ambas, los beneficios provistos por el Programa de Pensiones Episcopal Global.

9. *Plan de salud de grupo para el episcopado*—El Concilio General de Finanzas y Administración subvencionará o participará en un plan de salud de grupo que cubra a los obispos elegidos por las conferencias jurisdiccionales, en los Estados Unidos. Cumpliendo con el propósito de este párrafo, plan de salud de grupo se refiere a un plan de seguro de salud, plan de salud de grupo, o plan de salud de múltiples empleadores que provean beneficios de cobertura de gasto médicos mayores y de hospitalización. El Concilio General de Finanzas y Administración podría recomendar elegibilidad adicional para su plan de salud de grupo a discreción propia.

Alternativamente, en el caso de que los planes de salud y seguros médicos vigentes por ley federal o por ley estatal y legislación federal establezcan opciones de cobertura para esas personas sin cobertura provista por el empleador que permita acceso, independientemente del estado o condición de salud, a una cobertura razonable por medio de intercambios de seguros médicos, conectores, sistema pagado y organizado por el gobierno (single-payer system) u otros mecanismos, el Concilio General de Finanzas y Administración podrá cesar el mantenimiento de su plan de salud de grupo si tal cobertura se halla disponible para los obispos. En tal caso, el Concilio General de Finanzas y Administración, proporcionará continuo apoyo administrativo y financiero de los obispos para la adquisición de tal cobertura por medio de estos mecanismo alternativos a menos que la cobertura individual se subsidie por las agencias gubernamentales, específicamente considerando las ventajas tributarias del apoyo financiero provisto por los empleadores dirigido a la cobertura de planes de salud.

Además, el Concilio de Obispos proveerá y mantendrá programas de salud para sus obispos. Añadiendo a esto, el Concilio General de Finanzas y Administración someterá anualmente un informe de su plan de salud episcopal, en la medida que el Concilio General de Finanzas y Administración mantenga un plan de salud de grupo para los obispos, de-identificando si es necesario, pero que incluya, sin limitarse a esto, solidez financiera, experiencia con los partes y otros derivados de costo, diseño y cobertura del plan y los criterios de elegibilidad a la Junta General de Pensiones y Beneficios de Salud.

10. *Acceso al plan de salud de jubilados para el episcopado*—El Concilio General de Finanzas y Administración respetará la salud e integridad de los obispos jubilados y sus cónyuges, facilitando acceso a los planes suplementarios de Medicare y planes de cobertura de recetas médicas. El acceso para los jubilados y sus cónyuges puede incluir, aunque no se limitará a lo siguiente, (i) el patrocinio de un plan de salud para empleados jubilados que suplemente a Medicare; (ii) participar en un plan de salud múltiple de empleados jubilados que suplemente a Medicare; (iii) asegurar la elegibilidad de los individuos bajo contratos de grupo con proveedores de planes suplementarios de Medicare o intercambios; (iv) subsidiar los costos de cobertura de los jubilados y cónyugues inscritos en los planes de Medicare Part D o Medicare Advantage; (v) subsidiar las relaciones con proveedores de Suplementos a Medicare y otros planes de cobertura individual del jubilado; y (vi) subsidiar beneficios de salud para jubilados a costo fijo a través de acuerdos de reembolso para la salud, estipendios, u otros. El Concilio General de Finanzas y Administración deberá someter una tasación financiera aceptada, en acuerdo con el Statement of Financial Accounting Standar No. 106, como esta enmendado, de las responsabilidades médicas proyectadas para el personal cubierto bajo plan de salud para jubilados a la Junta General de Pensiones y Beneficios de Salud, bienalmente.

11. *Obispos cuyo servicio se interrumpe*—En caso de que un obispo activo sea relevado del desempeño de sus deberes episcopales por el Colegio de Obispos de la jurisdicción entre sesiones cuadrienales de la Conferencia Jurisdiccional, sea por razón de salud o por cualquier otra razón, el presidente de dicho Colegio de Obispos notificará la acción al tesorero del fondo episcopal. Noventa días después de la notificación, dicho obispo comenzará a recibir por lo menos el mínimo de la pensión regular de un obispo jubilado; la pensión se reducirá en la cantidad recibida por cualquier beneficio por incapacidad que reciba del Plan de Protección Comprensiva de la Junta General de Pensión y Beneficios de Salud. La pensión continuará hasta que el obispo reasuma sus

deberes regulares o hasta que la Conferencia Jurisdiccional determine cuál será la condición del obispo. La asignación de otro obispo u obispos a asumir los deberes del obispo incapacitado, por un período de sesenta días o más, será interpretada en el sentido de que el obispo ha sido relevado del desempeño de sus deberes episcopales regulares.

12. *Obispos jubilados nombrados a servicio interino*—En caso de que un obispo jubilado sea llamado al servicio activo, y se le asignen deberes episcopales entre sesiones cuadrienales de la Conferencia Jurisdiccional (¶ 406.3), el obispo tendrá derecho a remuneración por su servicio. El fondo episcopal será responsable por la diferencia entre la pensión del obispo jubilado y la remuneración de un obispo activo. En el caso de tal asignación, el presidente o secretario del Concilio de Obispos se lo notificará al tesorero del fondo episcopal. El tesorero del fondo episcopal hará las remesas debidas.

Apelaciones financieras más allá de los fondos generales

¶ **819.** *Petición financiera especial de toda la Iglesia*—1. Cualquier petición general a la Iglesia en general para sostén financiero para cualquier causa, agencia, institución o propósito estará sujeta a las disposiciones de este párrafo. Las peticiones de proyectos en conjunto o en asociación con otras corporaciones que se crean ser consistentes con la misión y ministerio establecido de la Iglesia Metodista Unida se someterán a las provisiones de este párrafo. No se incluyen peticiones a grupos especiales o limitados tales como de ex-alumnos de una institución educacional.

2. Cualquier junta general, causa, agencia o institución o cualquier organización, grupo, oficial o individuo de la Iglesia Metodista Unida o a la cual la Iglesia Metodista Unida contribuye financieramente, deseando o proponiéndose hacer una petición financiera especial en toda la iglesia durante el cuadrienio habrá de presentar una solicitud de autorización para hacer tal petición al Concilio General de Finanzas y Administración en el momento en que se estén preparando los presupuestos para el siguiente cuadrienio. Todas estas peticiones serán revisadas por la Mesa Conexional, y sus decisiones serán informadas al Concilio General de Finanzas y Administración. El concilio entonces presentará tal solicitud a la Conferencia General.

3. En el interino entre las sesiones cuadrienales de la Conferencia General, tal petición financiera necesitará la aprobación del

Concilio General de Finanzas y Administración, la Mesa Conexional y el Concilio de Obispos. En caso de emergencia, el comité ejecutivo, si existe, de estos organismos puede actuar en tal asunto, pero sólo contando con un tres cuartos del voto.

4. Toda solicitud para la aprobación de una petición financiera especial, ya sea por solicitud de acción a la Conferencia General o en el interino entre las sesiones de la Conferencia General, debe incluir un presupuesto para una promoción de la petición con los gastos promocionales propuestos y las fuentes de los fondos (¶ 1806.13).

5. Todo individuo o agencia autorizada para hacer peticiones de fondos a la iglesia general, habrá de canalizar todos los donativos por medio del Concilio General de Finanzas y Administración.

6. El Concilio General de Finanzas y Administración puede retener pagos de la asignación de cualquier fondo general a cualquier agencia o institución que encuentre estar en violación de las disposiciones de este párrafo.

¶ **820.** *Ofrendas Especiales para el Servicio Mundial*—1. Las Ofrendas Especiales para el Servicio Mundial son programas oficiales de la Iglesia Metodista Unida a través de los cuales su apoyo puede ser designado a proyectos aprobados por la Conferencia General y sustituyendo a ésta el Concilio General de Finanzas y Administración y la Mesa Conexional.

2. Una ofrenda Especial para el Servicio Mundial es un donativo financiero hecho por un individuo, una iglesia local, un distrito o una conferencia anual, designada especialmente para un proyecto autorizado como ofrendas Especiales para el Servicio Mundial. Las agencias generales y comisiones (¶ 810.2) exceptuando esas unidades de la Junta General de Ministerios Globales autorizadas a recibir especiales de El Avance están autorizadas a recomendar proyectos de Ofrendas Especiales para el Servicio Mundial para su aprobación, teniendo en cuenta que el proyecto esté relacionado con una o más de las funciones Disciplinarias de la agencia que recomienda.

3. La Mesa Conexional y el Concilio General de Finanzas y Administración recomendarán conjuntamente a la Conferencia General las pautas generales que rigen los tipos de proyectos que pueden ser recomendados para aprobación como proyectos Especiales del Servicio Mundial.

4. El programa de Ofrendas Especiales para el Servicio Mundial estará bajo la supervisión administrativa del Concilio General

de Finanzas y Administración y la supervisión de la Mesa Conexional, que serán responsables conjuntamente de *(a)* establecer criterios que sean consecuentes con las pautas adoptadas por la Conferencia General para la aprobación de proyectos especiales; *(b)* establecer el proceso por el cual se puedan recomendar y aprobar los proyectos; *(c)* aprobar los proyectos que recibirán ayuda de las Ofrendas Especiales para el Servicio Mundial; y *(d)* proveer administración adecuada, y ejercer responsabilidad programática.

5. Las iglesias y los individuos considerarán su primera responsabilidad el apoyar al Servicio Mundial y a las Benevolencias Conferenciales y otros fondos asignados. Las Ofrendas Especiales para el Servicio Mundial serán voluntarias y en adición al sostén de los fondos asignados. Las Ofrendas Especiales para el Servicio Mundial no podrán recaudarse como parte de un fondo que sea parte de las asignaciones de la conferencia anual.

6. Los tesoreros locales remitirán los Fondos Especiales para el Servicio Mundial en su totalidad a los tesoreros de las conferencias anuales. Los tesoreros conferenciales enviarán mensualmente al Concilio General de Finanzas y Administración todas las Ofrendas Especiales para el Servicio Mundial recibidas durante el mes. El concilio, a su vez, remitirá las ofrendas en su totalidad a las agencias que las administrarán. Estas agencias acusarán recibo de cada ofrenda al donante o a la iglesia local.

7. La promoción de este programa puede incluir promoción general, con el propósito de dar visibilidad al proyecto. Comunicaciones Metodistas Unidas tiene la responsabilidad de la promoción general.

8. Las agencias que administren las ofrendas tienen la responsabilidad de hacer promoción entre los auditorios específicos o iglesias locales que demuestren interés en el ministerio expresado en los proyectos aprobados. Los gastos de estas promociones corren por cuenta de las agencias administradoras. Ningún gasto de promoción o cultivo se pagará con el dinero de las Ofrendas Especiales para el Servicio Mundial. Tales gastos no pueden exceder las cantidades aprobadas por el Concilio General de Finanzas y Administración de acuerdo con las pautas aprobadas por la Conferencia General.

¶ **821.** *Directrices generales, Ofrendas Especiales para el Servicio Mundial y Domingo UMCOR*—Se observarán las siguientes instrucciones generales en la promoción y administración de las Ofrendas Especiales para el Servicio Mundial y de Domingo UMCOR:

1. En la apelación y promoción de las Ofrendas Especiales para el Servicio Mundial y de Una Gran Hora de Compartir no habrá metas ni cuotas, excepto según se las impongan a sí mismas las conferencias anuales.

2. El tesorero del Concilio General de Finanzas y Administración será el tesorero de las Ofrendas Especiales para el Servicio Mundial y de Domingo UMCOR.

3. Las correspondientes agencias participantes asumirán los gastos de promoción de las Ofrendas Especiales para el Servicio Mundial en proporción a la cantidad que cada una reciba de las Ofrendas Especiales para el Servicio Mundial. Los proyectos de las Ofrendas Especiales para el Servicio Mundial se coordinarán con otras apelaciones financieras, y se hará la promoción por medio de la Comisión General de Comunicación.

4. Las apelaciones de las Ofrendas Especiales para el Servicio Mundial se canalizarán a través de los obispos, superintendentes de distrito y pastores. La Comisión General de Comunicaciones, en consulta con las agencias y entidades recipientes.

5. En cada conferencia anual se promoverán las Ofrendas Especiales para el Servicio Mundial y de Domingo UMCOR a través de las agencias generales apropiadas y la Comisión General de Comunicación.

6. Si surgiera una clara urgencia o una oportunidad de alcance surge que requiera una respuesta urgente entre sesiones de la Conferencia General, se podrá alterar cualquier detalle de la estructura y administración de las Ofrendas Especiales para el Servicio Mundial, con la aprobación de la mayoría del Concilio de Obispos y del Concilio General de Finanzas y Administración en consulta con la Mesa Conexional. El comité ejecutivo, de existir, de cada una de estas entidades podrá actuar como la entidad misma, pero solamente con tres cuartos de los votos.

¶ 822. *El Avance*—1. El Avance por Cristo y su Iglesia (de aquí en adelante llamado El Avance) es un programa oficial dentro de la Iglesia Metodista Unida a través del cual se pueden dar ofrendas designadas para proyectos aprobados por el Comité de El Avance de la Junta General de Ministerios Globales (de aquí en adelante referido como el Comité de El Avance). Las mejoras de El Avance se harán a través de canales de la iglesia menos las Mujeres Metodistas Unidas que tiene otros medios de ofrendas.

2. Una ofrenda especial de El Avance general es una contribución financiera designada, hecha por un individuo, una iglesia local, organización, distrito o conferencia a un proyecto autorizado para este propósito por el Comité de El Avance.

a) Pueden hacerse donativos especiales a El Avance para proyectos o propósitos específicos autorizados por el Comité de El Avance.

b) Pueden hacerse donativos especiales a El Avance para causas designadas en términos generales (tales como un tipo de trabajo, un país o una región), o para usarse como donativo conjunto dado a algún país o a una unidad administrativa, siempre y cuando tales causas estén autorizadas por el Comité de El Avance. En tal caso la agencia administrativa dará al donante información sobre el sector que recibe los fondos y, siempre que sea posible, establecerá comunicación con una persona o grupo representativo de ese tipo de trabajo.

c) Puede hacerse una ofrenda especial de El Avance a las unidades del programa de misión de la Junta General de Ministerios Globales o al Comité Metodista Unido de Auxilio., antes que a un proyecto específico. En cuyo caso la unidad del programa determinará el proyecto o los proyectos especiales de El Avance que recibirán el donativo.

3. Los fondos dados y recibidos como parte de El Avance general estarán sujetos a las siguientes condiciones:

a) Las iglesias y los individuos apoyarán primeramente el Servicio Mundial y las Benevolencias Conferenciales y otros fondos asignados. Las ofrendas a El Avance son voluntarias y en añadidura al sostén de los fondos asignados.

b) Los fondos se solicitarán o se recibirán solamente para proyectos aprobados. Los programas y las instituciones que tienen proyectos especiales de El Avance harán promoción solamente para los proyectos aprobados, e indicarán que todas las donaciones sean remitidas de la manera descrita en el ¶ 822.4, abajo descrito.

c) Donativos designados por los donantes recibidos a través de El Avance serán usados solamente para el sostén de los proyectos, y no podrán usarse para gastos generales de administración o promoción de la iglesia. Se ofrecerá a los donantes la opción de añadir una contribución adicional para cubrir los gastos administrativos.

d) Las ofrendas especiales de El Avance no pueden recaudarse como parte de un fondo asignado por una conferencia anual (para las ofrendas especiales de El Avance conferencial, ¶ 656).

e) Al recibo de fondos para un especial de El Avance general, la Junta General de Ministerios Globales se comunicará prontamente con el donante, acusará recibo de la donación, y sugerirá avenidas de comunicación, si éstas no han sido todavía establecidas.

4. El tesorero de la iglesia local remitirá los fondos recibidos como ofrendas especiales de El Avance general al tesorero conferencial, quien enviará mensualmente los fondos a las agencias participantes, según lo determine el tesorero del Concilio General de Finanzas y Administración. Individuos pueden remitir donaciones directamente a las agencias respectivas, de la manera que lo determine el tesorero del Concilio General de Finanzas y Administración, incluyendo donativos electrónicos, informando de estos pagos al Concilio General de Finanzas y Administración.

¶ **823.** *Directrices Generales, ofrendas especiales de El Avance*—Se observarán las siguientes instrucciones en la promoción y administración de El Avance:

1. En la apelación y promoción de las ofrendas especiales de El Avance y de Una Gran Hora de Compartir no habrá metas ni cuotas, excepto según se las impongan a sí mismas las conferencias anuales.

2. El tesorero del Concilio General de Finanzas y Administración será el tesorero de El Avance.

3. Las correspondientes unidades participantes asumirán los gastos de promoción de las ofrendas especiales de El Avance en proporción a la cantidad que cada una reciba de las ofrendas especiales de El Avance. Los proyectos de El Avance se coordinarán con otras apelaciones financieras, y se hará la promoción por medio de la Comisión General de Comunicación.

4. Las apelaciones de ofrendas especiales de El Avance se canalizarán a través de los obispos, superintendentes de distrito, pastores y otros individuos. La Comisión General de Comunicaciones, en consulta con la unidad designada de cultivo misionero de la Junta General de Ministerios Globales y con el Comité de El Avance, determinará los detalles del procedimiento a seguir.

5. En cada conferencia anual la Junta Conferencial de Ministerios Globales (si existe; ¶ 633), en cooperación con la Junta General de Ministerios Globales, promoverá las ofrendas especiales

de El Avance a través de los secretarios de ministerios globales distritales y conferenciales, las actividades misioneras conferenciales y distritales y a través de otros medios efectivos, según lo determine.

¶ 824. *Ofrendas para domingos especiales en la Iglesia general*—Los domingos especiales con ofrendas para ser usadas para el sostenimiento de causas de la Iglesia general son:

1. *Día de las Relaciones Humanas*—Históricamente el Día de las Relaciones Humanas se ha celebrado con una ofrenda el domingo antes de la celebración del nacimiento de Martin Luther King, Jr. Se espera que las congregaciones celebren el Día de Relaciones Humanas en esta fecha o en otra conveniente a la iglesia local. El propósito de la meta es fomentar el desarrollo de mejores relaciones humanas. La observancia se hará bajo la supervisión general de la Junta General de Ministerios Globales y la Junta General de Iglesia y Sociedad. En relación con el Día de Relaciones Humanas, la Comisión General de Comunicación hará una solicitud a toda la iglesia. El tesorero del Concilio General de Finanzas y Administración designará los recibos netos después del pago de los gastos de promoción (¶ 263.1). Los fondos serán administrados por las agencias en las que residen los programas aprobados.

2. *Domingo UMCOR*—Se celebrará anualmente el Domingo UMCOR con una ofrenda, el cuarto domingo de Cuaresma. El propósito será el de compartir las bondades de la vida con aquellos que sufren (¶ 263.2). La observancia estará bajo la supervisión del Comité Metodista Unido de Auxilio, Junta General de Ministerios Globales (¶ 1330.2) de acuerdo con las siguientes directrices:

a) Todas las iglesias locales serán plenamente informadas y estimuladas a que reciban una ofrenda espontánea a favor del programa de socorro.

b) En cuanto sea posible, la planificación y promoción de Una Gran Hora de Compartir[22] se hará en cooperación con otras denominaciones a través del Consejo Nacional de Iglesias de Cristo en los Estados Unidos. Se entiende, sin embargo, que las ofrendas recibidas serán administrados por la Iglesia Metodista Unida. En conexión con UMCOR Sunday[23], la Comisión General de Co-

---

22. En la Iglesia Metodista Unida se ha cambiado el nombre de Una Gran Hora de Compartir a Domingo de UMCOR. Ver el asunto del calendario 53 (*DCA* página 2101) de la Conferencia General 2016..

23. Cambiado de Una Gran Hora de Compartir para ser consistente con el asunto de calendario 53 (*DCA* página 2101) de la Conferencia General 2016.

municación habrá de hacer una solicitud a toda la iglesia. El tesorero del Concilio General de Finanzas y Administración habrá de distribuir las ofrendas netas, después del pago de la promoción. Los fondos serán administrados por la agencia en la que residen los programas aprobados.

3. *Día del Estudiante Metodista Unido*—La ofrenda del Día del Estudiante Metodista Unido se recibirá anualmente el último domingo de noviembre. Se espera que las congregaciones celebren este día en esa fecha o en otra conveniente a la iglesia local. La ofrenda se usará en apoyo de las Becas Metodistas Unidas y del Fondo Metodista Unido de Préstamos a Estudiantes (¶ 263.4). Después de pagar los gastos de promoción, el tesorero del Concilio General de Finanzas y Administración distribuirá las ofrendas netas, después de pagos de promoción. Los fondos serán administrados por la agencia en la que reside el programa aprobado.

4. *Domingo de Comunión Mundial*—Históricamente el Domingo de Comunión Mundial, se ha celebrado con una ofrenda el primer domingo de octubre. Se anima a que las congregaciones celebren el Domingo de Comunión Mundial en esta fecha. El propósito es el de ayudar a personas de minoría racial y étnica a que puedan alcanzar nuevos niveles de ministerio. En relación con esta fecha, la Comisión General de Comunicación hará una solicitud a toda la iglesia siguiendo estas direcciones:

a) Se solicitará de cada iglesia local que envíe, de acuerdo con lo dispuesto en el ¶ 824.8, toda la ofrenda de comunión recibida el Domingo de Comunión Mundial y la porción que la iglesia local designe de las ofrendas de comunión recibidas durante otras celebraciones del sacramento de la Santa Cena.

b) El tesorero del Concilio General de Finanzas y Ministerios distribuirá los ingresos netos, después de pagar los gastos de promoción, de la siguiente manera: 50 por ciento para el Comité de Becas de la Cruzada, 35 por ciento para el Programa de Becas de Minorías Étnicas y 15 por ciento para el Programa de Adiestramiento de Trabajo para Minorías Étnicas. Los fondos se administrarán por la Junta General de Ministerios Globales y la Junta General de Educación Superior y Ministerio, en consulta con los varios grupos minoritarios (¶ 263.3).

5. *Domingo de Paz con Justicia*—Históricamente, el Domingo de Paz con Justicia se ha celebrado con una ofrenda el primer domingo de Pentecostés. La celebración estará bajo la supervisión de la Junta General de Iglesia y Sociedad (¶ 263.5). En relación con

este Domingo, la Comisión General de Comunicación hará una solicitud a toda la iglesia.

a) El tesorero de la conferencia anual retendrá el 50 por ciento de los dineros para los Ministerios de Paz con Justicia en la conferencia anual. La Junta conferencial de Iglesia y Sociedad o su estructura equivalente, los administrará.

b) El tesorero de la conferencia anual enviará el 50 por ciento restante al Concilio General de Finanzas y Administración.

c) El tesorero del Concilio General de Finanzas y Administración remitirá los ingresos netos de la ofrenda, después de pagar los gastos de promoción, a la Junta General de Iglesia y Sociedad, en donde reside el programa aprobado.

6. *Domingo de los Nativoamericanos*—Históricamente, el Domingo del Ministerio de los Nativoamericanos se ha celebrado con una ofrenda el tercer domingo de Resurrección. El propósito de esta apelación a la Iglesia en general es desarrollar y fortalecer los ministerios nativoamericanos rurales, urbanos y en reservas en las conferencias anuales, en las ciudades en las que se enfoca el trabajo de la Iniciativa Urbana Nativoamericana de la Junta General de Ministerios Globales y para becas para nativo-americanos que asisten a escuelas de teología metodistas unidas (¶ 263.6). Se observará bajo la supervisión de la Junta General de Ministerios Globales y de la Junta General de Educación Superior y Ministerio. La Comisión General de Comunicación hará una apelación a toda la iglesia. El tesorero del Concilio General de Finanzas y Administración distribuirá la recaudación neta, después del pago de la promoción, entre las agencias en donde residen los programas aprobados.

7. La Comisión General de Comunicaciones habrá de promover en consulta con las agencias participantes, todas las ofrendas especiales de la Iglesia en general. Los gastos de promoción de cada ofrenda se cargan a lo recibido por cada ofrenda en particular, y tienen prioridad en cuanto al cobro. En cada caso, tales gastos estarán dentro del presupuesto aprobado por el Concilio General de Finanzas y Administración, de acuerdo con la recomendación de la Comisión General de Comunicaciones y en consulta con las agencias participantes. En la promoción de estas ofrendas se hará énfasis en las implicaciones espirituales de la mayordomía cristiana.

8. El tesorero de la iglesia local remitirá prontamente los fondos recibidos por razón de las ofrendas de domingos especiales

autorizadas para la iglesia al tesorero de la conferencia anual, quien, a su vez, remitirá mensualmente dichos fondos al tesorero del Concilio General de Finanzas y Administración. Las iglesias locales informarán la cantidad recibida de la manera indicada en el formulario que se usa para informar a la conferencia anual.

Sección III. Mesa Conexional

¶ **901.** *Nombre*—Habrá una Mesa Conexional de la Iglesia Metodista Unida, en donde el ministerio y el dinero se lleva a la misma mesa para coordinar la misión, ministerios y recursos de la Iglesia Metodista Unida. En vigencia a partir del 1o de enero de 2005, a la Mesa Conexional se le asignarán las responsabilidades primordiales, sistema de gobierno general y prácticas que se encuentran en los párrafos 700 pertinentes.

¶ **902.** *Incorporación*—La Mesa Conexional se inscribirá legalmente en el estado o los estados que lo determine la Mesa Conexional. Esta corporación será la organización y corporación sucesora del Concilio General de Ministerios de la Iglesia Metodista Unida, una corporación en Ohio, y el Concilio de Programa de la Iglesia Metodista Unida.

¶ **903.** *Responsabilidad*—La Mesa Conexional le rinde cuentas y reportará a la Conferencia General.

¶ **904.** *Propósito*—El propósito de la Mesa Conexional (MC) es para el discernimiento y articulación de la visión de la iglesia y la mayordomía de la misión, ministerios y recursos de la Iglesia Metodista Unida tal como está determinado por las acciones de la Conferencia General y en consulta con el Concilio de Obispos. Como parte de la misión total de la iglesia, la MC servirá como mayordomo de la visión y recursos para misión y ministerio, ofrecerá responsabilidad fiscal, y establecerá sistemas y procedimientos para llevar adelante la misión de la Iglesia.

¶ **905.** *Objetivos*—Los objetivos esenciales de la Mesa Conexional son:

1. Proveer un foro para la comprensión e implementación de la visión, misión y ministerios de la iglesia global tal como se determina en consulta con el Concilio de Obispos y, o la acción de la Conferencia General.

2. Facilitar el flujo de información y comunicación entre las conferencias anuales, jurisdiccionales, centrales, agencias generales y el Concilio de Obispos.

3. Concordando con las acciones de la Conferencia General, coordinará el programa de la vida de la Iglesia con las instrucciones del evangelio, la misión de la Iglesia y las necesidades de la comunidad global al escuchar las expresiones de necesidad, encarando nuevos asuntos y determinando la manera más eficaz y eficiente de proveer la mejor mayordomía de ministerios, personal y recursos.

4. Revisar y evaluar la efectividad misional de programas generales de las agencias y la estructura conexional de la iglesia que colectivamente buscan ayudar las conferencias anuales y las iglesia locales mientras que cumplen con la misión de la Iglesia Metodista Unida de hacer discípulos de Cristo y transformar el mundo.

5. Recomendar a la Conferencia General tales cambios y legislación que sean apropiados para asegurar la efectividad de las agencias generales.

6. Suministrar liderazgo en planificación e investigación, ayudando todos los niveles de la iglesia a evaluar sus necesidades y planear estrategias para llevar adelante la misión de la Iglesia.

7. Para ser responsable, junto al Concilio General de Finanzas y Administración, a la Iglesia Metodista Unida por medio de la Conferencia General, la Mesa Conexional tendrá responsabilidad y autoridad en los siguientes asuntos:

a) Colaborar con el Concilio General de Finanzas y Administración en la preparación de presupuestos para los fondos asignados como se establece en ¶ 806.1 y ¶ 810.1.

b) Recibir y aprobar del Concilio General de Finanzas y Administración, todas las revisiones de presupuesto de la agencia general.

c) Revisar y aprobar ofrendas especiales y solicitudes de la iglesia general.

¶ **906.** *Organización de la Mesa Conexional*—1. Membresía—Los miembros votantes de la Mesa Conexional serán de 49 personas, así:

a) Veintiocho personas elegidas por las conferencias jurisdiccionales y centrales, una por cada conferencia central de sus propios procesos de postulaciones y 21 de las conferencias jurisdiccionales elegidas por el proceso de postulación de la jurisdicción. La membresía de la jurisdicción incluirá una persona de cada jurisdicción y el balance será distribuido por el Secretario de la Conferencia General para asegurar hasta donde sea posible que los miembros representan una membresía proporcional de la jurisdicción basada en la membresía combinada de clérigos y laicos.

b) Un obispo efectivo, seleccionado por el Concilio de Obispos, servirá como presidente de la Mesa Conexional.

c) El Oficial Ecuménico del Concilio de Obispos y los presidentes de las siguientes agencias: Junta General de Iglesia y Sociedad, Junta General de Discipulado, Junta General de Ministerios Globales, Junta General de Educación Superior y Ministerio, Comisión General de Religión y Raza, Comisión General de Estado y Rol de la Mujer, Comisión General de Hombres Metodistas Unidos, Comisión General de Comunicación y Comisión General de Archivos e Historia, agencias de programas que son responsables ante la Mesa Conexional (como aparece en el ¶ 702.3). El presidente de la Comisión de la Conferencia General, el presidente del Comité Permanente de Asuntos de la Conferencia Central y el presidente del Concilio General de Finanzas y Administración pertenecerá con voz y voto en la Mesa Conexional.

d) Un joven y un adulto joven elegidos por la Mesa Conexional bajo nominación por la membresía de la División de Ministerios con los Jóvenes de entre sus miembros, servirán en la Mesa Conexional.

e) Un miembro de cada caucus étnico y racial elegidos por la MC después de postulados por: Metodistas Negros por la Renovación de la Iglesia, Metodistas Asociados Representando la Causa Hispano Americana, Caucus Internacional de Nativoamericanos, Federación Nacional de Asiáticoamericanos Metodistas Unidos y Caucus Nacional de Isleños del Pacífico Metodistas Unidos.

f) Los secretarios generales de las agencias arriba mencionadas y la Junta General de Pensión y Beneficios de Salud, las Mujeres Metodistas Unidas y el publicador de la Casa de Publicaciones Metodista Unida y el secretario de la Conferencia General pertenecerán a la Mesa con voz pero sin derecho al voto.

g) Las conferencias jurisdiccional, central y otros grupos involucrados en la postulación y elección de la personas de la Mesa Conexional habrán de asegurarse de los objetivos de diversidad, hasta donde sea posible, de un cincuenta por ciento de clérigos, cincuenta por ciento de laicos, cincuenta por ciento de mujeres, cincuenta por ciento de hombres, no menos del treinta por ciento miembros de grupos minoritarios étnicos y raciales (excluyendo los miembros de la conferencia central) y no menos del diez por ciento de jóvenes y adultos jóvenes, para asegurar la diversidad tal como expresa el ¶ 705.4*b*.

h) Vacancias de miembros elegidos por las conferencias jurisdiccional y central que ocurran entre sesiones de la conferencia general serán llenadas por el Colegio de Obispos, con personas de la misma conferencia anual, si es posible.

i) Los miembros llenarán todos los requerimientos de membresía como expresa el ¶ 710.

2. *Reuniones*—La Mesa Conexional se reunirá por lo menos semestralmente y en otras ocasiones que fueren necesarias, pedido por el presidente o en solicitud por escrito de una quinta parte de los miembros. Uno más de la mitad de los miembros votantes constituyen el quórum.

3. *Oficiales*—Los oficiales de la Mesa Conexional, además del presidente, serán elegidos por la Mesa Conexional y servirán por un cuadrienio o hasta que su sucesor sea debidamente elegido.

4. *Estructura interna*—La Mesa Conexional determinará el personal que estime necesario para facilitar su trabajo.

5. *Personal*—La Mesa Conexional determinará el personal de apoyo que crea necesario para facilitar su trabajo.

¶ **907.** *Vigencia*—El plan de organización para la Mesa Conexional estará en vigencia a partir del 1o de enero de 2005.

Sección IV. Junta General de Iglesia y Sociedad

¶ **1001.** *Nombre*—Habrá una Junta General de Iglesia y Sociedad en la Iglesia Metodista Unida como una expresión de la misión de la Iglesia.

¶ **1002.** *Propósito*—El propósito de la junta será presentar el evangelio de Jesucristo a los miembros de la iglesia y a las personas y estructuras de las comunidades en el mundo en que estos viven. Buscará traer la totalidad de la vida humana, las actividades, las posesiones, el uso de recursos y las relaciones en la comunidad y en el mundo, en conformidad con la voluntad de Dios. Demostrará a los miembros de la Iglesia y a la sociedad que la reconciliación que Dios realizó a través de Cristo significa justicia personal, social y cívica.

¶ **1003.** *Objetivos*—Para realizar su propósito, la junta:

1. Proyectará planes y programas que reten a los miembros de la Iglesia Metodista Unida a laborar hacia la justicia personal, social y cívica a través de sus iglesias locales, los canales ecuménicos y la sociedad;

2. Ayudará a las conferencias de distrito y anuales con los recursos que se necesiten en los campos mencionados;

3. Analizará los asuntos que confrontan a la persona, a la comunidad local, a la nación y al mundo; y

4. Estimulará las líneas de acción cristiana que ayuden a la humanidad a moverse hacia un mundo donde se alcancen la paz y la justicia.

¶ **1004.** *Responsabilidades*—La responsabilidad principal de la junta es procurar la puesta en práctica de los Principios Sociales y de otras declaraciones de política pública hechas por la Conferencia General respecto a los intereses sociales cristianos. Además, la junta y sus ejecutivos darán testimonio y actuarán decisivamente en los asuntos de bienestar, justicia y paz humana y la integridad de la creación. Todo esto llama a los cristianos a responder como el pueblo perdonado por el que Cristo murió. En particular, la junta conducirá un programa de investigación, educación y acción respecto a la gran diversidad de asuntos que confrontan a la iglesia.

La junta analizará las tendencias sociales de largo plazo y sus valores éticos fundamentales. Explorará estrategias sistemáticas para el cambio social y futuros alternos. Proclamará sus convicciones, interpretaciones e intereses a la iglesia y al mundo.

La junta desarrollará, promoverá y distribuirá recursos y realizará programas que informen, motiven, adiestren, organicen y establezcan redes de acción que laboren por la justicia social en toda la sociedad, particularmente en los asuntos específicos a los que la junta haya dado prioridad. Se dará atención particular al cuidado de la membresía activa de la junta. La junta estimulará el intercambio de ideas sobre estrategia y metodología para efectuar cambios sociales. Capacitará a los miembros de la iglesia para que identifiquen y respondan a los asuntos sociales críticos a los niveles comunitarios, nacionales e internacionales a través de las conferencias, los distritos, las coaliciones y las redes de comunicación. La junta promoverá la educación, oración y apoyo en beneficio de nuestros hermanos y hermanas en Cristo alrededor del mundo que sufren persecución por su fe.

Todo lo anterior será consecuente con los Principios Sociales y las políticas adoptadas por la Conferencia General.

La junta mantendrá una relación estrecha con las Comisiones Generales de Religión y Raza, Estado y Rol de la Mujer, y el Comité de Desarrollo de los Apalaches, ya que estos procuran coordi-

nar el apoyo y la cooperación denominacional con los varios movimientos a favor de la justicia social, racial y sexual, de acuerdo
con las pautas establecidas en la Disciplina. En cooperación con
las agencias ecuménicas y otras juntas y agencias apropiadas, la
junta alentará y promoverá ministerios y modelos de mediación y
resolución de conflictos, ecuménicamente y dentro de las agencias
e instituciones de la Iglesia Metodista Unida[24].

La junta habrá de facilitar y coordinar las actividades legislativas de abogacía en el congreso de los Estados Unidos, de otras
agencias generales que reciben fondos de la Iglesia Metodista
Unida.

¶ **1005.** *Incorporación*—La Junta General de Iglesia y Sociedad
será una entidad jurídica constituida de acuerdo con las leyes del
Distrito de Columbia, y será la sucesora legal de las entidades ju-
rídicas, juntas, departamentos o entidades conocidas como Junta
General de Asuntos Sociales Cristianos de la Iglesia Metodista
Unida; el Departamento de Acción Social Cristiana de la Iglesia
Evangélica de los Hermanos Unidos; la Junta de Asuntos Sociales
Cristianos de la Iglesia Metodista; la División de Bienestar Gene-
ral de la Junta General de Iglesia y Sociedad de la Iglesia Metodis-
ta Unida; la División de Bienestar General de la Junta General de
Asuntos Sociales Cristianos de la Iglesia Metodista Unida; la Divi-
sión de Problemas del Alcohol y Bienestar General de la Junta de
Asuntos Sociales Cristianos de la Iglesia Metodista; la División de
Temperancia y Bienestar General de la Junta de Asuntos Sociales
Cristianos de la Iglesia Metodista; la Junta de Temperancia de la
Iglesia Metodista; La Junta de Temperancia, Prohibición y Moral
Pública de la Iglesia Metodista Episcopal; la Junta de Paz Mundial
de la Iglesia Metodista; la Comisión de Paz Mundial de la Iglesia
Metodista; la Comisión de Paz Mundial de la Iglesia Metodista
Episcopal; la División de Paz Mundial de la Junta General de Igle-
sia y Sociedad de la Iglesia Metodista Unida; la Junta de Relacio-
nes Sociales y Económicas de la Iglesia Metodista; la División de
Relaciones Humanas de la Junta General de Iglesia y Sociedad de
la Iglesia Metodista Unida.

¶ **1006.** *Organización*—La Junta General de Iglesia y Sociedad
tendrá sesenta y tres miembros, constituidos de acuerdo con el ¶
705.3*d*, y se organizará como se especifica en sus reglamentos y en
armonía con los ¶¶ 702-710 de las Disposiciones Generales.

---

24.   Ver Decisión 387 del Concilio Judicial.

La membresía será constituida como sigue:

a) Miembros jurisdiccionales—Clérigos, mujeres laicas y hombres laicos serán electos a la junta por la Conferencia Jurisdiccional, después de ser postulados por la conferencia anual, según el ¶ 705.6*b*, basado en la siguiente fórmula: Norcentral–7, Noreste–8, Surcentral–11, Sureste–12 y Occidental–3.

b) Miembros de las conferencias centrales—Seis miembros de las conferencias centrales serán electos a la junta después de ser postulados por el Concilio de Obispos, de acuerdo con las disposiciones del ¶ 705.4*c*.

c) Miembros episcopales—El Concilio de Obispos nombrará a seis miembros episcopales, que incluyan por lo menos uno de las conferencias centrales.

d) Miembros adicionales—(1) Metodistas unidos—Miembros adicionales serán postulados por un comité compuesto de tres personas de cada jurisdicción (un clérigo, una mujer laica y un hombre laico) electos por las Conferencias Jurisdiccionales. Éstos elegirán hasta nueve miembros adicionales para garantizar inclusividad y experiencia.

(2) La junta podrá elegir uno de los miembros adicionales con voto de entre nuestros Compañeros/Colaboradores Ecuménicos de Plena Comunión.

¶ **1007.** *Vacantes*—Las vacantes en la membresía de la junta se llenarán de acuerdo con los procedimientos en el ¶ 712.

¶ **1008.** *Sostén financiero*—1. La Conferencia General determinará y proveerá el sostenimiento financiero de la junta de acuerdo con las políticas y procedimientos del ¶ 806.

2. Ya sea a favor del trabajo total de la junta o de uno de sus programas, la junta puede solicitar y crear fondos especiales, recibir donaciones y legados, mantener propiedades y valores en depósito y administrar todos sus asuntos financieros de acuerdo con sus propias reglas y las disposiciones de la *Disciplina*. Los fondos puestos bajo la autoridad de cualquiera de las juntas predecesoras se conservarán para los propósitos específicos para los que fueron dados.

¶ **1009.** *Funcionarios*—1. El secretario general será el principal oficial administrativo de la junta, y será responsable por la coordinación del programa total de la junta, por la supervisión del personal y por la administración de la oficina principal. El secretario general será miembro ex-oficio, sin voto, del comité ejecutivo, y asistirá a las reuniones de la junta, en la que tendrá voz, pero no voto.

2. Todos los otros ejecutivos serán electos o nombrados según lo prescriba la junta, y de acuerdo con las políticas de acción afirmativa de la iglesia y de la junta.

¶ 1010. *Sede principal*—El sitio en el cual se localizará la sede principal se determinará de acuerdo con lo establecido en el ¶ 807.7. Se mantendrá una Oficina de las Naciones Unidas, en cooperación con la Junta General de Ministerios Globales y la organización nacional de las Mujeres Metodistas Unidas.

¶ 1011. *Reglamento*—La Junta General de Iglesia y Sociedad proveerá su propio reglamento, que no podrá violar ninguna de las disposiciones de la Constitución o de la *Disciplina*. El reglamento podrá ser enmendado por voto de las dos terceras partes de los miembros presentes y votantes reunidos en reunión regular o especial; con tal que la membresía reciba aviso previo de la enmienda propuesta.

Sección V. Junta General de Discipulado

¶ 1101. *Propósito*—1. Habrá una Junta General de Discipulado, cuyo propósito se encuentra dentro de la expresión de la misión total de la iglesia. Su propósito principal será ayudar a las conferencias anuales, a los distritos y a las iglesias locales de todos los tamaños de membresía en sus esfuerzos de atraer individuos a Jesucristo para ser sus discípulos, y ayudarlos a crecer en el entendimiento de Dios, de manera que puedan responder en fe y amor, y para que finalmente conozcan quiénes son, y qué significa su situación humana, y que más y más se identifiquen a sí mismos como hijos de Dios y miembros de la comunidad cristiana, que en cada relación vivan en el Espíritu de Dios, que cumplan su discipulado común en el mundo, y que permanezcan en la esperanza cristiana.

2. La junta usará sus recursos para realzar el significado de la membresía, según se define en los ¶¶ 216-220, los cuales enfatizan la importancia de la identificación de la membresía de la iglesia con ser discípulos de Jesucristo. La junta buscará ayudar a congregaciones a llevar a cabo su tarea principal, y proporcionará recursos que apoyen el crecimiento en el discipulado cristiano. Al hacer su trabajo, la junta oirá las necesidades y peticiones de la iglesia, realizará investigaciones, diseñará y producirá recursos, ofrecerá adiestramiento y suministrará recursos. Todo esto será para apoyar a las congregaciones en su tarea fundamental de alcanzar y recibir a todos los que respondan, alentando a personas

en su relación con Dios, e invitándolos a un compromiso con el amor de Dios que se dio a conocer en Jesucristo, proporcionando oportunidades para que sean nutridos y formados en la fe cristiana, apoyándolos para que vivan en amor y justicia en el poder del Espíritu Santo como discípulos fieles. La junta, por medio de todas sus actividades, dirigirá y asistirá a las congregaciones a llegar a ser comunidades inclusivas de cristianos que crecen, celebrando y comunicando a personas de todas las edades y trasfondos étnico-raciales y condiciones sociales el amor redentor y reconciliador de Dios revelado en Jesucristo.

3. Los miembros de la Junta General de Discipulado asumirán funciones de gobierno fiduciarias, estratégicas y generativas. Las responsabilidades fiduciarias incluyen el asegurar la mayordomía financiera, legal y ética de los recursos tangibles; responsabilidad por su conducta establecida de rendimiento; asegurar la evaluación anual del secretario general; y proporcionar consejo al secretario general en cuanto a la evaluación y distribución del personal. La responsabilidades estratégicas incluyen el asegurarse que las prioridades, metas, y recursos de las agencias estén en línea con la misión, visión y valores de la agencia. La responsabilidades generativas incluyen el análisis y planificación generalizada de acuerdo con la misión, visión y valores de la agencia; establecer la dirección y prioridades de la agencia; y explorar opciones para modificar las prioridades cuando sea necesario.

4. Los miembros de la Junta General de Discipulado serán líderes dedicados que tengan pasión por la iglesia local y el hacer discípulos. Deberán estar dispuestos a invertir su tiempo y habilidades para apoyar el trabajo de la junta, incluyendo interpretar y articular la estrategia del GBOD en distintos contextos. Deberán entablar conversaciones normales e intencionales con las redes e individuos de la iglesia para asegurarse que la extensa diversidad de personas y perspectivas presentes en la Iglesia Metodista Unida sean consideradas al ejercer la junta sus responsabilidades. Deberán estar comprometidos al apoyo e implementación de los mandatos y enfoques de la iglesia general y Junta General de Discipulado.

¶ **1102.** *Responsabilidades*—Todas las responsabilidades asignadas a las unidades de la junta serán consideradas como responsabilidades de la junta. Además, la junta tendrá autoridad para:

1. Proveer publicaciones especiales dirigidas a los ministerios de nutrimento, alcance, testimonio, ministerio con diversas eda-

des y familias, a representantes de grupos de la iglesia local, así como a las familias, a los presidentes de las áreas de trabajo, al pastor y a cualquier otro oficial de la iglesia local sobre los cuales la junta tiene responsabilidad principal.

2. Administrar y producir *El Aposento Alto*, guía de meditaciones diarias y una amplia variedad de otros recursos para ayudar a personas a crecer en su relación con Dios.

3. Proveer sistemas de recursos y apoyo para los que usan recursos, que ayudarán a personas en las disciplinas históricas de la iglesia, i.e., educación cristiana, evangelismo, ministerios laicos, crecimiento espiritual, mayordomía y adoración. Estos recursos tratarán de asuntos de ministerio con niños, jóvenes y adultos, y con agrupaciones de familias, y por todas las funciones programáticas y administrativas de la congregación, para mejorar el ministerio y la calidad del liderazgo cristiano para el ministerio futuro de la iglesia.

4. Desarrollar y proveer recursos, adiestramiento y consulta para pastores de congregaciones. Estos recursos se enfocarán en equipar a pastores para su papel de liderazgo espiritual y planificador entre sus congregaciones y su papel de compañeros del laicado.

5. Desarrollar y proveer recursos, adiestramiento y consulta para pastores y líderes de congregaciones mientras amplían y evalúan los ministerios del laicado, e inician formas nuevas de ministerio que nutren la fe, edifican la comunidad cristiana, y equipan al pueblo para el ministerio de la vida diaria.

6. Proveer recursos y adiestramiento que asistan a los líderes de conferencias anuales a mejorar la calidad y efectividad de los ministerios que desarrollan líderes espirituales para las congregaciones.

7. Planear y administrar ministerios comprensivos con niños y jóvenes, jóvenes adultos, adultos, y adultos mayores que alienten el aprendizaje durante toda la vida, y el crecimiento en la fe, que fortalezcan el entendimiento de Dios y la relación con él y con otras personas, y que conduzcan a la madurez espiritual en la fe y la práctica.

8. Proveer representación en las agencias ecuménicas e interdenominacionales que se relacionan con el trabajo de la junta.

9. Responder a las peticiones y a las necesidades de ministerios en todo el mundo en consulta con conferencias y con otras agencias apropiadas.

10. Trabajar en la investigación, la experimentación, la innovación, la prueba y la evaluación de programas, recursos y métodos, para así descubrir maneras más efectivas de ayudar a las personas a alcanzar el propósito establecido en el ¶ 1101. Esta responsabilidad trae consigo la autoridad para experimentar e investigar en todos los campos de ministerio asignados a la Junta General de Discipulado, y para estimular la cooperación con otras agencias en tal investigación y experimentación. La investigación y experimentación se podrán asignar a las unidades apropiadas dentro de la junta.

11. Garantizar que los intereses de la iglesia local étnica minoritaria sean parte íntegra de la vida total de la junta, proveyendo guía, recursos y preparación de manera que se incorporen estos intereses a todos los campos del discipulado en la iglesia local.

¶ **1103.** La junta proveerá los reglamentos que fueren necesarios para facilitar el trabajo de la junta, la cual no violará ninguna disposición de la *Disciplina* y que puede ser enmendada por un voto de las dos terceras partes de los miembros presentes y votando en una reunión regular o especial; siempre y cuando un aviso por escrito sobre dichas enmiendas se haya dado a los miembros y el voto se aplace por un día por lo menos. La junta tendrá el poder y el derecho para hacer cualquiera y todas las cosas autorizadas por sus estatutos y por la *Disciplina*. Tendrá la autoridad para desarrollar y ejecutar sus responsabilidades como se describe en el ¶ 1102; comprar, adquirir o recibir por obsequio, legado, o propiedad real, personal y mezclada; tener, hipoteca, vender y disponer de la propiedad; demandar y ser demandada; pedir prestado dinero en caso de necesidad de una manera que armonice con los ¶¶ 806-807; desarrollar y mantener relaciones ecuménicas para llevar a cabo sus responsabilidades; y para administrar sus asuntos a través de la junta y sus distintas unidades y comités.

¶ **1104.** *Incorporación*—1. La Junta General de Discipulado será constituida de acuerdo con las leyes de Tennessee, y es la sucesora legal de las entidades jurídicas conocidas como la Junta General de Evangelismo de la Iglesia Metodista Unida y la Junta General del Laicado de la Iglesia Metodista Unida, y además será responsable por las funciones desempeñadas previamente por la Comisión de Adoración de la Iglesia Metodista Unida, la División de la Iglesia Local y la División de Recursos para el Currículo de la Junta General de Educación de la Iglesia Metodista Unida.

2. La Junta General de Discipulado está autorizada a tomar las acciones necesarias, según sea apropiado bajo las leyes de ins-

cripción legal de Tennessee, para cumplir lo expresado en el párrafo anterior y bajo las cuales la Junta General de Discipulado será una sola entidad legal.

3. Las divisiones de la Junta General de Educación no fueron inscritas legalmente por separado. Es la intención, sin embargo, que la responsabilidad por las funciones delegadas a las divisiones, de acuerdo con acciones legales anteriores, sean transferidas coherentemente con la separación de las divisiones entre la Junta General de Discipulado y la Junta General de Educación Superior y Ministerio. Al dividir los bienes de la Junta General de Educación, es la intención que éstos se usen de acuerdo con la intención y el propósito para los cuales se establecieron o se adquirieron, y que de tal manera se asignen los bienes, según sea apropiado, a la Junta General de Discipulado y a la Junta General de Educación Superior y Ministerio respectivamente. Además, la intención es que las anualidades, los legados, los depósitos y las dotes mantenidas previamente por la Junta General de Educación sean usados para el beneficio y uso de la Junta General de Discipulado y de la Junta General de Educación Superior y Ministerio respectivamente (de acuerdo con sus propósitos según se definen en la Disciplina), y que se autoricen los títulos de bienes inmuebles para ser transmitidos como sea apropiado, y asignados a donde se indique.

4. En el caso de que la intención original del donante no se pueda esclarecer claramente en relación con los intereses de las dos juntas, las anualidades, los depósitos, los legados y las dotes se dividirán entre las dos juntas por igual.

5. Además, se entiende que si se acumula capital adicional para la difunta Junta General de Educación por razón de anualidades, legados, depósitos y dotes no conocidos hasta ahora, y si la intención del donante puede establecerse claramente, los bienes se usarán de acuerdo con la intención y propósito original para los cuales fueron establecidos o adquiridos, y de esa manera serán asignados, según sea apropiado, a la Junta General de Discipulado y a la Junta General de Educación Superior y Ministerio, respectivamente.

6. Además, se entiende que si se acumulan bienes adicionales para la difunta Junta General de Educación por razón de anualidades, legados, depósitos y dotes no conocidos hasta ahora, y cuando no pueda establecerse con claridad la intención del donante con respecto a las dos juntas, dichos bienes se dividirán igualmente entre las dos juntas.

7. Las responsabilidades de la formación espiritual de la junta general como se describe en ¶ 1115 se puede llevar a cabo primordialmente por su subsidiaria El Aposento Alto, incorporado en el estado de Tennessee como una organización de caridad, sin fines de lucro que se relaciona con la Junta General de Discipulado y cuyos miembros son elegidos por la Junta General de Discipulado. El Aposento Alto está autorizado, sujeto al ¶ 1107, para establecer inversiones a largo plazo y hacer recaudación de fondos que garantizarán, hasta donde sea posible, un fluir continuo de recursos financieros para el desarrollo de literatura devocional, programas y experiencias.

8. El presidente, el secretario general y el tesorero de la junta tendrán el poder de ejecutar, a nombre de la junta, documentos legales, tales como el traspaso de bienes inmuebles, descargo de hipotecas, transferencia de valores, contratos y todos los otros documentos legales.

¶ **1105.** *Organización*—1. La junta consistirá de veintidós miembros constituidos de acuerdo con el ¶ 705.3 de las Disposiciones Generales. Se organizará para efectuar su trabajo por medio de los oficiales electos prescritos en el ¶ 708. La membresía se constituirá como sigue.

a) Miembros jurisdiccionales—Cada jurisdicción elegirá un miembro de la junta de acuerdo con el ¶705.3*a*. Antes de su elección, los miembros nominados serán informados de las responsabilidades fiduciarias, estratégicas y generativas que tendrán que asumir tras ser elegidos para que entiendan claramente el compromiso de tiempo y recursos al que se están comprometiendo. A pesar de otros párrafos en la *Disciplina*, el secretario de la Conferencia General ofrecerá a cada jurisdicción una asignación sugerida del miembro para asegurar que, cuando se combine con los miembros de la junta de las conferencias centrales, la membresía resultante refleje un equilibrio de clerecía, laicas y laicos. El secretario establecerá también una rotación justa para asegurar que durante el curso del cuadrienio cada jurisdicción tenga la oportunidad de elegir a un hombre laico, una mujer laica y un miembro clerical.

b) Miembros de las conferencias centrales—El Concilio de Obispos elegirá tres miembros de la conferencias centrales, de acuerdo con las disposiciones del ¶ 705.4*c*, uno de África, Europa y de las Filipinas.

c) Miembros episcopales—El Concilio de Obispos nombrará a dos miembros episcopales de acuerdo con el ¶ 705.4*d*.

d) División de Ministerios con los Jóvenes—La División de Ministerios con los Jóvenes elegirá dos miembros, un joven y un adulto joven de acuerdo con lo estipulado por la División de Ministerios con los jóvenes en cuanto a sus edades de acuerdo con el ¶ 1207.

e) Miembros adicionales—A pesar de otros párrafos de la Disciplina, los miembros de la junta elegirán diez miembros adicionales en base a la experiencia necesitada para cumplir con la tarea fiduciaria, generativa y estratégica de la junta. Se pondrá atención especial a asegurar una membresía inclusiva de la junta que sea sensible a la extensa diversidad de personas y perspectivas presentes en la Iglesia Metodista Unida. La junta podrá seleccionar estos miembros de cualquier jurisdicción o conferencia central de la Iglesia Metodista Unida. Antes de su elección, los miembros nominados serán informados de las responsabilidades fiduciarias, estratégicas y generativas que tendrán que asumir tras ser elegidos para que entiendan claramente el compromiso de tiempo y recursos al que se están comprometiendo.

2. *Representante de enlace*—La junta postulará un representante de enlace de acuerdo con el ¶ 705.4*f* y podrá postular otros individuos como representantes de enlace para proporcionar conexión y consejo en cuanto a áreas de preocupación mutua. Cuando se les invite a las reuniones de la junta, tendrán voz pero no voto.

3. La junta determinará y establecerá la organización apropiada de la junta y de sus ejecutivos para llevar a cabo sus deberes con la mayor eficacia.

¶ **1106.** *Sostén financiero*—1. El sostén financiero de la junta se determina de la siguiente manera: la Conferencia General determinará y proveerá el presupuesto de la junta de acuerdo con los procedimientos definidos en el ¶ 806.

2. La junta tendrá la autoridad de recibir y administrar fondos, donaciones, o legados que le hayan sido confiados para cualquier parte de su trabajo, y tiene también la autoridad de solicitar, establecer, y administrar cualquier fondo especial que sea necesario para el cumplimiento de sus planes y políticas, de acuerdo con el ¶ 811.3. En cuanto a la inversión de cualquier fondo, la junta seguirá las pautas de inversión adoptadas por la Conferencia General.

3. Cuando la junta dirige misiones o proyectos especiales, se pueden recibir contribuciones y ofrendas para sufragar esos gastos.

4. En el cumplimiento de sus responsabilidades por la educación cristiana en la Iglesia Metodista Unida, la junta puede establecer un fondo (o fondos) para misiones y educación cristiana en los Estados Unidos y en el extranjero, para facilitar la participación de los grupos de escuelas de iglesia. Los planes para la administración y asignación de este fondo o fondos, y para la educación, se desarrollarán en cooperación, y de acuerdo con la forma que la junta determine, en consulta con la Junta General de Ministerios Globales.

¶ **1107.** *Relación financiera de El Aposento Alto con la Junta General de Discipulado*— 1. Los fondos para cumplir con las responsabilidades de *El Aposento Alto* se derivarán de las ventas de recursos, objetos de regalos, legados, anualidades, eventos y fondos recaudados de los suscriptores, clientes, fundaciones y otros grupos limitados de suscriptores fieles, y personas interesadas (como lo define el ¶ 819.1).

2. Ningún fondo, propiedad u otras inversiones que ya tengan a la mano o que luego acumulen por *El Aposento Alto* será usado para el sostén de otros asuntos del trabajo de la junta, sino que todos los fondos que vengan de la venta de tales publicaciones serán conservados por la junta con el propósito de preparar y circular literatura y para cultivar la vida devocional; siempre y cuando que esto no prevenga el establecer un fondo de reserva cuya entrada sirva como protección contra emergencias inesperadas.

3. Los servicios de sostén administrativos para *El Aposento Alto* serán provistos por la Junta General de Discipulado en una base reembolsable. Como subsidiario de la Junta General de Discipulado, *El Aposento Alto* participa en el programa de pensión y beneficios de la iglesia general y recibe servicios relativos a personal, administración y finanzas del Concilio General de Finanzas y Administración en la misma medida que la Junta General de Discipulado.

¶ **1108.** *Educación cristiana*—1. La junta tendrá responsabilidad general por los intereses educacionales de la iglesia según la dirija la Conferencia General. La junta tiene la responsabilidad de desarrollar una declaración clara del fundamento bíblico y teológico de la educación cristiana, que sea coherente con las doctrinas de la Iglesia Metodista Unida y con la misión de la junta. La junta se dedicará a fortalecer y extender el ministerio de enseñanza de la iglesia por medio de la investigación; probar estrategias, métodos y recursos nuevos; evaluación; y consulta.

2. Por medio del ministerio de educación cristiana, las congregaciones metodistas unidas se extenderán a personas de todas las edades, tales y como son, y las estimulará a dedicarse a Cristo y a la membresía en su iglesia; proveerá para que ellas crezcan en fe, y relacionen esa fe a su vida cotidiana; y los equipará para vivir como el pueblo de Dios en el mundo. Las oportunidades para la educación cristiana incluirán los aspectos educacionales de todos los campos generales e intereses de la denominación, tales como el evangelismo, la mayordomía, las misiones, la acción social cristiana y la instrucción bíblica. El ministerio de educación cristiana se desarrollará como un programa comprensivo, unificado y coordinado para niños, jóvenes, adultos y familias en las iglesias locales. La junta lo promoverá y administrará, en cooperación con las agencias responsables por la educación cristiana en las jurisdicciones, las conferencias anuales, los distritos y las iglesias locales. Dará consideración cuidadosa a las necesidades de todas las iglesias, grandes y pequeñas, rurales y urbanas, y de poblaciones étnicas.

¶ **1109**. *Responsabilidades y normas educacionales*—La junta se organizará según fuere necesario para cumplir el ministerio educacional a través de todas las etapas de la vida de las personas. La junta:

1. Formulará e interpretará la filosofía de educación cristiana, basada en fundamentos bíblicos, teológicos y educacionales (coherente con las Normas Bíblicas y Reglas Generales de la Iglesia Metodista Unida, ¶ 104) como se relacionan con la Escuela de Iglesia y las actividades relacionadas con ella; los grupos de estudio o estudios por individuos, los grupos de fraternidad, educación y los grupos de acción para niños, jóvenes y adultos; los programas educacionales relacionados, que provienen de agencias cívicas que sirven a los jóvenes; las guarderías y los centros preescolares; los coros, los grupos de drama, los estudios misioneros; la educación para el uso del tiempo libre; la educación para actividades al aire libre; los campamentos; la educación de personas con impedimentos mentales de desarrollo y con otras necesidades especiales; los grupos especiales de estudios bíblicos; el adiestramiento para la confirmación y la membresía en la iglesia.

2. Desarrollará enfoques educacionales en diferentes ambientes que atraigan a personas de diferentes edades, con diferentes estilos de vida, con diferentes necesidades de aprendizaje, y con diferentes perspectivas teológicas.

3. Desarrollará enfoques educacionales que habiliten a personas de diferentes grupos raciales, étnicos y culturales a apropiarse del evangelio para sus propias situaciones de vida.

4. Promoverá la extensión de la escuela de iglesia en distintas maneras, tales como proveyendo recursos y adiestramiento que ayuden a personas a patrocinar nuevas escuelas de iglesia, comenzar nuevas clases de la escuela de iglesia, y extender oportunidades de instrucción y aprendizaje en la congregación y en la comunidad.

5. Proveerá recursos y servicios de apoyo a pastores, padres, líderes educacionales, maestros y otros responsables por la instrucción y el aprendizaje con personas a través de toda su vida, a nivel de iglesia local, distrito y conferencia.

6. Proveerá recursos y servicios de apoyo para el reclutamiento, desarrollo y adiestramiento de maestros en el pensamiento bíblico, teológico y ético, así como en los procedimientos y métodos; trabajará con las universidades y seminarios de la iglesia dondequiera que sea posible para avanzar el interés común en el adiestramiento de educadores cristianos profesionales y en el adiestramiento de los estudiantes ministeriales en educación cristiana en la iglesia local; proveer actividades nacionales para el adiestramiento a líderes de los campamentos y ayudar a las jurisdicciones y conferencias anuales en diseñar, guiar, y proporcionar recursos para programas de adiestramiento de campamento y educación cristiana al aire libre.

7. Fijará las normas, y proveerá dirección con respecto a la programación, el liderazgo y la agrupación para las distintas sedes educacionales de la iglesia, inclusive la escuela de iglesia.

8. Establecerá pautas para la organización y administración de la escuela de iglesia, para registrar e informar sobre la membresía y la asistencia a la escuela de iglesia y para el equipo, el ordenamiento y el diseño de edificios para la escuela de iglesia y los salones, con atención particular a las necesidades de personas con impedimentos.

9. Proveerá recursos y servicios relacionados con el adiestramiento y trabajo de los directores, ministros ordenados y diaconales, y asociados de educación cristiana y asistentes educacionales de las iglesias locales.

10. Proveerá asistencia e información a grupos y organizaciones con supervisión directa a centros de campamentos y retiros relacionados con la Iglesia Metodista Unida, para ayudarlos con su

responsabilidad de establecer normas, política y procedimientos relativos a instalaciones físicas, programa y liderazgo. En cuanto sea posible, todos los campamentos serán accesibles a personas con impedimentos.

11. Cooperará con la Junta General de Educación Superior y Ministerio al desarrollar normas para la certificación de carreras de ministerio profesional previstas en el ¶ 1421.2*c* y promoverá el crecimiento continuo del personal de la iglesia local relacionado con ministerios educacionales.

12. Proveerá recursos, modelos y adiestramiento en apoyo de las conferencias anuales y de las iglesias locales en la ayuda que éstas prestan a las personas para que hagan decisiones relacionadas con sus vocaciones cristianas en general, así como con sus ocupaciones o carreras específicas.

13. La junta examinará y recomendará la aprobación de los planes de currículo desarrollados en cooperación con otras agencias y juntas en el Comité de Recursos Curriculares, e interpretará y apoyará el currículo que desarrolle el comité.

14. Promoverá la celebración del Domingo de Educación Cristiana (¶¶ 265.1, 1806.12).

¶ **1110.** *Cooperación*—1. La junta cooperará con otras juntas y agencias generales en la promoción de la mayordomía, el evangelismo, la adoración, la educación misionera y la acción social; y en la evaluación de estos ministerios desde la perspectiva de procedimientos educacionales sólidos.

2. La junta, en cooperación con la Junta General de Ministerios Globales, será responsable por el desarrollo de un programa uniforme de educación misionera para todos los grupos de diversas edades en la iglesia local. El programa de educación misionera incluirá las siguientes disposiciones:

a) Unir las filosofías emergentes de misión y de educación a través de información y trabajo cooperativo entre las respectivas juntas y ejecutivos;

b) Desarrollar e interpretar estilos variados de educación misionera, apropiados para los diferentes grupos, inclusive grupos de diversas edades, y para las distintas culturas étnicas y raciales;

c) Planear currículos para la educación en misión, a través de la provisión de información misionera sobre los proyectos sostenidos por la Iglesia Metodista Unida (inclusive proyectos ecuménicos) en los recursos de la escuela de iglesia, y en la preparación de currículo y de otros recursos para la educación misionera;

d) Participar con diversas agencias en el diseño, desarrollo y promoción de recursos ecuménicos de educación misionera;

e) Desarrollar e interpretar enfoques educacionales y canales para ofrendas misioneras dadas por niños, jóvenes y adultos, tales como el Fondo de los Niños para la Misión Cristiana;

f) Desarrollar e interpretar modelos para nuevos enfoques de estudio misionero y para la participación educacional en misiones;

g) Proveer información al personal de la Junta General de Ministerios Globales con respecto al criterio educacional a usarse en la certificación de líderes de escuelas de misión;

h) Diseminar una lista comprensiva de recursos misioneros para líderes;

i) Cooperar con la Junta General de Educación Superior y Ministerio y la Junta General de Ministerios Globales en proveer un énfasis sobre educación misionera en las escuelas de teología por medio de cursos sobre historia, política y doctrina del metodismo unido, y que ahora se exige a los candidatos que consideran ordenación o consagración.

3. La junta tendrá autoridad para cooperar con otras agencias de la iglesia, con organizaciones definidas, y con agencias ecuménicas para promover la educación cristiana.

4. La junta está autorizada para cooperar con la Junta General de Ministerios Globales en la planificación y la ejecución de programas para el fortalecimiento y desarrollo de los ministerios de pueblos pequeños y sitios rurales, de centros urbanos y de iglesias locales de minorías étnicas en la Iglesia Metodista Unida, y de cooperación interdenominacional en estos campos.

¶ **1111.** *Evangelismo*—La junta tendrá supervisión general sobre los ministerios de evangelismo de la iglesia según lo ordene la Conferencia General. El evangelismo es central a la misión de la Iglesia. El evangelismo se define en la *Disciplina*, ¶ 630.1.

La junta compartirá las bendiciones del evangelio del Señor Jesucristo con personas de todas las edades y las diversas culturas racial y étnicas mediante el desarrollo, promoción, y sostén de todos los aspectos del evangelismo por toda la Iglesia Metodista Unida.

¶ **1112.** *Responsabilidades del evangelismo*—En respuesta al amor de Dios en Jesucristo, la junta tendrá supervisión general sobre los ministerios de evangelismo de la Iglesia Metodista Unida con la planificación y desarrollo de recursos a través de adiestramiento y consulta en una variedad de situaciones. La junta:

1. Establecerá una base y un entendimiento bíblico y teológico adecuado sobre los aspectos personales, colectivos y sociales del evangelismo que sean coherentes con la doctrina y la tradición de la Iglesia Metodista Unida, y los comunicará e interpretará a la membresía de la iglesia.

2. Dará énfasis al desarrollo, interpretación y promoción de los ministerios de evangelismo al nivel de conferencia, distrito e iglesia local, de manera que la Iglesia Metodista Unida pueda invitarlos y atenderlos.

3. Proveerá recursos y adiestramiento para estrategias, ministerios y programas de evangelismo, inclusive recursos para el ministerio de evangelismo en la iglesia local (¶ 255).

4. Cooperará con otras agencias de programa de la iglesia en sostener y equipar a los clérigos y laicos en todos los niveles a comprometerse al evangelismo, al crecimiento de la iglesia y al desarrollo de nuevas congregaciones.

5. Proveerá y estimulará la investigación sobre lo que las congregaciones creativas de diversos tamaños de membresía y escenarios están haciendo en cuanto al evangelismo efectivo, que pueda servir de modelo para otras iglesias, y fomentar la experimentación y demostración de otros enfoques evangelísticos que sean coherentes con la naturaleza del evangelio cristiano y de la iglesia, en todos los niveles de la vida de la Iglesia, inclusive las nuevas congregaciones y todos los grupos raciales y culturales.

6. Proveerá recursos y servicios para las personas que sirven como pastores, ministros diaconales, directores de evangelismo, evangelistas generales, y otros profesionales en el evangelismo en iglesias locales.

7. Establecer normas para presbíteros que deseen servir como evangelistas generales. La junta enviará copias de estas normas cada cuadrienio a los obispos, a los superintendentes de distrito, a las Juntas Conferenciales del Discipulado y a los evangelistas generales. Un presbítero que sienta el llamado de Dios a ser evangelista general se preparará definitivamente para este servicio bajo la guía de la conferencia anual a la cual pertenezca.

8. Se relacionará y servirá de vínculo con las asociaciones denominacionales y ecuménicas y las fraternidades ecuménicas de evangelismo.

9. Buscará la cooperación mutua entre los seminarios de la iglesia y con ellos y la Junta General de Educación Superior y Ministerio dondequiera que se crucen las responsabilidades en el adiestramiento y cultivo de personas para el ministerio y en la educación continuada.

10. Se comunicará con otras agencias en cuyos programas se incluya el evangelismo, y proporcionará consejo, guía y recursos para la puesta en práctica de tales programas.

11. Participará y cooperará en el trabajo del Comité de Recursos Curriculares de la junta, de manera que los conceptos y los recursos de evangelismo se incluyan en el currículo de la iglesia local.

12. Proveerá consulta con las conferencias, los distritos, las congregaciones locales, y con otras agencias para desarrollar estrategias de evangelismo para el alcance y la revitalización de la iglesia y el desarrollo de nuevas congregaciones.

13. Trabajará con la Junta General de Ministerios Globales por la extensión de la iglesia. A este fin habrá un Comité Conjunto sobre Desarrollo Congregacional con igualdad de representación de miembros de la Junta General de Discipulado y de la Junta General de Ministerios Globales, que se reunirá regularmente para el aprendizaje mutuo, el desarrollo de estrategias para la extensión de la iglesia, y para proveer recursos y asistencia a conferencias y distritos en el campo de desarrollo de congregaciones nuevas y la revitalización de congregaciones.

¶ **1113.** *Responsabilidades de la adoración*—La junta: 1. Formulará e interpretará la base bíblica y teológica para la adoración colectiva con personas de todas las edades y las varias culturas raciales y étnicas, por medio de recursos, programas y materiales de adiestramiento coherentes con la doctrina de la Iglesia Metodista Unida, y cultivará el mayor significado posible en las celebraciones de adoración colectiva de la iglesia para la gloria de Dios, inclusive la liturgia, la predicación, los sacramentos, la música, las artes conexas y la observación de las estaciones litúrgicas del año cristiano.

2. Desarrollará normas y recursos sobre cómo dirigir la adoración pública en las iglesias, inclusive la liturgia, la predicación, los sacramentos, la música y las artes conexas.

3. Hará recomendaciones a la Conferencia General sobre las futuras ediciones de un libro de adoración y del himnario y, según se le ordene, proveerá supervisión editorial sobre el contenido de estas publicaciones que serán publicadas por la Casa Metodista Unida de Publicaciones. Los himnarios de la Iglesia Metodista Unida son *The United Methodist Hymnal* (1989) y *Mil Voces Para Celebrar: Himnario Metodista* (1996), y *Come, Let Us Worship: el Himnario Metodista Unido Coreano-Inglés*. El ritual de la Iglesia está en *The United Methodist Hymnal* (1989), y *The United Methodist Book of Worship* (1992), y en *Mil Voces Para Celebrar: Himnario Metodista* (1996), y *Come, Let Us Worship: Himnario Metodista Unido Coreano-Inglés* (2000).

4. Preparará las revisiones del Ritual de la Iglesia y de otros órdenes de adoración aprobados, para recomendación a la Conferencia General para su adopción.

5. Trabajará con otras denominaciones cristianas de América del Norte a través de la Consulta sobre Textos Comunes en el continuo desarrollo de un leccionario y calendario común, y estimulará el uso voluntario del *Leccionario Común Revisado* y de los recursos basados en él.

6. Preparará y patrocinará la publicación de órdenes y textos de adoración suplementarios[25].

7. Mantendrá una relación de cooperación, pero no exclusiva, con la Casa Metodista Unida de Publicaciones en la preparación y publicación de recursos de adoración.

8. Asesorará a las agencias generales de la iglesia sobre la preparación, publicación y circulación de los órdenes de servicios y de otros materiales litúrgicos que llevan el pie de imprenta de la Iglesia Metodista Unida, instando al uso de materiales de adoración étnicos y raciales y la incorporación de lenguaje que reconozca los distintos constituyentes de la iglesia (¶ 4.).

25.　Ver Decisión 445 del Concilio Judicial.

9. Consultará con los editores de las revistas y de las publicaciones de la Iglesia Metodista Unida sobre los materiales que se ofrecen en los campos de adoración, inclusive la predicación, la música y otras artes litúrgicas.

10. Participará y cooperará con el Comité de Recursos Curriculares de la junta, para que se incluyan conceptos y recursos de adoración en el currículo de la iglesia local.

11. Alentará la instrucción en el significado de la adoración, y sobre cómo dirigir servicios de adoración, en las escuelas de teología y las escuelas de pastores. Esto incluirá las prácticas y expresiones de adoración con distintos estilos (tradicional, contemporánea), y de distintas culturas y razas.

12. Consultará con las personas que tienen la responsabilidad de planear y diseñar los servicios de adoración en la Conferencia General y en otras asambleas generales de la iglesia.

13. Dará dirección al crecimiento continuado de las personas responsables por el liderazgo en música en la iglesia local, i.e., los directores, los ministros ordenados, los asociados, los asistentes de música; y con los que trabajan voluntariamente con la música y con las otras artes de la adoración, les proveerá recursos y los estimulará, (¶ 1405.7).

14. Cooperará con la Fraternidad de Metodistas Unidos en Artes Musicales y de Adoración, y con la Orden de San Lucas en afirmar la vida sacramental que comprende la liturgia, la predicación, la música y otras artes apropiadas para la vida de adoración inclusiva de la iglesia.

15. Desarrollará normas de actuación para directores, asociados y ministros de música en cooperación con la Junta General de Educación Superior y Ministerio, y cooperar con esa junta en el desarrollo de normas y requisitos para la certificación de directores, asociados y ministros de música, como se establece en el ¶ 1045.6.

¶ **1114.** *Responsabilidades de la mayordomía*—1. Interpretar las bases bíblicas y teológicas de la mayordomía por medio de programas, recursos y materiales de capacitación para personas de todas las edades, coherentes con las doctrinas de la Iglesia Metodista Unida.

2. Proveer educación, consejo, recursos y adiestramiento para el presidente del área de trabajo de mayordomía en la iglesia local, la Comisión de Mayordomía, la Junta de Síndicos, los Comités de Dotes y Fondos Permanentes, Comités de Testamentos y Planifi-

cación de Bienes, Comités de Memoriales, el Comité de Finanzas, el presidente del Comité de Finanzas, los secretarios de finanzas y los tesoreros, y desarrollar recursos para programas y materiales de adiestramiento para las personas y los grupos mencionados anteriormente (ver

¶ 807.17). Los asuntos relacionados con los procedimientos sobre los registros oficiales, las planillas e informes de estadísticas y finanzas son responsabilidad del Concilio General de Finanzas y Administración.

3. Crear dentro de la Iglesia Metodista Unida un compromiso más profundo con la mayordomía cristiana personal y colectiva, que incluya el uso y el compartimiento de talentos y recursos, y la práctica de un estilo de vida cristiana.

4. Desarrollar estrategias, proporcionar recursos y poner en práctica acciones que lleven a una continua mejoría en el nivel de ofrendas recibidas de los metodistas unidos, para proporcionar apoyo adecuado para la misión de la Iglesia.

5. Asesorar a las agencias de programa conferenciales y jurisdiccionales en los campos de mayordomía y finanzas respecto a sus estructuras de organización y sus responsabilidades de programa, y prestar ayuda en su interpretación de programas y recursos.

6. Proveer asesoramiento, recursos y guía a conferencias y fundaciones de áreas a medida que éstas cumplen sus funciones de mayordomía y a asociaciones tales como la Asociación Nacional de Fundaciones Metodistas Unidas y la Asociación Nacional de Líderes de Mayordomía.

7. Convocar con regularidad a reuniones a los líderes metodistas unidos de las agencias generales, cuyos programas incluyan asuntos de mayordomía, para trabajar en búsqueda de un lenguaje común, teología de mayordomía coherente y esfuerzos cooperativos, en cooperación con el Concilio General de Finanzas y Administración.

¶ **1115.** *Responsabilidades de la formación espiritual de El Aposento Alto*—1. Desarrollar recursos que faciliten una comunidad internacional de personas y congregaciones que buscan a Dios, creando una visión de vida nueva en Cristo, cultivándose unos a otros al compartir vivencias del amor y la dirección de Dios, y alentándose unos a otros en la acción cristiana, para transformar el mundo.

2. Explorar y comunicar una visión bíblica y teológicamente informada de la vida espiritual que alienta y apoya a los líderes espirituales en la iglesia, los que pueden guiar a personas de todas las edades a una relación más vital, íntima y transformadora con Dios, por medio de Cristo.

3. Mantener y extender el ministerio mundial de *El Aposento Alto* y otros recursos, que están a la disposición en un número de idiomas cada vez mayor, y que tratan directamente las necesidades espirituales de las personas a través de toda su vida, y continúan constituyendo el carácter interdenominacional del ministerio de *El Aposento Alto*.

4. Cooperar con todas las otras unidades de la junta y otros grupos dentro del metodismo unido y otras denominaciones cuyos intereses se relacionen con la vida devocional.

¶ **1116.** *El Ministerio del laicado*—La junta interpretará y esparcirá a través de toda la Iglesia el rico significado del sacerdocio universal de los creyentes, de la vocación cristiana y del ministerio del laicado en la vida cotidiana.

La Iglesia Metodista Unida tiene la responsabilidad de adiestrar y habilitar el *laos*—todo el cuerpo de su membresía—para su labor en misión y para el ministerio y testimonio en el nombre de Jesucristo, la cabeza de la Iglesia. Aunque todas las unidades de la Iglesia tienen alguna responsabilidad sobre este imperativo, la Junta General de Discipulado tiene responsabilidad preeminente en el hecho de que tiene el encargo de desarrollar el espíritu de discipulado. Con este fin, la junta:

1. Ayudará a desarrollar un entendimiento adecuado de las bases teológicas y bíblicas para el ministerio de laicado.

2. Desarrollará e interpretará el ministerio del laicado activo dentro y fuera de la Iglesia institucional.

3. Proveerá recursos y servicios de apoyo para el desarrollo y progreso de liderazgo en la iglesia local, excepto cuando esto se delegue específicamente a otras agencias, y especialmente a quienes sirven como miembros de conferencias de cargo, concilios administrativos, juntas administrativas, concilios de ministerio, comités de relaciones pastor-parroquia, comités de personal, comités de postulaciones y personal, a quienes sirven como líderes laicos y miembros laicos de conferencias anuales y líderes de organizaciones relacionadas en iglesias locales, distritos, conferencias anuales y jurisdicciones.

4. Ayudará a las congregaciones, los distritos y las conferencias anuales a preparar a personas para el liderazgo de ministerios comunitarios.

5. Proveerá recursos y planes sugeridos para la celebración del Domingo del Laicado en la iglesia local.

6. Proporcionará apoyo al director de Oratoria Laica y los directores distritales de los Ministerios de Servicio Laico, a comités conferenciales y distritales de Ministerios de Servicio Laico y a la Asociación de Directores Conferenciales de los Ministerios de Servicio Laico. En consulta con los directores conferenciales, marcará normas para los siervos laicos certificados, oradores laicos certificados y ministerios laicos certificados, y suministrará recursos de enseñanza para el uso de comités conferenciales y distritales.

7. Proveerá servicios de apoyo a los líderes laicos distritales y conferenciales, o estructuras equivalentes, a la Asociación de Líderes Laicos Conferenciales, y a otras asociaciones apropiadas de las conferencias y los distritos.

8. Iniciará un proceso de coordinación y colaboración, desarrollando un enfoque comprensivo para el adiestramiento y desarrollo de los líderes dentro de todos los campos de programa sobre los cuales la Junta General de Discipulado tiene responsabilidad.

9. Alentará a los presbíteros ordenados a seleccionar y preparar al laicado para impartir, en cuanto sea factible, los elementos consagrados de la comunión a miembros restringidos a sus hogares o enfermos, después de un Servicio de Palabra y Mesa. Esta distribución puede aplicarse a personas laicas que hayan sido nombradas a función pastoral en una o más iglesias por el superintendente de distrito.

¶ **1117.** *Responsabilidades para la formación de discipulado cristiano*—La junta interpretará y promoverá los grupos de ministerio en congregaciones locales, para apoyar la formación de discípulos cristianos enfocada en la transformación del mundo.

1. *Ministerios de grupos pequeños*—Reconociendo los diversos medios de gracia necesarios en la formación de discípulos cristianos, la Junta General de Discipulado asistirá las congregaciones locales en el desarrollo de un sistema comprensivo de ministerios con grupos pequeños, haciendo lo siguiente:

a) proporcionará servicios de recursos, preparación y apoyo para líderes de ministerios con grupos pequeños que apoyan a las personas en su búsqueda de Dios, en sus anhelos de comunidad, y en sus deseos de ser formados como discípulos cristianos;

b) proporcionará servicios de recursos y apoyo para grupos como células, grupos de vida, grupos de cuidado o grupos pequeños, que equipen a las personas a través de todas sus vidas para la vida cristiana fiel en el mundo, y especialmente en aquellos campos en que la Junta General de Discipulado tiene responsabilidad. Al desarrollar recursos, se deberá prestar atención al impacto de las culturas orales y visuales en las que vivimos y a la importancia que tienen los relatos de transformación.

2. *Discipulado responsable*—Al afirmar que nuestra herencia wesleyana comprende un énfasis de responsabilidad mutua singular, La Junta General de Discipulado alentará el sentido de responsabilidad en las congregaciones, haciendo lo siguiente:

a) promover la Regla General de Discipulado: "Testificar de Jesucristo en el mundo, y seguir sus enseñanzas por medio de actos de compasión, justicia, adoración y devoción, bajo la guía del Espíritu Santo"[26];

b) abogar por la formación de Grupos de Pacto en el Discipulado o modelos equivalentes aplicables al contexto cultural de las Conferencias Centrales para todas las edades por toda la iglesia al proporcionar servicios de recursos, preparación y apoyo que basan al liderazgo en la riqueza de nuestra tradición wesleyana.

c) proporcionar servicios de recursos, preparación y apoyo para revitalizar la función de los líderes de clases, para que puedan interpretar la Regla General de Discipulado a todos los miembros de la iglesia, y asistir al pastor en facilitar el sentido de responsabilidad mutua en toda la congregación y otros ministerios.

d) proporcionar servicios de consulta a jurisdicciones, conferencias y distritos en la introducción y desarrollo de Grupos de Pacto en el Discipulado y líderes de clases en congregaciones.

¶ **1118.** *Asuntos de la iglesia local étnica*—La junta funcionará como abogada de programas e intereses de las iglesias locales étnicas. Coordinará los esfuerzos de mantener las necesidades de la membresía de iglesias étnicas como asunto primordial en la mente de su membresía. La junta se cerciorará que se utilicen recursos adecuados—fiscales, humanos y programáticos—para apoyar y animar los ministerios de las iglesias locales étnicas.

---

26. Versión adaptada de las Reglas Generales de Wesley; ver el libro de Gayle Turner Watson *A Guide to Covenant Discipleship Groups* (Discipleship Resources, 2000), p. 12.

¶ 1119. *Ministerios de extensión de vida, familia y personas de diferentes edades*—La junta hará provisión para un enfoque integrado y coordinado en el desarrollo de recursos y apoyo de servicio para los ministerios con niños, jóvenes, adultos de toda edad y familias. Por medio de sus servicios a líderes administrativos y coordinadores, la junta asistirá a las congregaciones y conferencias a:

a) edificar la sabiduría para el desarrollo de ministerios que apoyen la tarea primordial de la congregación local;

b) proveer para el desarrollo y cuidado de personas a todo nivel de edad y toda etapa de crecimiento, y para familias en diversas configuraciones;

c) asistir a individuos y familias en el desarrollo y crecimiento espiritual; y

d) promover la confección y mantenimiento de pactos como bases de la vida familiar.

La junta también se involucrará en estudio y análisis, consultas y adiestramiento y la planificación colaborativa para mejorar la expedición de recursos y servicios a líderes con responsabilidades de ministerios de familia y a personas de diferentes edades.

1. *Ministerio exhaustivo con los niños*—La junta asistirá a las congregaciones y conferencias en su desarrollo de ministerios exhaustivos con los niños y para los niños. Estos ministerios pueden incluir pero no se limitarán a los siguientes: escuela dominical y escuela bíblica de vacaciones, ministerios durante la semana para niños de edades preescolares y primarias, grupos de compañerismo y de barrio, ministerios de Asociaciones de Scouts, estudios a corto plazo y actividades dentro y fuera de las instalaciones de la iglesia. Los ministerios deben enfocarse en fundamentos bíblicos, la formación espiritual y de oración, servicio comunitario, el valor de la persona por medio de Jesucristo, la sexualidad humana, los valores éticos, estudios metodistas unidos, las bellas artes y artes creativas, la conciencia multicultural, el alcance a otros y la celebración de los momentos significativos en la vida de los niños.

Las responsabilidades pueden incluir tareas de apoyo tales como: ayudar a congregaciones a abogar a favor de los niños; la identificación de necesidades e intereses de los niños, sus familias y las congregaciones; la evaluación del estado de los ministerios con los niños de la Iglesia Metodista Unida; la colección y diseminación de datos pertinentes sobre asuntos, modelos y programas que mantengan informados a los líderes en las congregaciones y las estructuras de la iglesia para fortalecer la calidad de la vida de los niños.

2. *Ministerio exhaustivo de Ministerios de la Juventud*—Habrá una dirección comprensiva al desarrollo y puesta en práctica de la programación de ministerio con la juventud y adultos jóvenes, a todo nivel de la iglesia. La dirección comprensiva se basa en el entendimiento de la tarea primordial del ministerio con la juventud: amar a los jóvenes donde se encuentran, alentarles en el desarrollo de su relación con Dios, proveerles oportunidades para el crecimiento, y retarlos a responder al llamamiento de Dios a servir en sus comunidades. Cuatro componentes son básicos para este ministerio comprensivo:

a) Currículo—Por medio del Comité de Recursos Curriculares (¶ 1121), la Junta General de Discipulado se cerciorará de que haya currículo y guías para líderes, para usarse en una variedad de situaciones apropiadas a las necesidades específicas de todo joven, de las edades específicas dependiendo de las definiciones de Estados Unidos o la conferencia central. persona de las edades de los doce a los dieciocho años;

b) Recursos programáticos—Se desarrollarán y promoverán guías suplementales y otras ayudas adicionales para el ministerio de la juventud efectivo en la iglesia local al nivel de distrito, conferencia, jurisdicción e iglesia general;

c) Adiestramiento para el liderazgo y utilización de redes de comunicación—Se proveerá adiestramiento a líderes para animar y apoyar a trabajadores adultos con los jóvenes en sus funciones de maestros, consejeros y facilitadores a todo nivel de la iglesia. Se desarrollará la comunicación continua entre los líderes de ministerios de la juventud a través de toda la denominación por medio de la comunicación continua de talleres que se estén ofreciendo, por medio de los medios sociales, plataformas en línea y publicaciones entre líderes en ministerios de la juventud para mejorar las aptitudes, y el compartimiento de modelos y recursos efectivos;

d) Estructuras—Se promoverán y mantendrán estructuras activas y efectivas para la programación de los ministerios con la juventud a todo nivel de la conexión metodista unida como se identifica en Estados Unidos y las conferencias centrales. Estas estructuras alentarán el envolvimiento completo de la juventud en el liderazgo y la membresía, y para abogar por intereses de los jóvenes en todas los aspectos de la vida, planificación y administración de la iglesia.

3. *Ministerios exhaustivos de adultos*—La junta asistirá a las congregaciones y conferencias en el desarrollo de ministerios comprensivos de adultos, para adultos y con adultos. Al mantener la tarea primordial de la junta, los ministerios adultos pueden incluir, pero sin limitarse a éstos: educación y ministerios con adultos jóvenes, adultos medianos, adultos mayores y solteros (i.e., viudos, solteros, separados y divorciados); y programas intergeneracionales que envuelvan a los adultos. Estos planes incluirán fundamentos y estudios bíblicos, etapas de desarrollo y tareas de los adultos, el desarrollo de la fe y la formación espiritual y adiestramiento de líderes en varios modelos de ministerios educacionales para adultos.

Las responsabilidades pueden incluir tareas de apoyo como: la identificación de las necesidades e intereses de adultos (i.e., adultos jóvenes, medianos, mayores y solteros); evaluación del estado de los ministerios de adultos, con adultos y para adultos en la Iglesia Metodista Unida; la colección y diseminación de datos pertinentes sobre intereses, modelos y programas que informen a los líderes de las congregaciones locales, distritos, conferencias, juntas y agencias para fortalecer la calidad de la fe y la vida de los adultos.

4. *Ministerios exhaustivos de familias*—La junta asistirá a las congregaciones y conferencias en el desarrollo de ministerios comprensivos con familias. En línea con la tarea principal, los ministerios pueden asistir a familias en las siguientes áreas: formación y desarrollo espiritual, ministerios de crecimiento matrimonial, la función de los padres, la sexualidad humana, el cuidado y asuntos que afectan la calidad de la vida familiar. Este plan incluiría: la exploración y estudio bíblico, tanto como entendimientos teológicos y experimentales sobre la vida familiar y los modelos en desarrollo de la vida familiar. Los ministerios con las familias se enfocarán en las personas y no en las estructuras.

La junta puede organizar y administrar un Comité de Vida Familiar. El comité proveerá una arena para el compartimiento de información, la planificación colaboradora o la programación, de acuerdo con el propósito y las responsabilidades de los participantes representativos. El comité abogará por los ministerios con las familias en todas las juntas y agencias.

Las responsabilidades pueden incluir tales tareas de apoyo como: la identificación de las necesidades e intereses de familias y congregaciones, la evaluación del estado de ministerios con familias dentro de la Iglesia Metodista Unida, la colección y diseminación de datos pertinentes sobre asuntos, modelos y programas que informen el trabajo de las juntas y agencias, para fortalecer la calidad de la vida familiar. El comité se relacionará con servicios de enlace con agencias ecuménicas e interdenominacionales, y los proporcionará, en el campo de la vida familiar.

¶ **1120.** *Disposiciones generales sobre el Comité sobre Ministerios de Adultos Mayores*—1. Habrá un Comité sobre Ministerios de Adultos Mayores que estará relacionado administrativamente con la Junta General de Discipulado.

2. *Propósito*—El comité proporcionará un foro para información, compartimiento, planificación cooperativa y actividades programáticas en conjunto, de acuerdo con las responsabilidades y objetivos determinados por las agencias participantes. El comité servirá como abogado de los intereses y asuntos de los adultos mayores y de los ministerios de apoyo por los adultos mayores, con ellos y para ellos, a través de la Iglesia Metodista Unida y sus agencias afiliadas y en toda la sociedad.

3. *Responsabilidades*—Las responsabilidades del comité incluirán las siguientes:

a) Identificar las necesidades, intereses y posibles contribuciones de los adultos mayores.

b) Promover un plan de ministerio total por los adultos mayores, con ellos y para ellos, en iglesias locales que incluyan crecimiento espiritual, educación, preparación, misión, servicio y compañerismo.

c) Alentar y apoyar el desarrollo de recursos y programas que fortalezcan ministerios en la iglesia local por los adultos mayores, con ellos y para ellos.

d) Abogar por el desarrollo y ejecución de políticas y servicios diseñados para impactar sistemas y conceptos que afecten adversamente a los adultos mayores.

e) Educar a la iglesia, y mantener ante ella el proceso del envejecimiento, que dura toda la vida, con énfasis sobre la calidad de vida, entendimiento e interacción intergeneracional y desarrollo de la fe.

f) Alentar y apoyar el desarrollo de recursos y programas que puedan ser usados por las conferencias anuales, las jurisdicciones, conferencias centrales y la denominación en general sobre la preparación y habilitación de los adultos mayores para nuevos papeles en el ministerio y misión de la Iglesia.

g) Servir como punto de enfoque para suplir información y guías sobre ministerios de adultos mayores a las iglesias locales.

h) Alentar la coordinación y el establecimiento de contacto entre las agencias responsables por el desarrollo de recursos, programas y políticas relacionadas con los ministerios de adultos mayores.

i) Apoyar y abogar por las provisiones contenidas en *The Book of Resolutions* de la Iglesia Metodista Unida en relación a la edad.

j) Apoyar y alentar el desarrollo de recursos para la celebración anual del Día de Reconocimiento de Adultos Mayores.

k) Desarrollar y administrar un programa de subvenciones financieras para el ministerio con adultos mayores a través de la Iglesia Metodista Unida.

4. *Membresía*—El comité estará compuesto de un miembro y un empleado de cada una de las siguientes agencias: la Junta General de Discipulado, la Junta General de Ministerios Globales, la Junta General de Iglesia y Sociedad, la Junta General de Educación Superior y Ministerio, y la Junta General de Pensiones y Beneficios de Salud; un miembro (de la junta o empleado) de cada una de las siguientes: la Comisión sobre el Estado y Rol de la Mujer, la Comisión de Religión y Raza, la Comisión General de Hombres Metodistas Unidos, la Junta General de Publicaciones Metodistas Unidas, la Comisión General de Comunicaciones, la División de Mujeres de la Junta General de Ministerios Globales; un obispo activo o jubilado, representante del Concilio de Obispos; y un representante de la conferencia central; cinco adultos mayores, uno seleccionado por cada Colegio Jurisdiccional de Obispos; y no más de tres miembros a ser seleccionados por el comité por su destreza y/o calificaciones profesionales, y no más de tres miembros adicionales a ser seleccionados por el comité por inclusividad (racial étnica, incapacidad, edad, género, laico, clérigo o distribución geográfica). Los miembros empleados del personal o de la junta proveerán enlace e informe a sus respectivas agencias. Tendrán voz, pero no voto. Los miembros de la junta y representantes de la conferencia y jurisdicción central no servirán más de dos términos consecutivos (cada término es de cuatro años). Cada junta y agencia se responsabilizará del viaje, alojamiento y otros gastos de sus representantes cuando atiendan a las reuniones del Comité de Ministerios para Adultos Mayores.

5. *Reuniones*—El comité se reunirá por lo menos una vez al año, en conjunción con la reunión de la Junta General de Discipulado.

¶ **1121.** *Funciones y responsabilidades del Comité de Recursos Curriculares*—Habrá un Comité de Recursos Curriculares, organizado y administrado por la Junta General de Discipulado, que será responsable por la elaboración de planes y Recursos Curriculares usados en el ministerio de educación cristiana de la iglesia y otros lugares de estudio (¶ 258.1).

1. El Comité de Recursos Curriculares revisará cuidadosamente los planes elaborados y propuestos por el personal de "Church School Publications" basados sobre investigación, actuará sobre ellos, e incluirá ideas del Comité de Recursos Curriculares y otras personas en los ministerios educacionales metodistas unidos.

2. Los planes para los recursos curriculares se diseñarán de manera que ayuden a la iglesia local a desempeñar el ministerio educacional de la iglesia.

3. Los planes para los recursos curriculares serán consecuentes con la filosofía educacional y con el enfoque formulado para el ministerio educacional de la iglesia por la Junta General de Discipulado, y reflejarán unidad de propósito y un alcance comprensivo. Serán diseñados de manera que apoyen la vida y la obra total de la iglesia, enseñarán la verdad cristiana coherente con las Normas Doctrinales de la Iglesia Metodista Unida (¶103), y reflejarán las posiciones oficiales de la Iglesia Metodista Unida, según lo autorice la Conferencia General.

¶ **1122.** *Requisitos Curriculares*—Cuando la Junta General de Discipulado apruebe los planes y recursos para el currículo, el personal editorial de Publicaciones de la Escuela de Iglesia tendrá la responsabilidad de desarrollar recursos para el currículo basados en los planes aprobados. Estos recursos estarán basados en la Biblia, reflejarán el evangelio universal del Cristo viviente, estarán de acuerdo con la doctrina metodista unida como se delinea en los ¶¶ 104 y 105 de la *Disciplina*, y se diseñarán para usarse en diferentes ambientes según lo defina la junta.

¶ **1123.** *Autoridad del Comité de Recursos Curriculares para Revisar Recursos de Enseñanza de las Agencias Generales*—El Comité de Recursos Curriculares podrá examinar, aprobar y recomendar los recursos existentes o en proyecto de otras agencias. El comité se cerciorará de que todos los materiales aprobados estén de acuerdo con la doctrina metodista unida como se delinea en los ¶¶ 104 y 105 de la *Disciplina*. Todos los recursos para el currículo que son aprobados por la Junta General de Discipulado están autorizados para uso en los ministerios de enseñanza y aprendizaje de la iglesia.

¶ **1124.** *Relaciones del Comité de Recursos Curriculares con la Junta General de Discipulado y con la Casa Metodista Unida de Publicaciones*—1. El Comité de Recursos Curriculares se relacionará con la Junta General de Discipulado de la siguiente manera:

El comité es responsable ante la junta respecto a la filosofía y el enfoque educacional, y mantendrá las normas establecidas por la junta.

2. El Comité de Recursos Curriculares se relacionará con la Casa Metodista Unida de Publicaciones de la siguiente manera:

a) El editor de la Casa Metodista Unida de Publicaciones o el presidente de la junta de la Casa Metodista Unida de Publicaciones podrá asistir a las reuniones de la Junta General de Discipulado para consideraciones de asuntos que se relacionen con intereses comunes del Comité de Recursos Curriculares y de la Casa Metodista Unida de Publicaciones, y tendrá voz, pero no voto.

b) La Casa Metodista Unida de Publicaciones publicará, producirá y distribuirá los recursos para el currículo preparados por el personal editorial de Publicaciones de la Escuela de Iglesia. La Casa Metodista Unida de Publicaciones y la Junta General de Discipulado tienen la responsabilidad conjunta de interpretar y respaldar estos recursos.

c) El trabajo del Comité de Recursos Curriculares será financiado por la Casa Metodista Unida de Publicaciones.

3. El comité tendrá las siguientes relaciones adicionales:

a) El comité puede cooperar con la Casa Metodista Unida de Publicaciones y con la Junta General de Discipulado en la investigación educacional, en el desarrollo de recursos experimentales y en la evaluación de recursos que se proveen para los ministerios de enseñanza y aprendizaje de iglesia.

¶ **1125.** *El editor de las Publicaciones de la Escuela de Iglesia*—1. El editor de las Publicaciones de la Escuela de Iglesia es responsable por la administración del trabajo del Comité de Recursos Curriculares, del personal editorial de las Publicaciones de Escuela de Iglesia, de la política editorial general y de la determinación final del contenido editorial de las publicaciones para la escuela de iglesia.

2. El editor será electo por la Junta General de Discipulado, al ser postulado por un comité conjunto compuesto del presidente

de la Junta General de Discipulado, el presidente del Comité de Recursos Curriculares, otro miembro de la Junta General de Discipulado que represente intereses educacionales, y el presidente y dos miembros de la Casa Metodista Unida de Publicaciones. La elección del editor está sujeta a la confirmación de la Casa Metodista Unida de Publicaciones.

3. El editor es responsable ante la Junta General de Discipulado de cerciorarse de que el contenido de las publicaciones para la escuela de iglesia sean coherentes con la filosofía educacional formulada por la junta.

¶ **1126.** *Membresía*—1. El Comité de Recursos Curriculares consistirá de ocho miembros votantes electos cada cuadrienio por la Junta General de Discipulado de la siguiente manera:

a) Un obispo que no sirva en la Junta General de Discipulado y con experiencia en los ministerios de enseñanza y aprendizaje , postulado por el Concilio de Obispos.

b) Siete miembros postulados por la junta, de los cuales por lo menos tres son miembros de la Junta General de Discipulado. Se seleccionará hasta cuatro miembros adicionales por su experiencia en ministerios de educación y conocimiento de las variadas preocupaciones de las congregaciones con respecto a los ministerios de enseñanza y aprendizaje.

c) El presidente y editor de la Casa Metodista Unida de Publicaciones y el secretario general de la Junta General de Discipulado serán miembros *ex officio* del Comité de Recursos Curriculares con voz pero sin voto.

d) El presidente del comité será miembro de la Junta General de Discipulado.

2. El Comité de Recursos Curriculares incluirá personal de Publicaciones para la Escuela de la Iglesia y de la Junta General de Discipulado, con voz pero sin voto. El Comité de Recursos Curriculares podrá seleccionar otras personas para asistirle en su tarea, incluyendo personas nominadas por otras juntas, agencias y comisiones generales de la Iglesia. Los miembros de otras juntas, agencias y comisiones generales cubrirán sus propios gastos.

3. El comité puede preparar reglamentos y guías de operación según sean necesarios para facilitar el trabajo del comité.

Sección VI. División de Ministerios con Jóvenes.

¶ **1201.** Habrá una División de Ministerios con Jóvenes de la Junta General de Discipulado.

¶ **1202.** *Propósito*—El propósito de la División de Ministerios con Jóvenes es darle poder a los jóvenes como discípulos de Cristo que cambian el mundo, para desarrollar la fe y equipar a líderes jóvenes para:

1. desarrollar líderes espirituales jóvenes y adultos jóvenes en congregaciones locales para transformar vidas al hacer discípulos de Jesucristo;

2. desafiar a la Iglesia Metodista Unida a que abrace, confirme y celebre el llamado de Dios en las vidas de los jóvenes;

3. cultivar y nutrir ministerios que dan vida en donde la influencia y el valor no está limitado a la edad o la experiencia;

4. luchar por los asuntos e intereses de los jóvenes en la iglesia y en la comunidad global;

5. dar poder a los jóvenes para trabajar como agentes de paz, justicia y misericordia;

6. construir una red de apoyo y proveer recursos que conectan las distintas experiencias de jóvenes y adultos jóvenes en los ministerios locales y comunidades en todo el globo.

¶ **1203.** *Responsabilidades*—Las responsabilidades de la División de Ministerios con Jóvenes serán:

1. promover y mantener sistemas activos y efectivos para el programa del ministerio de los jóvenes y adultos jóvenes en la iglesia local, distrito, conferencia, jurisdicción y conferencia central, y niveles generales de la iglesia para una completa involucración de los jóvenes en el liderazgo y membresía;

2. luchar por las necesidades e intereses de los jóvenes por toda la vida de la Iglesia, planificación y administración. Se le dará atención a la vasta realidad de la vida de los jóvenes;

3. desarrollar y apoyar tres redes de constituyentes: una Red para Jóvenes Metodistas Unidos, una Red para Adultos Jóvenes Metodistas Unidos y una Red para Trabajadores Metodistas Unidos con Jóvenes (puede incluir trabajadores con jóvenes, pastores de la juventud, ministros de colegios, personal de la conferencia, capellanes, trabajadores con adultos jóvenes y así por el estilo). Estas redes habrán de proveer constante comunicación y eslabones conexionales entre iglesias locales y otros centros de la vida de la Iglesia, relaciones con la denominación y recursos para la formación espiritual de los jóvenes;

4. proveer liderazgos que apoyarán a los jóvenes, adultos jóvenes y trabajadores adultos con jóvenes para que sean participantes activos en la vida y misión de la Iglesia;

5. planear y llevar a cabo una convocación cuadrienal global de jóvenes y proveer recursos de programas y apoyar convocaciones regionales y nacionales;

6. proveer supervisión administrativa para las donaciones para los ministerios con los jóvenes, distribuidos en consulta con la Junta General de Iglesia y Sociedad, la Junta General de Discipulado, la Junta General de Ministerios Globales y la Junta General de Educación Superior y Ministerio;

7. proveer supervisión administrativa al Fondo de Servicio de la Juventud;

8. recomendar jóvenes y adultos jóvenes a los comités de postulación de las juntas y agencias generales, considerando sugerencias de concilios de la juventud y adultos jóvenes de la conferencia anual (¶¶ 649.3*e* y 650.3*e*) y otras organizaciones apropiadas;

9. colaborar con juntas y agencias apropiadas para proveer a los jóvenes con estrategias y oportunidades efectivas para vivir sus vidas de fe a través de ministerios de paz, justicia y misericordia en distintas avenidas del servicio;

10. colaborar con las juntas y agencias apropiadas para fortalecer el desafío de la iglesia a los jóvenes para que respondan al llamado de Dios al ministerio ordenado y de licencia y apoyar a la clerecía joven por medio del desarrollo de redes y otros recursos apropiados;

11. colaborar con juntas y agencias apropiadas para estimular la participación de los jóvenes en deliberaciones denominacionales, ecuménicas y relaciones interreligiosas.

¶ **1204.** *Autoridad y responsabilidad*—La División de Ministerios con Jóvenes será responsable ante la Junta General de Discipulado. La División tendrá la autoridad para determinar e interpretar las direcciones del programa que apoyan este mandato. Estas direcciones estarán en armonía con la Junta General de Discipulado y tendrán la aprobación de la Junta General de Discipulado.

¶ **1205.** *Relación de la División de Ministerios con Jóvenes con la Junta General de Discipulado*—La División de Ministerio con Jóvenes estará relacionada con la Junta General de Discipulado de la siguiente manera: Dos miembros de la División de Ministerios con Jóvenes serán elegidos a la junta, un joven y un adulto joven de acuerdo con la edad cualificatoria determinada para la División de Ministerio con Jóvenes de acuerdo con el ¶ 1207.

¶ **1206.** *Estructura*—La División de Ministerios con Jóvenes se organizará alrededor de tres unidades básicas: Juventud Metodista Unida, Adultos Jóvenes Metodistas Unidos y Trabajadores con Jóvenes Metodistas Unidos.

¶ **1207.** *Membresía*—La membresía de la División de Ministerios con Jóvenes será inclusiva con respecto a género, raza, etnicidad, laicos, clérigos y vocación.

1. La membresía será como sigue:

a) Doce jóvenes—1 joven elegido por la organización de jóvenes de cada conferencia central (de acuerdo con la definición de edad de cada conferencia central pero sin exceder la edad de 24 años); 1 joven, de cada jurisdicción elegidos por la convocación jurisdiccional de jóvenes quien tendrá 16 años, o menos, a la hora del nombramiento;

b) Doce adultos jóvenes—1 adulto joven elegido por la organización de jóvenes adultos de cada conferencia central (de acuerdo con la definición de edad de cada conferencia central pero sin exceder los 35 años de edad); 1 adulto joven elegido por la conferencia jurisdiccional;

c) Doce trabajadores adultos con jóvenes—1 adulto por cada conferencia central, nombrado por el comité postulador de la conferencia central; 1 adulto por cada jurisdicción, elegido por la conferencia jurisdiccional;

d) Miembros adicionales:

(1) Un miembro de la Junta General de Discipulado;

(2) Dos miembros del Movimiento Estudiantil Metodista Unido (¶ 1412.2*g*);

(3) hasta cinco miembros adicionales, como lo determina la Junta General de Discipulado, que pueden ser postulados por la División para asegurar que haya inclusividad;

(4) Un obispo seleccionado por el Concilio de Obispos.

2. *Personas como recursos*—La División será responsable de conectar el trabajo de las agencias generales y otras entidades metodistas unidas con el ministerio de los jóvenes y los adultos jóvenes. Para llevar adelante con efectividad dicho cargo, una persona del personal (o miembro de la junta cuando el personal no esté disponible) de las siguientes entidades estará presente (con voz, sin voto) en reuniones de la División. Estos representantes asistirán a costas de la agencia que lo mande y presentará las prioridades de la División a su agencia y servirá como persona como recurso para la División:

a) Junta General de Iglesia y Sociedad

b) Junta General de Discipulado

c) Junta General de Ministerios Globales
d) Junta General de Educación Superior y Ministerio
e) Comisión General de Religión y Raza
f) Comisión General del Estado y Rol de la Mujer
g) Comisión General de Hombres Metodistas Unidos
h) Concilio General de Finanzas y Administración
i) Mesa Conexional
j) Comunicaciones Metodistas Unidas
k) Casa Metodista Unida de Publicaciones
l) Mujeres metodistas Unidas

¶ **1208.** *Fondo de Servicio de la Juventud* — Habrá un Fondo de Servicio de la Juventud.

1. *Organización*—El Fondo de Servicio de la Juventud será un medio de educación de mayordomía y apoyo de la misión de la juventud dentro de la Iglesia Metodista Unida. Como parte del cultivo del fondo, la juventud debe ser desafiada a asumir responsabilidades financieras en conexión con el programa y presupuesto total de la iglesia de la que son miembros. El tesorero de la iglesia local enviará la suma total de las ofrendas del Fondo de Servicio de la Juventud al tesorero de la conferencia anual, quien podrá retener el setenta por ciento del dinero para distribuirlo en el concilio de ministerio de la juventud de la conferencia anual. El tesorero de la conferencia anual enviará el treinta por ciento restante al tesorero del Concilio General de Finanzas y Administración para que sea enviado a la Junta General de Discipulado, División de Ministerios con Jóvenes. Cualquier otro Fondo de Servicio de la Juventud que se recoja en la conferencia anual se dividirá de la misma forma y distribuirá de la misma manera.

2. *Revisión de proyectos*—La red juvenil de la División de Ministerios con Jóvenes constituirá un comité de revisión de proyectos para aconsejar a la red sobre la selección de proyectos. Este comité revisor estará compuesto por trabajadores jóvenes y adultos que sean miembros de la División de Ministerios con Jóvenes en un promedio de cinco jóvenes por cada adulto como establece la División de Ministerios con Jóvenes. El proyecto se seleccionará de acuerdo con la política y criterio establecidos por le red juvenil de la División de Ministerios con Jóvenes.

3. Un mínimo del 70 por ciento del Fondo de Servicio de la Juventud será usado para ayudar proyectos del Fondo de Servicio de la Juventud; el resto de la cantidad se usará para recursos de la oficina y la promoción del Fondo de Servicio de la juventud. Co-

municaciones Metodistas Unidas habrá de ayudar a la División de Ministerios con Jóvenes en la promoción del Fondo de Servicio de la Juventud.

¶ **1209.** *Donaciones para ministerios con jóvenes*—Habrán donativos disponibles a las iglesias locales, organizaciones afiliadas, ministerios universitarios, distritos, conferencias anuales, conferencias provisionales, conferencias jurisdiccionales y conferencias centrales de la Iglesia Metodista Unida.

1. *Propósito*—El propósito de estas donaciones es el de crear ministerios dinámicos con jóvenes que puedan servir como modelo para otras organizaciones a través de la conexión.

2. *Revisión de proyectos*—La División de Ministerios con los Jóvenes constituirá un comité de revisión de proyectos formado por tres jóvenes, tres adultos jóvenes y tres trabajadores adultos con jóvenes que son miembros de la División. El comité también podrá incluir un representante del personal y un miembro por cada una de las juntas: Junta General de Ministerios Globales, Iglesia y Sociedad, Junta General de Discipulado y la Junta General de Educación Superior y Ministerio. La División de Ministerios con la Juventud establecerá los criterios después de consultar con las cuatro juntas de programas participantes y en la relación con los propósitos de la División y las juntas de programas.

¶ **1210.** *Convocación Global de Jóvenes*—Habrá una Convocación Global de Jóvenes.

1. *Propósito*—La Convocación Global de Jóvenes será un evento global celebrado cada cuatro años con el propósito de celebrar la misión y vitalidad de los jóvenes en la Iglesia Metodista Unida, elevando el gozo e interés de los jóvenes de la comunidad global, desarrollando jóvenes para un ministerio efectivo en la iglesia local y en las comunidades de fe, realzando nuevos métodos de ministerio para jóvenes y adultos jóvenes y teniendo un foro que abrace la realidad global de la iglesia.

2. *Legislación*—Durante la convocación habrá oportunidad para que propongan legislación las delegaciones de las conferencias jurisdiccional y central en un foro apropiado. Este foro se formará con delegados que sean "miembros votantes". La legislación que se presente en el foro será sobre asuntos que conciernen a los jóvenes. La legislación aprobada por el foro se enviará a la División de Ministerios con Jóvenes o a la Conferencia General de la Iglesia Metodista Unida, bajo el nombre "Convocatoria de jó-

venes Metodistas Unidos". Toda legislación, petición y programa estará de acuerdo con los ¶¶ 806.9 y 806.11.

3. *Membresía* —La membresía del Foro de Jóvenes Metodistas Unidos será inclusive y de esta manera:

a) Miembros votantes

(1) 5 jóvenes (12-18 años de edad) de cada jurisdicción y 5 jóvenes de cada conferencia central de acuerdo con la definición de edad de cada conferencia central. Estos jóvenes serán elegidos mediante el proceso establecido por cada Ministerio de la Juventud Jurisdiccional y por la conferencia central en el año que precede la Convocación Global de Jóvenes.

(2) 5 jóvenes adultos (19-30 años de edad) de cada jurisdicción y 5 adultos jóvenes de cada conferencia central de acuerdo con la definición de edad de cada conferencia central. Estos adultos jóvenes serán elegidos mediante el proceso establecido por cada Ministerio de la Juventud Jurisdiccional por organizaciones de adultos jóvenes de las conferencias jurisdiccional y central.

(3) 2 trabajadores adultos con jóvenes por cada jurisdicción y 2 trabajadores jóvenes y adultos jóvenes por cada conferencia central. Estos adultos se elegidos mediante el proceso establecido por cada Ministerio de la Juventud Jurisdiccional y por organizaciones de la juventud de las conferencias centrales, el año que precede la Convocación Global de Jóvenes.

b) Miembros sin voto (En todos los casos, los miembros sin voto tendrán el estatus de voz sin voto).

(1) Jóvenes y adultos jóvenes de las agencias generales.

(2) Miembros y personal de la División de Ministerios con Jóvenes.

(3) Miembros adicionales de las jurisdicciones, las conferencias centrales y asociados ecuménicos.

4. *Gastos* —Los gastos de la Convocación Global de Jóvenes serán por los participantes cuando sea posible. La División de Ministerios con Jóvenes deberá crear un plan de subvenciones adecuado con los Jóvenes que asegure la participación en pleno de los delegados escogidos para la Convocación Global de Jóvenes y la Asamblea Legislativa. Se recomienda que los concilios de jóvenes y ministerios de adultos jóvenes de las conferencias jurisdiccional, anual y central, busquen fondos para los participantes de la Convocación que son elegidos en dichas conferencias. Una cantidad limitada de becas para necesitados estará disponible por medio

de la División de Ministerios con Jóvenes para facilitar la mayor participación.

¶ 1211. *Personal* —1. La División de Ministerios con Jóvenes tendrá como su oficial de personal principal un Secretario General Asociado. Este oficial de personal será postulado por el comité de personal de la Junta General de Discipulado por elección de la Junta. El comité de búsqueda será presidido por el Secretario General de la Junta General de Discipulado y la División de Ministerios con Jóvenes.

2. Todos los demás miembros del personal de la División serán electos o nombrados de la manera en que está prescrita por la Junta (¶ 714).

¶ 1212. *Financiamiento de la División* — Los fondos de operación de la División se derivarán de tres fuentes principales: Fondo del Servicio Mundial, programas propios de financiación y la porción general del Fondo de Servicio de la Juventud.

Sección VII. Junta General de Ministerios Globales

¶ 1301. Habrá una Junta General de Ministerios Globales, de aquí en adelante llamada la junta, cuyo propósito es parte de la expresión de la misión total de la Iglesia. Es un instrumento misional de la Iglesia Metodista Unida, sus conferencias anuales, conferencias misioneras y congregaciones locales en un contexto global.

La iglesia en misión es un signo de la presencia de Dios en el mundo. Mediante la autoridad de Dios y el poder del Espíritu Santo, la Iglesia:

1. Se une a la misión de Dios para reclamar, restaurar y redimir la vida de toda la creación a su intención divina;

2. Confiesa con palabra y hechos la actividad redentora de Dios en Cristo en toda la familia humana;

3. Procura encarnar y realizar el potencial de una nueva vida en Cristo entre todos los seres humanos; y

4. Aguarda en fe y esperanza la consumación del reino de Dios y la realización de la misión de Dios.

¶ 1302. *Responsabilidades*—1. Discernir aquellos lugares donde el evangelio no ha sido oído o correspondido, y testificar acerca de su significado por todo el mundo, invitando a todas las personas a una novedad de vida en Jesucristo a través de un programa de ministerios globales.

2. Alentar y apoyar el desarrollo de un liderazgo en misión, tanto para la Iglesia como para la sociedad.

3. Desafiar a todos los metodistas unidos con el imperativo del Nuevo Testamento de proclamar el evangelio hasta los confines de la tierra, expresando la misión de la Iglesia, y reclutar, enviar y recibir misioneros, capacitándolos para que dediquen la totalidad o una porción de sus vidas a servir a través de fronteras raciales, culturales y políticas.

4. Planear con otros y establecer y fortalecer congregaciones cristianas donde haya oportunidades y necesidades, para que dichas congregaciones puedan ser unidades de misión allí donde se encuentren, y compañeras con otros en la misión mundial de la iglesia cristiana.

5. Abogar por el trabajo en favor de la unidad de la iglesia de Cristo a través del testimonio y el servicio con otras iglesias cristianas y a través de concilios ecuménicos.

6. Dialogar con todas las personas, incluso personas de otras confesiones, y compartir con ellas, donde sea posible, en acción alrededor de preocupaciones comunes.

7. Ayudar a las congregaciones locales y conferencias anuales en misión en sus propias comunidades y a través del globo creando conciencia de las demandas de la misión global y proveyendo canales de participación.

8. Abordar las preocupaciones de las mujeres organizadas para la misión y ayudar a equipar a las mujeres para participar plenamente local y globalmente en la Iglesia y el mundo.

9. Involucrarse en ministerios directos con necesidades humanas crónicas y emergentes, institucionales y no institucionales, no importa sus causas.

10. Trabajar dentro de sociedades y sistemas para liberar todo el potencial humano, y trabajar con vistas a la transformación de las fuerzas demoníacas que distorsionan la vida.

11. Identificarse con todos los que están alienados y desposeídos y ayudarlos a lograr su plenitud humana de cuerpo, mente y espíritu.

12. Imaginar y participar en formas de misión creativas apropiadas a las cambiantes necesidades humanas y compartir los resultados de la experimentación con toda la Iglesia.

13. Facilitar el desarrollo de modelos cooperativos de ministerio para que la vitalidad unificada de las congregaciones locales y otras unidades de la Iglesia en determinadas áreas pueda respon-

der con ministerios más efectivos de justicia, abogacía, compasión y cultivo pastoral.

14. Afirmar a los Voluntarios en Misión como una auténtica forma de compromiso misionero personal y diseñar la estructura apropiada para interpretar y llevar a la práctica oportunidades para voluntarios misionales en la comunidad global.

15. Facilitar la recepción y la asignación de misioneros de iglesias de otros países aparte de los Estados Unidos en cooperación con las otras agencias generales y con conferencias anuales.

¶ **1303.** *Objetivos*—1. Los objetivos de la junta serán:

a) Planear la ejecución de las responsabilidades de la junta en la extensión misional de la Iglesia Metodista Unida.

b) Establecer la organización apropiada de la junta y el personal para llevar a cabo su programa y satisfacer las responsabilidades de la junta.

c) Determinar, en cooperación con los colaboradores misionales, las áreas que han de servirse y la naturaleza del trabajo que ha de realizarse.

d) Determinar la política y el programa, establecer metas y prioridades, proyectar planes a largo plazo, evaluar el programa y los servicios de la junta en cuanto al progreso logrado en la realización de su propósito en conformidad con los ¶¶ 1301 y 1302, y procurar alcanzar sus objetivos a través de los programas de la junta.

e) Coordinar y armonizar el trabajo de la junta.

f) Elegir o nombrar, de acuerdo con los reglamentos, el personal de la junta.

g) Asignar responsabilidades y delegar autoridad al personal, y proveer supervisión del personal.

h) Recibir y administrar debidamente todas las propiedades, fondos de fideicomiso, fondos permanentes, fondos de anualidades y otros fondos especiales.

i) Recibir, resguardar, apropiar y desembolsar fondos para asegurar financieramente su programa y desempeñar sus responsabilidades.

j) Recibir y considerar informes de sus unidades, comités y personal.

k) Presentar a la Conferencia General un informe sobre sus actividades durante el cuadrienio.

l) Desarrollar y mantener relaciones cooperativas con otras agencias generales y con conferencias jurisdiccionales, centrales, anuales y misioneras.

m) Asumir la responsabilidad de ejecutar una política que establezca que la Iglesia Metodista Unida no subscribirá ningún acuerdo de cortesía que limite la capacidad de ninguna conferencia anual en ninguna jurisdicción de desarrollar y proveer recursos para programas de ministerio de cualquier tipo entre los Nativo-americanos, incluso la organización de iglesias locales donde sea necesario.

2. La junta desarrollará y mantendrá relaciones cooperativas de trabajo con iglesias y agencias ecuménicas en cuestiones de interés mutuo en la ejecución de responsabilidades disciplinarias.

3. La junta facilitará y coordinará las relaciones de programa de otras agencias de programa de la Iglesia Metodista Unida con iglesias y agencias en otras naciones más allá de los Estados Unidos.

¶ **1304.** *Autoridad*—La junta tendrá autoridad para hacer reglamentos y regular sus procedimientos en armonía con la Disciplina. Los reglamentos pueden enmendarse mediante voto de las dos terceras partes de los miembros presentes y votantes en una reunión regular o especial, con tal que los miembros hayan sido notificados previamente con respecto a dicha enmienda. La junta tendrá el poder y el derecho de hacer cualesquiera y todas las cosas que sus estatutos le autoricen, excepto cuando haya duplicidad de actividades de una agencia a otra. Tendrá autoridad para desarrollar y desempeñar sus responsabilidades como se describe en el ¶ 1302; para comprar, adquirir o recibir por donación, legado, propiedad inmueble, personal y mixta; para retener, hipotecar, vender y deshacerse de propiedad; para demandar y ser demandada; para tomar dinero en préstamo en caso de necesidad y de acuerdo con los ¶¶ 806-807; para desarrollar y mantener relaciones ecuménicas a fin de desempeñar sus responsabilidades, y para administrar sus asuntos a través de la junta y sus diversas unidades y comités.

¶ **1305.** *Incorporación*—1. La junta será incorporada e implementará sus responsabilidades a través de su estructura corporativa y las estructuras corporativas de las entidades que controla o que se organizan administrativamente como divisiones o departamentos de la junta.

2. La junta u otra entidad descrita en el ¶ 1305.1 será la sucesora de las siguientes corporaciones: la Junta de Misiones de la Iglesia Evangélica de los Hermanos Unidos, las Misiones Nacionales y la Sociedad de Edificación de Iglesias de la Iglesia de los Hermanos Unidos en Cristo, la Sociedad de Misiones Extranjeras

de los Hermanos Unidos en Cristo, la Sociedad Misionera de la Iglesia Evangélica y la Junta de Extensión de la Iglesia Evangélica, y como tal sucesora está autorizada y capacitada para recibir de dichas corporaciones predecesoras todos los fondos de fideicomiso y bienes de cualquier tipo y carácter—inmuebles, personales o mixtos—pertenecientes a las mismas, y a partir de ahora y por este medio queda autorizada a administrar dichos fideicomisos y fondos en conformidad con las condiciones en que los mismos han sido previamente recibidos y administrados por las mencionadas corporaciones predecesoras.

En caso de administrar "los donativos condicionales asegurados por acuerdos de fideicomiso y hipotecas" emitidos antes del 1980, la Junta General de Ministerios Globales de la Iglesia Metodista Unida podrá negociar pagos de menos del valor original de cualquier pagaré pendiente que estén asociados con antiguas subvenciones condicionales o donativos asegurados a través de acuerdos de fideicomiso o hipotecas.

3. La junta u otra entidad descrita en el ¶ 1305.1 tendrá control de todo el trabajo anteriormente controlado y administrado por las siguientes agencias: la Junta de Ministerios de Salud y Bienestar, la Junta de Misiones de la Iglesia Metodista Unida, la Junta de Misiones y Extensión de la Iglesia Metodista, la Sociedad Misionera, la Junta de Misiones Extranjeras, la Junta de Misiones Nacionales y de Extensión de la Iglesia, la Junta de Misiones, y la Junta de Extensión de la Iglesia de la Iglesia Metodista Episcopal del Sur; la Junta de Misiones de la Iglesia Metodista Protestante; la Junta de Misiones de la Iglesia Metodista; cualquier otra división y departamento, incorporados o no, y sus predecesores, que se hayan fusionado en la junta; y otras corporaciones o agencias de la Conferencia General que hacen un trabajo similar; pero esta lista no debe considerarse exhaustiva.

4. Sujeta a las limitaciones que se especifican más adelante, cualquier corporación dentro de la junta estará sujeta a la supervisión y el control de la Conferencia General de la Iglesia Metodista Unida en todo lo que no sea incongruente con la Constitución y las leyes de los Estados Unidos y de los estados de inscripción legal.

5. La junta tendrá la autoridad de crear esas unidades o secciones subsidiarias necesarias para el desempeño de las funciones designadas.

¶ **1306.** *Comité ejecutivo*—Habrá un comité ejecutivo, el cual ejercerá los poderes de la junta interinamente, y cuya membresía y responsabilidades serán determinas por los reglamentos de la junta.

¶ **1307.** *Oficiales de la corporación*—La junta elegirá como sus oficiales corporativos un presidente, un vicepresidente, un tesorero general, un secretario corporativo y cualquier otro oficial que considere necesario. La junta determinará los poderes y deberes de los oficiales.

¶ **1308.** *Personal electo*—*a)* La junta elegirá por un cuadrienio al secretario general por medio de votación. Como jefe ejecutivo de la junta, el secretario general participará directamente en la selección del personal.

b) La junta elegirá, por un cuadrienio, un tesorero general y tantos secretarios generales adjuntos y secretarios generales asociados como considere apropiado para llevar a cabo sus funciones.

c) El comité de personal de la junta, en consulta con el secretario general, recomendará candidatos para las posiciones descritas en el sub-párrafo b previamente mencionado.

d) El secretario general puede agregar posiciones al gabinete en consulta con el comité de personal de la junta.

¶ **1309.** *Normas para el personal*—1. *Selección*—El personal de la junta será seleccionado sobre la base de su competencia y con representación de los grupos étnicos y raciales, jóvenes adultos y mujeres, en conformidad con la principios en el ¶ 714.

2. *Participación de las mujeres en el personal*—*a)* De las posiciones de personal al nivel de gabinete dentro de la junta, un mínimo del 40 por ciento será ocupado por mujeres.

b) Un mínimo del 40 por ciento de todo el personal electo, así como un mínimo del 40 por ciento del personal nombrado, será mujeres.

¶ **1310.** *Propiedades, fideicomisos y anualidades*—1. Todas las propiedades, fideicomisos, fondos de anualidades, fondos permanentes y dotes actual o anteriormente poseídos y administrados por la Junta de Misiones, la Junta de Ministerios de Salud y Bienestar, y el Comité Metodista Unido de Auxilio de la Iglesia Metodista Unida; la Junta de Misiones de la Iglesia Metodista; la Junta de Misiones de la Iglesia Evangélica de los Hermanos Unidos o sus sucesores, y sus respectivas divisiones y departamentos o sus sucesores, serán cuidadosamente protegidos. La junta se esforzará por invertir en instituciones, compañías, corporaciones o fondos que contribuyan positivamente a la realización de las metas bosquejadas en los Principios Sociales de la Iglesia Metodista Unida, y administrar dichas inversiones a beneficio de aquellas personas y causas para las que se establecieron los fondos. Esas propiedades, fideicomisos, fondos de anualidades, fondos permanentes y dotes se transferirán a la junta de juntas y sociedades fusionadas solamente cuando dichas transferencias puedan hacerse en conformidad con las leyes de los estados donde las diversas juntas y sociedades se hayan constituido, y por recomendación de la junta y la aprobación de dichas juntas y sociedades. Los fondos de la junta y sus corporaciones y sociedades predecesoras sujetos a apropiaciones serán apropiados solamente por recomendación de la junta (¶ 806.11).

2. Las agencias misioneras de los que anteriormente fueran los Hermanos Evangélicos Unidos, localizadas dentro de los Estados Unidos y que no son propiedad directa de la junta que reciben más del 50 por ciento de sus donaciones de beneficencia a través de canales Metodistas Unidos de donaciones, serán gobernadas por una junta de síndicos o directores, de los cuales dos terceras partes de sus miembros votantes electos serán miembros de la Iglesia Metodista Unida.

3. Las operaciones financieras de la junta serán como sigue:

a) Los ingresos de la junta se derivarán de asignaciones, obligaciones, o pedidos especiales a las jurisdicciones, conferencias anuales y cargos pastorales a través del proceso presupuestario de la Conferencia General según ésta lo determine, y de escuelas de iglesia, ofrendas, donaciones, ofrendas de buena voluntad, anualidades, legados, ofrendas especiales y otras fuentes de las que usualmente se obtienen fondos misioneros y de benevolencias de acuerdo con la *Disciplina* y las acciones de la Conferencia General.

b) Todas las contribuciones y los ingresos devengados por todos los fondos, deberán usarse para gastos corrientes y apropiaciones anuales a menos que el donante determine otra cosa.

4. Se recibirán pedidos de las áreas misionales, y la junta preparará los presupuestos en conformidad con su constitución y reglamentos, y el presupuesto se presentará al Concilio General de Ministerios en conformidad con el ¶ 806.

¶ **1311.** *Membresía*—La política, planes de trabajo, administración de negocios y todos los asuntos de la junta serán gobernados y administrados de acuerdo con las siguientes condiciones:

1. Los miembros básicos (clérigos, laicos) son electos por la jurisdicción tras postulación de las conferencias anuales.

Las jurisdicciones usarán la siguiente fórmula cuando elijan miembros: Jurisdicción Noreste–3; Jurisdicción Sureste–4; Jurisdicción Oeste–2; Jurisdicción Norcentral–3, y Jurisdicción Surcentral–3. Cada Conferencia Central postulará un miembro a la membresía básica de la junta con un total de siete (7). Los miembros adicionales de la junta serán postulados y elegidos de acuerdo con las estipulaciones de la junta. Podrá haber hasta cinco (5) miembros adicionales de las cinco jurisdicciones (uno de los cuales será de la Conferencia Misionera India de Oklahoma o de la conferencia anual de Río Grande, a menos que éstas ya estén representadas en la membresía básica de la junta). Habrá dos (2) miembros adicionales de las conferencias centrales.

2. Las Mujeres Metodistas Unidas elegirán tres miembros de su junta de directores para servir como directores de la Juntas General de Ministerios Globales con voz pero sin voto.

3. La composición de la junta y sus unidades debe reflejar las principales categorías reconocidas de miembros de la iglesia (¶ 705). Un mínimo de la mitad de la membresía debe ser mujeres.

4. Los miembros de la junta serán distribuidos a través de las unidades y los comités permanentes en conformidad con los reglamentos de la junta. Los miembros electos por las Mujeres Metodistas Unidas servirán en los comités de programas de la juntas con voz pero sin voto.

5. *a)* Excepto como se describe en el subpárrafo 1311.5*b*, la duración del cargo de todos los miembros cuya elección se provee en este parágrafo, comenzará con la organización de la junta en una reunión convocada dentro de noventa días después de la clausura de la última reunión de las distintas conferencias jurisdiccionales reunidas después de la Conferencia General.

b) El periodo de servicio de cada miembro electo por las conferencias centrales comenzarán de inmediato tras la asamblea de la conferencia central para la cual el o ella fue elegido a la junta. El periodo de servicio de cada miembro adicional nominado por las conferencias centrales comenzará con la asamblea de la junta para la cual el o ella fue elegido de acuerdo con los estatutos. A menos que se determine de otra forma en la Disciplina o en los estatutos de la junta, el periodo de servicio de cada miembro cuya elección se estipula en este párrafo terminará cuando su sucesor o sucesora tome posesión del cargo como se determina en este párrafo.

6. Tras su postulación por el Concilio de Obispos, la Conferencia General elegirá tres obispos de las cinco jurisdicciones y dos obispos de dos de las tres regiones de las conferencias centrales (África, Europa, Filipinas) para la junta. Cada jurisdicción y cada región de la conferencia central (África, Europa, Filipinas) tendrá representación de esta categoría en la junta por menos una vez en cada período de tres cuadrienios. Excepto como se determina en la oración precedente, no se permitirá a los obispos servir como miembros de la junta.

7. El secretario general, el tesorero general y los secretarios generales adjuntos de la junta serán miembros sin voto.

8. Los miembros remunerados del personal de cualquier agencia que recibe fondos de la junta no podrán servir como miembros votantes de la junta, excepto con el propósito de cumplir con las disposiciones en el ¶ 705.

¶ **1312.** *Relación con las Mujeres Metodistas Unidas*—La junta elegirá tres de sus directores para server como miembros del Grupo Consultor de Programas de las Mujeres Metodistas Unidas.

¶ **1313.** *Comité de El Avance*—*El Avance por Cristo y su Iglesia es el canal de donativos designado por la Iglesia Metodista Unida.* El Comité de El Avance supervisará en general El Avance por Cristo y su Iglesia (¶ 822).

1. El Comité de El Avance se organizará bajo la autoridad y dirección de la junta como lo determinen las regulaciones de la junta.

2. *Proyectos generales especiales de El Avance*—Recaerá en el Comité de El Avance las responsabilidad de aprobar los proyecto que deberán recibir Ofrendas Especiales de El Avance (¶ 822.2). El Avance ampara la colaboración entre esos que dan y esos que recién, y afirma el derecho de las personas para determinar la prioridad de sus propias necesidades.

ÁREAS DE PROGRAMA MISIONAL

¶ **1314.** *Áreas de programa*—Las responsabilidades del programa dentro de la Junta de Ministerios Globales se asignarán a sus unidades con el propósito de acrecentar la participación de todos los metodistas unidos en la misión cristiana y desarrollar maneras de facilitar su participación en esta misión. La membresía de las áreas de programa se constituirá en conformidad con los reglamentos de la Junta General de Ministerios Globales.

La Junta General de Ministerios Globales se dedicará a la programación de la misión en torno a las siguientes áreas:

1. Desarrollo congregacional y de comunidad

a) Evangelización entre aquellas personas que no han escuchado o respondido al evangelio.

b) Nuevas iniciativas misionales estratégicas y establecer nuevas congregaciones donde no existan el metodismo unido y/o relaciones confesionales cooperativas.

c) Desarrollo de liderazgo, incluyendo identificar, preparar y capacitar personas para el liderazgo en la iglesia y la comunidad a fin de que puedan desarrollarse congregaciones orientadas hacia la misión.

d) Asegurar recursos para programas de adiestramiento de liderazgo y administrar becas, incluyendo el Programa de Becas de Comunión Mundial.

e) Crecimiento de la iglesia, que incluye la revitalización de congregaciones y comunidades de fe existentes, especialmente entre congregaciones raciales y étnicas y congregaciones en comunidades/vecindarios de transición. El desarrollo congregacional se llevará a cabo en cooperación con la Junta General de Discipulado a través del Comité Conjunto de Desarrollo Congregacional compuesto por el mismo número de representantes de la Junta General de Ministerios Globales y la Junta General de Discipulado, el cual tendrá que reunirse por lo menos anualmente para expeditar la cooperación entre estas juntas en el área de desarrollo congregacional para ambas, las congregaciones nuevas y la revitalización de las congregaciones existentes, dando prioridad a congregaciones raciales y étnicas.

f) Desarrollo de la iglesia y la comunidad, que incluye subvenciones, préstamos y asistencia técnica para programas de desarrollo propio y determinación propia en relación a las necesidades sociales que surgen de las preocupaciones en cuanto al pluralismo ético y cultural, explotación económica y sexual y la opresión política y racial.

g) Programas basados en la comunidad en áreas como misión agrícola, comunicaciones y ministerios con estudiantes y con la juventud.

h) Desarrollar organizaciones local y regionales fuertes para el desarrollo comunitario con la capacidad de expansión y llegar a ser parte de un programa internacional relacionado.

i) Promover y facilitar modelos cooperativos de ministerio como parroquias cooperativas, ministerios metropolitanos, urbanos, suburbanos y rurales.

j) Administrar los fondos y otros recursos compartiendo proyectos y programas—especialmente los que sirven a mujeres, niños y niñas, y a la juventud de iglesias solidarias y entidades ecuménicas.

2. Relaciones conexionales y ecuménicas

a) Trabajar con coaliciones denominacionales, ecuménicas y seculares y, cuando corresponda, desarrollar nuevos modelos de misión conjunta.

b) Identificar y analizar los asuntos misionales que dan cuerpo a las condiciones bajo las cuales la iglesia es llamada a desempeñar la Misión de Dios.

c) Desarrollar y sostener relaciones cooperativas y de compañerismo misional que incluyan el compartir oportunidades y recursos, relaciones solidarias y cooperación. Esto implica mantener y satisfacer relaciones conexionales con conferencias anuales, conferencias misioneras y conferencias centrales; iglesias autónomas, autónomas afiliadas, y unidas, y organismos eclesiásticos ecuménicos.

d) Desarrollar relaciones misionales en países y comunidades donde la Iglesia Metodista Unida no tiene compromisos, mediante acuerdos de trabajo con las iglesias, una organización misional unida o organismos ecuménicos relacionados con esa área. Si estas avenidas no están disponibles, la junta puede participar en la formación de una nueva estructura denominacional metodista unida, en cuyo caso puede solicitar al Concilio de Obispos que proporcione la necesaria supervisión episcopal.

e) Cooperar con cada conferencia central y sus conferencias, tanto anuales como provisionales, y a cada iglesia metodista autónoma afiliada o iglesia unida, y donde sea posible, pedir a esas entidades que provean funciones de enlace con la junta.

f) Proveer información y ayudar a desarrollar acción y abogacía por la justicia, la paz y la libertad global a través del trabajo cooperativo con otras agencias de la iglesia, de otras denominaciones y de coaliciones ecuménicas, interconfesionales y seculares. La Junta General de Ministerios Globales mantendrá su condición de consultora especial con las Naciones Unidas y su colaboración con las Mujeres Metodistas Unidas y Junta General de Iglesia y Sociedad a través de la Oficina Metodista Unida en el Church Center de las Naciones Unidas.

g) Promover la interacción de iglesias y grupos ecuménicos con el propósito de reciprocidad en la definición y ejecución de la misión cristiana y las preocupaciones internacionales.

3. Educación e interpretación de la misión

a) Proveer oportunidades para que los metodistas unidos entiendan la misión global de la Iglesia Metodista Unida y para que den testimonio personal y colectivo mediante la participación en la misión y el apoyo a la misma.

b) Iniciar y desarrollar, en consulta con las unidades pertinentes de la junta, programas y recursos que alienten a los individuos de una cultura en particular a convertirse en receptores y mensajeros del evangelio a través de las fronteras y a vivir en fidelidad dentro de un mundo multicultural.

c) Trabajar en programas de interpretación de la misión, que incluye la capacitación de intérpretes misionales.

d) Capacitar a los líderes de misión conexionales para que puedan cumplir con sus responsabilidades.

e) Trabajar, en cooperación con la Junta General de Educación Superior y Ministerio, con escuelas de teología y profesores de misión a fin de proveer un énfasis en la educación misional.

f) Cooperar con la Junta General de Discipulado, especialmente el Comité de Recursos Curriculares, a fin de proveer oportunidades de comprensión y participación misional para todas las edades.

g) Iniciar y desarrollar programas y recursos especiales mediante los cuales los niños y jóvenes puedan entender la misión de la Iglesia.

h) Trabajar con agencias ecuménicas en el desempeño de las responsabilidades de educación misional.

i) Proveer oportunidades para que los metodistas unidos se reúnan y testifiquen como iglesia global.

4. Servicio misional

a) Planificar y desarrollar una amplia gama de oportunidades para voluntarios misionales con asignaciones a corto plazo, incluyendo promover e interpretar la necesidad de voluntarios con una variedad de destrezas y capacidades; trabajar en estrecha relación con oficiales conferenciales y jurisdiccionales para ayudar a identificar, desarrollar y sostener oportunidades de servicio misional voluntario (i.e., voluntarios en misión, respuesta de emergencia ante desastres) para ayudar a identificar, desarrollar y apoyar oportunidades para el servicio de los voluntarios misionales.

b) Promover las oportunidades de servicio misional relacionadas con la Junta General de Ministerios Globales a través de los diferentes sectores constitutivos de la iglesia, a través de reclutar, seleccionar, preparar, comisionar y asignar al personal de misión, con la supervisión y apoyo necesario de estas personas en asignaciones en la amplia variedad de iglesia y compañeros ecuménicos en la Iglesia Metodista y alrededor del mundo.

c) Relacionarse con las personas misionales de iglesias compañeras.

5. Salud Global

a) Participar, apoyar, facilitar, defender y colaborar con otros (incluyendo organizaciones metodistas unidas y organizaciones ecuménicas, interreligiosas y seculares, según proceda) para proporcionar ministerios de salud globales y locales que, en el espíritu de Jesucristo, fomenten la salud abundante para todas la personas, incluyendo el bienestar holístico físico, mental y espiritual, independientemente de la religión, nacionalidad, cultura, raza, etnicidad, género, orientación sexual o discapacidad física o mental.

b) Combatir enfermedades prevenibles de la pobreza y apoyar la atención sanitaria comunidades.

c) Convencer, movilizar, dotar de recursos y equipar a metodistas unidos a participar, apoyar y promover ministerios de salud integral, local y globalmente.

d) Fomentar sensibilización en cuanto a los dones, gracias, valor y necesidades de las personas con necesidades de desarrollo físicas, mentales y otras, fomentando una cultura de inclusividad dentro de la Iglesia Metodista Unida como un lugar donde personas con necesidades especiales serán incluidas en todos los aspectos de la adoración, liderazgo y ministerio.

e) Animar y apoyar congregaciones para responder eficazmente y con compasión hacia esas personas afectadas por el consumo de drogas y la violencia relacionada con este.

Comité Metodista Unido de Auxilio

¶ **1315. 1.** *Disposiciones generales—a) Propósito*—El Comité Metodista Unido de Auxilio ("UMCOR") existe para ayudar a los metodistas unidos y a las iglesias a involucrarse globalmente en ministerios de salud y bienestar y en ministerio directo con per-

sonas en necesidad a través de programas de emergencia, rehabilitación y servicio, incluso cuestiones de personas desplazadas,
hambre y pobreza, respuesta a desastres y de reducción de riesgo
de desastre, y para ayudar a organizaciones, instituciones y programas relacionados con conferencias anuales y otras unidades
de la Iglesia Metodista Unida en su servicio directo con tales personas en necesidad.

b) Autoridad—El UMCOR es una corporación no lucrativa de Nueva York y sus directores serán elegidos por la Junta
General de Ministerios Globales. El UMCOR operará de manera
consistente con la política establecida por la Junta General de Ministerios Globales y de acuerdo con las leyes de la Junta General
de Ministerios Globales y del UMCOR.

c) Responsabilidades—Las responsabilidades del UMCOR
serán las siguientes:

(1) Buscar la intercesión por las necesidades humanas
en el espíritu de Jesucristo.

(2) Proveer socorro inmediato en casos de extrema
necesidad y responder al sufrimiento de personas en el mundo
causado por desastres naturales y ecológicos y crisis políticas y
civiles.

(3) Trabajar cooperativamente con las unidades conferenciales pertinentes, organismos ecuménicos, agencias interdenominacionales y otras organizaciones en la identificación, abogacía en favor de ministerios con personas desplazadas y asistencia
a ellos, con víctimas del hambre y la pobreza, de respuesta a desastres y reducción de riesgo de desastre.

(4) Administrar estos ministerios descritos en el sub-
párrafo tres (3) en el espíritu de Jesucristo, preservando la dignidad de las personas sin importar religión, raza, nacionalidad o
género, y tratará de realzar la calidad de vida en la comunidad
humana.

(5) Trabajar en cooperación con la Comisión General
de Comunicación en la promoción de la ofrenda del Domingo
UMCOR.

(6) Iniciar recursos impresos, audiovisuales, electrónicos y otros para interpretar, apoyar y comunicarse con las conferencias e iglesias con respecto a pedidos de ayuda e información
relacionados con ministerios con personas desplazadas, las causas del hambre y la pobreza, asistencia de emergencia en casos de
desastres y reducción de riesgo de desastre, y rehabilitación.

(7) Asistir y capacitar a coordinadores conferenciales y otras organizaciones asociadas para que breguen con nuevas y viejas preocupaciones de ministerios con personas desplazadas, las causas del hambre y la pobreza, asistencia de emergencia en casos de desastres, reducción de riesgo de desastre y rehabilitación.

d) Respuesta a las peticiones de fondos para desastres— El UMCOR responderá a una propuesta de respuesta a un desastre natural o civil solamente si la petición de tales fondos proviene de uno de los siguientes, (i) una institución apropiada relacionada con la Iglesia Metodista Unida, preferiblemente una conferencia anual, o (ii) una institución apropiada equivalente de una entidad no relacionada con la Iglesia Metodista Unida. UMCOR evaluará la respuesta al desastre para adecuarse a las normas internacionales y nacionales para la asistencia humanitaria. UMCOR evaluará las propuestas de subvención para reparar lugares de adoración o propiedad de la iglesia dañados en el desastre en consulta con los coordinadores de respuesta a desastres de la conferencia, obispos y superintendentes de distrito de la Iglesia Metodista Unida, o con las personas en posiciones similares de las entidades apropiadas equivalentes de las entidades que no estén relacionadas con la Iglesia Metodista Unida, los lugares específicos donde la propiedad de la iglesia local y propiedades relacionadas con la iglesia han sufrido daño, y organizarán una visita del lugar para evaluar e iniciar un proceso de consulta regular cuando sea apropiado.

e) Limitación de responsabilidad—UMCOR no será responsable legal ni moral de las deudas, contratos u obligaciones ni de ningún otro compromiso financiero de ninguna clase o descripción creado, emprendido o asumido por ninguna institución o interés relacionado con una unidad de la Iglesia Metodista Unida, sea que dicha institución o interés esté aprobado, aceptado o reconocido por el UMCOR, o esté afiliado con el UMCOR, o que la promoción o el establecimiento del mismo haya sido aprobado por la constitución del UMCOR. Ninguna de estas instituciones o intereses relacionados con una unidad de la Iglesia Metodista Unida ni ningún oficial o miembro del UMCOR tendrá autoridad alguna para actuar directamente o por implicación de manera que varíe o que se desvíe de la limitación contenida en la oración anterior, excepto cuando el UMCOR sea propietario o administre directamente una institución en su propio nombre.

Sección VIII. Junta General de Educación Superior y Ministerio

¶ 1401. Habrá una Junta General de Educación Superior y Ministerio, de aquí en adelante llamada la junta.

¶ 1402. *Incorporación*—La Junta General de Educación Superior y Ministerio será una corporación organizada de acuerdo con las leyes de Tennessee y será responsable por las funciones desempeñadas anteriormente por la División de Educación Superior de la Junta General de Educación y la Comisión de Capellanes y Ministerios Afines de la Iglesia Metodista Unida.

La Junta General de Educación Superior y Ministerio está autorizada para dar los pasos necesarios, de acuerdo con la ley de corporaciones de Tennessee, de manera que se alcancen los resultados delineados anteriormente y que establezcan a la Junta General de Educación Superior y Ministerio como entidad legal.

Las divisiones de la Junta General de Educación no fueron inscritas legalmente por separado. Es la intención, sin embargo, que la responsabilidad por las funciones delegadas a las divisiones por acciones legislativas anteriores sean transferidas de manera coherente con la separación de las funciones entre la Junta General de Discipulado y la Junta General de Educación Superior y Ministerio. En la división de los bienes de la Junta General de Educación, es el propósito que todos esos bienes sean usados de acuerdo con la intención original o con el propósito para el cual fueron establecidos o adquiridos, y de tal manera se asignarán, según sea apropiado, a la Junta General de Discipulado y a la Junta General de Educación Superior y Ministerio respectivamente. Además, es el propósito que todas las anualidades, los legados, los depósitos y las propiedades que pertenecían anteriormente a la Junta General de Educación se usen para el beneficio y uso de la Junta General de Discipulado y de la Junta General de Educación Superior y Ministerio (de acuerdo con sus propósitos según se definen en la *Disciplina*) respectivamente, según sean sus intereses, y que se autorice que los títulos de propiedades de los bienes reales sean transmitidos, según sea apropiado, y se dividan, según sea indicado.

En la eventualidad de que la intención del donante original de las anualidades, los legados, los depósitos y los bienes reales en existencia no se pueda determinar claramente en relación con los intereses de las dos juntas, tales bienes se dividirán igualmente entre las dos juntas.

Además, es el propósito que si se acumula capital adicional para la anterior Junta General de Educación por razón de anualidades, legados, depósitos y bienes reales no conocidos al presente, y donde es posible establecer claramente la intención del donante, el capital será usado de acuerdo con la intención original y el propósito para el cual se establecieron o adquirieron, y de esa manera se asignarán, según sea apropiado, a la Junta General de Discipulado y a la Junta General de Educación Superior y Ministerio respectivamente.

Además, es el propósito que si se acumula capital adicional para la anterior Junta General de Educación por razón de anualidades, legados, depósitos y bienes reales no conocidos al presente y donde no es posible establecer claramente la intención original del donante en relación a los intereses de las dos juntas, tales bienes serán divididos igualmente entre las dos juntas.

¶ **1403.** *Responsabilidad de la junta*—La junta será responsable ante la Conferencia General y entre sesiones de la Conferencia General responderá al Concilio General de Ministerios.

¶ **1404.** *Propósito*—La junta existe, dentro de la expresión de la misión total de la iglesia, para el propósito específico de preparar y ayudar a las personas a desempeñar su ministerio en Cristo en los varios ministerios especiales, ordenado y diaconal; y para proveer supervisión general y cuidado a los ministerios estudiantiles en instituciones de educación superior, inclusive escuelas, colegios universitarios, universidades y escuelas de teología.

¶ **1405.** *Objetivos*—Todos los objetivos asignados a las divisiones se considerarán que son los objetivos de la junta. En resumen, la junta tiene la autoridad de:

1. Mantener la misión histórica de la Iglesia Metodista Unida respecto a la educación superior, así como abogar por la vida intelectual de la iglesia.

2. Tratar de entender y comunicar el significado de la misión cristiana en la educación superior y ministerio por todo el mundo como el contexto en el que se forman los valores y el estilo de vida cristiana.

3. Estimular una presencia cristiana en instituciones relacionadas con la Iglesia Metodista Unida.

4. Cerciorarse de que los programas y las políticas de la junta respondan a las necesidades e intereses de ministerio con personas de minorías étnicas y raciales y personas con impedimentos.

5. Proveer consejo, guía y ayuda a las conferencias anuales a través de sus Juntas de Ministerio Ordenado, y Educación Su-

perior y Ministerio Universitario, y otras unidades de programa según estén organizadas en las conferencias anuales.

6. Estudiar las necesidades y los recursos para el ministerio ordenado y el diaconal, inclusive la identificación de nuevos tipos de ministerio.

7. Desarrollar y mantener normas y procedimientos para la certificación de carreras en ministerio y para la ordenación del ministerio ordenado.

8. Promover y dar dirección, entre los grupos étnicos y raciales, y las personas con impedimentos la obra de reclutamiento y de adiestramiento, así como situar a personas en ministerios profesionales relacionados con la iglesia.

9. Coordinar y diseminar información acerca de cómo evaluar las distintas carreras y la educación continuada, para ayudar a las personas en ministerios profesionales relacionados con la iglesia en su crecimiento y desarrollo profesional.

10. Reclutar, endosar y proveer supervisión general al ministerio ordenado metodista unido, inclusive las personas que hablan otros idiomas distintos al inglés, y que deseen servir como capellanes en ministerios institucionales especializados en sectores privados y gubernamentales.

11. Representar a la Iglesia Metodista Unida y servir de enlace con ministros ordenados metodistas unidos que estén certificados por organizaciones profesionales de certificación y acreditación que se relacionen con ministerios especializados.

12. Planificar y ejecutar un ministerio continuo en instituciones y en las fuerzas armadas para el laicado metodista unido que está separado de sus iglesias locales.

13. Desarrollar y suministrar servicios que estén dirigidos al reclutamiento para los ministerios especializados que se relacionen con la iglesia; al desarrollo y al crecimiento profesional y a los servicios de asesoramiento.

14. Ofrecer personal y ayuda en situar a las personas que son parte de ministerios profesionales relacionados con a iglesia.

15. Emprender investigaciones sobre las necesidades humanas a las que la iglesia pueda hacer frente a través de sus recursos en educación superior.

16. Proveer asignaciones de fondos a instituciones y programas que se relacionen con la junta.

17. Mantener una relación fiduciaria y legal adecuada con las instituciones y los ministerios, y ayudar a las conferencias anuales y a otras judicaturas en sus responsabilidades en estos asuntos.

18. Proveer consejo, guía y ayuda a las instituciones de educación superior en sus relaciones con las agencias gubernamentales.

19. Cuidar las propiedades y las dotes confiadas a las instituciones, y mantener y hacer cumplir cláusulas adecuadas de fideicomisos y reversionarias.

20. Observar y mantener una relación recíproca con la educación superior pública en términos de sus reflexiones sobre la plenitud de las personas y el significado de la vida, y estudiar e informar a los constituyentes sobre los asuntos de política pública sobre la educación superior, tanto independiente como pública.

21. Promover, en cooperación con la Comisión General de Comunicaciones, fondos y días especiales en toda la Iglesia: Fondo de la Universidad de África, Fondo para Colegios Negros, Fondo de Educación Ministerial, Domingo de Ministerios Nativoamericanos, Día del Estudiante Metodista Unido, Domingo de Comunión Mundial y otros fondos y días especiales que la Conferencia General haya ordenado.

22. Evaluar la educación superior Metodista Unida y los ministerios profesionales relacionados con la iglesia, con interés especial en la calidad de su ejecutoria y en la integridad de su misión.

23. Interpretar, proveer normas, y dar apoyo a la obra de las escuelas de teología Metodistas Unidas.

24. Analizar las necesidades de las personas que sirven en ministerios relacionados con la iglesia, respecto a la educación continuada, inclusive evaluación de su efectividad, crecimiento y desarrollo profesional y de su financiamiento.

25. Proveer cursos de estudios ministeriales de calidad profesional para facilitar una entrada ordenada en el ministerio ordenado. En la provisión de estos cursos de estudio se dará consideración a otros idiomas.

26. Proveer una discusión continuada sobre las bases teológicas de los ministerios profesionales relacionados con la iglesia y con la educación superior.

27. Proveer servicios que contribuyan a la creación de un clima de aceptación y poder para mujeres, para personas de minorías raciales y étnicas y para personas con impedimentos en la educación superior y en los ministerios profesionales relacionados con

la iglesia, y estar alerta a la necesidad de abogar a favor de estos ministerios profesionales en cuestiones de equidad y justicia.

28. Proveer consejo, guía y ayuda a las asociaciones y a las fraternidades profesionales que se relacionen con el ministerio diaconal y con otros ministerios especiales relacionados con la iglesia.

29. Interpretar, promover y administrar los programas de préstamos y becas de la junta, y cooperar con la Junta General de Ministerios Globales en asuntos relacionados con el programa de las Becas de Comunión Mundial.

30. Hacer investigaciones respecto a las necesidades de personal y la interpretación de las oportunidades de empleo en la iglesia.

31. Proveer las agencias de apoyo que sean necesarias, para llevar a cabo las funciones de la junta.

32. Dar prioridad a las funciones de planificación y desarrollo de políticas de la junta a favor de la iglesia.

¶ **1406.** *Responsabilidades*—Las responsabilidades de la Junta General de Educación Superior y Ministerio serán:

1. Establecer y examinar los objetivos de la Junta General de Educación Superior y Ministerio dentro de lo que es la misión más amplia de la Iglesia Metodista Unida.

2. Establecer estructuras de organización apropiadas para la junta y para el personal, para así alcanzar los objetivos establecidos, inclusive establecer reglamentos, elegir los oficiales, establecer comités, elegir ejecutivos y llenar las vacantes de acuerdo con el ¶ 712.

3. Determinar la política y el programa, establecer las metas y las prioridades, proyectar los planes a largo plazo y evaluar el programa y los servicios de la junta.

4. Dar dirección al personal y delegar autoridad en los ejecutivos de la junta, mediante la supervisión general de la administración.

5. Informar de las actividades de la junta a la Iglesia Metodista Unida a través de las agencias apropiadas de las conferencias jurisdiccional y General.

6. Desarrollar y mantener relaciones de cooperación con agencias ecuménicas y de otras denominaciones para la ejecución completa de los objetivos de la junta.

7. Cooperar con otras agencias de la Iglesia Metodista Unida en llevar a cabo los programas de la Conferencia General.

8. Desarrollar y mantener relaciones de cooperación alrededor del mundo, en colaboración con la Junta General de Ministerios Globales, con instituciones de educación superior, ministerios universitarios, capellanes y ministerios afines y ministerios diaconales.

9. Al solicitarse, proveer recursos y asistencia técnica en educación superior a través del mundo en colaboración con iglesias de la tradición wesleyana.

10. Desarrollar proyectos a largo plazo, dentro de la iglesia, de inversiones y de recaudación de fondos, en cooperación con el Concilio General de Finanzas y Administración, que garanticen, en lo que sea posible, recursos continuos para la educación superior Metodista Unida en las décadas y en los siglos por venir. Al desarrollar tales inversiones a largo plazo, la división se adherirá a las pautas específicas sobre inversiones adoptadas por la Conferencia General.

11. Promover el conocimiento de las políticas relacionadas con las "Inversiones Socialmente Responsables" (¶ 717) y la aceptación de los Principios Sociales (¶¶ 160-166) y el *Libro de Resoluciones de la Iglesia Metodista Unida*.

¶ **1407.** *Organización*—1. La membresía consistirá de veintidós personas, constituidas de acuerdo con los ¶¶ 705.3*a* y .4 de las Disposiciones Generales.

2. La membresía será constituida como sigue:

a) Miembros jurisdiccionales—Cada jurisdicción elegirá un miembro de la junta. A pesar de otros párrafos de la Disciplina, el secretario de la Conferencia General ofrecerá a cada jurisdicción una asignación de miembros sugerida para asegurarse que, cuando se combine con los miembros de la junta de las conferencias centrales, la membresía resultante refleje un equilibrio entre clérigos y clérigas, y laicos y laicas. El secretario establecerá también una rotación justa que asegure que con el curso de varios cuadrienios, cada jurisdicción tenga la oportunidad de elegir una laica, una laico, una clériga y un clérigo.

b) Miembros de las conferencias centrales—Se elegirán tres miembros a la junta de las Conferencias Centrales después de ser postulados por el Concilio de Obispos de acuerdo con las disposiciones del ¶ 705.4*c*. Se seleccionarán miembros alternativos de las Conferencias Centrales para asegurarse que haya representación consistente en las reuniones de la Junta.

c) Miembros episcopales—El Concilio de Obispos nombrará a tres miembros episcopales, inclusive por lo menos uno de las Conferencias Centrales (¶ 705.4*d*).

d) Miembros adicionales— Metodistas Unidos—Se nominarán miembros adicionales por un comité compuesto de una persona de cada jurisdicción electa por la Conferencia Jurisdiccional. Elegirá hasta once miembros adicionales de las jurisdicciones para cerciorarse de inclusividad y experiencia. Se recomienda que por lo menos cuatro de los miembros adicionales sean de razas y etnicidades de los grupos que históricamente han tenido poca representación.

e) Si ocurre una vacante en la junta, se suplirá de acuerdo con el ¶ 712.

f) Representantes de enlace—La junta podrá nombrar otros individuos como representantes de enlace para proporcionar relaciones y consejo en relación a asuntos de preocupación mutua. Cuando se les invite a las reuniones de la junta, tendrán voz pero no voto.

¶ **1408.** 1. *Divisiones*—La junta hará provisión para una División de Educación Superior y una División de Ministerio Ordenado, para suministrar apoyo a los clérigos ordenados, pastores locales y ministros diaconales. Además, la junta queda autorizada para cambiar su organización para ajustarse a circunstancias cambiantes dentro de los parámetros de responsabilidad establecidos por la *Disciplina*.

2. *Oficinas*—La junta tiene la autoridad de establecer las siguientes oficinas en la ejecución de sus objetivos (¶¶ 1403, 1405): *(a)* Interpretación; y *(b)* Préstamos y Becas.

¶ **1409.** *Provisión de fondos*—1. El trabajo y programa de la junta se financiará con los dineros recibidos de las benevolencias generales de la iglesia y los dineros del Fondo de Educación Ministerial. Los dineros recibidos por la junta del Fondo de Educación Ministerial para el apoyo de las divisiones estará restringido para las escuelas teológicas y para las divisiones de ministerio diaconal y ordenado en el desarrollo de sus programas de reclutamiento, programas del grado profesional básico y para educación continuada (de acuerdo con el ¶ 816.2*a* y *b*).

2. La administración y otros programas de las divisiones se financiarán solamente con dineros del Servicio Mundial. Los secretarios generales asociados recomendarán, mediante el secretario general de la junta, al Concilio General de Finanzas y Administración las cantidades que deben asignarse a las divisiones.

División de Educación Superior

¶ 1410. *Deberes y responsabilidades*—1. La educación superior es parte significativa de nuestra herencia wesleyana; es nuestra labor presente y nuestra responsabilidad futura. La iglesia continúa su misión histórica de unir el conocimiento y la piedad vital al mantener instituciones educacionales y ministerios universitarios y, mediante ellos, un ministerio espiritual, intelectual y material a todas las personas dentro de la comunidad académica, sin distinción de género, raza, credo o país de origen.

2. Habrá una División de Educación Superior que representará a la Iglesia Metodista Unida en sus relaciones con las instituciones educacionales y en el ministerio universitario. La división será asesora de todas las instituciones afiliadas con la Iglesia Metodista Unida, inclusive las universidades, los colegios universitarios, las escuelas secundarias y especiales, las fundaciones Wesley y organizaciones similares, así como grupos ecuménicos de ministerio universitario. La división, si se le solicita, servirá de asesora y consejera para todas las agencias de la iglesia que poseen o administran instituciones educacionales y unidades de ministerio universitario.

3. El comité de postulaciones de la junta postulará, siempre que sea posible, un número equitativo de personas que estén directamente relacionadas con los campos de interés de la división.

4. Los objetivos principales de la división serán:

a) Determinar la naturaleza de la misión Metodista Unida en sus ministerios universitarios y sus instituciones educacionales, y por medio de ellos, ya sean instituciones elementales, secundarias o de estudios superiores, y ministerios universitarios.

b) Desarrollar políticas para hacer posible que la Iglesia Metodista Unida participe con efectividad en la educación superior a través del mundo.

c) Estimular a la iglesia con programas diseñados para que nutran y sostengan a las instituciones educacionales y a las unidades de ministerios universitarios como bienes de valor incalculable en la vida de la Iglesia.

d) Promover el Movimiento Estudiantil Metodista Unido junto con otro movimiento metodista y ecuménico de estudiantes cristianos alrededor del mundo y un ministerio cristiano de la comunidad educacional; testificar en la comunidad universitaria acerca de la misión, el mensaje y la vida de Jesucristo; profundizar, enriquecer y madurar la fe Cristiana de los estudiantes, la facultad y otros empleados de los colegios universitarios y las universidades a través de la dedicación a Jesucristo y a la iglesia, y ayudarlos en su servicio y liderazgo al mundo, en la iglesia y por medio de ella.

e) Interpretar, tanto la iglesia a sus instituciones educacionales y ministerio universitario, como las instituciones educacionales y el ministerio universitario a la iglesia; ayudar a las agencias de la iglesia y a la educación superior a participar en la realización de una sociedad humana plena, comprometida con la libertad, la verdad, el amor, la justicia, la paz y la integridad personal.

f) Fomentar dentro de las instituciones educacionales las más altas normas educacionales, programas efectivos de relaciones con la iglesia, prácticas de negocios más sanas, los más puros principios éticos y morales y, los ideales especialmente cristianos; ayudar a las personas a experimentar ser libres de la esclavitud, del temor y de la violencia; y ayudarles a vivir en amor; y suscitar la conciencia y sensibilidad hacia personas con necesidades especiales.

g) Preservar y proteger los recursos, las propiedades y las inversiones de la Iglesia Metodista Unida o de cualquier conferencia, agencia o institución de ella, en cualquier institución educacional, Fundación Wesley u otra unidad de ministerio universitario que haya sido fundada, organizada, desarrollada o ayudada bajo la dirección o con la cooperación de La iglesia Metodista Unida.

h) Relacionarse con las organizaciones profesionales de educación superior y ministerio universitario a nombre de la Iglesia Metodista Unida.

i) Hacer posible que los constituyentes de la división desarrollen interés y respondan a aquellas políticas públicas que afecten la educación superior, tanto independiente como pública.

j) Proveer recursos y sugerir pautas para las Juntas Conferenciales de Educación Superior y Ministerio Universitario.

5. La división nombrará el personal, inclusive un secretario general asistente para el ministerio universitario, un secretario general asistente para escuelas, colegios universitarios y universidades, y un secretario general asistente para el Fondo del Colegio de Negros, y establecerá los comités y las comisiones que considere necesarios para llevar a cabo con efectividad sus objetivos. Puede adoptar las reglas y reglamentos que se requieran para conducir sus negocios.

¶ **1411.** *Responsabilidades hacia las conferencias anuales y la General*—La División de Educación Superior ayudará y cooperará con las conferencias anuales y con la Conferencia General y con sus respectivas juntas y comisiones de área que estén organizadas para beneficio de las instituciones educacionales y del ministerio universitario. (Para las juntas de las conferencias anuales ¶ 634.2).

1. La división:

a) Proporcionará oportunidades para el estudio cooperativo de planes, de manera que haya coordinación máxima entre el trabajo de educación superior Metodista Unida y la misión de la Iglesia en la educación cristiana.

b) Dirigirá la atención de los miembros de la iglesia hacia la contribución de las instituciones educacionales y las unidades de ministerio universitario Metodistas Unidas en la vida y el carácter de los estudiantes, la facultad y otros empleados, así como hacia el lugar que tienen las instituciones y el ministerio universitario en la preservación y propagación de la fe cristiana en nuestro tiempo.

2. La división evaluará las relaciones y la responsabilidad que tienen con la iglesia las instituciones y el ministerio universitario, y ayudará a determinar el grado de acuerdo activo entre las políticas y prácticas de las instituciones y del ministerio universitario y las políticas de la iglesia, según se encuentran en la *Disciplina* y en las decisiones de la Conferencia General.

3. La división ayudará a las sociedades y las fundaciones educacionales relacionadas con las conferencias anuales en la promoción de la educación superior cristiana y del ministerio universitario, y reconocerá tales sociedades y fundaciones como auxiliares de la división, si sus objetivos y propósitos, artículos de incorporación y políticas administrativas han sido aprobados por la conferencia anual dentro de los límites de la cual la fundación o sociedad ha sido inscrita legalmente.

4. La división debe proveer la relación conexional cuando las agencias de la iglesia deseen entrar en discusión con escuelas, colegios y universidades relacionadas con la iglesia Metodista Unida o inquirir acerca de ellos.

5. La división dirigirá la atención hacia la obra y las necesidades de aquellas instituciones educacionales que tienen una relación especial con la Iglesia Metodista Unida y solicitará que se les apoyen. Se dará reconocimiento debido a las necesidades de los

colegios universitarios negros que se relacionan históricamente con la Iglesia Metodista Unida (¶¶ 815, 1420).

6. La División aprobará aquellos cambios en el patrocinio institucional y en las relaciones para con la conferencia anual o General, inclusive en separarse de las juntas de programa Metodistas Unidas, de la Conferencia General o una o más conferencias anuales o del Senado Universitario, que es la agencia de certificación de la Iglesia Metodista Unida.

¶ **1412.** *Responsabilidades hacia las instituciones*—La División de Educación Superior establecerá políticas y prácticas que hagan posible consultas con las instituciones y que proporcionen apoyo a las instituciones educacionales y a las unidades de ministerio universitario Metodistas Unidas y a las Juntas Conferenciales de Educación Superior y Ministerio Universitario, en asuntos de estudio y evaluación, promoción, interpretación, administración, programa, y finanzas institucionales.

1. La división, en cooperación con el Senado Universitario:

a) Estudiará las tendencias en la educación superior, las necesidades de la iglesia y las oportunidades y requisitos educacionales, tanto públicos como privados, y hará recomendaciones a las instituciones educacionales y a las comisiones estatales u otros organismos o al público interesado en la educación superior.

b) Recomendará y aprobará planes de cooperación institucional, consolidación o unión entre dos o más colegios universitarios relacionados con la Iglesia Metodista Unida o entre ellos y otras denominaciones, que aseguren que los intereses de la Iglesia Metodista Unida sean protegidos adecuadamente.

c) Investigará los objetivos, los programas académicos, las normas educacionales, las políticas de personal, los edificios y equipo, las prácticas de negocios y administración, los programas financieros, las relaciones públicas, los servicios estudiantiles de personal, los programas de desarrollo estudiantil, la vida religiosa, y las relaciones con la iglesia de cualquier institución educacional que alegue o juzgue estar relacionada con la Iglesia Metodista Unida.

d) Evaluará y clasificará las instituciones, para verificar su relación con la iglesia, y determinará si tiene derecho a recibir sostén financiero de la iglesia.

2. Respecto al ministerio universitario, las Fundaciones Wesley y los grupos de ministerio universitario ecuménico, la división proveerá estructuras dentro de ella para así:

a) Ayudar en el desarrollo de planes para una evaluación sistemática de esas unidades, en cooperación con sus juntas de directores o síndicos y con las juntas de educación superior y ministerio universitario de la conferencia y con los comités o comisiones de educación superior cristiana y ministerio universitario o con agencias ecuménicas apropiadas en las conferencias, las áreas o las regiones.

b) Estudiar las tendencias existentes en el establecimiento de programas y financiamiento en el ministerio universitario; examinar los informes de la Asociación de Ministros de Universidades Metodistas Unidas, de las agencias conferenciales y de las unidades locales; e interpretar lo que se haya descubierto a los constituyentes, según sea apropiado y a la Iglesia Metodista Unida.

c) Afirmar su compromiso hacia un ministerio universitario ecuménico; estimular a las unidades locales, estatales, regionales y globales de ese ministerio a trabajar hacia la programación y la estructura ecuménica, en donde esto sea apropiado, para así proveer consejo y apoyo a las juntas y agencias conferenciales en el examen, la evaluación y el fortalecimiento de los convenios ecuménicos regionales y locales, existentes y propuestos, para el ministerio universitario, y asegurarse de que los convenios ecuménicos y procedimientos de estas unidades se hayan archivado en las Juntas Conferenciales de Educación Superior y Ministerio.

d) Desarrollar normas y políticas para el personal profesional de las Fundaciones Wesley, ministerios universitarios y capellanías y proveer oportunidades de educación y capacitación para los ministros universitarios y capellanes.

e) Establecer políticas y pautas para el trabajo y las responsabilidades de supervisión de programas de ministerio de la junta de educación superior de la conferencial anual en Fundaciones Wesley, iglesias locales, y ministerios ecuménicos universitarios, y del trabajo y responsabilidades de las Fundaciones Wesley locales y juntas de directores de ministerios universitarios.

f) Establecer procedimientos y pautas para el establecimiento una nueva Fundación Wesley o unidad de ministerio universitario y la planificación y construcción de edificios de la Fundación Wesley o ministerio universitario.

g) Reconocer y cooperar con las agencias con quienes tal relación podría servir para llevar adelante los objetivos de la división.

h) Representar y participar, según lo considere necesario, con otras agencias y asociaciones nacionales e internacionales ecuménicas de ministerio universitario.

i) Proveer servicios que llenen las necesidades denominacionales específicas.

j) Relacionar a estudiantes de colegios y universidades de la Iglesia Metodista Unida con el Movimiento Estudiantil Metodista Unido y con aquellas organizaciones nacionales estudiantiles Metodistas Unidas y ecuménicas apropiadas.

3. Al interpretar la educación superior, la división deberá:

a) Promover la misión de la Iglesia en la educación superior, inclusive las misiones especiales y los ministerios educacionales a las minorías étnicas, a las personas con impedimentos, y a otras personas que están en desventaja ante las condiciones del mundo.

b) Promover la instrucción cristiana y la provisión de oportunidades para el servicio cristiano.

c) Estimular a las instituciones educacionales y a las unidades de ministerio universitario a inculcar valores humanos y humanitarios que sean congruentes con el evangelio y el bien público.

d) Fomentar el desarrollo de la comunidad cristiana dentro de las instituciones educacionales y ministerios universitarios.

e) Hacer uso de las organizaciones y publicaciones existentes en la iglesia para interpretar la misión de la educación superior.

f) Participar en el programa de las Becas de Comunión Mundial.

g) Diseñar y organizar la promoción del Día del Estudiante Metodista Unido, en reconocimiento de los estudiantes universitarios Metodistas Unidos.

¶ **1413.** *Financiamiento de la educación superior*—1. En reconocimiento de su herencia y del mandato que tiene, de mantener su misión en la educación superior, y a la luz de los intereses fiscales emergentes, la Iglesia Metodista Unida afirma su compromiso con la educación superior y con los medios que pueden apoyar y renovar continuamente la educación superior.

2. La División de Educación Superior tendrá el poder de tomar las acciones que sean necesarias para:

a) Promover el sostén financiero de la educación superior cristiana dentro de la iglesia.

b) Crear los arreglos que proporcionen apoyo financiero continuo de toda la iglesia a las instituciones afiliadas con la iglesia y respaldados por el Senado Universitario (¶ 1416).

c) Desarrollar corporaciones, u otras agencias fiscales o fiduciarias con el propósito de financiar, crear, renovar, administrar o cuidar de las instituciones y de las unidades de ministerio universitario o de sus bienes y deudas pasivas.

3. La división, respecto a asuntos fiscales:

a) Estudiará el estado financiero de las instituciones educacionales y de las unidades de ministerio universitario de la Iglesia Metodista Unida; estimulará a la iglesia a darles apoyo continuo y ofrecerles servicios de consulta en asuntos fiscales y en otros aspectos de administración institucional. La división estudiará todos los datos pertinentes, y puede recomendar a cada conferencia o agencia los niveles de apoyo apropiados para cada institución o instituciones relacionadas con ellas.

b) Apropiará los fondos conforme estén disponibles para el financiamiento de instituciones educacionales, Fundaciones Wesley u otras unidades de ministerio universitario que se relacionen con la Iglesia Metodista Unida, de acuerdo con las reglas que la división apruebe.

c) Tomará la acción necesaria para proteger o recobrar los recursos, las propiedades y las inversiones de la Iglesia Metodista Unida o de cualquier conferencia, agencia o cualquiera de sus instituciones, tanto en capital como en fondos de dote, de cualquier institución educacional, Fundación Wesley, u otra unidad de ministerio universitario que reciba fondos, esté organizada, desarrollada, o que reciba ayuda bajo la dirección o con la cooperación de la Iglesia Metodista Unida, si es que tal institución descontinuase sus operaciones, o diese pasos para separarse o modificar su relación con la iglesia, o violase los términos de cualquier regla adoptada por la junta, o los términos de cualquier cesión de capital o de fondos de dote hechos por la Iglesia Metodista Unida o por cualquier conferencia, agencia, o institución de la misma. Para poder llevar a cabo sus deberes estipulados en este párrafo, la división podrá, a su discreción, investigar, hacer una auditoría, y revisar todos los registros y documentos que fuere necesario de cualquier institución educacional que declare estar, o que la división juzgue que está, relacionada con la Iglesia Metodista Unida. En el caso de que tal institución educacional, Fundación Wesley, u otra unidad de ministerio universitario tratase de descontinuar su operación, o diese pasos para separarse o modificar su conexión con la iglesia, o violase las reglas adoptadas por la división, de acuerdo con el ¶ 1413.3*b*, será el deber de los síndicos y de los administradores de esas instituciones, conjuntamente con la agencia conferencial de educación superior y el obispo residente de la conferencia en que radica tal institución, consultar cuanto antes con representantes apropiados de la división para determinar qué recursos y ayuda la división puede proveer, y para permitir a la división cumplir con sus responsabilidades, de acuerdo con lo dispuesto en este párrafo.

d) (1) Alentar y ayudar, a través de una asignación especial, a las instituciones metodistas unidas históricamente relacionadas con la educación de personas afroamericanas. Tendrá la autoridad de instituir planes a través de los cuales los colegios universitarios respaldados por la división puedan cooperar o unirse con colegios universitarios de otras denominaciones o que están bajo control independiente; con tal que los intereses de la Iglesia Metodista Unida sean protegidos adecuadamente. (2) Alentar a tales instituciones afroamericanas a asegurar dotes adecuadas para su sostén y mantenimiento. Cuando la división tenga la seguridad de que el sostén financiero es adecuado, y que la propiedad se conservará en perpetuidad para la educación cristiana bajo los auspicios y el control de la Iglesia Metodista Unida, podrá transferir los colegios universitarios a juntas de síndicos bajo las condiciones que la Junta General de Educación Superior y Ministerio prescriba, que incluirá el derecho de reversión a la junta, de acuerdo con las condiciones prescritas por la junta.

SENADO UNIVERSITARIO

¶ **1414.** *Organización y membresía*—1. El Senado Universitario es un cuerpo electo de profesionales en la educación superior creado por la Conferencia General para determinar cuáles escuelas, colegios, universidades, y escuelas de teología cumplen los criterios para que consideren instituciones afiliadas a la Iglesia Metodista Unida[27].

2. El Senado estará compuesto de veintisiete miembros votantes, quienes al tiempo de su elección estarán activos en la obra de educación, mediante empleo en una institución educacional, y que sean idóneos, por adiestramiento y experiencia, para el trabajo técnico de evaluar las instituciones educacionales. La elección

---

27. Ver Decisión 589 del Concilio Judicial.

es por el cuadrienio, excepto en casos donde surjan conflictos de intereses debido a un cambio de empleo. Nueve (9) de esos miembros serán electos cada cuadrienio por la Asociación Nacional de Escuelas y Colegios Universitarios de la Iglesia Metodista Unida—siete de los cuales serán los oficiales ejecutivos principales de instituciones relacionadas con la Iglesia Metodista Unida, y los otros dos tendrán posiciones pertinentes a los asuntos académicos o financieros o a las relaciones eclesiales. La Junta General de Educación Superior y Ministerio elegirá a seis (6)—dos de ellos serán los oficiales ejecutivos principales de instituciones educacionales relacionadas con la Iglesia Metodista Unida, dos tendrán posiciones pertinentes a los asuntos académicos o financieros y dos tendrán posiciones pertinentes a las relaciones eclesiales. Cuatro (4) serán elegidos por la Conferencia General—dos de los cuales serán los oficiales ejecutivos principales de instituciones académicas relacionadas con la Iglesia Metodista Unida al tiempo de su elección. Los otros dos tendrán posiciones pertinentes a los asuntos académicos o financieros o a las relaciones eclesiásticas. El mismo senado elegirá a cuatro (4), sin otras limitaciones que las de este párrafo; y cuatro (4) los nombrará el Concilio de Obispos—al tiempo de su elección, dos de los cuales serán los oficiales ejecutivos principales de instituciones educacionales relacionadas con la Iglesia Metodista Unida. Los otros dos tendrán posiciones pertinentes a los asuntos académicos o financieros o a las relaciones eclesiásticas. Cada uno de los cinco organismos electores elegirá por lo menos a una mujer.

Los miembros electos por la Conferencia General serán postulados y electos de acuerdo con el siguiente procedimiento: El Concilio de Obispos postulará doce personas. Seis de ellas serán los oficiales ejecutivos principales de instituciones educacionales relacionadas con la Iglesia Metodista Unida. Los otros seis tendrán posiciones pertinentes a asuntos académicos o financieros o a las relaciones eclesiales. Sólo en la misma sesión de la Conferencia General en que se anuncien las postulaciones anteriores, se podrán hacer postulaciones desde el seno de la asamblea. De esas postulaciones la Conferencia General elegirá, sin discusión, por boleta y por pluralidad, las cuatro personas que servirán en el senado, dos de cada una de las dos categorías mencionadas. Si ocurre una vacante de entre los miembros electos por la Conferencia General entre dos Conferencias Generales, el Concilio de Obispos nombrará el reemplazo de entre las personas postuladas, pero no electas. El proceso de elección se repetirá en cada Conferencia

General sucesiva. Debe haber cuidado de que mujeres, personas de grupos étnicos y raciales y representantes de colegios universitarios afroamericanos relacionados con la Iglesia Metodista Unida y representantes de seminarios graduados de teología sean miembros del senado. Si un miembro (excepto uno de los cuatro electos por la Conferencia General) se jubila del trabajo educacional, o por cualquier otra razón se crea una vacante durante el cuadrienio, la vacante la llenará la agencia que eligió el miembro que se jubila en su próxima reunión. El secretario general de la Junta General de Educación Superior y Ministerio y los secretarios generales asociados de las Divisiones de Educación Superior y Ministerio Ordenado de la junta sirven como miembros ex-oficio del senado, con voz, pero sin voto. Habrá en el senado un representante, con voz pero sin voto, de los ejecutivos de la Junta General de Ministerios Globales, nombrado por el secretario general de la Junta General de Ministerios Globales.

3. El secretario general asociado de la División de Educación Superior será el secretario ejecutivo del senado. El secretario general de la junta convocará al senado para su organización al comienzo de cada cuadrienio. El senado elegirá sus oficiales, inclusive un presidente, un vicepresidente y un secretario de actas, y puede nombrar comités y comisiones, y delegarles los poderes correspondientes a su trabajo. Después se reunirá dos veces al año en el lugar y tiempo que determine. Pueden convocarse reuniones especiales si lo solicitan por escrito cinco miembros, o a la discreción del presidente y el secretario ejecutivo.

4. Después de consultar con los oficiales del senado, la División de Educación Superior proveerá en su presupuesto anual los fondos que considere suficientes para los gastos del senado, a excepción de los gastos en que incurra el senado a favor de cualquier otra junta de la iglesia, los que han de ser sufragados por esa junta.

¶ **1415.** *Propósitos y objetivos*—1. Establecer los criterios que las escuelas, colegios, universidades, y escuelas de teología han de cumplir para adquirir y conservar su calidad como instituciones afiliadas a la Iglesia Metodista Unida.

2. Apoyar el desarrollo de las instituciones cuyas metas se dirijan a aquellos programas que reflejen asuntos significativos educacionales, culturales, sociales y humanos de tal manera que reflejen los valores comunes de las instituciones y de la iglesia.

3. Proveer un proceso de revisión efectivo para asegurarse de que las escuelas, los colegios, las universidades, y las escuelas de

teología listados por el Senado Universitario y que los hace aptos para recibir el apoyo de la iglesia, tengan integridad institucional, programas bien estructurados, administraciones sólidas, y relaciones con la iglesia claramente definidas[28].

4. Establecer procedimientos efectivos de informes anuales que suministren al senado los datos necesarios para completar su examen de la viabilidad institucional y la integridad de programa de sus instituciones miembros.

5. Al terminar cada Conferencia General, se enviará a cada escuela de teología aprobada por el Senado Universitario, un juego de la publicación *Daily Christian Advocate*.

¶ **1416.** *Afiliación institucional*[29]—1. Se requiere la aprobación del senado antes de que una institución pueda reclamar para sí afiliación institucional con la Iglesia Metodista Unida.

2. Se hará todo el esfuerzo posible por parte de las conferencias anuales y de las instituciones para apoyarse y sostenerse mutuamente, pero la identificación de una institución con la Iglesia Metodista Unida dependerá de su aprobación por el senado. El senado proveerá pautas adecuadas y consejo para ayudar a las instituciones que procuren afiliación inicial o renovación de la afiliación.

3. Solamente las instituciones afiliadas con la Iglesia Metodista Unida, mediante la aprobación del senado tendrán derecho a recibir fondos de las conferencias anuales, de la Conferencia General, de las juntas generales o de otras agencias de la Iglesia Metodista Unida.

4. Para llenar los requisitos de afiliación con la Iglesia Metodista Unida, las instituciones mantendrán acreditación académica apropiada.

5. La evaluación de las relaciones con la iglesia son parte del proceso a seguir por las instituciones que procuran aprobación del senado para afiliación con la Iglesia Metodista Unida. Puesto que se espera que las declaraciones de las relaciones con la iglesia difieran entre sí, y a causa de la diversidad en la herencia y otros aspectos de la vida institucional, las declaraciones de relaciones con la iglesia por necesidad serán de diseño institucional.

¶ **1417.** *Informes anuales de instituciones aprobadas*—1. Cada año el senado publicará una lista que clasifique las instituciones afilia-

---

28.　Ver Decisión 589 del Concilio Judicial.
29.　Ver Decisión 589 del Concilio Judicial.

das a la Iglesia Metodista Unida. Éstas incluirán escuelas secundarias, colegios universitarios, universidades, seminario teológicos graduados, y escuelas especiales.

2. El senado preparará anualmente una lista de las escuelas, los colegios universitarios, las universidades y los seminarios teológicos graduados que están aprobados. Esta lista es para el uso de las Juntas Conferenciales de Ministerio Ordenado en su determinación de la idoneidad educacional del candidato para admisión a plena conexión.

3. Una institución que decida terminar su afiliación con la Iglesia Metodista Unida por cualquier razón: a) informará su decisión al Senado Universitario tan pronto como sea posible, después de comenzar las discusiones respecto a la ruptura de la afiliación; b) informará su decisión a todas las judicaturas Metodistas Unidas apropiadas; c) buscará ayuda técnica y legal de la División de Educación Superior respecto a los asuntos fiduciarios.

4. El senado publicará anualmente, con su lista de instituciones afiliadas con la Iglesia Metodista Unida, los nombres de las instituciones de otras Iglesias Metodistas históricas que deseen participar en proyectos de investigación, y en el programa de seguros y servicios técnicos de la Junta General de Educación Superior y Ministerio. Esas instituciones serán instituciones "asociadas".

¶ **1418.** *Servicios consultivos*—1. A través de las divisiones apropiadas de la Junta General de Educación Superior y Ministerio, el apoyo a instituciones aprobadas incluirá equipos de consultantes con habilidades en diseño institucional comprensivo, administración, gobierno y programa.

2. El apoyo a las instituciones aprobadas incluirá una interpretación de los datos que aparecen en los informes institucionales anuales, y consulta sobre ellos.

3. La División de Educación informará anualmente al senado sobre los niveles y los tipos de apoyo institucional que las conferencias y las agencias relacionadas hayan dado, lo evaluará, e incluirá respuestas específicas de las conferencias y las agencias en cuanto a los niveles recomendados.

FUNDACIÓN METODISTA UNIDA PARA LA EDUCACIÓN
CRISTIANA SUPERIOR

¶ **1419.** La Fundación Metodista Unida para la Educación Cristiana Superior está inscrita legalmente en el estado de Tennessee como organización sin lucro y benéfica, permanentemente vinculada a la División de Educación Superior, que es la que elige su junta de síndicos. El propósito general de la fundación es alentar el crecimiento y desarrollo de las instituciones de educación superior al estimular a las personas y a las corporaciones a que provean sostén financiero, y al actuar como una fundación para tal sostén. La fundación también tiene la autoridad de servir como síndico y administrador de los donativos y legados designados por los donantes para instituciones específicas.

Concilio de Presidentes de Colegios Negros

¶ **1420.** *Concilio de Presidentes de Colegios Negros*—1. Habrá una organización llamada el Concilio de Presidentes de Colegios Negros. Estará compuesta de los presidentes de las instituciones metodistas unidas históricamente relacionadas con la educación de afroamericanos y en relación actual con la Iglesia Metodista Unida.

2. *Propósitos y objetivos*—El propósito del concilio será:

a) Ayudar a identificar y aclarar las funciones de estos colegios universitarios en la educación superior y en la Iglesia Metodista Unida.

b) Promover la colección de fondos por toda la iglesia.

c) Estudiar, revisar, y discutir programas de instituciones miembros (del concilio).

El concilio celebrará un mínimo de dos reuniones regulares cada año, y será responsable a la División de Educación Superior en la ejecución de sus responsabilidades.

División de Ministerio Ordenado

¶ **1421.** *Deberes y responsabilidades de la División de Ministerio Ordenado*—La División de Ministerio Ordenado será responsable de guiar y servir a la iglesia al invitar, equipar y apoyar a líderes fieles y efectivos de todos los trasfondos culturales, étnicos y raciales que sirven como diáconos y presbíteros ordenados, pastores locales licenciados, ministros diaconales, personas certificadas en ministerios especializados, y clérigos aprobados para ministerios de extensión, a cumplir la misión de la Iglesia Metodista Unida y la proclamación del evangelio de Jesucristo. La obra de la división incluye a todos los que sirven categorías de nombramientos por un obispo. Esta responsabilidad se cumplirá en relación activa con obispos, escuelas de teología, juntas de ministerio ordenado de las conferencias anuales, gabinetes, juntas, comités jurisdiccionales del ministerio ordenado, conferencias centrales. caucus étnicos y otros organismos apropiados. Esta división será responsable de la promoción de la educación teológica y su sostén para toda la iglesia.

En cumplimiento de esta responsabilidad, y de acuerdo con los requisitos disciplinarios establecidos para cada región de la iglesia en el mundo, la división organizará su trabajo alrededor de las siguientes responsabilidades:

1. *Administración—a)* Dará liderazgo en la interpretación de la necesidad para el ministerio en la Iglesia Metodista Unida en maneras que sean apropiadas para cada región de la iglesia en el mundo. La interpretación de los ministerios incluye el ministerio de los diáconos, presbíteros, pastores locales, aquéllos aprobados para ministerios de extensión y ministerios especializados certificados.

b) Mantener contacto con los constituyentes de la División por medio de reuniones de los presidentes de la Orden de Diáconos y la Orden de Presbíteros y la Fraternidad de Pastores Locales, comunicación personal, circulares y otros medios de consulta.

c) En consulta con los grupos étnicos, trabajar con las juntas de ministerio ordenado, comités de distrito de ministerio ordenado y otras agencias apropiadas para desarrollar pautas, adiestramiento y recursos para sus trabajos; dando dirección y asesorando los estudiantes que presentan examen ministerial; y también interpretar la legislación disciplinaria actual sobre el ministerio ordenado y de licencia.

d) Proveer recursos y adiestramiento a juntas conferenciales de ministerio ordenado y organismos similares reconocidos en sus responsabilidades para administrar las normas, requisitos, examen y entrevista para la ordenación y certificación en empleos ministeriales.

e) Proveer relaciones conexionales cada vez que agencias de la iglesia general deseen entrar en discusión, o inquirir, sobre el trabajo de los seminarios metodistas unidos.

f) Estudiar y coordinar ministerios mutuos entre las escuelas de teología metodistas unidas y conferencias anuales en el cumplimiento de sus responsabilidades de la educación y formación de candidatos para los ministerios ordenado, licenciados y certificados.

g) Guiar en toda la iglesia la interpretación y promoción del Fondo de Educación Ministerial, y apoyar otros fondos y programas que asisten en el entrenamiento de personas para el ministerio ordenado.

h) Tener relación con el Senado Universitario y su Comisión de Educación Teológica en la revisión y aprobación de seminarios no metodistas unidos para candidatos a la ordenación como presbíteros o diáconos.

i) Cooperar con otras agencias o grupos étnicos dentro de la Iglesia Metodista Unida en asuntos relativos al llamado, adiestramiento y apoyo de liderazgo ministerial en la iglesia.

j) Participar en asociaciones profesionales, ecuménicas, nacionales e internacionales que apoyan el ministerio profesional.

k) Cooperar con la Junta General de Finanzas y Administración y juntas de ministerio ordenado concerniente a asuntos legales, sistemas de ética profesional y otros asuntos relacionados con la práctica del ministerio.

l) Fomentar relaciones de cooperación entre personas en el diaconato de la Iglesia Metodista Unida y sus colegas en otras iglesias cristianas.

2. *Reclutamiento, candidatura y relaciones conferenciales*—La División deberá: *a)* Guiar a la iglesia a levantar el llamado de Dios al ministerio apartado en la Iglesia Metodista Unida, por medio del discernimiento y programas de reclutamiento.

b) Estudiar las necesidades ministeriales y recursos en la Iglesia Metodista Unida y cooperar con las juntas generales y agencias y los apropiados grupos étnicos y culturales, en la interpretación del ministerio como una vocación, en un esfuerzo por reclutar personas adecuadas para el ministerio ordenado, de licencia y certificado.

c) Estudiar las necesidades ministeriales de las conferencias anual y central en términos del liderazgo pastoral, el ministerio del diácono y ministerios certificados, incluyendo estadísticas de candidaturas, tendencias de jubilación, retención de clérigos y las demandas de ministros.

d) Estudiar las necesidades ministeriales del mundo y proveer recursos para el reclutamiento de personas para servir en ministerios más allá de la iglesia local.

e) Proveer materiales de programa y recursos de adiestramiento para reclutar y apoyar candidatos al ministerio ordenado, de licencia y certificado.

f) Trabajar con centros étnicos relacionados con los seminarios metodistas unidos, iniciativas de la iglesia general, y los caucuses étnicos para reclutar candidatos de minorías étnicas para el ministerio ordenado, de licencia y certificado.

3. *Educación teológica*—La División deberá: *a)* Desarrollar y mantener los estándares y programas educacionales para aquellos que son ordenados como diáconos y presbíteros, licenciados como pastores locales y certificados para ministerios especializados en la Iglesia Metodista Unida y diseminará los cursos y estándares apropiados para las entidades y juntas supervisoras apropiadas.

b) Certificar los cursos ofrecidos en historia metodista unida, doctrina y sistema de gobierno como se especifica en el ¶ 335.(3), y proveer al Senado Universitario y a las juntas de ministerio ordenado con una lista de cursos aprobados.

c) Prescribir un programa de estudios teológicos que incluya estudios básicos graduados en teología para aquéllos que se preparan para la ordenación como diáconos, un curso de estudios avanzado para pastores locales que se preparan para la ordenación como presbíteros y un currículo de estudios para los que buscan la certificación en áreas de ministerio especializado.

d) Prescribir un curso de estudio para pastores locales que incluyan los estudios para la licencia para ministerios pastoral y el currículo del curso de estudio. Todo el trabajo en el curso de estudio será hecho en programas aprobado en la División de Ministerio Ordenado. Bajo aprobación de la Junta de Ministerio Ordenada Conferencial, un candidato podrá completar hasta la mitad del curso a través de cursos en la red que la División de Ministerio Ordenado ha desarrollado.

e) Identificar las áreas de necesidad para ministerios especializados; proveer normas y programas educacionales que conduzcan a la certificación en dichas áreas; revisar las aptitudes de personas recomendadas para certificación por juntas conferenciales de ministerio ordenado.

f) Consultar con las escuelas de teología y programas de entrenamiento pastoral en las conferencias centrales con respecto a necesidades pastorales, la relación entre seminarios metodistas unidos en la conferencia central y los Estados Unidos, y otros recursos para adiestrar pastores para servir en las conferencias centrales.

g) Promover la asistencia a seminarios metodistas unidos para entrenamiento teológico en la tradición wesleyana.

h) Cooperar con la Oficina de Prestamos y Becas, la Fundación de Educación Superior, el Programa de Becas Cruzadas, y otras agencias con respecto a ayuda para estudiantes de minorías étnicas que se preparan para el ministerio ordenado.

4. *Apoyo, supervisión y responsabilidad*—La División deberá: *a)* Proveer guías y recursos para la educación continuada, formación espiritual, y desarrollo de presbíteros, diáconos, ministros diaconales, capellanes y consejeros pastorales, y personas certificadas para ministerios especiales que sirven en iglesias locales, ministerios de extensión, y otros nombramientos en la iglesia y el mundo.

b) Apoyar y cooperar con obispos y superintendentes de distrito en el cumplimiento de su ministerio de supervisar: (1) proveyendo junto con el Concilio General de Ministerios y el Concilio de Obispos para entrenar nuevos superintendentes; (2) proveer entrenamiento y apoyo para obispos y superintendentes en su trabajo; y (3) desarrollar recursos para ayudar a los clérigos, superintendentes, e iglesias locales a evaluar su ministerio, incluyendo herramientas para comité de pastor-parroquia, pastores, juntas de ministerio ordenado, y gabinetes para asegurar que los nombramientos tengan en cuenta raza y cultura.

c) Proveer recursos a juntas conferenciales de ministerio ordenado, la Orden de Diáconos, la Orden de Presbíteros, y la Fraternidad de Pastores Locales para el apoyo de personas en ministerio ordenado, consagrado, de licencia, y certificado en la Iglesia Metodista Unida.

d) Proveer guía a los gabinetes y agencias de la conferencia anual para asegurar las condiciones de empleo, sostén, y beneficios de acuerdo con su entrenamiento, habilidad y experiencia para aquellos ordenados, consagrados, licenciados o certificados para el servicio ministerial.

e) Apoyar miembros de la comunidad endosada por medio de las relaciones a organismos que certifican y organizaciones profesionales; uniendo congregaciones, conferencias y estructuras de la iglesia con personas en trabajos especializados; ayudar a personas a recibir entrenamiento especializado para ministerios en cuidado pastoral y consejo pastoral; y facilitando retiros, convocaciones y otros programas especiales.

f) Guiar a la iglesia a aceptar y apoyar a las mujeres de todos los grupos étnicos y raciales en el ministerio ordenado y de licencia.

g) Prestar atención a las necesidades específicas de clérigos con impedimentos.

h) Trabajar con los obispos, gabinetes, juntas de ministerio ordenado, la Orden de Diáconos, la Orden de Presbíteros, la Fraternidad de Pastores Locales, y otras agencias de la iglesia para mantener las normas éticas y profesionales del ministerio en la iglesia metodista unida.

i) Estimular y apoyar la educación continuada, formación espiritual y el desarrollo de líderes espirituales eficientes de todas las razas y orígenes étnicos.

5. *Endoso*—La División deberá: *a)* Identificar, evaluar, y apoyar capellanes y clérigos que demuestran habilidad para proveer cuidado pastoral en lugares de cuidado de salud, hogares de niños, hogares de jubilados, prisiones, centros de trabajo, centros de consejería y en la militar.

b) Establecer normas requeridas para endosar personas en las áreas de educación especializada, entrenamiento y habilidades, y cuando sea requerido certificación profesional, para asegurar que la iglesia metodista unida provea cuidado pastoral adecuado a los pacientes, residentes, prisioneros, trabajadores, y personal militar y su familia.

c) Mantener sistemas y procedimientos para proveer Endosos Eclesiásticos para miembros asociados, diáconos y presbíteros bajo nombramiento a ministerios de capellanías y cuidado pastoral cuando sea necesario.

(1) La División de Ministerio Ordenado, por medio de su comité de endoso, Agencia de Endoso Metodista Unida, tiene la autoridad de dar y quitar el endoso y adoptar reglas apropiadas de procedimiento, incluyendo procedimiento para solicitudes.

(2) Un comité de endoso que consiste de miembros elegidos por la División Ministerio Ordenado y presidida por un Obispo representará la iglesia metodista unida en todos los procedimientos de endoso.

(3) El endoso es la credencial que certifica que la persona clérigo efectúa un ministerio válido de la iglesia metodista unida y ha presentado evidencia de una requerida y especializada educación, entrenamiento, habilidades y, cuando fuere necesario, la certificación profesional para ejecutar tal ministerio. Una vez que la persona clériga ya no esté sirviendo en esa situación particular, se pierde el endoso.

d) Establecer y seguir procedimientos para Aprobación Eclesiástica para personas en los programas de candidatos a capellanes militares, capellanías intermitentes con el Departamento de Asuntos de Veteranos y otras entidades.

e) Mantener programas para la supervisión y abogacía de personas endosadas.

f) Proveer supervisión general para todos los que están bajo endoso, especialmente los que están sirviendo fuera de los límites de la conferencia anual.

g) Garantizar a la junta de ministerio ordenado de la conferencia con respecto a la validez del ministerio de clérigos que sirven bajo endoso.

h) Verificar anualmente a los obispos y junta conferencial de ministerio ordenado, los clérigos que están bajo endoso y cuando fuere necesario solicitar sus re-nombramientos.

i) Establecer y mantener normas para el endoso eclesiástico.

(1) Establecer normas de endoso para los ministerios como en ¶ 344.1*b*.

(2) Proveer normas para ser usadas por juntas conferenciales de ministerio ordenado para determinar lo apropiado de otros ministerios de extensión que no están identificados en ¶ 344.1, y ayudará, si se solicita, a evaluar lugares específicos.

(3) Proveer abogacía para personas nombradas bajo el ¶ 344.1*d* y estimular nuevos esfuerzos para ampliar la comprensión del ministerio por medio del desarrollo de nuevas extensiones de ministerios.

(4) Coordinar con organismos certificantes en el desarrollo de normas para cuidado pastoral en una variedad de ministerios.

j) Ligar congregaciones, conferencias y agencias de la iglesia con aquellas personas en ministerios de extensión.

k) Aconsejar a congregaciones, conferencia y agencias de la iglesia en el desarrollo de programas de cuidado pastoral en ministerios de extensión.

l) Interpretar a la iglesia los ministerios de extensión y servir cómo defensor de las personas en ministerios de extensión bajo endoso.

m) Asistir en proveer un ministerio a laicos metodistas unidos asociados con el servicio militar, particularmente fuera de los Estados Unidos continentales. La División de Ministerio

Ordenado, con la Junta General de Ministerio Ordenado, la Junta General de Ministerios Globales, y otras agencias de la iglesia, trabajarán juntas para preparar materiales, programas, y ministerios que incluyan retiros, clases de confirmación y otras funciones pastorales.

n) Recibir y distribuir fondos y ofrendas especiales como han sido dadas específicamente para el sostén de agencias de endoso.

o) Auspiciar el fondo suplemental de pensión de capellanes para ciertos clérigos endosados, bajo la administración y supervisión de la Junta General de Pensiones y Beneficios de Salud.

6. *Relación Constituyente*—Establecer tres equipos (presbíteros y pastores locales, diáconos y ministros diaconales, capellanes y clérigos endosados), para relacionarse directamente con los constituyentes de la División de Ministerio Ordenado para tener recursos, apoyo e interpretar el trabajo de la División de Ministerio Ordenado. Cada equipo será dirigido por un miembro del grupo de personas constituyentes.

ESCUELAS DE TEOLOGÍA DE LA IGLESIA METODISTA UNIDA

¶ **1422.** *Metas*—1. Las escuelas de teología metodistas unidas comparten una misión común al preparar personas para el liderazgo en el ministerio de la Iglesia Metodista Unida de irá a la vanguardia en la reflexión continuada sobre la teología wesleyana, y de asistir a la iglesia a cumplir su misión de hacer discípulos para Jesucristo. Contribuyen a la vida de la conexión global metodista por medio de educación teológica en nombre de la misión mundial de la iglesia. Estas escuelas de teología se mantienen para la educación de liderazgo ordenado y laico, para la interpretación de la fe cristiana y la tradición metodista unida por medio de la investigación bíblica y teológica y para el liderazgo profético. La Junta General de Educación Superior y Ministerio proporciona liderazgo y apoyo en esta misión común y en el desarrollo de relaciones entre las escuelas de teología en los Estados Unidos y las conferencias centrales y la varias agencias de la Iglesia en general.

2. Se alienta encarecidamente a todos los candidatos a diáconos y presbíteros en la Iglesia Metodista Unida a asistir a escuelas de teología metodistas unidas, ya que ellas toman parte en la obra de preparar personas para la ordenación y el liderazgo con la Junta General de Educación Superior y Ministerio y las juntas conferenciales de ministerio ordenado.

3. *Escuelas de teología situadas en los Estados Unidos—a)* Las escuelas de teología de la Iglesia Metodista Unida en los Estados Unidos existen para servir a la Iglesia Metodista Unida, principalmente en los Estados Unidos, pero con sumo interés por el testimonio de la iglesia en todo el mundo. Además de su compromiso con el metodismo unido, también sirven a estudiantes de otras denominaciones como testimonio de las relaciones ecuménicas del metodismo unido. Como escuelas denominacionales, tienen una relación histórica con la denominación, y están oficialmente relacionadas con la Iglesia Metodista Unida a través de la Junta de Educación Superior y Ministerio y la aprobación del Senado Universitario. Las siguientes escuelas comprenden la red de escuelas de teología metodistas unidas en los Estados Unidos: Escuela de Teología de la Universidad de Boston, Escuela de Teología Claremont, Escuela de Divinidad de la Universidad Duke, Escuela de Teología Candler, la Escuela de Teología, Universidad Drew, Seminario Teológico Gammon (ITC), Seminario Evangélico-Teológico de Garrett, Escuela de Teología Iliff, Seminario Teológico Metodista en Ohio, Escuela de Teología Perkins, Escuela de Teología St. Paul, Seminario Teológico Unido (Dayton, Ohio), y Seminario Teológico Wesley. Son responsables ante la iglesia a través de la Junta General de Educación Superior y Ministerio y el Senado Universitario. Por lo tanto, las agencias de la iglesia que tratan de velar el uso de las escuelas, lo harán en cooperación con la Junta General de Educación Superior y Ministerio, División de Ministerio Ordenado.

b) Estas escuelas de teología recibirán sostén financiero de las conferencias anuales en los Estados Unidos para los gastos de operación corrientes, a través del Fondo de Educación Ministerial, administrado por la División de Ministerio Ordenado, Junta General de Educación Superior y Ministerio. (¶ 816.2). Las conferencias anuales en los Estados Unidos considerarán el Fondo de Educación Ministerial como una prioridad que habrá de cumplirse antes que se asigne cualquier otra benevolencia, donación o fondo adicional a otras escuelas de teología o escuelas de religión[30].

c) En el cumplimiento de su tarea de preparar a personas para el servicio efectivo de Cristo y su iglesia, las escuelas de teología metodistas unidas situadas en los Estados Unidos pondrán a los estudiantes al corriente sobre la política actual, la teología y los programas de la Iglesia Metodista Unida, y ofrecerán experiencia

---

30.　Ver Decisión 545 del Concilio Judicial.

práctica en administración, evangelismo, mayordomía, y otros campos que los prepararán para el ministerio cristiano efectivo en una sociedad multicultural. Cada escuela de teología, en consulta con la Junta General de Educación Superior y Ministerio, División de Ministerio Ordenado, proporcionará los cursos en historia metodista unida, doctrina y sistema de gobierno especificados en el ¶ 335.(3) y procurarán formar personas en la tradición wesleyana.

d) Cualquier institución que desee afiliarse a la Iglesia Metodista Unida para la preparación de candidatos a la ordenación, deberá primero presentar su plan a la Junta General de Educación Superior y Ministerio, División de Ministerio Ordenado, para su aprobación y recomendación al Senado Universitario, que es el único que puede conceder la afiliación y listado como una escuela de teología metodista unida. Se podrá conceder aprobación a un grupo selecto de escuelas de teología no-metodistas unidas para la preparación de candidatos a ordenación, según los criterios del Senado Universitario.

4. *Escuelas de teología de la Iglesia Metodista Unida situadas en conferencias centrales—a)* Para poder llenar las necesidades de la educación teológica y la preparación clerical en sus regiones, las conferencias centrales establecen escuelas de teología para servir a metodistas unidos en su contexto cultural, social y lingüístico. La Junta General de Educación Superior y Ministerio también establece escuelas de teología y programas de preparación de clérigos para servir las necesidades de las conferencias centrales. Estas escuelas podrán ser sostenidas por la conferencia central y por la Junta General de Ministerios Globales, o ambas, o por la Junta General de Educación Superior y Ministerio, y rinden cuentas ante los organismos apropiados por su programa y su relación con la denominación.

b) Las conferencias centrales, la Conferencia General, la Junta General de Educación Superior y Ministerio o la Junta General de Ministerios Globales podrán establecer escuelas de teología y preparación pastoral adicionales, y la responsabilidad dependerá de los documentos constitutivos de las instituciones.

5. La Iglesia Metodista Unida también comparte en la educación teológica mundial a través de escuelas de teología ecuménicas en las que la Iglesia Metodista Unida es uno de los socios. Aunque no están relacionadas con el metodismo unido, estas instituciones sirven a favor de metodistas unidos en aquellas regiones, y pueden relacionarse con la Junta General de Minis-

terios globales o la Junta General de Educación Superior, o con ambas, de acuerdo con su constitución y misión.

¶ **1423.** *Educación de candidatos a ordenación*—Las escuelas de teología metodistas unidas comparten con las juntas conferenciales de Ministerio ordenado la responsabilidad por la educación y formación de los candidatos para admisión en las conferencias anuales.

Sección IX. Junta General de Pensiones y Beneficios de Salud

Administración general

¶ **1501.** *Nombre*—1. *a)* Habrá una Junta General de Pensiones y Beneficios de Salud de la Iglesia Metodista Unida, de aquí en adelante denominada la junta general, que tendrá supervisión y administración sobre el sostén, cuidado, asistencia y pensiones de los clérigos de esta denominación, los trabajadores laicos de las diversas unidades de la Iglesia y sus familias.

b) La junta general será la sucesora de la Junta General de Pensiones de la Iglesia Metodista Unida, la Junta de Pensiones de la Iglesia de los Hermanos Evangélicos Unidos y la Junta General de Pensiones de la Iglesia Metodista Unida.

2. La junta general tendrá autoridad para establecer, mantener y descontinuar la ubicación de su oficina central y cualquier otra oficina auxiliar, si lo considera propio y aconsejable.

3. La junta general informará y será responsable ante la Conferencia General.

¶ **1502.** 1. *Membresía—a)* La membresía de la junta general estará compuesta de dos obispos electos por el Concilio de Obispos; dieciséis miembros electos por las conferencias jurisdiccionales de los postulados por las conferencias anuales en una proporción que provea una distribución equitativa entre las varias jurisdicciones basada en la combinación de membresía laica y clériga de ellas, según sea determinada por la secretaría de la Conferencia General; seis miembros, no más de dos de la misma jurisdicción, elegidos por la Conferencia General después de ser postulados por el Concilio de Obispos; y ocho miembros adicionales electos para traer a la junta general conocimiento o trasfondo especial, no más de dos de la misma jurisdicción postulados y elegidos por la junta general de la manera que disponga su reglamento.

b) Los organismos electorales mencionados anteriormente darán consideración durante el proceso de postulación a la representación equitativa basada en raza, color, edad, género y personas con impedimentos.

c) El secretario general de la junta general será miembro ex-oficio de ella, sin voto.

d) Los períodos de todos los miembros electos serán de cuatro años, y comenzarán en la primera reunión de la junta general subsiguiente a la Conferencia General, de aquí en adelante designada como la reunión organizacional.

(1) Los miembros servirán durante los períodos para los cuales fueron electos, y hasta que sus sucesores hayan sido electos y calificados.

(2) A pesar de lo que disponen otros párrafos de la *Disciplina,* los miembros de la junta general podrán servir un máximo de tres períodos consecutivos.

(3) En el caso que por cualquiera razón ocurra una vacante entre las sesiones regulares de la Conferencia Jurisdiccional, la junta general la suplirá por el período no cumplido con una persona de la jurisdicción en la cual ocurra la vacante, excepto en el caso de los miembros electos por la Conferencia General o la junta general, llenando ésta dichas vacantes en la forma prescrita por su reglamento, sin tomar en cuenta representación geográfica o jurisdiccional.

2. *Oficiales—a)* La junta general elegirá de entre sus miembros en su reunión organizacional un presidente, un vicepresidente y un secretario de actas, cuyos deberes serán prescritos en su reglamento.

b) La junta general elegirá cada cuatro años como se establece en sus reglamentos y ordenanzas un secretario general, que será el oficial ejecutivo principal de la junta general. (Tomará efecto con la clausura de la Conferencia General del 2012)

c) La junta general puede crear otros cargos que considere deseables y en los mejores intereses de la junta general en el desarrollo de sus propósitos, y se pueden elegir o nombrar a personas para que suplan esos cargos.

d) La junta general puede suplir una vacante en cualquiera de estos cargos para lo que resta del período, en la manera prescrita por su reglamento.

3. *Reuniones*—La junta general tendrá por lo menos una reunión por año natural.

a) La junta general designará el sitio y tiempo de todas sus reuniones, pero si no lo hace, entonces el sitio y tiempo serán designados por el presidente.

b) Se convocará en otras ocasiones citadas por el presidente, a petición escrita de la quinta parte de sus miembros, o a petición escrita de la mayoría de su comité ejecutivo.

c) Una mayoría de los miembros de la junta general constituirá quórum.

4. *Comités*—La junta general establecerá los siguientes comités:

a) Comité ejecutivo—La junta general elegirá un comité ejecutivo de entre su membresía. Durante los períodos entre las reuniones de la junta general, el comité ejecutivo desempeñará sus negocios y asuntos.

b) Comité de auditoría y revisión—La junta general elegirá un comité de auditoría y revisión. El comité de auditoría y revisión será responsable por revisar las auditorías financieras y las políticas relacionadas de la junta general y sus entidades legales constituyentes.

c) Comité de apelaciones—La junta general elegirá un comité de apelaciones. El comité de apelaciones recibirá las apelaciones de los participantes en los fondos, planes y programas administrados por la junta general. Las decisiones del comité de apelaciones serán finales y no serán revisadas por la junta general.

d) Otros comités—La junta general tendrá la autoridad de establecer otros comités permanentes o comités especiales de tiempo en tiempo como lo disponga su reglamento.

e) Membresía de los comités—La junta general elegirá los miembros de sus comités permanentes de acuerdo con su reglamento. Los miembros de cualquier comité especial serán electos de acuerdo con la resolución que establezca tal comité especial.

f) Miembros adicionales de los comités—La junta general tendrá autoridad para elegir miembros adicionales a sus comités sin exceder la mitad de la membresía del comité con el propósito de traer a esos comités conocimiento o trasfondo especial. Los miembros adicionales tendrán plena voz y voto en el comité, con voz, pero no el privilegio del voto en la junta general.

¶ **1503.** *Entidades legales*—1. Sujeto al control y dirección constantes de la Conferencia General de la Iglesia Metodista Unida, como se explica de cuando en cuando en la Disciplina, la junta general tiene autoridad y poder para garantizar el desempeño de las operaciones de la Junta General de Pensiones y Beneficios de Salud y de las autorizaciones generales definidas en el ¶ 1504 por medio de tales agencias o instrumentos, y por el uso de aquellos procedimientos que la junta general pueda determinar necesarios, aconsejables o apropiados de tiempo en tiempo, con el pleno poder y autoridad para tomar toda acción y realizar todo acto, cosa necesaria o aconsejable. En particular, y sin limitar la generalidad de lo anterior, la junta general tiene autoridad y poder para los propósitos de este párrafo para:

a) Usar, manejar, operar y de cualquier manera utilizar toda propiedad y bienes de cualquier clase, carácter y descripción de cualquier corporación o corporaciones creada(s) por la junta general, según el ¶ 1503.2 abajo, y de igual manera todo ingreso de tal propiedad y bienes y sus ganancias, todo con la responsabilidad u obligación de rendir cuentas por tal propiedad y bienes, su uso y sus ganancias sólo a la Conferencia General de la Iglesia Metodista Unida.

b) Causar que cualquier corporación o corporaciones creadas por la junta general según el ¶ 1503.2, tome toda acción y lleve a cabo todas las cosas que la junta general considere necesarias o aconsejables para lograr la intención y propósito de este párrafo. El cuerpo gobernante de tal corporación o corporaciones, de tiempo en tiempo tomará toda acción que la junta general considere necesaria o aconsejable para lograr la intención y propósito de este párrafo, a menos que las leyes locales exijan que dichos organismos gobernantes hagan decisiones independientes con respecto a acciones particulares.

2. La junta general tiene autoridad y poder a su discreción, en cualquier tiempo que considere tal acción deseable o conveniente, para crear corporaciones u otras entidades legales que llevarán a cabo sus responsabilidades abajo descritas:

a) La junta general tiene autoridad y poder a su discreción para hacer que sus operaciones generales sean conducidas por medio de una corporación, la cual llevará el nombre de la Junta General de Pensiones y Beneficios de Salud de la Iglesia Metodista Unida, Inscrita legalmente en Missouri.

b) La junta general tiene autoridad y poder a su discreción para hacer que sus operaciones generales de fideicomiso sean manejadas por medio de una corporación, la cual llevará el nombre de la Junta de Beneficios de la IMU, Inc.

c) Si la junta general crea y dirige más de una entidad legal, tiene autoridad y poder a su discreción, en cualquier tiempo que considere tal acción deseable o conveniente, para tomar acción a nombre de las entidades legales nombradas, para entregar la carta o cartas patentes de una o varias o todas las entidades legales o de fusionar, consolidar o afiliar a tales corporaciones o cualquiera de ellas a fin de cumplir con las leyes estatales o federales apropiadas.

d) La junta general determinará los organismos gobernantes de tales entidades legales, conforme a las leyes locales aplicables. Una mayoría de los miembros de los organismos gobernantes serán electos de entre los miembros de la junta general.

e) Las entidades legales creadas bajo este párrafo serán agencias o instrumentos por medio de los cuales la denominación conocida como la Iglesia Metodista Unida proveerá beneficios, servicios de inversión y otros servicios delineados en el ¶ 1504 abajo descrito, a nombre de la Junta General de Pensiones y Beneficios de Salud.

¶ **1504.** *Autorizaciones*—La Junta General de Pensiones y Beneficios de Salud tiene autoridad y poder para proveer apoyo administrativo, de fideicomiso y de inversión a la Iglesia Metodista Unida y sus juntas, agencias, conferencias, organizaciones y otras instituciones en sus esfuerzos de proveer beneficios de sostén, ayuda, asistencia y pensión, bienestar y otros beneficios para los clérigos de esta denominación, trabajadores laicos de las varias unidades de la iglesia, y sus familias. Sujeto a las disposiciones del ¶ 2506 de ésta, la junta general desempeñará sus deberes y responsabilidades en el espíritu del mandato de la iglesia hacia la inclusividad y la justicia racial y social. En particular y sin limitarse a la generalidad de lo anterior, la junta general, directamente o por medio de cualquier entidad creada por ella, tiene autoridad y poder para:

1. Operar, manejar y administrar los fondos, planes y programas de beneficio obligatorios, establecidos por la Conferencia General: *(a)* el Plan de Pensión Ministerial, enmendado y replanteado, en vigencia a partir de 1o de enero de 2007, como el Programa de Seguro de Jubilación del Clérigo; *(b)* el Programa de Beneficios de Jubilación del Personal de la Iglesia Metodista Unida, enmendado y replanteado, en vigencia a partir de 1 de enero de 2010 como el Programa de Jubilación para las Agencias Generales; y *(c)* el Plan Comprensivo de Protección. Las disposiciones de estos

programas obligatorios de beneficio serán incorporados por referencia en la *Disciplina*, y tendrán la plena fuerza de ley como si estuvieran impresos en la Disciplina. No se hará ninguna propuesta a la Conferencia General que cambie un beneficio actualmente en vigor sin antes obtener una opinión actuarial de la Junta General de Pensiones y Beneficios de Salud respecto al costo y otros aspectos relacionados con el cambio propuesto.

2. Crear, enmendar, operar, manejar, administrar y terminar fondos, planes, productos y programas no obligatorios de ayuda, asistencia y beneficios, y programas para los miembros, conferencias, iglesias locales, juntas, agencias, instituciones, y otras unidades afiliadas de la Iglesia Metodista Unida.

3. Continuar la operación, manejo y administración de fondos, planes y programas de ayuda, asistencia y beneficio creados antes de 1981.

4. Rendir informes a la Conferencia General sobre los beneficios de sostén, ayuda, asistencia y pensiones, bienestar y otros, para los clérigos de esta denominación, los trabajadores laicos de las varias unidades de la iglesia y sus familias.

5. Adoptar reglas, reglamentos y políticas para la administración de fondos, planes y programas de ayuda, asistencia y fondos de beneficio que la junta general administra, en todos los asuntos no específicamente cubiertos por legislación de la Conferencia General o por implicación razonable, y prescribir las planillas y registros que se necesiten para la administración de tales fondos, planes y programas.

6. Preparar y publicar resúmenes de beneficios, manuales y otras publicaciones o medios relacionados con los fondos, planes y programas administrados por la junta general.

7. Compilar y mantener registros completos del servicio de los miembros clericales a plena conexión, miembros asociados y miembros provisionales, y de pastores locales cuyo servicio pudiera estar relacionado con reclamos potenciales de anualidades de las conferencias anuales de la Iglesia Metodista Unida situadas dentro de los límites de los Estados Unidos y Puerto Rico. Tales registros de servicio se basarán en las respuestas a las preguntas de Los Negocios de la conferencia anual publicadas en las actas de las conferencias anuales dentro de los límites de los Estados Unidos y Puerto Rico y en las Actas Generales de la Iglesia Metodista Unida o en publicaciones comparables de una o de ambas de las iglesias de la unión, y de información provista por las juntas de

pensiones de las conferencias anuales. Las juntas de pensiones de las conferencias anuales serán responsables por suministrar datos del censo, cuando los pida la junta general, sobre los participantes y sus familias, inclusive tales datos como fechas de nacimiento, fechas de matrimonio, fechas de divorcio y fechas de defunción, si limitarse sólo a éstos.

8. La junta general tendrá la autoridad para asignar los costos de un programa de beneficios obligatorio entre las conferencias anuales situadas dentro de las fronteras de los Estados Unidos y Puerto Rico, de acuerdo los términos del programa de beneficios requerido.

a) La junta general tendrá autoridad para determinar las responsabilidades asignadas y las contribuciones a pagar por cada conferencia anual, de acuerdo con los términos del programa de beneficios requerido.

b) La junta general tendrá la autoridad de recaudar de cada conferencia anual la cantidad requerida por la cámara de compensación para proveer los beneficios conforme a los términos del programa de beneficios requerido. Cada conferencia anual proveerá los fondos para cumplir con su responsabilidad de beneficios a la clerecía que sirve en la conferencia anual y a sus cónyugues, como corresponda, que son miembros de otras conferencias anuales sobre la misma base en que provee pagos de pensión a los beneficiarios relacionados directamente a ella.

c) La junta general tiene autoridad y poder para hacer todas las reglas referentes a los detalles que sean necesarios para la operación de la cámara de compensación.

9. A petición de una conferencia anual, organización conferencial o agencia de la Iglesia Metodista Unida, podrá recibir sus fondos de pensiones para distribución o para las reservas, y hacer pagos periódicos de pensiones a los beneficiarios de esas conferencias anuales, organizaciones conferenciales, juntas o agencias, de acuerdo con un esquema de distribución que se suministrará para la dirección de la junta general al hacer esos pagos. La junta general informará anualmente los detalles de las transacciones bajo esta disposición. La junta general tendrá derecho a recuperar los gastos de estos servicios.

10. Administrar el Fondo Restringido para el beneficio de todas las conferencias anuales y provisionales de la Iglesia Metodista Unida, cuyos límites están dentro de los Estados Unidos, sus posesiones territoriales e insulares y Cuba, a menos que la Confe-

rencia General ordene algo distinto. Una vez al año, se dividirán las utilidades netas del fondo equitativamente entre las conferencias anuales y provisionales, de acuerdo con la regla restrictiva contenida en el ¶ 22.

11. Ordenar y dirigir que los ingresos del Fondo General Permanente de Beneficencia para Reclamantes Conferenciales (antes conocido como el Fondo General de Beneficencia para Jubilados de la Iglesia Metodista Episcopal del Sur), retenido por la Junta de Beneficios de la IMU, Inc., sean distribuidos por razón de servicio rendido por reclamantes conferenciales en una conferencia anual de la Iglesia Metodista Unida; con tal que tal distribución sea restringida a las conferencias anuales que directamente, o por medio de sus conferencias anuales antecesoras, hayan participado en recaudar este fondo, en proporción al número de años de responsabilidad por anualidad de cada conferencia Anual aprobados, según lo determine la Junta General de Pensiones y Beneficios de Salud.

12. Distribuirá, sobre la base que determine, las apropiaciones de las ganancias netas de empresas de publicación con las que se contribuye a los programas de pensiones de la Iglesia Metodista Unida y de las varias conferencias anuales.

13. Creará tales entidades legales para obtener, aceptar, recibir, manejar y administrar cualquier y todo beneficio o propiedad absolutamente o en fideicomiso, con el propósito de hacer provisión para los beneficios de sostén, ayuda, asistencia, pensiones y bienestar y otros beneficios para los clérigos de esta denominación, trabajadores laicos de las varias unidades de la iglesia y sus familias, ayudar en ellos, y contribuir a su sostén, y para otros propósitos declarados en el instrumento de fideicomiso.

14. Desempeñará sus obligaciones fiduciarias con respecto a un fondo, plan o programa de beneficio, solamente en el interés de los participantes y beneficiarios, y para el propósito exclusivo de proveer beneficios a los participantes y sus beneficiarios y costear los gastos razonables de administrar el plan con el cuidado, la habilidad, la prudencia y la diligencia bajo las circunstancias prevalecientes que una persona prudente, actuando en una capacidad parecida y familiarizada con tales asuntos, usaría en manejar una empresa de tal carácter y con tales fines.

15. Recibirá, retendrá, manejará, fusionará, consolidará, administrará, invertirá y reinvertirá todos los fondos conexionales de ayuda, apoyo y beneficio. Se insta a la junta general a invertir en

instituciones, compañías, corporaciones o fondos que hagan una contribución positiva hacia la realización de las metas delineadas en los Principios Sociales de la iglesia, sujeto a otras disposiciones de la *Disciplina*, y con la debida consideración a todos y cada uno de los contratos especiales, acuerdos, y leyes aplicables al respecto. Entre los implementos que la junta general puede usar, están la abogacía por los accionistas, el retiro selectivo de fondos, y abogacía por la desinversión de compañías de ciertos países o giros de interés comercial.

16. Recibir, retener, manejar, administrar e invertir y reinvertir por medio de sus corporaciones constituyentes, fondos de beneficios u otros fondos de las conferencias anuales, iglesias locales, juntas, agencias u otras unidades afiliadas con la Iglesia Metodista Unida que han sido designados para proporcionar recursos para los fondos, planes o programas de ayuda, sostenimiento o beneficio y fondos de beneficio u otros fondos de unidades no designados. Se insta a la junta general invertir en instituciones, compañías, corporaciones o fondos que hacen una contribución positiva hacia la realización de las metas delineadas en los Principios Sociales de la iglesia; con tal que, en ningún tiempo se apropiará ninguna parte del principal del fondo de beneficio para ningún otro fin. La junta general dará cuentas sobre tales fondos anualmente a tales unidades.

17. Recibir, mantener, administrar, invertir y reinvertir, fondos y ofrecer servicios administrativos a otras organizaciones no lucrativas.

18. Recaudar, recibir y administrar tales donativos, mandas de bienes raíces y legados y otros fondos que sean específicamente designados para la junta general o cualquier corporación constituyente de la junta general por donantes, sujetos a las reglas, reglamentos y políticas de la junta general con respecto a ellos. Todos los donativos, mandas de bienes raíces y legados no designados serán colectados, recibidos y administrados bajo la dirección de la junta general.

19. Cobrar a los diversos fideicomisos, fondos, planes y programas por los cuales es responsable, una cuota administrativa por sus servicios generales, y cobrar cuotas razonables y apropiadas por transacciones y por servicios específicos proporcionados a una unidad de la iglesia o a un participante o beneficiario. La junta general no usará dineros recibidos de ningún fondo gene-

ral de la Iglesia Metodista Unida para propósitos operacionales o administrativos.

20. Crear, administrar y estimular los donativos para la iniciativa de programas de Pensión de la Conferencia Central, en consulta con el Concilio General de Finanzas y Administración y apoyado por el grupo de multi-agencias.

21. Apoyar la salud en su totalidad de los trabajadores clericales y laicos de la denominación, y mitigar la frecuencia y duración de las discapacidades e incapacidades, acumulando, analizando y diseminando la información de los planes de salud de grupo y programas de salud y bien-estar que se somete a las conferencias anuales, al Concilio General de Finanzas y Administración para obispos y a las agencias generales. La Junta General de Pensiones y Beneficios de Salud utilizará la información del plan de salud de grupo que se ha recopilado y la información del programa de salud y bien-estar para (a) establecer normas y pautas para toda la denominación; (b) identificar y diseminar las mejores prácticas de estilos de vida saludables y para la gestión de costos de salud y discapacidad; (c) proveer informes de datos; (d) compartir la información y análisis con la denominación; (e) asesorar en cuanto al diseño de planes de salud, cobertura, solidez financiera, y programas e iniciativas de bien-estar; y (f) recomendar estrategias y pautas de salud y bien-estar para las conferencias anuales, el Concilio General de Finanzas y Administración para los obispos en los Estados Unidos, y las agencias generales.

22. Hacer que sus operaciones se efectúen y se alcancen los objetivos definidos anteriormente por medio del uso de procedimientos que la junta general de tiempo en tiempo determine necesarios, aconsejables o apropiados, con pleno poder y autoridad para tomar toda acción y ejecutar todo acto o hacer todo lo que se necesite o se encuentre aconsejable.

¶ **1505.** *Crédito de pensión de agencia general*—La agencia empleadora proporcionará los fondos para la pensión por servicio aprobado para crédito de pensión por una agencia de la Iglesia Metodista Unida que recibe sostén financiero de fondos generales de la iglesia, en uniformidad con el sostén provisto por otras agencias bajo uno de los fondos de pensión, planes o programas administrados por la Junta General de Pensión y Beneficios de Salud de la Iglesia Metodista Unida, con tal que donde se haya rendido servicio en dos o más agencias, los beneficios totales de pensión serán calculados como si todo el servicio haya sido con una agencia y la agencia final proveerá cualquier otro beneficio de pensión necesario para cumplir con esto; además, tal agencia no podrá hacer ningún arreglo con una compañía de seguros de vida o ninguna otra entidad para la compra de anualidades para beneficio de individuos activos o empleados jubilados, o tomar ningún paso que anule en todo o en parte los planes o programas de pensión de la Iglesia Metodista Unida al establecer contratos con terceras partes.

ADMINISTRACIÓN DE LA CONFERENCIA ANUAL

¶ **1506.** *Poderes, deberes y responsabilidades—*

1. Las conferencias anuales tienen los siguientes poderes , deberes y responsabilidades con respecto a los programas de beneficios para la clerecía que la Junta General de Pensiones y Beneficios de Salud administra: *(a)* ejecutar la adopción de una acuerdo, incluyendo establecer cualquier elección opcional; *(b)* inscribir a la clerecía; *(c)* hacer contribuciones; *(d)* determinar el estado de los nombramientos de la clerecía por un período determinado, incluyendo la clasificación de la clerecía y su estado a tiempo completo o a tiempo parcial; *(e)* informar de la compensación de la clerecía; *(f)* determinar el estado de relación con la conferencia de la clerecía, incluyendo su terminación; *(g)* determinar el esta de licencia de la clerecía; *(h)* informar de cualquier exención de participación en el programa expuesta por la clerecía; y *(i)* determinar el estado de jubilación de la clerecía, incluyendo la determinación de cuantos años de servicio una persona clerical a acumulado de acuerdo con el número prescrito en la *Disciplina* para cualificar para la jubilación.

2. La conferencia anual, por recomendación de la Junta de Pensiones de la conferencia, determinará la admisibilidad y validez del servicio prestado anterior al 1 de enero de 1982, o la compensación considerada, para crédito de pensión, de acuerdo con las disposiciones de la *Disciplina* y de las normas y regulaciones de los fondos de pensiones y beneficios, planes y programas de la Iglesia Metodista Unida[31].

3. Respecto a las condiciones normales para crédito de pensión y crédito de pensión a pro rata, se aplicarán las siguientes disposiciones por servicios prestados antes del l de enero de 1982,

---

31.   Ver Decisiones 81, 360, 379 del Concilio Judicial.

al determinarse la aprobación de crédito de pensión, derecho a recibir pensión, y asignación de responsabilidad:

a) Crédito de pensión completo—Por recomendación de la Junta de Pensiones de la Conferencia, las tres cuartas partes de los votantes presentes en la conferencia anual podrán conceder crédito de pensión completo a personas que no llenen algunos o todos los requisitos arriba mencionados[32].

b) Se podrá aprobar para crédito de pensión el servicio de un pastor local antes de 1982 sólo por el voto de la conferencia anual, por recomendación de la Junta de Pensiones de la Conferencia, después de consultar con los superintendentes de distrito. Si dicho crédito es concedido, se incluirá bajo la pregunta de la Disciplina, "¿Qué otra anotación personal debe hacerse?"

c) Por recomendación de la Junta de Pensiones de la Conferencia y por el voto de las tres cuartas partes de los votantes presentes en la conferencia anual, se puede conceder crédito de pensión a un miembro clerical que está a plena conexión, es miembro provisional o miembro asociado de la conferencia debido a servicio a tiempo completo prestado anteriormente como pastor local aprobado o pastor suplente aprobado a una institución, organización, o agencia, que a juicio de la conferencia anual haya rendido alguna forma de servicio suficiente como para garantizar crédito de pensión; con tal que dicha institución, organización o agencia acepte y pague la cantidad proporcional que la conferencia pueda requerir.

4. Si así lo recomienda la junta de pensiones de la conferencia, una pensión será pagadera en concepto de crédito de pensión por servicio con anterioridad a 1982, a un ministro ordenado de otra denominación cristiana que haya prestado no menos de cuatro años consecutivos de servicio a tiempo completo con crédito de pensión por servicio con anterioridad a 1982 o con plena participación en el Plan de Protección Comprensiva desde 1981, o una combinación de ambos, en una conferencia anual, llenando los requisitos establecidos en el ¶ 346.2, que haya llegado a la edad de jubilación voluntaria para un miembro clerical de la conferencia.

5. La conferencia anual, por recomendación de la Junta de Pensiones de la Conferencia, tendrá autoridad para revisar, corregir o ajustar el registro del crédito de pensión de una persona clerical según aparezca en su registro de servicio para ponerlo en

---

32. Ver Decisión 386 del Concilio Judicial.

la misma línea con la *Disciplina* y el Suplemento Primero del Programa de Seguridad de Jubilación de la Clerecía o cualquier programa o plan de jubilación o pensión para la clerecía que le suceda). Previo a la revisión de dicho registro, se le puede solicitar a la Junta General de Pensiones y de Beneficios de Salud que revise los datos pertinentes, e informe sobre lo que haya encontrado. Dichas revisiones, correcciones y ajustes se publicarán en las actas de la conferencia anual, en respuesta a las preguntas de los Negocios de la conferencia anual, y la Junta Conferencial de pensiones los notificará a la Junta General de Pensiones y de Beneficios de Salud[33].

6. Cada conferencia anual desarrollará, adoptará y ejecutará un plan, o planes, formal exhaustivo para financiar sus obligaciones de pensión. El plan o planes de financiación será sometido anualmente a la Junta General de Pensiones y Beneficios de Salud para revisarla y será aprobado por la conferencia anual, tras el recibo e inclusión de una opinión favorable escrita por la Junta General de Pensiones y Beneficios de Salud. Además, la Junta General de Pensiones y Beneficios de Salud habrá de presentar un informe cuadrienal ante la Conferencia General con respecto a la responsabilidad a largo plazo de los beneficios de la denominación. Por tanto, cada conferencia anual habrá de suministrar a la Junta General de Pensiones y Beneficios de Salud una información periódica solicitada.

7. La responsabilidad de pensión por servicios aprobados para crédito de pensión bajo el Suplemento Primero del Programa de Seguridad de Jubilación de la Clerecía radicará en la conferencia anual en que se hayan prestado dichos servicios; con tal que en caso de fusiones, uniones, cambios de fronteras, o transferencias de iglesias, tal responsabilidad recaiga sobre la conferencia anual sucesora dentro de cuyas fronteras geográficas esté localizado el cargo[34].

8. La pensión por servicios aprobados para crédito de pensión por parte de una conferencia anual será provista por la conferencia anual bajo uno de los fondos de pensiones, planes o programas administrados por la Junta General de Pensiones y Beneficios de Salud de la Iglesia Metodista Unida.

9. Una conferencia anual no puede hacer ningún arreglo con una compañía de seguros de vida para la compra de anualidades a beneficio de clérigos individuales, en servicio o jubilados, ni dar

---

33. Ver Decisión 386 del Concilio Judicial.
34. Ver Decisiones 203, 389, 523 del Concilio Judicial.

los pasos para anular, del todo o en parte, los planes de pensión o programas de la Iglesia Metodista Unida, haciendo contratos con partes ajenas[35].

10. *Otras organizaciones de la conferencia anual—a)* Las conferencias anuales, de aquí en adelante llamadas conferencias, están autorizadas para establecer, inscribir legalmente y mantener fondos de inversión, sociedades para la ayuda a predicadores, y organizaciones y fondos de carácter similar, bajo los nombres, planes, reglas y reglamentos que puedan determinar, cuyos directores serán electos, o designados por la conferencia, donde lo permitan las leyes del estado en donde se hayan inscrito legalmente, y determinar el ingreso del que se tomarán fondos para el sostenimiento del programa para clérigos de pensión, salud y bienestar a través de la junta de pensiones de la conferencia[36].

b) La junta de pensiones de la conferencia desembolsará todos los fondos de pensión, salud y beneficios de bienestar distribuibles de toda procedencia, con excepción de los fondos que de alguna manera están restringidos por disposiciones específicas o por limitaciones contenidas en donaciones, mandas de bienes raíces, legados, fideicomisos, promesas, testamentos, y otros instrumentos similares, cuyas restricciones y limitaciones se respetarán.

c) No se permitirá que ninguna conferencia u organización de fondos permanentes relacionada con ella prive a sus beneficiarios, que son beneficiarios en otras conferencias, del privilegio de participar en la distribución de los ingresos obtenidos por los fondos a través de la cámara de compensación administrada por la Junta General de Pensiones y Beneficios de Salud.

d) Cada conferencia, por recomendación de su junta de pensiones o de una de las organizaciones mencionadas en § *a* arriba, puede seleccionar un domingo de cada año para que en las iglesias se observe como el Día de los Ministros Jubilados, en honor de los clérigos jubilados, sus cónyuges, y los cónyuges sobrevivientes de clérigos, en reconocimiento de la responsabilidad de la iglesia por su sostenimiento. El obispo le puede pedir a cada conferencia del área que incluya un Día de los Ministros Jubilados en su calendario.

11. La junta de pensiones de una conferencia puede otorgar subvenciones especiales a clérigos o a ex-clérigos de una confe-

---

35. Ver Decisión 716 del Concilio Judicial.
36. Ver Decisión 218 del Concilio Judicial.

rencia anual que hayan servido bajo nombramiento en esa conferencia; o a sus cónyuges, ex-cónyuges que les sobrevivan, o hijos dependientes que les sobrevivan (inclusive hijos adultos dependientes). Un informe de dichas subvenciones especiales será presentado anualmente a la conferencia anual.

12 Por recomendación de la Junta de Pensiones y por el voto de las dos terceras partes de los presentes y votantes en cualquier conferencia anual, en que prestaron servicios aprobados antes del 1o de enero de 1982, o la sucesora legal se podrá reconocer y conceder pensión debido al servicio aprobado que prestaron en esa conferencia, a los miembros clericales a plena conexión, miembros provisionales y miembros asociados de una conferencia anual que se retiran voluntariamente del ministerio en la Iglesia Metodista Unida para ingresar al ministerio en otra iglesia o denominación, al cumplir los sesenta y dos años de edad.

13. La responsabilidad de proveer pensiones por servicios prestados antes del 1o de enero de 1982, en una conferencia misionera, una conferencia anual provisional, o una ex-misión dentro de los Estados Unidos o Puerto Rico, que hayan sido aprobados para crédito de pensión, descansará conjuntamente en *(a)* la conferencia misionera, la conferencia anual provisional, o la ex-misión afectada; *(b)* la Junta General de Pensiones y Beneficios de Salud, con fondos provistos por el Concilio General de Finanzas y Administración; y *(c)* la Junta General de Ministerios Globales. El ingreso para propósitos de pensión que cubran dichos servicios será provisto por las partes arriba mencionadas, de acuerdo con el plan o planes que acuerden mutuamente.

14. Las contribuciones de pensión y beneficios son responsabilidad de la unidad que paga el salario de un participante en el Programa de Seguro de Jubilación de la Clerecía (o cualquier programa o plan de pensiones o jubilación que le suceda) y en el Plan de Protección Comprensiva. A menos que se determine de otra manera por el voto de una conferencia anual, misionera o provisional, el tesorero de una iglesia local o cargo pastoral remitirá a la Junta General de Pensiones y Beneficios de Salud las contribuciones pertinentes a la compensación del participante, las cuales la iglesia local provee de sus fondos. Si otras fuentes de la iglesia suplen la compensación de la iglesia local o el cargo pastoral, la misma fuente pagará las contribuciones de pensión y beneficios relacionadas con dichos suplementos. Si la compensación completa para un participante proviene de una unidad de pago de

salario diferente de la iglesia local o cargo pastoral, la unidad responsable por la compensación remitirá las contribuciones de pensiones y beneficios a la Junta General de Pensiones y Beneficios de Salud. Nada que este párrafo contenga habrá de entenderse como impedimento para que una conferencia anual, misionera o provisional recaude parte o la totalidad de las contribuciones anuales para el Programa de Seguro de Jubilación de la Clerecía (o cualquier programa o plan de pensiones o jubilación que le suceda) o el Plan de Protección Comprensiva, mediante una asignación a las iglesias de la conferencia, ni de remitir los pagos a la Junta General de Pensiones y Beneficios de Salud a nombre de todos los pastores cubiertos. No hay límite de tiempo en esta disposición.

15. Tomando efecto el día 1 de enero del 2007 las contribuciones a las pensiones se determinarán de acuerdo con las provisiones del Programa de Seguridad de Jubilación de la Clerecía (o cualquier programa o plan de pensiones o jubilación que le suceda). La compensación actual, limitada por el 200 por ciento del promedio denominacional, es la base de la compensación básica del Plan de Protección Comprensiva.

16. Una conferencia anual puede establecer un Fondo de Sostén de Pensiones para que lo administre la Junta de Pensiones de la conferencia. Las iglesias locales pueden solicitar ayuda para pensión de este fondo, cuando se presentan circunstancias especiales que resultan en la falta de pago de las contribuciones de pensión o asignaciones para propósitos y beneficios de pensión, o ambos. La junta le presentará al Concilio de Finanzas y Administración de la conferencia su estimado de la cantidad que necesita; dicho concilio incluirá ese estimado en su recomendación a la conferencia. Si la conferencia aprueba la cantidad, ésta se asignará como una partida del sostenimiento clerical.

17. La Junta de Pensiones de la conferencia anual, en consulta con la Junta General de Pensiones y Beneficios de Salud, tendrá la responsabilidad de inscribir a los clérigos de la conferencia anual en el Programa de Seguridad de Jubilación de la Clerecía (o cualquier programa o plan de pensiones o jubilación que le suceda) y en el Plan de Protección Comprensiva, de acuerdo con las disposiciones de dichos planes.

18. El voto de la conferencia anual podrá adoptar las disposiciones opcionales contenidas en el Programa de Seguridad de Jubilación de la Clerecía (o cualquier programa o plan de pensiones o jubilación que le suceda), y el Plan de Protección Com-

prensiva, subsecuente al recibo de una recomendación de la Junta de Pensiones de la conferencia. Tomando efecto el 1 de enero del 2007, las contribuciones y servicios acreditados se determinarán de acuerdo con las provisiones del Programa de Seguridad de Jubilación de la Clerecía (o cualquier programa o plan de pensiones o jubilación que le suceda).

19. El 31 de diciembre, 2008, o antes, cada junta de pensiones de la conferencia anual u otra agencia autorizada por la conferencia anual deberá someter una tasación financiera aceptada, en acuerdo con el Statement of Financial Accounting Standard No. 106, como está enmendado, de las responsabilidades médicas proyectadas para el personal cubierto bajo plan de salud para jubilados del empleador a la Junta General de Pensiones y Beneficios de Salud, y deberá someter un informe semestral de allí en adelante.

20. El 31 de diciembre, 2008, o antes, cada conferencia anual documentará por escrito sus normativas en cuanto a la probabilidad de la elegibilidad, cobertura, costo compartido y beneficios de su plan de salud para jubilados y comunicará tales normativas a sus empleados de la clerecía y laicos y los empleados clericales y laicos que están entrando de las conferencias anuales u otras agencias generales. Para los efectos de este párrafo, la portabilidad incluye el crédito por servicios afuera de esa conferencia anual dentro de la denominación otorgado a los empleados clericales y laicos hacia (a) elegibilidad para cobertura de salud en la jubilación y (b) acumulación de los subsidios del empleador hacia el plan de salud o el costo compartido del empleador de este plan de salud.

¶ **1507.** *Financiamiento de programas de pensiones y beneficios*— La conferencia anual tendrá la responsabilidad anual de proveer dineros en la cantidad necesaria para hacer frente a los requisitos de fondos de pensión y de beneficios, planes y programas de la conferencia.

1. La junta computará la cantidad a asignarse anualmente para hacer frente a los requisitos de los programas de pensión y de beneficios de la conferencia.

2. Después de consultar con la junta, el Concilio de Finanzas y Administración de la conferencia informará a la conferencia anual las cantidades computadas por la junta que se necesitan para hacer frente a las necesidades de programas de pensión y de beneficios.

3. Los fondos de pensión distribuibles que procedan de toda fuente, a menos que lo restrinjan disposiciones o limitaciones específicas, serán pagados por la Junta de Pensiones de la conferencia, o bajo su dirección.

4. La junta puede acumular un fondo de los ingresos para propósitos de pensión con el fin de estabilizar el programa de pensiones de la conferencia[37].

¶ **1508.** *Política financiera referente a conflicto de intereses y manejo de inversiones*—Las reglas siguientes se aplicarán a la administración financiera de los fondos de pensión y los fondos relacionados con pensiones de la conferencia anual:

1. Un miembro de la junta que esté conectado o interesado en cualquier forma con los valores, garantías de pago, bienes raíces u otras formas de inversión vendidas o adquiridas por medio de dichos fondos, y envuelto en ellos, o con un programa de seguros, o un contrato que la junta tenga bajo su consideración, no podrá participar en la deliberación del comité de inversiones o de la junta, ni votar en conexión con ello.

2. Ningún oficial o miembro de una agencia conferencial que maneje dichos fondos recibirá una comisión personal, bono o remuneración, directa o indirecta, en conexión con la compra o venta de cualquier propiedad, el préstamo de cualquier dinero, la concesión de cualquier contrato de anualidad o seguro, la formulación o aceptación de cualquier asignación, promesa, o hipoteca para asegurar el pago de cualquier préstamo, o para la compra o venta de valores, garantías de pago u otras propiedades de dicha agencia o para ella, ni tendrá derecho a obtener un préstamo de ninguna cantidad de los fondos encomendados al cuidado de dicha agencia. Ningún miembro de la junta o familiar de miembro podrá comprar o vender inversión alguna de la junta o a ella.

3. Para evitar el desarrollo de cualquier conflicto de interés o tratamiento preferencial, y para preservar la buena voluntad y confianza en toda la iglesia, ninguna iglesia local o institución relacionada con la iglesia, u organización de las mismas podrá obtener ningún tipo de préstamo de dichos fondos[38].

4. Se observará el principio de diversificación de inversiones, estimulando a la agencia a que invierta en instituciones, compañías, corporaciones o fondos que hacen una contribución positiva

---

37. Ver Decisión 50 del Concilio Judicial.
38. Ver Decisión 145 del Concilio Judicial.

a la realización de las metas delineadas en los Principios Sociales de nuestra Iglesia, dando, sin embargo, consideración primaria a la solidez y seguridad de dichas inversiones.

5. De aquí en adelante se podrá aceptar propiedad inmueble como consideración de acuerdos de anualidad, solamente con la estipulación de que la anualidad no excederá el ingreso neto de la propiedad hasta que dicha propiedad haya sido liquidada. Al liquidarse, se pagará la anualidad sobre el precio neto de la transacción, de acuerdo con la tasa de anualidad establecida.

6. Una agencia de la conferencia anual que esté a cargo de la administración de dichos fondos no ofrecerá tasas más altas de anualidad que las que aparecen en la lista de anualidades aprobada por la Junta General de Pensiones y Beneficios de Salud.

7. *a)* En el anuario de la conferencia anual se imprimirá una lista de las inversiones que tiene cada una de las agencias que administran dichos fondos, directa o indirectamente bajo el control de la conferencia anual; o se podrá distribuir dicha lista directamente a los miembros de la conferencia anual, siempre y cuando éstos la pidan.

b) La Junta de Pensiones de la conferencia exigirá una auditoría anual de los fondos de pensión y de los fondos relacionados con éstos, que presente la totalidad de los activos de dichos fondos y de la distribución de ingresos procedentes de dichos fondos, de parte de personas y organizaciones nombradas o empleadas para la administración de esos fondos.

8. La toma de dinero en préstamo durante cualquier año conferencial por una corporación u organización de la conferencia con el fin de habilitar a la Junta de Pensiones de la conferencia para hacer frente a los programas de pensiones y beneficios se hará únicamente con la autorización de la conferencia, concedida por el voto de las tres cuartas partes de los miembros votantes presentes.

9. *Depositarios y Fianzas—a)* La Junta de Pensiones de la conferencia designará a un banco o bancos u otro depositario o depositarios para el depósito de los fondos que están en manos de la junta, y puede exigir una fianza de depósito de parte de ese depositario o depositarios.

b) La junta, a través del Concilio de Finanzas y Administración de la conferencia, proveerá una fianza de fidelidad por una cantidad aceptable para todas las personas que administran los fondos.

¶ **1509.** *Comités conjuntos de distribución*—1. *Autorizaciones*— Cuando dos o más conferencias anuales o provisionales hayan de fusionarse, del todo o en parte, cada una de las conferencias afectadas elegirá un Comité de Distribución de tres miembros y tres alternos, los cuales actuarán conjuntamente con los comités similares de la/s otra/s conferencia/s. El así formado Comité Conjunto de Distribución tendrá poder y autoridad para: *(a)* asignar la responsabilidad de pensión envuelta; *(b)* distribuir equitativamente los fondos permanentes y todos los demás activos de pensiones de la conferencia o conferencias afectadas, tomando en consideración la responsabilidad de pensión envuelta; tal distribución se hará dentro de los doce meses a partir de la fecha de la disolución del comité, como se dispone en el ¶ 1509.3*d*; *(c)* hasta el punto en que no haya sido previamente previsto de otra manera por la conferencia o conferencias comprendidas, asignar o distribuir equitativamente todos los demás activos o propiedad, y todas las demás deudas pasivas u obligaciones. Se regirá por las restricciones legales o limitaciones de cualquier contrato, acuerdo de fideicomiso, promesa, legado, testamento, u otro instrumento legal.

2. *Organización*—El secretario general de la Junta General de Pensiones y Beneficios para la Salud o algún otro oficial de esa junta designado por escrito por el secretario general convocará al comité, y de entre su membresía elegirá un presidente, un vicepresidente y un secretario.

3. *Poderes, deberes y responsabilidades*—*a)* El comité determinará el número de años de servicio aprobado para crédito de pensión prestados en las conferencias que perderán su identidad en la fusión de territorios conferenciales, y los fallos del comité serán finales, a menos que se presente evidencia substancial que demuestre lo contrario, y los pagos de anualidades de parte de la conferencia o conferencias sucesoras se harán de acuerdo con el caso. La determinación de beneficios de pensión en la Iglesia Metodista Unida reconocerá todos los derechos de pensión a que los clérigos tienen derecho bajo los planes de pensión existentes al tiempo de la unión de iglesias, y reconocerá todo el servicio aprobado que se haya prestado en la Iglesia de los Hermanos Evangélicos Unidos y la Iglesia Metodista antes de la fecha de unión de las iglesias.

b) El comité mantendrá actas completas de sus transacciones, y archivará una copia de éstas con el secretario de cada conferencia anual comprendida, y con la Junta General de Pensiones y Beneficios de Salud.

c) Hasta que se complete el trabajo del comité, se mantendrá vigente la organización colectiva de cada conferencia que esté en proceso de fusión. Después de que el comité haya completado su trabajo, los oficiales de dicha corporación, una vez hayan completado sus tareas, la disolverán o la fusionarán, de acuerdo con las leyes de corporación aplicables, y después de recibir la autorización para ello de parte de la conferencia comprendida.

d) Se disolverá el comité, habiendo cumplido el trabajo en relación a la unión o uniones para las cuales fue organizado, y habiendo mandado copias de sus fallos y acciones a los secretarios de las conferencias comprendidas para publicarse en sus anuarios conferenciales correspondientes y a la Junta General de Pensiones y Beneficios de Salud; sujeto, sin embargo, a que el secretario general de la Junta General de Pensiones y Beneficios de Salud lo haga volver a reunirse en caso de descubrimiento y presentación de información que difiera substancialmente de la antes sometida, con el propósito de revisar tal información y la posible revisión de sus acciones anteriores.

4. Cuando una conferencia anual o una conferencia anual provisional va a dividirse en dos o más conferencias, se aplicarán las disposiciones del ¶ 1509; con tal que los miembros del comité distributivo de cada una de las conferencias resultantes sean nombrados a partir de la fecha efectiva de la división, y no más tarde de la primera sesión anual regular de dichas conferencias.

Sección X. Casa Metodista Unida de Publicaciones

¶ **1601.** *Autorización y establecimiento*—La Casa Metodista Unida de Publicaciones tiene a su cargo los intereses de publicación de la Iglesia Metodista Unida. Tendrá la responsabilidad y la supervisión de lo que publique y distribuya la Iglesia Metodista Unida. La Casa Metodista Unida de Publicaciones, a través de agencias o medios que considere necesarios, alcanzará los objetivos manifestados en el ¶ 1613. La Casa Metodista Unida de Publicaciones proveerá servicios de publicación y distribución para otras agencias de la Iglesia Metodista Unida, y compartirá con otras agencias de la Iglesia Metodista Unida en el programa total de la Iglesia Metodista Unida, y además participará en la totalidad del programa ecuménico en el giro de publicación para el avance de la causa de Cristo y su reino como La Casa Metodista Unida de Publicaciones lo determine apropiado. Todos los asuntos relacionados con la obra de la Casa Metodista Unida de Publicaciones estarán bajo la dirección de la Casa Metodista Unida de Publicaciones.

¶ 1602. *Miembros*—1. La Junta de la Casa Metodista Unida de Publicaciones, de aquí en adelante llamada la junta, consistirá de veinticinco miembros, como sigue:

a) Miembros episcopales—Dos obispos, uno de las conferencias centrales, y el otro de las conferencias jurisdiccionales escogidos por el Concilio de Obispos.

b) Miembros jurisdiccionales—Quince miembros electos por las conferencias jurisdiccionales basado en la siguiente fórmula: Norcentral-3, Noreste-2, Surcentral-3, Sudeste-6 y Occidental-1.

c) Miembros de la conferencia central—Dos miembros electos por el Concilio de Obispos.

d) Miembros adicionales—La junta podrá elegir hasta seis miembros adicionales, dándose consideración a la representación de grupos de las mujeres y de grupos raciales y étnicos no seleccionados por las jurisdicciones; y también considerando conocimientos especiales específicos al trabajo de la casa de publicaciones. Se recomienda que las personas electas por cada jurisdicción sean representativas cuando se a posible de los grupos de las mujeres y de los étnicos/raciales minoritarios—asiático-americanos, afroamericanos, hispano-americanos, nativo-americanos e isleños del Pacífico.

e) Por lo menos dos personas que sean adultos jóvenes al tiempo de elección se elegirán cada cuadrienio.

f) La membresía de la junta será dividida igualmente en cuanto sea posible, entre ministros ordenados y personas laicas.

g) No obstante lo dispuesto por otros párrafos de la *Disciplina*, la membresía de las conferencias jurisdiccional y central será también por clases, basadas en términos de cargo para uno, dos o tres cuadrienios, dando atención especial al principio de rotación para que, hasta donde sea factible, se elija una tercera parte de la membresía cada cuadrienio[39]. El principio de rotación también se aplica al comité ejecutivo.

h) En caso de que, por alguna causa, ocurra una vacante entre sesiones de las conferencias jurisdiccionales, la junta llenará la vacante, para el tiempo que reste antes de la nueva elección, con elementos de la jurisdicción en cuya representación ésta ocurra,

---

39. Ver Decisión 593 del Concilio Judicial.

excepto en el caso de miembros electos por la junta, en cuyo caso la junta las llenará de la manera prescrita sin tomar en cuenta la relación geográfica o jurisdiccional.

i) El presidente/CEO de la Casa de Publicaciones Metodista Unida será miembro *ex officio* de la junta, pero sin voto.

¶ **1603.** *Sesión anual*—La junta sesionará por lo menos una vez cada año natural. El lugar y hora de todas las sesiones los designará la junta, pero si no lo hace, el presidente los designará. En otras ocasiones el presidente, la junta o el comité ejecutivo la convocará. En todas las sesiones de la junta la mayoría de los miembros constituirá el quórum.

¶ **1604.** *Registro de actuaciones*—La junta mantendrá un registro correcto de sus actuaciones, e informará por escrito sobre las mismas a la iglesia a través de la Conferencia General.

¶ **1605.** *Titularidad de miembros y oficiales*—Los miembros de la junta y todos los oficiales de la junta electos por ella ocuparán sus cargos hasta que sus sucesores sean electos y la nueva junta esté debidamente organizada.

¶ **1606.** *Comité ejecutivo*—La junta está autorizada para perfeccionar su organización dentro de su membresía, inclusive los cargos de presidente, vicepresidente y secretario. De entre sus miembros, la junta elegirá un comité ejecutivo en la reunión cuatrienial de ocho personas, que incluirá al presidente, el vicepresidente y el secretario de la junta, quienes servirán respectivamente como presidente, vicepresidente y secretario del comité. Se prestará especial atención a la representación de grupos raciales y étnicos y de las mujeres. No más de tres miembros del comité ejecutivo serán de una sola jurisdicción y deberá por lo menos haber un miembro de cada una de las cinco conferencias jurisdiccionales. El obispo estadounidense que sirva en la junta será miembro *ex officio*, y el presidente/CEO de la Casa de Publicaciones Metodista Unida será miembro *ex officio*, sin voto. El Comité Ejecutivo llenará cualquier vacante que ocurra en la membresía del mismo, sujeto a la confirmación por parte de la junta en su siguiente sesión.

¶ **1607.** *Poderes y deberes del comité ejecutivo*—El comité ejecutivo tendrá y podrá ejercer todos los poderes de la junta, excepto aquéllos expresamente reservados por la junta o por la *Disciplina* para acción de la junta.

¶ **1608.** *Sucesor en interés*—La junta será la sucesora en los intereses de la Junta de Publicaciones de la Iglesia de los Hermanos Evangélicos Unidos y de la Junta de Publicaciones de la Iglesia Metodista, y continuará la obra de éstas.

¶ **1609.** *Poderes y deberes de la junta*—1. La junta tiene poder y autoridad, a su discreción, para poner en marcha las operaciones generales bajo el nombre corporativo de Casa Metodista Unida de Publicaciones.

2. La junta tiene poder y autoridad, a su discreción, para crear una o más corporaciones adicionales cuando lo juzgue necesario o conveniente, en cumplimiento de las leyes de entidades colectivas estatales apropiadas.

3. Si la junta crea y dirige más de una entidad colectiva, tiene poder y autoridad para tomar acción colectiva a nombre de dichas corporaciones para someter la(s) carta(s) constitutiva(s) de una, varias o todas las corporaciones mencionadas, o para fusionar, consolidar o afiliar tales corporaciones, o cualquiera de ellas, de acuerdo con leyes estatales apropiadas y a su discreción, en cualquier tiempo que lo considere deseable o conveniente.

¶ **1610.** *Miembros de la junta como síndicos*—Los miembros de la junta servirán y actuarán como directores o síndicos de las corporaciones nombradas o autorizadas en el ¶ 1609.

¶ **1611.** *Status de agencia*—La corporación nombrada o autorizada en el ¶ 1609 es una agencia o medio a través de la cual la Iglesia Metodista Unida lleva a cabo sus publicaciones y distribuciones bajo el nombre de la Casa Metodista Unida de Publicaciones, de acuerdo con los objetivos establecidos en el ¶ 1613. Cada una de estas corporaciones acatará las políticas establecidas en el ¶ 715.

¶ **1612.** *Informe a la Conferencia General*—La junta examinará cuidadosamente las actividades de la Casa Metodista Unida de Publicaciones y hará de ello un informe por escrito para la iglesia a través de la Conferencia General.

¶ **1613.** *Objetivos*—Los objetivos de la Casa Metodista Unida de Publicaciones serán: El avance de la causa del cristianismo en todo el mundo mediante la diseminación del conocimiento religioso e información literaria útil, científica y educativa en forma de libros, tratados, medios múltiples y electrónicos, y periódicos; la promoción de la educación cristiana; la puesta en práctica de cualquier actividad conectada propiamente con la publicación, manufactura en diversos medios y distribución de toda gama de productos impresos, videos, recursos digitales y otras muchas clases de recursos ministeriales usados por individuos, líderes, congregaciones y otras entidades de la iglesia para avanzar el alcance ecuménico del cristianismo y las demás actividades que la Conferencia General pueda indicar y la junta autorice.

¶ **1614.** *Dirección y control*—La Casa Metodista Unida de Publicaciones estará bajo la dirección y control de la junta, la cual ha de actuar a través de un presidente/CEO que la junta elija cuadrienalmente, y un publicador que será elegido anualmente como el publicador de la Iglesia Metodista Unida, y los demás oficiales que la junta determine.

¶ **1615.** *Apropiación del ingreso neto*—La junta apropiará el ingreso neto de las operaciones de la Casa Metodista Unida de Publicaciones, después de asegurar las reservas adecuadas para su eficiente operación, crecimiento razonable y expansión, y lo distribuirá anualmente sobre la base de un plan equitativo previsto por la Junta General de Pensiones y Beneficios de Salud a las diversas conferencias anuales para las personas que son y serán reclamantes conferenciales. El plan justo pudiera comprender apropiaciones desproporcionadas a conferencias anuales en las que haya necesidad imperiosa, en comparación con otras conferencias anuales, como por ejemplo en naciones sub-desarrolladas comparadas con las desarrolladas.

¶ **1616.** *Asignación de ingresos netos*—El ingreso neto de las operaciones de la Casa Metodista Unida de Publicaciones no será apropiado para ningún otro propósito, sino el mantenimiento requerido de sus operaciones y para personas que son y serán reclamantes conferenciales, como se establece en los ¶¶ 22 y 1615[40].

¶ **1617.** *Miembros de la junta como sucesores*—Se declara a los miembros de la junta y sus sucesores en el cargo como sucesores de los que aparecen en la inscripción legal en las cartas constitutivas de The Methodist Book Concern, emitidas por los Estados de Nueva York y Ohio y en la carta constitutiva de La Junta de Publicaciones de la Iglesia Metodista Protestante, emitida por el Estado de Pennsylvania. Se declara al presidente/CEO de la junta, electo de tiempo en tiempo de acuerdo con ésta o cualquier otra *Disciplina* subsiguiente, sucesor del cargo de los Agentes de Libros de la Iglesia Metodista Episcopal, Sur, mencionada en la carta constitutiva emitida a favor de la corporación de dicho nombre por el Estado de Tennessee.

¶ **1618.** *Poderes y deberes de la junta*—Sujeta a las disposiciones del¶ 1614, y al continuo dominio y dirección de la Conferencia General de la Iglesia Metodista Unida, como se establece de tiempo en tiempo en la *Disciplina*, la junta tiene autoridad y poder para

---

40. Ver Decisiones 322, 330 del Concilio Judicial.

poner en marcha las operaciones que ha de realizar la Casa Metodista Unida de Publicaciones, así como los objetivos definidos en
el ¶ 1613, los cuales se realizarán por medio de dichas agencias o
medios, como se ha establecido, y usando los procedimientos que
la junta pueda de tiempo en tiempo determinar necesarios, aconsejables o apropiados, con plenos poderes y autoridad en el local
para tomar toda acción, y realizar todo lo que sea necesario o se
considere aconsejable. En particular, y sin limitar la generalidad
de lo anterior, la junta tiene autoridad y poder para los fines de
esta sección para:

1. Usar, administrar, operar, o de otro modo, utilizar toda clase de propiedad y activos de todo tipo, carácter y descripción de
cualquier corporación creada por la junta conforme al ¶ 1609.2, así
como toda utilidad de dicha propiedad y los activos y los ingresos
que éstos produzcan, todo con responsabilidad y obligación de
rendir cuentas de tal propiedad y activos, el uso de los mismos,
los ingresos que produzcan, solamente a la Conferencia General
de la Iglesia Metodista Unida, o como ésta lo indique.

2. Hacer que la(s) corporación(es) creada(s) por la junta conforme al ¶ 1609.2 proceda(n) de la manera que la junta considere necesaria o aconsejable para tomar acción para cumplir la intención y propósitos de este párrafo. El cuerpo directivo de la(s)
mencionada(s) corporación(es) de tiempo en tiempo tomará la acción que la junta considere necesaria o aconsejable para cumplir
la intención y propósitos de este párrafo. La junta hará que todas
las obligaciones legales de la(s) corporación(es) mencionada(s), se
acepten, cumplan y realicen.

3. Continuar ejerciendo los poderes, y administrar los deberes
y responsabilidades que se le han conferido como agencia de la
Iglesia Metodista Unida, por medio de la corporación llamada la
Casa Metodista Unida de Publicaciones, inscrita legalmente bajo
las leyes del Estado de Illinois, de acuerdo con la autoridad que le
delegó la Conferencia General de 1952, o a través de los medios y
agencias que pueda, de tiempo en tiempo, determinar convenientes o necesarias, con el fin de realizar a cabalidad los propósitos
expresados en esta sección[41].

¶ **1619.** 1. *Propiedad y control de activos*—1. La propiedad, activos e ingresos de la corporación de Illinois serán retenidos por
dicha corporación, bajo la dirección de la junta, actuando como

---

41. Ver Decisión 330 del Concilio Judicial.

agencia de la Iglesia Metodista Unida, y en todo tiempo estará sujeta al control y dirección de la Conferencia General de la Iglesia Metodista Unida, como se especifica de tiempo en tiempo en la Disciplina.

2. Para llevar a cabo y ejecutar sus operaciones y funciones, la junta de la Casa Metodista Unida de Publicaciones tendrá derecho a retener, usar, administrar, operar y utilizar toda propiedad y activos de toda clase, carácter y descripción de la(s) corporación(es) identificada(s) en el ¶ 1618.1 (además de sus poderes colectivos y franquicias), y todo ingreso y beneficios que resulten de ellos, para los propósitos y objetivos definidos en esta sección.

3. La corporación de Illinois y cual(es)quier corporación(es) creado(s) por la junta conforme el ¶ 1609.2 tomarán de vez en cuando toda acción que la junta juzgue necesaria o aconsejable para llevar a cabo las intenciones y propósitos de este párrafo y sección.

4. La junta de la Casa Metodista Unida de Publicaciones será responsable por todas las obligaciones legales de las corporación(es) creada(s), las ejecutará y satisfará, conforme al ¶ 1609.2 pero ni ella(s) ni la junta tendrán ni estarán bajo ninguna obligación de informar sobre el capital e ingresos a ninguna de esas otras corporaciones.

¶ **1620.** *Disolución de la Prensa Evangélica y la Prensa Otterbein*— De conformidad con la Declaración de Unión de la Iglesia de los Hermanos Evangélicos Unidos y la Iglesia Metodista, y bajo la autoridad de los ¶¶ 939, 950-954 de la *Disciplina* de la Iglesia Metodista Unida, 1968, La Prensa Otterbein, corporación de Ohio, y La Prensa Evangélica, corporación de Pennsylvania, han sido legalmente disueltas y sus cartas constitutivas de operación se han rescindido. El producto de sus activos colectivos han sido administrados, y se administran, de conformidad con dichas disposiciones disciplinarias.

¶ **1621.** *Oficiales de las corporaciones*—Los oficiales de la(s) corporación(es) que está(n) bajo la dirección de la junta serán electos de acuerdo con sus estatutos y reglamentos.

¶ **1622.** *Presidente de la corporación*—El oficial ejecutivo (CEO), electo de conformidad al ¶ 1614, también será electo como presidente de la(s) corporación(es) que está(n) bajo la dirección de la junta.

¶ **1623.** *Salarios de oficiales de corporación*—La junta fijará los salarios de los oficiales de las corporaciones, e informará sobre los mismos cuadrienalmente a la Conferencia General.

¶ **1624.** *Informes financieros trimestrales*—La junta exigirá que el presidente/CEO informe por escrito trimestralmente al comité ejecutivo, y anualmente a la junta, sobre la condición financiera y los resultados de operación de la Casa Metodista Unida de Publicaciones.

¶ **1625.** *Autoridad para extender actividades*—El presidente/CEO y la junta tendrán autoridad para extender las actividades de la Casa Metodista Unida de Publicaciones de la manera que consideren mejor para los intereses de la iglesia.

¶ **1626.** *Fianza de fidelidad para el presidente/oficial ejecutivo y los oficiales de corporaciones*—La junta exigirá del presidente/CEO y de los demás oficiales de corporaciones que den una fianza acondicionada al fiel desempeño de sus respectivos deberes. También autorizará la ejecución de una fianza colectiva que cubra a todo el personal cuyas responsabilidades justifiquen dicha cobertura. La cantidad de las fianzas será fijada por la junta, y las fianzas estarán sujetas a la aprobación de la junta. La Casa Metodista Unida de Publicaciones pagará las primas, y el presidente de la junta será el custodio de las fianzas.

¶ **1627.** *Poder para suspender oficiales*—La junta tendrá poder para suspender, después de audiencia, y para remover, después de audiencia, al presidente/CEO, publicador, o a cualquiera de los oficiales, por mala conducta o incumplimiento de sus deberes.

¶ **1628.** *Editor de libros*—La junta elegirá anualmente un editor de libros, que será designado oficial de contenido. El editor de libros tendrá responsabilidad compartida con el publicador en la aprobación de manuscritos considerados para publicación. El editor de libros editará o supervisará la edición de todos los libros y materiales de nuestra publicación. En el caso de publicaciones de la escuela de la iglesia y de formularios oficiales y registros, el editor de libros cooperará con las agencias o grupos apropiados siempre que dicha colaboración sea mutuamente deseable y benéfica. El editor de libros desempeñará los demás deberes editoriales que la junta requiera.

¶ **1629.** *Salario del editor de libros*—La junta fijará el sueldo del editor de libros.

¶ **1630.** *Suspensión del editor de libros*—La junta tendrá poder para suspender o remover de su cargo, después de audiencia, al editor de libros por mala conducta o por incumplimiento de sus deberes.

¶ **1631.** *Editor de Publicaciones de la Escuela de Iglesia*—Habrá un editor de Publicaciones de la Escuela de Iglesia, electo según se establece en el ¶ 1125.

¶ **1632.** *Deberes del editor de Publicaciones de la Escuela de Iglesia*—El editor de las Publicaciones de la Escuela de Iglesia será responsable por la preparación de todo el currículo, según se establece en el ¶ 1125.

¶ **1633.** *Currículo de la escuela de iglesia*—Comité de Recursos Curriculares determinará el currículo de la escuela de iglesia, el cual incluirá en su membresía al publicador y un publicador asociado nombrado por la Casa de Publicaciones Metodista Unida.

¶ **1634.** *Salario del editor de Publicaciones de la Escuela de Iglesia*—La junta fijará el sueldo del editor de las Publicaciones de la Escuela de Iglesia, y tendrá la completa responsabilidad financiera por todos los gastos conectados con este trabajo.

¶ **1635.** *Publicaciones del Comité de Recursos Curriculares*—Las publicaciones del Comité de Recursos Curriculares serán manufacturadas, publicadas y distribuidas a través de la Casa Metodista Unida de Publicaciones. En asuntos que abarquen responsabilidad financiera, la determinación final en cada caso será de la junta. Después de consultar con el publicador, el editor de las Publicaciones de la Escuela de la Iglesia preparará un presupuesto completo para este trabajo, que incluya sueldos de asistentes y secretarios de oficina, viajes, etc., el cual entrará en vigor cuando sea aprobado por la junta, y el editor dirigirá sus operaciones de un año al otro.

¶ **1636.** *Servicio para toda la Iglesia Metodista Unida*—Habrá un sistema completo y coordinado de la literatura publicada por la junta para toda la Iglesia Metodista Unida. Dicha literatura ha de ser de tal tipo y variedad que satisfaga las necesidades de todos los grupos de nuestro pueblo. El publicador y el otro miembro de personal como la junta y presidente/CEO determinen consultarán con las agencias de programas generales, la Comisión General de Comunicación y la Mesa Conexional, respecto a sus necesidades de publicaciones, con el fin de evitar duplicaciones innecesarias.

¶ **1637.** *Factibilidad financiera*—La junta y el publicador tendrán toda autoridad para rehusar la publicación de cualquier pieza de literatura cuando, a juicio de ambos, el costo podría ser mucho más alto que lo que la Casa Metodista Unida de Publicaciones pudiera costear.

¶ **1638.** *Participación en la Junta*—El editor de las Publicaciones de la Escuela de Iglesia (¶ 1125) y un miembro de la Junta General de Discipulado, designado por su presidente, tendrán derecho a sentarse con la junta, y tendrán el privilegio de voz, sin voto, en la consideración de asuntos pertinentes a sus mutuos intereses.

¶ **1639.** *Publicaciones cooperativas*—La Casa Metodista Unida de Publicaciones explorará y se comprometerá con publicaciones cooperativas de los recursos curriculares de la escuela de Iglesia Metodista Unida, siempre que la Casa Metodista Unida de Publicaciones y el Comité de Recursos Curriculares de la Junta General de Discipulado lo consideren conveniente y en armonía con sus respectivas políticas de publicaciones.

¶ **1640.** *Uso del sistema de distribución para las agencias de la iglesia*—Se recomienda que todas las agencias generales de la Iglesia Metodista Unida usen el sistema de distribución de la Casa Metodista Unida de Publicaciones para la distribución de recursos, materiales y cosas que se necesitan para usarse en la iglesia local.

¶ **1641.** *Compra de propiedades inmuebles*—La Casa Metodista Unida de Publicaciones no comprará ninguna propiedad inmueble que cueste más de $500.000, ni venderá ni permutará ninguna propiedad inmueble que tenga un valor de mercado de más de $500.000, excepto por orden de la Conferencia General; o entre sesiones de la Conferencia General, por el voto de dos terceras partes de los miembros de la junta. En cualquiera de los dos casos, dicho voto se tomará en una sesión regular o especialmente convocada de la junta; y de ser en una sesión especialmente convocada, el propósito de la misma ha de manifestarse en la convocatoria. El voto de una mayoría del comité ejecutivo puede autorizar la construcción de un nuevo edificio, o el mejoramiento, alteración o reparación de un edificio existente, o la compra de bienes inmuebles con el propósito de reventa que comprenda un gasto de no más de $500.000, o la venta o permuta de bienes inmuebles usados por la casa de publicaciones con el propósito de reventa, que tengan un valor real de mercado de no más de $500.000. Estas disposiciones no impedirán la inversión en garantías hipotecarias, o la protección de las mismas, o el cobro de demandas y ajustes.

Sección XI. Comisión General de Archivos e Historia

¶ **1701.** *Autorización y establecimiento*—El nombre de la agencia histórica oficial de la Iglesia Metodista Unida será Comisión General de Archivos e Historia.

¶ **1702.** *Incorporación*—La Comisión General de Archivos e Historia será inscrita legalmente bajo las leyes de cualquier estado que la comisión determine.

¶ **1703.** *Propósito*—1. El propósito de la comisión será promover y preservar los intereses históricos de la Iglesia Metodista Unida en todos los niveles, reunir, preservar y tener la propiedad de materiales de bibliotecas y archivos, y difundir materiales interpretativos sobre la historia de la Iglesia Metodista Unida y sus predecesoras. Cooperará con otros organismos, especialmente La Sociedad Histórica de la Iglesia Metodista Unida, el Centro de Patrimonio Metodista Africano Americano, La Sociedad Histórica Metodista Mundial y el Concilio Metodista Mundial en campos de interés mutuo. Mantendrá archivos y bibliotecas en las que se preservarán los registros históricos y los materiales de toda clase que se relacionen con la Iglesia Metodista Unida y verá que tales registros estén disponibles para el uso responsable del público en general y de los eruditos. Proveerá dirección para la propia creación, mantenimiento y disposición de los materiales de registro documentario en todos los niveles de la Iglesia Metodista Unida (¶ 1711.1*b*). Proveerá apoyo, dirección y estímulo para el trabajo de conferencias anuales y agencias y organizaciones históricas de las jurisdiccionales al desarrollar y hacer accesible medios históricos, interpretativos y de adiestramiento. Desarrollará políticas y recursos para los lugares designados como Lugares Históricos Metodistas Unidos y Sitios de Herencia Metodista Unida. Proveerá supervisión general para la observancia del Domingo de la Herencia (¶ 264.1). Participará conjuntamente con otras denominaciones relacionadas con la tradición wesleyana, metodista, y de los Hermanos Evangélicos Unidos, en afirmar una herencia común.

2. La comisión será responsable ante el Concilio General de Ministerios por todas las asignaciones programáticas.

3. La comisión tendrá la responsabilidad y la supervisión de sus archivos y bibliotecas históricas y otros depositarios de carácter similar, de haberlos, establecidos por la Iglesia Metodista Unida.

4. La comisión promoverá la colección y diseminación de información y materiales concernientes al testimonio histórico hecho individual y colectivamente por las mujeres, minorías raciales y étnicas, y otros constituyentes cuya historia no ha sido cubierta extensivamente en la documentación histórica tradicional de la

vida de la Iglesia Metodista Unida y sus antecesoras por todo el mundo.

5. La comisión desarrollará y hará disponible materiales interpretativos tales como manuales, servicios de adoración y celebración de actos históricos, películas de adiestramiento y otros medios de ayuda a las conferencias anuales e iglesias locales.

6. Una vez cada cuadrienio, la comisión puede llevar a cabo una convocación histórica, a la cual puede invitarse a los miembros de las agencias y organizaciones históricas de la jurisdicción y de la conferencia anual, facultad y estudiantes de instituciones de educación superior relacionadas con la Iglesia Metodista Unida que se considere adecuado, miembros de la Sociedad Histórica de la Iglesia Metodista Unida, miembros de otras organizaciones históricas relacionadas con la tradición wesleyana, metodista y de los Hermanos Evangélicos Unidos, y otras personas, grupos, u organizaciones que pudieran estar interesadas.

¶ **1704.** *Membresía*—1. La comisión será constituida cuadrienalmente, y sus miembros y todos los oficiales electos por ella retendrán sus cargos hasta que sus sucesores hayan sido escogidos. La comisión puede llenar vacantes interinas durante un cuadrienio, a menos que la *Disciplina* lo determine de otra manera.

2. La comisión estará compuesta por veinticuatro miembros de la manera siguiente: diez miembros elegidos por la Conferencia General, postulados por el Concilio de Obispos, en cuyo número habrá por lo menos dos de las conferencias centrales; dos obispos (uno de los cuales vendrá de las Conferencias Centrales); cinco presidentes de las Comisiones Jurisdiccionales de Archivos e Historia, o donde no exista una comisión ni haya ningún conflicto disciplinario, una persona designada por el Colegio de Obispos jurisdiccional; y, no obstante otros párrafos de la *Disciplina*, siete miembros adicionales electos por la comisión general, por lo menos uno de ellos podrá ser de una conferencia central, para garantizar que todas las tres regiones de la conferencia central estén representadas. Se recomienda que se dé consideración cuidadosa a personas con intereses y aptitudes especiales en la historia del metodismo unido y que se dé consideración cuidadosa a la inclusividad, inclusive representación de hombres, mujeres, niveles de edad, todos los grupos étnicos y raciales.

¶ **1705.** *Sesiones*—La comisión sesionará anualmente en el lugar y hora que determine, de conformidad con las disposiciones del acta constituyente. La comisión puede celebrar sesiones especiales por convocación del presidente. Una mayoría de los miembros de la comisión constituirán el quórum.

¶ **1706.** *Oficiales*—De entre su propia membresía, la comisión elegirá un presidente, vicepresidente, secretario y los demás oficiales que se necesiten. El presidente será un obispo. Los oficiales desempeñarán los deberes usualmente pertinentes a sus cargos.

¶ **1707.** *Personal*—La comisión elegirá un secretario general y los demás ejecutivos que necesite. El secretario general será el oficial ejecutivo y administrativo y llevará adelante el trabajo de la comisión, mantendrá los archivos y las actas; servirá como editor de las publicaciones oficiales de la comisión, supervisará los depósitos, presentará un informe anual a la comisión, y suministrará informes según los requieran la Conferencia General y las agencias de la Conferencia General. El secretario general asistirá a las reuniones de la comisión y del comité ejecutivo, y tendrá el privilegio de usar la palabra, sin voto. Los archiveros, los conservadores y los bibliotecarios empleados por la comisión serán responsables ante el secretario general. Asistirán a las reuniones de la comisión y del comité ejecutivo cuando el secretario general lo considere necesario. Cuando asistan, tendrán el privilegio de la palabra, sin voto.

¶ **1708.** *Comité ejecutivo*—Habrá un comité ejecutivo, compuesto por el presidente, el vicepresidente, el secretario y dos miembros de cada comité permanente—Sitios de la Herencia, Archivos y Biblioteca, e Historia e Interpretación. El comité ejecutivo desempeñará los deberes, y ejercerá la autoridad de la comisión entre reuniones. Se someterán sus actas a la comisión para su aprobación. El comité ejecutivo y la comisión pueden votar por correo sobre cualquier asunto. Las votaciones por correo serán dirigidas por el secretario general, quien expondrá claramente las proposiciones por las que se ha de votar, y anunciará los resultados a todos los miembros.

¶ **1709.** *Finanzas*—La comisión será financiada por apropiaciones de la Conferencia General, la venta de literatura y materiales históricos, subscripciones a las publicaciones oficiales de la comisión, cuotas de los miembros asociados y donaciones, concesiones y legados de organizaciones e individuos interesados.

¶ **1710.** *Sociedad Histórica*—1. La comisión general apoyará e instará a la Sociedad Histórica de la Iglesia Metodista Unida, y estimulará a sus miembros, con el propósito de promover el interés en el estudio, preservación, y diseminación de la historia y herencia de la Iglesia Metodista Unida y sus predecesoras. Se estimulará a la Sociedad Histórica a que consiga el apoyo y cooperación de la Comisión de Archivos e Historia (o su equivalente) de la conferencia anual, Jurisdiccional y General, como otras agencias y organizaciones interesadas en la promoción de los intereses históricos de la iglesia. La Sociedad será de sostenimiento propio por medio de cuotas y otras fuentes, con la excepción de aquellos servicios que pudieran ser provistos por la Comisión General de Archivos e Historia.

2. La membresía en la Sociedad Histórica será establecida según la sociedad lo determine. La membresía deberá incluir el pago de cuotas según la sociedad lo señale, a cambio de lo cual los miembros recibirán las publicaciones y beneficios que se consideren adecuados.

¶ **1711.** 1. *Definiciones de Archivos—a)* Los Archivos, a diferencia de las bibliotecas, no contienen primordialmente libros, sino material documental de registros y actas.

b) El Material Documental de Registros abarca todos los documentos, actas, libros de actas, diarios, informes, folletos, cartas, papeles, manuscritos, mapas, fotografías, libros, audiovisuales, grabaciones de sonido, cintas magnéticas y de otra clase, registros de información por procesamiento electrónico, artefactos y cualquier otro material documental, no importa cuál sea su forma física o sus características, hechos o recibidos de conformidad con cualquier disposición de la *Disciplina* en conexión con la transacción de los negocios de la iglesia, hecha por cualquier agencia general de la Iglesia Metodista Unida o cualquiera de sus predecesoras constitutivas.

c) La Agencia General de la Iglesia Metodista Unida o de sus predecesoras constitutivas incluye y significa todo puesto de trabajo en la iglesia, todo ejecutivo u oficial de la iglesia (electo o nombrado), inclusive obispos, instituciones, juntas, comisiones, oficinas, consejos o conferencias a nivel nacional.

2. *Custodia de los registros*—El ejecutivo de la iglesia encargado de una oficina que tenga material documental de registros será el custodio del mismo, a menos que se indique de otra manera.

3. *Procedimientos—a)* La comisión general establecerá una oficina central de archivos de la Iglesia Metodista Unida, así como los archivos regionales y centros de registros que se necesiten de acuerdo con su juicio.

b) Los obispos, los oficiales de la Conferencia General, el Concilio Judicial, juntas generales, comisiones, comités y agencias de la Iglesia Metodista Unida depositarán cuadrienalmente las actas oficiales o las actas, o copias de las mismas, en los archivos, y transferirán correspondencia, registros, papeles y otros materiales de archivo de sus oficinas, arriba descritos, cuando ya no tengan utilidad operativa. No se destruirá ningún registro hasta que la Comisión General de Archivos e Historia y la agencia lo autoricen. Cuando el custodio de cualquier material de registro documental oficial de una agencia general le certifica a la Comisión General de Archivos e Historia que tales registros ya no tienen más uso ni valor para propósitos oficiales y administrativos, y cuando la comisión certifica que tales registros parecen no tener más uso ni valor para investigación o referencia, dichos registros podrán destruirse o disponerse de ellos de alguna otra manera, ya sea por parte de la agencia o del funcionario que tenga su custodia. Se asentará una constancia de dicha certificación y autorización en las actas o registros, tanto de la comisión como de la agencia. La Comisión General de Archivos e Historia queda aquí autorizada y apoderada para formular las disposiciones que sean necesarias y apropiadas para la realización del contenido de este párrafo.

c) La comisión tendrá el derecho a examinar la condición del material de registro documental y, sujeto a la disponibilidad del cuerpo oficial y de los fondos que haya, asesorará y asistirá a los oficiales y a las agencias de la iglesia respecto a la preservación y disposición del material de registro documental que tienen bajo su custodia. Los oficiales de las agencias generales ayudarán a la comisión en la preparación de un inventario de los registros que están bajo su custodia. A este inventario se le adjuntará un documento anexo, aprobado por el presidente de la agencia que tenga la custodia de los registros y por la comisión, estableciendo un período fijo para la retención y disposición de cada serie de registros. Mientras este documento anexo aprobado permanezca en vigor, la destrucción o disposición del material de registro documental, de acuerdo con sus disposiciones, serán considerados de conformidad con los requisitos del ¶ 1711.3*b*.

d) La comisión está autorizada y dirigida para llevar a efecto un programa de inventario, reparación, y microfilmación entre todas las agencias generales de la Iglesia Metodista Unida, con el propósito de asegurarse del material de registro documental que la comisión determine de valor permanente, y de proveer almacenamiento seguro para las copias microfilmadas de dicho material. Sujeto a la disponibilidad de fondos, este programa puede extenderse al material de valor permanente de todas las agencias de la Iglesia Metodista Unida.

e) Las juntas generales, comisiones, comités y agencias de la Iglesia Metodista Unida depositarán dos copias de todas sus publicaciones, de cualquier clase que sean, al salir a luz, en los archivos; o en su lugar le darán una declaración al archivero, asegurando que se han preservado copias de todas esas publicaciones en sus propias bibliotecas o depositarios.

f) Se depositarán en los archivos documentos oficiales, o copias de los mismos, tales como artículos de inscripción legal, constituciones, decretos, y otros papeles oficiales de las juntas y agencias de la Iglesia Metodista Unida.

g) Quienquiera tenga la custodia de cualquiera de los registros de las agencias generales, cuando caduque su tiempo de servicio, entregará al sucesor, custodio, o, de no haber ninguno, a la comisión, todos los registros, libros, escritos, cartas, o documentos guardados o recibidos en la transacción de los negocios oficiales de agencias generales. Esto también se aplicará a los papeles de comités temporales y especiales de la Iglesia en general.

h) Se insta a los obispos, los funcionarios oficiales de la Conferencia General y las juntas generales, comisiones, comités y agencias de la Iglesia Metodista Unida para que consulten con el archivero central respecto a la preservación de todos los materiales.

i) Los secretarios de las conferencias jurisdiccionales, centrales y anuales depositarán, sin cargo, dos copias de sus respectivos libros de actas conferenciales, cuadrienal o anualmente, según sea el caso, en la Comisión General de Archivos e Historia y en los archivos de las conferencias jurisdiccionales, centrales y anuales como sea pertinente. Se enviará una copia en versión digital a la Comisión General de Archivos e Historia, si está disponible.

j) Los secretarios de las juntas, comisiones, comités y agencias de las Conferencias Jurisdiccionales y Anuales depositarán anualmente, o con la frecuencia con que sesionen, copias de sus actas (distinguiéndolas de los informes que se imprimen por separado o en los libros de actas de las conferencias jurisdiccionales y anuales) en los archivos centrales o en los archivos regionales apropiados.

k) A los obispos, los funcionarios oficiales de la Conferencia General, el personal oficial de las agencias generales, los misioneros, los ministros ordenados y personas laicas que ocupan posiciones de liderazgo e influencia en cualquier nivel de la iglesia, se les insta a depositar o legar sus papeles personales a los archivos de la comisión general.

l) Organizaciones e individuos pueden negociar las restricciones apropiadas en el uso de los materiales que depositen en los archivos.

m) Por recomendación de su comité ejecutivo, la comisión puede autorizar la transferencia de materiales a una organización, agencia o familia.

n) Todos los materiales archivados estarán disponibles para investigación y exhibición, sujeto esto a las restricciones que se les impongan.

¶ **1712.** *Sitios históricos y monumentos de la herencia*—1. *a) Sitios históricos*—Los lugares históricos son edificios, lugares, o estructuras que están específicamente relacionadas con un acontecimiento, personalidad o desarrollo significativo en la historia de una conferencia anual, Central, o Jurisdiccional (o sus antecesoras). La acción formal de la conferencia anual, central, o jurisdiccional designa los lugares históricos como tales dentro de cuya región se encuentra el lugar. La Comisión de Archivos e Historia (o su equivalente) respectivo considerará y revisará primero tal designación. Después de la acción de la conferencia anual, central, o jurisdiccional para designar un edificio, estructura, o lugar como Lugar Histórico, el presidente o la persona a cargo de la Comisión de Archivos e Historia (o su equivalente) hará saber a la Comisión General de Archivos e Historia de la acción tomada, y suministrará documentación según se le pida. La comisión general a su vez proveerá una placa oficial para el lugar histórico, y mantendrá un registro de todos los lugares históricos, y un registro actualizado de información pertinente en cuanto a éstos.

b) Monumentos de la Herencia—Monumentos históricos de la Iglesia Metodista Unida son edificios, lugares y estructuras que están específicamente relacionadas con actos, personalidades, o desarrollos, significativos para la historia general de la Iglesia Metodista Unida y sus antecesoras. Éstos deben tener interés y valor histórico especial para toda la denominación, en contraste con cualquier significación histórica local o regional. De ordinario, los edificios, lugares, o estructuras que han adquirido significación histórica dentro de los cincuenta años anteriores, no han de ser considerados como Monumentos de la Herencia.

c) Designación de Monumentos de la Herencia—La comisión de Archivos e Historia Metodista Unida definirá todas las propuestas para la designación de edificios, lugares y estructuras como Monumentos de la Herencia Metodista Unida (o su equivalente) de la conferencia Anual, central, o jurisdiccional dentro de cuya región esté localizado el lugar. Tales nominaciones serán referidas para consideración a la Comisión General de Archivos e Historia, de acuerdo con las guías establecidas por la comisión. A través de su Comité de Monumentos de la Herencia, la comisión considerará los méritos de cada propuesta y hará las recomendaciones que considere apropiadas a la Conferencia General siguiente, para su acción y determinación.

La comisión recomendará solamente un edificio, un lugar, o estructura para ser inscrito como Monumento de la Herencia por una conferencia anual, central, o jurisdiccional y que ha satisfecho los requisitos establecidos por la comisión. La Comisión habrá de mantener un registro de todos los Monumentos de la Herencia que han sido debidamente designados como tales y mantener al corriente un archivo con información pertinente a éstos.

d) Revisión cuadrienal—La comisión tendrá la responsabilidad de hacer una revisión cuadrienal de los Monumentos de la Herencia debidamente designados, de acuerdo con los criterios que preparará, y que sean compatibles con la Disciplina. La comisión también tendrá la responsabilidad de recomendarle a la Conferencia General la re-designación o re-clasificación de los Monumentos de la Herencia designados, según sea apropiada tal acción, y se ajuste a dichos criterios.

2. *Monumentos de la Herencia actuales*—Los actuales Monumentos de la Herencia de la Iglesia Metodista Unida y el año de su designación como tales por la Conferencia General son: La Capilla de Acuff, entre Blountsville y Kingsport, Tennessee (1968); la Capilla Memorial Albright, Kleinfeltersville, Pennsylvania (1968) la Escuela de Labor Manual y Misión Asbury, Ft. Mitchell, Alabama (1984); la Capilla de Barratt, cerca de Frederica, Delaware (1968); el Colegio Bethune-Cookman, en Daytona Beach, Florida (1984); el Grupo Obispo Seybert/Flat Rock, en Flat Rock y Bellevue, Ohio (1992); la Capilla de Boehm, en Willow Street, Pennsylvania (1984); el Colegio de África Occidental, Monrovia, Liberia (2012); el Colegio Cokesbury, Abingdon, Maryland (1984); la Igle-

sia Metodista Unida Cox Memorial, en Hallowell, Maine (1992); el Consorcio Deadwood, en Deadwood, South Dakota (1984); la Casa de Edward Cox, cerca de Bluff City, Tennessee (1968); el primer Edificio y Casa de Publicaciones de la Casa Green Hill, en Louisburg, North Carolina (1968); Gulfside Assembly, Waveland, MS (2016); la Casa Hanby, Westerville, Ohio (1988); la Iglesia John Street, en la ciudad de Nueva York (1968); la Parroquia Americana de Juan Wesley, Savannah, Georgia (1976); Keywood Marker, Glade Spring, Virginia (1988); Isaac Long's Barn, Landis Valley, Lititz, Pennsylvania (2008); la Capilla Lovely Lane, Baltimore, Maryland, (1972); el Hospital Mary Johnston, Manila, Las Filipinas (2012); la Capilla de McMahan, Bronson, Texas (1972); el Hospital Metodista, Brooklyn, Nueva York (1972); la Iglesia Metodista Unida Newtown Indian, Okmulgee, OK (2012); la Capilla Old McKendree, en Jackson, Missouri (1968); la Antigua Iglesia de Otterbein, en Baltimore, Maryland (1968); el Cementerio y Sitio de la Iglesia Old Stone, en Leesburg, Virginia (1968); la Organización de la Iglesia Metodista Episcopal del Sur, Louisville, Kentucky (1984); la Iglesia Unida Metodista de Pearl River, condado de Madison, MS (2016); la Iglesia Metodista Unida Peter Cartwright, en Pleasant Plains, Illinois (1976); la Iglesia Rehobeth, cerca de Union, West Virginia (1968); la Casa de Troncos de Robert Strawbridge, cerca de New Windsor, Maryland el Grupo de Rutersville, Rutersville, TX (1988); (1968); la Iglesia de Saint George, en Philadelphia (1968); la Isla de Saint Simon, Georgia (1968); la Casa Simpson, Philadelphia, PA (2012); Wesley Foundation, Universidad de Illinois, Champaign, Illinois (1996); el Pueblo de Oxford, Georgia (1972); Grupos de Sitios de Fundación de los Hermanos Unidos, Fredrick, Keedyville y Beaver Creek, MD (2000); Los edificios metodistas unidos en Capitol Hill, Washington, DC (2016); Grupo de Wesleyan College, en Macon, Georgia (1992); la Capilla de Whitaker, cerca de Endfield, Condado de Halifax, North Carolina (1972); la Misión de Willamette, cerca de Salem, Oregon (1992); el lugar de la fundación de la Sociedad Misionera Extranjera de las Mujeres, Boston, Massachusetts (2004); la Misión Indígena Wyandot, en Upper Sandusky, Ohio (1968); la Iglesia Metodista Unida Zoar, en Philadelphia, Pennsylvania (1984).

Sección XII. Comisión General de Comunicaciones

¶ **1801.** Como metodistas unidos, nuestro entendimiento teológico nos obliga, como miembros del Cuerpo de Cristo, a comunicar nuestra fe en diálogo con personas, tanto dentro como fuera de la iglesia en todo el mundo, y a utilizar todos los medios apropiados de comunicación.

La responsabilidad de comunicar recae sobre todo miembro de la iglesia, todo pastor, toda congregación, toda conferencia anual, toda institución y toda agencia de la iglesia. Dentro de esta responsabilidad total hay ciertas funciones que la Conferencia General ha asignado a la Comisión General de Comunicaciones, y que han de desempeñarse a favor de todos, mediante los talentos y recursos que tiene a su disposición.

¶ **1802.** *Nombre*—Habrá una Comisión General de Comunicaciones de la Iglesia Metodista Unida, la cual, para propósitos de comunicaciones y relaciones públicas, puede designarse como Comunicaciones Metodistas Unidas (UMCom).

¶ **1803.** *Incorporación*—La Comisión General de Comunicación es la sucesora del Comité Conjunto de Comunicaciones, inscrito legalmente en el Estado de Ohio, y estará autorizada para negociar como Comunicaciones Metodistas Unidas (UMCom). Está autorizada para crear sub-estructuras colectivas de la misma naturaleza, según la comisión considere apropiado para llevar a cabo sus funciones.

¶ **1804.** *Obligaciones y responsabilidades*—La Comisión General de Comunicación es responsable ante la Conferencia General. En su calidad de agencia administrativa general que tiene a su cargo funciones programáticas significativas, además de sus muchas responsabilidades de servicio y apoyo, la comisión será responsable ante la Mesa Conexional sobre asuntos de programa, al cual ha de informar y por el cual ha de ser evaluada en dichos asuntos. En asuntos de finanzas será responsable ante el Concilio General de Finanzas y Administración, al cual ha de informar sobre asuntos de finanzas.

¶ **1805.** *Propósito*—La Comisión General de Comunicación dará liderazgo a la iglesia en todo lo que tenga que ver con el campo de comunicación. Servirá para satisfacer las necesidades de comunicación, relaciones públicas, y promocionales de toda la iglesia, reflejando la diversidad cultural y racial que hay dentro de la Iglesia Metodista Unida. Tendrá la responsabilidad de proveer recursos y servicios a iglesias locales y conferencias anuales en el campo de las comunicaciones. Mantendrá una relación consultiva con todas las agencias de la iglesia, y con cualquier estructura de comunicación y relaciones públicas al nivel de jurisdicción, área episcopal, conferencia anual, distrital, o iglesia local.

¶ **1806.** *Responsabilidades*—La comunicación es una función estratégica necesaria para el éxito de la misión de la Iglesia Metodista Unida. Las responsabilidades y funciones específicas de la Comisión General de Comunicación y su personal son las siguientes:

1. Será la agencia oficial de la Iglesia Metodista Unida y sus agencias generales para la obtención y distribución de noticias. En el desempeño de sus responsabilidades, respetará la libertad de prensa histórica, operará con libertad editorial como una oficina independiente de noticias que sirva a todos los segmentos de la vida de la Iglesia y la sociedad, poniendo al alcance de los medios de noticias, tanto religiosos como públicos, la información concerniente a la Iglesia en general.

2. Tendrá una responsabilidad de primera clase a nombre de la denominación, relacionándose con los medios de noticias en la presentación de la fe cristiana y la obra de la iglesia para el público en general a través de la difusión mediante los canales de comunicación más eficaces. Proporcionará las estructuras y estrategias de difusión que considere adecuadas para ayudar a la iglesia en su testimonio a través de los medios de comunicación. Servirá en la unificación y coordinación de mensajes y programas de la Iglesia Metodista Unida para los medios informativos públicos.

3. Dará atención especial a la televisión, inclusive la televisión de difusión, cable, cintas de video, discos de video y satélite. Proveerá asesoramiento y recursos a las conferencias anuales, y por medio de las conferencias, a los distritos e iglesias locales, para desarrollar y fortalecer sus ministerios de televisión. Las responsabilidades de la comisión incluirán la producción y colocación de programas, y relaciones con difusoras comerciales a nivel nacional en los Estados Unidos.

4. Creará y participará en asociaciones con organizaciones nacionales, internacionales, interdenominacionales, interconfesionales y otras que trabajan en la comunicación como considere relevante en favor de la misión y ministerio de la Iglesia Metodista Unida.

5. Tendrá la responsabilidad de trabajar por la protección y promoción de las libertades históricas de religión y prensa, y buscará la forma de incrementar los valores éticos, morales y humanos de las estructuras y programas de los medios informativos.

6. Tendrá supervisión general sobre las relaciones públicas, estrategia y actividad.

7. Planificará, creará, producirá o hará que se produzcan, distribuirá o hará que se distribuyan, recursos informativos y vitales para la vida religiosa de todos los metodistas unidos. Trabajará con las agencias metodistas unidas en la coordinación de recursos producidos para las iniciativas estratégicas de la iglesia.

8. Supervisará un sistema exhaustivo de comunicación para la iglesia, proveyendo una perspectiva total de la estructura y prácticas de comunicación, inclusive telecomunicaciones. Creará redes de comunicaciones en todos los niveles, inclusive los de la iglesia local, el distrito, la conferencia, la jurisdicción y general. Estas redes podrán incluir consultas periódicas para propósitos, como intercambio de ideas, distribución de información, planeamiento combinado, y supervisión y evaluación de la totalidad de las empresas de comunicación de la iglesia. Respecto al uso de computadoras para propósitos de comunicación, la agencia cooperará con el Concilio General de Finanzas y Administración (¶ 807.9).

9. Proveerá dirección, recursos y adiestramiento al coordinador de comunicaciones de la iglesia local (¶ 255.[3]), con tal que el adiestramiento al nivel local sea a través de las conferencias anuales y en cooperación con las mismas.

10. Será responsable por la educación y el adiestramiento en los principios y conocimientos prácticos de comunicaciones, incluso los siguientes: *(a)* Al nivel nacional, talleres y experiencias de adiestramiento en conocimientos prácticos de comunicaciones relacionados con los diversos medios informativos; *(b)* consulta con las conferencias anuales, distritos, grupos de minorías raciales y étnicas, y asistencia a ellos en el adiestramiento de personas de las iglesias locales, especialmente el coordinador de comunicaciones de la iglesia local; *(c)* a petición, experiencias de adiestramiento para obispos, personal de las agencias generales de la iglesia y otros grupos; *(d)* Recursos y facilidades para aprendizaje, internados y programas de becas para comunicadores de las iglesias; *(e)* asesoramiento a escuelas teológicas y otras instituciones de educación superior respecto al adiestramiento del cuerpo docente, candidatos al ministerio ordenado y personas laicas en los principios y conocimientos prácticos de las comunicaciones, el desarrollo de recursos informativos y evaluación de los medios informativos.

11. Determinará y ejecutará, después de consultar con el Concilio General de Finanzas y Administración, prácticas de interpretación, promoción y cultivo de todas las causas financieras que exijan promoción o publicidad en toda la iglesia.

12. Será la agencia central de promoción que impulsará en toda la Iglesia los siguientes fondos de la Iglesia en general: Fondo de Servicio Mundial (¶ 812.1), Fondo de la Universidad de África (¶ 806.2), Fondo de Colegios Negros (¶ 815), Fondo Episcopal (¶ 818.1), Fondo de Administración General (¶ 813), Fondo de Cooperación Interdenominacional (¶ 814), Fondo de Educación Ministerial (¶ 816), Día de Relaciones Humanas (¶¶ 824.1 y 263.1), Domingo UMCOR (¶¶ 821, 824.2 y 263.2), Domingo de Ministerios Nativoamericanos (¶¶ 824.6 y 263.6), Domingo de Paz con Justicia (¶¶ 824.5 y 263.5), Día de Comunión Mundial (¶¶ 824.4 y 263.3), Día del Estudiante Metodista Unido (¶¶ 824.3 y 263.4), El Avance por Cristo y su Iglesia (¶¶ 822 y 823), Donaciones Especiales al Servicio Mundial (¶ 820), Domingo de Educación Cristiana (¶ 265.1), Domingo de la Cruz Áurea, (¶ 265.2), Domingo de la Vida Rural (¶ 265.3), Domingo de Conciencia de Impedimentos (¶ 265.4), Fondo de Servicio de la Juventud (¶ 1208), y todos los demás fondos de la Iglesia en general aprobados por la Conferencia General, así como cualquier apelación de emergencia que el Concilio de Obispos y el Concilio General de Finanzas y Administración autorice (¶ 819). En la interpretación, promoción y cultivo de estas causas, esta agencia consultará con la agencia de programa responsable por el área y con la agencia responsable por la administración de los fondos, instándose a que utilice los materiales correspondientes. Desarrollará los presupuestos para los fondos arriba enumerados en cooperación con el Concilio General de Finanzas y Administración. En casos en que la Conferencia General asigne una porción de la responsabilidad promocional a alguna otra agencia, tal trabajo promocional estará sujeto a la coordinación de la Comisión General de Comunicación. El costo de promoción de los fondos, según se haya fijado en el presupuesto promocional será un cargo contra recibos, con la salvedad de que el costo de promoción para Avances Especiales generales se le cobrará a las agencias recipientes, en proporción a la cantidad de fondos de Avances Especiales recibidos por cada una (¶ 823.3), y la promoción de las Donaciones Especiales al Servicio Mundial se le cargará a las agencias que los

administran (¶ 820.6). La administración del dinero así apartado para promoción será responsabilidad de la Comisión General de Comunicación.

13. Tomará bajo su cargo la promoción de toda causa o empresa, financiera o de otra clase, no mencionada aquí, exigiendo que haya promoción o publicidad en la totalidad de la iglesia; con tal que dicha acción haya sido previamente aprobada por el Concilio de Obispos y el Concilio General de Finanzas y Administración, o por sus respectivos comités ejecutivos. El Concilio General de Finanzas y Administración determinará la fuente de subsidios para dichas promociones autorizadas.

14. Las peticiones de donaciones que se hagan a los metodistas unidos serán consecuentes con las metas de la mayordomía cristiana. Habrá cooperación entre la Comisión General de Comunicación y la Junta General de Discipulado, con el fin de que los programas y los materiales de recurso de las dos agencias armonicen en su presentación de la mayordomía cristiana.

15. Proporcionará contenido para la clerecía y personas laicas de las congregaciones locales que promueva entendimiento y apreciación de la iglesia global, conexional, para desarrollar apoyo y alentar la participación en iniciativas, ministerios y misiones de la iglesia general y sus agencias y, además, proporcionará recursos e información para asistir a las congregaciones locales y sus líderes para que puedan llevar a cabo sus ministerios. Esta agencia obtendrá de las iglesias o de los superintendentes de distrito los nombres de los líderes de las iglesias que tengan derecho de recibir este contenido, para así compilar una lista de subscripciones.

16. Dará liderazgo en estudio e investigación en el campo de la comunicación, y aplicará los descubrimientos de las comunidades profesionales y académicas al trabajo de la iglesia, y en investigación evaluadora en el campo de las comunicaciones. Cooperará con otras agencias y niveles de la iglesia en investigación y labor de desarrollo en el campo de las comunicaciones, y compartirá sus descubrimientos de estudio e investigación.

17. Representará los intereses metodistas unidos en nuevos desarrollos tecnológicos en el campo de las comunicaciones, inclusive investigación, evaluación de nuevos recursos y métodos, y la aplicación de desarrollos tecnológicos a los servicios de comunicación de la iglesia.

18. Podrá desarrollar servicios informativos, recursos, bases de datos y servicios que brinden canales de comunicación entre todos los niveles de la iglesia.

19. Proveerá recursos, asesoramiento y adiestramiento de funcionarios para programas de comunicación del área, de la conferencia y del distrito, y desarrollará guías en consulta con personas que trabajen en áreas, conferencias y distritos.

20. Producirá materiales para interpretación de programas, en cooperación con el Concilio General de Ministerios y las juntas de programas generales, inclusive el calendario oficial del programa de la denominación.

21. La Comisión General de Comunicación tendrá a su cargo la planificación e implementación de la presencia metodista unida oficial en y uso del Internet, World-Wide Web u otros servicios de computación que puedan conectar a las conferencias, agencias e iglesias locales metodistas unidas una con otra y con el resto del mundo.

22. La Comisión General de Comunicación será responsable de establecer las pautas de la marca oficial de la Iglesia Metodista Unida. Tales pautas serán consistentes con las normas establecidas por el Concilio General de Finanzas y Administración para preservar la integridad de la propiedad intelectual de la denominación (¶¶ 807.10-.11, 2502). La comisión trabajará con el Concilio General de Finanzas y Administración para asegurarse del uso del logo de la cruz y la llama en todo nivel de la iglesia (¶ 807.10).

¶ **1807.** *Organización*—1. *Membresía*—La membresía de la Comisión General de Comunicación será compuesta por veintisiete miembros como sigue:

a) dos obispos, incluyendo uno de los Estados Unidos y uno de las conferencias centrales, nombrados por el Concilio de obispos;

b) once miembros electos por las Conferencias Jurisdiccionales, basado en la siguiente fórmula: Norcentral-2, Noreste-2, Sur Central-3, Sudeste-3 y Occidental-1. Se recomienda que por lo menos una de las personas electas por las Conferencias Jurisdiccionales sea persona de minoría étnica o racial.

c) Un total de siete miembros de las conferencias centrales, más un obispo del cual se hace referencia arriba, nombrado por el Concilio de Obispos.

d) siete miembros adicionales electos por la comisión para garantizar la membresía de personas con pericia en la comunicación;

e) Los miembros adicionales serán postulados por un comité compuesto por un miembro de la comisión, designado de cada jurisdicción, y uno de los obispos miembros.

f) Para asegurar la inclusividad, la composición de la comisión reflejará las categorías mayores reconocidas de miembros de la iglesia (¶ 705.3c).

2. *Sesiones*—La comisión tendrá por lo menos una sesión en cada año calendario. Quince miembros constituirán el quórum.

3. *Oficiales*—La comisión elegirá un presidente, por lo menos un vicepresidente, un secretario de actas, y los demás oficiales que determine.

Puede haber un comité ejecutivo, compuesto por no más de una tercera parte de la membresía total de la comisión, y electo por la comisión. Los miembros del comité ejecutivo serán representativos de la composición de la comisión.

4. *Organización Interna*—La Comisión General de Comunicación tiene autoridad para crear estructuras internas según le parezca apropiado para una operación efectiva.

5. *Personal*—La comisión elegirá anualmente un secretario general por postulación del comité ejecutivo o de un comité de postulaciones; y elegirá a los secretarios generales diputados que se necesiten, pudiendo también elegir o nombrar personal adicional. El secretario general cooperará con la Mesa Conexional en cuanto a los servicios de programas, y con el secretario general del Concilio General de Finanzas y Administración en cuanto a servicios de finanzas.

¶ **1808.** *Finanzas*—La Conferencia General hará provisión para las necesidades financieras de la Comisión General de Comunicación, por recomendación del Concilio General de Finanzas y Administración. La comisión consultará con la Mesa Conexional en el campo de asuntos de programa, en el desarrollo de un presupuesto anual que será sometido al Concilio General de Finanzas y Administración para su aprobación.

Sección XIII. Mujeres Metodistas Unidas

¶ **1901.** Habrá una organización denominada las Mujeres Metodistas Unidas dentro la Iglesia Metodista Unida en los Estados Unidos, organizada a nivel de la iglesia local, del distrito, de la conferencia, de la jurisdicción y a nivel nacional.

¶ **1902.** *Propósito*—Las Mujeres Metodistas Unidas participarán activamente en el cumplimiento de la misión de Cristo y de la iglesia y la organización nacional de las Mujeres Metodistas Unidas interpretará el Propósito de las Mujeres Metodistas Unidas para toda la organización. Siempre alerta a las preocupaciones y responsabilidades de la iglesia en el mundo de hoy, las Mujeres Metodistas Unidas apoyarán en ministerio, y abogaran por ellos, con los oprimidos y los desposeídos, con especial atención a las necesidades de las mujeres, los niños y los jóvenes; trabajará para edificar una comunidad de apoyo entre las mujeres y participará en actividades que promueven el crecimiento en la fe cristiana, la educación misional y el compromiso social cristiano a través de la organización.

¶ **1903.** *Responsabilidades*—La organización nacional de las Mujeres Metodistas Unidas:

1. Recomendará programas y políticas a las organizaciones locales, distritales, conferenciales y jurisdiccionales de las Mujeres Metodistas Unidas.

2. Interpretará el papel y la responsabilidad de las Mujeres Metodistas Unidas en el cumplimiento de la misión de Cristo y de la iglesia.

3. Expresará las preocupaciones de las mujeres organizadas para la misión.

4. Proveerá a las mujeres recursos y oportunidades que enriquezcan sus vidas espirituales y acrecienten su conocimiento y comprensión de las necesidades del mundo y de su responsabilidad frente a dichas necesidades.

5. Asegurará fondos a través de los canales de las Mujeres Metodistas Unidas para la misión de Dios en el mundo, con especial preocupación por las necesidades y responsabilidades de las mujeres, niños y jóvenes..

6. Proyectará planes especialmente dirigidos al desarrollo del liderazgo de las mujeres a través de una planificación adecuada con las otras organizaciones de la iglesia y de la comunidad ecuménica.

7. Fortalecerá el reto de la iglesia a hombres y mujeres a que respondan al llamado de Dios para servir como misioneros y misioneras, diáconos y diaconisas o trabajadores laicos misionales y en todas las otras posibilidades de servicio y liderazgo en la iglesia.

8. Incorporará a las mujeres a actividades que tienen un significado moral y religioso para el bienestar público y que contribuyen al establecimiento de una sociedad global justa.

9. Administrará la Oficina de la Orden de Diaconisas y Trabajadores Laicos Misionales.

10. Fortalecerá y apoyará ministerios directos de necesidad humana, los que emergen y los que continúan, a través de las instituciones nacionales de misión que actúan en favor de las mujeres, niños y jóvenes, y en la respuesta compasiva alrededor del mundo.

11. Proporcionará liderazgo y apoyo a las personas que sirven como misioneros regionales.

12. Trabajará con las otras agencias de la iglesia y la comunidad en áreas de preocupaciones y responsabilidades comunes. Dirigirá una Oficina de las Naciones Unidas en cooperación con la Junta General de Iglesia y Sociedad.

13. Dará evidencia de la unidad en Cristo mediante la fraternidad y el servicio con otros cristianos, incluso la Federación Mundial de Mujeres Metodistas, Mujeres de Iglesia Unidas y otros grupos similares, fortaleciendo de esta manera el testimonio y el programa ecuménico de la iglesia.

14. Participará en el desarrollo de teología de misión.

¶ **1904.** *Autoridad*—1. La junta de directores de las Mujeres Metodistas Unidas se reunirán por lo menos una vez al año y otras veces como consideren necesario y tendrán la autoridad para:

1. Hacer sus reglamentos y regular sus procedimientos en armonía con los reglamentos de la junta; adquirir y vender propiedad; solicitar y aceptar contribuciones y apropiar sus fondos; tomar decisiones en asuntos de política en relación a la vivienda para obreras jubiladas que no sea propiedad de las Mujeres Metodistas Unidas. Crear organizaciones de Mujeres Metodistas Unidas en jurisdicciones, conferencias, distritos e iglesias locales que estarán directamente vinculadas con la organización nacional.

2. Crear constituciones y recomendar legislatura para las Mujeres Metodistas Unidas al nivel local, distrital, conferencial y jurisdiccional.

3. Apropiar los fondos recibidos a través de las Mujeres Metodistas Unidas.

4. Servir como el cuerpo nacional oficial que determina la política de las Mujeres Metodistas Unidas, con las oficiales de organización nacional designadas como las oficiales nacionales.

¶ 1905. *Entidad sucesora*—Las Mujeres Metodistas Unidas será el nombre de la organización de la Iglesia Metodista Unida conocida como la División de Mujeres de la Junta General de Ministerios Globales de la Iglesia Metodista Unida, la cual sucederá en control y será responsable de las tareas que anteriormente pertenecieron a la Sociedad de Mujeres de Servicio Cristiano de la Iglesia Metodista y la Sociedad de Mujeres de Servicio Mundial de la Iglesia Evangélica Unida de los Hermanos, la Sociedad de Mujeres de Servicio Cristiano de la Iglesia Metodista Unida, y todas las demás organizaciones de mujeres con propósitos similares que han operado en las iglesias que forman parte de la tradición metodista unida, incluso la Asociación Misionera de Mujeres de la Iglesia de los Hermanos Unidos en Cristo; la Sociedad Misionera de Mujeres de la Iglesia Evangélica; la Sociedad de Mujeres para Misiones Extranjeras, la Sociedad de Mujeres para Misiones Nacionales, la Hermandad Wesleyana de Servicio y las Sociedades Femeninas de Socorro de la Iglesia Metodista Episcopal; la Sociedad Misionera de Mujeres, la Junta de la Mujer para Misiones Extranjeras, la Junta de la Mujer para Misiones Nacionales y el Concilio Misionero de la Mujer de la Iglesia Metodista Episcopal Sur; y la Convención de la Mujer de la Junta de Misiones de la Iglesia Metodista Protestante. Esta lista no debe considerarse exclusiva.

¶ 1906. *Membresía de la junta de directores*—Las Mujeres Metodistas Unidas tendrán una junta de directores compuesta por 25 miembros con la siguiente distribución: 20 serán mujeres laicas elegidas por las organizaciones jurisdiccionales de las Mujeres Metodistas Unidas en sus reuniones cuadrienales (¶ 536.4); y 5 serán mujeres laicas elegidas por la juntas de directores. El personal del gabinete de las Mujeres Metodistas Unidas serán Miembros *ex officio*, sin voto.

¶ 1907. *Organización*—La junta de directores de las Mujeres Metodistas Unidas podrán elegir un comité ejecutivo de tal membresía como sea determinado, el cual ejercerá interinamente los poderes de la junta. Los miembros del gabinete de las Mujeres Metodistas Unidas serán miembros del comité ejecutivo, *ex officio* sin voto. La junta de directores de las Mujeres Metodistas Unidas se organizarán en secciones o comités como determinen los directores.

¶ 1908. *Asamblea*—Puede haber una asamblea de Mujeres Metodistas Unidas. La junta de directores de las Mujeres Metodistas Unidas determinará el tiempo y el lugar de la reunión y el propósito de la Asamblea.

¶ **1909.** *Finanzas*—Los fondos para el desempeño de las responsabilidades de las Mujeres Metodistas Unidas se derivarán de promesas voluntarias anuales, ofrendas, donativos, legados, anualidades o dineros recibidos a través de énfasis especiales y reuniones realizadas a nombre de las Mujeres Metodistas Unidas. Todos los fondos, excepto aquellos designados para propósitos locales, se remitirán a través de los canales de donativos de la organización al tesorero de la organización nacional de las Mujeres Metodistas Unidas. La junta de directores de las Mujeres Metodistas Unidas asignará los fondos no designados que reciba para la obra de sus varias secciones y comités y además para subvenciones y asignaciones a otras organizaciones de la iglesia y del mundo como considere necesario o útil para el cumplimiento de su Propósito.

¶ **1910.** *Relación con la Junta General de Ministerios Globales*— La junta de directores de las Mujeres Metodistas Unidas elegirá tres miembros para servir como directores de la Junta General de Ministerios Globales con voz y voto. Las directoras electas de las Mujeres Metodistas Unidas servirán en el comit;e del programa en las postulaciones de la Junta General de Ministerios Globales.

¶ **1911.** *Grupo Asesor del Programa de las Mujeres Metodistas Unidas*—Las Mujeres Metodistas Unidas organizarán un Grupo Asesor del Programa para contribuir regularmente con la junta de directores en cuanto al programa y planificación de la organización. El Grupo Asesor del Programa constará de 80 a 90 miembros que incluirán todos los miembros de la junta de directores de las Mujeres Metodistas Unidas, los presidentes jurisdiccionales, una representante de cada organización conferencial de las Mujeres Metodistas Unidas no representada en la junta (elegida por nominación del comité de postulaciones de la conferencia), dos miembros de la Orden de Diaconisas y Trabajadores Laicos Misionales elegidos por la orden, de siete a diez directores de las otras agencias de la Iglesia Metodista Unida incluyendo tres miembros elegidos por la Junta General de Ministerios Globales y hasta cinco miembros seleccionados por la junta de directores de las Mujeres Metodistas Unidas para diversidad de edad, experiencia, trasfondo cultural, raza, capacidades físicas y estado de empleo. Las misioneras regionales de las Mujeres Metodistas Unidas, una representante de la Federación Mundial de Mujeres Metodistas y de Iglesias Unidas y una representante de su Región de América del Norte será miembro *ex officio*, con voz pero sin voto. La presidente nacional de las Mujeres Metodistas Unidas convocará las reuniones de su grupo, el cual podrá ser organizado en comités, grupos o equipos como sea necesario para cumplir su obra.

¶ **1912.** *Constitución de las Mujeres Metodistas Unidas*—Para la Constitución de las Mujeres Metodistas Unidas en la jurisdicción, vea ¶ 536; para la Constitución de las Mujeres Metodistas Unidas en la conferencia, vea ¶ 647; para la Constitución de las Mujeres Metodistas Unidas en el distrito, vea ¶ 670; para la Constitución de las Mujeres Metodistas Unidas en la iglesia, vea ¶ 256.5.

El oficio de diaconisa y de la misionera nacional

¶ **1913.** *Disposiciones generales*—1. En la Iglesia Metodista Unida habrá un Oficio de Diaconisa y Trabajador Laico Misional. El propósito del oficio de diaconisa y de trabajador laico misional consistirá en expresar representativamente el amor y la preocupación de la comunidad creyente por las necesidades en el mundo y en hacer posible, mediante la educación y el compromiso, el ministerio y la misión total del pueblo de Dios. Las diaconisas y los trabajadores laicos misionales desempeñan diversas formas de servicio dirigidas al mundo para dar a conocer a Jesucristo en la plenitud de su ministerio y misión, lo cual requiere que sus seguidoras:

a) Alivien sufrimientos;

b) Erradiquen las causas de la injusticia y todo cuanto despoja a la vida de dignidad y valor;

c) Faciliten el desarrollo de todo el potencial humano; y

d) Participen en la construcción de la comunidad global a través de la iglesia universal.

2. Las diaconisas, quienes son mujeres laicas, y los trabajadores laicos misionales, quienes son hombres laicos, son personas adiestradas profesionalmente que han sido guiadas por el Espíritu Santo a dedicar sus vidas a un servicio como el de Cristo bajo la autoridad de la iglesia. Son aprobadas por medio de un proceso establecido por las Mujeres Metodistas Unidas, consagradas y comisionadas por un obispo en contextos aprobados por la junta de directores de las Mujeres Metodistas Unidas. Se relacionarán continuamente con la Iglesia Metodista Unida a través de las Mujeres Metodistas Unidas.

Las diaconisas y los trabajadores laicos misionales están disponibles para el servicio con cualquier agencia o programa de la Iglesia Metodista Unida. Las diaconisas y los trabajadores laicos misionales también pueden servir en agencias o programas que no sean de la Iglesia Metodista Unida, con la condición de que reciban la aprobación de las Mujeres Metodistas Unidas en consulta con el obispo del área que las recibe.

3. El servicio a tiempo completo es la norma para el ministerio de una diaconisa; esto significa que todo el tiempo vocacional de la persona se dedica al trabajo de ministerio en el campo de labor al que ha sido designada por el obispo.

a) Los nombramientos de diaconisas y trabajadores laicos misionales serán recomendados en consulta con el obispo del área, en conformidad con la política y los procedimientos de las Mujeres Metodistas Unidas.

b) El nombramiento será efectuado por el obispo (¶ 415.7) en la sesión de la conferencia anual y se imprimirá en la lista de nombramientos en el libro de actas de la conferencia anual.

c) El secretario de la conferencia anual:

(1) Mantendrá un registro de todas las personas de la conferencia anual que han sido comisionadas y/o consagradas al Oficio de Diaconisa o Trabajador Laico Misional.

(2) Publicará anualmente en el libro de actas de la conferencia anual la lista de nombramientos de diaconisas.

4. La diaconisa, o el trabajador laico misional, será miembro de una iglesia local dentro de la conferencia donde se localiza su nombramiento y será miembro votante de la conferencia de cargo de esa iglesia. Quienes sirven en nombramiento donde se interponen los límites de una conferencia anual pueden ser miembros de una conferencia anual a una distancia razonable de la oficina para la que sirven. Una diaconisa o trabajador laico misional cuyo nombramiento esté fuera de los límites de una conferencia anual puede tener su membresía en una iglesia local de su propia conferencia anual o en la iglesia local en la conferencia anual en la que tuvo su membresía.

5. Las diaconisas y los trabajadores laicos misionales participarán con voz y voto en las sesiones de la conferencia anual como miembros laicos de la conferencia anual de acuerdo con ¶¶ 32 y 602.4.

6. Las diaconisas y los trabajadores laicos misionales estarán sujetos a la autoridad administrativa del programa o agencia a los cuales son asignados. En cuestiones de nombramiento, están sujetas a la autoridad de las Mujeres Metodistas Unidas y no pueden ser contratados para servicios que puedan anular esta autoridad.

7. Cada diaconisa o trabajador laico misional se inscribirá en un programa de pensiones. Los derechos de cualquier diaconisa o trabajador laico misional en cualquier acuerdo o plan de pensiones anterior o en vigencia serán protegidos totalmente.

8. Una diaconisa o trabajador laico misional podrá solicitar una licencia de ausencia de acuerdo con las pautas y procedimientos administrativos de las Mujeres Metodistas Unidas.

9. La terminación involuntaria de una diaconisa o trabajador laico misional seguirá las guías de procedimiento como se establece en el ¶ 2702.

¶ **1914.** *Diaconisa y Orden de la Misionera Nacional*—Los individuos consagrados y comisionados a la Oficina de Diaconisa y Misioneras Locales en la Iglesia Metodista Unida forman una comuidad de pacto como laicos en servicio como una orden. Como otras órdenes en la iglesia, responden a un llamado de Dios. En su tradición distintiva, se comprometen a una vocación de por vida en ministerios de amor, justicia y servicio a tiempo completo. En pacto unos con otros, se nutren y cuidan uno a otro en sus llamados a ministerios individuales y en comunidad. Comparten estudios comunes y son preparados para su dones únicos.

¶ **1915.** *Misioneras nacionales*—Todas las personas comisionadas al oficio de misioneras nacionales retendrán ese oficio con todos los derechos y privilegios pertenecientes al mismo.

¶ **1916.** *Comité de Servicio de Diaconisas y Misioneros Nacionales*—La organización nacional de las Mujeres Metodistas Unidas organizará el Comité de Servicio de Diaconisas y Misioneras Nacionales.

1. El Comité de Servicio de Diaconisas y Misioneros Nacionales estará compuesto de un obispo (activo o jubilado) nombrado por el Concilio de Obispos; dos representantes de la Orden de Diaconisas y Misioneros Nacionales, nombradas por la Orden; dos representantes de las Mujeres Metodistas Unidas, nombradas por la juntas de directores de las Mujeres Metodistas Unidas; y un representante de la Asociación Nacional de Diaconisas, Misioneros Nacionales y Misioneras Nacionales, nombrada por la Asociación.

2. Podrá haber un comité ejecutivo y otros comités según sea necesario para desempeñar los deberes del Comité de Servicio de Diaconisas y Misioneros Nacionales.

3. El trabajo del comité se realizará en conformidad con los reglamentos aprobados por la junta de directores de las Mujeres Metodistas Unidas.

¶ **1917.** *Apoyo del trabajo de las Diaconisas y Misioneros Nacionales*—La organización nacional de las Mujeres Metodistas Unidas retendrá personal cuya asignación principal sea la de representar a las diaconisas y misioneros nacionales a nivel nacional y mantener una comunidad de personas profesionalmente competentes que están comprometidas a servir bajo la autoridad de la iglesia. Por lo menos una persona del personal ejecutivo asignado al trabajo de diaconisa y misionero nacional será una diaconisa o misionero nacional.

1. Tanto la política como todos los procedimientos administrativos pertinentes a las diaconisas y trabajadores laicos misionales también serán pertinentes a las misioneras nacionales y serán administrados por el personal ejecutivo con la asignación principal de trabajar con diaconisas y trabajadores laicos misionales (¶¶ 1913-1917).

2. Podrán haber organizaciones jurisdiccionales de diaconisas, trabajadores laicos misionales y misioneras nacionales en relación con las Mujeres Metodistas Unidas.

3. Podrán haber organizaciones jurisdiccionales de diaconisas, trabajadores laicos misionales y misioneras nacionales y sus delegaciones de apoyo.

¶ **1918.** *Apoyo eclesial*—El apoyo eclesial es una afirmación provista por la Iglesia Metodista Unida a empleadores y organizaciones de certificación profesional estableciendo que una diaconisa/misionera nacional esta en buena relación y tiene la capacitación profesional y equipamiento para el ministerio adecuados en situaciones especializadas. El apoyo eclesial reconoce un pacto de compromiso mutuo, responsabilidad y apoyo entre la Iglesia Metodista Unida, a través de las Mujeres Metodistas Unidas, y la diaconisa/misionera nacional. Las diaconisas y misioneras nacionales que han sido llamadas y capacitadas profesionalmente para la capellanía o ministerio de consejería son aptas para el apoyo eclesial para el servicio en ministerios que no requieren que administren los sacramentos. La autorización de normas, guías y procesos del apoyo eclesial para esas diaconisas y misioneras nacionales comisionadas/consagradas se administran por la oficina administrativa de la Oficina de Diaconisas y Misioneras locales con las Mujeres Metodistas Unidas.

Sección XIV. Comisión General de Religión y Raza

¶ **2001.** *Autorización y establecimiento*—Habrá una Comisión General de Religión y Raza.

1. *Obligación y responsabilidad*—La comisión general será responsable ante la Conferencia General de la Iglesia Metodista Unida. Entre sesiones de la Conferencia General, la comisión será responsable ante la Mesa Conexional, mediante informes y actividades de interpretación, designadas para cumplir con el propósito de la comisión, y mediante la cooperación con el concilio en el cumplimiento de sus responsabilidades legisladas.

¶ **2002.** *Propósito*—El propósito primordial de la Comisión General de Religión y Raza será desafiar, guiar y equipar a las personas de la Iglesia Metodista Unida a ser competentes interculturalmente, para asegurar la igualdad institucional y para facilitar conversaciones vitales sobre religión, raza y cultura.

¶ **2003.** *Membresía*—La membresía total de la comisión será de veintiún miembros de la junta constituidos de acuerdo con ¶ 705.3 de las Provisiones Generales de la *Disciplina*. La junta se organizará para cumplir su tarea a través de oficiales electos con se determina en el ¶ 708. La membresía se compondrá de:

1. Dos obispos, incluyendo uno de las conferencias centrales, nombrados por el Concilio de Obispos de acuerdo con ¶ 705.4d.

2. Cada jurisdicción elegirá dos miembros de la junta de acuerdo con ¶ 705.3a. Se recomienda que las personas elegidas por cada jurisdicción incluyan personas con experiencia en las áreas de finanzas, planificación y evaluación de programas, educación, abogacía y justicia racial; y que hayan indicado su deseo de apoyar activamente la tarea asignada a la Comisión General de Religión y Raza. A pesar de otros párrafos de la *Disciplina*, el secretario de la Conferencia General ofrecerá a cada jurisdicción una asignación sugerida de miembros para asegurarse que cuando se combinen con los miembros de la junta de las conferencias centrales, la membresía resultante refleje un equilibrio entre la clerecía y personas laicas, hombres y mujeres. El secretario establecerá, también, una rotación equitativa para asegurarse que en el curso de varios cuadrienios cada jurisdicción tenga la oportunidad de elegir a una laica, un laico y un miembro de la clerecía.

3. Tres miembros de la conferencia central nombrados por el Concilio de Obispos a la junta de acuerdo con ¶ 705.4c.

4. A pesar de otros párrafos de la *Disciplina*, los miembros de la junta elegirán seis miembros adicionales en base a la experien-

cia necesaria para cumplir la tarea fiduciaria, generativa y estratégica de la junta. Se deberá considerar el alcanzar un equilibrio jurisdiccional, laico/clerecía, género, racial/étnico y edad.

¶ **2004.** *Vacantes*—Las vacantes que haya en la membresía de la comisión se suplirán usando el procedimiento definido en el ¶ 712 de las Disposiciones Generales.

¶ **2005.** *Oficiales*—La Comisión General de Religión y Raza elegirá como sus oficiales a un presidente, un vicepresidente, un secretario, y a los demás oficiales que considere necesarios.

¶ **2006.** *Personal*—La Comisión General de Religión y Raza elegirá a su secretario general cuadrienalmente por medio de votación secreta escrita, electrónica o por otros medios (¶ 713). La comisión seleccionará, por cualquier proceso que escoja, al personal adicional que necesite, para ayudar al secretario general en el desempeño de las responsabilidades de la comisión.

¶ **2007.** *Finanzas*—El Concilio General de Finanzas y Administración proveerá para el sostenimiento del trabajo de la comisión, inclusive la provisión de un secretario general y el personal asociado, así como una oficina para la comisión.

¶ **2008.** *Responsabilidades*—La Comisión General equipará, mantendrá responsable y se relacionará con el Concilio de Obispos, jurisdicciones, conferencias centrales, conferencias anuales, Iglesias locales, agencias generales y otras estructuras conexionales de la Iglesia Metodista Unida y asumirá responsabilidades en asuntos como:

1. Empoderar liderazgo visible y profético a cada nivel de la Iglesia Global en áreas de raza, etnicidad y cultura.

2. Proporcionar capacitación, recursos y consulta a todos los niveles de la Iglesia Global para:

   a. Incrementar los líderes interculturales competentes que participen en ministerios que promueven la diversidad intencional en cada nivel de la Iglesia.

   b. Expandir el ministerio de la iglesia local relevante contextualmente para alcanzar más personas, juventud y más personas diversas.

   c. Promover los esfuerzos antirracismo y desafiar asuntos de privilegio.

   d. Trabajar con los gabinetes, Iglesias locales y Juntas para el Ministerio Ordenado para desarrollar y apoyar ministerios multiculturales que traspasen las barreras raciales y culturales.

e. Participar en conversaciones vitales sobre las realidades de la raza y cultura en contextos locales y globales a través de consultas, informes y capacitación de la conferencia anual.

3. Identificar y responder al racismo global, etnocentrismo y tribalismo para que la Iglesia mueva adelante más eficazmente su misión en una sociedad diversa y global.

4. Administrar el Fondo de Acción de CORR (Comisión sobre Religión y Raza). El Fondo de Acción de CORR será establecido por la Conferencia General de la Iglesia Metodista Unida para el empoderamiento del trabajo de diversidad, inclusión y justicia racial dentro y fuera de la Iglesia. El Fondo:

a) se hará disponible por subsidies a congregaciones, estructuras conexionales y otros grupos.

b) Será administrado por la Comisión General sobre Religión y Raza a favor de la Iglesia Metodista Unida. La Comisión General será responsable de desarrollar guías y normas en cuanto a los subsidies y para la evaluación de proyectos que reciben apoyo.

5. Proporcionar recursos y consultas para normas y procedimientos justos y equitativos en cada nivel de la Iglesia Global.

Sección XV. Comisión General del Estado y Rol de la Mujer

¶ **2101.** Habrá una Comisión General del Estado y Rol de la Mujer en la Iglesia Metodista Unida.

¶ **2102.** *Propósito*—El propósito primordial de la Comisión General del Estado y Rol de la Mujer será llamar a la Iglesia Metodista Unida, inclusive a sus agencias generales, instituciones y estructuras conexionales a un compromiso continuo para con la igualdad total de responsabilidades y participación de la mujer en la vida y la misión total de la Iglesia, compartiendo de manera completa en el proceso de decisiones y de determinación de políticas en todos los niveles de la vida de la Iglesia.

Dicho compromiso confirmará nuevamente el reconocimiento del hecho de que la Iglesia Metodista Unida es parte de la iglesia universal, enraizada en el mensaje liberador de Jesucristo, el cual reconoce a cada persona, hombre o mujer, como una parte cabal e igual de la familia humana de Dios.

La comisión general funcionará individual y colectivamente como abogada con las mujeres y a favor de ellas, dentro de la Iglesia Metodista Unida, como catalizadora para la iniciación de métodos creativos que remedien las desigualdades del pasado contra las mujeres dentro de la Iglesia Metodista Unida, y como supervisora para asegurarse de la inclusividad en el funcionamiento programático y administrativo de la Iglesia Metodista Unida.

¶ **2103.** *Responsabilidad*—La comisión general tendrá la responsabilidad de promover una formación de conciencia respecto a asuntos, problemas e intereses relacionados con el estado y rol de la mujer, con referencia especial a la plena participación de ellas en la totalidad de la vida de la Iglesia, por lo menos en proporción directa a la membresía total de mujeres en la Iglesia Metodista Unida.

1. En el cumplimiento de su mandato, esta comisión tendrá la autoridad de iniciar y utilizar tales canales, desarrollar tales planes y estrategias, y asignar al personal que requiera la ejecución de las siguientes necesidades primordiales en la Iglesia Metodista Unida: capacitación de liderazgo, recursos y comunicación, acción afirmativa y papeles de abogacía y coordinación entre agencias.

Los planes y estrategias que se relacionan con estas necesidades estarán dirigidos a la eliminación del sexismo en todas sus manifestaciones en la totalidad de la vida de la Iglesia Metodista Unida, inclusive las agencias generales y a los varios canales y estructuras conexionales que alcanzan a la iglesia local. La comisión trabajará con las agencias respectivas según lo determinen las necesidades, para lograr y salvaguardar la representación y participación de la mujer, inclusive las de minorías raciales y étnicas.

2. La comisión, a través de sus diversos procesos de investigación y supervisión, continuará colectando información, haciendo recomendaciones, y sugiriendo pautas de acción, según sea apropiado, para erradicar políticas y prácticas discriminatorias de cualquier tipo, así como las prácticas discriminatorias en cualquier nivel, el lenguaje y las imágenes discriminatorias dondequiera que éstas se hallen en documentos, pronunciamientos, publicaciones y recursos generales.

3. La comisión estimulará procedimientos de evaluación permanentes, y recibirá informes sobre progresos logrados con el fin de hacer efectivas las pautas que aparecen en la nota 2 arriba, en todos los organismos responsables de la Iglesia.

4. La comisión establecerá y mantendrá una relación de trabajo con las comisiones de la conferencia anual, tomando en cuenta los objetivos y pautas para conferencias en el ¶ 644.1, y procurando desarrollar y fortalecer el liderazgo de la conferencia para la realización de estos objetivos, dentro del contexto general de las responsabilidades de la comisión general (¶ 2103.1).

5. La comisión recomendará planes y currículo para que haya un nuevo entendimiento de la teología y de la historia bíblica que afectan la condición de la mujer. Así mismo, se alienta a la comisión a que explore las relaciones entre los dones espirituales y las mujeres en la Biblia.

6. La comisión creará políticas y recomendaciones necesarias y programas para su puesta en práctica inmediatamente y a largo plazo, que estén relacionadas con el incremento de la apreciación del papel de la mujer en el liderazgo profesional y voluntario dentro de la Iglesia.

7. La comisión servirá en función de abogacía para garantizar franqueza y receptividad en asuntos relacionados con el papel de las mujeres en la vida de la Iglesia, dando atención particular a las contribuciones de mujeres profesionales, tanto clérigas como laicas, mujeres de minorías raciales y étnicas y las que están experimentando cambios en sus estilos de vida. La comisión, en su papel de abogacía, asistirá a las iglesias locales, conferencias, concilios, juntas, comisiones, escuelas de teología, y otras instituciones relacionadas, para erradicar problemas de acoso sexual, por medio de la elaboración de políticas y procedimientos que atañen a estos problemas.

8. La comisión generará interés activo y prestará pleno apoyo para que haya esfuerzos inmediatos en el cumplimiento de la siguiente directriz: Concilios, juntas, comisiones, comités, agencias de reclutamiento de personal, escuelas teológicas, y otras instituciones relacionadas con éstas para establecer pautas y políticas a seguir para reclutamiento específico, adiestramiento y pleno uso de las mujeres en toda clase de empleo, lo cual incluye ministerios pastorales y similares, ministerios de salud y bienestar, facultad y personal de seminarios y otras instituciones educativas, sin limitarse sólo a estos.

9. Asesorará al Concilio General de Finanzas y Administración (¶ 811.1) sobre políticas y prácticas de agencias e instituciones relacionadas con la iglesia que reciben fondos de la Iglesia en general concernientes al cumplimiento que de la política denominacional de inclusividad y ausencia de discriminación sobre la base del género. Esto se hará (1) consultando con el concilio sobre el desarrollo, revisión y mantenimiento del formulario de certificación que ha de ser entregado al concilio por las agencias e instituciones que reciben fondos de la Iglesia en general; (2) revisando anualmente las certificaciones entregadas en conformidad con el

¶ 811.1*a, b,* y *c;* y (3) recomendando al concilio la aceptación de las certificaciones, u otra acción apropiada, inclusive la retención de la aprobación de la totalidad del presupuesto de una agencia o institución por incumplimiento del ¶ 811.1*a, b,* o *c.*

10. La comisión proveerá recursos para el grupo de ministerio sobre el estado y rol de la mujer de la iglesia local.

11. La comisión asistirá a tratar el problema la mala conducta sexual de la iglesia. La comisión proporcionará liderazgo otorgando recursos para la prevención y la educación sobre la mala conducta de naturaleza sexual, oportunidades de capacitación para la clerecía y personas laicas, reglamentos y recomendaciones para los procesos transformativos y administrativos justos, apoyo para las victimas y sanidad de la congregación. La comisión promoverá la coordinación entre agencias a través de su liderazgo del Grupo Especial de Ética Sexual Entre Agencias y asistiendo a las conferencias anuales, iglesias locales, concilios, juntas, comisiones, escuelas de teología y otras instituciones relacionadas observando límites sanos en las relaciones ministeriales.

¶ **2104.** *Membresía*—1. La membresía de la comisión determinará las políticas a seguir, planes y administración del trabajo de la comisión general, la que estará compuesta por diecinueve personas de acuerdo con las siguientes pautas:

a) Las conferencias jurisdiccionales postularán y elegirán la membresía jurisdiccional, asegurándose de que el pluralismo y la diversidad de la membresía de la iglesia se reflejen en la representación de minorías raciales y étnicas, así como en las varias categorías de edades. Cada jurisdicción elegirá a una persona como miembro. Antes de su elección, los miembros nominados serán informados de las responsabilidades fiduciarias, estratégicas y generativas que tendrán que asumir tras ser elegidos para que entiendan claramente el compromiso de tiempo y recursos al que se están comprometiendo. A pesar de otros párrafos en la *Disciplina,* el secretario de la Conferencia General ofrecerá a cada jurisdicción una asignación sugerida del miembro para asegurar que, cuando se combine con los miembros de la junta de las conferencias centrales, la membresía resultante refleje un equilibrio de clerecía, laicas y laicos. El secretario establecerá también una rotación justa para asegurar que durante el curso del cuadrienio cada jurisdicción tenga la oportunidad de elegir un miembro, un hombre laico, una mujer laica y un miembro clerical.

b) Habrá nueve miembros adicionales, electos por la comisión general, de acuerdo con las disposiciones del ¶ 705.3*a*. La elección de los miembros adicionales tomará en cuenta la necesidad de proveer una representación adecuada de grupos de minorías raciales, étnicas y origen nacional; personas con discapacidades; y personas de las diversas categorías de edades, e incluirá a personas idóneas, y se esforzarán en tener representación proporcional entre las jurisdicciones. Se recomienda que la adición de la membresía garantice un balance, 50 por ciento clerecía (incluyendo la variedad de clerecía que describe el ¶ 142) y el otro 50 por ciento personas laicas, así como una membresía mayoritaria de mujeres. Además se recomienda que tales miembros adicionales mantengan un total de 10 por ciento de jóvenes en la membresía y un 10 por ciento de adultos jóvenes. Antes de su elección, los miembros nominados serán informados de las responsabilidades fiduciarias, estratégicas y generativas que tendrán que asumir tras ser elegidos para que entiendan claramente el compromiso de tiempo y recursos al que se están comprometiendo.

c) Habrá dos obispos, incluyendo por lo menos uno de las conferencias centrales, nombrados por el Concilio de Obispos.

d) Habrá tres miembros de la conferencia central, sin incluir al obispo de la conferencia central, nombrados a la junta por el Concilio de Obispos de acuerdo con lo provisto en ¶ 705.4*c*.

e) La comisión general estará autorizada para llenar vacantes en su membresía durante el cuadrienio.

f) Los miembros que no cumplan con lo requisitos del ¶ 2506.1 servirán con voz y voto, excepto en los asuntos de responsabilidades fiduciarias de la junta, en los que tendrán sólo voz pero no voto de acuerdo con las leyes del estado de incorporación (Illinois).

g) La junta podrá postular otros individuos como representantes de enlace para proporcionar conexión y consejo en cuanto a áreas de preocupación mutua. De igual manera, las Mujeres Metodistas Unidas nombrarán uno o dos representantes de enlace que podrán servir por un cuadrenio completa. Cuando estén presentes en las reuniones de la junta, las representantes de enlace tendrán voz pero no voto.

2. Los miembros de la Comisión General del Estado y Rol de la Mujer asumirán funciones de gobierno fiduciarias, estratégicas y generativas. Las responsabilidades fiduciarias incluyen el asegurar la mayordomía financiera, legal y ética de los recursos

tangibles; responsabilidad por su conducta establecida de rendimiento; asegurar la evaluación anual del secretario general; y proporcionar consejo al secretario general en cuanto a la evaluación y distribución del personal. La responsabilidades estratégicas incluyen el asegurarse que las prioridades, metas, y recursos de las agencias estén en línea con la misión, visión y valores de la agencia. La responsabilidades generativas incluyen el análisis y planificación generalizada de acuerdo con la misión, visión y valores de la agencia; establecer la dirección y prioridades de la agencia; y explorar opciones para modificar las prioridades cuando sea necesario.

4. Los miembros de la Comisión General del Estado y Rol de la Mujer será líderes dedicados que tengan pasión por la iglesia local y el hacer discípulos. Deberán estar dispuestos a invertir su tiempo y habilidades para apoyar el trabajo de la junta, incluyendo interpretar y articular la estrategia del CGERM en distintos contextos. Deberán entablar conversaciones normales e intencionales con las redes e individuos de la iglesia para asegurarse que la extensa diversidad de personas y perspectivas presentes en la Iglesia Metodista Unida sean consideradas al ejercer la junta sus responsabilidades. Deberán estar comprometidos al apoyo e implementación de los mandatos y enfoques de la iglesia general y de la Comisión General del Estado y Rol de la Mujer.

¶ **2105.** *Oficiales*—La comisión la presidirá una mujer, electa por la comisión total de entre su membresía. Otros oficiales serán electos según lo determine la comisión.

¶ **2106.** *Sesiones*—La comisión general sesionará anualmente, celebrando sesiones adicionales según sea necesario.

¶ **2107.** *Fondos*—La Conferencia General autorizará los fondos para cumplir el propósito de la comisión general.

¶ **2108.** *Personal*—La comisión general postulará, para que sea electo cuadrienalmente y por boleta, a su secretario(a) general, quien proveerá liderazgo ejecutivo y administrativo y programará el liderazgo del personal (¶ 713). La comisión elegirá a otros miembros del cuerpo oficial según sea necesario, dentro de los mandatos de la Conferencia General y la autoridad investida en la comisión para desarrollar políticas y programas encaminados a la realización de su propósito.

¶ **2109.** *Relaciones*—Con el fin de cumplir con sus responsabilidades y las directrices de la Conferencia General, la comisión general trabajará con el Concilio de Obispos, las agencias generales, instituciones y otras estructuras apropiadas, y canales en todos los niveles de la Iglesia.

Sección XVI. Comisión de Asuntos de la Conferencia Central

¶ 2201. *Disposición general*—1. Reconociendo las diferentes condiciones que existen en varias regiones del mundo y los cambios que están sucediendo en ellas, habrá una Comisión de Asuntos de la Conferencia Central que servirá como un organismo de coordinación independiente. La Junta General de Ministerios Globales será la agencia facilitadora de esta comisión. La comisión servirá como la entidad coordinadora para el estudio de la estructura y supervisión de la Iglesia Metodista Unida en su función fuera de los Estados Unidos y sus territorios y sus relaciones con otras entidades de la Iglesia.

2. La comisión se reunirá por lo menos dos veces dentro de un cuadrienio para repasar, considerar y desarrollar resoluciones y peticiones con relación a las conferencias centrales y podría poner en sesión durante la Conferencia General si fuera necesario. La comisión repasará y preparará las recomendaciones que considere necesarias para presentarlas directamente a la Conferencia General. La comité someterá su informe y recomendaciones dentro de los plazos de entrega de peticiones y resoluciones que gobiernan las agencias generales. Todas las resoluciones y peticiones relativas a las conferencias centrales que se presenten a la Conferencia General serán referidas a la comisión para su consideración; y la comisión informará sus recomendaciones directamente a la Conferencia General. En asuntos relacionados con la determinación de áreas episcopales (¶ 404.1), afiliación y autonomía (¶ 572), y unirse a la Iglesia Metodista Unida (¶ 575), la comisión informará directamente a la Conferencia General.

3. A pesar de lo formulado en otros párrafos de la Disciplina, los miembros podrán servir tres (3) términos de cuatro años y podrán servir en otra (una) agencia. La comisión estará compuesta por un obispo de cada jurisdicción y de cada conferencia central nombrado por el Concilio de Obispos; un ministro ordenado y una persona laica de cada jurisdicción y de cada conferencia central quienes serán delegados de la Conferencia General y postulados por el Concilio de Obispos; las conferencias centrales con más de tres areas episcopales eligirar miembros adicionales, laicos o clerecía, hasta un número igual al de las areas episcopales en la conferencia central; un obispo, un ministro ordenado y una

persona laica quienes serán miembros electos de la Junta General de Ministerios Globales y postulados por la Junta General de Ministerios Globales. El obispo de la conferencia central asignado a la Oficina de Unidad Cristiana y Relaciones Interreligiosas será también un miembro de este comité. Se dará especial atención a la inclusión de mujeres, clero, laicado, jóvenes y adultos jóvenes. El presidente del comité será un obispo de una conferencia central y servirá también como miembro de la Mesa Conexional. (Esta legislación tomará efecto inmediato tras acción de la Conferencia General para la membresía de la Junta Permanente sobre Asuntos de las Conferencias Centrales para 2016-2020).

4. La Comisión de Asuntos de la Conferencia Central se reunirá tras la clausura de la Conferencia en la cual fue elegida y continuará su obra hasta la siguiente Conferencia General. Para facilitar la transición, los nuevos miembros participarán en las deliberaciones de la comisión durante esa Conferencia General, con voz pero sin voto hasta la reunión de organización.

5. El Concilio General de Finanzas y Administración recomendará a la Conferencia General, para que tome acción y determinación, una provisión en el presupuesto de un fondo general apropiado de la iglesia para los gastos incurridos por la comisión.

Sección XVII. Comisión General de Hombres Metodistas Unidos

¶ **2301.** Habrá una Comisión General de Hombres Metodistas Unidos en la Iglesia Metodista Unida.

La comisión general será responsable a la Conferencia General de la Iglesia Metodista Unida. Entre las sesiones de la Conferencia General, la comisión general será responsable ante la Mesa Conexional al informar e interpretar actividades en su propósito (¶ 702.3).

¶ **2302.** *Propósito*—La Comisión General de Hombres Metodistas Unidos tendrá responsabilidad primordial por la coordinación y provisión de recursos para el ministerio de los hombres dentro de la Iglesia Metodista Unida:

1. Los Hombres Metodistas Unidos existen para declarar la centralidad de Cristo en la vida de todo hombre. El ministerio de hombres conduce a su crecimiento espiritual y un discipulado efectivo. Se sirve este propósito cuando los hombres son llamados a modelar el liderazgo de servicio de Jesucristo.

2. Estrategias individuales y de grupos forman el fundamento del ministerio de los Hombres Metodistas Unidos:

a) Realzar el evangelismo, la misión y la vida espiritual (EME), a medida que los hombres llegan a ser líderes siervos.

b) Abogar por programas que adiestran hombres dentro de las iglesias locales, para promover ministerios específicos, que incluyen la oración, misiones, mayordomía y ministerios que sirven en lo cívico y con jóvenes.

c) Forjar compañerismo pastoral por hombres comprometidos con el apoyo y servicio a los clérigos y a las congregaciones locales.

d) Mejorar la fuerza de organización por medio de liderazgo efectivo, recursos, crecimiento de miembros y responsabilidad financiera.

e) Asistir a los hombres en sus relaciones, funciones, y responsabilidades continuamente cambiantes en el marco familiar, centro de trabajo y la sociedad.

f) Cultivar liderazgo entre los hombres para una política de no tolerancia del acoso sexual en la familia, iglesia, trabajo y sociedad.

g) Entender la organización, doctrinas y creencias de la Iglesia Metodista Unida.

h) Cumplir los votos de miembros por medio de un compromiso con la oración, presencia, ofrendas y servicio en la vida congregacional.

i) Cumplir la Gran Comisión con la Iglesia Metodista Unida, y por medio de ella, como parte del cuerpo de Cristo.

3. Proveer servicios de apoyo para promover el ministerio y crecimiento de los Hombres Metodistas Unidos:

a) Proveer modelos específicos y opcionales para los hombres en las iglesias locales, distritos, conferencias anuales y jurisdicciones;

b) Mantener comunicaciones y cooperación efectivas con la Asociación Nacional de Presidentes Conferenciales de Hombres Metodistas Unidos y otras organizaciones nacionales que representan a las Conferencias Centrales y otros lazos metodistas mundiales;

c) Promover la certificación o cartas patentes y la recertificación anual de unidades de las iglesias locales (¶256.6) con la Comisión General de los Hombres Metodistas Unidos.

4. Proporcionar recursos que asistan a los hombres en sus relaciones crecientes con el Señor Jesucristo y su iglesia:

a) Programas de evangelismo que se ajusten a las necesidades de los hombres en cooperación con todas las áreas de la iglesia que traten del evangelismo que modelan a los hombres a descubrir que testificar es parte integral de la vida diaria;

b) Programas de misión, en cooperación con todas las áreas de la iglesia que tratan con las oportunidades de misión, capacitando a los hombres para el alcance y el servicio como parte integral de su discipulado cristiano;

c) Programas de la vida espiritual en cooperación con los campos del desarrollo de la fe para asistir a los hombres a darse cuenta que el testimonio y el alcance, con la misión y el ministerio, llegan a ser extensiones del desarrollo de su fe y su relación personal con Dios por medio de Jesucristo;

d) Programas de mayordomía en cooperación con el área de mayordomía, que dirigirán a los hombres a un entendimiento de su responsabilidad como mayordomos de la creación de Dios y la mayordomía personal de tiempo, talento, dinero y oración;

e) Programas que afirman la función de los hombres en sus situaciones de familia;

f) Abogar, investigar y elaborar programas mediante los que la Iglesia Metodista Unida ministre a los hombres;

g) Programar compañerismo con El Aposento Alto en el ministerio del Centro de Oración Viviente, que incluye el apoyo al servicio telefónico de larga distancia gratis y promoción del mismo. En todos los niveles de la red de los Hombres Metodistas Unidos habrá los que abogan por la oración;

h) Los Hombres Metodistas Unidos trabajarán junto a otras agencias generales y darán recursos a hombres que trabajen en ministerios de justicia y prisión.

5. La Comisión General proporcionará recursos y apoyo a la oficina de Agencias Cívicas que Sirven a los Jóvenes y a los Ministerios de Scouts:

a) Para proporcionar adiestramiento de coordinadores de Scouts en iglesias locales, conferencias de distrito, conferencias anuales y jurisdiccionales;

b) Para promover y aconsejar a las organizaciones de servicio a la juventud seleccionadas a discreción de la comisión.

c) Para coordinar, promover y servir de recurso, según se necesite, para la Cena del Obispo para los Scouts en la conferencia anual.

¶ **2303.** *Membresía*—1. La comisión consistirá de veinte (20) miembros votantes como se define en el ¶ 705.3 en las Disposiciones Generales y en el ¶ 537. Pese a otros párrafos de la *Disciplina,* miembros de la Comisión que tienen membresía por razón del cargo u organización, podrán servir un máximo de tres períodos consecutivos. La membresía estará compuesta de los siguientes:

a) tres obispos, incluyendo por lo menos unos de las conferencias centrales, nombrados por el Concilio de Obispos;

b) los cinco (5) presidentes jurisdiccionales de Hombres Metodistas Unidos y el presidente nacional;

c) el presidente de la Asociación Nacional de Presidentes Conferenciales de los Hombres Metodistas Unidos;

d) dos representantes de la conferencia central, nombrados por el Concilio de Obispos,

e) el presidente de la Fundación de los Hombres Metodistas Unidos;

f) ocho (8) miembros adicionales elegidos por la comisión para que haya inclusividad y balance y que debe incluir por lo menos una persona joven de menos de 30 años y por lo menos dos miembros de la comisión del cuadrienio pasado;

g) la comisión podrá consistir de un representante de un ministerio de hombres de una Iglesia Pan-Metodista

2. *Vacantes*—Las vacantes en la comisión general serán suplidas según los procedimientos definidos en el ¶ 712 de las Disposiciones Generales.

3. *Oficiales*—La Comisión General de los Hombres Metodistas Unidos elegirá como sus oficiales un presidente, un vicepresidente, un secretario y tales otros oficiales que considere necesarios. También será considerado como oficial el presidente de la Asociación Nacional de Presidentes Conferenciales de los Hombres Metodistas Unidos.

4. *Personal*—La Comisión General de los Hombres Metodistas Unidos elegirá anualmente por medio de boletas a su secretario general, que proveerá liderazgo ejecutivo, administrativo y programático (¶ 713). La comisión elegirá otros miembros del personal que las necesidades requieran dentro del mandato de la Conferencia General y la autoridad investida en la comisión para desarrollar políticas y programas dirigidos a la realización de su propósito.

5. *Sesiones*—La comisión general se reunirá anualmente y tendrá sesiones adicionales según lo exijan las necesidades.

6. *Fondos*—El Concilio General de Finanzas y Administración hará provisión para el sostén necesario del trabajo de la comisión, al proporcionar fondos del Servicio Mundial para complementar

los ingresos directos y las contribuciones de los Hombres Metodista Unidos.

7. *Panel asesor*—La comisión podrá crear un panel asesor de consulta consistente en representantes de organizaciones afiliadas.

Sección XVII: Centro para Mediación y Transformación de Conflicto JUSTPEACE

¶ **2401.** *Misión* —El Centro para Mediación y Transformación de Conflicto JUSTPEACE es una misión de la Iglesia Metodista Unida que enfrenta constructivamente los conflictos de manera que lucha por la justicia, reconciliación y que preserva y restaura la comunidad en y por medio de la Iglesia Metodista Unida y con la iglesia universal en el mundo en que se vive.

2. *Relación con la Iglesia* —JUSTPEACE será un recurso incorporado de la Iglesia Metodista Unida. Será responsable ante la Conferencia General y para lograr su misión está autorizado a buscar y crear relaciones con las agencias y organizaciones de la Iglesia Metodista Unida y con otras organizaciones, mientras que mantenga su rol como una entidad imparcial. JUSTPEACE será activa en sus esfuerzos por transformar conflictos aceptando invitaciones para intervenir en conflictos, adiestrar líderes de la iglesia y miembros de equipos de transformación de conflictos de la conferencia anual. También habrá de desarrollar recursos adecuados.

3. *Sostén Financiero*—JUSTPEACE podrá cobrar ya sea a favor de su trabajo total o a favor de un programa específico, solicitar y crear fondos especiales o dotes, recibir donativos y legados, y tener propiedades en depósito, y administrar todos sus asuntos financieros de acuerdo con sus propias reglas y las disposiciones de la *Disciplina*.

Capítulo sexto

PROPIEDADES DE LA IGLESIA

Sección I. Todos los títulos en fideicomiso

¶ **2501.** *Requisito de la cláusula de fideicomiso en toda propiedad*—1. Todas la propiedades de las iglesias metodistas unidas locales y otras agencias e instituciones metodistas unidas están sujetas, en fideicomiso, para el beneficio de toda la denominación, y la propiedad y uso de la propiedad de la iglesia están sujetos a la *Disciplina*. Este requisito es un elemento esencial de la política histórica de la Iglesia Metodista Unida o sus denominaciones o comuniones predecesoras y forma parte de la *Disciplina* desde 1797. Es reflejo de la estructura conexional de la Iglesia y asegura que las propiedad sea solamente utilizada con propósitos en consonancia con la misión de toda la denominación como se establece en la *Disciplina*. Este requisito de disposición en buena fe es una expresión fundamental del metodismo unido donde las iglesia locales y otras instituciones y agencias de la denominación se hacen responsable y se benefician de su conexión con la totalidad de la Iglesia en el mundo.

En conformidad con la definición legal y los principios de la Iglesia Metodista Unida (¶ 141), y con referencia particular a su falta de capacidad para tener títulos de propiedad, la Iglesia Metodista Unida está organizada como una estructura conexional, y los títulos de todas las propiedades, inmobiliaria y personal, bienes tangibles e intangibles conferenciales, generales, jurisdiccionales, anuales, o distritales, de iglesias locales o cargos, de agencias o instituciones de la iglesia, se tendrán en fideicomiso para la Iglesia Metodista Unida y estarán sujetas a las disposiciones de la *Disciplina*. Ni la Iglesia Metodista Unida (¶ 807.1), ni la Conferencia General de la Iglesia Metodista Unida poseen títulos, sino las conferencias, agencias, u organizaciones de la denominación; o en el caso de cuerpos de la denominación no inscritos legalmente, los títulos son posesión de las juntas de síndicos establecidas con el propósito de poseer y administrar la propiedad real y personal, tangible e intangible.

2. Esta disposición en fideicomiso es y siempre ha sido irrevocable, con la excepción de los que estipula la *Disciplina*. La propiedad puede desvincularse de esta disposición, transferirse libre de estar sujeta a la disposición o subordinarse a los intereses de

los acreedores y a terceros solamente baja la amplia autoridad que provee la *Disciplina*.

3. Las iglesias locales y otras agencias e instituciones metodistas unidas podrán adquirir, mejorar y vender la propiedad bajo razones consistentes con la misión de la Iglesia, a no ser que se restrinja y prevenga en la *Disciplina*.

¶ **2502.** *Uso del nombre Metodista o Metodista Unido*—Las palabras Metodista o Metodista Unido no han de usarse como una parte o el todo, de un nombre comercial, ni de ninguna firma de negocios u organización; excepto por corporaciones u otras unidades de negocios creadas para la administración del trabajo emprendido directamente por la Iglesia Metodista Unida. Se encarga al Concilio General de Finanzas y Administración de la supervisión y registro del nombre "Metodista Unido" y la insignia de la denominación (¶ 807.10, ¶ 807.11).

¶ **2503.** *Cláusulas de fideicomiso en escrituras*—1. Excepto en casos de escrituras que requieran que la propiedad inmueble traspasada o cedida vuelva a ser propiedad del cesionario cuando haya terminado el uso de dicha propiedad como lugar de culto u otras actividades, todas las escrituras de traspaso o cesión, mediante las cuales se posean o de aquí en adelante se adquieran propiedades para usarse como lugares de culto divino, por los miembros de la Iglesia Metodista Unida, contendrán la siguiente cláusula de fideicomiso[1]:

En fe de que dichas propiedades se usarán, cuidarán y mantendrán como lugar de culto divino del ministerio metodista unido y los miembros de la Iglesia Metodista Unida; sujeto esto a la Disciplina, el uso y los nombramientos ministeriales de dicha iglesia, como de tiempo en tiempo lo autorizan y declaran la Conferencia General y la conferencia anual, dentro de cuyas fronteras se encuentran dichas propiedades. Esta disposición es exclusivamente para beneficio del recipiente, y el cesionario no se reserva ningún derecho ni interés en dichas posesiones.

2. Todas las escrituras mediante las cuales se posean, o de aquí en adelante se adquieran propiedades, tales como casas pastorales para el uso y habitación de los ministros de la Iglesia Metodista Unida, contendrán la siguiente cláusula de fideicomiso:

En fe de que dichas propiedades se tendrán, cuidarán y mantendrán como lugares de residencia, para el uso y habitación de los ministros de la Iglesia Metodista Unida, que de tiempo en tiempo tengan el derecho

---

1. Ver Decisión 688 del Concilio Judicial.

de ocupar las mismas por nombramiento, sujeto esto a la Disciplina *y la costumbre de dicha iglesia, como de tiempo en tiempo lo autorizan y declaran la Conferencia General y la conferencia anual, dentro de cuyas fronteras dichas posesiones se encuentran. Esta disposición es solamente para beneficio del recipiente, y el cesionario no se reserva ningún derecho ni interés en dichas posesiones.*

3. En caso de que la propiedad así adquirida haya de ser usada tanto para lugar de culto divino como para casa pastoral, se insertarán en la escritura de traspaso las disposiciones de ambas cláusulas de fideicomiso especificadas en las §§ 1 y 2, arriba citadas.

4. En caso de que la propiedad así adquirida no sea para uso exclusivo de lugar de culto divino, o para casa pastoral, o ambos, todas las escrituras legales por las cuales se poseen esos lugares, o se adquieran en adelante, contendrán la siguiente cláusula de fideicomiso:

En fe de que dichas posesiones se cuidarán, mantendrán, darán, venderán o alquilarán para beneficio de la Iglesia Metodista Unida, sujeta a las costumbres y la Disciplina *de la Iglesia Metodista Unida. Esta disposición es solamente para beneficio del recipiente, y el cesionario no se reserva ningún derecho ni interés en dichas posesiones.*

5. Cuando se adquiera una propiedad de otra entidad u organización metodista unida, ya sea que se use como lugar para el culto divino, casa pastoral, u otro uso, todos los documentos escritos bajo los cuales dichas propiedades retenidas o subsiguientemente adquiridas contendrán la siguiente cláusula:

Damos fe que dichas propiedades serán retenidas, mantenidas, y se dispondrá de ellas para el beneficio de la Iglesia Metodista Unida y sujeta a los usos y a la Disciplina *de la Iglesia Metodista Unida.*

6. Sin embargo, la ausencia de una cláusula de fideicomiso estipulada anteriormente en §§ 1, 2, 3, 4, ó 5 y en cesiones y escrituras de traspaso, ejecutadas previamente o en el futuro, de ninguna manera excluirá o eximirá a una iglesia local o una agencia de la iglesia o a su junta de síndicos, de sus responsabilidades conexionales con la Iglesia Metodista Unida. Tampoco absolverá a una iglesia local, o agencia, o a la junta de síndicos de su responsabilidad de rendir cuentas a la Iglesia Metodista Unida, inclusive de su responsabilidad de poseer toda su propiedad en fideicomiso para la Iglesia Metodista Unida; con tal que la intención de los fundadores o de una agencia eclesial local posterior o las juntas de síndicos de cualquiera de ellas consten en cualquiera o todas las siguientes:

a) la escritura de traspaso de la propiedad a una iglesia local, o agencia, o a la junta de síndicos de la Iglesia Metodista Unida o de cualquier predecesora de la Iglesia Metodista Unida;

b) el uso del nombre, costumbres y forma de gobierno de cualquier predecesora de la Iglesia Metodista Unida, en forma tal que sea conocida por la comunidad como parte de esa denominación;

c) o la aceptación del pastorado de ministros ordenados nombrados por un obispo o empleados por el superintendente del distrito o por la conferencia anual de la Iglesia Metodista Unida o cualquier predecesora de la Iglesia Metodista Unida.

¶ 2504. *Efecto de la unión*—Nada de lo que esté en el Plan de Unión, en ningún momento después de la unión ha de ser interpretado como que requiere que una iglesia local existente, de una denominación predecesora de la Iglesia Metodista Unida, enajene o en alguna forma cambie el título de propiedad contenido en su escritura o escrituras al momento de la unión. El lapso de tiempo o el uso no afectarán a dicho título de propiedad. Los títulos de todas las propiedades de una iglesia local, o cargo, o agencia de la iglesia se mantendrán sujetos a las disposiciones de la *Disciplina,* sea que dichos títulos estén a nombre de los síndicos de la iglesia local, o del cargo, o a nombre de una corporación organizada al efecto, o de otra manera.

¶ 2505. *Arriendos de petróleo, gas o minerales*—Sujeto a las leyes del estado, provincia o país, y en conformidad con las mismas, la junta administrativa de cualquier unidad de la iglesia o agencia que posea tierra en fideicomiso a favor de la Iglesia Metodista Unida, según se dispone en esta *Disciplina,* puede arrendar dicha tierra para la producción de petróleo, gas, carbón y otros minerales, en los términos que considere mejor; con tal que tal producción no interfiera con el propósito para el cual se posee dicha tierra. Los dineros recibidos de esos arrendamientos como rentas, regalías y otros, se usarán hasta donde sea posible para beneficio de la unidad de la iglesia y la promoción de los intereses de la Iglesia Metodista Unida. El arrendatario no tendrá control sobre los pagos que se hagan bajo dicho arrendamiento, ni responsabilidad alguna por los mismos.

Sección II. Cumplimiento de la ley

¶ 2506. *Conformidad con la ley local—Corporaciones de la iglesia*—1. Todas las disposiciones de la *Disciplina* respecto a propiedades, tanto inmuebles como personales, pertinentes a la formación y operación de cualquier corporación y a fusiones, están condicionadas por su conformidad con las leyes locales, y en caso de conflicto, las leyes locales prevalecerán; con tal que este requisito no sea interpretado como que la Iglesia Metodista Unida consiente en que se le prive de sus propiedades sin el debido proceso de la ley, o se regulen sus intereses por estatutos estatales donde dicha regulación viole la garantía constitucional de libertad religiosa y de separación de la iglesia y el estado, o viole el derecho de la iglesia a mantener su estructura conexional. Por leyes locales ha de entenderse las leyes del país, estado, o cualquier otra unidad política análoga dentro de cuyos límites geográficos en que esté localizada la propiedad de la Iglesia[2].

2. Cualquier corporación que es o ha sido formada o es controlada por una agencia de la iglesia (¶ 701), actuando sola o junta con otra agencia de la iglesia, debe incluir en sus Artículos de Incorporación y en sus Reglamentos ("documentos de la corporación"), lo siguiente:

a) identificación de la agencia o agencias de la iglesia que auspician, con la cual se relaciona y la relación de la corporación con su auspiciador.

b) reconocimiento de que sus poderes corporativos están sujetos a la *Disciplina* al igual que sus auspiciadores, y

c) reconocimiento de que sus poderes corporativos no pueden exceder a aquellos dados por la *Disciplina* a sus auspiciadores.

3. Los documentos corporativos deben tener un lenguaje que concuerde con el Código de Internal Revenue para que proteja su estado de exento de impuesto. Además, los documentos corporativos deberán nombrar los auspiciadores de la corporación como los recipientes de la propiedad corporativa en el caso de que la corporación se abandone, discontinúe o cese de existir como una entidad legal. Los documentos corporativos también incluirán una referencia a las disposiciones del ¶ 2501.

4. Los documentos corporativos incluirán disposiciones prohibiendo a los síndicos, directores u oficiales de la corporación a cambiar las relaciones conexionales de la corporación a los auspiciadores, sin el consentimiento de los auspiciadores, o en otro sentido, actuar en una manera contraria a los propósitos de sus auspiciadores o de la *Disciplina*.

---

2.   Ver Decisiones 315 del Concilio Judicial.

¶ **2507.** *Los términos síndico, síndicos y junta de síndicos*—Los términos "síndico", "síndicos" y "junta de síndicos" como se usan aquí y en otras partes de la *Disciplina* se pueden entender sinónimos de director, directores y junta de directores como se aplica a corporaciones.

¶ **2508.** *Conformidad de las Escrituras de traspaso con la ley local*—Con el fin de asegurar el derecho de propiedad y de todo lo pertinente a ello, de las iglesias y casas pastorales de la Iglesia Metodista Unida, se velará porque todas las escrituras de traspaso y todas las transferencias se emitan y ejecuten en la debida conformidad con las leyes de los respectivos estados, provincias y países en los que la propiedad esté situada, y también en la debida conformidad con las leyes de la Iglesia Metodista Unida. Las transferencias y traspasos se registrarán o asentarán directamente al ser ejecutadas.

¶ **2509.** *Institución y defensa de acción civil*—Debido a la naturaleza de la Iglesia Metodista Unida (¶ 141), ningún individuo o cuerpo eclesiástico afiliado o unidad, ni ningún funcionario oficial de la misma puede comenzar o participar en ninguna demanda o procedimiento a nombre de la Iglesia Metodista Unida, excepto, los siguientes:

1. El Concilio General de Finanzas y Administración o cualquier persona o unidad eclesial a la que se le presente un proceso legal a nombre de la Iglesia Metodista Unida podrá comparecer con el fin de declararle a la corte la naturaleza no jurídica de la Iglesia Metodista Unida, y proponer la falta de jurisdicción de la corte, falta de capacidad de tal individuo o unidad para que se le presente un proceso y asuntos constitucionales afines en defensa de los intereses denominacionales.

2. Cualquier unidad denominacional autorizada para tener títulos de propiedad y asegurar el cumplimiento de los fideicomisos para el beneficio de la denominación puede establecer demanda en su propio nombre con el fin de proteger los intereses denominacionales.

¶ **2510.** *Limitación de obligaciones financieras*—Ninguna conferencia, concilio, junta, agencia, iglesia local, u otra unidad puede obligar financieramente a la denominación, o a cualquier otra unidad organizacional de la misma, sin previo consentimiento específico.

Sección III. Auditorías y fianza de funcionarios de la iglesia

¶ 2511. Todas las personas que estén a cargo de fondos de fideicomiso, bonos, acciones, garantías de pago, o dineros de cualquier clase pertenecientes a las conferencias General, jurisdiccional, anual, o anual provisional, o a organizaciones bajo el control de la Conferencia General, jurisdiccional, anual o anual provisional, contratarán fianzas con una compañía acreditada por una suma adecuada y suficiente, según la conferencia lo indique. Las cuentas que estén a cargo de dichas personas serán revisadas por auditoría por lo menos anualmente por un contador público reconocido o certificado. Un informe a la conferencia anual, que contenga una declaración financiera que la *Disciplina* requiera que se revise por auditoría, no será aprobado hasta que se haya practicado la auditoría y se muestre que la declaración financiera esté correcta. Las demás partes del informe pueden ser aprobadas, pero pendientes de la auditoría.

Sección IV. Propiedad de la conferencia anual[3]

¶ 2512. *Junta de síndicos de la conferencia anual*—1. Cada conferencia anual podrá ser inscrita legalmente bajo su propia nombre si la legislación local lo permite. Tendrá una junta de síndicos, que estará inscrita legalmente, a menos que la conferencia esté inscrita legalmente bajo su propio nombre. En cualquiera de los dos casos, la junta consistirá de doce personas, y se recomienda que una tercera parte sean clérigos, una tercera parte mujeres laicas, y una tercera parte hombres laicos, de acuerdo con las disposiciones del ¶ 610.5[4]. Dichas personas deben tener la edad legal determinada por la ley, y los miembros laicos serán de buen testimonio en las iglesias locales a las que pertenezcan, dentro de los límites de la conferencia. Dichas personas serán los directores de la corporación. La conferencia los elegirá para períodos escalonados de cuatro años, con excepción de la primera junta, una cuarta parte de la cual será electa para un período de un año; una cuarta parte, para un período de dos años; una cuarta parte para un período de tres años; y la otra cuarta parte para un período de cuatro años; y servirán hasta que sus sucesores hayan sido electos; con tal que los síndicos incorporados de cualquier conferencia anual que ya

---

3. Para autoridad en cuanto a propiedad en posesión de las agencias generales de la iglesia, ver ¶ 807.6, .8.
4. Ver Decisión 446 del Concilio Judicial.

estén en funciones puedan continuar sin ser afectados hasta que los estatutos constitutivos o los artículos de inscripción legal sean enmendados para ponerlos de conformidad con este párrafo.

2. La junta de síndicos sesionará por lo menos una vez al año y se organizará eligiendo un presidente, un vicepresidente, un secretario y un tesorero, cuyos deberes serán los que usualmente corresponden a esos cargos. Serán responsables ante la conferencia anual. Las vacantes que ocurran entre sesiones de una conferencia anual se llenarán como sigue: Por postulación del comité conferencial de postulaciones los superintendentes de distrito, por mayoría de votos, elegirán a un síndico para que sirva hasta la siguiente conferencia anual. La conferencia anual suplirá las vacantes para los períodos de servicio que hayan quedado incompletos[5].

3. La junta de síndicos tendrá la siguiente autoridad con respecto a las propiedades de la conferencia anual y sus agencias:

a) Dicha corporación recibirá, cobrará y retendrá en fideicomiso, a beneficio de la conferencia anual, toda donación, legado y propiedades de cualquier clase o carácter, inmuebles o personales, que sean donadas, legadas en testamento, o traspasadas por escritura a la mencionada junta o a la conferencia anual como tales, para cualquier propósito benevolente, benéfico o religioso; y administrará las mismas y los ingresos que éstas produzcan de acuerdo con las indicaciones del donante, fideicomitente, o testador, y para los intereses de la iglesia, sociedad, institución, o agencia contemplada por el donante, o fideicomitente, o testador, bajo la dirección de la conferencia anual. Cuando el uso que habrá de hacerse de tal donación, legado o propiedad no esté designado de otra manera, éstos se usarán como dirija la conferencia anual.

b) Cuando así lo dirija la conferencia anual, dicha corporación puede recibir y retener en fideicomiso para la conferencia anual y por ella, sus distritos o cualesquiera de sus agencias, cualquier terreno o propiedad personal adquirida previamente por la conferencia, sus distritos o sus agencias, para usarse en el desempeño de su misión, ministerio y programa. Cuando la propiedad tenga forma de fondos de inversión, la junta de síndicos podrá considerar la ubicación de fondos para inversión y administración en la conferencia unida metodista o área de fundación que sirve a esa conferencia o, en ausencia de tal fundación, con la Fun-

---

5. Ver Decisión 1170 del Concilio Judicial.

dación de la Iglesia Metodista Unida. Se deberá hacer un empeño consciente a invertir de manera consistente con los Principios Sociales y la creación de una política de inversiones. Con respecto a tales propiedades, la junta no tomará acción que pudiera alterar o interferir con su uso misional o programático, a menos que la conferencia anual ordene específicamente tal acción. Las disposiciones de esta subsección no se aplicarán a instituciones educacionales o de salud y bienestar cuyas propiedades son retenidas en sus nombres o en el nombre de sus juntas de síndicos o directores propiamente elegidos; ni se aplicarán a la propiedad de iglesias locales, excepto aquella propiedad local que se haya declarado discontinuada o abandonada bajo las disposiciones del ¶ 2549.

c) Excepto donde sea restringido en la nota 3*b*, la junta tendrá el poder para invertir, comprar, vender, transferir y traspasar por escritura todo fondo y propiedad que tenga en fideicomiso, sujeta siempre a las condiciones del legado, donativo de propiedad o donación.

d) A menos que la conferencia anual actúe de manera diferente, todo contrato, cesión, carta de venta, hipoteca, o cualquier otra constancia por escrito que sea necesaria para implementar cualquier resolución que autorice una acción propuesta pertinente a propiedades de la conferencia anual podrá ser ejecutada por la junta de síndicos de la conferencia anual y a favor de ella, por cualesquiera dos de sus funcionarios oficiales, quienes, en consecuencia, estarán debidamente autorizados para efectuar lo indicado por la conferencia anual; y todo documento legal así ejecutado será obligatorio y válido como acción de la conferencia anual.

e) Se insta a la junta de síndicos de la conferencia a que invierta en instituciones, compañías, corporaciones, o fondos que hacen una contribución positiva a la realización de las metas de los Principios Sociales de nuestra iglesia. La junta de síndicos actuará como inversionista socialmente responsable, e informará anualmente a la conferencia anual respecto a su cumplimiento de esta responsabilidad. Entre los medios que la junta pueda usar se incluyen abogacía entre inversionistas, venta selectiva, abogacía en pro de que las corporaciones se deshagan de inversiones en ciertos países o campos de negocios, e inversiones afirmativas (como en viviendas a precios módicos, cuidado del ambiente, empresas y bancos de minorías, etc.) como también otras estrategias apropiadas.

f) La junta podrá invertir los fondos que están al cuidado de ella únicamente con un colateral que esté suficientemente asegurado, y después de que ella o su agencia o el comité responsable por dicha inversión haya aprobado tales inversiones, a menos que la conferencia anual indique de otra manera[6].

4. La junta puede intervenir y dar todos los pasos legales que sean necesarios para salvaguardar y proteger los intereses y derechos de la conferencia anual en cualquier parte y en todo lo pertinente a propiedades y derechos a propiedades, sea que se originen en un regalo, un legado, o de otra manera; o donde se tengan en fideicomiso o estén establecidos para el beneficio de la conferencia anual o de su membresía.

5. Será deber del pastor, dentro de cuyo cargo se haga dicho regalo, o legado, notificar de inmediato a la junta mencionada, la cual procederá a dar los pasos necesarios y adecuados para conservar, proteger y administrar los mismos; con tal que la junta pueda negarse a recibir o administrar cualquier regalo o legado por cualquier razón que sea satisfactoria a la junta. También será deber del pastor someter anualmente a la junta de síndicos de la conferencia anual una lista de todas las propiedades dentro de su cargo, incluso de inmuebles, personales o mixtas, que pertenecen o que deberían estar bajo el control o jurisdicción de dicha junta.

6. La junta le someterá a cada sesión de la conferencia anual informe completo, veraz y fidedigno de sus acciones, de todos los fondos, dineros, valores, garantías de pago y propiedades retenidas por ella en fideicomiso, así como de sus ingresos y egresos durante el año conferencial. El beneficiario de un fondo que la junta tenga en fideicomiso también tendrá derecho a que se le dé un informe, por lo menos anualmente, sobre la condición de dicho fondo y las transacciones que lo afecten.

7. *Establecimiento de política de la conferencia anual respecto a esfuerzos gubernamentales para designar propiedades de la iglesia como Sitios Históricos*—La junta, después de consultar con la Comisión Conferencial de Archivos e Historia, o estructura alterna, desarrollará políticas para una respuesta de la conferencia anual, por cualquier iglesia local, agencia relacionada a la iglesia, distrito, o junta de síndicos de la conferencia anual ubicados dentro de las fronteras de la conferencia anual, a cualquier esfuerzo gubernamental a designar propiedad que se retenga en fideicomiso para el beneficio

---

6.　Ver Decisiones 160, 190 del Concilio Judicial.

de la Iglesia Metodista Unida (¶ 2501) por cualquier junta de síndicos como un sitio cultural, histórico o arquitectónico.

8. En cooperación con el Concilio General de Finanzas y Administración, las agencias e instituciones de la conferencia anual, e iglesias locales, relacionadas harán recomendaciones a la conferencia anual en cuanto al desarrollo, promoción y análisis de un programa general extenso de protección por medio de un seguro, excepto en el caso de los programas de beneficios de los empleados.

¶ **2513.** *Fundaciones metodistas unidas*—Una conferencia anual o conferencias pueden establecer una Fundación Metodista Unida. Los propósitos para el establecimiento de tal fundación pueden incluir:

1. Proveer los servicios descritos en el ¶ 2512.3, según lo designado por la persona donante, o de acuerdo con las indicaciones de la junta de síndicos de la conferencia;

2. Promover programas de donaciones planificadas a favor de iglesias locales, conferencias, juntas generales y agencias de la iglesia;

3. Asesorar y dirigir a las iglesias locales respecto a la promoción y administración de fondos permanentes; y

4. Otras responsabilidades, según las peticione la conferencia anual. La Fundación Metodista Unida tendrá una junta directiva independiente, según lo determine por lo documentos de incorporación aprobados por la conferencia anual. La junta directiva establecerá todas las política y procedimientos sobre la que operará la fundación. Se prestará cuidado especial al mantenimiento de la separación organizativa prudente de las organizaciones beneficiarias mientras se hace el esfuerzo de mantener el propósito y conexión misional.

¶ **2514.** *Residencia episcopal propiedad conjunta*—Cuando así lo autoricen dos terceras partes de las conferencias anuales que forman un área episcopal, se podrá adquirir una residencia episcopal para el obispo residente. El título de propiedad de la misma pertenecerá en fideicomiso a los síndicos de la conferencia anual dentro de la cual esté localizada la residencia. Cualquier propiedad así adquirida y retenida no será vendida ni se dispondrá de ella, excepto con el consentimiento de la mayoría de las conferencias que participan como copropietarias. Cuando se planee vender una residencia episcopal o transferir una conferencia anual de un área a otra, dicho plan habrá de incluir la provisión para salvaguardar la inversión que cada conferencia haya hecho, si es que ha hecho alguna, en una residencia episcopal; excepto cuando una conferencia anual, por su propia decisión, renuncia a los derechos de su inversión en una residencia episcopal[7].

¶ **2515.** Venta, transferencia, arriendo, compra o hipoteca de propiedades de la conferencia anual—Ninguna propiedad real de una conferencia anual se venderá, transferirá, o alquilará por un término que exceda a veinte (20) años, o se hipotecará ni comprará sin el consentimiento de la conferencia anual; o, en el ínterin, *(a)* sin el consentimiento del obispo que presida y el de una mayoría de los superintendentes de distrito, y en el caso de la propiedad de una iglesia local discontinuada o abandonada, o propiedad a comprarse, el consentimiento de una mayoría de la Junta de Ubicación de Iglesias y Construcciones del distrito (¶ 2548); y, en el caso de la propiedad de una Fundación Wesley o ministerio universitario que se suspende, el consentimiento de la mayoría de la junta de educación superior y ministerios universitarios de la conferencia, y el consentimiento de la conferencia anual (¶ 633.4*d*); y *(b)* sin la determinación del obispo de que dicha transferencia o gravamen se ajusta a la Disciplina. La declaración escrita del obispo, que dé evidencia de que dicha condición se ha satisfecho, se anexará a todo documento de transferencia o gravamen. Toda constancia por escrito que sea necesaria para llevar a cabo la acción así autorizada se ejecutará en el nombre de la corporación por cualesquiera dos de sus funcionarios oficiales; o, donde la conferencia no esté inscrita legalmente, por cualesquiera dos de los funcionarios de su junta de síndicos, y toda constancia por escrito así ejecutada será obligatoria y efectiva como acción tomada por la conferencia.

¶ **2516.** *Campamentos, terrenos conferenciales y centros de retiros*— Una junta o agencia, de la conferencia anual, inscrita legalmente, o comisión o sociedad u organismo similar de la conferencia anual o distrito no inscrito legalmente podrá hipotecar, vender o traspasar el título de propiedad de campamentos de la conferencia anual o de los distritos, terrenos conferenciales y centros de retiros bajo su fideicomiso solamente por autorización de la conferencia anual o conferencia de distrito con la que dicho organismo esté relacionado.

¶ **2517.** *Responsabilidades de los síndicos de la conferencia anual en relación a las instituciones de salud y bienestar.*

7.　Ver Decisión 194 del Concilio Judicial.

1. La conferencia anual designará un organismo que será responsable de establecer y mantener las declaraciones de relación de la conferencia anual con las organizaciones relacionadas de salud y bienestar. Si la conferencia anual no designara una entidad con este propósito, la responsabilidad caerá con la junta de síndicos de la conferencia anual. Una organización relacionada de salud y bienestar es cualquier organización que:

a) Proporciona servicios de salud o bienestar;

b) Se ubica dentro de los límites de la conferencia anual; y

c) cualquiera de los siguientes

(1) Busca, o está en relación o conexión con una conferencia anual, independientemente de si la relación o conexión es formal o informal, oficial o no, o tenga o no compromisos financieros o legales; o

(2) Se promociona a sí misma como teniendo una conexión con la conferencia anual o con la denominación o utiliza la insignia oficial de la Iglesia Metodista Unida o el término "Metodista Unido" de cualquier manera; sin embargo, provisto que las organizaciones de salud y bienestar que tengan una relación de pacto con la oficina nacional de las Mujeres Metodistas Unidas también puedan buscar una relación o conexión con una conferencia anual, según esta sección, pero no se requerirá que la establezca.

2. La entidad designada por la conferencia anual consultará con el canciller de la conferencia y el Comité de Salud y Bienestar de la conferencia (o estructura equivalente) en el desarrollo de las declaraciones de relación.

3. La entidad designada por la conferencia anual proporcionará al Concilio General de Finanzas y Administración las copias actuales de las declaraciones de relación de la conferencia.

4. Si la conferencia anual tiene relación con una organización de salud y bienestar relacionada, las relaciones legales y financieras entre la conferencia anual y la organización de salud y bienestar deberá hacerse constar en un documento que detalle tal relación. Esta declaración de relación deberá:

a) No pretenderá ser parte de la "Iglesia Metodista Unida" y/o cualquiera de las agencias generales de la "Iglesia Metodista Unida".

b) Requerirá de la organización de salud y bienestar adquirir la aprobación del Concilio General de Finanzas y Administración si la organización de salud y bienestar desea utilizar la insignia oficial metodista unida o el término "Metodista Unido" en su nombre, declaración de misión, publicaciones o material de promoción;

c) Reconocer que la conferencia anual no será legalmente responsable por las deudas, contratos u obligaciones, o de cualquier otro compromiso financiero de cualquier índole o descripción creada, emprendida, ausente el consentimiento expreso de la conferencia anual.

d) Requerirá de la entidad designada por la conferencia anual y la institución de salud y bienestar repasar la declaración de relación por lo menos cada cuatro años; y

e) Cumplir con cualquier otro requisito adoptado por el Concilio General de Finanzas y Administración, en colaboración con la Asociación de Ministerios de Salud y Bienestar Metodista Unida.

5. La entidad designada por la conferencia anual podrá alentar o requerir de la organización de salud y bienestar que :

a) Mantenga membresía en la Asociación de Ministerios de Salud y Bienestar Metodista Unida;

b) Busque acreditación con una de las entidades acreditadoras nacionales reconocidas y que sea apropiada para organizaciones religiosas; o

c) Utilice los métodos programáticos, de estudio propio y evaluación de sus pares adecuados para instituciones y programas religiosos que están disponibles a través de organizaciones que promueven la excelencia en el ministerio y misión cristiana y realzan la calidad de los servicios ofrecidos.

6. Si la entidad designada por la conferencia anual concluye, decide no renovar o no le es posible, después de esfuerzos razonables, para acordar una declaración de relación con una organización de salud y bienestar, deberá informar de tal clausura, no renovación o incapacidad de acordar, en la siguiente sesión de la conferencia anual. Este informe será entonces publicado en las actas de la conferencia anual. La organización podrá, entonces, establecer una declaración de relación con la Asociación Metodista Unida consistente con los requisitos de ¶ 2517.

Sección V. Propiedades del distrito

¶ **2518.** *Casa pastoral del distrito y juntas de síndicos*—1. Se podrá adquirir una casa pastoral de distrito para el superintendente de distrito cuando así lo autoricen las conferencias de cargo de las dos terceras partes de los cargos del distrito, o cuando lo autorice el voto de dos terceras partes de la Conferencia de Distrito, sujeto esto al asesoramiento y aprobación de la Junta de Ubicación y Construcción, como se establece en los ¶¶ 2519-2524.

2. Toda conferencia distrital o unión distrital que tenga propiedad o tenga empleados podrá incorporarse bajo su propio nombre si la legislación local lo permite. A menos que la Unión Distrital esté inscrita legalmente bajo su propio nombre, cada distrito tendrá una junta distrital de síndicos, que estará inscrita legalmente. La junta distrital consistirá de no menos de tres ni más de nueve miembros, de acuerdo con el ¶ 610.5, que llenen los mismos requisitos establecidos para los síndicos de las iglesias locales (¶ 2525), los que serán postulados por el superintendente de distrito en consulta con el comité distrital de postulaciones, si es que existe uno, y electos por la Conferencia de Distrito. Donde no haya Conferencia de Distrito, pueden ser electos por la Junta Distrital de Mayordomos o por la conferencia anual, de entre nombres postulados por el superintendente de distrito. Serán electos para un año de servicio, y servirán hasta que sus sucesores hayan sido electos; informarán anualmente a la Conferencia de Distrito o a la conferencia anual. La conferencia o unión distrital inscrita legalmente, la junta distrital inscrita legalmente de síndicos, o la conferencia anual de ese distrito podrán tener en fideicomiso el título de las propiedades distritales. El título de la propiedad del distrito podrá mantenerse en fideicomiso por la conferencia o unión inscrita legalmente de distrito, la junta distrital inscrita legalmente de síndicos, y estos síndicos le informarán anualmente a la conferencia distrital o anual. Excepto en casos en que las leyes del estado, territorio, o país establezcan lo contrario, la propiedad distrital tenida en fideicomiso por una junta distrital de síndicos puede ser hipotecada, vendida o traspasada por ellos sólo por acción de la conferencia de distrito o la conferencia anual, o si tal propiedad la tienen los síndicos de la conferencia anual en fideicomiso, estos la podrán hipotecar, vender o traspasar sólo por autorización de la conferencia anual. En caso de propiedad que los síndicos de la conferencia anual tengan en fideicomiso, la conferencia de distrito o la conferencia anual podrá incluir en la resolución que autorice tal acción una instrucción que todo contrato, carta de venta, hipoteca, o cualquier otra constancia escrita necesaria, podrá ser ejecutada por la respectiva junta de síndicos y a nombre de ella por cualesquiera dos de sus funcionarios oficia-

les, quienes de inmediato quedarán autorizados para cumplir las órdenes de la Conferencia de Distrito o de la conferencia anual; y cualquier escritura así ejecutada será obligatoria y efectiva como acción de la Conferencia de Distrito o de la conferencia anual. El precio de compra y el costo de mantenimiento de una casa pastoral de distrito puede ser distribuido equitativamente entre los cargos del distrito por la Junta Distrital de Mayordomos. Donde haya una Unión Distrital inscrita legalmente (¶ 659.4), la junta de directores de la Unión Distrital tendrá los mismos deberes y responsabilidades respecto a las propiedades distritales que los aquí descritos para la junta distrital de síndicos.

3. Cuando las fronteras distritales se modifiquen debido a división, reacondicionamiento, o consolidación, de manera que una casa pastoral de distrito, adquirida, tenida en propiedad y mantenida por un distrito quede incluida dentro de las fronteras de otro distrito, cada distrito así afectado tendrá derecho a recibir la parte que en justicia le corresponda del valor razonable que a la sazón tenga la casa pastoral en la que ha invertido fondos; y un comité de tres personas nombradas por el obispo del área determinará la suma de dicho valor y parte que en justicia les corresponda. Dichas personas no serán residentes de ninguno de los mencionados distritos. El comité oirá las demandas de cada distrito antes de hacer una decisión. Para cualquier determinación que se tome, a cada uno de los distritos interesados se le reserva el derecho de apelación ante la siguiente conferencia anual. Se seguirá el mismo procedimiento para determinar los valores netos que un distrito tenga en cualquier otra propiedad que pueda ser incluida en otro distrito debido a cambios en las fronteras distritales.

¶ **2519.** *Autorización y establecimiento de la junta de ubicación y construcción*—En cada distrito de una conferencia anual habrá una junta distrital de ubicación y construcción, la cual consistirá del superintendente de distrito y un mínimo de seis y un máximo de nueve personas adicionales postuladas por el superintendente de distrito, en consulta con el comité de postulaciones del distrito, de haber uno, y electas anualmente por la conferencia anual; con tal que en un distrito de gran extensión geográfica se pueda elegir una junta adicional de la misma manera. Se recomienda que la membresía incluya una tercera parte de clérigos, una tercera parte de hombres laicos, una tercera parte de mujeres laicas, y siempre que sea posible habrá de ser inclusiva en cuanto a sexo, raza, edad y personas con impedimentos. Estas personas serán miembros profesos de la Iglesia Metodista Unida. Los miembros de la junta, con la excepción del superintendente de distrito, se dividirán en tres clases. Una tercera parte será electa anualmente para un período de tres años. Un presidente y un secretario serán electos anualmente en la primera sesión de la conferencia anual. La junta rendirá un informe de todas las acciones que haya tomado con la conferencia del cargo de cada iglesia local comprendida, y dicho informe será parte de las actas de esa conferencia o conferencias. La junta también le someterá un informe por escrito a la Conferencia de Distrito (y de no haber Conferencia de Distrito, al superintendente de distrito), y este informe será parte de las actas protocolares de esa conferencia.

¶ **2520.** *Deberes y responsabilidades de las juntas distritales de ubicación y construcción*—Sitios y planes para la construcción de iglesias locales—1. La junta de ubicación y construcción investigará todos los sitios propuestos para la construcción de iglesias locales, asegurándose de que dichos sitios estén adecuadamente localizados en la comunidad que se ha de servir, y que son de tamaño adecuado para proveer espacio para futura expansión y facilidades de estacionamiento (¶¶ 259.1, 2544.2).

2. Si hay en el distrito un comité de estrategia para desarrollo parroquial, o una comisión metropolitana (633.5*j*), la junta considerará sus recomendaciones al planificar una estrategia para continuar el servicio de la Iglesia Metodista Unida en vecindarios en proceso de cambio. Si ningún comité o comisión de desarrollo parroquial está funcionando, la junta estudiará los deberes asignados a cada uno, y buscará maneras de proveer continuidad de servicio en parroquias donde haya un cambio en el carácter racial, étnico o cultural de los residentes, con el fin de que las resoluciones de la Conferencia General pertinentes a dichos vecindarios reciban cuidadosa consideración. Un miembro de la junta también tendrá membresía en el comité de estrategia o en la comisión.

3. La Junta de Ubicación y Construcción investigará todos los edificios propuestos para iglesias locales o casas pastorales, a fin de determinar el mejor método para garantizar una estructura eficiente en el uso de la energía.

¶ **2521.** *Normas para la aprobación de proyectos de construcción*—1. La junta revisará los planes de cualquier iglesia en el distrito que se propone construir o comprar una nueva iglesia o edificio educacional o casa pastoral, o remodelación de un edificio si el costo excederá el 25 por ciento del valor del edificio. Tal propuesta incluirá una declaración de la necesidad que hay de las instalaciones, planos arquitectónicos preliminares, un cálculo estimado del costo, y un plan de financiamiento para cubrir esos costos. Antes de dar su aprobación final al proyecto de construcción, la junta se asegurará que el diseño arquitectónico preliminar y los programas de financiamiento han sido revisados, evaluados y aprobados por las autoridades correspondientes. El diseño de construcción hará provisión para acceso equitativo a personas con condiciones incapacitantes donde se pueda lograr y haya financiamiento a su disposición como se constata en ¶ 2544.4*b*(1), (2).

2. Cuando la iglesia local haya obtenido los planos arquitectónicos y las especificaciones, así como un cálculo estimado, detallado y veraz, del costo de la empresa propuesta, según se establece en el ¶ 2544.7, la junta requerirá que se le sometan dichos planes para su consideración y aprobación. La junta estudiará cuidadosamente la factibilidad y sensatez financiera de la empresa, asegurándose de que los planes de financiamiento proveerán los fondos necesarios para garantizar el pronto pago de todas las obligaciones contractuales propuestas y proporcionarán el apoyo financiero completo de los programas de ministerio, incluyendo las benevolencias de la conferencias anual e Iglesia general. Por escrito informará a la iglesia y al gabinete sobre sus conclusiones.

3. Una decisión final de la junta que apruebe la compra, construcción, o remodelación, caducará automáticamente después de transcurrido un año, si la iglesia local no ha tomado ninguna acción para ejecutar tal decisión.

¶ **2522.** *Apelaciones de juntas distritales de ubicación y construcción*—Una decisión de la junta que desapruebe dicha compra, construcción, o remodelación, será final, a menos que sea denegada por la conferencia anual, ya que a la iglesia local se le reserva el derecho de apelación ante la conferencia anual.

¶ **2523.** *Aplicación de normas a la adquisición de una casa pastoral distrital*—Las disposiciones anteriores se aplicarán a la adquisición de una casa pastoral distrital.

¶ **2524.** *Venta, transferencia, arrendamiento, o hipoteca de propiedades del distrito*—Ninguna propiedad del distrito será vendida, transferida o arrendada por un término de tiempo que exceda los veinte años, o hipotecada sin (a) el consentimiento del superintendente de distrito que presida, y (b) la determinación del superintendente de distrito de que tal transferencia o gravamen se conforma a la *Disciplina*. La declaración por escrito del superintendente, evidenciando que esta condición ha sido satisfecha, se anexará a cualquier documento, transferencia, o gravamen. Cualquier constancia por escrito que se requiera y que sea necesaria para llevar a cabo la acción así autorizada, se ejecutará a nombre de la corporación por cualesquiera dos de sus funcionarios oficiales, o cualesquiera dos de los funcionarios oficiales de su junta de síndicos; y cualquier constancia por escrito así ejecutada será obligatoria y efectiva como acción de la corporación.

Sección VI. Propiedad de la iglesia local

¶ **2525.** *Requisitos de una junta de síndicos de la iglesia local*—En cada cargo pastoral que consista de una iglesia local habrá una junta de síndicos, formada por no menos de tres ni más de nueve personas; se recomienda que por lo menos una tercera parte serán mujeres laicas, y por lo menos otra tercera parte serán hombres laicos. Los síndicos serán mayores de edad como lo determina la ley, y por lo menos dos terceras partes de estas personas serán miembros profesos de la Iglesia Metodista Unida (¶¶ 258.1, .3, 2530). Ningún pastor es miembro votante de la junta de síndicos a menos que haya sido electo miembro de ella.

¶ **2526.** *Elección de junta de síndicos de la iglesia local*—Los miembros de la junta de síndicos estarán divididos en tres clases, y cada clase consistirá, siempre que sea posible, de un número igual de miembros. En la conferencia de cargo se elegirá, por recomendación del Comité de Liderazgo, o por la asamblea, el número requerido de síndicos para suceder a los de la clase cuyos períodos caducan, para entrar en posesión de su cargo al principio del siguiente año natural, o cuando la conferencia de cargo o de la Iglesia lo señale, para servir por un período de tres años, o hasta que sus sucesores hayan sido debidamente electos y hallados aptos; con tal que nada de esto se interprete de tal modo que impida la elección de un síndico a que se suceda a sí mismo[8]. La conferencia del cargo puede asignarle a una conferencia de la Iglesia la responsabilidad de elegir síndicos.

¶ **2527.** *Conferencia local de la iglesia—Deberes, autoridad y membresía* —1. En un cargo pastoral consistente de dos o más iglesias locales, una Conferencia Local de la Iglesia, constituida y organizada bajo la *Disciplina* de la Iglesia Metodista Unida en cada una de esas iglesias, estará investida de autoridad y poder en los asun-

---

8. Ver Decisión 130 del Concilio Judicial.

tos pertinentes a la propiedad inmueble y personal de la iglesia local afectada. Dicha Conferencia de la Iglesia Local elegirá a una junta de síndicos de esa iglesia local, de acuerdo con el número y manera descritos en el ¶ 2526, y los deberes de esos síndicos debidamente, electos serán los mismos que los deberes descritos en ¶ 2528, e idénticos a ellos. Los deberes, autoridad y poder investidos en la Conferencia de la Iglesia Local, en todo lo que se relacione a la propiedad, inmueble y personal, de la iglesia local afectada, son los mismos e idénticos deberes autoridad y poder investidos en la conferencia del cargo de un cargo pastoral de una iglesia local (¶ 2529); y la autoridad, poder y limitaciones que aquí se enuncian serán aplicables a la Conferencia Local de la Iglesia, de una manera tan plena y en la misma extensión que si estuvieran incorporadas en ella. El efecto de las disposiciones para una Conferencia Local de la Iglesia es conferirle a cada iglesia local que está en un cargo de dos o más iglesias la supervisión y control de su propiedad en vez de conferírsela a la conferencia del cargo pastoral, sujeto esto a las limitaciones prescritas en la *Disciplina* con respecto a la propiedad de la iglesia local.

2. Toda vez que así lo requiera la *Disciplina*, en cuestiones pertinentes a propiedad inmueble o personal de la iglesia local, o a fusiones de iglesias, una iglesia local que forme parte de un cargo pastoral consistente de dos o más iglesias locales organizará una Conferencia de la Iglesia Local. La membresía de la Conferencia Local de la Iglesia consistirá de las personas especificadas para membresía de la conferencia del cargo (¶ 246.2), según existan los oficiales y las relaciones dentro de la iglesia local, excepto que el pastor será miembro de cada Conferencia de la Iglesia Local. Las disposiciones de ¶ 246.2-.10, que se refieren a las calificaciones de la membresía y a los procedimientos de una conferencia del cargo, serán aplicables a las calificaciones de membresía y procedimientos de una Conferencia de la Iglesia Local.

¶ **2528.** *Junta de síndicos del cargo o de parroquia cooperativa*—1. Un cargo pastoral compuesto por dos o más iglesias, cada una de ellas con una junta de síndicos local, puede tener, además, una junta de síndicos conjunta para el cargo. Esta junta tendrá título y administrará la propiedad perteneciente a todo el cargo, como casa pastoral, campamento, cementerio y cualquier otra propiedad de esta índole que se le pueda encomendar. Recibirá y administrará los fondos para el cargo de conformidad con las leyes del estado, provincia o país en que la propiedad esté situada. Esta junta consistirá de no menos de tres personas; por lo menos dos terceras partes de las cuales serán miembros profesos de la Iglesia Metodista Unida y mayores de edad, tal como lo determine la ley. La conferencia del cargo elegirá a estos síndicos para que sirvan por tres años, o hasta que sus sucesores sean electos.

2. Una parroquia cooperativa compuesta por dos o más cargos puede tener, además de los síndicos de su cargo y los síndicos de la iglesia local, una junta de síndicos para la parroquia cooperativa en sí. Esta junta tendrá el título y administrará la propiedad perteneciente a la parroquia cooperativa, de acuerdo con los ¶¶ 2503, 2527, 2528. La conferencia de cargo o la Conferencia de Iglesia Local relacionada con la parroquia cooperativa elegirá a estos síndicos, y representará a cada congregación que componga la parroquia cooperativa.

3. La junta de síndicos de un cargo velará por la seguridad de sus fondos, mantendrá un registro preciso de sus procedimientos, y le informará a la conferencia del cargo ante la cual es responsable.

4. Cuando dos o más iglesias locales compongan un solo cargo pastoral con una casa pastoral, y una de ellas u otras se separen de dicho cargo y se establezcan como un cargo pastoral, o se unan a otro cargo pastoral, cada una de esas iglesias locales tendrá derecho a recibir la justa porción que le corresponda del valor razonable que al momento tenga la casa pastoral en la que hayan invertido dineros, con la excepción que aquellas iglesias que se separen de un circuito que se hayan unido al circuito después de la adquisición de la casa pastoral no tendrán derecho a ningún valor de la casa pastoral. Un comité de tres personas, nombradas por el superintendente de distrito y que sean miembros de la Iglesia Metodista Unida, pero no de ninguna de las iglesias locales interesadas, determinará la cantidad de dicho valor y justa porción. Dicho comité oirá a todas las partes interesadas y tomará en cuenta la inversión de cada iglesia en cualquier propiedad de esta clase, antes de llegar a una determinación final. Cualquiera que sea la determinación que se tome, a cada una de las iglesias interesadas le queda reservado el derecho de apelar ante la siguiente conferencia anual, y la decisión de ésta será final y obligatoria. Ninguna cantidad que se reciba en concepto de inversión hecha anteriormente en la propiedad podrá aplicarse a los gastos corrientes ni al presupuesto corriente.

¶ **2529.** *Autoridad de la conferencia del cargo*—En un cargo pastoral que consista de una iglesia local, la conferencia del cargo, constituida como se establece en los ¶¶ 246-247, tendrá el poder y la autoridad, como se establece de aquí en adelante, en conexión con la propiedad, tanto inmueble como personal de tal iglesia local, a saber. En cumplimiento de sus responsabilidades, la conferencia del cargo podrá delegar ciertas responsabilidades a la junta de síndicos como se describe más adelante. Sin embargo, la junta de síndicos permanecerá sujeta a la dirección de la conferencia del cargo. La conferencia del cargo puede:

1. *a)* Si así lo decide, instruir a la junta de síndicos para que inscriba legalmente a la iglesia local, sujetándose expresamente, sin embargo, a la *Disciplina* de la Iglesia Metodista Unida (¶ 2506) y de acuerdo con las leyes locales pertinentes, y de una manera tal que proteja completamente y exima de cualquier responsabilidad legal a los funcionarios oficiales y a los miembros de la iglesia local, tanto en conjunto como por separado; así como a las conferencias de cargo, anual, jurisdiccional y General de la Iglesia Metodista Unida, y cada una de ellas, a causa de las deudas y otras obligaciones de toda clase y descripción, de la iglesia local.

b) Independientemente de si la conferencia del cargo decide incorporar la iglesia local, la iglesia local:

(1) deberá organizarse y operar de acuerdo con la *Disciplina*;

(2) no podrá actuar de manera contraria al propósito de la Iglesia Metodista Unida, la conferencia anual o la *Disciplina*; y

(3) no podrá romper sus relaciones conexionales con la Iglesia Metodista Unida sin el consentimiento de la conferencia anual.

c) Los documentos de organización (artículos de incorporación, acta constitutiva, normativas o equivalentes) de la iglesia local reflejarán su relación conexional con la Iglesia Metodista Unida. La adopción o modificación de los documentos de organización por la iglesia local deberán ser aprobados, por escrito, por su pastor y superintendente de distrito. En particular, los documentos de organización de la iglesia local deberán, como mínimo:

(1) requerir que la iglesia local se organice y opere de acuerdo con la *Disciplina*;

(2) prohibir a la iglesia local actuar de manera contraria al propósito de la Iglesia Metodista Unida, la conferencia anual o la *Disciplina*;

(3) prohibir a la iglesia local romper sus relaciones conexionales con la Iglesia Metodista Unida sin el consentimiento de la conferencia anual;

(4) requerir que el pastor y superintendente de distrito aprueben, por escrito, la adopción o modificación de los documentos de organización de la iglesia local; y

(5) incluir lenguaje consistente con el Internal Revenue Code para proteger el estado exento de impuesto de la iglesia local.

d) El incumplimiento de los requisitos del ¶ 2529.1*c*(1)-(4), por parte de los documentos de organización de la iglesia local, no exime a la iglesia local de sus responsabilidades conexionales con la Iglesia Metodista Unida, no absuelve a su pastor y membresía de las responsabilidades de operar la iglesia local como una iglesia metodista unida, de acuerdo con la *Disciplina*. Los documentos de organización se consideran modificados hasta el punto necesario para cumplir con el ¶ 2529.1*c*(1)-(4) si cualquier circunstancia descrita en el ¶ 2503.6*a-c* se manifiesta.

2. Instruir a la junta de síndicos respecto a la compra, venta, hipoteca, gravamen, construcción, reparación, remodelación y mantenimiento de cualquier propiedad de la iglesia local.

3. Dirigir la junta de síndicos con respecto a la aceptación o rechazo de cualquier traspaso, concesión, regalo, donación, legado, o legado de bienes raíces, absolutos o en fideicomiso, para uso y beneficio de la iglesia local, y requerir que la administración de cualquier fideicomiso de esa clase sea conforme a los términos y disposiciones mencionados, y a las leyes locales pertinentes (¶ 2533.5).

4. Dirigir a la junta de síndicos a que haga todo lo que sea necesario para ejercer los demás poderes y deberes pertinentes a la propiedad, inmueble y personal, de la iglesia local en cuestión, como lo establezca la *Disciplina*.

5. Recomendar que se considere poner tal propiedad, que puede invertirse, en una fundación metodista unida que sirva a tal conferencia del cargo, para beneficio de la iglesia local, conferencia del cargo o sus sucesores, o en ausencia de tal fundación, en la Fundación Metodista Unida.

¶ **2530.** *Organización y membresía de la junta de síndicos de la iglesia local*—La junta de síndicos se organizará como sigue:

1. Dentro de los treinta días siguientes al principio del nuevo año natural o conferencial (cualquiera que corresponda al período

de servicio), cada junta de síndicos se reunirá a la hora y lugar designados, convocada por el presidente, o por el vicepresidente en caso de que el presidente no haya sido reelecto como síndico, o porque debido a ausencia o enfermedad esté incapacitado de actuar; con el propósito de elegir funcionarios oficiales a dicha junta para el año que comienza, y tratar de cualquier otro asunto que se le someta apropiadamente.

2. La junta de síndicos elegirá de entre su propia membresía, para desempeñar el cargo por el período de un año, o hasta que sus sucesores sean electos, a un presidente, un vicepresidente, un secretario, y, de ser necesario, un tesorero; con tal que el presidente y vicepresidente no sean miembros de la misma clase; con tal que los cargos de secretario y tesorero pueden ser desempeñados por la misma persona; y con tal que el presidente sea miembro profeso de la iglesia local. Los deberes de cada funcionario oficial serán los mismos que generalmente se asocian con el cargo que se ocupa, y que son habitual y comúnmente desempeñados por la persona que ocupa dicho cargo. La Conferencia de la Iglesia Local puede, si es necesario, para conformarse a las leyes locales, sustituir las designaciones de *presidente* y *vicepresidente* por *director* y *vicedirector*.

3. Donde sea necesario, como resultado de la inscripción legal de una iglesia local, los directores de la corporación, además de elegir a los funcionarios oficiales como se establece en la § 2 arriba citada, ratificarán y confirmarán, mediante la acción apropiada, y elegirán, de hacerse necesario, como funcionarios oficiales de la corporación, al tesorero o tesoreros, según sea el caso, electos por la conferencia del cargo de acuerdo con las disposiciones de la *Disciplina*, cuyos deberes y responsabilidades serán como allí se establece. Si se mantiene más de una cuenta a nombre de la corporación en cualquier institución o instituciones financieras, cada una de esas cuentas y el tesorero correspondiente serán designados en forma apropiada.

¶ **2531.** *Destitución de síndicos de la iglesia local; vacantes*—1. Si un síndico se retira de la membresía de la Iglesia Metodista Unida o es excluido de la misma, sus funciones como tales cesarán automáticamente a partir de la fecha de dicho retiro o exclusión.

2. Si un síndico de una iglesia local, o un director de una iglesia local inscrita legalmente, rehúsa ejecutar apropiadamente un documento legal pertinente a cualquier propiedad de la iglesia cuando la conferencia del cargo le ordena que así lo haga, y cuando

todos los requisitos legales han sido satisfechos con referencia a dicha ejecución, la mencionada conferencia del cargo puede, mediante una mayoría de votos, declarar vacante la membresía del síndico o director en la junta de síndicos o junta de directores.

3. Las vacantes que ocurran en una junta de síndicos se suplirán por elección para el término pendiente de servicio. Tal elección se hará de la misma manera como la que se usa para la elección de los síndicos. Una vacante que ocurra *ad interim* podrá ocuparla el concilio de la iglesia hasta la siguiente conferencia del cargo.

¶ **2532.** *Sesiones de la junta de síndicos de la iglesia local*—La junta de síndicos sesionará, convocada por el pastor o por su presidente, por lo menos una vez al año, en horas y lugares designados, de los que se dará aviso a cada síndico y al pastor o pastores con suficiente tiempo de anticipación a la hora y fecha de la sesión. Se puede prescindir del derecho de aviso previo como un medio para darle validez legal a una sesión cuando la notificación usual es impracticable. Una mayoría de los miembros de la junta de síndicos constituirá el quórum.

¶ **2533.** *Poderes y limitaciones de la junta de síndicos*—1. Sujetándose a la dirección de la conferencia del cargo, la junta de síndicos supervisará, vigilará y cuidará toda propiedad inmueble perteneciente a la iglesia local y de toda propiedad y equipo adquirido directamente por la iglesia local o por cualquier sociedad, junta, clase, comisión u organización análoga conectada con la iglesia local; con la disposición de que la junta de síndicos no violará los derechos de ninguna organización de la iglesia local según se le concedan a dicha organización en otras partes de la *Disciplina*; con tal que la junta de síndicos no impida al pastor ni lo interfiera en el uso de cualquiera de dichas propiedades para servicios religiosos u otras sesiones, reuniones o propósitos apropiados, reconocidos por la ley, el uso y las costumbres de la Iglesia Metodista Unida; ni permitirá el uso de dicha propiedad para reuniones religiosas o de otra índole sin el consentimiento del pastor, o, en ausencia del pastor, del superintendente de distrito; con tal que los bancos en la Iglesia Metodista Unida estén accesibles a todos; con tal que la Conferencia Local de la Iglesia pueda asignar algunos de estos deberes a un comité de construcción como se especifica en el ¶ 2544, o al presidente del comité de la casa pastoral, de haber uno.

2. La junta de síndicos comparará anualmente la existencia y suficiencia de los seguros de la propiedad de la iglesia a una

lista de seguros publicada anualmente por el Concilio General de Finanzas y Administración. El propósito de esta revisión es asegurar que la iglesia, sus propiedades y su personal estén adecuadamente protegidos contra riesgos. La junta incluirá los resultados de su revisión y cualesquiera recomendaciones para poner a la iglesia en cumplimiento con la lista publicada que crea necesarias[9] en su informe a la conferencia del cargo (¶ 2550.7).

3. Cuando una organización ajena solicita de un pastor o de una junta de síndicos permiso para usar las instalaciones de la iglesia, dicho permiso puede concederse solamente cuando el uso sea coherente con los Principios Sociales (¶¶ 160-166) y los objetivos ecuménicos.

4. El presidente de la junta de síndicos, o el presidente del comité de la casa pastoral, de haber uno, el presidente del Comité de Relaciones Pastor-Parroquia y el pastor examinarán anualmente la casa pastoral perteneciente a la iglesia, para asegurar su mantenimiento adecuado.

5. Sujeta a la dirección de la conferencia del cargo, como se ha establecido anteriormente, la junta de síndicos recibirá y administrará todos los legados hechos a la iglesia local; recibirá y administrará todos los fideicomisos; invertirá todos los fondos en fideicomiso de la iglesia local de conformidad con las leyes del país, estado, o unidad política similar en que la iglesia local esté localizada. Sin embargo, previo aviso a la junta de síndicos, la conferencia del cargo podrá delegar el poder, obligación y autoridad para recibir, administrar, e invertir donaciones, fideicomisos y fondos al Comité de Dotaciones Permanentes o a la fundación de una iglesia local, y lo hará en el caso de legados, fideicomisos o fondos en depósito para los cuales la persona donante haya designado que el comité o la fundación de la iglesia local los reciba, administre, o invierta.

Se insta a la junta de síndicos a que invierta en instituciones, compañías, corporaciones, o fondos que hacen una contribución positiva a la realización de las metas formuladas en los Principios Sociales de nuestra iglesia. La junta de síndicos actuará como inversora socialmente responsable, e informará anualmente a la conferencia anual respecto al cumplimiento de esta responsabilidad. Cuando tal propiedad tenga forma de fondo de inversión, la junta de síndicos considerará su ubicación para inversión y

---

9. Ver Decisiones 866, 1142 del Concilio Judicial.

administración en la fundación metodista unida que sirve a esa conferencia o, en ausencia de tal fundación, en la Fundación de la Iglesia Metodista Unida. Deberá hacerse esfuerzo consciente de realizar la inversión de manera consistente con los Principios Sociales y la creación de una política de inversión.

6. La junta de síndicos, en cooperación con el representante de ministerios de salud y bienestar realizará, o hará que se realice, una auditoría anual de la accesibilidad de los edificios, terrenos e instalaciones para descubrir e identificar qué barreras físicas, arquitecturales y de comunicación existen que impidan la plena participación de personas incapacitadas; y hará planes y determinará prioridades para la eliminación de todas esas barreras. Se recomienda encarecidamente a los miembros de la congregación o de la comunidad que dispongan de discapacidades, a quienes sean miembros familiares de personas con discapacidades y a quienes sean constructores o arquitectos o profesionales de rehabilitación que se involucren en la auditoría. Se usará la Auditoría de Accesibilidad para iglesias al llenar el informe anual a la conferencia del cargo o iglesia.

¶ **2534.** *Comité de fondos de dotaciones permanentes y ministerio de donativos planificados*—Una conferencia del cargo puede establecer un comité de dotaciones permanentes y ministerio de donativos planificados en la iglesia local. Los propósitos para establecer ese comité pueden incluir las responsabilidades siguientes:

1. Proveer los servicios descritos en el ¶ 2533.5, de acuerdo con lo designado por la persona donante, o bajo la dirección de la conferencia del cargo sobre notificación de la junta de síndicos. Cuando la propiedad tenga forma de fondos de inversión, el comité de dotación de fondos permanente podrá considerar la ubicación de fondos para inversión y administración en la fundación metodista unida que sirve a esa conferencia o, en ausencia de tal fundación, con la Fundación de la Iglesia Metodista Unida. Se deberá hacer un empeño consciente a invertir de manera consistente con los Principios Sociales y la creación de una política de inversiones.

Cuando la conferencia del cargo haya designado el comité para proveer los servicios descritos en el ¶ 2533.5, el comité tendrá la misma obligación de invertir e informar, como se le impone a la junta de síndicos en ese párrafo.

2. La conferencia del cargo adoptará pautas para dotaciones y donativos planificados desarrolladas por el comité de dotacio-

nes permanentes y ministerio de donativos planificados. Sujetos a la dirección y supervisión de la conferencia del cargo, el comité completará sus responsabilidades sobre la administración de los donativos designados o el fondo de dotes permanentes.

Después de cada Conferencia General, la conferencia del cargo adaptará los cambios requeridos sobre donativos designados y documentos sobre el fondo de dotes permanentes.

3. Enfatizar la necesidad de que los adultos de toda edad preparen un testamento y un plan de propiedades; y proveer información a los miembros de la congregación sobre la forma de preparar estos instrumentos.

4. Insistir en las oportunidades ofrecidas a los miembros de las iglesias, lo mismo que a los visitantes, para hacer provisión de ofrendas a través de iglesias, instituciones, agencias y causas metodistas unidas, mediante testamentos, anualidades (rentas vitalicias), seguros de vida, memoriales y diversos tipos de propiedad.

5. Coordinar la divulgación de información que sea de ayuda en la planificación previa a la jubilación, inclusive consideraciones como el establecimiento de testamentos y fideicomisos en vida, y la necesidad de que cada persona designe a alguien para servir como abogado responsable en caso de que pierda la habilidad de decidir por sí misma.

6. La conferencia del cargo instruye a los síndicos encargados del Comité de Dotaciones Permanentes y Ministerio de Donativos Planificados para que sigan las pautas y acciones iniciadas por la conferencia del cargo, subvertir toda transacción que la conferencia del cargo considere excesiva, y remover a todo síndico que no cumpla las direcciones de la conferencia del cargo. Se dará cuidadosa atención a la elección de síndicos para asegurarse de que no haya conflicto de intereses. Después de cada Conferencia General, el documento de dotes permanentes será puesto en conformidad con cualquier cambio en la *Disciplina*.

7. Otras responsabilidades como sean determinadas por la conferencia del cargo.

8. Los recursos para estas tareas se podrán obtener de la conferencia o de fundaciones metodistas unidas del área y oficinas de fomento, la Asociación Nacional Metodista Unida de Fundaciones, la Junta General de Discipulado, el Concilio General de Finanzas y Administración y de otros recursos adecuados para asistencia y dirección programáticas.

¶ **2535.** *Fundaciones de la iglesia local*—Después de obtener el consentimiento por escrito del pastor y del superintendente de distrito, las iglesias locales pueden, mediante acción de la conferencia de cargo, establecer fundaciones de la iglesia local, cuyos síndicos, directores o junta directiva serán electos por la conferencia de cargo. Dichas fundaciones estarán inscritas y organizadas legalmente, y funcionarán acatando la ley del estado, estando sujetas a las disposiciones de la *Disciplina*. Ninguna fundación de esta clase ha de violar los derechos de ninguna otra organización de la iglesia local y estará sujeta a la dirección de la conferencia de cargo. La conferencia de cargo puede delegar en la fundación el poder y autoridad de recibir, invertir, y administrar en fideicomiso a nombre de la iglesia local, donaciones, fideicomisos y fondos de fideicomiso, bajo previa notificación a la junta de síndicos como se dispone en el ¶ 2533.5, en cuyo caso la fundación tendrá los mismos deberes de inversiones y de informar que se les imponen a la junta de síndicos. No se entenderá ninguna autoridad delegada como violación de los derechos de alguna otra organización de la iglesia local. Se dará consideración a la colocación de fondos con la conferencia o la fundación metodista unida de la zona para administrar la inversión.

¶ **2536.** *Propiedad no inscrita legalmente de la iglesia local*—Título y adquisición—A menos que la ley local lo requiera de otra manera (¶ 2506), el título de toda propiedad que ahora pertenezca, o que de aquí en adelante sea adquirida por una iglesia local no inscrita legalmente, o por cualquier organización, junta, comisión, sociedad, o cuerpo similar así conectado con ellas, será retenido o traspasado o transferido en fideicomiso a sus síndicos debidamente electos, sus sucesores y cesionarios, para uso y beneficio de dicha iglesia local y de la Iglesia Metodista Unida. Los síndicos serán nombrados como junta de síndicos de la iglesia local en la escritura mediante la cual se efectúe el traspaso o la transferencia del título. Todo documento de traspaso de bienes raíces contendrá la cláusula apropiada de fideicomiso como se establece en la *Disciplina* (¶ 2503).

¶ **2537.** *Propiedad de iglesia local no inscrita legalmente*—Aviso y *autorización*—Antes de que una iglesia local no inscrita legalmente adquiera un bien inmueble, la conferencia de cargo por una mayoría de votos de sus miembros presentes y votantes en una sesión regular, o en una sesión especial de la conferencia de cargo convocada con ese propósito tendrá que aprobar una resolución que autorice tal acción; con tal que se anuncie desde el púlpito y en el boletín semanal de la iglesia, otros boletines o por notificación electrónica con no menos de diez días de anticipación a la fecha de dicha sesión y de la acción propuesta; con tal, además, que el pastor y el superintendente de distrito den el consentimiento por escrito para dicha acción. (¶ 2544).

¶ **2538.** *Propiedad de la iglesia local inscrita legalmente—Título y adquisición*—A menos que la ley local lo requiera de manera diferente (¶ 2506), el título de toda propiedad que ahora pertenece o que de aquí en adelante sea adquirida por una iglesia local inscrita legalmente, y por cualquier organización, junta, comisión, sociedad, o cuerpo similar relacionado con ellas, será retenido o traspasado en fideicomiso a nombre de la corporación, para el uso y beneficio de esa iglesia local y de la Iglesia Metodista Unida. Toda escritura de traspaso de bienes raíces contendrá la cláusula apropiada de fideicomiso tal como se establece en la *Disciplina* (¶ 2503).

¶ 2539. Propiedad de la iglesia local inscrita legalmente— Aviso y Autorización—Antes de que una corporación de la iglesia local adquiera un bien inmueble, la conferencia del cargo en una sesión, o por el organismo legal que las leyes locales requieran, con los miembros del mismo actuando en su capacidad de miembros del organismo legal, por una mayoría de votos de los presentes y votantes en cualquier sesión regular o especial convocada con ese propósito tendrá que aprobar una resolución que autorice dicha acción; con tal que se dé aviso de esa sesión y de la acción propuesta, desde el púlpito y en el boletín semanal, otros boletines o notificación electrónica de la iglesia local u otros medios si se requieren o se permiten en la legislación local, con no menos de diez días de anticipación; con tal que el pastor y el superintendente de distrito den su consentimiento por escrito para dicha acción; y con tal que dichas transacciones cuenten con la aprobación de la conferencia del cargo.

¶ **2540.** *Propiedad de la iglesia local no inscrita legalmente— Venta, transferencia, arrendamiento o hipoteca*—Cualquier propiedad inmueble que pertenezca a una iglesia, o en la cual dicha iglesia local no inscrita legalmente tenga algún interés, podrá venderse, transferirse, dada en arrendamiento por un término de treinta días o más (inclusive arrendamientos de menos de treinta días si dichos arrendamientos son consecutivos con el mismo arrendatario) o hipotecada, sujetándose a los siguientes procedimientos y condiciones:

1. Se dará aviso de la sesión regular o especial de la conferencia del cargo en que se ha de considerar la acción propuesta, así como la fecha y hora de la misma, por lo menos con diez días de anticipación desde el púlpito y en el boletín semanal, otros boletines o notificación electrónica, u otros medios si se requieren o se permiten en la legislación local.

2. La conferencia del cargo, en una sesión especial convocada para considerar dicha acción, pasará una resolución que autorice la acción propuesta (en un cargo pastoral que consista de dos o más iglesias locales, la Conferencia Local de la Iglesia; ver ¶ 2527) por una mayoría de votos de sus miembros presentes y votantes.

3. El consentimiento escrito del pastor de la iglesia local y del superintendente de distrito respecto a la acción propuesta será necesario, y se anexará o incluirá con la escritura de venta, traslado, transferencia, arrendamiento o hipoteca. Antes de consentir con cualquier acción propuesta requerida bajo este párrafo que comprenda cualquier propiedad de la Iglesia Metodista Unida, el pastor, el superintendente de distrito y el Comité Distrital de Ubicación y Construcción deben asegurarse de que: (*a*) se haga una investigación completa y se desarrolle un plan apropiado de acción para las futuras necesidades misionales de la comunidad; (*b*) la transferencia o el gravamen se conforman a la *Disciplina; (c)* la congregación, si es que va a dejar de funcionar como una iglesia local metodista unida organizada, no la venda, pero pueda transferir título de sus instalaciones a otra iglesia o agencia metodista unida; y (*d*) la congregación, en caso de traslado, ofrezca su propiedad a una congregación o agencia metodista unida a una precio que no exceda su valor en el mercado. Las estrategias distritales u otras estrategias misionales deberán incluir los ministerios de ambas congregaciones metodistas unidas y la comunidad donde se ubica el local existente. La certificación de parte del superintendente de distrito será evidencia conclusiva de que la transferencia o el gravamen se conforman con la *Disciplina*. Sin embargo, los requisitos de investigación y el desarrollo de un plan de acción no afectarán la comerciabilidad del título del bien inmueble o el efecto legal de las escrituras de venta o de transferencia a cualquier congregación.

4. A menos que la conferencia del cargo lo indique de otra forma todo contrato, cesión, carta de venta, hipoteca, u otro docu-

mento necesario ha de ser ejecutado por la iglesia local y a su favor por cualesquiera dos oficiales de su junta de síndicos, quienes estarán debidamente autorizados para ejecutar lo indicado por la conferencia del cargo; y todo documento escrito así ejecutado será obligatorio y efectivo como acción de la iglesia local.

¶ **2541.** *Propiedad de iglesia local inscrita legalmente—Venta, transferencia, arrendamiento o hipoteca*—Toda propiedad inmueble perteneciente a una iglesia local inscrita legalmente o en la cual dicha iglesia local inscrita legalmente tiene algún interés, puede ser vendida, transferida, dada en arrendamiento por un término de tiempo de treinta días o más, (incluso arrendamientos de menos de treinta días si los tales son consecutivos con el mismo arrendatario) o hipotecada, sujeta al siguiente procedimiento y condiciones:

1. Se dará aviso de la acción propuesta, y fecha y hora de la sesión regular o especial de los miembros de la corporación, es decir, los miembros de la conferencia del cargo en la que dicha acción ha de considerarse, por lo menos con diez días de anticipación desde el púlpito de la iglesia y en su boletín semanal, otros boletines o notificación electrónica u otros medios se así se requiere o que permita la legislación local.

2. Una mayoría de votos de los miembros de la corporación, presentes y votantes, en cualquier sesión regular o especial de la misma, convocada para considerar dicha acción, y el voto de la mayoría de los miembros de la conferencia del cargo, si los miembros de la corporación son distintos a los miembros de la conferencia del cargo, pasarán una resolución que autorice la acción propuesta.

3. El consentimiento escrito del pastor de la iglesia local y del superintendente de distrito a la acción propuesta será necesario, y se anexará o incluirá con la escritura de venta, traspaso, transferencia, arrendamiento o hipoteca. Antes de consentir con cualquier acción propuesta requerida bajo este párrafo que comprenda cualquier propiedad de una iglesia metodista unida, el pastor, el superintendente de distrito y el Comité Distrital de Ubicación y Construcción deben asegurarse que: (*a*) se haga una investigación completa y, se desarrolle un plan apropiado para futuras necesidades misionales de la comunidad; (*b*) la transferencia o el gravamen se conformen a la *Disciplina*; (*c*) la congregación, si ya no ha de continuar siendo una iglesia metodista unida organizada, no la vende, pero puede transferir título de sus instalaciones a otra

iglesia o agencia metodista unida, y *(d)* la congregación, en caso de reubicación, primeramente ofrezca su propiedad a otra congregación o agencia metodista unida a un precio que no exceda el valor equitativo del mercado. Las estrategias distritales u otras misionales deben incluir los ministerios de las congregaciones metodistas unidas y la comunidad donde el plantel está ubicado. La certificación del superintendente de distrito será evidencia conclusiva de que la transferencia o el gravamen se conforman a la *Disciplina*. Los requisitos de investigación y el desarrollo de un plan de acción no afectarán la comerciabilidad del título del bien inmueble, ni el efecto legal de las escrituras de venta o de transferencia.

4. La resolución que autorice a dicha acción propuesta dirigirá y autorizará a la junta de directores de la corporación para dar todos los pasos necesarios, a fin de llevar a cabo la acción, y hacer que se ejecute, como de aquí en adelante se dispone, cualquier contrato, cesión, escritura de venta, hipoteca u otro documento que sea necesario.

5. La junta de directores, en una sesión regular o especial, tomará la acción correspondiente, y adoptará las resoluciones que sean necesarias o requeridas por las leyes locales.

6. Todo contrato requerido, o cualquier cesión, escritura de venta, hipoteca, u otro instrumento necesario para realizar la acción así autorizada se ejecutará a nombre de la corporación por cualesquiera dos de sus oficiales, y cualquier documento escrito así ejecutado constituirá una obligación y estará en vigor como la acción de la corporación.

¶ **2542.** *Disposición e hipoteca de un edificio de iglesia o casa pastoral*—Se podrá vender propiedad inmueble adquirida por traspaso sujeto a la cláusula de fideicomiso, de conformidad con las disposiciones de la *Disciplina* de la Iglesia Metodista Unida, cuando su uso como edificio de iglesia o casa pastoral, según sea el caso, haya terminado, o se espera que termine; y cuando dicha propiedad inmueble se vende o hipoteca de acuerdo con las disposiciones de la *Disciplina* de la Iglesia Metodista Unida, el consentimiento por escrito del superintendente de distrito apropiado que represente a la Iglesia Metodista Unida en dicha acción constituirá el acta de liberación y finiquito de la propiedad inmueble así vendida y traspasada de la cláusula o cláusulas del fideicomiso; o en el caso de la ejecución de una hipoteca, el consentimiento del superintendente de distrito constituirá un reconocimiento formal de la prioridad de dicho derecho hipotecario de retención y la subordinación de las anteriores disposiciones del fideicomiso; y a ningún comprador o acreedor hipotecario de buena fe que confíe en el protocolo precedente se le imputará responsabilidad alguna respecto a la disposición de parte de dicha iglesia del producto de tal venta o hipoteca; pero la junta de síndicos que reciba dichos ingresos administrará, controlará, egresará, y gastará los mismos de conformidad con las órdenes e indicaciones de la conferencia de cargo o de la Conferencia de la Iglesia Local, sujetándose a las disposiciones de la *Disciplina* de la Iglesia Metodista Unida al respecto.

¶ **2543.** *Restricciones sobre el producto de hipoteca o venta*[10]—1. Ninguna propiedad inmueble en la que esté localizado el edificio de una iglesia o una casa pastoral será hipotecada para proveer fondos para los gastos corrientes o de presupuesto de una iglesia local. El producto principal de la venta de cualquiera de estas propiedades no se utilizará para los gastos corrientes o presupuesto en el que opera una iglesia local. Teniendo en cuenta que se hayan hecho provisiones para las necesidades misionales actuales y futuras de la congregación y para las necesidades de alojamiento actuales y futuras de un pastor, este capital podría usarse para mejoras de capital más allá del presupuesto regular de operación cuando se haya provisto aprobación por escrito del superintendente del distrito y del pastor. Esta disposición se aplicará por igual a iglesias locales no inscritas legalmente y a las inscritas legalmente[11].

2. Una iglesia local, sea o no inscrita legalmente, sujetándose a las disposiciones de la *Disciplina*, puede hipotecar su propiedad inmueble que esté libre de gravamen como garantía de pago de un préstamo que reciba de la Junta Conferencial de Ministerios Globales, o de una sociedad misionera de la ciudad o del distrito; con tal que el producto de dicho préstamo se use sólo para ayudar en la construcción de una nueva iglesia.

3. Se podrá conceder una excepción a esta restricción en casos específicamente designados para permitir el uso de la equidad o de los bienes acumulados de la venta de propiedad para proporcionar esfuerzos de re-desarrollo congregacional, que incluyan programa y personal. La conferencia anual, el obispo y el gabinete

---

10.   Ver Decisión 688 del Concilio Judicial.
11.   Ver Decisión 399 del Concilio Judicial.

podrán conceder dicha excepción, a petición de la iglesia local en consulta con el personal de desarrollo congregacional en donde se pueda aplicar. Un plan claro y detallado de re-desarrollo de 3-5 años que proyecte un ministerio de sostenimiento propio habrá de acompañar la petición.

¶ **2544.** *Requisitos para el financiamiento y planificación de edificios de iglesias locales*—1. Si alguna iglesia local desea lo siguiente:

a) edificar una nueva iglesia, un edificio educacional nuevo o una nueva casa pastoral;

b) comprar una iglesia, edificio educacional o casa pastoral; o

c) remodelar una iglesia existente, un edificio educacional existente, o una casa pastoral existente donde el costo de remodelarla exceda el veinticinco por ciento del valor de la estructura existente o requiera financiación hipotecaria, la iglesia local establecerá un comité de estudio para:

(1) analizar las necesidades de la iglesia y la comunidad;

(2) hacer una proyección del potencial de membresía con el promedio de asistencia; y

(3) redactar el programa del ministerio de la iglesia (¶¶ 201-204); y

(4) desarrollar un plan de acceso físico que incluya los sectores del presbiterio o plataforma del altar.

La información y datos obtenidos por el comité de estudio:

(a) formarán la base para un informe que será presentado a la conferencia de cargo (¶ 2543.3);

(b) será usado por el comité de construcción (¶ 2543.4); y

(c) será parte del informe a la Junta Distrital de Ubicación y Construcción (¶¶ 2544.5, 2521.1).

2. Después que el comité de estudio termine su trabajo, la iglesia local obtendrá el consentimiento por escrito del pastor y el superintendente de distrito para el proyecto de construcción, propuesta de compra o proyecto de remodelación.

3. En caso de un proyecto de construcción o propuesta de compra, la iglesia local se cerciorará de la aprobación del lugar propuesto por la Junta Distrital de Ubicación y Construcción, como se dispone en la *Disciplina* (¶ 2520.1).

4. La conferencia del cargo de la iglesia local autorizará el proyecto de construcción, propuesta de compra o proyecto de remodelación en una reunión convocada o regular. La notificación de

la reunión y de la acción propuesta se dará por lo menos diez días antes desde el púlpito y boletín semanal u otros boletines o notificación electrónica, u otros medios si se requieren o los permite la legislación local.

a) Después de haber aprobado el proyecto de construcción, o proyecto de remodelación, la conferencia de cargo elegirá un comité de construcción de no menos de tres miembros de la iglesia local para servir en la ejecución del proyecto, como se presenta de aquí en adelante; con tal que la conferencia del cargo pueda encomendar los deberes del comité de construcción a la junta de síndicos.

b) Después de que la conferencia del cargo haya aprobado una propuesta de compra, se entenderá que la misma ha autorizado e instruido a la junta de síndicos para que proceda con la compra. En el caso de la compra de una casa pastoral, la junta de síndicos hará uno de los siguientes:

(1) comprar una casa pastoral que tenga en la planta baja:

(a) una habitación que pueda usarse como dormitorio por una persona incapacitada;

(b) un baño completamente accesible; e

(c) instalaciones de lavandería totalmente accesibles; o

(2) comprar una casa pastoral sin los dispositivos para personas incapacitadas especificados anteriormente, y remodelarla dentro del lapso de un año, para que los tenga.

5. El comité de construcción deberá:

a) usar la información y hallazgos del comité de estudio y cualquier otra información pertinente para estimar cuidadosamente las instalaciones necesarias, como lo determine el caso, para acomodar los programas de adoración, educación y compañerismo, o para hacer provisión para los pastores presentes o futuros y sus familias.

b) confirmar el costo de cualquier propiedad que se proyecte adquirir, y

c) elaborar los planos arquitectónicos preliminares que:

(1) llenen los requisitos de los códigos locales de construcción, incendio y accesibilidad;

(2) delineen claramente la ubicación de toda construcción propuesta para el presente o el futuro; y

(3) provean instalaciones adecuadas para estaciona-

miento, entrada, asientos, cuartos de servicios sanitarios y accesibilidad para personas con impedimentos, pero el hacer provisión para dichas instalaciones adecuadas no se aplicará en caso de un proyecto pequeño de remodelación;

d) proveer en la planta baja de una casa pastoral recién construida:

(1) una habitación que pueda ser usada como dormitorio por una persona incapacitada;

(2) un cuarto de baño completamente accesible; y

(3) lavandería totalmente accesible:

e) conseguir un estimado del costo de la construcción propuesta;

f) desarrollar un plan de finanzas para sufragar el costo total, inclusive un cálculo de la cantidad que la membresía pueda aportar en efectivo y promesas, y la cantidad que la iglesia local pueda pedir como préstamo si es necesario.

6. El comité de construcción someterá a la Junta Distrital de Ubicación y Construcción para su consideración y aprobación preliminar:

a) una declaración sobre la necesidad de las instalaciones propuesta;

b) los planos arquitectónicos preliminares, inclusive los planos de accesibilidad;

c) el estimado preliminar del costo; y

d) el plan financiero preliminar.

7. Después de la aprobación preliminar por la Junta Distrital de Ubicación y Construcción, el pastor con el consentimiento por escrito del superintendente de distrito, convocará a una Conferencia de Iglesia, dando no menos de diez días de notificación (excepto donde las leyes locales lo dispongan de otra manera) de la reunión y de la acción propuesta desde el púlpito o en el boletín semanal. En la Conferencia de Iglesia, el comité de construcción presentará:

a) el plano arquitectónico preliminar;

b) el estimado preliminar del costo;

c) el plan financiero preliminar; y

d) la recomendación del comité de construcción.

Se necesitará el voto de mayoría de los miembros presentes votantes en la Conferencia de Iglesia para aprobar los planos preliminares arquitectónicos, el estimado del costo, el plan financiero y la recomendación del comité de construcción.

8. Después de la aprobación de la Conferencia de Iglesia el comité de construcción desarrollará planes detallados y especificaciones, y obtendrá un estimado confiable y detallado del costo, que será presentado para su aprobación a la conferencia del cargo y a la Junta Distrital de Ubicación y Construcción.

9. Después de la aprobación de la conferencia del cargo y la Junta Distrital de Ubicación y Construcción, el comité de construcción podrá comenzar el proyecto de construcción o remodelación. Se archivará la documentación escrita que haga constar la aprobación de la conferencia de cargo y la Junta Distrital de Ubicación y Construcción en la oficina del Superintendente de Distrito y la secretaría de la conferencia del cargo.

10. En las zonas metropolitanas, el comité de construcción se cerciorará que se tomen los pasos necesarios para obtener los servicios de minorías (no blancas) y mujeres obreras diestras en la construcción, en proporción con el balance étnico racial en la zona correspondiente. En las zonas no metropolitanas, el comité de construcción se cerciorará de que se empleen personas étnicas raciales en la construcción donde estén disponibles y con relación a la fuerza de trabajo disponible.

11. La iglesia local adquirirá las escrituras en dominio pleno del solar (o solares) en los que se construirá cualquier edificio. Se ejecutará el título de propiedad como se establece en este capítulo. Se recomienda que los contratos de propiedad que cualquier iglesia compre dependan de la obtención de un título de propiedad garantizado, y de que la propiedad cumpla con los requisitos ambientales básicos que exigen las instituciones de préstamos y las leyes del estado.

12. Si se necesita un préstamo, la iglesia local cumplirá con las disposiciones del ¶ 2540 o del ¶ 2541.

13. La iglesia local no entrará en ningún contrato de construcción o, si usa un plan para mano de obra voluntaria, no incurrirá obligaciones para materiales hasta tener el dinero en mano, promesas pagaderas durante el tiempo de la construcción, y (si es necesario) un préstamo o promesa escrita que garantice el pago a tiempo de todas las obligaciones de contratos u otras cuentas cuando se venzan.

14. No se le exigirá a los síndicos ni a ningún otro miembro de la iglesia local que garantice personalmente ningún préstamo hecho a la iglesia por alguna junta creada por la Conferencia General o bajo su autoridad.

15. Se recomienda que una iglesia local no entre en un contrato que la obligue sin que el contratista esté debidamente afianzado, o proporcione otras formas de seguro, como una carta de crédito irrevocable aprobada por la conferencia, el distrito o un abogado local.

¶ **2545.** *Consagración y dedicación de edificios de iglesias locales*— Al adquirir o completar cualquier edificio de la propiedad de la iglesia, se puede tener un culto de consagración. Antes de que cualquier edificio de la iglesia se dedique formalmente, deberá redimirse toda deuda pendiente que pese sobre las mismas.

¶ **2546.** *Fusión de iglesias locales metodistas unidas*—Dos o más iglesias locales, con el fin de hacer más efectivo su ministerio (¶¶ 201-204), pueden fusionarse y convertirse en una sola iglesia, siguiendo este procedimiento:

1. La fusión tiene que ser propuesta a la conferencia del cargo de cada una de las iglesias que se fusionan, con una resolución que especifique los términos y condiciones de la fusión propuesta.

2. El plan de fusión propuesto a la conferencia del cargo de cada una de las iglesias fusionantes será aprobado por cada conferencia del cargo para que se efectúe la fusión, excepto que en el caso en el que una conferencia del cargo incluya dos o más iglesias locales, la aprobación requerida se hará por la Conferencia de Iglesia Local de cada iglesia local, de acuerdo con los requisitos del ¶ 2527.

3. La fusión tiene que ser aprobada por el superintendente o superintendentes de distrito o distritos en que las iglesias fusionantes estén localizadas.

4. Se debe cumplir con los requisitos de todas las leyes del estado o estados en que las iglesias fusionantes estén localizadas, y que afecten o sean pertinentes a la fusión de dichas iglesias; y si en algún caso hay conflicto entre dichas leyes y el procedimiento establecido en la *Disciplina*, dichas leyes prevalecerán, y el procedimiento establecido en la *Disciplina* se modificará en todo lo que sea necesario para eliminar dicho conflicto.

5. Todos los archivos y registros de las iglesias involucradas en una fusión pasarán a ser responsabilidad de la iglesia sucesora.

¶ **2547.** *Fusiones de iglesias locales interdenominacionales*—Una o más iglesias locales metodistas unidas pueden fusionarse con una o más iglesias de otras denominaciones y convertirse en una sola iglesia, siguiendo este procedimiento:

1. Siguiendo un diálogo apropiado, que incluirá discusiones con el superintendente de distrito metodista unido del distrito en que las iglesias fusionantes están localizadas y los correspondientes oficiales de las otras judicaturas involucradas en el asunto, un plan de fusión que refleje la naturaleza y ministerio de la iglesia local (¶¶ 201-204) se someterá a la conferencia del cargo de la iglesia local metodista unida; dicho plan habrá de ser aprobado por una resolución que establezca los términos, condiciones y planes misioneros de la fusión propuesta, incluyéndose la conexión denominacional de la iglesia fusionante.

2. El plan de fusión, como lo apruebe la conferencia del cargo de la Iglesia Metodista Unida, en una conferencia del cargo que incluya a dos o más iglesias locales, tiene que ser aprobado por la Conferencia de la Iglesia Local de cada una de las iglesias locales, de acuerdo con los requisitos de ¶ 2527.

3. La fusión tiene que ser aprobada por escrito por el superintendente del distrito, por una mayoría de los superintendentes de distrito, y por el obispo del área en que las iglesias fusionantes estén localizadas.

4. Las disposiciones de ¶ 2503 se incluirán en el plan de fusión, donde sea aplicable.

5. Se habrán de cumplir los requisitos de todas y cada una de las leyes del estado o estados en los que las iglesias fusionantes estén situadas, y que afecten o atañan a la fusión de tales iglesias. En caso que haya conflicto entre dichas leyes y el proceso delineado en la *Disciplina*, dichas leyes prevalecerán, y el proceso delineado en la *Disciplina* se modificará hasta el punto necesario para eliminar el conflicto.

6. Cuando se trate de propiedad, prevalecerán las disposiciones del ¶ 2548.

¶ 2548. *Cesión de propiedades eclesiales a iglesias federadas o a otras denominaciones evangélicas*—1. Con el consentimiento del obispo presidente y de una mayoría de los superintendentes de distrito, y de la junta de ubicación y construcción del distrito, y a petición de la conferencia del cargo o de una sesión de la membresía de la iglesia, donde lo requiera la ley local, y de acuerdo con dicha ley, la conferencia anual podrá instruir y dirigir a la junta de síndicos de una iglesia local para que ceda la propiedad de la iglesia a una iglesia federada.

2. Con el consentimiento del obispo presidente y de una mayoría de los superintendentes de distrito, y de la Junta de Ubicación

y Construcción, y a petición de la conferencia del cargo o de una sesión de la membresía de la iglesia local, donde lo requiera la ley local, y de acuerdo con dicha ley, la conferencia anual podrá instruir y dirigir a la junta de síndicos de una iglesia local para que ceda la propiedad de la iglesia a otra denominación evangélica bajo una asignación, cambio de propiedad, o acuerdo de cortesía; con tal que dicho acuerdo haya de ponerse por escrito; firmado y aprobado por los representantes debidamente autorizados de las dos partes.

¶ **2549.** *Descontinuación o abandono de la propiedad de la iglesia local*—1. Excepto como se provee en ¶ 2549.3, el superintendente del distrito podrá, como se menciona en este párrafo, recomendar el cierre de una iglesia local, tras encontrar lo siguiente:

a) La iglesia local ya no está cumpliendo con el propósito para el que fue organizada e inscrita legalmente (¶¶ 201-204); o

b) La propiedad de la iglesia local ya no la usa, guarda o mantiene su membresía como un lugar de adoración divina de la Iglesia Metodista Unida.

2. Procedimiento—*a)* Antes de una recomendación al cierre de una iglesia local, el superintendente del distrito hará lo siguiente:

(1) Guiará a la congregación en un asesoramiento de su potencial como se menciona en ¶ 213, en consulta con la agencia apropiada asignada la responsabilidad de la parroquia de la conferencia y estrategia de desarrollo de la comunidad

(2) Obtendrá una opinión de consejo legal de la existencia de cualquier reversión, posibilidad de revertir, derechos de re-adquisición, o restricciones similares en beneficio de cualquiera de las partes;

(3) Desarrollará, en consulta con la junta del distrito apropiada de la ubicación y construcción de la iglesia, un plan para el uso futuro de toda la propiedad de la iglesia local real y personal, tangible e intangible; y

(4) Desarrollará un plan para la trasferencia de la membresía de la iglesia local (¶ 229).

b) Tras la recomendación del superintendente del distrito, con el consentimiento del obispo presidente, una mayoría de los superintendentes del distrito, y la junta del distrito de la ubicación y construcción apropiada, la conferencia anual podrá declarar el cierre de una iglesia local. Si la conferencia anual cierra una iglesia local, el título de toda la propiedad real y personal, tangible e intangible de la iglesia local será adjudicada a la junta de síndicos de la conferencia anual, quienes mantendrán la susodicha propiedad en un fideicomiso para beneficio de la conferencia anual.

c) La junta de síndicos de la conferencia anual podrá retener, vender, alquilar, o disponer de la propiedad de una iglesia local clausurada de acuerdo con la dirección de la conferencia anual. Será la responsabilidad de la junta de síndicos de la conferencia anual remover, mientras sea razonablemente práctico o necesario, toda insignia cristiana y metodista unida y símbolos en tal propiedad. En el caso de pérdida, daño o destrucción de tal propiedad de la iglesia local, la junta de síndicos de la conferencia anual, como representante responsable y legalmente autorizado de tal iglesia local, estará autorizada para hacer un reclamo, y recolectar cualquier póliza de seguros. Si la junta de síndicos de la conferencia anual vende o alquila la propiedad, deberá considerar vender o alquilar la propiedad a otra de las denominaciones representadas en la Comisión de Cooperación y Unión Pan-Metodista.

d) Si la conferencia anual clausura cualquier local, el hecho de no completar los siguientes pasos no invalidará tal clausura.

3. *Procedimientos* Ad Interim—a) En cualquier momento entre sesiones de la conferencia anual, una iglesia local podrá transferir voluntariamente el título de toda su propiedad real y personal, tangible e intangible a la junta de síndicos de la conferencia anual siguiendo los procedimientos que se establecen en ¶ 2540 o ¶ 2541. En tal caso, la junta de síndicos de la conferencia anual mantendrá o dispondrá de tal propiedad como crea conveniente, sujeta a cualquier norma permanente de la conferencia anual. En su próxima reunión, la conferencia anual decidirá si formalmente clausurará la iglesia local.

b) En cualquier momento entre sesiones de la conferencia anual, si el obispo presidente, la mayoría de los superintendentes del distrito y la junta de ubicación y construcción pertinente de la iglesia consienten, podrán, a discreción propia, declarar que las circunstancias exigentes existen que requieran protección inmediata de la propiedad de la iglesia local, para beneficio de la denominación. En tal caso, el título de toda propiedad real y personal, tangible e intangible de la iglesia local será adjudicada inmediatamente a la junta de síndicos de la conferencia anual que a su vez mantendrá o dispondrá de tal propiedad a su total discreción, sujeta a las normas permanentes de la conferencia anual. Las circunstancias exigentes incluyen, pero no se limitan, situaciones donde la iglesia local ya no sirve el propósito para el cual fue organizada o incorporada (¶¶ 201-204) o donde la propiedad de la iglesia local ya no se la usa, guarda o mantiene su membresía como un lugar de adoración divina de la Iglesia Metodista Unida. Cuando se reúna, la conferencia anual decidirá si formalmente clausurará la iglesia local.

4. Todas las cesiones, registros, y otros documentos oficiales y legales, inclusive el contenido de la piedra angular, de una iglesia a la que se declare abandonada o discontinuada serán recogidos por el superintendente de distrito en cuyo distrito estaba localizada dicha iglesia, y serán depositados para salvaguardarse permanentemente en la comisión de archivos e historia de la conferencia anual.

5. La junta de síndicos de la conferencia anual analizará las donaciones que se mantienen en fideicomiso, activos de cualquier dotación, y activos de cualquier fundación de la iglesia local clausurada. La junta de síndicos de la conferencia anual dispondrá de la propiedad a su discreción, a menos que se determine de otra forma por la conferencia anual o se requiera por ley.

6. Toda donación, legado, anualidad, u otro beneficio a favor de un cargo pastoral o iglesia local que se incremente o que esté disponible después de que dicho cargo o iglesia haya sido discontinuado o abandonado, se convertirá en propiedad de los síndicos. La junta de síndicos de la conferencia anual dispondrá de la propiedad a su discreción, a menos que se determine de otra forma por la conferencia anual o se requiera por ley.

7. Cuando propiedades de la descontinuación de una congregación o abandono se venda en un centro urbano con una población de más de 50,000, lo recaudado por la venta debe ser usado para ministerios, nuevos o ya existentes, dentro de comunidades de transición urbanas, como se estipula en el ¶ 212, y en consistencia con el plan estratégico de ministerios urbanos de la Conferencia Anual.

Si la iglesia local en un centro no urbano es clausurada, cualquier producto de la venta de su propiedad podrá ser utilizado por iglesias nuevas, nuevas comunidades de fe, iniciativas misionales nuevas, iglesias reubicadas, iglesias que construyen facilidades de múltiples campus con el propósito de la extensión evangelística de la iglesia, o una organización no lucrativa y que tenga valores consistentes con los de la Iglesia Metodista Unida y es consistente con nuestra herencia, teología wesleyana y la política metodista unida. Además, el producto podrá utilizarse para revitalizar o mutrir el ministerio de la iglesia, o darse a una organización que sea aprobada como no lucrativa y tenga valores consistentes con los de la Iglesia Metodista Unida y es consistente con nuestra herencia, teología wesleyana y la política metodista unida. Además, el producto podrá ser utilizado para abrazar o continuar la obra y misión del ministerio con los pobres de la comunidad[12].

¶ **2550.** *Informe de la junta de síndicos a la conferencia del cargo*— La junta de síndicos hará anualmente un informe por escrito a la conferencia del cargo, que incluirá lo siguiente:

1. La descripción legal y el valor razonable de cada parcela de bienes raíces pertenecientes a la iglesia.

2. El nombre específico del donatario en cada escritura de traspaso de bienes inmuebles a la iglesia local.

3. Un inventario y un avalúo razonable de toda propiedad personal perteneciente a la iglesia local.

4. La cantidad de ingresos recibidos a través de cualquier propiedad que los genere, y una lista detallada de los gastos directamente relacionados con ello.

5. La cantidad recibida durante el año para construir, reconstruir, remodelar y mejorar la propiedad inmueble, y una declaración de gastos con renglones específicos.

6. Deudas pendientes de capital y cómo se contrajeron.

7. Una declaración detallada del seguro que cubre a cada parcela de propiedad inmueble, indicándose si hay restricciones de co-seguro u otras condiciones limitativas, y si se tiene un seguro adecuado.

8. El nombre del custodio de todos los documentos legales de la iglesia local, y el lugar donde se guardan.

9. Una lista detallada de todos los fideicomisos en los que la iglesia local es beneficiaria, que especifique dónde y cómo se invierten los fondos, que clarifique la forma en que estas inversiones han contribuido positivamente a la realización de las metas delineadas en los Principios Sociales de la Iglesia, y que describa en qué forma los ingresos de allí procedentes se gastan o aplican.

10. Una evaluación de toda las propiedades de la iglesia, incluso el sector del presbiterio o plataforma, para asegurarse de su accesibilidad para personas con impedimentos; y cuando sea

---

12. Ver Decisión 1202 del Concilio Judicial.

aplicable, un plan y una cronología para el desarrollo de propiedades accesibles.

¶ 2551. *Relaciones de pacto en marcos multiétnicos y multilingües*—El ministerio en la tradición de la Iglesia Metodista Unida consiste en colaboración y misión. En situaciones en que una o más iglesias locales comparten un edificio con otra congregación u otro grupo que lleva a cabo ministerios en idiomas diferentes o con diferentes grupos raciales y étnicos, se hará de acuerdo con los ¶¶ 202, 206, y 212. El superintendente de distrito ha de dar su consentimiento para tal acción antes de que se pueda ejecutar. Se habrá de informar a Junta de Ubicación y Construcción del distrito de tal acción.

1. Si las congregaciones son metodistas unidas, lo siguiente se aplicará:

a) Por acción de las conferencias del cargo involucradas, se acordará mutuamente por escrito una relación de pacto; dicho acuerdo habrá de incluir una declaración de propósito para compartir el edificio, e indicará si el acuerdo es temporal, a largo plazo, o permanente. El pacto de relación podrá asegurar una mutua representación en organismos como el Concilio de la iglesia, y otros comités y grupos de trabajo. La junta de síndicos de la iglesia que tiene el título de propiedad puede formar un comité de propiedad compuesto por representantes de cada congregación. El propósito de este arreglo es mejorar la comunicación entre las dos o más congregaciones, coordinar horarios y el uso del edificio, e involucrar a las congregaciones en el mantenimiento y cuidado del edificio, bajo supervisión de la junta de síndicos, y coordinar los programas cooperativos.

b) La relación de pacto no requerirá que ninguna congregación metodista unida pague alquiler a otra iglesia metodista unida, o una comunidad metodista unida de fe o un ministerio social. La relación financiera establecida en el pacto no pretende generar ganancia ni apoyar el presupuesto general (solo el costo de operación regular apropiado) de la iglesia local recipiente o cualquier otra entidad involucrada en compartir las instalaciones.

c) Se insta a las congregaciones que comparten las mismas instalaciones y otras propiedades a que se organicen y compartan intencionalmente en algunos ministerios mutuos, para fortalecer sus relaciones y su efectividad cuando se enfocan en los mismos objetivos. Se pueden desarrollar programas cooperativos que mejoren la calidad del ministerio de ambas congregaciones y su testimonio del amor de Jesucristo en la comunidad. Dichos programas pueden incluir cultos bilingües y programas de educación cristiana, comidas de confraternidad y ministerios de alcance a la comunidad.

d) Se anima a cada congregación en instalaciones compartidas a que acepte una relación interdependiente con respecto al uso de las instalaciones. Tal relación afirma programas y actividades planificadas y efectuadas cooperativamente, como también programas y actividades planificadas y efectuadas independientemente. Así se podrá ejecutar el uso de las instalaciones y la agenda de programas de tal manera que contribuya al crecimiento positivo de cada congregación.

e) En las situaciones en las que congregaciones locales o ministerios que compartan instalaciones no puedan negociar decisiones que sean de apoyo mutuo, por cada congregación o ministerio, el superintendente de distrito consultará con los líderes de cada congregación o ministerios antes de ejecutar una decisión que pueda afectar adversamente el futuro de alguna de las congregaciones o ministerios.

2. Si una iglesia metodista unida está compartiendo con una congregación de otra denominación, lo siguiente se aplicará:

a) Antes de acceder a compartir las instalaciones con una congregación que no es metodista unida y que es de un grupo racial, étnico, o de lenguaje diferente, el pastor metodista unido y el superintendente de distrito se pondrán primero que nada en contacto con las agencias de desarrollo congregacional del distrito y la conferencia, y del liderazgo étnico para explorar las posibilidades de organizarse como un ministerio ecuménico compartido o como una nueva congregación metodista unida, con ese grupo étnico o de idioma.

b) Si se decide que la congregación metodista unida y la congregación de otra denominación compartan instalaciones, como parte del pacto de misión, habrá de negociarse por escrito un acuerdo sobre el uso adecuado, conforme al ¶ 2503. Dicho acuerdo tendrá el consentimiento del superintendente de distrito, y será aprobado por el cargo metodista unido o la Conferencia Local de la Iglesia. Se pueden celebrar actividades compartidas con el fin de mejorar el ministerio de ambas congregaciones. Se podrá nombrar un comité conjunto de ambas congregaciones para resolver conflictos, establecer horarios y planificar actividades cooperativas.

3. Una notificación de noventa días de anticipación sobre la intención de terminar la relación de pacto será enviada al superintendente de distrito y a las otras partes de dicho pacto. Esta terminación necesitará del consentimiento del superintendente de distrito, después de consultar con las partes comprendidas.

4. El Comité Distrital de Religión y Raza vigilará toda consulta y plan relacionado al traslado o uso de propiedad para garantizar equidad en aquellas situaciones que comprendan dos o más congregaciones locales o ministerios.

Sección VII. Requisitos—Síndicos de instituciones eclesiales

¶ **2552.** *Normas y requisitos*—Los síndicos de escuelas, colegios, universidades, hogares, orfanatos, institutos y otras instituciones que sean propiedad o que estén controladas por cualquier conferencia anual, jurisdiccional, o central, o por cualquier agencia de la Iglesia Metodista Unida, serán de por lo menos veintiún años de edad. En todo tiempo, no menos de tres quintas partes de los síndicos serán miembros de una iglesia local o miembros de una conferencia anual o del Concilio de Obispos de la Iglesia Metodista Unida; y todos deben ser postulados, confirmados o electos por tal conferencia o agencia de la iglesia, o por algún cuerpo o funcionario oficial de la misma, a quien este poder le haya sido delegado por dicha conferencia o agencia; con tal que el número de síndicos de cualquier institución que sea propiedad o esté controlada por cualquier conferencia o conferencias anuales, y que se requiera que sean miembros de una iglesia local o conferencia anual, o del Concilio de Obispos de la Iglesia Metodista Unida, se podrá reducir a no menos de la mayoría, por el voto de las tres cuartas partes de dicha conferencia anual o conferencias; con tal que, cuando una institución sea propiedad de alguna otra organización religiosa o sea operada conjuntamente con la misma, el requisito de que las tres quintas partes de los síndicos sean miembros de una iglesia local o de una conferencia anual o del Concilio de Obispos de la Iglesia Metodista Unida se aplicará solamente a la porción de síndicos seleccionados por la agencia, o conferencia anual, jurisdiccional, o central metodista unida. Se reconoce que hay muchas organizaciones educativas, de cuidado de salud y benéficas que tradicionalmente han estado afiliadas a la Iglesia Metodista Unida y a sus denominaciones predecesoras, que ni pertenecen a ninguna unidad de la denominación ni están controladas por la misma.

Capítulo séptimo

ADMINISTRACIÓN JUDICIAL

Sección I. El Concilio Judicial

¶ **2601.** *Deberes y responsabilidades del Concilio Judicial*—El Concilio Judicial—El Concilio Judicial es el organismo judicial supremo en la Iglesia Metodista Unida. El Concilio Judicial tendrá autoridad como se especifica en la Constitución, en los ¶¶ 55-57 y en los ¶¶ 2609-2612.

¶ **2602.** *Miembros*—1. *Composición y períodos*—El Concilio Judicial estará compuesto por nueve miembros y deberá reflejar la diversidad de edad, étnico-racial y de género, conferencias jurisdiccionales y centrales y tamaño de la congregación de la Iglesia Metodista Unida. En el año 2000, y cada dieciséis años de allí en adelante, se elegirán tres personas laicas y dos clérigos ordenados que no sean obispos. En el 2004, y cada ocho años de allí en adelante, se elegirán dos clérigos ordenados que no sean obispos y dos personas laicas. En 2008, y cada dieciséis años de allí en adelante, se elegirán tres clérigos ordenados que no sean obispos y dos personas laicas. Las personas laicas serán miembros profesos de la Iglesia Metodista Unida. Se celebrarán elecciones en cada sesión de la Conferencia General solamente para el número de miembros cuyos períodos de servicio caduquen en dicha sesión. El período de los miembros será de ocho años. Un miembro podrá servir dos períodos consecutivos de ocho años, con un mínimo de cuatro años antes de su reelección al concilio.

2. *Postulaciones y elección*—Los miembros del concilio serán postulados y electos de la manera siguiente: En cada sesión cuadrienal de la Conferencia General, el Concilio de Obispos postulará por medio de voto mayoritario el triple del número de ministros ordenados y personas laicas a elegirse en dicha sesión de la Conferencia General. El número que deba elegirse corresponderá al número de miembros cuyos períodos caduquen al concluir dicha sesión. Cada una de las jurisdicciones y de las conferencias centrales, como grupo, estarán representadas por lo menos por una persona postulada, pero no será requisito que cada una de las jurisdicciones o las conferencias centrales como grupo esté

representada por un miembro electo[1]. Durante la misma sesión diaria en que las postulaciones arriba mencionadas se anuncien, las postulaciones tanto para ministros como para personas laicas se podrán hacer desde el pleno, pero en ninguna otra ocasión. El *Daily Christian Advocate* publicará los nombres de todos los postulados, identificados con la conferencia a la que cada uno pertenece y un bosquejo biográfico que no exceda de cien palabras, por lo menos cuarenta y ocho horas antes de la hora de la elección, que se fijará por acción de la Conferencia General durante la sesión en que se hagan las postulaciones; y de estas postulaciones la Conferencia General elegirá sin discusión, por balota y por mayoría de votos, el número necesario de miembros ministeriales y laicos.

¶ **2603**. *Alternos*—Habrá seis alternos para los delegados clericales y seis alternos para los miembros laicos, y sus requisitos serán los mismos exigidos para membresía en el Concilio Judicial. El período de servicio para los alternos será de cuatro años.

Los alternos se elegirán de la siguiente manera: De los clérigos y laicos postulados que quedaron después de la elección del número necesario de miembros del concilio Judicial a ser electos en la sesión de la Conferencia General, ésta elegirá, por balota separada, sin discusión y por mayoría de votos, el número de clérigos y laicos alternos a escoger en esa sesión de la Conferencia General sólo para el número de clérigos y laicos cuyos períodos caduquen en esa sesión de la Conferencia General.

¶ **2604**. *Vacantes*—1. Si una vacante en la membresía del concilio ocurre durante el ínterin entre sesiones de la Conferencia General, la vacante clerical será suplida por el primer alterno clerical electo, y la vacante laica por el primer alterno laico electo. El alterno que supla dicha vacante retendrá el cargo como miembro del Concilio Judicial durante el término incompleto del miembro a quien el alterno suceda.

En caso de que haya una vacante, será deber del presidente y del secretario del concilio notificarle al alterno que tenga el derecho de suplirla.

2. En caso de la ausencia de uno o más miembros del concilio durante una sesión del Concilio Judicial, dicha vacante temporal entre los miembros clericales puede suplirse para dicha sesión o para el resto del término por alternos clericales en el orden de su elección que puedan estar presentes; y dicha vacante temporal

---

1. Ver Decisión 540 del Concilio Judicial.

entre los miembros laicos, por alternos laicos en el orden de su elección que puedan estar presentes; pero la imposibilidad o el dejar de suplir la vacante no afecta la validez de ninguna acción del concilio, siempre y cuando haya quórum.

¶ **2605.** *Término del período*—El período de servicio de los miembros del concilio y de los alternos caducará al finalizar las sesiones de la Conferencia General en que sus sucesores sean electos.

¶ **2606.** *Los miembros no pueden ser delegados*—Los miembros del concilio serán inelegibles para servir como delegados a la Conferencia General, la conferencia jurisdiccional, o conferencia central, o para servir en cualquier junta o agencia general o jurisdiccional, o de una conferencia central[2].

¶ **2607.** *Confidencialidad y comunicación ex-parte*—1. Los miembros del Concilio Judicial no permitirán discusión entre ellos sobre asuntos que estén pendientes ante ellos, o que sean referidos a ellos para su determinación, excepto en el mismo Concilio Judicial en sesión. Se podrán tratar asuntos de procedimiento con el oficial presidente o el secretario del Concilio Judicial. Si bien se observa estrictamente la intención del párrafo anterior, un miembro del Concilio a quien el presidente le asigne un caso, puede pedir que el secretario obtenga de personas y agencias involucradas directa o indirectamente en el caso, datos pertinentes, declaraciones y material suplementario. El secretario del Concilio enviará copias de esos datos, declaraciones y material suplementario a otros miembros del Concilio, según sea necesario[3].

2. Antes de tomar una decisión sobre un caso en cuestión, los miembros del Concilio Judicial no discutirán con ninguna de las partes asuntos de substancia pendientes en el proceso judicial, a no ser que todas las partes participen en la discusión. Tampoco los miembros del Concilio Judicial o personal, habrán de permitir que sean publicados o comunicados, incluyendo comunicaciones electrónicas, con terceras partes, ningún asunto de sustancia que esté pendiente en el proceso judicial.

El Concilio Judicial, en todos los casos en que se emite una decisión o memorando, establecerá las disposiciones específicas de la Constitución o la Disciplina, que sirven de base para la decisión y el razonamiento que condujo a la conclusión.

---

2. Ver Decisión 196 del Concilio Judicial; y Decisión 3 del Concilio Judicial Interino.
3. Ver Decisión 763 del Concilio Judicial.

¶ **2608.** *Organización y Procedimiento*—1. El Concilio Judicial proveerá su propio método de organización y procedimiento, tanto con respecto a audiencias de apelaciones como a peticiones sobre decisiones declaratorias. Todas las partes interesadas tendrán el privilegio de presentar alegatos escritos y argumentos, así como pruebas, de acuerdo con las reglas que el concilio pueda adoptar de tiempo en tiempo, con tal que al tiempo de presentarse, se envíen copias de los alegatos a todas las partes interesadas. El documento completo pidiendo una apelación, decisión declaratoria o fallo de un asunto de ley se pondrá en la página web del Concilio Judicial no menos de treinta (30) días antes de la fecha límite para someter los informes y argumentos que permiten el archivo de los informes *amicus curiae*. El concilio contratará un empleado a tiempo parcial que asista al concilio en todos los asuntos designados por el concilio conforme se necesite, pero no podrá exceder un promedio de 20 horas semanales de trabajo, y proporcionará bajo consulta con la GCFA una oficina para este empleado que esté capacitada para mantener los registros y para llevar a cabo su trabajo conforme el concilio le instruya. Los fondos para las operaciones de la oficina del empleado asistente serán provistos por la Conferencia General. Cuando se seleccione la oficina del empleado, se considerará que la oficina sea visible y accesible dentro de lo razonable a la iglesia y partes involucradas. El concilio considerará la visibilidad y accesibilidad a la iglesia y partes cuando selecciones lugares para mantener reuniones.

2. *Tiempo y lugar*—El concilio se reunirá en la fecha y lugar señalado para la sesión de la Conferencia General, y continuará en sesión hasta que finalicen las sesiones de dicho organismo; y por lo menos una vez más durante cada año calendario en las demás ocasiones que le parezca apropiado y en los lugares que escoja de tiempo en tiempo. Siete miembros constituirán el quórum excepto en asuntos de la constitucionalidad de acciones de la Conferencia General en cuyo caso para constituir quórum se necesitarán nueve miembros o alternos debidamente nombrados de acuerdo con las normativas establecidas con el Concilio Judicial. El voto afirmativo de por lo menos seis miembros del concilio será necesario para declarar inconstitucional cualquier acción de la Conferencia General. En otros asuntos será suficiente la mayoría de votos de la totalidad del concilio. El concilio puede rehusar la consideración de una apelación o una petición de decisión declaratoria en cualquier ocasión en que determine no tener jurisdicción para decidir el asunto.

¶ **2609.** *Jurisdicción y poderes*—1. El Concilio Judicial determinará la constitucionalidad de cualquier acción de la Conferencia General toda vez que apele una mayoría del Concilio de Obispos o una quinta parte de los miembros de la Conferencia General.

2. El Concilio Judicial tendrá jurisdicción para determinar la constitucionalidad de cualquier legislación propuesta cuando la Conferencia General o el Concilio de Obispos solicite dicha decisión declaratoria.

3. El Concilio Judicial determinará la constitucionalidad de cualquier acción de una conferencia jurisdiccional o de una conferencia central cuando una mayoría de los obispos de dicha conferencia jurisdiccional o conferencia central, o cuando una quinta parte de los miembros de dicha conferencia jurisdiccional o conferencia central apelen dicha acción[4].

4. El Concilio Judicial oirá y determinará la legalidad de cualquier acción tomada por cualquier organismo creado o autorizado por la Conferencia General, o cualquier o organismo creado o autorizado por una conferencia jurisdiccional o de una conferencia central, y lo hará por apelación de una tercera parte de sus miembros, o a petición del Concilio de Obispos o de una mayoría de los obispos de la conferencia jurisdiccional o la conferencia central donde dicha acción se tomó.

5. El Concilio Judicial oirá y determinará la legalidad de cualquier acción tomada por cualquier organismo creado o autorizado por la Conferencia General, o por cualquier organismo creado o autorizado por la conferencia jurisdiccional o de la conferencia central, en un asunto que afecte a una conferencia anual o a una conferencia anual provisional, y lo hará por apelación de dos terceras partes de los miembros presentes y votantes de una conferencia anual o de una conferencia anual provisional.

6. El Concilio Judicial aprobará, afirmará, modificará o revertirá las decisiones legales hechas por obispos en conferencias centrales, distritales, anuales o jurisdiccionales, en respuesta a preguntas legales que se les hayan sometido por escrito, cuando tal apelación se haga por una quinta parte de la conferencia presente y votante, en los negocios regulares de una sesión; y con el fin de facilitar dicha revisión, cada obispo le informará anualmente por escrito al Concilio Judicial en formularios provistos por el concilio todas las decisiones legales hechas por el obispo. Ninguna de estas decisiones episcopales será autoritativa, excepto en

---

4. Ver Decisión 338 del Concilio Judicial.

el caso pendiente, hasta que la haya sancionado el Concilio Judicial; pero de allí en adelante se convertirá en la ley de la iglesia, en la medida en que el concilio la afirme. Normalmente el obispo emitirá su fallo antes de la clausura de la sesión de la conferencia anual durante la cual se sometió el asunto, pero en ningún caso no más tarde que treinta días después de la clausura de la sesión. El secretario de la Conferencia Anual asentará en el acta de la conferencia anual una declaración exacta del asunto sometido y el fallo del obispo[5].

7. El Concilio Judicial oirá y determinará cualquier apelación a la decisión de un obispo sobre un asunto legal hecha en una conferencia central, distrital, anual, o jurisdiccional, cuando dicha apelación haya sido hecha por una quinta parte presente y votante de esa conferencia.

8. El Concilio Judicial tendrá autoridad para revisar una opinión o decisión de un Comité de Apelaciones de una conferencia jurisdiccional o central, si pudiera parecer que dicha opinión o decisión difiere de la *Disciplina*, una decisión previa del Concilio Judicial o una opinión o decisión del Comité de Apelaciones de otra conferencia jurisdiccional o central en una cuestión legal eclesiástica. Si la Decisión del Comité de Apelaciones parece diferir de la decisión de otro Comité de Apelaciones, se seguirá el siguiente procedimiento:

a) Cualquiera de las partes relacionada con la opinión o decisión puede apelar el caso al Concilio Judicial basándose en dicho conflicto de decisiones; o

b) El Comité de Apelaciones que rinda la última de dichas opiniones o decisiones puede certificar y registrar el caso, con el Concilio Judicial, basándose en dicho conflicto de decisiones; o

c) Estando dirigida la atención del presidente del Concilio Judicial a dicho conflicto, o supuesto conflicto de decisiones, el presidente puede emitir una orden, por la cual se instruye a los secretarios de los Comités de Apelaciones involucrados a fin de que certifiquen copia de una porción suficiente del documento para dar a conocer la naturaleza del caso, la opinión y la decisión completa del Comité de Apelaciones en cada caso al Concilio Judicial, para consideración en su sesión siguiente.

5.　　Ver Decisiones 153, 747, 762, 763, 799, 1004, 1078, 1120, 1130, 1161, 1166, 1167, 1188 del Concilio Judicial.

El Concilio Judicial oirá y determinará la cuestión de ley eclesial de que se trate, pero no ahondará más de lo que sea necesario para decidir sobre la cuestión de ley eclesial en cuestión. Después de decidir sobre la cuestión legal eclesial, el Concilio Judicial hará que su decisión se certifique a cada uno de los Comités de Apelaciones afectados, y dichos Comités de Apelaciones tomarán cualquier acción necesaria bajo la ley como lo determine el Concilio Judicial.

d) Todas las opiniones y decisiones de los Comités de Apelaciones Jurisdiccionales y de Conferencias Centrales serán enviadas al secretario del Concilio Judicial dentro de los treinta días siguientes a la toma de la decisión. Estas decisiones estarán a disposición de quienes estén involucrados en juicios, cuando las necesiten, y de quienes se preparan para juicio, pero de ninguna otra manera.

9. El Concilio Judicial tendrá otros deberes y poderes que la Conferencia General pudiera concederle[6].

10. El Concilio Judicial tendrá otras responsabilidades y poderes conforme se los otorgue la Conferencia General.

11. Todas las decisiones del Concilio Judicial serán determinantes. No obstante, cuando el Concilio Judicial declare inconstitucional cualquier acción de la Conferencia General mientras ésta está en sesión, se informará la decisión inmediatamente a esa Conferencia General.

12. El Concilio Judicial no tendrá la autoridad de conceder u otorgar compensación para cubrir o indemnizar tarifas de abogados a una de las partes en una apelación en un asunto de ley de Iglesia[7].

¶ **2610.** *Decisiones declaratorias*—1. El Concilio Judicial, en respuesta a una petición como se dispone de aquí en adelante, tendrá jurisdicción para fallar sobre la naturaleza de una decisión declaratoria en cuanto a la constitucionalidad, significado, aplicación, o efecto de la *Disciplina* o de cualquier porción de la misma, o de cualquier acción o legislación de una Conferencia General; y la decisión del Concilio Judicial será tan obligatoria y válida como una decisión hecha por él en respuesta a una apelación.

2. Los siguientes organismos de la Iglesia Metodista Unida quedan por este medio autorizados para someter dichas peticio-

---

6. Ver Decisión 1276 del Concilio Judicial.
7. Ver Decisión 1230 del Concilio Judicial.

nes al Concilio Judicial para decisiones declaratorias: *(a)* la Conferencia General; *(b)* el Concilio de Obispos; *(c)* cualquier organismo creado o autorizado por la Conferencia General, en asuntos pertinentes o que afecten el trabajo de dicho organismo; *(d)* una mayoría de los obispos asignados a cualquier jurisdicción en asuntos pertinentes a las jurisdicciones o que las afecten, o afecten su trabajo; *(e)* una mayoría de los obispos asignados a cualquier Conferencia Central en asuntos pertinentes a las conferencias centrales o que las afecten, o afecten su trabajo; *(f)* cualquier conferencia jurisdiccional en asuntos pertinentes a las jurisdicciones, o conferencias jurisdiccionales o que afecten su trabajo; *(g)* cualquier organismo creado o autorizado por la Conferencia Jurisdiccional, en asuntos pertinentes al trabajo de dicho organismo, o que lo afecten; *(h)* cualquier Conferencia Central, en asuntos pertinentes a las conferencias centrales que las afecten o afecten su trabajo; *(i)* cualquier organismo creado o autorizado por la Conferencia Central en asuntos pertinentes al trabajo de dicho organismo, o que lo afecten; y *(j)* cualquier Conferencia Anual en asuntos relativos a conferencias anuales o a su trabajo.

3. Cuando se solicita una decisión declaratoria, todas las personas u organismos que tienen o que reclaman tener algún interés que podría verse afectado por la declaración, tomarán parte en el procedimiento, y la petición mencionará por nombre a dichas partes interesadas. Tras recibir la petición el secretario del Concilio Judicial publicará en las páginas oficiales de la Internet metodistas unidas una declaración breve del asunto en cuestión. Si el presidente del concilio determina que otras partes interesadas no nombradas por la petición podrían ser afectadas por dicha decisión, dichas partes interesadas también serán agregadas, y el peticionario o peticionarios, por indicación del secretario del Concilio Judicial, tendrá la obligación de girar a todas las partes así añadidas una copia de la petición dentro de los quince días siguientes a la indicación dada por el secretario del Concilio Judicial. De la misma manera, cualquier parte interesada puede, por su propia moción, intervenir y responder, alegar o defender.

¶ **2611.** *Valor de precedente*—Las decisiones del Concilio Judicial de La Iglesia Metodista, emitidas anteriormente, tendrán la misma autoridad persuasiva como precedentes en la Iglesia Metodista Unida que tuvieron en La Iglesia Metodista, excepto en las que las bases han cambiado por las condiciones del Plan de Unión u otras revisiones de la ley eclesial.

¶ **2612.** *Notificación y publicación*—Las decisiones del Concilio Judicial en asuntos de ley eclesial, acompañadas por un sumario de los hechos considerados en la opinión, se entregarán al secretario de la Conferencia General y al obispo, canciller y secretario de cada conferencia anual. La publicación de las decisiones será como sigue:

1. Las decisiones del Concilio Judicial se publicaran en las páginas oficiales metodistas unidas de la Internet tan pronto como sea posible, pero no más tarde de los noventa días después de cada reunión.

2. Cuando el Concilio Judicial haya declarado inconstitucional cualquier disposición de la *Disciplina*, el secretario del Concilio Judicial notificará al presidente del Comité sobre Correlación y Revisión Editorial y al editor de la *Disciplina* del contenido (frases o sentencias) encontradas que transgredan la Constitución, para que no aparezca en la próxima edición. Todas estas cancelaciones aparecerán también en el *Advance Daily Christian Advocate* (o publicación sucesora) de la siguiente Conferencia General con fines de información.

Sección II. Investigaciones, juicios y apelaciones

PROCESO JUSTO EN CAUSAS JUDICIALES

¶ **2701.** *Preámbulo y propósito*—Los procedimientos judiciales y los derechos establecidos en este párrafo comienzan al referir el asesor de la iglesia una querella judicial. El proceso judicial tendrá como fin la resolución justa de todas las querellas judiciales, con la esperanza de que en la obra de justicia de Dios, se puedan lograr la reconciliación y la sanidad en el cuerpo de Jesucristo. Los siguientes procedimientos se presentan para la protección de los derechos de personas garantizados bajo la Sección III, Artículo IV, de nuestra Constitución, y para la protección de la iglesia. La presunción de inocencia se mantendrá hasta la conclusión del proceso judicial. Se dará atención especial para asegurarse de la diversidad étnica, racial, de edad y de género en las juntas, comités y tribunales, así como la pronta disposición de todo asunto.

1. *Derechos del reclamante (persona que presenta la querella)*

a) Derecho a ser escuchado—En cualquier procedimiento judicial, el reclamante tendrá derecho a ser escuchado antes de que se tome cualquier acción final.

b) Notificación de vistas en el proceso judicial—Se notificará de cualquier procedimiento judicial al reclamante, con detalle suficiente para permitir al reclamante prepararse. La notificación se le entregará no menos de veinte días antes del procedimiento. El reclamante tendrá derecho a estar presente en todos las vistas en el procedimiento judicial.

c) Derecho a ser acompañado—El reclamante tendrá derecho a ser acompañado por otra persona a cualquier procedimiento judicial a que esté sujeto. La persona que acompañe podrá ser un abogado, pero no tendrá derecho a voz.

d) Derecho a ser informado de la resolución—El reclamante tendrá el derecho de ser informado de la disposición de la demanda del proceso judicial como parte de la totalidad del proceso de vistas. Se alienta a los oficiales de la iglesia, conforme las circunstancias lo permitan, que incluyan justificación.

2. *Derechos del demandado*

a) Derecho a ser escuchado—En cualquier procedimiento judicial, el demandado (persona a la que se aplica el proceso) tendrá derecho a ser escuchado antes de que se tome cualquier acción final.

b) Notificación de vistas en el proceso judicial—Se notificará de cualquier procedimiento judicial al demandado y de la razón de los procedimentos propuestos, con detalle suficiente para permitir al demandado preparar una respuesta. La notificación se le entregará no menos de veinte días antes del procedimiento. El demandado tendrá derecho a estar presente en todos las vistas en el procedimiento judicial.

c) Derecho a ser acompañado—El demandado tendrá derecho a ser acompañado por una persona en la clerecía de plena conexión de acuerdo con (¶ 2706.2). La persona de la clerecía que acompañe al demandado. El demandado tendrá derecho a escoger un asesor asistente sin voz que podrá ser un abogado.

d) Procesamiento por segunda vez—Ningún comité de investigación certificará pliego de cargos alguno después de que un comité de investigación haya certificado un pliego anterior basado en los mismos hechos.

e) Acceso a expedientes—El acusado y la iglesia tendrán acceso a todos datos de los que se dependa para determinar el resultado del Comité de Investigación, el juicio, o comité de apelación u otro organismo[8].

---

8.   Ver Decisiones 691, 765 del Concilio Judicial.

3. *Derechos de la Iglesia*

a) Derecho a ser escuchado—En cualquier procedimiento judicial, la Iglesia tendrá derecho a ser escuchada antes de que se tome cualquier acción final.

b) Para otros derechos y responsabilidades de la iglesia y consejo de la iglesia ver ¶ 2706.

4. *Proceso y procedimiento*

a) No comparecencia o respuesta—En el caso que un clérigo no comparezca a entrevistas supervisadas, rehúse correspondencia o comunicarse personalmente con el superintendente u obispo o no responda a peticiones supervisoras o de comités oficiales administrativos o judiciales, no se usarán dichas acciones u omisiones como excusa para evadir o dilatar cualquier proceso de la iglesia, y dicho proceso podrá continuar sin la participación de dicha persona.

b) Comunicaciones—En cualquier procedimiento judicial, bajo ningunas circunstancias, ninguna parte o abogado consejero discutirá asuntos substanciales con miembros de organismos de procedimiento, juicio o apelación mientras el caso esté pendiente. Se pueden tratar asuntos de procedimiento con el oficial presidente o el secretario del organismo de procedimiento o apelación.

c) Sanidad—Como parte del proceso judicial, el obispo y gabinete, en consulta con el oficial que preside la audiencia pendiente, juicio, o organismo apelativo, hará provisión para la sanidad dentro de la congregación si ha habido una ruptura significativa en la vida de la congregación por causa del asunto judicial. Ésta podrá incluir un proceso de resolución justa para conflictos sin resolver, apoyo para víctimas y reconciliación para todos los involucrados. Este proceso podrá incluir que el obispo o un miembro del gabinete comparta información sobre la naturaleza de la querella, sin revelar supuestos hechos referentes a la misma que puedan poner en riesgo el proceso judicial.

d) Inmunidad de los participantes—Para poder preservar la integridad del proceso judicial eclesial y garantizar plena participación en toda ocasión, el obispo residente, el gabinete, el oficial que presida el juicio, los oficiales judiciales, el tribunal judicial, los testigos, asesores, asesores asistentes, abogados, querellante, el comité de investigación y todos los demás que participen en el proceso judicial eclesial, tendrán inmunidad de ser procesados por querellas que se traigan contra ellos, a no ser que hayan cometido a sabiendas una falta imputable, conscientemente y de mala fe. El reclamante en cualquier proceso contra cualquier persona relacionada con su función en un proceso judicial en particular tendrá la responsabilidad de probar, por medio de pruebas claras y convincentes, que las acciones de dicha persona constituyen una falta imputable, cometida a sabiendas y de mala fe. La inmunidad que se establece en esta disposición se extenderá a procesos de tribunales civiles, hasta la plena extensión que permiten las leyes civiles.

5. *Una resolución justa en medidas judiciales*—Una resolución justa se centrará en la restauración de daños tanto a personas como a comunidades, tomando la responsabilidades de hacer lo que es correcto en tanto sea posible y traer sanidad a todas las partes. Se deberá dar atención especial y asegurar que los contexto culturales, raciales, étnicos, de edad y género se valoran a través de todo el proceso en cuestiones de su entendimiento de justicia y restauración. Durante el proceso de resolución justa, se podrá asistir a las partes utilizando un capacitador, otra parte que actúa como facilitador o mediador imparcial, para llegar a un acuerdo que satisfaga a todas las partes. Procesos que busquen una resolución justa se estimulan en cualquier momento, inclusive a través de las medidas judiciales. Después de remitir el asunto como una demanda judicial del concilio de la iglesia al comité de investigación, si se usa un proceso que busca una resolución justa, la persona adecuada, inclusive el abogado por la iglesia y el abogado por el demandado, deben entrar en un acuerdo por escrito en el que especifica dicho proceso, incluyendo acuerdos de confidencialidad. Si se logra la resolución, una declaración de resolución por escrita, incluyendo términos y condiciones, será firmada por todos los participantes. Las partes estarán de acuerdo en cualquier asunto que sea revelado a terceras partes. Si una resolución resulta en el cambio de status ministerial, el acuerdo de revelación no habrá de prevenir revelaciones disciplinarias requeridas para un posible reingreso.

FALTAS IMPUTABLES Y ESTATUTOS DE LIMITACIONES

¶ 2702. 1. Un obispo, un miembro clerical de una Conferencia Anual (¶ 370), un pastor local[9], clérigo en localización honorable o administrativa, o un ministro diaconal puede ser enjuiciado cuando se le acuse (sujeto al estatuto de limitaciones en el ¶ 2702.4)[10] de una o más de las siguientes faltas: *(a)* inmoralidad incluso, pero no limitado a, no ser célibe en la soltería o no ser fiel en un matrimonio heterosexual[11]; *(b)* prácticas que la Iglesia Metodista Unida declara incompatibles con las enseñanzas cristianas[12], incluso pero no limitado a: ser un practicante homosexual autodeclarado; o participar en ceremonias que celebran uniones homosexuales; o celebrando ceremonias de bodas de personas del mismo sexo[13]; *(c)* crimen; *(d)* desobediencia al orden y disciplina de la Iglesia Metodista Unida; *(e)* diseminación de doctrinas contrarias a las normas de doctrinas establecidas de la Iglesia Metodista Unida; *(f)* relaciones o comportamiento que minan el ministerio de otro pastor[14]; *(g)* abuso de niños[15]; *(h)* abuso sexual[16], *(i)* conducta sexual impropia que incluye el uso de pornografía, o *(j)* hostigamiento, incluso, pero no limitado a racial y, o sexual; o *(k)* discriminación por raza o género.

2. Un obispo, un miembro clerical de la Conferencia Anual, o un ministro diaconal puede ser llevado a juicio cuando el organismo apropiado recomiende su terminación involuntaria[17].

3. Un miembro profeso laico de una iglesia local podrá ser acusado de las siguientes faltas y si es así, pedir un juicio: *(a)* inmoralidad; *(b)* crimen; (c) desobediencia al Orden y *Disciplina* de la Iglesia Metodista Unida; *(d)* diseminación de doctrinas contrarias a las normas de doctrina establecidas de la Iglesia Meto-

---

9. Ver Decisión 982 del Concilio Judicial.
10. El estatuto de limitaciones entró en vigor como ley sobre base prospectiva, comenzando en enero de 1993. Todas las presuntas faltas que ocurrieran antes de esta fecha han caducado. Ver Decisiones 691, 704, 723 del Concilio Judicial
11. El lenguaje "incluso, pero no limitado a..." aparece por primera vez en la *Disciplina* del 2004, tomando efecto el 1 de enero, 2005.
12. Ver Decisiones 702, 984, 985, 1185 del Concilio Judicial.
13. El lenguaje "incluso, pero no limitado a..." aparece por primera vez en la *Disciplina* del 2004, tomando efecto el 1 de enero, 2005.
14. Ver Decisión 702 del Concilio Judicial.
15. Esta falta fue primeramente listada como ofensa imputable separada en la *Disciplina* de 1996, en vigor el 27 abril de 1996. Ver Decisión 691 del Concilio Judicial.
16. Ver Decisiones 736, 768 del Concilio Judicial.
17. Ver Decisión 767 del Concilio Judicial..

ADMINISTRACIÓN JUDICIAL

dista Unida; *(e)* abuso sexual; *(f)* conducta sexual impropia[18]; *(g)* maltrato de niños; *(h)* hostigamiento, incluso pero no limitado a racial y, o sexual; *(i)* discriminación racial o de género; o *(j)* relaciones y, o comportamientos que socavan el ministerio de personas que sirven bajo un nombramiento.

4. *Estatuto de limitaciones*—No se considerará querella judicial o cargo por ningún presunto hecho que no se haya cometido dentro de los seis años inmediatamente anteriores a la presentación de la querella original, excepto en caso de abuso sexual o infantil y en caso de inmoralidad o crimen, cuando la presunta ocurrencia incluye acusación de abuso sexual o de niños, no habrá limitación (¶ 2704.1*a*)[15]. El tiempo que se haya pasado con licencia de ausencia no se considerará como parte de los seis años.

5. *Tiempo de la falta*—No se acusará a una persona de alguna falta que no era imputable en el tiempo cuando presuntamente se cometió. Toda acusación que se someta tendrá que ser en el lenguaje de la *Disciplina* que esté en vigor al tiempo en que se presuma que se haya cometido la falta, excepto en el caso de inmoralidad o crimen, cuando la presunta ocurrencia incluye acusaciones de abuso sexual o de niños. Entonces estará en el lenguaje de la *Disciplina* que esté en vigor al tiempo en que se hizo la acusación. Todo cargo tiene que relacionarse con alguna acción listada como imputable en la *Disciplina*.

PROCEDIMIENTOS PARA REFERIR E INVESTIGAR UNA QUERELLA JUDICIAL

¶ **2703.** *Composición del comité de investigación*

1. *Cuando el acusado es un obispo*—Habrá un comité de investigación electo por cada conferencia jurisdiccional o central por postulación del Colegio de Obispos, en consulta con el comité jurisdiccional del episcopado. Otras postulaciones se pueden presentar desde la asamblea de la conferencia jurisdiccional o central. El comité consistirá de cuatro clérigos a plena conexión y tres miembros profesos (con no más de una persona de cada conferencia anual, si es posible) y seis alternos, tres de los cuales serán clérigos a plena conexión y tres de los cuales serán miembros profesos. Si se necesitan miembros adicionales o alternos, pueden ser nombrados por el Colegio de Obispos. Los miembros del comité

---

18. Esta ofensa apareció como una falta imputable separada en la *Disciplina* de 2000, en vigor el 1o de enero de 2001. Ver Decisión 691 del Concilio Judicial.

serán personas de buena reputación y que se consideren de buen carácter. El comité deberá reflejar diversidad étnica, racial y de género. El comité elegirá una persona presidente, y se organizará en la conferencia jurisdiccional o central. Siete miembros o sus alternos, una vez reunidos, constituirán el quórum.

2. *Cuando el demandado es un ministro diaconal*—En todos los casos, el pastor, superintendente de distrito o el obispo deberán tomar pasos supervisores para resolver cualquier agravio o queja. Habrá un comité de investigación consistente en no menos de cuatro ministros diaconales o miembros profesos, tres clérigos a plena conexión y diez miembros alternos, cinco de los cuales serán ministros diaconales o miembros profesos y cinco clérigos a plena conexión. Las postulaciones se harán por el obispo en consulta con la junta del laicado (para miembros profesos) y con la junta del ministerio ordenado (para clérigos a plena conexión y ministros diaconales) y elegidos cada cuatro años por la conferencia anual. Si se necesitan miembros adicionales o alternos, la conferencia anual puede elegir miembros para que sirvan el resto del cuadrienio. Los miembros del comité serán personas de buena reputación y que se consideraren de buen carácter. El comité deberá reflejar diversidad étnica, racial y de género. El comité de investigación elegirá una persona que lo presida, y se organizará en la conferencia anual. Siete miembros o sus alternos que se reúnan en sesión constituirán el quórum[19].

a) En casos de querellas contra miembros de la clerecía de la conferencia anual, miembros de la clerecía de localización honorable o ubicación administrativa de la conferencia anual, o pastores locales, el comité consistirá de cuatro miembros de la clerecía y tres miembros profesos.

b) En casos de querellas contra ministros diaconales, el comité consistirá de cuatro miembros de la clerecía y cinco miembros profesos, dos de los cuales serán ministros diaconales si se dispone de ellos dentro de los límites de la conferencia anual.

3. *Cuando el demandado es una persona laica*—En todos los casos, el pastor, o el superintendente de distrito deberá tomar pasos supervisores para resolver cualquier agravio o queja. Si dicha actuación pastoral no resulta en la resolución del problema, y se eleva una queja por escrito contra un miembro profeso por cualquiera de las faltas en el ¶ 2702.3, el pastor encargado, o los

---

19. Ver Decisión 1296 del Concilio Judicial.

co-pastores, (¶ 205.1) de la iglesia local, en consulta con el superintendente de distrito y el líder laico del distrito podrán nombrar un comité de investigación que consista de cuatro miembros profesos y tres clérigos a plena conexión, tanto los clérigos como los miembros profesos deben ser de otras congregaciones, exclusivas de las iglesias de acusado o del querellante. Los miembros del comité serán personas de buena reputación y que se consideren de buen carácter. El comité deberá reflejar diversidad étnica, racial y de género. Cuando el pastor encargado, o los co-pastores, es el que eleva los cargos, el superintendente de distrito, en consulta con el líder laico del distrito, nombrará el comité de investigación. El quórum estará constituido por cinco miembros.

¶ **2704.** *Mandar una querella original a asesores de la iglesia, los que habrán de preparar una querella judicial y el material que la sostenga para consideración del comité de investigación—*

1. *Cuando el acusado es un obispo*

a) Querella judicial—Una querella está basada en acusaciones de que un obispo ha cometido una ofensa o más que aparecen el ¶ 2702, deberá ponerse inicialmente a disposición del presidente y el secretario del Colegio de Obispos. Cuando se reciba una queja, el presidente del Colegio de Obispos entregará de inmediato una copia de la queja al obispo acusado, notificará a los obispos activos de la existencia y contenido de la queja y referirá la queja a un presbítero a plena conexión dentro de la misma jurisdicción o conferencia central quien habrá de actuar como abogado de la iglesia. El abogado de la Iglesia representará los intereses de la Iglesia al presionar los cargos de la persona que hace la querella. El abogado de la Iglesia tendrá el derecho a escoger un abogado ayudante sin voz quien pudiera ser un abogado profesional. El abogado de la iglesia escribirá y firmará la querella como una querella judicial, la enviará al comité de investigación de la jurisdicción o conferencia central (¶ 2704) y representará a la iglesia en el proceso judicial. Las disposiciones de un justo proceso en el ¶ 2701 se aplicarán a este proceso judicial. El estatuto de limitaciones en el ¶ 2702.4 se consideraría previo al derivado de una querella judicial[20].

b) Si se hace una querella por escrito en contra de un obispo por cualquiera de la ofensas en el ¶ 2702.1, el abogado por la

---

20. El estatuto de limitaciones para los obispos se puso en vigor el 27 de abril de 1996. Todas las supuestas ofensas que ocurrieran antes de esta fecha han expirado. Ver Decisiones 691, 704, 761 del Concilio Judicial.

Iglesia, tal como está nombrado en el ¶ 2704.1*a*, preparará, firmará y enviará la querella judicial y toda la evidencia que se documente a la persona que preside el comité de investigación, la persona que hizo la querella original y el obispo a quien le presentan los cargos. El demandado tendrá la oportunidad de someter al comité de investigación una respuesta por escrito a la querella judicial dentro de treinta días de recibo de la querella judicial. El presidente habrá de reunir al comité de investigación dentro de sesenta días de haber recibido la querella judicial.

c) Si cinco o más miembros del comité de investigación lo recomiendan, el comité jurisdiccional del episcopado puede suspender al demandado pendiente del resultado del proceso judicial.

d) Para fines de este párrafo, los obispos metodistas unidos de las conferencias centrales constituirán un Colegio de Obispos.

2. *Cuando el demandado es un clérigo miembro de una conferencia anual, clérigo en localización honorable administrativa o pastor local*

a) Querella judicial—Conforme a las provisiones del ¶ 363, si el obispo determina que la querella está basada en acusaciones de una ofensa o más de la lista en el ¶ 2702.1, el obispo referirá la querella al abogado de la Iglesia, quien será nombrado por el obispo. El abogado de la Iglesia será una persona clerical a plena conexión y tendrá el derecho a escoger un abogado ayudante sin voz quien pudiera ser un abogado profesional. Tras ser nombrado por el obispo, el abogado de la Iglesia revisará todos los hechos y sucesos alegados en torno y en relación a una o más ofensas imputables. El abogado realizará una investigación adicional del asunto si lo considera necesario y consultará con el canciller de la conferencia para determinar si es apropiado perseguir estas ofensas imputables. Si el abogado de la Iglesia determina que hay suficiente evidencia para apoyar una ofensa imputable, el abogado preparará y firmará una querella, la cual consistirá en una lista de los cargos y especificaciones, e incluirá la evidencia documentada, de cada ofensa. Cuando el abogado de la Iglesia informe al obispo residencial que los cargos están listos, el obispo residencial nombrará un oficial presidente. El abogado de la Iglesia someterá entonces la querella al oficial presidente del tribunal. Los estatutos de limitaciones en el ¶ 2702.4 se considerarán previo al envío de una querella judicial.

b) El abogado de la Iglesia representará los intereses de la Iglesia en todas las medidas futuras. Una copia de la querella y los cargos y especificaciones bajo consideración se enviará al demandado, a la persona que hizo la querella original y al obispo.

c) Si la mayoría de los miembros del comité ejecutivo de la Junta del Ministerio Ordenado concurren, el obispo podrá suspender a la persona acusada, pendiente de la conclusión del juicio. El demandado retendrá todos los derechos y privilegios, según se establecen en el ¶ 334.

d) Si el abogado de la Iglesia, tras consultar con el canciller de la conferencia, determina que no se dispone de suficiente evidencia para apoyar una ofensa imputable, el abogado remitirá el asunto al obispo con la recomendación de que el obispo, tras consultar con el gabinete, descarte el asunto de acuerdo con ¶ 363, junto con una explicación de las razones de esa recomendación de descarte. Si el obispo rechaza el descarte y remite el asunto a un nuevo abogado de la Iglesia, no se considerará ser dos veces por la misma causa.

3. *Cuando el demandado es un ministro diaconal*

a) Si se eleva una querella por escrito en contra de un ministro diaconal por cualquiera de las faltas del ¶ 2702.1, la respuesta supervisora debe ser iniciada y el proceso de una resolución justa puede ser usado. (¶ 363.1*c* para una discusión de la resolución justa). Si el proceso supervisorio no resulta en una solución al caso, el superintendente del acusado podrá nombrar a una persona clerical a plena conexión o a un ministro diaconal como asesor de la iglesia. El asesor de la iglesia preparará, firmará y referirá la querella judicial, con todo el material pertinente, a la persona que preside el comité conferencial de investigación para ministros diaconales, y representará los intereses de la iglesia al procesar las reclamaciones de las personas que elevaron la querella original en cualquier proceso ante el comité. Se enviará una copia de la querella y la evidencia documental al acusado, a la persona que elevó la querella original y al obispo. Se le dará una oportunidad al acusado a que someta al comité su respuesta a la querella original por escrito dentro de los treinta días después de haberla recibido. La persona que preside el comité de investigación tendrá sesenta días para reunir al comité de investigación después de haber recibido la querella judicial.

b) Si por lo menos dos terceras partes del comité de investigación lo recomienda, el obispo podrá suspender a la persona acusada de todas sus responsabilidades profesionales, pendiente de la conclusión del proceso judicial.

4. *Cuando el demandado es una persona laica*

a) En todos los casos, el pastor o el superintendente de distrito deberá tomar pasos pastorales para resolver cualquier agravio o querella. Tales pasos pudieran ser un proceso de resolución justa. Ver ¶ 361.1(*b*) para una discusión sobre una resolución justa. Si después de haberse tomado tales pasos, no se logra una resolución, y se eleva una querella escrita contra una persona laica por cualquiera de las faltas en el ¶ 2702.3, el pastor encargado, o los co-pastores (¶ 205.1) de la iglesia local, en consulta con el superintendente de distrito y el líder laico del distrito, podrá(n) nombrar un asesor de la iglesia, que será un metodista unido. El asesor de la iglesia preparará, firmará, y referirá la querella judicial, con todo el material pertinente, a la persona que preside el comité de investigación.

b) Si cinco o más miembros del comité lo recomiendan, el pastor podrá suspender al miembro profeso del desempeño de cualquier cargo eclesial, pendiente de la conclusión del proceso judicial.

c) Todas las querellas contra un miembro profeso según el ¶ 2702.3 se someterán por escrito, firmada(s) por la(s) persona(s) que hace(n) la querella original, y se entregarán al pastor encargado de la iglesia local de la que el acusado es miembro, y se enviará una copia al acusado.

d) Se le dará al miembro oportunidad de someter al comité de investigación su respuesta escrita a la querella judicial dentro de treinta días después de haberla recibido y de haberse nombrado el comité, y antes de que el comité considere la querella judicial.

e) El superintendente de distrito presidirá todas las sesiones del comité, se le dará una copia de la querella judicial y cualquier respuesta a ella, y tendrá el derecho de estar presente y de hablar en todas las sesiones del comité.

¶ **2705.** *La forma de la querella judicial*—El asesor de la iglesia preparará y firmará la querella judicial. La misma deberá explicar al comité de investigación los presuntos acontecimientos que se relacionan con una o más faltas imputables. Se podrán anexar todos los documentos pertinentes y otras pruebas documentales que apoyen la querella judicial; y el asesor de la iglesia enviará una copia de la querella y pruebas y documentos reproducibles al acusado y a su asesor al mismo tiempo que se envían al Comité de Investigaciones. La querella judicial deberá incluir la(s) falta(s) correspondiente(s) en la lista del ¶ 2702 y las especificaciones propuestas.

¶ 2706. *Comité de investigación—Procedimientos*

1. *Introducción*—La función del comité de investigación es efectuar una investigación de las acusaciones hechas en la querella judicial, y determinar si existen fundamentos razonables para elevar un pliego de cargos y especificaciones a un juicio. Si éste es el caso, el comité preparará, firmará y certificará un pliego de cargos y especificaciones. El deber del comité es solamente determinar si existen fundamentos razonables que sostengan los cargos. No es el deber del comité determinar la culpa o la inocencia.

2. *Partes y asesores*—Las partes son el acusado y la iglesia.

   a) Asesor de la Iglesia—Se nombrará al asesor de la iglesia como lo establece el ¶ 2708.7. El asesor de la iglesia tendrá derecho a escoger a un asesor asistente, sin voz, que pudiera ser un abogado profesional.

   b) Comité de investigación—El comité de investigación podrá tener un asesor legal presente, quien no será el canciller de la conferencia, con el único fin de suministrar consejo al comité.

   c) Cuando el acusado es un obispo o ministro diaconal—Un obispo o ministro diaconal que sea acusado, tendrá derecho a seleccionar a un clérigo a plena conexión para que le sirva de asesor defensor. Un demandado tendrá derecho a escoger a un asesor asistente, sin voz, que pudiera ser un abogado profesional.

   d) Investigación de un demandado que sea laico—Una persona laica tendrá derecho a seleccionar a un miembro laico o clerical para servir como asesor defensor. Un acusado tendrá derecho a escoger un asesor asistente, sin voz, que pudiera ser abogado.

3. *Sesión preliminar*—Se harán las decisiones básicas en la sesión preliminar. Durante esta reunión, el demandado y su asesor, la persona que elevó la querella original y el abogado de la iglesia tendrán el derecho de debatir cuestiones de procedimiento antes de que la presidencia tome una decisión. Todas las decisiones procesales que se presenten y todas las decisiones imprevistas que puedan surgir en el curso de la sesión del comité de investigación habrán de darse por escrito, de manera que estén disponibles para su consideración en todas las etapas subsiguientes del caso.

4. *Audiencia ante el comité de investigación*

a) Si es posible, el acusado y la(s) persona(s) que eleva(n) la querella original se enfrentarán cara a cara, pero la imposibilidad de hacerlo no invalidará la investigación. Se dará aviso de la sesión a todas las partes y la persona o personas que eleva(n) la querella original, y se permitirá a todos estar presentes durante el período de testimonio, pero no durante las deliberaciones. El proceso en la investigación será informal. No se tomarán juramentos. Todas las decisiones de procedimiento las tomará la presidencia.

b) Entrevista con testigos antes de la audiencia o fuera de ella— La persona que preside tendrá toda la autoridad, cuando sea apropiado a la discreción del comité, de nombrar a un miembro o miembros del comité para que entrevisten a cualquier testigo o testigos, con tal que todas las partes puedan estar presentes (sin voz) y que se haya notificado a cada parte la fecha y lugar de dicha entrevista con tres días de anticipación. La persona o personas nombrada(s) para ello crearán un registro al pie de la letra de la entrevista, y certificarán el registro con su firma(s) para enviarla a la persona que preside.

c) Interrogación de testigos—El comité de investigación podrá llamar e interrogar tales personas, o solicitar información por escrito que incluya materiales del proceso supervisor, pero sin limitarse al mismo, según lo considere necesario, para establecer si hay o no fundamentos razonables para formular un cargo o cargos. El comité podrá recibir de los asesores listas sugeridas de personas a ser interrogadas, fuentes de material escrito o preguntas. Ni el acusado ni la persona o personas que trae(n) la querella original tendrá(n) derecho al contra-interrogatorio.

d) Pruebas—El comité sólo considerará testimonio o pruebas que sean pertinentes y confiables. La persona que preside, después de consultar con los asesores de las dos partes, dictaminará sobre objeciones en cuanto a pertinencia y confiabilidad. Se permitirá la introducción de cualquier material relativo a los actos vedados por el estatuto de limitaciones (¶ 2702.4) como prueba, prefacio de prueba, o hacia la elaboración de pruebas en los procedimientos del comité de investigación o del juicio cuando el oficial que preside, después de consultar con ambas partes, dictamine que tal material es pertinente y confiable.

e) Transcripción verbatim—Habrá un registro al pie de la letra de todos los procesos del comité de investigación, excepto cuando éste se reúna en sesión ejecutiva. El término sesión ejecutiva significará que el comité se reunirá a solas o con su asesor legal. Si la querella es rechazada, o devuelta al obispo, no hará falta tener un registro al pie de la letra, y la constancia que exista se enviará a la secretaría de la conferencia para su retención.

5. *Pliego de cargos y especificaciones, deliberaciones*—El voto para cada cargo y cada especificación se tomará por separado. Es el deber de cada miembro del comité de basar su voto solamente en si hay terreno razonable para sostener los cargos. Si hay miembros que no están dispuestos a respaldar la *Disciplina* por razones de conciencia, dichas personas se deben separar de este asunto y ya sean alternos u otros dispuestos a respaldar la Disciplina, deben ser nombrados al Comité para que éste pueda cumplir con su responsabilidad[21].

a) *Pliego de cargos y especificaciones*—Un cargo es una de las faltas imputables enumeradas en el ¶ 2702. Un cargo no incluirá más de una falta imputable. Se podrá presentar y juzgar más de un cargo contra una persona a la vez. Cada cargo irá acompañado de una o más especificaciones de hechos. Cada especificación por sí misma habrá de alegar una ocurrencia de hecho, que si se determina ser cierta, sostendría un fallo de culpable sobre el cargo en cuestión. Las especificaciones deberán ser lo más específicas posibles, con información tal como fecha, lugar y los actos específicos que presuntamente ocurrieron.

b) *Fallo de fundamentos razonables por un comité y referencia de pliego de cargos y especificaciones para juicio*

(1) *Cuando el acusado es un obispo*—La votación para adoptar cualquier cargo requerirá cinco votos. Se enviará al obispo acusado, al secretario de la conferencia jurisdiccional o central, al presidente y secretario del Colegio de Obispos, al asesor de la iglesia y a la persona presidente del comité jurisdiccional del episcopado cualquier pliego de cargos y especificaciones que se adopten[22].

(2) *Cuando el acusado es un ministro diaconal*—Una votación para aceptar cualquier cargo o especificación necesitará dos votos. El pliego de cargos y especificaciones que se adopten se enviará dentro de cinco días al acusado, a la secretaría de la conferencia anual, al presidente de la junta del ministerio ordenado,

---

21. Ver Decisión 980 del Concilio Judicial.
22. Ver Decisión 1275 del Concilio Judicial.

al superintendente de distrito del acusado, al asesor de la iglesia y al obispo residente.

(3) *Cuando el acusado es una persona laica*—Una votación para aceptar cualquier cargo o especificación necesitará cinco votos. El pliego de cargos y las especificaciones adoptadas por el comité se enviarán a la persona acusada, al secretario de actas de la conferencia del cargo, al asesor de la iglesia, al pastor o pastores y al superintendente de distrito.

(4) *Preceder a juicio*—La persona acusada dispondrá de treinta días desde el día en el que reciba la lista de cargos y especificaciones adoptada por el comité de investigación durante los cuales se retirará de la universidad, conferencia, o membresía de la iglesia, renunciará, entregará la oficina ministerial, y/o entregará sus credenciales. Si el acusado no lo hace dentro de esos día otorgados, el asunto procederá a juicio.

c) Fallos del comité si no hay fundamentos razonables u otras acciones

(1) Si el comité de investigación determina que no hay fundamentos razonables para adoptar cargos, pudiera sobreseer la querella judicial. Cuando lo considere apropiado, pudiera también referir los asuntos al oficial eclesial de referencia correspondiente (al presidente o secretario del Colegio de Obispos, en el caso de un obispo, al obispo residente, en el caso de un ministro diaconal, o al pastor o co-pastores, en el caso de una persona laica) para acción administrativa o de otro tipo. Se deberá avisar de estas acciones al acusado, a la persona que eleva la querella original, al asesor de la iglesia y a los oficiales eclesiales correspondientes.

(2) Si el comité de investigación determina que la querella judicial no está basada en faltas imputables, o por alguna otra razón aceptable éste pudiera referir la querella al oficial eclesial correspondiente (¶ 2706.5*c*[1]) arriba citado) para acción administrativa o de otro tipo. Tal referencia no constituirá una anulación o procesamiento por segunda vez según el ¶ 2701.2*d*. Se deberá notificar estas acciones al acusado, la persona que presenta la querella original, al asesor de la iglesia y a los oficiales eclesiales correspondientes.

(3) Bajo la recomendación del abogado de la Iglesia y el abogado del demandado, el comité puede mandar el asunto al obispo residente si se considera adecuado para un proceso que busca una resolución justa. El obispo habrá de establecer tal proceso y puede usar la ayuda de un facilitador o mediador adiestra-

do e imparcial de un tercero. Tal derivado no constituye una des-estimación o doble peligro bajo el ¶ 2701.5. Las personas debidas, incluso el abogado de la Iglesia y el abogado del demandado, be-ben entrar en un acuerdo por escrito señalando el proceso, inclu-yendo cualquier acuerdo sobre confidencialidad. Si se logra una resolución, una declaración por escrito, ratificando tal resolución, incluyendo términos y condiciones, será firmado por las mismas personas que firmaron el acuerdo escrito con el esbozo del proce-so y estarán de acuerdo en cualquier asunto que se de a conocer a terceras partes. Si la resolución resulta en un cambio en el sta-tus ministerial, el acuerdo de revelación no habrá de prevenir la revelación disciplinaria necesaria para reingreso. La declaración escrita que afirma tal resolución se entregará al obispo para fu-turas decisiones para implementar el acuerdo, si se alcanza. Si el proceso no resulta en resolución, el asunto se devolverá al comité.

6. *Investigaciones especiales*—En caso de que la jurisdicción de un procedimiento judicial concluya debido a fallecimiento, o entrega de credenciales, del reclamante en casos donde las ofensas se incluyen en esas mencionadas en ¶ 2702.1(h), (i), o (j), el Comité de Investigaciones podría convocarse a petición del obispo pre-sidente para hacer una investigación pastoral de los cargos. La investigación deberá:

a) no ser judicial en esencia;

b) tener la autoridad para recibir testigos y considerar la evidencia; y

c) informar de la investigación al cuerpo donde el recla-mante mantenía su membresía, incluyendo recomendaciones si se dan.

7. *Registros del comité de investigación*—Al concluir el proceso de investigación, todos los documentos utilizados por el comité de investigación, incluyendo las transcripciones de las audiencias, se remitirán al secretario de la conferencia anual, la conferencia juris-diccional o central en el caso de un obispo, quien los mantendrá en custodia. Tales documentos se mantendrán confidencialmente y no se divulgarán, sólo se utilizarán en relación al juicio y en este caso sólo se remitirán a los Abogados de la Iglesia y el Acusado y al Oficial Presidente del Tribunal quienes tendrán que remitir-los de vuelta al secretario de la conferencia anual, jurisdiccional o central tras la conclusión del juicio y cualquier apelación.

JUICIOS

¶ **2707.** *Principios fundamentales para juicios*—(1) Los juicios de la iglesia deben considerarse como último recurso. Únicamente después de que se ha hecho un esfuerzo razonable para corregir cualquier mal, y ajustar cualquier dificultad que exista, han de darse los pasos para instituir un juicio. Ningún juicio como el que se describe y regula aquí será organizado de tal modo que prive al acusado o a la iglesia de sus derechos civiles legales, excepto hasta el punto en que se proporciona inmunidad como en el 2701.4*d*. Todos los juicios se conducirán de acuerdo con la *Disciplina*, de una manera cristiana consecuente por una corte debidamente constituida, y después de la debida investigación.

¶ **2708.** *Organización general y procedimientos antes del juicio*

1. *Oficiales del tribunal*—Los oficiales consistirán de un oficial presidente (¶¶ 2712.2, 2713.2, 2714.2), el cual nombrará un secretario y tales otros oficiales como sea necesario. El oficial que presida puede contar con asesor legal que no sea el canciller de la conferencia, a costa de la conferencia anual que tiene el juicio, con el único propósito de ser consejero del oficial que preside durante el juicio.

2. *Hora y lugar del juicio*—El oficial a cargo de la convocación del tribunal también fijará la hora y el lugar para el juicio, y notificará al oficial presidente, al acusado, al asesor de la iglesia y a la persona que haya elevado la querella original. En todos los casos se permitirá suficiente tiempo para que estas personas comparezcan en el lugar y fecha fijados, y para que el acusado se prepare para el juicio. El presidente del tribunal determinará que es lo que será "suficiente tiempo", pero en ningún caso dicho tiempo será menos de veinte días.

3. *Mociones antes del juicio*—Todas las apelaciones de asuntos procesales o substantivos que hayan ocurrido antes de referirse los cargos al juicio se deberán apelar al oficial presidente del tribunal antes de comenzar el juicio. De no hacerse esto, se abandona el derecho a apelación sobre estos asuntos. Todas las objeciones en cuanto a la regularidad del proceso, la forma y substancia de los cargos y especificaciones y las mociones pertinentes a ellos tendrán que hacerse antes de constituirse el tribunal. El oficial presidente podrá determinar todas las objeciones y mociones preliminares; en apoyo de la verdad y la justicia, pudiera permitir enmiendas a las especificaciones o cargos sin cambiar la naturaleza general de los mismos; y pudiera desestimar todas o cual-

quier parte del pliego de cargos después de una determinación de hecho (1) de que todas o tal parte no tiene(n) base legal o (2) que, aun suponiendo que las especificaciones sean ciertas, las mismas no constituyen base para una falta imputable. El oficial que presida puede referir el asunto según lo considere apropiado para un proceso que busque una resolución justa al obispo residente después de consultar con el abogado de la Iglesia y el abogado del demandado. El obispo instituirá tal proceso y podrá usar la ayuda de un facilitador o mediador de un tercero, que sea adiestrado e imparcial. Tal derivado no constituirá una desestimación ni doble peligro bajo el ¶ 2701.2*d*. Si se usa un proceso que busque una resolución justa, las personas adecuadas, incluso el abogado de la Iglesia y el abogado del demandado, habrán de entrar en un acuerdo por escrito especificando tal proceso, incluyendo cualquier acuerdo sobre confidencialidad. Si se logra una resolución, una declaración por escrito, ratificando tal resolución, los términos y condiciones, será firmada por las mismas personas que firmaron el acuerdo escrito con el esbozo del proceso, y deberán estar de acuerdo con todos los asuntos que puedan ser revelados a terceras partes. Tal declaración escrita se le entregará al obispo que preside y el oficial que preside habrá de actuar concordando con el acuerdo. Si no resulta en resolución, el asunto se regresa al oficial que preside para acción futura.

4. *Cambio de jurisdicción*—El acusado puede solicitar un cambio de jurisdicción. La misma se dirigirá al oficial presidente por escrito dentro de los días de haber recibido notificación de comparecer a juicio. El oficial presidente emitirá un fallo sobre la petición después de haber escuchado argumentos por el acusado y por la iglesia. Si se aprueba la petición, el oficial presidente nombrará la conferencia anual fuera del área episcopal en donde se celebrará el juicio, y notificará al obispo residente de esa conferencia, el que convocará al tribunal. El costo del proceso lo pagará la conferencia de donde se origine el caso.

5. *Notificación*

a) Todas las notificaciones que se requieran o se consideren en relación con investigaciones, juicios y apelaciones se harán por escrito, firmadas por la persona o el organismo que dé o que requiera que se den dichas notificaciones y en nombre de ellos, y serán dirigidas a la persona o organismo a quien se deban dirigir. Dichas notificaciones se ejecutarán mediante la entrega de una copia de las mismas a la parte interesada o al oficial principal del organismo a quien vayan dirigidas, en persona, u otro sistema de entrega, a la última residencia conocida o dirección de dicha parte interesada. Se proveerá prueba de la notificación, y ésta se convierte en parte del protocolo del caso.

b) En todos los casos en que se dispone que tal notificación ha de darse a un obispo o a un superintendente de distrito, y los cargos son contra esa persona en particular, dicha notificación (además de serle entregada al acusado) se le dará, en el caso de un obispo, a otro obispo de la misma jurisdicción; y en el caso de un superintendente de distrito, al obispo encargado.

6. *Fecha del juicio y aplazamiento*—Si en cualquier caso, el acusado, después de recibir la correspondiente notificación (veinte días), rehusara o dejara de comparecer a la hora y lugar señalados para la audiencia, el juicio se podrá celebrar en su ausencia. Sin embargo, si a juicio del oficial que preside hay buena y suficiente razón para la ausencia del acusado, dicho oficial podrá aplazar el juicio para una fecha posterior.

7. *Asesor legal*—En todos los casos, un acusado tendrá derecho a presentarse, seleccionar y estar representado por un asesor legal, un presbítero de la Iglesia Metodista Unida, si el acusado es un obispo, una persona clerical, o un ministro diaconal; y un miembro laico de la Iglesia Metodista Unida, si el acusado es un miembro laico. El acusado tendrá derecho a que su asesor legal pueda ser escuchado en forma oral o por escrito, o en ambas formas. El oficial encargado de convocar al tribunal (¶¶ 2712.1, 2713.1, 2714.1) nombrará un asesor de la iglesia dentro de treinta días de haber recibido una copia de los cargos y especificaciones, si el asesor no ha sido nombrado previamente. En caso del juicio de un obispo, clérigo, o pastor local, el asesor de la iglesia será un clérigo a plena conexión (¶¶ 2704.2*a*, 2712.4) para representar los intereses de la iglesia al procesar las reclamaciones de la persona que eleva la querella.

Nadie que haya sido miembro del gabinete, de la Junta del Ministerio Ordenado, o del Comité de Investigación que anteriormente haya considerado el caso que ahora se presenta ante el tribunal será nombrado asesor legal de la iglesia o servirá como asesor legal del acusado ni de ninguna persona que esté presentando las querellas en el caso. En todos los casos de juicio en los que no se ha escogido asesor para el acusado, el oficial presidente le nombrará un asesor. El asesor de la iglesia y el del acusado tendrán derecho a escoger un asesor asistente, que pudiera ser abogado, sin voz. "Sin voz" significa sin capacidad de hablar a la audiencia del tribunal, ni dentro de ella.

8. *Testigos*—Se citará a los testigos que cualquiera de las dos partes quiera nombrar para que comparezcan; dicha notificación se emitirá a nombre de la iglesia, y firmada por el oficial presidente del tribunal. Será deber de todo clérigo y de todo miembro de la Iglesia Metodista Unida presentarse y testificar cuando se le cite. Rehusar presentarse o responder a las preguntas que el oficial que presida considere pertinentes, podrá considerarse como desobediencia al Orden y *Disciplina* de la Iglesia Metodista Unida, excepto cuando el rehusar contestar se base en una reclamación de buena fe de que hacerlo pudiera incriminar al testigo según la ley penal estatal o federal, o se base en una reclamación de comunicación confidencial a un clérigo, según el ¶ 341.5.

9. *Requisitos de los testigos*—Para poder ser testigo no se necesita ser miembro de la Iglesia Metodista Unida.

10. *Testimonio fuera del tribunal*—El oficial presidente de cualquier tribunal ante la cual esté pendiente un caso tendrá autoridad, cuando la necesidad de las partes o los testigos lo requiera, para nombrar, a solicitud de cada parte, un comisionado o comisionados, ya sea clérigo o laico, o ambos, para interrogar al testigo, con tal que se le haya dado notificación a la parte adversa con tres días de anticipación sobre la fecha y lugar en que se tomará dicho testimonio. La parte que haga tal petición tendrá la responsabilidad de mostrar causa razonable, y sufragará el costo del testimonio comisionado fuera del tribunal. Se permitirá a los asesores de ambas partes interrogar y contra-interrogar al testigo o testigos cuyo testimonio se toma. Los comisionados así nombrados tomarán el testimonio por escrito que cada parte ofrezca. Se enviará este testimonio, debidamente certificado por la firma del comisionado o comisionados, al oficial presidente del tribunal ante el cual esté pendiente el caso.

11. *Enmiendas a los pliegos de cargos y especificaciones*—El oficial presidente del juicio, después de consultar con los asesores, podrá hacer enmiendas al pliego de cargos, o solicitar que el comité de investigación haga enmiendas al mismo; con tal que no cambien la naturaleza de los cargos y especificaciones, y no introduzcan asunto nuevo alguno del cual el acusado no haya recibido notificación debida. Cuando el oficial presidente deniega alguna enmienda o enmiendas a un pliego de cargos, estos no se introducirán en forma de testimonio en el juicio. No se introducirán cargos o especificaciones en la forma de pruebas o de otro modo que el comité de investigación haya previamente considerado y desestimado.

12. *Juicios abiertos y cerrados*—Las deliberaciones del juicio serán a puertas cerradas. Todas las otras sesiones del juicio serán abiertas. El oficial presidente pudiera declarar, en circunstancias atenuantes, en su fallo sobre moción de cualquiera de las partes, o por su propia moción, que se cierre cierta sección del juicio. No obstante, en toda ocasión, en la porción de las vistas del juicio, el oficial presidente, los miembros del tribunal, la(s) persona(s) que eleva(n) la querella original, la persona que representa la iglesia, el acusado y el asesor del acusado tendrán derecho a estar presentes.

13. *Juicios combinados de varias personas*—En casos en que un número de personas se hallen supuestamente envueltas en la misma falta al mismo tiempo y en el mismo lugar, se podrán combinar sus juicios en un solo juicio por la misma falta. El oficial presidente hará la determinación sobre la combinación de los juicios.

¶ **2709.** *Convocación y organización del tribunal*

1. *Convocación del juicio*—El convocador notificará al acusado por escrito para que comparezca en una fecha y lugar no menos de veinte días después del recibo de tal notificación y dentro de un tiempo razonable después de ésta para la selección de los miembros del tribunal.

2. *Miembros del tribunal*—Al tiempo fijado, en presencia del acusado, su asesor, el asesor de la iglesia y el oficial presidente, se seleccionarán trece personas como tribunal de un grupo de treinta y cinco o más personas seleccionadas de acuerdo con los ¶¶ 2712.3, 2713.3 y 2714.3. Se deberá dar consideración especial a que el grupo incluya personas representativas de la diversidad racial, étnica y de género.

3. *Selección del tribunal*—Ninguna persona servirá como miembro del tribunal que fuera miembro del gabinete, la junta del ministerio ordenado o comité de investigación que haya considerado el caso durante el proceso de traerlo al tribunal. El asesor de la iglesia y el del acusado tendrán hasta cuatro recusaciones sin causa y recusaciones por causa sin límites. Si por razón de las recusaciones por causa que el oficial presidente acepte, el número se reduce a menos de trece, se postularán personas apropiadas adicionales en la misma forma que se seleccionó el grupo original, para tomar los lugares de los que han sido recusados por causa. Se seguirá este método de proceder hasta que se haya seleccionado el tribunal de trece miembros y dos alternos.

4. *Alternos*—Los dos miembros alternos se sentarán como observadores del juicio. Sustituirán a miembros del tribunal que

no puedan continuar sirviendo, de manera que el tribunal siempre consista de trece miembros, a no ser que el acusado y el asesor de la iglesia convengan en un número menor.

5. *Preguntas del tribunal*—Los miembros del tribunal, incluso los miembros alternos, podrán hacer preguntas sobre asuntos en los que se hayan presentado pruebas, con la aprobación del oficial presidente.

¶ 2710. *Pautas y reglas del juicio*

1. *Autoridad del oficial que preside*—Después de constituido el juicio, la autoridad del oficial presidente incluirá el derecho de marcar límites de tiempo razonables, después de consultar con el asesor de la iglesia y el asesor del acusado, para la presentación del caso, con tal que el tiempo sea igual para los dos. La autoridad del oficial presidente se limitará a emitir fallos sobre la representación apropiada de la iglesia y del acusado, la admisibilidad de las pruebas, recesos, suspensiones de la sesión, reanudaciones de las mismas, instrucciones a los miembros del tribunal en cuanto a la ley de la iglesia afectada en el caso, tanto al principio del juicio como inmediatamente antes de que se retiren para llegar a un veredicto, y a cualquier otra autoridad de que normalmente está investido un juez en un tribunal civil, que preside con un jurado. Pero él o ella no tendrá autoridad para pronunciar ningún juicio a favor o en contra del acusado que no sea el veredicto dictaminado por el tribunal, organismo que tendrá el derecho exclusivo de determinar la inocencia o culpabilidad del acusado.

2. *Orden del juicio*—Después de la selección del tribunal, cada asesor podrá hacer una declaración de apertura para informar al tribunal sobre los que se espera que sean las pruebas. Se ofrecerán las pruebas por medio del interrogatorio de testigos y por documentos que se demuestre son de confiar. Cada asesor tendrá la oportunidad de presentar argumentos de clausura antes de que el tribunal comience sus deliberaciones. Seguirán las deliberaciones del tribunal y el veredicto.

3. *Juramentos*—No se exigirá la administración de juramentos. Al comienzo del juicio, el oficial presidente recordará a todas las partes sobre los deberes y responsabilidades de la membresía en la iglesia (¶ 218) y del pacto clerical (¶¶ 304.2, 330.5*c*[3]).

4. *Declaración del acusado*—Al comienzo del juicio, el oficial presidente preguntará al acusado cómo se declara ante los cargos, y sus declaraciones se asentarán en el acta. Si el acusado se declara "culpable" de los cargos en su contra, no será necesario un

juicio, pero se recibirán las pruebas con respecto a la pena apropiada, la que de seguido se le impondrá. Si el acusado se declara "no culpable" o si no hace declaración alguna, se asentará una declaración de "no culpable", y continuará el juicio. El acusado en todo momento tendrá derecho a prestar testimonio, traer testigos y hacer su defensa.

5. *Recesos y procedimientos en el juicio*—El tribunal podrá tomar un receso de vez en cuando según lo exijan las conveniencias o la necesidad. Durante el tiempo de receso, se dará instrucciones a los miembros del tribunal para que bajo ninguna circunstancia hablen los unos con los otros sobre el juicio u observen informes de los medios de prensa referentes al caso. Cuando, en consulta con los asesores de las dos partes, el oficial presidente lo encuentre aconsejable, se recluirá en aislamiento a los miembros y a las reservas. Se considerará desobediencia al orden y disciplina de la Iglesia Metodista Unida amenazar o interferir al tribunal o los oficiales del juicio. El oficial presidente permanecerá y presidirá hasta que se tome una decisión, y se completen los fallos, los cuales seguidamente firmará y certificará.

6. *Objeciones y fallos*—Se harán constar en acta las objeciones de cualquier parte al proceso. Todos los fallos de apelaciones, objeciones y mociones antes del juicio se harán constar en las actas. Todas las objeciones y mociones de los abogados durante los procedimientos del juicio se harán en sesión abierta ante el tribunal y se harán constar en las actas junto con los fallos del oficial presidente en cuanto a tales objeciones y mociones.

7. *Exclusión de testigos*—Con la excepción del demandante y del acusado, ningún testigo que vaya a ser interrogado estará presente durante el interrogatorio de otro testigo si la parte contraria objeta a ello. La parte que trae a los testigos los interrogará primero, y la parte contraria los contra-interrogará. Los miembros del tribunal podrán también hacerles preguntas, previa aprobación del oficial presidente. El oficial presidente del tribunal determinará todas las cuestiones de pertinencia y competencia de las pruebas.

8. *Constancia del proceso*—Se dejará constancia al pie de la letra de todo el proceso mediante el uso de un(a) estenógrafo(a) u otro medio apropiado, se pondrá por escrito, y el oficial presidente o el secretario la certificará. La constancia, incluso todos los artículos de prueba, papeles y pruebas en el caso, serán la base de toda apelación que se haga.

9. *Pruebas*—Se podrá permitir la introducción de cualquier material referente a acontecimientos que hayan ocurrido antes del período del estatuto de limitación de seis años como pruebas, como prefacio a las pruebas, o como acumulación de pruebas en los procedimientos del proceso judicial, cuando el oficial presidente, después de consultar con el asesor de las dos partes, dictamine que tal material es pertinente y confiable. Pruebas documentales que el oficial presidente considere pertinentes y confiables podrán estar en posesión física del tribunal durante las deliberaciones.

10. *Instrucciones y cargos* —El oficial que preside no emitirá ninguna instrucción en la que repase o explique las pruebas, ni expondrá los méritos del caso. El oficial que preside no expresará opinión alguna sobre la ley ni los hechos mientras el tribunal esté deliberando. Si cualquier parte lo solicita, el oficial que preside instruirá al tribunal en cuanto a la ley aplicable al caso. Se podrán dar instrucciones al principio del caso, durante el juicio, antes de que el tribunal comience sus deliberaciones, o podrá efectuar una combinación de todas éstas. Si el tribunal lo solicita, podrá dar instrucciones durante las deliberaciones. El oficial que preside no repasará ni explicará las pruebas, ni emitirá comentarios sobre los méritos del caso.

¶ **2711.** *Autoridad del tribunal*

1. *Instrucción, descalificación, votos y veredictos*—El tribunal tendrá plenos poderes para juzgar al acusado. El tribunal será un organismo que continúe hasta la disposición final del encargo. Si un miembro regular o alterno del tribunal no asiste a cualquier sesión en la que se reciben pruebas o se hacen argumentos orales al tribunal, tal persona no será más miembro del tribunal, pero el resto del tribunal podrá proseguir el juicio.

2. *Votos*—Se requerirá el voto de por lo menos nueve miembros del tribunal para sostener el cargo o cargos, y también se requerirán nueve votos para emitir una condena. Se considerará absolución el voto de menos de nueve a favor de la condena. El peso de la prueba para votar por una condena tendrá que ser claro y convincente. El tribunal presentará al oficial presidente una decisión sobre cada cargo y cada especificación individual sobre cada cargo. Sus fallos serán finales, sujetos a apelación ante el comité de apelaciones de la conferencia jurisdiccional o de la conferencia central, según sea el caso.

3. *Penas*—Si el juicio resulta en condena. Los asesores podrán prestar testimonio adicional y presentar argumentos referentes a lo que pueda ser la pena. El tribunal determinará la pena, la que requerirá el voto de por lo menos siete miembros. El tribunal tendrá el poder para quitar al demandado de la lista de miembros profesos, terminar su membresía en la conferencia y revocar las credenciales de membresía en la conferencia, comisionales, de ordenación o consagración del acusado, suspender al acusado de las funciones de su cargo, o fijar una pena menor. La pena fijada por el tribunal entrará en vigor inmediatamente, a no ser que el tribunal indique de otra manera. Si cualquier sanción fijada por el tribunal cambiara o se redujera como resultado del proceso de apelación, al acusado se le compensará y/o restaurará como corresponda, siempre y cuando bajo no caso o circunstancia el demandado tenga derecho a recibir compensación o reembolso de cualquier gasto o tarifas asociadas con el uso de un abogado por el demandante[23].

¶ **2712.** *Juicio de un obispo*

1. El presidente del Colegio de Obispos de la conferencia jurisdiccional o de la conferencia central—o en caso de que el acusado sea el presidente, el secretario del colegio—procederá a convocar al tribunal bajo las disposiciones del ¶ 2709.

2. El presidente del Colegio de Obispos (o en caso de que el acusado sea el presidente, el secretario) puede presidir o designar a otro obispo para que sirva como presidente.

3. El tribunal se convocará conforme a lo dispuesto en ¶ 2709, con el grupo de treinta y cinco o más personas que han de ser presbíteros a plena conexión, nombrados por el Colegio de Obispos en números aproximadamente iguales para cada área episcopal, dentro de la conferencia jurisdiccional o la conferencia central. Se deberá dar consideración especial para que dicho organismo incluya personas representativas de la diversidad étnico-racial, de edad y de género.

4. El asesor legal de la iglesia será un obispo u otro presbítero a plena conexión.

5. Al finalizar el proceso, el secretario del tribunal enviará todos los documentos del juicio al secretario de la conferencia jurisdiccional o de la conferencia central, el cual los guardará bajo custodia. Si hay una apelación, el secretario enviará los materiales inmediatamente al secretario del Concilio Judicial. Una vez oída

---

23. Ver Decisión 1201 del Concilio Judicial.

la apelación, todos los documentos se devolverán al secretario de la conferencia jurisdiccional o de la conferencia central.

6. Un obispo suspendido de su cargo tendrá derecho al salario del Fondo Episcopal, vivienda, pensión y otros beneficios concomitantes. Un obispo que sea removido de su cargo no tendrá derecho a reclamo de salario del Fondo Episcopal, vivienda, pensión y otros beneficios afines, a partir de la fecha de la remoción.

7. Con el fin de satisfacer los propósitos de este párrafo, los obispos metodistas unidos fuera de los Estados Unidos constituirán un Colegio de Obispos.

¶ **2713.** *Juicio de un miembro clerical de una conferencia anual, pastor local, clérigo en localización honorable o administrativa, o ministro diaconal*

1. El obispo del acusado procederá a convocar el tribunal bajo las disposiciones del ¶ 2709.

2. El obispo designará a otro obispo para que sea oficial presidente.

3. *a)* El tribunal para un miembro clerical se convocará como lo establece el ¶ 2709, con un grupo treinta y cinco o más miembros, constituido por clérigos a plena conexión. Si en una conferencia anual no hay suficientes personas de la categoría requerida para completar el grupo indicado, se podrán nombrar personas adicionales de otras conferencias anuales. Todos los nombramientos para la integración de ese grupo serán hechos por los superintendentes de distrito. Se deberá dar especial consideración para que ese grupo incluya personas representativas de la diversidad étnico-racial y de género.

b) El juicio de un ministro diaconal se convocará como se dispone en el ¶ 2709, y consistirá de un grupo de treinta y cinco o más personas que serán ministros diaconales o, cuando sea necesario, miembros de la iglesia. Se deberá dar consideración especial de manera que el grupo incluya personas representativas de la diversidad étnica, racial y de género.

4. El asesor legal de la iglesia será una persona clerical a plena conexión.

5. Al finalizar los procedimientos, el secretario del tribunal enviará todos los documentos del juicio al secretario de la conferencia anual, el cual los mantendrá bajo custodia. Dichos documentos han de mantenerse en un archivo confidencial y no serán entregados para nada que no sea una apelación o propósitos de un nuevo juicio, por la autorización firmada por la persona cleri-

cal acusada y el oficial presidente del tribunal que juzgó el caso. De haber una apelación, el secretario enviará los materiales inmediatamente al presidente del tribunal de apelaciones de la conferencia jurisdiccional o de la conferencia central. Si no se ha elegido un presidente, el secretario enviará los materiales a los miembros del tribunal de apelaciones que designe el presidente del Colegio de Obispos. Una vez que haya sido oída la apelación, la documentación será devuelta al secretario de la conferencia anual, a menos que se haya hecho una apelación adicional basada en una cuestión de ley al Concilio Judicial, en cuyo caso los documentos pertinentes le serán enviados al presidente de dicho organismo[24].

¶ **2714.** *Juicio de un miembro laico de una iglesia local*

1. El superintendente de distrito de la persona acusada procederá a convocar el tribunal bajo las disposiciones del ¶ 2709.

2. El superintendente de distrito puede ser el funcionario oficial que presida, o puede designar a otro presbítero a plena conexión para que presida.

3. El tribunal será convocado según se establece en el ¶ 2709, con un grupo de treinta y cinco o más personas que consistan de miembros profesos de iglesias locales que no sean la del acusado, pero dentro del mismo distrito. El superintendente de distrito, que podrá consultar con el líder laico del distrito, hará los nombramientos al grupo. Se deberá dar consideración especial para que el grupo incluya personas representativas de la diversidad étnico-racial, de edad y de género.

4. El asesor legal de la iglesia será un miembro profeso o persona clerical que sea miembro de la Iglesia Metodista Unida.

5. El acusado puede solicitar el traslado del proceso a otro lugar. Lo hará en forma escrita, dirigida a los oficiales del tribunal dentro de los diez días siguientes al recibo de la notificación para que se presente a juicio. El oficial presidente dictaminará sobre la solicitud, después de oír los argumentos de parte de la defensa y de la iglesia. Si se aprueba la moción, el oficial presidente designará otro distrito donde se celebrará el juicio y notificará al superintendente de dicho distrito, el cual convocará al tribunal. Los treinta y cinco miembros serán miembros profesos de ese distrito. Los gastos del juicio serán costeados por la conferencia anual.

6. Si el tribunal encontrara que los cargos han sido comprobados más allá de duda razonable, podrá imponer tales penas como

---

24. Ver Decisiones 751, 1201, 1250 del Concilio Judicial.

las determine, incluso terminar la membresía en la Iglesia Metodista Unida de la persona laica acusada, con tal que el tribunal primeramente haya considerado otros remedios que cumplan con las disposiciones del ¶ 221.

7. Al finalizar el procedimiento, el tribunal depositará todos los documentos del juicio en la secretaría de la conferencia del cargo. De haber una apelación, el secretario entregará todos los documentos al superintendente de distrito. Después de que la apelación haya sido oída, la documentación será devuelta a la custodia de la secretaría de la conferencia del cargo.

APELACIONES

¶ **2715.** *Procedimientos de apelación—General*

1. En todos los casos de apelación, el apelante, dentro de los treinta días siguientes al fallo, notificará por escrito su apelación, y al mismo tiempo pondrá en manos del oficial que la reciba (¶¶ 2716.2, 2717.1, 2718.2), así como al asesor legal, una declaración por escrito, dando los fundamentos para su apelación; y la audiencia del comité de apelaciones se limitará a la base establecida en dicha declaración[25].

2. Cuando un comité de apelaciones revierta, en su totalidad o en parte, los fallos de un tribunal, o envíe el caso para una nueva audiencia o juicio, o cambie la pena impuesta por ese el tribunal, devolverá al oficial convocador del tribunal una declaración estableciendo la base de su acción.

3. No se permitirá una apelación en ningún caso en que el acusado no se haya presentado o haya rehusado estar presente en persona, o representada por asesor legal durante la investigación y el juicio. El organismo de apelaciones correspondiente oirá las apelaciones, a menos que el mismo considere que el apelante ha perdido el derecho de apelación debido a mala conducta, tal como rehusar cumplir con los fallos del tribunal, o por retirarse de la iglesia, o por no presentarse en persona o representado por asesor legal para dar curso a la apelación; o porque, previo a la decisión sobre la apelación presentada, recurre a demanda en las cortes civiles contra el demandante o cualquiera de las partes conectadas con el tribunal eclesiástico en que el apelante fue juzgado[26].

---

25. Ver Decisión 826 del memorando del Concilio Judicial.
26. Ver Decisión 3 del Concilio Judicial.

4. El derecho de apelación, una vez perdido por negligencia o por cualquier otra razón, no puede ser revivido por ningún organismo de apelaciones subsiguiente.

5. El derecho de proseguir una apelación no será afectado por la muerte de la persona que tenga tal derecho. Sus herederos o representantes legales pueden continuar tal apelación en la forma como el apelante tendría derecho si viviese.

6. Únicamente los expedientes y documentos del juicio, inclusive las pruebas, se usarán en la audiencia de cualquier apelación.

7. El organismo de apelaciones determinará sólo dos preguntas: *(a)* ¿Sostiene el peso de las pruebas el cargo o cargo? *(b)* ¿Hubo errores en la aplicación de las leyes eclesiales que viciaran el veredicto o la pena impuesta? Los expedientes del juicio determinarán estas preguntas, y el argumento del asesor de la iglesia y del acusado. El organismo de apelaciones en ningún caso oirá a testigos. Podrá tener asesor legal presente, que no será el canciller de la conferencia para la conferencia de la que se toma la apelación, con el único propósito de proporcionar asesoramiento al organismo de apelaciones.

8. En todos los casos en que se haga una apelación y ésta sea admitida por el comité de apelaciones, después de haberse leído los cargos, los fallos y las pruebas, y después de concluir los argumentos, las partes interesadas se retirarán, y el comité de apelaciones considerará y decidirá el caso. Podrá revertir, totalmente o en parte, los fallos del comité de investigación o los del tribunal; o podrá devolver el caso para que haya un nuevo juicio que determine el veredicto o la pena que se imponga. Podrá determinar qué pena, no mayor que la fijada en la audiencia o el juicio, se pueda imponer. Si no revierte, totalmente o en parte, el fallo del tribunal, ni envía el caso a otro tribunal para que haya un nuevo juicio, ni modifica la pena impuesta, el fallo original quedará vigente. El comité de apelaciones no revertirá el fallo ni devolverá el caso para que haya una nueva audiencia o un nuevo juicio debido a errores que obviamente no afecten el resultado. Todas las decisiones del comité de apelaciones requerirán una mayoría de votos.

9. En todos los casos se agotará el derecho de presentar pruebas cuando el caso haya sido oído una vez por sus propios méritos en el tribunal apropiado, pero cuestiones sobre la ley eclesial pueden proseguir mediante apelación, paso a paso, hasta llegar al Concilio Judicial.

10. La iglesia no tendrá derecho de apelar los fallos del tribunal. En cuanto a casos en los que haya una investigación, según el ¶ 2702, pero no se haya celebrado juicio, el asesor de la iglesia podrá apelar errores graves sobre la ley eclesial o de administración al comité jurisdiccional. La decisión del comité de investigación de no certificar un pliego de cargos no constituye de por sí un error grave de ley eclesial o de administración. Cuando el comité de apelaciones encontrare errores graves de ley eclesial o de administración según esta parte, podrá devolver el caso para nueva audiencia, en cuyo caso devolverá a la presidencia del comité de investigación una declaración sobre la base de su acción. Esto no será procesamiento por segunda vez[27].

11. Se pueden tratar asuntos de procedimiento con el oficial presidente o el secretario del organismo apelativo. Ninguna parte discutirá asuntos substanciales con miembros de ningún organismo apelativo en ausencia de la otra parte mientras el caso esté pendiente (cf. ¶¶ 2607, 2701.4).

12. En todo asunto de administración judicial, los derechos, deberes y responsabilidades de miembros clericales y ministros diaconales de conferencias misioneras y conferencias anuales provisionales serán los mismos que los de conferencias anuales, y el procedimiento será el mismo.

13. Los contactos con miembros de organismos apelativos se limitarán a asuntos de procedimiento, y se dirigirán sólo al oficial presidente o al secretario del organismo apelativo. Bajo ninguna circunstancia se discutirán asuntos de substancia.

¶ **2716.** *Apelación de un obispo, miembro clerical de una conferencia anual, clérigo en localización honorable o administrativa, pastor local, o ministro diaconal*

1. Cada conferencia jurisdiccional o central elegirá, por postulación del Colegio de Obispos, un comité de apelaciones compuesto de seis clérigos, un ministro diaconal, un pastor local a tiempo completo y tres personas laicas que hayan sido miembros de la Iglesia Metodista Unida por lo menos seis años consecutivos, y un número igual de alternos correspondientes. El comité servirá hasta que sean electos sus sucesores. Ningún miembro participará en la audiencia de una apelación que sea miembro de la conferencia en el área episcopal del apelante. El Colegio de Obispos llenará cualquier vacante.

---

27. Ver Decisión 985 del Concilio Judicial.

El comité de apelaciones tendrá pleno poder para escuchar y determinar apelaciones de obispos, miembros clericales, miembros clericales en localización honorable o administrativa, pastores locales y ministros diaconales de cualquier conferencia anual, conferencia provisional o misionera dentro de la jurisdicción o la conferencia central. El comité elegirá su propio presidente, adoptará sus propias reglas de procedimiento, y sus decisiones serán finales, excepto que una apelación se podrá llevar ante el Concilio Judicial sólo por cuestiones de ley relacionadas con los procedimientos del comité jurisdiccional de apelaciones o del comité de apelaciones de la conferencia central, según las disposiciones del ¶ 2609.8. Un obispo, designado por el Colegio de Obispos convocará al comité en el lugar de la conferencia jurisdiccional o central con el fin de elegir oficiales.

2. En caso de ser condenado por un tribunal, un obispo, miembro clerical, pastor local, clérigo en localización honorable o administrativa, o un ministro diaconal tendrá el derecho de apelar al comité de apelaciones de la conferencia jurisdiccional o central arriba constituido, con tal que, dentro de treinta días posteriores a la condena, el apelante notifique al obispo presidente de la conferencia (o cuando el apelante es un obispo, al presidente y secretario del Colegio de Obispos) y al oficial presidente del tribunal, por escrito, sobre la intención de apelar.

3. Una vez que se haya dado notificación de apelación al oficial presidente del tribunal, éste notificará de la misma al secretario del comité de apelaciones de la conferencia jurisdiccional o central, y someterá los documentos del caso, o en caso que estos hayan sido enviados al secretario de la conferencia anual, solicitar al secretario que envíe dichos documentos al presidente del comité de apelaciones. El comité de apelaciones de la conferencia jurisdiccional o central notificará dentro de treinta días al obispo presidente de la conferencia de la que se toma la apelación (o al presidente y secretario del Colegio de Obispos cuando el apelante es un obispo) y al apelante, sobre la fecha y lugar en donde se escuchará la apelación. Tal audiencia se celebrará dentro de los 180 días siguientes al recibo de la notificación al comité de apelaciones. La conferencia anual, la conferencia misionera, la conferencia provisional y el apelante podrán estar representados por asesores, como se especifica en el ¶ 2708.7. El obispo presidente de la conferencia, o en la apelación de un obispo, el presidente

o secretario del Colegio de Obispos, nombrarán el asesor de la iglesia.

4. Todos los gastos necesarios de viaje y de manutención incurridos por el comité, incluso el costo del asesor legal contratado para asesorar al comité, en la audiencia de un caso apelado procedente de una conferencia anual, que comparezca ante un comité de apelaciones de una conferencia jurisdiccional o central, se pagarán del fondo administrativo de la conferencia jurisdiccional o central de la cual surge el proceso. El presidente del comité apelaciones aprobará todos los gastos. Los gastos del asesor de la iglesia serán pagados por la conferencia anual. Los gastos por el asesor del acusado serán pagados por el acusado, a no ser, en nombre de la justicia, que el comité de apelaciones ordene a la conferencia anual a que reembolse al acusado.

¶ **2717.** *Apelación de un miembro laico*

1. Un miembro laico condenado por un tribunal tendrá el derecho de apelación, y dará notificación escrita de apelación al pastor y al superintendente de distrito dentro de treinta días posteriores a su condena.

2. El superintendente de distrito, al recibir la notificación de apelación, notificará por escrito a todas los interesados sobre la fecha y lugar de la reunión del comité de apelaciones no menos de diez y no más de treinta días posteriores al recibo de dicha notificación.

3. El comité de apelaciones quedará constituido de la siguiente manera: El superintendente de distrito nombrará once miembros profesos de iglesias metodistas unidas dentro de la conferencia anual, que no sean de la iglesia local del apelante, sin ser ninguno de ellos miembro del tribunal, o sin ser líder laico o miembro laico a la conferencia anual. Al reunirse el comité de apelaciones, se seleccionarán de siete a once de ellos para servir en el comité. El asesor del acusado y el asesor de la iglesia tendrán derecho a recusar por causa, y la decisión sobre la validez de tal recusación la hará el oficial presidente, que será el superintendente de distrito.

4. El superintendente certificará los fallos del comité de apelaciones al pastor de la iglesia de la cual el acusado es miembro.

¶ **2718.** *Otras apelaciones*

1. El orden de las apelaciones sobre cuestiones de ley será como sigue: De la decisión del superintendente de distrito que presida la conferencia del cargo o de distrito, al obispo que pre-

side la conferencia anual, al Concilio Judicial, y de las conferencias centrales al Concilio Judicial.

2. Cuando se ha aceptado una apelación sobre una cuestión de ley, se dará notificación por escrito de la misma al secretario del organismo que haya dictado la decisión. Será el deber del secretario velar para que la declaración exacta de la cuestión sometida y el fallo de la presidencia sobre ella se asiente en el libro de actas. El secretario confeccionará y certificará una copia de la cuestión y el fallo, y trasmitirá la misma al secretario del organismo ante el cual se lleve la apelación. El secretario, al recibir tal copia certificada, la presentará en conferencia abierta, y tan pronto sea práctico, la pondrá ante el oficial presidente para que se emita un fallo sobre la misma. Dicho fallo habrá de emitirse antes de la clausura de ese organismo. El fallo, conjuntamente con la cuestión original y el fallo sobre ella podrán asentarse en las actas de esa conferencia. Se seguirá el mismo procedimiento en todas las apelaciones subsiguientes.

3. El orden de apelaciones en cuestiones de procedimientos en un proceso administrativo será el siguiente: desde la decisión del comité de relaciones conferenciales al comité de evaluación administrativa el cual tiene jurisdicción original sobre el asunto administrativo, y desde el comité de evaluación administrativa al comité de apelaciones de la conferencia central o jurisdiccional donde el apelante tiene membresía, y desde el comité de apelaciones jurisdiccional al Concilio Judicial.

4. Cuando la apelación es por cuestiones de procedimiento en un proceso administrativo:

a) En todo caso de apelación, el apelante entregará dentro de un periodo de treinta días una noticiación por escrito de la apelación y al mismo tiempo proporcionará al oficial que recibe tal apelación una declaración escrita de las bases de la apelación, y la audiencia del órano apelativo se limitará a las bases establecidas en tal declaración.

b) El organo apelativo entregará al oficial de la convocatoria de la audiencia administrativa y al apelador una declaración de las bases de la acción.

c) No se premitirá una apelación en cualquier caso en el que el demandado so se haya presentado o negado a presentarse en persona o por consejo durante la audiencia administrativa. La apelaciones serán oidas por el propio cuerpo apelante a menos que tal cuerpo considere que el apelante ha perdido su derecho a apelar por mal conducta; por retirarse de la iglesia; por no presentarse en persona o mandar un representante para sancionar la apelación; o, antes de la decisión final en cuanto a la apelación recurriendo a presentar una demanda en las cortes civiles contra cualquiera de las partes relacionadas con el proceso administrativo eclesiástico.

d) El derecho a apelar, una vez perdido por negligencia u otra causa, no podrá ser reactivado por ningún cuerpo de apelaciones subsecuente.

e) El derecho de perseguir una apelación no se verá afectado por el fallecimiento de la persona legitimada para tal derecho. Los herederos de los representantes legales podrán procesar tal apelación de igual manera que el apelante podría haber hecho en vida.

f) Los expedientes y documentos del proceso administrativo, incluyendo toda evidencia, y solo esta, serán usados en la audiencia de la apelación.

g) El cuerpo de la apelación determinará solo una cuestión: ¿Se dieron errores en la legislatura de la Iglesia que minaron la recomendación y/o acción del cuerpo administrativo? Estas pregunta será determinada por los expedientes del proceso administrativo y los argumentos de los representantes oficiales de todas las partes. El cuerpo de apelaciones en ningún caso auditará testigos. Podrá disponer de consejo legal presente con el solo propósito de proporcionar consejo al cuerpo de apelaciones.

h) Si el cuerpo de apelaciones determinara que se ha producido algún error, podrá recomendar a la persona o cuerpo apropiado que se tome acción prontamente para remediar el error, decidir que el error no es perjudicial o tomar otra acción. El comité de apelaciones no revertirá el juicio o remitirá el caso para una nueva audiencia por causa de un error que no afecta el resultado. Todas las decisiones del comité de apelaciones requiere una mayoría de voto.

i) En todos los casos, el derecho a presentar evidencia se agotará cuando el caso se hayo oído un vez por méritos propios en el cuerpo de apelaciones administrativo propio, pero cuestiones con respecto a la legislatura de la Iglesia podrán pasar durante la apelación, paso por paso, al Concilio Judicial.

j) Cuestiones de procedimiento se podrán establecer con el oficial o secretario que preside del cuerpo de apelaciones. Bajo no circunstancia ninguna parte en ausencia de la otra parte discutirá asuntos sustantivos con miembros del cuerpo de apelaciones mientras el caso siga pendiente.

k) Todo contacto con miembros de cualquier cuerpo de apelaciones se limitará a asuntos de procedimiento y se dirigirá solamente al oficial o secretario que preside del cuerpo de apelaciones. Bajo no circunstancia asuntos sustanciales serán discutidos.

Disposiciones misceláneas

¶ **2719.** 1. Cualquier miembro clerical que resida fuera de los límites de la conferencia en la que tiene su membresía estará sujeto a los procedimientos de los ¶¶ 2701-2718 ejercidos por los oficiales conferenciales apropiados de la conferencia de la cual él o ella sea miembro, a no ser que los obispos presidentes de las dos conferencias anuales y el miembro clerical sujeto a los procedimientos, o si retirado, en donde actualmente reside, accedan a que se podrá servir mejor la justicia si los oficiales apropiados de la conferencia anual en la cual él o ella esté sirviendo bajo nombramiento, efectúan los procedimientos.

2. Cuando se acusa a un obispo, miembro clerical, pastor local o ministro diaconal el demandado de una queja bajo el ¶ 363.1*e* y éste desea abandonar la iglesia, la conferencia jurisdiccional o central, en el caso de un obispo, la conferencia anual, en el caso de un miembro clerical, o la conferencia de distrito (en donde no haya conferencia de distrito, la conferencia del cargo) en el caso de un pastor local o ministro diaconal, le pedirá que entregue sus credenciales, y retirará su nombre de la lista de miembros profesos; en cuyo caso la constancia será "Retirado bajo quejas o retirado bajo cargos", lo que sea apropiado.

3. Cuando se acuse a un miembro profeso de la iglesia de una falta, y éste desea retirarse de la iglesia, la conferencia del cargo le permitirá retirarse, en cuyo caso la constancia será "Retirado, o retirada, bajo quejas".

4. En todos los asuntos de administración judicial, los derechos, deberes y responsabilidades de los miembros clericales, pastores locales, clérigos en localización honorable o administrativa y los ministros diaconales de misiones, conferencias misioneras y conferencias anuales provisionales son los mismos que los de las conferencias anuales, y el procedimiento es el mismo.

5. Para propósitos de procedimiento, el proceso judicial será gobernado por la *Disciplina* que esté en vigor en la fecha en la que se remita una queja al abogado de la Iglesia.

ÍNDICE

A no ser que se indique de otra manera, los números se refieren a los párrafos ¶ y los subpárrafos. Éstos se indican por números que siguen el punto decimal.

ÍNDICE

V

Lightning Source UK Ltd.
Milton Keynes UK
UKHW022257100120
356739UK00004B/143/P